Varnelli
il caffè
è corretto

AGRITURISMO
Monte Due Torri

L'Agriturismo Monte Due Torri prende il nome dall'omonimo monte situato nell'azienda di 20 ettari a 28 Km. da Roma nel centro dei Castelli Romani. Si identifica con Maecium, Castello fortificato presso il quale il Dittatore romano Mario Furio Camillo nel 389 a.C. ottenne una celebrata vittoria sui Volsci.
Il casale innalzato su poderose cisterne romane ostenta ancora muraglie medievali.
In origine fu un avamposto del Castello a controllo della via per Anzio.

Via Monte Giove, 119 - 00045 Genzano di Roma (RM)
Tel. 06 9363276-9396079 - Fax 06 93955403
www.duetorri.com

Agriturismo
e vacanze in campagna

AGRITURISMO "LE CASCINE"

Sapete dove nacque il famoso Re di Roma Servio Tullio? Nacque a Vulci una città etrusca proprio ad ovest dell'azienda agrituristica "Le Cascine". L'Azienda è situata ai margini della maremma Tosco-Laziale a 10 Km. dal mare e a 16 Km. dal Lago di Bolsena. Ci troviamo a sud di Canino "paese che diede i natali a Papa Paolo III Farnese, il famoso Papa del Concilio di Trento". Inoltre Canino divenne nella prima metà dell'800 il Principato di Luciano Bonaparte, fratello dell'imperatore Napoleone, che lo acquistò da Pio VII con il titolo di principe di Canino e Musignano. Canino è un centro ricco di tradizioni e di storia, famoso in Italia ed all'estero per il suo pregiato "olio extravergine d'oliva D.O.C." Siamo all'interno della necropoli etrusca di Vulci, Vi organizzeremo visite guidate al Museo nazionale di Vulci e nella stessa città etrusca. Potrete anche cacciare e pescare nelle numerose riserve e

provare l'emozione di andare a cavallo sia all'interno dell'Azienda sia in aperta campagna.

Se volete riscoprire i piaceri della buona tavola, fare passeggiate in ambienti incontaminati, dovete venire da noi all'Azienda Agrituristica Le Cascine, dove ritroverete il piacere sia della natura che della salute. Venite da noi dove il passato si incontra con il presente in una terra in cui tutti vi sono amici

Agriturismo "Le cascine"

**Ristorazione - Mini appartamenti - Camere
Prodotti ortofrutticoli - Cavalli - Balera**

S.S. Castrense Km. 11,200 - Tel. 0761 438941 CANINO (VT)

Nel cuore
del PARCO del POLLINO
tra rifugi montani e casolari di campagna
un soggiorno di quiete e natura

CIVITA (CS)

Affittacamere "Nido d'Aquila"
di Pietro La Cattiva
Via Cavallotti, 21/b - Posti letto 10
Tel. 0981 73316

ROTONDA (PZ)

Rifugi Montani "Fasanelli" e "Colle Ruggio
Loc. Pedarreto del Pollino (1.340 m) e Ruggio (1.600 m)
Posti letto 24 e 12
Tel. 0973 661008/667303/661431

Agriturismo di Teresa Paladino
contrada Piè Valli
Posti letto 14
Tel. 0973 661763

Affittacamere "San Lorenzo"
di Angela Di Iacovo, contrada San Lorenzo, 2
Posti letto 10
Tel. 0973 661277/661724

SAN SEVERINO LUCANO (PZ)

Residenza delle Rose
Contrada Varco (900 m)
Monolocali arredati e camere - Posti letto 24 e 12
Tel. 0973 570164

La Vecchia Fattoria
Corso Garibaldi 18 - Posti letto 16
Tel. 0973 576234

Torre Vecchia
contrada Mezzana - Torre
Posti letto 20
Tel. 0973 570174/570125

TERRANOVA DEL POLLINO (PZ)

Azienda Agrituristica biologica "La Garavina"
Contrada Casa del Conte (1.100 m) - Posti letto 16
Tel. 0973 93395

Rifugio "Aquila Verde"
Contrada Casa del Conte (1.100 m) - Posti letto 10
Tel. 0347 7119708

GUIDA TOURING

Agriturismo
e vacanze
in campagna

Touring Club Italiano

Touring Club Italiano
Presidente: Giancarlo Lunati

Touring Editore
Amministratore delegato: Armando Peres
Direttore generale: Marco Ausenda
Direttore editoriale: Michele D'Innella

Coordinamento editoriale Libri Illustrati,
Repertori e Iniziative Speciali
Alberto Dragone

Responsabile del settore Repertori
Viviana Arrigoni

Redazione
Guglielmo Martinello, Agostina Pizzocri, Giovanna Rosselli

Segreteria di redazione
Alice Ricci

Cartografia
Servizio Cartografico del Touring Club Italiano

Progetto grafico e copertina
Federica Neeff con Mara Rold

Coordinamento tecnico
Vittorio Sironi

Hanno collaborato alla realizzazione del volume:

Cros (Milano), *per i sopralluoghi*
Francesco Soletti, *per la stesura dei testi*
Officina del Pensiero (Milano), *per la redazione*

Cartografia
Graffito (Cusano Milanino)

Impaginazione
Luisa Torreni

Le notizie relative alle aziende agrituristiche sono state raccolte mediante sopralluoghi, attraverso un'inchiesta effettuata presso i titolari delle strutture selezionate e le segnalazioni degli utenti della guida.
Grande cura e massima attenzione sono state poste, nel redigere questa guida, per garantire l'attendibilità e l'accuratezza delle informazioni. L'editore non può assumersi la responsabilità per i danni o gli inconvenienti da chiunque subiti in conseguenza di informazioni contenute nella guida.

Direttore della pubblicità
Luca Roccatagliata

Concessionaria di pubblicità
Progetto
Milano, piazza Fidia 1, tel. 0269007848, fax 0269009334
Trento, via Grazioli 67, tel. 0461231056, fax 0461231984

Prestampa
Emmegi Multimedia - Milano

Stampa e confezione
Grafiche Mazzucchelli - Settimo Milanese (MI)

Touring Club Italiano, corso Italia 10, 20122 Milano
www.touringclub.it
© 2000 Touring Editore - Milano

Codice DB3
ISBN 88-365-1695-5

Finito di stampare nel mese di marzo 2000

Sommario

L'AGRITURISMO IN ITALIA
UNA RISORSA PER IL FUTURO

*Nel nostro Paese il turismo rurale può far conto
su risorse di paesaggio e cultura davvero eccezionali
per affermarsi come attività economica di rilievo.*

Per alcuni la nascita dell'agriturismo in Italia risalirebbe al 1965, anno di fondazione dell'Agriturist, la prima organizzazione di categoria facente capo alla Confagricoltura, ma non se ne abbiano a male i diretti interessati che svolgono la loro attività con riconosciuta competenza: cercare di dare una data di nascita a un fenomeno di costume è infatti cosa per lo meno discutibile. L'accoglienza rurale è una consuetudine senza età dal momento che la soddisfazione di una scampagnata dall'amico contadino se la sono tolta tanto i nostri nonni quanto i nonni dei nostri nonni. Il massimo della promozione aziendale era forse l'esposizione sulla pubblica via di una frasca per annunciare, sul fare della nuova stagione, la messa al consumo delle eccedenze di magazzino della fattoria. Citare questo precedente non è fine a se stesso: nel mondo contadino i cambiamenti avvengono sempre per piccoli passi, in questo caso stimolati dal bisogno di dare nuove prospettive a un'agricoltura in crisi di risultati e d'identità. Questo, dunque, il vero innesco del processo che ha portato prima alla nascita della nuova attività, quindi alla sua crescita in termini numerici e infine alla sua evoluzione verso forme di accoglienza sempre più professionali.

LE LEGGI SULL'AGRITURISMO

L'agriturismo in Italia è disciplinato da una legge-quadro nazionale la **n.730 del 5 dicembre 1985** (Gazzetta Ufficiale n.295 del 16-12-1985).

Questa normativa stabilisce caratteristiche dell'agriturismo e competenze delle Regioni in materia di autorizzazioni amministrative, criteri e limiti di esercizio delle diverse attività, requisiti igienico-sanitari, promozione, formazione, programmazione e incentivi finanziari.

In particolare, secondo la legge, l'agriturismo è tale solo se: il titolare è imprenditore agricolo, i servizi ricettivi sono ricavati dalle strutture aziendali esistenti, le attività sono complementari all'esercizio agricolo vero e proprio.

Tutte le Regioni e Province Autonome hanno nel frattempo legiferato in materia.

DALL'AGRITURISMO VANTAGGI PER TUTTI

Nel 1999 l'agriturismo italiano ha registrato oltre 10 milioni di presenze e un fatturato intorno ai 700 miliardi. Queste cifre confermano la sua validità come strumento di integrazione del reddito degli agricoltori e come incentivo alla ristrutturazione aziendale. Cascine che giacevano abbandonate da decenni hanno trovato nell'agriturismo un motivo di riscatto e anche le risorse necessarie per conseguirlo. A questi vantaggi patrimoniali e di bilancio, possono aggiungersi progressi anche del ciclo produttivo con l'attivazione di nuove colture e allevamenti finalizzati tanto alla ristorazione quanto alla ricreazione. Un effetto ancora più vasto è quello che riguarda l'artigianato, l'enogastronomia e in generale tutto ciò che riguarda la cultura contadina, che nel turismo può trovare senza dubbio valorizzazione. Dall'agriturismo viene un vantaggio anche per l'ambiente perché l'agricoltore impara a dare valore economico al paesaggio quale strumento d'impresa; la sua attività cessa di essere semplice prelievo, come spesso avviene, e diventa gestione del territorio a fini turistici con interventi per migliorarne l'accessibilità o incrementarne la qualità con il ripristino della flora o l'immissione di fauna. Dell'agriturismo ha beneficio anche l'ospite che ottiene sia un risparmio rispetto alle strutture convenzionali sia un miglioramento della qualità del soggiorno, specie nei periodi più congestionati.

AGRITURISMO IN CIFRE

Il fenomeno in Italia come si è evoluto negli ultimi 14 anni (stime su campioni rilevanti):

Numero di aziende agrituristiche:

1985	6000
1990	6800
1999*	9000

Numero di posti letto:

1985	55 000
1990	85 000
1999*	135 000

Arrivi:

1985	550 000
1990	1 000 000
1999*	2 070 000

Arrivi stranieri (sul totale):

1985	10%
1990	15%
1999*	18%

Giro d'affari annuo (attualizzato):

1985	85 mld
1990	240 mld
1999*	680 mld

Fatturato per arrivo (lire):

1985	154 000
1990	240 000
1999*	328 000

*Stime
(da *L'annuario del Turismo 2000*, TCI. Fonte Agriturist)

La vacanza in campagna in cinque punti

Esaurita la trattazione di fondo, vale la pena di considerare la realtà italiana prendendo in esame innanzitutto quelli che sono i cinque principi che regolano l'agriturismo:

1. per gestire un agriturismo bisogna essere coltivatori;
2. l'attività agricola dev'essere prevalente su quella turistica;
3. la struttura dev'essere ricavata in ambienti rurali esistenti;
4. gli ambienti per gli ospiti devono essere interni all'azienda;
5. la ristorazione deve utilizzare prevalentemente prodotti aziendali.

La preoccupazione del legislatore, risulta evidente, è stata quella di dare il necessario incentivo alle aziende agricole scoraggiando nel contempo qualsiasi forma di accoglienza turistica non propriamente rurale. Sulla carta il concetto è chiaro, meno agevole l'applicazione a una realtà che va dagli impervi vigneti delle Cinque Terre alle grandi tenute controllate dalle centrali della finanza nazionale. Tornando alle cifre nel 1999 sono stati censiti circa 9000 agriturismi – poco più dell'1% delle aziende italiane – per un totale di oltre 135 000 posti letto. Cifre ragguardevoli anche se il dato europeo, che parla di 100 000 aziende con punte di 30 000 in Francia, 20 000 in Germania e 15 000 in Austria, evidenzia il ritardo del nostro Paese.

La guida in cifre

Le 1174 aziende selezionate in questa guida presentano le seguenti caratteristiche:

55 si trovano nel territorio del capoluogo di provincia
939 sono aperte tutto l'anno
235 hanno chiusura stagionale
356 sono accessibili ai portatori di handicap
446 concedono uno sconto ai Soci Touring
129 riservano spazi per campeggiatori con tenda
192 consentono la sosta ai camper e alle roulotte
711 hanno un ristorante
360 sono dotate di piscina
95 dispongono di un campo da tennis
209 posseggono un maneggio
296 offrono possibilità di giochi o spazi all'aperto per bambini
440 noleggiano biciclette o mountain bike
175 vendono vino DOC o olio extravergine d'oliva
109 effettuano corsi di equitazione
240 organizzano settimane verdi per ragazzi
102 effettuano corsi di cucina
299 accettano pagamento con carte di credito

QUALE FUTURO PER L'AGRITURISMO ITALIANO?

Quello che la statistica non evidenzia è che quasi la metà delle aziende in attività è concentrata in tre sole regioni: Trentino-Alto Adige, Toscana e Umbria. Come a dire che in alcune zone si è alla pari con l'Europa, mentre nel resto della penisola non si è che agli inizi. Da una parte l'accoglienza è ormai a livello alberghiero; dall'altra, per usare un eufemismo, è piuttosto rustica. È il caso soprattutto della Toscana, che ha sviluppato forme di ospitalità così raffinate da far nascere il dubbio che la componente agricola dell'impresa sia mantenuta in vita solo per questioni di facciata. Che cosa pensare difatti di certi casali, abitati da immigrati di lusso, che vengono definiti aziende agricole solo per la presenza di un fondo coltivato a olivi? E come vanno interpretate le ristrutturazioni di interi borghi che ricadono all'interno di qualche grossa azienda? La questione, dal punto di vista dell'ospite, è tutto sommato secondaria: chi sceglie l'agriturismo non cerca che un bel posto in campagna e servizi di qualità (anche se i prezzi lievitano). Gli agricoltori puri sembrano adeguarsi di buon grado al nuovo corso. Resta in chi analizza il fenomeno, qualche perplessità di fondo. Era forse meglio l'agriturismo ruspante delle origini?

LE ASSOCIAZIONI DELL'AGRITURISMO

Riportiamo qui di seguito gli indirizzi delle sedi centrali delle maggiori organizzazioni nazionali.

■ ANAGRITUR
Consorzio tra le Associazioni Nazionali dell'Agriturismo (Agriturist - Terranostra - Turismo Verde)
via XXIV Maggio 43
Roma
Presidente: Eugenio Zaggia
tel. 064682368

■ AGRITURIST
Corso Vittorio Emanuele 101
Roma
Presidente:
Riccardo Ricci Curbastro
tel. 066852342

■ TERRANOSTRA
via XXIV Maggio 43
Roma
Presidente: Eugenio Zaggia
tel. 064682370

■ TURISMO VERDE
via Caio Mario 27
Roma
Presidente: Gianfranco Bertani
tel. 063611051

Per quanto riguarda le associazioni regionali, gli indirizzi e i recapiti telefonici, si rimanda ai capitoli introduttivi delle singole Regioni.

Come consultare la guida

• Di fronte a un'offerta agrituristica in Italia che si fa ogni anno più consistente, il Touring Club Italiano ha avviato dal 1997 un'indagine e un monitoraggio costante (tramite inchieste, collaboratori locali e ispettori) per offrire al pubblico uno strumento utile e indipendente.

• Le 1175 aziende presentate, in ordine regionale, rappresentano una selezione, operata con criteri essenzialmente qualitativi e geografici, di circa il 15% dell'offerta complessiva.

• La necessità di garantire una copertura nazionale omogenea ha fatto sì che la selezione non rispecchi, in termini numerici, l'effettiva geografia dell'offerta e in particolare la concentrazione di quasi la metà di essa in tre sole regioni (Trentino-Alto Adige, Toscana e Umbria).

• I dati riportati sono quelli forniti dai titolari stessi e riscontrati sia in loco, dai rilevatori, sia in fase redazionale dagli esperti del Touring. Ciò non esclude l'errore di trasmissione o stampa e le variazioni dell'ultima ora. Inoltre, l'agriturismo, per sua definizione non è un albergo: limitato è il numero di camere e appartamenti e il servizio è spesso condizionato da vicende, orari e tempi dell'azienda e della famiglia del titolare.

• Fondamentale è dunque telefonare con un congruo anticipo, per verificare disponibilità, eventuali periodi di chiusura, prezzi e tipologie e per effettuare la prenotazione.

Introduzione

Il testo, che delinea il profilo turistico della regione, intende offrire i primi elementi di giudizio nel progetto della vacanza. Nelle colonne laterali, i recapiti degli uffici turistici.

La cartografia

Visualizza tutte le località citate in guida rispetto al reticolo stradale primario e ai capoluoghi di provincia. Una campitura evidenzia i parchi Nazionali.

Tabella di sintesi degli agriturismi convenzionati TCI

Riguarda le aziende che riconoscono uno sconto del 10% ai Soci del Touring Club. La sintesi riguarda: apertura, camere e appartamenti, accesso ai disabili, ristorazione, animali al seguito, campeggio, settimane verdi, maneggio, piscina, carte di credito.

I Simboli

- ✉ Codice di avviamento postale
- ★ Sconto ai Soci Touring
- ♿ Accessibile ai portatori di handicap
- Animali domestici accettati
- Animali domestici non accettati
- Disponibilità di camere
- Disponibilità di appartamenti
- Possibilità di campeggio
- Possibilità di sosta per camper e roulotte
- Ristorante

Località

L'indicazione riguarda i dati del comune o della frazione di appartenenza dell'azienda: nella fascia colorata, in ordine alfabetico, il nome della località seguita dalla sigla di provincia; nella riga inferiore, l'altitudine e il codice di avviamento postale.

Agriturismi convenzionati TCI

Il simbolo contraddistingue le aziende che praticano uno sconto del 10% ai Soci del TCI sulle quote di soggiorno e sugli eventuali servizi aggiuntivi, in tutti i periodi dell'anno. Tale sconto interessa anche il coniuge e i figli alloggiati nella stessa camera. Per ottenerlo basta qualificarsi come Socio al momento della prenotazione o all'arrivo in azienda ed esibire la tessera associativa in regola per l'anno in corso. Lo sconto è riconosciuto anche in caso di pagamento con carta di credito.

Borgo Priòlo (PV)
m 144 ⊠ 27040

Castello di Stefanago 🏅🎏

località Stefanago, tel. 0383875227 oppure 0383 875413, fax 0383875644 - ettari 200 - apertura: marzo-ottobre (camere), sempre aperto (appartamenti) - ⚡
▶ Abbandonare la A21 all'uscita di Casteggio e procedere verso Sud; superato Borgo Priolo, proseguire per circa 10 km e poi girare a destra per Fortunago; raggiungere dopo 5 km circa Stefanago, dove si trova l'azienda.

Vacanza d'atmosfera in una vasta tenuta agricola dell'Oltrepò Pavese al centro della quale spicca il maniero medievale. I quattro appartamenti sono ricavati in un'adiacente costruzione risalente al Quattrocento, mentre nella cascina Boatta sono le sei camere e gli ambienti collettivi che ben si adattano all'organizzazione di corsi di vario genere. In azienda le coltivazioni sono tutte a indirizzo biologico.

🛏 CAMERE CON SERVIZI: 6 doppie - pernottamento per persona £ 50000, mezza pensione £ 90000.
⊞ APPARTAMENTI: 3 bilocali per 2 persone, 1 di 4 locali per 4 persone, con biancheria cucina, stoviglie - affitto al giorno £ 160/240000, supplemento per riscaldamento £ 30000 al giorno. Deposito cauzionale 30% alla prenotazione.
SOGGIORNO MINIMO: 3 giorni in agosto. CARTE DI CREDITO: American Express, CartaSi.
Note: le camere e gli appartamenti sono dotati di biancheria per letto e per bagno, riscaldamento centralizzato.
🍴 cucina casalinga (piatti con verdure) - vini di produzione propria - £ 40/45000.
SERVIZI E LOCALI COMUNI: parcheggio, telefono. SPORT E TEMPO LIBERO: ricovero cavalli; passeggiate a cavallo. COLTIVAZIONI: viti, bosco, seminativi, ortaggi, alberi da frutta, prato. ALLEVAMENTI: pollame. PRODOTTI IN VENDITA: vino, frutta.

Indirizzo, apertura e accesso

Indirizzo, numero di telefono e fax; dimensione dell'azienda agricola in ettari; accessibilità ai portatori di handicap motorio; periodo di apertura o chiusura, con eventuale specifica per le differenti strutture; animali domestici accettati ed eventuali limitazioni. L'indicazione di accesso riguarda il percorso più diretto, o comunque più agevole, studiato sulla cartografia stradale 1:200.000 del TCI.

Descrizione

Ha la duplice funzione di presentare l'esercizio nella sua cornice ambientale e di evidenziare particolari caratteri, quale la posizione panoramica, il pregio architettonico della costruzione o la collocazione rispetto a centri di interesse turistico, come pure i servizi e le opportunità che non trovano riscontro nella simbologia adottata.

Ospitalità

Vengono fornite informazioni sulla tipologia e sulle dotazioni di camere e appartamenti con tariffe minime e massime (riferite in linea di principio all'anno precedente), supplementi, sconti e deposito cauzionale. Note aggiuntive riguardano il soggiorno minimo, le carte di credito e quanto esuli dallo schema di base. Due simboli, infine, segnalano la possibilità di campeggio e di sosta per camper e roulotte.

Ristorante, servizi e attività

La ristorazione è presentata nel suo carattere con menzione dei piatti più tipici e dei vini. Il prezzo, minimo-massimo, è indicativo di un pasto di due-tre portate, bevande escluse. Infine: strutture e servizi; attrezzature, attività sportive e per il tempo libero proposte in azienda; coltivazioni e allevamenti, con riferimento specifico ai prodotti in vendita.

VALLE D'AOSTA
UNA VACANZA IN BAITA

*Il solco della Dora Baltea e le valli confluenti,
intensamente coltivate a vigna e frutteto,
sono l'ameno scenario dell'agriturismo valdostano.*

S i dice Valle d'Aosta e si pensa a montagne e castelli. Giustamente. Le prime sono addirittura le più alte d'Europa, cinte da vastissimi ghiacciai; i secondi sono tra i più romantici e fotografati di tutte le Alpi, immersi in uno scenario che dalle vette passa alle geometrie ordinate delle vigne dei versanti e dei frutteti di fondovalle. E poi cascate, torrenti e pascoli fioriti per completare un quadro naturale che ha una delle sue più alte espressioni nel Parco Nazionale del Gran Paradiso, storico santuario per stambecchi, camosci e aquile reali. Ce n'è davvero per tutti i gusti, dai patiti dell'arrampicata a quelli del trekking, dagli specialisti della pesca in torrente ai semplici appassionati di natura, per non dire degli amanti della buona tavola che viene imbandita con prodotti di singolare bontà. Quale che sia la predisposizione personale, fare agriturismo in Valle d'Aosta comporta un periodo di full immersion in un mondo di antica bellezza e di genuine tradizioni.

NEI LUOGHI DELLA FONTINA, SALUMI, VINI E FRUTTA D'ALTA QUOTA

Delle attività rurali la più caratteristica è l'allevamento: le mucche valdostane sono minute e per questo adatte agli impervi sentieri montani, ma d'indole così fiera da indurre i pastori a organizzare tornei, consumati corna contro corna, per eleggere la 'regina' della valle e la 'regina delle regine'. Il latte che si ricava da bestie di tanto

UFFICI TURISTICI

AOSTA
piazza E. Chanoux 8,
tel. 0165236627
Ayas
a Champoluc,
via Varasc 16,
tel. 0125307113
Breuil-Cervinia
via Carrel 29,
tel. 0166949136
Cogne
piazza Chanoux 36,
tel. 016574040
Courmayeur
piazzale Monte Bianco 13,
tel. 0165842060
Etroubles
strada Nazionale
Gran San Bernardo 13,
tel. 016578559
Gressoney-Saint-Jean
Villa Margherita 1,
tel. 0125355185
Saint-Vincent
via Roma 62,
tel. 0166512239
Villeneuve
località Champagne 18,
tel. 016595055

vigore diventa quel prodigio di formaggio che è la fontina, protagonista dei più gustosi piatti della cucina locale e primo tra le delizie gastronomiche valligiane ad avere ottenuto il riconoscimento comunitario della Dop (Denominazione di Origine Protetta). Per completare la cornice di bontà casearia, alla fontina va aggiunto, il «Fromadzo» (Dop), che poi è la tradizionale toma. All'allevamento si devono anche salumi assurti ai massimi livelli della qualità: sono lo «Jambon de Bosses» (Dop), prosciutto stagionato negli alpeggi del Gran San Bernardo, e il «Lard d'Arnad» (Dop), suo aromatico compagno, da affettare sul pane nero con la singolare aggiunta di qualche goccia di miele.

LA GROLLA DELL'AMICIZIA A SUGGELLO DI OGNI BANCHETTO

Altra protagonista del panorama agroalimentare valdostano è la viticoltura, che tra queste aride montagne assume contorni addirittura eroici. I versanti meglio esposti sono tutti disegnati dalle terrazze e dalle pergole, dalle colline di Pont-Saint-Martin, all'imbocco della valle, dove è di casa il piemontese Nebbiolo, alle falde del Monte Bianco, dove il Blanc de Morgex fruttifica tra larici e abeti. Questa attività trova espressione nell'unica Doc «Valle d'Aosta» – o Vallée d'Aoste, in onore al bilinguismo regionale – cui corrispondono sette sottodenominazioni di zona o vitigno (Arnad-Montjovet, Blanc de Morgex et de La Salle, Chambave, Donnas, Enfer d'Arvier, Nus, Torrette). Chiudono l'eccellente compagine dell'agricoltura valligiana la «Mela Valle

Sopra, un grappolo di Vin de Nus, ceppo indigeno tipico della bassa valle.

Qui a fianco, alpeggio nella zona di Chamois, Valtournenche; l'agriturismo rappresenta un'opportunità per la corretta valorizzazione degli insediamenti tradizionali.

ASSOCIAZIONI
DI CATEGORIA

▪ AGRITURIST
Quart
Sede Regionale,
c/o Assessorato Agricoltura
e Risorse Naturali,
località Teppe 7,
tel. 0165775218

▪ TURISMO VERDE
Aosta
Sede Regionale,
via Chambery 92,
tel. 0165235105

▪ TERRANOSTRA
Aosta
località Borgnalle,
Centro Direzionale
Miroir 10/L,
tel. 016545640

d'Aosta Renetta», protagonista degli scenari di fondovalle, e il «Miele Valle d'Aosta» (Igp), sublimato delle fioriture d'alta quota. Tornando agli abitanti della valle, essi vengono definiti d'indole tenace e possono sembrare chiusi, come spesso accade alla gente di montagna. È significativo, però, che abbiano istituito, a suggello di ogni banchetto, la consuetudine della grolla dell'amicizia, rito collettivo che comporta il passaggio di mano in mano di una sorta di coppa di legno contenente una mistura gagliardamente alcolica.

AGRITURISMO DI MONTAGNA

D'altra parte, chi sceglie di fare agriturismo in Valle d'Aosta lo fa alla cosciente ricerca di certi valori di genuinità e comunione con la natura. Certo non mancano occasioni per una visita culturale o per una giornata dedicata allo shopping. Aosta è la città: ha importanti memorie, romane e romaniche soprattutto, e appuntamenti di spicco come la tradizionale Fiera di Sant'Orso, a fine gennaio e a Ferragosto, o il multicolore Raduno Internazionale di Mongolfiere, in dicembre. Poi vi sono località di villeggiatura di antica fama – Courmayeur, ai piedi del Monte Bianco; Breuil-Cervinia con lo sfondo del Cervino; Gressoney, Brusson, Champoluc, Valtournenche, Cogne, La Thuile – che in stagione sono epicentro della mondanità vacanziera. Lo si dice a beneficio di chi teme crisi di astinenza da città. Il vero gusto della vacanza rurale tra queste montagne deriva invece dal sapere che là è la folla. Senza correre il rischio di annoiarsi perché ogni paese ha i suoi piccoli piaceri, le sue storie da raccontare, i suoi segreti da rivelare agli ospiti più affezionati.

Qui a fianco, una vacca pezzata rossa di razza Valdostana.

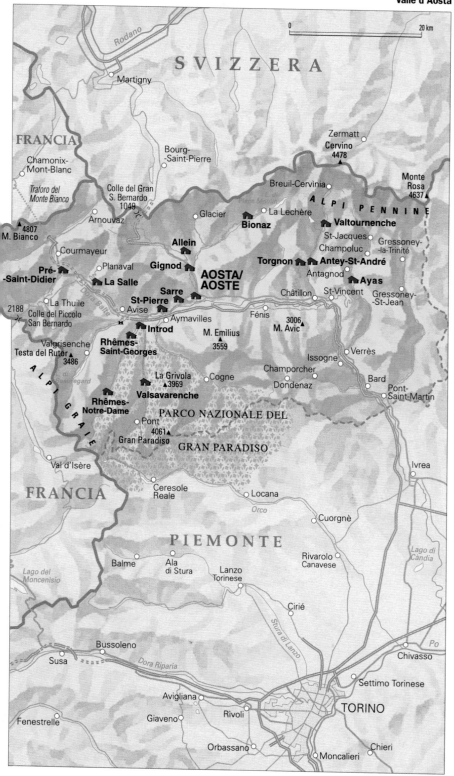

Allein (AO)

m 1190 ⊠ 11010

Lo Ratelé

località Ville 33, tel. 016578265 - ettari 5 - chiusura: sempre aperto - ✕

▶ Imboccare la Statale del Gran San Bernardo e, dopo Gignod, deviare a destra per Allein; dal paese salire per altri 2 km seguendo la segnaletica dell'azienda.

Ospitalità in casa rurale a tre piani con scenografici ballatoi. L'azienda, coltivata a prato, pascolo e seminativi, produce carni, uova, burro e formaggi. A portata di mano bosco, torrente e roccia.

Camere con servizi: 5 doppie, 2 a 3 letti, con biancheria letto, biancheria bagno, riscaldamento - mezza pensione £ 65/70000, sconto 50% per bambini fino a 8 anni. Deposito cauzionale da concordare.
⑉ riservato agli ospiti - cucina valdostana - vini regionali.
Servizi e locali comuni: parcheggio, telefono, sala TV, sala lettura, solarium. Sport e tempo libero: escursioni. Coltivazioni: seminativi, prato, pascolo, frutti di bosco. Allevamenti: bovini, caprini, pollame, conigli. Prodotti in vendita: uova, formaggio, burro, marmellate.

Antey-Saint-André (AO)

m 1074 ⊠ 11020

Au Jardin Fleuri

tel. 0166548372 oppure 0166548138, fax 0166548372 - ettari 22 - chiusura: sempre aperto - ✿ previo accordi.

▶ Da Châtillon risalire la Valtournenche sino ad Antey-Saint-André; l'azienda è ubicata nei pressi della chiesa parrocchiale.

Nello scenario imponente della Valtournenche sono disegnati i 22 ettari di questa azienda che produce, tra l'altro, fontina, burro, ortaggi e mele. In una casa rurale ben ristrutturata, al centro del paese, i tre alloggi indipendenti riservati agli ospiti.

Appartamenti: 1 bilocale per 4 persone, 2 di 3

locali per 6 persone, con stoviglie, lavatrice, riscaldamento, televisore - affitto a settimana £ 420/1250000, supplemento per riscaldamento. Deposito cauzionale da concordare.
Soggiorno minimo: week end.
Servizi e locali comuni: parcheggio. Sport e tempo libero: escursioni, passeggiate nel bosco. Coltivazioni: viti, seminativi, ortaggi, meli, prato. Allevamenti: bovini, pollame, conigli. Prodotti in vendita: mele, verdura, patate, formaggio, burro.

Aosta-Aoste

m 583 ⊠ 11100

La Ferme

regione Chabloz 18, tel. 0165551647 - ettari 3 - chiusura: sempre aperto - ✿ previo accordi.

▶ Sulla circonvallazione di Aosta, in direzione di Courmayeur, a circa 200 m dopo il secondo semaforo, a partire dall'incrocio dell'ospedale, voltare a destra.

Nella collina di Aosta, tra orti, frutteti e vigne, un elegante chalet in pietra e legno. Il prezzo è comprensivo del soggiorno in alloggio con uso cucina, della prima colazione e dei prodotti dell'azienda. Svaghi di ogni genere in città (2 km), escursioni e sport alpini a breve raggio.

Appartamenti: 3 bilocali per 4/5 persone, con biancheria letto, biancheria bagno, biancheria cucina, stoviglie, riscaldamento, televisore - affitto al giorno per persona £ 45/50000. Deposito cauzionale da concordare.
Soggiorno minimo: 4 giorni.
Note: *riduzioni per bambini, in base all'età.*
Servizi e locali comuni: parcheggio. Sport e tempo libero: gioco bocce; escursioni, passeggiate. Coltivazioni: viti, ortaggi, alberi da frutta. Prodotti in vendita: vino.

Plan d'Avie

ad Arpuilles, tel. 016551126 - ettari 3 - ♿ - chiusura: sempre aperto - ✕

▶ Da Aosta percorrere per 2 km la Statale del Gran San Bernardo, quindi deviare a sinistra e salire ad Arpuilles; l'azienda agricola si trova a circa 2 km dal paese.

Il pianoro dove sorge il centro aziendale si affaccia allo splendido scenario che corona Aosta. Per gli ospiti tre appartamenti modernamente ristrutturati, con possibilità di preparare grigliate e pranzare all'aperto sotto un'ampia tettoia. Intorno tre ettari di prati e pascoli, nel-

le immediate vicinanze ampia offerta di sport alpini. Si organizzano settimane verdi per ragazzi.

⊞ Appartamenti: 2 monolocali per 2 persone, 1 bilocale per 4 persone, con stoviglie, riscaldamento - affitto al giorno per persona £ 32/37000, bambini fino a 2 anni gratis, da 3 a 10 anni sconto 50%. Deposito cauzionale £ 100/200000.
Soggiorno minimo: 3 giorni.
Servizi e locali comuni: parcheggio, telefono. Coltivazioni: ortaggi, pascolo. Allevamenti: bovini, suini, pollame, conigli. Prodotti in vendita: pollame, uova, conigli.

Ayas (AO)

m 1464 ⊠ 11020

Goïl

ad Antagnod, località Goïl, tel. 0125306370 - ettari 12 - apertura: luglio-settembre, Natale e Pasqua, week end (tranne ottobre) - ↘

▶ Dall'uscita Verrès della A5 raggiungere Brusson e dopo 6,5 km voltare a sinistra per Antagnod; da qui salire ancora per circa 3 km su strada stretta e panoramica.

In amena posizione, su un pendio in vista del monte Rosa, l'azienda è votata alla produzione di latte, burro e fontina. I turisti vengono alloggiati in suggestivi chalet di pietra. Pensione completa allietata da prodotti genuini.

🛏 Camere con servizi: 3 a 3 letti, con biancheria letto, biancheria bagno, riscaldamento a gas - pensione £ 75000. Deposito cauzionale da concordare.
)|(cucina casalinga - vini regionali - £ 25/60000.

Servizi e locali comuni: parcheggio, telefono. Sport e tempo libero: escursioni. Coltivazioni: ortaggi, patate, prato, pascolo. Allevamenti: bovini, suini, pollame.

Bionaz (AO)

m 1606 ⊠ 11010

La Renardière

a Perquis 3, tel. 0165710887 - ettari 5 - chiusura: sempre aperto - ✗

▶ Da Aosta percorrere la Statale del Gran San Bernardo per 4,5 km, quindi deviare a destra e risalire la Valpelline sino a Bionaz; l'azienda si trova circa 300 m prima della chiesa.

Nella Valpelline, un solitario villaggio in mezzo alle praterie del Plan de Veyne. Soggiorno in una rustica baita a due piani. Sulle balze dei dintorni stambecchi, camosci e marmotte. Ideale per i patiti degli sport d'alta quota.

🛏 Camere senza servizi: 2 doppie; 1 bagno in comune - pernottamento per persona £ 40000, mezza pensione £ 60000. Camere con servizi: 1 doppia, 1 a 3 letti - pernottamento per persona £ 50000, mezza pensione £ 70000. Deposito cauzionale da concordare.
Note: le camere sono dotate di biancheria per letto, per bagno e riscaldamento centralizzato; sconto 50% per bambini fino a 6 anni.
)|(riservato agli ospiti - cucina casalinga - vini regionali - £ 20000.
Coltivazioni: ortaggi, patate, frutti di bosco. Allevamenti: bovini, caprini, pollame, conigli.

Gignod (AO)

m 988 ⊠ 11010

Le Myosotis

ad Arliod 7, tel. 0165256893 - ettari 81 - chiusura: metà gennaio-metà febbraio - ✗ salvo accordi.
▶ Da Aosta percorrere la Statale del Gran San Bernardo, superare Variney e dopo 1 km circa deviare a sinistra; seguire la segnaletica dell'azienda.

Il nome è quello latino del "nontiscordardimé", scelta azzeccata per il soggiorno in questa casa patriarcale ottocentesca, ristrutturata con gusto tradizionale. Splendida vista sul Grand Combin e numerose le escursioni suggerite nei dintorni.

🛏 Camere con servizi: 4 doppie, con biancheria letto, biancheria bagno, uso cucina, riscaldamento centralizzato - pernottamento per persona £ 40/60000. Deposito cauzionale £ 150000.

Soggiorno minimo: 3 giorni.
Servizi e locali comuni: parcheggio, sala lettura, taverna.
Sport e tempo libero: gioco bocce; visite nei dintorni, escursioni. Coltivazioni: ortaggi, alberi da frutta. Allevamenti: pollame, conigli. Prodotti in vendita: marmellate.

Introd (AO)

m 678 ⊠ 11010

Plantey

a Villes Dessus 65, tel. 016595531 - ettari 2 - chiusura: sempre aperto - ✗
▶ Da Aosta percorrere la Statale 36 per Courmayeur sino all'altezza di Villeneuve, quindi deviare a sinistra per Introd; l'azienda è ubicata a circa 1 km prima di entrare in paese.

Nella silenziosa e pastorale valle di Rhêmes, alle porte del Parco Nazionale del Gran Paradiso, si trova questo chalet in pietra e legno, al centro di una piccola tenuta a frutteto e vigna. Ampia scelta di escursioni panoramiche.

⊞ Appartamenti: 2 monolocali per 3 persone, con biancheria letto, biancheria bagno, riscaldamento, televisore - affitto al giorno per persona £ 40/45000. Deposito cauzionale da concordare.
Soggiorno minimo: 2 notti.
Servizi e locali comuni: parcheggio, barbecue. Sport e tempo libero: escursioni. Coltivazioni: viti, alberi da frutta. Allevamenti: pollame, api, daini. Prodotti in vendita: frutta, verdura, miele.

La Salle (AO)

m 1001 ⊠ 11015

Le Perce Neige

località Château 39, tel. 0165862422 - ettari 11 - ♿ - chiusura: sempre aperto - ✗
▶ Lasciare la Statale 26 per Courmayeur 3 km prima di arrivare a Morgex, quindi deviare a destra per La Salle, poi seguire la segnaletica; l'azienda agrituristica si trova 100 metri circa dopo il castello.

Lo scenario è quello dell'alta valle della Dora Baltea, animata in questo primo tratto da viliaggi, castelli e coltivazioni. L'azienda è a mezza costa, in una zona che offre molte possibilità di osservazioni naturalistiche.

🛏 Camere con servizi: 6 doppie, con biancheria letto, biancheria bagno, riscaldamento - pernottamento per persona £ 45/50000.
Soggiorno minimo: 1 settimana in alta stagione.
Servizi e locali comuni: parcheggio, telefono, sala lettura.
Sport e tempo libero: osservazione degli animali. Coltivazioni: seminativi, ortaggi, alberi da frutta, pascolo, frutti di bosco. Allevamenti: bovini, pollame, conigli.

Pré-Saint-Didier (AO)

m 1014 ⊠ 11010

Petit Mont Blanc

a Verrand, avenue Dent du Geant 24, tel. 0165845083 - ettari 9 - chiusura: sempre aperto - ✗
▶ Da Pré-Saint-Didier percorrere la strada regionale per Courmayeur; l'azienda è situata in località Verrand con accesso direttamente dalla strada.

A poca distanza da Courmayeur, con vista sulla catena del Bianco e ampia possibilità di escursioni. I volonterosi potranno vivere la "poesia" della fienagione o della cura dell'orto e del bestiame, ed eventualmente consolarsi con le rustiche specialità del ristorante.

🛏 Camere con servizi: 1 singola, 3 doppie, con biancheria letto, biancheria bagno - pernottamento per persona £ 50/60000, mezza pensione £ 70/80000. Deposito cauzionale da concordare.
Soggiorno minimo: 1 settimana in alta stagione.
🍴 cucina del territorio (solo la sera su prenotazione) - vini regionali - £ 35/40000.
Servizi e locali comuni: parcheggio, telefono. Sport e tempo libero: ricovero cavalli; guida ai lavori agricoli, passeggiate. Coltivazioni: avena, ortaggi, patate, foraggio. Allevamenti: bovini, ovini, equini, pollame. Prodotti in vendita: verdura, formaggio.

Rhêmes-Notre-Dame (AO)

m 1601 ⊠ 11010

Lo Sabot

a Bruil, tel. 0165936150 - ettari 13 - &. - chiusura: sempre aperto - ❧ previo accordi.
▶ Da Aosta procedere sulla Statale 26 per Courmayeur sino all'altezza di Villeneuve, voltare a sinistra e raggiungere Introd, poi percorrere interamente la Valle di Rhêmes; l'azienda si trova nel capoluogo dietro il Municipio.

In una conca prativa della valle di Rhêmes si trova questo romantico chalet. Dalla corte, dall'orto e dalla stalla i prodotti utilizzati con casalinga semplicità nel ristorante. Passeggiate nel Parco Nazionale del Gran Paradiso.

☞ Camere con servizi: 4 doppie, con biancheria letto, biancheria bagno, riscaldamento - pernottamento per persona £ 35/45000, pensione £ 50/60000. Deposito cauzionale da concordare.
⑂ cucina casalinga (prenotare) - vini regionali - £ 15/30000.
Servizi e locali comuni: telefono, sala TV. Coltivazioni: seminativi, ortaggi, prato, pascolo. Allevamenti: bovini, pollame. Prodotti in vendita: uova, latte, formaggio, burro.

Rhêmes-Saint-Georges (AO)

m 1028 ⊠ 11010

Edelweiss

a Melignon, tel. 0165767160 oppure 0165936178 - chiusura: sempre aperto - ✗
▶ Da Aosta seguire la Statale 26 sino a Villeneuve, girare a sinistra e raggiungere Introd, quindi immettersi nella Valle di Rhêmes; l'azienda si trova a circa 200 m dal centro di Melignon, a quota 1600.

Incastonato tra i larici, un antico edificio in pietra accoglie i turisti che risalgono la Dora di Rhêmes richiamati principalmente dai piaceri della vita in fattoria e dalle bellezze naturalistiche del primo parco nazionale italiano. In valle sport alpini per tutti i gusti.

⊞ Appartamenti: 3 bilocali per 4 persone, con biancheria cucina, stoviglie, riscaldamento a legna - affitto al giorno per persona £ 30/35000.
Soggiorno minimo: 1 settimana.
Note: *possibilità di pranzare all'aperto in giardino privato, con barbecue.*
Coltivazioni: ortaggi, prato, pascolo. Allevamenti: bovini, pollame, conigli.

Le Vieux Creton

località Creton, tel. 0165907612 oppure 0165 95980 - ettari 13,5 - &. - apertura: aprile-ottobre - ✗ salvo accordi.
▶ Da Aosta percorrere la Statale 26 fino a Villeneuve, poi girare a sinistra imboccando la direttrice che risale la Valle di Rhêmes; giunti a Rhêmes-Saint-Georges, proseguire per altri 4 km prendendo il bivio per Creton.

Vacanze per amanti della natura nel Parco Nazionale del Gran Paradiso. L'antica baita, ristrutturata in confortevoli appartamenti, si trova nel punto in cui il bosco cede spazio alle praterie d'alta quota ed è un ideale campo base per gli escursionisti.

⊞ Appartamenti: 3 monolocali per 3 persone, 1 bilocale per 5 persone, con stoviglie, riscaldamento - affitto al giorno per persona £ 22/35000.
Servizi e locali comuni: parcheggio, solarium, barbecue.
Sport e tempo libero: passeggiate. Coltivazioni: bosco, meli, foraggio, pascolo. Allevamenti: bovini, pollame. Prodotti in vendita: uova, uva, mele, verdura, formaggio.

Saint-Pierre (AO)

m 676 ⊠ 11010

L'Abri

località Vetan Dessous 83, tel. 0165908830, fax 0165908830 - ettari 4 - apertura: aprile-ottobre e Natale-Epifania - ✗
▶ Da Saint-Pierre, a 9 km da Aosta, voltare a destra per Saint-Nicolas; l'azienda si trova lungo la strada presso il ristorante Vetan.

In una tranquilla contrada a quota 1700 dell'altopiano che sovrasta panoramico il solco della Dora Baltea, si incontra questo romantico rustico in pietra. In azienda vengono coltivati alberi da frutta, viti e ortaggi. Per gli animi quieti, corsi di intaglio (fiori in legno); per i tipi muscolari, noleggio di mountain bike.

🛏 CAMERE CON SERVIZI: 2 singole, 4 doppie, con biancheria letto, biancheria bagno, uso lavanderia, riscaldamento centralizzato - pernottamento per persona £ 40/50000.
SOGGIORNO MINIMO: 1 settimana in alta stagione.
SERVIZI E LOCALI COMUNI: parcheggio, telefono, sala lettura.
SPORT E TEMPO LIBERO: noleggio mountain bike. COLTIVAZIONI: viti, ortaggi, alberi da frutta, pascolo. PRODOTTI IN VENDITA: vino, marmellate, fiori in legno.

Les Ecureuils

località Homené Dessus 8, tel. 0165903831, fax 0165903831 - ettari 4 - chiusura: Epifania-febbraio - 🕸
▶ Prendere la Statale 26 in direzione di Courmayeur, voltare a destra all'altezza di Sarre e raggiungere Ville-sur-Sarre; al bivio prima del paese girare a sinistra e seguire la segnaletica.

Gli scoiattoli sanno scegliere i propri rifugi. In questo caso un angolo di pace che su quattro ettari di terreno alterna ai prati e ai boschi le piantagioni pregiate. L'ospitalità agrituristica viene offerta in un complesso rurale, risalente al Settecento, con allevamento che fornisce materia prima genuina per la tavola del ristorante.

🛏 CAMERE CON SERVIZI: 1 singola, 4 doppie, con biancheria letto, biancheria bagno, riscaldamento centralizzato - pernottamento per persona £ 37/47000, mezza pensione £ 59/69000. Deposito cauzionale 30%.
🍴 cucina del territorio (prosciutto d'oca, formaggio di capra) - vini locali - £ 22/38000.
SERVIZI E LOCALI COMUNI: parcheggio, telefono. SPORT E TEMPO LIBERO: guida ai lavori agricoli, osservazione degli animali. COLTIVAZIONI: bosco, prato, frutti di bosco. ALLEVAMENTI: suini, caprini, pollame. PRODOTTI IN VENDITA: prosciutto, salumi, formaggio, marmellate.

Sarre (AO)

m 591 ⊠ 11010

La Grandze de Moueine

località Lalex 1, tel. 0165257092 oppure 0165 257154 - chiusura: sempre aperto - 🍷
▶ Lasciare la A5 all'uscita Aosta Ovest e proseguire verso il capoluogo fino al primo incrocio con semaforo; prendere ancora per Aosta e dopo una decina di metri imboccare, sulla sinistra, una strada in salita e successivamente la via privata di accesso all'azienda.

In vista del castello di Sarre, una dimora del '700 (la 'fattoria delle monache', traducendo dal patois). «Pace e natura», dichiara Anna per sintetizzare l'attrattiva del luogo: ambienti essenziali, come da tradizione valligiana, e, per le passeggiate, le valli che salgono al Gran Paradiso.

🏠 APPARTAMENTI: 3 bilocali per 4 persone, con stoviglie - affitto al giorno per persona £ 35/45000. Deposito cauzionale £ 200000.
SERVIZI E LOCALI COMUNI: parcheggio, parco giochi bimbi.
COLTIVAZIONI: ortaggi, alberi da frutta.

Torgnon (AO)

m 870 ⊠ 11020

Boule de Neige ★ TCI

località Mazod 13, tel. 0166540617 - ettari 6 - chiusura: metà giugno-metà luglio - 🕸
▶ Da Châtillon percorrere la Valtournenche sino ad Antey-Saint-André, superare il paese e prendere la carrozzabile sulla sinistra per Torgnon; l'azienda si trova circa 2 km prima di raggiungere il centro abitato.

Su un altopiano della Valtournenche, felicissimo per esposizione, alla quota di 1300 m, ospitalità in un bell'edificio rurale in pietra con ballatoi soleggiati, al centro di una vasta tenuta a campi e praterie digradanti. Ristorante con cucina casalinga e vini propri.

🛏 CAMERE CON SERVIZI: 2 doppie, con biancheria letto, biancheria bagno - pernottamento per persona £ 35/40000, mezza pensione £ 55/60000.
🏠 APPARTAMENTI: 2 bilocali per 4 persone, con uso lavanderia - affitto a settimana £ 600/800000.
SOGGIORNO MINIMO: 3 giorni in bassa stagione, 1 settimana in alta stagione.
Note: *le camere e gli appartamenti sono dotati di telefono e riscaldamento centralizzato.*
🍴 cucina casalinga - vini regionali di produzione propria - £ 20/30000.

Servizi e locali comuni: telefono, sala lettura. Sport e tempo libero: guida ai lavori agricoli, osservazione degli animali. Coltivazioni: frumento, ortaggi, foraggio, frutti di bosco. Allevamenti: bovini, animali di bassa corte. Prodotti in vendita: uova, prodotti del sottobosco, verdura, formaggio, burro.

m 1075 ☒ 11010

Lo Mayen

località Bien, tel. 0165905735 - ettari 68 - ♿ - apertura: su prenotazione - ✂
▶ Da Aosta seguire la Statale 26 per Courmayeur sino all'altezza di Villeneuve, voltare a sinistra e, dopo aver raggiunto Introd, salire lungo la Valsavarenche; l'azienda si trova a 6 km da Pont.

Prati, pascoli e boschi per 68 ettari, nel cuore del Parco Nazionale del Gran Paradiso. Un abbraccio di larici e abeti cinge il centro aziendale, di recente costruzione, con annesso ristorante. Trekking, anche a cavallo, negli splendidi dintorni.

☞ Camere con servizi: 8 doppie, con biancheria letto, biancheria bagno, riscaldamento centralizzato - pernottamento per persona £ 50/60000, mezza pensione £ 70/80000. Deposito cauzionale £ 150000. Soggiorno minimo: 3 giorni.
🍴 cucina valdostana (solo la sera su prenotazione) - vini regionali - £ 30/35000.
Servizi e locali comuni: parcheggio, telefono. Sport e tempo libero: trekking. Coltivazioni: seminativi, ortaggi, prato, pascolo. Allevamenti: bovini, suini, caprini, pollame.

m 1200 ☒ 11028

La Péra Doussa

località Loz 31, tel. 016692777, fax 016692767 - ♿ - chiusura: sempre aperto - ✎ previo accordi.
▶ Dall'uscita Châtillon-Saint-Vincent della A5, imboccare la Statale 406 percorrendola fino a 2 km oltre il capoluogo di Valtournenche, quindi prendere il bivio a destra seguendo le indicazioni.

Tra i verdi pascoli della Valtournenche, una rustica ma confortevole residenza montana. In inverno, si mettono gli sci fuori casa e si raggiungono comodamente gli impianti di Cime Bianche; in estate, dalla vicina Breuil-Cervinia si sale al Plateau Rosà. Escursioni a cavallo tutto l'anno. Si organizzano settimane verdi per ragazzi, in giugno, luglio e agosto.

☞ Camere con servizi: 5 doppie, 2 a 3 letti, con biancheria letto, biancheria bagno, riscaldamento, telefono - pernottamento per persona £ 45/65000, mezza pensione £ 65/95000, si accettano le principali carte di credito. Deposito cauzionale 30%.
🍴 cucina valdostana (primi piatti, polenta) - vini regionali - £ 20/45000.
Servizi e locali comuni: parcheggio, autorimessa, telefono, sala lettura. Sport e tempo libero: tiro con l'arco, ping pong, maneggio, ricovero cavalli, noleggio mountain bike, osservazione degli animali, passeggiate a cavallo, escursioni a piedi e a cavallo. Coltivazioni: ortaggi. Allevamenti: bovini, ovini, suini, caprini, equini, pollame, conigli, api. Prodotti in vendita: salumi, formaggio, burro, miele.

Piemonte
Sulle strade del vino

Nella patria di Nebbiolo, Barbera e Moscato spesso il filo conduttore della vacanza in campagna è il vino e, di conseguenza, anche la buona tavola.

A destra, il volo dell'airone cenerino, ospite abituale delle terre del Po.

Sotto, le morbide ondulazioni che caratterizzano il paesaggio del Basso Monferrato.

E steso su 25000 km², con circa 5 milioni di abitanti, il Piemonte è una regione che rispetta nella sua fisionomia l'origine stessa del proprio nome. 'Pedemontium', al piede dei monti, l'avevano chiamata gli antichi, e in effetti montagna, collina e pianura si succedono in logica sequenza dagli estremi della corona alpina fino alla parte centrale della valle Padana. La fascia montuosa, che copre un notevole 43% del territorio, costituisce un abbraccio avvolgente che dalle Alpi Marittime, dove si percepisce l'influenza del vicino Mediterraneo, passa in rassegna tutto l'arco formato da Cozie, Graie e Pennine culminando nella caratteristica mole del Monte Rosa. Davvero singolare è la quasi totale assenza della zona di transizione prealpina: il rilievo si presenta come una muraglia alta e sottile, con vette di altezza compresa fra i 2000 e i 4000 metri separate da valli profonde; le rocce si alzano a strapiombo sulla pianura, delineando il tratto forse più caratteristico di questa regione. La fauna vi risiede quasi al completo, con lo stambecco che è diffuso su molte cime e l'ormai certo ritorno del lupo e del gipeto negli ambienti più selvaggi.

LE COLLINE, ANIMA GENTILE DEL PIEMONTE

Vanno considerate poi le colline, estese a circa un terzo del territorio e suddivise in due gruppi principali: quelle del Canavese, intorno a Ivrea, e quelle centrali che si caratterizzano ulteriormente nei due comprensori del Monferrato, che interessa le province di Asti e Alessandria, e delle Langhe, estese al Basso Cuneese. Queste ultime, soprattutto, rappresentano l'immagine più vagheggiata del Piemonte turistico sia per il paesaggio dolcemente boschivo, sia per la coltura della vite che vi prospera con alcune delle sue più alte espressioni.

Viene infine la zona pianeggiante, delimitata a Oriente dal fiume Ticino, cui corrispondono le distinzioni di pianura alta, asciutta a causa della natura ghiaiosa e permeabile del suolo, e di pianura bassa, che presenta terreni impermeabili e assiste, lungo la cosiddetta fascia delle risorgive, all'affioramento delle acque di falda e al loro convergere verso il Po. La Bassa piemontese è la terra delle grandi risaie e, pur non rappresentando l'ambito agrituristico più frequentato, è senza dubbio uno degli ambienti più suggestivi della pianura, specchio d'acque in primavera, prateria verdeggiante nel cuore dell'estate, distesa dorata di spighe nel primo autunno: ben lo sanno i naturalisti, che interpretano il ritorno della cicogna e la presenza di importanti colonie di aironi come segnali incoraggianti, dopo anni in cui l'uso improprio di prodotti chimici aveva quasi cancellato il gracidare delle rane e il volo delle rondini dagli orizzonti padani.

UFFICI TURISTICI

❚ CUNEO
Mondovì
corso Statuto 19,
tel. 017440389
Saluzzo
via Torino 51,
tel. 017546710

❚ NOVARA
Baluardo Quintino Sella 40,
tel. 0321394059
Orta San Giulio
via Panoramica,
tel. 0322905614

❚ TORINO
piazza Castello 161,
tel. 011535181
Ceresole Reale
Palazzo Comunale,
tel. 0124953121
Ivrea
corso Vercelli 1,
tel. 0125618131
Lanzo Torinese
via Umberto I 9,
tel. 012328080
Oulx
piazza Garambois 2,
tel. 0122831786
Pinerolo
viale Giolitti 7/9,
tel. 0121794003
Torre Pellice
via Repubblica 3,
tel. 012191875

UNA REGIONE DI GRANDI RISORSE AGRICOLE

A questo variegato scenario regionale corrisponde una realtà agricola molto vivace, nella quale alla produzione risicola delle province di Novara e Vercelli, che copre il 60% del raccolto nazionale, fa riscontro una viticoltura di collina con una gamma eccezionale di vini, per molti la più completa del Paese: le produzioni Doc sono 49, delle quali ben 7 Docg, vale a dire «Asti», «Barbaresco», «Barolo», «Brachetto d'Acqui», «Gattinara» e «Ghemme». I pascoli di collina e di montagna sostentano un allevamento bovino che colloca la regione ai primi posti in Italia nella produzione di carne e di latticini. Tra le prime è prossimo il riconoscimento dell'Indicazione Geografica Protetta per «Fassone del Piemonte e Bue di Carrù», «Agnello delle Langhe» e «Salame Piemonte». Tra i formaggi si annoverano le produzioni «Bra» (Dop), «Castel Magno» (Dop), «Murazzano» (Dop), «Raschera» (Dop), «Robiola di Roccaverano» (Dop) e «Toma piemontese» (Dop). Chiudono i ranghi dell'eccellenza agroalimentare due prodotti del bosco, la «Nocciola del Piemonte» (Igp) e il «Marrone Cuneo».

AGRITURISMO DI COLLINA TRA VINI E TARTUFI

In questo ricco contesto, l'agriturismo piemontese ha vastissime potenzialità, potendo anche contare su un patrimonio edilizio di prim'ordine: dalle grandi, suggestive cascine a corte della Pianura Padana, ai cascinali di collina, alle tipiche costruzioni in pietra e legno nelle valli che salgono verso il crinale alpino. Di fatto, però, la maggior parte del flusso turistico è orientato, grazie anche alle suggestioni degli scritti di Fenoglio e Pavese, verso le colline del Monferrato e delle Langhe.

Non a torto, giacché è proprio qui che si esprime con maggiore pienezza la cultura del saper vivere piemontese. A partire dalla buona tavola che in questi luoghi è pervasa dall'aroma del tartufo e del fungo, e ha giustificata devozione verso riso, burro e formaggi. E per chi la apprezza, le terre di mezzo danno anche quella selvaggina che si sublima tra vino e verdure nel saporitissimo salmì. Quanto all'accoglienza, non c'è da stupirsi se in queste terre l'agriturismo vive il suo momento d'oro in autunno, al momento della vendemmia. Non sono affatto da sottovalutare, però, le fioriture della primavera e la gradevolissima brezza dell'estate. Situazione particolare è infine quella delle zone montane, dove l'accoglienza rurale si pone come complemento alla più consueta ricettività sia nella bella stagione, quando la principale attrattiva è data dall'escursionismo, sia in inverno, quando l'interesse è monopolizzato dagli sport alpini e le stazioni turistiche faticano a soddisfare le richieste di soggiorno.

DAL GRAN PARADISO ALLE SPONDE DEL PO

Importante complemento della vacanza rurale è infine il quadro naturalistico, che può contare nel settore montano su ambienti di eccezionale interesse. In fatto di aree protette il Piemonte condivide con la Valle d'Aosta il Parco Nazionale del Gran Paradiso, istituito nel 1922 per tutelare stambecchi e aquile, ma conta anche uno di quelli di più recente istituzione, in val Grande, a protezione di una delle ultime vere wilderness d'Italia. A loro si aggiungerà in prospettiva un'area protetta internazionale che dovrebbe inglobare il versante piemontese e quello ligure delle Alpi Marittime e andarsi a collegare al francese parco del Mercantour. Scendendo in pianura, vengono il complesso delle riserve istituite lungo l'asta fluviale del Po, frequentate da una ricca avifauna, e il Parco del Ticino, dove la protezione integrale degli angoli più riposti porterà alla reintroduzione della lontra, mentre nella cosiddetta fascia di preparco, sono salvaguardate le attività agricole tradizionali.

A sinistra, nella messe dei prodotti della collina non mancano i funghi; il loro aroma rivaleggia con quello del tartufo nel dare inconfondibile carattere a molti piatti della cucina piemontese.

Sotto, una ricca villa di campagna evoca i periodi sabaudo e ligure, come quella del conte di Cavour, che hanno lasciato un segno anche fuori dall'arena politica.

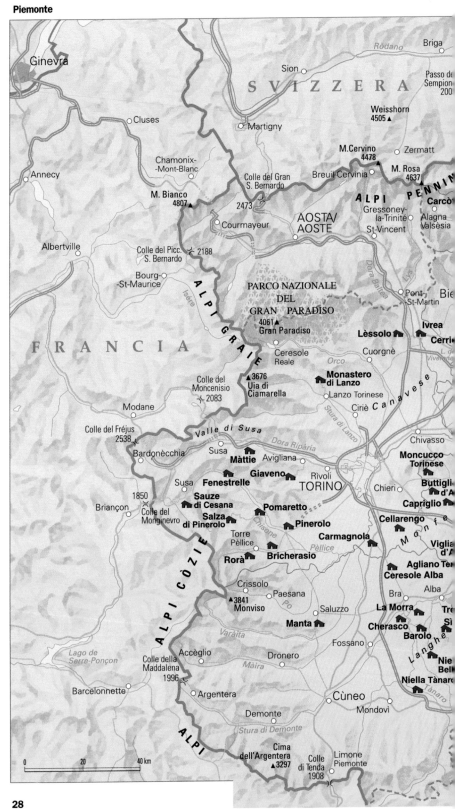

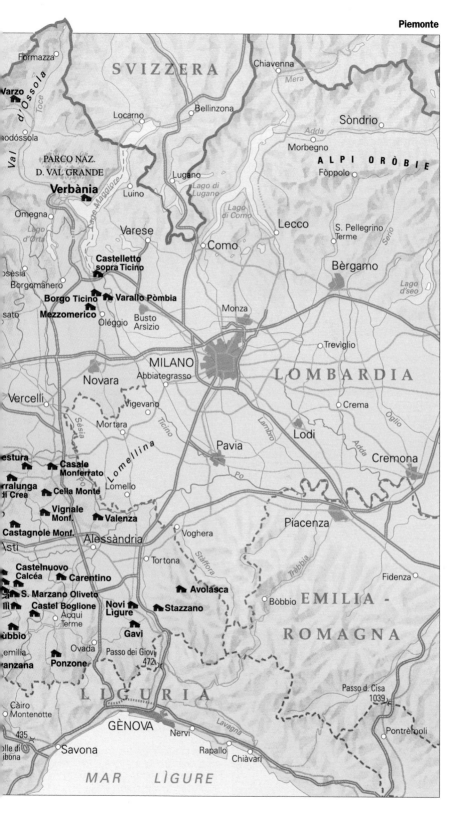

Agliano Terme (AT)

m 263 ✉ 14041

La Mela Verde

a Vianoce 34, tel. 0141954148, fax 0141954148 - ettari 1 - chiusura: sempre aperto - ❧ piccola taglia.
▶ Da Asti portarsi verso Sud-Est e, giunti all'altezza di Montegrosso d'Asti, deviare a destra, quindi continuare in direzione di Agliano; 1 km circa prima di entrare in paese, piegare di nuovo sulla destra e seguire le indicazioni dell'azienda.

L'azienda agrituristica è situata a mezza collina, nella zona di produzione del Barbera. Il soggiorno viene offerto in un cascinale d'epoca con patio attrezzato e arredamento consono alla bella atmosfera contadina. Previo accordi, si organizzano settimane verdi per ragazzi con accompagnatore.

⊞ APPARTAMENTI: 2 bilocali per 4/5 persone, con biancheria letto, biancheria bagno, stoviglie, riscaldamento autonomo - affitto al giorno per persona £ 30/80000, pulizia finale £ 50000. Deposito cauzionale £ 300000.
SOGGIORNO MINIMO: 2 notti.
SERVIZI E LOCALI COMUNI: parcheggio. SPORT E TEMPO LIBERO: guida ai lavori agricoli, osservazione degli animali, visite nei dintorni. COLTIVAZIONI: viti. PRODOTTI IN VENDITA: uva.

Avolasca (AL)

m 425 ✉ 15050

La Vecchia Posta

via Montebello 2, tel. 0131876254, fax 0131876254 - ettari 9 - chiusura: gennaio - ❧

▶ Dall'uscita Tortona della A7 dirigersi verso Viguzzolo, a poco meno di 3 km da detta località prendere la deviazione a destra per Garbagna, quindi continuare per circa 13 km e poi girare ancora a destra; dopo un paio di chilometri si arriva ad Avolasca.

Nei Colli Tortonesi - verdi, tranquilli e tutti da scoprire - una casa colonica presso un villaggio di vignaioli e piccoli allevatori. Ristorazione rurale sotto il segno del tartufo e dei buoni sapori di fattoria.

🛏 CAMERE SENZA SERVIZI: 4 doppie, con biancheria letto, biancheria bagno, riscaldamento a legna; 2 bagni in comune - mezza pensione £ 60000.
🍴 cucina piemontese (piatti al tartufo) - vini di produzione propria - £ 40000.
SERVIZI E LOCALI COMUNI: sala lettura. SPORT E TEMPO LIBERO: noleggio mountain bike, guida ai lavori agricoli. COLTIVAZIONI: viti, ortaggi, alberi da frutta. ALLEVAMENTI: bovini, animali di bassa corte. PRODOTTI IN VENDITA: vino, frutta.

Barolo (CN)

m 301 ✉ 12060

Fenocchio

via Alba 79, tel. 0173560016, fax 017356387 - ettari 7 - chiusura: gennaio-febbraio - ✗
▶ Lasciare la Statale 231 e seguire verso Sud le indicazioni per Barolo; l'azienda si trova sulla Provinciale, un chilometro circa prima di arrivare in paese.

L'ospitalità argituristica viene offerta in un'azienda di recente ristrutturazione, immersa tra i vigneti della locale produzione a denominazione controllata e garantita. In azienda si organizzano corsi di degustazione e visite dei vigneti delle Langhe.

🛏 CAMERE SENZA SERVIZI: 1 doppia; 1 bagno in comune - pernottamento per persona £ 50000. CAMERE CON SERVIZI: 2 doppie - pernottamento per persona £ 50000.
Note: le camere sono dotate di biancheria per letto e per bagno, riscaldamento centralizzato.
🍴 cucina delle Langhe (prenotare) - vini di produzione propria - £ 50000.
SERVIZI E LOCALI COMUNI: parcheggio, telefono. SPORT E TEMPO LIBERO: noleggio mountain bike, visite nei dintorni. COLTIVAZIONI: viti, ortaggi, alberi da frutta. ALLEVAMENTI: animali di bassa corte. PRODOTTI IN VENDITA: vino, grappa, conserve.

Borgo Ticino (NO)

m 299 ✉ 28040

Cascina Cesarina

a Gagnago, via Dei Cesari 32, tel. 032190491, fax 0321
90491 - ettari 3 - chiusura: sempre aperto - 🍷
▶ Uscita Castelletto Ticino della A8/26 poi Statale 32
per Novara; quindi piegare verso Sud e raggiungere Borgo Ticino; da qui ancora 1 km in direzione di Gagnago.

Simpatica cascina dai lunghi ballatoi nello scenario dell'anfiteatro collinare che cinge da Sud il lago Maggiore. Ristorazione internazionale a base dei prodotti biologici coltivati in azienda. Turismo equestre a tutti i livelli negli splendidi dintorni, corsi di inglese in azienda.

🛏 CAMERE SENZA SERVIZI: 2 a 2/3/5 letti, con biancheria letto, biancheria bagno, uso lavanderia, riscaldamento centralizzato; 2 bagni in comune - pernottamento per persona £ 43/55000, pensione £ 68/93000, possibilità di riduzioni da concordarsi alla prenotazione.
SOGGIORNO MINIMO: 5 giorni a Pasqua e in alta stagione.
⚠ 3 equipaggi 🚐 3 equipaggi.
🍴 cucina casalinga - vini regionali - £ 25/40000.
SERVIZI E LOCALI COMUNI: parcheggio, telefono, sala TV, parco giochi bimbi, barbecue. SPORT E TEMPO LIBERO: piscina, ping pong, ricovero cavalli; guida ai lavori agricoli, raccolti funghi, passeggiate a cavallo, visite nei dintorni. COLTIVAZIONI: ortaggi, alberi da frutta, pascolo, frutti di bosco. ALLEVAMENTI: pollame, equini.

Bricheràsio (TO)

m 400 ✉ 10060

Turina

via Tagliarea, tel. 012159257, fax 012159257 - ettari 7 - ♿ - chiusura: sempre aperto - 🍷 previo accordi.
▶ Da Pinerolo, che si raggiunge tramite la Tangenziale Sud di Torino, seguire le indicazioni per la Val Pellice; non entrare in Bricherasio, ma percorrere la circonvallazione al termine della quale si trova una stazione di servizio e le indicazioni per l'azienda.

Siamo all'imbocco della val Pellice, a un tiro di schioppo da Pinerolo e a solo mezz'ora d'auto da Torino. Questo si traduce in un'amplissima scelta escursionistica anche se il verde della collina e la posizione panoramica dell'azienda indurranno molti ospiti a una vacanza di totale disimpegno. In agosto il ristorante rimane chiuso.

⊞ Appartamenti: 4 bilocali per 2/4 persone, con biancheria letto, biancheria bagno, biancheria cucina, stoviglie, riscaldamento autonomo - affitto a settimana £ 500/800000. Deposito cauzionale 30%.

〉¶ cucina tradizionale (prenotare) - vini regionali - £ 30/50000.

Servizi e locali comuni: parcheggio, telefono, giochi bimbi. Sport e tempo libero: passeggiate a cavallo, escursioni, visite nei dintorni, passeggiate. Coltivazioni: alberi da frutta. Allevamenti: suini, caprini, pollame, conigli. Prodotti in vendita: frutta, verdura, sottoli, sottaceti, confetture.

Bùbbio (AT)

m 224 ⊠ 14051

La Dogliola

regione Infermiera 226, tel. 014483557 - ettari 7 - chiusura: sempre aperto - ❧ previo accordi.

▶ Da Acqui Terme percorrere la Statale 30 per circa 12 km fino al bivio per Monastero Bormida, quindi girare a sinistra verso Bubbio sulla Statale 339; prima di arrivare al paese svoltare verso la collina seguendo le indicazioni per l'azienda.

Nel fascinoso scenario della Langa Astigiana, un'importante azienda aderente al Movimento del Turismo del Vino (in cantina, Moscato, Barbera, Brachetto e altri interessanti uvaggi). Soggiorno d'atmosfera, presso la cascina dei titolari, con accoglienza multilingue e vario contorno per il tempo libero (escursionismo equestre, laboratori d'arte, ecc.).

🖘 Camere con servizi: 3 doppie, con uso cucina - pernottamento per persona £ 35/50000, forfait settimanale £ 220/315000.

⊞ Appartamenti: 1 bilocale per 3 persone, con uso lavanderia, stoviglie - affitto al giorno £ 90/150000, affitto a settimana £ 550/900000. Deposito cauzionale £ 200000.

Soggiorno minimo: 2 notti in appartamento.

Note: *le camere e l'appartamento sono dotati di biancheria per letto, per bagno e per cucina, televisore, caminetto e riscaldamento centralizzato; supplemento per letto aggiunto £ 30000.*

Servizi e locali comuni: parcheggio, locale soggiorno, solarium. Sport e tempo libero: piscina, campo da tennis, ping pong; noleggio mountain bike, corsi di pittura, visita ai vigneti e alla cantina con degustazione. Coltivazioni: viti. Prodotti in vendita: vino, grappa.

Buttigliera d'Asti (AT)

m 299 ⊠ 14021

Cascina Campora

a Serra, tel. 0119921821 (prenotazioni 0141901360), fax 0141901360 - ettari 14 - ♿ - apertura: su prenotazione - ❧

▶ Da Villanova d'Asti, 2 km circa dall'uscita omonima della A21, percorrere la Provinciale fino a Buttigliera d'Asti, quindi deviare verso Sud-Est per altri 2 km.

«Vacanze al profumo di natura» è uno slogan davvero azzeccato per un agriturismo dedito a coltivazioni rigorosamente biologiche. Tutt'intorno i boschi e l'amena campagna dell'Alto Monferrato, vale a dire tranquillità e un'atmosfera di genuina semplicità.

🖘 Camere senza servizi: 1 singola, 4 doppie, con biancheria letto, biancheria bagno, biancheria cucina, uso cucina, uso lavanderia, riscaldamento centralizzato; 2 bagni in comune - pernottamento per persona £ 35/40000, pensione £ 55/65000.

Soggiorno minimo: 3 giorni.

⚠ 3 equipaggi ⊞ 3 equipaggi.

〉¶ cucina piemontese (prenotare) - vini di produzione propria - £ 30/45000.

La Casa in Collina

Circondata da una distesa infinita di vigneti, coltivati a Moscato, "La Casa in Collina" ha volutamente mantenuto l'atmosfera della casa privata offrendo agli ospiti il gusto di vivere la quiete e il silenzio della Langa Astigiana. Il piano terreno si apre su un'intima e raccolta zona salotto in cui poter leggere; a fianco, un luminosissimo salone per la prima colazione. Le sei camere, ampie e diverse l'una dall'altra, sono tutte arredate con mobili di antiquariato piemontese, con tappeti e tessuti ricercati, dai caldi colori. Silenzio e tranquillità sono garantiti. Ricco anche il buffet per la prima colazione. Nei 10 ettari di vigne di proprietà che affiancano l'agriturismo nasce l'ottimo Moscato d.o.c.g. "Cà dù Giaj" offerto e venduto agli ospiti.

Regione S. Antonio, 30 - Canelli (AT)
Tel. 0141 822827 - Fax 0141 823543 - E-mail: g.amerio@areacom.it - www.casaincollina.com

Servizi e locali comuni: parcheggio, telefono, sala TV, sala lettura, sala giochi bimbi. Sport e tempo libero: campo da tennis, gioco bocce; disponibilità di biciclette, guida ai lavori agricoli, osservazione degli animali, visite nei dintorni. Coltivazioni: viti, cereali, ortaggi, alberi da frutta. Allevamenti: pollame, conigli, struzzi. Prodotti in vendita: frutta, verdura, conserve, marmellate.

Canelli (AT)

m 157 ⊠ 14053

La Casa in Collina

regione Sant'Antonio 30, tel. 0141822827 oppure 0141823543, fax 0141823543 - ettari 10 - chiusura: sempre aperto - ⬥
▶ Uscita Asti Est della A21, poi proseguire verso Montegrosso d'Asti e Canelli; dal paese imboccare la strada in salita per Sant'Antonio per un paio di chilometri.

Nel sereno paesaggio delle colline astigiane, un'antica cascina tra le vigne del Moscato e della Barbera. I due centri di maggiore interesse turistico sono Alba, con le sue proposte enogastronomiche, e Acqui Terme, con le sue fonti salso-bromo-sulfuree. Tranquille passeggiate nei luoghi cantati da Cesare Pavese. In azienda, sala fitness con attrezzature per la forma fisica.

🛏 Camere con servizi: 6 doppie, con biancheria letto, biancheria bagno, riscaldamento centralizzato, telefono, televisore - pernottamento per persona £ 80000.
Carte di credito: Diner's Club, Visa, Mastercard.
Servizi e locali comuni: parcheggio, telefono, sala TV, sala lettura. Sport e tempo libero: noleggio mountain bike, visite nei dintorni. Coltivazioni: viti, alberi da frutta. Prodotti in vendita: vino DOCG, frutta.

La Luna e i Falò

regione Aie 37, tel. 0141831643, fax 0141831643 - ettari 1,5 - apertura: marzo-novembre, su prenotazione - ⬥
▶ Dall'uscita Asti Est della A21, seguire le indicazioni per Montegrosso d'Asti e Canelli; giunti in paese, proseguire in direzione Nord-Ovest per 1,5 km sulla strada per il Castello Gancia.

Per nome una citazione di Cesare Pavese adattissima al luogo perché oziando sotto il portico dell'antico casale ci si perde davvero nell'osservare il paesaggio e le luci che lo animano al calare del sole. Particolarmente suggestiva anche l'atmosfera domestica, impreziosita da arredi d'epoca.

🛏 Camere con servizi: 1 doppia, 2 a più letti - pernottamento per persona £ 80000, mezza pensione £ 130000.
⊞ Appartamenti: 1 bilocale per 4 persone, con biancheria cucina, stoviglie, lavatrice - affitto a settimana £ 1400000.
Soggiorno minimo: 2 notti.
Note: *le camere e l'appartamento sono dotati di biancheria per letto e per bagno, telefono, televisore, riscaldamento a gas liquido e uso lavanderia.*
🍴 cucina astigiana e delle Langhe (salsa di peperoni e fichi) - vini di produzione propria - £ 50/75000.
Servizi e locali comuni: parcheggio, telefono, sala TV, sala lettura. Sport e tempo libero: gioco bocce, ping pong. Coltivazioni: viti, ortaggi, alberi da frutta. Prodotti in vendita: salumi, vino, frutta, tartufi.

Rupestr

regione Piancanelli 12, tel. 0141824799 oppure 0141 832670, fax 0141824799 - ettari 2,2 - ♿ - chiusura: Epifania-metà febbraio - ⬥
▶ Partendo da Canelli seguire le indicazioni per Savona; giunti al passaggio a livello imboccare la deviazione sulla destra che porta a Loazzolo e proseguire ancora per circa 5 km.

Piemonte

«Ospitalità contadina», come sottolinea il titolare, tra Monferrato e Langhe, al centro di un distretto enogastronomico unico al mondo. All'agriturismo fa capo l'associazione "Amici del Caminetto" che promuove serate a tema per recuperare i sapori della memoria. Il luogo è un assaggio di paradiso.

CAMERE CON SERVIZI: 7 doppie - prima colazione £ 3/5000, mezza pensione £ 75/90000, forfait settimanale £ 450/600000.
APPARTAMENTI: 1 bilocale per 2/4 persone, con biancheria cucina, stoviglie, lavastoviglie, lavatrice - affitto al giorno £ 120/150000, affitto a settimana £ 720/900000. Deposito cauzionale 50%.
SOGGIORNO MINIMO: 2 notti.
Note: *le camere e l'appartamento sono dotati di biancheria per letto e per bagno, riscaldamento centralizzato e caminetto.*
6 equipaggi.
cucina casalinga (piatti ai funghi e al tartufo) - vini locali di produzione propria - £ 30/45000.
SERVIZI E LOCALI COMUNI: parcheggio, telefono, sala lettura, taverna, sala giochi bimbi. SPORT E TEMPO LIBERO: guida ai lavori agricoli, corsi di cucina, visite nei dintorni. COLTIVAZIONI: viti, ortaggi, erbe aromatiche, alberi da frutta. ALLEVAMENTI: pollame, conigli. PRODOTTI IN VENDITA: vino, marmellate, frutta sotto zucchero.

Caprìglio (AT)
m 231 ⊠ 14014

Cascina Piola
a Serra, via Fontana 2, tel. 0141997447, fax 0141 997447 - ettari 1,5 - chiusura: fine giugno-inizio luglio, periodo natalizio -

▶ Dall'uscita Villanova della A21 percorrere 10,5 km in direzione di Montafia, poi svoltare sulla sinistra per Capriglio. L'azienda si trova un chilometro a Ovest di Capriglio in località Serra.

Nel verde delle colline tra Torino e Asti spicca il rosa di questa bella residenza, glicine e gerani alle finestre, arredi e atmosfera dei tempi andati. In tavola, piatti vegetariani e della tradizione, con i prodotti biologici certificati dall'azienda. Poco distante un maneggio dà occasione di percorrere strade nuove alla scoperta di un territorio che ha la sua prima, ma non unica, attrazione nell'abbazia di Vezzolano.

CAMERE CON SERVIZI: 2 doppie, con biancheria letto, biancheria bagno, biancheria cucina, uso cucina, riscaldamento centralizzato - pernottamento per persona £ 38000, pensione £ 90000, supplemento per uso cucina £ 5000 al giorno.
2 equipaggi.
cucina piemontese e vegetariana (piatti con farro, torte di verdura) - vini regionali di produzione propria - £ 25/38000.
SERVIZI E LOCALI COMUNI: sala lettura, parco giochi bimbi.
COLTIVAZIONI: ortaggi, alberi da frutta. PRODOTTI IN VENDITA: verdura, conserve, marmellate.

Carcòforo (VC)
m 1304 ⊠ 13026

Brüc
località Alpe Brüc, tel. 016395600 - apertura: aprile-ottobre.
▶ Dalla A26 uscire a Romagnano Sesia-Ghemme e imboccare la Statale 299 verso Nord. Giunti a Varallo proseguire per circa 10 km fino a Balmuccia, quindi girare a destra, percorrere altri 10 km e continuare fino a Rimasco; dopo 7,5 km si arriva a Carcoforo e poi a piedi sul sentiero 122 della G.T.A.

"Brüc" è l'erica, che fiorisce nelle radure tra i larici. Alle porte del Parco Naturale dell'Alta Valsesia, agriturismo in baita, a 1500 metri di quota, lungo il tracciato della Grande Traversata delle Alpi (G.T.A.). A valle è Carcoforo, che un sondaggio ha posto nella ristretta cerchia dei "villaggi ideali" d'Europa.

CAMERE SENZA SERVIZI: 2 doppie, 1 a 4 letti, con biancheria letto; 1 bagno in comune - pernottamento per persona £ 10/15000, prima colazione £ 5000, mezza pensione £ 60000. Deposito cauzionale da concordare.
cucina piemontese (polenta concia) - vini di produzione propria - £ 22/35000.
SPORT E TEMPO LIBERO: gioco bocce; osservazione degli animali, passeggiate. COLTIVAZIONI: ortaggi. ALLEVAMENTI: bovini, ovini, caprini, animali di bassa corte. PRODOTTI IN VENDITA: formaggio.

Carentino (AL)
m 160 ⊠ 15022

Tenuta Aimonetta
tel. 0131777232 oppure 037156253, fax 02989046 - ettari 175 - apertura: Pasqua-ottobre - previo accordi.
▶ Dall'uscita Alessandria Sud della A26 seguire le indicazioni per Nizza Monferrato e raggiungere Carentino; l'azienda si trova 1 km circa a Sud-Est del paese.

Nell'Alto Monferrato, in uno scenario impreziosito da boschi e laghetti, si trova questa importante azienda. Le camere e gli spazi collettivi fanno parte della casa padronale e sono arredati con mobili di sapore locale. A poca distanza si trova un centro ippico convenzionato.

🛏 CAMERE SENZA SERVIZI: 3 doppie; 2 bagni in comune - pernottamento per persona £ 40/50000. CAMERE CON SERVIZI: 2 a 3/4 letti - pernottamento per persona £ 40/50000.

⊞ APPARTAMENTI: 1 bilocale per 4 persone, 1 di 4 locali per 4/6 persone, con biancheria cucina, stoviglie, lavatrice - affitto a settimana £ 600/750000. Deposito cauzionale da concordare.

SOGGIORNO MINIMO: 1 settimana in appartamento.

Note: le camere e gli appartamenti sono dotati di biancheria per letto e per bagno, riscaldamento centralizzato. SERVIZI E LOCALI COMUNI: parcheggio, telefono, sala lettura. SPORT E TEMPO LIBERO: ricovero cavalli; disponibilità di mountain bike, pesca, passeggiate nel bosco. COLTIVAZIONI: granoturco, grano, girasoli, erba medica. ALLEVAMENTI: bovini. PRODOTTI IN VENDITA: latte.

Carmagnola (TO)

m 240 ⊠ 10022

Cascina Montebarco

a Casanova, via Poirino 650, tel. 0119795051, fax 011 9795907 - ettari 17 - chiusura: ferie variabili - 🚫
▶ Lasciare la A6, provenendo da Torino, allo svincolo locale; non entrare in paese, ma procedere in direzione opposta, sulla strada per Poirino; dopo 6 km si raggiunge Casanova.

L'ospitalità agrituristica è offerta in una cascina che, secondo la tradizione padana, abbraccia su quattro lati la corte dove si svolgono le attività quotidiane. A poca distanza si incontra l'abbazia cistercense di Casanova, prima tappa di un itinerario culturale che in pochi chilometri raggiunge Torino.

🛏 CAMERE CON SERVIZI: 1 doppia, con uso lavanderia - pernottamento per persona £ 40/50000, prima colazione £ 5000.

⊞ APPARTAMENTI: 2 monolocali per 2 persone, 1 bilocale per 3 persone, con stoviglie, lavastoviglie - affitto al giorno £ 50/100000.

Note: la camera e gli appartamenti sono dotati di biancheria per letto e per bagno, televisore e telefono; riduzioni per lunghi soggiorni.

⚠ 3 equipaggi 🚐 3 equipaggi.

SERVIZI E LOCALI COMUNI: parcheggio, telefono. SPORT E TEMPO LIBERO: noleggio mountain bike. COLTIVAZIONI: cereali, ortaggi, foraggio. PRODOTTI IN VENDITA: verdura.

Fattoria La Margherita

a Casanova, strada Pralormo 315, tel. 0119795088, fax 0119795228 - ettari 150 - chiusura: gennaio - 🍴
▶ Dal casello Carmagnola della A6 continuare verso Est in direzione di Casanova; seguire le indicazioni dell'azienda.

Fra il corso del Po e le propaggini occidentali del Roero, camere e appartamenti in una cascina ristrutturata di fine Ottocento, con strutture in mattoni a vista e appariscenti camini. In azienda si tengono, tra l'altro, corsi di golf.

🛏 CAMERE CON SERVIZI: 1 doppia, con riscaldamento centralizzato - pernottamento per persona £ 60000, prima colazione £ 10000, forfait settimanale £ 350/450000.

⊞ APPARTAMENTI: 11 monolocali per 2/4 persone, con uso cucina, stoviglie, riscaldamento autonomo - affitto al giorno £ 80/160000, affitto mensile £ 1800000.

CARTE DI CREDITO: Visa.

Note: la camera e gli appartamenti sono dotati di biancheria per letto e per bagno; pernottamento gratuito per bambini fino a 3 anni.

🍴 cucina piemontese (paste fresche, bagna cauda e piatti ai funghi) - vini locali di produzione propria - £ 25/50000.

SERVIZI E LOCALI COMUNI: parcheggio, telefono, sala TV, sala lettura. SPORT E TEMPO LIBERO: piscina, pratica golf, ping pong, ricovero cavalli. COLTIVAZIONI: viti, ortaggi, alberi da frutta. ALLEVAMENTI: equini, animali di bassa corte, api. PRODOTTI IN VENDITA: salumi, marmellate, miele.

Casale Monferrato (AL)

m 116 ⊠ 15033

Cascina Pelizza

località Vialarda, tel. 0142408130 - ettari 14 - chiusura: periodo in gennaio - 🍴 previo accordi.
▶ Da piazza Castello a Casale Monferrato, procedere verso Ovest per altri 8 km circa in direzione di Pontestura; seguire le indicazioni dell'azienda.

A breve distanza dal Po, sulle prime propaggini di celebri colli, si trova ospitalità agrituristica in cascina, al centro di un podere a vigneto. Primo punto di riferimento escursionistico è Casale, una delle più interessanti città d'arte della regione.

🛏 Camere con servizi: 3 doppie, 2 a 3 letti, con biancheria letto, biancheria bagno, riscaldamento autonomo, telefono, televisore - pernottamento per persona £ 50000, mezza pensione £ 75000.

🍴 cucina del Monferrato (agnolotti, fritto misto) - vini di produzione propria - £ 25/60000.

Servizi e locali comuni: parcheggio, telefono, sala lettura. Coltivazioni: viti, ortaggi. Allevamenti: suini, pollame. Prodotti in vendita: vino.

Castagnole Monferrato (AT)
m 232 ⊠ 14030

Tenuta dei Re

regione Cascina Nuova 1, tel. 0141292147, fax 0141 292147 - ettari 20 - apertura: Pasqua-novembre.
▶ Dal casello Asti Est della A21 immettersi sulla Statale 10 per Alessandria; dopo 3 km circa, girare a sinistra e raggiungere Castagnole Monferrato; l'azienda si trova nell'immediata periferia del paese.

Nella terra del Grignolino ospitalità presso una casa padronale di fine Ottocento. Dall'alto del colle lo spazio filtra tra gli alberi e si perde nello scenario dei poggi che si inseguono verso l'orizzonte. Tranquillità e lunghe passeggiate sulle strade poderali.

🛏 Camere senza servizi: 3 doppie; 2 bagni in comune - pernottamento per persona £ 35000, prima colazione £ 10000, mezza pensione £ 70000. Camere con servizi: 3 doppie - pernottamento per persona £ 50000, prima colazione £ 10000, mezza pensione £ 85000. Deposito cauzionale da concordare.
Soggiorno minimo: 3 giorni.
Note: *le camere sono dotate di biancheria per letto e per bagno, riscaldamento centralizzato; sconto 20% per bambini fino a 12 anni.*
⚠ 2 equipaggi 🚐 2 equipaggi.

🍴 cucina piemontese (agnolotti, coniglio all'astigiana) - vini di produzione propria - £ 25/40000.
Servizi e locali comuni: parcheggio, telefono, sala TV, sala lettura. Sport e tempo libero: campo da tennis, gioco bocce, maneggio, ricovero cavalli; noleggio mountain bike, guida ai lavori agricoli, osservazione degli animali, passeggiate a cavallo, corsi di equitazione. Coltivazioni: viti, noccioli. Allevamenti: conigli. Prodotti in vendita: vino DOC.

Castel Boglione (AT)
m 260 ⊠ 14040

Acino d'Oro

via Zana 13, tel. 0141762338 oppure 0141727440, fax 0414762338 - ettari 70 - apertura: aprile-metà ottobre e periodo natalizio - 🚫
▶ Da Nizza Monferrato proseguire verso Sud per 5 km sulla Statale 456, quindi voltare a destra e raggiungere Castel Boglione; in paese seguire le indicazioni.

Complesso agrituristico di moderna fisionomia al centro del quale spicca una bassa costruzione ad archi, con ristorante affacciato al portico, camere con loggia e mansarde. Piscina con ampia panoramica sulle colline circostanti.

🛏 Camere senza servizi: 8 doppie; 2 bagni in comune - pernottamento per persona £ 37500, pensione £ 70000. Camere con servizi: 3 doppie, 2 a 4 letti - pernottamento per persona £ 40/50000, pensione £ 80000. Deposito cauzionale da concordare.
Note: *le camere sono dotate di biancheria per letto e per bagno, riscaldamento centralizzato.*
🍴 cucina casalinga (grigliate) - vini di produzione propria - £ 25/50000.
Servizi e locali comuni: parcheggio, telefono, sala TV. Sport e tempo libero: piscina, campo di calcetto, maneggio; passeggiate a cavallo, corsi di equitazione, passeggiate. Coltivazioni: viti, alberi da frutta. Allevamenti: pollame, conigli. Prodotti in vendita: uova, vino, grappa, frutta, verdura, pane di casa, biscotti, conserve.

Castelletto Sopra Ticino (NO)
m 226 ⊠ 28053

Cascina delle Ruote

via Beati 151, tel. 0331973158, fax 02878702 - ettari 10 - ♿ - chiusura: sempre aperto - 🐾
▶ Uscita Castelletto Ticino della A8/26 quindi 1 km verso Sesto Calende; poi segnaletica dell'azienda.

Allevamento ippico prossimo al "fiume azzurro", appena a valle dalla sua emissione dal Verbano. Soggiorno in una grande cascina con portici e ballatoi, a soli cinque minuti di auto da Arona, punto di riferimento per gite in montagna e sul lago. Settimane verdi per ragazzi; pista ciclabile in azienda.

CAMERE CON SERVIZI: 7 doppie, 2 a 4 letti - pernottamento per persona £ 50/60000, prima colazione £ 10000, pensione £ 100/110000.

APPARTAMENTI: 1 bilocale per 4 persone, 1 villetta per 6/10 persone, con biancheria cucina, stoviglie - affitto al giorno £ 150/240000, affitto a settimana £ 1050/1600000.

SOGGIORNO MINIMO: 3 giorni.

Note: *le camere, il bilocale e la villetta sono dotati di biancheria per letto e per bagno, riscaldamento centralizzato.*

cucina casalinga (paste fresche e pane di casa) - vini regionali - £ 40/45000.

SERVIZI E LOCALI COMUNI: parcheggio, telefono, sala TV, sala lettura, sala convegni. SPORT E TEMPO LIBERO: piscina, ricovero cavalli; osservazione degli animali, pesca, passeggiate a cavallo, corsi di equitazione, escursioni, visite nei dintorni. COLTIVAZIONI: foraggio. ALLEVAMENTI: equini. PRODOTTI IN VENDITA: carne.

Castelnuovo Calcéa (AT)

m 246 ⊠ 14040

La Mussia

regione Opessina 4, tel. 0141957201, fax 0141 957402 - ettari 27 - ☓ - chiusura: sempre aperto - ☏ previo accordi.

▶ Partendo da Asti immettersi sulla Statale 231 e percorrerla fino a raggiungere Isola d'Asti; da qui imboccare, sulla destra, la direttrice per Nizza Monferrato; l'azienda si trova un paio di chilometri a Sud di Castelnuovo Calcea.

Dal mare dei vigneti collinari emerge questa grande fattoria che raccoglie intorno all'aia due case coloniche, portico, fienile e stalla. I borghi storici di Langa e Monferrato offrono abbondante materia per interessanti gite culturali. In corso di realizzazione tre appartamenti.

CAMERE CON SERVIZI: 12 doppie, con biancheria letto, biancheria bagno, riscaldamento centralizzato, televisore - pernottamento per persona £ 50000, mezza pensione £ 70000.

2 equipaggi.

riservato agli ospiti - cucina piemontese (tajarin, brasato al barbera) - vini locali - £ 25/40000.

SERVIZI E LOCALI COMUNI: parcheggio, telefono. SPORT E TEMPO LIBERO: piscina, campo da tennis, gioco bocce, ping pong, ricovero cavalli; noleggio mountain bike, visite nei dintorni, passeggiate. COLTIVAZIONI: viti, granoturco, orzo, ortaggi, alberi da frutta, prato. ALLEVAMENTI: bovini, animali di bassa corte. PRODOTTI IN VENDITA: frutta, marmellate.

Cella Monte (AL)

m 268 ⊠ 15034

Villa Perona

strada Perona 1, tel. 0142488280, fax 0142488280 - ettari 8 - chiusura: periodo tra luglio e agosto - ☓

▶ Da Casale Monferrato percorrere la Statale 457 per 3 km circa, quindi seguire le indicazioni per Cella Monte; l'azienda si incontra meno di un chilometro prima di arrivare in paese.

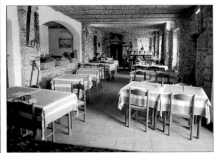

Incastonata nell'ordinato schema dei vigneti del Monferrato, la villa ottocentesca cela nelle cantine testimonianze di origini ben più antiche. Alloggio in un rustico adiacente, disposto a ferro di cavallo intorno a una corte.

CAMERE SENZA SERVIZI: 4 doppie; 2 bagni in comune - pernottamento per persona £ 45000, mezza pensione £ 90000. CAMERE CON SERVIZI: 6 doppie - pernottamento per persona £ 75000, mezza pensione £ 100000.
CARTE DI CREDITO: tutte, Bancomat.
Note: le camere sono dotate di biancheria per letto e per bagno, riscaldamento autonomo.
🏕 3 equipaggi 🚐 4 equipaggi.
🍴 cucina monferrina (prenotare) - vini di produzione propria - £ 45/70000.
SERVIZI E LOCALI COMUNI: parcheggio, telefono, sala lettura. SPORT E TEMPO LIBERO: gioco bocce, ping pong; noleggio biciclette, raccolta tartufi. COLTIVAZIONI: viti, alberi da frutta. PRODOTTI IN VENDITA: vino, marmellate.

Cellarengo (AT)

m 321 ✉ 14010

Cascina Papa Mora

via Ferrere 16, tel. 0141935126 - ettari 4 - chiusura: gennaio - 🚫
▶ Lasciare la A21 allo svincolo di Villanova d'Asti, poi dirigere verso Sud per circa 14 km transitando per Valfenera; l'azienda è 1 km alla periferia Est di Cellarengo.

Si soggiorna nella quiete delle colline astigiane in una grande fattoria dei primi del secolo. Gli ambienti, che riecheggiano atmosfere inglesi, e un pubblico piacevolmente cosmopolita, danno al soggiorno un tono speciale. A poca distanza un centro di turismo equestre offre belle prospettive escursionistiche.

CAMERE CON SERVIZI: 5 doppie, con biancheria letto, biancheria bagno, riscaldamento - pernottamento per persona £ 50000, pensione £ 80/90000.
🍴 cucina casalinga (piatti stagionali) - vini locali di produzione propria - £ 20/35000.
SERVIZI E LOCALI COMUNI: parcheggio, telefono, sala lettura. SPORT E TEMPO LIBERO: gioco bocce, ping pong; noleggio mountain bike, passeggiate a cavallo, visite nei dintorni, passeggiate. COLTIVAZIONI: viti, ortaggi, alberi da frutta, foraggio. ALLEVAMENTI: cavalli. PRODOTTI IN VENDITA: frutta, verdura, salse, confetture.

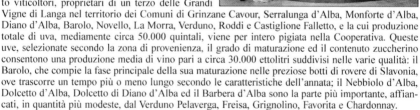

Ceresole Alba (CN)

m 301 ⊠ 12040

Cascina Neri

tel. 0172574543, fax 0172574543 - ettari 7 - chiusura: gennaio e agosto - ✆
▶ Lasciare la A6 in corrispondenza del casello Carmagnola e imboccare la Statale 661 in direzione Sommariva; all'altezza di Crocetta deviare sulla sinistra e proseguire ancora per 6 km circa.

Nel Roero, terra di antichi castelli e di grandi vini, soggiorno agrituristico tra lusinghe gastronomiche e belle passeggiate. Di là dal Tanaro si stendono i paesaggi di Langhe e Monferrato; poi c'è Torino, a 40 minuti di comoda strada, per una giornata dedicata all'arte o allo shopping.

🛏 CAMERE CON SERVIZI: 2 doppie, con biancheria letto, biancheria bagno, riscaldamento centralizzato, televisore - pernottamento per persona £ 40/65000, prima colazione £ 10000, mezza pensione £ 70000.
🏕 10 equipaggi.
🍴 cucina piemontese - vini locali - £ 25/39000.
SERVIZI E LOCALI COMUNI: parcheggio. SPORT E TEMPO LIBERO: gioco bocce, ricovero cavalli; visite nei dintorni, passeggiate. COLTIVAZIONI: ortaggi, alberi da frutta. ALLEVAMENTI: animali di bassa corte. PRODOTTI IN VENDITA: uova, salumi, verdura, marmellate.

Cerrione (BI)

m 250 ⊠ 13882

La Bessa - Ippica San Giorgio

cascina Pianone, tel. 0152587916, fax 015677156 - ettari 16 - chiusura: sempre aperto - ✆ previo accordi.
▶ Da Biella proseguire sulla Statale 143 fino Vergnasco, quindi voltare a sinistra e, dopo aver superato Cerrione, continuare per 2 km circa in direzione di Salussola; seguire le indicazioni dell'azienda.

Cascina di origini ottocentesche con strutture di prim'ordine per il turismo equestre. A monte della tenuta si stende la Serra, vasta zona di prati e boschi che introduce ai monti della Valle d'Aosta. Si organizzano settimane verdi per ragazzi da metà giugno a metà settembre.

🛏 CAMERE SENZA SERVIZI: 1 singola, 2 doppie, 1 a più letti; 2 bagni in comune - pernottamento per persona £ 30000, mezza pensione £ 60000. CAMERE CON SERVIZI: 2 doppie - pernottamento per persona £ 38000, mezza pensione £ 68000.
Note: *le camere sono dotate di biancheria per letto e per bagno, riscaldamento centralizzato; soggiorno gratuito per bambini fino a 3 anni.*
🍴 cucina casalinga - vini locali - £ 18/30000.
SERVIZI E LOCALI COMUNI: parcheggio, telefono, sala TV, sala lettura. SPORT E TEMPO LIBERO: maneggio, ricovero cavalli; passeggiate a cavallo, corsi di equitazione, trekking. COLTIVAZIONI: alberi da frutta. ALLEVAMENTI: equini. PRODOTTI IN VENDITA: conserve, marmellate.

Cherasco (CN)

m 288 ⊠ 12062

Ca' dii Ghirù

a San Bartolomeo, località Meane 4, tel. 0172 488018 - ettari 7 - ♿ - chiusura: sempre aperto - ✆
▶ All'uscita Marene della A6 dirigersi verso Bra, da qui raggiungere Cherasco, quindi prendere a Est per La Morra e dopo circa 1 km, imboccare la stradina a destra e percorrere circa 3 km fino a un ulteriore bivio con strada sterrata che porta a San Bartolomeo.

Nel già ricco panorama delle Langhe, Cherasco spicca per la gastronomia delle lumache e le manifestazioni antiquarie (all'orizzonte ci sono Alba, per il tartufo, Bra, per i formaggi, e tutto un mondo di grandi vini). A due passi dal Tanaro, soggiorni rurali e agricampeggio sotto il segno dell'agricoltura biologica e della passione per la musica jazz e blues.

🛏 CAMERE CON SERVIZI: 1 singola, 2 doppie, 1 a 4 letti, con riscaldamento a legna - pernottamento per persona £ 50000, prima colazione £ 10000, pensione £ 120000.
⛺ 3 equipaggi 🏕 3 equipaggi.
🍴 cucina piemontese e vegetariana - vini locali di produzione propria - £ 30/45000.
SERVIZI E LOCALI COMUNI: parcheggio, telefono, sala lettura. SPORT E TEMPO LIBERO: noleggio biciclette, guida ai lavori agricoli, osservazione degli animali, passeggiate naturalistiche. COLTIVAZIONI: cereali, ortaggi, alberi da frutta. ALLEVAMENTI: pollame. PRODOTTI IN VENDITA: vino, frutta, verdura, cereali, marmellate.

Cravanzana (CN)

m 585 ⊠ 12050

La Collina degli Scoiattoli

via Dietro Langhe 12, tel. 0173855226, fax 0173 855226 - ettari 8 - apertura: su prenotazione - ✆
▶ Da Alba immettersi sulla Statale 29 verso Suda; giunti a San Rocco prendere a destra in direzione di Rodello per circa 7 km sino a un altro bivio, girare a sinistra e proseguire per 6,2 km fino a Pedaggera; qui ancora a sinistra e, dopo 2 km, si raggiunge Cravanzana.

Piemonte

Già nel nome si annuncia la verde realtà di questa azienda, piccola contrada delle Langhe al centro di un podere di orti e frutteti a terrazze. La sensibilità dei proprietari risalta nell'attenzione ai materiali originali e alla salubrità degli ambienti, e nell'adesione ai principi dell'agricoltura biologica. Per gli amanti dei piaceri domestici, ampio soggiorno con biblioteca, giochi di società, impianto video e stereo.

🛏 CAMERE CON SERVIZI: 5 doppie, con riscaldamento - pernottamento per persona £ 35000, mezza pensione £ 65000, possibilità di letto aggiunto. Deposito cauzionale 20%.
SOGGIORNO MINIMO: 2 notti.
🍴 riservato agli ospiti - cucina mediterranea e vegetariana - vini locali - £ 25/40000.
SERVIZI E LOCALI COMUNI: parcheggio, telefono, sala lettura. SPORT E TEMPO LIBERO: ping pong; passeggiate, visite nei dintorni. COLTIVAZIONI: ortaggi, alberi da frutta, noccioli. PRODOTTI IN VENDITA: frutta, nocciole, verdura.

Fenestrelle (TO)

m 1154 ✉ 10060

Meizoün Blancho

a Mentoulles, via Granges 10, tel. 012183933 - chiusura: sempre aperto - ✗
▶ Partendo da Torino raggiungere Pinerolo tramite la Statale 589 poi dirigersi a Nord-Ovest fino a superare Perosa Argentina; proseguire per circa 13 km verso Fenestrelle e, prima di arrivare alla località, si incontra Mentoulles sulla destra.

Agriturismo a quota mille tra le montagne di Sestriere e le piste da sci. Il nome dell'azienda ricorda che siamo nelle terre francofone degli Occitani: in italiano sarebbe "La Casa Bianca", con riferimento alla confortevole costruzione con parco e ristorante di cucina valligiana.

🛏 CAMERE SENZA SERVIZI: 1 singola, 1 doppia; 1 bagno in comune - pernottamento per persona £ 40000, pensione £ 75000. CAMERE CON SERVIZI: 3 doppie - pernottamento per persona £ 40000, pensione £ 75000.
Note: *le camere sono dotate di biancheria per letto e per bagno, riscaldamento centralizzato.*
🍴 cucina casalinga - vini regionali di produzione propria - £ 20/30000.
SERVIZI E LOCALI COMUNI: parcheggio, giochi bimbi. SPORT E TEMPO LIBERO: gioco bocce. COLTIVAZIONI: ortaggi, patate, alberi da frutta. ALLEVAMENTI: ovini, suini, pollame.

Gavi (AL)

m 233 ✉ 15066

Valle del Sole

borgata Alice, tel. 0143643102 - ettari 10 - apertura: aprile-settembre, su prenotazione - ✗
▶ Dall'uscita Serravalle della A7 percorrere verso Sud la Statale 35 per 3 km circa, quindi girare a destra e raggiungere Gavi; l'azienda, ben segnalata, dista circa 1,5 km dal paese.

Nel bacino collinare solcato dal torrente Leme, soggiorno in cascina ristrutturata, in mezzo ai prati e con bosco nelle vicinanze. Salendo verso il crinale appenninico si entra nel suggestivo territorio del Parco delle Capanne di Marcarolo.

🛏 CAMERE CON SERVIZI: 2 doppie, 1 a 4 letti, con biancheria letto, biancheria bagno, riscaldamento a metano - pernottamento per persona £ 50000, pensione £ 110000. Deposito cauzionale 30%.
🍴 cucina casalinga (primi piatti) - vini locali - £ 45000.
SERVIZI E LOCALI COMUNI: parcheggio, telefono, sala TV. SPORT E TEMPO LIBERO: piscina. COLTIVAZIONI: ortaggi. ALLEVAMENTI: pollame. PRODOTTI IN VENDITA: pollame, uova.

Giaveno (TO)

m 506 ✉ 10094

La Patuana

a Sala, via S. Francesco d'Assisi 178, tel. 011 9377182 - ettari 40 - chiusura: sempre aperto - 🍖
▶ Da Avigliana seguire le indicazioni per Giaveno e, successivamente, per Colle Braida, quindi la segnaletica dell'azienda.

Il centro agrituristico, allestito in una cascina ristrutturata, si trova in felice posizione in cima a una collina tra boschi e prati. Il comprensorio è quello della Comunità Montana della Val Sangone; nei dintorni i parchi del lago di Avigliana e del gruppo Orsiera-Rocciavrè. Si organizzano programmi didattici per bambini della Scuola materna.

🛏 CAMERE SENZA SERVIZI: 3 doppie, con biancheria letto, biancheria bagno, riscaldamento centralizzato; 1 bagno in comune - pernottamento per persona £ 35000, pensione £ 65000, tutte le camere dispongono di lavabo e acqua calda. Deposito cauzionale 20%.

)|| cucina casalinga (gnocchi alla bava, bagna cauda) - vini regionali - £ 25/35000.

SERVIZI E LOCALI COMUNI: parcheggio, telefono, taverna. SPORT E TEMPO LIBERO: noleggio mountain bike, osservazione degli animali. COLTIVAZIONI: granoturco, frumento, ortaggi, patate, foraggio. ALLEVAMENTI: bovini, suini, pollame. PRODOTTI IN VENDITA: patate, farina, formaggio.

Ivrèa (TO)

m 253 ⊠ 10015

La Perulina

via S. Pietro Martire 35, tel. 012545222, fax 0125 45222 - ettari 5 - 🚻 - chiusura: sempre aperto - 🐾

▶ Lasciare la A5 al casello di Ivrea, entrare in città e seguire la segnaletica che conduce al lago Sirio; portarsi a Nord del lago e, in prossimità della chiesa di San Pietro Martire, procedere a destra per circa 300 metri.

Tra i castagneti della Serra d'Ivrea, soggiorno di tutta tranquillità presso un'azienda con apicoltura biologica, coltivazioni e allevamenti di vario genere. Per il tempo libero: bicicletta su è giù per i colli, canoa sul lago Sirio e visite ai castelli del Canavese e della Valle d'Aosta.

🛏 CAMERE SENZA SERVIZI: 1 doppia, 3 a più letti, con biancheria letto, biancheria bagno, riscaldamento centralizzato; 2 bagni in comune - pernottamento per persona £ 35/40000, mezza pensione £ 60000.

⚠ 3 equipaggi.

)|| cucina casalinga (struzzo) - vini regionali - £ 35000. SERVIZI E LOCALI COMUNI: parcheggio, telefono, sala lettura. SPORT E TEMPO LIBERO: ricovero cavalli; noleggio mountain bike, osservazione degli animali, visite nei dintorni. COLTIVAZIONI: ortaggi, castagni. ALLEVAMENTI: caprini, animali di bassa corte, struzzi, api. PRODOTTI IN VENDITA: miele, prodotti apistici.

La Morra (CN)

m 513 ⊠ 12064

Erbaluna

borgata Pozzo 43, tel. 017350800, fax 0173509336 - ettari 9 - 🚻 - apertura: metà marzo-novembre - 🐾

▶ Partendo da Alba percorrere 10 km verso Barolo, poi imboccare la deviazione sulla destra per La Morra e proseguire per altri 3 km.

Nella dolce cornice delle Langhe una vecchia cascina ristrutturata: camere molto spaziose, arredate con mobili del primo Novecento; cortile indipendente e ampia terrazza panoramica. Visita alla cantina aziendale con degustazione. Nei dintorni buoni orizzonti per il trekking a piedi e in mountain bike. Della stessa proprietà, ma a 3,5 km, una cascina ristrutturata con 3 camere.

🛏 CAMERE SENZA SERVIZI: 1 doppia; 1 bagno in comune - pernottamento per persona £ 35/50000. CAMERE CON SERVIZI: 2 doppie, 2 a 3 letti, con uso cucina - pernottamento per persona £ 40/60000.

⊞ APPARTAMENTI: 2 bilocali per 4 persone, con biancheria cucina, stoviglie - affitto al giorno £ 110/160000.

SOGGIORNO MINIMO: 2 notti. CARTE DI CREDITO: CartaSi, American Express, Diner's Club.

Note: *le camere e gli appartamenti sono dotati di biancheria per letto, per bagno e riscaldamento centralizzato.*

SERVIZI E LOCALI COMUNI: parcheggio, sala lettura. SPORT E TEMPO LIBERO: ping pong; noleggio mountain bike, guida ai lavori agricoli, trekking, passeggiate. COLTIVAZIONI: viti. PRODOTTI IN VENDITA: vino DOC.

Lèssolo (TO)

m 277 ⊠ 10010

La Miniera

a Calea, località Valcava, via Miniere 9, tel. 0125 58618 oppure 03683899844, fax 0125561963 - ettari 40 - chiusura: periodo in gennaio e in agosto - 🐾 previo accordi.

▶ Da Ivrea imboccare la Statale 26 verso Nord e, giunti a Borgofranco d'Ivrea, girare a sinistra; sorpassare quindi l'autostrada e, in prossimità di Baio Dora, voltare nuovamente a sinistra per Calea; seguire la segnaletica dell'azienda.

Alle porte della Valle d'Aosta, con la Serra d'Ivrea nel panorama e la Dora Baltea a breve distanza, un'azienda agrituristica fuori dal comune, ambientata negli edifici dell'ex miniera di Brosso. Natura, cucina e vini del Canavese, tra gli interessi del soggiorno.

🛏 CAMERE SENZA SERVIZI: 2 doppie, con riscaldamento centralizzato; 1 bagno in comune - pernottamento per persona £ 40000, prima colazione £ 5000.

⊞ APPARTAMENTI: 1 monolocale per 3 persone, 1 di ampia metratura per 10 persone, con biancheria cucina, stoviglie, lavatrice, riscaldamento a legna - affitto al giorno per persona £ 35/45000.

Note: *Le camere e gli appartamenti sono dotati di biancheria per letto e per bagno; sconto 50% per bambini da 4 a 8 anni.*

)|| cucina piemontese ed ebraica (paste fresche) - vini regionali - £ 30/45000.

SERVIZI E LOCALI COMUNI: parcheggio, sala TV, sala lettura. SPORT E TEMPO LIBERO: tiro con l'arco, ping pong; corsi di cucina, corsi d'arte varia, visite guidate, visita al museo dell'azienda, passeggiate. COLTIVAZIONI: ortaggi, castagni, funghi, frutti di bosco. ALLEVAMENTI: animali di bassa corte, api. PRODOTTI IN VENDITA: uva, salse, conserve, marmellate, miele.

Manta (CN)

m 404 ✉ 12030

Le Camelie

via Collina 4, tel. 017585422, fax 017585422 - ettari 2 - apertura: aprile-Epifania - ◆

▶ Da Cuneo dirigere su Saluzzo percorrendo la Statale 589; giunti al semaforo di Manta (4 km prima di Saluzzo), seguire la segnaletica per il Castello FAI e quindi per l'azienda, che si raggiunge con circa un chilometro dal centro del paese.

Il castello della Manta, oggi del Fondo Ambiente Italiano, tiene alte le tradizioni castellane di una terra che vanta anche un quadro naturale di grande bellezza. Ne è prova la pineta che circonda l'agriturismo, allietato ciclicamente dai colori delle coltivazioni di azalee, rododendri e camelie.

🛏 Camere senza servizi: 2 doppie, 2 a più letti, con biancheria letto, biancheria bagno, riscaldamento centralizzato, televisore; 2 bagni in comune - pernottamento per persona £ 35/45000, prima colazione £ 5000. Carte di credito: CartaSi, Bancomat.
🍴 cucina piemontese (solo la sera su prenotazione) - vini locali - £ 50/55000.
Servizi e locali comuni: parcheggio, telefono. Coltivazioni: fiori. Allevamenti: animali di bassa corte. Prodotti in vendita: vino, castagne, fiori.

Màttie (TO)

m 730 ✉ 10050

Il Mulino

località Giordani, tel. 012238132, fax 012238132 - ettari 4 - chiusura: gennaio - ◆

▶ Lasciare l'autostrada Torino-Bardonecchia in prossimità di Bussoleno; superato il centro, deviare verso Sud-Ovest e raggiungere, dopo circa 4 km, Giordani.

Vacanze a cavallo nell'ameno scenario della val di Susa. Si alloggia nelle antiche strutture di un mulino, convertito con mano attenta a soggiorno agrituristico. Sistemazione in camere con letto a castello particolarmente gradita ai ragazzi (settimane verdi da marzo a novembre). Palestra di roccia naturale con possibilità di corsi; animazione con giochi ed escursioni.

🛏 Camere senza servizi: 10 doppie; 6 bagni in comune - pernottamento per persona £ 40/50000, pensione £ 70/80000. Camere con servizi: 2 doppie - pernottamento per persona £ 50/60000, pensione £ 90/100000. Carte di credito: Visa, Eurocard, Mastercard.
Note: *le camere sono dotate di biancheria per letto e per bagno, riscaldamento centralizzato; sconto 30% per bambini da 3 a 12 anni, sconto 10% per soggiorni di almeno una settimana.*
🍴 cucina casalinga (paste fresche, selvaggina) - vini regionali - £ 30/40000.
Servizi e locali comuni: parcheggio, telefono, sala TV. Sport e tempo libero: ping pong, calcio-balilla, maneggio, ricovero cavalli; osservazione degli animali, passeggiate a cavallo, corsi di equitazione. Coltivazioni: ortaggi, prato. Allevamenti: bovini, caprini. Prodotti in vendita: marmellate, miele.

Mezzomerico (NO)

m 266 ✉ 28040

Cargandino

via per Vaprio, tel. 0321923008, fax 0321923008 - ettari 40 - chiusura: sempre aperto - ◆

▶ Da Novara imboccare la Statale 32 percorrendola, verso Arona, fino alla deviazione a destra per Mezzomerico (poco oltre Oleggio); in paese continuare per altri 2 km sulla strada per Vaprio d'Agogna, quindi svoltare a destra per l'azienda.

I laghi Maggiore e d'Orta offrono interessanti prospettive di svago che si aggiungono alle già tante attrazioni, naturalistiche e monumentali, della collina novarese. L'azienda riserva ai turisti ampie camere con balcone in un cascinale ben ristrutturato che dispone anche di un campo volo per ultraleggeri.

🛏 Camere con servizi: 10 doppie, con biancheria letto, biancheria bagno, riscaldamento centralizzato - pernottamento per persona £ 45/70000, mezza pensione £ 70/80000, letto aggiunto £ 25000; possibilità di pensione completa solo per soggiorni superiori a 3 giorni. Deposito cauzionale 20%.
🚐 10 equipaggi.
🍴 cucina emiliana - vini regionali - £ 30/45000.
Servizi e locali comuni: parcheggio, sala lettura. Sport e tempo libero: maneggio, ricovero cavalli; visite nei dintorni, passeggiate. Coltivazioni: cereali, foraggio. Allevamenti: ovini, cavalli. Prodotti in vendita: carne, salumi, latticini, miele.

Moasca (AT)

m 260 ⊠ 14050

Il Rifugio

regione Ronco 4, tel. 0141856446, fax 0141856569 - ettari 3 - chiusura: sempre aperto - ❧

▶ Da Asti Statale 231 verso Alba; all'altezza di Isola d'Asti percorrere 1 km verso Sud su Strada Provinciale parallela alla Statale; al bivio proseguire in direzione di Nizza Monferrato per 11,5 km fino alla deviazione a destra per Canelli; dopo 2,5 km si arriva a Moasca.

Nel Monferrato, tra le vigne del Moscato e della Barbera, una fattoria risalente all'Ottocento che le domina da posizione particolarmente soleggiata. Ampio giardino e accoglienza di tono familiare. Quanto al resto, tra le magiche colline astigiane, non c'è che l'imbarazzo della scelta.

🛏 Camere con servizi: 1 singola, 4 doppie, con biancheria letto, biancheria bagno, riscaldamento, telefono, televisore - pernottamento per persona £ 50000, mezza pensione £ 75000.

🍴 riservato agli ospiti - cucina classica e tedesca (coniglio con peperoni) - vini locali di produzione propria - £ 25/30000.

Servizi e locali comuni: parcheggio, telefono, sala TV, sala lettura, taverna. Sport e tempo libero: gioco bocce, maneggio, ricovero cavalli; noleggio mountain bike, visite nei dintorni. Coltivazioni: viti. Prodotti in vendita: vino.

Monastero di Lanzo (TO)

m 825 ⊠ 10070

Salvin

tel. 012327205 oppure 03355481419, fax 0123 4325 - ettari 90 - apertura: aprile-novembre - ❧

▶ Uscita Venaria della tangenziale di Torino, quindi direttrice per Lanzo Torinese e Monastero di Lanzo; dalla località seguire sulla destra le indicazioni per Mecca, poi continuare ancora per 8 km su strada sterrata.

Vacanze in rifugio d'alta valle, a 1580 metri, tra le mucche pezzate dell'azienda e i cavalli riservati agli ospiti. Un luogo di grande suggestione con molte opportunità per gli amanti della montagna: passeggiate di alpeggio in alpeggio, osservazioni naturalistiche, palestra di roccia, perfino settimane verdi per ragazzi (da 6 a 14 anni) con insegnante di madre lingua inglese.

🛏 Camere senza servizi: 6 doppie, 2 a 3 letti; 3 bagni in comune - pernottamento per persona £ 50000, prima colazione £ 8000, pensione £ 85000.

🏠 Appartamenti: 1 monolocale per 4 persone - affitto a settimana £ 400000, riscaldamento e luce a consumo. Deposito cauzionale da concordare.

Soggiorno minimo: 2 notti.

Note: *le camere e l'appartamento sono dotati di biancheria per letto.*

🍴 cucina casalinga (polenta concia, salumi) - vini regionali - £ 20/35000.

Servizi e locali comuni: parcheggio, telefono, sala giochi bimbi, parco giochi bimbi. Sport e tempo libero: gioco bocce, tiro con l'arco, ping pong, calcio-balilla, ricovero cavalli; guida ai lavori agricoli, osservazione degli animali, trekking. Coltivazioni: ortaggi. Allevamenti: bovini, suini, caprini. Prodotti in vendita: formaggio, burro, marmellate, miele.

Moncucco Torinese (AT)

m 403 ⊠ 14024

Graglia Roberto

via Bocchettino 6, tel. 0119874621 - ettari 6 - chiusura: gennaio-febbraio - ✗

▶ Da Chivasso dirigersi verso Sud seguendo le indicazioni per Casalborgone e Cinzano, quindi raggiungere Moncucco Torinese, dove si trova l'azienda.

Camera con vista sulle colline in un contesto genuinamente contadino. Lo testimoniano con eloquenza anche le proposte gastronomiche del ristorante riservato agli ospiti che hanno negli agnolotti e nel coniglio al Freisa due tra i piatti più richiesti.

🛏 Camere senza servizi: 1 doppia; 1 bagno in comune - pernottamento per persona £ 30000, pensione £ 60000.

🏠 Appartamenti: 1 monolocale per 4 persone, con biancheria cucina, stoviglie - affitto al giorno per persona £ 25000. Deposito cauzionale da concordare.

Soggiorno minimo: 3 giorni.

Note: *la camera e l'appartamento sono dotati di biancheria per letto e per bagno, riscaldamento.*

🍴 riservato agli ospiti - cucina piemontese - vini di produzione propria - £ 18/40000.

Servizi e locali comuni: parcheggio. Sport e tempo libero: ping pong. Coltivazioni: viti, granoturco, grano, soia, foraggio. Allevamenti: bovini, suini, pollame.

Niella Belbo (CN)

m 785 ⊠ 12050

Mozzone Battista

località Pian Lea 2, tel. 0173796108, fax 0173 3796108 - apertura: su prenotazione - ✗ salvo accordi.
▶ Uscita Marene della A6, poi proseguire per Dogliani, San Benedetto Belbo e Niella Belbo; da qui continuare per un altro chilometro in direzione Mombarcaro, quindi segnaletica dell'azienda.

L'alta valle del Belbo è lo spettacolare scenario di una vacanza da dedicare alla scoperta enogastronomica dei tanti sapori delle Langhe (funghi e tartufi, formaggi e vini), per non dire di quello che il mare, scendendo a Savona di là dal crinale, promette in fatto di paesaggi e svaghi. Per il ristorante è consigliata la prenotazione.

🛏 CAMERE CON SERVIZI: 3 doppie, con biancheria letto, biancheria bagno, riscaldamento autonomo - pernottamento per persona £ 40000, pensione £ 70/80000, possibilità di letto aggiunto. Deposito cauzionale da concordare alla prenotazione.
CARTE DI CREDITO: CartaSi, Bancomat.
△ 3 equipaggi 🚐 5 equipaggi.
🍴 cucina casalinga (piatti della tradizione) - vini locali - £ 35/40000.
SERVIZI E LOCALI COMUNI: parcheggio, telefono, sala TV, parco giochi bimbi. SPORT E TEMPO LIBERO: gioco bocce; disponibilità di mountain bike, guida ai lavori agricoli, passeggiate. COLTIVAZIONI: seminativi, ortaggi, alberi da frutta, foraggio. ALLEVAMENTI: bovini, suini, caprini, animali di bassa corte.

Niella Tànaro (CN)

m 305 ⊠ 12060

Fornelli

località Fornello 1, tel. 0174226181, fax 0174226181 - ettari 30 - ♿ - apertura: su prenotazione - ❦ previo accordi.
▶ Abbandonare la A6 all'uscita Niella Tanaro e dirigersi verso la periferia Nord del paese; seguire le indicazioni dell'azienda.

In una zona di mezza collina si villeggia nei rustici ambienti di un casale dei primi dell'Ottocento, recentemente adeguato alle esigenze del soggiorno agrituristico. I bambini, oltre ai giochi più consueti, si divertono sul cavallo messo a loro disposizione dall'azienda.

🛏 CAMERE SENZA SERVIZI: 6 a più letti; 2 bagni in comune - pernottamento per persona £ 20000, prima colazione £ 5000, pensione £ 65000. CAMERE CON SERVIZI: 5 doppie - pernottamento per persona £ 30000, prima colazione £ 5000, pensione £ 75000.
🏠 APPARTAMENTI: 1 bilocale per 4/6 persone, con stoviglie - affitto a settimana £ 250000. Deposito cauzionale 30% alla prenotazione.
Note: le camere sono dotate di biancheria per letto e per bagno, uso lavanderia e riscaldamento autonomo; quattro camere dispongono di angolo cottura.
△ 3 equipaggi 🚐 3 equipaggi.
🍴 cucina casalinga (paste fresche) - vini regionali - £ 25/35000.
SERVIZI E LOCALI COMUNI: parcheggio, telefono, sala TV, giochi bimbi. SPORT E TEMPO LIBERO: gioco bocce, tiro con l'arco, ping pong. COLTIVAZIONI: cereali, foraggio. ALLEVAMENTI: bovini, suini, pollame, api. PRODOTTI IN VENDITA: pollame, uova, formaggio, confetture, miele.

Novi Ligure (AL)

m 197 ⊠ 15067

Cascina degli Ulivi

strada della Mazzola 14, tel. 0143744598 oppure 03356756430, fax 0143320898 - ettari 25 - ♿ - chiusura: sempre aperto - ❦
▶ Dalla A7 uscire a Serravalle e raggiungere Novi Ligure; qui, portarsi in piazza Sant'Andrea e seguire via Antica Genova, poi la salita Maina e la strada Roccasparviero fino ad arrivare alla strada della Mazzola.

Siamo tra le colline che accompagnano la Scrivia verso la pianura. Nel primo paesaggio sono vigne, rustici borghi e castelli. Poi le prospettive si allargano verso l'Appennino Ligure (e Genova) da una parte, verso il Monferrato dall'altra. In azienda si organizzano corsi di agricoltura biologica e biodinamica e, su richiesta, settimane verdi per ragazzi.

Camere con servizi: 4 a 3 letti, con biancheria letto, biancheria bagno, riscaldamento centralizzato - pernottamento per persona £ 35000, prima colazione £ 5000, mezza pensione £ 60000.

5 equipaggi 5 equipaggi.

cucina piemontese (primi piatti, anitra) - vini di produzione propria - £ 20/35000.

Servizi e locali comuni: parcheggio, telefono, sala lettura, sala giochi bimbi. Sport e tempo libero: gioco bocce, tiro con l'arco; noleggio biciclette. Coltivazioni: viti, cereali, ortaggi, alberi da frutta. Allevamenti: animali di bassa corte. Prodotti in vendita: vino.

Pinerolo (TO)

m 376 ⊠ 10064

Fiorendo

a Talucco, via Talucco Alto 65, tel. 0121543481, fax 0121543481 - ettari 6 - chiusura: sempre aperto.
▶ A Pinerolo percorrere corso Torino fino alla caserma dei Carabinieri, quindi piegare a destra e raggiungere Talucco; in paese ancora 3 km circa verso Est.

Azienda montana in posizione panoramica tra i castagneti. Il luogo è tranquillo e dà modo di effettuare escursioni di interesse naturalistico. Ospitalità in baite ristrutturate, fornite di cortile attrezzato con barbecue e pergolato; programmi anche per scolaresche, con attività didattico-ambientali.

Camere con servizi: 1 doppia, 2 a più letti - pernottamento per persona £ 35000, prima colazione £ 8000, pensione £ 70000.

Appartamenti: 1 monolocale per 4 persone, con stoviglie - affitto a settimana £ 500/900000. Deposito cauzionale 30% alla prenotazione.

Note: *le camere e l'appartamento sono dotati di biancheria per letto e per bagno, riscaldamento.*

cucina casalinga (salumi, formaggi, piatti ai funghi) - vini regionali - £ 30/35000.

Sport e tempo libero: ricovero cavalli; noleggio mountain bike, osservazione degli animali, visite nei dintorni. Coltivazioni: ortaggi. Allevamenti: caprini, pollame, conigli. Prodotti in vendita: funghi, verdura, confetture, miele.

Pomaretto (TO)

m 630 ⊠ 10063

Lâ Chabranda

via Erminio Long 28, tel. 012182018 - ♿ - chiusura: sempre aperto - ↝
▶ Da Pinerolo Statale 23 per Perosa Argentina; da qui, a sinistra sulla Provinciale per Prali fino a Pomaretto.

Struttura agrituristica di moderna fisionomia nel fondovalle del torrente Germanasca, poco a monte della confluenza nel Chisone. I dintorni offrono numerosi spunti per agevoli gite a piedi e in mountain bike, ma anche la scoperta delle miniere di talco e del forte di Fenestrelle. Si organizzano settimane verdi per ragazzi con accompagnatore.

Camere con servizi: 4 a più letti, con biancheria letto, biancheria bagno, riscaldamento centralizzato - pernottamento per persona £ 35/40000, pensione £ 65/72000. Deposito cauzionale da concordare.

3 equipaggi.

cucina casalinga - vini regionali - £ 22/35000.

Servizi e locali comuni: parcheggio, telefono, sala lettura. Sport e tempo libero: visite guidate. Coltivazioni: ortaggi, alberi da frutta. Allevamenti: bovini, pollame, conigli. Prodotti in vendita: frutta, verdura.

Pontestura (AL)

m 140 ⊠ 15027

Cascina Smeralda

strada Coniolo Vialarda 1, tel. 0142466275 oppure 03396105056, fax 0142466275 - ettari 42 - chiusura: periodo in gennaio - ↝ previo accordi.
▶ Da piazza Castello a Casale Monferrato imboccare la Provinciale in direzione di Pontestura; l'azienda si trova 1 km circa prima di arrivare in paese.

Imponente costruzione padronale di fine Seicento sulle pendici collinari che si affacciano al Po. Foto ingiallite dal tempo raccontano un'antica vicenda d'operosità contadina cui oggi si affianca la vivace immagine del soggiorno agrituristico.

Camere con servizi: 3 doppie, con biancheria letto, biancheria bagno, riscaldamento centralizzato, televisore - pernottamento per persona £ 45/55000, pensione £ 90/110000, sconto 30% per bambini fino a 10 anni; supplemento 10% a Natale e Ferragosto.

cucina piemontese (tartufi, fritto misto, agnolotti) - vini locali - £ 25/60000.

Servizi e locali comuni: parcheggio, telefono, taverna. Sport e tempo libero: gioco bocce, ping pong, maneggio, ricovero cavalli; noleggio mountain bike, corsi di equitazione. Coltivazioni: cereali, ortaggi, alberi da frutta, foraggio. Allevamenti: bovini, equini, pollame. Prodotti in vendita: liquori della casa, conserve, marmellate.

Ponzone (AL)

m 629 ⊠ 15010

Cascina Piagge ★ 🎫

località Cascinali 257, tel. 0144378886 oppure 0144 765266 - ettari 16,5 - chiusura: sempre aperto - 🐾

▶ Partendo da Acqui Terme imboccare la Provinciale in direzione di Ponzone e percorrerla verso Sud; dopo 8,5 km prendere la deviazione sulla destra e seguire le indicazioni dell'azienda.

Lo scenario è quello dell'alta collina appenninica, tappezzata da boschi, vigne, frutteti e pascoli. Si soggiorna all'insegna del massimo relax in un'antica costruzione, felicissima per esposizione e prospettive escursionistiche. Si organizzano settimane verdi per ragazzi con accompagnatore.

🛏 Camere senza servizi: 6 doppie; 3 bagni in comune - pernottamento per persona £ 30/35000, prima colazione £ 6000, mezza pensione £ 55/60000. Camere con servizi: 2 doppie - pernottamento per persona £ 35000, prima colazione £ 6000, mezza pensione £ 60000. Deposito cauzionale 10%.
Note: *le camere sono dotate di biancheria per letto e per bagno, riscaldamento centralizzato.*
🍴 cucina ligure e piemontese - vini regionali di produzione propria - £ 20/40000.
Servizi e locali comuni: parcheggio, telefono. Sport e tempo libero: ping pong, ricovero cavalli; osservazione degli animali, visite nei dintorni. Coltivazioni: viti, ortaggi, alberi da frutta, erbe officinali. Allevamenti: suini, caprini, pollame. Prodotti in vendita: vino, verdura, formaggio.

Rorà (TO)

m 967 ⊠ 10060

Sibourgh ★ 🎫

via Fornaci 4, tel. 012193105, fax 012193105 - ettari 20 - chiusura: sempre aperto - 🐾

▶ Da Pinerolo proseguire lungo la direttrice per Torre Pellice, deviando a sinistra all'altezza di Luserna San Giovanni; l'azienda si trova nell'abitato di Rorà.

Vacanza rurale nel comprensorio montano della val Pellice, con alloggio presso un rustico di antica fisionomia. Contesto ambientale di prim'ordine. In estate si visitano le valli Valdesi; in inverno, si pratica lo sci di fondo e alpinistico. Settimane verdi per ragazzi.

🛏 Camere con servizi: 2 doppie, 2 a 3 letti, con biancheria letto, biancheria bagno, uso lavanderia, riscaldamento a gas, televisore - pernottamento per persona £ 40000, prima colazione £ 8000, pensione £ 85000, riduzioni per famiglie e per comitive in inverno e in primavera. Deposito cauzionale 20%.
Soggiorno minimo: week end.
🏕 3 equipaggi 🚐 3 equipaggi.
🍴 cucina piemontese (piatti della tradizione) - vini di produzione propria - £ 18/40000.
Servizi e locali comuni: parcheggio, telefono, sala TV, sala lettura, taverna, sala giochi bimbi. Sport e tempo libero: gioco bocce, campo di calcetto, maneggio, ricovero cavalli; disponibilità di mountain bike, guida ai lavori agricoli, passeggiate a cavallo, corsi di equitazione, visite nei dintorni, trekking. Coltivazioni: granoturco, grano, ortaggi, alberi da frutta, frutti di bosco. Allevamenti: bovini, caprini, equini, pollame, conigli. Prodotti in vendita: salumi, pane di casa, formaggio, confetture.

Salza di Pinerolo (TO)

m 1008 ⊠ 10060

La Miando

borgata Didiero 16, tel. 0121801018 oppure 0348 8145311, fax 0121808836 - ettari 3,2 - chiusura: sempre aperto - 🐾

▶ Da Torino raggiungere Pinerolo tramite la Statale 23; poi dirigersi verso Perosa Argentina e qui svoltare a sinistra e arrivare a Perrero; continuare per circa 1 km poi deviare a destra e percorrere 6 km fino a un bivio da dove, girando a sinistra, dopo circa 1 km si giunge a Salza di Pinerolo; l'azienda è al centro del paese.

Un villaggio dell'alta val Germanasca, noto agli appassionati della musica d'autore per i concerti che vi si tengono e i murales in tema che lo decorano. Un'azienda di montagna (m 1250), con annesso posto tappa sulla Grande Traversata delle Alpi (G.T.A.): alloggi lindi e confortevoli; cucina d'ascendenza provenzale. Tra natura, tradizioni occitane e archeologia industriale (mulini e miniere) le proposte per il tempo libero e le settimane verdi per ragazzi.

🛏 Camere con servizi: 4 doppie, con biancheria letto, biancheria bagno, riscaldamento a legna e a gas - pernottamento per persona £ 45/50000, pensione £ 75/80000, possibilità di letto aggiunto.
🏠 Appartamenti: 2 bilocali per 3/4 persone, con uso lavanderia, stoviglie, riscaldamento a gas - affitto al giorno £ 100/110000, supplemento per gas e luce, biancheria £ 20000, riscaldamento £ 30000 al giorno, lavatrice £ 10000. Deposito cauzionale 30%.
🚐 2 equipaggi.
🍴 cucina casalinga (paste fresche, coniglio) - vini regionali - £ 20/34000.
Servizi e locali comuni: parcheggio, telefono, taverna. Sport e tempo libero: gioco bocce, ricovero cavalli; guida ai lavori agricoli, pesca, visite nei dintorni, escursioni, passeggiate. Coltivazioni: seminativi, cereali, ortaggi, patate, alberi da frutta. Allevamenti: animali di bassa corte. Prodotti in vendita: uova, salumi, verdura, patate, conserve, marmellate, succhi di frutta.

m 301 ⊠ 14050

La Viranda

regione Corte 64, tel. 0141856571, fax 014175735 - ettari 35 - apertura: metà febbraio-luglio e settembre-novembre - ✿

▶ Lasciare la Statale 231 all'altezza di Isola d'Asti e portarsi sulla direttrice per Nizza Monferrato; 5 km prima di arrivare nel centro di Nizza Monferrato deviare a destra verso San Marzano Oliveto. L'azienda è situata a 2,5 km dal paese in direzione di Calamandrana.

Lineare cascina risalente alla fine dell'Ottocento incorniciata tra i vigneti del Moscato d'Asti. Le camere sono ampie, con vista ariosa e arredi della tradizione locale. Una collocazione di indubbio interesse per chi desidera abbinare le suggestioni storiche e la buona cucina della tradizione regionale.

🛏 CAMERE SENZA SERVIZI: 4 doppie; 2 bagni in comune - pernottamento per persona £ 30000, prima colazione £ 4000, pensione £ 50000. CAMERE CON SERVIZI: 1 doppia - pernottamento per persona £ 30000, prima colazione £ 4000, pensione £ 50000.
SOGGIORNO MINIMO: 2 notti.
Note: *le camere sono dotate di biancheria per letto e per bagno, riscaldamento centralizzato.*
🍴 cucina piemontese - vini locali di produzione propria - £ 18/45000.
SERVIZI E LOCALI COMUNI: parcheggio, telefono, sala TV. SPORT E TEMPO LIBERO: gioco bocce; noleggio mountain bike, guida ai lavori agricoli, corsi di cucina, visite nei dintorni, passeggiate. COLTIVAZIONI: viti, ortaggi, alberi da frutta. ALLEVAMENTI: bovini, animali di bassa corte. PRODOTTI IN VENDITA: pollame, salumi, vino, frutta, confetture, marmellate.

m 1560 ⊠ 10054

Alpe Plane

località Valle Argentera, tel. 0330685278 (informazioni 0119862025 ore serali) - ettari 200 - apertura: giugno-settembre - ✿ previo accordi.

▶ Da Pinerolo immettersi nella Statale 23 della valle del Chisone e raggiungere Sestriere, quindi girare a sinistra e salire a Sauze di Cesana.

Agriturismo sotto il colle del Sestriere, in un territorio che si innalza oltre i 2000 m con numerose vette. Alla base dell'economia locale è l'allevamento, favorito dai pascoli d'alta quota. Escursioni e ascensioni per tutti i gusti. Per il ristorante è consigliata la prenotazione.

🛏 CAMERE SENZA SERVIZI: 4 a più letti, con biancheria letto; 3 bagni in comune - pernottamento per persona £ 40000, pensione £ 80000. Deposito cauzionale 40% alla prenotazione.
⛺ 2 equipaggi.
🍴 cucina casalinga - vini regionali - £ 30/40000.

SERVIZI E LOCALI COMUNI: telefono, sala TV. SPORT E TEMPO LIBERO: maneggio; pesca, corsi di equitazione, escursioni a cavallo. COLTIVAZIONI: ortaggi. ALLEVAMENTI: bovini, caprini, cavalli, animali di bassa corte, api. PRODOTTI IN VENDITA: salumi, formaggio, burro, miele.

m 240 ⊠ 15020

Tenuta Guazzaura

a La Madonnina, via Guazzaura 3, tel. 0142940289, fax 0142940289 - ettari 140 - ♿ - chiusura: sempre aperto - ✿

▶ L'azienda si trova in località La Madonnina, a circa 1 km dalla Statale 457 Casale Monferrato-Asti.

La grande tenuta fa capo a un'imponente villa settecentesca con rustici, parco e spettacolare alberata d'accesso. In azienda si organizzano corsi su vari aspetti del mondo rurale e settimane verdi per ragazzi a condizioni da concordare. Il Parco Regionale di Crea è il più vicino sbocco escursionistico.

🏠 APPARTAMENTI: 4 monolocali per 2 persone, 1 bilocale per 3 persone, con biancheria letto, biancheria bagno, biancheria cucina, stoviglie, riscaldamento centralizzato - affitto al giorno £ 100/120000, affitto a settimana £ 600/700000, pulizia finale £ 30000, biancheria extra £ 20000; pernottamento gratuito per bambini fino a 6 anni. Deposito cauzionale 50%.
SERVIZI E LOCALI COMUNI: parcheggio, telefono. SPORT E TEMPO LIBERO: ping pong; visite nei dintorni, escursioni, passeggiate. COLTIVAZIONI: viti, bosco, cereali, soia, girasoli, barbabietole.

Sinio (CN)

m 357 ✉ 12050

Le Arcate

località Gabutto 2, tel. 0173613152, fax 0173613152 - ettari 6 - chiusura: sempre aperto - ❧
▶ Da Alba percorrere circa 7 km in direzione Sud-Ovest fino a Gallo d'Alba; poi, al bivio, prendere a sinistra e raggiungere dopo 7,5 km Sinio.

Pochi chilometri da Alba e si giunge in un luogo di antica suggestione: Sinio è un piccolo gioiello medievale e il panorama che offre - castelli, borghi, vigne su vigne fino alla montagna - non fa che accrescere l'emozione del viaggiatore. Al resto pensano il tartufo e i grandi vini delle Langhe.

🛏 CAMERE CON SERVIZI: 5 doppie, con biancheria letto, biancheria bagno, riscaldamento centralizzato, telefono, televisore - pernottamento per persona £ 50/55000, pensione £ 100/120000.
🍴 cucina piemontese (agnolotti, brasato al Nebbiolo) - vini di produzione propria - £ 20/45000.
SERVIZI E LOCALI COMUNI: parcheggio, telefono. COLTIVAZIONI: viti, noccioli. ALLEVAMENTI: animali di bassa corte. PRODOTTI IN VENDITA: vino, nocciole, marmellate.

Stazzano (AL)

m 225 ✉ 15060

La Traversina ⭐

cascina Traversina 109, tel. 014361377 oppure 0335 494295, fax 014361377 - ettari 9 - chiusura: sempre aperto - ✗
▶ Dall'uscita Serravalle della A7 raggiungere la località; in paese, al primo semaforo piegare sulla destra e seguire le indicazioni dell'azienda.

Agriturismo (m 410 sul mare) per anime romantiche nella zona di produzione del vino Cortese di Gavi: traboccanti fioriture di rose e un vivaio di iris incorniciano la residenza in uno scenario di singolare bellezza. Completano un quadro, a dir poco straordinario, corsi di cucina e giardinaggio di pari tono.

🛏 CAMERE CON SERVIZI: 3 doppie, con riscaldamento centralizzato - pernottamento per persona £ 55/80000, pensione £ 105/140000.

🏠 APPARTAMENTI: 1 monolocale per 2 persone, 1 bilocale per 4 persone, con biancheria cucina, stoviglie, riscaldamento autonomo, caminetto - affitto a settimana £ 840/1300000, pulizia finale £ 30000, supplemento per riscaldamento. Deposito cauzionale £ 200000.
Note: le camere e gli appartamenti sono dotati di biancheria per letto e per bagno, biblioteca.
🏕 1 equipaggio.
🍴 riservato agli ospiti - cucina piemontese (paste fresche, tortini di verdura, dolci alle nocciole) - vini regionali - £ 25/45000.
SERVIZI E LOCALI COMUNI: parcheggio, telefono, sala TV, sala lettura. SPORT E TEMPO LIBERO: piscina, gioco bocce, ping pong; disponibilità di biciclette, corsi di cucina, bird watching. COLTIVAZIONI: ortaggi, alberi da frutta. ALLEVAMENTI: pollame. PRODOTTI IN VENDITA: frutta, verdura, marmellate, miele, fiori.

Trèiso (CN)

m 410 ✉ 12050

Il Ciliegio

via Meruzzano 21, tel. 0173630126 oppure 0173 638267, fax 0173638267 - apertura: marzo-metà novembre - ✗
▶ Da Alba raggiungere Treiso, quindi dirigersi verso Manera; un paio di chilometri dopo il paese, seguire le indicazioni dell'azienda.

Vacanza nella campagna intensamente coltivata a vite della bassa Langa. Adibita all'accoglienza agrituristica una cascina, di recente ristrutturazione, circondata da ampi spazi verdi ideali per il relax e il gioco dei più piccoli. Nella bella stagione si organizzano settimane verdi per ragazzi.

🛏 CAMERE CON SERVIZI: 1 doppia, 2 a 3/4 letti, con riscaldamento centralizzato - pernottamento per persona £ 35/45000, possibilità di uso cucina previo accordi.
🏠 APPARTAMENTI: 1 monolocale per 4 persone, 3 bilocali per 4 persone - affitto a settimana £ 700/800000, letto aggiunto £ 10000 a notte. Deposito cauzionale £ 200000 alla prenotazione.
SOGGIORNO MINIMO: 1 settimana in appartamento.
Note: le camere e gli appartamenti sono dotati di biancheria per letto e per bagno.
SERVIZI E LOCALI COMUNI: parcheggio, telefono, sala TV, sala giochi bimbi. SPORT E TEMPO LIBERO: composizione ed essiccazione di fiori, passeggiate naturalistiche. COLTIVAZIONI: viti, ortaggi, noccioli.

Valenza (AL)

m 125 ⊠ 15048

Cascina Nuova

strada per Pavia 2, tel. 0131954763 oppure 0131 954120, fax 0131928553 - ettari 100 - &. - chiusura: sempre aperto - ⚐ previo accordi.
▶ Da Alessandria percorrere la Statale 494 fino a superare Valenza; raggiunta la stazione ferroviaria, proseguire per altri 800 m verso Pavia: l'azienda è sulla destra, a circa 3 km da Valenza.

Le acque del Po e il verde di pioppi e salici fanno da sfondo al via vai degli aironi intorno ai nidi. Per la gioia dei bird watcher, l'azienda ricade nel perimetro di una riserva naturale oltre la quale si stende la bella campagna del Monferrato. Ideale per famiglie (servizio baby sitting). Durante i week end vengono organizzati corsi di fotografia e di artigianato.

🛌 Camere con servizi: 1 singola, 1 doppia - pernottamento per persona £ 70/80000.
🛏 Appartamenti: 5 monolocali per 2/4 persone, con biancheria cucina, stoviglie, climatizzazione, telefono, televisore - affitto al giorno £ 80/100000, affitto a settimana £ 400000. Deposito cauzionale da concordare alla prenotazione.
Carte di credito: American Express, Diner's Club, Mastercard, Visa.
Note: *le camere e gli appartamenti (con doccia in comune) sono dotati di biancheria per letto e per bagno, uso lavanderia e riscaldamento autonomo; tariffe week end £ 140/160000, bambini gratis.*
⚕ 3 equipaggi 🚐 2 equipaggi.
Servizi e locali comuni: autorimessa, parco giochi bimbi. Sport e tempo libero: tiro con l'arco, ping pong; disponibilità di mountain bike, guida ai lavori agricoli, osservazione degli animali. Coltivazioni: cereali, ortaggi. Prodotti in vendita: vino, conserve, marmellate, miele.

Villa Gropella

strada per Solero 8, tel. 0131951166, fax 0131 927255 - ettari 32 - chiusura: agosto - ⚐
▶ Da Alessandria Statale 494 fino alla stazione ferroviaria di Valenza, posta 1,5 km a Ovest del paese, quindi ancora 1 km verso San Salvatore Monferrato.

Soggiorno agrituristico d'élite in villa del Settecento, con parco secolare e cappella privata. Adiacente è il complesso rustico, raccolto intorno all'ampia corte.

Escursioni naturalistiche nel vicino Parco del Po e dell'Orba. Campo da golf a due chilometri, corsi di equitazione a uno. Previo accordi, si organizzano settimane verdi per ragazzi con accompagnatore.

🛌 Camere con servizi: 1 singola, 6 doppie, con biancheria letto, biancheria bagno, riscaldamento centralizzato, telefono, televisore - pernottamento per persona £ 50/80000, prima colazione £ 5/10000, lettino per bambini £ 30000 al giorno. Deposito cauzionale 30% alla prenotazione.
Carte di credito: CartaSi, American Express, Diner's Club.
Servizi e locali comuni: parcheggio, telefono, sala TV, sala lettura. Sport e tempo libero: biliardo, ping pong, maneggio, ricovero cavalli; noleggio biciclette, passeggiate a cavallo, visite nei dintorni, passeggiate nel bosco. Coltivazioni: bosco, cereali, pascolo. Allevamenti: bovini, suini, equini. Prodotti in vendita: miele.

Varallo Pòmbia (NO)

m 300 ⊠ 28040

Cascina Bellaria

a Cascinetta, tel. 0321956805 - ettari 17 - chiusura: sempre aperto - ✗
▶ Dall'uscita Castelletto Ticino della A8/26 immettersi nella Statale 32, quindi voltare a sinistra e raggiungere Varallo Pombia; in paese proseguire verso Nord, per 2 km circa in direzione di Cascinetta.

L'azienda è situata nell'alta pianura novarese, interna al perimetro del Parco del Ticino. La cascina risale ai primi anni dell'Ottocento, ma gli ospiti vengono alloggiati in uno stabile di recente costruzione. Interessante la presenza di un campo volo per deltaplani.

🛏 Appartamenti: 4 monolocali per 2 persone, 2 bilocali per 2 persone, con biancheria letto, biancheria bagno, biancheria cucina, uso lavanderia, stoviglie, riscaldamento autonomo - affitto al giorno per persona £ 45000.
⚕ 3 equipaggi.
🍴 cucina piemontese - vini regionali - £ 35/50000.
Servizi e locali comuni: parcheggio, telefono. Sport e tempo libero: piscina, tiro con l'arco, percorso vita; noleggio biciclette, osservazione degli animali. Coltivazioni: viti, foraggio. Allevamenti: bovini, ovini, suini, pollame, conigli, daini. Prodotti in vendita: pollame.

Varzo (VB)

m 568 ⊠ 28868

Ferrari Orlando

località Alpe Cortiggia, tel. 032472436 - ettari 10 - apertura: aprile-ottobre - ⚐ previo accordi.
▶ Partendo da Domodossola percorrere verso Nord-Ovest la Statale 33 della Val Divedro fino a Varzo, quindi deviare sulla destra continuando per 4 km circa sulla Provinciale in direzione di San Domenico; seguire le indicazioni dell'azienda.

Piemonte

Lo scenario è quello della val Divedro, percorsa dalla direttrice del Sempione. L'azienda si trova sui pascoli d'alta quota della confluente val Cairasca che, salendo verso lo spartiacque, introduce all'affascinante territorio del Parco Naturale Alpe Veglia.

🛏 CAMERE SENZA SERVIZI: 4 doppie, con biancheria letto, biancheria bagno, riscaldamento a legna; 1 bagno in comune - pensione £ 75/80000. Deposito cauzionale da concordare.
🍴 cucina casalinga (crespelle) - vini regionali - £ 35/40000.
SERVIZI E LOCALI COMUNI: telefono. COLTIVAZIONI: ortaggi, alberi da frutta, prato. ALLEVAMENTI: bovini, suini, animali di bassa corte. PRODOTTI IN VENDITA: uova, salumi, formaggio, burro, conserve, marmellate.

La Balma

Parco Naturale Alpe Veglia, tel. 032473083, fax 0324 242053 - ettari 30 - apertura: luglio-agosto - 🐴
▶ Da Domodossola imboccare la Statale 33 in direzione Nord e percorrerla fino alla località di Varzo. Da qui prendere verso Nord e raggiungere San Domenico dove è necessario proseguire a piedi o concordare il trasferimento con l'azienda.

Nell'alta Val d'Ossola, agriturismo in baita, a 1800 metri, tra le montagne del Parco Naturale dell'Alpe Veglia. Una meta affascinante, fuori dal mondo. Flora e fauna delle alte quote interesseranno i naturalisti; escursionismo, anche a cavallo, e arrampicata a partire da una palestra di roccia, gli sport da praticare.

🛏 CAMERE SENZA SERVIZI: 8 doppie, con biancheria letto, biancheria bagno, riscaldamento centralizzato; 4 bagni in comune - pensione £ 77/90000, bambini fino a 3 anni gratis, da 4 a 6 anni sconto 40%, da 7 a 10 anni sconto 10%. Deposito cauzionale da concordare.
SOGGIORNO MINIMO: 3 giorni.
🍴 cucina del territorio - vini regionali - £ 40000.

SERVIZI E LOCALI COMUNI: telefono, sala lettura, taverna, barbecue. SPORT E TEMPO LIBERO: ping pong, ricovero cavalli; visite guidate. COLTIVAZIONI: ortaggi, foraggio, pascolo. ALLEVAMENTI: animali di bassa corte.

Monterosso

località Cima Monterosso 30 (Cap 28048), tel. 0323 556510, fax 0323556718 - ettari 25 - chiusura: metà gennaio-metà febbraio - 🐴
▶ A Pallanza imboccare viale Azari, percorso 1 km circa voltare a sinistra e da qui continuare per 6 km seguendo le indicazioni dell'azienda.

Nell'entroterra di Verbania, vacanza a 700 metri di quota con vista panoramica sul Mottarone e i laghi di Mergozzo e Maggiore. Casa colonica circondata da 25 ettari di bosco percorsi da sentieri segnalati, ideali per passeggiate a piedi, a cavallo e in mountain bike.

🛏 CAMERE CON SERVIZI: 1 singola, 6 doppie, 2 a 4 letti, con biancheria letto, biancheria bagno, riscaldamento - pernottamento per persona £ 40000, pensione £ 100000.
🍴 cucina casalinga (risotto ai funghi) - vini regionali di produzione propria - £ 30000.
SERVIZI E LOCALI COMUNI: parcheggio, telefono, sala TV, sala lettura. SPORT E TEMPO LIBERO: maneggio, ricovero cavalli; noleggio mountain bike, bird watching, passeggiate a cavallo, corsi di equitazione, passeggiate nel bosco. COLTIVAZIONI: ortaggi, castagni, frutti di bosco. ALLEVAMENTI: bovini, suini, equini, pollame, conigli. PRODOTTI IN VENDITA: castagne, frutti di bosco, verdura, legna.

Cascina del Tiglio

via Nalbissano 24, tel. 0141951204, fax 0141 356900 - ettari 15 - chiusura: inizio gennaio-inizio febbraio - 🐴 piccola taglia.

▶ Dall'uscita Asti-Est della A21 immettersi sulla Statale 231 per Alba-Canelli; dopo circa 6 km uscire a destra per Canelli-Acqui Terme. Ancora 3 km, poi girare a destra e seguire per 1 km le indicazioni dell'azienda.

Tra Monferrato e Langhe, un'azienda produttrice di un quotato Barbera d'Asti, ma anche un soggiorno agrituristico d'atmosfera, per ampiezza del paesaggio, suggestione di arredi e qualità della ristorazione, con propria linea di conserve e prodotti tipici regionali. Vacanza di totale tranquillità; uso biblioteca e corsi di rilassamento con psicologa.

🛏 Camere con servizi: 2 doppie - pernottamento per persona £ 40/60000, pensione £ 100000.
🏠 Appartamenti: 1 bilocale per 4/5 persone, con biancheria cucina, stoviglie, lavatrice - affitto al giorno £ 150/220000, affitto a settimana £ 700/1400000. Deposito cauzionale 30% alla prenotazione.
Soggiorno minimo: 3 giorni in appartamento. Carte di credito: Diner's Club, Visa.
Note: *le camere e l'appartamento sono dotati di biancheria per letto e per bagno, riscaldamento centralizzato.*
🍴 cucina piemontese (agnolotti, brasato al barolo) - vini regionali di produzione propria - £ 35/45000.
Servizi e locali comuni: parcheggio, telefono, sala TV, sala lettura. Sport e tempo libero: gioco bocce; corsi di cucina, corsi di pittura. Coltivazioni: viti. Allevamenti: animali di bassa corte. Prodotti in vendita: vino.

Vignale Monferrato (AL)

m 308 ✉ 15049

Ca' San Lorenzo

a San Lorenzo, tel. 0142933314, fax 0142933314 - ettari 18 - chiusura: agosto - 🐾
▶ Da Alessandria prendere la Statale 31 in direzione di Casale Monferrato e percorrere circa 20 km, quindi imboccare la deviazione a sinistra che, dopo 11,5 km conduce a Vignale Monferrato; da qui, ancora un paio di chilometri e si raggiunge l'azienda.

Asti e Alesssandria, sul fronte del Monferrato, e Casale, sulla linea del Po, sono i riferimenti turistici della vacanza a Vignale. Qui si soggiorna in un edificio che nel Settecento fungeva da "postale", già allora gradita sosta per viaggiatori. Sotto antiche volte, di fronte al grande camino, ci si siede alla tavola della fattoria.

🛏 Camere senza servizi: 4 doppie; 2 bagni in comune - pernottamento per persona £ 30/40000, mezza pensione £ 50/75000. Camere con servizi: 1 a 3 letti - pernottamento per persona £ 35/40000, mezza pensione £ 55/75000.
Note: *le camere sono dotate di biancheria per letto, per bagno e per cucina, uso cucina e riscaldamento.*
🍴 cucina piemontese (antipasti, primi piatti) - vini di produzione propria - £ 20/45000.
Servizi e locali comuni: parcheggio. Sport e tempo libero: campo da tennis; visite nei dintorni. Coltivazioni: viti. Prodotti in vendita: vino.

Cascina Alberta

località Ca' Prano 14, tel. 0142933313, fax 0142 933313 - ettari 15,5 - chiusura: gennaio-metà febbraio - 🐾 previo accordi.
▶ Da piazza Mezzadra a Vignale Monferrato continuare per un paio di chilometri in direzione di Camagna Monferrato, quindi seguire la segnaletica dell'azienda.

Circondato su tre lati da vigneti e orti, il complesso agrituristico, di fisionomia tradizionale, domina sul quarto un gradevolissimo ambiente rurale con riquadri coltivati e macchie alberate.

🛏 Camere con servizi: 3 doppie, con biancheria letto, biancheria bagno, riscaldamento centralizzato - pernottamento per persona £ 45000, mezza pensione £ 70000. Deposito cauzionale da concordare.
Carte di credito: CartaSi.
🍴 cucina piemontese (piatti della tradizione) - vini di produzione propria - £ 25/45000.
Servizi e locali comuni: parcheggio. Sport e tempo libero: ping pong, ricovero cavalli; noleggio mountain bike. Coltivazioni: viti, ortaggi. Prodotti in vendita: vino.

Il Mongetto

via Piave 2, tel. 0142933442, fax 0142933469 - ettari 39 - chiusura: gennaio-febbraio e Natale - 🐾 previo accordi.
▶ Da piazza Mezzadra a Vignale Monferrato - cui si arriva lasciando la A26 al casello Casale Sud o la A21 allo svincolo Felizzano - proseguire per circa 200 m sulla strada per Camagna Monferrato.

Il Monferrato ammalia i turisti con la dolce bellezza del suo paesaggio e le lusinghe della buona tavola. A questi ingredienti, di sicuro successo, l'azienda aggiunge la suggestione di un soggiorno in villa, tra affreschi e arredi d'epoca.

🛏 Camere senza servizi: 2 doppie; 1 bagno in comune - pernottamento per persona £ 45000, prima colazione £ 10000. Camere con servizi: 2 doppie - pernottamento per persona £ 50000, prima colazione £ 10000.
Carte di credito: CartaSi, Bancomat.
Note: *le camere sono dotate di biancheria per letto e per bagno, riscaldamento; letto aggiunto £ 20000.*
🍴 cucina piemontese (prenotare) - vini locali di produzione propria - £ 30/40000.
Servizi e locali comuni: telefono. Coltivazioni: viti, ortaggi, alberi da frutta. Prodotti in vendita: vino, sottoli, marmellate, sughi, conserve.

PROVINCIA DI ALESSANDRIA

PROPOSTE WEEK-END

vi aspettiamo: abbiamo molto da offrirvi!

Una provincia da scoprire

La provincia **Alessandria**

La promozione turistic(a) un'efficace carta da (gio)care per l'affermazion(e di) un territorio, di una (co)munità locale. L'area a(les)sandrina è ricca di ini(zia)tive, di appuntamenti (cul)turali e folcloristici (di) offerte enogastrono(mi)che. L'agriturismo, l'e(co)turismo, il Centro di T(uri)smo Ambientale di Ca(ss)(i)rola, l'Enogastronomia(, le) Pievi, i Castelli, Maren(chi) ecc., rappresent(ano) un'occasione importa(nte) per avvicinare i turist(i al) territorio alessandri(no,) alla scoperta di un mo(del)lo di accoglienza e di (ri)storazione accattivan(te.) Siamo convinti che t(ale) approccio sia funzion(ale) per consolidare i rapp(orti) di amicizia e simpatia v(er)so la nostra ter(ra)

PROVINCIA DI ALESSANDRIA

Proposte Provincia di Alessandria Assessorati Turismo, Tutela e Valorizzazione Ambientale, Centri di Turismo Sociale.

Prenotazioni e informazioni:
- **Cooperativa GAIA** - Servizi Turistici - Via Mazzini 22, Taglio-lo M.to (AL) - tel. / fax 0143 896157 - tel. 0143 877497 - 0339 7288810
- **Provincia di Alessandria Ufficio Centri di Soggiorno Sociale** via dei Guasco 49 Alessandria tel. 0131 304010, 0131 304011, fax 0131 304017 e-mail: centrisoggiorno@provincia.alessandria.it

agriturist

Proposte AGRITURIST via Trotti 122 Alessandria tel. 0131 43151

Informazioni:
- **AGRITURIST** via Trotti 122 Alessandria tel. 0131 43151, fax 0131 263842 e-mail: alessand@mail.confagricoltura.it

terranostra

Proposte TERRANOSTRA C.so Crimea 69 Alessandria tel. 0131 235891, fax 0131 252144

Informazioni:
- **TERRANOSTRA** C.so Crimea 69 Alessandria tel. 0131 235891, e-mail: alessandria@coldiretti.it

Proposte PARCO NATURALE E AREA ATTREZZATA SACRO MONTE DI CREA
Case Sparse 30 Ponzano M.to tel. 0141 927120, fax 0141 927800

Informazioni:
- **Parco Naturale ed Area Attrezzata del Sacro Monte di Crea**
Case Sparse 30 Ponzano M.to tel. 0141 927120 e-mail: parccrea@tin.it
Prenotazioni:
- **Santuario Madonna di Crea** - Serralunga di Crea tel. 0142 940109

PROVINCIA DI ALESSANDRIA

PROPOSTE VACANZE SCU(OLA)

vi aspettiamo: abbiamo molto da offrirvi

Assessorato al Turismo
via Savona, 26 • 15100 Alessandria
tel. 0039 01313041 • fax 0039 0131304656
http://www.provincia.alessandria.it
E-mail: turismo@provincia.alessandria.it

Az. Agrituristica "LA TRAVERSINA"

La famiglia Varese propone ai propri ospiti una vacanza all'insegna della cordialità, dell'accoglienza, del riposo e della buona cucina, il tutto in un'atmosfera di assoluta quiete.

Il giardino all'inglese con oltre 400 rose fiorite offre uno spettacolo indimenticabile; come indimenticabili sono le lucciole che nel mese di giugno illuminano le nottate. Che vogliate trascorrere alla Traversina solo un fine settimana, o passare qui le vostre vacanze Rosanna e Domenico saranno lieti di dividere con voi il loro piccolo angolo di paradiso.

La Traversina è raggiungibile in 30 minuti da Genova, 45 da Milano e circa 60 da Torino. Uscita autostradale Serravalle Scrivia (A7)

Az. Agrituristica "LA TRAVERSINA" - 15060 Stazzano (AL)
Tel. e fax 0143 61377

LOMBARDIA
DELLE CASCINE E DELLE BAITE

*Dalla pianura, mosaico pulsante di tante attività,
alla montagna, che vive ancora di antichi ritmi,
sono molte le frecce all'arco dell'agriturismo lombardo.*

L a Lombardia, estesa al settore centrale dell'arco alpino e della pianura padana, presenta uno scenario naturale e umano molto variegato. Con quasi 24 000 km^2 è la terza regione per superficie ma la prima per numero di abitanti, circa 9 milioni, responsabili della produzione di oltre un quinto del reddito nazionale. Detto questo, si delinea chiaramente il tratto caratteristico della regione, vale a dire il contrasto tra la pianura, che copre il 47% del territorio e la collina (12%), dove si concentrano abitati e attività produttive, e la fascia montana (41%) depositaria degli ambienti naturali meglio conservati. Lineamenti, questi, che si trasmettono coerentemente alla realtà agrituristica con aziende presenti sia in realtà agricole suburbane, con tutti i pregi e i difetti derivanti da questa collocazione, sia nelle vallate del Parco Nazionale dello Stelvio o nelle contrade delle Prealpi, a contatto con la più genuina tradizione contadina.

UFFICI TURISTICI

I BERGAMO
vicolo Aquila Nera 2,
tel. 035242226
San Pellegrino Terme
viale Papa Giovanni XXIII 18,
tel. 034521020
Selvino
corso Milano 19,
tel. 035763362

I BRESCIA
corso Zanardelli 34,
tel. 03043418
Darfo-Boario Terme
piazza Einaudi 2,
tel. 0364531609
Desenzano del Garda
via Porto Vecchio 34,
tel. 0309141510
Edolo
piazza Martiri della Libertà 2,
tel. 036471065
Gardone Riviera
corso Repubblica,
tel. 036520347
Limone sul Garda
via Comboni 15,
tel. 0365954070
Ponte di Legno
corso Milano 41,
tel. 036491122
Sirmione
viale Marconi 2,
tel. 030916114

DALLA MONTAGNA, FORMAGGI E VINI D'ECCELLENZA

La montagna lombarda comprende un settore propriamente alpino, esteso da Ovest a Est alle Alpi Lepontine e Retiche (Bernina, m 4049) e ai massicci dell'Ortles-Cevedale e dell'Adamello. Lo scenario di questo arco montano è grandioso e vario per la natura cristallina delle rocce e le imponenti manifestazioni glaciali. In questi luoghi forti emozioni vengono anche dai sapori di una ricchissima casearia: innanzitutto il «Taleggio» (Dop), la cui fama e zona di produzione si è molto estesa, ma anche produzioni più localizzate come il «Bitto» (Dop) e il «Casera Valtellina» (Dop), o il bergamasco «Formai de Mut» (Dop). Alla provincia di Sondrio si devono anche un celebre salume, la «Bresaola della Valtellina» (Igp), e i vini «Valtellina» (Doc) e «Valtellina Riserva» (Docg), progenie montana di un ceppo di Nebbiolo.

A quota inferiore corre la fascia prealpina, allietata dalle acque di grandi laghi. Sono questi i luoghi in cui la montagna lombarda regala all'agriturismo alcune delle maggiori soddisfazioni: si soggiorna nelle cascine in pietra delle valli, fra passeggiate a portata di tutti e ricompense conviviali. E di converso il turismo rurale rappresenta l'occasione in più per quelle economie che hanno nella zootecnia e nella produzione di formaggi rinomati la loro principale risorsa. Nella zona due produzioni olearie Dop, «Garda» e «Laghi Lombardi».

Sopra, un leggiadro rappresentante della flora prealpina, il maggiociondolo.

Sotto, fioriture della collina bergamasca.

UFFICI TURISTICI

COMO
piazza Cavour 16,
tel. 031269712
Bellagio
piazza della Chiesa 14,
tel. 031950204

CREMONA
piazza del Comune 5,
tel. 037223233

LECCO
via Nazario Sauro 6,
tel. 0341362360

LODI
piazza Broletto 4,
tel. 0371421391

MANTOVA
piazza A. Mantegna 6,
tel. 0376328253

MILANO
via Marconi 1,
tel. 0272524300

PAVIA
via Fabio Filzi 2,
tel. 038222156
Salice Terme
via Marconi 20,
tel. 038392821
Varzi
piazza della Fiera,
tel. 0383545221
Vigevano
corso V. Emanuele 29,
tel. 0381299282

LA COLLINA LOMBARDA, TERRA DI ANTICHE VILLEGGIATURE

La zona collinare, che rappresenta la transizione tra l'arco alpino e la pianura padana, è costituita da un sistema di rilievi di natura morenica, in cui sono racchiusi diversi laghi di minore estensione, delizioso complemento a un ambiente che alterna boschi e conche coltivate. Una delle zone collinari di maggiore interesse è la Brianza, che corona da Nord Milano, luogo di bei paesaggi che ha visto tanto le villeggiature della bella società dei secoli passati quanto l'espansione della prima imprenditoria, e che nell'agroalimentare si segnala per il «Salame Brianza» (Dop). Differenti le attrattive di altri ambiti di collina, che offrono un'immagine rurale, legata soprattutto alla produzione vinicola. Delle 16 produzioni Doc lombarde 14 sono attribuibili a queste terre con un picco di assoluta eccellenza negli spumanti «Franciacorta» (Docg). Citazione a sé merita l'Oltrepò Pavese, con le ondulazioni che salgono verso il crinale dell'Appennino. Anche questo è un paesaggio di vigneti rinomati che lascia poi spazio a estese superfici boscate e all'affiorare dei calanchi, forieri di paesaggi più meridionali.

LE GRANDI CASCINE A CORTE DELLA PIANURA

La pianura rappresenta infine l'ambito territoriale più esteso. È di origine alluvionale e si suddivide in due fasce in funzione della natura geologica del suolo. Le ghiaie più grossolane, depositate dai fiumi nella prima parte del loro corso, lasciano filtrare in profondità le acque meteoriche e danno origine alla cosiddetta 'pianura alta', asciutta e caratterizzata dal paesaggio della brughiera.

UFFICI TURISTICI

▮ SONDRIO
via C. Battisti 12,
tel. 0342512500
Aprica
corso Roma 150,
tel. 0342746113
Bormio
via Roma 131/B,
tel. 0342903300
Chiesa in Valmalenco
piazza Ss. Giacomo e Filippo 1,
tel. 0342451150
Madesimo
via Carducci 27,
tel. 034353015
▮ VARESE
via Carrobbio 2,
tel. 0332283604
Laveno
piazza Italia 2,
tel. 0332666666
Luino
via Piero Chiara 1,
tel. 0332530019
Maccagno
viale Garibaldi 1,
tel. 0332562009

Più a valle il deposito di materiali più fini ha dato origine a terreni impermeabili che costringono le acque di falda ad affiorare lungo la cosiddetta fascia delle risorgive. Questa linea di demarcazione segna l'inizio della 'pianura bassa', ricca di acque e di vegetazione spontanea. L'agriturismo di pianura trova il suo scenario nelle grandi cascine a corte, legate tradizionalmente alle colture intensive di cereali e foraggi e all'allevamento bovino. Celebri formaggi della Bassa sono il «Gorgonzola» (Dop), il «Provolone Valpadana» (Dop) e il «Quartirolo lombardo» (Dop) mentre tra le colture specializzate spicca la «Pera mantovana» (Igp). Gli orizzonti della pianura possono sembrare monotoni; basta poco, però, per scoprire che gli argini segnati dai pioppi e le strade poderali disegnate tra le colture riservano la scoperta di una nota di colore o di uno dei tanti luoghi della memoria lombarda.

CITTÀ E BORGHI ANTICHI, ABBAZIE E NAVIGLI

Questa dunque è la Lombardia del grande contrasto tra le sue terre produttive e i suoi grandi ambiti naturali. La qual cosa si risolve, nel caso dell'agriturismo, non in una contrapposizione di interessi ma piuttosto in una positiva compresenza di stimoli: i grandi patrimoni d'arte, concentrati non solo nei capoluoghi provinciali ma anche nei centri minori, fanno il paio nell'ampliare le prospettive agrituristiche con le aree protette, che si estendono a circa il 20% del territorio. Parliamo, nel primo caso, di scrigni di storia e arte come Bergamo o Vigevano, dove tutto converge nel soddisfare non solo le curiosità culturali ma anche quelle gastronomiche; nel secondo caso di parchi e riserve che conservano, come lungo il Ticino o l'Adda, alcuni degli ambienti agricoli più interessanti di tutto il Nord Italia.

A fronte, forme di «Casera Valtellina» (Dop); la montagna lombarda offre una ricca varietà di prodotti tipici – formaggi, salumi, vino e frutta – e allettanti proposte gastronomiche.

Sotto, l'immagine di questa contrada alpina rappresenta uno degli scenari più suggestivi e meno consueti dell'agriturismo lombardo.

ASSOCIAZIONI DI CATEGORIA

▌ **AGRITURIST**
Milano
Sede Regionale,
viale Isonzo 27,
tel. 0258302122

▌ **TERRANOSTRA**
Milano
Sede Regionale,
via Tommaso Salvini 1,
tel. 0276025840

▌ **TURISMO VERDE**
Milano
Sede Regionale,
piazza Caiazzo 3,
tel. 026705544

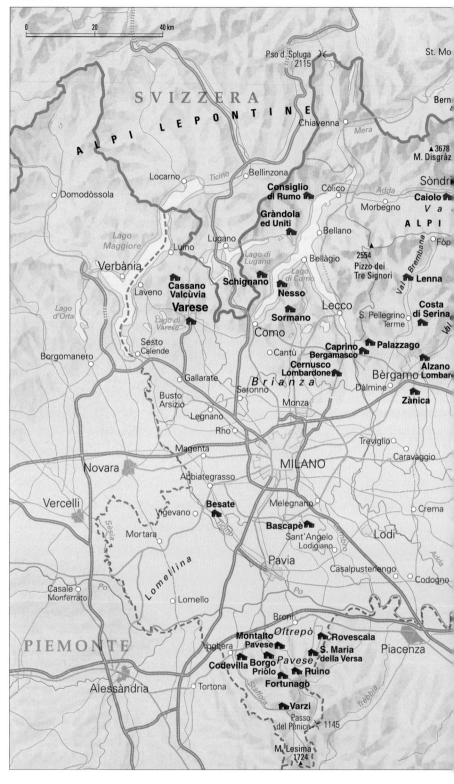

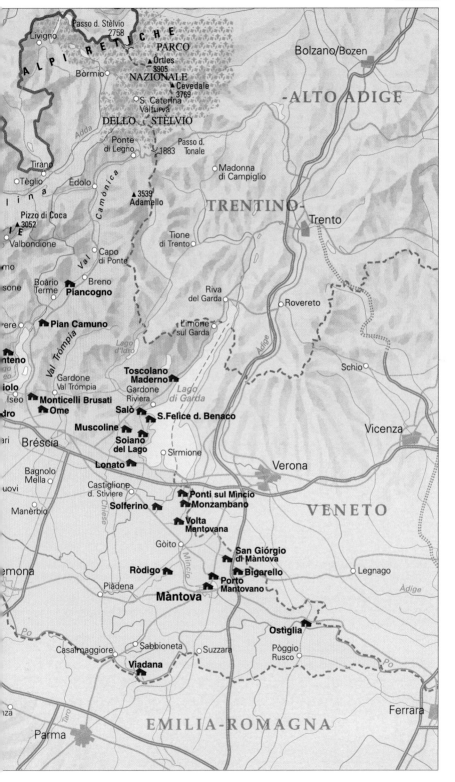

Azienda agricola di Luigi Lancini

Via Cornaleto 2 - 25030 Adro (BS)

Tel. +39.030.7450554 - Fax +39030.7450552

E-mail: info@cornaleto.com - www.cornaleto.com

L'origine del nome deriva probabilmente dalle pietre bianche (corna) con le quali era stata edificata l'antica cascina, o dal corniolo (cornal), arbusto diffuso nella zona.

Un anfiteatro naturale, lasciato incolto ed abbandonato fino ad acquisire la nomea di anacronistico, che tuttavia Luigi Lancini aveva sempre amato, fino ad acquistarlo, schernito da molti, nel 1968.

I terreni collinari, livellati dossi e fossati, furono dissodati con scassi profondi, analizzati e selezionati.

Sorsero vigneti qualificati, pratiche cantine interrate, uliveti, frutteti, colture ed allevamenti mirati.

CORNALETO oggi è un'oasi invidiata, sinonimo di vini ed agriturismo di alto livello qualitativo.

Posto in una privilegiata e panoramica posizione, una conca naturale ai piedi del Monte Alto, che domina il Lago d'Iseo, la Pianura Padana e la Franciacorta. Nelle immediate vicinanze: antichi palazzi e monasteri, golf, maneggi, Acquasplash, impianti sportivi.

Desiderate tranquilli soggiorni in Franciacorta? Un'ampia e confortevole sala ristorante, piatti tipici, gustose creatività, vini e spumanti prestigiosi, appartamentini autonomi, camere moderne e luminose tutte dotate di servizi privati. Sala per convegni e congressi. Banchetti per cerimonie.

La produzione vinicola:

Franciacorta D.O.C.G. - V.S.Q.P.R.D.: ottenuto da uve Chardonnay, Pinot Bianco e Pinot Nero, con una lenta fermentazione in bottiglia, che nei millesimati si prolunga oltre cinque anni, è disponibile nelle tipologie Pas Dorè, Brut e Rosè. In preparazione anche il Satèn.

Terre di Franciacorta Bianco D.O.C., vino delicato ottenuto da uve Chardonnay e/o Pinot Bianco, proposto in crù profumati e ricchi di aromi come il "Saline" o il "Corno Nero", caratterizzato dall'affinamento in legno.

Terre di Franciacorta Rosso D.O.C., ottenuto da uve Cabernet Franc e/o Sauvignon, Nebbiolo, Merlot e Barbera, nei nostri vigneti assume una spiccata personalità che migliora con l'invecchiamento. Particolarmente pregiati i crù "Poligono", "Baldòc" e "Sarese", tutti pazientemente affinati in botticelle di rovere.

Adro (BS)

m 271 ⊠ 25030

Cornaleto

via Cornaletto 2, tel. 0307450554 oppure 030 7450507, fax 0307450552 - ettari 35 - ᵹ - chiusura: sempre aperto - ❧
▶ Dall'uscita Palazzolo della A4 dirigersi verso Est e raggiungere Adro, quindi seguire le indicazioni poste nei pressi del palazzo comunale.

A mezza collina, tra i pregiati vigneti della Franciacorta, si alloggia in una struttura agrituristica di moderna concezione. La posizione è tranquilla e panoramica. In paese, veramente a due passi, arte e tradizioni; a sei chilometri il lago d'Iseo.

🛏 CAMERE CON SERVIZI: 7 doppie, con biancheria letto, biancheria bagno, riscaldamento centralizzato, telefono - pernottamento per persona £ 45/75000, prima colazione £ 5/10000.
CARTE DI CREDITO: American Express, CartaSi.
🍴 cucina del territorio (apertura solo nei week end e festivi) - vini di produzione propria - £ 50000.
SERVIZI E LOCALI COMUNI: parcheggio, sala convegni. SPORT E TEMPO LIBERO: noleggio mountain bike. COLTIVAZIONI: olivi, viti, cereali, ortaggi, alberi da frutta. ALLEVAMENTI: suini, pollame. PRODOTTI IN VENDITA: vino DOC, spumante, grappa, formaggio, salumi, miele, marmellate.

Alzano Lombardo (BG)

m 304 ⊠ 24022

Ardizzone

a Nese, cascina Grumello, tel. 035510060 oppure 035 513210, fax 035738703 - ettari 7,5 - ᵹ - chiusura: sempre aperto - ❧

▶ Da Bergamo seguire la Provinciale per Clusone fino all'ospedale di Alzano Lombardo, poi continuare da via Europa in direzione di Nese; dopo 300 m circa, girare a sinistra sulla via Grumello e raggiungere l'azienda.

Siamo al confine con il Parco dei Colli Bergamaschi; la città è vicina, ma non sembra. Ospitalità in un cascinale fortificato del XV secolo, su un piccolo altopiano prativo circondato da pinete e boschi cedui. Gli appartamenti hanno soffitti a volta, camini e arredi d'epoca; in azienda, sala per le prime colazioni e museo agricolo.

⊞ APPARTAMENTI: 2 monolocali per 2/3 persone, 2 bilocali per 4 persone, 1 di 3 locali per 5 persone, con biancheria letto, biancheria bagno, biancheria cucina, stoviglie, riscaldamento a metano, televisore - affitto al giorno per persona £ 35/40000, prima colazione £ 5000 a persona, supplemento per luce e gas, sconto 25% per bambini da 4 a 7 anni.
SERVIZI E LOCALI COMUNI: parcheggio. SPORT E TEMPO LIBERO: gioco bocce, tiro con l'arco, ping pong, maneggio, ricovero cavalli; guida ai lavori agricoli, passeggiate a cavallo, corsi di equitazione. COLTIVAZIONI: bosco, ortaggi, pascolo, frutti di bosco. ALLEVAMENTI: ovini, equini, struzzi. PRODOTTI IN VENDITA: frutta, verdura.

Bascapè (PV)

m 89 ⊠ 27010

Tenuta Camillo

a Trognano, tel. 038266509, fax 038266509 - ettari 87 - chiusura: settembre e febbraio.
▶ Da Milano prendere la A1 e uscire a Melegnano; da qui proseguire in direzione di Riozzo e poi per 3 km circa verso Sud-Ovest fino a raggiungere Trognano.

Nel florido paesaggio della Bassa, tra Lodi e Pavia, una grande cascina a corte con la villa padronale del Seicento e gli edifici rustici a fare da scenario alla piscina e al prato all'inglese che la circonda. Fuori, tra voli di rondini e aironi, il mondo magico della risaia e dei tre grandi fiumi - Ticino, Po e Adda - che lo alimentano.

🛏 CAMERE SENZA SERVIZI: 1 singola, 2 doppie; 2 bagni in comune - pernottamento per persona £ 60000, pensione £ 135000.
⊞ APPARTAMENTI: 1 di ampia metratura per 6 persone, con biancheria cucina, stoviglie, lavastoviglie - affitto a settimana £ 1000/1500000. Deposito cauzionale £ 500000 (appartamento).
SOGGIORNO MINIMO: 1 settimana in appartamento.

Note: *le camere e l'appartamento sono dotati di biancheria per letto e per bagno, riscaldamento centralizzato; sconto 10% per lunghi soggiorni.*

)| cucina lombarda (risotti, bolliti e brasati) - vini regionali - £ 25/45000.
SERVIZI E LOCALI COMUNI: parcheggio, sala lettura. SPORT E TEMPO LIBERO: piscina; corsi di attività artigianale, passeggiate naturalistiche, visite nei dintorni. COLTIVAZIONI: granoturco, riso, soia. ALLEVAMENTI: animali di bassa corte. PRODOTTI IN VENDITA: riso.

Besate (MI)

m 104 ⊠ 20080

Cascina Caremma ⭐

via Cascina Caremma 1, tel. 029050020, fax 02 9050020 - ettari 36 - &. - chiusura: agosto - previo accordi.
▶ Abbandonare la A7 in corrispondenza dell'uscita Binasco e dirigersi a Casorate Primo, quindi raggiungere Besate; arrivati in paese continuare per un paio di chilometri in direzione Nord-Ovest.

Nel Parco del Ticino, a soli 30 km da Milano, si trova questa tipica cascina della pianura lombarda, al centro di una vasta estensione di coltivazioni biologiche. La cascina, dotata di una sala riunioni multifunzionale, è sede di numerose attività didattiche per gruppi di ragazzi accompagnati.

↘ CAMERE SENZA SERVIZI: 1 singola, 1 doppia; 2 bagni in comune - pernottamento per persona £ 50/60000, mezza pensione £ 75/90000. CAMERE CON SERVIZI: 2 doppie, 6 a 3/4 letti - pernottamento per persona £ 50/60000, mezza pensione £ 75/90000. Deposito cauzionale 10% alla prenotazione.
CARTE DI CREDITO: CartaSi.
Note: *le camere sono dotate di biancheria per letto e per bagno, telefono, riscaldamento centralizzato, televisore a richiesta e aria condizionata.*
)| cucina lombarda (paste fresche, risotti e salumi) - vini regionali - £ 30/38000.
SERVIZI E LOCALI COMUNI: parcheggio, telefono, sala TV, sala lettura. SPORT E TEMPO LIBERO: ricovero cavalli; noleggio mountain bike, visite nei dintorni, passeggiate naturalistiche guidate. COLTIVAZIONI: granoturco, frumento, orzo, riso, legumi, frutti di bosco. ALLEVAMENTI: bovini, suini, pollame. PRODOTTI IN VENDITA: carne, salumi, riso, farina.

Bigarello (MN)

m 20 ☒ 46030

Il Galeotto

a Gazzo, via Galeotto 2, tel. 0376229165 oppure 0376 663150, fax 0376663562 - ettari 45 - chiusura: fine dicembre-febbraio - ✆ previo accordi.

▶ Uscita Mantova Nord della A22, poi Statale 10 in direzione di Stradella; da qui, girare a destra e percorrere circa 4 km fino a raggiungere Cadé dove una deviazione a sinistra (via Galeotto) conduce in azienda.

Il Mincio, l'Adige e il Po disegnano con le loro acque il paesaggio che accompagna dalla Mantova dei Gonzaga alla Verona degli Scaligeri. Anima di queste campagne e protagonista in tavola è il riso e proprio in un'antica riseria si approda per una vacanza di rigenerante tranquillità.

🛏 CAMERE CON SERVIZI: 3 doppie, con biancheria letto, biancheria bagno, riscaldamento - pernottamento per persona £ 40/50000, mezza pensione £ 60/70000. CARTE DI CREDITO: Visa.

🏕 4 equipaggi.

🍴 cucina del territorio (risotti) - vini locali di produzione propria - £ 25/35000.

SERVIZI E LOCALI COMUNI: parcheggio, telefono. SPORT E TEMPO LIBERO: campo da tennis; visite nei dintorni, passeggiate. COLTIVAZIONI: cereali, granoturco, riso, soia, ortaggi, alberi da frutta. ALLEVAMENTI: suini, animali di bassa corte. PRODOTTI IN VENDITA: salumi, pesce, legumi, cereali, riso, farina.

Borgo Priòlo (PV)

m 144 ☒ 27040

Castello di Stefanago

località Stefanago, tel. 0383875227 oppure 0383 875413, fax 0383875644 - ettari 200 - apertura: marzo-ottobre (camere), sempre aperto (appartamenti) - ✆.

▶ Abbandonare la A21 all'uscita di Casteggio e procedere verso Sud; superato Borgo Priolo, proseguire per circa 10 km e poi girare a destra per Fortunago; raggiungere dopo 5 km circa Stefanago, dove si trova l'azienda.

Vacanza d'atmosfera in una vasta tenuta agricola dell'Oltrepò Pavese al centro della quale spicca il maniero medievale. I quattro appartamenti sono ricavati in un'adiacente costruzione risalente al Quattrocento,

mentre nella cascina Boatta sono le sei camere e gli ambienti collettivi che ben si adattano all'organizzazione di corsi di vario genere. In azienda le coltivazioni sono tutte a indirizzo biologico.

🛏 CAMERE CON SERVIZI: 6 doppie - pernottamento per persona £ 50000, mezza pensione £ 90000.

🏠 APPARTAMENTI: 3 bilocali per 2 persone, 1 di 4 locali per 4 persone, con biancheria cucina, stoviglie - affitto al giorno £ 160/240000, supplemento per riscaldamento £ 30000 al giorno. Deposito cauzionale 30% alla prenotazione.

SOGGIORNO MINIMO: 3 giorni in agosto. CARTE DI CREDITO: American Express, CartaSi.

Note: le camere e gli appartamenti sono dotati di biancheria per letto e per bagno, riscaldamento centralizzato.

🍴 cucina casalinga (piatti con verdure) - vini di produzione propria - £ 40/45000.

SERVIZI E LOCALI COMUNI: parcheggio, telefono. SPORT E TEMPO LIBERO: ricovero cavalli; passeggiate a cavallo. COLTIVAZIONI: viti, bosco, seminativi, ortaggi, alberi da frutta, prato. ALLEVAMENTI: pollame. PRODOTTI IN VENDITA: vino, frutta.

La Torretta

a Staghiglione, tel. 0383872447, fax 0383871350 - ettari 80 - ♿ - chiusura: gennaio - ✆

▶ Da Casteggio, a 10 km dall'omonima uscita della A21, raggiungere Borgo Priolo; in paese seguire verso Sud le indicazioni dell'azienda.

Nelle colline dell'Oltrepò Pavese sorge questo vasto complesso agrituristico sportivo per ragazzi, praticamente unico nel suo genere per storia, ormai ventennale, e attrezzature. Ampia offerta "pacchetti" vacanza per ogni età e anche per famiglie.

🛏 CAMERE CON SERVIZI: 100 a 2/3/4 letti, con biancheria letto, uso lavanderia, riscaldamento centralizzato - pensione £ 85/105000. CARTE DI CREDITO: Visa.

⛺ 5 equipaggi 🏕 20 equipaggi.

🍴 cucina lombarda (pasta e fagioli) - vini di produzione propria - £ 35000.

SERVIZI E LOCALI COMUNI: parcheggio, telefono, sala TV, sala lettura, taverna, sala convegni, sala giochi bimbi, discoteca. SPORT E TEMPO LIBERO: piscina coperta, campo da tennis, pallavolo, basket, campo di calcetto, tiro con l'arco, mini golf, ping pong, maneggio, ricovero cavalli; passeggiate a cavallo, corsi di equitazione. COLTI-

VAZIONI: grano, orzo, girasoli, meli, ciliegi, albicocchi, susini, erba medica. ALLEVAMENTI: bovini, suini, caprini, equini, pollame. PRODOTTI IN VENDITA: salumi, vino, uva, mele, albicocche, ciliege, susine, ciambelle, miele.

Torrazzetta

località Torrazzetta 1, tel. 0383871041, fax 0383 871041 - ettari 42 - ✦ - chiusura: periodo in gennaio - ✗ salvo accordi.
▶ Deviazione per Borgo Priolo nel tratto Casteggio-Montebello della Battaglia della S.S. 10 Padana Inferiore; seguire la segnaletica dell'azienda.

Sulle prime colline dell'Oltrepò, alle spalle di Casteggio, il comfort di un moderno albergo e l'atmosfera di un'antica locanda convivono in questa struttura agrituristica. Tra le tante proposte corsi di vinificazione e panificazione domestica. Coltivazioni con metodo biologico.

✎ CAMERE CON SERVIZI: 3 doppie, 11 a 3/4 letti, con biancheria letto, biancheria bagno, riscaldamento - pernottamento per persona £ 65/95000, mezza pensione £ 110/130000. Deposito cauzionale da concordare alla prenotazione.
CARTE DI CREDITO: American Express, CartaSi.
🍴 cucina del territorio (paste fresche con farina integrale e pane di casa) - vini locali di produzione propria - £ 55000.
SERVIZI E LOCALI COMUNI: parcheggio, telefono, salotto per musica, sala riunioni. SPORT E TEMPO LIBERO: piscina, tiro con l'arco, ping pong; guida ai lavori agricoli, osservazione degli animali, corsi di panificazione, visite nei dintorni, passeggiate naturalistiche. COLTIVAZIONI: viti, granoturco, frumento, ortaggi, peschi. ALLEVAMENTI: bovini, suini, animali di bassa corte, struzzi. PRODOTTI IN VENDITA: vino, spumante, grappa, aceto, verdura, confetture, miele.

Caiolo (SO)

m 335 ✉ 23010

Ribuntà

a San Bernardo, tel. 0342561297, fax 0342561297 - chiusura: metà gennaio-marzo - ✎
▶ Dalla Statale 38, oltrepassare la ferrovia e l'Adda svoltando a destra (per chi proviene da Lecco) 5 km prima di Sondrio; raggiungere Caiolo e procedere per altri 2 km seguendo la segnaletica.

L'ambiente è quello della bassa Valtellina, presso la confluenza del Livrio nell'Adda. La sede aziendale, che si trova in una piccola contrada, occupa una costruzione rurale risalente al Quattrocento e un fabbricato moderno. Il territorio del vicino Parco delle Orobie si presta a passeggiate a piedi e in mountain bike.

CAMERE CON SERVIZI: 4 a 3/4/5 letti, con biancheria letto, biancheria bagno, riscaldamento - pernottamento per persona £ 30/40000.
cucina valtellinese (paste fresche, piatti della tradizione) - vini locali - £ 28/40000.
SERVIZI E LOCALI COMUNI: parcheggio, telefono, bar. COLTIVAZIONI: granoturco, ortaggi, alberi da frutta. ALLEVAMENTI: pollame, conigli. PRODOTTI IN VENDITA: frutta, verdura, sottoli, marmellate.

Caprino Bergamasco (BG)

m 315 ⊠ 24030

Cascina Ombria

a Celana, località Ombria, tel. 035781668, fax 035 781668 - ettari 4 - - chiusura: sempre aperto -
▶ Dalla Statale 342 Bergamo-Como, deviare per Caprino Bergamasco, quindi continuare in direzione Nord-Est e raggiungere Celana; in paese seguire le indicazioni dell'azienda.

Vacanza nella valle di Sant'Antonio, tutta agricola, solcata da tranquille strade poderali. La cascina, del 1613, era in origine un avamposto milanese in territorio veneziano. Gli alloggi, arredati con gusto, danno su una terrazza porticata.

CAMERE CON SERVIZI: 1 doppia, 2 a 4 letti, con biancheria letto, biancheria bagno, riscaldamento centralizzato - pernottamento per persona £ 65000, mezza pensione £ 100000, la mezza pensione si effettua solo dal giovedì alla domenica.
cucina del territorio (capretto al forno, salumi) - vini regionali - £ 40000.
SERVIZI E LOCALI COMUNI: parcheggio. SPORT E TEMPO LIBERO: osservazione degli animali, visite guidate. COLTIVAZIONI: prato, foraggio, frutti di bosco. ALLEVAMENTI: suini, caprini, pollame. PRODOTTI IN VENDITA: formaggio, marmellate.

Capriolo (BS)

m 216 ⊠ 25031

Ricci Curbastro & Figli

via Adro 37, tel. 030736094, fax 0307460558 - ettari 30 - chiusura: sempre aperto -
▶ Dall'uscita Palazzolo della A4 raggiungere l'abitato di Capriolo, quindi deviare a destra in direzione di Adro; seguire la segnaletica dell'azienda.

Fabbricato rurale del tardo Ottocento situato nelle campagne tra l'Oglio e il monte Alto. Intorno i colli della Franciacorta con trecento chilometri di percorsi per mountain bike. La struttura comprende una sala per convegni e manifestazioni di vario genere. Da visitare il museo agricolo e del vino Ricci Curbastro con oltre tremila oggetti esposti.

⊞ APPARTAMENTI: 2 monolocali per 2 persone, 1 bilocale per 2/4 persone, 1 di 3 locali per 4/6 persone, con biancheria letto, biancheria bagno, biancheria cucina, stoviglie, riscaldamento autonomo - affitto al giorno £ 72/170000, supplemento per animali domestici £ 5000 al giorno. Deposito cauzionale 30%.
SOGGIORNO MINIMO: 2 notti. CARTE DI CREDITO: American Express, CartaSi.

SERVIZI E LOCALI COMUNI: parcheggio. SPORT E TEMPO LIBERO: noleggio mountain bike, visite nei dintorni, visite guidate, visita alla cantina con degustazione, visita al museo dell'azienda, passeggiate. COLTIVAZIONI: viti, prato. ALLEVAMENTI: pollame, conigli. PRODOTTI IN VENDITA: vino, grappa, aceto, farina.

Cassano Valcùvia (VA)

m 296 ✉ 21030

Albero Bianco

via Dante 569, tel. 0332995671 - ettari 17 - ♿ - chiusura: gennaio-febbraio - 🚭 salvo accordi.

▶ Partendo da Varese percorrere la Valganna e raggiungere Grantola; dopo 1 km circa, deviare in direzione Sud-Ovest e imboccare la Valcuvia; l'azienda si trova in paese ed è ben segnalata.

L'azienda è sita nell'alta Valcuvia, sulle pendici del monte San Martino. La proprietà comprende la villa padronale, circondata da un parco, e un rustico convertito a raffinato soggiorno agrituristico, pressoché di livello alberghiero.

🛏 CAMERE CON SERVIZI: 6 doppie, con biancheria letto, biancheria bagno, riscaldamento centralizzato - mezza pensione £ 95000, supplemento per riscaldamento £ 10000 al giorno; riduzioni per bambini.
SOGGIORNO MINIMO: 2 notti.
🍴 cucina classica (piatti della tradizione) - vini regionali - £ 60000.
SERVIZI E LOCALI COMUNI: parcheggio, telefono. SPORT E TEMPO LIBERO: piscina, gioco bocce, tiro con l'arco; trekking. COLTIVAZIONI: ortaggi, alberi da frutta, foraggio. ALLEVAMENTI: bovini, ovini, suini, caprini, pollame. PRODOTTI IN VENDITA: uova, formaggio, conserve, marmellate, miele.

Al Cavallino

via per Ferrera 50, tel. 0332995508, fax 0332995508 - ettari 26 - ♿ - chiusura: periodo in gennaio - 🐎
▶ Da Varese percorrere la strada della Valganna fino a poco oltre Grantola, poi piegare sulla sinistra; l'azienda si trova al margine del paese, sulla Provinciale che proviene da Luino.

La Valcuvia, verde e quieta: quale migliore ambiente per il turismo equestre? Questo moderno centro ippico, dotato di attrezzature di prim'ordine, si propone per soggiorni agrituristici organizzando, tra l'altro, settimane a cavallo per ragazzi.

🏠 APPARTAMENTI: 6 di varia disposizione per 2/6 persone, con biancheria letto, biancheria bagno, riscaldamento autonomo - affitto al giorno per persona £ 60000, bambini in camera coi genitori £ 45000, i prezzi comprendono la prima colazione, pensione £ 100000. Deposito cauzionale 20% alla prenotazione.
SOGGIORNO MINIMO: 2 notti.
🍴 cucina di ricerca (cinghiale alle verdure) - vini regionali - £ 35/40000.
SERVIZI E LOCALI COMUNI: parcheggio, telefono. SPORT E TEMPO LIBERO: maneggio, ricovero cavalli; passeggiate a cavallo, corsi di equitazione. COLTIVAZIONI: granoturco, ortaggi, alberi da frutta, foraggio. ALLEVAMENTI: bovini, suini, cavalli, pollame. PRODOTTI IN VENDITA: salumi, frutta.

Cernusco Lombardone (LC)

m 267 ✉ 23870

I Gelsi

via S. Dionigi 11, tel. 0399902790 oppure 039 9906223, fax 0399902790 - ettari 0,5 - chiusura: gennaio-marzo - 🚭
▶ Da Milano raggiungere Vimercate con la tangenziale Est; poi Statale 342d verso Lecco fino a Cernusco Lombardone; alla stazione F.S. di Cernusco/Merate, dopo il passaggio a livello, seconda deviazione a sinistra.

«Agriturismo in famiglia» è il motto di questa azienda, inserita nel Parco Naturale di Montevecchia e della Val Curone, vale a dire nei luoghi più suggestivi e ancora intatti della Brianza. Dall'orto e dal piccolo allevamento, secondo la più sana tradizione, vengono gli spunti per organizzare tavolate tra amici (necessaria la prenotazione). Poi c'è l'Adda, con i suoi argini ciclabili e i paesaggi che ritroviamo nella Vergine delle Rocce di Leonardo.

🛏 CAMERE SENZA SERVIZI: 1 a 3 letti; 1 bagno in comune - pernottamento per persona £ 35/45000, mezza pensione £ 60000.
🏠 APPARTAMENTI: 1 di 3 locali per 3/4 persone, con biancheria cucina, stoviglie, lavastoviglie - affitto al giorno £ 130/150000, affitto a settimana £ 500/700000; pulizia finale £ 30000, uso lavanderia £ 30000. Deposito cauzionale 20% alla prenotazione.
SOGGIORNO MINIMO: 2 notti.
Note: *la camera e l'appartamento sono dotati di biancheria per letto e per bagno, televisore e riscaldamento centralizzato; nell'appartamento è a disposizione anche un pianoforte.*
🍴 cucina vegetariana e del territorio (crespelle di legumi) - vini regionali - £ 25/50000.
SERVIZI E LOCALI COMUNI: parcheggio, sala lettura. SPORT E TEMPO LIBERO: ping pong; noleggio biciclette, guida ai lavori agricoli, escursioni. COLTIVAZIONI: ortaggi, alberi da frutta, erbe officinali, frutti di bosco. ALLEVAMENTI: animali di bassa corte.

Codevilla (PV)

m 146 ⊠ 27050

Montelio

via Domenico Mazza 1, tel. 0383373090, fax 0383 373083 - ettari 78 - chiusura: gennaio-febbraio - ⚹
▶ Dalla A21 uscire a Casteggio e raggiungerla; poi percorrere 5,5 km sulla Statale 10 in direzione Voghera fino alla deviazione a sinistra per Salice Terme; dopo 3,5 km, al bivio imboccare a sinistra per Codevilla.

Un tranquillo paese di viticoltori e ancor più tranquilla la corte porticata dell'azienda, con il rustico settecentesco riservato agli ospiti. Poi da Pavia, con le sue chiese romaniche, fino al monte Penice, che sovrasta il caratteristico paesaggio dell'Oltrepò Pavese, si stende una terra di sapori e d'altri piaceri tutti da scoprire.

⊞ APPARTAMENTI: 2 monolocali per 2/3 persone, 4 bilocali per 3/6 persone, con biancheria letto, biancheria bagno, biancheria cucina, stoviglie - affitto al giorno £ 40/150000, affitto a settimana £ 240/500000. Deposito cauzionale da concordare alla prenotazione. SOGGIORNO MINIMO: 3 giorni. CARTE DI CREDITO: Visa, Eurocard, Mastercard, Bancomat.
Note: gli appartamenti sono tutti dotati di presa per antenna televisiva; un appartamento dispone di lavatrice.
SERVIZI E LOCALI COMUNI: parcheggio, sala lettura. SPORT E TEMPO LIBERO: noleggio mountain bike, visite nei dintorni, visita ai vigneti e alla cantina con degustazione, passeggiate nel bosco. COLTIVAZIONI: viti, grano, girasoli, barbabietole, foraggio, erba medica. PRODOTTI IN VENDITA: vino, grappa.

Consiglio di Rumo (CO)

m 210 ⊠ 22010

La Sorgente

località Brenzio 24, tel. 034481859 oppure 0338 2394740, fax 034481859 - apertura: maggio-ottobre e metà dicembre-metà gennaio - ⚬
▶ Partendo da Como imboccare la Statale 340 e percorrerla fino a Consiglio di Rumo; da qui seguire le indicazioni per Brenzio.

Gran panorama sull'alto lago di Como e agriturismo genuino, con sani prodotti, come ormai è difficile a vedersi. Per giungervi, a dire il vero, si percorre la trafficata

via Regina, con il suo contorno di ville, alberghi e vele di windsuf, ma la prospettiva della vacanza è un'altra e guarda in alto, dove, tra le faggete e i pascoli, si snoda la solitaria via dei Monti Lariani.

🛏 CAMERE SENZA SERVIZI: 2 doppie, 1 a 4 letti; 1 bagno in comune - pernottamento per persona £ 30/40000, mezza pensione £ 60/70000. CAMERE CON SERVIZI: 1 a 3 letti - pernottamento per persona £ 40/45000, mezza pensione £ 70/75000.
⊞ APPARTAMENTI: 1 di 4 locali per 6 persone, con biancheria cucina, stoviglie - affitto a settimana £ 400/500000, pulizia finale £ 50000.
SOGGIORNO MINIMO: 1 settimana in appartamento.
Note: le camere e l'appartamento sono dotati di biancheria per letto e per bagno, riscaldamento.
)||(cucina casalinga - vini locali - £ 30/45000.
SERVIZI E LOCALI COMUNI: parcheggio, telefono. SPORT E TEMPO LIBERO: noleggio mountain bike, guida ai lavori agricoli, escursioni. COLTIVAZIONI: ortaggi, alberi da frutta. ALLEVAMENTI: ovini, suini, caprini, equini, animali di bassa corte. PRODOTTI IN VENDITA: uova, salumi, formaggio.

Costa di Serina (BG)

m 868 ⊠ 24010

La Peta

a Gazzo, via Peta 3, tel. 034597955, fax 034597955 - ettari 7 - chiusura: periodo in agosto - ⚹
▶ Uscita Dalmine della A4, poi direttrice per la Val Brembana; ad Ambria, piegare a destra per la Valle Serina: dopo 5 km ancora a destra per Costa Serina; l'azienda è a 1 km, sulla sinistra della chiesa.

Sulle soleggiate pendici del monte Alben (m 2015), soggiorno in una locanda del Quattrocento con annessi rurali. Numerose le possibilità di svago sportivo. L'agriturismo rientra nelle attività di una cooperativa sociale e parte dei proventi vengono reinvestiti in progetti di solidarietà.

🛏 CAMERE SENZA SERVIZI: 6 a più letti, con biancheria letto, riscaldamento, telefono; 3 bagni in comune - pernottamento per persona £ 45/53000, prima colazione £ 8/12000, pensione £ 75/85000, sconto 50% per bambini da 2 a 8 anni; lettino aggiunto £ 15000. Deposito cauzionale 10%.
)||(cucina del territorio (lasagne vegetariane) - vini locali - £ 25/45000.
SERVIZI E LOCALI COMUNI: parcheggio, sala riunioni. SPORT E TEMPO LIBERO: passeggiate, escursioni. COLTIVAZIONI: ortaggi. ALLEVAMENTI: caprini, animali di bassa corte, api. PRODOTTI IN VENDITA: verdura, pane di casa, formaggio, sottoli, confetture, miele.

Fonteno (BG)

m 606 ⊠ 24060

Coop. Agrituristica La Flora

località Monte 1, tel. 035969115, fax 035848047 - ettari 71 - &. - apertura: giugno-settembre e week end - ❧ previo accordi.

▶ Da Lovere costeggiare il lago d'Iseo fino a Riva di Solto, quindi salire a Zorzino e, superato il paese, girare a sinistra per Fonteno, dove si posteggia l'auto; l'azienda dista 1,5 km circa dall'abitato.

Nella valle di Fonteno, tra il lago d'Endine e il lago d'Iseo, si raggiunge l'azienda percorrendo una mulattiera che sale tra prati e boschi. Nella struttura, completamente rinnovata, la cooperativa svolge anche attività di reinserimento sociale. Settimane verdi per ragazzi, in estate. Per il ristorante è gradita la prenotazione.

Camere senza servizi: 5 a 4 letti, con biancheria letto, uso lavanderia, riscaldamento centralizzato e a legna; 1 bagno in comune - pensione £ 70000, riduzioni per bambini fino a 8 anni e per gruppi.

Appartamenti: 1 di ampia metratura per 6 persone - affitto a settimana per persona £ 200/400000, fornitura biancheria e pulizia finale £ 100000.

Soggiorno minimo: 1 settimana.

cucina casalinga (paste fresche, salumi e formaggi) - vini di produzione propria - £ 30/50000.

Servizi e locali comuni: telefono, sala TV, taverna, giochi bimbi. Sport e tempo libero: ping pong; visite guidate, passeggiate. Coltivazioni: ortaggi. Allevamenti: bovini, suini, caprini, animali di bassa corte. Prodotti in vendita: salumi, yogurt, formaggio.

Fortunago (PV)

m 482 ⊠ 27040

Maccarini

località Gravanago, tel. 0383875580 oppure 0383 875216, fax 0383879000 - ettari 7 - &. - chiusura: gennaio - ❧

▶ Dal centro di Casteggio, a 3 km circa dall'omonima uscita della A21, imboccare la Val Schizzola quindi, dopo 13 km circa, superare il ponte sulla destra e raggiungere Gravanago.

Nel territorio della Comunità Montana dell'Oltrepò Pavese, soggiorno agrituristico tra vigneti, prati e boschi in una cascina ristrutturata e arredata con mobili in stile rustico. I dintorni sono di notevole interesse paesaggistico e naturalistico.

Camere con servizi: 1 doppia, 2 a 3/4 letti - pernottamento per persona £ 40/50000, mezza pensione £ 65/75000.

Appartamenti: 1 monolocale per 4 persone, con stoviglie - affitto al giorno £ 60/170000, affitto a settimana £ 400/1000000.

Note: *le camere e il monolocale sono dotati di biancheria per letto e per bagno, riscaldamento centralizzato*

cucina casalinga (stufati, dolci) - vini locali di produzione propria - £ 25/50000.

Servizi e locali comuni: parcheggio, telefono, sala TV, sala lettura. Sport e tempo libero: guida ai lavori agricoli, osservazione degli animali, visite nei dintorni. Coltivazioni: viti, bosco, ortaggi, alberi da frutta, foraggio. Allevamenti: bovini, suini, caprini, equini, pollame, conigli, api, lumache. Prodotti in vendita: pollame, salumi, vino, grappa, aceto, formaggio, miele.

Gràndola ed Uniti (CO)

m 320 ⊠ 22010

La Vecchia Chioderia

a Codogna, via Mulini 3, tel. 034430152, fax 0344 30152 - ettari 3,7 - &. - chiusura: sempre aperto - ❧ previo accordi.

▶ Provenendo da Menaggio, lasciare la Statale 340 al bivio per Cardano e, dopo aver superato il paese, raggiungere Codogna; seguire le indicazioni dell'azienda.

La proprietà si stende nella vallata del fiume Sanagra, che dalle Alpi Lepontine scende verso il lago di Como. L'ospitalità agrituristica viene offerta in un complesso risalente all'Ottocento. Si organizzano settimane verdi per ragazzi in primavera e in autunno. A soli tre chilometri campo di golf.

Camere con servizi: 10 doppie - pernottamento per persona £ 45000, pensione £ 95000.

Appartamenti: 2 bilocali per 4 persone, con biancheria cucina, stoviglie, lavastoviglie, lavatrice, caminetto - affitto a settimana £ 400/650000. Deposito cauzione 20% alla prenotazione.

Carte di credito: CartaSi, Diner's Club, Bancomat.

Note: *le camere e gli appartamenti sono dotati di biancheria per letto e per bagno, riscaldamento centralizzato; sono disponibili anche 5 bungalow.*

⛺ 10 equipaggi 🚐 4 equipaggi.

cucina casalinga (trota di fiume) - vini regionali - £ 35000.

Servizi e locali comuni: parcheggio, telefono, sala TV, sala lettura, taverna, sala giochi bimbi. Sport e tempo libero: ping pong, maneggio, ricovero cavalli, percorso vita; noleggio mountain bike, pesca, passeggiate a cavallo. Coltivazioni: frutti di bosco. Allevamenti: pollame, conigli, pesci. Prodotti in vendita: pollame, conigli, salumi, pesce, formaggio, miele.

Lenna (BG)

m 482 ⊠ 24010

Ferdy

località Fienili, tel. 034582235 oppure 03356612046, fax 034582250 - ettari 18 - ⚓ - apertura: su prenotazione - ❧ previo accordi.

▶ Uscita Dalmine della A4, poi Statale 470 per San Pellegrino Terme; superare questa località e proseguire, verso Lenna, per altri 11 km fino a incontrare le indicazioni aziendali.

Nell'alta val Brembana, tra le cime delle Orobie, si soggiorna in un rustico in pietra adagiato in una radura erbosa. D'estate, ampia scelta tra passeggiate a piedi, nei boschi circostanti, e a cavallo, fino a Cornello del Tasso, suggestivo borgo medievale; per una gita in auto, San Pellegrino, con le terme, e Foppolo, che è anche (ma non unica) stazione di sport invernali. Per i più giovani soggiorni di avviamento all'equitazione.

🖙 Camere con servizi: 3 doppie, 1 a 4 letti, con biancheria letto, biancheria bagno, riscaldamento, telefono, televisore - pernottamento per persona £ 60/75000, pensione £ 110/130000, riduzioni per bambini.
)〿 cucina casalinga (agnello e capretto) - vini locali - £ 38000.
Servizi e locali comuni: parcheggio, telefono. Sport e tempo libero: maneggio, ricovero cavalli, percorso vita; pesca, passeggiate a cavallo, trekking a piedi e a cavallo. Coltivazioni: ortaggi, foraggio. Allevamenti: bovini, ovini, caprini, cavalli, pollame. Prodotti in vendita: formaggio.

Lonato (BS)

m 188 ⊠ 25017

Arriga Alta

località Arriga Alta, tel. 0309913718, fax 0309913718 - ettari 10 - ⚓ - apertura: aprile-ottobre e periodo natalizio - ❧ previo accordi.
▶ Uscita Desenzano della A4, poi proseguire verso Lonato; l'azienda si trova 1 km a Est della località.

Sulla cima di un colle, in vista del lago di Garda, siamo in un luogo davvero felice, soleggiato di giorno, fresco e ventilato di notte, immerso nel silenzio anche se prossimo al paese. Assai gradevole il contesto aziendale, sia negli alloggi che nella parte a ristoro, con la campagna coltivata secondo i dettami dell'agricoltura biologica.

🖙 Camere con servizi: 8 doppie, 3 a 3/4 letti, con biancheria letto, biancheria bagno, televisore, climatizzazione, frigobar - pernottamento per persona £ 60/80000, mezza pensione £ 90/115000. Deposito cauzionale 30%.
Soggiorno minimo: 2 notti.
)〿 cucina del territorio (prenotare) - vini locali di produzione propria - £ 25/30000.
Servizi e locali comuni: parcheggio, sala lettura. Sport e tempo libero: piscina, gioco bocce; osservazione degli animali, passeggiate. Coltivazioni: olivi, viti, ortaggi, alberi da frutta. Allevamenti: animali di bassa corte. Prodotti in vendita: vino DOC, olio.

Màntova

m 19 ⊠ 46100

Corte Bersaglio

a Migliaretto, via Learco Guerra 15, tel. 0376320345, fax 0376320345 - ettari 110 - chiusura: agosto e gennaio - ❧ previo accordi.
▶ Da Mantova prendere la Statale 62 che si collega a Parma, superare la linea ferroviaria, quindi deviare a sinistra e seguire le indicazioni dell'azienda.

Appena fuori porta, nella campagna decantata da Virgilio per la dolcezza della sua atmosfera, fra colture disegnate da filari di pioppi sorge questa antica cascina. Ristrutturata con mano raffinata e attenta, è dotata anche di un campo pratica golf.

🖙 Camere senza servizi: 4 doppie; 2 bagni in comune - pernottamento per persona £ 40000.
)〿 cucina mantovana - vini locali - £ 35/40000.
Servizi e locali comuni: parcheggio. Sport e tempo libero: maneggio; passeggiate a cavallo, corsi di equitazione. Coltivazioni: cereali, ortaggi, alberi da frutta. Allevamenti: cavalli, pollame, conigli. Prodotti in vendita: uova, frutta, sottoli, marmellate, miele.

Montalto Pavese (PV)

m 380 ⊠ 27040

Cella di Montalto

località Cella di Montalto, tel. 0383870519, fax 0383 870117 - ettari 65 - chiusura: gennaio - ❧
▶ Dall'uscita Casteggio della A21, superare l'abitato di Casteggio e raggiungere Montalto Pavese, a 10 km verso Sud-Est; l'azienda dista 500 m circa dal paese.

Lombardia

Scenografica dimora con ampi portici e stalle attorniata dalla cornice collinare dell'Oltrepò Pavese. Tranquillità e cucina più che allettante con materie prime dall'azienda o dai boschi circostanti.

🛏 CAMERE CON SERVIZI: 8 doppie, con biancheria letto, biancheria bagno, frigorifero, riscaldamento centralizzato, televisore - pernottamento per persona £ 50000, pensione £ 120000.

🍴 cucina casalinga (paste fresche, dolci) - vini di produzione propria - £ 50000.
SERVIZI E LOCALI COMUNI: parcheggio, telefono. SPORT E TEMPO LIBERO: disponibilità di biciclette, osservazione degli animali, visite nei dintorni. COLTIVAZIONI: viti, granoturco, grano, erba medica. ALLEVAMENTI: bovini, suini, pollame. PRODOTTI IN VENDITA: salumi, vino, conserve, marmellate.

Monticelli Brusati (BS)

m 205 ✉ 25040

Villa Gradoni ⭐🏷

via Villa, tel. 030652329, fax 0306852305 - ettari 100 - ♿ - apertura: Pasqua-ottobre - 🐾
▶ Dall'uscita Ospitaletto della A4, dirigere verso Nord-Est e immettersi sulla Statale 510 per Iseo; a Bettole, deviare a destra per raggiungere Monticelli Brusati dopo circa 4 km; l'azienda è a 1 km dal capoluogo.

L'agriturismo nasce dalla ristrutturazione di un fabbricato settecentesco all'interno di un borgo rurale della Franciacorta di cui è possibile gustare l'ottimo vino. Gli ambienti sono spaziosi e freschi, arredati con semplicità. A pochi chilometri il lago d'Iseo, il più immediato sbocco per una giornata diversa.

🏠 APPARTAMENTI: 6 bilocali per 4 persone, 4 di 3 locali per 6 persone, con biancheria letto, uso lavanderia, stoviglie, riscaldamento autonomo - affitto a settimana £ 420/1150000, pulizia finale £ 100000. Deposito cauzionale £ 200000.
SOGGIORNO MINIMO: 1 settimana in alta stagione, 3 notti in bassa stagione. CARTE DI CREDITO: American Express, CartaSi, Bancomat.
🍴 cucina casalinga (arrosti e grigliate) - vini di produzione propria - £ 30/40000.
SERVIZI E LOCALI COMUNI: parcheggio, telefono. SPORT E TEMPO LIBERO: piscina, percorso vita; disponibilità di biciclette, pesca, visite nei dintorni. COLTIVAZIONI: viti. PRODOTTI IN VENDITA: vino DOC.

Monzambano (MN)

m 88 ✉ 46040

Corte Fattori

a Castellaro Lagusello, strada Moscatello 71, tel. 0376 88913 oppure 037688771, fax 0376845007 - ettari 12 - ♿ - chiusura: inizio novembre-inizio dicembre - 🐾 previo accordi.
▶ Lasciare la A4 al casello di Peschiera del Garda e dirigersi verso Monzambano; da qui procedere verso Ovest per circa 7 km fino a raggiungere la località Castellaro Lagusello.

Castellaro Lagusello è la piccola perla delle colline moreniche del Garda: come suggerisce il nome, è un borgo fortificato affacciato a un suggestivo laghetto, oggi riserva naturale protetta. Qui è l'antico cascinale, recentemente aperto all'ospitalità rurale: belli gli ambienti, con i colori del legno, del cotto e della pietra a vista; romantici gli arredi, a partire dai letti in ferro battuto.

🛏 CAMERE CON SERVIZI: 5 doppie - pernottamento per persona £ 45/50000.
🏠 APPARTAMENTI: 1 bilocale per 4 persone, 1 di 3 locali per 6 persone, con biancheria cucina, stoviglie - affitto al giorno per persona £ 35/40000. Deposito cauzionale 30% alla prenotazione.
CARTE DI CREDITO: Visa, Mastercard.
Note: le camere e gli appartamenti sono dotati di biancheria per letto e per bagno, telefono, televisore, riscaldamento autonomo e aria condizionata; bambini fino a 3 anni gratis, da 4 a 6 anni sconto 50%.
SERVIZI E LOCALI COMUNI: parcheggio, sala lettura. SPORT E TEMPO LIBERO: noleggio mountain bike, percorsi per mountain bike, guida ai lavori agricoli, osservazione degli animali, visita al museo dell'azienda. COLTIVAZIONI: viti, cereali. ALLEVAMENTI: animali di bassa corte.

Trebisonda

strada Tononi 92, tel. 0376809381 oppure 0335 6477885 - ettari 3 - ♿ - chiusura: gennaio-metà marzo - 🐾 previo accordi.
▶ Dall'uscita Peschiera del Garda della A4, procedere verso Sud fino a raggiungere Monzambano; l'azienda si trova circa 3 km a Sud del paese.

La pietra a vista dei muri e il legno che domina negli interni riflettono la sensibilità della signora Valeria. Quella che si prospetta è una serena vacanza nella quiete domestica: d'estate all'ombra della pergola,

con i bambini che corrono sul prato; di fronte al camino, con un buon libro o a chiacchierare, quando il tempo rende pigri. Le città d'arte e le bellezze del Garda sono comunque dietro l'angolo.

🛏 CAMERE CON SERVIZI: 1 doppia - pernottamento per persona £ 45/60000.

🏠 APPARTAMENTI: 2 monolocali per 2/4 persone, con biancheria cucina, stoviglie - affitto al giorno £ 100/150000, affitto a settimana £ 1000000.
SOGGIORNO MINIMO: 2 notti in appartamento.
Note: *la camera e gli appartamenti sono dotati di biancheria per letto e per bagno, riscaldamento centralizzato; soggiorno gratuito per bambini fino a 3 anni.*
SERVIZI E LOCALI COMUNI: parcheggio. SPORT E TEMPO LIBERO: ricovero cavalli; noleggio mountain bike. COLTIVAZIONI: peschi. ALLEVAMENTI: cavalli.

Muscoline (BS)

m 181 ✉ 25080

Il Brolo

a Castrezzone, via Tese 9, tel. 036531927 oppure 0365376840 - ettari 33 - ♿ - chiusura: sempre aperto - ✗

▶ Da Desenzano del Garda seguire la Statale 572 per Salò fino a Crociale di Manerba, quindi deviare sulla sinistra e, superato Polpenazze del Garda, raggiungere Castrezzone e l'azienda.

Il nome dell'azienda evoca l'ozioso trascorrere del tempo all'ombra degli alberi in fiore. Si villeggia sulle colline che separano il Garda dalla valle del Chiese in cascinali recentemente ristrutturati con muri in pietra e travi a vista.

🏠 APPARTAMENTI: 3 monolocali per 2/3 persone, 1 bilocale per 4 persone, 4 di 3 locali per 6/8 persone, con biancheria letto, biancheria bagno, biancheria cucina, stoviglie, riscaldamento autonomo, televisore - affitto al giorno £ 65/175000; fornitura biancheria £ 5000 per persona, pulizia finale £ 30/50000. Deposito cauzionale da concordare alla prenotazione.
SOGGIORNO MINIMO: 3 giorni.
SERVIZI E LOCALI COMUNI: parcheggio, sala TV, giochi bimbi. SPORT E TEMPO LIBERO: piscina. COLTIVAZIONI: olivi, viti, cereali, granoturco, frumento, alberi da frutta, foraggio. ALLEVAMENTI: bovini, suini, equini. PRODOTTI IN VENDITA: salumi, vino, olio.

Nesso (CO)

m 300 ✉ 22020

Locanda Mosè ⭐TCI

località Pian di Nesso, tel. 031917909 - ettari 22,5 - chiusura: periodo in dicembre.
▶ Percorrere la Statale 583 del lago di Como fino a Nesso, proseguire per Zelbio e dopo 2 km girare a destra; dal bivio continuare per un altro chilometro seguendo la segnaletica.

L'azienda si trova, a 1000 m, nella frazione alta di un centro della sponda lacustre che da Como porta a Bellagio. L'ambiente è quello fresco e boscoso che caratterizza tutto il comprensorio del Triangolo Lariano. Si va per boschi con piacevoli fermate gastronomiche nei tanti rifugi della zona e si partecipa alla fienagione. Previo accordi, settimane verdi per ragazzi.

🛏 CAMERE CON SERVIZI: 1 singola, 4 doppie, 1 a 4 letti, con biancheria letto, biancheria bagno, riscaldamento - pernottamento per persona £ 50000, mezza pensione £ 60000. Deposito cauzionale da concordare.
SOGGIORNO MINIMO: 3 giorni.
⛺ 10 equipaggi.
🍴 cucina lombarda - vini regionali - £ 30/35000.
SERVIZI E LOCALI COMUNI: parcheggio, telefono. SPORT E TEMPO LIBERO: raccolta frutti di bosco. COLTIVAZIONI: prodotti biologici, frutti di bosco. ALLEVAMENTI: bovini.

Ome (BS)

m 231 ✉ 25050

Al Rocol ⭐TCI

via Provinciale 79, tel. 0306852542, fax 0306852542 - ettari 26 - chiusura: gennaio - ♣
▶ Dall'uscita Brescia Ovest della A4, procedere verso Nord-Ovest sulla direttrice per Iseo; abbandonare la superstrada allo svincolo di Rodengo-Saiano e proseguire per 2 km circa in direzione di Ome.

Il territorio è quello della Comunità Montana del Sebino Bresciano; l'ambiente, quello di un colle boscato un tempo adibito a roccolo per l'uccellagione. Alla suggestione dello scenario naturale corrisponde la bella atmosfera domestica, impreziosita da arredi d'epoca e dalla possibilità di gustare il vino Franciacorta.

🛏 CAMERE CON SERVIZI: 3 doppie, 1 a 3 letti, con riscaldamento - pernottamento per persona £ 40000, mezza pensione £ 60000.
🏠 APPARTAMENTI: 2 bilocali per 2/4 persone - affitto al giorno per persona £ 40000, affitto a settimana per persona £ 210000; supplemento per pulizia finale £ 50000 a settimana. Deposito cauzionale £ 300000 per soggiorni superiori a 1 settimana.
SOGGIORNO MINIMO: 2 notti.
Note: *le camere e gli appartamenti sono dotati di biancheria per letto e per bagno, telefono e televisore.*
🍴 cucina casalinga (primi piatti, grigliate) - vini di produzione propria - £ 28/38000.

Sᴇʀᴠɪᴢɪ ᴇ ʟᴏᴄᴀʟɪ ᴄᴏᴍᴜɴɪ: parcheggio, telefono, sala TV, sala lettura. Sᴘᴏʀᴛ ᴇ ᴛᴇᴍᴘᴏ ʟɪʙᴇʀᴏ: maneggio; passeggiate a cavallo, corsi di equitazione, visite nei dintorni. Cᴏʟᴛɪᴠᴀᴢɪᴏɴɪ: viti, ortaggi, meli. Aʟʟᴇᴠᴀᴍᴇɴᴛɪ: bovini, suini, caprini. Pʀᴏᴅᴏᴛᴛɪ ɪɴ ᴠᴇɴᴅɪᴛᴀ: vino, frutta, verdura.

Ostiglia (MN)

m 13 ✉ 46035

Arginino Piccolo

via Arginino 9, tel. 038631475, fax 038631475 - ettari 22 - chiusura: Natale-febbraio - ☙
▶ Da Mantova percorrere la Statale 482 fino a mezzo chilometro circa prima di arrivare a Ostiglia; quindi deviare a sinistra e seguire la segnaletica dell'azienda.

Il territorio comunale accompagna il Po a valle della confluenza del Mincio. Si soggiorna all'insegna della massima tranquillità in un complesso rurale facente capo a una dimora padronale del Seicento con annesso un fabbricato ottocentesco adibito all'accoglienza agrituristica, dotato di cucina di uso comune e area picnic attrezzata con barbecue. Si organizzano settimane verdi per ragazzi solo in estate.

🛏 Cᴀᴍᴇʀᴇ ᴄᴏɴ sᴇʀᴠɪᴢɪ: 2 doppie, 1 a 4 letti, con biancheria letto, biancheria bagno, biancheria cucina, uso cucina, riscaldamento elettrico e a legna - pernottamento per persona £ 40000, bambini fino a 5 anni £ 12000, da 6 a 12 anni £ 20000.
Sᴇʀᴠɪᴢɪ ᴇ ʟᴏᴄᴀʟɪ ᴄᴏᴍᴜɴɪ: parcheggio, telefono, sala lettura, giochi bimbi. Sᴘᴏʀᴛ ᴇ ᴛᴇᴍᴘᴏ ʟɪʙᴇʀᴏ: maneggio; noleggio biciclette, trekking. Cᴏʟᴛɪᴠᴀᴢɪᴏɴɪ: ortaggi, alberi da frutta, angurie, meloni. Aʟʟᴇᴠᴀᴍᴇɴᴛɪ: pollame, conigli, api. Pʀᴏᴅᴏᴛᴛɪ ɪɴ ᴠᴇɴᴅɪᴛᴀ: frutta, verdura, miele.

Palazzago (BG)

m 397 ✉ 24030

Cascina dei Brüder e La Roncalina

a Gromlongo, via Belvedere 16, tel. 035611016 oppure 035909156, fax 035258599 - ettari 12 - ♿ - chiusura: sempre aperto - ☙
▶ Deviare dalla Statale 342 al km 13 del tratto che da Bergamo conduce a Lecco; giunti a Gromlongo, seguire la segnaletica aziendale.

Le due aziende, a breve distanza una dall'altra, sono situate all'esordio della valle San Martino, alle pendici dell'Albenza. Si tratta di piccole costruzioni in pietra di recente ristrutturazione. Salone per attività collettive ed escursioni scolastiche sul percorso "sentiero verde".

🏠 Aᴘᴘᴀʀᴛᴀᴍᴇɴᴛɪ: 2 monolocali per 2 persone, 8 bilocali per 4 persone, 2 di 6 locali per 12/15 persone, con stoviglie, riscaldamento centralizzato e a legna - affitto al giorno per persona £ 30/45000, affitto a settimana per persona £ 180/270000, fornitura biancheria £ 10000; soggiorno gratuito per bambini fino a 6 anni. Sᴏɢɢɪᴏʀɴᴏ ᴍɪɴɪᴍᴏ: week end.
Sᴇʀᴠɪᴢɪ ᴇ ʟᴏᴄᴀʟɪ ᴄᴏᴍᴜɴɪ: parcheggio, telefono. Sᴘᴏʀᴛ ᴇ ᴛᴇᴍᴘᴏ ʟɪʙᴇʀᴏ: maneggio, ricovero cavalli; passeggiate a cavallo. Cᴏʟᴛɪᴠᴀᴢɪᴏɴɪ: bosco, alberi da frutta, prato. Aʟʟᴇᴠᴀᴍᴇɴᴛɪ: equini, animali di bassa corte. Pʀᴏᴅᴏᴛᴛɪ ɪɴ ᴠᴇɴᴅɪᴛᴀ: frutta, legna, fieno.

Pian Camuno (BS)

m 244 ✉ 25050

Oasi Camuna

via Fane 50, tel. 0364590403 oppure 0364590746 - ettari 6 - ♿ - chiusura: sempre aperto - ☙ previo accordi.

▶ Seguire la Statale che percorre la Valcamonica fino a Pian Camuno; quindi imboccare la strada per Monte Campione, dopo 4 km si raggiunge l'azienda.

Centro attrezzato per il turismo equestre con ampi sbocchi escursionistici sui monti della Valcamonica. Vacanza ideale per agrituristi di tutte le età: l'ambiente è familiare e lo sport mette di buon appetito. Per i più giovani si organizzano, previo accordi, settimane verdi.

🏠 Aᴘᴘᴀʀᴛᴀᴍᴇɴᴛɪ: 2 monolocali per 2 persone, 10 bilocali per 4 persone, con biancheria letto, biancheria bagno, biancheria cucina, stoviglie, riscaldamento autonomo - affitto al giorno per persona £ 50000, affitto a settimana per persona £ 200/350000. Deposito cauzionale £ 100000.
🍴 cucina del territorio e vegetariana (piatti della tradizione) - vini locali - £ 20/45000.
Sᴇʀᴠɪᴢɪ ᴇ ʟᴏᴄᴀʟɪ ᴄᴏᴍᴜɴɪ: parcheggio. Sᴘᴏʀᴛ ᴇ ᴛᴇᴍᴘᴏ ʟɪʙᴇʀᴏ: maneggio; guida ai lavori agricoli, corsi di cucina, passeggiate a cavallo. Cᴏʟᴛɪᴠᴀᴢɪᴏɴɪ: prodotti biologici. Aʟʟᴇᴠᴀᴍᴇɴᴛɪ: ovini, cavalli, animali di bassa corte. Pʀᴏᴅᴏᴛᴛɪ ɪɴ ᴠᴇɴᴅɪᴛᴀ: salumi, olio, formaggio.

Piancogno (BS)

m 231 ⊠ 25050

La Sognata

ad Annunciata (Cap 25052), via Ribalda 2, tel. 0364 361218, fax 0364362112 - ettari 13 - chiusura: sempre aperto - ✿

▶ Lasciare la Statale 42, che percorre la Valcamonica, a Malegno e proseguire verso Borno; giunti a Ossimo Inferiore, prendere la strada a sinistra che, con 2 km, porta ad Annunciata.

L'azienda si affaccia da una balza panoramica al fondovalle e offre una vacanza all'insegna della tranquillità e dei buoni sapori di una volta. Gli interni, pur richiamandosi alla tradizione, hanno un tocco anticonformista che non guasta affatto. In primavera si organizzano settimane verdi per ragazzi.

⊞ APPARTAMENTI: 4 bilocali per 2/5 persone, con biancheria letto, biancheria bagno, biancheria cucina, stoviglie, lavastoviglie, telefono, televisore - affitto a settimana £ 450/700000, letto aggiunto £ 130/170000 a settimana, riscaldamento, gas e luce a consumo. Deposito cauzionale 10%.
SOGGIORNO MINIMO: 1 settimana in alta stagione.
)Il cucina del territorio - vini regionali - £ 37000.
SERVIZI E LOCALI COMUNI: taverna. SPORT E TEMPO LIBERO: ping pong; corsi di cucina, corsi per la lavorazione del formaggio, escursioni. COLTIVAZIONI: ortaggi, alberi da frutta. ALLEVAMENTI: ovini, suini, caprini, pollame, conigli. PRODOTTI IN VENDITA: pollame, conigli, verdura, formaggio.

Ponti sul Mincio (MN)

m 113 ⊠ 46040

Ai Vigneti

strada Colombara 13, tel. 0376808065, fax 0376 808065 - ♿ - apertura: aprile-settembre - ✿ previo accordi.

▶ Abbandonare la A4 in corrispondenza del casello di Peschiera del Garda; portarsi sulla sponda occidentale del fiume Mincio e costeggiarlo fino a incontrare, sulla destra, le indicazioni per la località.

Il lago di Garda e le colline attraversate dal Mincio sono l'allettante scenario della vacanza presso questa azienda vinicola. Varcato un arco di rose fiorite, gli ospiti sono accolti nel grazioso rustico aziendale, circondato dal prato all'inglese e da ombrose piante. Vicina passa la pista ciclabile che porta in breve a Peschiera e, nel senso opposto, ma più alla lunga, fino a Mantova.

🐾 CAMERE CON SERVIZI: 5 doppie, con televisore a richiesta - pernottamento per persona £ 55/65000, mezza pensione £ 85/95000.
⊞ APPARTAMENTI: 1 bilocale per 2/4 persone, con biancheria cucina, stoviglie, televisore - affitto al giorno £ 100/150000. Deposito cauzionale 30%.
SOGGIORNO MINIMO: in estate 3 giorni in camera, 1 settimana in appartamento.

Note: le camere e l'appartamento sono dotati di biancheria per letto e per bagno, riscaldamento centralizzato; aria condizionata a richiesta.
)Il riservato agli ospiti - cucina casalinga (paste fresche) - vini locali di produzione propria - £ 25/35000.
SERVIZI E LOCALI COMUNI: parcheggio, sala TV. SPORT E TEMPO LIBERO: piscina; disponibilità di biciclette, guida ai lavori agricoli, visite nei dintorni, passeggiate. COLTIVAZIONI: viti. ALLEVAMENTI: animali di bassa corte. PRODOTTI IN VENDITA: marmellate.

La Montina

a Montina, via Monzambano 51, tel. 037688202, fax 037688202 - ettari 10,5 - apertura: aprile-settembre - ✿

▶ Dall'uscita Peschiera del Garda della A4 prendere la direttrice per Monzambano; in paese continuare per un paio di chilometri verso Sud-Est seguendo le indicazioni dell'azienda.

Siamo nell'Alto Mantovano, sulle colline che affiancano il Mincio subito poco oltre l'uscita dal lago di Garda. La struttura agrituristica è moderna e, oltre alle attività a sfondo naturalistico, offre all'ospite l'opportunità di conoscere borghi e città d'arte.

🐾 CAMERE CON SERVIZI: 3 doppie, 1 a 4 letti, con biancheria letto, biancheria bagno, biancheria cucina, uso cucina, riscaldamento centralizzato - pernottamento per persona £ 50000, mezza pensione £ 70000. Deposito cauzionale da concordare alla prenotazione.
SOGGIORNO MINIMO: 3 giorni.
🚐 2 equipaggi.
)Il cucina casalinga (primi piatti) - vini di produzione propria - £ 35/45000.

Servizi e locali comuni: parcheggio, telefono, sala lettura. Sport e tempo libero: noleggio mountain bike, guida ai lavori agricoli. Coltivazioni: viti, seminativi, foraggio. Allevamenti: pollame, conigli, api. Prodotti in vendita: pollame, conigli, vino, grappa, marmellate, miele, mostarda.

Porto Mantovano (MN)

m 18 ⊠ 46047

Corte Schiarino-Lena

a Sant'Antonio, strada Santa Maddalena 7/9, tel. 0376 398238, fax 0376393238 - ettari 30 - apertura: metà marzo-ottobre - ✿
▶ Da Mantova seguire la Statale 62 fino a Sant'Antonio; in paese girare a destra dopo la chiesa parrocchiale, percorrere via Gramsci e raggiungere l'azienda.

Immediatamente a Nord di Mantova, sulla sponda opposta del Mincio che qui forma il lago Superiore, si soggiorna nella dépendance di una villa appartenuta ai Gonzaga. Gli appartamenti, spaziosi e confortevoli, hanno una fisionomia piacevolmente rustica.

⊞ Appartamenti: 1 monolocale per 2 persone, 2 bilocali per 4 persone, con biancheria letto, biancheria bagno, biancheria cucina, uso lavanderia, stoviglie, riscaldamento centralizzato, televisore - affitto al giorno £ 170/200000, letto aggiunto £ 30000.
Carte di credito: CartaSi.
⧓ cucina mantovana (piatti della tradizione) - vini regionali - £ 80000.
Servizi e locali comuni: sala TV, sala lettura. Sport e tempo libero: noleggio biciclette,< passeggiate. Coltivazioni: granoturco, grano, soia.

Ròdigo (MN)

m 31 ⊠ 46040

Monte Perego

a Rivalta sul Mincio, strada Francesca Est 141, tel. 0376653290 oppure 0376654027, fax 0376681209 - ♿ - chiusura: metà gennaio-metà marzo - ✿
▶ Partendo da Mantova immettersi sulla Statale 10 in direzione di Cremona; percorsi circa 4 km prendere la deviazione a destra per Grazie e Rivalta sul Mincio, che si raggiunge dopo altri 4 km.

Nel punto in cui il Mincio si allarga per formare i laghi di Mantova troviamo una tipica corte padana di fine Settecento nella rinnovata veste di centro agrituristico e ippico. A completare il quadro della vacanza vengono poi le opportunità culturali della vicina città e quelle ricreative del Garda, a mezz'ora d'auto.

🖙 Camere con servizi: 1 singola, 3 doppie, con frigobar - pernottamento per persona £ 45/60000, prima colazione £ 10000.
⊞ Appartamenti: 3 bilocali per 4/5 persone, con biancheria cucina, stoviglie - affitto al giorno £ 180000.
Carte di credito: American Express, Visa.
Note: *le camere e gli appartamenti sono dotati di biancheria per letto e per bagno, televisore, riscaldamento centralizzato e aria condizionata.*
Servizi e locali comuni: parcheggio, telefono, sala lettura. Sport e tempo libero: piscina, maneggio, ricovero cavalli; noleggio mountain bike, pesca, gite in barca, passeggiate a cavallo, corsi di equitazione. Coltivazioni: granoturco, prato, erba medica. Allevamenti: bovini, cavalli.

Rovescala (PV)

m 250 ⊠ 27040

Castello di Luzzano

a Luzzano, via Luzzano 5, tel. 0523863277, fax 0523 865909 - ettari 120 - chiusura: sempre aperto - ♿ previo accordi.
▶ Uscita Castel San Giovanni della A21, poi proseguire in direzione di Creta e Vicobarone per circa 7 km.

Borgo al confine con l'Emilia circondato da 70 ettari di vigneto specializzato. L'ospitalità agrituristica viene offerta in case coloniche del Settecento ristrutturate all'insegna del comfort. In azienda corsi di degustazione vini; nei dintorni i castelli e le rocche delle valli che salgono all'Appennino.

🖙 Camere con servizi: 3 doppie, 1 a 3 letti - pernottamento per persona £ 50/85000, prima colazione £ 10000, pensione £ 140/175000.
⊞ Appartamenti: 1 bilocale per 2 persone, 3 di varia disposizione per 4/8 persone, con biancheria cucina, stoviglie, riscaldamento autonomo - affitto al giorno £ 160/350000, affitto a settimana £ 800/1500000, pulizia finale £ 60/80000 a settimana. Deposito cauzionale 30% per soggiorni di 1 settimana.
Soggiorno minimo: 2 notti in appartamento.

Note: le camere e gli appartamenti sono dotati di biancheria per letto e per bagno, televisore.

〉{ cucina casalinga (piatti con verdure, tortelli di magro) - vini di produzione propria - £ 50/70000.
Servizi e locali comuni: parcheggio, telefono. Sport e tempo libero: visite nei dintorni. Coltivazioni: viti, cereali.
Prodotti in vendita: vino.

Ruìno (PV)

m 247 ⊠ 27040

Cai Mariangela

a Pometo, via Diaz 2, tel. 038598813 oppure 0338 967956, fax 038598813 - ettari 4 - ⚇ - apertura: su prenotazione - ❧

▶ Da Broni, a 3 km dall'uscita Broni-Stradella della A21, prendere la Provinciale verso Sud, in direzione Zavattarello; percorsi circa 23 km, breve deviazione sulla sinistra per Pometo.

Nell'Oltrepò Pavese, terra di grandi rossi, si gode della squisita ospitalità della signora Mariangela, donna dalle mille risorse: così, chi avesse a noia passeggiate e altre rustiche attività, potrà dilettarsi anche in cucina o nel piccolo artigianato.

⊞ Appartamenti: 2 monolocali per 2/3 persone, 1 bilocale per 3 persone, 2 di 3 locali per 5/6 persone, con biancheria letto, biancheria bagno, biancheria cucina, stoviglie, riscaldamento - affitto al giorno per persona £ 35/45000. Deposito cauzionale 20%.
Servizi e locali comuni: parcheggio, barbecue. Sport e tempo libero: visite nei dintorni, trekking, passeggiate naturalistiche. Coltivazioni: viti, bosco, ortaggi, prato.
Prodotti in vendita: vino.

Salò (BS)

m 75 ⊠ 25087

Conti Terzi ★ TCI

via Panoramica 13, tel. 036522071 (prenotazioni 030 7721037), fax 0307721037 - ettari 12,5 - chiusura: novembre - ✗ grossa taglia.
▶ Provenendo da Salò, lasciare la Statale 45bis poco oltre l'abitato e deviare a sinistra verso Serniga; percorsi 800 m circa, seguire le indicazioni dell'azienda.

Vacanze agrituristiche tra lago e montagna nella straordinaria cornice del Parco dell'Alto Garda Bresciano. La proprietà con il caratteristico cascinale, sapientemente ristrutturato, è distesa su una terrazza naturale che offre una panoramica molto ampia e suggestiva su tutto il bacino centro-inferiore del Benaco.

⊞ Appartamenti: 1 di 4 locali per 6 persone, con biancheria letto, biancheria bagno, biancheria cucina, stoviglie, riscaldamento autonomo, televisore satellitare - affitto al giorno per persona £ 40/45000, sconto 50% per bambini fino a 10 anni; pulizia giornaliera dei locali. Deposito cauzionale £ 100000 per soggiorni superiori a 3 giorni.
Carte di credito: Visa, Eurocard, Mastercard.
⊞ 3 equipaggi.
Servizi e locali comuni: parcheggio. Sport e tempo libero: disponibilità di mountain bike. Coltivazioni: olivi, bosco.
Prodotti in vendita: vino, spumante, grappa, olio extravergine d'oliva.

Il Bagnolo

località Bagnolo di Serniga, tel. 036520290 oppure 036521877, fax 036520290 - ettari 27 - chiusura: sempre aperto - ✗
▶ Dal casello Brescia Est della A4 percorrere la Statale 45bis fino a Salò; non entrare nel paese ma imboccare la deviazione a sinistra per Serniga e seguire le indicazioni che conducono in azienda.

Il primo orizzonte della vacanza è una grande tenuta a boschi e prati affacciata da mezzacosta al golfo di Salò. Poi le prospettive escursionistiche sono quelle del Parco dell'Alto Garda Bresciano, con le celebri località turistiche della Riviera e le valli dell'entroterra tutte da scoprire.

🔑 Camere con servizi: 9 doppie, con biancheria letto, biancheria bagno, riscaldamento autonomo, telefono, televisore - pernottamento per persona £ 70/90000, pensione £ 135/155000.
Carte di credito: Visa, Eurocard, Mastercard, Bancomat.
〉{ cucina casalinga (paste fresche, dolci) - vini regionali - £ 45/57000.
Servizi e locali comuni: parcheggio, telefono, sala lettura. Sport e tempo libero: maneggio; disponibilità di mountain bike, osservazione degli animali, passeggiate a cavallo, corsi di equitazione, visite nei dintorni.
Coltivazioni: olivi, ortaggi, alberi da frutta. Allevamenti: bovini, animali di bassa corte.

San Felice del Benaco (BS)

m 109 ⊠ 25010

La Breda

località Baia del Vento, tel. 0365559443, fax 0365 62200 - ettari 29 - ⚇ - apertura: aprile-ottobre - ✗
▶ Partendo da Desenzano del Garda proseguire sulla Statale 572 in direzione di Salò per 13 km, quindi girare a destra e raggiungere San Felice del Benaco; l'azienda è a 2 km dal centro, in prossimità del lago.

Agriturismo balneare nell'amena atmosfera di un oliveto affacciato al lago. Si alloggia in una cascina ristrutturata con sensibilità e gusto del dettaglio. Nell'entroterra le colline della Valtenesi con borghi e chiese da scoprire in bicicletta.

⊞ APPARTAMENTI: 1 monolocale per 2 persone, 2 bilocali per 4 persone, 3 di più locali per 6 persone, con biancheria letto, biancheria bagno, stoviglie, riscaldamento centralizzato, telefono - affitto a settimana £ 530/1585000. Deposito cauzionale da concordare.
SOGGIORNO MINIMO: 1 settimana.
SERVIZI E LOCALI COMUNI: parcheggio, telefono, taverna.
SPORT E TEMPO LIBERO: noleggio mountain bike, passeggiate a cavallo. COLTIVAZIONI: olivi, cereali. ALLEVAMENTI: equini.
PRODOTTI IN VENDITA: olio d'oliva, miele.

Le Chiusure

a Portese, via Boschette 2, tel. 0365626243, fax 0365 626243 - ettari 7 - chiusura: sempre aperto - ↩
▶ La località si raggiunge tramite deviazione dalla Statale 572; l'azienda è 1 km a Nord dell'abitato.

Nel borgo gardesano di Portese, un luogo di favola: due gelsi secolari sorvegliano l'ingresso alla fattoria e al "brolo", ampio terreno a vigna protetto da un giro di mura. In cantina si producono ottimi vini tipici.

⊞ APPARTAMENTI: 2 di 3 locali per 4 persone, con biancheria letto, biancheria bagno, biancheria cucina, stoviglie, riscaldamento centralizzato - affitto a settimana £ 800/1000000, pulizia finale £ 60000. Deposito cauzionale £ 250000 alla prenotazione.
SOGGIORNO MINIMO: 2 notti.
)Ⅱ cucina del territorio - vini locali di produzione propria - £ 40000.
SPORT E TEMPO LIBERO: noleggio mountain bike. COLTIVAZIONI: olivi, viti. PRODOTTI IN VENDITA: vino, olio, miele.

San Giórgio di Màntova (MN)

m 21 ⊠ 46030

Loghino Caselle

via Caselle 40, tel. 0376340699 oppure 0376322064 - ettari 10 - chiusura: agosto e periodo natalizio - ↩
▶ Dall'uscita Mantova Nord della A22 prendere la Statale 10 in direzione di Mottella; percorrere circa 1 km fino alla deviazione a destra per Caselle.

Nella serena cornice della pianura, una cascina ottocentesca per una vacanza tra arte e natura, con gli splendori dei Gonzaga a Mantova e Sabbioneta, e le bellezze del parco del Mincio da scoprire in bicicletta e in battello. Svaghi per tutti i gusti, dalle romantiche passeggiate in calesse all'atletico beach volley. Previo accordi, si organizzano settimane verdi per ragazzi in primavera e autunno.

↜ CAMERE SENZA SERVIZI: 1 singola, 4 doppie; 2 bagni in comune - pernottamento per persona £ 40/45000, mezza pensione £ 65/70000. CAMERE CON SERVIZI: 1 doppia - pernottamento per persona £ 45/50000, mezza pensione £ 70/75000.
⊞ APPARTAMENTI: 1 bilocale per 2/4 persone, con biancheria cucina, stoviglie - affitto al giorno per persona £ 50/60000. Deposito cauzionale da concordare alla prenotazione.
Note: *le camere e l'appartamento sono dotati di biancheria per letto e per bagno, televisore; sconto 10% per lunghi soggiorni.*
⊞ 1 equipaggio.
)Ⅱ cucina del territorio (primi piatti) - vini locali di produzione propria - £ 30/40000.
SERVIZI E LOCALI COMUNI: parcheggio, telefono, sala TV, sala lettura, sala giochi bimbi. SPORT E TEMPO LIBERO: piscina, ping pong, maneggio, ricovero cavalli; noleggio biciclette, passeggiate a cavallo, visite nei dintorni.
COLTIVAZIONI: viti, granoturco, alberi da frutta, erbe officinali. ALLEVAMENTI: cavalli, animali di bassa corte. PRODOTTI IN VENDITA: frutta, verdura.

Santa Maria della Versa (PV)

m 199 ⊠ 27047

Ca' Versa ★ TCI

località Ca' Versa 1, tel. 0385278198, fax 0385 278013 - ettari 2 - apertura: luglio-agosto, festivi e week end.
▶ Dall'uscita Broni-Stradella della A21, superare il centro di Stradella e deviare verso Sud seguendo le indicazioni per Santa Maria della Versa; 1,5 km prima del paese, piegare a sinistra e percorrere 800 m circa in direzione di Donelasco.

Soggiorno agrituristico in collina, tra vigneti nel cuore dell'Oltrepò Pavese. Il fabbricato rurale, ristrutturato con gusto e in modo raffinato, comprende una sala anti-stress New Age. Si organizzano attività ricreative, didattiche e culturali.

🔑 Camere con servizi: 3 a 4 letti, con biancheria letto, biancheria bagno, uso lavanderia, riscaldamento centralizzato - pernottamento per persona £ 50/65000, pensione £ 110/120000.

🏕 2 equipaggi.

🍴 cucina casalinga (risotti, verdure e carni alla brace) - vini di produzione propria - £ 50000.

Servizi e locali comuni: parcheggio, telefono, sala TV, sala convegni. Sport e tempo libero: ping pong; disponibilità di mountain bike, guida ai lavori agricoli, corsi di tai-chi, corsi di yoga, visite nei dintorni. Coltivazioni: viti, ortaggi, alberi da frutta. Allevamenti: pollame, api. Prodotti in vendita: uova, frutta, miele.

Schignano (CO)

m 284 ✉ 22020

Al Marnich

via per Marnico 8, tel. 031819242 oppure 0338 5723748, fax 031819814 - ettari 40 - chiusura: metà gennaio-metà marzo - 🐛

▶ Dalla N2 uscire a Como Nord e raggiungere Cernobbio, da qui proseguire per circa 20 km sulla Statale 340 fino alla deviazione a sinistra per Schignano che si incontra dopo 7,5 km.

Tra i boschi della valle d'Intelvi, nel distretto prealpino dominato dal monte Generoso (1701 m), tre cascine in pietra di bella atmosfera, mobili antichi e caminetto in camera. Da una parte è il lago di Como, con le ville e gli alberghi stile "belle époque"; dall'altra è quello di Lugano e la Valsolda con le romantiche atmosfere descritte dal Fogazzaro.

🔑 Camere con servizi: 10 doppie, con biancheria letto, biancheria bagno, riscaldamento centralizzato, telefono, televisore, caminetto - pernottamento per persona £ 45/65000, pensione £ 100/130000, forfait settimanale £ 560/650000. Deposito cauzionale 30%.

Soggiorno minimo: 3 giorni. Carte di credito: American Express, Diner's Club, Visa, Mastercard.

🍴 cucina casalinga - vini regionali - £ 30/55000.

Servizi e locali comuni: parcheggio, sala TV. Sport e tempo libero: ricovero cavalli, percorso vita; osservazione degli animali, corsi di cucina, visite nei dintorni. Coltivazioni: noci, noccioli, castagni, frutti di bosco. Allevamenti: ovini, caprini, animali di bassa corte. Prodotti in vendita: uova, formaggio, miele.

Soiano del Lago (BS)

m 196 ✉ 25080

Il Ghetto

vicolo Ghetto 3/A, tel. 0365502986, fax 0365 674359 - ettari 8 - chiusura: gennaio-metà febbraio - 🐛 piccola taglia.

▶ Dall'uscita Desenzano della A4 prendere la Statale 572 in direzione Salò; giunti a Moniga girare a sinistra in corrispondenza del distributore IP e procedere per 2,5 km fino a Soiano del Lago.

Vacanza tra gli olivi e le vigne della Valtenesi, l'ameno distretto collinare che si affaccia al Garda tra Desenzano e Salò. Su un poggio, con l'azzurro del lago negli occhi e quello della piscina nel verde del prato all'inglese, si soggiorna presso la sede aziendale, un bell'edificio in pietra con logge e balconi panoramici.

🏠 Appartamenti: 7 monolocali per 3/6 persone, 4 bilocali per 4 persone, con biancheria letto, biancheria bagno, biancheria cucina, stoviglie, riscaldamento, televisore - affitto al giorno £ 120/160000, affitto a settimana £ 500/1300000; biancheria £ 15000 per persona; pulizia finale £ 30/40000. Deposito cauzionale 25%.

Soggiorno minimo: 1 settimana in alta stagione.

🍴 cucina casalinga (paste fresche) - vini regionali.

Servizi e locali comuni: parcheggio, telefono. Sport e tempo libero: piscina. Coltivazioni: ortaggi, alberi da frutta. Allevamenti: bovini, suini, animali di bassa corte. Prodotti in vendita: salumi, vino, olio.

Solferino (MN)

m 124 ✉ 46040

Le Sorgive

via Piridello 6, tel. 0376854252 oppure 0338 6113446, fax 0376855256 - ettari 38 - ♿ - chiusura: febbraio e novembre - 🐛 piccola taglia.

▶ Lasciare la A4 a Desenzano oppure a Sirmione; l'azienda si trova 1,5 km da Solferino, in direzione di Castiglione delle Stiviere.

Ad accogliere gli ospiti nel dolce paesaggio dell'anfiteatro morenico del Garda è un bel cascinale ottocentesco con portici e piccionaia, dove si trovano gli alloggi agrituristici. Ristorante a gestione separata nell'annessa "Cascina Le Volpi" dotata anche di centro ippico. Settimane verdi per ragazzi.

✎ Camere con servizi: 8 a 3/4 letti - pernottamento per persona £ 60/80000.

⊞ Appartamenti: 2 di 3 locali per 4/6 persone, con stoviglie - affitto a settimana £ 800/1200000, eventuale pulizia finale £ 50000. Deposito cauzionale da concordare alla prenotazione.

Soggiorno minimo: 7 giorni in alta stagione. Carte di credito: American Express, Diner's Club, Visa, Mastercard.

Note: *le camere e gli appartamenti sono dotati di biancheria per letto e per bagno, telefono, televisore e riscaldamento autonomo.*

🛏 3 equipaggi.

Servizi e locali comuni: parcheggio, telefono, sala TV, sala lettura. Sport e tempo libero: piscina, tiro con l'arco, ping pong, palestra; disponibilità di mountain bike, guida ai lavori agricoli, osservazione degli animali, corso per la raccolta e la lavorazione delle erbe officinali, corsi di judo e difesa personale, visite nei dintorni. Coltivazioni: viti, bosco, seminativi, erbe officinali, prodotti biologici. Allevamenti: bovini, suini, cavalli, animali di bassa corte. Prodotti in vendita: salumi, vino, formaggio, marmellate, miele.

Sormano (CO)

m 775 ⊠ 22030

La Conca d'Oro

a Pian del Tivano, tel. 031677019, fax 031677019 - ettari 32 - chiusura: sempre aperto - 🚫

▶ Da Erba portarsi verso la direttrice della Valassina; circa 2 km dopo Asso deviare a sinistra e raggiungere Sormano, quindi continuare in direzione del Pian di Tivano seguendo le indicazioni dell'azienda; accesso anche da Como, strada per Bellagio e uscita a Nesso.

Il Pian del Tivano (m 1000 sul mare) è una delle località più care a tanti lombardi che risalgono la Valassina in cerca di refrigerio estivo. La vasta proprietà, che alterna prati e boschi, si presta magnificamente all'equitazione e alla mountain bike. Da segnalare la singolare collezione di carrozze d'epoca.

⊞ Appartamenti: 4 bilocali per 4/5 persone, con biancheria letto, biancheria bagno, biancheria cucina, uso lavanderia, stoviglie, riscaldamento autonomo, televisore - affitto al giorno £ 100/120000, pulizia finale £ 40000. Deposito cauzionale da concordare.

Soggiorno minimo: 2 notti.

Sᴇʀᴠɪᴢɪ ᴇ ʟᴏᴄᴀʟɪ ᴄᴏᴍᴜɴɪ: parcheggio, telefono, taverna. Sᴘᴏʀᴛ ᴇ ᴛᴇᴍᴘᴏ ʟɪʙᴇʀᴏ: maneggio, ricovero cavalli; visite nei dintorni, escursioni a piedi e a cavallo. Cᴏʟᴛɪᴠᴀᴢɪᴏɴɪ: bosco, prato, pascolo. Aʟʟᴇᴠᴀᴍᴇɴᴛɪ: bovini, caprini, equini. Pʀᴏᴅᴏᴛᴛɪ ɪɴ ᴠᴇɴᴅɪᴛᴀ: miele.

Toscolano Maderno (BS)

m 86 ⊠ 25088

Scuderia Castello

a Gaino, via Castello 10, tel. 0365644101, fax 0365 541555 - ettari 28 - &. - chiusura: sempre aperto - ❧
▶ Provenendo da Brescia lasciare la Statale 45bis del lago di Garda a Toscolano Maderno, quindi deviare a sinistra e salire fino a Gaino; in paese seguire le indicazioni dell'azienda.

L'offerta di punta della struttura è l'escursionismo equestre, che trova nel territorio dell'Alto Garda Bresciano uno splendido campo di addestramento, ma la zona offre anche la possibilità di praticare la vela e l'arrampicata su roccia.

🖎 Cᴀᴍᴇʀᴇ ᴄᴏɴ sᴇʀᴠɪᴢɪ: 4 doppie, 4 a 3/4 letti, con biancheria letto, biancheria bagno, riscaldamento centralizzato - pernottamento per persona £ 40/50000, mezza pensione £ 60/70000, riduzioni per letto aggiunto da concordare alla prenotazione.
)⫴ cucina casalinga (carni allo spiedo e alla griglia) - vini locali - £ 25/30000.

Sᴇʀᴠɪᴢɪ ᴇ ʟᴏᴄᴀʟɪ ᴄᴏᴍᴜɴɪ: parcheggio, telefono. Sᴘᴏʀᴛ ᴇ ᴛᴇᴍᴘᴏ ʟɪʙᴇʀᴏ: maneggio, ricovero cavalli; percorsi per mountain bike, passeggiate a cavallo, trekking. Cᴏʟᴛɪᴠᴀᴢɪᴏɴɪ: olivi, ortaggi, pascolo. Aʟʟᴇᴠᴀᴍᴇɴᴛɪ: equini, pollame, api. Pʀᴏᴅᴏᴛᴛɪ ɪɴ ᴠᴇɴᴅɪᴛᴀ: olio d'oliva, miele.

Varese

m 382 ⊠ 21100

Goccia d'Oro Ranch

a Bizzozero, via dei Vignò 134, tel. 0332265389, fax 0332265389 - ettari 20 - &. - chiusura: periodo in gennaio - ❧ previo accordi.
▶ Uscita Gazzada dalla A8, poi proseguire fino a Ponte di Vedano; da qui deviare per Gurone e in seguito per Mulini di Gurone, quindi continuare per circa 800 m su strada sterrata.

Casa colonica di fine Ottocento in posizione panoramica a Sud del capoluogo. Arte e natura sono il connubio della vacanza agrituristica: dai laghi della Brianza al Parco del Campo dei Fiori, dagli scavi di Castelseprio alla Collegiata di Castiglione Olona. Settimane verdi per ragazzi all'insegna dell'equitazione, ospitalità per anziani autosufficienti.

🖎 Cᴀᴍᴇʀᴇ sᴇɴᴢᴀ sᴇʀᴠɪᴢɪ: 2 doppie, 1 a 4 letti; 1 bagno in comune - pernottamento per persona £ 35000, pensione £ 70000. Cᴀᴍᴇʀᴇ ᴄᴏɴ sᴇʀᴠɪᴢɪ: 2 doppie, 1 a 6 letti - pernottamento per persona £ 45000, pensione £ 70000. Deposito cauzionale da concordare.
Note: *le camere sono dotate di biancheria per letto e riscaldamento centralizzato; biancheria per bagno a richiesta £ 5000 per persona.*
🏕 5 equipaggi.
)⫴ cucina casalinga (paste fresche, salumi) - vini regionali - £ 20/50000.
Sᴇʀᴠɪᴢɪ ᴇ ʟᴏᴄᴀʟɪ ᴄᴏᴍᴜɴɪ: parcheggio, telefono, sala TV, sala lettura. Sᴘᴏʀᴛ ᴇ ᴛᴇᴍᴘᴏ ʟɪʙᴇʀᴏ: tiro con l'arco, biliardo, maneggio, ricovero cavalli; osservazione degli animali, corsi di cucina, corsi di norcineria, corsi di maniscalco, passeggiate a cavallo, corsi di equitazione. Cᴏʟᴛɪᴠᴀᴢɪᴏɴɪ: cereali, granoturco, foraggio. Aʟʟᴇᴠᴀᴍᴇɴᴛɪ: bovini, suini, caprini, equini, pollame, api, daini. Pʀᴏᴅᴏᴛᴛɪ ɪɴ ᴠᴇɴᴅɪᴛᴀ: carne, salumi, formaggio, miele.

Nicolini

via Pacinotti 99, tel. 0332491118 oppure 0332 288427 - &. - chiusura: gennaio - ❧
▶ Da Varese prendere la Statale 233 per la Valganna, poi girare a destra per Induno Olona; seguendo le indicazioni per la società Bremach si arriva in azienda.

Siamo alle falde del Campo dei Fiori, un luogo che già dal nome promette grandi emozioni. L'azienda, nata come allevamento di cavalli, ha trovato modo di amplificarle con proposte escursionistiche fuori dal comune e una ristorazione impostata sui prodotti più tipici.

🖎 Cᴀᴍᴇʀᴇ sᴇɴᴢᴀ sᴇʀᴠɪᴢɪ: 2 doppie, 1 a 4 letti; 1 bagno in comune - pernottamento per persona £ 25/30000, pensione £ 90/110000, forfait settimanale £ 130/150000. Cᴀᴍᴇʀᴇ ᴄᴏɴ sᴇʀᴠɪᴢɪ: 2 singole, 2 doppie, 2 a più letti - pernottamento per persona £ 30/50000, pensione £ 100/120000, forfait settimanale £ 150/250000.
🏠 Aᴘᴘᴀʀᴛᴀᴍᴇɴᴛɪ: 1 monolocale per 2/3 persone, 1 bilocale per 4/5 persone, con biancheria cucina, stoviglie - affitto al giorno £ 60/80000, affitto a settimana £ 320/450000.

Note: *le camere e gli appartamenti sono dotati di biancheria per letto e per bagno, televisore e riscaldamento centralizzato.*
⚠ 8 equipaggi 🚐 5 equipaggi.
🍴 cucina lombarda - vini regionali - £ 30/40000.
SERVIZI E LOCALI COMUNI: parcheggio, telefono, sala lettura, parco giochi bimbi. SPORT E TEMPO LIBERO: maneggio, ricovero cavalli, percorso vita; guida ai lavori agricoli, corsi di equitazione. COLTIVAZIONI: ortaggi, alberi da frutta. ALLEVAMENTI: ovini, suini, caprini, equini, pollame, quaglie. PRODOTTI IN VENDITA: uova, salumi, formaggio, miele.

Varzi (PV)

m 416 ⊠ 27057

Dellagiovanna Maria

località Piane 1, tel. 038352704, fax 038352704 - ettari 16 - apertura: aprile-settembre e Natale-Epifania - 🌿
▶ Da Voghera percorrere la Statale 461 fino a Varzi, quindi deviare a sinistra e continuare per 3 km circa in direzione di Pietragavina; seguire le indicazioni.

Siamo nell'alta valle dello Staffora, sulla strada che sale a Giardino Alpino di Pietracorva e al monte Penice: dal mosaico di prati e boschi emergono le semplici costruzioni rurali presso le quali si soggiorna in intimo contatto con la natura circostante. Si organizzano settimane verdi per ragazzi.

⊞ APPARTAMENTI: 3 di varia metratura per 2/3/4 persone, con biancheria letto, biancheria bagno, biancheria cucina, stoviglie, riscaldamento autonomo - affitto al giorno £ 100/130000, affitto a settimana £ 500/650000. Deposito cauzionale 30%.
SOGGIORNO MINIMO: 3 giorni. CARTE DI CREDITO: Visa.
🍴 cucina casalinga (piatti della tradizione) - vini locali di produzione propria - £ 25/35000.

SERVIZI E LOCALI COMUNI: parcheggio, telefono, giochi bimbi. SPORT E TEMPO LIBERO: tiro con l'arco, ricovero cavalli; noleggio mountain bike, guida ai lavori agricoli, visite guidate. COLTIVAZIONI: viti, frumento, alberi da frutta, prato, frutti di bosco. ALLEVAMENTI: bovini, pollame, conigli, api. PRODOTTI IN VENDITA: vino, pane di casa, dolci, miele.

Viadana (MN)

m 26 ⊠ 46019

Corte Donda

a Salina (Cap 46030), via Palazzo 35, tel. 0375 785697, fax 0375857006 - ettari 5 - chiusura: periodo natalizio - 🚫
▶ Da Mantova Statale 10 in direzione Parma fino a raggiungere e superare Sabbioneta; poi percorrere circa 11 km sulla 358 fino a Viadana e da qui seguire le indicazioni per Salina che si trova circa 2 km a Nord.

Siamo sul Po, tra Mantova e Parma, con tutte le occasioni enogastronomiche che questa posizione può favorire. Punto fermo della vacanza è una bella cascina, si direbbe ottocentesca per arredi e atmosfere, con portico, cantina e scuderia. Tutt'intorno la tranquilla campagna della Bassa che invita ad andar per strade bianche in bicicletta o a cavallo.

🛏 CAMERE CON SERVIZI: 4 singole, 4 doppie, con biancheria letto, biancheria bagno, riscaldamento, televisore - pernottamento per persona £ 50000, pensione £ 95000. Deposito cauzionale da concordare.
CARTE DI CREDITO: tutte.
🍴 cucina del territorio - vini regionali di produzione propria - £ 35/55000.
SERVIZI E LOCALI COMUNI: parcheggio, sala lettura. SPORT E TEMPO LIBERO: ricovero cavalli; passeggiate a cavallo, visita alla cantina con degustazione. COLTIVAZIONI: viti, ortaggi. ALLEVAMENTI: cavalli, animali di bassa corte. PRODOTTI IN VENDITA: salumi, vino, salse, miele.

Corte Lavadera

a Cogozzo (Cap 46016), via Pangona 76, tel. 0375 88383, fax 0375792126 - ettari 21 - chiusura: sempre aperto - 🚫

▶ Partendo da Mantova portarsi sulla Statale 420 e percorrerla fino ad arrivare a Sabbioneta; da qui deviare in direzione Sud-Est e raggiungere Cogozzo; seguire la segnaletica aziendale.

Nel Basso Mantovano, a breve distanza dall'argine del Po, si stende la campagna cerealicola che circonda l'azienda agrituristica. La sede è in un edificio di lineare bellezza, affacciato a un ampio giardino. Tutt'intorno la vista spazia sul tipico orizzonte padano disegnato dai filari di pioppi.

CAMERE CON SERVIZI: 2 doppie - pernottamento per persona £ 40/50000.

APPARTAMENTI: 1 bilocale per 3 persone, con stoviglie, televisore - affitto al giorno £ 140/330000, affitto a settimana £ 600/1500000.
Note: *le camere e l'appartamento sono dotati di biancheria per letto e per bagno, uso lavanderia; supplemento per letto aggiunto £ 40000.*
cucina mantovana (piatti della tradizione) - vini regionali - £ 30000.
SERVIZI E LOCALI COMUNI: telefono, sala TV. SPORT E TEMPO LIBERO: piscina, campo da tennis, maneggio, ricovero cavalli; corsi di equitazione, passeggiate. COLTIVAZIONI: cereali. ALLEVAMENTI: cavalli.

Volta Mantovana (MN)

m 91 ✉ 46049

Gardenali

via XXV Aprile 8, tel. 037683487, fax 037683487 - ettari 7 - ♿ - chiusura: sempre aperto - ✗
▶ Dall'uscita Peschiera del Garda della A4 dirigersi verso Volta Mantovana; una volta raggiunto l'abitato seguire le indicazioni che conducono all'azienda.

Tra Mantova e Verona, nell'ameno scenario delle colline moreniche del Garda, un podere con vigne e frutteti condotti secondo i dettami dell'agricoltura biologica. Appartamenti d'ampia metratura per una vacanza che comincia in azienda e trova immediato sbocco nel verde del Parco del Mincio e nelle località affacciate al lago.

APPARTAMENTI: 5 bilocali per 3 persone, 4 di varia disposizione per 3/4 persone, con biancheria letto, biancheria bagno, biancheria cucina, stoviglie, lavatrice, riscaldamento autonomo, televisore - affitto al giorno per persona £ 30/45000, si accettano le carte di credito.
2 equipaggi.
SERVIZI E LOCALI COMUNI: parcheggio. SPORT E TEMPO LIBERO: visite nei dintorni, passeggiate. COLTIVAZIONI: viti, meli, peschi, kiwi. PRODOTTI IN VENDITA: vino, mele, kiwi.

Lucillo ⭐

a Bezzetti, tel. 0376838284, fax 0376838284 - ettari 18 - ♿ - chiusura: periodo in gennaio - ✗
▶ Dall'uscita Peschiera del Garda della A4 dirigersi verso Monzambano; dopo circa 4 km - oltre questa località - svoltare a destra per un paio di chilometri, quindi a sinistra per Bezzetti.

L'azienda si trova in un caratteristico borgo sulle colline moreniche del Garda. Il ristoro agrituristico è allestito negli ambienti voltati delle antiche stalle; gli alloggi sono intimi e rusticamente funzionali. Si organizzano settimane verdi per ragazzi in ottobre e in giugno; soggiorni per portatori di handicap e per anziani.

CAMERE CON SERVIZI: 4 doppie, 2 a più letti, con uso cucina - pernottamento per persona £ 35/40000, pensione £ 80/90000.
APPARTAMENTI: 2 monolocali per 4 persone, 1 bilocale per 4 persone, 3 di più locali per 4/6 persone, con stoviglie, lavastoviglie, lavatrice - affitto al giorno £ 100/150000, affitto a settimana £ 800000. Deposito cauzionale 20% alla prenotazione.
SOGGIORNO MINIMO: 3 giorni in alta stagione. CARTE DI CREDITO: American Express, CartaSi, Diner's Club.
Note: *le camere e gli appartamenti sono dotati di biancheria per letto, per bagno e per cucina, telefono, televisore e riscaldamento centralizzato.*
4 equipaggi.
cucina mantovana (paste fresche) - vini di produzione propria - £ 25/35000.
SERVIZI E LOCALI COMUNI: parcheggio, telefono, taverna. SPORT E TEMPO LIBERO: ricovero cavalli; noleggio mountain bike, corsi di cucina, visite guidate. COLTIVAZIONI: viti, granoturco, alberi da frutta. ALLEVAMENTI: suini, animali di bassa corte. PRODOTTI IN VENDITA: pollame, frutta, farina.

Zànica (BG)

m 208 ✉ 24050

Cascina Buona Speranza

via Pradone 17, tel. 035671301 - ettari 16,5 - chiusura: previo accordi - ✗
▶ Da Bergamo Statale 591 per Crema; a Zanica, ancora 2 km fino a una floricoltura: poi una strada sterrata che fiancheggia il vivaio porta in breve all'azienda.

Alla scoperta dell'alta pianura bergamasca, lungo l'antica strada Francesca che conduce ai borghi fortificati e ai paesaggi rurali di inattesa bellezza. Poi, ci si siede a tavola, sotto il portico o sulle logge fiorite, e si fanno progetti per l'indomani. Programmi didattici per le scuole.

APPARTAMENTI: 1 di 3 locali per 7/8 persone, con biancheria letto, biancheria bagno, biancheria cucina, stoviglie, lavatrice, riscaldamento - affitto al giorno per persona £ 40000, i prezzi comprendono la prima colazione.
SOGGIORNO MINIMO: 2 notti.
cucina casalinga - vini regionali - £ 25/40000.
SERVIZI E LOCALI COMUNI: parcheggio. SPORT E TEMPO LIBERO: ping pong; disponibilità di biciclette. COLTIVAZIONI: cereali, prato. ALLEVAMENTI: bovini, animali di bassa corte.

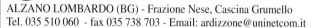

Azienda a 650 m. s.l.m. con allevamento di ovi-caprini, pollame e caseificio; alloggi indipendenti, ottimo punto di partenza per visitare la Valle Camonica e il Lago d'Iseo.
- Ristoro su prenotazione
- Appartamenti finemente arredati
- Vendita prodotti aziendali
- Impianti sciistici a 6 Km.
- Si accettano animali

ANNUNCIATA DI PIANCOGNO (BS)
Tel. 0364 361218 - Fax 0364 362112
E-mail: lasognata@numerica.it
Internet: www.lasognata.it
Cell. 0329 4146046

AZIENDA AGRICOLA AGRITURISTICA "ROCCOLO"

Loc. COLLE VARESINO
Castione della Presolana (Bg)
Tel. 0346 65290
Cell. 0368 3472893

SERVIZI OFFERTI:
RISTORO (piatti tipici locali)
PERNOTTAMENTO: 8 camere con servizi privati, docce, TV e telefono
SETTIMANE BIANCHE
PASSEGGIATE A CAVALLO (anche per principianti)
AGRICAMPEGGIO
CESTINI PER PIC-NIC (panini e prodotti della casa)

TRENTINO-ALTO ADIGE
PARADISO ALPINO

*Le Dolomiti sono la formidabile credenziale
dell'agriturismo in queste valli di vigne e frutteti
dove l'ospitalità rurale ha una solida tradizione.*

Sulla carta geografica l'aspetto è, grosso modo, quello di una grande ipsilon formata dalla congiunzione all'altezza di Bolzano della valle dell'Isarco, che scende dal Brennero, con il corso dell'Adige, che dal passo di Resia percorre tutta la valle Venosta e prosegue verso Trento e Verona. Nei due solchi principali convergono numerose valli a formare un ambiente montano straordinariamente vario grazie alla natura delle rocce, alle consistenti manifestazioni glaciali, alla ricchezza di acque correnti e lacustri: alcune godono di grande rinomanza turistica, come la val Gardena o la val Pusteria; le altre sono luoghi che senza troppo clamore offrono emozioni e paesaggi indimenticabili.

UN ORIZZONTE DI GRANDI MONTAGNE

Il rilievo è costituito dal massiccio bastione delle Alpi Orientali, che proprio qui esordiscono mantenendosi sulla media dei 2500 metri di elevazione, con non pochi acuti oltre i 3000.

UFFICI TURISTICI

▮ BOLZANO
piazza Walther 8,
tel. 0471307001
Appiano sulla Strada del Vino
a Frangarto,
via Pilhof 1,
tel. 0471633488
Bressanone
a Varna,
via Brennero 127,
tel. 0472802232
Brunico
via Duca Sigismondo 4/A,
tel. 0474555447
Merano
via Palade 101,
tel. 0473200443
Nova Ponente
a Ponte Nova,
via Ponte Nova di Sotto 9,
tel. 0471610310
San Candido
piazza del Magistrato 1,
tel. 0474913156
Santa Cristina Valgardena
via Dursan 78bis,
tel. 0471792277
Silandro
via dei Cappuccini 10,
tel. 0473620480

Dalle Alpi si passa poi alla fascia prealpina e alle Dolomiti, che comprendono alcuni dei nomi più celebri di queste invidiate montagne: in Trentino il Gruppo di Brenta, la Marmolada, i Lagorai e le Pale di San Martino; in Alto Adige il Gruppo del Sella, lo Sciliar, il Sassolungo, le Tre Cime di Lavaredo. Esaurito questo fuoco di fila di montagne, che coprono l'87% del territorio, risulta comprensibile perché il Trentino-Alto Adige, pur nella sua cospicua estensione di 13 600 km^2, sia abitato da poco meno di 900 000 abitanti distribuiti nelle due province di Trento e Bolzano. La chiusa di Salorno rappresenta il confine fisico fra l'area trentina, di cultura prevalentemente veneta, e quella bolzanina, dove si parla il tedesco e vengono mantenute vive le strutture sociali e le tradizioni di origine asburgica, donde la distinzione, che ritroviamo nella denominazione amministrativa, di Trentino e Alto Adige.

UNA ANTICA CULTURA DELL'OSPITALITÀ

La regione ha un'economia tradizionalmente basata sull'agricoltura e su un turismo che almeno nelle stazioni di soggiorno più importanti, come Bressanone e Merano, vanta una secolare tradizione. Più recente è invece lo sviluppo dell'accoglienza rurale, vissuto peraltro come naturale espressione delle potenzialità di un territorio che alterna ai paesaggi dei fondovalle, tappezzati di vigne e meleti, i pascoli in quota, dove tutto ruota intorno all'allevamento bovino e a una produzione casearia di prim'ordine.

Sopra, la mela è la regina dei fondovalle trentini; i versanti solatii sono monopolio della vite mentre il bosco offre castagne, funghi e altri delicati frutti spontanei.

Sotto, un maso tra i vigneti è un'immagine che rimanda subito alle prospere valli altoatesine e a un'ospitalità rurale di antica tradizione.

UFFICI TURISTICI

▌BOLZANO
Valle Aurina
a Cadipietra,
via Aurina 95,
tel. 0474652081

▌TRENTO
via Alfieri 4,
tel. 0461983880
Andalo
piazza Dolomiti 1,
tel. 0461585836
Arco
viale delle Palme 1,
tel. 0464532255
Baselga di Piné
via C. Battisti 98,
tel. 0461557028
Canazei
ad Alba,
via Costa 79,
tel. 0462602466
Castello di Fiemme
via Roma 38,
tel. 0462231019
Cavalese
via Fratelli Bronzetti 60,
tel. 0462241111
Fai della Paganella
via Villa 1,
tel. 0461583130

In Alto Adige, a dire il vero, l'accoglienza rurale era già una tradizione consolidata prima del boom agrituristico. L'attività si è ovviamente incrementata ma non ha per questo cambiato la sua connotazione tradizionale. Anche se oggi l'ospitalità viene spesso offerta in baite di recente costruzione, tutta la vita contadina continua a svolgersi intorno ai masi, le tipiche costruzioni valligiane, con la base in pietra, adibita a stalla, e le sovrastrutture in legno suddivise tra abitazione e fienile. Intorno è l'orto, sempre molto fiorito e ricco di essenze officinali, mentre poco più in là si stendono i campi, che danno patate e cereali adatti al clima, come la segale, utilizzata nella produzione del tipico pane nero. Lo scenario dell'agriturismo è dunque genuinamente contadino anche se oggi si notano i segni di un certo benessere. Si dice che l'ospitalità rurale rappresenti per l'agricoltore un secondo raccolto; in luoghi come questi, la sua valenza è ancora maggiore dal momento che al soggiorno estivo va ad aggiungersi la vacanza invernale che può contare su comprensori sciistici tra i più importanti dell'arco alpino.

IN TAVOLA CON I SAPORI DEL PASSATO

A sostenere il successo dell'agriturismo è la gastronomia locale. Qui il turista ha modo di raffrontare le esperienze di una cucina di montagna tipicamente veneta e di un'altra che affonda le proprie radici nel più puro spirito mitteleuropeo. È un'esperienza interessante, confortata da tradizioni nella ristorazione di altissimo livello, senza dubbio fra le migliori d'Italia. L'elemento preponderante della cucina trentina, secondo abitudini alimentari comuni a quelle che un tempo si chiamavano le Tre Venezie, è la polenta. Ne esistono di vario tipo, tutte a base di mais, ma con l'aggiunta di farina di grano saraceno o di frumento e patate a seconda delle zone.

Un altro aspetto fondamentale della culinaria trentina è rappresentata dai funghi. La cucina ne è ricchissima e in centro a Trento, in una piazzetta non lontana dal castello, se ne fa commercio quotidiano. Elemento principale della gastronomia altoatesina è invece la carne di maiale nelle sue diverse elaborazioni con un picco di celebrità nello «Speck Alto Adige» (Igp), vero protagonista della cucina locale. Rimanendo in tema di eccellenza agroalimentare, resta da dire dei vigneti a pergola dei versanti montani: ben 7 le produzioni Doc con prodotti di antico nome, come i vini «Lago di Caldaro» e «Teroldego Rotaliano», affiancati a decine di proposte della moderna enologia. Nei fondovalle domina la frutticoltura con due denominazioni, «Mela del Trentino» e «Pera dell'Alto Adige», prossime al traguardo della Indicazione Geografica Protetta; meno note, ma anch'esse in predicato per tale riconoscimento, le produzioni «Noce Bleggio» e «Castagna del Trentino», nonché «Fragola e Lampone» e «Miele dell'Alto Adige».

IN CAMMINO TRA VIGNETI E BOSCHI

Le potenzialità di successo dell'accoppiata panorama e buona tavola vengono notevolmente amplificate da presenze che definire elementi di contorno sarebbe riduttivo. Parliamo delle città – Merano, Bressanone oltre ai capoluoghi, ovviamente – ma anche dei borghi della Strada del Vino che percorre l'Oltradige tra Salorno e Bolzano; delle abbazie e dei castelli; delle località sui laghi e al bordo delle piste da sci. Parliamo anche delle elusive presenze dei boschi e delle alte quote: dal capriolo al cervo, dal camoscio allo stambecco, dal gallo cedrone all'aquila reale, dalla marmotta all'orso bruno. Perché il Trentino-Alto Adige è una regione di parchi: al settore orientale del Parco Nazionale dello Stelvio si sono aggiunti nel tempo parchi e riserve a configurare un vastissimo santuario della natura alpina che collega le principali formazioni del rilievo in una spettacolare rete di percorsi escursionistici.

A fronte, i finferli, insieme ai porcini e ad altre varietà pregiate concorrono a un particolare 'misto' che in Trentino-Alto Adige viene impiegato nella preparazione di sughi e contorni impareggiabili.

Sotto, l'abbazia di Monte Maria, in val Venosta, è una delle perle dell'Alto Adige; meta di un'agevole passeggiata, riserva la visione di importanti affreschi medievali.

ASSOCIAZIONI DI CATEGORIA

▮ AGRITURIST
Bolzano
via Macello 4/D,
tel. 0471999333
Trento
via Jacopo Acconcio 13,
tel. 0461235323

▮ TERRANOSTRA
Bolzano
via Brennero 9,
tel. 0471970753
Trento
via Jacopo Acconcio 13,
tel. 0461235323

▮ TURISMO VERDE
Trento
Sede Regionale,
via Giusti 40,
tel. 0461231534

▮ SÜDTIROLER BAUERNBUND
Bolzano
via Brennero 7,
tel. 0471999333

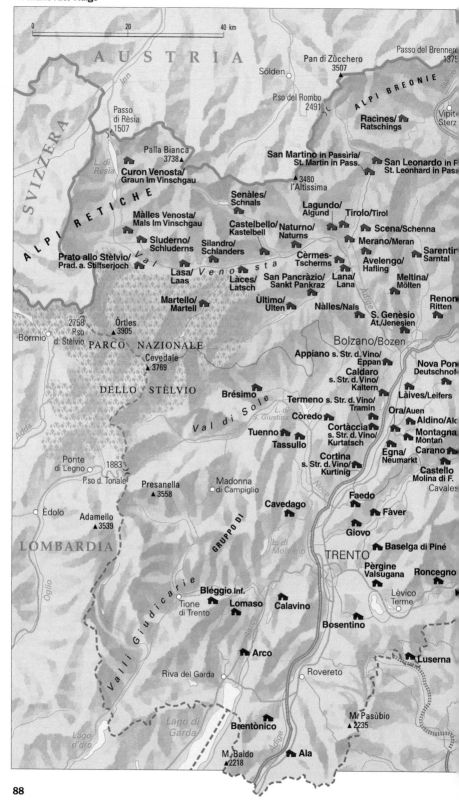

AUSTRIA

Passo del Brenner
1375

Pan di Zùcchero
3507

Sölden

ALPI BREONIE

P.so del Rombo
2491

Racines/
Ratschings

Vipit
Sterz

Passo
di Rèsia
1507

Palla Bianca
3738 ▲

San Martino in Passìria/
St. Martin in Pass.

San Leonardo in P
St. Leonhard in Pass

Curon Venosta/
Graun Im Vinschgau

L. di
Rèsia

3480
l'Altìssima

Senàles/
Schnals

Lagundo/
Algund

Tirolo/Tirol

ALPI RETICHE

Màlles Venosta/
Mals Im Vinschgau

Castelbello/
Kastelbell

Naturno/
Naturns

Scena/Schenna

Sluderno/
Schluderns

Silandro/
Schlanders

Merano/Meran

Sarentir
Sarntal

Prato allo Stèlvio/
Prad. a. Stilfserjoch

Val

Venosta

Cèrmes-
Tscherms

Avelengo/
Hafling

SVIZZERA

Lasa/
Laas

Làces/
Latsch

San Pancràzio/
Sankt Pankraz

Lana/
Lana

Meltina/
Mölten

Martello/
Martell

Ùltimo/
Ulten

Nàlles/Nals

Renon
Ritten

2758
P.so
d. Stèlvio

Òrtles
▲3905

S. Genèsio
At./Jenesien

Bòrmio

PARCO NAZIONALE

Bolzano/Bozen

Adda

Cevedale
▲3769

Appiano s. Str. d. Vino/
Eppan

Nova Pon
Deutschnof

DELLO STÈLVIO

Caldaro
s. Str. d. Vino/
Kaltern

Brésimo

Val di Sole

Termeno s. Str. d. Vino/
Tramin

Làives/Leifers

L. di
S. Giustina

Còredo

Ora/Auen

Aldino/Al

Tuenno

Cortàccia
s. Str. d. Vino/
Kurtatsch

Montagna
Montan

Tassullo

Carano

Ponte
di Legno

1883

Cortina
s. Str. d. Vino/
Kurtinig

Egna/
Neumarkt

Castello
Molina di F.

P.so d. Tonale

Presanella
▲3558

Madonna
di Campiglio

Noce

Cavales

Èdolo

Adamello
▲3539

Faedo

Cavedago

Fàver

LOMBARDIA

GRUPPO DI

L. di
Molveno

Giovo

Baselga di Piné

Oglio

TRENTO

Pèrgine
Valsugana

Roncegno

Bléggio Inf.

Lèvico
Terme

Tione
di Trento

Lomaso

Calavino

Valli Giudicarie

Bosentino

Arco

Luserna

Sarca

Riva del Garda

Rovereto

M. Pasùbio
▲2235

Lago
d'Iro

Lago di
Garda

Brentònico

Adige

Ala

M. Baldo
▲2218

▲ 2912
Vetta d'Itàlia

Matrei
in Osttirol

AUSTRIA

Valle Aurina/
Ahrntal

l di Vizze/
tsch

Selva dei Molini/
Mühlwald

Campo Tùres/
Sand in Taufers

Passo Stalle
2052

Vandòies/
Vintl

Chìenes/
Kiens

Gàis/
Gais

RasunAnterselva/
Rasen Antholz

io di
usterìa/
ühlbach

Terento/
Terenten

Brùnico/
Bruneck

Valle di Casìes/
Gsies

Rienza

Val

Monguelfo/
Welsberg

Villabassa/
Niederdorf

Dobbiaco/
Toblach

Drava

S. Lorenzo di S./
St. Lorenzen

Pusteria

Valdàora/
Olang

S. Càndido/
Innichen

rno/
urns

dro/
ders

Bressanone/
Brixen

Val Badia

Marebbe/
Enneberg

Bràies/
Prags

Sesto/Sexten

San Martino in B./
St. Martin in Thurn

Tre Cime
di Lavaredo

1636

Fùnes/Villnöss

La Valle/Wengen

Passo di M.
Croce di Comèlico

2999

Laion/Lajen

Badìa/Abteì

▲ 3221
M. Cristallo

Sappada

sa/Klausen

S.Cristina Valg.
St. Christina in Gröden

stelrotto/
stelruth

Selva di V. Gardena/
Wolkenstein in Gr.

Le Tofane
▲ 3244

allo Sciliar/
s am Schlern

Cortina
d'Ampezzo

▲ 3152
Gruppo
di Sella

2105
P.so di Falzàrego

s/Tiers

DOLOMITI

2239
P.so Pordoi

Canazei

Pieve
di Cadore

3343▲

V. di Fassa

Marmolada

Lev./
hnofen

1918

Moena

P.so di
S. Pellegrino

FRIULI-

emme

T. Avisio

Passo di Rolle
1970

Àgordo

Predazzo

Pale di San Martino

San Martino
di Castrozza

2743 ▲

VENEZIA

no
iemme

Ponte
nelle Alpi

Canal
San Bovo

Tonadico

Belluno

Passo
del Brocon
1615

M. Pavione
2334
▲

-GIULIA

Feltre

Vittòrio
Vèneto

ana

Pordenone

Livenza

Conegliano

V E N E T O

Oderzo

Bassano
del Grappa

Dal Trentino, Naturalmente

Provincia Autonoma di Trento
Assessorato alla Promozione del Trentino

TRENTINO
QUALITÀ INTEGRATA

Mezzo secolo fa si affermava che nel Trentino: "per le condizioni naturali possiamo coltivare solo quello che si adatta alle varie caratteristiche delle diverse località; per la scarsezza di terra dobbiamo avere un'agricoltura specializzata con prodotti di prima qualità, ben commerciabili e possibilmente tali da essere difficilmente producibili altrove, per ottenere il massimo reddito nel minimo spazio". In quegli anni la qualità sembrava un lusso: gli agricoltori puntavano soprattutto a produrre in quantità per l'autoconsumo, mentre la vendita era riservata ai prodotti in esuberanza.

Oggi il Trentino punta alla qualità integrata dei prodotti agricoli, dalle mele all'uva, dal latte ai formaggi, dagli ortaggi ai "piccoli frutti", alle trote, tutti ottenuti nel più stretto rispetto della salute del consumatore e dell'operatore, nella salvaguardia dell'ambiente e delle sue risorse.

Il paniere dei prodotti di elevata qualità e salubrità si va sempre più colmando con merito dei progressi fatti dal'50 ad oggi, non solo nei mezzi tecnici, ma nella generale crescita culturale degli addetti e della popolazione, dell'Ente pubblico che ha fornito loro istruzione, servizi, strutture, che hanno valorizzato le risorse per arrivare insieme a un livello produttivo di eccellenza, peraltro garantita da severe norme di autodisciplina che i produttori si sono imposti, attraverso le loro cooperative e associazioni.

Produzioni che con il "marchio" hanno assunto particolare significato in quanto esso costituisce una garanzia non solo per la salute del consumatore, ma anche per l'ambiente e per l'operatore agricolo.

Dal Trentino,
Naturalmente

QUI HA ORIGINE LA QUALITÀ DELLE NOSTRE MELE

Nel percorrere durante il periodo primaverile alcune valli del Trentino sembra che siano vestite di un manto di colore bianco e rosa. È il momento della fioritura dei meli, che le numerosissime aziende frutticole, in gran parte a carattere familiare, cercano di portare a termine con una produzione di qualità. Una caratteristica, questa, che è legata all'ambiente trentino e trova nei produttori un impegno, peraltro anche sottoscritto, di offrire al consumatore un prodotto sano. Grazie a queste peculiarità quindi, la mela del Trentino ha conquistato il consumatore italiano e straniero tanto da diventare quasi un simbolo che richiama l'immagine della nostra provincia. La produzione annuale di mele trentine supera ormai i tre milioni di quintali e in gran parte assorbita dal mercato nazionale. Pare infatti che il consumatore italiano prediliga per tutto l'anno questo frutto dalle riconosciute proprietà disintossicanti e ricostituenti proprio per la presenza di particolari sostanze salutari. L'acquisto delle mele può essere effettuato direttamente nei consorzi cooperativi e nei magazzini frutta che ne garantiscono la "salubrità".

È consigliabile l'approvvigionamento per quantitativi limitati e a più riprese, scegliendo le varietà a seconda delle stagioni. Le migliori varietà, cioè quelle che maggiormente rispondono ai gusti del consumatore, vengono continuamente esaminate e controllate anche per confermare la fama che esse ormai godono sui vari mercati e per fornire al consumatore alcuni utili consigli sul loro consumo.

Così per esempio la fine e delicata Renetta del Canada va consumata entro aprile, come la croccante Golden e la succosa Stark Delicious ci accompagnano durante tutti i mesi dell'anno grazie alle loro particolari qualità organolettiche e ai perfetti metodi di conservazione.

TRENTINO D.O.C.
VINO, TALENTO, GRAPPA

La versatilità della terra trentina e la diversità di clima, che interessa le zone adibite alle colture viticole, stanno alla base dell'ampia gamma di prodotti enologici che ogni anno vengono proposti nella loro tipicità d'origine. Quattro sono le zone che nel tempo hanno saputo sviluppare le caratteristiche ambientali più favorevoli alla viticoltura. In Vallagarina, il terreno basaltico e il clima continentale hanno posto le premesse necessarie al Marzemino per sviluppare le note fruttate e floreali riassunte in quell'"eccellente" citato nel "Don Giovanni" di Mozart. Più a nord, la Valle dell'Adige si spinge fino a distendersi nel Campo Rotaliano, dove il terreno ciottoloso, riportato dal torrente Noce e la giusta esposizione solare consentono alle uve Teroldego di dare un vino deciso, fruttato e dalla struttura sostenuta che, a ragione, merita un posto di spicco tra i rossi del Trentino.

A est del corso dell'Adige si inerpica la Valle di Cembra, dove le colture di vite raggiungono il limite altimetrico dei 700 m. Qui il terreno a terrazze e le forti escursioni termiche che si verificano tra il giorno e la notte, favoriscono lo sviluppo di aroma delle uve Müller Thurgau.

Dalla parte opposta, verso occidente, scende la Valle dei Laghi, patria del Nosiola, che beneficia del clima sub-mediterraneo, mitigato dall'influsso del Lago di Garda. Oltre al vino bianco fresco e floreale, da queste uve si ottiene il prezioso Vino Santo, un vero e proprio vino da meditazione. La tipicità trentina è poi riscontrabile anche nella produzione enoica derivante da numerosi vitigni internazionali, come per esempio lo Chardonnay che, assieme a Pinot bianco e nero, costituisce la base del Talento Trento D.O.C., - l'espressione più raffinata ed elegante della spumantistica locale - e le grappe, prodotto di indiscusso pregio fondato sull'antica tradizione distillatoria trentina.

QUI HA ORIGINE LA QUALITÀ
DEI NOSTRI FORMAGGI

La quasi totalità del latte trentino, circa un milione di quintali, viene raccolta dai caseifici sociali operanti su tutto il territorio provinciale; parte del latte, quotidianamente pastorizzato o sterilizzato, viene destinato al consumo fresco, parte viene trasformato in gustosi formaggi: dallo squisito grana marchiato "TRENTINGRANA", all'Asiago, alla Spressa e ad altri numerosi tipi nostrani, dolci o piccanti. Arricchiscono l'assortimento di oltre quindici tipi, la ricotta fesca, la panna, lo yogurt, il burro.

Infatti la produzione è passata dalla fase casalinga ed artigianale della sua origine a un momento tecnologico più attento e raffinato, nel quale alla qualità si abbinano il rispetto di ben precise norme di carattere igienico sanitario. La qualità è dovuta alla costanza del prodotto primario che è il latte. Ecco perchè il formaggio, nei suoi tipi più vari, costituisce ancora uno degli alimenti più nutrienti e saporiti della cultura locale. Chi vuole gustare i formaggi trentini può rivolgersi per l'acquisto ai numerosi punti vendita che i caseifici sociali hanno allestito presso le rispettive sedi o nei principali centri turistici della provincia.

In ogni caseificio, inoltre, è possibile trovare tutte le specialità casearie del Trentino, in quanto le singole produzioni vengono scambiate al fine di poter disporre della gamma completa dei prodotti tipici di ogni vallata.

Se la qualità del latte trentino e dei suoi derivati è tutelata da severi e costanti controlli eseguiti durante tutto l'arco dell'anno, la fragranza dei prodotti caseari deriva principalmente dalla sana alimentazione del bestiame, allevato con il fieno profumato delle montagne, mentre la secolare tradizione casearia dei mastri casari è garanzia della bontà del prodotto.

TRENTINGRANA

QUI HA ORIGINE LA QUALITÀ
DELLE NOSTRE TROTE

Nelle limpide e fresche acque del Trentino sono molto diffusi gli allevamenti di trote, situati lungo il corso di fiumi e torrenti che, formatisi dai nevai e dai ghiacciai perenni, scorrono talvolta veloci lungo le vallate del Sarca, del Chiese, del Brenta e dell'Avisio.

Queste "pescicolture", come sono chiamate più comunemente, godono di condizioni climatiche ideali per un salubre allevamento ittico. Il ciclo di allevamento, di 18-20 mesi, dura necessariamente più a lungo che in altre zone poichè l'acqua è mediamente più fredda ma più pulita, ossigenata e ricca di crostacei e altri alimenti che integrano l'alimentazione base delle trote, costituita da mangimi controllati e selezionati.

La presenza dei gamberetti nell'alimentazione consente di ottenere carni con delicato colore di salmone e permette l'accrescimento delle varietà pregiate, come le trote fario e quelle marmorate. La purezza delle acque trentine consente il fiorire di un'altra attività particolarmente interessante, la produzione di uova embrionate e avanotti, che vengono esportati in tutto il mondo per ripopolare i corsi d'acqua di numerose nazioni.

La trota trentina può essere acquistata fresca presso gli stessi allevamenti e nei negozi specializzati. nei punti vendita si possono trovare anche le trote intere già pulite o i praticissimi filetti già pronti per la cottura, oppure filetti affumicati che, assieme al delicatissimo paté, permettono di proporre raffinate variazioni ai menù più sofisticati, a un prezzo accessibile a tutti.

La produzione troticola è raggruppata per la maggior parte sotto il marchio ASTRO (Associazione Troticoltori Trentini) che garantisce l'origine e la qualità del prodotto ittico nostrano, ideale per una cucina leggera e naturale, vicina al gusto moderno.

Per la stesura dei testi relativi alle aziende agrituristiche in provincia di Bolzano, ci si è avvalsi anche dei dati forniti dall'associazione Südtiroler Bauernbund.

Ala (TN)

m 180 ✉ 38061

Maso Rocca

località Maso Rocca, tel. 0464670173 oppure 0368 7391750 - ettari 10 - chiusura: sempre aperto - ❧ piccola taglia.

▶ Lasciare la A22 allo svincolo di Ala-Avio, proseguire verso Nord per 4 km fino a raggiungere e ad attraversare l'abitato di Ala in quanto l'azienda è 2 km fuori paese, sulla strada della Val Ronchi.

Lo scenario montano è quello della val Lagarina; il capoluogo sorge alla sinistra dell'Adige, nel punto di immissione del torrente Ala. Si soggiorna in un vecchio maso ristrutturato con terrazza e spianata erbosa, ai margini del bosco. Previo accordi, si organizzano settimane verdi per ragazzi.

⊞ Appartamenti: 1 monolocale per 2 persone, 2 di 3 locali per 5 persone, con stoviglie, riscaldamento autonomo - affitto al giorno £ 70/100000, affitto a settimana £ 500/700000, biancheria e pulizia finale £ 50000. Deposito cauzionale £ 100000.
Soggiorno minimo: week end.
Servizi e locali comuni: parcheggio, sala lettura, Stube. Sport e tempo libero: ping pong, calcio-balilla; passeggiate. Coltivazioni: alberi da frutta. Prodotti in vendita: frutta.

Aldino
Aldein (BZ)

m 1225 ✉ 39040

Wöserhof

località Lerch 29, tel. 0471886890 - apertura: maggio-novembre - ❧
▶ Uscita Egna-Ora della A22, quindi Statale 48 fino alla deviazione a sinistra per Aldino; l'azienda è situata a 4 km dal centro.

Il rio d'Ora nasce dal Corno Bianco (m 2317) e scende a incontrare l'Adige nello scenario delle vigne del Traminer, sulla celebre Strada del Vino; percorrendo nella direzione opposta la Strada delle Dolomiti, si scende invece nella trentina valle di Fiemme. Questa, da ponente a levante, la prospettiva della vacanza, che ha come punto fermo un tranquillo maso tra i pascoli a 1200 metri di quota.

🛏 Camere con servizi: 2 doppie, con riscaldamento - pernottamento per persona £ 27/35000, possibilità di sistemazione a mezza pensione e di letto aggiunto.
Servizi e locali comuni: parcheggio, locale soggiorno. Sport e tempo libero: maneggio. Allevamenti: bovini, suini, cavalli, animali di bassa corte.

Appiano sulla Strada del Vino
Eppan an der Weinstrasse (BZ)

m 239 ✉ 39057

Federerhof

a San Michele/Sankt Michael, via Monticolo 29, tel. 0471662048, fax 0471662048 - chiusura: dicembre-febbraio - ❧
▶ Dalla periferia Ovest di Bolzano immettersi sulla Statale 42 e percorrerla fino ad Appiano sulla Strada del Vino, poi deviare a sinistra e raggiungere San Michele.

Il territorio comunale si stende alla destra del corso dell'Adige, sulle colline comprese tra il fiume e i monti Macaion e Penegal. Ospitalità rurale offerta a dieci chilometri da Bolzano in un maso di nuova costruzione situato tra prati e boschi.

🛏 Camere con servizi: 5 doppie, con biancheria letto, biancheria bagno, riscaldamento centralizzato - pernottamento per persona £ 28/38000, possibilità di letto aggiunto, riduzioni per bambini fino a 14 anni.
Servizi e locali comuni: parcheggio, locale soggiorno, sala TV, parco giochi bimbi, frigorifero per ospiti. Sport e tempo libero: ping pong. Coltivazioni: viti, alberi da frutta.

Rautscherhof

via Missiano 35/A, tel. 0471636018 - chiusura: dicembre-febbraio.
▶ Lasciare la A22 all'uscita di Bolzano Sud e seguire per 3,5 km la Statale 38 in direzione di Merano, quindi girare a sinistra per la località; l'azienda si trova a 2 km dal centro del paese.

San Michele, il centro comunale, è un borgo nella leggiadra architettura gotica caratteristica dell'Oltradige. Missiano (m 388) è una tranquilla contrada di vignaioli e frutticoltori. Nel paesaggio si susseguono masi, dimore signorili e castelli. Non distanti i tetti di Bolzano.

Ⓒ CAMERE CON SERVIZI: 4 doppie, con riscaldamento - pernottamento per persona £ 35000, possibilità di letto aggiunto, sconto 20% per bambini fino a 15 anni.
SERVIZI E LOCALI COMUNI: parcheggio, locale soggiorno, parco giochi bimbi, frigorifero per ospiti. SPORT E TEMPO LIBERO: piscina, ping pong. COLTIVAZIONI: viti, alberi da frutta.

Arco (TN)

m 91 ⊠ 38062

Michelotti

a Bolognano, via Soccesure 2, tel. 0464516272, fax 0464516272 - ettari 6,5 - 🔥 - chiusura: sempre aperto - 🌿
▶ Lasciare la A22 al casello Rovereto Sud-Lago di Garda, poi imboccare la Statale 240 e 240dir. per Arco; prima di entrare in paese, deviare a destra per 1 km.

Nella bassa valle del Sarca, nel punto in cui si allarga per poi sfociare nel lago di Garda. Ospitalità in un fabbricato di gradevole fisionomia, con ampi balconi e finiture rustiche. In stagione, degustazione gratuita di frutta; in tempo di vendemmia, cura dell'uva.

⊞ APPARTAMENTI: 1 monolocale per 2 persone, 3 bilocali per 3 persone, 2 di 3 locali per 4/6 persone, con biancheria letto, uso lavanderia, stoviglie, riscaldamento - affitto al giorno £ 70/130000, biancheria £ 10000 per persona a settimana, pulizia finale £ 60000; riduzioni per bambini, gruppi, terza età e soggiorni superiori a 4 giorni; supplemento 10% per letto aggiunto. Deposito cauzionale 30%.
SOGGIORNO MINIMO: 3 giorni in bassa stagione.
SERVIZI E LOCALI COMUNI: parcheggio, telefono, sala TV, giochi bimbi, barbecue. SPORT E TEMPO LIBERO: piscina, campo da tennis, gioco bocce; guida ai lavori agricoli, passeggiate, trekking. COLTIVAZIONI: viti, meli, castagni, kiwi.

Avelengo
Hafling (BZ)

m 1290 ⊠ 39010

Hinterrainerhof

via Hinterdorf 9, tel. 0473279479, fax 0473212621 - ettari 3 - apertura: Natale-Epifania e aprile-ottobre - 🌿
▶ Da Merano raggiungere la funivia di Merano 2000, posta 4 km a Est della città, e dirigersi a destra verso Avelengo; l'azienda si trova 1 km circa a Est del paese.

A 10 km da Merano, villeggiatura sull'altopiano di Avelengo, rinomato per il tradizionale allevamento di cavalli. Accoglienza agrituristica in un'antica residenza altoatesina, ristrutturata, situata su un pendio erboso, al limite degli abeti.

⊞ APPARTAMENTI: 2 monolocali per 2 persone, 3 bilocali per 2/4 persone, con stoviglie, riscaldamento - affitto a settimana £ 350/450000, biancheria a richiesta con supplemento. Deposito cauzionale £ 100000 alla prenotazione.
SOGGIORNO MINIMO: 1 settimana.
SERVIZI E LOCALI COMUNI: parcheggio, sauna. SPORT E TEMPO LIBERO: piscina; osservazione degli animali, passeggiate a cavallo, visite nei dintorni. COLTIVAZIONI: patate, foraggio. ALLEVAMENTI: bovini, equini, animali di bassa corte. PRODOTTI IN VENDITA: uova, latte.

Nusserhof

via Falzeben 7, tel. 0473279401, fax 0473279401 - chiusura: sempre aperto - 🐾 salvo accordi.
▶ Partendo da Merano percorrere verso Est la strada che conduce alla funivia di Merano 2000 e da qui salire in direzione dell'abitato di Avelengo; seguire le indicazioni dell'azienda.

Ospitalità agrituristica offerta in un caratteristico edificio valligiano di recente ristrutturazione, eretto sul limitare del bosco, a circa un chilometro dal centro abitato. Ampie vedute sulla conca di Merano, la Giogaia di Tessa e le Alpi Passirie. Nella parte alta dell'altopiano, la zona sciistica di Merano 2000.

Ⓒ CAMERE CON SERVIZI: 2 doppie - pernottamento per persona £ 25/30000.
⊞ APPARTAMENTI: 3 di ampia metratura per 2/4 persone, con stoviglie - affitto al giorno £ 50/75000.
Note: le camere e gli appartamenti sono dotati di biancheria per letto e per bagno, riscaldamento centralizzato; sconto 20% per bambini fino a 12 anni.
SERVIZI E LOCALI COMUNI: parcheggio, locale soggiorno, Stube, spazio all'aperto per giochi bimbi, frigorifero per ospiti. SPORT E TEMPO LIBERO: escursioni, passeggiate nel bosco. ALLEVAMENTI: bovini, animali di bassa corte.

Badìa
Abtei (BZ)

m 1193 ⊠ 39036

Lüch d' Mozl

a La Villa/Stern, via Rottonara 14, tel. 0471847169 - chiusura: sempre aperto - 🐾
▶ Da Corvara in Badia proseguire verso Nord seguendone per 4 km circa le indicazioni di La Villa; l'azienda si trova nel centro del paese.

Siamo in alta val Badia, sulle rive del torrente Gadera. In una bella conca a prati e boschi si incontra la frazione La Villa, attrezzata stazione turistica estiva e invernale. Si soggiorna in paese in un fabbricato di fisionomia tradizionale, circondato da giardini e orti.

⊞ Appartamenti: 1 di ampia metratura per 4/6 persone, con biancheria letto, biancheria bagno, stoviglie, riscaldamento centralizzato - affitto al giorno £ 128/152000, sconto 50% per bambini fino a 8 anni.
Servizi e locali comuni: parcheggio, sala TV, spazio all'aperto per giochi bimbi, frigorifero per ospiti. Allevamenti: bovini, animali di bassa corte.

Taelahof

a San Cassiano/Sankt Kassian (Cap 39030), Costadedoi 209, tel. 0471849301, fax 0471849340 - ettari 30 - chiusura: sempre aperto - ➤ Da La Villa continuare in direzione di San Cassiano e raggiungere la località Costadedoi; dopo la pensione La Fradora, svoltare a sinistra e seguire le indicazioni dell'azienda.

San Cassiano è una rinomata stazione di soggiorno estivo e di sport invernali: a solo un chilometro dall'abitato la struttura agrituristica, di fisionomia tradizionale, spicca su una costa prativa incorniciata dalle pareti rocciose di La Varella e delle Cunturines.

⊞ Appartamenti: 2 monolocali per 2/4 persone, 2 bilocali per 4/6 persone, con biancheria letto, biancheria bagno, biancheria cucina, uso lavanderia, stoviglie, riscaldamento centralizzato, telefono, televisore - affitto al giorno per persona £ 28/55000, supplemento per pulizia finale £ 50000. Deposito cauzionale 30%.
Soggiorno minimo: 1 settimana.
Servizi e locali comuni: parcheggio, spazio all'aperto per giochi bimbi. Allevamenti: bovini, equini.

Baselga di Piné (TN)

m 964 ✉ 38042

Vecchia Quercia ⭐

a Sternigo, via Masi 16, tel. 0461553053, fax 0461 553053 - ♿ - chiusura: sempre aperto - ✂ grossa taglia.
➤ Azienda a qualche centinaio di metri da Baselga di Piné a cui si accede da Trento, deviando a sinistra dalla Statale 47 che percorre la Valsugana.

Caratteristica costruzione valligiana bene inserita nello scenario di un altopiano di boschi e laghi. Nel raggio di un chilometro impianti per gli sport estivi e piste da sci di fondo. Tutt'intorno il comprensorio alpino dell'alta Valsugana. Per il ristorante è necessario prenotare.

🛏 Camere con servizi: 7 doppie, con biancheria letto, biancheria bagno, uso lavanderia, riscaldamento centralizzato, televisore - pernottamento per persona £ 45/50000, pensione £ 80/90000, riduzioni per letto aggiunto e per bambini fino a 7 anni. Deposito cauzionale 30% alla prenotazione.
Soggiorno minimo: 3 giorni. Carte di credito: Visa, Eurocard, Mastercard, Bancomat.
🚐 3 equipaggi.
🍴 cucina trentina (piatti della tradizione) - vini regionali - £ 30/35000.

Servizi e locali comuni: parcheggio, telefono, taverna, parco giochi bimbi. Sport e tempo libero: ricovero cavalli; passeggiate nel bosco. Coltivazioni: ortaggi, frutti di bosco. Allevamenti: suini, pollame, conigli. Prodotti in vendita: frutti di bosco, marmellate.

Bléggio Inferiore (TN)

m 400 ✉ 38071

Casa agrituristica Zanella

a Ponte Arche, tel. 0465701550 - ettari 1 - apertura: aprile-ottobre - ➤ previo accordi.
➤ Da Trento percorrere la Statale 45bis fino a Sarche, poi girare a destra verso Tione di Trento, raggiungendo e superando Terme di Comano di un paio di chilometri.

Il territorio è quello delle Giudicarie Esteriori, vale a dire la media valle del Sarca, con le vette del Parco Naturale di Brenta di fronte e la catena che separa dalla val di Ledro alle spalle. Costruzione recente, a pochi chilometri dalle terme di Comano.

☞ CAMERE SENZA SERVIZI: 1 singola, 2 doppie, con biancheria letto, uso cucina; 1 bagno in comune - pernottamento per persona £ 30/50000.

⊞ APPARTAMENTI: 2 bilocali per 4 persone, 1 di 3 locali per 6 persone, con stoviglie, riscaldamento a consumo - affitto al giorno per persona £ 30/50000, fornitura biancheria a richiesta.

SOGGIORNO MINIMO: 2 settimane in alta stagione.

SERVIZI E LOCALI COMUNI: parcheggio, telefono, parco giochi bimbi. SPORT E TEMPO LIBERO: ping pong. COLTIVAZIONI: ortaggi, alberi da frutta.

Bosentino (TN)

m 688 ✉ 38040

Maso Fosina

località Maso Fosina 5, tel. 0461848468 - ettari 10 - chiusura: sempre aperto - ✄

▶ Uscita autostradale Rovereto Nord, poi Statale 12 fino a Mattarello, quindi direttrice che porta a Lavarone; l'azienda è 1,5 km a Est di Vigolo Vattaro oppure 2 km a Sud di Bosentino per chi proviene dalla Statale 47 della Valsugana.

Nell'alto bacino del Brenta, si villeggia tra boschi ricchi di fauna in un maso che racconta di antiche vicende valligiane. In estate si va per rifugi a piedi, a cavallo o in mountain bike. A pochi chilometri i laghi di Caldonazzo, Levico e Lavarone.

⊞ APPARTAMENTI: 1 bilocale per 4 persone, con biancheria letto, biancheria bagno, biancheria cucina, stoviglie, lavatrice, riscaldamento centralizzato e a legna, televisore - affitto al giorno £ 80/100000. Deposito cauzionale 20% alla prenotazione.

SOGGIORNO MINIMO: 3 giorni.

Note: *su richiesta è possibile affittare l'appartamento anche per due persone a £ 40/60000.*

SERVIZI E LOCALI COMUNI: parcheggio, telefono, sala TV, sala lettura. SPORT E TEMPO LIBERO: ricovero cavalli; guida ai lavori agricoli, osservazione degli animali. COLTIVAZIONI: viti, ortaggi, patate, castagni. ALLEVAMENTI: suini, pollame, conigli, pavoni, api. PRODOTTI IN VENDITA: vino, verdura, patate, miele.

Bràies
Prags (BZ)

m 1120 ✉ 39030

Waidachhof

località Braies di Dentro/Innerprags 59, tel. 0474 748655 - chiusura: sempre aperto - ✄

▶ Digressione dalla Val Pusteria nel tratto Monguelfo-Dobbiaco; l'azienda è situata a un paio di chilometri dal capoluogo Ferrara.

La valle di Braies, tributaria della media val Pusteria, allietata dall'omonimo lago, offre ampie possibilità di effettuare escursioni e di praticare sport invernali. Accoglienza in un edificio valligiano di moderna fisionomia.

☞ CAMERE CON SERVIZI: 1 singola, 4 doppie, con biancheria letto, biancheria bagno, riscaldamento centralizzato - pernottamento per persona £ 25/32000, possibilità di letto aggiunto; sconto 20% per bambini fino a 12 anni.

SOGGIORNO MINIMO: 3 giorni.

SERVIZI E LOCALI COMUNI: parcheggio, autorimessa, locale soggiorno, spazio all'aperto per giochi bimbi. ALLEVAMENTI: bovini, animali di bassa corte.

Brentònico (TN)

m 692 ✉ 38060

Mortigola

località Mortigola, tel. 0464391555, fax 0464391555 - ettari 40 - chiusura: periodo in novembre - ✄

▶ Lasciare la A22 allo svincolo di Rovereto Sud, poi dirigere su Riva del Garda raggiungendo Mori; da qui, deviare e procedere per la strada di Brentonico; l'azienda è 5 km a Sud del paese.

Lo scenario è quello di un altopiano affacciato alla val Lagarina dal versante che sale verso la dorsale del Baldo. Orti, alberi e un laghetto per la pesca sportiva fanno cornice alla sede aziendale. Tutt'intorno pascoli dalle belle fioriture che offrono agli appasionati ampi sbocchi escursionistici. Per il ristorante è necessaria la prenotazione.

⊞ APPARTAMENTI: 2 bilocali per 6 persone, con biancheria letto, biancheria bagno, uso lavanderia, stoviglie, riscaldamento - affitto a settimana £ 700/1000000, fornitura biancheria solo su richiesta e con supplemento. Deposito cauzionale 30%.
SOGGIORNO MINIMO: 7 giorni. CARTE DI CREDITO: Bancomat.

⊞⊟ 6 equipaggi.
⊃|| cucina trentina (salumi, formaggio) - vini di produzione propria - £ 30/45000.
SERVIZI E LOCALI COMUNI: giochi bimbi. SPORT E TEMPO LIBERO: pallavolo, campo di calcetto; raccolta funghi, pesca.
COLTIVAZIONI: viti. ALLEVAMENTI: bovini, suini, pollame, conigli, api. PRODOTTI IN VENDITA: salumi, vino, grappa, latticini, formaggio, miele.

Brésimo (TN)
m 770 ⊠ 38020

Anna Pozzatti
località Bevia 47, tel. 0463539042, fax 0463539042 - ettari 3 - chiusura: sempre aperto - ✿ previo accordi.
▶ Dal casello San Michele all'Adige-Mezzocorona della A22, imboccare la Statale 43 della Val di Non; giunti a Mostizzolo, 4 km dopo Cles, deviare a destra seguendo la segnaletica per Bresimo.

Dai balconi incorniciati di gerani lo sguardo si perde tra il fondovalle e le vette. Un'oasi di pace nel gruppo dell'Ortles, base ideale per facili escursioni in quota. Confortevole anche in inverno quando si sale a Folgarida, Marilleva e Madonna di Campiglio.

⊞ APPARTAMENTI: 2 bilocali per 4/5 persone, 1 casa di 5 locali per 6 persone, con biancheria letto, biancheria bagno, biancheria cucina, stoviglie, lavatrice, riscaldamento centralizzato, telefono, televisore - affitto al giorno per persona £ 35/60000, riduzioni in bassa stagione. Deposito cauzionale £ 250000.
SERVIZI E LOCALI COMUNI: parcheggio, locale soggiorno.
SPORT E TEMPO LIBERO: escursioni. COLTIVAZIONI: ortaggi, patate, frutti di bosco.

Bressanone
Brixen (BZ)
m 559 ⊠ 39042

Gfaderhof
località Tecelinga/Tötschling 61, tel. 0472852506 - chiusura: sempre aperto - ✿
▶ Da Bressanone imboccare verso Sud la direttrice per Velturno; l'azienda si trova 3 km circa prima di raggiungere l'abitato.

Siamo alla confluenza della val Pusteria nella valle dell'Isarco. Si soggiorna a qualche distanza dall'abitato, in un maso di nuova costruzione immerso in un paesaggio aperto, di colli coltivati, tra profili di monti e il verde di boschi e praterie.

✿ CAMERE CON SERVIZI: 4 doppie - pernottamento per persona £ 30/35000.
⊞ APPARTAMENTI: 2 di ampia metratura per 4/6 persone, con stoviglie - affitto al giorno £ 60/100000.
Note: *le camere e gli appartamenti sono dotati di biancheria per letto e per bagno, riscaldamento centralizzato; possibilità di letto aggiunto; sconto 10% per bambini fino a 6 anni.*
SERVIZI E LOCALI COMUNI: parcheggio, sala TV, Stube, spazio all'aperto per giochi bimbi, frigorifero per ospiti. ALLEVAMENTI: bovini, suini, pollame, conigli.

Hörmannhof
a Sant'Andrea in Monte/Sankt Andrä 59, tel. 0472 831078 - chiusura: sempre aperto - ✿
▶ A Sud di Bressanone continuare verso Millan e successivamente salire a Sant'Andrea in Monte; l'azienda è nella immediata periferia del paese.

Con il suo patrimonio di architetture e monumenti dal Romanico al Barocco, Bressanone è la principale città d'arte altoatesina. L'ospitalità agrituristica viene offerta a poca distanza dall'abitato, presso una casa di stile tipico e di recente costruzione, allietata da splendide fioriture di rose.

🛏 CAMERE CON SERVIZI: 3 doppie, 1 a più letti - pernottamento per persona £ 32/37000.

⊞ APPARTAMENTI: 1 di ampia metratura per 2/10 persone, con stoviglie - affitto al giorno £ 70/100000, i prezzi si riferiscono al soggiorno di 2/4 persone.

Note: le camere e l'appartamento sono dotati di biancheria per letto e per bagno, riscaldamento centralizzato; riduzioni per bambini fino a 12 anni.

SERVIZI E LOCALI COMUNI: parcheggio, locale soggiorno, spazio all'aperto per giochi bimbi, frigorifero per ospiti.

SPORT E TEMPO LIBERO: ping pong. ALLEVAMENTI: bovini, suini, animali di bassa corte.

Brùnico
Bruneck (BZ)

m 838 ✉ 39031

Oberwieserhof

a Riscone/Reischach, via Riscone 6, tel. 0474548095 - chiusura: sempre aperto.

▶ Partendo da Brunico imboccare la Provinciale verso Sud in direzione di Riscone; l'azienda è posta a circa 400 m dal paese.

Una costruzione valligiana, ristrutturata, sul limite dell'abitato che si compone di una parte antica, pittoresca, con case merlate e balconi fioriti affacciati alla sponda sinistra della Rienza, e di una parte modernamente attrezzata distesa sull'altra riva.

🛏 CAMERE CON SERVIZI: 2 singole, 11 doppie, 2 a più letti - pernottamento per persona £ 40/51000; supplemento per soggiorni inferiori a 3 giorni, sconto 50% per bambini fino a 6 anni, da 7 a 12 anni sconto 30%.

⊞ APPARTAMENTI: 1 monolocale per 2 persone, 5 bilocali per 4/6 persone - affitto al giorno £ 80/225000.

Note: le camere e gli appartamenti sono dotati di biancheria per letto e per bagno, riscaldamento.

SERVIZI E LOCALI COMUNI: parcheggio, locale soggiorno, spazio all'aperto per giochi bimbi. SPORT E TEMPO LIBERO: piscina, ping pong. ALLEVAMENTI: bovini, conigli.

Stienerhof

a San Giorgio/Sankt Georgen, via Pipen 25, tel. 0474 550294 - chiusura: sempre aperto.

▶ Da Brunico proseguire verso Nord per la Val di Tures; l'azienda agrituristica si trova a San Giorgio, nei pressi dell'albergo Gissbach.

Caratteristica residenza altoatesina, rinnovata, situata sul limitare del bosco. I prati che la precedono si aprono verso la valle di Tures, ampia e pianeggiante, coltivata nel fondovalle e sui fianchi fino al limite delle abetaie.

🛏 CAMERE SENZA SERVIZI: 4 doppie, con biancheria letto, biancheria bagno, riscaldamento centralizzato - pernottamento per 2 persone £ 62/90000, sconto 20% per bambini fino a 10 anni.

SERVIZI E LOCALI COMUNI: parcheggio, locale soggiorno, spazio all'aperto per giochi bimbi. ALLEVAMENTI: bovini, suini, animali di bassa corte.

Calavino (TN)

m 409 ✉ 38072

La Toresela

via Garibaldi 56, tel. 0461564231 - ettari 4 - chiusura: periodo tra giugno e luglio - ✄

▶ Dall'uscita Trento della A22, breve tratto di circonvallazione poi seguire la Statale 45bis fino a Vezzano; da qui, deviazione di 4 km verso Sud; l'azienda è alla periferia Ovest dell'abitato.

Accoglienza familiare e arredi in stile tirolese in una rustica dimora delle colline della bassa valle del fiume Sarca. Nel raggio di 25 km il lago di Garda e le piste del monte Bondone, a 50 i caroselli della neve di Madonna di Campiglio.

🛏 CAMERE SENZA SERVIZI: 3 doppie, 4 a più letti, con biancheria letto, biancheria bagno, riscaldamento centralizzato; 4 bagni in comune - pernottamento per per-

ona £ 38000, mezza pensione £ 58000. Deposito auzionale 30% alla prenotazione.
SOGGIORNO MINIMO: 4 giorni o 1 settimana.
II cucina trentina e siciliana (pasticcio di melanzane) - vini locali di produzione propria - £ 25/35000.
SERVIZI E LOCALI COMUNI: parcheggio, telefono. COLTIVAZIONI: iti, meli. ALLEVAMENTI: caprini, pollame. PRODOTTI IN VENDITA: uova, vino, frutta.

Caldaro sulla Strada del Vino
Kaltern an der Weinstrasse (BZ)

n 425 ⊠ 39052

Eichhof

ocalità Kaltererhöhe 10, tel. 0471962634 - chiusura: dicembre-febbraio.

► Da Caldaro raggiungere la frazione di San Nicolò; l'azienda agrituristica si incontra circa 200 m prima di accedere alla Provinciale per il passo di Mendola.

Caldaro, rinomato per i suoi vini e il lago omonimo, è il principale centro dell'Oltradige. Confortevole sistemazione in un maso di nuova costruzione, ambientato tra frutteti e vigne alle falde del monte Penegal.

🗝 CAMERE CON SERVIZI: 2 doppie, 1 a più letti - pernottamento per persona £ 30/35000, possibilità di letto aggiunto.
⊞ APPARTAMENTI: 2 di ampia metratura per 2/5 persone, con stoviglie - affitto al giorno £ 50/95000.
Note: *le camere e gli appartamenti sono dotati di biancheria per letto e per bagno, riscaldamento centralizzato; sconto 20% per bambini fino a 14 anni.*
SERVIZI E LOCALI COMUNI: parcheggio, locale soggiorno, sala TV, spazio all'aperto per giochi bimbi, frigorifero per ospiti. COLTIVAZIONI: viti, alberi da frutta. ALLEVAMENTI: bovini, suini, pollame.

Zur Traube

ocalità Pozzo/Pfuss 7, tel. 0471963369 - apertura: Pasqua-ottobre.
► Dalla periferia Nord-Ovest di Caldaro sulla Strada del Vino seguire la Provinciale che sale al passo di Mendola; l'azienda si trova a 2 km circa dal paese.

Villeggiatura nel gradevole fondovalle a frutteti e vigne, con alloggio presso una casa rurale di moderna fisionomia e piccola piscina all'aperto. Un paesaggio che si

ammira in tutta la sua bellezza dall'alto, con il Latemar e il Catinaccio sullo sfondo, quando si sale al passo di Mendola. Piccola piscina a disposizione degli ospiti.

🗝 CAMERE CON SERVIZI: 5 doppie, con biancheria letto, biancheria bagno, riscaldamento centralizzato - pernottamento per persona £ 28/35000, supplemento per soggiorni inferiori a 3 giorni, sconto 30% per bambini fino a 14 anni in camera coi genitori.
SERVIZI E LOCALI COMUNI: parcheggio, locale soggiorno, sala TV, spazio all'aperto per giochi bimbi, frigorifero per ospiti. COLTIVAZIONI: viti, alberi da frutta. ALLEVAMENTI: conigli. PRODOTTI IN VENDITA: vino, succhi di frutta.

Campo Tùres
Sand in Taufers (BZ)

m 874 ⊠ 39032

Niederuntererhof

a Riva di Tures/Rein in Taufers 35, tel. 0474672508, fax 0474672508 - chiusura: sempre aperto - 🐾
► Da Brunico raggiungere verso Nord Campo Tures, quindi deviare a destra in direzione di Riva di Tures; l'azienda si trova 500 m circa prima di entrare in paese.

Villeggiatura e sito sciistico situato in una conca alpestre di prati e boschi a monte dell'immissione della val di Riva nella valle Aurina. Accoglienza rurale presso una tipica casa altoatesina, ristrutturata, felicemente esposta su un pendio erboso.

⊞ APPARTAMENTI: 3 di ampia metratura per 2/6 persone, con biancheria letto, biancheria bagno, stoviglie, riscaldamento centralizzato - affitto al giorno £ 60/85000, i prezzi si riferiscono al soggiorno di 2/4 persone.
SERVIZI E LOCALI COMUNI: parcheggio, locale soggiorno, Stube, spazio all'aperto per giochi bimbi, frigorifero per ospiti. ALLEVAMENTI: bovini, ovini.

Weissgarberhof

am Anger 17, tel. 0474659009 - chiusura: sempre aperto - ✿

▶ Da Brunico imboccare la Val di Tures e, dopo circa 12 km, raggiungere Molini di Tures; l'azienda è situata al margine del centro abitato.

Soggiorno agrituristico ai margini dell'abitato, principale centro della valle, dominato dallo scenografico castello. Sistemazione presso un edificio valligiano di tradizionale fisionomia. Escursioni in quota verso i grandi spazi del Parco Naturale Vedrette di Ries.

🗝 CAMERE CON SERVIZI: 3 doppie, 2 a più letti - pernottamento per persona £ 27/33000.
⊞ APPARTAMENTI: 1 di più locali per 2 persone, con stoviglie - affitto al giorno £ 50/64000.
Note: le camere e l'appartamento sono dotati di biancheria per letto e per bagno, riscaldamento centralizzato; sconto 50% per bambini fino a 10 anni.
SERVIZI E LOCALI COMUNI: parcheggio, locale soggiorno, frigorifero per ospiti. SPORT E TEMPO LIBERO: ping pong. COLTIVAZIONI: viti, alberi da frutta.

Canal San Bovo (TN)

m 757 ✉ 38050

Maso Paradisi

località Giaroni 1/P, tel. 0439719071 oppure 0461 922742 - ettari 6 - ♿ - apertura: giugno-ottobre, Natale, Pasqua e ponti festivi - ✿ salvo accordi.

▶ Lasciare la Statale della Valsugana a Primolano e proseguire verso Feltre; dopo circa 13 km svoltare a sinistra per San Martino di Castrozza; altri 13 km sulla Statale 50, poi tunnel e deviazione a sinistra per Canal San Bovo e per l'azienda.

Nella valle del torrente Vanoi, ai piedi del Lagorai, questa baita, ristrutturata nel rispetto della sua antica fisionomia, si propone per la sua posizione soleggiata, tranquilla e di comodo accesso, come punto di partenza per escursioni nel vicino Parco Naturale di Paneveggio.

🗝 CAMERE CON SERVIZI: 7 doppie, 1 a 3 letti, con biancheria letto, biancheria bagno, biancheria cucina, uso cucina, uso lavanderia, riscaldamento centralizzato, televisore - pernottamento per persona £ 30/45000, pensione £ 57/73000.
⊞ APPARTAMENTI: 1 monolocale per 4 persone, 1 di ampia metratura per 7 persone - affitto al giorno per persona £ 20/30000.
Note: possibilità di affittare l'intera baita (16 posti letto) in occasione di festività, "ponti" e week end.
🚐 2 equipaggi.
🍴 cucina trentina (piatti della tradizione) - vini regionali - £ 17/30000.
SERVIZI E LOCALI COMUNI: parcheggio, telefono, solarium, barbecue. SPORT E TEMPO LIBERO: ricovero cavalli; disponibilità di mountain bike, passeggiate a cavallo, visite nei dintorni. COLTIVAZIONI: ortaggi, foraggio. ALLEVAMENTI: bovini, pollame. PRODOTTI IN VENDITA: verdura.

Carano (TN)

m 1086 ✉ 38033

Gottardini Rosa

località Solaiolo, tel. 0462230312 - ettari 4 - chiusura: sempre aperto - ✿

▶ Da Carano, contigua a Cavalese, immettersi nella Statale 48 che porta a Ora; a San Lugano, svoltare a sinistra per Anterivo percorrendo 3,5 km prima di trovare la deviazione a destra per Solaiolo; seguire la segnaletica dell'azienda.

La posizione, soleggiata e panoramica sulla val di Fiemme, e l'ambiente delle abetaie circostanti, fanno di questa azienda agrituristica il luogo adatto per una vacanza di tutto relax proiettata d'estate verso il Parco Naturale del Monte Corno e d'inverno verso le piste di sci di Cavalese.

⊞ APPARTAMENTI: 3 di 3 locali per 4/5 persone, con biancheria cucina, stoviglie - affitto a settimana £ 300/ 500000, fornitura biancheria solo su richiesta e con supplemento. Deposito cauzionale 25%.

SOGGIORNO MINIMO: 3 giorni in bassa stagione, 1 settimana in alta stagione.
SERVIZI E LOCALI COMUNI: parcheggio, telefono, spazio all'aperto per giochi bimbi. SPORT E TEMPO LIBERO: gioco bocce, ping pong. COLTIVAZIONI: ortaggi, prato. ALLEVAMENTI: bovini. PRODOTTI IN VENDITA: verdura.

Castelbello
Kastelbell (BZ)

m 587 ✉ 39020

Hochhuebhof

a Ciardes/Tschars, via Freiten 11, tel. 0473624138, fax 0473624746 - ettari 8 - chiusura: dicembre-febbraio - ❧

▶ Da Merano continuare lungo la Statale 38 della Val Venosta, quindi seguire le indicazioni per Ciardes; l'azienda è facilmente raggiungibile dal centro del paese.

Siamo nella bassa val Venosta: da un roccione il castello incombe sul fondovalle intensamente lavorato che accompagna le sponde dell'Adige. Ospitalità presso una casa alpina di rango, incorniciata da fioriture, frutteti e vigne.

🛏 CAMERE CON SERVIZI: 6 doppie, con biancheria letto, biancheria bagno, riscaldamento centralizzato - pernottamento per persona £ 37/42000, possibilità di sistemazione a mezza pensione e di letto aggiunto; sconto 20% per bambini fino a 10 anni.
SOGGIORNO MINIMO: 3 giorni.
⛺ 6 equipaggi.
🍴 riservato agli ospiti - cucina altoatesina - vini locali di produzione propria.
SERVIZI E LOCALI COMUNI: parcheggio, telefono, locale soggiorno, Stube, spazio all'aperto per giochi bimbi. SPORT E TEMPO LIBERO: piscina, ping pong. ALLEVAMENTI: ovini, suini.

Castello-Molina di Fiemme (TN)

m 731 ✉ 38030

Corradini Serafino

a Castello di Fiemme, via Milano 26, tel. 0462231010 - ettari 10 - chiusura: sempre aperto - 🐕 grossa taglia.
▶ Azienda a soli 3 km da Cavalese, segnalata lungo il percorso; accesso anche da Trento e Lavis, tramite la Statale 612.

L'agriturismo è nelle vicinanze del paese, in mezzo ai prati, in zona tranquilla e soleggiata. Da Cavalese, che è a pochi chilometri, si sale in funivia verso le vette della catena del Lagorai e d'inverno si scia per decine di chilometri.

🛏 CAMERE CON SERVIZI: 3 doppie, con biancheria letto, biancheria bagno, riscaldamento centralizzato - pernottamento per persona £ 35/40000, sconto 10% per bambini fino a 10 anni.
SERVIZI E LOCALI COMUNI: parcheggio, telefono, sala TV, sala lettura, giochi bimbi. SPORT E TEMPO LIBERO: visite nei dintorni, escursioni. COLTIVAZIONI: patate, prato. ALLEVAMENTI: bovini. PRODOTTI IN VENDITA: patate.

Iellici Mariateresa

a Castello di Fiemme, via Avisio 26, tel. 0462230137 - ettari 20 - chiusura: sempre aperto - ❧
▶ Azienda situata nel capoluogo comunale; accesso con soli 3 km da Cavalese oppure da Trento e Lavis, località in cui si imbocca la Statale 612 per arrivare a destinazione.

L'abitato di Castello si raggruppa su un terrazzo a strapiombo sul torrente Avisio, affacciandosi a un ampio anfiteatro montano. In splendida posizione tra i pascoli è anche questa azienda zootecnica che dispone di un moderno fabbricato agrituristico.

🛏 CAMERE CON SERVIZI: 9 doppie, con biancheria letto, biancheria bagno, biancheria cucina, uso cucina, riscaldamento - pernottamento per persona £ 36000, supplemento per riscaldamento.
SERVIZI E LOCALI COMUNI: parcheggio. COLTIVAZIONI: patate, prato. ALLEVAMENTI: bovini. PRODOTTI IN VENDITA: latte.

Castelrotto
Kastelruth (BZ)

m 1060 ✉ 39040

Oberlanzinerhof

località Telfen Lanzin 61, tel. 0471706575 - chiusura: sempre aperto.
▶ Da Ponte Gardena seguire le indicazioni per Castelrotto, quindi continuare per 1 km circa verso Siusi.

Vacanze montane all'insegna della tranquillità, tra boschi e pascoli dell'altopiano che si stende alle falde del monte Bullaccia, in posizione dominante la valle dell'Isarco. Ospitalità agrituristica offerta presso un maso di nuova costruzione, situato in posizione di ampio respiro a poca distanza dall'abitato.

🛏 CAMERE CON SERVIZI: 6 doppie, con biancheria letto, biancheria bagno, riscaldamento centralizzato - pernottamento per persona £ 36/50000, possibilità di letto aggiunto.
SERVIZI E LOCALI COMUNI: parcheggio, locale soggiorno, sala TV, spazio all'aperto per giochi bimbi. SPORT E TEMPO LIBERO: maneggio. ALLEVAMENTI: bovini, suini, equini, pollame, conigli.

Patenerhof

località San Valentino/Sankt Valentin, via Patener 11, tel. 0471706033 - chiusura: sempre aperto.
▶ Lasciare la Statale 12 a Ponte Gardena, girare a Ovest per Castelrotto e raggiungere il bivio per l'Alpe di Siusi; da qui continuare per 1 km circa seguendo le indicazioni dell'azienda.

Casa tipica, di recente costruzione, circondata dal verde dei pascoli che guidano lo sguardo verso le rocce dolomitiche dello Sciliar, meta privilegiata per escursioni lungo le alte vie. Sport alpini in loco e nella vicina Alpe di Siusi.

🛏 CAMERE CON SERVIZI: 2 doppie, 2 a più letti, con uso cucina - pernottamento per persona £ 30/36000.
⊞ APPARTAMENTI: 1 di ampia metratura per 2/3 persone, con stoviglie - affitto al giorno £ 90/120000.
Note: le camere e l'appartamento sono dotati di biancheria per letto e per bagno, riscaldamento centralizzato; sconto 50% per bambini fino a 10 anni.
SERVIZI E LOCALI COMUNI: parcheggio, locale soggiorno, spazio all'aperto per giochi bimbi, frigorifero per ospiti. SPORT E TEMPO LIBERO: ping pong. ALLEVAMENTI: bovini, equini, pollame.

Cavedago (TN)

m 864 ✉ 38010

Mirella Zeni

via Croce 8, tel. 0461654208 - ettari 3 - chiusura: sempre aperto - 🍴
▶ Lasciare la A22 all'uscita di San Michele all'Adige, poi proseguire sulla Statale 43 poco oltre Mezzolombardo; da qui, piegare a sinistra fino ad Andalo e quindi svoltare a destra per 4 km; l'azienda è in paese.

Azienda della bassa val di Non con sede in paese, in una costruzione recente, arredata con moderna funzionalità. Ambiente tranquillo e alla mano, interessante sia per la villeggiatura estiva sia per la vicinanza invernale con i campi da sci di Andalo e della Paganella.

🛏 CAMERE SENZA SERVIZI: 2 doppie; 1 bagno in comune - pernottamento per persona £ 40/50000. CAMERE CON SERVIZI: 1 doppia, 2 a 3/4 letti - pernottamento per persona £ 40/50000.
⊞ APPARTAMENTI: 1 bilocale per 3 persone, con stoviglie, riscaldamento a legna - affitto a settimana £ 400/450000, fornitura biancheria solo su richiesta e con supplemento. Deposito cauzionale £ 100000.
SOGGIORNO MINIMO: 1 settimana.
Note: le camere sono dotate di biancheria per letto e per bagno, riscaldamento centralizzato.
SERVIZI E LOCALI COMUNI: parcheggio, telefono, sala TV, taverna. SPORT E TEMPO LIBERO: visite nei dintorni, passeggiate. COLTIVAZIONI: ortaggi, patate. ALLEVAMENTI: pollame, conigli. PRODOTTI IN VENDITA: pollame, uova, conigli, verdura, patate.

Toscana Pia

località Croce 9, tel. 0461654298 oppure 0461 654318 - ettari 25 - ♿ - chiusura: sempre aperto - 🍴 previo accordi.
▶ Svincolo San Michele all'Adige della A22, quindi Statale 43 fino a poco oltre Mezzolombardo; da qui, direttrice a sinistra per Andalo, quindi svoltare a destra e proseguire per altri 4 km.

Alle soglie del territorio del Parco del Gruppo di Brenta l'azienda dispone, in centro al paese, di due fabbricati agrituristici, modernamente arredati, con alcune terrazze. A un chilometro di distanza una struttura succursale con altre camere.

🛏 CAMERE SENZA SERVIZI: 2 doppie, 3 a 3/4 letti; 1 bagno in comune - pensione £ 80000. CAMERE CON SERVIZI: 5 doppie - pensione £ 80000. Deposito cauzionale 30%.
SOGGIORNO MINIMO: 3 giorni.
Note: le camere sono dotate di biancheria per letto e per bagno, riscaldamento centralizzato; alcune dispongono di uso cucina per le necessità dei piccini.
🍴 cucina trentina (piatti della tradizione) - vini locali di produzione propria - £ 28/35000.
SERVIZI E LOCALI COMUNI: parcheggio, telefono. SPORT E TEMPO LIBERO: passeggiate. COLTIVAZIONI: viti, ortaggi, patate, alberi da frutta, prato. ALLEVAMENTI: bovini, suini, pollame, conigli. PRODOTTI IN VENDITA: grappa.

Cèrmes
Tscherms (BZ)

m 292 ⊠ 39010

Feldererhof

via Baslan 10, tel. 0473561422 - ettari 10 - apertura: aprile-ottobre - ❧

▶ Casello Bolzano Sud della A22 poi superstrada fino all'uscita Merano Sud, quindi girare a sinistra per Cermes; superato il centro del paese, svoltare a sinistra.

Villeggiatura ai margini della rinomata conca di Merano, a monte dell'immissione del rio Valsura nell'Adige. Si alloggia in una tipica residenza altoatesina, eretta nel 1328 tra le verdi distese delle colture frutticole.

☞ CAMERE CON SERVIZI: 2 doppie - pernottamento per persona £ 35/37000.
⊞ APPARTAMENTI: 2 di ampia metratura per 2/4 persone, con stoviglie - affitto al giorno £ 75/80000.
SOGGIORNO MINIMO: 3 giorni.
Note: *le camere e gli appartamenti sono dotati di biancheria per letto e per bagno, riscaldamento centralizzato; supplemento per soggiorni inferiori a 3 giorni, sconto 30% per bambini fino a 6 anni.*
SERVIZI E LOCALI COMUNI: parcheggio, autorimessa, Stube, spazio all'aperto per giochi bimbi, frigorifero per ospiti.
SPORT E TEMPO LIBERO: piscina, ping pong. COLTIVAZIONI: viti, meli. PRODOTTI IN VENDITA: vino, mele.

Chiènes
Kiens (BZ)

m 784 ⊠ 39030

Radmüllerhof

via Getzen 17, tel. 0472868037 - chiusura: sempre aperto - ❧ previo accordi.
▶ Da Brunico immettersi sulla Statale 49 verso Bressanone e raggiungere Chiènes; l'azienda è a 6 km dal centro del paese.

Bressanone è a valle, dove si lascia la strada del Brennero per imboccare quella del Tirolo orientale; Brunico, poco più a monte, segna l'entrata nel vivo delle Dolomiti. Tra questi due punti focali è Chienes (m 784), che pone agli appassionati della montagna solo l'imbarazzo della scelta: d'estate tra i sentieri di ben quattro parchi naturali; d'inverno quello tra le tante combinazioni del comprensorio sciistico di Plan de Corones.

Chiùsa
Klausen (BZ)

m 523 ⊠ 39043

Feilerhof

a Gudon/Gufidaun 15, tel. 0472847930 - chiusura: sempre aperto - ❧

▶ Lasciare la A22 al casello Chiusa-Val Gardena e percorrere 2,5 km della Statale 12 in direzione Bressanone, quindi deviare a destra per Gudon; l'azienda si trova a 12 km dal centro del paese.

Chiusa è un vivace centro sull'Isarco, già stazione di dogana sulla strada del Brennero; Gudon (m 720), dove si trova l'azienda agrituristica, è un'amena frazione allo sbocco della valle di Fùnes: boschi su un versante, prati e pascoli su quello opposto, uno sfondo di ardite guglie dolomitiche (l'alta valle è compresa nel Parco Regionale Puez-Odle).

☞ CAMERE CON SERVIZI: 1 doppia - pernottamento per persona £ 30/32000.
⊞ APPARTAMENTI: 2 bilocali per 2/4 persone - affitto al giorno £ 50/112000.
Note: *la camera e gli appartamenti sono dotati di riscaldamento; sconto 20% per bambini fino a 10 anni.*
SERVIZI E LOCALI COMUNI: parcheggio, locale soggiorno, Stube, parco giochi bimbi. SPORT E TEMPO LIBERO: piscina, ping pong. ALLEVAMENTI: bovini, suini, pollame.

Còredo (TN)

m 831 ⊠ 38010

Giuseppe Rizzi

via IV Novembre 40, tel. 0463536310 - ettari 3 - chiusura: sempre aperto - ✄
▶ Abbandonare la A22 a San Michele all'Adige, poi Statale 43 fino a Dermulo; da qui, prendere il bivio a destra verso Coredo e proseguire per 4 km; l'azienda è all'entrata in paese.

⊞ APPARTAMENTI: 1 di più locali per 2/6 persone, con riscaldamento - affitto al giorno £ 30/60000, i prezzi si riferiscono al soggiorno di 2/3 persone; sconto 20% per bambini fino a 10 anni.
SERVIZI E LOCALI COMUNI: parcheggio, parco giochi bimbi, frigorifero per ospiti. ALLEVAMENTI: bovini, ovini, pollame.

Nel comprensorio della Comunità Montana della Val di Non si stende l'altopiano della Predaia. Al centro delle sue distese prative sorge questa località di villeggiatura. A 300 metri dall'abitato, l'azienda agrituristica offre ospitalità in appartamenti rifiniti con gusto rustico.

⊞ APPARTAMENTI: 2 bilocali per 2 persone, 3 di 3 locali per 4/5 persone, con uso lavanderia, stoviglie, riscaldamento centralizzato - affitto al giorno £ 50/80000, affitto a settimana £ 350/540000, supplemento per gas, luce, riscaldamento e pulizia finale. Deposito cauzionale 30%. SOGGIORNO MINIMO: 3 notti.
SERVIZI E LOCALI COMUNI: parcheggio. SPORT E TEMPO LIBERO: osservazione degli animali, passeggiate nel bosco. COLTIVAZIONI: ortaggi, meli.

Mascotti Nicola

via IV Novembre 42, tel. 0463536319, fax 0463 536319 - ettari 5,5 - chiusura: periodo in ottobre - ✿ previo accordi.
▶ Svincolo San Michele all'Adige della A22, poi Statale 43 fino a Dermulo; da qui, deviazione a destra di circa 4 km per Coredo; l'azienda è all'entrata in paese.

In posizione tranquilla, su un balcone di fronte alle Dolomiti di Brenta, la casa è circondata dai frutteti e prossima a un bosco. Nelle vicinanze alcune delle più celebri attrazioni della val di Non: il lago di Tovel, il santuario di San Ramedio, il borgo di Cles.

⊞ APPARTAMENTI: 2 di 3 locali per 4/6 persone, con biancheria cucina, stoviglie, lavatrice - affitto a settimana £ 500/800000, fornitura biancheria a richiesta. Deposito cauzionale 30%.
SOGGIORNO MINIMO: 1 settimana in bassa stagione, 15 giorni in alta stagione.
SERVIZI E LOCALI COMUNI: parcheggio, telefono. COLTIVAZIONI: ortaggi, meli. ALLEVAMENTI: animali di bassa corte. PRODOTTI IN VENDITA: mele, verdura.

Renzo Widmann

via IV Novembre 51, tel. 0463536927 - ettari 8 - chiusura: sempre aperto - ✘

▶ Lasciare la A22 al casello di San Michele all'Adige, poi percorrere la Statale 43 fino a Dermulo; da qui, con poco meno di 4 km (bivio a destra) si arriva a Coredo.

Nello scenario delle pendici occidentali del monte Roen digradanti verso il lago di Santa Giustina, si soggiorna in una casa di recente costruzione, immersa nel verde e con ottima vista sulla corona di montagne circostanti.

⊞ APPARTAMENTI: 1 bilocale per 3/4 persone, 2 di 3 locali per 4/5 persone, con uso lavanderia, stoviglie, riscaldamento autonomo, televisore - affitto al giorno £ 50/140000, affitto a settimana £ 350/950000. Deposito cauzionale 30% alla prenotazione.

SERVIZI E LOCALI COMUNI: parcheggio. SPORT E TEMPO LIBERO: noleggio mountain bike, guida ai lavori agricoli, osservazione degli animali, passeggiate a cavallo, visite nei dintorni. COLTIVAZIONI: ortaggi, alberi da frutta. ALLEVAMENTI: bovini, pollame, conigli. PRODOTTI IN VENDITA: mele.

Cortàccia sulla Strada del Vino
Kurtatsch an der Weinstrasse (BZ)

m 333 ⊠ 39040

Walburg Kolfer Marth

strada del Vino 2, tel. 0471880123 - apertura: aprile-novembre - ☜
▶ Dall'uscita Egna-Ora della A22 seguire le indicazioni per Cortaccia sulla Strada del Vino.

Caratteristica baita alpina di recente costruzione, incorniciata dallo scenario dei pendii a vigneti della valle dell'Adige nel punto in cui passa ai piedi dei monti Roen e Corno di Tres. L'abitato, in posizione elevata, conserva un interessante nucleo antico.

⊞ APPARTAMENTI: 1 di ampia metratura per 2/5 persone, con biancheria letto, biancheria bagno, stoviglie, riscaldamento centralizzato - affitto al giorno £ 50/85000. Deposito cauzionale da concordare alla prenotazione.
SERVIZI E LOCALI COMUNI: parcheggio, autorimessa, locale soggiorno, spazio all'aperto per giochi bimbi, frigorifero per ospiti. COLTIVAZIONI: viti, alberi da frutta.

Cortina sulla Strada del Vino
Kurtinig an der Weinstrasse (BZ)

m 212 ⊠ 39040

Angerhof

via del Doss 1, tel. 0471817021 - ♿ - chiusura: novembre-Natale - ✗
▶ Dall'uscita Egna-Ora della A22 percorrere la Statale 12 fino all'altezza di Magré sulla Strada del Vino, quindi superare il ponte sull'Adige e, costeggiando sulla sinistra la linea ferroviaria, raggiungere Cortina sulla Strada del Vino, dove si trova l'azienda.

A metà strada tra Trento e Bolzano, nel punto in cui l'Adige sfila ai piedi del monte Craunel. Ospitalità presso una tipica casa, di recente costruzione, circondata dalla distesa di rinomati vigneti. Sul versante opposto il territorio del Parco Naturale del Monte Corno.

☜ CAMERE CON SERVIZI: 3 doppie, 2 a più letti, con biancheria letto, biancheria bagno, uso cucina, riscaldamento centralizzato - pernottamento per persona £ 27/35000, sconto 10% per letto aggiunto, riduzioni per bambini fino a 12 anni.
SERVIZI E LOCALI COMUNI: parcheggio, sala TV, spazio all'aperto per giochi bimbi, frigorifero per ospiti. SPORT E TEMPO LIBERO: ping pong; noleggio biciclette. COLTIVAZIONI: meli.

Curon Venosta
Graun im Vinschgau (BZ)

m 1520 ⊠ 39020

Haus Edith-Tanilenzhof

a Resia (Cap 39027), via Principale 25, tel. 0473 633238, fax 0473633238 - chiusura: sempre aperto - ☜ previo accordi.
▶ Da Bolzano Statale 38 per Silandro, poi Statale 40 fino a Resia; l'azienda è nella via principale del paese.

Agriturismo a quota 1500, con vista sul lago di Resia, animato dai windsurf, e sulle nevi perenni dell'Ortles. A chi non ha ambizioni sportive, l'alternativa dell'andar per funghi, o ancor più semplicemente del godersi l'aria finissima del luogo. Soggiorno in ambienti moderni e bene attrezzati anche per l'inverno, quando la zona ha interesse per lo sci alpino e nordico.

☜ CAMERE CON SERVIZI: 2 doppie - pernottamento per persona £ 40/45000.
⊞ APPARTAMENTI: 1 monolocale per 2 persone, 2 bilocali per 2/5 persone, con biancheria cucina, stoviglie - affitto al giorno £ 75/130000, pulizia finale £ 50000.
SOGGIORNO MINIMO: 5 giorni.
Note: *le camere e gli appartamenti sono dotati di biancheria per letto e per bagno, televisore e riscaldamento centralizzato.*
🚐 2 equipaggi.

Servizi e locali comuni: parcheggio, telefono, sala lettura, solarium. Sport e tempo libero: guida ai lavori agricoli, osservazione degli animali. Coltivazioni: foraggio. Allevamenti: bovini.

Rieglhof

a Vallelunga/Langtaufers 44, tel. 0473633266, fax 0473 633266 - chiusura: sempre aperto - ✿

▶ Da Malles Venosta salire lungo la Statale 40 fino a Curon Venosta, quindi girare a destra e raggiungere, dopo 4 km circa, Vallelunga.

Nell'alta val Venosta, villeggiatura in quota sulle sponde del lago di Resia. Alloggio in un maso di antica fisionomia tra prati e boschi. Impianti sportivi a San Valentino, Melago e Resia; a diciassette chilometri le attrattive turistiche di Malles.

⊞ Appartamenti: 2 di ampia metratura per 2/7 persone, con biancheria letto, biancheria bagno, stoviglie, riscaldamento centralizzato - affitto al giorno £ 75/105000, i prezzi si riferiscono al soggiorno di 2/4 persone; soggiorno gratuito per bambini fino a 2 anni.
Servizi e locali comuni: parcheggio, locale soggiorno, spazio all'aperto per giochi bimbi. Allevamenti: bovini, ovini, suini, pollame, conigli.

Dobbiaco
Toblach (BZ)

m 1256 ✉ 39034

Baumannhof

via Pusteria 19, tel. 0474972602 - ettari 18 - chiusura: sempre aperto - ✿ previo accordi.

▶ Dal bivio per Dobbiaco continuare per altri 2 km lungo la Statale 49 in direzione di San Candido, quindi girare a sinistra e seguire le indicazioni dell'azienda.

Vacanza in alta Pusteria a qualche distanza dal capoluogo, vivace stazione di villeggiatura. Si alloggia in tranquillità sul limitare degli abeti, in una residenza che ricalca le forme dell'architettura spontanea altoatesina.

⊞ Appartamenti: 1 bilocale per 4 persone, 2 di 3 locali per 4/6 persone, con biancheria letto, biancheria bagno, stoviglie, riscaldamento centralizzato - affitto al giorno £ 80/108000, pulizia finale £ 40/50000.
Servizi e locali comuni: parcheggio, spazio all'aperto per giochi bimbi, solarium, frigorifero per ospiti. Coltivazioni: ortaggi, patate. Allevamenti: bovini, equini, pollame. Prodotti in vendita: uova, verdura, patate, latte.

Pahlerhof

località Gandelle/Kandellen 9, tel. 0474979091 - chiusura: sempre aperto.

▶ Da Dobbiaco dirigersi verso Nord lungo la Valle San Silvestro; l'azienda dista 3 km circa dal paese.

Caratteristica baita alpina, di recente costruzione, incorniciata dallo splendido paesaggio a prati e boschi della valle. Dal paese i più volenterosi risalgono la val di Landro e raggiungono Cortina lungo una delle più belle piste di fondo delle Dolomiti.

⌂ Camere senza servizi: 2 doppie, con uso cucina - pernottamento per persona £ 20/25000, prima colazione £ 4000.
⊞ Appartamenti: 1 di più locali per 2/8 persone, con stoviglie - affitto al giorno per persona £ 18/25000.
Note: *le camere e l'appartamento sono dotati di biancheria per letto e per bagno, riscaldamento centralizzato; supplemento per soggiorni inferiori a 3 giorni, sconto 30% per bambini fino a 10 anni.*
Servizi e locali comuni: Stube, spazio all'aperto per giochi bimbi. Allevamenti: bovini, suini, pollame, conigli.
Prodotti in vendita: uova, verdura, latte, burro.

Egna
Neumarkt (BZ)

m 214 ✉ 39044

Kuckuckshof

a Mazon, via del Monte 1, tel. 0471812405, fax 0471 812405 - ettari 3 - chiusura: sempre aperto - ✿

▶ Dall'uscita Egna-Ora della A22 proseguire per 2 km in direzione di Egna, quindi girare a destra per Mazon e continuare per altri 2 km circa; seguire le indicazioni dell'azienda.

Nella valle dell'Adige, a monte della stretta di Salorno, villeggiatura in un maso di nuova costruzione situato a quota 450 metri tra frutteti e vigne. Il centro storico conserva tipiche abitazioni in stile locale. Escursioni nel Parco Naturale di Monte Corno.

⌂ Camere con servizi: 5 doppie, 1 a 3 letti, con biancheria letto, biancheria bagno, biancheria cucina, uso cucina, uso lavanderia, riscaldamento - pernottamento per persona £ 28/35000, sconto 20% per bambini fino a 10 anni. Deposito cauzionale da concordare. SOGGIORNO MINIMO: 3 notti.

SERVIZI E LOCALI COMUNI: parcheggio, spazio all'aperto per giochi bimbi, frigorifero per ospiti. SPORT E TEMPO LIBERO: escursioni. COLTIVAZIONI: viti, alberi da frutta. ALLEVAMENTI: ovini, pollame, conigli. PRODOTTI IN VENDITA: uova, vino, frutta, succhi di frutta.

Faedo (TN)

m 591 ⊠ 38010

Ai Molini

via Molini 8, tel. 0461651088 - ettari 2 - 🔥 - chiusura: sempre aperto - 🍴
▶ Dall'uscita autostradale e dal centro abitato di San Michele all'Adige proseguire per Faedo che si raggiunge dopo 4 km; l'azienda è al margine del paese.

L'abitato si stende in una conca verso la quale confluiscono vari rami del torrente Faedo. Al suo margine occidentale, in posizione tranquilla e panoramica, si trova questo agriturismo, ideale per il soggiorno di famiglie. A mezz'ora d'auto le piste di sci di Andalo e Fai.

🛌 CAMERE CON SERVIZI: 5 doppie, con biancheria letto, biancheria bagno, riscaldamento centralizzato - pernottamento per persona £ 28/35000.
Note: *spazi attrezzati per picnic.*
SERVIZI E LOCALI COMUNI: parcheggio. COLTIVAZIONI: viti, meli. PRODOTTI IN VENDITA: mele.

Maso Nello

via Pineta 3, tel. 0461650384, fax 0461650384 - ettari 2,5 - 🔥 - chiusura: sempre aperto - 🍴
▶ Dall'uscita San Michele all'Adige della A22 raggingere il centro abitato e proseguire per Faedo; l'azienda si trova 1 km oltre il paese a 700 m di quota.

Nella valle dell'Adige, di fronte allo sbocco della val di Non, il maso adibito all'ospitalità agrituristica è immerso nei vigneti, al limitare del bosco. La posizione è molto soleggiata e panoramica sulla Paganella e sul Gruppo di Brenta. Il ristorante è aperto a tutti, previa prenotazione.

🛌 CAMERE CON SERVIZI: 4 doppie, con biancheria letto, biancheria bagno, riscaldamento centralizzato - pernottamento per persona £ 30/35000, pensione £ 70/75000.
🏠 APPARTAMENTI: 2 di 3 locali per 4/5 persone - affitto a settimana £ 700/940000, supplemento per biancheria e letto aggiunto. Deposito cauzionale da concordare.
SOGGIORNO MINIMO: 3 giorni.

🍴 cucina trentina (piatti della tradizione) - vini regionali di produzione propria - £ 25/35000.
SERVIZI E LOCALI COMUNI: parcheggio, telefono. COLTIVAZIONI: viti. ALLEVAMENTI: bovini, pollame, conigli.

Fàver (TN)

m 673 ⊠ 38030

Agritur Paolazzi

località Ponciach 6, tel. 0461683424 oppure 0368 3505128 - ettari 4 - chiusura: sempre aperto - 🍴
▶ Da Trento proseguire sulla Statale 12 fino a Lavis, poi a destra sulla Statale 612; giunti a Faver, prendere il bivio a sinistra di 3 km per Ponciach.

Vacanze all'insegna della massima tranquillità in un'azienda della val di Cembra, situata su un altopiano a 1000 metri di quota, felicemente esposto a Sud. Nella bella stagione si raggiunge a piedi il lago Santo, in inverno si fa sci di fondo; a pochi chilometri, l'attrattiva delle Piramidi di Segonzano. In allestimento un parco giochi per i bimbi, due campi bocce e pesca sportiva.

🛌 CAMERE SENZA SERVIZI: 6 doppie, con biancheria letto, biancheria bagno, riscaldamento centralizzato; 2 bagni in comune - pernottamento per persona £ 35/45000, prima colazione £ 5000, pensione £ 60/65000, sconto 10% per bambini fino a 5 anni. Deposito cauzionale da concordare alla prenotazione.
🍴 cucina trentina (prenotare) - vini locali di produzione propria - £ 20/37000.
SERVIZI E LOCALI COMUNI: parcheggio, sala giochi bimbi. SPORT E TEMPO LIBERO: percorsi per mountain bike. COLTIVAZIONI: alberi da frutta, kiwi, frutti di bosco. ALLEVAMENTI: animali di bassa corte. PRODOTTI IN VENDITA: vino, mele, frutti di bosco.

Fiè allo Sciliar
Völs am Schlern (BZ)

m 880 ⊠ 39050

Merlhof

via Sciliar 9, tel. 0471725552, fax 0471725552 - chiusura: sempre aperto - 🐾
▶ Dall'uscita Bolzano Nord della A22 percorrere la Statale 12 fino a Prato all'Isarco, quindi immettersi nella Provinciale che porta a Fiè allo Sciliar; dal paese continuare in direzione di Fiè di Sopra per 300 m circa.

A 16 km da Bolzano, nello scenario della bassa valle dell'Isarco, dominato dal monte Sciliar. Si soggiorna a due passi dall'abitato in una costruzione tipica, ristrutturata, circondata dalle fioriture del giardino alpino e dalle piante da frutta.

⊞ APPARTAMENTI: 4 di ampia metratura per 2/4 persone, con biancheria letto, biancheria bagno, stoviglie, riscaldamento centralizzato - affitto al giorno £ 70/130000. SERVIZI E LOCALI COMUNI: parcheggio, autorimessa, locale soggiorno, sala TV, spazio all'aperto per giochi bimbi, frigorifero per ospiti. SPORT E TEMPO LIBERO: piscina, ping pong; disponibilità di biciclette. ALLEVAMENTI: bovini, animali di bassa corte.

Pulserhof

località Aica di Sopra/Oberaicha 17, tel. 0471601080, fax 0471601080 - chiusura: sempre aperto - ↳ previo accordi.

▶ Abbandonare la Statale 12 a Prato all'Isarco e immettersi verso Ovest nella direttrice per Tires; l'azienda si trova 5 km circa prima di arrivare in paese.

Fabbricato di fisionomia tradizionale, di recente costruzione, immerso nello splendido quadro naturale che introduce alle vastità dolomitiche del Parco Naturale dello Sciliar. Escursioni e ascensioni in estate; sci di fondo e discesa sulle piste dell'Alpe di Siusi in inverno.

𖣓 CAMERE CON SERVIZI: 4 doppie, 1 a più letti, con biancheria letto, biancheria bagno, riscaldamento centralizzato - pernottamento per persona £ 33/38000, sconto 20% per bambini fino a 10 anni.
⊞ APPARTAMENTI: 1 bilocale per 2/4 persone, con riscaldamento - affitto al giorno £ 85/140000.
SERVIZI E LOCALI COMUNI: parcheggio, locale soggiorno, Stube, spazio all'aperto per giochi bimbi. SPORT E TEMPO LIBERO: ping pong. COLTIVAZIONI: viti, alberi da frutta. ALLEVAMENTI: bovini, pollame.

Fùnes
Villnöss (BZ)

m 535 ⊠ 39040

Unterkantiolerhof

a Santa Maddalena/Sankt Magdalena 42, tel. 0472 840219, fax 0472840219 - chiusura: sempre aperto - ↳ previo accordi.

▶ Dall'uscita Chiusa-Val Gardena della A22 percorrere 2,5 km della Statale 12 in direzione di Bressanone, quindi girare a destra e proseguire per Pizzago; da qui tenere la destra per altri 2 km circa e al bivio voltare a sinistra per Santa Maddalena.

Nella frazione alta di Santa Maddalena (m 1398), si soggiorna nello spettacolare quadro di pascoli, boschi e guglie dolomitiche del Parco Regionale del Puez-Odle. Passando nella valle d'Eores, si raggiunge Valcroce, ai piedi di Cima della Plose, per poi scendere in cabinovia o per strada panoramica, a Bressanone. Ampia la gamma delle opportunità sportive anche per un soggiorno invernale.

⊞ APPARTAMENTI: 4 di varia disposizione per 2/5 persone, con riscaldamento - affitto al giorno £ 36/70000, i prezzi si riferiscono al soggiorno di 2/3 persone; possibilità di letto aggiunto; sconto 20% per bambini fino a 10 anni. Deposito cauzionale da concordare.
SERVIZI E LOCALI COMUNI: parcheggio, sala TV, parco giochi bimbi. SPORT E TEMPO LIBERO: ping pong. ALLEVAMENTI: bovini, suini, pollame.

Gàis
Gais (BZ)

m 841 ⊠ 39030

Weberhof

vicolo di Sotto 17, tel. 0474504035 oppure 0474 504304 - chiusura: sempre aperto.
▶ Raggiungere Brunico con circa 34 km di Statale 49 che si imbocca dall'uscita Bressanone della A22; quindi percorrere la Val di Tures fino a raggiungere Gais; l'azienda si trova a 300 m dal centro del paese.

Poco a monte di Brunico, si soggiorna nell'ampio fondovalle coltivato della val di Tures (m 840). Più avanti il solco prende il nome di valle Aurina e prosegue stretto e pittoresco fino alle pendici della Vetta d'Italia. Stupiscono, per natura geologica e glacialismo, le Vedrette di Ries, erette a parco in contiguità a quello austriaco degli Alti Tauri.

⊞ APPARTAMENTI: 2 di varia disposizione per 2/6 persone, con riscaldamento - affitto al giorno £ 60/120000, i prezzi si riferiscono al soggiorno di 2/4 persone.
SERVIZI E LOCALI COMUNI: parcheggio, sala TV, parco giochi bimbi. SPORT E TEMPO LIBERO: maneggio; escursioni a piedi e a cavallo. ALLEVAMENTI: cavalli.

Giovo (TN)

m 207 ⊠ 38030

Emilio Ress

a Ceola, via Nazionale 48, tel. 0461684061 - ettari 10 - ♿ - chiusura: sempre aperto - ✗
▶ Da Trento procedere sulla Statale 12 fino a Lavis, poi continuare a destra sulla Statale 612; l'azienda si trova 1,5 km oltre il capoluogo comunale.

Nella singolare cornice della val di Cembra con il torrente che scorre incassato tra burroni, rosse spaccature e le ridenti terrazze che lo sovrastano, si villeggia in un edificio di recente ristrutturazione in mezzo a vigne, frutteti e boschi.

🛏 CAMERE CON SERVIZI: 9 doppie, con biancheria letto, biancheria bagno, riscaldamento - pernottamento per persona £ 30/35000, mezza pensione £ 45000; riduzioni per bambini, possibilità di letto aggiunto.
SOGGIORNO MINIMO: 3 giorni.
🍴 riservato agli ospiti - cucina trentina (piatti della tradizione contadina) - vini locali di produzione propria.
SERVIZI E LOCALI COMUNI: parcheggio, telefono, spazio all'aperto per giochi bimbi. SPORT E TEMPO LIBERO: ping pong. COLTIVAZIONI: viti, meli. ALLEVAMENTI: animali di bassa corte. PRODOTTI IN VENDITA: vino, frutta.

Làces
Latsch (BZ)

m 639 ⊠ 39021

Schnalserhof

via Giovo 1, tel. 0473623223, fax 0473623223 - chiusura: sempre aperto - ♿
▶ Da Merano percorrere la Statale 38 fino a Coldrano, quindi girare a sinistra e proseguire per Races; l'azienda si trova 200 m circa prima di entrare in paese.

Nella media val Venosta, sulla riva dell'Adige subito sotto la confluenza della val Martello, che si inoltra nel territorio del Parco Nazionale dello Stelvio. Sistemazione in una tipica residenza altoatesina, ristrutturata, a due passi dal centro storico.

🛏 CAMERE CON SERVIZI: 2 doppie, con uso cucina - pernottamento per persona £ 28/32000.
🏠 APPARTAMENTI: 2 di ampia metratura per 2/6 persone, con stoviglie - affitto al giorno £ 48/118000.

Note: *le camere e gli appartamenti sono dotati di biancheria per letto e per bagno, riscaldamento centralizzato; possibilità di letto aggiunto, sconto 20% per bambini fino a 12 anni.*
SERVIZI E LOCALI COMUNI: parcheggio, autorimessa, locale soggiorno, spazio all'aperto per giochi bimbi, frigorifero per ospiti. COLTIVAZIONI: viti, alberi da frutta. ALLEVAMENTI: animali di bassa corte.

Lagundo
Algund (BZ)

m 400 ⊠ 39022

Plonerhof

via Peter Thalguter 11, tel. 0473448728 - ettari 6 - chiusura: sempre aperto - ♿
▶ Dalla periferia a Nord-Ovest di Merano seguire le indicazioni per Lagundo; l'azienda agrituristica è situata al centro del paese.

Edificio valligiano di antica e dignitosa fisionomia, eretto nell'ariosa cornice della bassa val Venosta, al suo sbocco nella conca di Merano. A monte si stende l'ampio arco della Giogaia di Tessa, oggi al centro di un vasto parco naturale.

🛏 CAMERE CON SERVIZI: 1 singola, 4 doppie - pernottamento per persona £ 44/48000.
🏠 APPARTAMENTI: 1 di ampia metratura per 2/4 persone, con stoviglie - affitto al giorno £ 85/110000, pulizia finale £ 40000. Deposito cauzionale da concordare.
SOGGIORNO MINIMO: 1 settimana.
Note: *le camere e l'appartamento sono dotati di biancheria per letto e per bagno, televisore, riscaldamento centralizzato e cassaforte; supplemento per soggiorni inferiori a 3 giorni.*
SERVIZI E LOCALI COMUNI: parcheggio, autorimessa, sala TV, Stube, spazio all'aperto per giochi bimbi, frigorifero per ospiti. SPORT E TEMPO LIBERO: piscina, ping pong. COLTIVAZIONI: alberi da frutta.

Laion
Lajen (BZ)

m 1093 ⊠ 39040

Prantschurhof

a San Pietro/Sankt Peter 51/A, tel. 0471655653 - chiusura: sempre aperto - ⚷

▶ Da Ponte Gardena percorrere la Statale della Val Gardena fino al bivio per San Pietro, quindi girare a sinistra e raggiungere il paese; seguire le indicazioni dell'azienda.

Nella bassa val Gardena, presso la sua immissione nella valle dell'Isarco, un paese dal nucleo antico, con case pittoresche e due chiese. Tutt'intorno prati fioriti e abetaie, tra i quali incontriamo anche questa residenza rurale di nuova costruzione.

✑ CAMERE CON SERVIZI: 6 doppie, con biancheria letto, biancheria bagno, riscaldamento centralizzato - pernottamento per persona £ 37/40000, supplemento per soggiorni inferiori a 3 giorni, sconto 25% per bambini fino a 10 anni, possibilità di letto aggiunto.
SERVIZI E LOCALI COMUNI: parcheggio, locale soggiorno, Stube, spazio all'aperto per giochi bimbi, frigorifero per ospiti. SPORT E TEMPO LIBERO: ping pong. ALLEVAMENTI: bovini, equini.

Làives
Leifers (BZ)

m 255 ⊠ 39055

Tschuffenerlhof

a La Costa/Seit 34, tel. 0471250716 - chiusura: sempre aperto - ☙

▶ Provenendo da Sud, abbandonare la Statale 12 2 km dopo Laives e girare a destra in direzione di La Costa; seguire la segnaletica dell'azienda.

A pochi chilometri da Bolzano, affacciato all'Adige nel punto di sbocco della Vallarsa. Bello il colpo d'occhio verso Merano, con il Gruppo di Tessa a chiudere l'orizzonte. Costruzione di impronta tradizionale, ristrutturata, nella verde cornice di un pendio erboso.

⊞ APPARTAMENTI: 4 di ampia metratura per 2/5 persone, con biancheria letto, biancheria bagno, stoviglie, riscaldamento centralizzato - affitto al giorno £ 70/100000, i prezzi si riferiscono al soggiorno di 3/4 persone.
SERVIZI E LOCALI COMUNI: parcheggio, locale soggiorno, spazio all'aperto per giochi bimbi. SPORT E TEMPO LIBERO: piscina. COLTIVAZIONI: viti, alberi da frutta. ALLEVAMENTI: bovini, suini, pollame.

Lana
Lana (BZ)

m 310 ⊠ 39011

Köstenholzerhof

via della Rena 11/A, tel. 0473562236, fax 0473 562236 - chiusura: sempre aperto.

▶ Partendo da Bolzano imboccare la Statale 38 verso Merano, percorrerla per circa 21 km quindi svoltare a sinistra per Lana; l'azienda è situata a un paio di chilometri dal centro del paese.

Ameno soggiorno laddove la piana dell'Adige, avvicinandosi a Merano, si allarga tra vigne e frutteti. L'ambiente è assai gradevole, complice anche la piscina, con gli stimoli di una cittadina vivace, Lana (m 310), e le tante opportunità offerte in ogni stagione da una montagna ben servita da impianti di risalita.

⊞ APPARTAMENTI: 4 di varia disposizione per 2/4 persone, con riscaldamento - affitto al giorno £ 70/135000, riduzioni per bambini fino a 12 anni.
SERVIZI E LOCALI COMUNI: parcheggio, autorimessa, sala TV, parco giochi bimbi. SPORT E TEMPO LIBERO: piscina, ping pong. COLTIVAZIONI: viti, alberi da frutta. ALLEVAMENTI: conigli.

Mair am Turm

via S. Maddalena 3, tel. 0473568009, fax 0473 568009 - chiusura: dicembre-febbraio - ☙

▶ L'azienda si trova a 1,5 km dal centro del paese.

Da Merano, dove si va per acquisti e mondanità, alle solitudini del Parco Nazionale dello Stelvio. Da Lana (m 310), infatti, le prospettive escursionistiche riguarda no in primo luogo la val d'Ultimo che, densa di boschi, sale verso i ghiacciai del Cevedale. Alla fine della strada, in riva al lago Verde, è il rifugio Canziani (m 2561).

⊞ APPARTAMENTI: 4 di varia metratura per 2/4 persone, con riscaldamento - affitto al giorno £ 30/120000. SERVIZI E LOCALI COMUNI: parcheggio, sala TV, spazio all'aperto per giochi bimbi. SPORT E TEMPO LIBERO: piscina, ping pong; escursioni, visite nei dintorni. COLTIVAZIONI: viti, alberi da frutta.

Lasa
Laas (BZ)

m 868 ⊠ 39023

Untertröghof

località Alliz 33, tel. 0473626170, fax 0473626170 - ♿ - chiusura: sempre aperto - 🐾
▶ Raggiungere Lasa con circa 40 km della Statale 38 che proviene da Merano; dal centro del paese continuare per 3 km verso Sud-Ovest in direzione di Alliz.

Rilassante soggiorno estivo alle soglie del Parco Nazionale dello Stelvio. Ospitalità rurale presso una caratteristica residenza altoatesina, fiancheggiata dall'antico maso, tra i prati di un alto terrazzo affacciato alla media val Venosta.

⊞ APPARTAMENTI: 4 di ampia metratura per 2/6 persone, con biancheria letto, biancheria bagno, stoviglie, riscaldamento centralizzato - affitto al giorno £ 55/90000, i prezzi si riferiscono al soggiorno di 2/4 persone. SERVIZI E LOCALI COMUNI: parcheggio, sala TV, spazio all'aperto per giochi bimbi, frigorifero per ospiti. ALLEVAMENTI: bovini, animali di bassa corte.

La Valle
Wengen (BZ)

m 1106 ⊠ 39030

Lüch da Ciurnadù

località Ciurnadù 204, tel. 0471843145, fax 0471 843145 - chiusura: sempre aperto - 🐾
▶ Da Corvara in Badia seguire la Statale 244 fino a Pederoa, quindi proseguire verso Est e raggiungere La Valle; l'azienda si trova 3 km circa dopo il paese.

Pittoresco centro di villeggiatura sparso tra i prati della val di Spessa e della media val Badia, con splendida vista sulla Gardenaccia. Si alloggia in un fabbricato moderno, di rustica fisionomia, affacciato al fondovalle da una costa verdeggiante.

🛏 CAMERE SENZA SERVIZI: 7 doppie, 2 a più letti, con biancheria letto, biancheria bagno, riscaldamento centralizzato; 2 bagni in comune - pernottamento per persona £ 35/40000, mezza pensione £ 55/60000, supplemento per soggiorni inferiori a 3 giorni, sconto 30% per bambini fino a 12 anni.
🍴 cucina altoatesina - vini regionali - £ 22/30000.

SERVIZI E LOCALI COMUNI: parcheggio, locale soggiorno, Stube, spazio all'aperto per giochi bimbi. SPORT E TEMPO LIBERO: ping pong. COLTIVAZIONI: alberi da frutta. ALLEVAMENTI: bovini, ovini, suini, equini, pollame, conigli.

Lomaso (TN)

m 302 ⊠ 38070

Maso Marocc

a Poia (Cap 38077), tel. 0465702098, fax 0465 702098 - ettari 32 - chiusura: ottobre - 🐾
▶ Da Trento seguire la direttrice per Tione di Trento; giunti a Ponte Arche, poco oltre Terme di Comano, deviare a sinistra per circa 2 km.

La Statale dei laghi di Molveno e Tenno percorre la valle del torrente Dalo mettendo in comunicazione il comprensorio delle Giudicarie con l'alto bacino del Garda. Vacanza in maso tra i meleti: arredi rustici, le consuete splendide fioriture sui balconi.

🛏 CAMERE CON SERVIZI: 2 doppie, 1 a 3 letti, con biancheria letto, biancheria bagno, telefono - mezza pensione £ 40/60000.
⊞ APPARTAMENTI: 7 di varia disposizione per 4/6/10 persone - affitto quindicinale £ 450/1000000, biancheria a totale carico degli ospiti.
SOGGIORNO MINIMO: 7/15 giorni. CARTE DI CREDITO: Bancomat.
Note: le camere e gli appartamenti sono dotati di televisore, uso lavanderia e riscaldamento.
⛺ 10 equipaggi.
🍴 cucina casalinga (piatti della tradizione) - vini locali - £ 22/30000.
SERVIZI E LOCALI COMUNI: parcheggio, telefono, sala TV. SPORT E TEMPO LIBERO: visite nei dintorni, passeggiate. COLTIVAZIONI: meli. ALLEVAMENTI: bovini, animali di bassa corte. PRODOTTI IN VENDITA: mele, patate, miele.

Luserna (TN)

m 1333 ⊠ 38040

Galeno

via Cima Nora 34, tel. 0464789723 - ♿ - chiusura: periodo variabile - 🐾 grossa taglia.
▶ Lasciare la A22 all'uscita di Rovereto, raggiungere la Statale 12 per poi perderla in favore della direttrice per Folgaria e Lavarone; 12 km oltre quest'ultima località, c'è la strada a destra di 5,5 km per arrivare a Luserna.

I Grandi Altipiani Trentini, che si stendono a Sud del capoluogo, sono un'isola di pace ricca di boschi e punteggiata di malghe. Si villeggia sullo sfondo del Cimon e della cima di Vezzena in una moderna struttura agrituristica arredata nel segno della tradizione alpina.

 Camere con servizi: 5 doppie, con biancheria letto, biancheria bagno, riscaldamento centralizzato, televisore - pensione £ 70/80000, riduzioni per bambini fino a 10 anni. Deposito cauzionale da concordare. Soggiorno minimo: week end.

 cucina trentina (piatti della tradizione) - vini regionali - £ 22/50000.

Servizi e locali comuni: parcheggio, telefono, sala lettura, parco giochi bimbi, solarium. Sport e tempo libero: guida ai lavori agricoli, osservazione degli animali. Coltivazioni: ortaggi, patate. Allevamenti: bovini.

Màlles Venosta
Mals im Vinschgau (BZ)

m 1051 ⊠ 39024

Rameishof

località Prämajur 12, tel. 0473831415, fax 0473 830155 - ettari 10 - chiusura: sempre aperto -
▶ Da Malles portarsi a Burgusio, quindi girare a sinistra in direzione di Slingia; l'azienda si trova 3 km circa prima di arrivare in paese.

Ospitalità agrituristica in una tipica residenza altoatesina, ristrutturata, situata tra pascoli e abeti lungo la strada che da Burgusio, toccando la celebre abbazia di Monte Maria, risale la valle Slingia verso il rifugio Rafass e l'omonimo passo.

 Camere con servizi: 4 doppie, 1 a 3 letti, con biancheria letto, biancheria bagno, riscaldamento centralizzato - pernottamento per persona £ 38/42000, scon-

to 30% per bambini fino a 10 anni, possibilità di letto aggiunto. Deposito cauzionale da concordare.
Servizi e locali comuni: parcheggio, locale soggiorno, sala TV, spazio all'aperto per giochi bimbi, barbecue. Sport e tempo libero: ping pong. Allevamenti: bovini, suini.

Stockerhof

a Tarces/Tartsch, via Monteschino 66, tel. 0473 831698 oppure 03355627210, fax 0473831698 - chiusura: sempre aperto -
▶ Da Bolzano imboccare la Statale 38 in direzione Silandro e superare la località proseguendo a destra sulla Statale 40 che in 6,5 km conduce a Tarces.

L'alta val Venosta vi stupirà. Lo scenario è quello maestoso dell'Ortles e della Palla Bianca ma non ci riferiamo a questo. Piuttosto a Castel Coira, pittoresco e grandioso; a Glorenza, cittadina tra le più caratteristiche della regione; all'abbazia di Monte Maria, biancheggiante tra i boschi; a Malles stessa, con gli affreschi carolingi di San Benedetto. Tutto questo da Tarces (m 1030), nel raggio di pochi chilometri.

 Appartamenti: 1 di ampia metratura per 2/6 persone, con riscaldamento - affitto al giorno £ 50/100000, i prezzi si riferiscono al soggiorno di 2/4 persone; sconto 20% per bambini fino a 12 anni.
Servizi e locali comuni: parcheggio, barbecue. Allevamenti: bovini, suini.

Marebbe
Enneberg (BZ)

m 942 ⊠ 39030

Lüch de Cone da Val

a San Vigilio/Sankt Vigil, via Chi Vai 10, tel. 0474 501262 - chiusura: sempre aperto - salvo accordi.
▶ Lasciare la Statale 49 al bivio per la val di Marebbe e raggiungere le prime case di San Vigilio; da qui girare a sinistra per Pieve di Marebbe fino all'ovovia Miara, poi prendere la stradina a destra; seguire la segnaletica dell'azienda.

Il territorio comunale, esteso tra la bassa val Badia e le valli di Marebbe e di San Vigilio, si innalza verso gli scenari dolomitici del Parco Naturale Fanes-Sennes-Braies. Ospitalità presso una graziosa residenza rurale, moderna, distesa su un lieve pendio prativo.

APPARTAMENTI: 4 di ampia metratura per 4/5 persone, con biancheria letto, biancheria bagno, stoviglie, riscaldamento centralizzato - affitto al giorno per persona £ 22/33000, sconto 10% per bambini fino a 6 anni. SOGGIORNO MINIMO: 4 giorni.
SERVIZI E LOCALI COMUNI: parcheggio, autorimessa, telefono, spazio all'aperto per giochi bimbi, frigorifero per ospiti. SPORT E TEMPO LIBERO: ping pong; escursioni, trekking. COLTIVAZIONI: ortaggi. ALLEVAMENTI: bovini, suini, pollame. PRODOTTI IN VENDITA: uova, verdura, latte.

Ombolt

località Fordora 31, tel. 0474501306 - chiusura: sempre aperto -
▶ Percorrere la Val di Marebbe fino a San Vigilio, quindi deviare verso Nord-Est e continuare per circa 7 km in direzione del passo Furcia; seguire le indicazioni.

Villeggiatura in un tipico edificio valligiano in muratura e legno lungo la strada che da San Vigilio sale verso il rifugio Furcia e la zona sciistica del Plan de Cornones. Seguendo invece la valle di San Vigilio si penetra nel cuore del Parco Naturale Fanes-Sennes-Braies.

APPARTAMENTI: 1 di ampia metratura per 4/6 persone, con biancheria letto, biancheria bagno, stoviglie, riscaldamento centralizzato - affitto al giorno £ 80/120000, i prezzi si riferiscono al soggiorno di 3/4 persone.
SERVIZI E LOCALI COMUNI: parcheggio, sala TV, spazio all'aperto per giochi bimbi. ALLEVAMENTI: bovini, ovini, animali di bassa corte.

Martello
Martell (BZ)
m 957 ✉ 39020

Niederhof

località Selva/Waldberg 222, tel. 0473744534, fax 0473744534 - chiusura: sempre aperto -
▶ A metà strada tra Silandro e Castelbello, imboccare la Val Martello e percorrerla fino al capoluogo; da qui continuare per altri 5 km seguendo la segnaletica dell'azienda.

Il territorio comunale interessa l'alta e media val Martello, tributaria di destra della val Venosta, tra le più suggestive del Parco Nazionale dello Stelvio. Gradevole sistemazione in un maso di nuova costruzione situato su un pendio erboso, vicino al bosco.

CAMERE CON SERVIZI: 4 doppie, 2 a più letti, con biancheria letto, biancheria bagno, riscaldamento centralizzato - pernottamento per persona £ 34/40000, sconto 20% per bambini fino a 8 anni.
SERVIZI E LOCALI COMUNI: parcheggio, locale soggiorno, sala TV, Stube, spazio all'aperto per giochi bimbi. SPORT E TEMPO LIBERO: guida ai lavori agricoli. ALLEVAMENTI: bovini, ovini, suini, pollame, conigli.

Meltina
Mölten (BZ)
m 1142 ✉ 39010

Kastnerhof

a Salonetto/Schlained 10, tel. 0471668004 - chiusura: sempre aperto -
▶ Da Bolzano proseguire lungo la Statale per Merano fino a Terlano, quindi deviare a destra e raggiungere Salonetto; l'azienda si trova a 2,5 km dal centro.

Sopra la valle dell'Adige, superato il primo dislivello, si stendono ameni altopiani a prati e boschi. Uno di questi è quello di Meltina, tranquilla villeggiatura estiva in una conca soleggiata. Da qui si va per rifugi spaziando da una parte verso Bolzano, fino a San Genesio Atesino, e dall'altra verso Merano, fino ad Avelengo.

CAMERE CON SERVIZI: 5 doppie, 5 a più letti - pernottamento per persona £ 30/37000.
APPARTAMENTI: 3 di varia disposizione per 2/6 persone - affitto al giorno £ 47/110000, i prezzi si riferiscono al soggiorno di 2/4 persone.
Note: *le camere e gli appartamenti sono dotati di riscaldamento; possibilità di letto aggiunto; sconto 20% per bambini fino a 12 anni.*
SERVIZI E LOCALI COMUNI: parcheggio, locale soggiorno, sala TV, Stube, parco giochi bimbi. SPORT E TEMPO LIBERO: ping pong. ALLEVAMENTI: bovini, ovini, pollame, conigli.

Merano
Meran (BZ)
m 325 ✉ 39012

Sittnerhof

via Verdi 60, tel. 0473221631, fax 0473220092 - ♿ chiusura: dicembre-febbraio - previo accordi.
▶ Da piazza Teatro continuare lungo via delle Corse e, superata porta Venosta, imboccare via Verdi.

Trentino-Alto Adige

Da questa bella residenza rurale bastano 10 minuti di cammino per sedersi a un caffè del centro o centellinare le belle vetrine del corso. Negli splendidi dintorni, escursioni nel Parco Naturale Gruppo di Tessa e discese sulla neve a Merano 2000.

CAMERE CON SERVIZI: 5 doppie, con biancheria letto, biancheria bagno, riscaldamento centralizzato, televisore - pernottamento per persona £ 40/50000, sconto 30% per bambini fino a 10 anni.
SOGGIORNO MINIMO: 2 notti.
SERVIZI E LOCALI COMUNI: parcheggio, sala TV, sala lettura.
SPORT E TEMPO LIBERO: piscina. COLTIVAZIONI: viti, meli. ALLEVAMENTI: bovini. PRODOTTI IN VENDITA: vino, mele.

Monguelfo
Welsberg (BZ)

m 1087 ⊠ 39035

Geigerhof

a Tesido/Taistein, località Prati di Tesido 25, tel. 0474 950078 - chiusura: sempre aperto - ❧
▶ Da Monguelfo seguire verso Nord-Est la Valle di Casies fino a Prati di Tesido; l'azienda è nei pressi del paese.

Centro posto alla confluenza della valle di Casies, che scende dallo spartiacque alpino nella val Pusteria. L'azienda, che si trova in una delle prime contrade in quota, fa capo a un tipico edificio in muratura e legno, ristrutturato, tra prato e bosco.

⊞ APPARTAMENTI: 2 di ampia metratura per 2/4 persone, con biancheria letto, biancheria bagno, stoviglie, riscaldamento centralizzato - affitto al giorno £ 52/100000, possibilità di letto aggiunto, sconto 10% per bambini fino a 6 anni.
SERVIZI E LOCALI COMUNI: parcheggio, Stube, spazio all'aperto per giochi bimbi. ALLEVAMENTI: bovini, pollame.

Landhof

a Tesido/Taisten, via del Sole 15, tel. 0474950031 - ettari 6 - chiusura: sempre aperto - ❧ previo accordi.
▶ Abbandonare la Statale 49 a Monguelfo e raggiungere Tesido, circa 1 km a Nord del paese.

Il capoluogo, stazione turistica nota e ben attrezzata, a metà strada tra Brunico e Dobbiaco, prospetta sul settore Nord del Parco Naturale Fanes-Sennes-Braies.

A poca distanza, ospitalità agrituristica offerta in una grande baita, di moderna concezione, che spicca isolata in un'amplissima cornice di pascoli.

⊞ APPARTAMENTI: 4 di ampia metratura per 2/8 persone, con biancheria letto, biancheria bagno, stoviglie, riscaldamento centralizzato - affitto al giorno per persona £ 18/28000, supplemento per soggiorni inferiori a 3 giorni, pulizia finale £ 30000.
SERVIZI E LOCALI COMUNI: parcheggio, autorimessa, Stube, spazio all'aperto per giochi bimbi. SPORT E TEMPO LIBERO: ping pong. COLTIVAZIONI: patate. ALLEVAMENTI: bovini, suini, pollame. PRODOTTI IN VENDITA: patate, latticini.

Montagna
Montan (BZ)

m 497 ⊠ 39040

Klausenhof

a Gleno/Glen 64, tel. 0471819702 - apertura: aprile-novembre - ❧
▶ Dall'uscita Egna-Ora della A22 oltrepassare la Statale 12, poi piegare a sinistra verso Montagna; prima di entrare in paese, deviazione a destra per Gleno.

Centro situato su un terrazzo alto che affaccia al fondovalle, presso l'immissione del rio d'Ora nel fiume Adige. Accoglienza rurale in un fabbricato di fisionomia tradizionale, ristrutturato, circondato dalle proverbiali fioriture dei giardini alpini.

CAMERE CON SERVIZI: 3 doppie, 2 a più letti, con biancheria letto, biancheria bagno, uso cucina, riscaldamento centralizzato - pernottamento per persona £ 30000.
SERVIZI E LOCALI COMUNI: parcheggio, locale soggiorno, sala TV, spazio all'aperto per giochi bimbi, frigorifero per ospiti. COLTIVAZIONI: viti, alberi da frutta. ALLEVAMENTI: bovini, pollame, conigli.

Nàlles
Nals (BZ)

m 321 ⊠ 39010

Kösslerhof

strada del Vino 37/A, tel. 0471678456, fax 0471 678456 - chiusura: dicembre-febbraio - ❧ previo accordi.
▶ Da Bolzano prendere la Statale 38 per Merano fino a Vilpiano, quindi deviare a sinistra per Nalles; seguire a segnaletica dell'azienda.

Tranquillo centro di produzione frutticola del fondovalle dell'Adige fra le conche di Merano e Bolzano. Un passaggio bordato di rose e bassi alberi da frutta porta fin sulla soglia di questa residenza valligiana, costruita ricalcando le linee dell'architettura spontanea. A portata di mano numerose attrezzature sportive.

CAMERE CON SERVIZI: 2 singole, 2 doppie - pernottamento per persona £ 40000.
APPARTAMENTI: 4 di ampia metratura per 2/4 persone, con stoviglie - affitto al giorno £ 75/100000.
Note: le camere e gli appartamenti sono dotati di biancheria per letto e per bagno, cassaforte e riscaldamento centralizzato.
SERVIZI E LOCALI COMUNI: parcheggio, locale soggiorno, sala TV, frigorifero per ospiti, barbecue. SPORT E TEMPO LIBERO: piscina, ping pong; disponibilità di biciclette. COLTIVAZIONI: viti, alberi da frutta.

Naturno
Naturns (BZ)

m 528 ⊠ 39025

Patleidhof

località Monte Sole/Sonnenberg 47, tel. 0473667767, fax 0473667767 - chiusura: sempre aperto - ❧

▶ Da Merano continuare lungo la Statale 38 e, giunti al secondo semaforo di Naturno, voltare a destra e proseguire per 8 km circa.

Centro della bassa val Venosta posto in riva d'Adige allo sbocco della val Senales. Soggiorno di completo relax tra prati e boschi, a buona distanza dall'abitato, in un maso modernamente concepito per l'accoglienza agrituristica.

CAMERE SENZA SERVIZI: 2 doppie; 2 bagni in comune - pernottamento per persona £ 27/30000. CAMERE CON SERVIZI: 1 a più letti - pernottamento per persona £ 27/30000, sconto 20% per bambini fino a 10 anni.
Note: le camere sono dotate di biancheria per letto e per bagno, riscaldamento a legna; possibilità di letto aggiunto.
SERVIZI E LOCALI COMUNI: parcheggio, locale soggiorno, sala TV, Stube, spazio all'aperto per giochi bimbi, frigorifero per ospiti, solarium. ALLEVAMENTI: bovini, ovini, suini, caprini, animali di bassa corte.

Unterweggütl

via San Zeno 7, tel. 0473667020, fax 0473667020 - ettari 3 - apertura: aprile-ottobre.

▶ Provenendo da Merano, superare il centro di Naturno e raggiungere il distributore di benzina, quindi girare a destra; seguire le indicazioni.

Sui pendii che accennano a salire verso gli scenari dolomitici della Giogaia di Tessa, si alloggia in un edificio valligiano di moderna concezione e rispettoso delle forme dell'architettura spontanea altoatesina. Balconi panoramici e ampie aperture, in un'ariosa cornice a vigne e frutteti.

CAMERE CON SERVIZI: 1 singola, 7 doppie, con biancheria letto, biancheria bagno, riscaldamento centralizzato - pernottamento per persona £ 46/50000, supplemento per soggiorni inferiori a 3 giorni, sconto 30% per bambini fino a 8 anni.
SERVIZI E LOCALI COMUNI: parcheggio, locale soggiorno, spazio all'aperto per giochi bimbi, frigorifero per ospiti.
SPORT E TEMPO LIBERO: piscina. COLTIVAZIONI: meli.

Nova Levante
Welschnofen (BZ)

m 1182 ⊠ 39056

Vöstlhof

via Cisgolo 2, tel. 0471613174 - ettari 25 - chiusura: sempre aperto - ❧ previo accordi.
▶ Dall'uscita Bolzano Nord della A22 immettersi nella Statale 12 e, dopo 2 km circa, girare a sinistra e seguire verso Sud-Ovest le indicazioni per Nova Levante; l'azienda è a 200 m circa dal paese.

Vacanze nell'alta valle d'Ega, in una località bene attrezzata tanto per il turismo estivo quanto per quello invernale. Ospitalità agrituristica offerta presso un maso ristrutturato con mano attenta. Tutt'intorno prati e boschi incorniciati dalle suggestive rocce dolomitiche del Catinaccio e del Latemar.

🛏 CAMERE CON SERVIZI: 2 doppie, con biancheria letto, biancheria bagno - pernottamento per persona £ 30/34000, supplemento per soggiorni inferiori a 3 giorni.
⊞ APPARTAMENTI: 2 monolocali per 2/3 persone, 1 bilocale per 5 persone - affitto al giorno £ 60/100000, i prezzi si riferiscono al soggiorno di 2/3 persone, stufe in maiolica, balconi e terrazza.
Note: le camere e gli appartamenti sono dotati di riscaldamento centralizzato e a legna; riduzioni per bambini fino a 10 anni.
SERVIZI E LOCALI COMUNI: parcheggio, Stube, spazio all'aperto per giochi bimbi. ALLEVAMENTI: bovini, suini, animali di bassa corte. PRODOTTI IN VENDITA: uova, verdura, latte, formaggio, burro.

Nova Ponente
Deutschnofen (BZ)

m 1357 ⊠ 39050

Bachnerhof

a Monte San Pietro/Petersberg (Cap 39040), località Unterwinke 2, tel. 0471615163 - chiusura: sempre aperto - 🐾
▶ Lasciare la A22 all'uscita Egna-Ora e immettersi sulla Statale 48, quindi deviazione a sinistra per Aldino e Monte San Pietro; l'azienda si trova a 3 km dal centro del paese.

Salendo da Bolzano la val d'Ega si presenta prima come una gola selvaggia intagliata nella roccia rossastra, poi si apre alla vista incomparabile del Catinaccio e del Latemar. Nell'altopiano che gode di tanto privilegio, si villeggia a Monte San Pietro (m 1389), contrada di Nova Ponente, presso il celebre santuario della Madonna di Pietralba.

🛏 CAMERE CON SERVIZI: 2 doppie - pernottamento per persona £ 33/35000.
⊞ APPARTAMENTI: 2 di varia disposizione per 3/5 persone - affitto al giorno £ 60/100000. Deposito cauzionale da concordare alla prenotazione.

Note: le camere e gli appartamenti sono dotati di riscaldamento; possibilità di letto aggiunto e di sistemazione a mezza pensione; riduzioni per bambini fino a 10 anni.
SERVIZI E LOCALI COMUNI: parcheggio, Stube. ALLEVAMENTI: bovini, suini, cavalli, pollame.

Göberlehof

a San Floriano/Obereggen 5, tel. 0471615759 - chiusura: sempre aperto - 🐾
▶ Da Bolzano immettersi nella Val d'Ega, giunti a Ponte Nova proseguire per San Nicola d'Ega e San Floriano.

San Floriano (m 1512) è località di soggiorno estivo e invernale ai piedi del Latemar, o "Rosengarten" secondo la più romantica dizione tedesca. Volendo ampliare il raggio delle escursioni si prende la strada del passo di Costalunga, raggiungendo il lago di Carezza e, di là dal valico, Vigo di Fassa; scegliendo invece il passo di Lavazè, si scende in val di Fiemme a Cavalese.

🛏 CAMERE CON SERVIZI: 1 singola, 5 doppie - pernottamento per persona £ 35/42000.
⊞ APPARTAMENTI: 2 di varia disposizione per 2/5 persone - affitto al giorno £ 60/130000.
Note: le camere e gli appartamenti sono dotati di riscaldamento; possibilità di letto aggiunto, riduzioni per bambini fino a 10 anni.
SERVIZI E LOCALI COMUNI: parcheggio, locale soggiorno, Stube, parco giochi bimbi. SPORT E TEMPO LIBERO: ping pong; visita al museo dell'azienda. ALLEVAMENTI: pollame.

Ora
Auer (BZ)

m 242 ⊠ 39040

Trogerhof

via Stazione 76/A, tel. 0471811430 - chiusura: sempre aperto - 🐾
▶ Lasciare la A22 al casello Egna-Ora, quindi prendere la Statale 12 in direzione Bolzano; l'azienda si trova a 400 m dal centro del paese.

Il fondo dell'Adige appare come un ininterrotto mosaico di vigne e frutteti. Di fronte sono i borghi e i castelli della Strada del Vino; alle spalle, le abetaie del Parco Regionale del Monte Corno. Buona parte della fortuna di Ora, però, si deve alla Grande Strada delle Dolomiti, che qui parte alla volta di Cortina d'Ampezzo.

⊞ Appartamenti: 3 di varia disposizione per 2/5 persone, con riscaldamento - affitto al giorno £ 50/120000. Servizi e locali comuni: parcheggio, parco giochi bimbi, barbecue. Coltivazioni: viti, alberi da frutta.

Pèrgine Valsugana (TN)

m 482 ⊠ 38057

Armanda Bernardi Bortolotti

via Montesei 2, tel. 0461530125 - ettari 5 - chiusura: ottobre.
▶ Da Trento percorrere la Statale 47 della Valsugana fino alla deviazione per Pergine; in paese, dirigersi verso lo Stadio del Ghiaccio e Montagnaga in quanto l'azienda è alla periferia Nord dell'abitato.

La vacanza ha come scenario l'alta Valsugana, territorio ricco di laghi, acque correnti e sorgenti termali (Levico, Vetriolo) per non dire delle vette e dei boschi che le fanno corona. Sistemazione al primo piano della casa aziendale, ideale per famiglie.

⊞ Appartamenti: 2 di 3 locali per 3 persone, con stoviglie, riscaldamento centralizzato - affitto a settimana £ 250/350000, fornitura biancheria a richiesta.
Soggiorno minimo: 1 settimana.
〉॥ cucina trentina (piatti della tradizione) - vini locali di produzione propria - £ 20/30000.
Servizi e locali comuni: parcheggio. Coltivazioni: viti, ortaggi, meli. Allevamenti: animali di bassa corte. Prodotti in vendita: frutta, verdura.

Ettore Fontanari

a Canale, via Chimelli 25, tel. 0461530023 - ettari 2 - apertura: giugno-settembre - ⚘
▶ Da Trento seguire la Statale 47 fino alla deviazione per Pergine; l'azienda si trova 2 km fuori città.

Rustico ristrutturato, notevole per ampiezza e antica fisionomia, a due chilometri dal paese nella campagna a frutteto che occupa la zona di spartiacque fra il Brenta e il Fersina. Passeggiate intorno ai laghi di Caldonazzo e Levico e nei castagneti.

⊞ Appartamenti: 2 bilocali per 4 persone, 1 di 3 locali per 5 persone - affitto quindicinale £ 1000000. Deposito cauzionale 30%.
Soggiorno minimo: 2 settimane.
Note: non si fornisce biancheria; l'appartamento va riconsegnato pulito e in ordine.
Servizi e locali comuni: parcheggio. Coltivazioni: meli, ciliegi. Prodotti in vendita: frutta.

Prato allo Stèlvio / Prad am Stilfser Joch (BZ)

m 915 ⊠ 39026

Grösshof

a Montechiaro/Lichtenberg, tel. 0473616363 - chiusura: sempre aperto - ⚘ previo accordi.
▶ Da Prato allo Stelvio dirigersi verso Nord percorrendo la Provinciale che conduce a Glorenza; dopo 3 km circa girare a sinistra per Montechiaro e seguire le indicazioni dell'azienda.

Il paese è situato presso l'immissione della valle di Trafoi nell'alta val Venosta, lungo la strada che sale al celebre passo. Accoglienza agrituristica presso una tipica residenza valligiana ingentilita da balconi fioriti. Tutt'intorno il territorio del parco nazionale più importante d'Italia.

⌂ Camere con servizi: 4 doppie, 1 a più letti - pernottamento per persona £ 34000.
⊞ Appartamenti: 2 di ampia metratura per 2/4 persone, con stoviglie - affitto al giorno £ 45/100000.
Note: le camere e gli appartamenti sono dotati di biancheria per letto e per bagno, riscaldamento; possibilità di letto aggiunto; sconto 10% per bambini fino a 12 anni.
Servizi e locali comuni: parcheggio, Stube, spazio all'aperto per giochi bimbi. Allevamenti: bovini, suini.

Racines / Ratschings (BZ)

m 945 ⊠ 39040

Heisserhof

a Valgiovo/Jaufental 25, tel. 0472764691 - chiusura: sempre aperto - ⚘
▶ Raggiungere Casateia, circa 2 km a Ovest dell'uscita di Vipiteno della A22, e salire verso Est lungo la Valgiovo; seguire le indicazioni dell'azienda.

Il paese estende il proprio territorio nelle valli Ridanna e di Racines, immissarie dell'alta valle dell'Isarco. Sistemazione di pieno comfort presso una baita alpina di moderna concezione incorniciata dal sole, su un pendio a prati e boschi.

⊞ Appartamenti: 2 di ampia metratura per 2/8 persone, con biancheria letto, biancheria bagno, stoviglie, riscaldamento centralizzato - affitto al giorno £ 30/80000, i prezzi si riferiscono al soggiorno di 2/4 persone; possibilità di letto aggiunto; sconto 20% per bambini fino a 12 anni. Deposito cauzionale da concordare.

Servizi e locali comuni: parcheggio, spazio all'aperto per giochi bimbi. Sport e tempo libero: ping pong. Allevamenti: bovini, suini, pollame.

Rasun Anterselva
Rasen Antholz (BZ)

m 926 ⊠ 39030

Garberhof

a Rasun di Sotto/Niederrasen 187, tel. 0474496451, fax 0474498047 - chiusura: sempre aperto - ❧
▶ Da Brunico percorrere la Statale 49 sino al bivio per la Valle di Anterselva, quindi girare a sinistra e continuare per 1 km circa; l'azienda si trova a 300 m dal centro del paese.

Si soggiorna all'imbocco della valle di Anterselva, che si stacca dalla Pusteria e segna fino allo spartiacque il confine meridionale del Parco Regionale delle Vedrette di Ries. Gli abitati che scandiscono la salita sono tutti luoghi di villeggiatura e di sport invernali. Al termine è il passo Stalle, che consente di entrare in Austria nella Defereggental. In azienda (m 1030) si possono praticare il bagno di fieno, la cura Kneipp e il digiuno curativo.

☞ Camere con servizi: 2 doppie, 2 a più letti - pernottamento per persona £ 50/83000.
⊞ Appartamenti: 2 di varia disposizione per 2/5 persone - affitto al giorno £ 102/244000.
Note: *le camere e gli appartamenti sono dotati di riscaldamento; possibilità di letto aggiunto e di sistemazione a mezza pensione o a pensione completa.*
Servizi e locali comuni: parcheggio, autorimessa, locale soggiorno, sala TV, Stube, parco giochi bimbi. Sport e tempo libero: piscina, ping pong, maneggio. Allevamenti: bovini, suini, cavalli, pollame.

Obwegiserhof

a Rasun di Sopra/Oberrasen 93, tel. 0474496067 - chiusura: sempre aperto - ❧
▶ Deviazione di alcuni chilometri dalla Statale 49 per raggiungere Rasun di Sopra dove, nelle vicinanze dell'abitato, si trova l'azienda agrituristica.

Nella parte bassa la valle è larga e verdeggiante. Qui si trova questa residenza di recente costruzione attorniata da prati solatii. Le passeggiate più agevoli salgono verso la testata del solco che si allarga in un anfiteatro di rocce impreziosito da un laghetto.

⊞ Appartamenti: 3 di ampia metratura per 2/6 persone, con biancheria letto, biancheria bagno, stoviglie, riscaldamento centralizzato - affitto al giorno £ 50/95000, i prezzi si riferiscono al soggiorno di 2/4 persone; sconto 20% per bambini fino a 8 anni.
Servizi e locali comuni: parcheggio, sala TV, spazio all'aperto per giochi bimbi. Sport e tempo libero: ping pong, maneggio. Allevamenti: bovini, pollame.

Renon
Ritten (BZ)

m 296 ⊠ 39054

Flachenhof

a Collalbo/Klobenstein, via Tann 31, tel. 0471352782 - chiusura: sempre aperto - ❧
▶ Partendo da Bolzano percorrere verso Ovest la direttrice per Collalbo; l'azienda è situata a circa 5 km dal centro del paese.

Collalbo (m 1154) è il capoluogo dell'altopiano del Renon, che si stende subito a Nord di Bolzano. Il bello della vacanza, oltre al mosso scenario di prati, boschi e contrade, è il potersi muovere senza automobile, grazie a un trenino e alla funivia che porta in città. Entusiasmante il panorama con il Latemar, il Catinaccio e lo Sciliar in distanza.

⊞ Appartamenti: 1 di più locali per 4/6 persone, con riscaldamento - affitto al giorno £ 90/120000, i prezzi si riferiscono al soggiorno di 3/4 persone.
Servizi e locali comuni: parcheggio, Stube, spazio all'aperto per giochi bimbi. Sport e tempo libero: maneggio; corsi di equitazione, trekking. Allevamenti: bovini, ovini, suini, cavalli, pollame, conigli.

Rio di Pusteria
Mühlbach (BZ)

m 777 ⊠ 39037

Brunnerhof

a Spinga/Spinges 5, tel. 0472849591, fax 0472 849591 - ettari 8 - chiusura: novembre-Natale.

▶ Dall'uscita Bressanone della A22 dirigersi verso la Statale 49 della Val Pusteria e, dopo 2 km circa, girare a sinistra e seguire le indicazioni per Spinga.

Villeggiatura estiva nella bassa val Pusteria, presso l'immissione della val di Valles. Fabbricato tradizionale, ristrutturato, collocato al centro di una graziosa contrada, proprio a fianco della chiesa. Tutt'intorno prati e strade tranquille per gradevoli passeggiate.

🛏 CAMERE CON SERVIZI: 2 singole, 3 doppie, 3 a più letti, con biancheria letto, biancheria bagno, riscaldamento centralizzato - pernottamento per persona £ 25/35000, mezza pensione £ 35/45000.
SOGGIORNO MINIMO: 3 giorni.
🍴 riservato agli ospiti - cucina altoatesina - vini regionali.
SERVIZI E LOCALI COMUNI: parcheggio, telefono, sala TV, sala lettura, sala giochi bimbi. SPORT E TEMPO LIBERO: piscina, ping pong. COLTIVAZIONI: granoturco, patate. ALLEVAMENTI: bovini, suini.

Roncegno (TN)

m 535 ✉ 38050

Agritur Rincher

località Prese, tel. 0461764797 - ettari 9 - ♿ - apertura: giugno-settembre, festivi e week end - 🐾 grossa taglia.
▶ Azienda a 1700 m di altitudine e 11 km a Nord-Ovest di Roncegno; si accede dalla Statale 47 della Valsugana, transitando per Roncegno, poi verso Ronchi con deviazione a sinistra per Rifugio Alpini e Bernardi.

Vacanza tra pascoli e boschi dell'alta Valsugana, nella cornice della catena dei Lagorai. Si alloggia in un maso vecchio stampo, con ambienti rifiniti a legno secondo tradizione. A due ore di auto Venezia, a tre Innsbruck. Per il ristorante è necessaria la prenotazione.

🛏 CAMERE SENZA SERVIZI: 4 singole; 1 bagno in comune - pernottamento per persona £ 30/35000, pensione £ 65000. CAMERE CON SERVIZI: 2 doppie, 1 a 4 letti - pernottamento per persona £ 30/35000, pensione £ 65000. Deposito cauzionale da concordare.
Note: *le camere sono dotate di biancheria per letto e per bagno, riscaldamento centralizzato.*
🍴 cucina trentina (piatti della tradizione) - vini locali - £ 16/28000.
SERVIZI E LOCALI COMUNI: parcheggio, sala lettura. SPORT E TEMPO LIBERO: ricovero cavalli. COLTIVAZIONI: ortaggi, alberi da frutta, prato. ALLEVAMENTI: bovini, ovini, suini, caprini, equini, pollame, conigli. PRODOTTI IN VENDITA: pollame, frutta, verdura, formaggio, burro.

Montibeller

via Prose 1, tel. 0461764355 oppure 0360440043, fax 0461773349 - ettari 22 - ♿ - chiusura: sempre aperto - 🐾 grossa taglia.
▶ Breve deviazione dalla Statale 47 che, percorrendo la Valsugana, unisce Trento a Bassano del Grappa; l'azienda si trova al margine meridionale di Roncegno; seguire la segnaletica dell'azienda.

L'abitato, che dispone di impianti termali, si stende al margine della conca di confluenza dei torrenti Largonza e Chiavona. L'agriturismo è vicino, in posizione panoramica tra i frutteti. Sistemazione familiare in camere e appartamenti moderni. Settimane verdi per ragazzi.

🛏 CAMERE CON SERVIZI: 2 singole, 2 a 3 letti - pernottamento per persona £ 30/35000, prima colazione £ 7000, mezza pensione £ 52/63000, sconto 30% per bambini fino a 6 anni.
⊞ APPARTAMENTI: 6 bilocali per 2/4 persone, 1 di più locali per 5 persone, con stoviglie, lavatrice - affitto al giorno £ 70/90000, i prezzi si riferiscono al soggiorno di 2 persone, letto aggiunto £ 10000. Deposito cauzionale 25% alla prenotazione.
SOGGIORNO MINIMO: 3 giorni in appartamento.
Note: *le camere e gli appartamenti sono dotati di biancheria per letto e per bagno, riscaldamento.*
🍴 riservato agli ospiti - cucina trentina e classica (canederli) - vini locali.
SERVIZI E LOCALI COMUNI: parcheggio, telefono, sala TV, sala lettura, sala giochi bimbi. COLTIVAZIONI: cereali, ortaggi, alberi da frutta. ALLEVAMENTI: bovini, suini, pollame. PRODOTTI IN VENDITA: frutta, verdura.

San Càndido Innichen (BZ)

m 1175 ✉ 39038

Asthof

via Waidach 1, tel. 0474913270, fax 0474913806 - chiusura: sempre aperto - 🐾 previo accordi.

▶ Lasciare la Statale 49 al bivio per San Candido; superato il paese, dirigersi verso Sud dove si trovano gli impianti di risalita al rifugio Baranci.

Siamo nell'alta valle del fiume Drava, presso la frontiera con l'Austria. Si soggiorna in ambiente tipico, a due passi dal centro di una delle stazioni di villeggiatura meglio organizzate sia per soggiorni estivi sia per vacanze sulla neve.

⊞ APPARTAMENTI: 4 di ampia metratura per 2/5 persone, con biancheria letto, biancheria bagno, stoviglie, riscaldamento centralizzato - affitto al giorno £ 50/83000, i prezzi si riferiscono al soggiorno di 2/3 persone; sconto 30% per bambini fino a 8 anni.
SERVIZI E LOCALI COMUNI: parcheggio, sala TV. ALLEVAMENTI: bovini, suini, equini, pollame.

Gadenhof

via Elzenbach 1, tel. 0474913523 - chiusura: sempre aperto - ⌇
▶ Dal centro del paese percorrere via Duca Tassilo, quindi girare a sinistra e, dopo il sottopassaggio ferroviario, seguire le indicazioni per Monte San Candido.

Edificio valligiano, ristrutturato, in ariosa posizione sulla conca di prati e pascoli di San Candido. Lo scenario è quello più che spettacolare del Parco Naturale delle Dolomiti di Sesto, dominato in questo tratto dai 2581 metri della Cima Nove.

⊞ APPARTAMENTI: 3 di ampia metratura per 2/6 persone, con biancheria letto, biancheria bagno, stoviglie, riscaldamento centralizzato - affitto al giorno £ 30/100000, i prezzi si riferiscono al soggiorno di 2/4 persone; sconto 50% per bambini fino a 12 anni.
SERVIZI E LOCALI COMUNI: parcheggio, spazio all'aperto per giochi bimbi. ALLEVAMENTI: bovini, ovini, suini, animali di bassa corte.

San Genèsio Atesino
Jenesien (BZ)

m 1087 ⊠ 39050

Malgorerhof

a Cologna/Glaning 21, tel. 0471351960, fax 0471 351960 - chiusura: dicembre-febbraio - ⌇
▶ Da Bolzano imboccare la direttrice verso Nord per San Genesio Atesino, quindi svoltare a sinistra alla prima deviazione per Cologna.

L'altopiano del Salto è la suggestiva distesa di prati e boschi disegnata dal convergere della valle Sarentina nel solco dell'Adige. Il capoluogo, San Genesio, è un antico e pittoresco borgo rurale, oggi apprezzata località di villeggiatura anche invernale. Lo si raggiunge dai sobborghi di Bolzano in auto o in funivia, mentre Cologna (m 764), dove si soggiorna, è una contrada a sei chilometri dal centro.

🔑 CAMERE CON SERVIZI: 1 doppia, 1 a più letti - pernottamento per persona £ 30/39000.
⊞ APPARTAMENTI: 2 di varia disposizione per 2/6 persone - affitto al giorno £ 50/75000, i prezzi si riferiscono al soggiorno di 2/4 persone.

Note: le camere e gli appartamenti sono dotati di riscaldamento; sconto 30% per bambini fino a 8 anni.
SERVIZI E LOCALI COMUNI: parcheggio, locale soggiorno, sala TV, Stube, parco giochi bimbi. SPORT E TEMPO LIBERO: ping pong. ALLEVAMENTI: bovini, suini, pollame.

San Leonardo in Passiria
Sankt Leonhard in Passeier (BZ)

m 689 ⊠ 39015

Dürrerhof

via Passiria 59, tel. 0473656264 - apertura: aprile-novembre - ⌇
▶ Partendo da Merano percorrere la Val Passiria fino a raggiungere San Martino in Passiria; l'azienda si trova a meno di un chilometro dal centro del paese.

La valle di cui il paese è capoluogo, è percorsa dal Passirio, famoso per le sue trote. Seguendone il corso si raggiunge il passo del Rombo, che collega con l'Austria, in uno scenario scosceso e particolarmente pittoresco. Su tutto dominano le vette del Gruppo di Tessa, che oggi dà nome al più esteso parco naturale della regione. Paesaggio, architettura e atmosfera sono intensamente tirolesi.

🔑 CAMERE CON SERVIZI: 4 doppie - pernottamento per persona £ 30/35000.
⊞ APPARTAMENTI: 2 bilocali per 2/4 persone - affitto al giorno £ 60/120000.
Note: le camere e gli appartamenti sono dotati di riscaldamento; sconto 50% per bambini fino a 8 anni.
SERVIZI E LOCALI COMUNI: parcheggio, autorimessa, locale soggiorno, sala TV, Stube, spazio all'aperto per giochi bimbi. ALLEVAMENTI: bovini, conigli.

Haslingerhof

località Passo, tel. 0473645402, fax 0473645402 - apertura: aprile-novembre - ⌇
▶ Da Merano imboccare a Nord la direttrice per San Leonardo in Passiria; l'azienda si trova a 12 km dal centro del paese.

Nel primo tratto della val Passiria, circa a metà strada tra Merano e San Leonardo, un aguzzo campanile rosso segnala, a mezzacosta, sul versante destro, la località Passo (m 700). Qui si fa villeggiatura dalla fioritura dei meli alla vendemmia, con ampia scelta escursionistica intorno alla Giogaia di Tessa.

CAMERE CON SERVIZI: 6 doppie, con riscaldamento - pernottamento per persona £ 22/27000, possibilità di letto aggiunto; bambini fino a 3 anni gratis.
SERVIZI E LOCALI COMUNI: parcheggio, autorimessa, locale soggiorno, frigorifero per ospiti. SPORT E TEMPO LIBERO: ping pong; escursioni. COLTIVAZIONI: viti, alberi da frutta. ALLEVAMENTI: bovini, suini.

San Lorenzo di Sebato
Sankt Lorenzen (BZ)

m 810 ⊠ 39030

Gschliererhof

a Sares/Saalen 20, tel. 0474403220 - chiusura: sempre aperto - ♣ previo accordi.
▶ Lasciare la Statale 49 al bivio di San Lorenzo e raggiungere il centro dell'abitato, quindi proseguire verso Sud-Ovest fino a Sares; l'azienda si trova nell'immediata periferia del paese.

Il paese si trova nella media val Pusteria, all'imbocco della val Badia. L'agriturismo fa capo a un fabbricato di antica fisionomia, ristrutturato nel rispetto della tradizione, sullo sfondo dell'ampia conca a pascoli e abetaie attraversata dal torrente Rienza.

APPARTAMENTI: 2 di ampia metratura per 2/4 persone, con biancheria letto, biancheria bagno, stoviglie, riscaldamento centralizzato - affitto al giorno £ 40/120000, sconto 20% per bambini fino a 10 anni.
SERVIZI E LOCALI COMUNI: parcheggio, spazio all'aperto per giochi bimbi. SPORT E TEMPO LIBERO: ping pong. ALLEVAMENTI: bovini, ovini, suini, cavalli, pollame.

Krüglwirt

a Castelbadia/Sonnenburg 40, tel. 0474474331 - chiusura: sempre aperto - ♣
▶ Da Brunico immettersi sulla Statale 49 in direzione di Bressanone; l'azienda si trova a circa 1 km dal centro del paese.

Risalendo la strada della val Pusteria, poco prima di Brunico, su uno sperone roccioso appare l'importante Castelbadia (Sonnenburg). Tra gli antichi masi della contrada bassa, la residenza della famiglia Hilber si riconosce per i tre affreschi e una finestra ad archi in facciata. Poco distante è il capoluogo, San Lorenzo, pittoresco paese alla sbocco della val Badia.

APPARTAMENTI: 3 bilocali per 2/4 persone, con riscaldamento - affitto al giorno £ 46/100000, sconto 50% per bambini fino a 1 anno.
SERVIZI E LOCALI COMUNI: parcheggio, sala TV, spazio all'aperto per giochi bimbi. ALLEVAMENTI: pollame.

San Martino in Badìa
Sankt Martin in Thurn (BZ)

m 1135 ⊠ 39030

Dasserhof

via Ponte Nuovo 107, tel. 0474523224 - chiusura: sempre aperto - ⌘
▶ Da Brunico percorrere la Val Badia fino a Piccolino, quindi girare a destra per San Martino in Badia; dopo il ponte, girare di nuovo a destra e raggiungere l'azienda.

L'ambiente è quello della media val Badia, nel comprensorio dolomitico dei parchi naturali Puez-Odle e Fanes-Sennes-Braies. Si villeggia in una moderna baita, a poche centinaia di metri dall'abitato, in vista di Castel Torre e delle creste del Sasso della Croce.

CAMERE CON SERVIZI: 5 doppie, 1 a più letti - pernottamento per persona £ 35/45000, mezza pensione £ 68/83000.
APPARTAMENTI: 1 bilocale per 2/4 persone, con stoviglie - affitto al giorno £ 70/90000.
Note: *le camere e l'appartamento sono dotati di biancheria per letto e per bagno, riscaldamento; riduzioni per bambini fino a 12 anni; possibilità di letto aggiunto.*
SERVIZI E LOCALI COMUNI: autorimessa, locale soggiorno, sala TV, Stube, spazio all'aperto per giochi bimbi, frigorifero per ospiti. SPORT E TEMPO LIBERO: ping pong. ALLEVAMENTI: bovini, ovini, suini, pollame, conigli.

Lüch de Vanc

a Longiarù, località Seres 36, tel. 0474590108 - ettari 4 - chiusura: sempre aperto - ♣ previo accordi.
▶ Al bivio dopo San Martino in Badia girare a sinistra e raggiungere Longiarù; dal paese continuare per 1 km circa in direzione di Seres.

Nell'ameno scenario della valle di Longiarù, lo sguardo sale spontaneamente verso la vetta del Puez evocando il piacere di escursioni sulle alte vie. Alloggio presso un maso ristrutturato oppure nella moderna costruzione che lo affianca.

⊞ Appartamenti: 2 monolocali per 2/3 persone, 2 bilocali per 4 persone, 1 di 3 locali per 6 persone, con biancheria letto, uso lavanderia, stoviglie, riscaldamento centralizzato, televisore - affitto al giorno per persona £ 27/35000. Deposito cauzionale £ 150/200000.

)|(cucina altoatesina (minestra d'orzo, canederli) - vini regionali - £ 22/30000.

Servizi e locali comuni: parcheggio, telefono, sala TV, sala lettura, spazio all'aperto per giochi bimbi, barbecue. Sport e tempo libero: ping pong. Allevamenti: bovini.

San Martino in Passiria
Sankt Martin in Passeier (BZ)

m 597 ⊠ 39010

Marteller-Untersaltaushof

a Saltusio/Saltaus, via Passiria 10, tel. 0473645454, fax 0473645454 - chiusura: dicembre-gennaio - ⬥ previo accordi.

▶ Lasciare la Provinciale della Val Passiria a Saltusio; l'azienda si trova in prossimità dell'abitato.

Caratteristica casa alpina, ristrutturata, con ombrosa pergola e un fazzoletto di prato all'inglese, ritagliato tra i frutteti e le vigne della media val Passiria. Escursioni in quota e ascensioni sulle vette del Parco Naturale Gruppo di Tessa.

⊞ Appartamenti: 4 di ampia metratura per 2/4 persone, con biancheria letto, biancheria bagno, stoviglie, riscaldamento centralizzato - affitto al giorno £ 55/85000, soggiorno gratuito per bambini fino a 14 anni in bassa stagione.

Servizi e locali comuni: parcheggio, autorimessa, sala TV, spazio all'aperto per giochi bimbi. Sport e tempo libero: piscina, ping pong. Coltivazioni: viti, alberi da frutta. Allevamenti: bovini.

San Pancràzio
Sankt Pankraz (BZ)

m 735 ⊠ 39010

Aussereggmannhof

via Paricolo 23, tel. 0473563402, fax 0473563402 - chiusura: sempre aperto - ⬥

▶ Da Bolzano immettersi sulla Statale 38 per Merano, poi voltare a sinistra per Lana e quindi per San Pancrazio; l'azienda si trova a 4 km dalla località.

La val d'Ultimo è una delle più suggestive vie di accesso al Parco Nazionale dello Stelvio, dapprima ricchissima di boschi, poi aperta in bellissime praterie. Il paese di San Pancrazio, raccolto intorno alla parrocchiale gotica, è nella parte bassa, in posizione soleggiata, con possibilità escursionistiche per tutti i gusti già negli immediati dintorni.

⊞ Appartamenti: 4 bilocali per 2/4 persone, con riscaldamento - affitto al giorno £ 55/100000.

Servizi e locali comuni: parcheggio, sala TV, parco giochi bimbi. Sport e tempo libero: ping pong. Coltivazioni: viti, alberi da frutta. Allevamenti: bovini, pollame.

Santa Cristina Valgardena
Sankt Christina in Gröden (BZ)

m 1428 ⊠ 39047

Prasqellhof

località Chemun 40, tel. 0471792041 - chiusura: sempre aperto - ⬥

▶ Percorrere la Statale 242 fino a Santa Cristina Valgardena; l'azienda è in prossimità della Cassa Rurale.

Soggiorno in una residenza di recente costruzione, nella celebre località turistica dell'alta val Gardena. La cornice è quella del Sasso Lungo, del Sella e delle Odle: sentieri, alte vie e centinaia di chilometri di piste per la discesa e lo sci di fondo.

⊞ Appartamenti: 3 di ampia metratura per 2/5 persone, con biancheria letto, stoviglie, riscaldamento centralizzato - affitto al giorno £ 70/120000, i prezzi si riferiscono al soggiorno di 2/3 persone; sconto 25% per bambini fino a 10 anni.

Servizi e locali comuni: parcheggio, sala TV, frigorifero per ospiti. Allevamenti: bovini.

Sarentino
Sarntal (BZ)

m 961 ⊠ 39058

Niederhauserhof

località Stetto/Steet 12, tel. 0471623285 - chiusura: sempre aperto - ⬥

▶ Da Bolzano imboccare la Statale 508 della valle Sarentino; l'azienda agricola si incontra 1 km circa prima di arrivare al capoluogo.

Soggiorno in quota presso un maso di antica fisiono-mia, in pietra e legno, base per interessanti passeggia-te tra prati e boschi dell'alta val Sarentina. Ambiente genuinamente pastorale a soli venti chilometri dalle tentazioni mondane di Bolzano.

🛏 CAMERE CON SERVIZI: 1 singola, 1 doppia, con uso cu-cina - pernottamento per persona £ 30/33000.

⊞ APPARTAMENTI: 2 di ampia metratura per 2/4 persone, con stoviglie - affitto al giorno £ 50/100000.
Note: *le camere e gli appartamenti sono dotati di biancheria per letto e per bagno, riscaldamento cen-tralizzato; possibilità di letto aggiunto; sconto 20% per bambini fino a 11 anni.*
SERVIZI E LOCALI COMUNI: parcheggio, locale soggiorno, sa-la TV, spazio all'aperto per giochi bimbi, frigorifero per ospiti. SPORT E TEMPO LIBERO: maneggio. ALLEVAMENTI: bovi-ni, equini, pollame, conigli.

Scena
Schenna (BZ)
m 600 ✉ 39017

Torgglerhof
via S. Giorgio 12, tel. 0473945744 - chiusura: sempre aperto - 🐾
▶ Dalla periferia Nord-Est di Merano prendere la diret-trice per Scena; l'azienda si trova a meno di 1 km dal centro del paese.

Da Merano si sale in breve a Scena, panoramica stazio-ne di villeggiatura sparsa tra prati e vigneti alle falde del Picco di Ivigna. In funivia si raggiunge poi Montescena (m 1445), altopiano frequentato dagli escursionisti, che hanno più di un rifugio come riferimento, e dagli appas-sionati degli sport invernali.

⊞ APPARTAMENTI: 3 di varia disposizione per 2/6 perso-ne, con riscaldamento - affitto al giorno £ 52/130000, i prezzi si riferiscono al soggiorno di 2/4 persone.
SERVIZI E LOCALI COMUNI: parcheggio, sala TV, parco giochi bimbi. SPORT E TEMPO LIBERO: ping pong. COLTIVAZIONI: viti, alberi da frutta. ALLEVAMENTI: pollame, conigli.

Selva dei Molini
Mühlwald (BZ)
m 1229 ✉ 39030

Tassgasteigerhof
Centro 17, tel. 0474653219 - ettari 4 - chiusura: sem-pre aperto - 🐾
▶ Da Molini di Tures, 12 km a Nord di Brunico, prose-guire verso Ovest e raggiungere Selva dei Molini, dove si trova l'azienda agrituristica.

La boscosa valle dei Molini scende dal Gran Pilastro verso l'alta val di Tures. Vacanze di tutto relax a soli 20 chilometri da Brunico in una moderna residenza agrituri-stica, che mette a disposizione degli ospiti apparta-menti dai grandi balconi fioriti. Settimane verdi.

⊞ APPARTAMENTI: 1 monolocale per 4 persone, 1 biloca-le per 6 persone, 1 di ampia metratura per 8 persone, con biancheria letto, biancheria bagno, stoviglie, lava-trice, riscaldamento centralizzato, televisore - affitto al giorno £ 60/100000, i prezzi si riferiscono al soggiorno di 3/4 persone; sconto 30% per bambini fino a 10 anni.
SOGGIORNO MINIMO: 1 settimana.
🚐 4 equipaggi.
SERVIZI E LOCALI COMUNI: parcheggio, spazio all'aperto per giochi bimbi. ALLEVAMENTI: bovini, suini, pollame, conigli.

Selva di Val Gardena
Wolkenstein in Gröden (BZ)
m 1563 ✉ 39048

Soleigahof
strada Daunei 77, tel. 0471795576, fax 0471795576 - ettari 5 - chiusura: maggio-novembre - 🐾
▶ Da Ortisei procedere lungo la Statale 242; giunti nei pressi dell'albergo Alpenroyal girare a sinistra e seguire la segnaletica dell'azienda per 1 km circa.

Il territorio comunale si estende alla Vallunga, profondo intaglio che si addentra nel comprensorio dolomitico del Parco Naturale Puez-Odle. Ospitalità presso un ma-so di recente costruzione in posizione tranquilla tra i prati che circondano il capoluogo.

🛏 CAMERE CON SERVIZI: 5 doppie, con biancheria letto, biancheria bagno, uso cucina, riscaldamento centraliz-zato - pernottamento per persona £ 35/47000, sconto 20% per bambini fino a 12 anni; possibilità di letto ag-giunto. Deposito cauzionale 20%.
SERVIZI E LOCALI COMUNI: parcheggio, locale soggiorno, sa-la TV, spazio all'aperto per giochi bimbi, frigorifero per ospiti. SPORT E TEMPO LIBERO: ping pong. ALLEVAMENTI: bovi-ni, animali di bassa corte.

Tublahof

strada Daunei 100, tel. 0471795360, fax 0471 795360 - ettari 8,6 - chiusura: sempre aperto - ✿
▶ Risalire la Val Gardena e lasciare la Statale 242 in prossimità dell'albergo Alpenroyal, quindi deviare a sinistra, poi a destra e continuare per altri 2 km.

Scenario della vacanza agrituristica è quello delle praterie punteggiate di conifere che salgono dolcemente verso le pareti dolomitiche. Sistemazione in una baita modernamente attrezzata con alpeggio e malga propria.

🛏 CAMERE CON SERVIZI: 1 singola, 4 doppie - pernottamento per persona £ 38/44000, sconto 50% per bambini fino a 10 anni.
⊞ APPARTAMENTI: 2 bilocali per 2/4 persone, con televisore, cassaforte - affitto al giorno £ 90/130000. Deposito cauzionale £ 150000.
Note: *le camere e gli appartamenti sono dotati di biancheria per letto e per bagno, riscaldamento.*
SERVIZI E LOCALI COMUNI: parcheggio, locale soggiorno.
SPORT E TEMPO LIBERO: ping pong; escursioni. ALLEVAMENTI: bovini, ovini, pollame. PRODOTTI IN VENDITA: uova, latte.

Senàles
Schnals (BZ)

m 830 ⊠ 39020

Moarhof

a Santa Caterina/Katharinaberg 54, tel. 0473679221 - chiusura: sempre aperto - ✿
▶ Imboccare la Val Senales e seguire le indicazioni per Santa Caterina; giunti all'albergo Am Fels girare a sinistra e continuare ancora per 100 m circa.

La residenza agrituristica, di fisionomia tradizionale, con balconi fioriti e ampi spazi per i bambini, si inserisce in un paesaggio da cartolina con prati, abetaie e

un anfiteatro di rocce rosate. L'azienda offre accoglienza rurale in tre appartamenti comodi e accoglienti e dispone di un alpeggio con malga propria.

⊞ APPARTAMENTI: 3 di ampia metratura per 2/5 persone, con biancheria letto, biancheria bagno, stoviglie, riscaldamento centralizzato - affitto al giorno £ 85/105000. Deposito cauzionale da concordare alla prenotazione.
SOGGIORNO MINIMO: 1 settimana.
SERVIZI E LOCALI COMUNI: parcheggio, sala TV, spazio all'aperto per giochi bimbi. ALLEVAMENTI: bovini, cavalli, pollame, conigli.

Unterraindlhof

a Madonna/Unser Frau in Schnals 52, tel. 0473 679154, fax 0473679154 - chiusura: sempre aperto - ✗
▶ Risalire la Val Senales e, dopo aver superato il tunnel oltre l'abitato di Certosa, deviare a sinistra e seguire le indicazioni.

Nell'alta val Senales, alle falde del Similaun, si trascorre una vacanza d'atmosfera nella classica casa nel bosco. In estate si va per sentieri e alte vie nel comprensorio del Parco Naturale Gruppo di Tessa; d'inverno si scia sulle piste di Maso Corto.

🛏 CAMERE CON SERVIZI: 1 singola, 7 doppie, con biancheria letto, biancheria bagno, riscaldamento centralizzato - pernottamento per persona £ 30/40000.
SERVIZI E LOCALI COMUNI: parcheggio, telefono, Stube.

Sesto
Sexten (BZ)

m 1310 ⊠ 39030

Obermichelerhof

a San Giuseppe/Moos, via Hocheck 1, tel. 0474 710494 - chiusura: sempre aperto.
▶ Da San Candido percorrere la Statale 52 sino a Sesto; l'azienda si trova a 2 km circa dal paese, nei pressi del bivio per la Val Fiscalina, praticamente in centro a San Giuseppe.

Una tranquilla contrada della media valle di Sesto e una casa valligiana, ristrutturata con mano attenta, sono gli elementi propizi per una vacanza rigenerante. Facili passeggiate e alte vie lasceranno soddisfatti gli escursionisti di ogni levatura.

CAMERE SENZA SERVIZI: 4 doppie, con biancheria letto, biancheria bagno, riscaldamento centralizzato; 1 bagno in comune - pernottamento per persona £ 22/30000, possibilità di letto aggiunto; sconto 30% per bambini fino a 6 anni.
SERVIZI E LOCALI COMUNI: parcheggio, Stube, spazio all'aperto per giochi bimbi. ALLEVAMENTI: bovini.

Weberhof

a Ferrara/Schmieden, via Sonnwend 25, tel. 0474 710081 - ettari 10 - chiusura: sempre aperto - 🍴
▶ Da San Candido lasciare la Statale 52 dopo 6 km (Casa Cantoniera), poi prendere la strada comunale a destra; dopo 50 m girare a sinistra per 100 m.

Un tripudio di fiori allieta le ore domestiche presso questa moderna residenza di fondovalle. Altre bellezze segnano invece le ore dedicate alle escursioni e agli sport alpini: sono quelle estive e invernali dei sentieri e delle piste innevate delle Dolomiti di Sesto. Sconti per il soggiorno invernale e per la scuola di sci dei bambini. Si organizzano settimane verdi per ragazzi.

APPARTAMENTI: 1 bilocale per 2/3 persone, 1 di 3 locali per 5/7 persone, con biancheria letto, biancheria bagno, biancheria cucina, stoviglie, riscaldamento centralizzato e a legna - affitto al giorno £ 44/120000, i prezzi si riferiscono al soggiorno di 2/4 persone; pulizia finale £ 40000; sconto 50% per bambini fino a 4 anni.
SOGGIORNO MINIMO: 1 settimana.
SERVIZI E LOCALI COMUNI: parcheggio, telefono, sala TV, spazio all'aperto per giochi bimbi. COLTIVAZIONI: ortaggi, prato. ALLEVAMENTI: bovini, suini, conigli. PRODOTTI IN VENDITA: verdura, latte.

Silandro
Schlanders (BZ)

m 721 ✉ 39028

Mareinhof

a Vezzano/Vezzan 1, tel. 0473742033 - chiusura: sempre aperto - 🍴
▶ Lasciare la Statale 38 al bivio per Vezzano e raggiungere il paese; seguire le indicazioni dell'azienda.

Una casa contadina di rassicurante consistenza, con balconi panoramici e la vicinanza dell'abetaia a rinvigorire l'aria. Nei pressi, la splendida val Martello invita a escursioni di vario impegno verso le cime del Cevedale.

CAMERE CON SERVIZI: 1 singola, 4 doppie, 1 a più letti, con biancheria letto, biancheria bagno, uso cucina, riscaldamento centralizzato - pernottamento per persona £ 30/35000, possibilità di letto aggiunto; sconto 20% per bambini fino a 10 anni.
SERVIZI E LOCALI COMUNI: parcheggio, locale soggiorno, sala TV, Stube, spazio all'aperto per giochi bimbi, frigorifero per ospiti. SPORT E TEMPO LIBERO: piscina, ping pong; escursioni, passeggiate. COLTIVAZIONI: viti, alberi da frutta. ALLEVAMENTI: animali di bassa corte.

Sluderno
Schluderns (BZ)

m 921 ✉ 39020

Palihof

località Gschneir 15, tel. 0473615010 - chiusura: sempre aperto - 🍴
▶ Provenendo da Merano, imboccare la via Grossfeld all'inizio del paese e continuare verso Est per 5 km circa; seguire le indicazioni dell'azienda.

Soggiorno agrituristico nell'alta Venosta, allo sbocco della solitaria val di Mazia che sale verso i ghiacciai del Palla Bianca. L'azienda offre ospitalità in un maso di antica fisionomia, all'interno di una contrada a qualche distanza dal capoluogo.

CAMERE CON SERVIZI: 4 doppie, con biancheria letto, biancheria bagno, uso cucina, riscaldamento centralizzato - pernottamento per persona £ 38000, sconto 30% per bambini fino a 11 anni; possibilità di sistemazione a mezza pensione e di letto aggiunto.
SERVIZI E LOCALI COMUNI: parcheggio, locale soggiorno, Stube, spazio all'aperto per giochi bimbi, frigorifero per ospiti. SPORT E TEMPO LIBERO: maneggio. ALLEVAMENTI: bovini, suini, equini.

Tassullo (TN)

m 546 ✉ 38010

Odorizzi Michele

a Rallo, via F.lli Pinamonti 52, tel. 0463450294 - ettari 2 - chiusura: sempre aperto - 🐕 grossa taglia.
▶ Dallo svincolo San Michele all'Adige della A22, percorrere la Statale 43 verso il passo del Tonale e Madonna di Campiglio; circa 2 km oltre Dermulo, deviare a sinistra per Rallo.

Il comune si stende su un pendio della media val di Non che digrada verso la gola del Noce. L'alloggio è in paese e dispone di un terrazzo soleggiato e di un cortile riparato. In breve si raggiungono Cles e le principali località delle Dolomiti di Brenta. In inverno le piste da sci sono a mezz'ora d'auto, in estate si fa canoa o rafting sulle acque del Noce. Previo accordi, si organizzano settimane verdi per ragazzi.

CAMERE CON SERVIZI: 3 doppie - pernottamento per persona £ 20/35000, possibilità di forfait settimanale.
APPARTAMENTI: 3 bilocali per 4 persone, con stoviglie, riscaldamento, televisore - affitto al giorno £ 40/120000, affitto a settimana £ 250/800000, supplemento per eventuale pulizia finale £ 70000. Deposito cauzionale 30% alla prenotazione.
SOGGIORNO MINIMO: 3 giorni.
Note: nelle camere e negli appartamenti la biancheria viene fornita a richiesta e con supplemento settimanale di £ 15000 a letto; bambini fino a 3 anni gratis, sconto 10% per soggiorni di 1 mese.
SERVIZI E LOCALI COMUNI: parcheggio, telefono, sala lettura.
SPORT E TEMPO LIBERO: disponibilità di mountain bike, guida ai lavori agricoli. COLTIVAZIONI: ortaggi, meli. PRODOTTI IN VENDITA: mele, verdura.

Terento
Terenten (BZ)
m 1210 ⊠ 39030

Huberhof
via Walderlaner 1, tel. 0472546177 - chiusura: sempre aperto - ❧ previo accordi.
▶ Percorrere la Statale 22 della Val Pusteria sino a Vandoies, qui salire in direzione di Terento; l'azienda si trova a 1 km dal centro del paese.

In posizione soleggiata, su una terrazza che si affaccia alla bassa val Pusteria, Terento è luogo ideale per una vacanza di tutta tranquillità. Non mancano, tuttavia, escursioni di un certo impegno, come quella che sale al rifugio del pittoresco lago della Pausa (m 2308), punto di partenza ideale per l'ascensione al monte Gruppo (m 2809).

CAMERE CON SERVIZI: 2 doppie - pernottamento per persona £ 28/32000.
APPARTAMENTI: 3 di varia disposizione per 2/5 persone - affitto al giorno £ 45/85000.

Note: le camere e gli appartamenti sono dotati di riscaldamento; sconto 30% per bambini fino a 12 anni.
SERVIZI E LOCALI COMUNI: parcheggio, parco giochi bimbi.
SPORT E TEMPO LIBERO: ping pong. ALLEVAMENTI: bovini.

Termeno sulla Strada del Vino
Tramin an der Weinstrasse (BZ)
m 276 ⊠ 39040

Haus Evi
via Rechtental 16, tel. 0471860250, fax 0471860250, chiusura: dicembre-febbraio.
▶ Dall'uscita Egna-Ora della A22 dirigere a Nord per circa 2 km sulla Statale 12, poi raggiungere Termeno su la Strada del Vino; l'azienda è a 1 km dall'abitato.

Soggiorno in una residenza di campagna dell'Oltradige tra i frutteti e le vigne, alle falde del monte Roen. La bella posizione e il rapido accesso a Trento e Bolzano sono la migliore garanzia per la riuscita della vacanza.

CAMERE CON SERVIZI: 1 singola, 4 doppie - pernottamento per persona £ 28/36000.
APPARTAMENTI: 1 bilocale per 2/4 persone - affitto a giorno £ 60/100000.
Note: le camere e l'appartamento sono dotati di biancheria per letto e per bagno, riscaldamento; sconto 15% per bambini fino a 12 anni.
SERVIZI E LOCALI COMUNI: parcheggio, locale soggiorno, Stube, parco giochi bimbi, frigorifero per ospiti. SPORT E TEMPO LIBERO: ping pong. COLTIVAZIONI: viti, alberi da frutta.

Perglhof
via San Valentino 6, tel. 0471860417 - chiusura: dicembre-febbraio - ❧

▶ Abbandonare la Statale 12 a Ora e continuare verso Ovest per altri 4 km circa fino a Termeno sulla Strada del Vino; seguire le indicazioni.

Vacanza a mezza costa, tra le vigne che hanno reso celebre questa porzione della val d'Adige. L'azienda agrituristica mette a disposizione degli ospiti camere con balconi fioriti o terrazze soleggiate in un'accogliente struttura che abbina forme rispettose dell'architettura spontanea alla razionalità di progetto.

🔑 Camere con servizi: 1 doppia, 5 a più letti, con biancheria letto, biancheria bagno, riscaldamento centralizzato - pernottamento per persona £ 28/40000, sconto 20% per bambini fino a 10 anni.
Servizi e locali comuni: parcheggio, locale soggiorno, sala TV, Stube, frigorifero per ospiti. Coltivazioni: viti, alberi da frutta. Allevamenti: equini, pollame.

Tires
Tiers (BZ)
m 1028 ☒ 39050

Mühlhof

via Ober 47, tel. 0471642256 - chiusura: sempre aperto.
▶ Partendo da Bolzano percorrere la Val di Tires sino a raggiungere la località; l'azienda si trova a 1 km dal centro del paese.

Il Catinaccio, con le ardite Torri del Vaiolet, è splendido fondale della vacanza con il rosa delle sue rocce al tramonto. Tires, in un'ambiente di aperte praterie, è sulla strada che da Bolzano sale al passo di Costalunga. Il Parco Regionale dello Sciliar con la vicina Alpe di Siusi e i tanti rifugi in quota rappresentano il "non plus ultra" degli appassionati della montagna.

⊞ Appartamenti: 2 di varia disposizione per 2/6 persone, con riscaldamento - affitto al giorno £ 56/110000, i prezzi si riferiscono al soggiorno di 2/4 persone; possibilità di letto aggiunto.
Servizi e locali comuni: parcheggio, sala TV, Stube, parco giochi bimbi. Sport e tempo libero: escursioni. Allevamenti: bovini, suini, animali di bassa corte.

Tirolo
Tirol (BZ)
m 594 ☒ 39019

Oberortsgut

via Aslago 21, tel. 0473923409 - chiusura: sempre aperto.
▶ Provenendo da Merano, continuare per 4 km circa fino a raggiungere Tirolo; l'azienda si trova a 600 m dal centro del paese.

L'imponente Castel Tirolo, monumento simbolo di questa terra, si erge tra i boschi del cosiddetto monte di Merano. Alla sua severità fa da contraltare l'amenità del borgo, dove si soggiorna tra vigne e frutteti.

Lo scenario escursionistico è quello del Parco Naturale Gruppo di Tessa, impostato sull'Alta Via Meranese che unisce in un anello di 80 chilometri la val Senales alla val Passiria.

⊞ Appartamenti: 4 bilocali per 2/4 persone, con riscaldamento - affitto al giorno £ 60/90000.
Servizi e locali comuni: parcheggio, sala TV, parco giochi bimbi. Sport e tempo libero: ping pong. Coltivazioni: viti, alberi da frutta. Allevamenti: bovini, suini, pollame.

Tonadico (TN)
m 750 ☒ 38054

Agritur Broch

a Passo di Cereda, tel. 043965028, fax 043965028 - chiusura: novembre.
▶ Lasciare la Statale 50, che collega Predazzo a Feltre, a Fiera di Primiero e imboccare la Statale 347 percorrendola fino al Passo di Cereda.

Passo di Cereda è il punto di partenza ideale per escursioni tra le vette dei Parchi di Paneveggio-Pale di San Martino e delle Dolomiti Bellunesi. Posto tranquillo ma a pochi passi da San Martino di Castrozza, uno dei principali centri di villeggiatura del Trentino.

⊞ Appartamenti: 3 bilocali per 4 persone, 2 di 3/4 locali per 6/8 persone, con riscaldamento centralizzato - affitto al giorno £ 100/150000, affitto a settimana £ 350/450000, supplemento per eventuale fornitura di biancheria, sistemazione a pensione completa £ 70000 per persona o a mezza pensione £ 55000 per persona.
Soggiorno minimo: 15 giorni in estate.
⚠ 3 equipaggi ⛺ 3 equipaggi.
🍴 cucina trentina (piatti della tradizione) - vini regionali - £ 20/35000.
Servizi e locali comuni: parcheggio, telefono. Sport e tempo libero: passeggiate. Coltivazioni: foraggio. Allevamenti: bovini, suini, equini, pollame. Prodotti in vendita: uova, salumi, latte, formaggio, burro.

Tuenno (TN)
m 629 ☒ 38019

Dallago Rodolfo

via Androna Snao 7, tel. 0463451318 - ettari 1,5 - apertura: su prenotazione - 🐾 previo accordi.

▶ Dalla stazione autostradale San Michele all'Adige, percorrere la direttrice che risale la Val di Non biforcandosi dalla Statale 43; l'azienda è nell'abitato di Tuenno, nei pressi della chiesa.

Il paese si trova all'imbocco della valle di Tovel, una delle principali vie di penetrazione nel Gruppo di Brenta, e dista pochi chilometri dall'attrezzata Cles. Si fa base nell'abitato in appartamenti ristrutturati con terrazze o in mansarda. Tutt'intorno il giardino a frutteto.

⊞ APPARTAMENTI: 2 monolocali per 2/4 persone, 1 bilocale per 5/6 persone, con biancheria cucina, uso lavanderia, stoviglie, riscaldamento, televisore - affitto al giorno £ 70/80000, affitto a settimana £ 400/700000, biancheria a richiesta, pulizia finale £ 50000.
SOGGIORNO MINIMO: 3 giorni in bassa stagione.
SERVIZI E LOCALI COMUNI: parcheggio. COLTIVAZIONI: meli. ALLEVAMENTI: animali di bassa corte.

Tretter Giorgio

via E. Quaresima 13, tel. 0463451276 oppure 0347 4218611, fax 0463451276 - ettari 4 - ♿ - chiusura: sempre aperto - ⊗
▶ Casello San Michele all'Adige della A22, quindi direttrice che - in alternativa alla Statale 43 - risale la Val di Non fino a Cles; l'azienda si trova alla periferia settentrionale di Tuenno.

Soggiorno in suggestive mansarde in legno tra i frutteti che bordano il paese. Possibilità di escursioni dolomitiche per tutti i gusti: dalle cene in baita d'alta quota, al pernottamento in bivacco, allo sci nella zona di Folgarida, Marilleva e Madonna di Campiglio. Previo accordi, settimane verdi per ragazzi.

⊞ APPARTAMENTI: 4 di 3 locali per 4 persone, con biancheria letto, biancheria bagno, biancheria cucina, uso lavanderia, stoviglie, riscaldamento autonomo, televisore - affitto a settimana £ 550/700000, supplemento 10% per fornitura biancheria, riduzioni per bambini fino a 10 anni e per soggiorni superiori a una settimana, possibilità di letto aggiunto. Deposito cauzionale 20%.
SOGGIORNO MINIMO: 3 giorni.
Note: *supplemento £ 5000 per prenotazioni inferiori a tre giorni.*
SERVIZI E LOCALI COMUNI: parcheggio, telefono, taverna, giochi bimbi, solarium, barbecue. SPORT E TEMPO LIBERO: noleggio mountain bike, visite nei dintorni, passeggiate. COLTIVAZIONI: meli. PRODOTTI IN VENDITA: mele, miele.

Ùltimo
Ulten (BZ)

m 898 ⊠ 39016

Häuselerhof

a Santa Valburga/Sankt Walburg, località Innerdurach 141, tel. 0473795278 - chiusura: sempre aperto - ❧
▶ Da Bolzano Statale 38 in direzione Merano e poi deviazione per Lana; da qui seguire le indicazioni per San Pancrazio, e quindi per Santa Valburga. L'azienda si trova a 3,5 km dal centro.

Santa Valburga (m 1190) è un paese con caratteristiche case alpine in pietra e legno, ingentilite dai lunghi balconi fioriti e da tende all'uncinetto alle finestre. Il luogo interesserà sicuramente gli escursionisti, che dal rifugio Canziani (m 2561) potranno addentrarsi tra le montagne del Parco Nazionale dello Stelvio, ma anche quanti alle cime ardite preferiscono tranquille passeggiate.

⊞ APPARTAMENTI: 2 di varia disposizione per 2/7 persone, con riscaldamento - affitto al giorno £ 48/104000, i prezzi si riferiscono al soggiorno di 2/4 persone; possibilità di letto aggiunto; sconto 50% per bambini fino a 6 anni. Deposito cauzionale da concordare.
SERVIZI E LOCALI COMUNI: parcheggio, parco giochi bimbi.
ALLEVAMENTI: bovini, suini, pollame, conigli.

Valdàora
Olang (BZ)

m 981 ⊠ 39030

Bulandhof

a Valdaora di Sopra/Oberolang, via Salla 3, tel. 0474 496047 - chiusura: sempre aperto - ⊗
▶ Abbandonare la Statale 49 e dirigersi verso Valdaora di Sopra; in paese seguire le indicazioni dell'albergo Sala, nei cui pressi è ubicata l'azienda.

Accoglienza in un maso di antica struttura, circondato da un ampio spazio erboso. Siamo nella frazione alta del comune di Valdaora, ai piedi delle vette del Parco Naturale Fanes-Sennes-Braies, principale tentazione estiva. D'inverno si scia al Plan de Corones.

⊞ APPARTAMENTI: 4 di ampia metratura per 2/4 persone, con biancheria letto, biancheria bagno, stoviglie, riscaldamento centralizzato - affitto al giorno per persona £ 22/35000, supplemento per soggiorni inferiori a 3 giorni, sconto 20% per bambini fino a 8 anni.

Servizi e locali comuni: parcheggio, spazio all'aperto per giochi bimbi. Sport e tempo libero: ping pong; escursioni, passeggiate. Allevamenti: bovini, suini, pollame, conigli. Prodotti in vendita: uova, latte.

Winkelpeinterhof

a Valdaora di Sotto/Niederolang, via dei Campi 2, tel. 0474496610 - chiusura: sempre aperto - 🍴
▶ Da Brunico lasciare la Statale 49 al bivio per Valdaora di Sotto; l'azienda si trova nel centro del paese.

In uno dei punti più belli della val Pusteria, un ampio pianoro prativo accoglie le sparse frazioni di Valdaora. Da una parte si apre la valle di Anterselva, che sale al Parco Regionale delle Vedrette di Ries; dall'altra si raggiunge il rifugio Furcia e San Vigilio di Marebbe, principale punto di accesso al Parco Fanes-Sennes-Braies.

⊞ Appartamenti: 2 di varia diposizione per 4/6 persone, con riscaldamento - affitto al giorno £ 80/150000.
Servizi e locali comuni: parcheggio. Allevamenti: bovini, animali di bassa corte.

m 943 ✉ 39049

Boarerhof

a San Giacomo/Sankt Jakob 75, tel. 0472630143 - chiusura: sempre aperto - 🍴
▶ Da Vipiteno risalire la Val di Vizze percorrendo la Statale 508 fino a San Giacomo; l'azienda si trova nell'immediata periferia del paese.

Vacanze verdi nell'alta val di Vizze, sotto la mole del Gran Pilastro (m 3510). Sistemazione in una baita alpina adibita ad agriturismo senza snaturare la sua originaria fisionomia. A meno di un chilometro l'abitato, conveniente base per escursioni in alta quota.

🛏 Camere con servizi: 4 doppie, 2 a più letti, con biancheria letto, biancheria bagno, riscaldamento centralizzato - pernottamento per persona £ 30/34000, sconto 20% per bambini fino a 10 anni.
Servizi e locali comuni: parcheggio, locale soggiorno, sala TV, Stube, spazio all'aperto per giochi bimbi, frigorifero per ospiti. Allevamenti: bovini, suini, pollame.

Pircherhof

a Caminata/Kematen 56, tel. 0472646037 - chiusura: sempre aperto - 🍴
▶ Da Vipiteno deviare verso Nord-Est e percorrere la Statale 508 della Val di Vizze fino a Caminata, dove si trova l'azienda agrituristica.

Tipica residenza altoatesina della media valle d'Ultimo, situata nella contrada di Caminata. Località di soggiorno estivo e base per interessanti escursioni montane sulla cima Vallaccia. Si trova a soli 15 chilometri dalle vetrine e dalle sobrie mondanità di Vipiteno.

🛏 Camere con servizi: 3 doppie - pernottamento per persona £ 27/30000.
⊞ Appartamenti: 1 di ampia metratura per 2/6 persone, con stoviglie - affitto al giorno per persona £ 27/30000. Deposito cauzionale da concordare.
Note: le camere e l'appartamento sono dotati di biancheria per letto e per bagno, riscaldamento centralizzato; possibilità di letto aggiunto; sconto 20% per bambini fino a 5 anni.
Servizi e locali comuni: parcheggio, autorimessa, locale soggiorno, Stube, spazio all'aperto per giochi bimbi, frigorifero per ospiti.

m 942 ✉ 39030

Parrainerhof

a San Giacomo/Sankt Jacob 18, tel. 0474650180 - chiusura: sempre aperto - 🚫
▶ Da Campo Tures continuare verso Nord-Est lungo la Valle Aurina, superare Cadipietra, quindi girare a sinistra in direzione di San Giacomo; l'azienda dista 400 m circa dalla chiesa parrocchiale.

Stazione di soggiorno frequentata sia in estate, quando si sale verso la cima Dura e la Vetta d'Italia, sia in inverno, quando si scia sulle vicine piste. Si prende alloggio negli appartamenti ricavati dalla garbata ristrutturazione di un tipico edificio valligiano.

⊞ Appartamenti: 4 di ampia metratura per 2/5 persone, con biancheria letto, biancheria bagno, stoviglie, riscaldamento centralizzato - affitto al giorno £ 40/80000, sconto 10% per bambini fino a 10 anni.
Servizi e locali comuni: parcheggio, spazio all'aperto per giochi bimbi. Sport e tempo libero: ping pong. Allevamenti: bovini, suini, animali di bassa corte.

m 1191 ✉ 39030

Kradorferhof

a Santa Maddalena/Sankt Magdalena 4, tel. 0474 948043, fax 0474948043 - chiusura: sempre aperto - 🍴 previo accordi.

▶ Da Monguelfo imboccare la Provinciale della Valle di Casies e percorrerla fino a Santa Maddalena, dove si trova l'azienda agrituristica.

Il territorio del comune copre l'alta e media valle di Casies, che dallo spartiacque scende a immettersi nella val Pusteria. L'azienda agrituristica è allestita in un grande maso del paesino alpestre di Santa Maddalena, punto di partenza ideale per traversate impegnative e ascensioni.

⊞ Appartamenti: 4 di ampia metratura per 2/5 persone, con biancheria letto, biancheria bagno, stoviglie, riscaldamento centralizzato - affitto al giorno £ 55/105000, sconto 30% per bambini fino a 12 anni.
Servizi e locali comuni: parcheggio, sala TV, spazio all'aperto per giochi bimbi. Sport e tempo libero: ping pong, maneggio. Allevamenti: bovini, ovini, equini, pollame.

Mudlerhof

a San Martino/Sankt Martin, tel. 0474978446, fax 0474978446 - chiusura: sempre aperto - 🐾 previo accordi.
▶ Lasciare la Statale 49 a Monguelfo e percorrere la valle di Casies fino a 1 km circa prima di arrivare a San Martino; seguire la segnaletica dell'azienda.

In contrada San Martino, l'agriturista incontra questo bel complesso ristrutturato, con edificio di abitazione e l'annessa stalla-fienile. Facili passeggiate negli immediati dintorni, escursioni alle malghe e arrampicate sulle montagne circostanti.

⊞ Appartamenti: 4 di ampia metratura per 2/6 persone, con biancheria letto, biancheria bagno, stoviglie, riscaldamento centralizzato - affitto al giorno £ 60/130000, i prezzi si riferiscono al soggiorno di 2/4 persone, supplemento per pulizia finale £ 40000.

Servizi e locali comuni: parcheggio, sala TV, Stube, parco giochi bimbi. Sport e tempo libero: ping pong; noleggio biciclette, passeggiate. Coltivazioni: erbe aromatiche, erbe officinali. Allevamenti: bovini, suini, equini, pollame, conigli. Prodotti in vendita: uova, verdura, latte, yogurt.

Vandòies
Vintl (BZ)

m 722 ✉ 39030

Landmann

a Vandoies di Sotto/Niedervintl, Haslach 3, tel. 0472 869383, fax 0472869383 - chiusura: sempre aperto - 🐾 previo accordi.
▶ Uscita Bressanone della A22, quindi Statale 49 fino alla deviazione, sulla sinistra, per la località; l'azienda si trova a 1 km dal centro del paese.

Vandoies è ameno luogo di villeggiatura della bassa val Pusteria. Per una passeggiata si risale agevolmente la valle di Fundres, poi i più arditi proseguono per il rifugio del passo Ponte di Ghiaccio, ai piedi del Gran Pilastro (m 3510), luogo di remota e maestosa bellezza.

🛏 Camere con servizi: 6 doppie, con riscaldamento - pernottamento per persona £ 35/39000, sconto 30% per bambini fino a 8 anni.
Servizi e locali comuni: parcheggio, locale soggiorno, spazio all'aperto per giochi bimbi. Sport e tempo libero: piscina, ping pong. Allevamenti: bovini, pollame.

Velturno
Feldthurns (BZ)

m 851 ✉ 39040

Kropfsteinerhof

località Sotto Colle/Umtrum 151, tel. 0472847259 - chiusura: sempre aperto - 🐾 previo accordi.
▶ Dall'uscita Chiusa-Val Gardena della A22, superare il ponte sull'Isarco e deviare a destra in direzione di Velturno; l'azienda si trova 1,5 km prima del paese.

In posizione panoramica sulle ondulazioni che digradano verso l'Isarco, poco a valle di Bressanone, si offre ospitalità agrituristica in una linda casa di montagna, praticabile anche in inverno quando l'attenzione si sposta dalle passeggiate alle piste di sci.

◳ Appartamenti: 3 di ampia metratura per 2/4 persone, con biancheria letto, biancheria bagno, stoviglie, riscaldamento centralizzato - affitto al giorno £ 70/100000. Deposito cauzionale da concordare alla prenotazione.
Servizi e locali comuni: parcheggio, spazio all'aperto per giochi bimbi. Coltivazioni: viti. Allevamenti: ovini, suini.

Villabassa
Niederdorf (BZ)

m 1158 ⊠ 39039

Texerhof

via H. Wassermann 20, tel. 0474745026 - chiusura: sempre aperto - ❧
▶ Seguire la Statale 49 della Val Pusteria fino a Villabassa, quindi raggiungere il centro del paese; l'azienda si trova nei pressi del Museo del Turismo.

Il fabbricato, tradizionale, si trova in paese ed è stato adeguato alle esigenze agrituristiche. La vacanza, vogliendo, scorre via nella massima tranquillità, ma sarebbe un vero peccato non approfittare delle tante opportunità escursionistiche offerte dalle Dolomiti.

◳ Appartamenti: 3 di ampia metratura per 3/4 persone, con biancheria letto, biancheria bagno, riscaldamento centralizzato - affitto al giorno £ 60/120000.
Servizi e locali comuni: parcheggio, autorimessa. Allevamenti: bovini.

Parkhof

via Parco 45, tel. 0474745209 - chiusura: sempre aperto - ❧
▶ Da Brunico continuare lungo la Statale 49 fino a Villabassa; in paese dirigersi verso il parco pubblico, nei cui pressi si trova l'azienda.

Residenza valligiana di singolare bellezza, ai margini di questo centro di villeggiatura e sport invernali dell'alta val Pusteria. Gradevoli passeggiate lungo il fiume Rienza e nel pianoro coperto di prati e abetaie che circonda il paese.

◳ Appartamenti: 4 di ampia metratura per 2/7 persone, con biancheria letto, biancheria bagno, stoviglie, riscaldamento centralizzato - affitto al giorno £ 40/120000, i prezzi si riferiscono al soggiorno di 2/4 persone; sconto 30% per bambini fino a 10 anni.
Servizi e locali comuni: parcheggio, locale soggiorno, spazio all'aperto per giochi bimbi. Allevamenti: bovini, suini, pollame, conigli.

Villandro
Villanders (BZ)

m 880 ⊠ 39043

Pairerhof

via San Maurizio/Sauders 45, tel. 0472843178 - apertura: aprile-novembre.

▶ Dall'uscita Chiusa-Val Gardena della A22, superare l'Isarco e procedere per 2 km circa verso Sud-Ovest sulla Statale 12, quindi girare a destra e salire fino a Villandro; seguire la segnaletica.

Il panorama, che spazia dalla media valle dell'Isarco alle vette dolomitiche, è la migliore cornice per questa bella casa alpina ingentilita dai fiori ai balconi e dalle rose rampicanti. L'azienda è dotata di alpeggio con malga propria. Inoltre si pratica la fitoterapia e l'alimentazione biologica.

◁ Camere senza servizi: 3 doppie, con biancheria letto, biancheria bagno, riscaldamento centralizzato; 1 bagno in comune - pernottamento per persona £ 30000, sconto 50% per bambini fino a 10 anni; possibilità di sistemazione a mezza pensione e di letto aggiunto.
Servizi e locali comuni: parcheggio, Stube, spazio all'aperto per giochi bimbi. Allevamenti: bovini, pollame.

Ziano di Fiemme (TN)

m 953 ⊠ 38030

Maso Val Averta

via del Prenner 11, tel. 0462571463 - ettari 8 - ♿ - apertura: metà giugno-metà settembre e Natale-metà aprile - ✂ grossa taglia.
▶ Accesso alla Val di Fiemme dall'uscita autostradale di Egna-Ora tramite la Statale 48 oppure da Feltre con la Statale 50; l'azienda si trova fra Cavalese e Predazzo, 1 km fuori Ziano di Fiemme.

Ospitalità agrituristica offerta in una suggestiva costruzione in pietra e legno, con balconate panoramiche e arredi di gusto schiettamente alpino. Intorno pascoli e il profilo di montagne imponenti, dalla catena del Lagorai al gruppo del Latemar. Valle ricchissima di attrazioni turistiche estive e invernali.

◁ Camere con servizi: 2 singole, 5 doppie, con biancheria letto, biancheria bagno, riscaldamento centralizzato - pernottamento per persona £ 45/50000, pensione £ 75/80000, riduzioni per bambini fino a 12 anni. Deposito cauzionale £ 100000.
Carte di credito: CartaSi, Diner's Club, Bancomat.
▯ cucina della tradizione contadina (polenta e capretto) - vini regionali - £ 23/42000.
Servizi e locali comuni: parcheggio, telefono, sala TV. Coltivazioni: ortaggi, patate. Allevamenti: caprini, cavalli, animali di bassa corte.

LE BELLEZZE DELL'ALTO ADIGE:
MILLE COLORI E TANTI SAPORI

P rati verdi e fiori variopinti, intorno le Dolomiti con i loro suggestivi profili. Nevi scintillanti, valli ridenti, torrenti cristallini e morbide alture coltivate. Alto Adige: dove la natura è intatta, il clima ideale, l'amore per la terra ricco di tradizione. Qui nascono prodotti unici - gusti genuini, grandi aromi, nettari brillanti - protetti dal marchio di origine e qualità "Südtirol".

Per riconoscerli a colpo sicuro.
Per portarli a tavola ad occhi chiusi.

OGNI GIORNO UNA VACANZA IN ALTO ADIGE

Porta un po' di Alto Adige in tavola! I prodotti con il marchio "Südtirol" sono tutti legati alla cultura contadina: sono l'orgoglio di questa terra meravigliosa, che continua a produrli con amore per la natura e per l'ambiente, ma anche con intraprendenza moderna e tecnologicamente all'avanguardia. I prodotti con il marchio di tutela "Südtirol" sono idealmente dedicati a tutti i consumatori, di oggi e di domani, che sanno apprezzare i sapori veri e naturali.

MELE DELL'ALTO ADIGE

Golden Delicious, Stark Delicious, Morgenduft, Granny Smith, Jonagold, Gloster, Royal Gala ... le Mele dell'Alto Adige si riconoscono per l'inconfondibile aroma fresco e succoso, la polpa soda e croccante e la colorazione tipica di ogni varietà. Dalla Val Venosta fino alla Bassa Atesina e nella Valle Isarco - tra i 250 e 1000 m di altitudine - circa 8.000 piccole aziende a conduzione familiare si dedicano con amore e con esperienza alla frutticoltura, impiegando tecniche sempre più avanzate di coltivazione integrata - nel rispetto dell'ambiente e del consumatore.

SPECK DELL'ALTO ADIGE IGP

Internet: www.speck.it

L'unico, autentico Speck è quello con il marchio "Südtirol", a cui dal 1996 la Comunità europea ha riconosciuto l'Indicazione Geografica Protetta. Perché lo Speck Alto Adige IGP è inimitabile in tutto, a cominciare dal sapore equilibrato e dall'aroma delicato ottenuto grazie ad una produzione di tipo artigianale, affiancata da tecnologie moderne e dall'impegno delle più di 25 aziende che lo producono nel rispetto della tradizione e di una severa normativa.

LATTE E LATTICINI DELL'ALTO ADIGE

Yogurt cremoso in tanti gusti, burro ricco di sapore, mozzarelle leggere, formaggi tipici ... Ogni giorno il latte appena munto arriva dai masi di montagna alle centrali del latte e alle latterie sociali, dove viene lavorato secondo i più moderni criteri tecnologici. Il foraggiamento naturale del bestiame (oltre 1500 malghe in alta quota) permettono la produzione di latte e latticini naturalmente gustosi, genuini e preziosi per il nostro benessere, di qualità controllata e garantita dal marchio "Südtirol".

PANE DELL'ALTO ADIGE

Internet: www.pane.org

Farina di frumento integrale, di segale, di farro, pane dolce o alla frutta ... In Alto Adige vengono prodotte ogni giorno moltissime specialità tradizionali: lo "Schüttelbrot" originario dell'Altopiano dello

Sciliar, il pane di segale della Val Pusteria, i famosi "Paarl" della Val Venosta, diverse variazioni di pane di segale o misto di cereali, pane dolce pasquale, pane alla frutta, "Brezel" e "Zelten" - il tipico dolce natalizio ... Sempre di qualità controllata e produzione locale garantita dal marchio "Südtirol".

FRAGOLE E FRUTTI DI BOSCO DELL'ALTO ADIGE

Le fragole dell'Alto Adige, ma anche i lamponi ed il ribes, crescono in montagna: Val Martello, Val d'Ultimo, Renon, Valle Isarco e Val Pusteria. Maturano più lentamente, da metà giugno a settembre, sviluppando un sapore intenso e profumato. L'altitudine (800 - 1.800 m), il clima favorevole e la cura nella coltivazione permettono di ottenere piante forti e resistenti per natura, che i contadini dell'Alto Adige coltivano con amore ed esperienza, nel rispetto dell'ecologia e dell'ambiente.

VERDURA E PATATE DELL'ALTO ADIGE

La Verdura e le Patate dell'Alto Adige crescono in pieno sole ed all'aria pura di montagna. Si sviluppano in condizioni climatiche ideali (caldo di giorno e fresco di notte).

Maturano più lentamente e si raccolgono solo in piena estate. Il cavolfiore, il radicchio rosso, la barbabietola rossa e l'insalata iceberg sono coltivati in Val Venosta, Val Passiria, Val Martello, Renon, Valle Isarco, Val Pusteria e Alta Val di Non - tra i 500 ed i 1650 m di altitudine. Le patate dell'Alto Adige sono prodotte soprattutto nelle zone di montagna della Valle Isarco e della Val Pusteria, e vengono raccolte a fine estate.

MIELE DELL'ALTO ADIGE

Il Miele dell'Alto Adige è un prodotto assolutamente naturale. I nostri apicoltori garantiscono, con la cura e l'esperienza della loro arte, un prodotto genuino e ricco di preziose sostanze nutritive. Ciò significa igiene massima in tutte le fasi della lavorazione, conservazione in locali freschi e grande attenzione durante il delicato processo di liquefazione per evitare i danni di un eccessivo riscaldamento.

GRAPPA DELL'ALTO ADIGE

La grappa è legata alla produzione del vino, ed è eccezionale quando i vini sono eccezionali. Come in Alto Adige, terra di grande e antica

tradizione vitivinicola ... e di ottime grappe. In Italia la legge prevede che la grappa sia fatta mediante distillazione diretta delle vinacce: lo statuto dell'Associazione produttori Grappa dell'Alto Adige ha fissato una normativa ancora più severa per garantire un prodotto di altissima qualità, unico per il sapore, il profumo, il carattere e la limpidezza.

IL MARCHIO "SÜDTIROL":

UN CERCHIO + UNA MONTAGNA x TANTE COSE BUONE = ALTO ADIGE

Il marchio "Südtirol" è nato nel 1976 su iniziativa della Provincia Autonoma di Bolzano per garantire origine e qualità controllata. Ciò significa che ogni prodotto, a cui il marchio è riconosciuto, deve:
* essere rigorosamente originario dell'Alto Adige
* essere prodotto o cresciuto nel rispetto di una severa normativa che la Provincia ha fissato
* superare tutti i controlli di qualità previsti da ogni specifico regolamento.

A cura dell'Assessorato al Commercio della Provinca Autonoma di Bolzano

Per informazioni:
IPSE della Camera di commercio di Bolzano

39100 Bolzano
Via Perathoner, 10
Tel. 0471 945691
Fax 0471 945692
e-mail:
wifi-promotion@hk-cciaa.bz.it
Internet: www.hk-cciaa.bz.it

IL VINO IN ALTO ADIGE: VOCAZIONE E QUALITÀ RIVOLTE AL FUTURO

I magnifici vigneti altoatesini che si inerpicano in collina e sui fianchi dei monti - fra pievi, castelli e gli atavici masi della tradizione sudtirolese - sono la più eloquente verifica paesaggistica di una antica vocazione al vino. Ne parlò Goethe e, prima di lui, Montaigne. Ma le testimonianze più lontane risalgono al tempo dei Reti: inventori delle botti in legno, sconosciute invece ai Romani, di cui narra lo storico Plinio.

Dal passato al presente, quella del Sudtirolo vitivinicolo è una vocazione che, negli anni, si consolida e si afferma. Con una produzione di circa l'1% sul totale nazionale, questa terra ha assunto infatti una posizione centrale nello scenario dei vini italiani ed è oggi in grado di competere con le più illustri aree vinicole di Francia e Germania. Altra particolarità altoatesina è quella di avere, accanto alle ottime Cantine private, e come in nessun'altra parte del mondo, strutture di così alto livello come le locali Cantine sociali.

Tante, inoltre, le varietà vinificate in Sudtirolo: qui, infatti, anche i più famosi vitigni "internazionali" di Borgogna, Bordeaux e Renania sono presenti da più di un secolo.

E se è vero che i "bianchi" dell'Alto Adige hanno gran fama da tempo - segnatamente, Pinot bianco e Sauvignon - sono ben poche, in Europa e nel mondo, le aree altrettanto vocate a Cabernet, Merlot e Pinot nero.

VINI
DELL'ALTO ADIGE D.O.C.

Ma le tipologie cui guardano attualmente con particolare attenzione critica enologi e appassionati, sono senz'altro Lagrein e Gewürztraminer: due eccezionali varietà autoctone in clamoroso rilancio qualitativo.

Senza con ciò dimenticare l'altrettanto autoctona Schiava - madre dei Santa Maddalena, del Lago di Caldaro e di vinificazioni in purezza - da cui derivano gradevoli, dietetici, suadenti vini rossi: interpreti eccellenti del "bere bene" quotidiano.

Se a tutto ciò s'aggiunge il riconosciuto equilibrio nei prezzi dei vini dell'intero comparto, i vignaioli, gli operatori, i consumatori non possono che guardare al presente e al futuro dell'Alto Adige con meritata fiducia.

PROMOZIONE VINI ALTO ADIGE
Camera di Commercio di Bolzano - IPSE
39100 Bolzano
Via Perathoner, 8b-10
Tel. 0471/945690
Fax 0471/945692
e-mail: info@vinialtoadige.com
Internet: www.vinialtoadige.com

VENETO
TRA DOLOMITI E ADRIATICO

Questa regione è storica terra di 'villeggiatura',
ma alle grandi dimore patrizie oggi sono felicemente
subentrate cascine, rustici e baite montane.

I Veneto delle ville è un antesignano dell'agriturismo: ai tempi della Serenissima la residenza di campagna ebbe inizialmente una funzione di controllo della proprietà fondiaria, poi prese sempre più marcatamente i contorni del luogo di 'villeggiatura'. A quei tempi si soggiornava in pianura, lungo fiumi e canali, tutt'al più sui colli; oggi si fa agriturismo un po' dappertutto in una regione che dalla sponda orientale del lago di Garda all'arco della costa adriatica, dal corso del Po allo spartiacque alpino, presenta una grande varietà di paesaggi. Le statistiche parlano di una prevalenza della pianura (56%) rispetto alla montagna (29%) e alla collina (15%) ma non rendono conto della complessità della composizione territoriale nel passaggio dalle vette dolomitiche alle lagune adriatiche. In posizioni di rincalzo nelle classifiche nazionali di superficie (ottava con $18\,400$ km^2) e numero di abitanti (sesta con circa 4 milioni di abitanti), il Veneto è invece ai primi posti nella produzione di reddito (8%) e questo grazie anche a un'agricoltura di prim'ordine che contribuisce non poco alla fisionomia del paesaggio.

UFFICI TURISTICI

BELLUNO
piazza dei Martiri 8,
tel. 0437940083
Agordo
via XXVII Aprile 5/A,
tel. 043762105
Alleghe
piazza Kennedy 17,
tel. 0437523333
Arabba
via Centro,
tel. 043679130
Auronzo
via Roma 10,
tel. 04359359
Calalzo di Cadore
via Stazione 37,
tel. 043532348
Cortina d'Ampezzo
piazzetta San Francesco 8,
tel. 04363231
Falcade
piazza Municipio 1,
tel. 0437599241
Feltre
piazza Trento e Trieste 9,
tel. 04392540
Forno di Zoldo
via Roma 12,
tel. 0437787349
Pieve di Cadore
a Tai,
piazza Venezia 20,
tel. 043531644
Santo Stefano di Cadore
via Venezia 8,
tel. 043562230

142

Dalle malghe alpine alle ville venete

Il primo ambito dell'agriturismo veneto è la montagna. Non occorre scomodare le più famose località del Cadore e delle Dolomiti per coglierne le potenzialità; anche l'arco prealpino ha paesaggi bellissimi e le risorse per imporsi. In questo ambito l'attività agrituristica è legata soprattutto al paesaggio del pascolo essendo l'allevamento bovino e specialmente la casearia il motore dell'economia montana: l'«Asiago» (Dop), prodotto nelle malghe dell'omonimo altopiano, è il rappresentante di spicco del settore, spalleggiato nella rassegna d'eccellenza dal «Montasio» (Dop), tipico del Bellunese, e dal «Monte veronese» (Dop). Prodotto tipico dell'agricoltura di montagna è il «Fagiolo Lamon Vallata Bellunese» (Igp).

Secondo e più frequentato scenario dell'agriturismo veneto è la collina, che si sviluppa al piede dell'arco alpino dal Garda al Tagliamento ma comprende anche formazioni di eterogenea natura come l'anfiteatro del basso Garda, di origine morenica, oppure i colli Berici ed Euganei, che si innalzano isolati dalla pianura, i primi calcarei, i secondi vulcanici. Alcune zone, come i colli di Asolo, luogo di aristocratica storia, o il Montello, per l'abbondanza di funghi e la diffusa presenza di trattorie, vivono già un'intensa realtà turistica; tutta la collina veneta, comunque, ha una naturale disposizione per l'accoglienza rurale e una varietà di produzioni tipiche che di certo la incoraggia. Dappertutto è notevole la predisposizione per la viticoltura: delle 20 produzioni Doc regionali, buona parte sono di collina e tra esse spiccano nomi del calibro di «Bardolino», «Soave» e «Valpolicella». Complementare alla vigna è talora l'uliveto con due produzioni di spicco: «Garda» (Dop) e «Veneto», quest'ultima a raggruppare le produzioni localizzate. Altra gemma del medio rilievo è la ciliegia, che ha in Marostica la sua suggestiva capitale. Meno poetica ma sicuramente apprezzata è la lavorazione del maiale: tra i salumi il «Prosciutto veneto berico-euganeo» (Dop) e la «Soppressa trevigiana», prossima al massimo riconoscimento di qualità.

Sopra, il radicchio di Treviso, 'fiore d'inverno' che allieta la tavola veneta.

Sotto, la celebre Rotonda di Vicenza, eretta dal Palladio nel Cinquecento quale santuario del vivere in villa.

Uffici Turistici

BELLUNO
San Vito di Cadore
via Nazionale 9,
tel. 04369119
Sappada
Borgata Bach 20,
tel. 0435469131
Tambre
piazza 11 gennaio 1945 1,
tel. 043749277

PADOVA
Stazione Ferroviaria,
tel. 0498752077
Abano Terme
via P. D'Abano 18,
tel. 0498669055

ROVIGO
via J.H. Dunant 10,
tel. 0425361481
Badia Polesine
piazza Vittorio Emanuele II 37,
tel. 0425590696

TREVISO
piazzetta Monte di Pietà 8,
tel. 0422547632
Vittorio Veneto
piazza del Popolo 18,
tel. 043857243

VENEZIA
Stazione F.S. Santa Lucia,
tel. 0415298727
Bibione
via Maia 37/39,
tel. 0431442111

Nell'orizzonte padano, città d'arte e spiagge adriatiche

La pianura si divide in due fasce: l'alta pianura, asciutta e poco incline all'agricoltura, e la bassa, particolarmente ricca di acque sorgive e favorevole alle colture più esigenti. Gli orizzonti delle terre pianeggianti, specie avvicinandosi agli argini del Po, sono caratterizzati da distese di granoturco, che dà materia prima per la polenta, protagonista di tanti piatti della tavola veneta. Ricchissima la produzione ortofrutticola e molto diffuso anche qui l'allevamento, da cui deriva una notevole produzione di salumi e insaccati. Legate a singole località sono alcune produzioni d'eccellenza come il «Radicchio rosso di Treviso» (Igp), il «Radicchio variegato di Castelfranco» (Igp) e il «Riso Nano Vialone veronese» (Igp).

Il piacere dell'agriturismo di pianura nasce soprattutto dal recupero delle consuetudini delle nostre più o meno remote origini contadine. È la vacanza del pieno relax e della buona tavola come panacea delle tensioni cittadine.

Viene infine il litorale con il suo complesso di lagune e di zone umide. I due comprensori più caratteristici sono la laguna di Venezia e il Delta del Po: la prima è uno straordinario mosaico di ambienti naturali a cui si affiancano le opere dell'uomo; il secondo è costituito dall'incerto fronte lungo il quale il grande fiume incontra l'Adriatico. Per entrambi ci si potrebbe dilungare in accorate descrizioni: basti dire che sono ambienti unici, dove anche l'agriturismo assume connotazioni tutte da scoprire. In questi luoghi affacciati al mare si realizza un singolare connubio tra campagna e piaceri balneari.

Ottima combinazione anche sotto l'aspetto gastronomico, con i piatti di mare della tradizione veneziana e di quella rustica del Rovigotto.

AGRITURISMO, ALTERNATIVA ALLA FOLLA

L'aver concluso la descrizione dei vari ambiti regionali equivale ad aver dimostrato come l'ospitalità rurale, in una terra così ricca di attrattive turistiche, possa essere complementare alle formule turistiche convenzionali proponendo, a prezzi più che concorrenziali, una valida soluzione ai disagi causati dall'affollamento dei periodi di punta. Le potenzialità dell'accoglienza rurale in Veneto sono amplissime anche per la capillare rete di servizi che avvicinano le località minori ai capoluoghi, dove si concentra il patrimonio artistico, o le località di villeggiatura, distribuite equamente sulla riviera adriatica e sull'arco alpino. La cucina rustica, incentrata sull'orto, sulla carne e su una variegata gamma di formaggi, non fa che rendere ancor più appagante la vacanza in campagna. La tradizione è rappresentata dall'antica consuetudine dei contadini di smaltire le eccedenze di magazzino alla fine della stagione invernale. Una frasca inalberata sulla pubblica via segnalava questa disponibilità e se ne approfittava per una scampagnata e una tavolata a base di salumi e formaggi. Oggi l'usanza del 'magazin' è ancora viva anche se il consumo va ben oltre le ragionevoli scorte di una fattoria. Poco importa perché l'accoglienza non ha perso quel carattere di cordiale disponibilità del passato.

Sopra, un'alzavola, variopinta presenza delle lagune venete; dal mare all'arco alpino il Veneto riserva, al turista verde, emozioni non comuni.

Sotto, la Laguna Veneta che conserva, nel suo complesso, la geografia che le venne dalla Serenissima nella sua ostinata difesa dal mare.

ASSOCIAZIONI DI CATEGORIA

**AGRITURIST
Venezia**
Sede Regionale,
a Mestre,
via C. Monteverdi 15,
tel. 041987400

**TERRANOSTRA
Venezia**
Sede Regionale,
a Marghera,
via Orsato 22,
tel. 0412581711

**TURISMO VERDE
Venezia**
Sede Regionale,
a Marghera,
via Rizzardi 26,
tel. 041929167

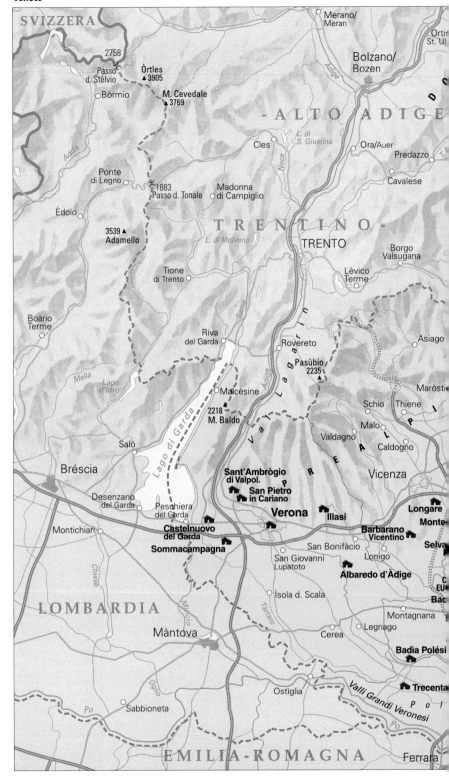

AUSTRIA

2999
Tre Cime
di Lavaredo

1636
Passo di M.
Croce di Comèlico

2780
M. Coglians

1360
Passo di
M. Croce Càrnico

le Tofane ▲3243

3221
M. Cristallo

Auronzo
di Cadore

Sappada

Pontebba

Livinallongo
del Col di Lana

Cortina d'Ampezzo

Passo
d. Màuria
1295

Comegliàns

so di Falzàrego
2105

Comelians

ordoi

Colle Santa Lucìa

C à r n i a

Tolmezzo

Marmolada
3343

M. Civetta
▲3220

Ampezzo

Falcade

▲2703
Cima
dei Preti

FRIULI-

Gemona
d. Friuli

Pale di S. Martino
3185

Àgordo

Longarone

-VENEZIA

artino
strozza

PARCO NAZ.

Ponte
n. Alpi

Maniago

San Daniele
d. Friuli

Tagliamento

Belluno

Spilimbergo

Ùdine

D. DOLOMITI

-GIULIA

LLUNESI

Feltre

Vittòrio
Vèneto

Sacile

Pordenone

Codròipo

eren
el Grappa

Tarzo

Livenza

Valdobbiàdene

Conegliano

Latisana

Grappa

Crocetta
del Montello

Piave

Motta
di Livenza

ano
rappa

Caerano
di San Marco

Montebelluna

Villorba

Ponte
di Piave

Lignano
Sabbiadoro

elfranco
Vèneto

Treviso

Roncade

Céggia

Torre di Mosto

Livenza

Càorle

ittadella

San Donà
di Piave

Vigodàrzere

Mestre

Lido di Jèsolo

Vigonza

VENÈZIA

Golfo

dova

Mira

di Venèzia

Vigonovo

Laguna
Vèneta

o
ne

Piove
di Sacco

Bovolenta

Chiòggia

MAR ADRIÀTICO

onselice

Brenta

San Martino
di Venezze

Adige

Rovigo

Àdria

Po di Venèzia

Rosolina

e

Porto Tolle

0   20   40 km

Àdria (RO)

m 4 ⊠ 45011

Scirocco

località Voltascirocco 3, tel. 042640963 - ettari 30 - apertura: Pasqua-settembre.
▶ A margine della direttrice che congiunge Rovigo a Rosolina e Albarella, sulla Strada Romea; l'azienda si trova 3 km fuori Àdria, in direzione di Loreo.

In una casa padronale di metà Ottocento grandi camini e pavimenti in mattoni rossi danno colore d'altri tempi al soggiorno agrituristico. Intorno l'ampio giardino, per la gioia dei bambini, e il profilo dei pioppi che seguono il sinuoso scorrere del Canal Bianco. Da marzo a maggio e da settembre a metà novembre si organizzano settimane verdi per ragazzi.

⊱ CAMERE SENZA SERVIZI: 4 a 3/5 letti, con biancheria letto, biancheria bagno, riscaldamento autonomo; 2 bagni in comune - pernottamento per persona £ 18/25000, prima colazione £ 5000, mezza pensione £ 48/55000. Deposito cauzionale 30% alla prenotazione.
⊟ 4 equipaggi.

)|| cucina veneta (piatti della tradizione contadina) - vini locali di produzione propria - £ 25/40000.
SERVIZI E LOCALI COMUNI: parcheggio, telefono, sala TV, sala lettura, parco giochi bimbi. SPORT E TEMPO LIBERO: maneggio; guida ai lavori agricoli, osservazione degli animali, passeggiate a cavallo, corsi di equitazione, visite nei dintorni, escursioni a piedi e a cavallo, visita al museo etnologico in azienda. COLTIVAZIONI: viti, granoturco, frumento. ALLEVAMENTI: suini, animali di bassa corte, api. PRODOTTI IN VENDITA: pollame, uova, marmellate, miele.

Albaredo d'Àdige (VR)

m 24 ⊠ 37041

Ca' dell'Acqua

a Coriano Veronese (Cap 37050), via Zurlare 27, tel. 045 7025008 - ettari 5 - chiusura: sempre aperto - ✿
▶ Lasciare la A4 allo svincolo di Soave e dirigere verso Sud superando San Bonifacio e Albaredo d'Àdige; dopo circa 5 km si raggiunge Coriano: da qui, 1 km a sinistra e si arriva in azienda.

L'ospitalità agrituristica viene offerta in una villa palladiana, tra filari di pioppi e siepi di bosco. Tutt'intorno il contado veronese, celebre per i suoi suggestivi borghi medievali e le pregiatissime vigne. Una buona occasione per sperimentare i sottili piaceri della provincia veneta.

⊱ CAMERE SENZA SERVIZI: 1 doppia; 1 bagno in comune - pernottamento per persona £ 45000, mezza pensione £ 60000. CAMERE CON SERVIZI: 4 doppie - pernottamento per persona £ 45000, mezza pensione £ 60000.
Note: *le camere sono dotate di biancheria per letto e per bagno, riscaldamento centralizzato e ampio balcone; sconto 50% per bambini fino a 10 anni.*
)|| cucina veneta - vini locali - £ 20/35000.
SERVIZI E LOCALI COMUNI: parcheggio, telefono, sala TV, sala lettura. SPORT E TEMPO LIBERO: ping pong, ricovero cavalli; disponibilità di biciclette, pesca, visite nei dintorni, passeggiate. COLTIVAZIONI: granoturco, ortaggi, foraggio. ALLEVAMENTI: animali di bassa corte. PRODOTTI IN VENDITA: pollame, salumi, pesce.

Badìa Polésine (RO)

m 11 ⊠ 45021

Le Clementine

via Colombano 1239/B, tel. 0425597029, fax 0425 589273 - ettari 5 - chiusura: sempre aperto - ✿
▶ Dall'uscita Rovigo della A13, procedere verso Ovest sulla Statale 499 che attraversa Lendinara e Badia Polesine; l'azienda è a 1 km dall'abitato.

La fattoria spicca, vivacemente dipinta di rosa, a poca distanza dagli argini dell'Adige che si propone, con il suo verde corteggio, come primo elemento di svago. All'interno mobili d'epoca, pavimenti a losanghe e festoni affrescati evocano ritmi e usanze dei tempi andati; ospitalità nella casa dell'imprenditore.

CAMERE CON SERVIZI: 4 doppie, 4 a 3/4 letti, con biancheria letto, biancheria bagno, riscaldamento, telefono, televisore - pernottamento per persona £ 60000, mezza pensione £ 70000, supplemento per soggiorni inferiori a 3 giorni.
SOGGIORNO MINIMO: 3 giorni.
cucina polesana (piatti della tradizione) - vini locali di produzione propria - £ 25/35000.
SERVIZI E LOCALI COMUNI: parcheggio, telefono, sala TV, sala lettura. SPORT E TEMPO LIBERO: disponibilità di biciclette, visite nei dintorni, passeggiate. COLTIVAZIONI: viti, ortaggi. ALLEVAMENTI: suini, pollame, conigli. PRODOTTI IN VENDITA: marmellate, miele.

Baone (PD)

m 17 ⊠ 35030

Alba

località Ca' Barbaro, via Madonnetta 14, tel. 0429 4480 oppure 03487456566, fax 04294480 - ettari 6 - chiusura: sempre aperto - ⌀
▶ Dall'uscita Monselice della A13 prendere la Statale 10 in direzione di Este; qui giunti una deviazione a destra conduce con 5,5, km a Baone e all'azienda che è ben segnalata.

Vacanze in cascina (prossimamente anche agricampeggio), con ampie prospettive escursionistiche nel verde comprensorio dei Colli Euganei. Per una giornata dedicata alla cultura c'è solo l'imbarazzo della scelta: Padova e la sua raffinata atmosfera; Este, Monselice e i tanti borghi medievali; non ultime le ville della Riviera del Brenta e l'intramontabile Venezia.

CAMERE SENZA SERVIZI: 4 doppie, con biancheria letto, biancheria bagno, riscaldamento; 2 bagni in comune - pernottamento per persona £ 40/45000, pensione £ 70/75000.
SOGGIORNO MINIMO: 2 notti.
cucina casalinga - vini locali di produzione propria - £ 21/35000.
SPORT E TEMPO LIBERO: gioco bocce, ping pong, ricovero cavalli; noleggio mountain bike, pesca, passeggiate a cavallo, visite nei dintorni. COLTIVAZIONI: viti, alberi da frutta. ALLEVAMENTI: caprini, pollame, struzzi. PRODOTTI IN VENDITA: vino, frutta, verdura, sottoli, marmellate.

Le Pesare

a Rivadolmo, via Ca' Bianche, tel. 0498803032 oppure 0330524409, fax 0498803032 - ettari 3 - apertura: aprile-ottobre - ⌀
▶ Da Este procedere verso Vo fino a Rivadolmo, poi salita per Calaone; l'azienda è a 3 km da Este.

Tipica casa rurale d'atmosfera familiare. Il soggiorno offre passeggiate nel verde del Parco Regionale dei Colli Euganei e gite verso le vicine città murate di Este, Monselice e Montagnana e la Riviera del Brenta; impianti sportivi nelle vicinanze.

APPARTAMENTI: 1 di 4 locali per 4/6 persone, con biancheria letto, biancheria bagno, biancheria cucina, stoviglie, riscaldamento a legna - affitto a settimana £ 500/600000, supplemento per biancheria e per pulizia finale.
SOGGIORNO MINIMO: 1 settimana.
SPORT E TEMPO LIBERO: passeggiate. COLTIVAZIONI: viti, prato.

Barbarano Vicentino (VI)

m 72 ⊠ 36021

Il Castello

via Castello 6, tel. 0444886055, fax 0444886055 - ettari 9,5 - chiusura: sempre aperto - ⌀
▶ Da Vicenza percorrere la Statale 247 per Este, fino a Ponte di Barbarano, poi deviare a destra per 4 km e raggiungere Barbarano; l'azienda è a 500 m dall'abitato, sulla sinistra della strada per Villaga.

Agriturismo d'élite. Gli appartamenti fanno parte di una palazzina settecentesca ristrutturata, inserita nel contesto monumentale di una grande villa dei Colli Berici. A disposizione degli ospiti l'ampio giardino storico.

⊞ APPARTAMENTI: 3 di varia metratura per 2/4 persone, con biancheria letto, biancheria bagno, biancheria cucina, uso lavanderia, stoviglie, riscaldamento centralizzato - affitto al giorno per persona £ 35/40000, riscaldamento £ 10000 al giorno; disponibilità anche di 1 camera indipendente con 2/3 posti letto; riduzioni per bambini fino a 12 anni. Deposito cauzionale 30%. SOGGIORNO MINIMO: 1 settimana.
SERVIZI E LOCALI COMUNI: parcheggio. COLTIVAZIONI: olivi, viti. PRODOTTI IN VENDITA: vino DOC, grappa, olio, miele.

Belluno

m 383 ⊠ 32100

Fulcio Miari Fulcis

Modolo Castion (Cap 32024), tel. 0437927198, fax 0437927198 - ettari 50 - ⚭ - chiusura: sempre aperto - ☜
▶ Partendo da Belluno percorrere 3 km della strada per Nevegal; un chilometro dopo Castion, deviare a sinistra per 600 m, poi un cancello di legno, sulla destra, indica l'ingresso in azienda.

Raffinato agriturismo per appassionati di equitazione e degli sport invernali. Settimane bianche in singolare combinazione: sugli sci alla mattina, in sella al pomeriggio. Ambiente signorile; camere con letti a baldacchino. Si organizzano settimane verdi per ragazzi da giugno a ottobre.

🛏 CAMERE SENZA SERVIZI: 4 doppie, 1 a 3 letti, con riscaldamento; 2 bagni in comune - pernottamento per persona £ 50000. CAMERE CON SERVIZI: 2 doppie, 1 a 4 letti - pernottamento per persona £ 50000.

Note: le camere sono dotate di biancheria per letto e per bagno, televisore.
⚠ 3 equipaggi ⛺ 3 equipaggi.
SERVIZI E LOCALI COMUNI: parcheggio, telefono, sala TV, taverna, sala giochi bimbi, sauna, barbecue. SPORT E TEMPO LIBERO: maneggio, ricovero cavalli; disponibilità di mountain bike, passeggiate a cavallo, escursioni. COLTIVAZIONI: granoturco, alberi da frutta. ALLEVAMENTI: cavalli. PRODOTTI IN VENDITA: marmellate, miele.

Sant'Anna

località Pedecastello di Castion 27, tel. 0437927293 oppure 043727491, fax 0437942172 - ettari 520 - chiusura: sempre aperto - ☜ previo accordi.
▶ Lasciare la città e percorrere circa 4 km della strada che porta al Nevegal; giunti a Castion, superare il distributore di benzina IP, poi svoltare a sinistra per 400 m.

Alle porte del Parco delle Dolomiti Bellunesi, si villeggia in posizione strategica tra una città di bella atmosfera e una montagna che offre opportunità d'estate, tra piccozza e mountain bike, e d'inverno, con le piste del Nevegal.

🛏 CAMERE CON SERVIZI: 1 doppia, con uso cucina, riscaldamento a legna e a gas - pernottamento per persona £ 30/50000.
⊞ APPARTAMENTI: 2 bilocali per 4 persone, con stoviglie, riscaldamento a gas, televisore - affitto al giorno per persona £ 30/50000.
SOGGIORNO MINIMO: 2 notti.
Note: la camera e gli appartamenti sono dotati di biancheria per letto, per bagno e per cucina.
SERVIZI E LOCALI COMUNI: parcheggio, sala TV. SPORT E TEMPO LIBERO: noleggio mountain bike, osservazione degli animali, visite nei dintorni. COLTIVAZIONI: granoturco, soia, prato. ALLEVAMENTI: bovini.

Bovolenta (PD)

m 6 ⊠ 35024

Venturato

a Fossaragna, via Argine Destro 29, tel. 0495347010, fax 0495347914 - ettari 10 - ⚭ - chiusura: sempre aperto - ⌀
▶ Abbandonare la A13 all'uscita Terme Euganee, quindi proseguire sulla destra toccando Due Carrare, Cartura e Bovolenta; da qui procedere lungo il fiume Bacchiglione per 3 km circa.

...i soggiorna sulle tranquille sponde del Bacchiglione ...n un rustico settecentesco che la recente ristruttura-...ione ha dotato di camere mansardate dotate di aria ...ondizionata. A portata di mano numerosi i luoghi ...'arte e di natura.*

CAMERE CON SERVIZI: 1 singola, 2 doppie, 4 a 3/4 let-..., con biancheria letto, biancheria bagno, riscaldamen-...o, climatizzazione - pernottamento per persona £ 50/...5000, pensione £ 100000, possibilità di forfait setti-...nanale; sconto 10% per bambini fino a 10 anni. ...ARTE DI CREDITO: Bancomat.
...I cucina veneta - vini regionali di produzione propria - ... 25/38000.
...ERVIZI E LOCALI COMUNI: parcheggio, telefono, giochi bim-...i. SPORT E TEMPO LIBERO: ping pong, maneggio, ricovero ...avalli; noleggio mountain bike, passeggiate a cavallo, ...orsi di equitazione, visite nei dintorni. COLTIVAZIONI: viti, ...ranoturco, frumento, soia, ortaggi, barbabietole, albe-... da frutta, erba medica. ALLEVAMENTI: caprini, cavalli, ...ollame. PRODOTTI IN VENDITA: vino, frutta, verdura, con-...etture, marmellate.

...n 124 ⌧ 31031

Col delle Rane

...ia Mercato Vecchio 18, tel. 0423650085, fax 0423 ...50652 - ettari 8,1 - ♿ - chiusura: sempre aperto - ✗
► L'azienda è a Nord-Est dell'abitato, in posizione ...arallela alla direttrice che collega la località di Bas-...ano del Grappa a Montebelluna.

...l panorama è quello della dolce collina trevigiana che ...ale verso Asolo e Possagno. Punto di riferimento del ...iacevole divagare di villa in villa è questa bella casa ...adronale dove si è ospitati in camere mansardate ...on travi a vista e alcune con soppalco.

CAMERE CON SERVIZI: 12 doppie, 2 a 4 letti, con bian-cheria letto, biancheria bagno, riscaldamento centraliz-zato - pernottamento per persona £ 50/60000, mezza pensione £ 68/85000.
⊞ APPARTAMENTI: 1 monolocale per 2 persone, 1 biloca-le per 4 persone, con uso lavanderia, riscaldamento autonomo - affitto al giorno £ 100000, affitto a setti-mana £ 650000. Deposito cauzionale da concordare. CARTE DI CREDITO: Visa, Mastercard.
Note: *le camere e gli appartamenti sono dotati di te-lefono e televisore.*
⊁ riservato agli ospiti - cucina casalinga - vini locali di produzione propria - £ 20/25000.
SERVIZI E LOCALI COMUNI: parcheggio, telefono. SPORT E TEM-PO LIBERO: ping pong; noleggio mountain bike, visite gui-date. COLTIVAZIONI: viti, ortaggi, alberi da frutta. PRODOTTI IN VENDITA: vino, marmellate, succhi di frutta.

m 1 ⌧ 30021

Lemene

località Marango, strada Durisi 16, tel. 049666237 op-pure 03358015776, fax 049666237 - ettari 100 - apertura: Pasqua-metà novembre - ⚘
► Dall'uscita San Stino di Livenza della A4 prendere la Statale in direzione di Caorle; percorrere 13,5 km poi svoltare a sinistra in corrispondenza del distributore Es-so; dopo 4,5 km si incontra l'azienda sulla destra.

Donna Antonia mette a disposizione degli ospiti una ca-sa di campagna «estremamente tranquilla, ospitale e curata, ideale per famiglie con bambini e giovani cop-pie», con possibilità di aiuto domestico. A portata di mano è la spiaggia di Caorle, dotata di tutti gli annessi mondani e sportivi (golf compreso), ma basta poco per ritrovarsi nel mondo fatato delle lagune e degli aironi.

⊞ APPARTAMENTI: 1 di ampia metratura per 6/7 persone, con biancheria letto, biancheria bagno, biancheria cuci-na, stoviglie, lavastoviglie, lavatrice, telefono, televisore satellitare - affitto al giorno £ 100/150000, affitto a settimana £ 700/1050000, biancheria £ 10000 a per-sona, pulizia finale £ 20000 a persona. Deposito cau-zionale £ 250000.
SOGGIORNO MINIMO: 1 settimana.
SERVIZI E LOCALI COMUNI: parcheggio. SPORT E TEMPO LIBERO: ping pong; visite nei dintorni. COLTIVAZIONI: granoturco, frumento, soia, alberi da frutta, erba medica.

ZUCCATO

i Crauti - i Cetrioli agrodolci - i Cetrioli all'aceto - i Peperoni

agrodolci - la Giardiniera e l'Insalatina - le Cipolline maggioline

e borettane - i Peperoni lombardi e veneti - le Barbabietole rosse

- la Brovada - il Kren e la Senape - le Olive verdi, le Olive

verdi giganti, le Olive della Riviera - le Olive verdi d'enocciolate,

le Olive verdi farcite - i Capperi - le Pannocchiette di mais -

l'Aceto di mele - la Confettura Extra di Mirtilli rossi

dal 1898

ZUCCATO
Via Roma - 36030 Caltrano (VI) Italy
Internet: www.zuccato.it - E-mail: info@zuccato.it

Castelnuovo del Garda (VR)

m 130 ✉ 37014

Finilon

località Finilon 7, tel. 0457575114 - ettari 21 - chiusura: sempre aperto -

▶ Dal casello Peschiera del Garda della A4, dirigersi verso Verona; a Castelnuovo del Garda, deviare a destra per Valeggio sul Mincio; percorsi 3 km, imboccare la stradina a sinistra con l'indicazione dell'azienda.

La fattoria, il cui nucleo originario risale al passaggio tra Settecento e Ottocento, è raccolta attorno a una grande corte chiusa. Il lago più turistico d'Italia è a una decina di chilometri, ma per gli amanti delle atmosfere più tranquille c'è sempre l'alternativa delle colline moreniche che fanno corona al Mincio.

CAMERE SENZA SERVIZI: 1 singola, 3 doppie; 2 bagni in comune - pernottamento per persona £ 35/40000.

APPARTAMENTI: 2 monolocali per 2/4 persone, con biancheria cucina, stoviglie, riscaldamento, televisore - affitto al giorno £ 75/100000.

SOGGIORNO MINIMO: 2 notti.

Note: *le camere e gli appartamenti sono dotati di biancheria per letto e per bagno.*

SERVIZI E LOCALI COMUNI: parcheggio. SPORT E TEMPO LIBERO: guida ai lavori agricoli, visite nei dintorni. COLTIVAZIONI: viti, granoturco, orzo, foraggio. ALLEVAMENTI: bovini.

Céggia (VE)

m 2 ✉ 30022

Pra' d'Arca

via Caltorta 18, tel. 0421329755, fax 0421329755 - ettari 4,5 - ♿ - chiusura: sempre aperto -

▶ 1,5 km a Ovest di Ceggia a cui si arriva dallo svincolo Cessalto della A4 con 4 km di rettilineo.

Nelle campagne ricche di acque tra il Piave e il Livenza, a poca distanza dal suggestivo bosco planiziale di Olmé, si fa villeggiatura quasi balneare potendo scegliere tra Jesolo e Caorle. Alla cascina fa contorno una veranda vetrata e un ampio spazio a prato.

CAMERE SENZA SERVIZI: 3 singole, 1 doppia, 1 a 3 letti; 2 bagni in comune - pernottamento per persona £ 20/40000, prima colazione £ 5/10000, pensione £ 55/80000. CAMERE CON SERVIZI: 1 a 4 letti - pernottamento per persona £ 20/40000, prima colazione £ 5/10000, pensione £ 55/80000. Deposito cauzionale 30% alla prenotazione.

SOGGIORNO MINIMO: 3 giorni.

Note: *le camere sono dotate di biancheria per letto e per bagno, riscaldamento centralizzato; sconto 15% per chi usa biancheria propria.*

6 equipaggi 6 equipaggi.

cucina del territorio - vini locali di produzione propria - £ 15/30000.

SERVIZI E LOCALI COMUNI: parcheggio, telefono, sala TV, sala lettura. SPORT E TEMPO LIBERO: ping pong; guida ai lavori agricoli, osservazione degli animali, visite nei dintorni, passeggiate nel bosco. COLTIVAZIONI: viti, seminativi. ALLEVAMENTI: animali di bassa corte. PRODOTTI IN VENDITA: pollame, vino.

Chiòggia (VE)

m 2 ✉ 30015

Ca' Rustica

a Ca' Lino, via Ca' de Luca 15, tel. 0415200562, fax 0415209061 - ettari 78 - apertura: marzo-novembre -

▶ Da Chioggia guadagnare la Strada Romea e dirigere verso Ravenna; superato il Brenta, deviare a sinistra per circa un chilometro in direzione di Ca' Lino.

L'ospitalità agrituristica viene offerta in una casa colonica con ampio giardino nell'immediato entroterra lagunare, in posizione strategica per raggiungere Venezia (in vaporetto), Padova (lungo la Riviera del Brenta) e Ravenna (attraversando il delta del Po). Accoglienza genuinamente contadina.

APPARTAMENTI: 1 di 3 locali per 5 persone, con biancheria letto, biancheria bagno, biancheria cucina, stoviglie, lavatrice, riscaldamento autonomo, televisore - affitto al giorno £ 100/125000, pulizia £ 50000 a settimana. Deposito cauzionale £ 300000.

SOGGIORNO MINIMO: 3 giorni in alta stagione.

SERVIZI E LOCALI COMUNI: parcheggio, telefono, sala giochi bimbi. SPORT E TEMPO LIBERO: ping pong; noleggio biciclette, visite nei dintorni, passeggiate. COLTIVAZIONI: viti, granoturco, soia, ortaggi. ALLEVAMENTI: bovini. PRODOTTI IN VENDITA: vino, verdura, latte.

Colle Santa Lucia (BL)

m 1015 ⊠ 32020

Frena Luigi

via Pian 1, tel. 0437720084 - ettari 10 - &. - apertura: dicembre-metà aprile e metà maggio-ottobre - ✗
▶ Si accede percorrendo l'itinerario che tocca Belluno, Agordo, Alleghe, Caprile; da qui, continuare verso il passo del Falzarego per 6 km, poi deviare a destra.

Nello splendido scenario della val Fiorentina, si soggiorna in uno chalet a m 1450 di quota, di recente costruzione. Aperta quasi tutto l'anno, con i più celebri caroselli sciistici delle Dolomiti bellunesi a mezz'ora di strada, non è da sottovalutare neppure per una vacanza invernale.

⊞ APPARTAMENTI: 2 di 4 locali per 6 persone, con biancheria letto, biancheria bagno, stoviglie, lavatrice, riscaldamento centralizzato - affitto al giorno per persona £ 30/35000, affitto a settimana per persona £ 150/210000.
SOGGIORNO MINIMO: 2 notti.
SERVIZI E LOCALI COMUNI: parcheggio. SPORT E TEMPO LIBERO: escursioni. COLTIVAZIONI: ortaggi, foraggio. ALLEVAMENTI: bovini. PRODOTTI IN VENDITA: formaggio, burro.

Crocetta del Montello (TV)

m 146 ⊠ 31035

Montello

a Ciano del Montello, via Vaccari presa XVI, tel. 0423 84838 - ettari 10 - &. - chiusura: sempre aperto.
▶ Raggiunta Crocetta del Montello con breve digressione - poco a Nord di Montebelluna - dalla direttrice per Feltre, proseguire per altri 2 km circa in direzione di Nervesa della Battaglia; l'azienda si trova nei pressi dell'Osservatorio del Re-Colonna romana.

Vacanza tra i boschi in una zona poco nota del Montello, a quota 350 sul mare, ma panoramica e ricca di attrattive naturalistiche. Lo stile rustico accomuna came-

re e appartamenti. A disposizione degli ospiti uno spazio esterno e i prodotti dell'orto e del frutteto. Previo accordi, si organizzano settimane verdi per gruppi di ragazzi con accompagnatore.

🛏 CAMERE CON SERVIZI: 2 doppie, 2 a 3 letti, con biancheria bagno, riscaldamento - pernottamento per persona £ 40/50000, prima colazione £ 5/9000, mezza pensione £ 55/60000, sconto 20% sul prezzo di mezza pensione per bambini fino a 10 anni.
⊞ APPARTAMENTI: 2 bilocali per 4 persone, con biancheria cucina, uso lavanderia, stoviglie, riscaldamento autonomo, televisore - affitto al giorno £ 80/100000, affitto a settimana £ 500/600000, i prezzi sono riferiti al soggiorno di 3 o 10 giorni.
SOGGIORNO MINIMO: 3 giorni.
🍴 cucina veneta (paste fresche, grigliate) - vini locali - £ 20/30000.
SERVIZI E LOCALI COMUNI: parcheggio, telefono, giochi bimbi. SPORT E TEMPO LIBERO: guida ai lavori agricoli, escursioni, passeggiate nel bosco. COLTIVAZIONI: cereali, ortaggi, patate, alberi da frutta, foraggio. ALLEVAMENTI: bovini, suini, equini, api. PRODOTTI IN VENDITA: salumi, verdura, miele.

Feltre (BL)

m 325 ⊠ 32032

Meneguz Aurelia

a Villabruna, via Arson 113, tel. 043942136 - ettari 3 - &. - chiusura: sempre aperto - ✗
▶ Lasciare l'abitato di Feltre in direzione Nord e procedere sulla direttrice per Cesiomaggiore fino a raggiungere Villabruna; da qui, prendere la deviazione sulla sinistra che conduce ad Arson e seguire la segnaletica dell'azienda.

L'azienda è situata all'interno del Parco Nazionale delle Dolomiti Bellunesi ed è una base ideale per le escursioni e le ascensioni. Si alloggia in un edificio in pietra, ristrutturato con mano felice per l'ospitalità agrituristica, con accoglienti interni in legno. Il tutto corredato dalla splendida posizione soleggiata e panoramica.

🛏 CAMERE SENZA SERVIZI: 3 doppie, con biancheria letto, riscaldamento centralizzato; 2 bagni in comune - pernottamento per persona £ 22000, pensione £ 45000. Deposito cauzionale £ 100000.
🍴 cucina del territorio (risotto con erbe spontanee) - vini regionali - £ 15/22000.
SERVIZI E LOCALI COMUNI: parcheggio, telefono, taverna. COLTIVAZIONI: ortaggi, patate, prato. ALLEVAMENTI: bovini, pollame. PRODOTTI IN VENDITA: formaggio, miele.

Illasi (VR)

m 157 ⊠ 37031

Centro Ippico Agrituristico

a Cellore (Cap 37030), località Deserto 1, tel. 045 7834441, fax 0457834441 - ettari 7 - chiusura: sempre aperto - ▲

▶ Uscita Verona Est della A4, poi a destra sulla Statale per Vicenza fino a Caldiero, ove si svolta a sinistra per Illasi (dopo 6 km) e Cellore (dopo altri 2); al primo incrocio di Cellore andare a sinistra e, dopo il guado, proseguire a destra.

Dalla collina si scende verso l'Adige lungo antichi percorsi di campagna. Soggiorno in una casa colonica dell'Ottocento, con annesso centro di turismo equestre abilitato al rilascio di patenti Fise. Mansarde rustiche con travi e finiture in legno a vista.

🔑 CAMERE CON SERVIZI: 1 doppia, 1 a 3 letti - pernottamento per persona £ 30/40000, prima colazione £ 5/10000.

⊞ APPARTAMENTI: 2 di 3 locali per 4/5 persone, con biancheria cucina, stoviglie - affitto al giorno £ 100/ 150000. Deposito cauzionale 30% alla prenotazione.

Note: le camere e gli appartamenti sono dotati di biancheria per letto e per bagno, riscaldamento centralizzato.

SERVIZI E LOCALI COMUNI: telefono. SPORT E TEMPO LIBERO: ping pong, maneggio, ricovero cavalli; passeggiate a cavallo, corsi di equitazione, visite nei dintorni. COLTIVAZIONI: olivi, viti, alberi da frutta, erba medica. ALLEVAMENTI: cavalli, pollame, conigli, pavoni. PRODOTTI IN VENDITA: vino, frutta, miele.

Livinallongo del Col di Lana (BL)

m 1090 ⊠ 32020

El Cirum

località Grone di Masarei 25, tel. 043679422 - ettari 17 - chiusura: sempre aperto - ✗

▶ A margine della Statale 48, che unisce Cortina d'Ampezzo a Canazei, a poco più di 2 km da Arabba.

Posizione panoramica a 1585 m di quota e contesto ambientale di assoluto valore. Il maso è di recente costruzione, ma tradizionale per fisionomia e arredi. I dintorni sono ricchi di fauna e flora e conservano numerose testimonianze della cultura materiale e delle vicende storiche della Grande Guerra.

🔑 CAMERE CON SERVIZI: 2 a 3/4 letti, con biancheria letto, biancheria bagno, uso lavanderia, telefono - pernottamento per persona £ 33/40000.

⊞ APPARTAMENTI: 2 bilocali per 4/5 persone, con stoviglie - affitto al giorno per persona £ 30/40000, fornitura biancheria £ 50000, pulizia finale £ 60000. Deposito cauzionale 30%.

SOGGIORNO MINIMO: 1 settimana.

Note: le camere e gli appartamenti sono dotati di riscaldamento centralizzato e a legna; sconto 15% per bambini fino a 6 anni.

SERVIZI E LOCALI COMUNI: parcheggio, telefono. SPORT E TEMPO LIBERO: visite nei dintorni, escursioni. COLTIVAZIONI: ortaggi, patate. ALLEVAMENTI: bovini, pollame.

Longare (VI)

m 29 ⊠ 36023

Costozza dei Conti da Schio

a Costozza, piazza da Schio 4, tel. 0444555032, fax 0444555073 - ettari 87 - chiusura: sempre aperto - ▲ previo accordi.

▶ Dall'uscita Vicenza Est della A4 imboccare la Statale 247 e raggiungere Longare; quindi proseguire per 1,5 km fino alla deviazione a destra per Costozza.

Un'azienda vinicola con una cornice d'eccezione: le ville di Schio, infatti, circondate da uno scenografico giardino a terrazze, costituiscono uno dei gruppi monumentali più spettacolari del Vicentino. La caratteristica più singolare del luogo, però, è data dalle caverne naturali utilizzate già dai Romani per conservare il vino (e proprio dal latino "custodia" deriva il toponimo Costozza).

🔑 CAMERE CON SERVIZI: 2 doppie, 1 a 3 letti, con uso cucina, uso lavanderia - pernottamento per persona £ 120000.

⊞ APPARTAMENTI: 1 di ampia metratura per 10 persone, con stoviglie, lavastoviglie, lavatrice, televisore - affitto a settimana £ 2500000. Deposito cauzionale 30% alla prenotazione.

SOGGIORNO MINIMO: 3 notti.

Note: le camere e l'appartamento sono dotati di biancheria per letto, per bagno e per cucina, riscaldamento centralizzato; letto aggiunto £ 20000 a notte.

SERVIZI E LOCALI COMUNI: parcheggio, sala TV, sala lettura. SPORT E TEMPO LIBERO: gioco bocce, ping pong; visite nei dintorni, escursioni. COLTIVAZIONI: viti, cereali. PRODOTTI IN VENDITA: vino.

Le Vescovane

via S. Rocco 19, tel. 0444273570 oppure 0444 273612, fax 0444273265 - ettari 15 - chiusura: periodo in gennaio - ✗

▶ Dall'uscita Vicenza Est della A4 dirigersi verso Debba, poi a destra per 2,5 km sulla Statale 247 fino a raggiungere Longare; l'azienda si trova in collina, circa 4 km a Sud-Ovest della località.

Nella verde cornice dei Colli Berici, in un interessante contesto escursionistico, soggiorno e ristorazione agrituristica di prim'ordine. L'edificio principale, casa di caccia di un nobiluomo veneziano, è un tranquillo e panoramico relais di mezza collina; il rustico, dall'ampio portico, è un gradevole ristorante dove in ogni stagione si gustano specialità vicentine e siciliane (vista l'origine della cuoca). Nelle vicinanze, maneggio e tennis convenzionati.

🛏 CAMERE CON SERVIZI: 9 doppie, con biancheria letto, biancheria bagno, riscaldamento centralizzato, climatizzazione, telefono, televisore - pernottamento per persona £ 64/80000, mezza pensione £ 89/105000, forfait settimanale £ 350/400000. Deposito cauzionale 30%.

SOGGIORNO MINIMO: 1 settimana in alta stagione. CARTE DI CREDITO: American Express, CartaSi, Diner's Club.

🍴 cucina casalinga (paste fresche) - vini regionali di produzione propria - £ 30/45000.

SERVIZI E LOCALI COMUNI: parcheggio, telefono, sala TV, sala lettura, solarium. SPORT E TEMPO LIBERO: campo da tennis; noleggio mountain bike, percorsi per mountain bike, guida ai lavori agricoli, osservazione degli animali, corsi di cucina, visite nei dintorni, passeggiate naturalistiche. COLTIVAZIONI: olivi, viti, ortaggi, patate, alberi da frutta. ALLEVAMENTI: suini, caprini, animali di bassa corte. PRODOTTI IN VENDITA: salumi, vino.

m 13 ⊠ 45037

Ca' del Nonno

via Corno 35, tel. 042589785 - ettari 8 - chiusura: sempre aperto - ✆ previo accordi.

▶ L'azienda si trova a 1 km dal Po e dalla Statale 482, che collega Mantova a Ferrara, e a 5 km da Ostiglia attraversata dalla direttrice Verona-Modena.

Da una parte l'orizzonte è quello ricco d'acque e vegetazione delle Valli Grandi Veronesi, dall'altra quello degli argini del Po che invitano a rilassanti gite in bicicletta. Si alloggia in una casa rurale ristrutturata salvaguardandone l'antica fisionomia.

🛏 CAMERE SENZA SERVIZI: 1 singola, 2 doppie, con biancheria letto, riscaldamento centralizzato; 1 bagno in comune - pernottamento per persona £ 50000.

🍴 cucina veneta (tagliatelle con l'anatra) - vini regionali - £ 30/60000.

SERVIZI E LOCALI COMUNI: parcheggio. COLTIVAZIONI: granoturco, grano, ortaggi. ALLEVAMENTI: animali di bassa corte. PRODOTTI IN VENDITA: angurie, meloni, verdura.

m 5 ⊠ 30034

Santa Barbara

a Gambarare (Cap 30030), via Seriola Veneta destra 130, tel. 041428929, fax 041428929 - ettari 40 - chiusura: sempre aperto - ✆

▶ Da Mestre imboccare la Strada Romea dirigendo verso Chioggia; 2 km oltre una grande rotatoria, svoltare a destra in corrispondenza della deviazione per Malcontenta; quindi proseguire per 1,5 km superando un quadrivio e un ponticello.

L'ambiente domestico è quello verdeggiante di una casa colonica di notevole dignità, arredata con mobili d'epoca. Il contesto più ampio è quello, a dir poco straordinario, della Riviera del Brenta, scenario delle villeggiature cantate dal Goldoni.

⊞ APPARTAMENTI: 1 di 3 locali per 4 persone, con biancheria letto, biancheria bagno, biancheria cucina, stoviglie, riscaldamento autonomo, telefono, televisore - affitto a settimana £ 800/1200000, pulizia finale £ 60000, riscaldamento a consumo. Deposito cauzionale 40%.

SOGGIORNO MINIMO: 1 settimana.

Servizi e locali comuni: parcheggio. Sport e tempo libero: ping pong; noleggio biciclette, guida ai lavori agricoli, osservazione degli animali, passeggiate. Coltivazioni: grano, orzo, soia, ortaggi, barbabietole. Allevamenti: animali di bassa corte.

Montegalda (VI)

m 28 ✉ 36047

Il Palazzone

via G. Roi 33, tel. 0444635001, fax 0444737040 - ettari 10 - chiusura: sempre aperto - ✆ previo accordi.

▶ Partendo da Vicenza imboccare la A4 per Padova; uscire a Grisignano e dirigersi verso Montegalda; dal centro del paese seguire per circa un chilometro le indicazioni per Vicenza.

Nella placida pianura solcata dal Bacchiglione, un agriturismo incentrato sulla cinquecentesca dimora dei fratelli Brunello, titolari di una delle più quotate distillerie del Veneto. Soggiorno in ambiente rustico, ristrutturato con grande cura; cucina tendenzialmente vegetariana (vista la gustosa deroga concessa a formaggi e salumi). Periodicamente, corsi per assaggiatori di grappa e manifestazioni musicali.

☞ Camere con servizi: 2 singole, 3 doppie, con biancheria letto, biancheria bagno, riscaldamento centralizzato, climatizzazione, telefono - pernottamento per persona £ 50/90000, possibilità di letto aggiunto; riduzioni per lunghi soggiorni. Deposito cauzionale da concordare. Carte di credito: Visa.
🏕 5 equipaggi.
)(cucina vegetariana (primi piatti) - vini locali di produzione propria - £ 28/35000.
Servizi e locali comuni: parcheggio, telefono, sala TV. Sport e tempo libero: gioco bocce, pallavolo, campo di calcetto, ping pong; visita alla cantina con degustazione. Coltivazioni: viti, granoturco, ortaggi, erbe aromatiche, alberi da frutta. Allevamenti: suini, animali di bassa corte. Prodotti in vendita: vino, grappa, frutta, verdura, sottoli, marmellate.

Motta di Livenza (TV)

m 9 ✉ 31045

La Casa di Bacco

via Callalta 52, tel. 0422768488, fax 0422765091 - ettari 50 - 🔥 - chiusura: sempre aperto - ✆
▶ Dall'uscita San Stino di Livenza della A4 raggiungere Lorenzaga, quindi immettersi nella Statale 53 in direzione di Annone Veneto; dopo 400 m circa, voltare a destra e seguire le indicazioni dell'azienda.

L'ampio rustico, rinnovato nel sacro rispetto della tradizione, si trova al centro di una vasta tenuta vinicola. A 20 km le spiagge di Caorle e Jesolo, a 50 quelle di Lignano Sabbiadoro e Bibione con tutto il loro contorno naturalistico. Si organizzano settimane verdi per ragazzi. In azienda, enoteca con vendita anche di distillati d'uva.

☞ Camere con servizi: 6 doppie, 5 a 3 letti, con biancheria letto, biancheria bagno, riscaldamento autonomo, climatizzazione, telefono, televisore - pernottamento per persona £ 45/70000, prima colazione £ 10/15000.
Carte di credito: Visa, Mastercard, Bancomat.
)(cucina casalinga (paste fresche) - vini regionali di produzione propria - £ 35/55000.
Servizi e locali comuni: parcheggio, telefono, sala TV, sala lettura, taverna, parco giochi bimbi. Sport e tempo libero: gioco bocce, basket; noleggio biciclette. Coltivazioni: viti, ortaggi, alberi da frutta. Allevamenti: suini, pollame, conigli. Prodotti in vendita: vino, grappa.

Ponte di Piave (TV)

m 11 ✉ 31047

Rechsteiner ⭐ TCI

a San Nicolò, via Montegrappa, tel. 0422807128 oppure 0422752074, fax 0422752155 - ettari 250 - chiusura: sempre aperto - ✆ piccola taglia.
▶ Dal casello San Donà-Noventa della A4, proseguire verso Nord per 8,5 km; arrivati a Ponte di Piave, sulla direttrice Treviso-Oderzo, deviare a destra per 5 km seguendo la segnaletica per San Nicolò.

Nelle rinomate terre vinicole che accompagnano il Piave, si soggiorna in una casa colonica ristrutturata, dotata di ogni comfort, punto ideale di partenza per escursioni verso il mare, le città d'arte e le mete naturalistiche che gravitano intorno alle lagune venete.

☞ Camere con servizi: 6 doppie - pernottamento per persona £ 50/70000.
🏠 Appartamenti: 2 bilocali per 3/4 persone, con biancheria cucina, stoviglie, televisore - affitto al giorno £ 180/240000, affitto a settimana £ 800/900000. Deposito cauzionale £ 200000.
Soggiorno minimo: 3 giorni. Carte di credito: American Express, Diner's Club, Visa, Mastercard.
Note: *le camere e gli appartamenti sono dotati di biancheria per letto e per bagno, riscaldamento centralizzato e uso lavanderia.*
)(cucina del territorio (paste fresche) - vini locali di produzione propria - £ 30/40000.
Servizi e locali comuni: parcheggio, telefono, sala TV. Sport e tempo libero: noleggio mountain bike, guida ai lavori agricoli, corsi di cucina, visite nei dintorni. Coltivazioni: viti, granoturco, soia, ortaggi, barbabietole. Allevamenti: suini, pollame. Prodotti in vendita: vino.

Porto Tolle (RO)

m 1 ☒ 45018

Caprissio

a Ca' Mello, via Cesare Terranova 1, tel. 042680053 - ettari 17 - &. - apertura: week end e alta stagione - ✖
▶ Raggiunta Porto Tolle tramite deviazione dalla Strada Romea, procedere in direzione Scardovari fino alla svolta sulla destra che conduce a Ca' Mello; percorsi circa 3 km, prendere nuovamente a destra per 2 km.

Ospitalità agrituristica in un'ampia struttura di fisionomia modernamente rustica, dotata di spazi verdi e superfici adatte all'agricampeggio. Adiacente è l'avio-superficie per ultraleggeri con possibilità, per gli audaci, di voli sul delta del Po (i pavidi si accontentano delle gite in barca).

🔖 CAMERE CON SERVIZI: 1 singola, 2 doppie, con biancheria letto, biancheria bagno - pernottamento per persona £ 30/40000, prima colazione £ 8/13000, letto aggiunto £ 20/25000.
🏕 6 equipaggi 🚐 6 equipaggi.
🍴 cucina polesana (piatti della tradizione) - vini regionali - £ 22/35000.
SERVIZI E LOCALI COMUNI: parcheggio, telefono, sala TV, sala lettura. SPORT E TEMPO LIBERO: tiro con l'arco; noleggio mountain bike. COLTIVAZIONI: granoturco, grano, ortaggi, alberi da frutta. ALLEVAMENTI: suini, animali di bassa corte.

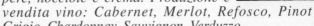
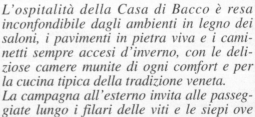

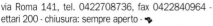

Roncade (TV)

m 8 ⊠ 31056

Castello di Roncade

via Roma 141, tel. 0422708736, fax 0422840964 - ettari 200 - chiusura: sempre aperto - ✿
▶ Uscita Quarto d'Altino della A4, superare l'abitato a 1 km circa, quindi proseguire in direzione Nord e raggiungere Roncade.

La tenuta vinicola fa capo alla cinquecentesca villa Giustinian. Ai vertici del quadrilatero che perimetra il nucleo padronale sorgono le torri ristrutturate a uso agrituristico. Nella struttura, dotata di attrezzature per banchetti, si tengono anche corsi di cucina.

Ⓒ CAMERE CON SERVIZI: 3 singole, 2 doppie - pernottamento per persona £ 70/90000.
⊞ APPARTAMENTI: 3 bilocali per 4/5 persone, 3 di 3/4 locali, con biancheria cucina, stoviglie - affitto al giorno £ 150/200000.
SOGGIORNO MINIMO: 4 giorni. CARTE DI CREDITO: CartaSi.
Note: *le camere e gli appartamenti sono dotati di biancheria per letto e per bagno, riscaldamento centralizzato.*
🛏 1 equipaggio.
SERVIZI E LOCALI COMUNI: parcheggio, telefono. SPORT E TEMPO LIBERO: campo da tennis, ping pong; corsi di cucina, visite nei dintorni, passeggiate. COLTIVAZIONI: viti, cereali. PRODOTTI IN VENDITA: vino.

Rosolina (RO)

m 1 ⊠ 45010

San Gaetano

via Moceniga 20, tel. 0426664634 oppure 0426 664584, fax 0426664589 - ettari 60 - ♿ - chiusura: sempre aperto - ✿ previo accordi.

▶ L'azienda si trova appena fuori l'abitato di Rosolina, sulla strada che si stacca dalla Statale Romea e conduce all'isola di Albarella.

Nel viaggio da Venezia a Ravenna si attraversano le terre che il Po disegna con mille rami andando incontro al mare. Si sosta in questo agriturismo, inaugurato nel 1990, con la prospettiva di una vacanza tra spiagge finissime e una natura tutta da esplorare.

Ⓒ CAMERE CON SERVIZI: 3 doppie, 1 a 3 letti, con biancheria letto, biancheria bagno, riscaldamento - pernottamento per persona £ 40000, prima colazione £ 5000, mezza pensione £ 70000. Deposito cauzionale da concordare.
⚠ 8 equipaggi 🛏 8 equipaggi.
🍴 cucina veneta (carni alla brace con polenta) - vini regionali di produzione propria - £ 25/45000.
SERVIZI E LOCALI COMUNI: parcheggio, telefono, sala lettura, taverna, parco giochi bimbi. SPORT E TEMPO LIBERO: ricovero cavalli, noleggio mountain bike, noleggio canoe, osservazione degli animali, escursioni. COLTIVAZIONI: granoturco, frumento, soia, barbabietole, alberi da frutta. ALLEVAMENTI: bovini, suini, animali di bassa corte. PRODOTTI IN VENDITA: carne, vino, frutta, miele.

San Martino di Venezze (RO)

m 6 ⊠ 45030

Tenuta Castel Venezze ⭐🅣

a Ca' Venezze, via Feniletti 420, tel. 042599667 oppure 03392436043, fax 042599667 - ettari 33 - ♿ - apertura: metà marzo-metà novembre, Natale e Pasqua - ✿

▶ Dal casello Rovigo della A13 dirigere su Rovigo e da qui imboccare la Provinciale per Anguillara Veneta e Padova. Superata Mardimago e un paio di chilometri prima di San Martino, si arriva in azienda.

Una grande tenuta nella placida campagna che accompagna l'Adige verso l'Adriatico. La posizione, baricentrica rispetto ai più bei luoghi del Veneto e dell'Emilia-Romagna, invita a frequenti divagazioni d'arte e cultura.

⊞ APPARTAMENTI: 3 di ampia metratura per 4 persone, con biancheria cucina, stoviglie, televisore, caminetto - affitto a settimana £ 1000/1400000. Deposito cauzionale £ 200000 a settimana.
SOGGIORNO MINIMO: 4 giorni.

S<small>ERVIZI E LOCALI COMUNI</small>: parcheggio. S<small>PORT E TEMPO LIBERO</small>: disponibilità di biciclette, raccolta frutti di bosco, visite nei dintorni, passeggiate nel bosco. C<small>OLTIVAZIONI</small>: bosco, granoturco, soia, bietole. A<small>LLEVAMENTI</small>: animali di bassa corte, api.

San Pietro in Cariano (VR)

m 151 ⊠ 37029

Fioravante

a San Floriano (Cap 37020), via Don Cesare Biasi 7, tel. 0457701317, fax 0457701317 - ettari 6 - apertura: aprile-novembre - 🐕

▶ Da Verona percorrere 6,5 km della Statale 12 per Trento poi, a Parona di Valpolicella, prendere il bivio a destra per Pedemonte e San Floriano.

Allo sbocco della valle dell'Adige, in pianura, si alloggia in una struttura di recente costruzione immersa nel verde delle colture arboree. A ponente il Garda, a monte il comprensorio della Valpolicella e dei monti Lessini, a levante le terre delle ville venete.

🛏 C<small>AMERE CON SERVIZI</small>: 6 doppie, con biancheria letto, biancheria bagno, riscaldamento centralizzato, televisore - pernottamento per persona £ 50/60000. Deposito cauzionale £ 50/60000.
S<small>OGGIORNO MINIMO</small>: 3 giorni.
S<small>ERVIZI E LOCALI COMUNI</small>: parcheggio, sala TV. S<small>PORT E TEMPO LIBERO</small>: ping pong; visite nei dintorni. C<small>OLTIVAZIONI</small>: olivi, viti, ciliegi. P<small>RODOTTI IN VENDITA</small>: vino, olio, ciliege.

Sant'Ambrògio di Valpolicella (VR)

m 174 ⊠ 37010

Coop. Agricola 8 Marzo-Ca' Verde

località Ca' Verde, tel. 0456862272, fax 0456887952 - ettari 52 - chiusura: sempre aperto.
▶ Dal casello Verona Nord della A22 percorrere la superstrada in direzione Valpolicella; alla fine, seguire le indicazioni per Sant'Ambrogio e per Ca' Verde.

Una corte agricola di origini cinquecentesche, ambientata nella campagna collinare che annuncia gli scenari rupestri dei monti Lessini. Soggiorno consigliato agli appassionati della natura (anche se città e attrazioni del Garda sono dietro l'angolo). La ristorazione è attiva tutto l'anno escluso il mese di gennaio. Previo accordi, settimane verdi per ragazzi.

🛏 C<small>AMERE SENZA SERVIZI</small>: 2 doppie, 3 a 3/4 letti; 3 bagni in comune - pernottamento per persona £ 32/35000. C<small>AMERE CON SERVIZI</small>: 4 doppie - pernottamento per persona £ 40/45000. Deposito cauzionale da concordare.
C<small>ARTE DI CREDITO</small>: tutte.
Note: *le camere sono dotate di biancheria per letto e per bagno, riscaldamento centralizzato.*
🍴 6 equipaggi.
🍽 cucina veneta e vegetariana - vini locali di produzione propria - £ 30/40000.
S<small>ERVIZI E LOCALI COMUNI</small>: parcheggio, telefono, sala TV, parco giochi bimbi. S<small>PORT E TEMPO LIBERO</small>: escursioni. C<small>OLTIVAZIONI</small>: olivi, viti, ciliegi. A<small>LLEVAMENTI</small>: caprini. P<small>RODOTTI IN VENDITA</small>: salumi, vino, olio, latticini, formaggio, miele.

Sappada (BL)

m 1063 ⊠ 32047

Zaine

via Soravia 32, tel. 043566057 - ettari 10 - apertura: dicembre-settembre - 🐕 grossa taglia.
▶ Al termine della direttrice Belluno-Auronzo di Cadore, prendere il bivio a destra e seguire la Statale 52.

L'agriturismo ha sede in una recente costruzione appena fuori dal paese, tra prati e boschi di abeti, i balconi straboranti di gerani. A portata di mano i negozi e gli intrattenimenti di Sappada.

🛏 C<small>AMERE SENZA SERVIZI</small>: 2 a 3 letti; 1 bagno in comune - pernottamento per persona £ 15/35000, prima colazione £ 5000, pensione £ 50/65000.
🏠 A<small>PPARTAMENTI</small>: 2 di 3 locali per 6/8 persone, con lavatrice, televisore - affitto a settimana £ 700/1200000.
S<small>OGGIORNO MINIMO</small>: 2 notti. C<small>ARTE DI CREDITO</small>: Mastercard, Visa, Bancomat.

Note: le camere e gli appartamenti sono dotati di riscaldamento centralizzato; supplemento per fornitura biancheria £ 50000 a settimana.

)¶ cucina del territorio (piatti della tradizione) - vini regionali - £ 25/35000.

Servizi e locali comuni: parcheggio. Sport e tempo libero: ping pong; guida ai lavori agricoli, visite guidate. Coltivazioni: ortaggi. Allevamenti: bovini, suini, equini. Prodotti in vendita: frutta, verdura, latticini.

Selvazzano Dentro (PD)

m 18 ⊠ 35030

Castello della Montecchia

a Montecchia, via Montecchia 16, tel. 049637294, fax 0498055826 - ettari 70 - apertura: marzo-novembre - ⌀

▶ Partendo da Padova imboccare la Provinciale dei Colli Euganei, in direzione di Teolo; una volta giunti a Feriole, girare a destra per Montecchia.

La grande tenuta vitivinicola si stende ai piedi dei Colli Euganei, dominata dalla spettacolare villa Emo Capodilista. Non distante, una torre, nucleo superstite del castello medievale. Nella corte che la cinge è allestito l'agriturismo. Il complesso comprende anche un campo da golf (27 buche).

⊞ Appartamenti: 3 di più locali per 5/10 persone, con biancheria letto, biancheria bagno, biancheria cucina, stoviglie, riscaldamento autonomo, televisore - affitto a settimana £ 1200/3700000, riscaldamento £ 30/90000 al giorno, pulizia finale £ 80000/250000. Deposito cauzionale da concordare.
Soggiorno minimo: 1 settimana.
Servizi e locali comuni: sauna. Sport e tempo libero: piscina; visite guidate. Coltivazioni: viti, granoturco, soia. Allevamenti: bovini. Prodotti in vendita: vino, grappa.

Seren del Grappa (BL)

m 386 ⊠ 32030

San Siro

via S. Siro 8/A, tel. 043944628 - ettari 20 - ⌖ - apertura: su prenotazione.

▶ Da Feltre prendere la strada che porta al monte Grappa, con breve deviazione per raggiungere l'abitato di Seren; da qui, continuare per un paio di chilometri seguendo le indicazioni per San Siro.

Vacanza tra prati e boschi di castagno alle pendici del monte Grappa. Ospitalità offerta in una casa rurale con simpatici ballatoi in legno, modernamente ristrutturata. Allevamento faunistico di animali nostrani ed esotici. Si organizzano settimane verdi per ragazzi, a condizioni da concordare.

⊞ Appartamenti: 2 di 3 locali per 9 persone, con biancheria letto, biancheria bagno, biancheria cucina, uso lavanderia, stoviglie, lavastoviglie, lavatrice, riscaldamento, televisore - affitto al giorno per persona £ 10/25000, supplemento per luce e gas, biancheria per letto £ 5000 a persona.
⊟ 5 equipaggi.
)¶ cucina tradizionale (crespelle ai funghi, risotto alle ortiche) - vini regionali - £ 25/30000.
Servizi e locali comuni: parcheggio, telefono, sala TV, parco giochi bimbi. Sport e tempo libero: ricovero cavalli; guida ai lavori agricoli, osservazione degli animali, passeggiate a cavallo. Coltivazioni: prato, pascolo. Allevamenti: caprini, equini, daini, mufloni.

Sommacampagna (VR)

m 121 ⊠ 37066

La Fredda

via Fredda 1, tel. 045510124, fax 045510127 - ettari 7 - ⌖ - chiusura: sempre aperto - ⌀ salvo accordi.
▶ Dal casello locale della A4, proseguire verso Sud e raggiungere Sommacampagna; da qui, dirigersi verso Custoza, l'azienda è 1,5 km fuori dall'abitato.

In pianura, a metà strada tra il confine sul Mincio e Verona e dunque tra gli orizzonti del lago e le lusinghe della città. La campagna veronese, comunque, ha le sue virtù: tranquillità, buona cucina e tutto un mondo di tradizione e memorie storiche da scoprire.

🛏 Camere con servizi: 2 doppie, 2 a 3/4 letti, con biancheria letto, biancheria bagno, riscaldamento centralizzato, climatizzazione - pernottamento per persona £ 45000. Deposito cauzionale da concordare.
Note: possibilità di soggiorno anche in appartamento e in bungalow; disponibilità di piazzole per camper.
)¶ cucina veronese - vini locali - £ 20/40000.
Servizi e locali comuni: parcheggio, telefono, sala TV, giochi bimbi. Coltivazioni: seminativi, alberi da frutta, prato. Allevamenti: bovini, suini, pollame, conigli.

Tarzo (TV)

m 267 ⊠ 31020

Mondragon

ad Arfanta, via Mondragon 1, tel. 0438933021, fax 0438933867 - ettari 12 - chiusura: Natale, Pasqua, Ognissanti - ⌀ previo accordi.
▶ Uscita Conegliano della A27, attraversando della città, Statale 635 verso Tarzo e passo San Boldo; 10 km dopo Conegliano deviare a sinistra per 1,5 km seguendo la segnaletica per Arfanta e Mondragon.

Veneto

Vacanza agrituristica nei boschi delle Prealpi trevigiane con offerte personalizzate a carattere storico o naturalistico. Tra le tante attività dell'azienda, che ha sede in un bel fabbricato di pietra, rientra l'allevamento di oche, di cui si tengono anche corsi. Si organizzano settimane verdi per ragazzi, a condizioni da concordare.

CAMERE SENZA SERVIZI: 5 a più letti, con biancheria letto, biancheria bagno, uso lavanderia, riscaldamento centralizzato; 2 bagni in comune - pernottamento per persona £ 30/40000, pensione £ 60/85000, supplemento per pulizia £ 10000 a persona, sconto 20% sul prezzo di pensione per bambini fino a 10 anni. Deposito cauzionale 30% alla prenotazione.
SOGGIORNO MINIMO: 2 notti.
cucina veneta (piatti a base d'oca) - vini locali - £ 25/35000.
SERVIZI E LOCALI COMUNI: parcheggio, telefono. SPORT E TEMPO LIBERO: tiro con l'arco, ping pong, maneggio, ricovero cavalli; passeggiate a cavallo. COLTIVAZIONI: granoturco, frumento, orzo, prato. ALLEVAMENTI: ovini, cavalli, pollame, conigli. PRODOTTI IN VENDITA: salumi, farina, conserve, marmellate.

Torre di Mosto (VE)
m 2 ☒ 30020

La Via Antiga
a Staffolo, via S. Martino 13, tel. 042162378, fax 0421317014 - ettari 14 - chiusura: gennaio-marzo -
▶ Dalla A4 uscire a San Donà-Noventa; raggiungere San Donà di Piave e dirigersi verso Eraclea; da qui seguire per Ponte Crepaldo e poi ancora 7 km circa, superando Stretti, per arrivare a Staffolo; l'azienda si trova 2 km a Sud-Ovest della località.

Nella pianura tra il Piave e il Livenza, non distante dal mare di Caorle, un'azienda a conduzione biologica offre soggiorni in cascina e ristorazione con prodotti propri a partire dal pane e dalle paste fresche. Contesto di interesse ambientale con vario contorno didattico ed escursionistico. Struttura adatta a convegni e feste da ballo. Sauna in allestimento.

CAMERE SENZA SERVIZI: 1 singola, 2 doppie, 1 a 4 letti; 2 bagni in comune - pernottamento per persona £ 40/45000, prima colazione £ 5000, mezza pensione £ 80/85000, forfait settimanale £ 240/270000.
CAMERE CON SERVIZI: 1 a 4 letti - pernottamento per persona £ 40/45000, prima colazione £ 5000, mezza pensione £ 80/85000, forfait settimanale £ 240/270000. Deposito cauzionale 30% alla prenotazione.
CARTE DI CREDITO: CartaSi.

Note: le camere sono dotate di biancheria per letto e per bagno, riscaldamento elettrico a gas; supplemento £ 10000 al giorno per persona sia per riscaldamento sia per uso cucina.
⚠ 5 equipaggi ⊞ 5 equipaggi.
cucina veneta (paste fresche, salumi) - vini regionali - £ 34/46000.
SERVIZI E LOCALI COMUNI: parcheggio, sala TV, sala lettura. SPORT E TEMPO LIBERO: pallavolo, campo di calcetto; visite guidate, escursioni. COLTIVAZIONI: granoturco, frumento, soia, ortaggi, alberi da frutta, noci, prato, prodotti biologici. ALLEVAMENTI: suini, animali di bassa corte, bufali, cinghiali. PRODOTTI IN VENDITA: salumi, farina, succhi di frutta.

Trecenta (RO)
m 11 ☒ 45027

Ca' Pozza
via Tenuta Spalletti 41, tel. 0425700101 - ettari 10 - chiusura: ferie variabili - ▶ previo accordi.
▶ L'azienda agrituristica è situata 4 km a Sud-Ovest di Trecenta, nell'area compresa fra Badia Polesine, la Statale 482 e la direttrice Ferrara-Mantova.

La zona, attraversata dal Canal Bianco, riserva all'appassionato d'arte l'incontro con sontuose ville venete; il naturalista invece troverà interesse negli acquitrini localmente detti "gorghi". L'ospitalità viene offerta presso una cascina ristrutturata nel pieno rispetto della sua fisionomia originale.

CAMERE CON SERVIZI: 2 doppie, 1 a 3 letti - pernottamento per persona £ 35/40000, mezza pensione £ 60/65000.
cucina tradizionale (tagliatelle con l'anatra) - vini regionali di produzione propria - £ 20/40000.

Servizi e locali comuni: parcheggio, telefono, sala lettura. Sport e tempo libero: guida ai lavori agricoli, osservazione degli animali, visite nei dintorni. Coltivazioni: granoturco, soia, ortaggi, barbabietole, alberi da frutta. Allevamenti: animali di bassa corte.

Treviso

m 15 ⊠ 31100

Il Cascinale

via Torre d'Orlando 6/B, tel. 0422402203, fax 0422 402203 - ettari 15 - ♿ - chiusura: periodo in agosto - ✄ salvo accordi.
▶ Dalla zona stazione F.S. portarsi sulla circonvallazione e imboccare la strada per Sant'Angelo; proseguire per 2 km, poi girare a sinistra per la via Torre d'Orlando.

A un tiro di schioppo dal centro sorge questo fabbricato rustico, recentemente convertito alla funzione agrituristica. Siamo nella terra del radicchio rosso e il ristorante ne rende conto con dovizia di piatti. Non lontano scorre il Sile evocando i piaceri di passeggiate nel verde.

⌖ Camere con servizi: 4 doppie, 3 a 3 letti, con biancheria letto, biancheria bagno, riscaldamento, televisore, frigobar - pernottamento per persona £ 38/50000.

⌗ cucina trevigiana (solo week end) - vini di produzione propria - £ 22/35000.
Servizi e locali comuni: parcheggio, telefono, parco giochi bimbi. Sport e tempo libero: disponibilità di mountain bike. Coltivazioni: viti, cereali, ortaggi. Allevamenti: bovini, pollame. Prodotti in vendita: vino, verdura.

Valdobbiàdene (TV)

m 253 ⊠ 31049

Riva de Milan

via Erizzo 126, tel. 0423973496, fax 0423973496 - ettari 10 - apertura: alloggio sempre aperto, ristorante metà marzo-settembre - ⌗ previo accordi.
▶ Deviare dalla direttrice Treviso-Feltre attraversando il Piave all'altezza di Vidor, quindi piegare a sinistra per raggiungere Valdobbiadene; l'azienda dista un paio di chilometri dal centro abitato.

La fama di queste terre è legata soprattutto al Prosecco, bianco secco e frizzante che è prodotto anche da questa azienda. L'ospitalità agrituristica viene offerta

nella cascina risalente al Seicento, recentemente restaurata. Le camere sono mansardate e godono di ampia vista sui preziosi vigneti.

⌖ Camere con servizi: 6 doppie, con biancheria letto, biancheria bagno, riscaldamento, televisore - pernottamento per persona £ 45000.
⌗ cucina della tradizione contadina - vini locali di produzione propria - £ 25/30000.
Servizi e locali comuni: parcheggio, telefono. Sport e tempo libero: ping pong; guida ai lavori agricoli. Coltivazioni: viti, cereali, ortaggi. Allevamenti: bovini, suini, pollame. Prodotti in vendita: uova, vino, verdura.

Venèzia

m 1 ⊠ 30100

Le Garzette

a Malamocco, lungomare Alberoni 32, tel. 041 731078, fax 041731078 - ettari 1,2 - chiusura: metà dicembre-metà febbraio - ✄ salvo accordi.
▶ Nel litorale del Lido, tra Malamocco e Alberoni; accesso con vaporetti e motoscafi da Venezia oppure, con trasporto auto, da piazzale Roma.

L'isola del Lido è la sottile striscia di terra che separa la laguna dal mare. Proprio qui, a poca distanza dai famosi alberghi e dai luoghi del Festival del Cinema, si fa villeggiatura agrituristica tra distese di orti e lembi di vegetazione spontanea. Nei fine settimana la ristorazione apre anche ai non alloggiati.

⌖ Camere con servizi: 1 singola, 3 doppie, 1 mansarda a 4 letti, con biancheria letto, biancheria bagno, riscaldamento, televisore - pernottamento per persona £ 60/75000, mezza pensione £ 100000. Deposito cauzionale da concordare alla prenotazione.
Soggiorno minimo: 2 notti.
⌗ riservato agli ospiti - cucina veneziana - vini locali di produzione propria - £ 46/70000.
Servizi e locali comuni: parcheggio. Sport e tempo libero: disponibilità di biciclette, guida ai lavori agricoli. Coltivazioni: viti, ortaggi. Allevamenti: pollame. Prodotti in vendita: verdura, salse, conserve, marmellate.

Verona

m 59 ⊠ 37100

San Mattia

via Santa Giuliana 2, tel. 0458343432 - ettari 8 - ♿ - chiusura: sempre aperto - ⌗
▶ L'azienda si trova alla periferia settentrionale della città: dalla stazione proseguire per borgo Trento e via Marsala, quindi seguire le indicazioni per il santuario della Madonna di Lourdes sulla via dei colli.

Appena fuori porta, sulla strada dei colli, un soggiorno ideale per chi vuole visitare Verona senza restare invischiato nelle trappole del turismo di massa. Le camere hanno arredi moderni.

Veneto

CAMERE CON SERVIZI: 6 a 3 letti, con biancheria letto, biancheria bagno, riscaldamento centralizzato - pernottamento per persona £ 40/50000, pulizia settimanale £ 10000 a camera.
SOGGIORNO MINIMO: 1 settimana in alta stagione.
SERVIZI E LOCALI COMUNI: parcheggio, telefono, sala lettura.
COLTIVAZIONI: olivi, viti, ortaggi, alberi da frutta. ALLEVAMENTI: pollame, conigli. PRODOTTI IN VENDITA: vino, olio.

Vigodàrzere (PD)

m 17 ⊠ 35010

Elfiò

a Tavo, via Fornace 1, tel. 049767647, fax 049 767885 - ettari 13 - ♿ - chiusura: sempre aperto - 🐾 salvo accordi.
▶ Dal casello Padova Est della A4, immettersi sulla superstrada per Castelfranco Veneto; dopo un breve tratto uscire a Reschigliano, che è a soli 3 km dall'azienda.

Il fiume scorre oltre gli alberi e invita a romantici giri in barca o a cavalcate sugli argini. A Venezia si arriva in 20 minuti per via diretta, ma almeno una volta è consigliabile divagare lungo la Riviera del Brenta. Alloggi con arredi d'epoca e uso cucina. Si tengono corsi di fotografia ed è anche disponibile una piccola sala riunioni.

CAMERE CON SERVIZI: 1 singola, 1 doppia - pernottamento per persona £ 50/70000, possibilità di forfait settimanale.
APPARTAMENTI: 3 bilocali per 3/4 persone, 1 di 3 locali per 6 persone, con stoviglie - affitto al giorno per persona £ 55/70000. Deposito cauzionale 20%.
SOGGIORNO MINIMO: 2 notti.
Note: *le camere e gli appartamenti sono dotati di biancheria per letto e per bagno, riscaldamento a consumo; sconto 50% per bambini fino a 6 anni; supplemento per soggiorni inferiori a 2 notti.*
SPORT E TEMPO LIBERO: noleggio biciclette, osservazione degli animali, passeggiate a cavallo, visite nei dintorni.
COLTIVAZIONI: viti, cereali. ALLEVAMENTI: pollame. PRODOTTI IN VENDITA: pollame, vino, verdura, conserve.

Vigonovo (VE)

m 8 ⊠ 30030

Le Meridiane

a Tombelle, via Piovego 25, tel. 049503960, fax 049 503960 - ettari 1,5 - ♿ - apertura: febbraio-metà luglio e fine luglio-metà ottobre - 🐾

▶ Dall'uscita Padova Est della A4 immettersi sulla direttrice che conduce a Vigonovo; Tombelle si trova circa 2 km a Ovest della località verso Padova.

Un cascinale di pianura, restaurato con mano sensibile alla sua pacata bellezza, per una vacanza di totale tranquillità: le ville della Riviera del Brenta sono dietro l'angolo per una pedalata, Venezia è raggiungibile con i mezzi pubblici, più vicina è Padova con i Colli Euganei e le terme di Abano. E per chi non riesce a lasciarsi andare al dolce far niente, corsi di educazione alimentare.

CAMERE SENZA SERVIZI: 1 singola, 1 doppia, 1 a 3 letti; 1 bagno in comune - pernottamento per persona £ 25/50000. CAMERE CON SERVIZI: 1 doppia - pernottamento per persona £ 40/50000.
Note: *le camere sono dotate di biancheria per letto, per bagno e per cucina, uso cucina e riscaldamento centralizzato.*
SERVIZI E LOCALI COMUNI: parcheggio, telefono, sala lettura. SPORT E TEMPO LIBERO: noleggio biciclette, osservazione degli animali, trekking, passeggiate naturalistiche. COLTIVAZIONI: viti, cereali, farro, ortaggi, meli, tartufi. ALLEVAMENTI: animali di bassa corte. PRODOTTI IN VENDITA: frutta, verdura, farro.

Villa Serena

a Pava, via Nogia 28, tel. 0499830957, fax 049 9830957 - ettari 7 - ♿ - chiusura: periodo in luglio - 🐝
▶ Accesso dall'uscita autostradale Padova Zona Industriale - o dalla città - prendendo verso Est; da Vigonovo proseguire in direzione di Fossò con deviazione per Pava e per l'azienda.

Nella zona della Riviera del Brenta, l'ospitalità agrituristica viene offerta in una bella costruzione in muratura con strutture in legno a vista e finiture rustiche. Parco zoo e vivaio di piante ornamentali.

CAMERE CON SERVIZI: 2 singole, 4 doppie, con biancheria letto, biancheria bagno, riscaldamento centralizzato, telefono, televisore - pernottamento per persona £ 35/40000, prima colazione £ 5/8000, mezza pensione £ 60/70000.
🚐 8 equipaggi.
🍴 cucina del territorio (anatra ripiena) - vini locali - £ 25/40000.
SERVIZI E LOCALI COMUNI: parcheggio, telefono. SPORT E TEMPO LIBERO: ricovero cavalli; disponibilità di biciclette, osservazione degli animali. COLTIVAZIONI: cereali, granoturco, ortaggi. ALLEVAMENTI: bovini, cavalli, pollame, conigli, piccioni, bufali, cinghiali.

m 10 ⊠ 35010

Villa Selvatico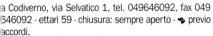

a Codiverno, via Selvatico 1, tel. 049646092, fax 049 646092 - ettari 59 - chiusura: sempre aperto - ☎ previo accordi.

▶ Dall'uscita Padova Est della A4 dirigersi verso Castel-franco Veneto tramite la variante della Statale 307; a Re-schigliano, girare a sinistra per Sant'Andrea; si raggiun-ge l'azienda con la prima via a destra dopo la chiesa.

A pochi chilometri da Padova e dalla Riviera del Brenta, una villa cinquecentesca è sontuosa cornice di una va-canza che può spaziare, oltre l'orizzonte dello splendido parco, dalle Dolomiti alla laguna di Venezia.

⊞ APPARTAMENTI: 1 bilocale per 2/4 persone, 1 di ampia metratura per 6/8 persone, con biancheria letto, bian-cheria bagno, biancheria cucina, stoviglie, riscalda-mento autonomo, telefono, televisore - affitto al giorno £ 110/360000, affitto a settimana £ 750/2500000. Deposito cauzionale £ 300000.

SOGGIORNO MINIMO: 2 notti. CARTE DI CREDITO: American Express, CartaSi, Bancomat.

Note: soggiorno gratuito per bambini fino a 2 anni; a ri-chiesta servizio lavanderia e baby sitting.

SERVIZI E LOCALI COMUNI: parcheggio. SPORT E TEMPO LIBERO: ping pong; noleggio biciclette. COLTIVAZIONI: granoturco, frumento, soia, ortaggi, barbabietole, alberi da frutta. PRODOTTI IN VENDITA: frutta, verdura.

m 15 ⊠ 31050

Il Podere del Convento

via IV Novembre 16, tel. 0422920044, fax 0422 920044 - ettari 14 - chiusura: agosto - ✗

▶ Accesso dall'uscita Treviso Nord della A27 oppure dalla Statale 13 che sale a Conegliano, con deviazio-ne di un paio di chilometri a sinistra; l'azienda si trova a un paio di chilometri dall'abitato di Villorba.

Un rigoroso restauro ha consegnato un'antica fattoria veneta alla nuova esistenza agrituristica. L'atmosfera che vi regna è di moderna funzionalità pur avendo man-tenuto una piacevole patina rustica. Il complesso dispo-ne di una sala convegni per 100 persone; tutta la pro-duzione è esclusivamente biologica.

⌖ CAMERE CON SERVIZI: 4 doppie, 2 a più letti, con bian-cheria letto, biancheria bagno, riscaldamento, telefono - pernottamento per persona £ 40/50000, prima cola-zione £ 7000.

CARTE DI CREDITO: American Express, Visa.

)⏘ cucina trevigiana (primi piatti alle erbe) - vini locali di produzione propria - £ 30/35000.

SERVIZI E LOCALI COMUNI: parcheggio, telefono, sala TV, ta-verna. COLTIVAZIONI: viti, alberi da frutta. ALLEVAMENTI: polla-me, conigli. PRODOTTI IN VENDITA: vino, frutta.

m 138 ⊠ 31029

Le Colline

a Cozzuolo, via San Mor 13, tel. 0438560282, fax 0438560282 - ettari 7,5 - chiusura: sempre aperto - ☎ piccola taglia.

▶ Azienda a margine della direttrice Venezia-Cortina d'Ampezzo; dista 1,5 km dall'uscita Vittorio Veneto Sud della A27 e 4 km dalla città.

Questa casa colonica ristrutturata con mano rustica sorge in cima a un colle con ampia vista sui vigneti del Prosecco che digradano verso la costa adriatica. A monte, invece, solamente 15 km separano dalle fo-reste del Cansiglio, palestra ideale per escursioni d'ogni ambizione.

⌖ CAMERE CON SERVIZI: 1 singola, 3 doppie, 1 a 3 letti, con biancheria letto, biancheria bagno, uso lavanderia - pernottamento per persona £ 30/45000, prima cola-zione £ 5000, mezza pensione £ 50/55000.

⊞ APPARTAMENTI: 2 monolocali per 2 persone - affitto a settimana £ 300000, supplemento per fornitura bian-cheria £ 5000 a cambio.

SOGGIORNO MINIMO: 1 settimana (appartamenti). CARTE DI CREDITO: tutte, Bancomat.

Note: le camere e gli appartamenti sono dotati di riscal-damento autonomo e centralizzato, televisore.

)⏘ cucina veneta (primi piatti con verdure) - vini locali di produzione propria - £ 25/35000.

SERVIZI E LOCALI COMUNI: parcheggio, telefono. SPORT E TEM-PO LIBERO: ricovero cavalli; noleggio mountain bike, os-servazione degli animali, passeggiate a cavallo, visite nei dintorni. COLTIVAZIONI: olivi, viti, ortaggi, alberi da frut-ta. ALLEVAMENTI: bovini, equini, pollame, api. PRODOTTI IN VENDITA: vino, miele.

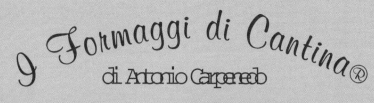

FRIULI-VENEZIA GIULIA
VACANZE A NORD-EST

Piccolo è bello: mare, collina e montagna,
che la proverbiale operosità della gente friulana
ha trasformato in un angolo di paradiso.

E erede dell'antica Carnia, occupa l'estremo Nord-Est della penisola e comprende due aree distinte: il Friuli, che interessa essenzialmente il bacino del Tagliamento, e ciò che resta della Venezia Giulia dopo le cessioni postbelliche, vale a dire il medio e basso Isonzo con una parte dell'altopiano del Carso e lo stretto corridoio costiero che conduce a Trieste. È una delle regioni più piccole d'Italia, ma ciò non di meno presenta una grande varietà di ambienti. Le montagne (42% del territorio) sono costituite dalle Alpi Carniche, che si segnalano per le propaggini orientali delle Dolomiti e le grandi estensioni forestali di Tarvisio, al confine tra Austria e Slovenia, frequentate da specie rare come l'orso, la lince e il grifone.

LA SERENITÀ DEI COLLI, LE DUE FACCE DELLA PIANURA

La collina (19%) copre a semiarco la fascia intermedia: a monte di Udine è l'ameno e operoso scenario di San Daniele del Friuli, Tarcento e Gemona; poi, condivisi con la Slovenia, si stendono i Colli Orientali, alle spalle di Cividale, e il Collio, intorno a Gorizia, zone vinicole di grande nome. Il medio rilievo trova infine i suoi luoghi più caratteristici nell'altopiano del Carso, alle spalle di Trieste, costellato di singolari forme di erosione e colonizzato da una vegetazione arbustiva dagli appariscenti colori autunnali.

La pianura (38%) presenta due fasce distinte: quella alta e asciutta, con ampie distese di ghiaie fluviali, dove la brulla vegetazione spontanea si alterna al vigneto, e quella bassa, dove le acque di falda emergono in una miriade di fontanili, verdeggiante di colture arboree e seminativi. Poi è la costa, alta e rocciosa vicino a Trieste, bassa e disegnata in lagune a mano a mano che si avvicina al confine con il Veneto. Un panorama di florida agricoltura e di storiche attività marittime, impreziosito da dignitosi inserti urbani: Spilimbergo, con il suggestivo castello affacciato alle 'grave' del Tagliamento; Palmanova, dall'intatto impianto stellare; Grado, borgo lagunare di sapore veneziano.

Una vacanza in bilico tra mare e montagna

Per ciò che riguarda l'agriturismo la gente del posto, schietta e laboriosa, vi si è applicata con il consueto impegno. Di carattere pressoché alberghiero è l'offerta delle zone costiere, già interessate dal turismo balneare: più rustica è nelle parti interne e montane, ancora legate a un'economia tipicamente contadina. Notevole supporto a questa attività viene tanto dalle risorse artistiche di borghi e città quanto da quelle naturali del territorio. Le prime spaziano dalle memorie romane di Aquileia alle meraviglie longobarde di Cividale, dai capolavori del Tiepolo a Udine alle testimonianze del periodo asburgico a Trieste. Le seconde fanno correre lo sguardo dalle lagune costiere, dove cigni e altri rari uccelli sostano e nidificano, alla pianura, allietata dal recente ritor-

Sopra, una cicogna; l'elegante trampoliere dopo lunga assenza allieta nuovamente i cieli di una regione che si distingue per coscienza ambientale.

Sotto, un tipico paesaggio della Carnia; questo distretto montano è uno degli ambiti più favorevoli alla vacanza rurale per le sue bellezze e la consolidata tradizione turistica.

ASSOCIAZIONI DI CATEGORIA

▌ **AGRITURIST**
Udine
Sede Regionale,
via Savorgnana 26,
tel. 0432507013

▌ **TERRANOSTRA**
Udine
Sede Regionale,
via Morpurgo 34,
tel. 04325955811

▌ **TURISMO VERDE**
Udine
Sede Regionale,
via Pradamano 4,
tel. 0432520562

no delle cicogne, alle foreste dell'arco alpino, severamente tutelate già dai procuratori della Repubblica di Venezia. Davvero unica la Riserva di Miramare, vicino a Trieste, con il grande castello legato alla memoria dell'arciduca Massimiliano d'Austria e le scogliere carsiche di un Adriatico inatteso per varietà e ricchezza di fauna sottomarina.

UNA TERRA DI GRANDI BIANCHI E DI PROSCIUTTI ECCELLENTI

Una regione di forte spessore umano, visceralmente attaccata alle espressioni più genuine della propria civiltà rurale. Quando si dice Friuli, innanzitutto, il pensiero va subito ai vini. «Collio», «Colli Orientali del Friuli» e «Grave del Friuli» sono le più note tra le 9 zone Doc della regione. A dar lustro alla produzione sono soprattutto i bianchi: Tocai, Sauvignon, Chardonnay, Pinot bianco e grigio e il prezioso Picolit, vera e propria bandiera enologica di questa terra. I rossi come Merlot, Cabernet e Refosco dal Peduncolo rosso, dal canto loro si propongono come la gradevole sorpresa della vacanza rurale. Il quadro gastronomico d'eccellenza viene completato dal formaggio «Montasio» (Dop) e dal «Prosciutto San Daniele» (Dop), l'inconfondibile prosciutto col piedino.

Sopra, un bicchiere di scuola veneta evoca la grande produzione vinicola friulana; ben 9 Doc dai margini delle lagune adriatiche ai terreni ghiaiosi dell'alta pianura, dai Colli Orientali ai rilievi del Carso.

Sotto, un prosciutto di San Daniele in un'immagine che rievoca l'atmosfera di tante osterie.

TRADIZIONI PADANE, MEMORIE ASBURGICHE

Quelli citati sono i prodotti di punta di una gastronomia molto vivace, che risente tanto del carattere veneto e adriatico, quanto di riminiscenze asburgiche. Da una parte dunque la polenta, in rappresentanza della tradizione padana, accompagnata da formaggi, carne o pesce, ma anche semplice sostitutivo del pane. Dall'altra una rassegna di sapori inconsueti, balcanici e orientaleggianti, a partire dal gulash ungherese, con frequente ricorso a spezie desuete. Una gastronomia che può contare ancora, tanto in città quanto in campagna, su una fitta rete di osterie e locali tradizionali, classico rifugio per chi vuole gustare un bicchiere di vino o placare un languore con un piatto di trippa o musetto.

Lienz

Spittal
an der Drau

AUSTRIA

ALPI CARNICHE

2780 1360 Passo di
M. Coglians M. Croce Càrnico

Paularo

Malborghetto
-Valbruna

Pontebba

Villach

Tarvisio

Comegliàns

Kranjska
Gora

1295
Passo
d. Màuria

Càrnia

Ampezzo

Tolmezzo

M. Canin
2587

ALPI GIULIE

M. Pramaggiore
2478

SLOVENIA

2706
Cima
dei Preti

Gemona
d. Friuli

Tolmino

Taipana

Maniago

San Daniele
d. Friuli

Nìmi

Faèdis

Cassacc

Torreano

Cividale
del Friuli

Spilimbergo

Povolett

Vivaro

Ùdine

Castello
di Albana

Sacile

Cordenons

Bùttrio

Dolegna
del Còllio

Pordenone

Codròipo

San Giovanni
al Natisone

Cormons

Nova Gorica

Azzano
Dècimo

Mossa

Palmanova

Gorizia

Carso

Latisana

Cervignano
d. Friuli

Monfalcone

Isonzo

Aquilèia

Duino-
Aurisina

Castello
di Miramare

Portogruaro

Golfo
di Trieste

Piave

VENETO

Livenza

Lignano
Sabbiadoro

Grado

TRIESTE

San Donà
di Piave

Càorle

Mùggia

Koper
(Capodistria)

Piran (Pirano)

Golfo

Lido di Jèsolo

di Venèzia

Istria

VENÈZIA

CROAZIA

MAR ADRIÀTICO

Rovinj (Rovigno)

0   20   40 km

Bùttrio (UD)

m 79 ⊠ 33042

Scacciapensieri

via Morpurgo 29, tel. 0432674907, fax 0432674421 - ettari 85 - ዾ - chiusura: periodo in gennaio - ❧
▶ Da Udine imboccare la Statale 56 e dirigere verso Gorizia: dopo 10,5 km si incontra Buttrio, sulla sinistra; l'azienda è a 3 km dal paese, in zona collinare.

Il nome è appropriato tanta è libertà della mente che spazia in lungo e in largo. Il panorama a tutto orizzonte è il primo ma non unico pregio del luogo, un colle ammantato di vigne e boschi. Lo allieta in sommità una bella casa colonica, doviziosamente attrezzata per l'accoglienza turistica.

🔑 CAMERE CON SERVIZI: 1 singola, 4 doppie, 1 a 3 letti, con biancheria letto, biancheria bagno, riscaldamento, telefono, televisore, frigobar - pernottamento per persona £ 110000, mezza pensione £ 140000.
CARTE DI CREDITO: tutte.
🍴 cucina della tradizione locale - vini di produzione propria - £ 30/50000.
SERVIZI E LOCALI COMUNI: parcheggio. SPORT E TEMPO LIBERO: visite nei dintorni, passeggiate. COLTIVAZIONI: viti, seminativi, ortaggi. ALLEVAMENTI: animali di bassa corte. PRODOTTI IN VENDITA: vino.

Cassacco (UD)

m 179 ⊠ 33010

La Poce des Stries

località Montegnacco, tel. 0432881343, fax 0432 851759 - ettari 10 - chiusura: sempre aperto - 🐾 grossa taglia.
▶ Abbandonata la A23 allo svincolo Udine Nord, seguire le indicazioni per Tricesimo; da qui, procedere sulla Statale 13 fino alla seconda deviazione a sinistra (via di Montegnacco), quindi continuare diritti per 1,5 km. L'azienda è sulla destra.

Con buona pace dei buongustai, che godranno dei vini e di altre delizie friulane, la vacanza si consuma nel paesaggio romantico del castello di Ippolito Nievo. A un tiro di schioppo c'è Udine, con gli affreschi di Tiepolo e la piazza di Palladio; a non più di un'ora, la laguna di Venezia.

🔑 CAMERE CON SERVIZI: 5 doppie, con riscaldamento centralizzato - pernottamento per persona £ 50/70000.
⊞ APPARTAMENTI: 2 bilocali per 2/4 persone, con biancheria cucina, stoviglie, riscaldamento autonomo - affitto al giorno £ 150000. Deposito cauzionale 50% alla prenotazione.
Note: *sconto 10% per soggiorni superiori a una settimana; letto aggiunto £ 30000.*
🍴 cucina della tradizione locale - vini di produzione propria - £ 25/30000.
SERVIZI E LOCALI COMUNI: parcheggio. SPORT E TEMPO LIBERO: visite nei dintorni, passeggiate. COLTIVAZIONI: viti, ortaggi. ALLEVAMENTI: bovini, caprini, animali di bassa corte, api. PRODOTTI IN VENDITA: vino, grappa, verdura, formaggio, burro.

Cividale del Friùli (UD)

m 135 ⊠ 33043

Rosa Rubini

a Spessa (Cap 33040), via Case Rubini 3, tel. 0432 716141 oppure 0432716409, fax 0432716161 - ettari 19 - chiusura: sempre aperto - 🐾
▶ Da Cividale del Friuli imboccare la Statale 356 in direzione di Gorizia; dopo circa 5 km, giunti in località Spessa, deviare a sinistra seguendo le indicazioni per l'azienda, che è in vista della strada.

La dolce signora Rosa, titolare di un'importante casa vinicola, propone degustazioni e piccola ristorazione presso l'azienda, nonché soggiorno tra i vigneti in appartamenti di taglio moderno, con terrazze ampie e assai confortevoli. A due passi è il suggestivo Bosco Romagno, luogo di svago ideale per famiglie con bambini, gestito in modo encomiabile dalla Forestale friulana.

⊞ APPARTAMENTI: 2 di 3 locali per 4 persone, con biancheria letto, biancheria bagno, biancheria cucina, stoviglie, lavastoviglie, riscaldamento centralizzato, telefono, televisore, tavolo e sedie per giardino - affitto al giorno £ 110/220000, affitto a settimana £ 700/1400000. Deposito cauzionale 20%.
SOGGIORNO MINIMO: 3 giorni.
SERVIZI E LOCALI COMUNI: parcheggio, telefono, sala TV, sala lettura. SPORT E TEMPO LIBERO: piscina; noleggio mountain bike, guida ai lavori agricoli, corsi di cucina, visite nei dintorni. COLTIVAZIONI: olivi, viti, granoturco, soia, girasoli. ALLEVAMENTI: suini, pollame. PRODOTTI IN VENDITA: vino, spumante, grappa, olio d'oliva.

Cormons (GO)

m 56 ✉ 34071

Kitzmüller Thomas

a Brazzano, via XXIV Maggio 56, tel. 048160853, fax 048160853 - ettari 5 - apertura: marzo-novembre - ⚥
▶ Da Cormons - in posizione laterale alla strada che da Gorizia porta a Udine - prendere la direttrice per Cividale del Friuli; l'azienda è 1,5 km fuori dall'abitato.

La sede aziendale di questa piccola azienda vitivinicola è in paese. Sul retro si stende il podere con ampio prato e boschetto. Gli ospiti soggiornano in un tipico casolare restaurato e arredato in maniera funzionale.

🛏 CAMERE CON SERVIZI: 3 doppie, con biancheria letto, biancheria bagno, uso cucina, riscaldamento - pernottamento per persona £ 70/80000, pulizia finale £ 20000.
⊞ APPARTAMENTI: 2 bilocali per 3 persone - affitto al giorno per persona £ 40000, pulizia finale £ 20000.
COLTIVAZIONI: viti, seminativi. PRODOTTI IN VENDITA: vino.

Dolegna del Còllio (GO)

m 90 ✉ 34070

Venica & Venica

via Mernico 42, tel. 048161264, fax 0481639906 - ettari 35 - ♿ - apertura: aprile-novembre - ♻ previo accordi.
▶ Da Gorizia percorrere la direttrice per Udine fino a Cormons; da qui, deviare a destra per circa 11 km verso Nord; l'azienda è a 1 km dall'abitato.

La proprietà, che si stende su quattro colline a vigne, fa capo a una casa rurale elegantemente ristrutturata. Bella campagna e interessanti prospettive escursionistiche nelle antiche città di Cividale e Aquileia e sui sentieri naturalistici di Plessiva e del Bosco Romagno.

🛏 CAMERE CON SERVIZI: 1 singola, 5 doppie, con biancheria letto, biancheria bagno, riscaldamento centralizzato, telefono, televisore - pernottamento per persona £ 55/80000, prima colazione £ 20000, letto aggiunto £ 40000.
⊞ APPARTAMENTI: 1 bilocale per 2/4 persone, 1 di 3 locali per 4/6 persone - affitto al giorno £ 160/360000.
SOGGIORNO MINIMO: 5 notti (appartamenti). CARTE DI CREDITO: American Express, Diner's Club, Visa.
SPORT E TEMPO LIBERO: piscina, campo da tennis; noleggio biciclette. COLTIVAZIONI: viti. PRODOTTI IN VENDITA: vino.

Duìno-Aurisina (TS)

m 181 ✉ 34011

Mezzaluna

a Malchina (Cap 34019), Malchina 54/A, tel. 040 291529 - ettari 6 - ♿ - chiusura: metà dicembre-metà febbraio - ⚥
▶ Lasciare la A4 in corrispondenza del casello Trieste Miramare-Sistiana; quindi procedere verso l'interno per circa 2 km fino a raggiungere Malchina.

Vacanza nell'affascinante cornice del Carso, a poca distanza dalla baia di Sistiana e da Trieste, con le bellezze della Slovenia e della Croazia tutte da scoprire. Gli arredi in stile, tra Medioevo e Rinascimento, danno un tocco particolare al soggiorno.

🛏 CAMERE CON SERVIZI: 7 doppie, con biancheria letto, biancheria bagno, frigorifero, riscaldamento, telefono, televisore - pernottamento per persona £ 50/70000.
🍽 cucina del territorio - vini di produzione propria - £ 15/26000.
SERVIZI E LOCALI COMUNI: parcheggio, sala giochi bimbi. SPORT E TEMPO LIBERO: noleggio mountain bike, osservazione degli animali, visite nei dintorni. COLTIVAZIONI: viti, ortaggi. ALLEVAMENTI: ovini, suini, caprini, pollame. PRODOTTI IN VENDITA: salumi, vino, formaggio.

Faèdis (UD)

m 172 ✉ 33040

Casa del Grivò

a Borgo Canal del Ferro 19, tel. 0432728638 - ettari 3 - chiusura: dicembre - ♻ previo accordi.
▶ Da Faedis, sulla direttrice Tarcento-Cividale del Friuli, procedere per 1,5 km sulla strada turistica che porta a Canal di Grivò, poi svoltare a destra attraversando un ponticello in pietra e continuare per altri 200 m.

Dedicato ai non fumatori. Qui tutto esprime la filosofia di vita dei titolari dell'azienda, dalle coltivazioni biologiche alla ristrutturazione condotta secondo canoni salutistici. Il resto lo fa la natura dei Colli Orientali, mosaico di vigne e boschi, offrendo emozioni tutto l'anno.

🛏 CAMERE SENZA SERVIZI: 2 doppie, 1 a 4 letti; 2 bagni in comune - pernottamento per persona £ 45/50000, pensione £ 85/90000. CAMERE CON SERVIZI: 1 a 6 letti - pernottamento per persona £ 45/50000, pensione £ 85/90000. Deposito cauzionale da concordare.

Note: le camere sono dotate di riscaldamento centralizzato e a legna, uso lavanderia.

)ǁ cucina friulana e vegetariana (frico con zucchine, pasta con le noci) - vini locali di produzione propria - £ 25/35000.

SERVIZI E LOCALI COMUNI: sala lettura, sala giochi bimbi. SPORT E TEMPO LIBERO: visite nei dintorni, escursioni. COLTIVAZIONI: viti, ortaggi, alberi da frutta. PRODOTTI IN VENDITA: vino, verdura.

Malborghetto-Valbruna (UD)

m 625 ⊠ 33010

Malga Priu

a Ugovizza, tel. 042860265 - ettari 14 - apertura: metà aprile-metà novembre - ⚲

▶ Dal casello Valbruna della A23, raggiungere Ugovizza poi salire per circa 6 km verso il rifugio Nordio, fino al bivio per la Val Rauna; qui si parcheggia la macchina e si procede a piedi per 45 minuti seguendo la segnaletica dell'azienda.

Ospitalità in una tipica baita della Valcanale, con splendida vista sulle Alpi Giulie. Pietra e legno colmano l'orizzonte domestico; prati, coltivi e la splendida foresta di Tarvisio quello esterno. Si va per funghi e per sentieri verso le vette che si affacciano all'Austria.

◀ CAMERE SENZA SERVIZI: 2 singole, 1 doppia, con biancheria letto, biancheria bagno, riscaldamento a legna; 1 bagno in comune - pernottamento per persona £ 35000, pensione £ 55000.

)ǁ cucina della tradizione locale (primi piatti) - vini regionali - £ 12/28000.

SERVIZI E LOCALI COMUNI: telefono. SPORT E TEMPO LIBERO: ricovero cavalli; raccolta di erbe officinali, osservazione degli animali, escursioni. COLTIVAZIONI: ortaggi, frutti di bosco. ALLEVAMENTI: bovini, suini, pollame, conigli. PRODOTTI IN VENDITA: artigianato locale.

Mossa (GO)

m 59 ⊠ 34070

Codelli

via dei Codelli 15, tel. 0481809285 oppure 0432 507618, fax 0481809285 - ettari 50 - apertura: metà maggio-metà ottobre - ⚘

▶ Da Gorizia imboccare la Statale 56 in direzione di Udine; dopo circa 2 km una deviazione a destra conduce a Mossa; dal centro del paese percorrere 1 km verso la collina dove si incontra l'azienda.

La tenuta, nella rinomata zona vinicola del Collio, ha il suo fulcro nella villa padronale settecentesca, con annessa chiesetta, mentre ai turisti è riservata una casa colonica poco discosta tra i vigneti. Cividale, Udine e Trieste sono le mete per una giornata d'arte e cultura; Grado e le spiagge adriatiche per un piacevole intermezzo balneare.

⊞ APPARTAMENTI: 1 di più locali per 6 persone, con biancheria letto, biancheria bagno, biancheria cucina, stoviglie, lavatrice, televisore, caminetto - affitto al giorno £ 75/150000, affitto a settimana £ 725000.

SOGGIORNO MINIMO: 3 giorni.

)ǁ cucina del territorio (piatti della tradizione) - vini di produzione propria - £ 30/40000.

SERVIZI E LOCALI COMUNI: parcheggio, telefono. SPORT E TEMPO LIBERO: ping pong; disponibilità di biciclette, osservazione degli animali, passeggiate. COLTIVAZIONI: viti, cereali, soia. PRODOTTI IN VENDITA: vino DOC.

Nimis (UD)

m 207 ⊠ 33045

I Comelli ★

largo Diaz 8, tel. 0432790685, fax 0432797158 - ettari 50 - ♿ - chiusura: sempre aperto.

▶ Partendo da Udine immettersi sulla Statale 13 e percorrerla in direzione Nord; giunti a Tricesimo, piegare sulla destra per 6,6 km fino a raggiungere Nimis; l'azienda è in paese.

Tra i vigneti e i boschi di castagno delle Prealpi Giulie, si soggiorna in un bel rustico in pietra di fine Ottocento. I Comelli, vignaioli da quattro generazioni, accolgono gli ospiti con la rustica cordialità che è tipica dei Friulani. La ristorazione non è attiva nei mesi di settembre e ottobre.

◀ CAMERE CON SERVIZI: 5 doppie, con biancheria letto, biancheria bagno, riscaldamento autonomo, televisore satellitare - pernottamento per persona £ 40/45000.

CARTE DI CREDITO: CartaSi, Bancomat.

)ǁ cucina friulana (frittate con erbe, frico di patate) - vini regionali di produzione propria - £ 23/33000.

Servizi e locali comuni: parcheggio, telefono. Sport e tempo libero: noleggio mountain bike, visite nei dintorni, escursioni, passeggiate. Coltivazioni: olivi, viti, alberi da frutta. Allevamenti: suini, pollame. Prodotti in vendita: vino DOC.

Paularo (UD)

m 648 ⊠ 33027

Sandri Salvatore

località Malga Val Bertat "Al Cippo", tel. 0433 70553, fax 043370553 - ettari 80 - apertura: giugno-settembre.
▶ Dal casello Carnia della A23 raggiungere Tolmezzo, poi continuare sulla Statale 52bis fino a Cedarchis; da qui, prendere il bivio a destra che raggiunge Paularo e, dopo 9 km, Casera Ramaz; a questo punto, piegare a destra verso Pontebba per altri 3 km circa.

Nel territorio della Comunità Montana della Carnia, si soggiorna in quota in una malga di solida costruzione, in corso di ampliamento, ingentilita da strutture e finiture in legno. Intorno prati, boschi e ruscelli che invitano a passeggiate e sport alpini. Piazzole per tende, camper e roulotte.

Camere senza servizi: 3 singole, 1 doppia, con biancheria letto, biancheria bagno; 1 bagno in comune - pernottamento per persona £ 20/30000, pensione £ 60000. Deposito cauzionale 30%.
cucina del territorio (piatti della tradizione) - vini locali - £ 15/25000.
Servizi e locali comuni: parcheggio. Sport e tempo libero: guida ai lavori agricoli, raccolta funghi, osservazione degli animali, escursioni. Coltivazioni: ortaggi. Allevamenti: bovini, ovini, suini, caprini, pollame, conigli. Prodotti in vendita: latticini, formaggio, burro, miele.

Povoletto (UD)

m 133 ⊠ 33040

La Faula

a Ravosa, tel. 0432666394, fax 0432666032 - ettari 16 - chiusura: sempre aperto - previo accordi.

▶ Da Povoletto, sulla Provinciale 17 che da Udine porta ad Attimis, dirigersi verso Nord: dopo 4 km si raggiunge Ravosa e l'azienda agrituristica.

La tenuta vitivinicola si stende attorno alla sede aziendale che conserva, anche all'interno, una genuina fisionomia contadina. La zona ha notevole interesse naturalistico e gli appassionati potranno apprezzarne le bellezze.

Camere senza servizi: 2 doppie; 2 bagni in comune - pernottamento per persona £ 50000, mezza pensione £ 75000. Camere con servizi: 7 doppie - pernottamento per persona £ 60000, mezza pensione £ 85000.
Appartamenti: 2 monolocali per 4 persone, con stoviglie - affitto al giorno £ 150000.
Carte di credito: CartaSi.
Note: *le camere sono dotate di biancheria per letto e per bagno, riscaldamento centralizzato; sconto 50% per bambini da 4 a 10 anni.*
riservato agli ospiti - cucina friulana - vini di produzione propria - £ 20/30000.
Servizi e locali comuni: parcheggio, telefono, sala TV, sala lettura. Sport e tempo libero: disponibilità di mountain bike, bird watching, visite nei dintorni. Coltivazioni: viti, ortaggi. Allevamenti: bovini, animali di bassa corte. Prodotti in vendita: vino.

Villa Corèn

a Siacco, via Cividale 1, tel. 0432679078, fax 0432 679078 - ettari 63 - apertura: aprile-ottobre (appartamenti: tutto l'anno) -
▶ Da Povoletto, che si raggiunge da Udine con 10 km, dirigere verso Faedis; dopo 1 km svoltare a sinistra e procedere per un altro chilometro.

Gli appartamenti, con caminetto e spazio a verde, sono stati ricavati nei rustici. Volendo, però, si può anche decidere per soggiorno in villa, tra affreschi e arredi antichi. L'azienda produce vini DOC, tra cui il mitico Picolit, che da solo varrebbe la sosta.

⚐ CAMERE SENZA SERVIZI: 2 doppie, con frigobar; 1 bagno in comune - pernottamento per persona £ 40/60000, prima colazione £ 10000.
⊞ APPARTAMENTI: 2 di 3 locali per 4/5 persone, con biancheria cucina, stoviglie, lavastoviglie, riscaldamento autonomo, telefono, televisore, caminetto - affitto al giorno £ 130/150000. Deposito cauzionale 50%.
Note: *le camere e gli appartamenti sono dotati di biancheria per letto e per bagno.*
)ǁ cucina friulana - vini locali di produzione propria - £ 20/35000.
SERVIZI E LOCALI COMUNI: parcheggio. COLTIVAZIONI: viti, granoturco, soia, alberi da frutta. PRODOTTI IN VENDITA: vino.

San Giovanni al Natisone (UD)

m 66 ✉ 33048

Carlo Beria de Carvalho de Puppi

a Villanova del Judrio, via Giassico 2, tel. 0432 758000, fax 0432758000 - ettari 40 - chiusura: sempre aperto - ⚐ previo accordi.
▶ A margine della direttrice per Gorizia, a 20 km da Udine; l'azienda è in paese.

Nello scenario dei Colli Orientali e del Collio, raffinata vacanza in un rustico gentilizio del Quattrocento. Agibile in ogni stagione, è in posizione ideale per raggiungere sia le piste dell'arco alpino sia le spiagge adriatiche.

⊞ APPARTAMENTI: 3 case a 2/3 piani per 3/5 persone, con biancheria letto, biancheria bagno, biancheria cucina, stoviglie, lavastoviglie, lavatrice, riscaldamento autonomo - affitto al giorno per persona £ 45/70000. Deposito cauzionale £ 1000000 per lunghi periodi.
SOGGIORNO MINIMO: 3 notti.
SERVIZI E LOCALI COMUNI: parcheggio. COLTIVAZIONI: viti, seminativi. PRODOTTI IN VENDITA: vino DOC.

Casa Shangri-La

via Bolzano 60, tel. 0432757844, fax 0432746005 - ettari 54 - chiusura: sempre aperto - ⚐
▶ Da Udine percorrere la direttrice per Gorizia; 16 km e si raggiunge San Giovanni al Natisone e l'azienda.

A 60 chilometri dal mare, complesso agrituristico e sportivo ambientato in una vasta tenuta vinicola con immancabile enoteca. Accogliente dimora di campagna, incorniciata da prati all'inglese e ristrutturata all'insegna di una rustica eleganza.

⚐ CAMERE CON SERVIZI: 2 singole, 4 doppie, con biancheria letto, biancheria bagno, riscaldamento centralizzato, telefono, televisore satellitare - pernottamento per persona £ 110/120000, prima colazione £ 15/25000.
CARTE DI CREDITO: American Express, Diner's Club, Visa.
)ǁ cucina di ricerca (pesce) - vini locali di produzione propria - £ 45/75000.
SERVIZI E LOCALI COMUNI: parcheggio, telefono, sala TV.
SPORT E TEMPO LIBERO: piscina, campo da tennis, maneggio, ricovero cavalli; degustazione vini dell'azienda, passeggiate a cavallo, corsi di equitazione, visita alle cantine. COLTIVAZIONI: viti. PRODOTTI IN VENDITA: vino, grappa.

Taipana (UD)

m 478 ✉ 33040

Campo di Bonis

località Campo di Bonis, tel. 0432788136, fax 0432 788246 - ettari 80 - chiusura: sempre aperto - ⚐
▶ Da Udine raggiungere Tricesimo con la Statale 13 per Gemona del Friuli, quindi deviare a destra toccando Nimis e Taipana; prima di entrare in paese, però, svoltare a sinistra seguendo la strada di Platischis per 6 km.

«Una goccia di silenzio verde» nelle Prealpi Giulie, a soli 30 km da Udine. Uno slogan davvero poetico per un'azienda con spiccata propensione per il turismo equestre. In azienda si alleva selvaggina di grossa taglia.

CAMERE CON SERVIZI: 1 doppia, 3 a 3/4 letti, con biancheria letto, biancheria bagno, riscaldamento a legna e a gas - pensione £ 90000.

APPARTAMENTI: 1 bilocale, con stoviglie - affitto al giorno £ 100000, affitto a settimana £ 600000, biancheria a carico del cliente. Deposito cauzionale 20%.
CARTE DI CREDITO: Visa, Bancomat.
10 equipaggi 10 equipaggi.
cucina friulana (minestroni, frico) - vini locali di produzione propria - £ 25/30000.
SERVIZI E LOCALI COMUNI: parcheggio, telefono. SPORT E TEMPO LIBERO: maneggio, ricovero cavalli; noleggio mountain bike, raccolta funghi, corsi di cucina, corsi di equitazione, trekking. COLTIVAZIONI: viti, ortaggi, alberi da frutta. ALLEVAMENTI: bovini, ovini, suini, caprini, equini, pollame, api.

Torreano (UD)

m 189 ⊠ 33040

Volpe Pasini

a Togliano, via Cividale 16, tel. 0432715151, fax 0432715438 - ettari 34 - chiusura: periodo in agosto e in dicembre -
▶ Da Udine portarsi a Cividale con la Statale 54. Poi verso Nord per 2,8 km, quindi a sinistra fino a Togliano.

Nel cuore dei Colli Orientali un complesso aziendale del Seicento, circondato da vigneti che da secoli producono i grandi vini friulani. A disposizione degli ospiti stanze arredate con gusto e mobili della casa. Nelle vicinanze le testimonianze longobarde di Cividale del Friuli.

CAMERE SENZA SERVIZI: 2 doppie; 1 bagno in comune - pernottamento per persona £ 70/120000. CAMERE CON SERVIZI: 1 singola, 4 doppie - pernottamento per persona £ 75/120000.
Note: le camere sono dotate di biancheria per letto e per bagno, riscaldamento centralizzato.
SERVIZI E LOCALI COMUNI: parcheggio, telefono, sala TV, sala lettura. COLTIVAZIONI: viti. PRODOTTI IN VENDITA: vino DOC.

Vivaro (PN)

m 138 ⊠ 33099

Gelindo dei Magredi

via Roma 16, tel. 042797037 oppure 03382338461, fax 042797515 - ettari 12 - chiusura: sempre aperto -
▶ Da Pordenone percorrere la Statale 13 in direzione Udine fino alla deviazione a sinistra per Zoppola; proseguire quindi verso Nord fin oltre Domanins, dopodiché piegare a sinistra per raggiungere Vivaro; l'azienda è a 500 m dall'abitato, sulla strada per Spilimbergo.

I magredi sono tipici ambienti della pianura friulana. Il nome dell'azienda evoca la cordiale accoglienza del titolare e il piacere di passeggiate a cavallo e in carrozza nel verde dei prati. Il centro ippico è raccomandato dalla Fise. Spazi per agricampeggio, settimane verdi per ragazzi.

CAMERE CON SERVIZI: 1 singola, 5 doppie, con biancheria letto, biancheria bagno, riscaldamento centralizzato, climatizzazione, televisore - pernottamento per persona £ 50/90000, pensione £ 100/120000, forfait settimanale £ 660000.
CARTE DI CREDITO: Visa.
10 equipaggi 10 equipaggi.
cucina friulana e veneta - vini locali di produzione propria - £ 30/50000.
SERVIZI E LOCALI COMUNI: parcheggio, telefono, sala TV, sala lettura, taverna, sala giochi bimbi. SPORT E TEMPO LIBERO: pallavolo, tiro con l'arco, ping pong, maneggio, ricovero cavalli; disponibilità di mountain bike, corsi di cucina, passeggiate a cavallo, corsi di equitazione, visite nei dintorni. COLTIVAZIONI: viti, granoturco, ortaggi, alberi da frutta, foraggio. ALLEVAMENTI: suini, cavalli, pollame.
PRODOTTI IN VENDITA: salumi, vino, formaggio, miele.

LIGURIA
TRA MARE E MONTI

Divisa in due riviere di differente bellezza,
questa regione marittima dalle forti radici contadine
offre all'agriturismo opportunità davvero uniche.

U n arco di 270 chilometri, dalla foce del Magra al confine francese, quasi completamente montuoso (65% del territorio) e
collinare (35%), convenzionalmente diviso da Genova in due porzio-
ni: la Riviera di Levante, che cade a picco sul mare, e la Riviera di
Ponente, più aperta e meno ripida. Con una superficie di appena
5500 km² e una popolazione di 1800000 abitanti, molto meno
della sola Milano, la Liguria è tra le più piccole regioni d'Italia. Ciò
non toglie che il paesaggio sia assai vario tanto nei suoi aspetti
naturali quanto in quelli dovuti al lavoro dell'uomo. La fascia costiera è quella più popolata e mantiene tracce della vegetazione
spontanea solo nei luoghi più impervi, mentre altrove è caratterizzata da colture di antica origine, come oliveti e vigne, e da più recenti impianti di floricoltura. Nell'entroterra le coltivazioni cedono il

UFFICI TURISTICI

▌GENOVA
Stazione Principe,
tel. 0102462633
Chiavari
corso Assarotti 1,
tel. 0185325198
Lavagna
piazza della Libertà 48/A,
tel. 0185395070
Portofino
via Roma 35,
tel. 0185269024
Rapallo
via Diaz 9,
tel. 0185230346
Santa Margherita Ligure
via XXV Aprile 2/B,
tel. 0185287485
Santo Stefano d'Aveto
piazza del Popolo 6,
tel. 018588046
Sestri Levante
piazza Sant'Antonio 10,
tel. 0185457011

▌IMPERIA
viale Matteotti 37,
tel. 0183660140
Arma di Taggia
via Boselli,
tel. 018443733
Bordighera
via Roberto 1,
tel. 0184262322

passo al bosco a querce e castagni, a sua volta
sostituito dalle foreste e dai pascoli delle Alpi Marittime e dell'Appennino Ligure.

DALLE VIGNE A TERRAZZE UN VINO UNICO

In un ambito così singolare, penalizzato dall'asprezza del territorio, ma favorito da un clima di proverbiale mitezza, l'agricoltura si è sviluppata su terreni impervi e talora su terrazze strappate alle scogliere. Vi prospera innanzitutto l'olivo, colonna dell'economia ligure, oggi entrato nei ranghi dell'eccellenza agroalimentare con la
denominazione «Riviera ligure» (Dop). Lo affianca la vite, che dà
una produzione limitata ma di alto livello; dai vigneti affacciati al
mare nascono 6 vini Doc, il più celebre dei quali, quasi mitico,
è il «Cinque Terre Sciacchetrà». A essi si alternano frutteti e orti che
dal coraggio di vegetare su dirupi sembrano avere in premio prodotti
di sapore ineguagliabile. Tutto converge nel dare il quadro di un'agricoltura di pregio, che trova espressione nel meticoloso sfruttamento
delle poche superfici disponibili e nella formidabile tenacia dei liguri.

*Sopra, la mimosa,
pianta di origini
tropicali, è una delle
colture tipiche della
Riviera di Ponente.*

*Sotto, il borgo
di Manarola,
alle Cinque Terre.*

IL PARADOSSO DELL'AGRITURISMO LIGURE

In campo agrituristico questa realtà porta a situazioni singolari.
Alle Cinque Terre, per esempio, le sedi aziendali si trovano nei
centri abitati, che sono affacciati al mare e sono più borgo di pescatori che contrada agricola.
È il paradosso di una regione marittima più legata alla terra che
all'acqua, con commistioni di turismo rurale e balneare che non

UFFICI TURISTICI

▮ IMPERIA
Diano Marina
piazza Martiri della Libertà 1,
tel. 0183496956
Ospedaletti
corso Regina Margherita 13,
tel. 0184689085
San Bartolomeo al Mare
piazza XXV Aprile 1,
tel. 0183400200
San Remo
via Nuvoloni 1,
tel. 0184571571
Ventimiglia
via Cavour 61,
tel. 0184351183
▮ LA SPEZIA
viale Mazzini 45,
tel. 0187770900
Lerici
via Biagini 6,
tel. 0187967346
Levanto
piazza Cavour 12,
tel. 0187808125
▮ SAVONA
via Guidobono 125/r,
tel. 0198402321
Alassio
via Mazzini 62,
tel. 0182647027
Albenga
viale Martiri della Libertà 1,
tel. 0182558444

hanno riscontro in nessun'altra località della penisola. Tra la costa e l'entroterra le contaminazioni sono piacevolissime, nascendone tra l'altro una gastronomia basata su piatti di schietto sapore contadino ma ammiccanti al mare, nella quale si fa amplissimo uso di verdure e ortaggi, confidando soprattutto sulle carni di pollo e coniglio, dove il pesce ha un suo ruolo ma certo non primeggia; una cucina priva di fronzoli, che predilige il migliore olio d'oliva, tutta giocata sulla punta di fioretto da aromi di eccezionale delicatezza grazie alla profusione di erbe come il basilico e la maggiorana, che negli orti costieri trovano accenti irriproducibili.

LE CINQUE TERRE E PORTOFINO, CAMPIONI DEL LEVANTE

Nel piacere della vacanza agrituristica la bellezza del panorama e la buona tavola sono affiancate dal godimento di un patrimonio artistico e ambientale che anche in questo caso è assai particolare. Lasciando a Genova quel che è di Genova (ivi compreso il recente, formidabile acquario), sono i centri minori a destare il maggiore interesse. Nonostante il notevole sviluppo turistico, la maggior parte di essi ha saputo salvaguardare la propria identità, contadina o marittima che fosse, e questo giova senza dubbio alla vacanza agrituristica. Il primo pensiero va senza dubbio alle Cinque Terre, recentemente

incluse dall'Unesco tra i beni da considerarsi patrimonio dell'Umanità; un riconoscimento più che giustificato dallo spettacolo indimenticabile delle vigne a picco sul mare e dei paesi arroccati in angusti valloni. Altro celeberrimo nome del Levante ligure è Portofino, con il borgo e l'abbazia di San Fruttuoso, che sorge dal mare severa e splendida; le fa da fondale il promontorio, unicum naturalistico che sconcerta per l'alternanza tra macchia mediterranea e boschi di querce e castagni, senza dire dei fondali che lo contornano, impreziositi dai colori delle gorgonie e dal via vai dei pesci.

DALLA RIVIERA DEI FIORI ALLE ALPI MARITTIME

A Ponente l'infilata di nomi celebri è impressionante: facendo sicuro torto ad altri si citano: Noli, compatto borgo di aspetto medievale, con le scenografiche rovine del castello e importanti chiese; Albenga, antica città dei liguri Ingauni, d'impianto romano e fisionomia antica; Alassio, con le ville ottocentesche assiepate intorno al nucleo originario e una spiaggia di proverbiale bellezza; San Remo, fiorita nella Belle Époque all'ombra delle palme e sotto il segno del Casinò; Bordighera, città-giardino con uno splendido lungomare affacciato alla Costa Azzurra e alle Alpi Marittime. Questo per dire della costa, frequentata e mondana. Poi verrebbe anche l'interno dei borghi incantati, delle cantine e dei frantoi, dei boschi e dei crinali del primissimo Appennino.

A fronte, l'ulivo è coltura diffusa in ogni provincia ligure; comune a tutta la produzione è un profumo fruttato maturo, ma al palato la sensazione varia, a seconda dei luoghi, dal dolce all'amarognolo, talora anche con una leggera punta piccante.

ASSOCIAZIONI DI CATEGORIA

AGRITURIST
Genova
Sede Regionale,
via Tomaso Invrea 11/10,
tel. 0105531878

TERRANOSTRA
Genova
Sede Regionale,
via Gropallo 10/5,
tel. 010876272

TURISMO VERDE
Genova
Sede Regionale,
via Colombo 15/5,
tel. 0105705633

Liguria

Albenga (SV)

m 5 ⊠ 17031

Il Colletto

a Campochiesa, via Cavour 34, tel. 018221858, fax 0182 21859 - ettari 8 - chiusura: periodo tra gennaio e febbraio - ❧ previo accordi.

▶ Accesso dalla Via Aurelia con deviazione a destra subito dopo Ceriale; oppure: uscita Albenga della A10, un paio di chilometri verso Nord sulla Statale 582 poi svolta a destra fin oltre l'abitato di Campochiesa.

La proprietà è divisa in tre zone: la zona di ricettività con gli appartamenti per gli ospiti e il giardino con gazebo; la zona natura e sport con scuderia e area attrezzata per il picnic; nella terza zona c'è il podere con la casa padronale. Si organizzano settimane verdi per ragazzi.

⊞ Appartamenti: 4 di varia disposizione e 1 casa indipendente per 4/8 persone, con biancheria letto, biancheria bagno, biancheria cucina, stoviglie, riscaldamento autonomo, telefono, televisore, cassaforte - affitto a settimana £ 800/2600000. Deposito cauzionale 50% alla prenotazione.
Soggiorno minimo: 1 settimana in estate.
Servizi e locali comuni: parcheggio, sala TV, sala lettura.
Sport e tempo libero: ricovero cavalli; noleggio mountain bike, percorsi per mountain bike, passeggiate a cavallo.
Coltivazioni: olivi, ortaggi, erbe aromatiche, alberi da frutta, fiori. Prodotti in vendita: olio extravergine d'oliva, frutta, verdura, conserve, erbe officinali, fiori.

Arenzano (GE)

m 10 ⊠ 16011

Argentea

a Campo, via Vallerone 50, tel. 0109135367, fax 010 9135367 - ettari 3 - apertura: su prenotazione - ❧
▶ Dal casello locale della A10, guadagnare la Via Aurelia percorrendone 200 m verso Savona, quindi girare a destra alla seconda traversa e proseguire per 2,5 km.

Prodigi della Liguria: siamo nel territorio della Comunità Montana dell'Argentea, a 80 m sul livello del mare ma anche a pochi minuti d'auto dalla costa. Si soggiorna in un fabbricato di origine seicentesca in bella posizione e appena ristrutturato. In alternativa alla spiaggia, le escursioni nel Parco Naturale del Beigna e la pratica del torrentismo.

⤸ Camere con servizi: 2 doppie - pernottamento per persona £ 50000, mezza pensione £ 80000.
⊞ Appartamenti: 2 di varia disposizione per 3/4 persone - affitto al giorno per persona £ 50000, riduzioni per bambini. Deposito cauzionale 15%.
Note: *le camere e gli appartamenti sono dotati di biancheria per letto e per bagno, riscaldamento, telefono e televisore.*
◗⑈ cucina casalinga (torte salate) - vini regionali di produzione propria - £ 25/40000.
Sport e tempo libero: ricovero cavalli. Coltivazioni: ortaggi, alberi da frutta. Allevamenti: bovini, suini, caprini, equini, animali di bassa corte. Prodotti in vendita: frutta, verdura.

Arnasco (SV)

m 100 ⊠ 17032

Il Carruggio

a Menosio, via Gallizi 6, tel. 0182761182, fax 0182 570147 - ettari 50 - chiusura: sempre aperto - ❧
▶ Uscita Albenga della A10, poi Statale 453 verso Ortovero; dopo circa 2 km, svoltare a destra per Arnasco; superare la località e raggiungere Menosio.

In un tranquillo borgo del primo entroterra, un rustico di antica fisionomia, confortevolmente ristrutturato. Poi, volendo sottrarsi ai dolci piaceri della collina, il primo pensiero è per la vicina Albenga, con il suggestivo nucleo medievale e vario contorno balneare e sportivo.

⊞ Appartamenti: 2 bilocali per 4 persone, 2 di più locali per 5/6 persone, con biancheria letto, biancheria bagno, biancheria cucina, stoviglie, lavastoviglie, riscaldamento autonomo, televisore - affitto a settimana £ 400/600000.
Sport e tempo libero: gioco bocce; guida ai lavori agricoli, passeggiate. Coltivazioni: olivi, viti, ortaggi. Allevamenti: pollame, conigli. Prodotti in vendita: vino DOC, olio extravergine d'oliva, verdura.

Beverino (SP)

m 47 ⊠ 19020

Pastani

via Pastani 19, tel. 0187883509 oppure 0339 7217039 - ettari 12 - chiusura: sempre aperto - ❧
▶ Da La Spezia imboccare la Statale 1 in direzione di Genova; percorrere 17,5 km e, in corrispondenza di

adivarma, prendere la deviazione sulla destra per everino; poco prima di raggiungere la località svolta- e a sinistra per l'azienda.

a costa, non distante, è quella che va da Portofino a erici passando per le Cinque Terre, come a dire che on si potrebbe volere di meglio quanto a mare e mon- anità. Qui, però, è la quiete del bosco e l'atmosfera iusta, grazie anche alla cucina della signora Angela, er una vacanza in campagna.

⌂ CAMERE CON SERVIZI: 4 doppie, con biancheria let- o, biancheria bagno, riscaldamento, televisore - ernottamento per persona £ 45/50000, pensione 85/90000.
� cucina casalinga (paste fresche) - vini di produzione ⵑropria - £ 20/35000.
ⵑERVIZI E LOCALI COMUNI: parcheggio, telefono, sala TV, sala ⵑttura, parco giochi bimbi. SPORT E TEMPO LIBERO: disponi- ⵑilità di mountain bike, guida ai lavori agricoli, passeggia- ⵑ nel bosco. COLTIVAZIONI: viti, grano. ALLEVAMENTI: ovini, ⵑnimali di bassa corte. PRODOTTI IN VENDITA: vino, farina.

Càiro Montenotte (SV)

ⵑ 338 ☒ 17014

Cascina del Vai ⭐ⵑⵑ

ⵑ Ville, strada Ville 140, tel. 01950894, fax 01950894 - ⵑttari 26 - chiusura: sempre aperto - ⵑⵑ salvo accordi.
Partendo da Savona, immettersi sulla Statale 29 in ⵑirezione di Cortemilia e Alba e transitare per Ville; op- ⵑure: A6 fino al casello Altare-Carcare, poi continuare ⵑon la Statale 29.

ⵑ'antica struttura del cascinale è stata rimodernata a ⵑso agrituristico senza alterare l'atmosfera della bella ⵑaia. Struttura interessante per gli appassionati di turi- ⵑmo equestre che troveranno pane per i loro denti nella ⵑoscosa valle della Bormida.

⌂ CAMERE SENZA SERVIZI: 2 doppie; 1 bagno in comu- ⵑe - pernottamento per persona £ 50000, pensione ⵑ 75000. CAMERE CON SERVIZI: 5 doppie, 1 a 5 letti - per- ⵑottamento per persona £ 50000, pensione £ 75000. ⵑeposito cauzionale da concordare.
ⵑote: *le camere sono dotate di biancheria per letto ⵑ per bagno, telefono, televisore, uso lavanderia e ri- ⵑcaldamento.*
ⵑⵑ cucina piemontese (antipasti caldi, primi piatti) - vini ⵑegionali di produzione propria - £ 30/40000.

SERVIZI E LOCALI COMUNI: parcheggio, telefono, sala TV, sala lettura, taverna. SPORT E TEMPO LIBERO: maneggio, ricovero cavalli; passeggiate a cavallo. COLTIVAZIONI: granoturco, grano, ortaggi. ALLEVAMENTI: bovini, suini, pollame, conigli.

Càlice al Cornovìglio (SP)

m 405 ☒ 19020

Alpicella

a Bruscarolo, tel. 0187935589 - ettari 20 - apertura: maggio-settembre - ⵑ previo accordi.
▶ Dall'uscita Santo Stefano Magra della A15/A12, pro- seguire verso Ceparana e Calice al Cornoviglio; al bivio Monte Divalli, deviazione di altri 10 km seguendo le in- dicazioni per Bruscarolo.

Nel territorio della Comunità Montana della Media Val di Vara, vacanza a 800 metri di quota con vista a ma- re. L'ospitalità viene offerta in un alpeggio isolato sui pascoli ma a pochi chilometri il pittoresco borgo me- dievale di Calice.

⌂ CAMERE SENZA SERVIZI: 1 a 3 letti; 1 bagno in comune - pernottamento per persona £ 60000, mezza pensione £ 70000. CAMERE CON SERVIZI: 1 a 3 letti - pernottamento per persona £ 60000, mezza pensione £ 70000. De- posito cauzionale da concordare.
SOGGIORNO MINIMO: 3 giorni.
Note: *le camere sono dotate di biancheria per letto e ri- scaldamento autonomo.*
ⵑⵑ cucina ligure e toscana (primi piatti) - vini locali di produzione propria - £ 30/50000.
SERVIZI E LOCALI COMUNI: parcheggio, telefono. COLTIVAZIO- NI: ortaggi, alberi da frutta. ALLEVAMENTI: bovini, caprini, animali di bassa corte. PRODOTTI IN VENDITA: salumi, ver- dura, formaggio.

Camporosso (IM)

m 25 ☒ 18033

Il Bausco ⭐ⵑⵑ

località Brunetti, tel. 0184206013, fax 0184206851 - ettari 20 - chiusura: febbraio - ⵑ
▶ Dall'uscita Bordighera della A10, proseguire verso Ventimiglia fino a raggiungere la deviazione per Cam- porosso e Dolceacqua, quindi imboccare la strada per La Colla e Brunetti.

Liguria

Nell'entroterra di Bordighera, palme, cipressi e olivi compongono l'amena cornice dei rustici a uso agrituristico di un'azienda dedita al biologico. Escursioni sulle Alpi Marittime (oltreconfine, il Parco Nazionale del Mercatour); sulla costa i giardini di villa Hambury e, a pochi chilometri, la Costa Azzurra.

CAMERE CON SERVIZI: 1 doppia, con uso cucina - pernottamento per persona £ 25/30000.
APPARTAMENTI: 2 casolari con biancheria cucina, stoviglie, lavastoviglie, telefono - affitto al giorno per persona £ 35/45000. Deposito cauzionale £ 100000.
SOGGIORNO MINIMO: 3 giorni. CARTE DI CREDITO: CartaSi.
Note: la camera e i casolari sono dotati di biancheria per letto e per bagno, lavatrice, riscaldamento centralizzato e televisore.
SERVIZI E LOCALI COMUNI: parcheggio, telefono, sala lettura, barbecue, forno a legna. SPORT E TEMPO LIBERO: noleggio mountain bike, guida ai lavori agricoli, escursioni. COLTIVAZIONI: olivi, viti, ortaggi, alberi da frutta. ALLEVAMENTI: animali di bassa corte. PRODOTTI IN VENDITA: vino, olio, frutta.

Casanova Lerrone (SV)

m 256 ✉ 17033

Cascina il Poggio

a Marmoreo, via Poggio 97, tel. 018274040 - ettari 16,5 - chiusura: - 🐕 grossa taglia.
▶ Abbandonare la A10 all'uscita di Albenga, quindi dirigere su Villanova d'Albenga e Casanova Lerrone; da qui, altri 4 km circa per raggiungere l'azienda.

L'architettura in pietra della cascina, che riserva interni di cordiale atmosfera, si staglia sul crinale tra le valli Arrone e Arroscia. La vicinanza del mare fa prosperare l'olivo accanto al castagno in uno scenario ideale per l'escursionismo. Settimane verdi per ragazzi in giugno e luglio.

CAMERE SENZA SERVIZI: 3 doppie, 2 a 3/4 letti, con biancheria letto, biancheria bagno, riscaldamento centralizzato e a legna; 1 bagno in comune - pernottamento per persona £ 35/40000, pensione £ 60/65000, riduzioni per bambini. CAMERE CON SERVIZI: 1 a più letti - pernottamento per persona £ 35/40000, pensione £ 60/65000.
SOGGIORNO MINIMO: 2 notti.
Note: le camere sono dotate di biancheria per letto e per bagno, riscaldamento.
🍴 cucina ligure (prenotare) - vini di produzione propria - £ 25/45000.

SERVIZI E LOCALI COMUNI: parcheggio. COLTIVAZIONI: olivi, viti, ortaggi. ALLEVAMENTI: caprini, pollame, conigli. PRODOTTI IN VENDITA: olio, frutta, verdura, olive.

Castelnuovo Magra (SP)

m 181 ✉ 19030

Cascina dei Peri

via Montefrancio 71, tel. 0187674085 oppure 0338 9200233, fax 0187674085 - ettari 7 - chiusura: sempre aperto - 🐕
▶ Dal casello Sarzana della A12, percorrere 5 km della Via Aurelia prima di svoltare a sinistra per Castelnuovo Magra; attraversare la località Colombiera e, dopo appena 100 m, deviazione a sinistra di 1 km.

Olivi, alberi da frutta e fioriture di buganvillee allietano il soggiorno collinare affacciato al golfo di La Spezia. Sul versante opposto verdeggiano i colli di Lerici, Tellaro e Montemarcello; appena oltre il confine si stende il Parco Naturale delle Alpi Apuane. Settimane verdi per ragazzi.

CAMERE CON SERVIZI: 2 doppie, 4 a più letti - pernottamento per persona £ 50/70000, mezza pensione £ 85/105000.
APPARTAMENTI: 1 bilocale per 4 persone, con stoviglie, lavatrice, televisore - affitto al giorno £ 70/150000, affitto a settimana £ 500/1100000, pulizia finale £ 50000; appartamento disponibile solo in bassa stagione. Deposito cauzionale 30%.
SOGGIORNO MINIMO: 2 notti. CARTE DI CREDITO: CartaSi.
Note: le camere e l'appartamento sono dotati di biancheria per letto e per bagno, riscaldamento centralizzato e a consumo; biancheria extra £ 5000.
🚐 3 equipaggi.
🍴 cucina casalinga (prenotare) - vini locali di produzione propria - £ 25/35000.
SERVIZI E LOCALI COMUNI: telefono, sala TV. SPORT E TEMPO LIBERO: piscina; corsi d'arte varia. COLTIVAZIONI: olivi, viti, ortaggi. ALLEVAMENTI: caprini, pollame. PRODOTTI IN VENDITA: vino DOC, olio extravergine d'oliva.

La Colombiera

via Montecchio 92, tel. 0187674265, fax 0187 670264 - ettari 9 - chiusura: sempre aperto - 🐕
▶ Si consideri l'accesso da Sarzana, che si può raggiungere dall'uscita locale della A12 oppure percorrendo la Via Aurelia; da qui, infatti, immettersi sulla

direttrice per Fosdinovo deviando dalla Statale, quindi imboccare la prima strada sulla destra e, in seguito, la prima deviazione a sinistra. Seguire la segnaletica dell'azienda.

Dalla grande terrazza si gode il paesaggio della bassa val di Magra, con le ordinate coltivazioni e i morbidi rilievi del primo Appennino. Siamo a metà strada tra la Versilia e la Riviera di Ponente, ma non vanno sottovalutati i tesori, tutti da scoprire, della Lunigiana e delle Alpi Apuane.

⊞ APPARTAMENTI: 1 di 3 locali per 4/5 persone, con biancheria letto, biancheria bagno, biancheria cucina, uso lavanderia, stoviglie, riscaldamento - affitto al giorno £ 120/150000.
SOGGIORNO MINIMO: 3 giorni.
〉|| cucina della tradizione locale - vini regionali di produzione propria - £ 25/50000.
SERVIZI E LOCALI COMUNI: parcheggio. SPORT E TEMPO LIBERO: passeggiate, visite nei dintorni. COLTIVAZIONI: olivi, viti, ortaggi. PRODOTTI IN VENDITA: vino.

Castiglione Chiavarese (GE)

m 271 ⊠ 16030

Monte Pù

a Monte Pù, tel. 0185408027, fax 0185408027 - ettari 196 - apertura: metà marzo-inizio novembre - ⊠ salvo accordi.
▶ Abbandonare la A12 all'altezza del casello di Sestri Levante e imboccare la Statale 523; superata la località di Casarza Ligure, prendere la deviazione sulla sinistra per Massasco-Campegli e, da qui, nuovamente a sinistra per circa 4 km su strada sterrata che porta sino a Monte Pù.

L'azienda si trova nell'ariosa cornice della val Petronio, tra vigne, oliveti e macchia mediterranea. Tre gli edifici agrituristici, con ampi spazi comuni e arredi d'atmosfera. Sulla costa, a una decina di chilometri, la spettacolare natura delle Cinque Terre e del monte di Portofino.

↝ CAMERE SENZA SERVIZI: 2 doppie; 1 bagno in comune - pernottamento per persona £ 60000, mezza pensione £ 90/95000. CAMERE CON SERVIZI: 2 doppie, 4 a più letti - pernottamento per persona £ 60000, mezza pensione £ 90/95000.

⊞ APPARTAMENTI: 2 bilocali per 3 persone - affitto al giorno £ 200/220000. Deposito cauzionale 50% alla prenotazione.
Note: *le camere e gli appartamenti sono dotati di biancheria per letto e per bagno, riscaldamento centralizzato; supplemento per pulizie £ 15000 al giorno.*
〉|| cucina della tradizione locale (paste fresche) - vini locali - £ 30/50000.
SERVIZI E LOCALI COMUNI: parcheggio, telefono, sala TV, sala lettura. SPORT E TEMPO LIBERO: ping pong, maneggio; disponibilità di mountain bike, guida ai lavori agricoli, corsi di equitazione, trekking. ALLEVAMENTI: bovini, caprini, equini, animali di bassa corte, pesci. PRODOTTI IN VENDITA: uova, verdura, sottoli, marmellate.

Dolceàcqua (IM)

m 51 ⊠ 18035

Rifugio Alta Via

a Pozzuolo, strada militare La Colla-Gouta, tel. 0184 206754 - ettari 2 - chiusura: metà gennaio-metà febbraio - ⊠

▶ Dalla A10, uscita di Bordighera, proseguire verso Ventimiglia, poi svoltare verso Dolceacqua; superato il paese, prendere il bivio per Rocchetta Nervina senza raggiungerla, ma deviare seguendo la segnalazione per il rifugio Alta Via.

La valle del Nervia, aperta in senso Nord-Sud, risente della benefica risalita della brezza marina che consente l'olivicoltura fino a 800 metri di quota. A mezza costa si trova questa bella casa in pietra, con vista sul mare e sui monti e due cavalli a disposizione degli ospiti. Settimane verdi per ragazzi in giugno, luglio e inizio settembre.

↝ CAMERE CON SERVIZI: 2 doppie, 2 a 4 letti, con biancheria letto, biancheria bagno, uso cucina, riscaldamento centralizzato - pernottamento per persona £ 50000, mezza pensione £ 70000, letto aggiunto £ 20000. Deposito cauzionale 30%.
SOGGIORNO MINIMO: 3 giorni.
⚠ 8 equipaggi ⊞ 4 equipaggi.
〉|| cucina ligure e piemontese (ravioli e tajerin) - vini di produzione propria - £ 30/40000.
SERVIZI E LOCALI COMUNI: parcheggio, telefono, sala TV, giochi bimbi. SPORT E TEMPO LIBERO: gioco bocce; disponibilità di mountain bike, passeggiate a cavallo. COLTIVAZIONI: olivi, viti, fiori. ALLEVAMENTI: cavalli, pollame, conigli. PRODOTTI IN VENDITA: vino, olio, miele.

Terre Bianche-Locanda del Bricco

località Arcagna, tel. 018431426, fax 018431230 - ettari 16 - ⅙ - chiusura: Epifania-inizio febbraio - ❧
▶ Dall'uscita Bordighera della A10, raggiungere e percorrere la Via Aurelia verso Ventimiglia fino alla deviazione a destra che porta a Dolceacqua; poi piegare a sinistra per Rocchetta Nervina per 2,5 km, e ancora a sinistra per 5 km seguendo la segnaletica dell'azienda.

Un antico casolare affacciato alla vallata del Nervia, sopra il borgo medievale di Dolceacqua, con vista dalle più alte cime delle Alpi Marittime sino al mare. Passeggiate a piedi e a cavallo sull'Alta Via dei Monti Liguri.

☞ CAMERE CON SERVIZI: 7 doppie, 3 a 3/4 letti - pernottamento per persona £ 70/85000, mezza pensione £ 110/125000.
⊞ APPARTAMENTI: 1 bilocale per 2 persone, 1 casolare, con frigobar, televisore satellitare - mezza pensione £ 125/150000.
CARTE DI CREDITO: tutte.
Note: *le camere e gli appartamenti sono dotati di biancheria per letto e per bagno, riscaldamento centralizzato.*
)|(riservato agli ospiti - cucina ligure e provenzale - vini locali di produzione propria.
SERVIZI E LOCALI COMUNI: parcheggio, sala TV, taverna.
SPORT E TEMPO LIBERO: gioco bocce, ping pong, maneggio, ricovero cavalli; noleggio mountain bike, passeggiate a cavallo, visite nei dintorni. COLTIVAZIONI: olivi, viti, ortaggi. PRODOTTI IN VENDITA: vino DOC, olio extravergine d'oliva.

Finale Ligure (SV)

m 10 ⊠ 17024

Villa Piuma

a Perti, via Cappelletta Nuova 8, tel. 019687030, fax 019 687030 - ettari 8 - chiusura: gennaio-febbraio - ❧

▶ Dal locale casello autostradale, dirigere verso il centro urbano, ma svoltando a sinistra all'indicazione per Calice Ligure; percorrere 3 km, poi deviare a destra seguendo la segnaletica dell'azienda.

Nei pressi di Finalborgo, il più interessante dei nuclei storici del capoluogo, si innalza questa dimora settecentesca, rinnovata con coraggio e rispetto al tempo stesso a soggiorno agrituristico. Situazione singolare, come spesso avviene in Liguria, senza dubbio stimolante, ma non adatta ad anziani e bambini a causa della struttura architettonica.

☞ CAMERE CON SERVIZI: 3 doppie, con biancheria letto, biancheria bagno, climatizzazione - pernottamento per persona £ 30/40000.
SOGGIORNO MINIMO: 2 notti.
)|(riservato agli ospiti - cucina della tradizione contadina (piatti con verdure) - vini regionali di produzione propria - £ 25/30000.
SERVIZI E LOCALI COMUNI: parcheggio, sala lettura, solarium. SPORT E TEMPO LIBERO: ping pong; guida ai lavori agricoli, escursioni. COLTIVAZIONI: olivi, viti. ALLEVAMENTI: ovini, suini, animali di bassa corte. PRODOTTI IN VENDITA: olio extravergine d'oliva, formaggio, sottoli, salse.

Follo (SP)

m 25 ⊠ 19020

Carnea ★ 🎗️ci

a Carnea, via San Rocco 10, tel. 0187947070, fax 0187 947070 - ettari 1,5 - chiusura: febbraio - ✂
▶ Dall'uscita La Spezia della A15, seguire le indicazioni per Vezzano e poi per Bottagna, quindi procedere diritto per 4 km verso Follo; da qui, proseguire ancora a sinistra in direzione Val Durasca per altri 4 km, fino alla deviazione a destra per Carnea.

Vacanze «fuori dal mondo», nel silenzio e nel relax tra il verde, con vista dal mare alle Apuane. In azienda si produce biologico e si pratica la cucina salutista. A portata di mano le Cinque Terre, Portovenere e Lerici. Convenzioni per trekking, free-climbing, equitazione, vela e sub. In estate il ristorante è riservato agli ospiti.

☞ CAMERE SENZA SERVIZI: 1 doppia, 1 a più letti; 1 bagno in comune - pernottamento per persona £ 60000, mezza pensione £ 90000. CAMERE CON SERVIZI: 4 doppie - pernottamento per persona £ 60000, mezza pensione £ 90000.
Note: *le camere sono dotate di biancheria per bagno; supplemento per riscaldamento £ 5000.*
)|(cucina essenzialmente vegetariana - vini locali - £ 35/40000.

Servizi e locali comuni: parcheggio, telefono, sala lettura. Sport e tempo libero: tiro con l'arco. Coltivazioni: olivi, viti, ortaggi, alberi da frutta. Prodotti in vendita: pane di casa, sottoli, pesto, conserve, marmellate.

Framura (SP)

m 152 ⊠ 19014

La Caprarbia

località Le Fosse, tel. 0187824282, fax 0187824282 - ettari 10 - ᵫ - chiusura: sempre aperto - ⚹ salvo accordi.
▶ Dal casello Deiva Marina della A12, proseguire verso Framura senza peraltro raggiungerla, in quanto a Castagnola si prende la Statale 657 verso La Baracca per poi piegare a destra verso Levanto per altri 500 m; l'azienda è segnalata lungo il percorso da cartelli rettangolari color marrone.

L'ambiente è quello del parco che abbraccia la costa dal passo del Bracco a Punta Mesco. Sullo sfondo del bosco sempreverde spicca il rosa vivace di una villa tutta archi e terrazze. Da qui, oltre una quinta di colli boscosi, si scorge l'orizzonte del mare.

🛏 Camere senza servizi: 2 doppie; 2 bagni in comune - pernottamento per persona £ 35000, mezza pensione £ 60000. Camere con servizi: 3 doppie, con biancheria letto - pernottamento per persona £ 35000, mezza pensione £ 60000.

⊞ Appartamenti: 1 monolocale per 4 persone, con biancheria letto, stoviglie, riscaldamento - affitto a settimana £ 500000. Deposito cauzionale 30%.
⛺ 6 equipaggi 🚐 6 equipaggi.

─────

⟩❮ cucina ligure e francese (prenotare) - vini locali - £ 25000.
Sport e tempo libero: osservazione degli animali, visite nei dintorni, trekking. Coltivazioni: ortaggi, asparagi. Allevamenti: ovini, caprini, api. Prodotti in vendita: verdura, formaggio, miele.

Gènova

m 19 ⊠ 16100

Pietre Turchine

località Campenave, via Superiore dell'Olba 41/L, tel. 0106139168 oppure 03389975291 - ettari 5 - apertura: fine aprile-settembre, periodo natalizio e Pasqua - ⚹
▶ Dall'uscita Genova-Voltri della A10 dirigersi a Nord seguendo le indicazioni per Fabbriche fino alla deviazione a sinistra che conduce a Campenave.

La Liguria è fatta così: nel primo entroterra di Voltri, a un tiro di schioppo da Genova, siamo già tra i boschi del Parco Naturale del Monte Beigua. Un giorno a spasso tra i boschi, dunque, e l'altro in città, per visitare l'Acquario o andare alla scoperta delle ultime osterie del porto.

🛏 Camere con servizi: 3 doppie, con biancheria letto, biancheria bagno, riscaldamento - pernottamento per persona £ 40000, pensione £ 80000, supplemento camera singola £ 40000.
⟩❮ cucina ligure (farinata) - vini regionali - £ 35000.
Servizi e locali comuni: parcheggio. Sport e tempo libero: gioco bocce. Coltivazioni: ortaggi. Allevamenti: ovini, animali di bassa corte, api. Prodotti in vendita: pollame, conigli, verdura, miele.

Lèivi (GE)

m 19 ⊠ 16040

La Madre

località Garbuggi, via degli Ulivi 39, tel. 0185319529 oppure 03384739489 e 03473225682, fax 0185 319529 - ettari 10 - chiusura: sempre aperto - ➸ previo accordi.

▶ Lasciare la A12 al casello di Chiavari e dirigere verso Lèivi; una volta giunti al primo semaforo svoltare a sinistra e proseguire per circa 4 km fino a incontrare un bivio; prendere a sinistra e raggiungere Garbuggi e l'azienda.

Tra due versanti boscosi il mare è un triangolo blu sul quale s'alza un promontorio: è Sestri Levante, con le sue luci e quel tanto di mondanità che fa sempre piacere. In azienda tanta quiete e piccoli svaghi per i bambini; poco distanti, la valle della Fontanabuona e le montagne dell'Alta Via.

⊞ APPARTAMENTI: 2 monolocali per 2/3 persone, 2 bilocali per 2/4 persone, 1 di più locali per 6 persone, con biancheria letto, biancheria bagno, biancheria cucina, stoviglie, lavastoviglie, lavatrice, riscaldamento autonomo - affitto al giorno £ 70/200000, affitto a settimana £ 440/1260000. Deposito cauzionale 15%.
⚠ 6 equipaggi ⌒ 1 equipaggio.
SERVIZI E LOCALI COMUNI: parcheggio, sala TV, sala lettura, taverna, sala giochi bimbi, solarium. SPORT E TEMPO LIBERO: disponibilità di mountain bike, osservazione degli animali, visite nei dintorni, passeggiate. COLTIVAZIONI: olivi, ortaggi, alberi da frutta, castagni. ALLEVAMENTI: animali di bassa corte. PRODOTTI IN VENDITA: vino, olio extravergine d'oliva, frutta, marmellate, miele.

Lèrici (SP)

m 10 ⊠ 19032

Gallerani ⭐🈟

località Zanego 5, tel. 0187964057 - ettari 3 - chiusura: sempre aperto - ➸ previo accordi.
▶ Abbandonare la A12 allo svincolo di Sarzana, poi raggiungere Lerici percorrendo 5 km sulle Statali 1 e 331; l'azienda è situata a Sud della cittadina, circa 3 km oltre il paese di Serra, sulla strada che porta a Montemarcello.

Dall'azienda, posta tra i boschi del primo entroterra, lo sguardo passa dal golfo di La Spezia a quello di Lerici prospettando molteplici occasioni di svago balneare e montano. L'entroterra, specie nel Parco Naturale di Montemarcello, è la palestra ideale per gli escursionisti.

🍃 CAMERE SENZA SERVIZI: 1 doppia, 1 a 3 letti; 1 bagno in comune - pernottamento per persona £ 50000, mezza pensione £ 80000. CAMERE CON SERVIZI: 4 doppie, 2 a 3 letti - pernottamento per persona £ 50000, mezza pensione £ 80000.
⊞ APPARTAMENTI: 1 monolocale per 3/4 persone - affitto al giorno £ 100/150000.
SOGGIORNO MINIMO: 5 giorni in alta stagione.
Note: le camere sono dotate di biancheria per letto e per bagno, riscaldamento.
🍽 cucina ligure ed emiliana (paste fresche, pollo e coniglio ripieno) - vini regionali di produzione propria - £ 30/45000.
SERVIZI E LOCALI COMUNI: parcheggio, telefono, sala TV, sala lettura. SPORT E TEMPO LIBERO: passeggiate, escursioni. COLTIVAZIONI: olivi, viti, ortaggi, alberi da frutta. ALLEVAMENTI: animali di bassa corte. PRODOTTI IN VENDITA: uova, frutta, verdura, marmellate.

Maissana (SP)

m 575 ⊠ 19010

Giandriale ⭐🈟

a Tavarone, località Giandriale 5, tel. 0187840279 oppure 03392954906, fax 0187840279 - ettari 130 - chiusura: sempre aperto - ✂
▶ Dal casello Sestri Levante della A12 percorrere la Statale 523 in direzione di Varese Ligure; a Missano deviare a sinistra per raggiungere l'azienda agricola, peraltro ben segnalata.

Inserita in un'oasi di protezione faunistica, la struttura offre un quadro di natura pressoché incontaminata. Ciò non bastasse, ecco i borghi antichi della val di Vara, i suoi siti archeologici, la sua cucina tutta giocata sui sapori del bosco. E tutto questo a soli 20 km dal mare. Coltivazioni biologiche in azienda e possibilità di organizzare settimane verdi per gruppi e individuali.

🍃 CAMERE CON SERVIZI: 7 doppie - pernottamento per persona £ 40000, mezza pensione £ 60000.
⊞ APPARTAMENTI: 1 monolocale per 4 persone - affitto al

giorno £ 120000, affitto a settimana £ 800000. Deposito cauzionale 20%.
Note: *le camere e l'appartamento sono dotati di biancheria per letto e per bagno, riscaldamento centralizzato.*
⚭ cucina ligure (piatti a base di verdure) - vini locali - £ 25/40000.

SERVIZI E LOCALI COMUNI: parcheggio, telefono, sala lettura, taverna. SPORT E TEMPO LIBERO: noleggio mountain bike, guida ai lavori agricoli, trekking. COLTIVAZIONI: granoturco, ortaggi, erbe aromatiche, alberi da frutta. ALLEVAMENTI: bovini, equini. PRODOTTI IN VENDITA: conserve, marmellate, miele.

Mendàtica (IM)

m 778 ⊠ 18025

Castagno

via San Bernardo 39, tel. 0183328718 - ettari 11 - ♿ - chiusura: sempre aperto - ⚭

▸ Azienda nell'abitato di Mendatica, per raggiungere il quale è possibile: da Nord, con deviazione dalla Statale 28 che proviene da Ormea e il Colle di Nava e termina a Imperia; dalla costa, uscita Albenga della A10, poi direttrice per Pieve di Teco e Mendatica.

Nel cuore delle Alpi Marittime, il mare lontano all'orizzonte. Villeggiatura montana nei rustici di un'azienda orgogliosamente attaccata alle tradizioni della valle. Escursioni in alta quota e sport invernali. Si organizzano settimane verdi per ragazzi.

⚭ CAMERE CON SERVIZI: 2 doppie - pernottamento per persona £ 55000, pensione £ 95000.
⚭ APPARTAMENTI: 2 monolocali per 2/4 persone, 1 bilocale per 4 persone, 1 di più locali per 6/8 persone, con biancheria cucina, uso lavanderia, stoviglie, lavastoviglie, lavatrice - affitto al giorno per persona £ 55000. Deposito cauzionale 20% alla prenotazione.
Note: *le camere e gli appartamenti sono dotati di biancheria per letto e per bagno, riscaldamento e televisore a richiesta.*
⚭ 3 equipaggi.
⚭ cucina casalinga (piatti della tradizione) - vini regionali - £ 20/40000.
SERVIZI E LOCALI COMUNI: parcheggio, telefono. SPORT E TEMPO LIBERO: guida ai lavori agricoli, visite nei dintorni, passeggiate nel bosco. COLTIVAZIONI: ortaggi, alberi da frutta,

frutti di bosco. ALLEVAMENTI: ovini, suini, caprini, pollame, conigli, api. PRODOTTI IN VENDITA: salumi, frutta, verdura, formaggio, miele.

Le Navette

a Salse di Mendatica, strada per Upega, tel. 0183 33293 - ettari 2 - apertura: metà aprile-ottobre e altri periodi su richiesta - ⚭ previo accordi.
▸ Da Imperia (ma anche da Albenga) raggiungere Ponte di Nava con la Statale 28; da qui, deviare a sinistra raggiungendo Viozena e Upega, quindi Salse di Mendatica. In alternativa, si arriva a destino anche da Mendatica, toccando Monesi.

Nella Comunità Montana della Valle Arroscia, agriturismo d'alta quota con sistemazione in malga. Nei dintorni boschi e uno scenario alpino frequentato da marmotte e camosci. Si organizzano settimane verdi per ragazzi in primavera e autunno.

⚭ CAMERE SENZA SERVIZI: 1 doppia, 1 a 4 letti, con biancheria letto, biancheria bagno, uso lavanderia, riscaldamento a legna; 1 bagno in comune - pernottamento per persona £ 25000, pensione £ 70000. Deposito cauzionale da concordare.
⚭ cucina casalinga (piatti della tradizione) - vini regionali - £ 20/35000.
SPORT E TEMPO LIBERO: guida ai lavori agricoli, raccolta funghi, raccolta frutti di bosco, osservazione degli animali, corsi di cucina, visite nei dintorni, escursioni. COLTIVAZIONI: ortaggi. ALLEVAMENTI: bovini, pollame, conigli, api. PRODOTTI IN VENDITA: carne, pollame, verdura, latticini, miele.

Orco Feglino (SV)

m 100 ⊠ 17020

Tutti Frutti

via Chiesa 1, tel. 019699284 oppure 03474517144, fax 0196994900 - ettari 5,5 - apertura: marzo-ottobre - ⚭

▸ Dall'uscita Orco Feglino della A10 seguire le indicazioni per Orco (circa 3 km).

Vigne, oliveti e orti, i monti liguri da una parte, il mare dall'altra, una casa padronale del '600 con gli arredi del suo passato. Tutto questo per un quieto soggiorno nell'entroterra savonese con le opportunità turistiche, sportive e culturali della vicina Lugli.

Liguria

CAMERE SENZA SERVIZI: 1 singola, 1 doppia; 1 bagno in comune - pernottamento per persona £ 42/47000, mezza pensione £ 77/82000. CAMERE CON SERVIZI: 2 doppie - pernottamento per persona £ 42/47000, mezza pensione £ 77/82000. Deposito cauzionale £ 150000.
Note: le camere sono dotate di biancheria per letto e per bagno.
2 equipaggi.
cucina casalinga (torte salate, coniglio alla ligure) - vini di produzione propria - £ 35000.
SERVIZI E LOCALI COMUNI: parcheggio. SPORT E TEMPO LIBERO: guida ai lavori agricoli, corsi di cucina. COLTIVAZIONI: olivi, viti, ortaggi, alberi da frutta. PRODOTTI IN VENDITA: vino, olio, marmellate.

Piana Crixia (SV)

m 255 ⊠ 17010

La Celestina

località Gallareto, tel. 019570292, fax 019570292 - ettari 19 - chiusura: gennaio-febbraio -
▶ Abbandonare la A6 all'altezza dello svincolo Altare-Carcare e immettersi sulla Statale 29, percorrerla per 18 km circa; quindi seguire la segnaletica dell'azienda.

Nel territorio del Parco Regionale delle Langhe di Piana Crixia, ospitalità agrituristica in una casa colonica a tre piani, esposta nel migliore dei modi. Per sentieri si sale in quota verso l'Alta Via dei Monti Liguri e la Riserva Naturalistica dell'Adelasia. Si organizzano settimane verdi per ragazzi.

CAMERE SENZA SERVIZI: 4 doppie; 2 bagni in comune - mezza pensione £ 60/65000. CAMERE CON SERVIZI: 1 doppia - mezza pensione £ 65/75000.
CARTE DI CREDITO: tutte.
Note: le camere sono dotate di biancheria per letto e per bagno, riscaldamento termoelettrico, telefono e televisore.
cucina casalinga (piatti della tradizione) - vini regionali - £ 20/40000.
SERVIZI E LOCALI COMUNI: parcheggio, telefono, sala TV. SPORT E TEMPO LIBERO: ping pong; disponibilità di biciclette. COLTIVAZIONI: olivi, ortaggi, frutti di bosco. ALLEVAMENTI: cavalli, pollame, conigli. PRODOTTI IN VENDITA: liquori della casa, marmellate, conserve, miele.

Pignone (SP)

m 189 ⊠ 19020

5 Terre

località Gaggiola, tel. 0187888087 - ettari 8,5 - apertura: giugno-settembre, solo week end in ottobre e in primavera - ◆ previo accordi.
▶ Dall'uscita Brugnato-Borghetto di Vara della A12, seguire le indicazioni per Monterosso al Mare-Cinque Terre; 6 km dopo avere superato Pignone, seguire le indicazioni per raggiungere l'azienda.

Le colline a ridosso delle Cinque Terre offrono tranquillità e clima fresco. L'ambiente è familiare, i bambini sono bene accetti. Si alloggia in strutture nuove e ristrutturate con buone dotazioni. In primavera e autunno si organizzano settimane verdi per ragazzi.

CAMERE SENZA SERVIZI: 1 doppia; 1 bagno in comune - pernottamento per persona £ 22/40000, prima colazione £ 7000, pensione £ 85/95000. CAMERE CON SERVIZI: 6 doppie, 2 a 3/4 letti - pernottamento per persona £ 40/45000, prima colazione £ 7000, pensione £ 90/100000. Deposito cauzionale 30% alla prenotazione.
Note: le camere sono dotate di biancheria per letto e per bagno, riscaldamento centralizzato.
3 equipaggi.
cucina ligure (lasagne al pesto, carni alla brace) - vini di produzione propria - £ 30/40000.
SERVIZI E LOCALI COMUNI: parcheggio, giochi bimbi. SPORT E TEMPO LIBERO: maneggio, ricovero cavalli; passeggiate a cavallo. COLTIVAZIONI: olivi, viti, ortaggi, alberi da frutta, limoni. ALLEVAMENTI: ovini, equini, pollame, conigli, api. PRODOTTI IN VENDITA: vino, olio, marmellate, miele.

Quiliano (SV)

m 32 ⊠ 17040

Casalina

a Montagna (Cap 17047), via Chicchezza 7, tel. 019 887604 - ettari 3,5 - chiusura: sempre aperto - ✗

▶ Dall'uscita autostradale di Savona, procedere verso Nord-Ovest raggiungendo prima Quiliano poi, dopo 4 km, Montagna; seguire la segnaletica per arrivare alla località indicata.

A pochi chilometri dalla città, la classica casina nel bosco. La frescura e la bella atmosfera delle camere in stile provenzale inducono all'ozio domestico, ma il posto offre vari diversivi, dalle gite al mare all'arrampicata sportiva.

↙ CAMERE SENZA SERVIZI: 1 doppia, 2 a 4/6 letti, con biancheria letto, biancheria bagno, riscaldamento, televisore; 2 bagni in comune - pernottamento per persona £ 50000, riduzioni per gruppi di oltre 5 persone tranne in alta stagione. Deposito cauzionale 50%.
SERVIZI E LOCALI COMUNI: parcheggio, telefono, sala lettura.
SPORT E TEMPO LIBERO: noleggio mountain bike, shiatsu, visite nei dintorni, escursioni. COLTIVAZIONI: olivi, frutti di bosco. PRODOTTI IN VENDITA: olio, marmellate.

Rialto (SV)

m 376 ⊠ 17020

La Ca' dell'Alpe

via Alpe 10, tel. 019688030, fax 019688019 - ettari 5 - ⅄ - apertura: alta stagione e week end - ❧
▶ Da Finale Ligure dirigersi verso Calice Ligure, poi procedere per circa 5 km e, dopo Calvi, seguire per Rialto; superare Municipio poi a destra per la Ca' dell'Alpe.

Nel Finalese, un'oasi agricola tra i castagni, al margine dell'Alta Via dei Monti Liguri. Le opportunità di svago vanno dalle passeggiate di vario impegno alle palestre di roccia. Per non dire del mare, che luccica all'orizzonte a evocare piaceri balneari, anche se in azienda, per i bambini, c'è una piccola piscina.

↙ CAMERE CON SERVIZI: 1 doppia, 2 a 4 letti, con riscaldamento - pernottamento per persona £ 35000, pensione £ 69000.
⊞ APPARTAMENTI: 1 villetta per 4 persone, con stoviglie, lavatrice, riscaldamento autonomo - affitto a settimana £ 500000. Deposito cauzionale da concordare.
SOGGIORNO MINIMO: 1 settimana in villetta.
Note: le camere e la villetta sono dotate di biancheria per letto e per bagno.
⚠ 3 equipaggi ⊟ 3 equipaggi.
🍴 cucina casalinga (paste fresche, carni alla brace) - vini di produzione propria - £ 17/23000.
SERVIZI E LOCALI COMUNI: parcheggio, telefono, giochi bimbi. SPORT E TEMPO LIBERO: maneggio; guida ai lavori agricoli. COLTIVAZIONI: olivi, viti, ortaggi. ALLEVAMENTI: pollame.
PRODOTTI IN VENDITA: vino, olio, verdura, legna.

Riomaggiore (SP)

m 35 ⊠ 19017

Riomaggiore ★ TCI

via De Battè 61, tel. 0187718550 oppure 0187 936448 - ettari 2 - chiusura: sempre aperto - ⌿
▶ Azienda nell'abitato di Riomaggiore, raggiungibile da La Spezia o, con strada tortuosa delle Cinque Terre, da Levanto.

La sede aziendale è in paese e offre ospitalità in uno stabile ristrutturato, con giardinetto attrezzato per pranzi all'aperto e caminetto. Per il resto, la vacanza si svolge tra mare e sentieri nascosti della celebre costiera delle Cinque Terre. Si organizzano settimane verdi per ragazzi.

⊞ APPARTAMENTI: 3 di 3 locali per 4/6 persone, con biancheria letto, biancheria bagno, biancheria cucina, stoviglie, riscaldamento, caminetto - affitto al giorno per persona £ 50/60000, biancheria extra £ 20000, eventuale pulizia finale £ 100000. Deposito cauzionale £ 50000 per persona.
SPORT E TEMPO LIBERO: trekking, visite nei dintorni. COLTIVAZIONI: viti, frumento, ortaggi, patate. PRODOTTI IN VENDITA: verdura, marmellate.

Rocchetta di Vara (SP)

m 220 ⊠ 19020

Mare e Monti - 5 Terre

a Veppo, località Saldino, tel. 0187718550 oppure 0187 936448 - ettari 10 - chiusura: sempre aperto - ⌿
▶ Dalla A12, uscita di Brugnato, raggiungere Rocchetta di Vara - 5 km a Nord - e proseguire per altri 7 km seguendo la segnaletica.

Quando il nome dice quasi tutto. Basta aggiungere che si alloggia in un rustico rimesso a nuovo nei boschi dell'Alta collina e che l'azienda è specializzata in coltivazioni biodinamiche. Escursioni guidate sull'Alta Via dei Monti Liguri. Si organizzano corsi di pittura paesaggistica e settimane verdi per ragazzi.

↙ CAMERE SENZA SERVIZI: 1 doppia, 2 a 3/4 letti; 2 bagni in comune - pernottamento per persona £ 50/80000, pensione £ 100/120000, forfait settimanale £ 700000. CAMERE CON SERVIZI: 1 doppia - pernottamento per persona £ 60/90000, pensione £ 100/120000, forfait settimanale £ 700000. Deposito cauzionale £ 50000 per persona.
Note: le camere sono dotate di biancheria per letto e per bagno, riscaldamento centralizzato.
🍴 riservato agli ospiti - cucina casalinga (prenotare) - vini locali di produzione propria - £ 40/60000.
SERVIZI E LOCALI COMUNI: parcheggio, telefono, sala TV.
SPORT E TEMPO LIBERO: noleggio mountain bike, guida ai lavori agricoli, corsi di pittura, pesca, trekking, escursioni a cavallo. COLTIVAZIONI: granoturco, grano, ortaggi. ALLEVAMENTI: ovini, caprini, pollame. PRODOTTI IN VENDITA: patate, marmellate.

San Remo (IM)

m 15 ✉ 18038

Colle Mare

a Bussana, strada Collette Beulle, tel. 0184514252 oppure 0184510359, fax 0184510400 - ettari 4 - ♿ - chiusura: novembre e metà gennaio-metà febbraio.

▶ Da San Remo costeggiare il lungomare verso Levante per 4,5 km fino a raggiungere Bussana; poi prendere la deviazione a sinistra per Bussana Vecchia e seguire le indicazioni per Benzi.

Una villa di recente costruzione, con ambienti accoglienti e grande tarrazza affacciata al golfo. È il perfetto punto d'appoggio per chi vuole visitare i luoghi più belli della Riviera di Ponente (Taggia, Triora, Dolceacqua, la stessa San Remo) restando fuori dalla mischia dei centri balneari.

🛏 Camere senza servizi: 2 singole, 4 doppie, con biancheria letto, biancheria bagno, riscaldamento centralizzato, televisore; 3 bagni in comune - pernottamento per persona £ 50000, pensione £ 90000. Deposito cauzionale 40%.

Soggiorno minimo: 2 notti. Carte di credito: American Express, Visa.

🍴 cucina casalinga (prenotare) - vini locali di produzione propria - £ 25/40000.

Servizi e locali comuni: parcheggio, telefono, sala TV, sala lettura, taverna, giochi bimbi. Sport e tempo libero: gioco bocce, campo di calcetto, ping pong; disponibilità di mountain bike, visite nei dintorni, visite guidate, trekking. Coltivazioni: olivi, ortaggi, alberi da frutta, fiori. Allevamenti: animali di bassa corte.

Santa Margherita Ligure (GE)

m 13 ✉ 16038

Gnocchi Roberto

a San Lorenzo della Costa, tel. 0185283431, fax 0185 283431 - ettari 3 - apertura: Pasqua-inizio novembre - ❧ previo accordi.

▶ Partendo dall'abitato di Santa Margherita Ligure percorrere 4 km della strada per Genova (non la Via Aurelia) e raggiungere San Lorenzo della Costa.

L'ospitalità agrituristica viene offerta in camere con vista sul golfo del Tigullio. Intorno al rustico, rinnovato recentemente e arredato con mobili d'epoca, il pode-

re digrada a terrazze e olivi verso il mare. Non lontano i boschi del monte di Portofino e le sue scogliere ricche di vita marina.

🛏 Camere con servizi: 8 doppie, con biancheria letto, biancheria bagno, riscaldamento autonomo - pernottamento per persona £ 65000.

Soggiorno minimo: 3 giorni in agosto.

Servizi e locali comuni: parcheggio, telefono, sala TV, sala lettura. Sport e tempo libero: gioco bocce; guida ai lavori agricoli, passeggiate. Coltivazioni: olivi, ortaggi, alberi da frutta. Prodotti in vendita: olio, marmellate.

Tovo San Giàcomo (SV)

m 80 ✉ 17020

Il Poggio

via Poggio 29, tel. 019637134 oppure 019648797 - ettari 3 - apertura: su prenotazione - ❧

▶ Dalla A10, uscita Finale Ligure, risalire la Statale 490 verso il Colle del Melogno; dopo circa 3 km, imboccare il bivio a sinistra per Tovo San Giacomo e continuare per 1,5 km raggiungendo l'azienda.

L'agriturismo si trova nella frazione che, dalla cima di un colle, sovrasta panoramico la vallata. Il complesso, affacciato su un tipico carruggio ligure, comprende la sala ristorante, ricavata da una struttura del Quattrocento, e gli alloggi agrituristici di recente costruzione.

🛏 Camere con servizi: 4 doppie, con biancheria letto, riscaldamento - pernottamento per persona £ 35000, prima colazione £ 5000, biancheria bagno su richiesta. Deposito cauzionale da concordare.

Soggiorno minimo: 2 notti.

🍴 cucina ligure (paste fresche, carni alla brace) - vini regionali di produzione propria - £ 40000.

Servizi e locali comuni: parcheggio, telefono. Sport e tempo libero: passeggiate, visite nei dintorni. Coltivazioni: olivi, viti, ortaggi, alberi da frutta. Allevamenti: animali di bassa corte.

Vendone (SV)

m 140 ✉ 17030

La Crosa ⭐

località Crosa 10, tel. 018276331, fax 018276331 - ettari 3 - apertura: aprile-ottobre - ❧

▶ Dall'uscita autostradale di Albenga, guadagnare e percorrere la direttrice per Pieve di Teco e, passati 5 km, prendere la deviazione a destra per Vendone; superata Castellaro, piegare a destra e poi deviare a sinistra seguendo la segnaletica per Crosa (quota 300 m sul mare).

Gli alloggi agrituristici si trovano in un antico borgo collinare e sono stati ricavati dalla completa ristrutturazione di alcuni edifici attorniati da spazi verdi. Tra le produzioni dell'azienda, tutte biologiche, spicca quella di erbe aromatiche.

CAMERE CON SERVIZI: 3 doppie, con riscaldamento elettrico - pernottamento per persona £ 50/55000, mezza pensione £ 75/80000.

APPARTAMENTI: 1 bilocale per 2/3 persone, 1 di 4 locali per 4/6 persone, con biancheria cucina, stoviglie - affitto al giorno £ 90/120000.

SOGGIORNO MINIMO: 2 notti.

Note: le camere e gli appartamenti sono dotati di biancheria per letto e per bagno, radio, aria condizionata e di una fornita biblioteca.

riservato agli ospiti - cucina della tradizione contadina (riso alle erbe aromatiche, coniglio al timo) - vini regionali - £ 25/30000.

SERVIZI E LOCALI COMUNI: parcheggio, telefono, sala TV.

SPORT E TEMPO LIBERO: piscina; noleggio mountain bike, visite nei dintorni. COLTIVAZIONI: olivi, ortaggi, alberi da frutta. PRODOTTI IN VENDITA: olio extravergine d'oliva, olive, confetture.

Vernazza (SP)

m 3 ⊠ 19018

La Rocca

a Corniglia (Cap 19010), via Fieschi 222, tel. 0187 812178 - ettari 0,4 - chiusura: sempre aperto - solo per non vedenti.

▶ Azienda nell'abitato di Corniglia: vi si arriva da La Spezia - su cui convergono la Via Aurelia e le autostrade provenienti da Ovest, da Nord e da Sud - percorrendo la litoranea delle Cinque Terre.

L'azienda, come spesso accade alle Cinque Terre, ha sede in paese; la scoperta del borgo, tutto vicoli e ripide scalinate, assorbe la curiosità dei primi giorni. Poi c'è solo l'imbarazzo nello scegliere cosa più interessa tra arte e natura nel variegato scenario della costiera.

CAMERE SENZA SERVIZI: 2 doppie; 2 bagni in comune - pernottamento per persona £ 35/45000, i bagni sono al piano superiore, con terrazza.

APPARTAMENTI: 1 bilocale per 3/4 persone - affitto al giorno £ 110/130000.

SOGGIORNO MINIMO: 2 notti in camera, 6 notti in appartamento.

Note: le camere e l'appartamento sono dotati di biancheria per letto e riscaldamento.

SPORT E TEMPO LIBERO: escursioni. COLTIVAZIONI: olivi, viti. PRODOTTI IN VENDITA: vino DOC, olio, frutta, verdura.

Ufficio Parchi e Aree Protette della Regione Liguria (GE)
Internet: http://www.regione.liguria.it - http://www.parks.it

Associazione Alta Via dei Monti Liguri (GE)
tel. 010/2471876 - FAX 010/2471522
E-mail: unione@relay.ge.camcom.it
Internet: http://www.lig.camcom.it

Parco naturale regionale MONTEMARCELLO-MAGRA (SP)
Tel. 0187/691071, fax 0187/692175
E-mail: mcaleo@iclab.it

Parco naturale regionale CINQUE TERRE (SP)
tel. 0187/920893 fax 0187/760865
E-mail: webmaster@parco5terre.lig.it

Parco naturale regionale PORTOFINO (GE)
tel. 0185/289479, fax 0185/285706
E-mail: EnteParco.Portofino@labnet.cnuce.cnr.it
Internet: http://www.parks.it/parco.portofino

Parco naturale regionale AVETO (GE)
tel. 0185/340311 - fax 0185/340629
E-mail: parco.aveto@comunic.it
Internet: http://www.iol.it/novita

Parco naturale regionale ANTOLA (GE)
tel. 010/9761304, fax 010/9760147
E-mail: antola@libero.it - antolage@tin.it
Internet: http://www.parks.it/parco.antola/index.html

Parco naturale regionale BEIGUA (SV)
tel. 019/84187300 - fax 019/84187305
E-mail: beigua@tin.it

Parco naturale regionale BRIC TANA (SV)
tel. 019/564007
fax 019/564368

Parco naturale regionale PIANA CRIXIA (SV)
tel. 019/570021
fax 019/570022

Riserva naturale regionale ISOLA GALLINARA (SV)
tel. 0182/541351
fax 0182/554617

Riserva naturale regionale RIO TORSERO (SV)
tel. 0182/990024
fax 0182/991461

Riserva naturale regionale BERGEGGI (SV)
tel. 019/257901
fax 019/25790220
E-mail:b.ut@mail.comune.bergeggi.sv.it

Giardino Botanico PRATORONDANINO (GE)
tel. 010/5499786
fax 010/5499680

Agenzia Regionale per la Promozione Turistica della Liguria
Casella Postale 298 - Genova
tel. 010/5308201
fax 010/5958507
E-mail: inliguria@tin.it

Emergenze infortuni
tel. **118**; 0336/689316

Emergenze incendi
tel. **1515**; 167807047

In Liguria alla scoperta dell'ecodiversità

◆ *Riviera Ligure delle Palme* ◆

Un mortaio per la preparazione del pesto.

L'Agriturismo.
Per scoprire i profumi ed i sapori della nostra terra.

◆ *Anche questa è Riviera* ◆

Emilia-Romagna
Una terra, due anime

*Divisi dalla storia, emiliani e romagnoli, ritrovano unità
nei piaceri della tavola e della buona compagnia;
buon pro per i turisti che frequentano queste felici campagne.*

F isicamente l'Emilia-Romagna è di lineare semplicità: un triangolo proteso verso il mare, delimitato a Nord dal Po, a Est dall'Adriatico e a Sud dal crinale appenninico. Una regione disegnata come si deve, secondo la logica del territorio. Meno logico, invece, il panorama umano che, come anticipa il nome, comprende due realtà diverse. Non sono sottigliezze, l'invisibile confine che le separa passa storicamente per il fiume Sillaro: l'emiliano è diverso dal romagnolo, pacioso e buontempone il primo, sanguigno e deciso il secondo. Probabilmente è questione di Dna, ma senza dubbio le differenze sono state accentuate da 1400 anni di separazione politica, dal 476, anno della deposizione di Romolo Augustolo, ultimo imperatore romano d'Occidente, all'unificazione d'Italia nel 1861.

Le terre del Po, la collina, l'Appennino

Percorrendo la Via Emilia, lungo la quale si allineano sei capoluoghi, ci si accorge che, tutto sommato, la regione ha conservato il suo carattere sostanzialmente agricolo. Ci sarebbe da stupirsi del contrario essendo le terre padane tra le più fertili del mondo, capaci di sostenere una fortissima produzione ortofrutticola e un'altrettanto vivace zootecnia.
Il primo pensiero va innanzitutto a sua maestà il maiale, una delle colonne portanti dell'economia regionale, il cui allevamento è variamente dislocato

Uffici Turistici

▌BOLOGNA
piazza Maggiore 6,
tel. 051239660
Vidiciatico
via Marconi 28,
tel. 053453159

▌FERRARA
Castello Estense,
tel. 0532209370
Comacchio
piazza Folegatti 28,
tel. 0533310161

▌FORLÌ
corso della Repubblica 23,
tel. 0543712435
Bagno di Romagna
via Fiorentina 38,
tel. 0543911046
Bertinoro
piazza Libertà 1,
tel. 0543469218
Castrocaro Terme
via Garibaldi 1,
tel. 0543767162
Cesena
piazza del Popolo 1,
tel. 0547356327
Cesenatico
viale Roma 112,
tel. 054780091
Gatteo a Mare
piazza della Libertà 5,
tel. 054786083

tra pianura e collina. La zona di Langhirano è l'epicentro della lavorazione del «Prosciutto di Parma» (Dop), che fa il paio con il «Prosciutto di Modena» (Dop) quanto a tradizione e notorietà. A ridosso del Po, invece, gli inverni nebbiosi sono indispensabili alla maturazione del prezioso «Culatello di Zibello» (Dop). Altre delizie padane sono, sempre nelle terre di Verdi e Guareschi, fiocco e cappello da prete, mentre in quel di Ferrara si cucina la sontuosa salama da sugo. A San Secondo Parmense si lavora con arte la spalla mentre poco distanti sono le terre di «Salame, pancetta e coppa piacentini» (Dop). Ultimi a ricevere il suggello di qualità europeo sono: la celebre «Mortadella di Bologna» (Dop) e il «Cotechino e zampone di Modena» (Igp), ma vicini a questo traguardo sono anche il salame di Felino e la coppa di Parma.

UNA RASSEGNA DI SAPORI UNICA AL MONDO

L'allevamento bovino è finalizzato soprattutto alla casearia, altro capitolo glorioso delle campagne emiliane. Parliamo, ovviamente, del «Parmigiano Reggiano» (Dop): il formaggio più celebre e diffuso al mondo è vigilato da un consorzio di tutela che garantisce, tra l'altro, l'impiego esclusivo di latte di mucche tenute a pascolare liberamente in campagna, e quindi soltanto nella bella stagione, da maggio a ottobre. Domina la razza pezzata Frisona, ma la non plus ultra è l'indigena Reggiana, dal mantello rosso e dal latte meno abbondante e per questo più ricco di sapore. Condiviso con altre regioni è invece la produzione del «Grana Padano» (Dop).
Alle loro spalle si pone il vino, con il celeberrimo Lambrusco, prodotto nel Reggiano e nel Modenese; in Romagna spopola il rosso Sangiovese ma è al bianco Albana che spetta la palma dell'unica Docg regionale. Venti sono le produzioni Doc dal piacentino Gutturnio al Colli di Rimini. Altro nobilissimo figlio della vite è l'«Aceto balsamico di

Sopra, il culatello, re dei salumi padani, rappresentante di spicco della produzione agroalimentare dell'Emilia-Romagna.

Sotto, a cavallo nell'alto Appennino parmense; la montagna è sicuramente l'aspetto meno conosciuto dell'offerta agrituristica della regione.

Modena e Reggio nell'Emilia» (Dop): direttamente dal mosto si ottiene questo condensato di sapore che negli anni passa di botte in botte a contatto con legni diversi. Dalla pianura vengono poi ortaggi e frutta di gran vaglia: il riconoscimento della Indicazione Geografica Protetta (Igp) ha già premiato la «Pera dell'Emilia-Romagna», nonché lo «Scalogno di Romagna» e la «Pesca e Nettarina di Romagna». In dirittura d'arrivo sono: l'«Asparago di Altedo»; la «Ciliegia» e la «Susina di Vignola»; il «Melone» e il «Cocomero dell'Emilia-Romagna»; la «Fragola», l'«Albicocca», il «Loto» e l'«Actinidia» di Romagna. Chiudono i ranghi della produzione d'eccellenza un nobile figlio di collina, l'«Olio d'Oliva di Brisighella» (Dop), e due prodotti del bosco: il «Fungo di Borgo Taro» (Igp) e il «Marrone di Castel del Rio» (Igp).

UNA CUCINA DI PROVERBIALE RICCHEZZA

Con queste premesse si può capire come si sia sviluppata nei secoli in tutta la regione una naturale predisposizione a una cucina abbondante e generosa. A riassumere tutto il mondo contadino vengono in primo luogo le celebri paste ripiene: farina, uova, prosciutto, parmigiano e quant'altro sublimati sotto forma di tortellini, ravioli e agnolotti.
Ma anche in questo campo si registrano puntualmente quelle differenze di cui già si diceva: la cucina emiliana scivola morbida e suadente sul filo conduttore di sapori temperati dal burro; quella romagnola si

UFFICI TURISTICI
▌RAVENNA
via Salara 8/12,
tel. 054435404
Faenza
piazza del Popolo 1,
tel. 054625231
Milano Marittima
viale Romagna 107,
tel. 0544993435
▌REGGIO NELL'EMILIA
piazza Prampolini 5/C,
tel. 0522451152
▌RIMINI
piazzale Fellini 3,
tel. 054156902
Bellaria
via L. da Vinci 10,
tel. 0541344108
Cattolica
piazzale Nettuno 1,
tel. 0541963341
Misano Adriatico
viale Platani 22,
tel. 0541615520
Riccione
piazzale Ceccarini 10,
tel. 0541693302

a via via più spigolosa e aggressiva. Risulta chiaro, però, che la contrapposizione tra Emilia e Romagna è solo virtuale; in effetti la diversità delle due genti non fa che arricchire d'interesse una regione già fortunata di suo per beni ambientali e artistici. Comune è senza dubbio il gusto della compagnia e della buona tavola come elementi fondamentali del saper vivere.

Dalle spiagge alle città d'arte

Che dire ancora in tema di agriturismo? Che l'ospitalità, sempre molto cordiale, semmai si differenzia nell'architettura a seconda delle zone. Così nella Bassa Padana ad accogliere gli ospiti è la cascina a corte e il caldo colore del mattone, mentre salendo in quota prende il sopravvento la pietra e il casale appenninico, compatto e spesso raggruppato in belle contrade, sulla sommità dei colli. O ancora che il soggiorno di campagna può essere reso più interessante da puntate verso le spiagge, con tutto il loro contorno gastronomico marinaro, e verso le città d'arte fiorite nei secoli in cui la regione è stata cerniera dei traffici tra l'Europa continentale e il bacino del Mediterraneo. A completare la rassegna degli elementi di interesse agrituristico viene la natura. Anche da questo punto di vista la vacanza non può che trarne giovamento: la regione si distingue per coscienza ambientale, basti dire che protegge quasi per esteso il crinale appenninico, larghe fasce fluviali e numerosi siti perfino nell'affollata pianura.

Sotto, S. Apollinare in Classe, presso Ravenna; è ai mosaici che impreziosiscono questa basilica paleocristiana che si deve una delle immagini più vivide del patrimonio artistico regionale.

A fronte, un'antica ceramica di Faenza evoca il carattere di una regione di secolare laboriosità.

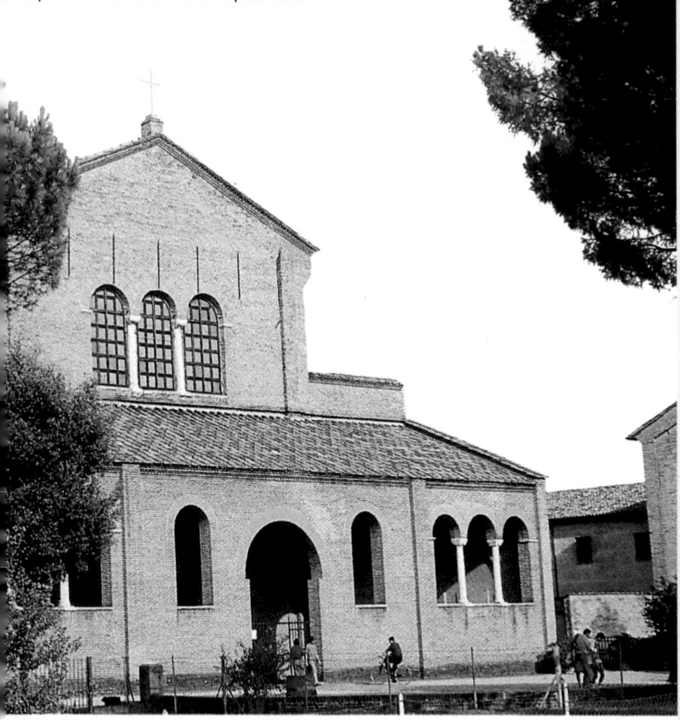

Associazioni di categoria

AGRITURIST
Bologna
Sede Regionale,
piazza Martiri 5,
tel. 051251866

TERRANOSTRA
Bologna
Sede Regionale,
via Lame 60,
tel. 051550754

TURISMO VERDE
Bologna
Sede Regionale,
via Bigari 5/2,
tel. 0516314311

Emilia-Romagna

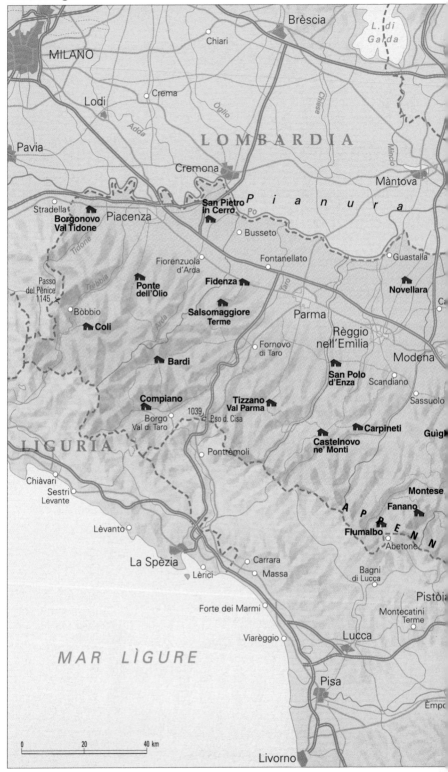

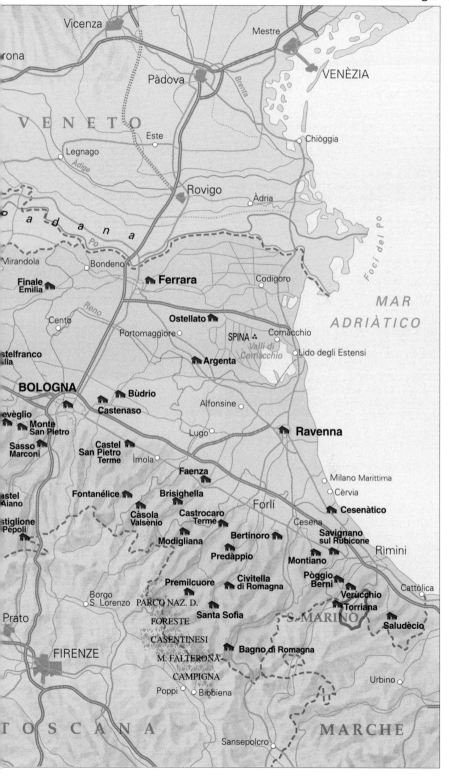

Vicenza

Mestre

Pàdova

VENÈZIA

rona

V E N E T O

Este

Chiòggia

Legnago

Adige

Rovigo

Àdria

P a d a n a

Po

Mirandola

Bondeno

Ferrara

Codigoro

MAR
ADRIÀTICO

Finale
Emilia

Reno

Cento

Ostellato

Foci del Po

stelfranco
ilia

Portomaggiore

SPINA

Comàcchio

Valli di
Comàcchio

Lido degli Estensi

Argenta

BOLOGNA

Bùdrio

Alfonsine

Castenaso

evèglio

Monte
San Pietro

Lugo

Ravenna

Sasso
Marconi

Castel
San Pietro
Terme

Imola

Milano Marittima

Cèrvia

astel
Aiano

Fontanélice

Faenza

Brisighella

Forlí

Cesenàtico

stiglione
Pèpoli

Càsola
Valsènio

Castrocaro
Terme

Cesena

Savignano
sul Rubicone

Modigliana

Bertinoro

Montiano

Rimini

Predàppio

Borgo
S. Lorenzo

Prato

FIRENZE

Premilcuore

PARCO NAZ. D.

FORESTE

CASENTINESI

M. FALTERONA

CAMPIGNA

Poppi

Bibbiena

Civitella
di Romagna

Santa Sofia

Bagno di Romagna

Pòggio
Berni

Verùcchio

Torriana

S. MARINO

Cattòlica

Saludècio

Urbino

T O S C A N A

Sansepolcro

M A R C H E

Argenta (FE)

m 4 ⊠ 44011

Prato Pozzo Rifugio di Valle

ad Anita, via Rotta Martinella 34/A, tel. 0532801058, fax 0532801058 - ettari 16 - & - chiusura: sempre aperto - ❧

▶ Da Comacchio prendere la direttrice verso Sud per Alfonsine, percorrere interamente l'Argine Agosta e dopo 2 km voltare a sinistra; l'azienda si incontra poco prima di arrivare ad Anita.

A ridosso delle Valli di Comacchio, due alternative: la prima è il soggiorno in casette con veranda in legno o in foresteria con due ampie camerate a prezzi da concordare; la seconda è l'agricampeggio. Settimane verdi per ragazzi da concordare (gruppi fino a 30 persone). Bird watching presso l'Oasi Lipu Volta Scirocco e corsi di riconoscimento delle erbe spontanee.

🦗 CAMERE CON SERVIZI: 4 a 3/4 letti, con biancheria letto, riscaldamento - pensione £ 75/90000.
SOGGIORNO MINIMO: 2 notti.
🏕 12 equipaggi 🚐 12 equipaggi.
⑪ cucina della tradizione locale (anguille) - vini regionali - £ 20/50000.
SERVIZI E LOCALI COMUNI: parcheggio, telefono, sala TV, sala lettura, taverna. SPORT E TEMPO LIBERO: maneggio, ricovero cavalli; guida ai lavori agricoli, osservazione degli animali, corsi di ceramica, passeggiate a cavallo, visite nei dintorni. COLTIVAZIONI: cereali, ortaggi, foraggio. ALLEVAMENTI: ovini, cavalli, pollame, pesci. PRODOTTI IN VENDITA: marmellate, miele.

Bagno di Romagna (FC)

m 290 ⊠ 47026

Bacino

a Vessa, tel. 0543912023, fax 0543918540 - ettari 35 - chiusura: sempre aperto - ❧

▶ Lasciare la direttrice che congiunge Ravenna a Roma nel capoluogo del comune di Bagno di Romagna, vale a dire a San Pietro in Bagno; da qui, prendere la deviazione che conduce a Vessa.

Nell'alta valle del Savio, si soggiorna in un solitario casale di pietra: da una parte, a cavallo dello spartiacque, si stende il Parco Nazionale delle Foreste Casenti-

nesi; dall'altra, all'orizzonte, sono le mille lusinghe della Riviera romagnola. Possibilità di sosta gratuita non attrezzata per camper di passaggio.

🦗 CAMERE SENZA SERVIZI: 2 a 4 letti; 1 bagno in comune - pernottamento per persona £ 45000, prima colazione £ 5000, pensione £ 75/90000. CAMERE CON SERVIZI: 3 doppie - pernottamento per persona £ 45000, prima colazione £ 5000, pensione £ 75/90000. Deposito cauzionale £ 50000 per persona in alta stagione.
SOGGIORNO MINIMO: 3 giorni in alta stagione.
Note: le camere sono dotate di biancheria per letto, riscaldamento e televisore a richiesta; la biancheria per il bagno è a totale carico degli ospiti.
🏕 5 equipaggi.
⑪ cucina romagnola-toscana (zuppe, piatti ai funghi e al tartufo) - vini regionali - £ 25/40000.
SERVIZI E LOCALI COMUNI: parcheggio, telefono, sala TV, taverna. SPORT E TEMPO LIBERO: gioco bocce, campo di calcetto; guida ai lavori agricoli, passeggiate naturalistiche guidate. COLTIVAZIONI: cereali, ortaggi, foraggio, tartufi. ALLEVAMENTI: ovini, conigli, animali di bassa corte, piccioni. PRODOTTI IN VENDITA: marmellate.

Mulino di Culmolle

a Poggio alla Lastra (Cap 47021), località Mulino di Culmolle 50, tel. 0543913039 - ettari 7 - apertura: marzo-ottobre - ⚘

▶ Lasciare la Statale 310 a Santa Sofia e imboccare la Provinciale per il passo del Carnaio; dopo 1 km deviare a destra per Poggio alla Lastra quindi, dopo 4 km circa, seguire la segnaletica dell'azienda.

Ai margini del Parco Nazionale delle Foreste Casentinesi, a 400 metri di quota, un antico mulino ristrutturato risalente al Cinquecento accoglie veri appassionati dell'Appennino. Nel Bidente di Pietrapazza si pescano trote e i più arditi fanno il bagno. A richiesta, si organizzano settimane verdi per ragazzi; novità per i fine settimana, con stage di yoga e programmi "natura e relax". Coltivazioni a indirizzo biologico.

🦗 CAMERE CON SERVIZI: 5 doppie, 2 a 3 letti - pensione £ 85/95000.
⊞ APPARTAMENTI: 1 bilocale per 4/6 persone, con stoviglie - affitto al giorno per persona £ 60/100000.
Note: le camere e l'appartamento sono dotati di biancheria per letto e riscaldamento; la biancheria per il bagno è a totale carico degli ospiti.
🏕 3 equipaggi.

)¶ cucina romagnola (paste fresche) - vini locali di produzione propria - £ 25/40000.
SERVIZI E LOCALI COMUNI: parcheggio, telefono, sala TV, sala lettura, taverna. SPORT E TEMPO LIBERO: palestra; noleggio mountain bike, osservazione degli animali, pesca. COLTIVAZIONI: cereali, ortaggi. ALLEVAMENTI: animali di bassa corte. PRODOTTI IN VENDITA: marmellate, miele.

Bardi (PR)

m 625 ⊠ 43032

Il Castagneto

a Castagneto di Gravago (Cap 43030), tel. 0525 77141, fax 052577141 - ettari 20 - chiusura: sempre aperto - ❧

▶ Dall'uscita Fornovo della A15 raggiungere Bardi, quindi proseguire verso Sud in direzione di Borgo Val di Taro; dopo 7 km circa, in località Casa Bagaglia, voltare a sinistra per Gravago-Noveglia e seguire le indicazioni dell'azienda.

Circondato da castagni secolari, un piccolo nucleo di abitazioni rurali in pietra dal quale lo sguardo spazia sulla verde vallata del torrente Noveglia. Alloggi confortevoli arredati con mobili di gusto contadino. Dalla cucina escono piatti rustici e confidenze di cui far tesoro. Si organizzano settimane verdi per ragazzi a condizioni da concordare.

🔑 CAMERE SENZA SERVIZI: 2 doppie, con uso cucina; 1 bagno in comune - pernottamento per persona £ 30/60000, prima colazione £ 5/8000, mezza pensione £ 50/70000.
⊞ APPARTAMENTI: 1 bilocale per 2 persone, 3 di ampia metratura per 6/8 persone, con biancheria cucina, stoviglie, televisore - affitto al giorno £ 60/150000, affitto a settimana £ 400/1000000.
Note: *le camere e gli appartamenti sono dotati di biancheria per letto e per bagno, riscaldamento a legna.*
)¶ riservato agli ospiti - cucina casalinga (cinghiale e bufalo) - vini locali di produzione propria - £ 18/25000.
SERVIZI E LOCALI COMUNI: parcheggio, telefono. COLTIVAZIONI: cereali, ortaggi, alberi da frutta, foraggio. ALLEVAMENTI: bovini, ovini, equini. PRODOTTI IN VENDITA: uova, frutta, castagne, verdura, miele.

Bertinoro (FC)

m 254 ⊠ 47032

Fattoria Paradiso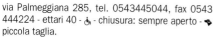

via Palmeggiana 285, tel. 0543445044, fax 0543 444224 - ettari 40 - ♿ - chiusura: sempre aperto - ❧ piccola taglia.

▶ Da Forlì seguire la Statale 9 per Cesena; 3 km dopo Forlimpopoli, all'incrocio con semaforo, deviare a destra (via Nuova) e seguire le indicazioni dell'azienda.

Sul primo gradino dell'Appennino Tosco-Romagnolo, a due passi dalle spiagge adriatiche, un'importante azienda vitivinicola facente capo a un'antica dimora si-

gnorile. A margine dei vigneti due edifici rurali del Settecento, ristrutturati a uso agrituristico. Settimane verdi per ragazzi in autunno e a fine inverno.

🔑 CAMERE CON SERVIZI: 6 doppie, con uso cucina - pernottamento per persona £ 60/80000, prima colazione £ 10000, pensione £ 140000.
⊞ APPARTAMENTI: 8 di varia disposizione per 2/3/4/6 persone, con biancheria cucina, stoviglie, telefono - affitto al giorno per persona £ 50/70000. Deposito cauzionale 50%.
CARTE DI CREDITO: tutte.
Note: *le camere e gli appartamenti sono dotati di biancheria per letto e per bagno, riscaldamento centralizzato e barbecue; fornitura biancheria £ 10000 per persona.*
)¶ cucina romagnola (primi piatti) - vini di produzione propria - £ 35/70000.
SERVIZI E LOCALI COMUNI: parcheggio, telefono, sala TV, sala lettura, taverna. SPORT E TEMPO LIBERO: piscina, gioco bocce, ping pong, percorso vita; disponibilità di mountain bike, visite nei dintorni, visita alle cantine. COLTIVAZIONI: olivi, viti, alberi da frutta. ALLEVAMENTI: caprini, pavoni. PRODOTTI IN VENDITA: vino, grappa, olio, frutta, salse.

Bologna

m 54 ⊠ 40100

Cavaione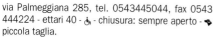

a Paderno, via Cavaioni 4, tel. 051589006, fax 051 589060 - ettari 18 - ♿ - chiusura: dicembre-febbraio - ✖ grossa taglia.

▶ A Bologna uscire da Porta San Mamolo e raggiungere Paderno; da qui seguire per 2 km la segnaletica per il Parco Cavaioni, nei cui pressi si trova l'azienda.

A 6 km dal centro, sulle prime colline che cingono il capoluogo, una sistemazione familiare in camere ampie, silenziose e confortevoli, con bella vista sui dintorni. Settimane verdi per ragazzi da giugno a settembre.

🔑 CAMERE SENZA SERVIZI: 1 singola, 2 doppie; 2 bagni in comune - pernottamento per persona £ 50/60000. CAMERE CON SERVIZI: 3 doppie - pernottamento per persona £ 60/75000.
⊞ APPARTAMENTI: 1 di 3 locali per 6 persone, con biancheria cucina, stoviglie, riscaldamento a gas - affitto al giorno per persona £ 50/60000, pulizia finale £ 50000 per soggiorni di una settimana. Deposito cauzionale £ 300000.

Note: le camere e l'appartamento sono dotati di biancheria per letto e per bagno; nelle camere possibilità di riduzioni da concordare alla prenotazione.

🍴 riservato agli ospiti - cucina emiliana (primi piatti) - vini locali di produzione propria - £ 30/35000.

SERVIZI E LOCALI COMUNI: parcheggio, telefono, sala TV, sala lettura. SPORT E TEMPO LIBERO: noleggio mountain bike, corsi di lingua italiana per stranieri, visite nei dintorni. COLTIVAZIONI: viti, seminativi, alberi da frutta.

Borgonovo Val Tidone (PC)

m 114 ✉ 29011

Il Corniolo

a Castelnuovo (Cap 29010), tel. 0523869293 - ettari 10 - chiusura: sempre aperto - 🐾
▶ Dallo svincolo Castel San Giovanni della A21 immettersi nella Statale 412 percorrendola per 11,5 km fino a Castelnuovo.

Sui primi rilievi appenninici, in una terra di castelli e nobili vini, si soggiorna nella quotidiana ma invidiabile incertezza tra le lusinghe della cucina nostrana e i piatti che ricordano alla signora Aspassia la natia Grecia. In mezz'ora si è a Piacenza, snodo strategico tra Lombardia ed Emilia-Romagna. Coltivazioni a indirizzo biologico.

🛏 CAMERE SENZA SERVIZI: 2 doppie, con biancheria letto, biancheria bagno, riscaldamento centralizzato; 1 bagno in comune - pernottamento per persona £ 35/45000, pensione £ 65/85000, forfait settimanale £ 300/500000. Deposito cauzionale 30% a settimana.

🍴 cucina piacentina e greca - vini locali di produzione propria - £ 25/40000.

SERVIZI E LOCALI COMUNI: parcheggio, sala lettura. SPORT E TEMPO LIBERO: pallavolo, campo di calcetto, ping pong, ricovero cavalli; disponibilità di mountain bike, guida ai lavori agricoli, corsi di cucina, corsi di lingue, composizione ed essiccazione di fiori. COLTIVAZIONI: viti, cereali, ortaggi, foraggio. ALLEVAMENTI: caprini, pollame, conigli. PRODOTTI IN VENDITA: vino DOC, verdura.

Brisighella (RA)

m 115 ✉ 48013

Il Palazzo

via Baccagnano 11, tel. 054680338, fax 054680338 - ettari 10 - apertura: marzo-ottobre - 🕸

▶ Da Faenza raggiungere e percorrere la Statale 302 sino a Brisighella; l'azienda si trova a circa 2 km dall'abitato, nei pressi dell'hotel Terme.

Nei pressi della medievale Brisighella, si offre ospitalità in un'antica casa arredata con mobili d'epoca. Escursioni nella valle del Lamone e nel comprensorio del futuro Parco della Vena del Gesso dell'Appennino Romagnolo. L'azienda segue con vigore il metodo delle coltivazioni biologiche.

🛏 CAMERE CON SERVIZI: 3 a 3 letti, con uso lavanderia - pernottamento per persona £ 45000, pensione £ 85000.

🏠 APPARTAMENTI: 1 monolocale per 4/5 persone, con biancheria cucina, stoviglie - affitto a settimana £ 700000. Deposito cauzionale 20%.

SOGGIORNO MINIMO: 1 settimana in appartamento.

Note: le camere e l'appartamento sono dotati di biancheria per letto e per bagno, riscaldamento centralizzato.

🍴 cucina classica e vegetariana (prenotare) - vini di produzione propria - £ 25/40000.

SERVIZI E LOCALI COMUNI: parcheggio, telefono. COLTIVAZIONI: viti, cereali, frutti di bosco. PRODOTTI IN VENDITA: vino.

Relais Torre Pratesi

a Cavina, via Cavina 11, tel. 054684545, fax 054684558 - ettari 18 - chiusura: periodo in gennaio - 🐾

▶ Lasciare la A14 a Faenza, superare l'abitato e imboccare la Statale 302 per Brisighella; da qui continuare fino a Fognano, poi deviare a destra verso Zattaglia e seguire la segnaletica dell'azienda; in tutto sono 8 km da Brisighella.

Soggiorno d'atmosfera castellana nei lussuosi ambienti della torre cinquecentesca e della fattoria che la affianca. L'ambiente è indicatissimo per chi aspira a una vacanza meditativa. Possibilità anche, presso centri convenzionati, di diverse occasioni di svago (golf, equitazione, caccia, terme).

🛏 CAMERE CON SERVIZI: 3 doppie - pernottamento per persona £ 125/150000, mezza pensione £ 175/200000.

🏠 APPARTAMENTI: 4 bilocali per 2/4 persone - affitto al giorno £ 300/350000.

CARTE DI CREDITO: American Express, CartaSi, Diner's Club.

Note: le camere e gli appartamenti sono dotati di biancheria per letto e per bagno, riscaldamento centralizzato, telefono, televisore satellitare, frigobar e macchina per caffè.

🚐 3 equipaggi.

🍴 cucina romagnola (pollastra con olive) - vini di produzione propria - £ 60/80000.

SERVIZI E LOCALI COMUNI: parcheggio, telefono, sala lettura, salotto per musica, sauna. SPORT E TEMPO LIBERO: piscina, palestra; disponibilità di mountain bike, osservazione degli animali, passeggiate a cavallo, escursioni. COLTIVAZIONI: olivi, viti, ortaggi, alberi da frutta. ALLEVAMENTI: caprini, animali di bassa corte, piccioni, pavoni. PRODOTTI IN VENDITA: vino, olio, confetture, conserve, miele.

Villa Corte

a Castellina (Cap 48010), via Corte 7, tel. 0546 80380 oppure 054688014, fax 054688087 - ettari 290 - chiusura: gennaio-febbraio - ✗
▶ Lasciare la A14 all'uscita di Faenza e imboccare la Statale 302 per Firenze; raggiungere e superare Brisighella: dopo 5 km si arriva a Castellina e all'azienda agrituristica.

Il quadrilatero della fattoria si completa nella villa padronale e nel grande parco ombreggiato da cedri del Libano e sequoie. Nella valle del Lamone, sulla storica direttrice tra Ravenna e Firenze, passeggiate e sport equestri.

CAMERE SENZA SERVIZI: 1 doppia, 4 a più letti; 6 bagni in comune - pernottamento per persona £ 30000, prima colazione £ 5000, pensione £ 65000. CAMERE CON SERVIZI: 1 doppia - pernottamento per persona £ 35000, prima colazione £ 5000, pensione £ 70000. Deposito cauzionale da concordare.
Note: *le camere sono dotate di biancheria per letto e per bagno, riscaldamento centralizzato; pernottamento gratuito per bambini fino a 3 anni, sconto 10% per i pasti di bambini fino a 10 anni.*
🛏 8 equipaggi.
)|| cucina romagnola (pasta alle ortiche, grigliate) - vini regionali - £ 25/40000.
SERVIZI E LOCALI COMUNI: parcheggio, telefono, sala TV, sala lettura, parco giochi bimbi. SPORT E TEMPO LIBERO: pallavolo, maneggio, ricovero cavalli; passeggiate a cavallo, corsi di equitazione. COLTIVAZIONI: cereali, alberi da frutta, foraggio. ALLEVAMENTI: animali di bassa corte. PRODOTTI IN VENDITA: vino, olio d'oliva, frutta, castagne.

Bùdrio (BO)

m 25 ✉ 40054

Belle Lu

a Bagnarola, via Banzi 1, tel. 051807078 oppure 03389201329, fax 051807034 - ettari 3,5 - chiusura: sempre aperto - ✿ piccola taglia.
▶ Da Bologna Porta San Donato dirigersi a Nord e raggiungere Granarolo dell'Emilia; all'uscita del paese girare a destra per Budrio: al primo incrocio svoltare a sinistra per Maddalena di Cazzano, quindi seguire la freccia a destra installata dopo 1 km.

A 14 km da Bologna in direzione Nord, ospitalità in bella casa colonica del 1834, rusticamente arredata. Campagna molto bella e arieggiata anche in piena estate, specie la sera quando è un vero piacere pranzare in compagnia sull'aia. Coltivazioni a indirizzo biologico.

CAMERE CON SERVIZI: 5 doppie, 1 a 4 letti, con biancheria letto, biancheria bagno, riscaldamento centralizzato, televisore - pernottamento per persona £ 60/85000, mezza pensione £ 90000. Deposito cauzionale 50%.
CARTE DI CREDITO: Visa.
🛏 5 equipaggi.
)|| riservato agli ospiti - cucina casalinga (paste fresche) - vini locali - £ 25/30000.
SERVIZI E LOCALI COMUNI: parcheggio, sala TV, giochi bimbi. SPORT E TEMPO LIBERO: gioco bocce; disponibilità di biciclette, osservazione degli animali. COLTIVAZIONI: ortaggi, alberi da frutta. ALLEVAMENTI: ovini, animali di bassa corte. PRODOTTI IN VENDITA: uova, verdura.

Carpineti (RE)

m 562 ✉ 42033

Ca' Braglia

a Braglia di Poiago, via Braglia 101, tel. 0522816418 - ettari 5 - apertura: Natale, Pasqua e metà giugno-metà settembre - ✿ previo accordi.
▶ Partendo da Reggio nell'Emilia, percorrere la Statale 63 sino al bivio in località La Quercia; l'azienda si trova a 3 km circa da Carpineti.

Casa rurale ristrutturata nel rispetto delle forme tradizionali: travi a vista, pavimenti in spaccatelle, cucina in mattoni. Posizione suggestiva, su un'altura del primo Appennino Reggiano. Nei dintorni i luoghi e i castelli legati alle vicende di Matilde di Canossa.

⊞ APPARTAMENTI: 2 di varia disposizione per 6 persone, con stoviglie, riscaldamento autonomo, televisore - affitto al giorno £ 100000, affitto a settimana £ 500000. Deposito cauzionale da concordare alla prenotazione.
SOGGIORNO MINIMO: 2 notti.

)¶(cucina emiliana (salumi, arrosti, paste fresche) - vini di produzione propria - £ 28/35000.
SERVIZI E LOCALI COMUNI: parcheggio. SPORT E TEMPO LIBERO: passeggiate, visite nei dintorni. COLTIVAZIONI: ortaggi. ALLEVAMENTI: pollame, conigli.

Le Scuderie

località Regigno, via San Donnino 77, tel. 0522 618397, fax 0522816232 - ettari 44 - chiusura: sempre aperto - ❧
▶ Da Reggio nell'Emilia seguire la Statale 63 sino a Felina, superare il centro, deviare a sinistra in direzione di Carpineti; l'azienda si trova 1 km circa prima di raggiungere il paese.

Centro ippico ricavato in una bella casa colonica presso il borgo di Regigno: le camere sono arredate con mobili d'epoca; il ristorante, la taverna e gli ambienti comuni appaiono elegantemente rustici.

🛏 CAMERE CON SERVIZI: 8 doppie, con biancheria letto, biancheria bagno, riscaldamento autonomo - pernottamento per persona £ 45000, pensione £ 85/90000, pernottamento gratuito per bambini fino a 2 anni, da 3 a 12 anni sconto 50%.
SOGGIORNO MINIMO: 2 notti. CARTE DI CREDITO: CartaSi.
)¶(cucina emiliana (paste fresche, piatti ai funghi) - vini regionali - £ 20/40000.
SERVIZI E LOCALI COMUNI: parcheggio, telefono, sala TV, sala lettura, taverna. SPORT E TEMPO LIBERO: ricovero cavalli; passeggiate a cavallo, visite nei dintorni. COLTIVAZIONI: cereali, ortaggi, foraggio. ALLEVAMENTI: ovini, cavalli.

m 195 ✉ 48010

La Ca' Nova

a Baffadi, via Breta 29, tel. 054675177, fax 0546 75177 - ettari 22 - chiusura: periodo tra gennaio e febbraio - ❧
▶ Da Imola imboccare la Statale 9 Emilia per Faenza; dopo 7,5 km, in prossimità di Castel Bolognese, girare a destra sulla Statale 306 in direzione di Casola Valsenio; raggiunta la località proseguire verso Sud per altri 3,5 km.

Nelle colline faentine, in una zona famosa per la coltura delle erbe aromatiche, si soggiorna in un borgo quattrocentesco, dove tre rustici in pietra sono stati riattati per

la villeggiatura e la ristorazione. Intorno, oltre i frutteti e gli orti, il verde dei castagni e il suggestivo paesaggio a calanchi della Vena del Gesso.

🛏 CAMERE CON SERVIZI: 3 doppie, con biancheria letto, biancheria bagno, riscaldamento, telefono, televisore - pernottamento per persona £ 35/60000, pensione £ 75/85000, possibilità di riduzioni da concordarsi telefonicamente. Deposito cauzionale 30%.
CARTE DI CREDITO: CartaSi.
)¶(cucina tradizionale (paste fresche, piatti alle erbe aromatiche) - vini locali - £ 20/40000.
SERVIZI E LOCALI COMUNI: parcheggio, telefono, sala TV. SPORT E TEMPO LIBERO: maneggio, ricovero cavalli; noleggio mountain bike, guida ai lavori agricoli, passeggiate a cavallo, visite nei dintorni. COLTIVAZIONI: ortaggi, alberi da frutta, castagni. ALLEVAMENTI: pollame. PRODOTTI IN VENDITA: grappa, frutta, marmellate, artigianato locale.

Poggiolo Martin Fabbri

località Valdifusa, via Sintria 9, tel. 054673049, fax 054673049 - ettari 150 - chiusura: metà gennaio-metà marzo - ❧
▶ Da Faenza percorrere la Statale 302 sino a Brisighella, quindi deviare a destra e raggiungere Zattaglia; dal paese proseguire lungo la via Molino Boldrino per 10 km circa.

Soggiorno in un complesso del Trecento restaurato nel pieno rispetto delle sue caratteristiche originarie e dell'incontaminata bellezza dei luoghi. Possibilità di sosta per tende e caravan. Settimane verdi per ragazzi a condizioni da concordare.

🛏 CAMERE CON SERVIZI: 3 doppie, 5 a 3/6 letti, con biancheria letto, biancheria bagno, riscaldamento - pernottamento per persona £ 50/70000, prima colazione £ 12/15000, pensione £ 90/100000, forfait settimanale £ 600/650000, supplemento per camera singola £ 8000, riduzioni per bambini fino a 10 anni.
SOGGIORNO MINIMO: 3 giorni. CARTE DI CREDITO: American Express, CartaSi.

)|(cucina romagnola (minestre alle erbe officinali) - vini regionali di produzione propria - £ 35/40000.
Servizi e locali comuni: parcheggio, telefono, sala TV, sala lettura. Sport e tempo libero: gioco bocce, ping pong, maneggio, ricovero cavalli; noleggio mountain bike, osservazione degli animali, passeggiate a cavallo, corsi di equitazione, visite nei dintorni. Coltivazioni: alberi da frutta, prato, pascolo. Allevamenti: equini. Prodotti in vendita: olio, aceto, castagne, confetture.

Castel d'Aiano (BO)

m 805 ⊠ 40034

La Fenice

a Rocca di Roffeno (Cap 40040), via Santa Lucia 29, tel. 051919272, fax 051919272 - ettari 26 - chiusura: periodo in gennaio - ⚘

▶ Lasciare la Statale 623 a Castel d'Aiano e seguire le indicazioni per la frazione di Rocca di Roffeno, che si trova 5 km a Nord-Est.

Soggiorno in una casa colonica del XVI secolo a contatto con la natura e il mondo agricolo dell'alta collina. Serate memorabili nella fornitissima cantina del borgo. A 20 km il Parco Regionale dei Sassi di Rocca Malatina. Possibilità di volo in deltaplano a motore. Si organizzano settimane verdi per ragazzi comprendenti un corso di equitazione.

🛏 Camere con servizi: 8 doppie, con biancheria letto, biancheria bagno, riscaldamento centralizzato, televisore, frigobar - pernottamento per persona £ 50/80000, mezza pensione £ 80/100000, sconto 20% per bambini fino a 10 anni; supplemento per uso caminetto £ 30000, per animali domestici £ 50000. Deposito cauzionale 30%.
Carte di credito: American Express, Visa, Mastercard.
)|(cucina casalinga (piatti ai funghi e al tartufo) - vini regionali - £ 30/60000.
Servizi e locali comuni: parcheggio, telefono, sala lettura, taverna, sala convegni. Sport e tempo libero: piscina, maneggio, ricovero cavalli; disponibilità di mountain bike, guida ai lavori agricoli, passeggiate a cavallo, corsi di equitazione, visite nei dintorni, escursioni, visita alle cantine. Coltivazioni: cereali, patate, castagni, foraggio, frutti di bosco. Allevamenti: cavalli, animali di bassa corte. Prodotti in vendita: castagne, frutti di bosco, patate.

Castelfranco Emilia (MO)

m 42 ⊠ 41013

Villa Gaidello Club

via Gaidello 18, tel. 059926806, fax 059926620 - ettari 47 - chiusura: agosto - ⚘

▶ Da Modena percorrere la Provinciale 9 sino a Castelfranco Emilia; l'azienda si trova a Nord, dopo il sottopassaggio ferroviario, e a circa 1 km dall'abitato.

Ampia tenuta agricola di pianura da lungo tempo coltivata con metodo biologico e recentemente arricchita di boschetti e siepi. L'ospitalità agrituristica viene offerta in appartamenti dotati di ogni comfort in un'antica casa padronale restaurata con sensibilità.

🏠 Appartamenti: 6 di varia metratura con biancheria letto, biancheria bagno - affitto al giorno £ 150/330000, prima colazione compresa nel prezzo, sconto 10% per soggiorni superiori a una settimana; stoviglie a richiesta.
Carte di credito: American Express, Visa, Eurocard, Mastercard, Diner's Club.
)|(cucina della tradizione locale (prenotare) - vini locali - £ 60/75000.
Servizi e locali comuni: parcheggio, solarium. Sport e tempo libero: noleggio mountain bike, passeggiate naturalistiche, visite nei dintorni. Coltivazioni: viti, grano, ortaggi, erba medica. Prodotti in vendita: sottoli, sottaceti, conserve, marmellate.

Castelnovo ne' Monti (RE)

m 700 ⊠ 42035

Il Ginepro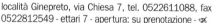

località Ginepreto, via Chiesa 7, tel. 0522611088, fax 0522812549 - ettari 7 - apertura: su prenotazione - ⚘

▶ Partendo da Reggio nell'Emilia imboccare la Statale 63 e percorrerla sino a raggiungere Castelnovo ne' Monti; in paese seguire la segnaletica per Pietra Bismantova in direzione Carnola.

In vista della singolare Pietra di Bismantova, ospitalità agrituristica presso un centro di turismo equestre sportivo dove è possibile praticare anche l'arrampicata su roccia. Costruzione su due piani riattata con mano felicissima. Escursioni, corsi di parapendio e roccia. Si organizzano settimane verdi per gruppi di ragazzi (minimo 10 persone) con accompagnatore.

CAMERE SENZA SERVIZI: 3 doppie, 1 a 4/8 letti, con biancheria letto, riscaldamento centralizzato; 2 bagni in comune - pernottamento per persona £ 35/40000, pensione £ 60/70000, forfait settimanale £ 360000. SOGGIORNO MINIMO: 2 notti.

⚠ 5 equipaggi ⛺ 3 equipaggi.
)|¶ cucina emiliana - vini regionali - £ 20/38000.
SERVIZI E LOCALI COMUNI: telefono, sala TV. SPORT E TEMPO LIBERO: tiro con l'arco, ping pong; noleggio mountain bike, corsi di educazione ambientale, visite nei dintorni, escursioni. COLTIVAZIONI: ortaggi, alberi da frutta.

Castel San Pietro Terme (BO)

m 75 ⊠ 40024

La Casetta

a Osteria Grande (Cap 40060), via Valquaderna 3251/B, tel. 0516956103 oppure 03398320811, fax 0516956103 - ettari 33 - chiusura: sempre aperto - ✆
▶ Da Bologna seguire la Statale 9 in direzione Rimini; giunti all'altezza del cartello di Osteria Grande, svoltare a destra e proseguire ancora per 9 km.

A metà strada tra Bologna e Imola, vacanza in collina con tutte le opportunità d'arte e cultura della grande città ma anche, e soprattutto, tutti i piaceri enogastronomici delle terre al confine tra Emilia e Romagna. Azienda a indirizzo biologico in ambito preappenninico. A 10 chilometri le terme di Castel San Pietro.

CAMERE CON SERVIZI: 3 doppie, con biancheria letto, biancheria bagno, riscaldamento centralizzato - pernottamento per persona £ 40/50000, pensione £ 80/90000, forfait settimanale £ 500000, sconto 50% per bambini fino a 6 anni, letto aggiunto £ 20000.
)|¶ cucina regionale (paste fresche, castrato) - vini regionali - £ 25/35000.
SERVIZI E LOCALI COMUNI: parcheggio, telefono, sala da gioco. SPORT E TEMPO LIBERO: tiro con l'arco, ping pong; noleggio mountain bike, bird watching, escursioni. COLTIVAZIONI: ortaggi, alberi da frutta, foraggio. ALLEVAMENTI: pollame, conigli, api. PRODOTTI IN VENDITA: frutta, verdura, marmellate, miele, artigianato locale.

Castenaso (BO)

m 42 ⊠ 40055

Il Loghetto

via Zenzalino Sud 3/4, tel. 0516052218, fax 051 6052254 - ettari 19,5 - ♿ - chiusura: gennaio e agosto - 🐾 grossa taglia.
▶ Partendo da Bologna percorrere per circa 12 km la Statale 253 e deviare a sinistra in direzione di Budrio; seguire la segnaletica dell'azienda.

Nella prima campagna a Est del capoluogo, sulle sponde del torrente Idice, si soggiorna in una bella casa colonica del Settecento, completamente ristrutturata, con ampio giardino. A una decina di chilometri, oltre la Via Emilia, il Parco Regionale dei Gessi Bolognesi.

CAMERE CON SERVIZI: 3 singole, 7 doppie, con biancheria letto, biancheria bagno, riscaldamento centralizzato, climatizzazione, telefono, televisore, frigobar - pernottamento per persona £ 90/150000. Deposito cauzionale 20% alla prenotazione.
CARTE DI CREDITO: Visa, Eurocard, Mastercard.
)|¶ cucina bolognese (pasta e dolci fatti in casa) - vini regionali - £ 55000.
SERVIZI E LOCALI COMUNI: parcheggio, telefono, bar, sala lettura. SPORT E TEMPO LIBERO: biliardo; disponibilità di biciclette, osservazione degli animali, corsi di decorazione floreale, pesca. COLTIVAZIONI: viti, ortaggi, patate, alberi da frutta, erba medica. ALLEVAMENTI: pollame. PRODOTTI IN VENDITA: frutta, verdura, marmellate.

Castiglione dei Pèpoli (BO)

m 691 ⊠ 40035

Ca' di Fatino

a Creda 169 (Cap 40030), tel. 053491801 oppure 0360331268, fax 053491801 - ettari 12 - chiusura: sempre aperto - 🐾
▶ All'uscita Rioveggio dell'A1, immettersi sulla sinistra nella Statale 325 e raggiungere la località di Creda dove si trova l'azienda agrituristica.

Sull'Appennino, a metà strada tra Bologna e Firenze, un'antica casa rurale in pietra, ristrutturata nel rispetto della tradizione. Ideale per vacanze a cavallo, anche per la vicinanza del Parco Regionale dei Laghi di Suviana e Brasimone.

CAMERE SENZA SERVIZI: 4 doppie; 2 bagni in comune - pernottamento per persona £ 50/60000, mezza pensione £ 80/90000. CAMERE CON SERVIZI: 1 doppia, 1 a più letti - pernottamento per persona £ 50/60000, mezza pensione £ 80/90000.

OGGIORNO MINIMO: 3 giorni in alta stagione.
Note: le camere sono dotate di biancheria per letto e per bagno; riscaldamento centralizzato £ 10000 per persona al giorno.
Cucina del territorio (prenotare) - vini regionali - £ 35000.
SERVIZI E LOCALI COMUNI: parcheggio, telefono, sala TV, sala lettura. SPORT E TEMPO LIBERO: piscina, maneggio, ricovero cavalli; guida ai lavori agricoli, osservazione degli animali, visite nei dintorni, trekking a piedi e a cavallo. COLTIVAZIONI: viti, ortaggi, alberi da frutta, foraggio. ALLEVAMENTI: cavalli, animali di bassa corte, cani. PRODOTTI IN VENDITA: liquori della casa, farro, biscotti, marmellate, miele, artigianato locale.

Castrocaro Terme (FC)

☎ 68 ⌧ 47011

Sadurano

via Sadurano 45, tel. 0543766643, fax 0543 766164 - ettari 88 - ♿ - chiusura: periodo in gennaio - ✆ previo accordi.

▶ Da Forlì percorrere la Statale 67 fino a Castrocaro Terme; quindi a sinistra in direzione di Predappio per circa 2 km, seguendo le indicazioni dell'azienda.

Si soggiorna tra le colline che cominciano a stringersi attorno alla strada del Muraglione. Nella vasta proprietà, coltivata biologicamente, un edificio completamente rinnovato accoglie gli ospiti in camere ben attrezzate e annesse a un centro salute dove si svolgono terapie naturali (pranoterapia, riflessologia e shiatsu).

☞ CAMERE CON SERVIZI: 1 singola, 3 doppie, 4 a 3/4 letti, con biancheria letto, biancheria bagno, riscaldamento - pernottamento per persona £ 40000, prima colazione £ 5000, pensione £ 90000/120000, bambini fino a 6 anni gratis, da 7 a 11 anni sconto 20%. Deposito cauzionale 30%.
SOGGIORNO MINIMO: 2 notti. CARTE DI CREDITO: American Express, Diner's Club, Visa.
Cucina romagnola (primi piatti) - vini regionali di produzione propria - £ 30/45000.
SERVIZI E LOCALI COMUNI: telefono, sala TV, sala lettura, taverna, sala convegni, sala giochi bimbi. SPORT E TEMPO LIBERO: guida ai lavori agricoli, osservazione degli animali, visite nei dintorni. COLTIVAZIONI: cereali, ortaggi, alberi da frutta, foraggio. ALLEVAMENTI: bovini, ovini, suini, pollame, conigli. PRODOTTI IN VENDITA: carne, salumi, formaggio, confetture, conserve.

☎ 2 ⌧ 47042

Ai Tamerici

via Mesolino 60, tel. 0547672730 oppure 0347 2780651, fax 0547672730 - ettari 8 - ♿ - chiusura: sempre aperto - ✆ previo accordi.
▶ Dal tratto urbano della Statale 16, si prende la via Cesenatico, verso Cesena, per accedere all'azienda: in tutto, 1 km dal centro storico.

Le tentazioni della Riviera adriatica sono forti, ovviamente, ma l'entroterra riserva piacevolissime sorprese. Qui, per esempio, a soli due chilometri dal mare, le camere si affacciano al verde di una bella campagna e offrono un quadro inatteso di genuinità contadina.

☞ CAMERE CON SERVIZI: 1 singola, 2 doppie, 1 a 3 letti, con biancheria letto, uso cucina - pernottamento per persona £ 60/80000.
⊞ APPARTAMENTI: 1 monolocale per 2 persone, 2 bilocali per 3 persone - affitto a settimana £ 500/800000.
Note: le camere e gli appartamenti sono dotati di biancheria per bagno e riscaldamento a gas.
⚠ 6 equipaggi, 6 equipaggi.
Cucina tradizionale e vegetariana (prenotare) - vini locali di produzione propria - £ 60/100000.
SERVIZI E LOCALI COMUNI: parcheggio, sala TV, sala lettura. SPORT E TEMPO LIBERO: pallavolo, tiro con l'arco, ping pong; disponibilità di biciclette, osservazione degli animali, corsi di cucina. COLTIVAZIONI: ortaggi. ALLEVAMENTI: animali di bassa corte. PRODOTTI IN VENDITA: vino, liquori della casa, olio, verdura, marmellate, miele.

☎ 219 ⌧ 47012

Ca' Bionda

a Cusercoli, via San Giovanni 42, tel. 0543989101, fax 0543989101 - ettari 60 - apertura: metà giugno-metà settembre e week end - ✆
▶ Da Ronco, 4 km a Est di Forlì, imboccare la Statale 310 e raggiungere dopo 21 km Cusercoli; in paese seguire le indicazioni.

In val Bidente una fattoria modello con qualità e varietà di colture e proposte agrituristiche mirate alla riscoperta dell'ambiente (anche "percorso orienteering") e della civiltà contadina. Ospitalità in ogni stagione in un fabbricato rurale dal sapore antico. Settimane verdi per ra-

gazzi da metà giugno a metà luglio. In azienda, anche un osservatorio astronomico a completare strutture e attività legate all'ippoturismo e al parapendio.

🛏 CAMERE SENZA SERVIZI: 2 singole, 4 doppie, 2 a più letti; 3 bagni in comune - pernottamento per persona £ 60000, pensione £ 90000.

⊞ APPARTAMENTI: 3 bilocali per 2 persone, 2 di 3 locali per 6 persone, con biancheria cucina, stoviglie - affitto a settimana £ 750/1100000. Deposito cauzionale 30%.

SOGGIORNO MINIMO: week end. CARTE DI CREDITO: tutte.
Note: le camere e gli appartamenti sono dotati di biancheria per letto e per bagno, riscaldamento.

🏕 10 equipaggi.

🍴 cucina romagnola (prenotare) - vini locali di produzione propria - £ 25/40000.

SERVIZI E LOCALI COMUNI: parcheggio, telefono, sala TV, sala lettura, giochi bimbi. SPORT E TEMPO LIBERO: piscina, gioco bocce, tiro con l'arco, ping pong, ricovero cavalli;

percorsi per mountain bike, corsi di panificazione, pe sca, visite nei dintorni, trekking. COLTIVAZIONI: ortaggi, al beri da frutta, erbe officinali. ALLEVAMENTI: pollame, luma che. PRODOTTI IN VENDITA: liquori di erbe, confetture.

Coli (PC)

m 638 ✉ 29020

Tre Noci

a Fontana, tel. 0523931020 - ettari 6 - chiusura: ferie variabili - 🦮 previo accordi.

▶ Da Piacenza continuare lungo la Statale 45 sino a Bobbio; al bivio del ponte di San Martino, poco dopo il paese, deviare a sinistra in direzione di Coli.

Nella media val Trebbia, a pochi chilometri dalla sugge stiva cittadina di Bobbio, si soggiorna in rustici disposti attorno all'aia. Si organizzano settimane verdi per ra gazzi dai 9 ai 13 anni, con corsi di educazione ambien tale, equitazione ed escursioni guidate nei dintorni. Co tivazioni a indirizzo biologico.

🛏 CAMERE CON SERVIZI: 4 a più letti, con biancheria letto biancheria bagno, riscaldamento a legna e a gas - per nottamento per persona £ 50000, pensione £ 95000 sconto 50% per bambini fino a 8 anni, da 9 a 13 anni sconto 20%. Deposito cauzionale 40%.

🍴 cucina del territorio e vegetariana (paste fresche funghi) - vini locali - £ 30/40000.

Servizi e locali comuni: parcheggio. Sport e tempo libero: maneggio; noleggio mountain bike, escursioni a piedi e a cavallo. Coltivazioni: cereali, ortaggi, alberi da frutta, noci, castagni. Allevamenti: cavalli. Prodotti in vendita: verdura, sottoli, marmellate, miele.

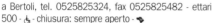

Compiano (PR)

m 519 ⊠ 43053

Carovane

a Bertoli, tel. 0525825324, fax 0525825482 - ettari 500 - ⚹ - chiusura: sempre aperto - ❧
▶ Dall'uscita Borgotaro della A15 proseguire sulla Statale 523 per 6 km oltre Borgo Val di Taro, quindi deviare a destra e raggiungere Compiano; l'azienda si trova a circa 1 km dal paese.

Cinquecento ettari di boschi, pascoli e coltivi sono la dotazione di questa azienda all'avanguardia nella gestione delle risorse montane. Vi si alleva, tra l'altro, il bardigiano, cavallo di antiche ascendenze. Ospitalità in camere ampie, comode, arredate con mobili antichi.

Camere senza servizi: 3 singole, 3 doppie, 3 a 3/4 letti; 4 bagni in comune - pernottamento per persona £ 30000, pensione £ 90000, forfait settimanale £ 600000. Camere con servizi: 2 a 3 letti - pernottamento per persona £ 30000, pensione £ 90000, forfait settimanale £ 600000. Deposito cauzionale 20%.

Note: *le camere sono dotate di biancheria per letto e per bagno, riscaldamento centralizzato e a legna; forfait settimanale comprendente passeggiate a cavallo.*

🍴 cucina casalinga (paste fresche, salumi) - vini regionali - £ 25/40000.
Servizi e locali comuni: parcheggio, telefono, sala TV, sala lettura. Sport e tempo libero: tiro con l'arco, maneggio; passeggiate a cavallo, corsi di equitazione. Coltivazioni: cereali, foraggio. Allevamenti: bovini, cavalli.

Faenza (RA)

m 35 ⊠ 48018

Ca' de' Gatti

a San Mamante, via Roncona 1, tel. 0546642202 oppure 054632037, fax 0546642202 - ettari 38 - chiusura: gennaio-febbraio e novembre - ❧

Emilia-Romagna

▶ Da Forlì imboccare la Statale 9 Emilia in direzione Faenza; dopo circa 7 km prendere la deviazione a sinistra verso Oriolo; superato l'abitato seguire le indicazioni per San Mamante.

Un edificio di storia millenaria accoglie i turisti tra vigne e oliveti secolari, nello scenario dei colli tra Faenza e Brisighella. Andando per sentieri, a piedi e in bicicletta, si scopre una campagna quanto mai varia per colture, inserti boschivi e memorie storiche. Poi, per ampliare lo sguardo: Castrocaro con le terme, Forlì con la romanica San Mercuriale, Ravenna con i mosaici antichi e le spiagge della Marina.

🛏 Camere con servizi: 1 doppia, 1 a 3 letti - pernottamento per persona £ 45/60000, prima colazione £ 5/10000, forfait settimanale £ 200/280000.

🏠 Appartamenti: 1 monolocale per 4 persone, 1 bilocale per 5/6 persone, con stoviglie, telefono - affitto al giorno £ 250/300000, affitto a settimana £ 550/750000, biancheria bagno £ 5000 a persona. Deposito cauzionale £ 200000.

Soggiorno minimo: 2 notti.

Note: *le camere e gli appartamenti sono dotati di biancheria per letto e per bagno, televisore, riscaldamento centralizzato e uso lavanderia; i prezzi degli appartamenti si riferiscono al periodo minimo di soggiorno.*

⚗ 4 equipaggi 🚐 4 equipaggi.

🍴 riservato agli ospiti - cucina del territorio - vini locali di produzione propria - £ 25/40000.

Servizi e locali comuni: parcheggio, telefono, sala TV, sala lettura. Sport e tempo libero: ping pong; corsi di cucina, corsi di ceramica, visite nei dintorni. Coltivazioni: olivi, viti, bosco, seminativi, alberi da frutta. Prodotti in vendita: vino, olio extravergine d'oliva, frutta, confetture.

La Sabbiona

a Oriolo Fichi, via Oriolo 10, tel. 0546642142 - ettari 16 - ♿ - chiusura: sempre aperto - ✂

▶ Lasciare Faenza e imboccare la direttrice verso Sud-Est per Santa Lucia delle Spianate; poco prima del paese deviare a sinistra per Oriolo e seguire la segnaletica dell'azienda.

Uno scenario collinare che alterna, con suggestive variazioni stagionali, i colori e le geometrie dei coltivi e della vegetazione spontanea. Si soggiorna in una costruzione moderna, arredata con mobili in stile, godendo della grande disponibilità del fattore. Nei fine settimana e su prenotazione, è a disposizione un servizio ristorante.

🛏 Camere senza servizi: 1 singola, 3 doppie, con uso cucina; 2 bagni in comune - pernottamento per persona £ 35/45000. Camere con servizi: 1 singola, 7 doppie, con uso cucina - pernottamento per persona £ 40/50000.

🏠 Appartamenti: 1 monolocale per 3 persone, con stoviglie - affitto a settimana £ 500000.

Soggiorno minimo: 2 notti.

Note: *le camere e l'appartamento sono dotati di biancheria per letto, per bagno e per cucina, riscaldamento.*

🚐 3 equipaggi.

Servizi e locali comuni: parcheggio, telefono. Sport e tempo libero: guida ai lavori agricoli, percorsi per mountain bike, passeggiate, visite nei dintorni. Coltivazioni: viti, alberi da frutta. Prodotti in vendita: vino, liquori della casa, frutta, marmellate.

Fanano (MO)

m 640 ✉ 41021

Calvanella Ca' Palazza

a Canevare (Cap 41020), via Calvanella 710, tel. 0536 69311 oppure 03356266972, fax 053669311 - ettari 26 - ♿ - apertura: maggio-settembre e week end - 🐾

▶ Otto chilometri sulla strada per gli impianti sciistici separano quest'azienda dal suo capoluogo. Per arrivare a Fanano, considerando l'uscita Modena Sud della A1, proseguire sulla Statale 623 che, toccando Spilamberto e Vignola, percorre il fondovalle.

Un gradevole declivio erboso contorna il rustico in pietra adattato a soggiorno agrituristico senza penalizzarne in alcun modo l'originaria fisionomia. Lo sguardo percorre il crinale appenninico, dal Corno alle Scale al Monte Cimone, abbracciando un comprensorio di grandi potenzialità turistiche in ogni stagione. Si organizzano settimane verdi per ragazzi a condizioni da concordare.

🛏 Camere con servizi: 4 doppie - pernottamento per persona £ 45/60000, prima colazione £ 10000, pensione £ 85/100000, forfait settimanale £ 300/400000, supplemento per pulizia giornaliera £ 10000.

🏠 Appartamenti: 3 bilocali per 4/6 persone, con biancheria cucina, stoviglie, riscaldamento autonomo - affitto al giorno £ 100/200000, affitto a settimana £ 650/1300000, affitto al giorno per persona £ 45/90000.

Soggiorno minimo: 2 notti.

Note: *le camere e gli appartamenti sono dotati di biancheria per letto e per bagno.*

🍴 cucina montanara (paste fresche, crescentine) - vini regionali - £ 20/35000.

Servizi e locali comuni: parcheggio, telefono, sala lettura, taverna, parco giochi bimbi. Sport e tempo libero: tiro con l'arco, ping pong, maneggio; noleggio mountain bike, osservazione degli animali, escursioni, trekking a piedi e a cavallo, visite nei dintorni. Coltivazioni: ortaggi, frutti di bosco. Allevamenti: ovini, cavalli, animali di bassa corte. Prodotti in vendita: liquori della casa, verdura, marmellate.

Ferrara

m 9 ⌧ 44100

Ca' Spinazzino

a Spinazzino (Cap 44040), via Taglione 5, tel. 0532 725035, fax 0532722171 - ettari 89 - ♿ - chiusura: Epifania-febbraio e periodo in dicembre - 🐾
▶ Da Ferrara (o dallo svincolo Ferrara Sud della A13) imboccare la Statale 64 verso Bologna; 2 km dopo Montalbano piegare a sinistra percorrendo circa 4 km della strada per San Bartolomeo, quindi, al secondo incrocio, svoltare nuovamente a sinistra per Spinazzino.

Il paesaggio è quello della Bassa: strade bianche, pioppi e frutteti; l'ambiente domestico quello di una grande casa colonica dei primi del secolo. Per il resto c'è solo l'imbarazzo della scelta tra la natura del Po e le meraviglie d'arte delle corti rinascimentali padane.

🛏 CAMERE CON SERVIZI: 2 doppie, con uso cucina - pernottamento per persona £ 35/45000.
⊞ APPARTAMENTI: 2 bilocali per 3 persone, 4 di ampia metratura per 4 persone, con stoviglie - affitto al giorno £ 90/160000, affitto a settimana £ 560/980000.
Note: *le camere e gli appartamenti sono dotati di biancheria per letto, per bagno e per cucina, riscaldamento centralizzato.*
⛺ 10 equipaggi.
SERVIZI E LOCALI COMUNI: parcheggio, telefono, sala TV, giochi bimbi. SPORT E TEMPO LIBERO: piscina, campo di calcetto, ping pong; noleggio biciclette, guida ai lavori agricoli, visite nei dintorni. COLTIVAZIONI: cereali, ortaggi, noci, foraggio. ALLEVAMENTI: ovini. PRODOTTI IN VENDITA: frutta, verdura, pane di casa.

Fidenza (PR)

m 75 ⌧ 43036

Il Tondino

a Tabiano Castello, via Tabiano 58, tel. 052462106 oppure 03356445707, fax 052462106 - ettari 18,5 - apertura: marzo-ottobre e Capodanno - 🐾 salvo accordi.
▶ Abbandonare la A1 in corrispondenza del casello Fidenza-Salsomaggiore Terme; raggiungere Fidenza e imboccare la Provinciale che in 8 km conduce al bivio per Tabiano Bagni; prima di entrare in paese seguire la segnaletica dell'azienda.

Antica mezzadria del castello di Tabiano, beneficiata da una posizione di rara bellezza e da un restauro di estrema sensibilità. Tranquillità e trattamento familiare per una vacanza che avrà quotidiani motivi di interesse nei numerosi centri storici della zona.

🛏 CAMERE CON SERVIZI: 2 doppie, 1 a 3 letti - pernottamento per persona £ 60/65000, mezza pensione £ 75/80000, supplemento 30% per camera doppia uso singola.
🏠 APPARTAMENTI: 1 bilocale per 4/5 persone, con biancheria cucina, stoviglie - affitto al giorno £ 150/170000. SOGGIORNO MINIMO: 2 notti.
Note: le camere e l'appartamento sono dotati di biancheria per letto e per bagno, televisore, aria condizionata e riscaldamento centralizzato; sconto 50% per bambini fino a 3 anni.
🛏 2 equipaggi.
🍴 cucina emiliana (salumi) - vini locali di produzione propria - £ 25/50000.
SERVIZI E LOCALI COMUNI: parcheggio, telefono, sala TV, sala convegni. SPORT E TEMPO LIBERO: gioco bocce, tiro con l'arco, ping pong, ricovero cavalli; disponibilità di mountain bike, guida ai lavori agricoli, bird watching, pesca, corsi di tiro con l'arco, passeggiate. COLTIVAZIONI: frumento, ortaggi, alberi da frutta, prato, pascolo. ALLEVAMENTI: bovini, cavalli.

Finale Emilia (MO)
m 15 ✉ 41034

Ospitalità Rurale

a Ca' Bianca, via Panaria 30, tel. 0535789977 oppure 0330489549 - ettari 10 - chiusura: sempre aperto - 🐾
▶ Dall'uscita Modena Nord della A1 immettersi nella direzione di Ferrara, quindi prendere la strada per Bomporto, Camposanto e Ca' Bianca.

Nella campagna del Panaro, non lontano dalla confluenza nel Po, in un quadro di notevole interesse naturalistico. L'ambiente è di moderna, raffinata rusticità, con rivestimenti e arredi in legno e una bella stufa di ceramica nella sala da pranzo.

🛏 CAMERE SENZA SERVIZI: 1 singola, 4 doppie, 2 a più letti, con uso cucina; 1 bagno in comune - pernottamento per persona £ 35000, prima colazione £ 5000, mezza pensione £ 60000. CAMERE CON SERVIZI: 2 doppie - pernottamento per persona £ 40000, prima colazione £ 5000, mezza pensione £ 65000.

🏠 APPARTAMENTI: 2 bilocali per 4 persone, con stoviglie, riscaldamento autonomo, caminetto - affitto al giorno £ 100/120000. Deposito cauzionale da concordare.
Note: le camere e gli appartamenti sono dotati di biancheria per letto e per bagno.
🔥 5 equipaggi 🛏 5 equipaggi.
🍴 cucina della tradizione locale (paste fresche) - vini locali - £ 25/30000.
SERVIZI E LOCALI COMUNI: parcheggio, telefono, sala TV, sala lettura, taverna, sala giochi bimbi, barbecue.
SPORT E TEMPO LIBERO: tiro con l'arco, ping pong; disponibilità di biciclette, noleggio canoe, osservazione degli animali, visite nei dintorni, passeggiate naturalistiche.
COLTIVAZIONI: cereali, ortaggi, alberi da frutta. ALLEVAMENTI: animali di bassa corte.

Fiumalbo (MO)
m 953 ✉ 41022

Il Cerro

località Cerro, via Capannella 1, tel. 053673179 oppure 053673400, fax 053673181 - ettari 30 - ♿ - chiusura: metà ottobre-fine novembre - 🐾

▶ Da Modena imboccare la Statale 12 in direzione di Pavullo e Pievepelago; superata quest'ultima località proseguire per altri 8,5 km fino a raggiungere Fiumalbo; l'azienda si trova 1 km a Ovest dal paese.

Nel Parco del Crinale dell'Appennino Tosco-Emiliano, villeggiatura a mille metri in un'azienda a conduzione biologica, impegnata con coerenza nella ristorazione tipica e nel turismo verde. Quanto allo svago, tutti gli sport della montagna - ivi compreso lo sci sulle piste dell'Abetone e del Cimone - ma anche cucina e attività artigianali di vario impegno.

🛏 CAMERE CON SERVIZI: 3 doppie, con riscaldamento centralizzato - pernottamento per persona £ 55/65000, pensione £ 90/95000.
🏠 APPARTAMENTI: 2 bilocali per 4 persone, con biancheria cucina, stoviglie, riscaldamento autonomo - affitto al giorno £ 100/120000, affitto a settimana £ 600/800000. Deposito cauzionale 30%.
CARTE DI CREDITO: Visa, Eurocard, Mastercard.
Note: le camere e gli appartamenti sono dotati di biancheria per letto e per bagno.
🍴 cucina contadina, toscana ed emiliana (cinghiale con le mele) - vini locali - £ 35000.

Servizi e locali comuni: parcheggio, telefono, sala TV, sala lettura, parco giochi bimbi. Sport e tempo libero: tiro con l'arco, ping pong; disponibilità di mountain bike, osservazione degli animali, corsi di cucina, corsi di ceramica, composizione ed essiccazione di fiori, escursioni, visite nei dintorni, trekking, passeggiate. Coltivazioni: ortaggi, alberi da frutta, foraggio. Allevamenti: animali di bassa corte, struzzi. Prodotti in vendita: carne, sciroppi, frutta, prodotti del sottobosco, verdura, pasta, marmellate.

Fontanélice (BO)

m 165 ⊠ 40025

Ca' Monti ⭐ 🆔

a Sassoleone (Cap 40020), via Montemorosino 4, tel. 054297666 - ettari 20 - apertura: metà febbraio-agosto e metà settembre-Epifania - ↩

▶ Partendo da Imola imboccare la Provinciale che attraversa la vallata del Santerno e raggiungere Fontanelice; da qui, prendere in direzione Sassoleone e, dopo aver percorso 9 km, lasciare la Strada Provinciale seguendo l'indicazione dell'azienda: ancora 1,5 km e si arriva a destino.

Natura a volontà nell'alta valle del Santerno, con i passi della Futa e della Raticosa affacciati alla Toscana. L'ospitalità agrituristica viene offerta nell'antica dimora della famiglia Monti che ancora oggi, dopo tante generazioni, rinnova l'accoglienza con proverbiale cordialità. In cucina la signora Lea fa meraviglie.

🛏 Camere con servizi: 2 doppie, 2 a 4 letti, con biancheria letto, biancheria bagno, uso lavanderia, riscaldamento centralizzato - pernottamento per persona £ 55/60000, mezza pensione £ 80/90000. Deposito cauzionale 30% alla prenotazione.
Carte di credito: American Express, Visa, Eurocard, Mastercard.

🍽 cucina toscana e romagnola (paste fresche) - vini locali - £ 25/50000.
Servizi e locali comuni: parcheggio, telefono, sala lettura, parco giochi bimbi. Sport e tempo libero: gioco bocce; noleggio mountain bike, osservazione degli animali, visite nei dintorni. Coltivazioni: grano, ortaggi, alberi da frutta, castagni, erba medica. Allevamenti: ovini, pollame, conigli, cervi. Prodotti in vendita: grappa, liquori della casa, biscotti, marmellate.

Guìglia (MO)

m 490 ⊠ 41052

Ca' di Marchino

a Monteorsello, via Buzzeda 4, tel. 059795582, fax 059795582 - ettari 18 - chiusura: periodo in novembre - ↩ piccola taglia.

▶ Da Bologna immettersi sulla Statale 569 e percorrerla fino a raggiungere Guiglia, quindi superare Monte Orsello e prendere la deviazione sulla sinistra in direzione di Ciano.

Bel rustico in sasso dell'Appennino Modenese, tra distese di prati che invitano a facili passeggiate a piedi e in mountain bike. Non distante l'affascinante ambiente del Parco Regionale dei Sassi di Rocca Malatina.

🛏 Camere senza servizi: 5 doppie, 2 a 3 letti; 2 bagni in comune - pernottamento per persona £ 35/40000, pensione £ 95000.
🏠 Appartamenti: 1 bilocale per 3/4 persone, con biancheria cucina uso lavanderia, stoviglie - affitto al giorno per persona £ 35000, affitto a settimana per persona £ 210000, pulizia finale £ 60000, biancheria per letto e per bagno £ 25000, gas a consumo.
Soggiorno minimo: week end in camera, 1 settimana in appartamento.
Note: *le camere e l'appartamento dispongono di biancheria per letto e per bagno, televisore e riscaldamento centralizzato; si accettano quasi tutte le carte di credito.*
🏕 10 equipaggi 🚐 8 equipaggi.
🍽 cucina casalinga - vini regionali - £ 30/40000.
Servizi e locali comuni: parcheggio, telefono, sala TV, sala lettura. Sport e tempo libero: gioco bocce, ping pong, ricovero cavalli; noleggio mountain bike, visite nei dintorni. Coltivazioni: cereali, alberi da frutta.

Modigliana (FC)

m 185 ⊠ 47015

Casetta dei Frati

a Casetta dei Frati, via dei Frati 8, tel. 0546941445, fax 0546941445 - ettari 27 - ♿ - chiusura: periodo in gennaio.

▶ Da Faenza portarsi sulla Provinciale che conduce a Modigliana; da qui proseguire ancora un chilometro verso Sud seguendo le indicazioni dell'azienda.

Emilia-Romagna

Lo scenario è quello dei vigneti dell'Appennino Faentino; l'azienda ha centro in un edificio rurale in pietra a vista, ben ristrutturato, dove si trova il ristorante. Sulla corte retrostante si affacciano le casette di recente costruzione riservate agli ospiti.

🕮 CAMERE CON SERVIZI: 4 doppie - pernottamento per persona £ 35/40000, prima colazione £ 7000, pensione £ 76/110000.

⊞ APPARTAMENTI: 2 monolocali per 2 persone, 4 bilocali per 4/6 persone, 3 di ampia metratura per 6/9 persone, con stoviglie - affitto al giorno £ 80/140000, affitto a settimana £ 400/560000. Deposito cauzionale 30%.

Note: le camere e gli appartamenti sono dotati di biancheria per letto e per bagno, riscaldamento; supplemento per le pulizie giornaliere e per i consumi.
)¶ cucina toscana, romagnola ed emiliana (funghi e tartufi) - vini regionali di produzione propria - £ 18/40000. SERVIZI E LOCALI COMUNI: parcheggio, telefono, sala da gioco. SPORT E TEMPO LIBERO: pallavolo, basket; noleggio mountain bike. COLTIVAZIONI: olivi, viti, ortaggi, alberi da frutta. PRODOTTI IN VENDITA: vino, olio, marmellate, miele.

Monte San Pietro (BO)
m 60 ✉ 40050

Tenuta Bonzara

a San Chierlo, via San Chierlo 37/A, tel. 0516768324, fax 051225772 - ettari 100 - apertura: maggio-ottobre - 🐾 previo accordi.

▶ Da Bologna seguire la Statale 569, in direzione Vignola per 2 km; deviare verso Sud e superare Calderino; a 1 km circa dopo Monte San Giovanni, voltare a sinistra per San Chierlo (m 500 di altitudine).

Una vasta proprietà collinare a 25 km da Bologna e in prossimità del Parco Regionale dell'Abbazia di Monteveglio. Agriturismo in borgo completamente ristrutturato con trattoria, bottega di prodotti tipici, cantina di vini Doc e museo delle tradizioni agricole.

⊞ APPARTAMENTI: 2 bilocali per 4 persone, 2 di 3 locali per 4 persone, con biancheria letto, biancheria bagno, stoviglie - affitto a settimana £ 700/800000. Deposito cauzionale 30%.
SOGGIORNO MINIMO: 2 notti.
)¶ cucina bolognese (primi piatti) - vini di produzione propria - £ 35/45000.
SERVIZI E LOCALI COMUNI: parcheggio. SPORT E TEMPO LIBERO: campo da tennis; visita alla cantina con degustazione, passeggiate. COLTIVAZIONI: viti, seminativi, castagni. PRODOTTI IN VENDITA: vino DOC.

Montese (MO)
m 841 ✉ 41055

Casa Volpa

a San Giacomo Maggiore, via Docciola 2365, tel. 059 981546 - ettari 8 - 🖐 - chiusura: gennaio-marzo - 🐾 previo accordi.

▶ Da Vignola proseguire in direzione di Sestola; al ponte Docciola voltare a sinistra superando il Panaro, quindi seguire le indicazioni di Montese per circa 2 km.

Rustica ospitalità in camere e appartamenti "all'antica", con pavimenti e muri in pietra. Il Panaro offre scorci suggestivi e spiagge solitarie, le montagne circostanti escursioni di vario impegno. Settimane verdi per ragazzi nel periodo pasquale (non più di 15 persone).

CAMERE SENZA SERVIZI: 1 singola, 1 doppia, 1 a più letti; 3 bagni in comune - pernottamento per persona £ 50/60000, pensione £ 70/80000. CAMERE CON SERVIZI: 1 singola, 3 doppie, 3 a più letti, con uso cucina, riscaldamento - pernottamento per persona £ 50/70000, pensione £ 80/90000.

APPARTAMENTI: 4 monolocali per 2/6 persone, 4 bilocali, con uso lavanderia, riscaldamento autonomo, televisore - affitto al giorno £ 80/100000, affitto a settimana £ 350/500000. Deposito cauzionale 50%. SOGGIORNO MINIMO: 2 notti.

Note: *le camere e gli appartamenti sono dotati di biancheria per letto, per bagno e per cucina; supplemento 10% per pulizia finale.*

2 equipaggi / 2 equipaggi.

cucina casalinga (agnello e selvaggina) - vini regionali - £ 20/30000.

SERVIZI E LOCALI COMUNI: parcheggio, telefono, sala TV. SPORT E TEMPO LIBERO: gioco bocce, ricovero cavalli; noleggio mountain bike, guida ai lavori agricoli, osservazione degli animali, passeggiate a cavallo, visite nei dintorni. COLTIVAZIONI: ortaggi, foraggio. ALLEVAMENTI: pollame, conigli. PRODOTTI IN VENDITA: verdura.

Montevèglio (BO)

m 114 ☒ 40050

Corte d'Aibo

via Marzatore 15, tel. 051832583, fax 051832583 - ettari 34 - chiusura: agosto - grossa taglia.

▶ Da Bologna percorrere la Statale 569 fino a Bazzano, poi seguire la segnaletica per 2 km verso Monteveglio.

Soggiorno in un podere vinicolo nel cuore del Parco Regionale dell'Abbazia di Monteveglio. Nel verde della campagna spicca il "rosso bolognese" della casa, che nel nucleo principale risale al Cinquecento. Interni elegantemente rustici.

CAMERE CON SERVIZI: 4 doppie, con biancheria bagno - pernottamento per persona £ 45/60000.

cucina emiliana (paste fresche) - vini locali di produzione propria - £ 30/45000.

SERVIZI E LOCALI COMUNI: parcheggio, telefono. SPORT E TEMPO LIBERO: noleggio mountain bike, osservazione degli animali, pesca, visite nei dintorni. COLTIVAZIONI: viti, ortaggi, alberi da frutta. ALLEVAMENTI: pollame. PRODOTTI IN VENDITA: vino, grappa, liquori della casa, marmellate.

La Cavaliera

via Canossa 13, tel. 051832595, fax 051833126 - ettari 12 - chiusura: periodo in novembre -

▶ A Bazzano dirigere verso Monteveglio e percorrere circa 2 km, quindi deviare a destra per Montebudello; seguire le indicazioni dell'azienda.

Alloggio in una casa colonica, sapientemente ristrutturata all'insegna del massimo comfort. L'ambiente è familiare. I dintorni, all'ombra della celebre Abbazia di Monteveglio, riservano la scoperta di una campagna che è rimasta quella dei tempi andati.

CAMERE CON SERVIZI: 2 doppie, 2 a 3 letti, con biancheria letto, biancheria bagno, riscaldamento centralizzato, climatizzazione, telefono, televisore, frigobar, cassaforte - pernottamento per persona £ 90/120000, mezza pensione £ 120/150000.

CARTE DI CREDITO: tutte.

cucina emiliana (tigelle) - vini di produzione propria - £ 30/60000.

SERVIZI E LOCALI COMUNI: parcheggio, telefono, sala TV, parco giochi bimbi. SPORT E TEMPO LIBERO: noleggio mountain bike, visite nei dintorni. COLTIVAZIONI: viti, cereali, ortaggi, alberi da frutta, erba medica. ALLEVAMENTI: bovini, ovini. PRODOTTI IN VENDITA: vino, liquori della casa, frutta, verdura, marmellate.

Montiano (FC)

m 159 ☒ 47020

Le Radici

a Montenovo, via Golano 808, tel. 0547327001 oppure 054725230, fax 0547327001 - ettari 8,5 - apertura: aprile-settembre e week end tranne in ottobre -

▶ Lasciare la Via Emilia (Statale 9), tra Cesena e Santarcangelo di Romagna, alla deviazione per Calisese; da qui seguire le indicazioni per Sorrivoli; percorsi circa 4 km si arriva in azienda.

In vacanza tra vigne, frutteti e boschi nelle colline dell'entroterra romagnolo tra Cervia e Cesenatico. La fattoria, che risale al 1460, è stata adattata al turismo rurale con mano attenta. In giugno, si organizzano settimane verdi per ragazzi solo se accompagnati.

CAMERE CON SERVIZI: 7 a 3 letti, con biancheria letto, biancheria bagno, uso lavanderia, riscaldamento termoelettrico - pensione £ 90000, forfait settimanale £ 560/630000, riduzioni per bambini.

3 equipaggi.

riservato agli ospiti - cucina mediterranea (zuppe) - vini locali di produzione propria - £ 35/45000.

SERVIZI E LOCALI COMUNI: parcheggio, telefono, sala TV, sala lettura, sala convegni. SPORT E TEMPO LIBERO: gioco bocce, ping pong; visite nei dintorni, escursioni. COLTIVAZIONI: olivi, viti, ortaggi, alberi da frutta.

Novellara (RE)

m 24 ⊠ 42017

Nuova Agricola Riviera

a San Bernardino, via Riviera 7, tel. 0522668189, fax 0522668104 - ettari 305 - chiusura: giugno-agosto - ✗
▶ Dall'uscita Reggio della A1 raggiungere Novellara, quindi deviare a sinistra e continuare per 4 km circa in direzione di Guastalla.

Azienda della Bassa Reggiana, fondata nel 1650 dai Gonzaga su terre di antica bonifica. Comprende una villa padronale e 18 rustici di varie epoche. Ambiente molto interessante con boschi, laghi e abitati ricchi di suggestioni storiche. Settimane verdi per ragazzi.

CAMERE CON SERVIZI: 8 a 3/4 letti - pernottamento per persona £ 40000, prima colazione £ 5000.

⛺ 5 equipaggi.

cucina emiliana e mantovana - vini di produzione propria - £ 20/40000.

SERVIZI E LOCALI COMUNI: parcheggio. SPORT E TEMPO LIBERO: noleggio mountain bike, pesca, passeggiate a cavallo. COLTIVAZIONI: viti, cereali, ortaggi. ALLEVAMENTI: suini, pollame, pesci. PRODOTTI IN VENDITA: salumi, pesce, formaggio.

Ostellato (FE)

m 2 ⊠ 44020

Belfiore

via Pioppa 27, tel. 0533681164, fax 0533681172 - ettari 50 - chiusura: novembre e gennaio-febbraio - ✿
▶ Lasciare il tratto autostradale Ferrara-Porto Garibaldi allo svincolo di Ostellato; l'azienda si trova al margine orientale del paese.

Nel cuore di una zona di elevato interesse naturalistico, si soggiorna in un'ampia dimora rurale che conserva intatto il fascino dei tempi andati. Intorno le coltivazioni biologiche che forniscono materia prima al ristorante. Pacchetti salutistici e, da giugno a settembre, settimane verdi per gruppi e ragazzi.

CAMERE CON SERVIZI: 10 doppie, 1 a più letti, con biancheria letto, biancheria bagno, telefono, televisore - pernottamento per persona £ 60/75000, prima colazione £ 10/15000, mezza pensione £ 120/140000.

CARTE DI CREDITO: American Express, CartaSi.

cucina ferrarese (paste fresche) - vini locali di produzione propria - £ 45000.

SERVIZI E LOCALI COMUNI: parcheggio, telefono, sala TV, sala lettura. SPORT E TEMPO LIBERO: piscina; disponibilità di biciclette, corsi di cucina, corsi di lingua italiana per stranieri, visite nei dintorni. COLTIVAZIONI: viti, cereali, ortaggi, alberi da frutta. ALLEVAMENTI: pollame, conigli. PRODOTTI IN VENDITA: vino, liquori della casa, marmellate.

Novara ★

a Dogato, via Ferrara 61, tel. 0533651097 oppure 0533650143, fax 0533651097 - ettari 20 - chiusura: sempre aperto - ✿
▶ All'uscita Portomaggiore-Migliarino dell'autostrada Ferrara-Porto Garibaldi, proseguire verso Sud-Ovest in direzione di Dogato.

Alle porte del Parco del Delta del Po, una casa padronale ottocentesca con grandi stanze ben riscaldate d'inverno e fresche in estate. A venti minuti di macchina si trovano le attrezzate spiagge dei Lidi Ferraresi.

CAMERE SENZA SERVIZI: 3 a 4 letti, con riscaldamento termoelettrico; 1 bagno in comune - pernottamento per persona £ 25000, mezza pensione £ 48/53000. CAMERE CON SERVIZI: 1 doppia, 4 a 3 letti, con biancheria bagno - pernottamento per persona £ 40000, mezza pensione £ 58/63000.

Note: *le camere dono dotate di biancheria per letto.*

3 equipaggi.

cucina ferrarese (primi piatti, anguilla) - vini regionali - £ 20/35000.

SERVIZI E LOCALI COMUNI: parcheggio, telefono, sala TV, sala lettura. SPORT E TEMPO LIBERO: ricovero cavalli. COLTIVAZIONI: seminativi, granoturco, grano, soia, ortaggi, barbabietole. ALLEVAMENTI: pollame. PRODOTTI IN VENDITA: verdura.

Pòggio Berni (RN)

m 155 ⊠ 47824

Palazzo Astolfi

via Cella San Rocco 69, tel. 0541688080 oppure 0541629749, fax 0541742050 - ettari 22 - ♿ - chiusura: gennaio-febbraio e novembre - ✿
▶ Casello Rimini Nord della A14, quindi proseguire fino a Santarcangelo di Romagna, da qui ancora 6,5 km per raggiungere la località.

.a tenuta fa riferimento a un'antica dimora vescovile, *ggi aperta a ricevimenti e a convegni di lavoro. In uno *egli annessi rustici si propongono piatti tipici e sog*giorni d'atmosfera. Varcati i cancelli, da una parte si *cende a Sant'Arcangelo e alle spiagge di Rimini, dal*'altra si raggiungono i borghi medievali del Montefeltro.

CAMERE CON SERVIZI: 2 singole, 3 doppie, con bianche*ia letto, biancheria bagno, riscaldamento centralizzato, *elevisore, frigobar, caminetto - pernottamento per per*ona £ 70/105000, riduzioni per bambini fino a 8 anni. *† cucina casalinga (piadina) - vini locali - £ 35/60000. *ERVIZI E LOCALI COMUNI: parcheggio, telefono, parco giochi *imbi, solarium. SPORT E TEMPO LIBERO: noleggio mountain *ike, visite nei dintorni. COLTIVAZIONI: olivi, viti, ortaggi, al*eri da frutta. ALLEVAMENTI: pollame. PRODOTTI IN VENDITA: *lio extravergine d'oliva, frutta, verdura.

*alazzo Marcosanti

* Sant'Andrea, via Ripa Bianca 441, tel. 0541629522, *ax 0541629522 - ettari 3 - chiusura: gennaio-febbraio * novembre - ✆

▶ Dall'uscita Rimini Nord della A14 seguire l'indica*ione per Santarcangelo di Romagna, quindi procede*e per altri 4 km e raggiungere Sant'Andrea; il cartel*o indicatore per l'azienda è situato sotto quello che *ndica Sant'Andrea.

*mponente fortezza malatestiana attestata su un colle *ra Rimini e Cesena. Panorama circolare dal nastro az*urro dell'Adriatico alle colline della bassa val Marecchia. *i soggiorna in ampi ambienti mansardati, alternando la *piaggia con puntate nello splendido entroterra.

CAMERE CON SERVIZI: 2 a 3 letti, con biancheria letto, biancheria bagno, riscaldamento, telefono, televisore, frigobar - pernottamento per persona £ 73/150000.
*† cucina romagnola (primi alle verdure) - vini regionali - £ 40/60000.
SERVIZI E LOCALI COMUNI: parcheggio. SPORT E TEMPO LIBERO: guida ai lavori agricoli, visite nei dintorni, passeggiate. COLTIVAZIONI: ortaggi, alberi da frutta. ALLEVAMENTI: animali di bassa corte.

Ponte dell'Òlio (PC)
m 216 ✉ 29028

La Torre

a Torrano, località Torre di Torrano, tel. 0523878244, fax 0523877384 - ettari 35 - chiusura: metà dicembre-metà marzo - ✗

▶ Partendo da Piacenza seguire la Statale 654 in direzione di Ponte dell'Olio; giunti all'entrata del paese, prendere la deviazione a sinistra che conduce a Carpaneto; dopo 5 km si arriva a destinazione seguendo la segnaletica dell'azienda.

Nella rilassante campagna a ridosso delle colline piacentine, l'ospitalità agrituristica viene offerta in un casale del Quattrocento. Ristrutturato e arredato in modo consono, è punto di partenza ideale per escursioni verso borghi e castelli medievali.

CAMERE CON SERVIZI: 7 doppie - pernottamento per persona £ 60/90000, pensione £ 100/120000, forfait settimanale £ 630/700000.
APPARTAMENTI: 1 bilocale per 2 persone, con stoviglie - affitto al giorno £ 120/180000, affitto a settimana £ 700/850000. Deposito cauzionale da concordare.
SOGGIORNO MINIMO: 3 giorni.
Note: *le camere e l'appartamento sono dotati di biancheria per letto e per bagno, riscaldamento centralizzato e autonomo.*
*† cucina del territorio (prenotare) - vini di produzione propria - £ 30/40000.
SERVIZI E LOCALI COMUNI: parcheggio. SPORT E TEMPO LIBERO: noleggio mountain bike, pesca. COLTIVAZIONI: viti, cereali, ortaggi. ALLEVAMENTI: animali di bassa corte. PRODOTTI IN VENDITA: vino, confetture.

m 133 ⊠ 47016

Pian dei Goti

a Predappio Alta (Cap 47010), via Montemirabello 1, tel. 0543921118, fax 0543922361 - ettari 32 - chiusura: Epifania-febbraio - ✗

▶ Da Forlì percorrere la Statale 9ter sino a Predappio, quindi svoltare a destra e raggiungere Predappio Alta; seguire la segnaletica dell'azienda.

Azienda di mezza collina al centro di una conca a vigneti, prati e boschi. La casa colonica, di recente ristrutturazione, è dotata di ampie verande che moltiplicano le occasioni dello stare in compagnia. Settimane verdi per ragazzi a condizioni da concordare.

CAMERE CON SERVIZI: 6 doppie, 2 a più letti, con biancheria letto, biancheria bagno, uso lavanderia, riscaldamento centralizzato - pernottamento per persona £ 45000, pensione £ 95/100000. Deposito cauzionale £ 50000 a persona in alta stagione.

SOGGIORNO MINIMO: 3 giorni in alta stagione.
cucina romagnola (paste fresche, tartufi e funghi) - vini locali di produzione propria - £ 35/45000.
SERVIZI E LOCALI COMUNI: parcheggio, telefono, sala TV, sala lettura. SPORT E TEMPO LIBERO: piscina, basket, tiro con l'arco, maneggio, ricovero cavalli; osservazione degli animali, degustazione vini dell'azienda, passeggiate a cavallo, corsi di equitazione, visite nei dintorni. COLTIVAZIONI: olivi, viti, ortaggi, alberi da frutta, castagni, foraggio. ALLEVAMENTI: cavalli, pollame, api. PRODOTTI IN VENDITA: vino, grappa, liquori della casa, marmellate, miele.

m 459 ⊠ 47010

Agroippoturistica Ridolla

via Valbura, tel. 0543956829 oppure 0543956601 - ettari 64 - chiusura: gennaio-febbraio - ✿

▶ Da Forlì percorrere la Statale 9ter che transita per Predappio e porta a Premilcuore; l'azienda è a 1,5 km dal paese, alla periferia meridionale.

Un antico edificio appenninico è il fulcro di un centro di turismo equestre notevole tanto per la completezza dell'offerta sportiva quanto per l'ambientazione, nell'alta valle del Rabbi, al confine con il Parco Nazionale delle Foreste Casentinesi. Settimane verdi per ragazzi.

CAMERE SENZA SERVIZI: 4 doppie; 2 bagni in comune - pernottamento per persona £ 20/40000, pensione £ 60/75000. CAMERE CON SERVIZI: 1 doppia - pernottamento per persona £ 20/40000, pensione £ 60/75000.

APPARTAMENTI: 4 monolocali per 4 persone, 1 bilocale per 8 persone, con biancheria letto, biancheria bagno, stoviglie - affitto al giorno per persona £ 20/40000.
Note: *le camere sono dotate di biancheria per letto e per cucina, uso cucina.*

10 equipaggi, 10 equipaggi.
cucina toscana e romagnola (piatti della tradizione) - vini locali - £ 25/40000.
SERVIZI E LOCALI COMUNI: parcheggio, telefono, sala TV, sala lettura. SPORT E TEMPO LIBERO: campo da tennis, maneggio, ricovero cavalli; corsi di ceramica, passeggiate a cavallo, corsi di equitazione. COLTIVAZIONI: cereali, foraggio. ALLEVAMENTI: ovini, cavalli. PRODOTTI IN VENDITA: pane di casa, formaggio.

m 4 ⊠ 48100

L'Azdôra

a Madonna dell'Albero, via Vangaticcio 14, tel. 0544 497669, fax 0544497669 - ettari 6 - chiusura: metà ottobre-metà dicembre e gennaio - ✗

▶ Portarsi a circa 3 km a Sud di Ravenna con breve deviazione a destra dalla Statale 16; seguire la segnaletica dell'azienda.

Due edifici: il primo, ristrutturato, è adibito ad alloggio; il secondo, recente, alla ristorazione. Dietro l'angolo, tanto gli splendidi monumenti del Romanico ravennate quanto le spiagge adriatiche e i loro parchi di divertimento. In azienda, beauty farm con prodotti naturali.

CAMERE SENZA SERVIZI: 2 a più letti; 1 bagno in comune - pernottamento per persona £ 75000, pensione £ 110000. CAMERE CON SERVIZI: 2 doppie - pernottamento per persona £ 75000, pensione £ 110000. Deposito cauzionale da concordare.
SOGGIORNO MINIMO: 2 notti.
Note: *le camere sono dotate di biancheria per letto e per bagno, riscaldamento centralizzato.*
)¶ cucina romagnola (primi piatti) - vini locali di produzione propria - £ 34/65000.
SERVIZI E LOCALI COMUNI: parcheggio, telefono, sala TV, solarium. SPORT E TEMPO LIBERO: piscina, ping pong; osservazione degli animali, corsi di cucina, visite nei dintorni. COLTIVAZIONI: viti, ortaggi, alberi da frutta, angurie, meloni. ALLEVAMENTI: pollame, piccioni. PRODOTTI IN VENDITA: frutta.

Salsomaggiore Terme (PR)
m 157 ⊠ 43039

Antica Torre

a Cangelasio, Case Bussandri 197, tel. 0524575425, fax 0524575425 - ettari 43 - chiusura: dicembre-febbraio - ⌗ grossa taglia.
   Partendo da Salsomaggiore Terme imboccare verso Sud la direttrice che conduce a Cangelasio e percorrerne circa 5 km; quindi seguire la segnaletica dell'azienda.

Un torrione del Quattrocento sorveglia questo complesso rurale, a quota 280, del primo Appennino Parmense. Nei dintorni natura e arte: nel fondovalle il Parco fluviale dello Stirone; lungo la strada dei Castelli borghi medievali come Vigoleno e Castell'Arquato. In azienda, tranquillità e relax.

CAMERE CON SERVIZI: 1 singola, 4 doppie, 4 a 2/4 letti, con biancheria letto, biancheria bagno, riscaldamento centralizzato, uso lavanderia - pernottamento per persona £ 60/65000, prima colazione £ 7000, riduzioni per bambini fino a 9 anni, possibilità di pensione completa per nuclei di almeno 5 persone e per periodi limitati. Deposito cauzionale 25% alla prenotazione.
SOGGIORNO MINIMO: 2 notti in bassa stagione, 1 settimana in alta stagione.
⌗ 2 equipaggi.
¶ cucina della tradizione locale (paste fresche e salumi) - vini locali - £ 30/45000.

SERVIZI E LOCALI COMUNI: parcheggio, telefono, sala TV, sala convegni. SPORT E TEMPO LIBERO: piscina, tiro con l'arco, biliardo, ping pong, ricovero cavalli; noleggio mountain bike, composizione di fiori, creazioni con pasta e pane. COLTIVAZIONI: bosco, cereali. ALLEVAMENTI: ovini, cavalli.

Saludècio (RN)
m 343 ⊠ 47835

Torre del Poggio

a Poggio San Martino, via dei Poggi 2064, tel. 0541 857190, fax 0541955195 - ettari 10 - chiusura: metà settembre-ottobre - ⌗

▶ Uscita Cattolica della A14, quindi Provinciale per Morciano di Romagna; 2,7 km prima del paese a sinistra per Saludecio e da qui a destra per Poggio San Martino.

A pochi minuti d'auto da Riccione, un'azienda olivinicola modernamente attrezzata per l'ospitalità rurale. Montefeltro, San Marino e Urbino sono le agevoli alternative per le giornate sottratte ai piaceri della spiaggia. Settimane verdi per ragazzi, previo accordi.

CAMERE CON SERVIZI: 1 singola, 3 doppie, con biancheria letto, biancheria bagno, riscaldamento centralizzato - pernottamento per persona £ 37/45000, mezza pensione £ 60/65000. Deposito cauzionale da concordare.
)¶ cucina romagnola (arrosti, primi piatti) - vini locali di produzione propria - £ 27/38000.
SERVIZI E LOCALI COMUNI: parcheggio, telefono, sala lettura, giochi bimbi. SPORT E TEMPO LIBERO: gioco bocce, ping pong; guida ai lavori agricoli, osservazione degli animali, passeggiate. COLTIVAZIONI: olivi, viti, grano, erbe officinali. ALLEVAMENTI: pollame, conigli, piccioni. PRODOTTI IN VENDITA: vino, vino DOC.

San Pietro in Cerro (PC)
m 44 ⊠ 29010

La Valle

tel. 0523839162, fax 0523839162 - ettari 40 - ♿ - chiusura: sempre aperto - ⌗
▶ Dall'uscita autostradale Fiorenzuola d'Arda della A1 prendere la Statale 462 in direzione di Cortemaggiore e da qui proseguire per altri 4 km.

Una fattoria settecentesca, efficientemente convertita alla ristorazione e al soggiorno agrituristico. Verso il Po si stendono le terre di Verdi e Guareschi; oltre l'Emilia si sale a Castell'Arquato tra le vigne del Gutturnio e della Malvasia. Le stalle, recentemente ristrutturate ospitano serate musicali e banchetti.

🛏 CAMERE CON SERVIZI: 2 doppie, con biancheria letto, biancheria bagno, riscaldamento centralizzato, televisore - pernottamento per persona £ 40/50000, prima colazione £ 10000, pensione £ 100000, forfait settimanale £ 210000.

🏕 5 equipaggi 🚐 5 equipaggi.

🍴 cucina del territorio (carni alla brace) - vini locali - £ 35/45000.

SERVIZI E LOCALI COMUNI: parcheggio, sala lettura. SPORT E TEMPO LIBERO: osservazione degli animali, passeggiate, visite nei dintorni. COLTIVAZIONI: foraggio. ALLEVAMENTI: bovini, ovini, suini, cavalli, animali di bassa corte, daini, cani. PRODOTTI IN VENDITA: carne, salumi.

San Polo d'Enza (RE)

m 166 ✉ 42020

Montefalcone

località Pontenovo, tel. 0522874174, fax 0522 874174 - ettari 4,5 - apertura: metà aprile-metà agosto, metà settembre-ottobre e Natale - 🍴

▶ Da Reggio nell'Emilia lasciare la Statale 63 all'incrocio con la direttrice Scandiano-San Polo d'Enza; quindi deviare a destra e, dopo aver superato Quattro Castella, in località Pontenovo svoltare a sinistra e continuare per altri 2 km circa.

L'ospitalità agrituristica viene offerta in un centro equestre situato nelle colline che si affacciano alla bassa valle dell'Enza. Nei dintorni, castelli, borghi medievali e scenari naturali di grande bellezza. L'organizzazione offre agli appassionati escursioni e trekking a cavallo anche su lunghe distanze. Nelle vicinanze l'oasi Lipu di Bianello.

🛏 CAMERE SENZA SERVIZI: 2 singole, 1 doppia, con biancheria letto, biancheria bagno, riscaldamento centralizzato, televisore; 2 bagni in comune - pernottamento per persona £ 30/40000, prima colazione £ 5000, pensione £ 80/90000.

🍴 riservato agli ospiti - cucina emiliana (primi piatti) - vini locali - £ 20/40000.

SERVIZI E LOCALI COMUNI: parcheggio, telefono, sala TV, sala lettura. SPORT E TEMPO LIBERO: maneggio; noleggio mountain bike, passeggiate a cavallo, corsi di equitazione, visite nei dintorni, trekking. COLTIVAZIONI: alberi da frutta, prato. ALLEVAMENTI: caprini, cavalli, conigli. PRODOTTI IN VENDITA: conigli, confetture.

Santa Sofia (FC)

m 257 ✉ 47018

Rio Sasso

via Forese 21, tel. 0543970497, fax 0543971483 - ettari 20 - chiusura: periodo variabile - 🍴

▶ Lasciare la direttrice Forlì-Firenze all'altezza di Rocca San Casciano, quindi proseguire per Santa Sofia.

L'azienda, sulle colline del primo Appennino Forlivese, mette a disposizione degli ospiti un casolare vecchio stampo e offre un soggiorno in ambiente molto familiare, allietato da cibi genuini e sani passatempi. Settimane verdi per ragazzi. Coltivazioni biologiche.

🛏 CAMERE SENZA SERVIZI: 3 doppie; 1 bagno in comune - pernottamento per persona £ 25/40000, pensione £ 80/90000. CAMERE CON SERVIZI: 3 doppie - pernottamento per persona £ 25/40000, pensione £ 80/90000.

🏠 APPARTAMENTI: 1 di 3 locali per 8 persone - affitto al giorno £ 100/200000. Deposito cauzionale 35%.

Note: *le camere e l'appartamento sono dotati di biancheria per letto e per bagno, riscaldamento e televisore.*

🚐 1 equipaggio.

🍴 cucina romagnola (paste fresche e funghi) - vini locali di produzione propria - £ 23/35000.

SERVIZI E LOCALI COMUNI: parcheggio, telefono, taverna. SPORT E TEMPO LIBERO: piscina, maneggio, ricovero cavalli; guida ai lavori agricoli, osservazione degli animali, passeggiate a cavallo, escursioni. COLTIVAZIONI: viti, seminativi, ortaggi, alberi da frutta. ALLEVAMENTI: ovini, cavalli, pollame, conigli. PRODOTTI IN VENDITA: liquori della casa, miele.

Sasso Marconi (BO)

m 128 ✉ 40037

Le Conchiglie

a Lagune, via Lagune 76/1, tel. 0516750755 oppure 0335315076, fax 051840131 - ettari 200 - chiusura: sempre aperto - 🍴

▶ Dall'uscita Sasso Marconi della A1 proseguire verso Ovest per circa 5 km, quindi voltare a sinistra e superare Lagune; l'azienda si trova a circa 1 km dall'abitato.

Duecento ettari nella collina attraversata dal Reno, con panorami circolari dal Corno alle Scale alle distese padane. Questo il biglietto da visita di una moderna azienda zootecnica che offre soggiorni agrituristici in ampi rustici ristrutturati. A pochi chilometri il suggestivo comprensorio del Parco Storico Regionale di Monte Sole.

⬭ Camere senza servizi: 4 doppie; 2 bagni in comune - pernottamento per persona £ 45/50000, prima colazione £ 12000, pensione £ 110/130000. Camere con servizi: 1 singola, 2 doppie - pernottamento per persona £ 60/70000, prima colazione £ 12000.

⊞ Appartamenti: 1 bilocale per 2 persone, 1 di 3 locali per 4 persone, con biancheria cucina, stoviglie - affitto al giorno £ 170/240000, affitto a settimana £ 750/1000000. Deposito cauzionale 30%.

Soggiorno minimo: 2 notti. Carte di credito: CartaSi.

Note: *le camere e gli appartamenti sono dotati di biancheria per letto e per bagno; supplemento 30% per riscaldamento.*

⫘ cucina emiliana - vini locali - £ 45/65000.

Servizi e locali comuni: parcheggio, telefono, sala convegni. Sport e tempo libero: gioco bocce, ping pong, percorso vita; osservazione degli animali, visita al museo dell'azienda. Coltivazioni: cereali, ortaggi, foraggio. Allevamenti: bovini, suini, cavalli, animali di bassa corte. Prodotti in vendita: carne, uova, salumi, frutti di bosco, latte, formaggio, miele.

m 32 ✉ 47039

▌Portici

a Capanni, via Rubicone destra, II tratto 5500, tel. 0541 938143 - ettari 4 - ♿ - apertura: Pasqua-metà dicembre - 🐕 grossa taglia.

▶ Lasciare la Statale 16 all'altezza di Savignano a Mare imboccando la deviazione per Capanni; l'azienda dista poco più di un chilometro.

A un tiro di schioppo dalle più celebrate spiagge romagnole, una tranquilla contrada di campagna con un'antica casa colonica trasformata da un'abile ristrutturazione in una funzionale residenza agrituristica dotata di un buon livello di comfort.

⬭ Camere senza servizi: 1 singola, 1 a 4 letti; 1 bagno in comune - pernottamento per persona £ 51/56000, prima colazione £ 7000, pensione £ 79/89000. Camere con servizi: 5 doppie - pernottamento per persona £ 51/56000, pensione £ 79/89000.

⊞ Appartamenti: 2 bilocali per 4 persone, con stoviglie - affitto a settimana per persona £ 550/600000, supplemento per fornitura biancheria, pulizia finale e consumi. Deposito cauzionale 30%.

Soggiorno minimo: 3 giorni in camera, 1 settimana in appartamento.

Note: *le camere sono dotate di biancheria per letto e per bagno; sconto 20% per bambini fino a 6 anni.*

⛺ 5 equipaggi 🚐 5 equipaggi.

⫘ riservato agli ospiti - cucina casalinga - vini regionali di produzione propria - £ 25/40000.

Servizi e locali comuni: parcheggio, telefono, sala TV. Sport e tempo libero: piscina, ping pong; disponibilità di biciclette, guida ai lavori agricoli, visite nei dintorni, passeggiate. Coltivazioni: viti, seminativi, ortaggi. Allevamenti: animali di bassa corte. Prodotti in vendita: vino, verdura.

m 814 ✉ 43028

Ca' D'Ranier ⭐🏡

località Groppizioso 21, tel. 0521860304, fax 0521 860304 - ettari 15 - ♿ - chiusura: periodo tra gennaio e febbraio - 🐕

▶ Partendo da Parma imboccare la direttrice che conduce a Langhirano e Pastorello; raggiunta quest'ultima località, superare il ponte che si incontra sulla sinistra e seguire le indicazioni per Tizzano Val Parma e poi per Groppizioso.

In un contesto di genuina cultura contadina, si soggiorna in un rustico all'antica, a 1050 m di quota. Salendo verso il crinale si entra nel territorio del Parco Regionale dell'Alta Val Parma, ambiente di selvaggia bellezza, frequentato da poiane e dal lupo. Settimane verdi per ragazzi, previo accordi, con corsi di orientambiente, cucina naturale e manualità.

⬭ Camere con servizi: 4 doppie, 1 a 8 letti, con biancheria letto, biancheria bagno, uso lavanderia, riscaldamento centralizzato e a legna - pensione £ 80/90000. Deposito cauzionale £ 200000 per soggiorni di una settimana.

S<small>OGGIORNO MINIMO</small>: week end in bassa stagione, 1 settimana in alta stagione.
)ǀǀ cucina casalinga (paste fresche) - vini regionali - £ 35/50000.
S<small>ERVIZI E LOCALI COMUNI</small>: parcheggio, telefono. S<small>PORT E TEMPO LIBERO</small>: tiro con l'arco, ping pong; disponibilità di mountain bike, raccolta frutti di bosco, corsi di cucina, corso per la raccolta e la lavorazione delle erbe officinali, corsi di ceramica, trekking. C<small>OLTIVAZIONI</small>: ortaggi, meli, frutti di bosco.

Casa Nuova

località Casanuova 1, tel. 0521868278, fax 0521 868278 - ettari 50 - chiusura: metà gennaio-marzo - ☙ previo accordi.
▶ Da Parma dirigere verso Sud, raggiungendo e superando Langhirano; giunti a Pastorello, piegare a sinistra per Tizzano Val Parma. L'azienda si trova 2 km oltre il paese, sulla strada per Carobbio.

Da Parma si risale l'Appennino fino a questa antica casatorre, che spicca tra il verde dell'alta valle. D'inverno si scia a 10 chilometri; d'estate, oltre il passo del Lagastrello, si scende in Lunigiana per raggiungere La Spezia e la Versilia. Previo accordi, settimane verdi per ragazzi.

◄ C<small>AMERE SENZA SERVIZI</small>: 2 singole; 1 bagno in comune - pernottamento per persona £ 50/70000, pensione £ 80/90000. C<small>AMERE CON SERVIZI</small>: 2 doppie, 2 a 4/6 letti, con riscaldamento a gas - pernottamento per persona £ 50/70000, pensione £ 80/90000. Deposito cauzionale da concordare.
Note: *le camere sono dotate di biancheria per letto e per bagno.*
)ǀǀ riservato agli ospiti - cucina casalinga (lumache) - vini regionali - £ 30/40000.
S<small>ERVIZI E LOCALI COMUNI</small>: parcheggio, telefono, sala TV. S<small>PORT E TEMPO LIBERO</small>: ping pong; noleggio mountain bike, trekking. C<small>OLTIVAZIONI</small>: erbe officinali, frutti di bosco. A<small>LLEVAMENTI</small>: pollame, api, lumache. P<small>RODOTTI IN VENDITA</small>: uova, liquori della casa, marmellate, miele, erbe officinali.

Torriana (RN)
m 337 ✉ 47825

Il Pomo Reale

via delle Fontane, tel. 0541675127, fax 0541675127 - ettari 15 - ♿ - chiusura: periodo tra gennaio e febbraio - ✂ grossa taglia.

▶ Lasciare la A14 al casello Rimini Nord, raggiungere e superare Santarcangelo di Romagna proseguendo verso Sud fino a Torriana; l'azienda è al margine Sud-Est dell'abitato.

Si soggiorna in modo più che confortevole nella frescura della val Marecchia, a metà strada tra le mondanità adriatiche e le suggestioni medievali del Montefeltro. I titolari riassumono nella triade «quiete, cortesia, buona tavola» gli elementi vincenti del soggiorno.

◄ C<small>AMERE CON SERVIZI</small>: 7 doppie, con biancheria letto, biancheria bagno, riscaldamento, televisore - pernottamento per persona £ 40/60000, pensione £ 75/80000.
)ǀǀ cucina della tradizione (primi piatti) - vini regionali di produzione propria - £ 20/40000.
S<small>ERVIZI E LOCALI COMUNI</small>: parcheggio, telefono, sala TV, sala lettura. S<small>PORT E TEMPO LIBERO</small>: guida ai lavori agricoli, visite nei dintorni. C<small>OLTIVAZIONI</small>: viti, frumento, grano, orzo, ortaggi, alberi da frutta, foraggio. A<small>LLEVAMENTI</small>: bovini, pollame, conigli, piccioni.

Verùcchio (RN)
m 300 ✉ 47826

Le Case Rosse

a Villa Verucchio, via Tenuta Amalia 141, tel. 0541 678123, fax 0541678876 - ettari 170 - ♿ - chiusura: metà gennaio-febbraio - ✂ grossa taglia.
▶ Percorrere la Statale 258 sino a Villa Verucchio; all'inizio della frazione seguire sulla destra la via Tenuta Amalia per circa 2 km.

Nella valle del Marecchia, un casale di fine Ottocento ristrutturato con rigore e arredato con mobili d'epoca. Bella atmosfera contadina e camere confortevoli. Nella vasta tenuta, tre ristoranti (specializzati rispettivamente in carne, pesce e volatili) e un campo da golf.

◄ C<small>AMERE CON SERVIZI</small>: 5 doppie, 1 a 3 letti, con biancheria letto, biancheria bagno, telefono, televisore - pernottamento per persona £ 60/70000.
C<small>ARTE DI CREDITO</small>: Diner's Club, Visa.
Note: *possibilità di soggiorno in una casa per 6 persone a £ 250/300000 al giorno.*
S<small>ERVIZI E LOCALI COMUNI</small>: telefono, sala TV, sala lettura. S<small>PORT E TEMPO LIBERO</small>: ping pong, maneggio; disponibilità di mountain bike. C<small>OLTIVAZIONI</small>: viti, cereali, alberi da frutta. P<small>RODOTTI IN VENDITA</small>: vino, marmellate.

TOSCANA
CULLA DEL TURISMO VERDE

Una regione pioniera, dove l'agriturismo viene considerato non solo un'attività remunerativa ma anche un'importante risorsa per la tutela e lo sviluppo dell'ambiente rurale.

L'immagine più nota che la Toscana dà di sé è quella delle ondulate campagne disegnate dai poderi, dalle macchie spontanee dei luoghi più impervi e dai filari di cipressi che accompagnano le strade ai casali. Non è l'unico paesaggio, giacché si dovrebbe parlare anche della ruvida Maremma, del boscoso Casentino e di altro, ma è certamente il più diffuso. Perno di questo paesaggio è il casale, che sorge isolato in mezzo ai coltivi, stagliato sulla cresta di un colle. Diretto discendente delle fattorie fortificate del primo Medioevo, ha mantenuto questo carattere genetico nella forma squadrata e compatta, con mura spesse e piccole finestre, le cantine e i magazzini al pian terreno, l'alloggio a quello superiore, collegato all'aia da una scala esterna. Abbandonate in seguito al tramonto della mezzadria, molte costruzioni del genere sono state recuperate all'agriturismo per mano di antichi e nuovi padroni. Impresa di cui è facile pronosticare il successo, visto il supporto di un paesaggio agrario di grande suggestione e l'attrattiva del patrimonio artistico regionale.

UFFICI TURISTICI

■ AREZZO
piazza della Repubblica 28,
tel. 0575377678
Bibbiena
via Berni 25,
tel. 0575593098
Cortona
via Nazionale 42,
tel. 0575630352
Sansepolcro
piazza Garibaldi 2,
tel. 0575740536

■ FIRENZE
via Cavour 1r,
tel. 055290832
Borgo San Lorenzo
via O. Bandini 6,
tel. 0558458793
Fiesole
piazza Mino 36,
tel. 055598720

■ GROSSETO
via R. Fucini 43/C,
tel. 0564414303
Castiglione della Pescaia
piazza Garibaldi 1,
tel. 0564933678
Follonica
via Giacomelli 11,
tel. 056652012
Orbetello
piazza della Repubblica 3,
tel. 0564860447

UN GRANDE SCENARIO DI NATURA E ARTE

Dal dettaglio non è difficile passare all'immagine globale di una regione estesa quasi quanto la Lombardia, ma molto meno abitata, tre milioni e mezzo di abitanti distribuiti su un'area in gran parte collinare (67%) o montana (25%) con le sole zone pianeggianti di rilievo lungo il basso corso dell'Arno e in val di Chiana. Nonostante i grandi cambiamenti la regione presenta ancora un panorama agrario parcellizzato in una miriade di poderi a livello familiare, cosa che favorisce l'ospitalità rurale più genuina. Solo in alcuni casi si registra una concentrazione della proprietà con la formazione di aziende estese su migliaia di ettari, peraltro protagoniste di un agriturismo 'alberghiero' che ha permesso il recupero di intere contrade abbandonate. Dei motivi che possono indurre il viaggiatore a una sosta nelle campagne toscane, quelli legati al patrimonio artistico sono quasi ovvi: troppo vasto e variegato perché lo si possa descrivere con poche parole. L'unico aggettivo che si può spendere in questa sede è inimmaginabile. La Toscana è un museo diffuso che cela piccoli e grandi tesori anche nelle pievi più sperdute. Ovunque si poggi lo sguardo vi sono testimonianze del passato che altrove sarebbero incensate con grandi parole, mentre qui sono solo complemento del paesaggio. Che dire in poche righe delle città? Firenze in testa, poi Siena, Pisa, Lucca e tante altre sono un condensato d'arte e cultura che non ha uguali al mondo, rassegna di piazze di bellezza pittorica, disegno di vie lastricate di storia. Mancava solo di poter godere delle loro campagne e oggi, sbocciato l'agriturismo, anche questo è possibile.

Sopra, una ceramica delle rinomate manifatture toscane.

Sotto, nel contado di Rignano una torre svetta sul mosso paesaggio a vigne, arativi e incolti.

UFFICI TURISTICI

▌GROSSETO
Porto Santo Stefano
corso Umberto 55/A,
tel. 0564814208

▌LIVORNO
piazza Cavour 6,
tel. 0586898111
Portoferraio
calata Italia 26,
tel. 0565914671
San Vincenzo
via B. Alliata,
tel. 0565701533

▌LUCCA
Vecchia Porta San Donato,
piazzale Verdi,
tel. 0583419689
Forte dei Marmi
via Franceschi 8/B,
tel. 058480091
Lido di Camaiore
viale Colombo 342,
tel. 0584617397
Marina di Pietrasanta
via Donizetti 14,
tel. 058420331
Viareggio
viale G. Carducci 10,
tel. 0584962233

▌MASSA
a Marina di Massa,
viale Vespucci 24,
tel. 0585240063

LA PIÙ DIFFUSA E RICCA OFFERTA AGRITURISTICA

Padroni dello scenario agricolo toscano sono l'olivo e la vite. Il primo è coltivato soprattutto in collina, dove gode di condizioni che portano a una produzione di altissima qualità, recentemente riunita sotto la denominazione «Olio d'Oliva toscano» (Dop). Lo stesso dicasi per il vigneto, che dà origine a una rassegna enologica eccezionale per varietà e picchi di eccellenza. Tra i vini si contano 35 Doc delle quali ben 6 Docg, vale a dire «Brunello di Montalcino», «Carmignano», «Chianti» e «Chianti Classico», «Vernaccia di San Gimignano», «Vino nobile di Montepulciano». Altra immagine imprescindibile alla campagna Toscana è quella delle vacche maremmane, dalle lunghe corna a lira, e delle maestose bestie di razza Chianina, principale risorsa per una delle glorie gastronomiche locali: la costata alla fiorentina. Oltre alla carne bovina, riunita sotto la denominazione «Vitellone bianco Appennino Centrale» (Igp), l'allevamento offre alla tavola il gagliardo «Prosciutto toscano» (Dop) e il «Pecorino toscano» (Dop), figlio delle distese aromatiche delle Crete Senesi. Nei ranghi d'eccellenza anche un cereale d'antica virtù, il «Farro della Garfagnana» (Igp) e un prodotto del bosco, il «Marrone del Mugello» (Igp), che insieme a funghi e selvaggina, cinghiale in primo luogo, ricorda quanto la tavola toscana sia debitrice degli ambienti più rustici.

UFFICI TURISTICI

▮ MASSA
Marina di Carrara,
piazza Menconi 6,
tel. 0585632519

▮ PISA
via C. Cammeo 2,
tel. 050560464
Casciana Terme
via Cavour 9,
tel. 0587646258
Volterra
piazza dei Priori 20,
tel. 058887257

▮ PISTOIA
piazza Duomo 4,
tel. 057321622
Abetone
piazzale delle Piramidi 525,
tel. 057360231
Montecatini Terme
viale Verdi 66,
tel. 0572772244

▮ PRATO
piazza Santa Maria
delle Carceri 15,
tel. 057424112

▮ SIENA
piazza del Campo 56,
tel. 0577280551
Chianciano Terme
piazza Italia 67,
tel. 057863648

Parchi, oasi e 'strade' per scoprire la Toscana verde

La Toscana protegge ambiti naturalistici di valore eccezionale a partire dal Parco Nazionale delle Foreste Casentinesi, esteso ai crinali appenninici abitati da cervi e lupi, mentre il suo analogo nell'Arcipelago Toscano comprende non solo la parte emersa delle isole tirreniche ma anche fondali di grande varietà biologica. Viene poi un articolato complesso di parchi e riserve che vanno dal comprensorio delle Alpi Apuane alle zone umide del Parco della Maremma e alle storiche Oasi Wwf del Lago di Burano e della Laguna di Orbetello. Nonostante queste splendide realtà le statistiche parlano di una bassa percentuale di terreno protetto, ma è confortante constatare che la qualità ambientale della regione è superiore a quella di tanti altri territori sulla carta più tutelati: campagne integre, frequenti inserti di vegetazione naturale, più in generale una cultura legata alla terra e di questa sostanzialmente rispettosa. A tutela del paesaggio agrario viene l'intelligente iniziativa delle Strade del Vino, promosse dalla Regione: finora nove, più che semplici tracciati viari devono essere considerate come un sistema integrato di iniziative turistiche che coinvolge produttori e amministrazioni a beneficio della conservazione e del più sano sviluppo dell'ambiente rurale.

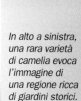

In alto a sinistra, una rara varietà di camelia evoca l'immagine di una regione ricca di giardini storici.

In alto a destra, l'emblema delle Strade del Vino della Toscana.

Qui a fianco, le campagne del Chianti viste dagli spalti di uno dei castelli che lo punteggiano.

Associazioni di categoria

▮ AGRITURIST
Firenze
Sede Regionale,
piazza S. Firenze 3,
tel. 055287838

▮ TERRANOSTRA
Firenze
Sede Regionale,
via dei Magazzini 2,
tel. 055280539

▮ TURISMO VERDE
Firenze
Sede Regionale,
via Verdi 5,
tel. 0552344925

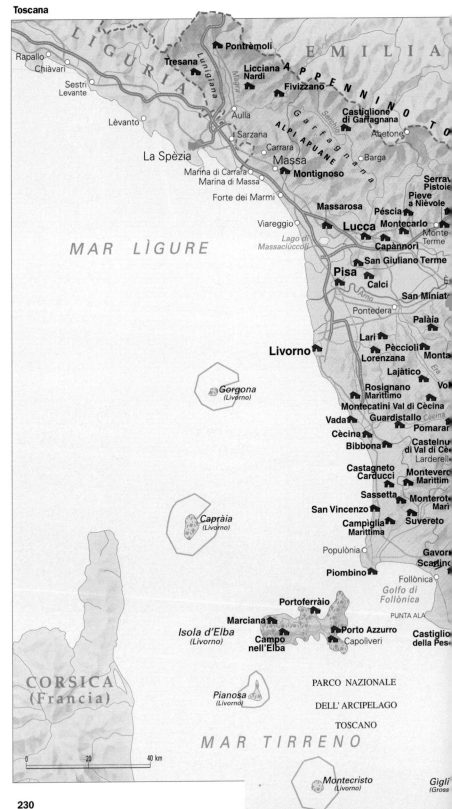

Toscana

LIGURIA

Rapallo
Chiàvari
Sestri
Levante
Lèvanto

MAR LÌGURE

EMILIA

Pontrèmoli
Tresana
Licciana
Nardi
Fivizzano
Lunigiana
Aulla
Sarzana
Carrara
La Spèzia
Marina di Carrara
Marina di Massa
Forte dei Marmi
Massa
Montignoso

ALPI APUANE

Castiglione
di Garfagnana
Abetone
Barga

Garfagnana

APPENNINO TO

Serra
Pistoie
Pieve
a Nièvole
Massarosa
Péscia
Montecarlo
Monte
Terme

Viareggio
Lago di
Massaciùccoli

Lucca
Capànnori

San Giuliano Terme
Pisa
Calci
San Miniat
Pontedera
Palàia
Lari
Pèccioli
Lorenzana
Monta
Lajàtico
Rosignano
Marittimo
Montecatini Val di Cècina
Vada
Guardistallo
Cècina
Pomarar
Castelnu
di Val di Cè
Larderell
Montever
Marittim
Sassetta
Monterot
Marì
San Vincenzo
Campiglia
Marittima
Suvereto
Populònia
Gavor
Scarlin
Piombino
Follònica
Golfo di
Follònica
PUNTA ALA

Livorno

Gorgona
(Livorno)

Capràia
(Livorno)

Bibbona
Castagneto
Carducci

Vo

Cècina

Era

Vada

Portoferràio
Marciana
Isola d'Elba
(Livorno)
Campo
nell'Elba
Porto Azzurro
Capoliveri
Castiglio
della Pes

CORSICA
(Francia)

Pianosa
(Livorno)

PARCO NAZIONALE
DELL' ARCIPELAGO
TOSCANO

MAR TIRRENO

0   20   40 km

Montecristo
(Livorno)

Gigli
(Gross

230

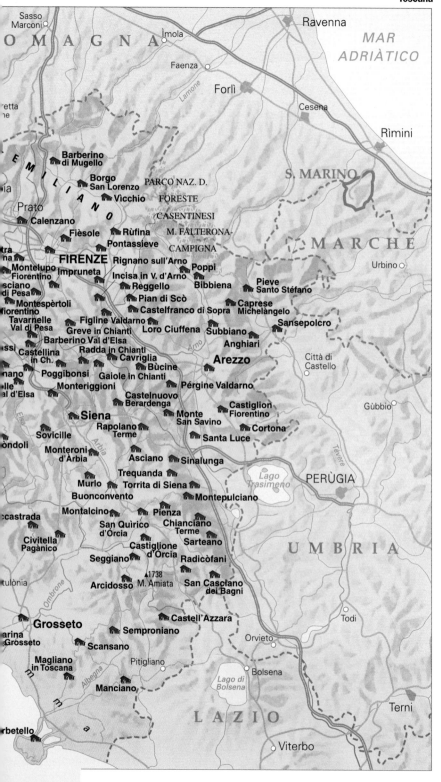

MAR
ADRIÀTICO

Sasso
Marconi
Imola
Ravenna

R O M A G N A

Faenza

Forlì

Cesena

Rìmini

retta
ne

E M I L I A N O

Barberino
di Mugello

Borgo
San Lorenzo   PARCO NAZ. D.

S. MARINO

ia

Vicchio   FORESTE

Prato

Calenzano   CASENTINESI

M A R C H E

Fièsole   Rùfina   M. FALTERONA-

Pontassieve   CAMPIGNA

Urbino

tra
na   FIRENZE   Rignano sull'Arno

Montelupo
Fiorentino Impruneta   Poppi

sciano
di Pesa   Incisa in V. d'Arno

Reggello   Bibbiena   Pieve
Santo Stéfano

Montespèrtoli
fiorentino   Pian di Scò

Tavarnelle
Val di Pesa   Castelfranco di Sopra   Caprese
Michelàngelo

Figline Valdarno

Greve in Chianti   Loro Ciuffenna   Subbiano   Sansepolcro

Barberino Val d'Elsa

ssi   Castellina   Radda in Chianti   Anghiari

in Ch.   Cavriglia

Arezzo   Città di
Castello

nano   Poggibonsi   Gaiole in Chianti   Bùcine

lle
al d'Elsa   Monteriggioni   Pérgine Valdarno

Castelnuovo
Berardenga   Castiglion
Fiorentino   Gùbbio

Siena   Monte
San Savino   Cortona

Rapolano
Sovicille   Terme   Santa Luce

òndoli

Monteroni
d'Àrbia   Asciano   Sinalunga

Trequanda

Murlo   Torrita di Siena

PERÙGIA
Lago
Trasimeno

Buonconvento   Montepulciano

ccastrada   Montalcino   Pienza

San Quìrico   Chianciano
d'Orcia   Terme

Civitella
Pagànico   Castiglione   Sarteano
d'Orcia

Seggiano   Radicòfani   U M B R I A

▲1738

tulònia   Arcidosso   M. Amiata   San Casciano
dei Bagni

Todi

Grosseto   Castell'Azzara

arina   Semproniano
Grosseto

Scansano   Orvieto

Magliano
in Toscana   Pitigliano

Bolsena

Manciano   Lago di
Bolsena

Terni

L A Z I O

rbetello

Viterbo

Giannutri
(Grosseto)

Anghiari (AR)

m 429 ✉ 52031

Ca' del Viva

a Scheggia, via Ca' del Viva 63, tel. 0575749171, fax 0575749171 - ettari 80 - ♿ - chiusura: sempre aperto - ❧
▶ Da Arezzo procedere sulla Statale 71 per circa 7 km, poi prendere a destra per Anghiari; al valico della Scheggia, svoltare a destra e proseguire per altri 5 km su strada in gran parte non asfaltata.

Posizione di crinale con vista simultanea sui bacini dell'Arno e del Tevere. Il complesso, tra boschi e campi coltivati, è composto dalla casa padronale e da due rustici in pietra, riservati agli ospiti. Relax e bagni di sole sulle rive del vicino laghetto. Colture biologiche.

⊞ APPARTAMENTI: 1 bilocale per 2 persone, 2 di più locali per 4/6 persone, con biancheria letto, stoviglie, riscaldamento centralizzato, caminetto - affitto al giorno £ 95/185000, affitto a settimana £ 610/980000; supplemento per fornitura biancheria £ 15000 per persona. Deposito cauzionale £ 300000.
SOGGIORNO MINIMO: 4 notti.
SERVIZI E LOCALI COMUNI: parcheggio, telefono. SPORT E TEMPO LIBERO: passeggiate. COLTIVAZIONI: olivi, bosco, cereali, grano, girasoli. PRODOTTI IN VENDITA: olio extravergine d'oliva.

Arcidosso (GR)

m 679 ✉ 58031

I Rondinelli

a Zancona, località Rondinelli, tel. 0564968168, fax 0564968168 - ettari 100 - ♿ - chiusura: sempre aperto.
▶ Da Arcidosso si raggiunge Zancona con 4 km; da qui, deviazione a sinistra di circa un chilometro seguendo la segnaletica dell'azienda.

Si soggiorna all'ombra dei castagni dell'Amiata, in un casale ottocentesco recentemente convertito al turismo rurale. Camere di singolare ampiezza, arredate con mobili in stile. Atmosfera familiare. A un paio di chilometri il Parco Naturale del Monte Amiata.

🛏 CAMERE CON SERVIZI: 8 doppie, con biancheria letto, biancheria bagno, riscaldamento centralizzato, televisore - pernottamento per persona £ 60000, prima co-

lazione £ 10000, pensione £ 120000. Deposito cauzionale da concordare alla prenotazione.
SOGGIORNO MINIMO: 3 giorni.
🍴 cucina toscana (selvaggina) - vini locali di produzione propria - £ 30/45000.
SERVIZI E LOCALI COMUNI: parcheggio, telefono, taverna.
SPORT E TEMPO LIBERO: gioco bocce, maneggio; percorsi per mountain bike. COLTIVAZIONI: olivi, viti, cereali. ALLEVAMENTI: bovini, ovini, cavalli. PRODOTTI IN VENDITA: vino, grappa, olio, castagne.

Arezzo

m 296 ✉ 52100

Albergotti ⭐🔷

località Ceciliano 78, tel. 0575320017 oppure 0575 20978 - ettari 60 - chiusura: sempre aperto - ✖
▶ Da Arezzo Statale 71 per 3 km verso Poppi, poi brevissima deviazione a sinistra per Ceciliano.

Il soggiorno agrituristico è ambientato nelle case coloniche ristrutturate che fanno corona a una notevole villa della fine del Cinquecento. Poco distante scorre l'Arno che reca ancora con sé gli echi del non lontano Casentino, fascinosa terra di foreste, cervi e lupi.

⊞ APPARTAMENTI: 5 di varia metratura per 4/5 persone, con biancheria letto, stoviglie, riscaldamento - affitto a settimana £ 600/900000, riscaldamento £ 10000 al giorno. Deposito cauzionale £ 200000.
SOGGIORNO MINIMO: 1 settimana.
SERVIZI E LOCALI COMUNI: parcheggio, telefono. SPORT E TEMPO LIBERO: ping pong; guida ai lavori agricoli, visite nei dintorni. COLTIVAZIONI: olivi, viti, bosco, cereali, girasoli. PRODOTTI IN VENDITA: vino, olio.

Badia Ficarolo ⭐🔷

località Palazzo del Pero 57, tel. 0575369320, fax 0575 369320 - ettari 120 - chiusura: sempre aperto - ❧ previo accordi.
▶ Da Arezzo si raggiunge e si percorre la Statale 73 in direzione di Sansepolcro; dopo 12 km si arriva a Palazzo del Pero.

I ruderi di un'abbazia benedettina sono l'impareggiabile tocco romantico a un luogo già fortunato di suo, panoramico colle circondato dal bosco. Vi sale gente d'animo puro per soggiornare in un casale di pietra diligentemente restaurato.

CAMERE CON SERVIZI: 1 doppia, 1 a più letti - pernottamento per persona £ 45/65000.

APPARTAMENTI: 1 monolocale per 3 persone, 3 bilocali per 4 persone, 2 di 3/4 locali per 4/7 persone, con stoviglie, riscaldamento a gas liquido - affitto al giorno £ 120/305000, affitto a settimana £ 700/1800000, supplemento per pulizia finale £ 50/100000. SOGGIORNO MINIMO: 2 notti.

Note: *le camere e gli appartamenti sono dotati di biancheria per letto e per bagno.*

SPORT E TEMPO LIBERO: percorsi per mountain bike, passeggiate, trekking. COLTIVAZIONI: bosco, girasoli, castagni, foraggio. ALLEVAMENTI: caprini. PRODOTTI IN VENDITA: castagne.

La Fabbrica

a Santa Maria alla Rassinata, tel. 0575319012 - ettari 25 - chiusura: sempre aperto.
▶ Da Arezzo dirigere verso Città di Castello; giunti a Palazzo del Pero, sulla Statale 73, deviare a destra: in tutto sono 25 km da Arezzo.

Si villeggia in alta collina, tra querce e castagni in un'imponente casa padronale del Settecento. Pavimenti in cotto, travi a vista e qualche bel mobile d'arte povera danno un che di rustico alla ristrutturazione degli interni. Molto ampia la varietà degli orizzonti escursionistici, anche per la vicinanza del confine umbro.

APPARTAMENTI: 1 bilocale per 4 persone, 1 di più locali per 6 persone, con biancheria letto, biancheria bagno, biancheria cucina, stoviglie, riscaldamento autonomo - affitto al giorno £ 80/120000.

SPORT E TEMPO LIBERO: passeggiate. COLTIVAZIONI: olivi, viti, bosco, cereali, ortaggi, castagni. ALLEVAMENTI: pollame, conigli. PRODOTTI IN VENDITA: pollame, uova, castagne, marmellate, miele.

Magnanini Massimo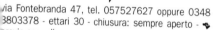

via Fontebranda 47, tel. 057527627 oppure 0348 3803378 - ettari 30 - chiusura: sempre aperto -
▶ Partendo dal centro città guadagnare la circonvallazione settentrionale e percorrere un paio di chilometri verso San Polo, in direzione Nord-Est.

Ai piedi dell'Alpe di Poti, a contatto con ombrose estensioni di querce e pini, si viene ospitati negli appartamenti ritagliati con razionalità da un vecchio cascinale. Il cotto dei rivestimenti e le travature restano a ricordo delle origini contadine.

APPARTAMENTI: 1 monolocale per 2 persone, 2 bilocali per 4 persone, con biancheria letto, biancheria bagno, biancheria cucina, stoviglie, riscaldamento autonomo, televisore - affitto al giorno £ 100/200000, pulizia £ 50000 a settimana. Deposito cauzionale 30%.

SERVIZI E LOCALI COMUNI: parcheggio. COLTIVAZIONI: olivi, viti, cereali. PRODOTTI IN VENDITA: vino, olio, miele.

Asciano (SI)

m 200 ✉ 53041

Podere Scurcoli

località Case Sparse, tel. 0444695209 (informazioni 0444695209), fax 0444695209 - ettari 72 - chiusura: sempre aperto -
▶ Da Siena seguire la Statale 326, in direzione lago Trasimeno, fino a Rapolano Terme; quindi deviare a destra percorrendo circa 3 km verso Asciano, poi superare una fornace abbandonata; subito dopo si trova la segnaletica per l'azienda.

Trattasi di due casolari in pietra dalle antiche vicende, adagiati con i loro annessi rustici su un poggio. Entrambi sono stati recentemente rinnovati e dispongono di ampi spazi per starsene all'aria aperta.

APPARTAMENTI: 3 di varia metratura e disposizione per 3/5/10 persone, con biancheria letto, biancheria bagno, biancheria cucina, stoviglie, riscaldamento a gas, televisore - affitto a settimana £ 650/2800000, riscaldamento £ 1000 al metro cubo, supplemento per pulizia finale £ 20000 per persona. Deposito cauzionale £ 300/400000 alla prenotazione. SOGGIORNO MINIMO: 3/7 giorni.

SERVIZI E LOCALI COMUNI: parcheggio. SPORT E TEMPO LIBERO: piscina, ping pong; pesca. COLTIVAZIONI: cereali.

Tenuta di Monte Sante Marie

località Monte Sante Marie, tel. 0577700020, fax 0577 700020 - ettari 230 - chiusura: sempre aperto - previo accordi.
▶ Abbandonare la direttrice Siena-Perugia dopo circa 16 km, deviando verso Torre a Castello (2 km) e Monte Sante Marie (altri 6 km su strada sterrata); accesso anche da Bettolle per chi proviene dalla A1.

L'agriturismo trova spazio nelle case coloniche ristrutturate ad arte di un antico borgo medievale, di proprietà privata. L'ambiente che lo circonda è una vera e propria miniera di ispirazioni per appassionati di fotografia. Piscina per bambini e corsi di cucina, fotografia, affresco e calligrafia. In allestimento tre nuove camere.

⊞ APPARTAMENTI: 2 monolocali per 2/3 persone, 3 bilocali per 5 persone, 1 di 3 locali per 6 persone, con biancheria letto, biancheria cucina, stoviglie, lavatrice, riscaldamento centralizzato o autonomo - affitto al giorno £ 100/300000, servizio lavanderia a pagamento. Deposito cauzionale £ 300000.
SOGGIORNO MINIMO: 2 notti.
❱❙❘ riservato agli ospiti - cucina toscana (zuppe) - vini locali - £ 50000.
SERVIZI E LOCALI COMUNI: parcheggio, telefono, sala TV, solarium. SPORT E TEMPO LIBERO: maneggio; visite nei dintorni, passeggiate naturalistiche. COLTIVAZIONI: olivi, bosco, grano, girasoli, tartufi. PRODOTTI IN VENDITA: vinsanto, olio extravergine d'oliva, conserve.

Barberino di Mugello (FI)

m 270 ⊠ 50031

Poggio di Sotto

a Galliano, via di Galliano 17/A, tel. 0558428447, fax 0558428449 - ettari 1200 - ♿ - chiusura: gennaio-febbraio - ❧ previo accordi.
▶ Dall'uscita Barberino della A1 proseguire verso Borgo San Lorenzo; dopo circa 7 km, deviare a sinistra all'indicazione per Galliano: ancora 2,5 km, poi si arriva in azienda, prima di entrare in paese.

All'interno di una vastissima fattoria, si soggiorna in una ridente casa colonica allietata da portici e logge. La posizione è panoramica e l'allestimento interno di tutto comfort, con arredi in stile. Settimane verdi per gruppi di ragazzi in marzo-giugno e ottobre-dicembre.

🛏 CAMERE CON SERVIZI: 9 doppie, con biancheria letto, biancheria bagno, riscaldamento, telefono, televisore - pernottamento per persona £ 75/82500, mezza pensione £ 90/100000, supplemento per fornitura biancheria £ 8000, letto aggiunto £ 30000 a notte.
CARTE DI CREDITO: American Express, Visa, Mastercard.
❱❙❘ cucina della tradizione locale (prenotare) - vini regionali - £ 30/45000.
SERVIZI E LOCALI COMUNI: parcheggio, telefono, sala TV, sala lettura, taverna. SPORT E TEMPO LIBERO: noleggio mountain bike, visite nei dintorni, trekking. COLTIVAZIONI: cereali. ALLEVAMENTI: bovini, fagiani. PRODOTTI IN VENDITA: vino, olio, formaggio, miele.

Barberino Val d'Elsa (FI)

m 373 ⊠ 50021

La Spinosa

via Le Masse 8, tel. 0558075413 oppure 055 8075744, fax 0558066214 - ettari 70 - ♿ - apertura: metà marzo-metà novembre - ❧ piccola taglia.
▶ Siamo sulla Via Cassia, con Firenze alle spalle e Siena di fronte; prima e dopo Barberino Val d'Elsa, si trovano le indicazioni per raggiungere l'azienda.

Ospitalità presso due case coloniche seicentesche situate al centro di una valle chiantigiana di oltre cento ettari, dove si pratica agricoltura biologica. Interni ristrutturati ad arte; all'esterno un ampio giardino con prato all'inglese e attrezzature ricreative. Si organizzano settimane verdi per ragazzi.

🛏 CAMERE CON SERVIZI: 5 doppie, 4 suites, con biancheria letto, biancheria bagno, riscaldamento autonomo - pernottamento per persona £ 115/135000, mezza pensione £ 160/180000, bambini fino a 2 anni gratis, da 3 a 8 anni sconto 25%, oltre gli 8 anni sconto 15%; riduzioni per lunghi soggiorni. Deposito cauzionale 30%.
SOGGIORNO MINIMO: 3 notti. CARTE DI CREDITO: CartaSi.
❱❙❘ riservato agli ospiti - cucina del territorio (piatti della tradizione) - vini regionali di produzione propria - £ 55000.
SERVIZI E LOCALI COMUNI: parcheggio, telefono, bar, sala lettura, sala da gioco, salotto per musica. SPORT E TEMPO LIBERO: piscina, campo da tennis, gioco bocce, tiro con l'arco; trekking. COLTIVAZIONI: olivi, viti, cereali, ortaggi, alberi da frutta, pascolo. ALLEVAMENTI: ovini, cavalli. PRODOTTI IN VENDITA: vino, spumante, grappa, olio extravergine d'oliva, confetture, miele, fiori essiccati.

Bibbiena (AR)

m 425 ⊠ 52011

Casale Camalda

a Serravalle, località Castagnoli 33, tel. 0575519104, fax 0575519104 - ettari 5 - chiusura: Natale - ❧
▶ Da Firenze dirigersi a Pontassieve; da qui Statale 70 in direzione di Poppi fino a Bibbiena, poi Statale 71 verso Serravalle; in corrispondenza del km 188 imboccare la deviazione per Castagnoli e seguire la strada ghiaiata che, con circa un paio di chilometri, conduce in azienda.

Tra boschi e torrenti del Parco Nazionale delle Foreste Casentinesi, un podere che fu possedimento del non lontano monastero di Camaldoli. Oggi vi si pratica l'agricoltura biologica ed Ennio, di professione guida escursionistica, regala una bottiglia di quello buono a chiunque si presenti declamando a memoria una poesia dai Canti Orfici di Dino Campana. Detto questo...

⊞ APPARTAMENTI: 2 bilocali per 6 persone, con biancheria letto, biancheria bagno, biancheria cucina, stoviglie, riscaldamento autonomo, televisore a richiesta - affitto al giorno £ 85/200000, affitto a settimana £ 500/1350000; riduzioni per bambini e per scritti ad associazioni ambientaliste.
SOGGIORNO MINIMO: 2 notti.
SERVIZI E LOCALI COMUNI: parcheggio, sala lettura. SPORT E TEMPO LIBERO: noleggio mountain bike, guida ai lavori agricoli, corsi di educazione ambientale, corsi di lingua italiana per stranieri, visite guidate, escursioni, trekking, passeggiate naturalistiche. COLTIVAZIONI: orzo, patate, alberi da frutta, prodotti biologici.

Fattoria di Marena

località Marena, tel. 0575593655, fax 0575593655 - ettari 100 - chiusura: sempre aperto - ⚡ salvo accordi.
▶ Da Bibbiena seguire le indicazioni per l'ospedale e La Verna; lasciata la città alta, imboccare il bivio a sinistra per Soci e percorrere circa mezzo chilometro, quindi svoltare a destra e raggiungere Marena.

Al confine del Parco Nazionale delle Foreste Casentinesi si trova questa grande tenuta a bosco, pascolo e seminativo dove vengono allevati bovini di razza chianina. Al centro, come da tradizione, la casa padronale con parco, affiancata da rustici di cui alcuni ristrutturati e destinati all'ospitalità. Corsi di equitazione per bambini e ragazzi con istruttrice Ante.

⊞ APPARTAMENTI: 1 bilocale per 2 persone, 8 di varia metratura e disposizione per 4/6 persone, con stoviglie, riscaldamento centralizzato, tavolo e sedie per giardino - affitto al giorno £ 100/225000, affitto a settimana £ 600/1350000; biancheria a settimana per persona: lenzuola £ 12000, completa £ 20000. Deposito cauzionale 30% alla prenotazione.
SOGGIORNO MINIMO: week end.
SERVIZI E LOCALI COMUNI: parcheggio, solarium. SPORT E TEMPO LIBERO: piscina, maneggio, ricovero cavalli; noleggio mountain bike, corsi di equitazione, visite nei dintorni. COLTIVAZIONI: bosco, granoturco, frumento, girasoli, foraggio, pascolo. ALLEVAMENTI: bovini.

Bibbona (LI)

m 80 ⊠ 57020

Villa Caprareccia

via Bolgherese 4, tel. 0586670128, fax 0586677483 - ettari 32 - ⚡ - chiusura: metà gennaio-metà marzo - ⚡
▶ Lasciare la superstrada Livorno-Civitavecchia allo svincolo California e raggiungere Bibbona dopo 5 km sulla direttrice per Volterra; giunti in paese, proseguire per 1 km verso Bolgheri.

Si soggiorna in un'azienda a conduzione familiare, dunque ambiente alla mano e genuinamente contadino. In alternativa alla spiaggia, che è a soli 6 km, escursioni nella vicina Riserva della Macchia della Magona o gite nei borghi maremmani.

⚲ CAMERE CON SERVIZI: 3 doppie, 3 a 3/4 letti, con biancheria letto, biancheria bagno, riscaldamento autonomo - pernottamento per persona £ 45000, mezza pensione £ 70000; pernottamento £ 30000 e mezza pensione £ 42000 per bambini fino a 12 anni.
SOGGIORNO MINIMO: 3 giorni.
⚠ 2 equipaggi 🚐 2 equipaggi.
🍴 cucina toscana (paste fresche) - vini di produzione propria - £ 25/38000.
SERVIZI E LOCALI COMUNI: parcheggio, telefono, sala TV, giochi bimbi. SPORT E TEMPO LIBERO: piscina, ping pong; noleggio mountain bike, guida ai lavori agricoli, visite nei dintorni. COLTIVAZIONI: olivi, viti, ortaggi, alberi da frutta. ALLEVAMENTI: pollame, conigli, piccioni. PRODOTTI IN VENDITA: vino, olio extravergine d'oliva, frutta, conserve.

Borgo San Lorenzo (FI)

m 193 ⊠ 50032

Collefertile

località La Sughera-Montegiovi, via Arliano 37, tel. 055 8495201 oppure 055570634, fax 0558490154 - ettari 400 - ⚡ - chiusura: febbraio - ⚡
▶ Da Firenze raggiungere Borgo San Lorenzo tramite Statale 302 (28,5 km); da qui dirigersi verso Sagginale e superarla; dopo 3 km circa voltare a destra per Cristio e Campestri; superata Campestri, prima di arrivare ad Arliano, prendere la deviazione a sinistra per Collefertile e seguire la segnaletica.

Nel cuore del Mugello, una grande tenuta d'alta collina con un notevole complesso agrituristico. Nella cosiddetta "locanda", atmosfera rustica ma anche ogni comfort; in "trattoria", griglia, girarrosto e forno a legna. Nei boschi della tenuta caccia e pesca in riserva. Per una gita, le ville medicee o le cantine del Chianti Rufina, senza dire di Firenze a 35 chilometri.

CAMERE SENZA SERVIZI: 1 doppia; 1 bagno in comune - pernottamento per persona £ 85/120000. CAMERE CON SERVIZI: 10 doppie - pernottamento per persona £ 90/150000. Deposito cauzionale 25%.
SOGGIORNO MINIMO: 3 notti. CARTE DI CREDITO: tutte.
Note: *le camere sono dotate di biancheria per letto e per bagno, telefono, televisore satellitare, frigobar e riscaldamento centralizzato; sconto 10% per soggiorni superiori a una settimana; bambini fino a 3 anni gratis, da 4 a 12 anni sconto 20%.*
cucina toscana (paste fresche, salumi, dolci) - vini regionali - £ 50000.
SERVIZI E LOCALI COMUNI: parcheggio, telefono. SPORT E TEMPO LIBERO: piscina, campo da tennis, campo di calcetto; disponibilità di mountain bike, osservazione degli animali, corsi di cucina, pesca, passeggiate a cavallo, corsi di equitazione, visite nei dintorni, passeggiate nel bosco. COLTIVAZIONI: cereali, castagni, foraggio, tartufi. ALLEVAMENTI: bovini.

La Topaia ★ Tci

via San Giovanni Maggiore 57, tel. 0558408741, fax 0558408741 - ettari 36 - ♿ - chiusura: sempre aperto - ☜

▶ Lasciare Borgo San Lorenzo alle spalle e percorrere circa 3 km della Statale 302 che conduce a Faenza; non raggiungere la città, ma imboccare la deviazione a sinistra per San Giovanni Maggiore.

Nome ingeneroso per una struttura agrituristica che bene impressiona per ordine e pulizia: un prato soleggiato si stende davanti alla casa, alle finestre fioriture di gerani, una tettoia e un ombrellone di tela evocano tavolate e ozi estivi.

CAMERE SENZA SERVIZI: 1 doppia; 1 bagno in comune - pernottamento per persona £ 35000, prima colazione £ 5000. CAMERE CON SERVIZI: 2 doppie - pernottamento per persona £ 45000, prima colazione £ 5000.
APPARTAMENTI: 2 di 3/4 locali per 4/6 persone, con stoviglie, caminetto - affitto al giorno £ 160/250000, affitto a settimana £ 750/1200000.

Note: *le camere e gli appartamenti sono dotati di biancheria per letto e riscaldamento centralizzato; soggiorno gratuito per bambini fino a 3 anni, riduzioni per bambini da 4 a 10 anni.*
SERVIZI E LOCALI COMUNI: parcheggio, taverna. SPORT E TEMPO LIBERO: ping pong. COLTIVAZIONI: cereali, ortaggi, alberi da frutta. PRODOTTI IN VENDITA: frutta, verdura.

Sanvitale ★ Tci

a Luco Mugello (Cap 50030), via Campagna 20, tel. 055 8401158, fax 0558401158 - ettari 50 - chiusura: sempre aperto - ☒ salvo accordi.
▶ Da Borgo San Lorenzo procedere verso Nord fino a Luco Mugello; da qui, seguire le indicazioni per San Giorgio e per l'azienda; in tutto sono 9 km circa.

Il podere è molto vario nelle colture (tutte biologiche); alterna infatti orti, arativi, oliveti, castagneti e pascoli a formare un quadro davvero suggestivo. Adiacente all'edificio aziendale si trova il basso rustico in pietra adibito all'accoglienza agrituristica. Sono previsti corsi di cucina, di disegno e di apicoltura. Maneggio in allestimento.

CAMERE CON SERVIZI: 2 singole, 6 doppie, con biancheria letto, biancheria bagno, riscaldamento centralizzato - pernottamento per persona £ 50/85000, mezza pensione £ 75/120000, forfait settimanale £ 500/700000, letto aggiunto £ 25/30000, riduzioni per bambini da 3 a 12 anni.
riservato agli ospiti - cucina toscana e vegetariana (paste fresche) - vini regionali - £ 15/35000.
SERVIZI E LOCALI COMUNI: parcheggio, sala TV, sala lettura. SPORT E TEMPO LIBERO: ricovero cavalli; noleggio mountain bike, visite nei dintorni. COLTIVAZIONI: olivi, bosco, seminativi, ortaggi, alberi da frutta, castagni, frutti di bosco. ALLEVAMENTI: api. PRODOTTI IN VENDITA: frutta, castagne, verdura, miele.

Bùcine (AR)

m 249 ✉ 52021

Iesolana

località Iesolana, tel. 055992988, fax 055992879 - ettari 95 - apertura: febbraio-ottobre - 🐾 piccola taglia.

▶ Dai caselli Valdarno o Arezzo della A1, raggiungere Bucine e proseguire sulla Statale 540 verso Siena; l'azienda si trova a 2,5 km dal paese.

Una splendida casa colonica, con spazi verdi ben curati e comfort d'ogni genere, ivi compreso l'impianto televisivo satellitare per ogni appartamento. Nell'arredamento sono stati inseriti con sensibilità mobili d'antiquariato.

⊞ APPARTAMENTI: 2 bilocali per 2/4 persone, 6 di più locali per 4/6 persone, con biancheria letto, biancheria bagno, biancheria cucina, stoviglie, riscaldamento autonomo, telefono, televisore satellitare - affitto al giorno £ 190/450000, affitto a settimana £ 900/2300000, a richiesta pulizia giornaliera e cambio biancheria; eventuale pulizia finale £ 125000; prima colazione £ 20000 per persona. Deposito cauzionale £ 400000.
SOGGIORNO MINIMO: 3 giorni. CARTE DI CREDITO: American Express, Visa.
SERVIZI E LOCALI COMUNI: parcheggio, bar, sala TV. SPORT E TEMPO LIBERO: piscina; pesca. COLTIVAZIONI: olivi, viti, cereali. PRODOTTI IN VENDITA: vino, vinsanto, grappa, olio, miele.

Le Ginestre

a San Pancrazio, località Greti 56, tel. 0559918032, fax 0559918032 - ettari 60 - chiusura: sempre aperto - 🐾 piccola taglia.

▶ Lasciare la A1 al casello Valdarno, proseguire verso Sud sulla Statale 69 fino a Levane, poi a destra per Bucine; da qui, 11 km portano a San Pancrazio; per chi viene da Sud, invece, uscire dalla A1 a Monte San Savino, poi si arriva in azienda con 15,5 km verso Nord.

Nel Valdarno superiore, un agriturismo di collina, ai piedi di una pittoresca frazione rurale. Si prende alloggio in una costruzione di fisionomia moderna con balconi e ampie vetrate affacciate al giardino e al parterre erboso della piscina.

⊞ APPARTAMENTI: 1 monolocale per 2/4 persone, 2 di più locali per 6/9 persone, con biancheria letto, biancheria bagno, biancheria cucina, uso lavanderia, televisore a richiesta - affitto al giorno per persona £ 35/50000;

biancheria extra £ 10000 per persona, riscaldamento £ 20/50000 al giorno, eventuale pulizia infrasettimanale £ 10/15000 per persona, pulizia finale £ 10000 per persona. Deposito cauzionale £ 200/300000.
SERVIZI E LOCALI COMUNI: parcheggio, telefono. SPORT E TEMPO LIBERO: piscina, campo di calcetto, ping pong; guida ai lavori agricoli. COLTIVAZIONI: olivi, viti. PRODOTTI IN VENDITA: vino, olio d'oliva.

Buonconvento (SI)

m 147 ✉ 53022

La Ripolina ⭐🌲

località Pieve di Piana, tel. 0577282280 oppure 0335 5739284, fax 0577282280 - ettari 97 - chiusura: sempre aperto - 🐾

▶ Da Buonconvento, sulla Via Cassia, prendere la strada per Bibbiano, poi seguire la segnaletica che, con 2,5 km, guida fino all'azienda.

Soggiorno nella straordinaria cornice medievale della pieve di Piana e del borgo rurale che la cinge. Tutti gli appartamenti, ricavati con mano felice nelle case coloniche completamente ristrutturate, sono arredati con mobilio toscano di fine Ottocento-inizio Novecento.

🛏 CAMERE CON SERVIZI: 1 doppia - pernottamento per persona £ 50/70000, prima colazione £ 10000.
⊞ APPARTAMENTI: 2 bilocali per 2 persone, 4 di più locali per 4/6/10 persone, con biancheria cucina, stoviglie - affitto a settimana £ 680/1600000. Deposito cauzionale £ 200000.

Note: *la camera e gli appartamenti sono dotati di biancheria per letto e per bagno, riscaldamento centralizzato e uso lavanderia; bambini fino a 3 anni gratis.*

SERVIZI E LOCALI COMUNI: parcheggio, telefono, sala TV, parco giochi bimbi, barbecue. SPORT E TEMPO LIBERO: ping pong; disponibilità di mountain bike, osservazione degli animali, passeggiate. COLTIVAZIONI: viti, cereali. ALLEVAMENTI: pollame. PRODOTTI IN VENDITA: uova, vino.

Poggio alle Rose

a Piana, tel. 0577270219 oppure 0330911181, fax 0577223910 - ettari 6 - chiusura: sempre aperto - ✿
▶ Da Siena, Via Cassia fino a Buonconvento: l'azienda è a 2 km dal paese; seguire l'apposita segnaletica.

Si villeggia in un ambiente ricco d'atmosfera: pavimenti in cotto, intonaci dai toni caldi, camini, tappeti e tessuti fiorati si combinano in un quadro di rustica eleganza. Dal poggio ci si perde a indagare la bellezza del paesaggio rurale.

⊞ APPARTAMENTI: 2 di 4 locali per 5/6 persone, con biancheria letto, biancheria bagno, biancheria cucina, uso lavanderia, stoviglie, lavatrice, riscaldamento centralizzato, televisore - affitto al giorno £ 200/400000, affitto a settimana £ 1000/1800000, legna a consumo, pulizia finale £ 50000. Deposito cauzionale 20%.
SOGGIORNO MINIMO: 3 giorni.
SERVIZI E LOCALI COMUNI: parcheggio, giochi bimbi. SPORT E TEMPO LIBERO: percorso vita; disponibilità di mountain bike. COLTIVAZIONI: cereali. PRODOTTI IN VENDITA: vino.

Calci (PI)

m 50 ⊠ 56011

Villa Rosselmini

via Rosselmini 10, tel. 050934226 oppure 050 934203, fax 050934226 - ettari 140 - chiusura: sempre aperto - ✗

▶ Deviare dalla direttrice Pisa-Firenze (superstrada oppure Statale 67) in corrispondenza di Navacchio, poi dirigere verso Nord per circa 5 km fino a Calci.

Una vasta tenuta agricola distesa ai piedi dei colli Pisani. Nella fattoria adiacente alla villa seicentesca sono stati ricavati appartamenti che abbinano atmosfera rustica e comfort moderno. Si passeggia nel parco secolare e si mangia all'aperto.

⊞ APPARTAMENTI: 1 monolocale per 2 persone, 2 bilocali per 2 persone, 2 di ampia metratura per 4/6 persone, con biancheria letto, biancheria bagno, biancheria cucina, uso lavanderia, stoviglie, riscaldamento autonomo - affitto a settimana £ 600/1400000, letto aggiunto £ 100000, biancheria £ 15000, lavatrice £ 10000 a lavaggio, riscaldamento £ 15000 al giorno. Deposito cauzionale £ 300000.
SOGGIORNO MINIMO: 1 settimana.
SERVIZI E LOCALI COMUNI: parcheggio, solarium. SPORT E TEMPO LIBERO: piscina; noleggio mountain bike, visite nei dintorni, passeggiate. COLTIVAZIONI: cereali, girasoli, barbabietole. PRODOTTI IN VENDITA: vino, olio.

Calenzano (FI)

m 68 ⊠ 50041

Fattoria di Sommaia

via delle Cantine 118, tel. 0558825358 oppure 055 400317, fax 0558825358 - ettari 280 - ♿ - chiusura: sempre aperto - ✗

▶ Lasciare la A1 allo svincolo Prato-Calenzano, poi volgere verso Firenze fino al primo semaforo, quindi a sinistra per via Baldanese al termine della quale si continua per via delle Cantine. In tutto sono 2 km dall'uscita autostradale.

A un tiro di schioppo da Firenze, si villeggia tra olivi e cipressi in uno scenario collinare che non deluderà gli amanti della Toscana. Gli appartamenti, di varia metratura, sono stati doviziosamente ricavati all'interno di un complesso rurale di antica tradizione.

⊞ APPARTAMENTI: 5 bilocali per 2/4 persone, 3 di ampia metratura per 4/6 persone, con biancheria letto, biancheria bagno, stoviglie, riscaldamento, televisore - affitto a settimana £ 400/1300000, pulizia finale £ 25000 per persona. Deposito cauzionale £ 300000.

Soggiorno minimo: 3/7 giorni. Carte di credito: CartaSi. Servizi e locali comuni: parcheggio, telefono. Sport e tempo libero: piscina, campo da tennis, campo di calcetto. Coltivazioni: olivi, viti, cereali. Prodotti in vendita: vino, grappa, olio, aceto.

Campìglia Marittima (LI)

m 231 ⊠ 57021

La Ranocchiaia

a Venturina (Cap 57029), via Aurelia Sud 44, tel. 0565 852048 oppure 03479385975, fax 0565852048 - ettari 87 - chiusura: sempre aperto - 🦌
▶ Lasciare la Statale 1 all'uscita Venturina, proseguire per 1 km circa verso Campiglia Marittima, quindi svoltare verso Follonica; dopo 3 km, sulla destra, si trova l'ingresso dell'azienda.

Terra di vini eccellenti, la val di Cornia, baciata dalla brezza del mare e spalleggiata dalle verdi colline maremmane. Da Cecina a Piombino si stende la cosiddetta Costa degli Etruschi, prima alternativa alla tranquillità della campagna. Soggiorno in azienda, presso la villa padronale o in un casale attiguo.

⊞ Appartamenti: 2 di 5 locali per 6 persone, con biancheria letto, biancheria bagno, biancheria cucina, uso lavanderia, stoviglie, telefono, televisore, barbecue - affitto al giorno £ 120/185000, affitto a settimana £ 800/1250000, giardino privato con illuminazione. Deposito cauzionale £ 300000.
Soggiorno minimo: 1 settimana in alta stagione. Carte di credito: Visa.
Sport e tempo libero: noleggio mountain bike, passeggiate. Coltivazioni: olivi, grano, girasoli, barbabietole, pomodori. Prodotti in vendita: olio, verdura.

Campo nell'Elba (LI)

m 3 ⊠ 57034

Agricoop Isola d'Elba

a Seccheto (Cap 57030), località Vallebuia, tel. 0565 987035, fax 0565987035 - ettari 10 - chiusura: sempre aperto - 🦌 grossa taglia.
▶ Da Marina di Campo dirigere verso Cavoli e raggiungere Seccheto; da qui, deviare a destra per Vallebuia distante circa 1 km, seguendo la segnaletica dell'azienda.

Complesso rurale situato su un costone solatio e panoramico che alterna l'ordine dei vigneti all'esuberanza delle ginestre. L'atmosfera è spontanea e favorisce veramente chi cerca un completo stacco dalle convenzioni cittadine.

⊞ Appartamenti: 1 monolocale per 2 persone, 5 bilocali per 2/3 persone, 2 di 3 locali per 4 persone, con stoviglie, riscaldamento - affitto a settimana £ 600/1200000, riscaldamento con stufa, biancheria fornita solo in bassa stagione e su richiesta a £ 30000. Deposito cauzionale da concordare alla prenotazione.

Soggiorno minimo: 2 settimane in alta stagione. Carte di credito: Visa, Eurocard, Mastercard, Bancomat.
🛏 10 equipaggi.
Servizi e locali comuni: parcheggio, barbecue. Coltivazioni: viti, ortaggi, alberi da frutta. Allevamenti: api. Prodotti in vendita: vino, grappa, olio, conserve, marmellate, miele.

Ville Cala Bella

a Marina di Campo, località Fonza, tel. 0565976837 oppure 03356748686, fax 0565976837 - ettari 2 - apertura: metà aprile-metà ottobre - 🦌
▶ Da Marina di Campo prendere la direttrice per Lacona, dopo 2,5 km deviare su strada sterrata per Fonza.

L'eccezionalità dell'offerta deriva tanto dalla posizione, alta sul mare, panoramica, ventilata, quanto dall'accesso privilegiato al mare di scoglio di una baietta poco frequentata. Soggiorno in villette d'impronta moderna, con patio o veranda, immerse nel silenzio e nei profumi della macchia mediterranea.

🛏 Camere senza servizi: 2 doppie, con biancheria letto; 1 bagno in comune - pernottamento per persona £ 80/200000, prima colazione £ 20000.
⊞ Appartamenti: 3 bilocali per 2/5 persone, 1 di 3 locali per 4/5 persone, con stoviglie - affitto al giorno £ 130/450000, pulizia finale £ 100000. Deposito cauzionale £ 300000 alla prenotazione.
Soggiorno minimo: 1 settimana.
Servizi e locali comuni: parcheggio. Sport e tempo libero: visite nei dintorni, passeggiate. Coltivazioni: erbe aromatiche.

Capànnori (LU)

m 15 ⊠ 55012

Fattoria di Petrognano

a Petrognano (Cap 55010), tel. 0583978038 - ettari 150 - chiusura: sempre aperto - 🦌
▶ Dall'uscita locale della A11 imboccare la strada per Pescia e continuare fino al bivio a sinistra per Petrognano; seguire le indicazioni dell'azienda.

Tra vigne e oliveti delle Colline Lucchesi, villeggiatura presso un'azienda "vecchio stampo". Appena oltre l'orizzonte domestico si scoprono i sentieri della Garfagnana e delle Apuane, le spiagge della Versilia, le città d'arte.

⊞ APPARTAMENTI: 3 di 3/4 locali per 4/6 persone, con biancheria letto, biancheria bagno, biancheria cucina, riscaldamento - affitto al giorno £ 100/200000, affitto a settimana £ 600/1200000, supplemento per luce e per riscaldamento. Deposito cauzionale £ 200000. SOGGIORNO MINIMO: 2 notti.

)i↑ cucina toscana (zuppe, carni alla brace) - vini di produzione propria - £ 30/40000.

SPORT E TEMPO LIBERO: piscina, maneggio, ricovero cavalli; passeggiate a cavallo, escursioni. COLTIVAZIONI: olivi, viti, bosco. ALLEVAMENTI: cavalli. PRODOTTI IN VENDITA: vino, olio extravergine d'oliva.

Fattoria Maionchi

a Tofori, tel. 0583978194 oppure 03471373998, fax 0583978345 - ettari 24 - chiusura: sempre aperto - ✿

▶ Lasciare la A11 al casello di Capannori e raggiungere la Provinciale 435 verso Pescia; superata la località Zone, prendere la prima deviazione a sinistra seguendo la segnaletica aziendale.

Una "chiusa" di mura cinge questa bellissima villa affacciata con il suo giardino all'italiana sulle Colline Lucchesi. Si soggiorna confortevolmente nei rustici che le fanno contorno, apprezzando i prodotti della fattoria: i vini Doc della cantina, in primo luogo, ma anche olio, miele e confetture. E sulla tavola del ristorante, aperto a tutti con prenotazione, le ricette tipiche della zona.

⊞ APPARTAMENTI: 4 di ampia metratura per 4/6 persone, con biancheria letto, biancheria bagno, biancheria cucina, stoviglie, riscaldamento centralizzato, televisore - affitto a settimana £ 800/1150000.

SOGGIORNO MINIMO: 4 giorni. CARTE DI CREDITO: Visa, Eurocard, Mastercard.

)i↑ cucina del territorio (piatti della tradizione) - vini di produzione propria - £ 30/50000.

SERVIZI E LOCALI COMUNI: parcheggio, taverna. SPORT E TEMPO LIBERO: piscina, ping pong; disponibilità di mountain bike. COLTIVAZIONI: olivi, viti. ALLEVAMENTI: pollame. PRODOTTI IN VENDITA: vino, olio extravergine d'oliva, aceto, marmellate, miele.

Caprese Michelàngelo (AR)

m 653 ✉ 52033

Selvadonica

località Selvadonica, tel. 0575791051, fax 0575 791051 - ettari 78 - ♿ - chiusura: sempre aperto - ✿

▶ L'azienda si trova circa 5 km a Sud rispetto a Caprese Michelangelo, a lato della deviazione per Pieve Santo Stefano.

Alle pendici dell'Alpe di Catenaia, si soggiorna nei rustici sparsi nei prati della tenuta. La qualità degli appartamenti, autonomi e ristrutturati ad arte, e la disponibilità dei titolari favoriscono la più rilassante delle vacanze.

🛏 CAMERE CON SERVIZI: 1 doppia - pernottamento per persona £ 35/50000.

⊞ APPARTAMENTI: 4 di più locali per 4/6 persone, con biancheria cucina, uso lavanderia, stoviglie, lavatrice, riscaldamento autonomo, barbecue - affitto al giorno per persona £ 35/50000, riscaldamento £ 5000 al metro cubo di gas liquido. Deposito cauzionale da concordare. **Note:** *la camera e gli appartamenti sono dotati di biancheria per letto e per bagno; ogni appartamento dispone anche di giardino privato.*

SERVIZI E LOCALI COMUNI: parcheggio, telefono, servizio fax, parco giochi bimbi. SPORT E TEMPO LIBERO: piscina; passeggiate. COLTIVAZIONI: viti, cereali, noci, castagni, foraggio. ALLEVAMENTI: pollame. PRODOTTI IN VENDITA: carne, pollame, uova, vino, castagne, noci.

Castagneto Carducci (LI)

m 194 ✉ 57022

Greppo all'Olivo

a Donoratico, località Greppo all'Olivo 49, tel. 0565 775366, fax 0565775366 - ettari 7 - chiusura: sempre aperto - ✄

▶ Da Grosseto imboccare l'Aurelia verso Nord fino a 1,5 km prima di Donoratico, dove si trova la deviazione a destra (via del Mercato) che con 700 m porta a destino.

Un tripudio di frutta e verdura, a coltivazione biologica, è l'immagine che questa azienda ama dare di sé. Soggiorno a 4 km dal mare a cordiale contatto con la famiglia contadina. Gli appartamenti sono bene attrezzati e hanno disponibilità di giardino, barbecue e posto auto.

⊞ APPARTAMENTI: 1 bilocale per 3 persone, 2 di più locali per 7 persone, con stoviglie, riscaldamento - affitto al giorno £ 160000, affitto a settimana £ 600/1000000, supplemento per biancheria. Deposito cauzionale 30%. SOGGIORNO MINIMO: 1 settimana.
SERVIZI E LOCALI COMUNI: parcheggio, sala giochi bimbi.
SPORT E TEMPO LIBERO: ping pong, campo di calcetto; disponibilità di biciclette. COLTIVAZIONI: olivi, viti, ortaggi, alberi da frutta, foraggio. ALLEVAMENTI: pollame, conigli, piccioni. PRODOTTI IN VENDITA: vino, olio, aceto, frutta, verdura.

Podere Grattamacco

località Grattamacco 129, tel. 0565763840, fax 0565 763217 - ettari 30 - chiusura: sempre aperto - ✖

▶ Lasciare il centro urbano e dirigere verso Sassetta; dopo 1,5 km sulla Statale 329, deviare a sinistra verso Segalari; raggiunto il ristorante "Cacciatore", proseguire su strada bianca con indicazione Grattamacco.

Vacanza in collina tra oliveti, vigne e macchie spontanee. Il fabbricato agrituristico, a qualche distanza dalla casa poderale, ha aspetto invitante e pertinenza esterna ombreggiata. A disposizione degli ospiti un forno a legna.

⊞ APPARTAMENTI: 1 bilocale per 3 persone, con biancheria letto, biancheria bagno, biancheria cucina, stoviglie, riscaldamento a legna e a gas, televisore - affitto a settimana £ 700/1050000, omaggio di benvenuto con una bottiglia di vino e d'olio dell'azienda. Deposito cauzionale £ 200000 a settimana.
SOGGIORNO MINIMO: 1 settimana.
COLTIVAZIONI: olivi, viti. PRODOTTI IN VENDITA: vino, olio extravergine d'oliva.

Sughericcio

località Sughericcio 253, tel. 0564415359 oppure 0338 6544955, fax 0564415359 - ettari 5,5 - ♿ - chiusura: sempre aperto - ✖
▶ Lasciare la Via Aurelia a Donoratico e procedere verso Castagneto Carducci per 3 km circa, poi svoltare a sinistra in direzione di Bolgheri; dopo 300 m, altra deviazione a sinistra per Sughericcio.

Ospitalità presso la sede aziendale in un'ariosa cornice di pini, lecci e olivi secolari. Una recente ristrutturazione ha reso disponibili all'agriturismo tre appartamenti indipendenti, aperti sul giardino attraverso una veranda incannicciata.

⊞ APPARTAMENTI: 3 di 4 locali per 4 persone, con biancheria letto, biancheria bagno, biancheria cucina, stoviglie, riscaldamento autonomo - affitto al giorno £ 125/220000, affitto a settimana £ 540/1150000, biancheria £ 15000 per persona, riscaldamento a consumo. Deposito cauzionale £ 100000.
SOGGIORNO MINIMO: 3 giorni.
SERVIZI E LOCALI COMUNI: parcheggio, giochi bimbi. SPORT E TEMPO LIBERO: gioco bocce, ping pong, ricovero cavalli; noleggio mountain bike, osservazione degli animali. COLTIVAZIONI: olivi, ortaggi, alberi da frutta. ALLEVAMENTI: cavalli. PRODOTTI IN VENDITA: vino, olio, frutta.

Castelfiorentino (FI)

m 50 ✉ 50051

Sorbigliana

via Orazio Bacci, tel. 0571629951 oppure 0571 64805, fax 0571629951 - ettari 40 - ♿ - chiusura: dicembre-febbraio - ✳
▶ L'azienda si trova a 3,5 km da Castelfiorentino, sulla strada per Montespertoli: per chi proviene da Nord, quindi, è indicata l'uscita autostradale Firenze Certosa della A1; per chi proviene da Sud, la Via Cassia fino a Poggibonsi e poi la Statale 429 per Castelfiorentino.

Firenze, Siena e Pisa formano un triangolo irripetibile d'arte, storia e bellezze ambientali. In posizione centrale è Castelfiorentino e questa doviziosa fattoria, cresciuta intorno a una casatorre medievale, sembra essere la base più conveniente per esplorarne i luoghi.

⊞ Appartamenti: 2 bilocali per 2 persone, 4 di 3/4 locali per 3/6 persone, con biancheria letto, biancheria bagno, biancheria cucina, uso lavanderia, stoviglie, riscaldamento a consumo - affitto al giorno £ 100/120000, affitto a settimana £ 700/1400000, fornitura biancheria £ 20000 per persona, letto aggiunto £ 80000 a settimana, supplemento per pulizia finale £ 50000. Deposito cauzionale £ 300000.
Soggiorno minimo: 2 notti.
Servizi e locali comuni: parcheggio, telefono. Sport e tempo libero: piscina, gioco bocce, campo di calcetto, ping pong; visite nei dintorni. Coltivazioni: olivi, viti, grano. Allevamenti: pollame, api. Prodotti in vendita: uova, vino, olio extravergine d'oliva, miele.

Castelfranco di Sopra (AR)

m 281 ⊠ 52020

La Casella

a Lama, località La Casella, tel. 0559149440, fax 055 9149440 - ettari 7 - chiusura: sempre aperto - ❦
▶ Le uscite della A1 Incisa (se da Nord) o Valdarno (se da Sud) sono uguualmente utili per raggiungere Castelfranco di Sopra; proseguendo verso Lama, dopo 4 km si trovano le indicazioni per l'azienda.

Affacciata al Valdarno dalle pendici del Pratomagno, troviamo questa graziosa casetta allietata da belle fioriture di gerani e ortensie, particolare indicativo dell'impegno che i titolari mettono nel lasciare agli ospiti un buon ricordo del soggiorno.

🛏 Camere con servizi: 4 doppie, 4 a più letti - pernottamento per persona £ 80/110000, prima colazione £ 10/15000, possibilità di soggiorno anche a mezza pensione.
⊞ Appartamenti: 3 bilocali per 4 persone, con biancheria cucina, uso lavanderia, stoviglie, riscaldamento a gas liquido - affitto al giorno £ 185000. Deposito cauzionale £ 300000 alla prenotazione.
Soggiorno minimo: 1 settimana.
Note: *le camere e gli appartamenti sono dotati di biancheria per letto e per bagno.*
🍴 riservato agli ospiti - cucina toscana - vini regionali di produzione propria - £ 30/45000.
Servizi e locali comuni: parcheggio, sala TV, sala lettura.
Sport e tempo libero: piscina, gioco bocce; visite nei dintorni, escursioni, passeggiate. Coltivazioni: olivi, viti. Prodotti in vendita: vino, olio.

Castell'Azzara (GR)

m 815 ⊠ 58034

Il Cornacchino

località Cornacchino, tel. 0564951582, fax 0564 951655 - ettari 120 - apertura: aprile-inizio novembre - ❦ previo accordi.
▶ Statale 2 fino al km 146,5 quindi uscita per Castell'Azzara; giunti in paese imboccare la strada per Monte Penna e percorrerla per circa 3 km seguendo le indicazioni dell'azienda.

Lungo il fiume Fiora fino al mare, sulle vie etrusche intorno al lago di Bolsena, tra le faggete del monte Amiata... queste e altre le proposte di un singolare agriturismo ippico, con cavalli a avventure alla portata di tutti. Per i ragazzi dagli 8 ai 14 anni settimane equestri (in luglio e agosto), in collaborazione con il WWF.

🛏 Camere senza servizi: 2 singole, 10 doppie, con biancheria letto, biancheria bagno, uso lavanderia, riscaldamento centralizzato; 8 bagni in comune - pernottamento per persona £ 33/48600, prima colazione £ 7/8400, pensione £ 88/114600, forfait settimanale £ 570/744000. Deposito cauzionale 30%.
Carte di credito: Visa, Mastercard.
⚠ 4 equipaggi 🚐 4 equipaggi.
🍴 cucina toscana e vegetariana (zuppe, piatti con verdure) - vini regionali - £ 30/36000.
Servizi e locali comuni: parcheggio, telefono, sala lettura.
Sport e tempo libero: ping pong, maneggio, ricovero cavalli; passeggiate a cavallo, corsi di equitazione. Coltivazioni: foraggio. Allevamenti: cavalli, cervi. Prodotti in vendita: marmellate.

Castellina in Chianti (SI)

m 578 ⊠ 53011

Castello di Fonterutoli

a Fonterutoli, via Rossini 5, tel. 0577740476 oppure 0558290105, fax 0558290106 - ettari 431 - chiusura: sempre aperto - ✄
▶ Breve digressione sulla destra dalla Statale 222, dopo avere lasciato Castellina da 5 km in direzione di Siena.

L'azienda ha sede in un suggestivo borgo di collina nel cuore del Chianti Classico. Nel piccolo abitato si trovano anche gli appartamenti per l'accoglienza rura-

le, dotati in vario modo di logge e piccole corti. All'interno arredi di gusto e quasi sempre un caminetto. Ulteriore possibilità di soggiorno è offerta da un piccolo casale situato nei dintorni.

⊞ APPARTAMENTI: 1 bilocale per 2 persone, 5 di varia disposizione per 3/8 persone, con biancheria letto, biancheria bagno, biancheria cucina, stoviglie, lavatrice, riscaldamento autonomo - affitto a settimana £ 1000/3500000. Deposito cauzionale £ 300/500000.
SOGGIORNO MINIMO: 1 settimana. CARTE DI CREDITO: Visa.
⊅⫤ cucina toscana - vini regionali - £ 30/45000.
SERVIZI E LOCALI COMUNI: parcheggio, telefono. SPORT E TEMPO LIBERO: piscina. COLTIVAZIONI: olivi, viti. PRODOTTI IN VENDITA: vino, olio, aceto.

Rocca delle Macie

località Le Macie, tel. 05777321 oppure 0558290105 - ettari 200 - chiusura: sempre aperto - ⊗

▶ Dal centro urbano percorrere 1 km della Statale 222 per Siena, poi a destra verso Castellina Scalo; dopo 5 km, a sinistra, si incontra il complesso direzionale da cui si giunge in azienda.

Si soggiorna in uno spettacolare complesso rurale quattrocentesco costituito da diversi fabbricati, convertiti all'accoglienza agrituristica e dotati di ampi spazi verdi attrezzati per la vita all'aperto. Distaccata è la residenza "Il Torrione", raggiungibile tramite un suggestivo percorso di campagna.

⊞ APPARTAMENTI: 7 di varia disposizione per 3/4/6 persone, con biancheria letto, biancheria bagno, biancheria cucina, uso lavanderia, stoviglie, riscaldamento centralizzato, caminetto - affitto a settimana £ 1050/1600000, riscaldamento £ 20000 al giorno. Deposito cauzionale £ 200000 alla prenotazione.
SOGGIORNO MINIMO: 1 settimana. CARTE DI CREDITO: tutte tranne American Express.
SERVIZI E LOCALI COMUNI: parcheggio, telefono. SPORT E TEMPO LIBERO: piscina. COLTIVAZIONI: olivi, viti. PRODOTTI IN VENDITA: vino, grappa, olio, miele.

Castelnuovo Berardenga (SI)

m 351 ⊠ 53019

Casalgallo

a Quercegrossa (Cap 53010), via del Chianti Classico 5, tel. 0577328008, fax 0577328008 - ettari 50 - chiusura: sempre aperto - ⊗
▶ Siamo al margine di Quercegrossa, una frazione molto defilata rispetto al suo capoluogo, la quale è fa-

cilmente raggiungibile uscendo da Siena in direzione Nord e percorrendo circa 6 km della Statale 222 che conduce a Castellina in Chianti.

Soggiorno all'insegna della massima cordialità in un'azienda agricola a conduzione familiare. Nel casolare, di recente costruzione e arredato con gusto rustico, l'atmosfera è genuinamente contadina. I prodotti dell'orto sono a disposizione degli ospiti.

↩ CAMERE CON SERVIZI: 2 doppie, con frigobar - pernottamento per persona £ 40/50000, forfait settimanale £ 270/340000.
⊞ APPARTAMENTI: 1 monolocale per 2 persone, 2 bilocali per 2 persone, con biancheria cucina, stoviglie, lavatrice, televisore - affitto al giorno £ 100/130000, affitto a settimana £ 680/850000. Deposito cauzionale £ 100000.
CARTE DI CREDITO: Visa, Eurocard, Mastercard.
Note: le camere e gli appartamenti sono dotati di biancheria per letto e per bagno, riscaldamento autonomo, pulizia giornaliera; letto aggiunto £ 25000 al giorno.
SERVIZI E LOCALI COMUNI: parcheggio, telefono, barbecue. SPORT E TEMPO LIBERO: ricovero cavalli; visita alla cantina con degustazione. COLTIVAZIONI: olivi, viti, ortaggi. ALLEVAMENTI: cavalli, api. PRODOTTI IN VENDITA: vino DOC, vinsanto, grappa, olio extravergine d'oliva, miele.

Castello di Montalto

località Montalto 16, tel. 0577355675, fax 0577355682 - ettari 340 - apertura: metà marzo-inizio novembre e Natale-Epifania - ⬦ previo accordi.
▶ Dalla Statale 326 Siena-Bettolle, dirigere verso Nord sulla Statale 540 per Bucine; dopo 3 km imboccare la deviazione a sinistra per Montalto.

Un complesso di rara bellezza comprendente un castello medievale e il minuscolo borgo che lo attornia, oltre a una casa colonica distaccata, ma sempre interna alla vasta fattoria. L'ambiente è signorile; il servizio discreto ma sempre attento ai bisogni degli ospiti.

⊞ APPARTAMENTI: 2 bilocali per 2 persone, 3 di 3/4 locali per 4/5 persone, 2 case di 5 locali per 4/5/6 persone, con biancheria letto, biancheria bagno, biancheria cucina, stoviglie, riscaldamento centralizzato o autonomo, libri - affitto a settimana £ 750/4000000, supplemento £ 100000 per culla o letto aggiunto; alcuni appartamenti sono dotati di caminetto e lavatrice. Deposito cauzionale da concordare.

SOGGIORNO MINIMO: 1 settimana. CARTE DI CREDITO: CartaSi. SERVIZI E LOCALI COMUNI: parcheggio, telefono, sala TV. SPORT E TEMPO LIBERO: ping pong; corsi di cucina, pesca, visite nei dintorni. COLTIVAZIONI: olivi, seminativi. PRODOTTI IN VENDITA: uova, vino, olio, verdura, miele.

Fattoria di Pacina

a Pacina, tel. 0577355044, fax 0577355044 - ettari 60 - chiusura: sempre aperto - 🐾
▶ Da Castelnuovo Berardenga prendere verso Sud, in direzione di Pianella; dopo circa 1 km, bivio a destra per via dei Castelli seguendo l'indicazione Fattoria Pacina.

Pacina è una suggestiva dimora medievale, carica di storia e leggende; Pacinina è una delle sue dipendenze, fresca del restauro che ne ha fatto un gradevolissimo luogo di vacanza. Il merito è di Giovanna Tiezzi, giovane ed energica donna del Chianti, che crede in quello che fa.

🛏 CAMERE SENZA SERVIZI: 4 doppie, con uso cucina; 2 bagni in comune - pernottamento per persona £ 75000, forfait settimanale £ 450000.
⊞ APPARTAMENTI: 3 di 3 locali per 4/6 persone, con lavastoviglie, lavatrice, caminetto - affitto al giorno per persona £ 80000, affitto a settimana per persona £ 500000. Deposito cauzionale 25%.
SOGGIORNO MINIMO: 3 giorni in bassa stagione, 1 settimana in alta stagione.
Note: *le camere e gli appartamenti sono dotati di biancheria per letto, per bagno e per cucina, riscaldamento centralizzato e a legna.*
SERVIZI E LOCALI COMUNI: parcheggio, telefono, sala TV, sala lettura, sala giochi bimbi. SPORT E TEMPO LIBERO: piscina; guida ai lavori agricoli, osservazione degli animali, corsi di cucina, passeggiate a cavallo, visite nei dintorni. COLTIVAZIONI: olivi, viti, seminativi. PRODOTTI IN VENDITA: vino, olio.

Fattoria di Selvole

a Vagliagli, località Selvole, tel. 0577322662, fax 0577 322718 - ettari 163 - apertura: marzo-ottobre - 🐾
▶ Percorrere la Statale 222, a Nord di Siena, per un paio di chilometri verso Castellina in Chianti, poi deviare a destra in direzione Vagliagli; proseguire per circa 8 km, quindi svoltare a destra verso Pievasciata o Pianella: dopo 3 km l'azienda, sulla sinistra.

L'azienda sorge entro la cinta muraria dell'antico castello e conta, oltre alla monumentale dimora padronale, una chiesa e i fabbricati del borgo agricolo. Dalla ri-

strutturazione di questi ultimi sono stati ottenuti diversi appartamenti a uso agrituristico, arredati in stile e ciascuno dotato di un piccolo spazio verde attrezzato.

⊞ APPARTAMENTI: 7 monolocali per 4 persone, 7 bilocali per 6 persone, con biancheria letto, biancheria bagno, biancheria cucina, stoviglie, riscaldamento elettrico - affitto a settimana £ 655/1185000, pulizia finale £ 50/100000. Deposito cauzionale £ 200000.
SOGGIORNO MINIMO: 1 settimana. CARTE DI CREDITO: CartaSi, Diner's Club, Bancomat.
SERVIZI E LOCALI COMUNI: parcheggio, telefono. SPORT E TEMPO LIBERO: piscina, campo da tennis, gioco bocce, ping pong; noleggio mountain bike, visite nei dintorni. COLTIVAZIONI: olivi, viti. PRODOTTI IN VENDITA: vino, grappa, olio.

Poderi di Miscianello

a Vagliagli (Cap 53010), località Miscianello, tel. 0577 356840, fax 0577356604 - ettari 50 - chiusura: sempre aperto - 🐾 previo accordi.
▶ Azienda nell'ampio territorio di Castelnuovo Berardenga. Accesso da Siena; percorrere la Statale 222 per circa 2 km, poi deviare a destra verso Vagliagli; dopo 4,5 km svoltare a destra per Miscianello, quindi a Ponte a Bozzone curva a sinistra di nuovo per Miscianello; seguire la segnaletica dell'azienda.

Il panorama è quello del Chianti, le mura domestiche, dal canto loro, raccontano una vicenda che spazia dal Medioevo all'Ottocento. Recente è invece l'intervento che ha messo a disposizione dei turisti ambienti confortevoli e arredati con mano felice.

🛏 CAMERE CON SERVIZI: 1 doppia - pernottamento per persona £ 90000.
⊞ APPARTAMENTI: 1 bilocale per 4 persone, con biancheria cucina, stoviglie, barbecue - affitto al giorno £ 220000.

Deposito cauzionale 30% alla prenotazione.
Soggiorno minimo: secondo stagione.
Note: *la camera e l'appartamento sono dotati di biancheria per letto e per bagno, riscaldamento autonomo e telefono.*
Servizi e locali comuni: parcheggio. Sport e tempo libero: piscina; passeggiate nel bosco. Coltivazioni: olivi, viti, bosco, grano, girasoli. Prodotti in vendita: vino, olio.

Villa Pagliarese

a Pagliarese, tel. 0577359070, fax 0577359200 - ettari 35 - chiusura: sempre aperto - 🐾 salvo accordi.
▶ Da Siena immettersi sulla Statale 326 che porta all'autostrada del Sole; dopo 14 km deviare a sinistra per Castelnuovo Berardenga: superare il paese di 3 km e imboccare a sinistra la Provinciale per Pianella; ancora 1 km, poi si arriva a Pagliarese.

L'accoglienza agrituristica viene offerta in tre bei casali in pietra dai quali sono stati ricavati gli appartamenti, tutti dotati di confortevoli ambienti di soggiorno e di spazi verdi attrezzati. Disponibilità di personale per il lavoro domestico e l'intrattenimento dei bambini.

⊞ Appartamenti: 3 bilocali per 2 persone, 2 di più locali per 4/8 persone, con biancheria letto, biancheria bagno, biancheria cucina, uso lavanderia, stoviglie, riscaldamento centralizzato, televisore - affitto al giorno £ 120/400000, affitto a settimana £ 840/2800000, supplemento per riscaldamento. Deposito cauzionale £ 200000 alla prenotazione.
Soggiorno minimo: 1 settimana.
🍴 riservato agli ospiti - cucina classica (primi piatti, arrosti) - vini regionali - £ 35/50000.
Servizi e locali comuni: parcheggio, telefono, taverna, barbecue. Sport e tempo libero: piscina; noleggio biciclette, visite nei dintorni, trekking. Coltivazioni: olivi, viti. Allevamenti: api. Prodotti in vendita: vino DOC, grappa, olio extravergine d'oliva, miele.

m 576 ✉ 56041

Il Pavone

località Valle del Pavone, tel. 058820965 oppure 0588 20505, fax 058820306 - ettari 80 - ♿ - chiusura: sempre aperto - 🐾
▶ Dal capoluogo comunale, sulla direttrice Volterra-Follonica, percorrere 2 km della Provinciale per Radicondoli.

L'ospitalità agrituristica viene offerta presso un casale in pietra recentemente ristrutturato e suddiviso in quattro appartamenti indipendenti. In comune il soggiorno con camino e il forno a legna all'esterno. Tranquillità assoluta, boschi e ampia vista sulla campagna circostante.

⊞ Appartamenti: 2 bilocali per 4 persone, 2 di 3 locali per 5/6 persone, con biancheria letto, biancheria bagno, biancheria cucina, stoviglie, riscaldamento autonomo - affitto a settimana £ 560/770000. Deposito cauzionale £ 300000.
Soggiorno minimo: 3 giorni.
Servizi e locali comuni: parcheggio, telefono, locale soggiorno, sala TV, barbecue, forno a legna. Sport e tempo libero: tiro con l'arco, ping pong; visite nei dintorni, passeggiate. Coltivazioni: bosco, cereali, foraggio.

m 4 ✉ 58043

Podere Zuccherini

a Buriano, località Paesetto di Buriano, tel. 0564 424191 oppure 03478300608, fax 056422086 - ettari 135 - chiusura: sempre aperto.
▶ Dall'uscita Braccagni della Statale 1, imboccare la Provinciale del Bozzone e percorrerla per 5,6 km; quindi svoltare a sinistra verso Castiglione della Pescaia e proseguire per un chilometro fino al bivio per Buriano, qui a destra per un altro chilometro.

Una fattoria dagli intonaci rossi, com'è d'uso in Maremma, ai piedi del suggestivo borgo di Buriano. Poi nel raggio di trenta chilometri tutto quello che si può desiderare: gli Etruschi a Vetulonia, il Medioevo di Montepascali e Massa Marittima, le spiagge di Castiglione, la natura selvaggia dei Monti dell'Uccellina, il turismo mondano di Punta Ala.

⊞ Appartamenti: 1 bilocale per 2 persone, 2 di ampia metratura per 4 persone, con lavastoviglie, lavatrice, telefono, televisore - affitto a settimana £ 500/1450000, riscaldamento e telefono a consumo; soggiorno gratuito per bambini fino a 5 anni. Deposito cauzionale 30% alla prenotazione.
Servizi e locali comuni: parcheggio, forno a legna. Sport e tempo libero: disponibilità di biciclette, visite nei dintorni, visite guidate. Coltivazioni: olivi, bosco, pascolo. Prodotti in vendita: olio extravergine d'oliva, frutta, verdura, marmellate, miele, fiori essiccati.

Castiglione di Garfagnana (LU)

m 545 ☒ 55033

Poderino

via Poderino, tel. 058368576, fax 058368576 - ettari 4 - chiusura: sempre aperto - ✗

▶ Raggiunta Castiglione di Garfagnana, sulla Statale 324 che proviene da Lucca, proseguire per circa 700 m fino al bivio per via Poderino.

Rustico in pietra rinnovato nel rispetto della bella cornice dell'alta valle del Serchio. Si soggiorna in appartamenti spaziosi, di buon comfort, con caminetto (legna a consumo). Sul versante opposto si stende il territorio del Parco Naturale delle Alpi Apuane.

⊞ APPARTAMENTI: 4 di varia disposizione per 2/6 persone, con biancheria letto, biancheria bagno, biancheria cucina, stoviglie, riscaldamento a consumo - affitto al giorno £ 140/160000. Deposito cauzionale £ 300000. SOGGIORNO MINIMO: 1 settimana.

SERVIZI E LOCALI COMUNI: parcheggio. SPORT E TEMPO LIBERO: piscina; escursioni, passeggiate. COLTIVAZIONI: granoturco, foraggio. ALLEVAMENTI: bovini.

Castiglione d'Órcia (SI)

m 540 ☒ 53023

Casa Ranieri-Centro Ippico

a Campiglia d'Orcia (Cap 53020), tel. 0577872639 oppure 03395979314, fax 0577872639 - ettari 26 - ᕍ- chiusura: febbraio-marzo - ✗

▶ Dall'uscita Chiusi-Chianciano della A1 proseguire verso Chianciano stessa, superandola, e dirigere verso la Via Cassia da cui si accede a Campiglia d'Orcia con circa 7 km. In alternativa, per chi proviene da Sud e percorre la Via Cassia, lasciare la Statale al km 162,5 seguendo le indicazioni.

Le chiome cangianti degli olivi e le distese di grano punteggiate dai papaveri sono lo scenario estivo di questo antico podere, oggi votato all'ospitalità rurale e al turismo equestre. Dai rustici lo sguardo spazia sulla val d'Orcia, dal borgo di Pienza allo sperone di Radicofani.

⌂ CAMERE CON SERVIZI: 7 doppie, con riscaldamento centralizzato - pernottamento per persona £ 55/90000, mezza pensione £ 85/110000.

⊞ APPARTAMENTI: 1 casolare per 3 persone, con biancheria cucina, stoviglie, riscaldamento a consumo, televisore - affitto al giorno £ 130/150000, supplemento per pulizia finale £ 20000.

CARTE DI CREDITO: Visa, Eurocard, Mastercard.

Note: *le camere e il casolare sono dotati di biancheria per letto e per bagno.*

✸⊩ riservato agli ospiti - cucina toscana e vegetariana (zuppe, funghi) - vini locali - £ 28/35000.

SERVIZI E LOCALI COMUNI: parcheggio, telefono, sala TV, sala lettura. SPORT E TEMPO LIBERO: piscina, maneggio, ricovero cavalli; noleggio mountain bike, corsi di cucina, corsi di educazione ambientale, corsi di ceramica, passeggiate a cavallo, corsi di equitazione, visite nei dintorni, trekking. COLTIVAZIONI: prodotti biologici. ALLEVAMENTI: cavalli, animali di bassa corte.

Grossola

via Grossola 4, tel. 0577887537 oppure 0368 474204, fax 0577887537 - ettari 37 - chiusura: sempre aperto - ↝ previo accordi.

▶ Lasciare la Via Cassia e piegare a destra per raggiungere Castiglione d'Orcia; da qui, procedere verso Sud-Ovest superando il bivio per Osteria Ausidonia: dopo un paio di chilometri deviare a sinistra seguendo le indicazioni.

Nel mosso scenario della val d'Orcia, in questo casale in pietra del Cinquecento, riattato con mano attenta, si fa villeggiatura a contatto con la natura. A pochi chilo-

metri, sulla cima di un colle, sorge l'antico borgo di Castiglione, ma a portata di mano sono anche altre mete, da Montalcino a Pienza e al monte Amiata.

CAMERE CON SERVIZI: 12 doppie, 2 a più letti, con biancheria letto, biancheria bagno, uso cucina - pernottamento per persona £ 50/60000, mezza pensione £ 70/90000. Deposito cauzionale £ 200000.

riservato agli ospiti - cucina toscana (ribollita) - vini di produzione propria - £ 20/30000.

SERVIZI E LOCALI COMUNI: parcheggio, sala TV, sala lettura, taverna. SPORT E TEMPO LIBERO: guida ai lavori agricoli, osservazione degli animali. COLTIVAZIONI: olivi, viti, cereali. PRODOTTI IN VENDITA: vino, olio.

Il Palazzo

a Bagni San Filippo (Cap 53020), località Il Palazzo, tel. 0577872741 oppure 0577872991, fax 0577 872741 - ettari 40 - &. - chiusura: sempre aperto - ✗

▶ Lasciare la Via Cassia (Statale 2) e raggiungere, con breve deviazione, Bagni San Filippo; giunti in paese, prendere la strada per Campiglia d'Orcia. In alternativa, abbandonare la A1 allo svincolo di Chiusi-Chianciano Terme, poi imboccare la Statale 478 per Radicofani e la Via Cassia.

Grandi querce circondano il casale dedicato al soggiorno rurale evocando le ombrose bellezze del monte Amiata. Nel raggio d'interesse della vacanza in val d'Orcia, però, ci sono anche città d'arte, stazioni termali e piccole capitali del vino come Montalcino e Montepulciano, per non dire dei borghi del Chianti.

CAMERE SENZA SERVIZI: 2 doppie; 1 bagno in comune - pernottamento per persona £ 35/70000, prima colazione £ 5/10000, pensione £ 110/120000. CAMERE CON SERVIZI: 3 singole, 2 doppie, con riscaldamento centralizzato - pernottamento per persona £ 35/80000, prima colazione £ 5/10000, pensione £ 110/130000.

APPARTAMENTI: 1 monolocale per 2 persone, 1 bilocale per 2 persone, 1 di 3 locali per 4 persone, con biancheria cucina, stoviglie, caminetto - affitto a settimana £ 750/1400000, pulizia £ 15000 al giorno, supplemento per pulizia finale £ 50000. Deposito cauzionale da concordare alla prenotazione.

SOGGIORNO MINIMO: 3 giorni in appartamento. CARTE DI CREDITO: American Express, CartaSi, Diner's Club.

Note: le camere e gli appartamenti sono dotati di biancheria per letto e per bagno, riscaldamento, telefono e televisore satellitare; biancheria extra £ 5000.

cucina della tradizione (funghi, paste fresche) - vini regionali - £ 20/50000.

SERVIZI E LOCALI COMUNI: parcheggio, telefono, sala TV, sala lettura. SPORT E TEMPO LIBERO: piscina; corsi di cucina, visite nei dintorni, passeggiate nel bosco. COLTIVAZIONI: olivi, bosco, cereali, castagni. PRODOTTI IN VENDITA: olio, castagne, confetture.

Poggio Istiano

S.S. 2 (Via Cassia) al km 177, tel. 0577887046, fax 0577887046 - ettari 103 - &. - chiusura: sempre aperto - ✗

▶ Abbandonare la A1 in corrispondenza dell'uscita Chiusi-Chianciano Terme e percorrere la Statale 146 fino a raggiungere San Quirico d'Orcia (40 km circa); da qui prendere la Via Cassia (Statale 2) verso Sud e dopo 5,5 km si incontra la deviazione a destra che conduce a Castiglione d'Orcia. L'azienda si trova 5 km a Sud della località.

Al centro del Parco Artistico Naturale della Val d'Orcia, vacanza di sole e d'ozio ai bordi della piscina, nello spettacolare scenario delle colline di Pienza, Montepulciano e Montalcino (e a due chilometri quella piccola meraviglia termale di Bagno Vignoni).

APPARTAMENTI: 3 di varia disposizione per 2/5 persone, con biancheria letto, biancheria bagno, biancheria cucina, uso lavanderia, stoviglie, riscaldamento, televisore - affitto al giorno per persona £ 50/75000.

riservato agli ospiti - cucina toscana (pici all'aglione, ravioli tartufati) - vini locali di produzione propria - £ 25/55000.

SERVIZI E LOCALI COMUNI: sala lettura. SPORT E TEMPO LIBERO: piscina; pesca, visite guidate. COLTIVAZIONI: olivi, viti, cereali. PRODOTTI IN VENDITA: vino, olio.

Sant'Alberto

a Campiglia d'Orcia (Cap 53029), Via Cassia al km 167, tel. 0577880155 oppure 03382988959, fax 0577 897227 - ettari 95 - ♿ - chiusura: sempre aperto - ❧ previo accordi.

▶ In corrispondenza del km 167 della Via Cassia (Statale 2), imboccare la deviazione verso Ovest per Campiglia d'Orcia. Al bivio tenere la sinistra per raggiungere l'azienda.

La millenaria Via Francigena attraversa il podere evocando storie antiche e il piacere di scoprire borghi e città medievali. Punto di partenza del viaggio nel tempo e nei sapori senesi è un casolare - rossi gli intonaci sull'ocra e il verde della campagna - con la calda atmosfera del passato creata dal cotto e dal legno, dagli arredi e dai focolari.

CAMERE CON SERVIZI: 1 doppia - pernottamento per persona £ 45/55000, prima colazione £ 10000.
APPARTAMENTI: 1 monolocale per 2 persone, 1 bilocale per 3 persone, 1 di ampia metratura per 7 persone, con biancheria cucina, stoviglie - affitto al giorno £ 100/250000, affitto a settimana £ 600/1500000. Deposito cauzionale £ 250000.
SOGGIORNO MINIMO: 2 notti, in agosto 1 settimana.
Note: *la camera e gli appartamenti sono dotati di biancheria per letto e per bagno, televisore, riscaldamento a gas liquido e lavanderia; telefono a richiesta.*
SERVIZI E LOCALI COMUNI: parcheggio, barbecue. SPORT E TEMPO LIBERO: ping pong; disponibilità di mountain bike. COLTIVAZIONI: grano, oleaginose, foraggio.

Castiglion Fiorentino (AR)

m 345 ✉ 52043

Casali in Val di Chio

via S. Cristina 16, tel. 0575650179 oppure 0335 8365442, fax 0575650179 - ettari 260 - chiusura: sempre aperto - ❧
▶ Da Arezzo prendere la Statale 71 in direzione di Cortona. Dopo 15,5 km si giunge a Castiglion Fiorentino. La reception dell'azienda si trova in località Santa Cristina, 5 km a Est di Castiglion Fiorentino in direzione di Città di Castello.

Due casali in pietra, dovizissosamente arredati, il giardino fiorito e il rettangolo azzurro e invitante della piscina, tutt'intorno olivi e querce. Nello sguardo, come in

un dipinto, la Val di Chiana e Castiglion Fiorentino, antiche case e palazzetti lungo le vie del borgo medievale. Tra le numerose prospettive di turismo, le più belle località di Toscana e Umbria.

APPARTAMENTI: 5 di varia disposizione per 4 persone, con biancheria letto, biancheria bagno, biancheria cucina, uso lavanderia, stoviglie, lavastoviglie, lavatrice, telefono, televisore, barbecue - affitto al giorno £ 115/340000, affitto a settimana £ 800/2400000. Deposito cauzionale £ 250000.
SOGGIORNO MINIMO: 2 notti. CARTE DI CREDITO: Visa, Eurocard, Mastercard, Diner's Club.
SPORT E TEMPO LIBERO: piscina; disponibilità di mountain bike, corsi di cucina. COLTIVAZIONI: olivi, viti, granoturco, grano, girasoli. PRODOTTI IN VENDITA: vino, olio.

La Pievuccia ⭐

località Santa Lucia 118, tel. 0575651007, fax 0575 651007 - ettari 20 - ♿ - chiusura: sempre aperto - ❧ previo accordi.

▶ Dall'uscita Monte San Savino della A1, procedere verso Est fino a Castiglion Fiorentino; arrivati in paese, seguire la segnaletica per Pievuccia-Santa Lucia: ancora un paio di chilometri verso Sud.

Fattoria della Val di Chiana composta da casa padronale con cantine e ristoro a pianterreno e da due annessi rustici convertiti con mano felice ad alloggio agrituristico. La vicinanza del confine proietta spesso i pensieri verso l'Umbria. In azienda si coltiva biologico e si organizzano settimane verdi per gruppi di ragazzi in autunno e in primavera.

APPARTAMENTI: 3 bilocali per 2/3 persone, 1 di ampia metratura per 6/8 persone, con biancheria letto, biancheria bagno, biancheria cucina, stoviglie, lavatrice, ri-

scaldamento centralizzato, caminetto - affitto al giorno £ 80/240000, affitto a settimana £ 560/1600000. Deposito cauzionale £ 200/300000.

Soggiorno minimo: 3 giorni.

)|(cucina toscana (zuppa di farro ai porcini, ribollita) - vini di produzione propria - £ 40/55000.

Servizi e locali comuni: parcheggio, telefono, sala TV, sala lettura, parco giochi bimbi. Sport e tempo libero: piscina, ping pong; noleggio mountain bike, guida ai lavori agricoli, corsi di cucina, degustazione vini dell'azienda, corsi di apicoltura, corsi di pittura, escursioni, trekking. Coltivazioni: olivi, viti, bosco, cereali, ortaggi, alberi da frutta. Allevamenti: pollame, conigli, piccioni, api. Prodotti in vendita: vino, vinsanto, olio extravergine d'oliva, frutta, verdura, miele.

Lodolazzo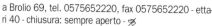

a Brolio 69, tel. 0575652220, fax 0575652220 - ettari 40 - chiusura: sempre aperto - ⚥

▶ Lasciare la A1 alla stazione Val di Chiana e immettersi sulla Statale 327 per Arezzo; 4 km dopo Foiano della Chiana, deviare a destra verso Castiglion Fiorentino per 2 km e poi ancora a destra seguendo la segnaletica.

L'ampio porticato antistante gli alloggi è la caratteristica più appariscente di questo agriturismo che per il resto bene impressiona per la razionalità d'impianto e la cura del dettaglio negli arredi. Posizione di crinale, panoramica e ventilata. Si organizzano settimane verdi per ragazzi con accompagnatore.

⊞ Appartamenti: 1 monolocale per 3 persone, 2 bilocali per 4 persone, 1 di 3 locali per 6 persone, con stoviglie, riscaldamento a consumo, televisore - affitto al giorno £ 120/190000, affitto a settimana £ 600/900000, fornitura biancheria £ 10000 per persona a settimana, supplemento per eventuale pulizia finale £ 60000. Deposito cauzionale £ 200000.

Soggiorno minimo: 2 notti.

Servizi e locali comuni: parcheggio, telefono, sala TV, sala giochi bimbi, barbecue. Sport e tempo libero: piscina, pallavolo; noleggio mountain bike. Coltivazioni: olivi, viti, cereali, girasoli, barbabietole. Prodotti in vendita: vino, olio, miele.

Villa Schiatti

a Montecchio, tel. 0575651481, fax 0575651482 - ettari 3 - ♿ - apertura: marzo-metà novembre - ♘ previo accordi.

▶ Da Castiglion Fiorentino, sulla Statale 71 che proviene da Arezzo, proseguire per 5 km verso Cortona; superata Montecchio, deviare a sinistra in corrispondenza del cartello "Villa Schiatti" e proseguire per altri 800 m.

Accoglienza di livello alberghiero negli ambienti ricchi d'atmosfera di un complesso rurale ottocentesco che svetta su un colle. Da ogni parte ampie vedute sulla Val di Chiana, con distese di olivi e macchie di vegetazione spontanea.

🔑 Camere senza servizi: 1 singola, 2 doppie, con riscaldamento centralizzato; 2 bagni in comune - pernottamento per persona £ 45/60000, prima colazione £ 10/12000, pensione £ 105/120000. Camere con servizi: 1 singola, 6 doppie, con uso lavanderia, riscaldamento centralizzato, televisore - pernottamento per persona £ 45/60000, prima colazione £ 10/12000, pensione £ 105/120000.

⊞ Appartamenti: 1 di 3 locali per 4 persone, con uso lavanderia, stoviglie, riscaldamento, televisore - affitto al giorno £ 110/160000.

Soggiorno minimo: 3 giorni in appartamento. Carte di credito: American Express, Diner's Club, Visa.

Note: *le camere e l'appartamento sono dotati di biancheria per letto e per bagno, telefono.*

)|(cucina della tradizione locale (zuppe, arrosti) - vini regionali - £ 25/45000.

Servizi e locali comuni: parcheggio, telefono, sala lettura, sala giochi bimbi. Sport e tempo libero: piscina, ping pong; noleggio mountain bike, passeggiate nel bosco. Coltivazioni: bosco. Prodotti in vendita: olio d'oliva.

Cavrìglia (AR)

m 281 ✉ 52022

Fattoria di Barberino

a Meleto (Cap 52020), viale Barberino 21, tel. 055 961321, fax 055961071 - ettari 40 - chiusura: sempre aperto - ⚥ salvo accordi.

▶ Abbandonata la A1 allo svincolo Valdarno, dirigersi verso Nord; giunti poco oltre San Giovanni Valdarno, seguire le indicazioni per Meleto-Castelnuovo dei Sabbioni; quindi segnaletica la "Villa Barberino".

Al centro del triangolo Firenze-Siena-Arezzo, Barberino è un borgo di origini trecentesche, raccolto intorno a una villa padronale. Il complesso, ristrutturato con rigoroso rispetto della sua antica fisionomia, si è trasformato in un

soggiorno agrituristico di rara suggestione grazie anche al curato giardino all'italiana, ai concerti, alle cene rinascimentali e alle mostre artistiche che vi hanno luogo.

🛏 CAMERE CON SERVIZI: 1 singola, 3 doppie - pernottamento per persona £ 60/70000, prima colazione £ 10/15000, mezza pensione £ 90/100000.

⊞ APPARTAMENTI: 2 bilocali per 2/3 persone, 2 di più locali per 6/8 persone, con biancheria cucina, stoviglie - affitto a settimana £ 700/1600000. Deposito cauzionale £ 300000.

SOGGIORNO MINIMO: 3 giorni in camera, 1 settimana in appartamento. CARTE DI CREDITO: CartaSi, Bancomat.

Note: *le camere e gli appartamenti sono dotati di biancheria per letto e per bagno, telefono e riscaldamento centralizzato.*

🍴 cucina toscana e internazionale (carni alla brace) - vini regionali - £ 40/70000.

SERVIZI E LOCALI COMUNI: parcheggio, telefono, sala lettura, taverna. SPORT E TEMPO LIBERO: piscina, campo da tennis; guida ai lavori agricoli, visite nei dintorni. COLTIVAZIONI: olivi, viti, bosco, frumento, alberi da frutta. ALLEVAMENTI: ovini, animali di bassa corte, api. PRODOTTI IN VENDITA: vino, olio, frutta, miele.

Cècina (LI)

m 15 ✉ 57023

Elisabetta

a Collemezzano, via Tronto 10/14, tel. 0586661392 oppure 0586661096, fax 0586661392 - ettari 25 - ♿ - apertura: marzo-ottobre - ♨ previo accordi.

▶ Dalla città raggiungere San Pietro in Palazzi, poi percorrere 2 km in direzione di Volterra; appena dopo il superamento della superstrada, svoltare a sinistra verso Collemezzano.

Vasto complesso agrituristico articolato attorno a un nucleo padronale del Settecento. Ambientazione rustica con servizi di standard alberghiero. Le spiagge di Marina di Cecina sono a 4 km. Su prenotazione si organizzano settimane verdi per ragazzi.

🛏 CAMERE CON SERVIZI: 29 doppie, 3 suites, con biancheria letto, biancheria bagno, riscaldamento, telefono, radio, frigobar, televisore satellitare - pernottamento per persona £ 90/140000, mezza pensione

£ 135/175000, supplemento camera singola £ 25000.
APPARTAMENTI: 2 bilocali per 4 persone - affitto a settimana £ 1400/2000000.
SOGGIORNO MINIMO: 3 giorni in alta stagione. CARTE DI CREDITO: American Express, CartaSi, Diner's Club.
Note: *bambini fino a 3 anni £ 20000, da 4 a 6 anni sconto 50%, da 7 a 12 anni sconto 30%.*
riservato agli ospiti - cucina toscana - vini locali di produzione propria - £ 50000.
SERVIZI E LOCALI COMUNI: parcheggio. SPORT E TEMPO LIBERO: piscina; noleggio biciclette, guida ai lavori agricoli, osservazione degli animali, visite nei dintorni. COLTIVAZIONI: olivi, viti, alberi da frutta. ALLEVAMENTI: ovini. PRODOTTI IN VENDITA: vino, olio d'oliva.

Chianciano Terme (SI)

m 475 ✉ 53042

Palazzo Bandino

a Palazzo Bandino, via Stiglianesi 3, tel. 057861199, fax 057862021 - ettari 40 - ♿ - chiusura: metà gennaio-metà marzo - piccola taglia.
▶ Solo 2 km dall'entrata nella città termale; per chi proviene dall'autostrada, accesso contrassegnato da due cipressi e apposito cartello.

Negli immediati dintorni della celebre località termale, raffinato soggiorno presso un casale seicentesco, convertito all'agriturismo dopo meticoloso restauro. Impianti modernissimi, di standard alberghiero, per una vacanza rurale all'insegna del comfort.

CAMERE CON SERVIZI: 3 doppie - pernottamento per persona £ 100/110000, prima colazione £ 10000, possibilità di soggiorno anche a mezza pensione o a pensione completa.

APPARTAMENTI: 4 monolocali per 2/3 persone, 1 bilocale per 3 persone, 1 di 3 locali per 6 persone, con biancheria cucina, stoviglie, riscaldamento a gas, cassaforte - affitto al giorno £ 150/220000, affitto a settimana £ 800/1500000. Deposito cauzionale £ 300000 alla prenotazione.
SOGGIORNO MINIMO: 3 giorni (appartamenti).
Note: *le camere e gli appartamenti sono dotati di biancheria per letto e per bagno.*
riservato agli ospiti - cucina toscana (primi piatti, arrosti) - vini di produzione propria - £ 29/60000.
SERVIZI E LOCALI COMUNI: parcheggio, telefono, sala TV, taverna. SPORT E TEMPO LIBERO: piscina, ping pong; visita ai vigneti e alla cantina con degustazione, visite nei dintorni. COLTIVAZIONI: olivi, viti. ALLEVAMENTI: api. PRODOTTI IN VENDITA: vino DOC, olio, miele.

Civitella Pagànico (GR)

m 44 ✉ 58045

Piatina

a Monte Antico (Cap 58030), tel. 0564991037 oppure 0336271712, fax 0564991037 - ettari 150 - ♿ - chiusura: sempre aperto -
▶ Dalla Statale 223 Grosseto-Siena, svincolo di Paganico per il monte Amiata; dopo 2,5 km svoltare a sinistra in direzione di Monte Antico e Petriolo; lasciare questa strada seguendo la segnaletica dell'azienda.

L'azienda ha sede in un antico casale in pietra posto in cima a un colle dal quale si domina il paesaggio della Maremma fino al monte Amiata. Si soggiorna in camere molto ampie arredate in stile rustico. Il gusto dell'ospitalità e il vivo senso della tradizione fanno il resto. A richiesta corsi di tiro con l'arco e yoga.

CAMERE SENZA SERVIZI: 2 doppie; 1 bagno in comune - pernottamento per persona £ 45/50000, prima colazione £ 5/10000, pensione £ 95/110000. CAMERE CON SERVIZI: 6 doppie, 1 a 3 letti - pernottamento per persona £ 45/50000, pensione £ 95/110000. Deposito cauzionale 10%.
SOGGIORNO MINIMO: 3 giorni.
Note: *le camere sono dotate di biancheria per letto, per bagno e per cucina, uso cucina, frigorifero, riscaldamento autonomo e uso lavanderia.*
cucina casalinga (prenotare) - vini regionali di produzione propria - £ 22/40000.

Toscana

Servizi e locali comuni: parcheggio, telefono, sala TV, sala lettura, taverna. Sport e tempo libero: piscina, gioco bocce, tiro con l'arco, ping pong, maneggio, ricovero cavalli; noleggio mountain bike, guida ai lavori agricoli, pesca, shiatsu, corsi di equitazione, visite guidate, trekking a piedi e a cavallo. Coltivazioni: olivi, viti, cereali, granturco, colza, girasoli, ortaggi, foraggio. Allevamenti: bovini, cavalli, animali di bassa corte. Prodotti in vendita: salumi, vino, vinsanto, olio, aceto.

Colle di Val d'Elsa (SI)

m 141 ✉ 53034

Fattoria Belvedere

località Belvedere, tel. 0577920009, fax 0577923500 - ettari 60 - chiusura: sempre aperto - ⌖
▶ Di estrema comodità per la vicinanza col raccordo autostradale Firenze-Siena: l'azienda si trova infatti a meno di 500 m dallo svincolo Colle Val d'Elsa Sud, in direzione di Colle di Val d'Elsa.

Il nucleo principale dell'azienda è costituito dalla villa settecentesca, con ampio parco e adibita ad albergo e ristorante. L'accoglienza agrituristica ha luogo in tre gruppi di case coloniche di cui due in fattoria e la restante a poca distanza. Ideale per turismo equestre.

⊞ Appartamenti: 4 bilocali per 2 persone, 4 di più locali per 5 persone, con biancheria letto, biancheria bagno, biancheria cucina, stoviglie, riscaldamento centralizzato o autonomo - affitto a settimana £ 600/1000000, pulizia finale £ 30000.
Soggiorno minimo: 1 settimana.
◗¶ riservato agli ospiti - cucina toscana (ribollita, arrosti) - vini locali di produzione propria - £ 30/40000.
Servizi e locali comuni: parcheggio, telefono. Sport e tempo libero: piscina, campo da tennis, gioco bocce, ping pong; corsi di cucina, degustazione vini dell'azienda, trekking. Coltivazioni: olivi, viti, cereali. Allevamenti: caprini, animali di bassa corte, api. Prodotti in vendita: salumi, vino, olio, miele.

La Pieve

a Campiglia dei Foci, tel. 0577920130 - ettari 27 - chiusura: sempre aperto - ⌖
▶ Da Siena percorrere il raccordo autostradale per Firenze, uscire a Colle di Val d'Elsa Nord e raggiungere la località tramite 2,7 km di Statale 68. Proseguire per altri 5 km circa fino a Campiglia di Foci.

Sulla sommità di una collina, una caratteristica casa colonica in pietra, con ambienti d'impronta tradizionale e, quando rinfresca, il piacere del caminetto. La scoperta del Senese inizia dalla medievale Colle di Val d'Elsa: antiche dimore, chiese e scorci suggestivi ma anche buona tavola e vini.

⊞ Appartamenti: 1 bilocale per 3 persone, 3 di varia disposizione per 3/5 persone, con biancheria letto, biancheria bagno, biancheria cucina, uso lavanderia, stoviglie, riscaldamento centralizzato, televisore, caminetto - affitto a settimana £ 700/940000. Deposito cauzionale £ 200000 alla prenotazione.
Soggiorno minimo: 1 settimana.
Servizi e locali comuni: parcheggio, solarium, barbecue. Coltivazioni: olivi, viti. Allevamenti: cavalli. Prodotti in vendita: olio d'oliva.

Cortona (AR)

m 494 ✉ 52044

Borgo Elena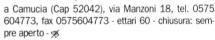

a Camucia (Cap 52042), via Manzoni 18, tel. 0575 604773, fax 0575604773 - ettari 60 - chiusura: sempre aperto - ⌖
▶ Uscire allo svincolo Cortona del raccordo autostradale per Perugia e proseguire verso Nord fino ai piedi di Cortona; dopo la località Il Sodo, sulla Statale 71 per Arezzo, piegare a destra per circa 2 km.

Piccolo borgo di case coloniche convertite all'agriturismo con mano felicissima. La cura posta anche ai minimi dettagli nel salvaguardare gli aspetti caratteristici dell'edilizia spontanea fanno di questo complesso un caso esemplare di recupero a scopo turistico.

⊞ Appartamenti: 3 di varia disposizione per 4/6 persone, con biancheria letto, biancheria bagno, biancheria cucina, uso lavanderia, stoviglie, riscaldamento a consumo - affitto a settimana £ 800/1400000.
Soggiorno minimo: 1 settimana in estate.

Note: sconto 10% per soggiorni superiori a 1 settimana. SERVIZI E LOCALI COMUNI: parcheggio. SPORT E TEMPO LIBERO: piscina; disponibilità di mountain bike, passeggiate a cavallo. COLTIVAZIONI: olivi, viti, cereali, barbabietole. PRODOTTI IN VENDITA: vino, olio, marmellate.

Cà de Carlicchi

a Teverina, località Seano, tel. 0575616091, fax 0575 616091 - ettari 15 - chiusura: sempre aperto - ⏹

Da Cortona percorrere circa 20 km della Provinciale per Città di Castello, poi deviare a destra per Seano su strada bianca seguendo la segnaletica per San Leo Bastia; procedere su questa via finché un cartello indica l'azienda in collina.

Si soggiorna nel verdeggiante paesaggio collinare che segna il confine con l'Umbria presso un bel rustico in pietra, completamente rinnovato e arredato in modo consono alle sue origini ottocentesche. Intorno a casa la pace più totale; a Cortona, Arezzo e Sansepolcro cultura e un po' di "vita".

⊞ APPARTAMENTI: 3 di varia disposizione per 2/4/6 persone, con biancheria letto, biancheria cucina, uso lavanderia, stoviglie, riscaldamento, caminetto - mezza pensione £ 90/100000; pulizia finale £ 50/70000. SOGGIORNO MINIMO: 1 settimana.

♨ riservato agli ospiti - cucina toscana (tartufi, funghi) - vini locali - £ 30/40000.

SERVIZI E LOCALI COMUNI: parcheggio, telefono, taverna. SPORT E TEMPO LIBERO: piscina, ping pong; disponibilità di mountain bike, passeggiate. COLTIVAZIONI: granoturco, girasoli, foraggio. ALLEVAMENTI: ovini. PRODOTTI IN VENDITA: agnelli, verdura.

Fattoria Le Giare

a Fratticciola, località Ronzano 14, tel. 0575638063, fax 0575638063 - chiusura: sempre aperto - ✗

▶ Percorrere la superstrada per Perugia fino all'uscita Cortona-Foiano; da qui dirigere, a destra, su Creti e superarla di circa 3 km.

Questa antica casa rurale in posizione tranquilla e panoramica è stata suddivisa in sei appartamenti agrituristici. A seconda dello stato d'animo, si ozia sul bordo della piscina oppure si parte per una delle molte mete turistiche toscane e umbre che sono nel raggio di una cinquantina di chilometri.

⊞ APPARTAMENTI: 4 bilocali per 3/4 persone, 2 di 3 locali per 4/6 persone, con biancheria letto, biancheria bagno, biancheria cucina, uso lavanderia, stoviglie, riscaldamento a gas - affitto al giorno £ 80/160000, biancheria £ 10000 per persona, riscaldamento a consumo, supplemento per pulizia finale £ 50000. Deposito cauzionale £ 200000.

Note: tutti gli appartamenti sono dotati di zanzariere alle finestre, tre dispongono anche di caminetto. SERVIZI E LOCALI COMUNI: parcheggio, telefono, sala TV, sala lettura, sala giochi bimbi, barbecue, forno a legna. SPORT E TEMPO LIBERO: piscina, gioco bocce, ping pong; noleggio mountain bike, guida ai lavori agricoli, osservazione degli animali, corsi di cucina, corsi di lingue, visite nei dintorni, visita a botteghe artigiane. COLTIVAZIONI: olivi, viti, cereali, girasoli, ortaggi, barbabietole, alberi da frutta, meloni, tabacco. ALLEVAMENTI: suini, pollame, conigli. PRODOTTI IN VENDITA: pollame, salumi, vino, vinsanto, olio, verdura, formaggio, marmellate.

I Pagliai ⭐

a Montalla 23, tel. 0575603676 oppure 0347 6227083, fax 0575603676 - ettari 22 - chiusura: sempre aperto - ⏹ previo accordi.

▶ Deviare dalla direttrice Arezzo-Lago Trasimeno, ai piedi di Cortona percorrere circa 2 km, poi deviare a destra seguendo le indicazioni per Mercatale; procedere ancora per 1 km, poi svoltare a destra per Montalla.

L'azienda agrituristica, che ha sede in una contrada rurale, mette a disposizione degli ospiti due rustici indipendenti ristrutturati con tutti i crismi. Ristorazione su richiesta esclusivamente per gli ospiti. Si organizzano, previo accordi, settimane verdi per piccoli gruppi di ragazzi e corsi di tennis.

📷 CAMERE CON SERVIZI: 2 doppie, con uso cucina - pernottamento per persona £ 45/55000, prima colazione £ 5000.

⊞ APPARTAMENTI: 2 di varia disposizione e 1 casale con biancheria cucina, stoviglie, telefono - affitto al giorno £ 100/180000, pulizia finale £ 50000. CARTE DI CREDITO: CartaSi.

Note: le camere e gli appartamenti sono dotati di biancheria per letto e per bagno, uso lavanderia, riscaldamento autonomo e televisore. SERVIZI E LOCALI COMUNI: sala lettura, taverna, barbecue, forno a legna. SPORT E TEMPO LIBERO: pallavolo, maneggio, ricovero cavalli; noleggio mountain bike, osservazione degli animali, passeggiate a cavallo, corsi di equitazione, visite guidate, trekking. COLTIVAZIONI: olivi, viti, cereali, girasoli, foraggio. ALLEVAMENTI: bovini. PRODOTTI IN VENDITA: vino, olio, marmellate, miele.

La Vecchia Fornace

a San Lorenzo (Cap 52042), tel. 0575692245, fax 0575 692245 - ettari 2 - chiusura: sempre aperto - ✎ previo accordi.

▶ Dall'uscita Cortona del raccordo autostradale per Perugia, dirigersi verso Cortona città; dopo circa 2 km, deviare a destra per raggiungere San Lorenzo.

Questo antico casale, ristrutturato con mano felicissima, sorge a poca distanza dalla medievale Cortona e, dunque, in posizione strategica non solo per visitare le province di Arezzo e Siena, ma anche per sconfinare in tutta l'Umbria.

⊞ APPARTAMENTI: 4 di varia disposizione per 4/8 persone, con stoviglie, riscaldamento autonomo, televisore, caminetto - affitto al giorno £ 100/250000, affitto a settimana £ 560/1500000, riscaldamento a consumo, biancheria a richiesta. Deposito cauzionale 30%. SOGGIORNO MINIMO: 2 notti.

SERVIZI E LOCALI COMUNI: parcheggio, telefono, parco giochi bimbi. SPORT E TEMPO LIBERO: piscina, gioco bocce, pallavolo, campo di calcetto, tiro con l'arco, ping pong; noleggio mountain bike, passeggiate nel bosco. COLTIVAZIONI: bosco, seminativi.

Fièsole (FI)

m 295 ⊠ 50014

Fattoria Poggiopiano

a Compiobbi (Cap 50061), via dei Bassi 13, tel. 055 6593020, fax 0556593020 - ettari 17 - ⅊ - chiusura: sempre aperto - ✎
▶ Compiobbi, benché frazione di Fiesole, è raggiungibile più facilmente da Firenze in quanto si trova a circa metà della direttrice per Pontassieve: al paese di Girone, proseguire per 300 m, poi svoltare a sinistra passando sotto la ferrovia.

A soli 7 chilometri da Firenze, tra i colli che si affacciano alla valle dell'Arno, si viene accolti in un confortevole e rinnovato casolare di pietra preceduto da un ampio lastricato. Tutt'intorno il podere a oliveti e vigne.

🐟 CAMERE CON SERVIZI: 2 a 3 letti, con uso cucina - pernottamento per persona £ 35/55000.

⊞ APPARTAMENTI: 2 monolocali per 3 persone, 4 bilocali per 2/4 persone, 1 di 3 locali per 4/6 persone, con biancheria cucina, stoviglie - affitto al giorno per persona £ 40/60000.

SOGGIORNO MINIMO: 3 giorni.

Note: *le camere e gli appartamenti sono dotati di biancheria per letto e per bagno, telefono e riscaldamento centralizzato; si accettano le principali carte di credito.* SERVIZI E LOCALI COMUNI: parcheggio. SPORT E TEMPO LIBERO: piscina; percorsi per mountain bike. COLTIVAZIONI: olivi, viti. PRODOTTI IN VENDITA: vino, olio extravergine d'oliva.

Figline Valdarno (FI)

m 126 ⊠ 50063

La Palagina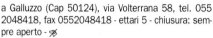

via Grevigiana 11/12, tel. 0559502029 oppure 0335 6754383, fax 055952001 - ettari 101 - ⚒ - chiusura: sempre aperto - ⚞

▶ Dall'uscita Incisa della A1 imboccare la Statale 69 verso Figline Valdarno; prima di raggiungerla, deviare a destra in direzione di Greve in Chianti e proseguire per circa 4 km.

Una villa rinascimentale è fulcro di un'azienda del Chianti Fiorentino e cornice per stimolanti soggiorni di turismo rurale. Ai piaceri domestici - la piscina, la frescura del parco, le passeggiate - si aggiungono varie escursioni a sfondo culturale ed enogastronomico. Ristorante in allestimento.

🐟 CAMERE CON SERVIZI: 6 doppie - pernottamento per persona £ 120/180000, riduzioni per bambini fino a 12 anni.

⊞ APPARTAMENTI: 1 monolocale per 2/3 persone, 2 bilocali per 2/4 persone, 2 di varia metratura per 4/6 per-

sone, con biancheria cucina, uso lavanderia - affitto a settimana £ 600/1600000, pulizia finale £ 50000. Deposito cauzionale £ 250000.

SOGGIORNO MINIMO: 3 notti (appartamenti). CARTE DI CREDITO: tutte.

Note: *le camere e gli appartamenti sono dotati di biancheria per letto e per bagno, telefono, televisore satellitare e riscaldamento autonomo.*

SERVIZI E LOCALI COMUNI: parcheggio, sala lettura. SPORT E TEMPO LIBERO: piscina; trekking. COLTIVAZIONI: olivi, viti, alberi da frutta. PRODOTTI IN VENDITA: vino, olio extravergine d'oliva.

Firenze

m 50 ⊠ 50100

La Fattoressa

a Galluzzo (Cap 50124), via Volterrana 58, tel. 055 2048418, fax 0552048418 - ettari 5 - chiusura: sempre aperto - ⚞

▶ Uscita Firenze Certosa della A1, poi verso il centro di Galluzzo; in piazza piegare a sinistra al semaforo e sempre diritto fino al numero civico 24; girare a destra e dopo 50 m svoltare a sinistra.

La pace della campagna a pochi passi dal centro città. L'agriturismo trova spazio in una casa colonica del Settecento ai piedi della Certosa di Firenze, contornata da un soleggiato giardino, dal frutteto e dai campi coltivati. Le camere sono ricavate da un antico fienile ristrutturato.

🐟 CAMERE CON SERVIZI: 3 doppie, 3 a 3 letti, con biancheria letto, biancheria bagno, riscaldamento - pernottamento per persona £ 70000; biancheria £ 20000 a cambio. Deposito cauzionale da concordare.

SOGGIORNO MINIMO: 2 notti.

◗¶ riservato agli ospiti - cucina casalinga (bistecca alla fiorentina) - vini locali - £ 40/50000.

SERVIZI E LOCALI COMUNI: parcheggio, telefono, sala TV. COLTIVAZIONI: olivi, ortaggi, alberi da frutta. ALLEVAMENTI: pollame.

Le Macine

viuzzo del Pozzetto 1, tel. 0556531089, fax 055 6531089 - ettari 5 - chiusura: sempre aperto - ⚞

▶ Dall'uscita Firenze Sud della A1, proseguire verso il centro città per 2 km, poi svoltare a destra per Bagno a Ripoli e quindi a sinistra accanto al distributore Q8.

Si soggiorna nella piana di Ripoli in un edificio di origini seicentesche, tra ville rinascimentali e viuzze ideali per bucoliche passeggiate tra olivi e frutteti. Il com-

plesso in cui è inserita l'azienda, è costituito da miniappartamenti con ingresso indipendente, arredati con gusto. Giardino "d'autore".

☞ CAMERE CON SERVIZI: 1 a 4 letti, con uso cucina - pernottamento per persona £ 40/70000.

⊞ APPARTAMENTI: 2 monolocali per 3/4 persone, con stoviglie, riscaldamento centralizzato - affitto al giorno per persona £ 40/70000.

Note: la camera e gli appartamenti sono dotati di biancheria per letto e per bagno; soggiorno gratuito per bambini fino a 3 anni.

SERVIZI E LOCALI COMUNI: parcheggio, telefono. SPORT E TEMPO LIBERO: ping pong. COLTIVAZIONI: olivi, viti, ortaggi, alberi da frutta. PRODOTTI IN VENDITA: vino, olio, frutta, verdura.

Fivizzano (MS)

m 326 ⊠ 54013

Il Bardellino

a Soliera (Cap 54018), località Bardellino, tel. 0585 93304, fax 058593304 - ettari 16 - chiusura: sempre aperto - 🐾

▶ Dall'uscita Aulla della A15 percorrere 9 km della Statale 63, quindi svoltare a sinistra verso Soliera; seguire la segnaletica dell'azienda.

Percorrendo la strada che sale al passo del Cerreto si incontra questa casa colonica del primo Settecento dove l'accoglienza è calda e familiare. L'orizzonte, aperto sulle Alpi Apuane, evoca escursioni in quota ma anche al mare che dista non più di mezz'ora d'auto.

☞ CAMERE CON SERVIZI: 3 doppie, 3 a più letti, con biancheria letto, biancheria bagno, riscaldamento centralizzato - pernottamento per persona £ 45/50000, pensione £ 65/75000, sconto 30% sul prezzo di pensione per bambini fino a 7 anni.

SOGGIORNO MINIMO: 1 settimana in luglio e agosto.

🚗 2 equipaggi.

🍴 cucina della Lunigiana - vini regionali di produzione propria - £ 16/32000.

SERVIZI E LOCALI COMUNI: parcheggio, telefono. SPORT E TEMPO LIBERO: piscina, gioco bocce, ping pong; noleggio mountain bike, guida ai lavori agricoli, osservazione degli animali. COLTIVAZIONI: olivi, viti, cereali, ortaggi, alberi da frutta. ALLEVAMENTI: caprini, pollame. PRODOTTI IN VENDITA: animali vivi, vino, olio, frutta, verdura, formaggio.

Gaiole in Chianti (SI)

m 360 ⊠ 53013

Borgo Casa al Vento

località Casa al Vento, tel. 0577749068 (informazioni 022640646), fax 022640754 - ettari 8 - chiusura: sempre aperto - 🐾

▶ Dall'uscita Valdarno della A1 imboccare la Statale 408 verso Siena; giunti a Gaiole in Chianti, seguire la segnaletica per Borgo Casa al Vento; dopo 3 km si arriva in azienda.

Un'atmosfera d'altri tempi aleggia ancora nel borgo medievale, oggi convertito all'accoglienza turistica. Gli ospiti sono alloggiati presso rustici di intatta fisionomia, arredati in modo confortevole e coerente alle loro origini. A loro disposizione le strutture comuni del complesso e un laghetto.

☞ CAMERE CON SERVIZI: 1 doppia, con frigorifero - forfait settimanale £ 400/800000, possibilità di soggiorno anche a mezza pensione.

⊞ APPARTAMENTI: 11 di varia disposizione per 2/4/6/8 persone, con biancheria cucina, uso lavanderia, stoviglie, caminetto - affitto a settimana £ 600/3000000.

SOGGIORNO MINIMO: 2 notti. CARTE DI CREDITO: tutte.

Note: la camera e gli appartamenti sono dotati di biancheria per letto e per bagno, riscaldamento a consumo e televisore.

SERVIZI E LOCALI COMUNI: parcheggio, telefono, sala lettura, taverna, forno a legna. SPORT E TEMPO LIBERO: piscina, campo da tennis; noleggio mountain bike, osservazione degli animali, pesca, visite nei dintorni, passeggiate nel bosco. COLTIVAZIONI: olivi, viti. ALLEVAMENTI: caprini, pollame, cigni. PRODOTTI IN VENDITA: uova, vino, olio.

Castello di Tornano

località Tornano, tel. 0577746067 oppure 055 6580918, fax 0577746067 - ettari 150 - chiusura: sempre aperto - 🐾 previo accordi.

▶ Dall'uscita Valdarno della A1, toccare i sobborghi di Montevarchi e, da qui, raggiungere e superare Gaiole in Chianti percorrendo la Statale 408 verso Siena; dopo circa 5 km, bivio a sinistra per il Castello di Tornano.

Il maestoso torrione evoca bellicosi trascorsi ma oggi alla sua ombra si villeggia all'insegna della massima tranquillità. Un appartamento è ricavato proprio nel castello, altri nelle case del borgo circostante; a poca distanza dall'abitato un rustico indipendente.

APPARTAMENTI: 2 bilocali per 2 persone, 7 di varia disposizione per 4 persone, con biancheria letto, biancheria bagno, biancheria cucina, uso lavanderia, stoviglie, riscaldamento centralizzato - affitto a settimana £ 750/3700000, supplemento per biancheria e per pulizia finale. Deposito cauzionale £ 300/500000 alla prenotazione.

SOGGIORNO MINIMO: 2 notti. CARTE DI CREDITO: tutte.

Off cucina toscana - vini locali di produzione propria.

SERVIZI E LOCALI COMUNI: parcheggio, telefono, sala TV, giochi bimbi. SPORT E TEMPO LIBERO: piscina, campo da tennis, gioco bocce, ping pong, maneggio. COLTIVAZIONI: olivi, viti. ALLEVAMENTI: bovini. PRODOTTI IN VENDITA: vino, vinsanto, olio.

Villa Vistarenni

Località Vistarenni, tel. 0577738476, fax 0577738754 - ettari 150 - chiusura: sempre aperto - ✗

▶ Dall'uscita Valdarno della A1, raggiungere Montevarchi e, da qui, proseguire sulla Statale 408; al bivio per la Badia di Coltibuono, mantenere la destra in direzione di Radda in Chianti; dopo 6 km, svoltare a sinistra imboccando un viale di cipressi lungo circa 1 km.

Al centro di un'azienda affacciata alle colline di Radda, una spettacolare villa rinascimentale che ospita alcuni appartamenti, altri si trovano nella casa colonica alle sue spalle. I primi hanno arredo formale, i secondi di gusto rustico. La piscina, circondata da un prato, è molto panoramica.

APPARTAMENTI: 1 monolocale per 2 persone, 4 di 2/3 locali per 4/6 persone, con biancheria letto, biancheria bagno, stoviglie, lavastoviglie, riscaldamento centralizzato, telefono, caminetto - affitto a settimana £ 800/1900000, riscaldamento a consumo. Deposito cauzionale £ 500000.

SOGGIORNO MINIMO: 1 settimana. CARTE DI CREDITO: CartaSi.

SPORT E TEMPO LIBERO: piscina, campo da tennis, ping pong. COLTIVAZIONI: olivi, viti, bosco. PRODOTTI IN VENDITA: vino.

Gambassi Terme (FI)

m 332 ✉ 50050

Poggio ai Grilli

a Varna, via Vecchiarelle 165, tel. 0571631767 oppure 03387769816, fax 0571631767 - ettari 21 - chiusura: sempre aperto - ✸

▶ Percorrere la Statale 429 che, dalla periferia di Empoli, scende a Siena; giunti a Castelfiorentino, deviare a destra per Gambassi Terme; dopo 3 km, l'azienda è visibile sulla sinistra e indicata da un'insegna.

VIGNAMAGGIO

Vignamaggio è una tenuta nel Chianti vicino a Greve, conosciuta per la sua affascinante villa rinascimentale, i suoi ottimi vini, per essere il luogo di nascita della celebre Monna Lisa dipinta da Leonardo da Vinci e infine per l'ospitalità dell'agriturismo, che gode della più alta qualità della zona. L'agriturismo è costituito da camere, suites e appartamenti situati in 3 distinte case coloniche, che sono state ristrutturate con cura e con gusto. Disponiamo di campo da tennis, palestra e di due piscine, delle quali una riscaldata, inoltre gli ospiti possono usufruire di mountain bikes e di un parco giochi attrezzato per i bambini. Tutte le camere dispongono di un bagno spazioso attrezzato in modo moderno, di telefono con linea diretta e minibar. Un televisore può essere installato su richiesta. Il servizio è paragonabile a quello di un hotel di quattro stelle. La colazione è di stile americano con un'abbondante buffet self-service, servita nel salone di una delle case coloniche. Il personale parla correttamente inglese, francese e tedesco. Organizziamo per i nostri ospiti e per gruppi esterni (su prenotazione) visite guidate al giardino e alla cantina della villa, accompagnate da una degustazione dei vini prodotti. Non disponiamo di ristorante, ma vengono organizzate per i nostri ospiti due cene a settimana e le pietanze sono preparate secondo la tradizione della cucina toscana. Greve in Chianti dista circa 4 km. da Vignamaggio, e si trova a metà strada tra Firenze e Siena. Questo rende agevoli le visite ad entrambe le città e ad altre di rilevante importanza quali San Gimignano, Arezzo, Cortona. Anche l'Umbria è facilmente raggiungibile dalla zona in cui ci troviamo. Moltissimi eventi hanno luogo nell'area del Chianti durante la stagione estiva, dei quali vengono informati i nostri clienti da parte del personale dell'agriturismo. Il modo migliore per raggiungere Vignamaggio è in macchina, ma esiste un buon servizio di autobus tra Firenze e Greve; i nostri clienti possono essere accompagnati da Greve a Vignamaggio prenotando un taxi in anticipo.

52022 Greve in Chianti - Firenze
Tel. 055 854661/055 8546653 - Fax 055 8544468
E-mail: agriturismo@vignamaggio.com - Website: http://www.vignamaggio.com

Nella cornice di vigne e uliveti della Valdelsa una romantica casa colonica, con fioriture di rose rampicanti e un'ampia aia ammattonata. Tre rustici appartamenti per un soggiorno con vista sulla Valdelsa e i centri d'arte che la costellano.

⊞ Appartamenti: 3 di varia disposizione per 3/6 persone, con biancheria letto, biancheria bagno, biancheria cucina, stoviglie, riscaldamento autonomo, televisore, caminetto - affitto al giorno £ 140/190000, pulizia finale £ 40000. Deposito cauzionale 20%.
Soggiorno minimo: 3 giorni.
Servizi e locali comuni: parcheggio, sala TV. Sport e tempo libero: piscina. Coltivazioni: olivi, viti, cereali, ortaggi, alberi da frutta. Allevamenti: pollame. Prodotti in vendita: vino, olio, verdura, miele.

Gavorrano (GR)

m 273 ⊠ 58023

Arnaio

a Giuncarico (Cap 58020), podere Arnaio 8, tel. 0566 88244 oppure 03386740603, fax 056688244 - ettari 26 - apertura: Pasqua-settembre - ❧
▶ Lasciare la Via Aurelia allo svincolo Giuncarico, nel tratto che da Grosseto conduce a Follonica, poi seguire l'apposita segnaletica dell'azienda.

La residenza offre camere in stile e il piacere di un portico attrezzato. Lo sguardo domina la pianura prospettando emozioni sulle spiagge da Castiglione della Pescaia a Punta Ala, tra le antichità etrusche di Vetulonia e nella natura del Parco Regionale della Maremma.

🛏 Camere con servizi: 1 singola, 2 doppie, con biancheria letto, biancheria bagno, riscaldamento - pernottamento per persona £ 50/70000, mezza pensione £ 80/100000. Deposito cauzionale da concordare.
🍴 cucina della tradizione locale (faraona all'uva) - vini locali - £ 30/40000.
Servizi e locali comuni: parcheggio, sala TV, sala lettura.
Sport e tempo libero: corsi di cucina, degustazione di olio extravergine, bird watching. Coltivazioni: olivi, cereali. Prodotti in vendita: olio extravergine d'oliva, miele.

Montebelli ⭐

a Caldana, località Molinetto, tel. 0566887100, fax 0566 81439 - ettari 102 - ♿ - apertura: metà marzo-metà novembre - ❧

▶ Lasciare la Via Aurelia a Gavorrano Scalo (provenendo da Nord) o a Giuncarico (per chi viene da Sud), prendere la Provinciale 152 e raggiungere Caldana; seguire la segnaletica.

Azienda agrituristica a spiccato carattere equestre presso una casa colonica restaurata con garbo. Si prende alloggio in camere, con arredi d'epoca e ogni comfort, che si affacciano al parco. Tutt'intorno la macchia maremmana, ricca di profumi e di selvatiche presenze. Per il ristorante è necessaria la prenotazione.

🛏 Camere con servizi: 11 doppie, 10 a 3/4 letti, con biancheria letto, biancheria bagno, riscaldamento centralizzato, telefono, televisore - mezza pensione £ 130/170000, supplemento per camera singola £ 40000 al giorno e per suite £ 30000 al giorno, riduzioni per letto aggiunto, soggiorno gratuito per bambini fino a 2 anni. Deposito cauzionale 30% alla prenotazione.
Soggiorno minimo: 2 notti in alta stagione. Carte di credito: CartaSi, Bancomat.
🍴 cucina toscana (piatti della tradizione) - vini regionali di produzione propria - £ 30/40000.
Servizi e locali comuni: parcheggio, sala lettura. Sport e tempo libero: piscina, campo da tennis, gioco bocce, tiro con l'arco, maneggio, ricovero cavalli; disponibilità di mountain bike, corsi di cucina, passeggiate a cavallo, corsi di equitazione, trekking. Coltivazioni: olivi, viti. Allevamenti: api. Prodotti in vendita: vino DOC, grappa, olio d'oliva, miele.

Greve in Chianti (FI)

m 236 ⊠ 50022

Castello di Querceto

a Lucolena, via Dudda 61, tel. 05585921, fax 055 8592200 - ettari 180 - ♿ - chiusura: sempre aperto - ❧ piccola taglia.
▶ Dalla A1 uscire a Incisa, per chi proviene da Nord, o a Valdarno, per chi proviene da Sud; percorrere la Statale 69 fino a Figline Valdarno e da qui dirigere verso Greve in Chianti; dopo 9,3 km voltare a sinistra e raggiungere Lucolena con circa 4 km.

All'ombra del maniero longobardo, tra i vigneti del Chianti Classico, si soggiorna in confortevoli case di campagna presso una rinomata azienda vinicola. Innumerevoli le opportunità turistiche ed enogastronomiche offerte dai celebri dintorni.

⊞ Appartamenti: 4 bilocali per 8 persone, 3 di 3 locali, con biancheria letto, biancheria bagno, biancheria cucina, stoviglie, riscaldamento, telefono, televisore - affitto al giorno £ 150/220000.

CARTE DI CREDITO: Visa, Mastercard, Bancomat.
SPORT E TEMPO LIBERO: visita alla cantina con degustazione, visite nei dintorni. COLTIVAZIONI: olivi, viti. PRODOTTI IN VENDITA: vino, vinsanto, grappa, olio d'oliva.

Castello Vicchiomaggio

via Vicchiomaggio 4, tel. 055854078, fax 055853911 - ettari 130 - chiusura: sempre aperto - ✗
▶ Lasciare la A1 al casello Firenze Sud, imboccare la Statale 222 e percorrerla fino al km 18; quindi seguire la segnaletica aziendale.

Si soggiorna sulle colline grevigiane, in un turrito castello d'impronta rinascimentale. Appartamenti arredati con elegante semplicità, in un contesto in cui tutto sa di antico. Da non perdere la visita alle cantine (con degustazione) poste nei sotterranei.

⊞ APPARTAMENTI: 7 di varia disposizione per 2/3 persone, con biancheria letto, biancheria bagno, biancheria cucina, stoviglie, riscaldamento autonomo - affitto al giorno £ 165/250000. Deposito cauzionale 50%.
SOGGIORNO MINIMO: 1 settimana in alta stagione. CARTE DI CREDITO: CartaSi, Bancomat.
)|¶ cucina toscana (prenotare) - vini di produzione propria - £ 60/70000.
SERVIZI E LOCALI COMUNI: parcheggio, telefono. SPORT E TEMPO LIBERO: visita alla cantina con degustazione, visite nei dintorni, passeggiate. COLTIVAZIONI: olivi, viti. PRODOTTI IN VENDITA: vino, grappa, olio d'oliva.

Fattoria Castello di Verrazzano

località Greti, tel. 055854243 oppure 055853211, fax 055854241 - ettari 217 - ♿ - apertura: marzo-ottobre - ❧ previo accordi.
▶ Dall'uscita Incisa della A1, per chi proviene da Nord, e Valdarno, per chi proviene da Sud, raggiungere Figline Valdarno tramite la Statale 69 e da qui prendere in direzione Ovest fino ad arrivare a Greve in Chianti che dista 19,5 km; l'azienda si trova in località Greti, 4 km a Nord di Greve in Chianti.

Vacanza ricca di suggestioni nella foresteria del castello che fu del grande navigatore Giovanni da Verrazzano. La scoperta dei sapori del Chianti incomincia in azienda, tra salumi di cinghiale, grigliate e grandi vini, e prosegue nei borghi dello storico distretto. Per il ristorante è necessaria la prenotazione.

🛏 CAMERE CON SERVIZI: 3 doppie, 3 a 3 letti, con biancheria letto, biancheria bagno, riscaldamento centralizzato, televisore - pernottamento per persona £ 50000. Deposito cauzionale £ 100000.
SOGGIORNO MINIMO: 3 notti. CARTE DI CREDITO: CartaSi.
)|¶ cucina toscana (carni alla griglia) - vini di produzione propria - £ 20/60000.
SERVIZI E LOCALI COMUNI: parcheggio, sala TV, sala lettura.
SPORT E TEMPO LIBERO: visita alla cantina con degustazione. COLTIVAZIONI: olivi, viti. ALLEVAMENTI: cinghiali. PRODOTTI IN VENDITA: vino, vinsanto, grappa, olio, marmellate, miele.

Fattoria la Sala

a La Panca, via di Cintoia Alta 47, tel. 0558547962, fax 0558547962 - ettari 20 - apertura: aprile-ottobre - ✗
▶ Da Firenze imboccare la Statale 222 percorrendola fino a 2 km oltre Strada in Chianti poi, al bivio, piegare a sinistra per 8 km sulla strada che porta a Figline Valdarno; raggiunta La Panca, seguire la segnaletica dell'azienda per altri 800 m.

Nella zona del Chianti Classico, al limite di boscose colline, si stende questa azienda che riserva agli ospiti appartamenti di grande comfort entro antiche mura. Nonostante i molteplici richiami del territorio, fra arte e natura, tutto depone per una vacanza dedicata ai piaceri domestici.

⊞ Appartamenti: 3 bilocali per 2/3/4 persone, con biancheria letto, biancheria bagno, biancheria cucina, uso lavanderia, stoviglie, riscaldamento autonomo, telefono, televisore satellitare - affitto al giorno £ 150000, affitto a settimana £ 1000000, supplemento per riscaldamento, telefono con contascatti. Deposito cauzionale £ 300000.

Soggiorno minimo: 3 giorni.

Servizi e locali comuni: parcheggio, servizio fax. Sport e tempo libero: piscina; passeggiate. Coltivazioni: olivi, granoturco, girasoli, tartufi. Allevamenti: api. Prodotti in vendita: vino, olio.

Grosseto

m 10 ⊠ 58100

Fattoria La Principina

a Principina Terra, S.S. delle Collacchie 465, tel. 0564 400157, fax 0564400224 - ettari 200 - ♿ - chiusura: sempre aperto - 🐾 previo accordi.

▶ Da Grosseto imboccare la Statale 322 e dirigere verso Marina di Grosseto; l'azienda è a 5 km da entrambe le località.

La fattoria, che si potrebbe definire un villaggio agrituristico, si trova sul confine del Parco Naturale della Maremma, è sede di un centro equestre affiliato Fise. L'edificio aziendale dispone di numerosi appartamenti autonomi, in genere al piano terra, con giardino proprio. Previo accordi, si organizzano settimane verdi per ragazzi in qualsiasi periodo dell'anno.

⊞ Appartamenti: 10 monolocali per 2 persone, 20 bilocali per 4 persone, 4 di più locali per 6 persone, con biancheria letto, biancheria bagno, stoviglie, riscalda-

mento - affitto a settimana £ 500/1930000, biancheria £ 20000 per persona; supplemento £ 100000 per Tessera Club. Deposito cauzionale 30%.

Soggiorno minimo: 1 settimana, in agosto 15 giorni.

Note: *servizio ristorante attivo solo per gruppi; servizio lavanderia a gettoni.*

Servizi e locali comuni: parcheggio, telefono, sala TV, parco giochi bimbi. Sport e tempo libero: piscina, campo da tennis, gioco bocce, campo di calcetto, ping pong, maneggio, ricovero cavalli; noleggio mountain bike, passeggiate a cavallo, corsi di equitazione. Coltivazioni: grano, girasoli, foraggio. Allevamenti: ovini, cavalli. Prodotti in vendita: vino, formaggio, miele.

Podere Montegrappa

ad Alberese (Cap 58010), via del Mulinaccio 32, tel. 0564407237 - ettari 23 - apertura: marzo-ottobre e Natale-Epifania - 🚫

▶ Da Grosseto prendere la Via Aurelia e proseguire verso Roma per 6 km, fino allo svincolo per Alberese; giunti in paese, continuare verso Sud per 400 m, quindi svoltare a sinistra per via del Mulinaccio: dopo 500 m si raggiunge il podere.

All'interno del Parco Regionale della Maremma c'è tutto quanto serve per una vacanza nella natura: i monti per una escursione tra i boschi, il fiume per una discesa in canoa, le spiagge per scoprire com'era il mare prima degli ombrelloni. Sistemazioni di tutto comfort e prodotti biologici completano il quadro del soggiorno.

🖎 Camere con servizi: 4 doppie, con uso cucina - pernottamento per persona £ 37500/47500, prima colazione £ 7500, mezza pensione £ 80/90000, riduzioni per bambini sul prezzo di mezza pensione.

⊞ Appartamenti: 1 bilocale per 4 persone, con stoviglie, caminetto - affitto al giorno £ 150/190000. Deposito cauzionale 25% alla prenotazione.

Soggiorno minimo: 1 settimana.

Note: *le camere e l'appartamento sono dotati di biancheria per letto e per bagno, uso lavanderia e riscaldamento a gas.*

🍴 riservato agli ospiti - cucina maremmana (paste fresche, cinghiale, acquacotta) - vini locali di produzione propria - £ 35000.

Servizi e locali comuni: parcheggio, locale soggiorno, sala lettura, barbecue. Sport e tempo libero: guida ai lavori agricoli, visite nei dintorni. Coltivazioni: olivi, viti, cereali, ortaggi, alberi da frutta. Allevamenti: pollame. Prodotti in vendita: vino, olio, frutta, verdura, sottoli, sottaceti.

Guardistallo (PI)

m 278 ✉ 56040

Le Casette

via del Poggetto 13, tel. 0586794404, fax 0586 655040 - ettari 40 - chiusura: sempre aperto - ✆ previo accordi.

▶ Una decina di chilometri per raggiungere Guardistallo da Cecina, un solo chilometro per arrivare in azienda percorrendo la Provinciale verso Volterra.

Sulle propaggini settentrionali delle verdi Colline Metallifere, il podere sovrasta la valle del fiume Cecina e offre la vista di Volterra, città etrusca per eccellenza. Strade panoramiche scendono al mare, che dista solo dieci chilometri ed è la migliore risorsa per una giornata alternativa.

⊞ APPARTAMENTI: 2 di 3 locali per 5 persone, con stoviglie, riscaldamento autonomo - affitto al giorno £ 80/140000, fornitura biancheria letto £ 20000 per persona, supplemento per riscaldamento £ 14000 al giorno. Deposito cauzionale 25%.
SOGGIORNO MINIMO: 2 notti.
SERVIZI E LOCALI COMUNI: parcheggio, locale soggiorno, forno a legna. SPORT E TEMPO LIBERO: ricovero cavalli; noleggio biciclette, guida ai lavori agricoli, osservazione degli animali, trekking. COLTIVAZIONI: olivi, viti, cereali, ortaggi, alberi da frutta. ALLEVAMENTI: caprini, cavalli, animali di bassa corte. PRODOTTI IN VENDITA: vino, olio d'oliva, frutta, verdura.

Impruneta (FI)

m 275 ✉ 50023

Inalbi ★ TCI

via Terre Bianche 32, tel. 0552011797, fax 055 2312347 - ettari 40 - chiusura: sempre aperto - ⚥
▶ Circa 7 km per raggiungere Impruneta, sia dall'uscita Firenze Certosa della A1 sia dallo svincolo San Casciano del raccordo autostradale che sale da Siena, poi ancora 1 km dal centro del paese per arrivare in azienda.

La bella casa di campagna che costituisce il cuore del complesso compare in fondo a una strada poderale bordata da cipressi. Intorno, immersi nel verde del giardino, gli altri bassi edifici di un borgo adibito in toto all'accoglienza agrituristica.

☞ CAMERE CON SERVIZI: 2 doppie - pernottamento per persona £ 110/130000.
⊞ APPARTAMENTI: 3 monolocali per 2 persone, 3 bilocali per 3 persone, 4 di 3 locali per 4/6 persone, con biancheria cucina, uso lavanderia, stoviglie - affitto al giorno £ 240/260000, affitto a settimana £ 1300/1500000. Deposito cauzionale £ 200000.
SOGGIORNO MINIMO: 3 giorni. CARTE DI CREDITO: American Express, CartaSi, Diner's Club, Bancomat.
***Note:** le camere e gli appartamenti sono dotati di biancheria per letto e per bagno, riscaldamento autonomo.*
🍴 cucina toscana (bistecca alla fiorentina, peposo) - vini di produzione propria - £ 40/50000.
SERVIZI E LOCALI COMUNI: parcheggio, telefono, taverna.
SPORT E TEMPO LIBERO: piscina; visite nei dintorni, passeggiate. COLTIVAZIONI: olivi, viti. PRODOTTI IN VENDITA: vino, grappa, olio d'oliva, miele.

Incisa in Val d'Arno (FI)

m 122 ✉ 50064

Bellavista ★ TCI

via Montelfi 1, tel. 0558335768 oppure 0348 6509020, fax 0558335143 - ettari 16 - ♿ - chiusura: sempre aperto - ⚥
▶ Lasciare la A1 all'uscita Incisa e raggiungere il centro urbano, poi seguire le indicazioni per l'azienda; in tutto, un chilometro dal capoluogo.

L'azienda offre la propria ospitalità in sette graziosi appartamenti (altri 4 in allestimento) completamente ristrutturati da cui si gode un panorama vastissimo sulla valle dell'Arno e su un lungo tratto della dorsale appenninica. Un'oasi di silenzio e di verde a meno di venti chilometri da Firenze, con le infinite implicazioni culturali e turistiche che ciò comporta.

APPARTAMENTI: 4 bilocali per 2/4 persone, 3 di 3 locali per 3/6 persone, con biancheria letto, biancheria bagno, biancheria bagno, biancheria cucina, stoviglie, riscaldamento autonomo - affitto al giorno £ 120/180000, affitto a settimana £ 700/1300000. Deposito cauzionale £ 250000.
SOGGIORNO MINIMO: 2 notti. CARTE DI CREDITO: Visa.
SERVIZI E LOCALI COMUNI: parcheggio, telefono. SPORT E TEMPO LIBERO: piscina, ping pong. COLTIVAZIONI: olivi. PRODOTTI IN VENDITA: vino, olio, miele.

Castello di Pratelli

via di Pratelli 1/A, tel. 0558335986, fax 0558336615 - ettari 80 - ♿ - chiusura: metà novembre-metà dicembre - ♨ previo accordi.
▶ Lasciare la A1 al casello di Incisa, poi seguire la segnaletica per il Castello di Pratelli; l'azienda si trova 3 km a Sud-Ovest di Incisa in Val d'Arno.

Da posizione dominante, come si conviene a un fortilizio turrito d'epoca longobarda, l'occhio spazia per ampio tratto sul contado di Firenze, che è davvero a portata di mano. Settimane verdi per ragazzi, previo accordi.

APPARTAMENTI: 2 bilocali per 4 persone, 6 di varia disposizione per 4/6 persone, con biancheria letto, biancheria bagno, biancheria cucina, uso lavanderia, stoviglie, riscaldamento centralizzato, televisore - affitto a settimana £ 500/1750000, pulizia finale £ 50000. Deposito cauzionale £ 300000.
SERVIZI E LOCALI COMUNI: parcheggio, telefono, sala TV, sala lettura, sala giochi bimbi. SPORT E TEMPO LIBERO: piscina, ping pong; noleggio mountain bike, guida ai lavori agricoli, osservazione degli animali, pesca, visite nei dintorni. COLTIVAZIONI: olivi, viti, cereali. ALLEVAMENTI: ovini, animali di bassa corte. PRODOTTI IN VENDITA: vino, olio.

Tenuta il Burchio

a Burchio, via Poggio al Burchio 4, tel. 0558330124, fax 0558330234 - ettari 7 - apertura: marzo-ottobre - ♨ piccola taglia.
▶ Uscita Incisa della A1, poi dirigere a Ovest; superato il ponte sull'Arno, a destra verso Burchio per 1 km.

Ambientato nella verde cornice della Valdarno, questo borgo agrituristico di antica fisionomia sorge praticamente al centro del triangolo d'arte Firenze-Siena-Arezzo e offre ai viaggiatori più raffinati un valido punto d'appoggio per escursioni e gite culturali.

Trieste
Podere Il Colle
Azienda Agrituristica Venatoria

La casa colonica è divisa in 12 appartamenti con ingressi indipendenti, arredati in stile rustico.

La tenuta di oltre 600 ettari di proprietà dei signori Ripanucci, che da anni si dedicano all'agricoltura biologica, offre una varietà di prodotti genuini che permettono di riscoprire il gusto delle cose semplici.

Per la posizione privilegiata il casale è il punto di partenza per interessanti escursioni (trekking) verso la storica Rocca di Pietracassia, oppure per visite ai maggiori centri artistici della Toscana.

Nella quiete della splendida campagna toscana, in posizione panoramica, il casale ristrutturato di recente mantiene intatto l'aspetto di borgo medievale.

**Proprietà
Ripanucci
56030 Lajatico (PI)
Tel e fax
0039 0587 643169**

Lasciare la superstrada Firenze-Pisa-Livorno in corrispondenza dello svincolo di Pontedera e proseguire per Ponsacco; qui giunti, ancora 4 km verso destra per arrivare a Perignano.

In cima a una collina panoramica, si soggiorna in camere confortevoli e arredate con gusto. Il podere, a vigneto, è ritagliato in una bella cornice di boschi. Il centro è attrezzato per il turismo equestre a ogni livello. In simpatica alternativa, gite in carrozza.

CAMERE CON SERVIZI: 1 singola, 8 doppie, 2 a 3/4 letti, con biancheria letto, biancheria bagno, riscaldamento centralizzato - pernottamento per persona £ 90/120000, possibilità di soggiorno anche a mezza pensione. Deposito cauzionale da concordare.
SOGGIORNO MINIMO: 4 giorni. CARTE DI CREDITO: CartaSi.
)¶ riservato agli ospiti - cucina toscana (piatti della tradizione) - vini locali.
SERVIZI E LOCALI COMUNI: parcheggio, telefono, sala TV.
SPORT E TEMPO LIBERO: piscina, maneggio; passeggiate a cavallo, corsi di equitazione, visite nei dintorni.

CAMERE SENZA SERVIZI: 2 doppie; 1 bagno in comune - pernottamento per persona £ 40/50000, pensione £ 90/100000. CAMERE CON SERVIZI: 1 singola, 3 doppie - pernottamento per persona £ 40/50000, pensione £ 90/100000.
Note: *le camere sono dotate di biancheria per letto e per bagno, riscaldamento.*
)¶ riservato agli ospiti - cucina toscana - vini locali di produzione propria - £ 20/30000.
SERVIZI E LOCALI COMUNI: parcheggio, telefono, sala TV, sala lettura. SPORT E TEMPO LIBERO: piscina, maneggio, ricovero cavalli; passeggiate a cavallo, trekking. COLTIVAZIONI: olivi, viti. ALLEVAMENTI: ovini, equini.

Lajàtico (PI)

m 205 ⊠ 56030

Trieste

Podere il Colle, tel. 0587643169, fax 0587643169 - ettari 650 - ⅗ - chiusura: sempre aperto - ⊠ salvo accordi.
▶ Da Pisa, lasciare la superstrada al bivio di Ponsacco, quindi raggiungere il centro e percorrere la Statale 439 fino a La Sterza; in paese dirigersi verso Sud e, superato Lajàtico, seguire le indicazioni dell'azienda.

Nel verde delle colline, una casa colonica rinnovata nel rispetto dell'architettura tradizionale. Offre tranquillità e ampie possibilità per lunghe passeggiate ed escursioni ai centri d'arte della regione.

CAMERE CON SERVIZI: 2 a 3 letti - pernottamento per persona £ 50/100000.
APPARTAMENTI: 1 monolocale per 2 persone, 4 bilocali per 3/4 persone, 5 di varia disposizione per 3/6 persone, con biancheria cucina, uso lavanderia, stoviglie - affitto a settimana £ 600/1100000.
SOGGIORNO MINIMO: 1 settimana.
Note: *le camere e gli appartamenti sono dotati di biancheria per letto e per bagno, riscaldamento centralizzato.*
)¶ riservato agli ospiti - cucina casalinga - vini locali di produzione propria - £ 25/35000.
SERVIZI E LOCALI COMUNI: parcheggio, telefono, sala TV, sala lettura. SPORT E TEMPO LIBERO: piscina. COLTIVAZIONI: viti, cereali, foraggio. ALLEVAMENTI: animali di bassa corte.

Lari (PI)

m 130 ⊠ 56035

Poggio di Mezzo

a Perignano, via Sottobosco 21, tel. 0587617591 - ettari 10 - chiusura: sempre aperto - ▸

Lastra a Signa (FI)

m 36 ⊠ 50055

I Mori

a Ginestra Fiorentina (Cap 50020), via Maremmana 22, tel. 0558784452 oppure 055878276, fax 055 8784651 - ettari 364 - chiusura: sempre aperto - ▸
▶ Dal casello Firenze-Signa della A4, imboccare la Statale 67; giunti nel centro di Lastra a Signa, girare a sinistra e poi continuare per 4 km circa in direzione di Ginestra Fiorentina; seguire le indicazioni dell'azienda.

Siamo nel cuore dei Colli Fiorentini, luogo di villeggiatura medicee: si trascorrono vacanze all'insegna della tranquillità negli ambienti rinnovati di antiche case coloniche. Contribuiscono alla bella atmosfera gli arredi d'epoca.

APPARTAMENTI: 5 bilocali per 2 persone, 2 di 4 locali per 6 persone, con biancheria letto, biancheria bagno, biancheria cucina, stoviglie, riscaldamento, televisore - affitto al giorno £ 90/270000, affitto a settimana £ 480/1750000. Deposito cauzionale £ 200000.
SOGGIORNO MINIMO: 3 giorni in bassa stagione, 1 settimana in alta stagione. CARTE DI CREDITO: American Express, Visa, Eurocard, Mastercard, Diner's Club.

▶ Dall'uscita Aulla della A15 prendere la strada per Licciana Nardi; da qui proseguire per circa 6,5 km in direzione Tavernelle quindi svoltare a sinistra verso Apella.

In Lunigiana la vacanza è sempre in bilico tra i boschi dell'Appennino e le bellezze del Tirreno, che passa dalle scogliere delle Cinque Terre alle dorate spiagge della Versilia. Soggiorno castellano nel contesto di un'azienda faunistica. Si organizzano settimane verdi in primavera e nella prima estate.

🍴 cucina toscana (piatti della tradizione) - vini di produzione propria - £ 25/40000.
SERVIZI E LOCALI COMUNI: parcheggio, telefono, sala lettura, solarium. SPORT E TEMPO LIBERO: piscina, maneggio, ricovero cavalli; noleggio biciclette, guida ai lavori agricoli, passeggiate a cavallo, corsi di equitazione, passeggiate nel bosco. COLTIVAZIONI: olivi, viti, bosco, seminativi. PRODOTTI IN VENDITA: vino, grappa, olio extravergine d'oliva, miele.

🔑 CAMERE CON SERVIZI: 1 singola, 3 doppie, 2 a 3/4 letti - pernottamento per persona £ 20/40000, pensione £ 50/100000, possibilità di concordare forfait settimanale.
🛏 APPARTAMENTI: 1 bilocale per 3/4 persone, 1 di ampia metratura per 6/7 persone, con stoviglie - affitto al giorno £ 70/240000. Deposito cauzionale 30%.

Licciana Nardi (MS)

m 210 ✉ 54016

Montagna Verde ⭐ TCI

via Apella 1, tel. 0187421203 oppure 0335304121, fax 0187471450 - ettari 582 - chiusura: sempre aperto - 🐾 previo accordi.

Note: le camere e gli appartamenti sono dotati di biancheria per letto e per bagno, riscaldamento centralizzato e a legna.

⚠ 10 equipaggi 🚐 10 equipaggi.

🍴 cucina del territorio - vini regionali di produzione propria - £ 20/35000.

SERVIZI E LOCALI COMUNI: parcheggio, giochi bimbi. SPORT E TEMPO LIBERO: tiro con l'arco; noleggio mountain bike, guida ai lavori agricoli, raccolta funghi, osservazione degli animali, pesca, passeggiate a cavallo, escursioni a piedi e a cavallo, passeggiate nel bosco. COLTIVAZIONI: ortaggi, castagni, funghi, frutti di bosco. ALLEVAMENTI: bovini, ovini, equini, api, cinghiali, daini. PRODOTTI IN VENDITA: castagne, frutti di bosco, funghi, verdura, miele.

Livorno

⌕ 3 ☒ 57100

❚ Cinque Lecci

a Montenero, via di Quercianella 168, tel. 0586 578111, fax 0586578111 - ettari 20 - ♿ - chiusura: sempre aperto - ✗

▶ Uscire dalla città in direzione di Ardenza, poi percorrere la superstrada fino all'uscita Montenero e continuare per Castellaccio; l'azienda si trova a circa 7 km da Livorno. Da Sud, abbandonare la superstrada a Quercianella e proseguire per Castellaccio.

Complesso di recente costruzione affacciato dalle colline livornesi allo spettacolare scenario della Costa Etrusca. Ideale per gli amanti del cavallo, che potranno sbizzarrirsi lungo i sentieri della macchia mediterranea. Il mare è a meno di quattro chilometri.

⊞ APPARTAMENTI: 3 monolocali per 3/4 persone, 4 bilocali per 4 persone, con stoviglie - affitto a settimana £ 400/1000000; biancheria £ 15000 per persona a cambio, riscaldamento £ 12000 al giorno, pulizia finale £ 60000; prezzi da concordare per week end fuori stagione. Deposito cauzionale £ 200000.

SOGGIORNO MINIMO: week end in bassa stagione, 1 settimana in alta stagione.

SERVIZI E LOCALI COMUNI: parcheggio. SPORT E TEMPO LIBERO: passeggiate a cavallo, visite nei dintorni. COLTIVAZIONI: ortaggi, foraggio. ALLEVAMENTI: cavalli. PRODOTTI IN VENDITA: verdura.

Lorenzana (PI)

⌕ 127 ☒ 56040

Agricola Sforni

via Chiesa 4, tel. 050662809 oppure 0335425777, fax 050662809 - ettari 200 - ♿ - apertura: Pasqua-ottobre e week end - 🐾

▶ Dalla superstrada Firenze-Pisa-Livorno, uscire a Lavoria, a Sud di Cascina, piegando a sinistra (per chi proviene da Firenze) proseguendo fino alla frazione Laura e Lorenzana; qui, rivolgersi alla signora Gina (via dell'Annunciata, tel. 050662525) che è incaricata di accompagnare gli ospiti in azienda.

Non lontano dall'abitato, in uno scenario che è la quintessenza della collina toscana, questa vasta azienda dispone di ben sette case coloniche, sparse su una superficie di duecento ettari, di tutto fornite per l'accoglienza agrituristica, singolarmente o a gruppi, accostate a una piscina. Il clima è ideale per soggiorni in ogni stagione.

⊞ APPARTAMENTI: 7 case coloniche, con biancheria letto, biancheria bagno, biancheria cucina, stoviglie, caminetto - affitto a settimana £ 680/4000000. Deposito cauzionale £ 300000.

SERVIZI E LOCALI COMUNI: parcheggio. SPORT E TEMPO LIBERO: piscina, campo da tennis, gioco bocce, ping pong; disponibilità di biciclette. COLTIVAZIONI: olivi, viti, cereali, girasoli, barbabietole. ALLEVAMENTI: api. PRODOTTI IN VENDITA: vino, olio d'oliva, miele.

Loro Ciuffenna (AR)

⌕ 330 ☒ 52024

Odina

località Odina, tel. 055969304, fax 055969305 - ettari 20 - chiusura: sempre aperto - ✗

▶ Dall'uscita Valdarno della A1 dirigersi verso Loro Ciuffenna; in prossimità del paese voltare a sinistra seguendo le indicazioni per Odina; dopo circa 7 km si raggiunge l'azienda.

In una contrada medievale sulle pendici del Pratomagno, tutto, a partire dalla dolce atmosfera domestica, depone a favore di una vera vacanza: per i pigri, piscina e barbecue; per i volenterosi, passeggiate tra i castagni e picnic. Per una giornata diversa, a un'ora d'auto Firenze, Siena e Arezzo.

⊞ APPARTAMENTI: 1 bilocale per 2 persone, 3 di più locali per 5/7 persone, con biancheria letto, biancheria bagno, biancheria cucina, uso lavanderia, stoviglie, lavastoviglie, riscaldamento centralizzato - affitto al giorno per persona £ 50/70000; supplemento per riscaldamento. Deposito cauzionale £ 300000.

SOGGIORNO MINIMO: 2 notti.

SERVIZI E LOCALI COMUNI: parcheggio, telefono, servizio fax, barbecue. SPORT E TEMPO LIBERO: piscina; visite nei dintorni, passeggiate nel bosco. COLTIVAZIONI: olivi, bosco, alberi da frutta, erbe officinali.

Lucca
m 19 ⊠ 55100

Le Murelle

a La Cappella (Cap 55060), via per Camaiore traversa 5, tel. 0583394306, fax 0583394306 - ettari 30 - chiusura: sempre aperto - ☙
▶ Dal centro urbano dirigere verso Nord-Ovest e proseguire sulla strada per Camaiore per circa 7 km, fino a raggiungere La Cappella; superato l'abitato si incontra l'azienda sulla destra.

All'interno di un ampio complesso rurale alcune case coloniche sono state rinnovate per l'ospitalità agrituristica. Intorno il vigneto, il bosco e le acque del torrente Freddana. La Provinciale, che corre a breve distanza, instrada rapidamente verso i centri d'arte della regione.

⊞ APPARTAMENTI: 2 bilocali per 3 persone, 3 di varia metratura e disposizione per 5/6 persone, con biancheria letto, biancheria bagno, biancheria cucina, uso lavanderia, stoviglie, lavatrice, riscaldamento centralizzato, caminetto - affitto a settimana £ 400/1000000, supplemento per riscaldamento. Deposito cauzionale da concordare alla prenotazione.
SOGGIORNO MINIMO: 2 notti.
SERVIZI E LOCALI COMUNI: parcheggio, forno a legna. SPORT E TEMPO LIBERO: ricovero cavalli; visite nei dintorni, passeggiate nel bosco. COLTIVAZIONI: olivi, viti, bosco, ortaggi, alberi da frutta. ALLEVAMENTI: cavalli. PRODOTTI IN VENDITA: vino, olio extravergine d'oliva.

Villa Latmiral

a Cerasomma (Cap 55050), via di Cerasomma 615, tel. 0583510286 oppure 0360710435, fax 0583 512359 - ettari 16 - chiusura: sempre aperto - ☙
▶ Uscire da Lucca e imboccare la Statale 12 per Pisa; dopo 6 km, bivio sulla sinistra per Cerasomma.

Sul versante lucchese dei monti Pisani, attorniata da un podere a oliveti, vigne e boschi, sorge questa villa padronale del Settecento. Nel parco si trova la dépendance, confortevole mente destinata ad agriturismo, con spazio verde attrezzato.

⊞ APPARTAMENTI: 1 monolocale per 2 persone, 1 di 3 locali per 4 persone, con biancheria letto, biancheria bagno, biancheria cucina, uso lavanderia, stoviglie, lavastoviglie, riscaldamento centralizzato, televisore - affitto al giorno £ 120/200000, affitto a settimana £ 600/1200000, riscaldamento £ 10000 al giorno. Deposito cauzionale £ 200000.
SOGGIORNO MINIMO: 2 notti.
SERVIZI E LOCALI COMUNI: parcheggio. SPORT E TEMPO LIBERO: guida ai lavori agricoli, osservazione degli animali, visite nei dintorni, trekking. COLTIVAZIONI: olivi, viti, ortaggi. ALLEVAMENTI: animali di bassa corte. PRODOTTI IN VENDITA: vino, olio d'oliva.

Villa Lenzi

a San Concordio di Moriano (Cap 55050), via della Maolina 3644, tel. 0583395187, fax 0583395187 - ettari 12 - ♿ - apertura: marzo-novembre e periodo natalizio - ☙

▶ Da Lucca prendere la direttrice per Camaiore; percorsi 4 km circa, bivio sulla destra per San Concordio di Moriano; seguire la segnaletica dell'azienda.

Dimora neoclassica con annessi rustici dotati dei servizi essenziali per l'accoglienza rurale. Variegata l'offerta di alternative turistiche: arte, natura, terme, bagni in mare. Settimane verdi per ragazzi e ambienti per attività congressuali e culturali; degustazioni di olio e vino per gruppi organizzati.

🛏 CAMERE SENZA SERVIZI: 1 singola, 1 doppia, con uso lavanderia; 1 bagno in comune - pernottamento per persona £ 55/70000, pensione £ 125/140000. CAMERE CON SERVIZI: 1 singola, 1 doppia, con uso lavanderia - pernottamento per persona £ 80000, pensione £ 150000.
⊞ APPARTAMENTI: 2 di ampia metratura per 4/8 persone, con biancheria cucina, stoviglie, lavatrice - affitto al giorno £ 240/500000, pulizia finale £ 20/30000. Deposito cauzionale £ 300000 alla prenotazione.
SOGGIORNO MINIMO: 3 giorni.
Note: *le camere e gli appartamenti sono dotati di biancheria per letto e per bagno, riscaldamento autonomo; gli appartamenti dispongono anche di forno a legna (£ 15000 al giorno) e solarium.*
🍴 riservato agli ospiti - cucina lucchese (farro) - vini locali di produzione propria - £ 30/45000.
SERVIZI E LOCALI COMUNI: parcheggio, telefono, sala giochi bimbi. SPORT E TEMPO LIBERO: visite guidate, visita al frantoio, visita alla cantina con degustazione. COLTIVAZIONI: olivi, viti. ALLEVAMENTI: animali di bassa corte. PRODOTTI IN VENDITA: vino, olio d'oliva.

Magliano in Toscana (GR)

m 128 ✉ 58051

Da Remo

a Colle di Lupo, via Tombarina 43, tel. 0564592408 oppure 0338591528 - ettari 26 - chiusura: sempre aperto - ✿ previo accordi.

▶ Magliano in Toscana è al margine della Statale 323 che collega la Via Aurelia (da Albinia) con l'entroterra; l'azienda si trova a circa 5 km dal paese, sulla strada per Colle di Lupo.

L'abitato è un interessantissimo borgo medievale, sul crinale di un colle a olivi, cinto da mura e con bei panorami. Per gli agrituristi rappresenta la prima meta turistica di un comprensorio in bilico tra mare e montagna. A pochi chilometri le terme di Saturnia. Si organizzano settimane verdi per ragazzi.

CAMERE CON SERVIZI: 1 singola, 2 doppie, 2 a 3 letti, con biancheria letto, biancheria bagno, biancheria cucina, uso cucina, uso lavanderia, riscaldamento a legna - pernottamento per persona £ 30/45000, riduzioni per soggiorni settimanali o in bassa stagione. Deposito cauzionale 30%.
SERVIZI E LOCALI COMUNI: parcheggio, telefono, sala TV.
SPORT E TEMPO LIBERO: disponibilità di mountain bike, osservazione degli animali, trekking. COLTIVAZIONI: olivi, viti, cereali. ALLEVAMENTI: ovini, pollame. PRODOTTI IN VENDITA: olio extravergine d'oliva, verdura.

I Puntoni

località Puntoni 74, tel. 0564592221 oppure 0564 592155, fax 0564592555 - ettari 120 - 🚻 - chiusura: sempre aperto - ✺

▶ Lasciare la Statale 1 ad Albinia, imboccare la Statale 323 e percorrerla sino alla località; quindi ancora circa 4 km in direzione Montiano.

Nel paesaggio arioso e mosso del primo interno, con il borgo medievale di Magliano all'orizzonte, un edificio rurale razionalmente suddiviso in camere che si affacciano al portico o al giardino, oppure sono dotate di terrazza. A mezz'ora di strada, le spiagge dell'Argentario e il Parco Regionale della Maremma.

CAMERE SENZA SERVIZI: 4 doppie; 2 bagni in comune - pernottamento per persona £ 35/60000. CAMERE CON SERVIZI: 7 singole, 13 doppie - pernottamento per persona £ 35/60000.

SOGGIORNO MINIMO: 1 settimana in agosto. CARTE DI CREDITO: Visa, Eurocard, Mastercard.
Note: *le camere sono dotate di biancheria per letto e per bagno, televisore e riscaldamento centralizzato.*
SERVIZI E LOCALI COMUNI: parcheggio, sala TV, sala lettura.
SPORT E TEMPO LIBERO: pesca, visite nei dintorni. COLTIVAZIONI: olivi, viti, cereali, granoturco, grano, alberi da frutta.
ALLEVAMENTI: bovini, ovini. PRODOTTI IN VENDITA: vino, olio extravergine d'oliva.

Pian del Noce

a Pereta (Cap 58050), tel. 0564505100, fax 0564 505100 - ettari 66 - chiusura: sempre aperto - ✺ salvo accordi.

▶ Da Magliano in Toscana - cui si arriva dopo l'abbandono della Via Aurelia a Sud di Grosseto o ad Albinia - dirigere per 10 km verso Scansano e raggiungere Pereta; da qui, prendere la stradina a sinistra dell'antico portale: dopo 1,5 km lasciare la strada asfaltata in corrispondenza di una curva a gomito e proseguire per 700 m.

Sul crinale di un colle a olivi sorge il borgo medievale, cinto da mura e con bei panorami. Non lontano, tra le colline, si incontra questo casale ben ristrutturato che fa da scenario a una vacanza agrituristica perennemente in bilico tra gli ozi domestici e i piaceri balneari dell'Argentario. Coltivazioni biologiche e laghetti per la pesca sportiva.

CAMERE SENZA SERVIZI: 3 doppie; 2 bagni in comune - pernottamento per persona £ 65000. CAMERE CON SERVIZI: 1 doppia - pernottamento per persona £ 65000. Deposito cauzionale 30% (tranne in bassa stagione).
SOGGIORNO MINIMO: 2 notti.
Note: *le camere sono dotate di biancheria per letto e per bagno, uso cucina e riscaldamento centralizzato.*
SERVIZI E LOCALI COMUNI: parcheggio. SPORT E TEMPO LIBERO: pesca, visite nei dintorni, passeggiate. COLTIVAZIONI: olivi, viti, bosco, cereali, girasoli, ortaggi, foraggio. PRODOTTI IN VENDITA: frutta, verdura.

Tenuta Poggio Alto

a Cupi di Montiano (Cap 58052), via Aurelia al km 169, tel. 0564589696 oppure 03385965702, fax 0564 589696 - ettari 160 - 🚻 - chiusura: sempre aperto - ✺
▶ Procedere sulla Via Aurelia fino al km 169; quindi imboccare la deviazione per Cupi; percorso poco più di un chilometro, un cartello in legno segnala l'accesso, a sinistra, della tenuta.

Un'accoglienza cordiale ed efficiente, una scuderia per il ricovero di dieci cavalli, una proprietà vastissima in gran parte a macchia mediterranea, il mare come punto di arrivo di una delle tante escursioni.

CAMERE SENZA SERVIZI: 6 doppie; 3 bagni in comune - pernottamento per persona £ 65000, mezza pensione £ 85000. CAMERE CON SERVIZI: 9 doppie - pernottamento per persona £ 75000, mezza pensione £ 95000.
SOGGIORNO MINIMO: 3 giorni. CARTE DI CREDITO: CartaSi.
Note: *le camere sono dotate di biancheria per letto e per bagno, uso lavanderia e riscaldamento centralizzato.*
riservato agli ospiti - cucina del territorio - vini locali - £ 28/38000.
SERVIZI E LOCALI COMUNI: parcheggio, telefono, sala TV.
SPORT E TEMPO LIBERO: gioco bocce, ricovero cavalli; osservazione degli animali, pesca, visite nei dintorni. COLTIVAZIONI: olivi, viti, cereali. ALLEVAMENTI: bovini, suini, cavalli, animali di bassa corte.

Manciano (GR)
m 444 ⊠ 58014

Da Lorena

a Marsiliana (Cap 58010), tel. 0564606595 oppure 03477731005, fax 0564606807 - ettari 40 - chiusura: sempre aperto - previo accordi.
▶ Lasciare la Via Aurelia (Statale 1) ad Albinia e imboccare la Statale 74 percorrendola fino al km 16,400, vale a dire una quindicina di chilometri prima di arrivare a Manciano.

L'Argentario e il Giglio salutano le ultime terre della Maremma grossetana. All'interno, in una zona di acque termali che ricordano le origini vulcaniche del monte Amiata e del lago di Bolsena, si villeggia tra bellezze naturali e memorie etrusche. Si organizzano settimane verdi per ragazzi, a condizioni da concordare.

⟨⟨ CAMERE CON SERVIZI: 8 doppie, con biancheria letto, biancheria bagno, uso lavanderia, riscaldamento, telefono, televisore satellitare - pernottamento per persona £ 50/60000, mezza pensione £ 80/90000, letto aggiunto £ 20/30000.
SOGGIORNO MINIMO: 1 settimana in alta stagione.
⟩¶ riservato agli ospiti - cucina casalinga (acquacotta) - vini regionali di produzione propria - £ 30/35000.
SERVIZI E LOCALI COMUNI: parcheggio, telefono, sala lettura, taverna. SPORT E TEMPO LIBERO: piscina, gioco bocce, tiro con l'arco, ping pong; noleggio mountain bike, escursioni. COLTIVAZIONI: olivi, viti, cereali. ALLEVAMENTI: ovini. PRODOTTI IN VENDITA: vino, olio d'oliva.

Galeazzi

a Marsiliana, località Spinicci, tel. 0564605017, fax 0564605017 - ettari 18 - chiusura: sempre aperto - ⚞
▶ Ad Albinia, sulla Via Aurelia, imboccare la Statale 74 che conduce verso il lago di Bolsena; percorsi 16,5 km verso Manciano, si arriva all'azienda.

Complesso rurale moderno in collina, con vista che spazia dal monte Amiata al mare, fino all'isola di Montecristo. Soggiorno in camere autonome, di recente e completa dotazione. La spiaggia più vicina è a 17 km, l'Argentario a 25 km, il Parco della Maremma a una ventina.

⟨⟨ CAMERE CON SERVIZI: 1 singola, 6 doppie, con biancheria letto, biancheria bagno, riscaldamento autonomo, climatizzazione, telefono, televisore - pernottamento per persona £ 45/60000.
SOGGIORNO MINIMO: 1 settimana in estate.

SERVIZI E LOCALI COMUNI: parco giochi bimbi. SPORT E TEMPO LIBERO: piscina, tiro con l'arco; noleggio mountain bike, osservazione degli animali, pesca, visite nei dintorni. COLTIVAZIONI: olivi, viti, cereali, asparagi, noci, tartufi. PRODOTTI IN VENDITA: vino, tartufi, asparagi.

Le Fontanelle

a Poderi di Montemerano (Cap 58050), tel. 0564 602762 oppure 0337709167, fax 0564602762 - ettari 6 - chiusura: sempre aperto - ⚘
▶ Statale 1 fino ad Albinia, poi Statale 74 per Manciano, che si raggiunge dopo circa 33 km. L'azienda si trova 3 km in direzione Nord-Ovest rispetto alla località.

Il borgo, con la rocca quattrocentesca, spicca sul verde cangiante della macchia sempreverde che via via lascia spazio agli olivi e alle vigne finché lo sguardo si

poggia su questa graziosa casa in pietra. Dal giardino si accede alle camere, rustiche e insieme eleganti. La vacanza in Maremma è incominciata.

⟨⟨ CAMERE CON SERVIZI: 7 doppie, con biancheria letto, biancheria bagno, riscaldamento centralizzato, telefono, televisore, frigobar - pernottamento per persona £ 60000, mezza pensione £ 95000. Deposito cauzionale da concordare alla prenotazione.
SOGGIORNO MINIMO: 3 notti. CARTE DI CREDITO: CartaSi.
⟩¶ riservato agli ospiti - cucina maremmana (primi piatti) - vini locali - £ 35000.
SERVIZI E LOCALI COMUNI: parcheggio. SPORT E TEMPO LIBERO: ricovero cavalli; osservazione degli animali, pesca. COLTIVAZIONI: olivi, alberi da frutta. ALLEVAMENTI: cigni, daini.

Le Ginestre

a Saturnia, località Poggio alle Calle, tel. 0564629513 oppure 03683957557 - ettari 30 - ♿ - chiusura: sempre aperto.
▶ L'azienda si trova 8 km a Nord di Manciano, al margine della Statale 322, in corrispondenza del ponte sul fiume Albegna. Accesso con deviazioni dalla Via Aurelia: nei pressi di Grosseto, se da Nord, a Montalto di Castro, se da Sud.

In posizione dominante su un colle al centro della valle dell'Albegna, accoglienza agrituristica offerta presso un rustico maremmano, restaurato con mano felice. A pochi minuti di macchina da Saturnia, centro rinomato per le terme d'acqua sulfurea, e da un'estesa zona archeologica etrusca.

⟨⟨ CAMERE CON SERVIZI: 2 singole, 3 doppie, con biancheria letto, uso cucina, frigorifero, riscaldamento centralizzato - pernottamento per persona £ 40/50000.
CARTE DI CREDITO: American Express, Visa, Eurocard, Mastercard, Diner's Club.

SERVIZI E LOCALI COMUNI: parcheggio, sala TV, sala lettura. SPORT E TEMPO LIBERO: maneggio; noleggio mountain bike, passeggiate a cavallo, visite nei dintorni. COLTIVAZIONI: olivi, viti, frumento, avena, girasoli. ALLEVAMENTI: ovini. PRODOTTI IN VENDITA: vino, olio, formaggio, miele.

Le Macchie Alte

a Poderi di Montemerano, località Macchie Alte, tel. 0564 620470, fax 0564629878 - ettari 450 - chiusura: febbraio - ❧ previo accordi.

▶ Da Manciano dirigere per 3 km verso Saturnia; dopo Poderi di Montemerano, a sinistra su strada bianca.

Una grossa azienda delle prime colline grossetane; i luoghi sono divisi tra coltivazioni biologiche, boschi misti e incolti dove cavalli e vacche maremmane vengono allevati allo stato brado. Ospitalità in due casali in pietra e, volendo, contorno di attività terapeutiche.

CAMERE CON SERVIZI: 1 singola, 4 doppie, 3 a 3/4 letti, con biancheria letto, biancheria bagno, riscaldamento - pernottamento per persona £ 60/80000, mezza pensione £ 85/100000.
CARTE DI CREDITO: Visa, Eurocard, Mastercard.
riservato agli ospiti - cucina del territorio - vini locali.
SERVIZI E LOCALI COMUNI: parcheggio. SPORT E TEMPO LIBERO: maneggio, ricovero cavalli; noleggio mountain bike, passeggiate a cavallo, corsi di equitazione, trekking. COLTIVAZIONI: olivi, cereali, foraggio. ALLEVAMENTI: bovini, pollame, conigli. PRODOTTI IN VENDITA: vino, olio.

Poggio Foco

località Poggio Foco, tel. 0564620970 oppure 0335 5348481, fax 0564620970 - ettari 565 - chiusura: periodo variabile - ❧ previo accordi.

▶ Lasciata la Statale 1 ad Albinia, imboccare la Statale 74 e percorrerne circa 17 km; a Sgrillozzo svoltare a destra per un paio di chilometri e poi a sinistra; un altro chilometro, quindi a destra seguendo per il caseificio. Dopo circa 7 km si giunge in azienda.

Una campagna bellissima: l'ocra dei campi tra siepi e alberate, grandi querce isolate, il bosco che ammanta i crinali. Su un poggio, con vista a giro d'orizzonte, un pregevole complesso rurale, al centro di un grande podere, di varie colture, in conversione al biologico. Convenzione con le vicine terme di Saturnia.

APPARTAMENTI: 1 bilocale per 2 persone, 5 di varia metratura e disposizione per 4/8 persone, con biancheria letto, biancheria bagno, biancheria cucina, stoviglie, riscaldamento autonomo, televisore - affitto al giorno £ 186/450000, affitto a settimana £ 1300/3300000, supplemento per riscaldamento. Deposito cauzionale £ 400/800000.
SOGGIORNO MINIMO: 3 notti in bassa stagione. CARTE DI CREDITO: Visa, Eurocard, Mastercard.
Note: *un appartamento è dotato anche di lavastoviglie e lavatrice.*
SERVIZI E LOCALI COMUNI: parcheggio, telefono, sala giochi bimbi, barbecue. SPORT E TEMPO LIBERO: piscina; disponibilità di mountain bike, guida ai lavori agricoli, osservazione degli animali, pesca, visite nei dintorni, passeggiate. COLTIVAZIONI: olivi, cereali, foraggio. ALLEVAMENTI: bovini, ovini, cinghiali. PRODOTTI IN VENDITA: olio d'oliva, formaggio.

Marciana (LI)

m 375 ✉ 57030

Casa Fèlici

via Costarella 36, tel. 0565901297 oppure 0565 901067 - ettari 7 - chiusura: sempre aperto - ❧

▶ Dalla località Marciana Marina, salire per 500 m circa in direzione di Marciana; quindi imboccare una stradina (Costarella) a destra e proseguire per un paio di chilometri fino a raggiungere l'azienda, che si incontra sulla sinistra.

Davanti si stendono le basse vigne elbane, alle spalle si apre un vallone verdeggiante su un versante del quale spicca un'antica contrada. L'ospitalità viene offerta in due comodi appartamenti con terrazza vista mare, barbecue e posto macchina.

⊞ APPARTAMENTI: 1 bilocale per 3 persone, 1 di più locali per 5 persone, con biancheria cucina, stoviglie, riscaldamento a gas - affitto al giorno £ 70/150000, affitto a settimana £ 490000/1050000.

SOGGIORNO MINIMO: 2 notti.

SERVIZI E LOCALI COMUNI: parcheggio, telefono. SPORT E TEMPO LIBERO: passeggiate, trekking. COLTIVAZIONI: viti, alberi da frutta. PRODOTTI IN VENDITA: vino, frutta.

Marina di Grosseto

m 1 ⊠ 58046

Femminella

a Principina a Mare, via San Carlo 334, tel. 0564 31179 oppure 03487836491, fax 056432628 - ettari 95 - ♿ - chiusura: sempre aperto - ☎ previo accordi.

▶ Dal tratto urbano della Via Aurelia, a Grosseto, prendere verso Sud-Ovest in direzione di Principina a Mare; l'azienda si trova circa 3 km prima di questa località: un cancello verde a sinistra, al km 9 della strada della Trappola.

All'interno del Parco della Maremma, vicino all'Ombrone, si fa agriturismo in camere e appartamenti moderni, autonomi, con giardino privato. Una strada interna alla proprietà porta al mare; negozi e impianti sportivi nell'abitato, a poca distanza.

🛏 CAMERE CON SERVIZI: 5 doppie, con uso cucina, frigorifero, climatizzazione, televisore - pernottamento per persona £ 40/80000.

⊞ APPARTAMENTI: 5 monolocali per 2/3 persone, 5 bilocali per 4 persone, 2 di ampia metratura per 6 persone, con stoviglie - affitto al giorno £ 100/300000, affitto a settimana £ 500/1800000.

Note: *le camere e gli appartamenti sono dotati di telefono e giardino indipendente; supplemento per biancheria £ 15000, pulizia finale £ 20000.*

SERVIZI E LOCALI COMUNI: parcheggio. COLTIVAZIONI: cereali, frumento, girasoli.

Quercesecca

tel. 0564425404, fax 0564418859 - ettari 60 - chiusura: sempre aperto - ☎ previo accordi.

▶ Deviazione a sinistra dalla Statale 322, per chi proviene da Grosseto, 2 km prima di Marina di Grosseto.

Nella cornice dei pini marittimi e delle estensioni di girasoli, si soggiorna in una tipica azienda della piana grossetana, a due chilometri dalla spiaggia. Gli appartamenti, arredati con sobrietà contadina, sono confortevoli e possono contare su ampi spazi esterni.

⊞ APPARTAMENTI: 3 bilocali per 2 persone, 3 di 3 locali per 4/6 persone, con biancheria letto, biancheria bagno, biancheria cucina, stoviglie, riscaldamento - affitto al giorno £ 200/300000, affitto a settimana £ 700/1600000. Deposito cauzionale £ 300000.

SOGGIORNO MINIMO: 2 notti in bassa stagione, 1/2 settimane in alta stagione.

SERVIZI E LOCALI COMUNI: parcheggio, telefono, barbecue. SPORT E TEMPO LIBERO: visite nei dintorni. COLTIVAZIONI: cereali, frumento, girasoli. PRODOTTI IN VENDITA: miele.

Massarosa (LU)

m 10 ⊠ 55054

Fattoria di Camporomano ⭐

a Piano del Quercione, via di Camporomano 15, tel. 0584 92231, fax 058492231 - ettari 70 - ♿ - chiusura: sempre aperto - ⌧

▶ Da Massarosa, raggiungibile con l'omonima stazione della A11 o con la Statale che unisce Lucca a Viareggio, percorrere 1,5 km a Nord-Ovest dall'entrata di Piano del Quercione; seguire la segnaletica dell'azienda.

Azienda Agricola
CAPANNA
di Cencioni Benito e Figli

Loc. Capanna, 333 - 53024 MONTALCINO (SI)
Tel. 0577/848298 - Fax 0577/848298

VENDITA DIRETTA - APERTO TUTTI I GIORNI

L' azienda agricola Capanna, proprietà della famiglia Cencioni dal 1957, è situata a Nord di Montalcino, nella zona di Montosoli, ed è da sempre considerata uno dei migliori "crus" del Brunello, al di là di mode passeggere.
Viene condotta esclusivamente a livello familiare, operando nel rispetto della tradizione ma tenendo conto anche di quelle moderne tecnologie che possono elevare le qualità del prodotto. La superficie coltivata a vigneto è di circa 12 ettari, mentre altri 11 sono ad oliveto. La splendida esposizione ed il terreno sassoso, unitamente al clima asciutto e ventilato, permettono di ottenere un Brunello corposo ed elegante, adatto per un lungo invecchiamento.

I favorevoli fattori naturali sono esaltati dall' energico diradamento delle uve - che garantisce un elevato livello qualitativo del prodotto, anche in annate poco favorevoli -, dalla cernita in fase di vendemmia, dall' attenta vinificazione a temperatura controllata e dalla selezione attuata durante l'invecchiamento. Infatti solo una parte della produzione, invecchiata per 4 anni in botti di rovere di Slavonia, viene destinata a Brunello DOCG, mentre l' altra parte va per Rosso di Montalcino DOC, dopo uno o due anni di invecchiamento, ed anche per Rosso da tavola. Nelle buone annate, la migliore botte di Brunello viene destinata alla Riserva ed imbottigliata dopo 5 anni. Viene curato anche l'affinamento del vino in bottiglia per alcuni mesi. Il Brunello di Montalcino, grazie ai suoi caratteri

organolettici, alla sua capacità di affinarsi e migliorare per molti anni in bottiglia, e alla sua longevità forse unica, è ormai considerato uno dei vini rossi più preziosi ed esclusivi. Oltre al Brunello DOCG e al Rosso DOC, l' azienda produce anche il Moscadello di Montalcino DOC, gradevole vino da dessert, il tradizionale Vinsanto, il Rosso "Vigna del Cerro" e il Bianco "Capanna", da tavola, il pregiato Olio extravergine di oliva di frantoio, e la Grappa di Brunello, acquavite monovitigno ottenuta dalle nostre vinacce fresche.
Tutti i nostri vini provengono esclusivamente da vigneti di proprietà. Presso l'Azienda è possibile degustare ed acquistare questi prodotti, nonchè visitare le cantine, anche nei giorni festivi.

La tenuta comprende una grande dimora padronale, tuttora abitata dai titolari del fondo, e alcuni fabbricati rurali presso i quali viene offerta ospitalità agrituristica. Rilassanti passeggiate nella vasta proprietà e divertenti escursioni verso i parchi naturali delle Apuane e del lago di Massaciuccoli.

⊞ APPARTAMENTI: 1 monolocale per 2 persone, 1 bilocale per 2 persone, 5 di varia metratura e disposizione per 4/6 persone, con biancheria letto, biancheria bagno, biancheria cucina, uso lavanderia, stoviglie, riscaldamento - affitto a settimana £ 750/1900000, possibilità di letto aggiunto; supplemento per pulizia finale £ 50/100000. Deposito cauzionale £ 300000 alla prenotazione.
SOGGIORNO MINIMO: 3 giorni in bassa stagione, 1 settimana in alta stagione.
SERVIZI E LOCALI COMUNI: parcheggio, telefono, servizio fax. SPORT E TEMPO LIBERO: piscina, ping pong; escursioni, visite nei dintorni, passeggiate. COLTIVAZIONI: olivi, viti, granoturco. ALLEVAMENTI: bovini. PRODOTTI IN VENDITA: vino, olio d'oliva.

Le Querce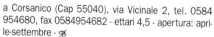

a Corsanico (Cap 55040), via Vicinale 2, tel. 0584 954680, fax 0584954682 - ettari 4,5 - apertura: aprile-settembre - ⌀

▶ Lasciare la A11 a Massarosa e proseguire sulla Statale 439 verso Massa; dopo 3 km, deviare a destra su strada comunale per altri 3 km fino a Corsanico.

Dalle colline sembra di toccare con un dito tutte le località di più immediato interesse turistico: la Versilia, Pisa e Livorno; il lago di Massaciuccoli con Torre del Lago Puccini; il Parco di Migliarino e San Rossore. L'ambiente domestico, comunque, è ricco d'atmosfera e invoglia al più totale relax.

CAMERE CON SERVIZI: 1 singola, 4 doppie, 4 a più letti, con biancheria letto, biancheria bagno, riscaldamento, telefono, televisore - pernottamento per persona £ 70/85000, mezza pensione £ 105/120000, sconto 30% per bambini fino a 10 anni.
SOGGIORNO MINIMO: 3 notti. CARTE DI CREDITO: Visa, Eurocard, Mastercard, Diner's Club.
)|(riservato agli ospiti - cucina toscana (piatti della tradizione) - vini regionali - £ 60/70000.
SERVIZI E LOCALI COMUNI: parcheggio, telefono, sala lettura, taverna. SPORT E TEMPO LIBERO: piscina; disponibilità di mountain bike. COLTIVAZIONI: olivi, ortaggi, alberi da frutta.
PRODOTTI IN VENDITA: olio extravergine d'oliva.

Montaione (FI)
m 342 ⊠ 50050

Pistolese Ranch

a Mura, località Pistolese 117, tel. 057169196, fax 057169196 - ettari 40 - chiusura: periodo in novembre e in dicembre - ⌀

▶ Da San Miniato prendere la Provinciale per Montaione: 2 km prima di entrarvi, poco dopo la frazione Mura e defilata sulla sinistra, si trova l'azienda. Montaione è raggiungibile anche con deviazione dalla Statale 429, a Castelfiorentino o a Certaldo.

Come suggerisce il nome, la specialità dell'azienda è l'allevamento di cavalli per monta western e, conseguentemente, il turismo equestre. Tutto all'insegna della tradizione dei cow boy, nella cornice dei Colli Fiorentini. Ristorazione per gli ospiti accolti alla tavola della famiglia.

CAMERE CON SERVIZI: 3 doppie, con biancheria letto, biancheria bagno, riscaldamento a legna - forfait comprende pensione completa, cavallo personale, istruttore ed equipaggiamento a partire da £ 230000 per persona al giorno. Deposito cauzionale da concordare.
SOGGIORNO MINIMO: 2 notti.
)|(riservato agli ospiti - cucina casalinga - vini locali di produzione propria.
SERVIZI E LOCALI COMUNI: parcheggio, telefono, sala TV, sala lettura. SPORT E TEMPO LIBERO: tiro con l'arco, maneggio, ricovero cavalli; escursioni a cavallo. COLTIVAZIONI: olivi, bosco, foraggio, pascolo. ALLEVAMENTI: cavalli. PRODOTTI IN VENDITA: olio extravergine d'oliva, marmellate.

Montalcino (SI)
m 567 ⊠ 53024

Fattoria dei Barbi

tel. 0577841111, fax 0577849356 - ettari 404 - chiusura: Natale e Pasqua - ⌀ grossa taglia.
▶ Dalla Via Cassia, a Torrenieri, deviazione per Montalcino; quindi altri 2,5 km verso il monte Amiata; seguire la segnaletica dell'azienda.

Tipica fattoria toscana con strutture in pietra e cornice di vigne e oliveti. Sotto la casa padronale, la cantina con duecento botti per l'invecchiamento del celebre

Brunello. Molto qualificate anche le produzioni di olio, salumi e formaggi. L'ospitalità agrituristica viene offerta in rustici distaccati, ben curati negli interni.

⊞ Appartamenti: 3 bilocali per 2 persone, 4 di varia disposizione per 3/4/5 persone, con biancheria letto, biancheria bagno, biancheria cucina, stoviglie, riscaldamento a gas liquido - affitto al giorno £ 100/250000, affitto a settimana £ 700/1400000. Deposito cauzionale £ 200/300000 alla prenotazione. Soggiorno minimo: 3 giorni.

〉¶ cucina del territorio (zuppe) - vini di produzione propria - £ 50/70000.

Servizi e locali comuni: parcheggio, telefono. Sport e tempo libero: visita alla cantina con degustazione. Coltivazioni: olivi, viti, seminativi. Allevamenti: suini. Prodotti in vendita: salumi, vino, grappa, olio d'oliva, formaggio.

La Crociona

località La Croce, tel. 0577848007, fax 0577848007 - ettari 47 - chiusura: sempre aperto.

▶ Accesso a Montalcino con deviazione dalla Via Cassia a Torrenieri, fra Buonconvento a San Quirico d'Orcia; l'azienda è a 3 km da Montalcino, sulla strada per Sant'Antimo.

L'agriturismo ruota intorno a una casa colonica di origini quattrocentesche, successivamente ampliata. Gli appartamenti, arredati con calore, si trovano nel nucleo centrale e nell'ex fienile, di recentissima ristrutturazione. Contesto eccezionale, sostenuto con dinamismo dai titolari. Settimane verdi per ragazzi in febbraio e in marzo.

⊞ Appartamenti: 4 bilocali per 2/4 persone, 1 di più locali per 6 persone, con biancheria letto, biancheria bagno, biancheria cucina, stoviglie, riscaldamento a con-

sumo - affitto al giorno £ 100/180000, affitto a settimana £ 700/1300000, biancheria extra £ 10000. CARTE DI CREDITO: tutte, Bancomat.
SERVIZI E LOCALI COMUNI: parcheggio, telefono, sala riunioni, giochi bimbi, barbecue. SPORT E TEMPO LIBERO: piscina, ping pong; visita alla cantina con degustazione. COLTIVAZIONI: olivi, viti, bosco. PRODOTTI IN VENDITA: vino DOC, grappa, olio extravergine d'oliva.

La Verbena

località I Verbi, tel. 0577848432, fax 0577848432 - ettari 17 - chiusura: sempre aperto - 🐾
▶ L'azienda è al margine sinistro del percorso che da Torrenieri, sulla Via Cassia tra Buonconvento e San Quirico d'Orcia, conduce a Montalcino.

Esemplare recupero a uso agrituristico di un antico complesso rurale, di gran fascino sia per la cornice ambientale sia per la singolare articolazione di livelli e volumi. Di stretta osservanza toscana gli arredi interni.

⊞ APPARTAMENTI: 2 di 3 locali per 3 persone, con biancheria letto, biancheria bagno, biancheria cucina, stoviglie, riscaldamento centralizzato, televisore satellitare - affitto al giorno £ 160/200000, affitto a settimana £ 1100/1400000.
SOGGIORNO MINIMO: 3 giorni. CARTE DI CREDITO: CartaSi.
SERVIZI E LOCALI COMUNI: parcheggio, sala lettura. SPORT E TEMPO LIBERO: piscina; visite nei dintorni. COLTIVAZIONI: olivi, viti. PRODOTTI IN VENDITA: vino DOC, vinsanto, grappa, olio extravergine d'oliva.

Poderuccio

a Sant'Angelo in Colle (Cap 53020), località Poderuccio, tel. 0577844052, fax 0577844150 - ettari 2,5 - apertura: Pasqua-novembre - 🐾

▶ L'azienda si trova a 1,5 km da Sant'Angelo in Colle; per raggiungere la località si può seguire l'itinerario di accesso dalla Via Cassia oppure da Grosseto tramite la Statale 223 fino a Paganico, poi a destra per Arcidosso fino alla deviazione a sinistra per l'agriturismo.

Ogni finestra offre un paesaggio che sembra composto da un pittore. Tutto molto suggestivo, a partire dal casale in pietra che raccoglie in un unico corpo le otto camere, tutte con ingresso indipendente e di massimo comfort. Terrazzo, in parte pergolato, e giardino che si perde negli olivi.

🛏 CAMERE CON SERVIZI: 1 singola, 6 doppie, 1 a 3 letti, con biancheria letto, biancheria bagno, riscaldamento centralizzato, televisore, frigobar - pernottamento per persona £ 70/80000, letto aggiunto £ 40000. Deposito cauzionale da concordare.
SOGGIORNO MINIMO: 2 notti.
Note: *non si accettano bambini.*
SERVIZI E LOCALI COMUNI: parcheggio, telefono. SPORT E TEMPO LIBERO: piscina, gioco bocce. COLTIVAZIONI: olivi, viti. PRODOTTI IN VENDITA: vino DOC, grappa, olio d'oliva.

Montecarlo (LU)

m 162 ✉ 55015

Fattoria Michi ⭐🄒

via San Martino 34, tel. 058322011, fax 058322011 - ettari 20 - chiusura: sempre aperto - 🐾
▶ Raggiunta Montecarlo dalle uscite Altopascio o Chiesina Uzzanese della A11, proseguire verso la periferia di Nord-Ovest per 2 km.

Tipico casale toscano posato su un colle a dominio della Valdinievole. Tutt'intorno le verdi geometrie disegnate da vigne e oliveti. Il posto è splendido, il trattamento è curato, i dintorni interessanti. Sembra abbastanza per passare una bella vacanza.

🛏 CAMERE CON SERVIZI: 3 doppie, con riscaldamento centralizzato - pernottamento per persona £ 45000, prima colazione £ 5000, mezza pensione £ 80000.
⊞ APPARTAMENTI: 2 di 4 locali per 6 persone, con biancheria cucina, stoviglie, riscaldamento - affitto a settimana £ 800/1600000, pulizia finale £ 100000. Deposito cauzionale £ 300000 (appartamenti).
SOGGIORNO MINIMO: 3 giorni in camera, 1 settimana in appartamento. CARTE DI CREDITO: CartaSi, Bancomat.
Note: *le camere e gli appartamenti sono dotati di biancheria per letto e per bagno.*
🍴 riservato agli ospiti - cucina del territorio (zuppe) - vini di produzione propria - £ 30/40000.
SERVIZI E LOCALI COMUNI: parcheggio. SPORT E TEMPO LIBERO: piscina, campo da tennis; pesca, visita alla cantina con degustazione. COLTIVAZIONI: olivi, viti. PRODOTTI IN VENDITA: vino DOC, grappa, olio, aceto.

Montecatini Val di Cècina (PI)

m 416 ✉ 56040

Frassinello

località La Miniera 22, tel. 058830080 oppure 0348 6508017, fax 058830080 - ettari 100 - apertura: Pasqua-ottobre - 🐾 previo accordi.
▶ Montecatini Val di Cecina si trova 8 km a Nord della direttrice Cecina-Volterra (Statale 68); l'azienda è circa 4 km a Nord del paese ed è ben segnalata lungo il percorso di accesso.

La strada della val di Cecina conduce dal mare a Volterra e da qui a Colle di Val d'Elsa, alle porte del Chianti senese. Tortuosa e panoramica, riassume tut-

SERVIZI E LOCALI COMUNI: parcheggio, telefono, sala TV, barbecue. SPORT E TEMPO LIBERO: ping pong; disponibilità di mountain bike, osservazione degli animali, visite nei dintorni, passeggiate nel bosco. COLTIVAZIONI: bosco, pascolo. ALLEVAMENTI: cervi.

Montelupo Fiorentino (FI)
m 35 ⊠ 50056

Fattoria Petrognano
via Bottinaccio 116, tel. 0571913795, fax 0571 913796 - ettari 78 - ♿ - chiusura: sempre aperto - 🚭
▶ Dal casello Firenze-Signa dell'A1 immettersi sulla superstrada per Livorno; uscire a Montelupo Fiorentino, quindi prendere la prima deviazione a sinistra per Bottinaccio; seguire le indicazioni per l'azienda.

to il fascino di quest'angolo di Toscana. Il bel casale dell'Ottocento, alto fra boschi e pascoli, è il punto di partenza per innumerevoli scoperte. In azienda si allevano anche i cervi.

🛏 CAMERE CON SERVIZI: 3 doppie - pernottamento per persona £ 70/75000.
⊞ APPARTAMENTI: 2 bilocali per 2/3 persone, 2 di varia metratura e disposizione per 4/8 persone, con biancheria cucina, uso lavanderia, stoviglie - affitto a settimana £ 850/1200000; supplemento per pulizia finale £ 70000. Deposito cauzionale 30%.
SOGGIORNO MINIMO: 3 giorni in camera, 7 giorni in appartamento. CARTE DI CREDITO: CartaSi.
Note: le camere e gli appartamenti sono dotati di biancheria per letto e per bagno, riscaldamento a consumo e televisore.

Si villeggia nella tranquillità delle campagne del Valdarno Inferiore in antiche case coloniche interamente rinnovate e circondate dai vigneti. Gli appartamenti, dotati di ogni comfort, sono arredati in stile country. Nei boschi dei dintorni un laghetto naturale. Si organizzano corsi di storia dell'arte, di decorazione su ceramica, di acquarello e di bonsai. Ristorante in allestimento.

⊞ APPARTAMENTI: 1 monolocale per 2 persone, 2 bilocali per 2 persone, 8 di 3 locali per 4/6 persone, con biancheria letto, biancheria bagno, biancheria cucina, uso lavanderia, stoviglie, lavastoviglie, riscaldamento autonomo, telefono, cassaforte, televisore satellitare - affitto al giorno £ 150/270000, affitto a settimana £ 1000/1850000. Deposito cauzionale £ 300000. SOGGIORNO MINIMO: 2 notti. CARTE DI CREDITO: American Express, CartaSi, Bancomat.
SERVIZI E LOCALI COMUNI: parcheggio, solarium. SPORT E TEMPO LIBERO: piscina, campo da tennis, gioco bocce, ping pong; corsi d'arte varia, trekking, passeggiate nel bosco. COLTIVAZIONI: olivi, viti. PRODOTTI IN VENDITA: vino, olio d'oliva, miele.

Tenuta San Vito in Fior di Selva

via San Vito 32, tel. 057151411, fax 057151405 - ettari 130 - chiusura: sempre aperto - ❧

▶ Dall'uscita Firenze-Signa della A1 percorrere la Statale 67 fino a Lastra a Signa, quindi voltare a sinistra e, raggiunto Malmantile, continuare per 2 km circa in direzione di Montelupo Fiorentino.

Gli alloggi sono posti in tre casolari a breve distanza dalla sede aziendale, che sorge in posizione panoramica tra vigne, olivi e il bosco a macchia mediterranea. Produzione di vini e olio da coltivazioni biologiche.

⊞ APPARTAMENTI: 1 monolocale per 2 persone, 3 bilocali per 4 persone, 8 di 3 locali per 6 persone, con biancheria letto, biancheria bagno, biancheria cucina, uso lavanderia, stoviglie, riscaldamento autonomo, cassaforte, caminetto - affitto a settimana £ 635/2040000; supplemento per riscaldamento £ 12/18000 al giorno. Deposito cauzionale £ 200000.
SOGGIORNO MINIMO: 3 giorni in bassa stagione, 1 settimana in alta stagione. CARTE DI CREDITO: American Express, Visa, Eurocard, Mastercard, Diner's Club.
Note: *alcuni appartamenti sono dotati anche di telefono e televisore.*
⫶ cucina toscana (primi piatti) - vini regionali di produzione propria - £ 30/45000.

SERVIZI E LOCALI COMUNI: parcheggio, telefono, sala TV, sala lettura. SPORT E TEMPO LIBERO: piscina; noleggio mountain bike, degustazione vini dell'azienda, degustazione di olio extravergine. COLTIVAZIONI: olivi, viti. PRODOTTI IN VENDITA: vino DOC, vinsanto, spumante, grappa, olio extravergine d'oliva, miele.

m 605 ⊠ 53045

Il Greppo

ad Abbadia, via dei Greppi 47, tel. 0578707112, fax 0578707112 - ettari 35 - chiusura: gennaio-febbraio - ⊗

▶ Dall'uscita Val di Chiana della A1, raggiungere Torrita di Siena e proseguire verso Chiusi fino alla deviazione a sinistra per Abbadia; in paese, seguire la segnaletica dell'azienda.

Cascinale in muratura del Quattrocento, rivitalizzato dalla recente ristrutturazione che ha sortito sei spaziosi appartamenti. Particolarmente apprezzabili gli arredi, ispirati alla tradizione locale, il salone, con focolare, e il giardino, con forno e barbecue.

⊞ APPARTAMENTI: 4 bilocali per 2/4 persone, 2 di 3 locali per 4/6 persone, con biancheria letto, biancheria bagno, biancheria cucina, uso lavanderia, stoviglie, riscaldamento - affitto al giorno £ 100/200000; supplemento per riscaldamento £ 20/35000, pulizia finale £ 50/80000. Deposito cauzionale £ 200000.
SOGGIORNO MINIMO: week end.
SERVIZI E LOCALI COMUNI: parcheggio, sala TV, barbecue, forno a legna. SPORT E TEMPO LIBERO: piscina, gioco bocce, pallavolo, tiro con l'arco; noleggio biciclette, guida ai lavori agricoli, pesca, passeggiate. COLTIVAZIONI: olivi, viti, bosco, cereali, grano, girasoli, ortaggi, barbabietole, legumi, alberi da frutta. ALLEVAMENTI: animali di bassa corte. PRODOTTI IN VENDITA: vino, olio, legumi, miele.

m 274 ⊠ 53035

Castel Pietraio

strada di Strove 33, tel. 0577301038 (informazioni 051267534), fax 051221376 - ettari 161 - chiusura: sempre aperto - ⊗

▶ Dall'uscita di Monteriggioni della superstrada Firenze-Siena, procedere per 1 km in direzione di Colle di Val d'Elsa, quindi deviare a sinistra e raggiungere Abbadia Isola; in paese continuare per 1 km circa verso Strove, poi girare a sinistra e seguire le indicazioni.

L'azienda agrituristica si stende con vigneti, seminativi e ampie zone a bosco nel paesaggio della Montagnola Senese. A poche centinaia di metri si trova una contrada con i servizi di prima necessità; a qualche minuto d'auto il paese di Badia a Isola. Si soggiorna in camere accoglienti e in appartamenti di gusto rustico, forniti di cucina attrezzata.

CAMERE CON SERVIZI: 8 doppie - pernottamento per persona £ 75/125000.
APPARTAMENTI: 2 di ampia metratura per 4 persone, con biancheria cucina, stoviglie - affitto al giorno £ 150/200000, affitto a settimana £ 1000/1500000. Deposito cauzionale £ 300000.
SOGGIORNO MINIMO: 2 notti.
Note: le camere e gli appartamenti sono dotati di biancheria per letto e per bagno, televisore; due camere dispongono anche di vasca con idromassaggio.
SERVIZI E LOCALI COMUNI: parcheggio, parco giochi bimbi, barbecue. SPORT E TEMPO LIBERO: piscina; visite nei dintorni, escursioni. COLTIVAZIONI: olivi, viti, grano, girasoli. PRODOTTI IN VENDITA: vino, olio.

Fattoria Gavina di Sopra

a Santa Colomba, località Gavina, tel. 0577317046, fax 0577317046 - ettari 15 - chiusura: inizio novembre-gennaio.
▶ Partendo da Siena percorrere la Via Cassia verso Monteriggioni fino alla deviazione, a sinistra, per Santa Colomba; da qui, proseguire per 1,3 km su strada sterrata che porta a Gavina e all'azienda.

Costruzione caratteristica, svettante su un poggio che oppone il verde dei coltivi alla calda tonalità della terra di Siena. All'incanto del luogo, che riserva continue scoperte, si aggiunge la straordinaria disponibilità dei titolari e il comfort di camere arredate con mobilio d'arte povera.

CAMERE CON SERVIZI: 5 doppie, con biancheria letto, biancheria bagno, televisore a richiesta - mezza pensione £ 580000 per persona a settimana. Deposito cauzionale 20%.
riservato agli ospiti - cucina toscana - vini locali di produzione propria - £ 30000.
SERVIZI E LOCALI COMUNI: parcheggio, telefono, sala TV. SPORT E TEMPO LIBERO: piscina, gioco bocce, ping pong; disponibilità di mountain bike, visite nei dintorni. COLTIVAZIONI: olivi, viti, ortaggi, alberi da frutta. ALLEVAMENTI: ovini, pollame. PRODOTTI IN VENDITA: olio, marmellate, miele.

Monteroni d'Àrbia (SI)

m 161 ✉ 53014

Il Poggiarello

a Ville di Corsano (Cap 53010), podere Poggiarello, tel. 0577377117, fax 0577377117 - ettari 90 - chiusura: sempre aperto - ❧
▶ Lasciare Siena e imboccare la Statale 73 per Grosseto; giunti a Costafabbri seguire le indicazioni per Ville di Corsano. Dopo 600 m si arriva in azienda segnalata da un' insegna di legno.

Una strada bianca porta a destinazione: Siena è poco distante ma anche lontana. Siamo nelle Crete, mare di terre, mutevole con la luce e la stagione, interrotto da cipressi e ginestre, e da isolati casali.

CAMERE SENZA SERVIZI: 5 doppie; 2 bagni in comune - pernottamento per persona £ 45000, prima colazione £ 5000, pensione £ 100000. CAMERE CON SERVIZI: 2 doppie - pernottamento per persona £ 45000, prima colazione £ 5000, pensione £ 100000. Deposito cauzionale 30%.
Note: le camere sono dotate di biancheria per letto, per bagno e per cucina, televisore, uso cucina e riscaldamento autonomo.
riservato agli ospiti - cucina casalinga - vini di produzione propria - £ 25000.
SERVIZI E LOCALI COMUNI: sala TV. COLTIVAZIONI: olivi, viti, grano, orzo, avena, foraggio. ALLEVAMENTI: bovini, animali di bassa corte. PRODOTTI IN VENDITA: olio.

enuta della Selva

Ville di Corsano, tel. 0577377063, fax 0577377063 - ttari 1200 - chiusura: sempre aperto - grossa taglia.

Dallo svincolo Siena Ovest, sul prolungamento del accordo autostradale da Firenze, imboccare la Stata- e 73 (Siena-Grosseto) e, giunti a Costafabbri, seguire e indicazioni per Ville di Corsano.

Si soggiorna in aperta campagna, a quattro chilometri lal centro aziendale, in antichi casali suddivisi in dodi- i appartamenti di vario taglio, agibili in ogni periodo lell'anno. La principale attrattiva dell'azienda, a pre- cindere dalla bellezza dei luoghi, è l'allevamento ippi- o (Quarter Horse per monta western) con centro di ddestramento Ante.

APPARTAMENTI: 4 bilocali per 2 persone, 8 di più locali er 4/6 persone, con biancheria letto, stoviglie, riscal- lamento centralizzato, telefono, televisore - affitto a ettimana £ 770/3000000, bambini fino a 4 anni gra- s, da 5 a 16 anni sconto 50%.
SOGGIORNO MINIMO: 2 notti. CARTE DI CREDITO: Visa.
SERVIZI E LOCALI COMUNI: barbecue. SPORT E TEMPO LIBERO: pi- scina, maneggio, ricovero cavalli; noleggio mountain ike, pesca, corsi di equitazione, passeggiate nel bo- co. COLTIVAZIONI: olivi, viti, pascolo. ALLEVAMENTI: bovini, avalli. PRODOTTI IN VENDITA: carne, salumi, vino, grappa, lio, formaggio, miele.

Monterotondo Marittimo (GR)
n 539 ⊠ 58025

odere Risecco
Frassine, tel. 0566910007 oppure 03356532426, ax 0566910007 - ettari 104 - chiusura: sempre perto -

▶ Uscire dalla superstrada Livorno-Grosseto a Venturi- na e proseguire sulla Statale 398 in direzione di Suve- reto e Monterotondo Marittimo; superare Frassine di un paio di chilometri.

Splendido comprensorio naturale che alterna coltivi, in- colti a pascolo e macchie boschive con abbondante fauna. La proprietà, ubicata in una riserva faunistico- venatoria, offre ospitalità agrituristica nelle camere di un grazioso casale in pietra. In allestimento un appar- tamento e il ristorante.

CAMERE SENZA SERVIZI: 2 doppie; 1 bagno in comu- ne - pernottamento per persona £ 35/45000. CAME- RE CON SERVIZI: 1 doppia - pernottamento per persona £ 40/50000.
Note: le camere sono dotate di biancheria per letto e per bagno, riscaldamento autonomo.
SERVIZI E LOCALI COMUNI: parcheggio, sala TV. SPORT E TEMPO LIBERO: tiro con l'arco, ping pong; noleggio mountain bike, pesca, trekking. COLTIVAZIONI: olivi, cereali, girasoli, pascolo. ALLEVAMENTI: ovini, animali di bassa corte. PRO- DOTTI IN VENDITA: olio d'oliva, frutta, verdura.

Monte San Savino (AR)
m 330 ⊠ 52048

Casa Contessa Francesca

a Gargonza, tel. 0575847021, fax 0575847054 - etta- ri 330 - chiusura: periodo in novembre e in gennaio -
▶ Dall'uscita cittadina della A1, si raggiunge il centro abitato, poi si prosegue sulla Statale 73 per Siena; dopo 7 km in questa direzione, fare una breve devia- zione sulla destra.

La costruzione in pietra adibita ad agriturismo fa parte del complesso medievale del castello di Gargonza, straordinario esempio di recupero architettonico a fini turistico-culturali con ristorante, sale riunioni e numero- si appartamenti e foresterie in affitto. Fitta di appunta- menti la vita del borgo nei mesi estivi, con concerti e gruppi di studio per la musica e la pittura.

CAMERE SENZA SERVIZI: 5 doppie, con biancheria letto, biancheria bagno, biancheria cucina, uso cucina, riscal- damento centralizzato, caminetto; 3 bagni in comune - forfait settimanale £ 1890/2695000.
SOGGIORNO MINIMO: 3 notti. CARTE DI CREDITO: American Express, CartaSi, Diner's Club, Bancomat.

cucina toscana (selvaggina) - vini regionali di produzione propria - £ 45000.

SERVIZI E LOCALI COMUNI: parcheggio, telefono, sala TV. SPORT E TEMPO LIBERO: piscina, gioco bocce; passeggiate nel bosco. COLTIVAZIONI: olivi, viti, castagni.

Villa Bugiana

via Bugiana 12, tel. 0575844564, fax 0575844564 - ettari 3 - apertura: aprile-settembre e Natale-Epifania - grossa taglia.
▶ Deviare a destra dalla Statale 73 per Siena dopo l'abitato di Monte San Savino; proseguire per 500 m, poi svoltare ancora a destra; dopo 300 m prendere la strada sulla sinistra che costeggia un muro.

Atmosfera da bei tempi andati con la patina degli anni e vecchi rampicanti a impreziosire le belle costruzioni della fattoria. L'ospitalità agrituristica viene offerta in due rustici ristrutturati che, anche all'interno, conservano una fisionomia coerente all'insieme.

APPARTAMENTI: 1 bilocale per 5 persone, 1 di più locali per 6 persone, con biancheria letto, biancheria bagno, biancheria cucina, stoviglie - affitto al giorno £ 100/150000; eventuale pulizia finale £ 20000 per persona, supplemento per riscaldamento. Deposito cauzionale £ 200000 alla prenotazione.
SOGGIORNO MINIMO: 3 giorni.

SERVIZI E LOCALI COMUNI: parcheggio, spazio all'aperto per giochi bimbi. SPORT E TEMPO LIBERO: piscina, campo da tennis, gioco bocce, ping pong; noleggio biciclette, guida ai lavori agricoli, passeggiate. COLTIVAZIONI: olivi, viti. ALLEVAMENTI: animali di bassa corte. PRODOTTI IN VENDITA: vino, olio extravergine d'oliva.

Montespèrtoli (FI)

m 257 ✉ 50025

Castello di Montegufoni

a Montagnana, via Montegufoni 18, tel. 0571671131, fax 0571671514 - ettari 26 - apertura: aprile-ottobre -
▶ Deviare dalla superstrada Firenze-Pisa-Livorno a Ginestra Fiorentina e dirigersi verso Montespertoli; arrivati a Baccaiano, dopo 5 km, svoltare a sinistra per 1 km. Da Montespertoli percorrere 3,5 km verso Nord e raggiungere Baccaiano, poi girare a destra.

Vacanza da raccontare ai nipoti. Agriturismo castellano tra le mura cariche di storia di un complesso fortificato che si innalza sul profilo dei colli. Quindici appartamenti, dalla suite principesca alla dépendance rustica. Si passeggia tra cipressi e giardini all'italiana.

APPARTAMENTI: 15 di varia metratura e disposizione per 2/8 persone, con biancheria letto, biancheria bagno, biancheria cucina, uso lavanderia, stoviglie, riscaldamento centralizzato - affitto a settimana £ 1000/3800000. Deposito cauzionale £ 200000.
SOGGIORNO MINIMO: 1 settimana. CARTE DI CREDITO: Visa, Eurocard, Mastercard.
riservato agli ospiti - cucina toscana - vini regionali di produzione propria - £ 35/90000.
SERVIZI E LOCALI COMUNI: parcheggio, telefono, taverna. SPORT E TEMPO LIBERO: piscina, ping pong; noleggio mountain bike, corsi di cucina. COLTIVAZIONI: olivi, viti. PRODOTTI IN VENDITA: vino, vinsanto, olio.

Le Fonti a San Giorgio

via Colle San Lorenzo 16, tel. 0571609298 oppure 057174347, fax 0571609298 - ettari 66 - chiusura: sempre aperto -
▶ Da Ginestra Fiorentina, uscita della superstrada Firenze-Pisa-Livorno, dirigersi verso Sud per 9 km seguendo la segnaletica dell'azienda.

Accoglienza cordiale e ambiente familiare - la padrona di casa organizza tavolate all'aperto e prepara la pizza nel forno a legna - nella piacevole cornice degli olivi e delle vigne del podere. Appartamenti molto spaziosi, tutti con caminetto nel grande soggiorno.

APPARTAMENTI: 3 bilocali per 2 persone, 4 di 3 locali per 3/4 persone, con biancheria letto, biancheria bagno, biancheria cucina, uso lavanderia, stoviglie, ri-

scaldamento a consumo, caminetto - affitto a settimana £ 1200/1400000, sconto 20% per soggiorni di almeno 1 settimana in bassa stagione. Deposito cauzionale £ 200000 alla prenotazione.

Soggiorno minimo: week end. Carte di credito: Visa, Mastercard.

)¶ riservato agli ospiti - cucina toscana (prenotare) - vini di produzione propria - £ 30/40000.

Servizi e locali comuni: parcheggio, telefono. Sport e tempo libero: piscina, gioco bocce, ping pong; degustazione vini dell'azienda, trekking. Coltivazioni: olivi, viti. Allevamenti: pollame. Prodotti in vendita: vino, vinsanto, grappa, olio, marmellate.

Podere Torricella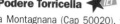

a Montagnana (Cap 50020), via San Vincenzo 35, tel. 0571659227, fax 057179969 - ettari 70 - ♿ - chiusura: sempre aperto - ⌦

▶ Dall'uscita Firenze-Signa della A1 immettersi sulla Firenze-Pisa-Livorno e percorrerla fino a Ginestra Fiorentina, quindi superare Cerbaia e proseguire in direzione di Montespertoli; dopo 2,5 km deviare a destra e continuare per un altro chilometro.

A meno di 20 km da Firenze, tra la val di Pesa e la val d'Elsa, si soggiorna nel trasognato scenario dei colli in un'antico edificio rurale completamente ristrutturato, suddiviso in nove appartamenti di tutto dotati, impianto satellitare compreso. Servizio ristorante previsto a partire da aprile 2000.

⊞ Appartamenti: 2 bilocali per 4 persone, 7 di 3 locali per 6 persone, con biancheria letto, biancheria bagno, biancheria cucina, uso lavanderia, stoviglie, riscaldamento autonomo, telefono, televisore satellitare - affitto a settimana £ 900/1400000; supplemento per riscaldamento £ 13/18000 al giorno, lavatrice £ 5000 a lavaggio. Deposito cauzionale £ 300000.

Soggiorno minimo: 2 notti. Carte di credito: Visa.

Servizi e locali comuni: parcheggio. Sport e tempo libero: piscina, ping pong; noleggio mountain bike, passeggiate a cavallo. Coltivazioni: olivi, viti, seminativi. Prodotti in vendita: vino, grappa, olio extravergine d'oliva, miele.

Monteverdi Marittimo (PI)

m 364 ⊠ 56040

Podere Pratella

via della Badia 19, tel. 0565784325, fax 0565 784325 - ettari 9 - ♿ - chiusura: sempre aperto - ⌦ previo accordi.

▶ Lasciare la Via Aurelia a Venturina e procedere sulla strada per Suvereto e Monterotondo Marittimo fino al bivio che segnala la deviazione a sinistra per Monteverdi Marittimo.

In val di Cornia, tra la Maremma e le Colline Metallifere, dunque in bilico tra spiagge e boschi, si soggiorna all'insegna della cucina tipica e del servizio d'alta qualità. L'azienda fa parte dell'Ante (Associazione Nazionale Turismo Equestre).

🐾 Camere con servizi: 3 doppie, 3 a 4 letti, con biancheria letto, riscaldamento - pernottamento per persona £ 50/60000, mezza pensione £ 75/90000, possibilità di forfait settimanale e di letto aggiunto. Deposito cauzionale 50% alla prenotazione.

Soggiorno minimo: 3 giorni.

)¶ riservato agli ospiti - cucina toscana (piatti della tradizione) - vini locali - £ 20/40000.

Servizi e locali comuni: parcheggio, telefono. Sport e tempo libero: maneggio; disponibilità di biciclette, raccolta funghi, passeggiate a cavallo, corsi di equitazione, visite nei dintorni, passeggiate nel bosco. Coltivazioni: olivi, ortaggi, alberi da frutta. Allevamenti: bovini, equini, animali di bassa corte. Prodotti in vendita: olio d'oliva, conserve.

Montignoso (MS)

m 130 ⊠ 54038

Karma

via Guadagni 1, tel. 0585821237 oppure 0339 5308777, fax 0585821237 - ettari 1,5 - apertura: su prenotazione - 🐾 piccola taglia.

▶ Lasciare la Via Aurelia, poco a Sud di Massa, alla deviazione per Montignoso; superata Capanne, prendere a destra per Castello Aghinolfi poi, dopo 1,5 km, prima strada a sinistra; percorsi 200 m, inizia la strada privata, bianca, per l'azienda.

Il nome anticipa lo stile di vita di questo agriturismo collinare, dove si mettono a profitto le pratiche salutistiche e del controllo mentale. L'edificio, ristrutturato secondo i principi della bioarchitettura, dispone di camere con logge indipendenti; si tengono corsi di salute e armonia.

CAMERE CON SERVIZI: 2 doppie, 1 a 4 letti, con biancheria letto, biancheria bagno - pernottamento per persona £ 45/55000, prima colazione £ 15000, mezza pensione £ 90/95000.

3 equipaggi 3 equipaggi.

cucina toscana e vegetariana (prenotare) - vini locali - £ 35/50000.

SERVIZI E LOCALI COMUNI: parcheggio, telefono, sala TV, sala lettura. SPORT E TEMPO LIBERO: disponibilità di mountain bike, passeggiate nel bosco. COLTIVAZIONI: olivi, viti, bosco, ortaggi, alberi da frutta. PRODOTTI IN VENDITA: vino, olio, marmellate.

Murlo (SI)

m 107 ⊠ 53016

Casabianca

a Casciano di Murlo (Cap 53010), località di Montepescini, tel. 0577811033, fax 0577811017 - ettari 700 - chiusura: sempre aperto -

▶ Deviazione a sinistra dalla direttrice Siena-Grosseto (Statale 223) per Fontazzi e Casciano di Murlo; da quest'ultima località proseguire per circa 8 km fino a Montepescini; è consigliabile il medesimo itinerario anche per chi proviene da Grosseto.

Grande tenuta agricola estesa a un'intera vallata con riserva di caccia. Il complesso agrituristico può contare su oltre trenta soluzioni abitative ricavate da casali del XIV secolo e offre una scelta di attività ricreative adatte alle più disparate esigenze.

CAMERE CON SERVIZI: 8 doppie, con riscaldamento centralizzato, televisore - pernottamento per persona £ 75000, prima colazione £ 10000, pensione £ 115000.

APPARTAMENTI: 29 di varia metratura e disposizione, con biancheria cucina, stoviglie, lavastoviglie, riscaldamento autonomo - affitto a settimana £ 540/2400000.

SOGGIORNO MINIMO: 3 giorni in appartamento. CARTE DI CREDITO: American Express, Diner's Club.

riservato agli ospiti - cucina toscana (arrosti) - vini regionali di produzione propria - £ 22/50000.

SERVIZI E LOCALI COMUNI: parcheggio, telefono, bar, sala TV. SPORT E TEMPO LIBERO: piscina, campo da tennis, gioco bocce, ping pong, maneggio, ricovero cavalli; disponibilità di mountain bike, degustazione vini dell'azienda, pesca, passeggiate a cavallo. COLTIVAZIONI: viti. ALLEVAMENTI: fagiani. PRODOTTI IN VENDITA: vino.

I Pianelli ★TCI

località I Pianelli, tel. 0577374496 oppure 0368 467622, fax 0577374496 - ettari 130 - apertura: marzo-ottobre -

▶ Murlo è raggiungibile con una deviazione di 14 km dalla Statale 223 che collega Siena con Grosseto; l'azienda è appena 1 km alla periferia Nord-Est del paese.

Si soggiorna in casali ottocenteschi incastonati nel mosaico di campi, oliveti e bosco del vastissimo fondo aziendale, scenario ideale per passeggiate alla portata di tutti. Poco lontano scorre l'Arbia, che attraversa il paesaggio mozzafiato delle Crete Senesi.

APPARTAMENTI: 5 di varia metratura e disposizione per 2/4/5 persone, con biancheria letto, biancheria bagno, biancheria cucina, uso lavanderia, stoviglie, riscaldamento a consumo, telefono, televisore - affitto a settimana £ 520/1200000.

SOGGIORNO MINIMO: 3/7 giorni.

SERVIZI E LOCALI COMUNI: parcheggio. SPORT E TEMPO LIBERO: piscina, ping pong, calcio-balilla; passeggiate nel bosco. COLTIVAZIONI: olivi, bosco, cereali.

Ottavia ★TCI

a Casciano, località Campopalazzi, tel. 0577811110 oppure 0577724271, fax 0577679458 - ettari 36 - chiusura: sempre aperto -

▶ Da Siena lasciare la Statale 223 con deviazione a sinistra per Fontazzi e Casciano di Murlo; da quest'ultimo luogo, proseguire verso Montepescini per 5 km.

Grazioso borgo rurale, chiuso nel verde abbraccio degli oliveti, a valle, e del bosco, a monte. L'ordine, che regna sovrano, dà subito l'impressione di un complesso organizzato al meglio. Lo confermano gli interni, confortevoli e arredati con gusto rustico.

▣ Appartamenti: 6 di varia metratura e disposizione
er 4/10 persone, con biancheria letto, biancheria
agno, biancheria cucina, uso lavanderia, stoviglie,
scaldamento autonomo, telefono - affitto al giorno
. 150/360000, affitto a settimana £ 760/2290000,
scaldamento £ 160/390000 a settimana. Deposito
auzionale 20%.
Soggiorno minimo: 3 giorni in bassa stagione, 1 settima-
a in alta stagione.
Servizi e locali comuni: parcheggio, telefono. Sport e
empo libero: piscina, campo da tennis; noleggio moun-
ain bike, pesca. Coltivazioni: olivi, viti. Prodotti in vendi-
: vino, olio.

Podere Montorgialino

calità Montorgialino, tel. 0577814373 oppure 0368
97709 - ettari 32 - chiusura: sempre aperto - ✿
▶ Via Cassia da Siena in direzione di Roma, deviazio-
e a destra verso Vescovado di Murlo, quindi strada
er Buonconvento; dopo 3 km, svoltare a destra su
trada sterrata con indicazione Montorgialino e prose-
uire per un chilometro abbondante.

*Oliveti e boschi formano lo scenario di una vacanza al-
insegna della massima tranquillità. Sistemazione più*
he confortevole nelle camere e negli appartamenti ri-
avati dalla ristrutturazione di un vecchio casale

☞ Camere con servizi: 2 doppie, con frigobar - pernotta-
nento per persona £ 80/120000.
▣ Appartamenti: 2 di varia metratura e disposizione per
/4 persone, con biancheria cucina, stoviglie, cami-
etto - affitto al giorno £ 280/350000, affitto a setti-
nana £ 1800/2100000.
Soggiorno minimo: 1 settimana in luglio e agosto (appar-
amenti).
Note: *le camere e gli appartamenti sono dotati di bian-*
heria per letto e per bagno, riscaldamento centralizza-
o e autonomo.
▯ riservato agli ospiti - cucina toscana (piatti della tra-
izione) - vini locali - £ 50/70000.
Servizi e locali comuni: parcheggio. Sport e tempo libero:
iscina; disponibilità di mountain bike, visite nei dintor-
i, passeggiate nel bosco. Coltivazioni: olivi. Prodotti in
endita: olio d'oliva.

Podere Vignali

ocalità Vignali, tel. 0577814368, fax 0577814368 -
ttari 30 - apertura: Pasqua-inizio novembre - ✗

▶ Deviazione a destra dalla Statale 2 (Via Cassia da
Siena verso Roma) dopo aver superato Monteroni d'Arbia e quindi prendendo per Vescovado di Murlo; da qui
ancora circa 2 km in direzione Sud-Ovest: portarsi sulla circonvallazione e poi bivio con cartelli dell'azienda.

Una strada bianca, disegnata tra prati e macchioni di gi-
nestre, sale al poggio dove sorgono i due casali agrituri-
stici. Il panorama, dalle Crete Senesi al monte Amiata,
è di quelli che lasciano senza fiato. Interni d'atmosfera
rustica e buon comfort.

☞ Camere con servizi: 2 doppie - pernottamento per persona £ 60/80000, forfait settimanale £ 400/500000.
▣ Appartamenti: 2 bilocali per 4 persone, 1 di ampia
metratura per 6/8 persone, con biancheria cucina, stoviglie - affitto a settimana £ 1200/1900000, supplemento per pulizia finale £ 40/60000. Deposito cauzionale 20% alla prenotazione.
Soggiorno minimo: 3 giorni.
Note: *le camere e gli appartamenti sono dotati di*
biancheria per letto e per bagno, riscaldamento cen-
tralizzato.
Servizi e locali comuni: parcheggio, telefono. Sport e tempo libero: piscina, gioco bocce, ping pong. Coltivazioni:
olivi, alberi da frutta.

Azienda agricola Club le Cannelle

a Talamone, tel. 0564887020, fax 0564870470 - ettari 200 - apertura: Pasqua-settembre - ✿ previo accordi.
▶ Lasciare la Via Aurelia a Fonteblanda e procedere
verso Ovest in direzione di Talamone; 1 km circa prima
di arrivare in paese, deviare a destra su strada sterrata
e seguire le indicazioni dell'azienda.

Nel Parco della Maremma, agriturismo a picco sul ma-
re nei pressi di un'antica torre di avvistamento. Pano-
rama circolare su duecento ettari di boschi chiazzati
dalle ginestre e sul mare fino a Montecristo. In alter-
nativa, graziosi chalet in legno, appartamenti in mura-
tura o comode camere.

☞ Camere con servizi: 10 doppie.
▣ Appartamenti: 8 di varia metratura e disposizione per
2/6 persone, con stoviglie, riscaldamento a legna. Deposito cauzionale 50% alla prenotazione.

Soggiorno minimo: 2/3 notti in bassa stagione.
Note: *le camere e gli appartamenti sono dotati di biancheria per letto e per bagno; i prezzi saranno comunicati telefonicamente.*
Servizi e locali comuni: parcheggio, telefono, sala lettura. Sport e tempo libero: bird watching, pesca, passeggiate a cavallo. Coltivazioni: olivi, agrumi. Allevamenti: cavalli, api.

Grazia

a Orbetello Scalo (Cap 58016), località Provinciaccia 110, tel. 0564881182 (informazioni 06483945), fax 0564881182 - ettari 100 - &. - chiusura: sempre aperto - ♣ previo accordi.
➤ Siamo al margine sinistro della Via Aurelia, 3 km a meridione di Orbetello Scalo, poco prima di Ansedonia.

Grande fattoria ottocentesca con porticato e ambienti interni di atmosfera antica. Intorno i recinti e le strutture del centro ippico che organizza escursioni negli splendidi dintorni. A pochi chilometri le oasi Wwf della Laguna di Orbetello e del Lago di Burano.

⊞ Appartamenti: 3 bilocali per 2 persone, 3 di ampia metratura per 4 persone, con biancheria letto, biancheria bagno, biancheria cucina, uso lavanderia, stoviglie, riscaldamento centralizzato o autonomo, telefono - affitto al giorno £ 160/250000, affitto a settimana £ 600/1400000, supplemento per pulizia, lavanderia e baby sitting. Deposito cauzionale 30%.
Soggiorno minimo: 3 notti.
Servizi e locali comuni: parcheggio, telefono, sala lettura. Sport e tempo libero: campo da tennis, ping pong, maneggio, ricovero cavalli; osservazione degli animali, passeggiate a cavallo, corsi di equitazione, visite nei dintorni. Coltivazioni: olivi, bosco, cereali, foraggio. Allevamenti: cavalli. Prodotti in vendita: olio, miele.

Palàia (PI)

m 240 ⊠ 56036

San Gervasio

a San Gervasio, tel. 0587483360, fax 0587484361 - ettari 400 - chiusura: sempre aperto - ⊠
➤ Uscire a Pontedera dalla superstrada che collega Pisa e Livorno con Firenze e portarsi sulla Statale 67; a La Rotta, 4 km da Pontedera, svoltare a destra verso San Gervasio seguendo la segnaletica dell'azienda.

La proprietà, non lontana dall'antico borgo, comprende estesi seminativi e trecento ettari di bosco. La sede aziendale è una fattoria seicentesca cui fanno corona i rustici adibiti all'accoglienza turistica. Ambienti d'atmosfera, arredati nel più schietto stile toscano.

⊞ Appartamenti: 2 monolocali per 2 persone, 11 bilocali per 2/3/4 persone, 3 di 3 locali per 6 persone, con biancheria letto, biancheria bagno, biancheria cucina, uso lavanderia, stoviglie, riscaldamento a gas - affitto a settimana £ 700/1135000. Deposito cauzionale £ 200000.
Soggiorno minimo: 1 settimana. Carte di credito: tutte.
)|| cucina toscana (selvaggina) - vini di produzione propria - £ 25/45000.
Servizi e locali comuni: parcheggio, telefono, giochi bimbi. Sport e tempo libero: piscina; osservazione degli animali, pesca, visite nei dintorni, passeggiate nel bosco. Coltivazioni: olivi, viti, cereali. Allevamenti: fagiani, cinghiali. Prodotti in vendita: fagiani, vino, olio.

Tenuta la Cerbana

a Montefoscoli, via Colline per Legoli, tel. 0587 632058, fax 0587632058 - ettari 470 - &. - chiusura: sempre aperto - ♣
➤ Lasciata la superstrada Pisa-Firenze all'uscita di Pontedera, procedere in direzione di Forcoli, superandone l'abitato e continuando per altri 6 km circa; seguire le indicazioni dell'azienda.

Soggiorno nei confortevoli ambienti ricavati dalla ristrutturazione di alcune case poderali, risalenti ai primi anni del Novecento. Il panorama è un quadro di toscana amenità, con prati, macchie alberate e il ricamo delle strade bianche orlate dai cipressi. In azienda ristoro con cucina casalinga e ampio spazio per sosta di camper e caravan.

Toscana

CAMERE CON SERVIZI: 12 doppie - pernottamento per persona £ 60/70000, pensione £ 110/120000.

APPARTAMENTI: 2 bilocali per 2/3 persone - affitto al giorno £ 150000, affitto a settimana £ 800/1200000.

Note: *le camere e gli appartamenti sono dotati di biancheria per letto e per bagno, riscaldamento a gas liquido, telefono e televisore.*

cucina casalinga (cinghiale) - vini locali - £ 25/40000. SERVIZI E LOCALI COMUNI: parcheggio, telefono, sala TV, taverna, giochi bimbi. SPORT E TEMPO LIBERO: piscina, ping pong; noleggio mountain bike, guida ai lavori agricoli, visite nei dintorni. COLTIVAZIONI: olivi, ortaggi. ALLEVAMENTI: ovini, animali di bassa corte, cinghiali, daini, mufloni. PRODOTTI IN VENDITA: carne, salumi, olio, verdura.

Pèccioli (PI)
m 144 ⊠ 56037

De Simone Pompilia
podere Diacceroni, informazioni 058884064 Sig. Campana - ettari 50 - ♿ - chiusura: sempre aperto - ✆
▶ Percorrere la Provinciale Pontedera-Volterra fino al bivio per il podere Diacceroni; l'azienda dista 15 km da Peccioli e 4 da Villamagna.

La collina è panoramica e costantemente accarezzata da una brezza gentile. Vi sorge una casa colonica di fine Ottocento, convertita all'agriturismo dopo un accurato restauro. Prodotti dell'orto a disposizione degli ospiti.

APPARTAMENTI: 4 bilocali per 4 persone, 2 di più locali per 6 persone, con biancheria letto, biancheria bagno, biancheria cucina, stoviglie, telefono - affitto a settimana £ 450/1200000. Deposito cauzionale £ 200000 alla prenotazione.

SOGGIORNO MINIMO: 3 giorni in bassa stagione, 1 settimana in alta stagione. CARTE DI CREDITO: Visa, Eurocard, Mastercard, Diner's Club.

SERVIZI E LOCALI COMUNI: parcheggio, telefono. SPORT E TEMPO LIBERO: piscina; noleggio mountain bike. COLTIVAZIONI: ortaggi, foraggio. PRODOTTI IN VENDITA: vino, olio.

Pèrgine Valdarno (AR)
m 361 ⊠ 52020

Montelucci
via Montelucci, tel. 0575896525, fax 0575896315 ettari 500 - chiusura: gennaio-febbraio - ✆ previo accordi.
▶ A metà strada circa del tratto fra Arezzo e Montevarchi della Statale 69 si incontra una breve deviazione a sinistra che porta a Pergine Valdarno; l'azienda si trova 2,5 km a Sud del paese.

Il quadro è quello del Valdarno Superiore, tutto punteggiato di ville, case coloniche, antiche torri e cipressi. Una villa seicentesca e i casali che la attorniano offrono spazi ricchi d'atmosfera a questa azienda che conta anche un valido centro ippico.

CAMERE CON SERVIZI: 8 doppie, 1 suite, con riscaldamento centralizzato, telefono - pernottamento per persona £ 75/90000, mezza pensione £ 105/120000.

APPARTAMENTI: 5 di varia disposizione per 4/6 persone, con biancheria cucina, stoviglie, riscaldamento consumo, caminetto - affitto a settimana £ 850/500000. Deposito cauzionale da concordare.

SOGGIORNO MINIMO: 1 settimana in alta stagione. CARTE DI CREDITO: Visa, Mastercard.

Note: le camere e gli appartamenti sono dotati di biancheria per letto e per bagno, uso lavanderia.

riservato agli ospiti - cucina toscana - vini locali - 30000.

SERVIZI E LOCALI COMUNI: parcheggio, telefono, servizio fax. SPORT E TEMPO LIBERO: biliardo, maneggio; disponibilità di mountain bike, pesca, visite nei dintorni. COLTIVAZIONI: olivi, viti, bosco. ALLEVAMENTI: bovini, equini. PRODOTTI IN VENDITA: olio extravergine d'oliva.

Péscia (PT)

n 62 ⊠ 51017

Fattoria Pietrabuona

a Pietrabuona, via per Medicina 2, tel. 0572408115, fax 0572408150 - ettari 60 - ﴾ - apertura: marzo-ottobre e Natale-Epifania - ✆

Da Pescia dirigere a Nord per 4 km, fino a Pietrabuona, quindi svoltare a sinistra per Medicina e continuare in salita per altri 500 m.

Siamo nella cosiddetta "Svizzera Pesciatina", un angolo di Toscana poco conosciuto, silenzioso, ricco di verde e di antiche tradizioni. A disposizione degli ospiti vi sono alcune case coloniche sparse nella vasta tenuta agropastorale.

APPARTAMENTI: 1 monolocale per 2 persone, 2 bilocali per 4 persone, 2 di ampia metratura per 4/6 persone, con biancheria letto, biancheria bagno, biancheria cucina, uso lavanderia, stoviglie, riscaldamento a metano - affitto a settimana £ 600/1800000; luce, gas e riscaldamento a consumo. Deposito cauzionale da concordare alla prenotazione.

SOGGIORNO MINIMO: 1 settimana.

SERVIZI E LOCALI COMUNI: parcheggio. SPORT E TEMPO LIBERO: piscina; passeggiate nel bosco. COLTIVAZIONI: olivi, bosco, castagni. ALLEVAMENTI: suini, caprini, equini, api. PRODOTTI IN VENDITA: salumi, olio d'oliva, miele.

Il Frantoio

a San Quirico, via del Frantoio 9, tel. 0572400222 (informazioni 0572453138, prenotazioni 0572 453365), fax 0572400294 - ettari 7 - chiusura: sempre aperto - ✆

▶ Lasciare Pescia alle spalle e percorrere 4 km in direzione dell'Abetone; al bivio di Pietrabuona, prendere a sinistra per raggiungere San Quirico con altri 4/5 km.

In collina, sul boscoso declivio che accompagna il convergere di due torrenti, si soggiorna negli ambienti rinnovati ad arte di un frantoio settecentesco con annessi rustici. Tutto dà l'impressione di essere curato nei dettagli. L'ordine regna sovrano e l'organizzazione è inappuntabile.

APPARTAMENTI: 4 bilocali per 2/4 persone, 1 di 4 locali per 6 persone, con biancheria letto, biancheria bagno, biancheria cucina, uso lavanderia, stoviglie, riscaldamento centralizzato, telefono, televisore satellitare - affitto al giorno £ 90/220000, affitto a settimana £ 600/1500000, letto aggiunto £ 150000 a settimana; riscaldamento £ 20000 al giorno. Deposito cauzionale £ 300000.

SOGGIORNO MINIMO: 3 giorni in bassa stagione.

Note: gli appartamenti sono dotati di divano letto; lettino per bambini gratis.

cucina toscana (piatti della tradizione) - vini regionali - £ 30/35000.

SERVIZI E LOCALI COMUNI: parcheggio, giochi bimbi, barbecue. SPORT E TEMPO LIBERO: piscina, gioco bocce, tiro con l'arco; noleggio mountain bike, visita al museo etnologico in azienda, escursioni, trekking. COLTIVAZIONI: olivi, alberi da frutta. PRODOTTI IN VENDITA: olio, frutta, frutti di bosco, miele.

Le Colonne

località Monte a Pescia, via Berlinguer 19/21/23, tel. 0572477242 - ettari 30 - ﴾ - apertura: aprile-settembre e metà dicembre-metà gennaio - ✆ previo accordi.

▶ Uscita Chiesina Uzzanese della A11, quindi direttrice per Pescia; al terzo semaforo svoltare a sinistra, poi imboccare la terza strada a destra e continuare seguendo per Monte Pescia.

In posizione strategica per il turismo d'arte, al confine tra Firenze, Lucca e Pistoia, quattro ville nel podere a viti e olivi o sul limitare del bosco. Tra i passatempi domestici, il bridge con corsi, incontri serali e tornei. Nei dintorni passeggiate, enogastronomia e cure termali.

Toscana

⊞ APPARTAMENTI: 4 di varia metratura e disposizione per 4/7 persone, con riscaldamento autonomo - affitto a settimana £ 800/2000000, supplemento per eventuale pulizia finale £ 100000. Deposito cauzionale 30% alla prenotazione.
SOGGIORNO MINIMO: 1 settimana in alta stagione.
SERVIZI E LOCALI COMUNI: parcheggio, telefono, sala lettura. SPORT E TEMPO LIBERO: noleggio mountain bike, visite nei dintorni, passeggiate. COLTIVAZIONI: olivi, viti. ALLEVAMENTI: api. PRODOTTI IN VENDITA: vino, olio d'oliva, miele.

Marzalla

via di Collecchio 1, tel. 0572490751, fax 0572 478332 - ettari 30 - ♿ - chiusura: sempre aperto - ⚠

▶ Lasciare la A11 allo svincolo di Chiesina Uzzanese e dirigere per 5 km verso Pescia; al terzo semaforo deviare a sinistra verso Lucca: dopo 500 m svoltare a destra seguendo la segnaletica dell'azienda.

Al centro di un vasto appezzamento collinare a viti e olivi lo sguardo incontra facilmente l'elegante sagoma di villa Guardatoia. In alcune case coloniche che le fanno corona sono stati ricavati deliziosi alloggi per agrituristi amanti delle comodità. Disponibile anche una sala riunioni.

⊞ APPARTAMENTI: 1 monolocale per 2 persone, 4 di varia metratura e disposizione per 4/6 persone, con biancheria letto, biancheria bagno, biancheria cucina, stoviglie, lavastoviglie, lavatrice, riscaldamento a legna e a gas, telefono, televisore - affitto a settimana £ 480/1850000, riscaldamento a consumo, riduzioni per lunghi soggiorni, bambini fino a 3 anni gratis. Deposito cauzionale 20% alla prenotazione.
SOGGIORNO MINIMO: 3 giorni.
⫟ cucina toscana (prenotare) - vini regionali di produzione propria - £ 35000.
SERVIZI E LOCALI COMUNI: parcheggio. SPORT E TEMPO LIBERO: piscina, pallavolo, campo di calcetto, ping pong, pesca, visite nei dintorni, trekking. COLTIVAZIONI: olivi, viti. PRODOTTI IN VENDITA: vino, vinsanto, olio, miele.

m 349 ⊠ 52026

Podere San Pietro 🏆

località Gli Ori, tel. 055960696, fax 055960696 - ettari 1000 - chiusura: Epifania-febbraio - ⚠

▶ Lasciare la A1 al casello di Incisa, poi procedere verso Sud fino a Matassino, deviare a sinistra verso Vaggio e quindi Pian di Scò; da qui prendere per Reggello per 1,5 km, poi seguire la segnaletica dell'azienda. Da Sud, uscita autostradale Valdarno, poi Castelfranco di Sopra e Pian di Scò.

Sulla suggestiva via Setteponti, troviamo questo podere che si innalza verso il Pratomagno. Si soggiorna nelle camere al piano nobile della casa padronale che comprende a pian terreno la sala da pranzo e un grande soggiorno con camino, oppure in una casa autonoma per dieci persone. Settimane verdi per ragazzi, su richiesta.

🛏 CAMERE SENZA SERVIZI: 3 doppie, 2 a 3 letti; 3 bagni in comune - pernottamento per persona £ 60000, mezza pensione £ 90000. CAMERE CON SERVIZI: 2 doppie - pernottamento per persona £ 70000, mezza pensione £ 100000.
⊞ APPARTAMENTI: 1 casa indipendente per 10 persone con stoviglie, riscaldamento a consumo - affitto al giorno £ 200000.
SOGGIORNO MINIMO: 3 giorni.
Note: *le camere e la casa sono dotate di biancheria per letto e per bagno, riscaldamento centralizzato e autonomo.*
⫟ riservato agli ospiti - cucina francese e toscana (piatti con verdure) - vini regionali di produzione propria - £ 25/50000.
SERVIZI E LOCALI COMUNI: parcheggio, telefono, servizi fax, sala lettura. SPORT E TEMPO LIBERO: percorsi per mountain bike, corsi di cucina, corsi di yoga. COLTIVAZIONI: olivi, viti. PRODOTTI IN VENDITA: vino, olio d'oliva.

m 491 ⊠ 53026

Barbi

a Monticchiello (Cap 53020), podere Montello 26 tel. 0578755149 oppure 03387705202, fax 0578 755149 - ettari 33 - chiusura: sempre aperto - ⚠ previo accordi.
▶ Lasciare Pienza procedendo per circa 8 km su strada asfaltata verso Monticchiello, in direzione Sud-Est: l'azienda agrituristica si trova sulla destra, segnalata da apposito cartello.

La val d'Orcia, uno dei paesaggi più suggestivi della Toscana, e Pienza, uno dei suoi borghi più celebrati: l'una e l'altra entrano nel paesaggio, a dir poco sugge-

ivo, che si gode dall'agriturismo. La casa colonica è ·cente, ma ha fisionomia tradizionale e offre agli ›piti ambienti confortevoli e bene arredati. Coltivazio- biologiche e apicoltura.

] APPARTAMENTI: 1 bilocale per 4 persone, con bianche- a letto, biancheria bagno, biancheria cucina, stoviglie, scaldamento centralizzato, televisore - affitto al giorno 100000. Deposito cauzionale £ 200000.

ERVIZI E LOCALI COMUNI: telefono. SPORT E TEMPO LIBERO: ti- con l'arco; disponibilità di mountain bike, guida ai vori agricoli, osservazione degli animali, visite guida- . COLTIVAZIONI: olivi, viti, cereali, legumi, prato. ALLEVA- ENTI: api. PRODOTTI IN VENDITA: olio extravergine d'oliva, gumi, cereali.

odere Cretaiole

a San Gregorio 14, tel. 0578748083 oppure 0339 640060, fax 0578748378 - ettari 70 - & - chiusura: empre aperto - ↝

Al margine sinistro della Statale 146, circa 4 km da enza verso San Quirico d'Orcia.

asale duecentesco immerso in un paesaggio ricco di teresse archeologico (tombe etrusche e romane) he offre allo sguardo Pienza, la val d'Orcia e l'Amiata. oggiorno in appartamenti con focolare e arredi origi- ali di metà Ottocento. Tutt'intorno il podere, compre- o in una riserva di caccia popolata anche da cinghiali, aprioli, fagiani e rapaci.

] APPARTAMENTI: 2 monolocali per 2/4 persone, 4 di va- a disposizione per 3/4/6 persone, con biancheria let- ., biancheria bagno, biancheria cucina, uso lavanderia, toviglie, riscaldamento a consumo, telefono, televiso- , caminetto - affitto al giorno £ 100/200000.
OGGIORNO MINIMO: week end.
ERVIZI E LOCALI COMUNI: parcheggio, telefono, giochi bim- i. SPORT E TEMPO LIBERO: visite nei dintorni, trekking. COL- ⁄AZIONI: cereali, ortaggi, foraggio. ALLEVAMENTI: suini, ani- ali di bassa corte. PRODOTTI IN VENDITA: vino, olio.

ieve a Nièvole (PT)

ι 28 ⊠ 51018

Bottaccino

a Ponte Monsummano 94, tel. 0572952968 oppu- ⋅ 0368428008, fax 0572954003 - ettari 6 - chiusu- a: sempre aperto - ↝ previo accordi.

▶ Lasciare la A11 al casello di Montecatini Terme e proseguire per circa 4 km in direzione di Pieve a Nievo- le e Monsummano Terme.

Tra Firenze, Pisa e Pistoia, nel triangolo d'arte e natura della Valdinievole, un raffinato soggiorno agrituristico con centro equestre. Nella proposta di svago, il campo da golf della Pievaccia (a 4 km) e le terme di Montecati- ni e Monsummano; in azienda, corsi di bridge, cerami- ca e pratiche salutistiche.

⊞ APPARTAMENTI: 3 di ampia metratura per 4/6 perso- ne, con biancheria letto, biancheria bagno, biancheria cucina, stoviglie, lavatrice, riscaldamento autonomo, televisore - affitto al giorno per persona £ 80000, i prezzi comprendono la prima colazione; sconto 50% per bambini fino a 10 anni, pulizia giornaliera su richie- sta, possibilità di servizio baby sitting. Deposito cauzio- nale da concordare alla prenotazione.
SOGGIORNO MINIMO: 3 giorni.
)|| riservato agli ospiti - cucina casalinga - vini regionali - £ 25/35000.
SERVIZI E LOCALI COMUNI: parcheggio, telefono, sala TV, sa- la lettura. SPORT E TEMPO LIBERO: piscina, campo da ten- nis, ping pong, maneggio, ricovero cavalli; disponibilità di mountain bike, passeggiate a cavallo, corsi di equi- tazione, visite nei dintorni. COLTIVAZIONI: ortaggi. ALLEVA- MENTI: cavalli, animali di bassa corte. PRODOTTI IN VENDITA: pollame, verdura.

Pieve Santo Stéfano (AR)

m 433 ⊠ 52036

Fattoria Sant'Apollinare

a Valsavignone, località Sant'Apollinare, tel. 0575 799112, fax 0575799112 - ettari 180 - & - chiusura: sempre aperto - ⌀
▶ Da Pieve Santo Stefano si prosegue verso Nord sulla Statale 3bis fino a Bulciano, poi si prende a sinistra e, dopo un paio di chilometri, si arriva in azienda.

Borgo rurale incentrato intorno alla casa padronale e al- la chiesetta. L'ospitalità viene offerta in un'ala della re- sidenza, convenientemente rinnovata negli spazi e negli impianti. Corsi di teatro e di riconoscimento dei funghi (micologia). Settimane verdi per ragazzi in giugno e lu- glio, organizzate anche con il Wwf. Coltivazioni biologi- che. Per il ristorante è necessaria la prenotazione.

⌦ CAMERE CON SERVIZI: 6 doppie, 5 a 3/4 letti, con biancheria letto, biancheria bagno, riscaldamento cen- tralizzato - pernottamento per persona £ 45/50000, pensione £ 70/100000. Deposito cauzionale 30% in alta stagione.
)|| cucina toscana (piatti della tradizione) - vini locali - £ 25/30000.
SERVIZI E LOCALI COMUNI: parcheggio, telefono, sala lettu- ra, sala giochi bimbi. SPORT E TEMPO LIBERO: maneggio, ri- covero cavalli; percorsi per mountain bike, pesca, escursioni a piedi e a cavallo. COLTIVAZIONI: cereali, gira- soli, ortaggi, foraggio. ALLEVAMENTI: bovini, ovini, equini. PRODOTTI IN VENDITA: marmellate.

Piombino (LI)

m 21 ⊠ 57025

Podere Santa Giulia

a Riotorto (Cap 57020), località Santa Giulia, tel. 0565 20830, fax 056520830 - ettari 130 - ♿ - apertura: marzo-ottobre - 🚭 alta stagione.

▶ Azienda al margine della Via Aurelia, 1 km a Nord di Torre Mozza; ingresso in curva, poco oltre una stazione di servizio.

Le residenze agrituristiche sono due: la prima è una graziosa casetta al limite della pineta; la seconda un casolare d'aperta campagna, adatto a gruppi o famiglie numerose. L'atmosfera in entrambi i casi è familiare e invoglia a socializzare.

⊞ APPARTAMENTI: 9 di varia disposizione con uso lavanderia, stoviglie, riscaldamento - affitto al giorno per persona £ 60/100000. Deposito cauzionale £ 200000.
SOGGIORNO MINIMO: 3 giorni in bassa stagione, 1 settimana in alta stagione.
SERVIZI E LOCALI COMUNI: parcheggio, telefono, sala lettura, barbecue. SPORT E TEMPO LIBERO: piscina, gioco bocce, ping pong, percorso vita; noleggio mountain bike, guida ai lavori agricoli, trekking. COLTIVAZIONI: olivi, cereali, ortaggi. PRODOTTI IN VENDITA: olio extravergine d'oliva.

Santa Trice

a Riotorto (Cap 57020), località Santa Trice, tel. 0565 20618, fax 056520618 - ettari 300 - ♿ - apertura: metà aprile-metà ottobre, Natale e Pasqua - 🚭

▶ Dalla stazione Vignale-Riotorto dell'Aurelia proseguire verso Nord sulla Statale 322 fino alla deviazione, sulla destra, per Casalappi; continuare per 3 km circa, poi ancora a destra per altri 2 km su strada bianca.

Al centro di una vasta tenuta agricola, con allevamento brado di vacche chianine e cavalli aveglinesi, si trova ospitalità negli amplissimi ambienti di due importanti fabbricati rurali. Tra i 10 e i 25 km si trovano spiagge, memorie etrusche e borghi degni di visita.

⊞ APPARTAMENTI: 3 bilocali per 4 persone, 2 di 4 locali per 8 persone, con biancheria letto, biancheria bagno, stoviglie, telefono - affitto a settimana £ 930/1260000, supplemento per fornitura biancheria £ 14000 per persona, pulizia finale £ 10000 per persona. Deposito cauzionale £ 400000 alla prenotazione.
SOGGIORNO MINIMO: 1 settimana.

SPORT E TEMPO LIBERO: ping pong, ricovero cavalli; osservazione degli animali, passeggiate a cavallo. COLTIVAZIONI: olivi, viti, bosco, cereali, foraggio. ALLEVAMENTI: bovini, cavalli, fagiani, cinghiali. PRODOTTI IN VENDITA: vino DOC, olio.

Tenuta di Vignale

a Vignale, tel. 056520846, fax 056520846 - ettari 750 - apertura: aprile-settembre - 🚭

▶ Lasciare l'Aurelia (S.S. 1) all'uscita Vignale-Riotorto, una decina di chilometri a Nord di Follonica, e portarsi sulla Statale 322 svoltando a destra verso Grosseto; dopo circa 500 m girare a sinistra seguendo la segnaletica per Vignale.

Su un dolce pendio tra olivi, vigne e sempreverdi si è ospiti di una importante villa del primo Ottocento. Dai suoi grandi ambienti sono stati ricavati quattro appartamenti di rustico decoro. A pochi minuti di macchina la spiaggia di Follonica; nel circondario grande abbondanza di spunti escursionistici.

⊞ APPARTAMENTI: 1 bilocale per 3 persone, 3 di 3 locali per 4/6/8 persone, con biancheria letto, biancheria bagno, biancheria cucina, uso lavanderia, stoviglie - affitto al giorno £ 70/258000, affitto a settimana £ 500/1550000. Deposito cauzionale £ 300000 a settimana.
SOGGIORNO MINIMO: 1 settimana in alta stagione.
SERVIZI E LOCALI COMUNI: parcheggio, solarium, forno a legna. SPORT E TEMPO LIBERO: piscina, campo di calcetto, ping pong, calcio-balilla; noleggio biciclette. COLTIVAZIONI: olivi, frumento, girasoli, barbabietole, foraggio. ALLEVAMENTI: bovini. PRODOTTI IN VENDITA: olio.

Pisa

m 4 ⊠ 56100

Le Rene

a Coltano, via Palazzi 40, tel. 050989102, fax 050989179 - ettari 800 - ♿ - chiusura: sempre aperto - 🚭

▶ Da Pisa percorrere la Via Aurelia (Statale 1) per circa 8 km in direzione di Livorno, poi deviare a destra per raggiungere la tenuta.

All'interno del Parco Naturale di Migliarino, San Rossore e Massaciuccoli, un antico borgo organicamente attrezzato per l'accoglienza rurale. Coltivazioni biologiche, minigolf e lago per la pesca sportiva con noleggio canoe. Settimane verdi per ragazzi durante le vacanze scolastiche.

⊞ APPARTAMENTI: 4 bilocali per 2/4 persone, 3 di 3/4 locali per 5/7 persone, con biancheria letto, biancheria bagno, biancheria cucina, uso lavanderia, stoviglie, riscaldamento autonomo, televisore - affitto a settimana £ 400/1620000, biancheria £ 10000 a cambio, pulizia finale e consumi energetici £ 50/120000; alcuni appartamenti sono dotati di climatizzazione. Deposito cauzionale £ 300000 a settimana.
SOGGIORNO MINIMO: 1 settimana in estate.
॥ cucina toscana - vini regionali - £ 20/40000.
SERVIZI E LOCALI COMUNI: parcheggio, telefono. SPORT E TEMPO LIBERO: piscina, campo da tennis, tiro con l'arco, ping pong, maneggio, ricovero cavalli; noleggio mountain bike, pesca, passeggiate a cavallo, corsi di equitazione, visite nei dintorni, escursioni. COLTIVAZIONI: cereali. PRODOTTI IN VENDITA: cereali, farro, farina, miele.

Poggibonsi (SI)

m 116 ⊠ 53036

Fattoria di Piecorto

località Piecorto, tel. 0558072915 oppure 0336 570487, fax 0577982738 - ettari 85,5 - apertura: aprile-metà ottobre - ✗

Uscire a Poggibonsi Nord dal raccordo autostradale Firenze-Siena e dirigersi verso Barberino Val d'Elsa; dopo 50 m girare a destra per Cinciano-San Giorgio seguendo la segnaletica dell'azienda.

Splendida fattoria a 303 m di altitudine, erede di un complesso fortificato posto a controllo di un'antica via di comunicazione. I fabbricati, distribuiti a breve distanza su un crinale panoramico, riservano vari appartamenti di ampia metratura, restaurati con sensibilità.

⊞ APPARTAMENTI: 5 di varia disposizione per 2/6 persone, con biancheria letto, biancheria bagno, biancheria cucina, stoviglie, riscaldamento a legna - affitto al giorno £ 107/178000, affitto a settimana £ 750/1250000, supplemento 10% in alta stagione. Deposito cauzionale 30% alla prenotazione.
SOGGIORNO MINIMO: 3 giorni in bassa stagione.
SERVIZI E LOCALI COMUNI: parcheggio, telefono, sala TV, sala lettura. SPORT E TEMPO LIBERO: piscina, gioco bocce, ping pong; disponibilità di mountain bike, osservazione degli animali, passeggiate a cavallo, trekking. COLTIVAZIONI: olivi, viti, girasoli. ALLEVAMENTI: cavalli. PRODOTTI IN VENDITA: vino DOCG, olio d'oliva.

Pomarance (PI)

m 370 ⊠ 56045

Santa Lina

podere Santa Lina, tel. 058865234 oppure 0347 6301328, fax 058864677 - ettari 54 - chiusura: metà gennaio-febbraio - ✎ piccola taglia.

▶ Si arriva a Pomarance da Cecina e da Volterra, per chi proviene dalla costa e da Nord oppure da Follonica e Massa Marittima per chi transita sulla Via Aurelia. L'azienda è 5 km a Est di Pomarance ed è segnalata sia dopo il capoluogo che dopo Montecerboli.

Una vacanza all'insegna della tranquillità e della natura. Al Masso delle Fanciulle si fa il bagno nelle pozze del Cecina, che corre verso il mare nel boscoso incanto delle Colline Metallifere. La fattoria, poco distante, è al centro di una grande tenuta a boschi e coltivi, condotti con metodo biologico.

⊞ APPARTAMENTI: 1 bilocale per 2/3 persone, 2 di varia metratura e disposizione per 5/7 persone, con biancheria letto, biancheria bagno, biancheria cucina, stoviglie, riscaldamento centralizzato e a legna, barbecue - affitto al giorno £ 90/200000, affitto a settimana £ 400/1200000; supplemento per riscaldamento £ 30000 al giorno, letto aggiunto £ 100000 a settimana, pulizia finale £ 40/80000. Deposito cauzionale £ 300000 alla prenotazione.
SOGGIORNO MINIMO: 1 settimana in alta stagione.
SERVIZI E LOCALI COMUNI: parcheggio, locale soggiorno. SPORT E TEMPO LIBERO: piscina; raccolta di erbe officinali, corsi di erboristeria. COLTIVAZIONI: olivi, viti, cereali, ortaggi, alberi da frutta, foraggio. ALLEVAMENTI: animali di bassa corte, api. PRODOTTI IN VENDITA: vino, olio, frutta, verdura, cereali.

Pontassieve (FI)

m 108 ⊠ 50065

Casabella

via di Grignano 38, tel. 0558396168 oppure 0339 7190595, fax 0558399331 - ettari 112 - & - chiusura: sempre aperto - ✎ previo accordi.

▶ Si accede da Sieci (località a metà strada tra Firenze e Pontassieve): in piazza si prende a sinistra e si prosegue per 7,5 km fino a un bivio a destra; l'azienda si trova dopo 300 m.

Toscana

Sulla Strada del Chianti Rufina, tra i colli di Firenze e il boscoso Mugello, si soggiorna in una casa poderale dell'antica fattoria Lavacchio. Il paese, dalle belle memorie antiche, è solo la prima tappa alla scoperta di uno splendido territorio.

CAMERE SENZA SERVIZI: 2 doppie, con frigobar; 1 bagno in comune - pernottamento per persona £ 50/90000, prima colazione £ 12000. CAMERE CON SERVIZI: 2 doppie, 2 suites, con frigobar - pernottamento per persona £ 58/110000, prima colazione £ 12000.

APPARTAMENTI: 3 bilocali per 4 persone, 2 di varia metratura e disposizione per 6/8 persone, con stoviglie - affitto a settimana £ 900/1550000, fornitura biancheria e pulizia finale £ 20000 per persona, riscaldamento £ 10000. Deposito cauzionale £ 300000.

SOGGIORNO MINIMO: 1 settimana (appartamenti). CARTE DI CREDITO: tutte, Bancomat.

Note: *le camere e gli appartamenti sono dotati di biancheria per letto e per bagno, riscaldamento centralizzato e autonomo; lavatrice £ 7000 a lavaggio.*

cucina toscana (prenotare) - vini locali di produzione propria - £ 30/60000.

SERVIZI E LOCALI COMUNI: parcheggio, telefono, sala TV. SPORT E TEMPO LIBERO: piscina, ping pong, maneggio; noleggio mountain bike, guida ai lavori agricoli, corsi di ceramica, passeggiate a cavallo, corsi di equitazione, visite guidate. COLTIVAZIONI: olivi, viti, grano. PRODOTTI IN VENDITA: vino, olio.

La Querce

località Montefiesole, via dello Stracchino 46, tel. 055 8364106, fax 0558364106 - ettari 6 - chiusura: sempre aperto -

► Da Firenze dirigersi verso Pontassieve (Est); a Sieci imboccare a sinistra in prossimità del terzo semaforo e passare la ferrovia; superata la località Molino del Piano e giunti a Doccia, prendere a destra e proseguire per circa 3 km fino ad arrivare a Montefiesole.

Possenti mura di pietra ricordano che qui, a dominio del Valdarno, non lontano da Firenze, sorgeva una torre guerresca. Intorno ai suoi resti è cresciuta una casa colonica doppiamente serena: d'atmosfera, per l'attento restauro, e d'ambientazione, tra il verde degli olivi e fiori d'ogni stagione.

APPARTAMENTI: 1 bilocale per 2 persone, 1 di più locali per 4 persone, con biancheria letto, biancheria bagno, biancheria cucina, stoviglie, riscaldamento, barbecue - affitto a settimana £ 1000/1180000, pulizia finale £ 30000 a persona. Deposito cauzionale £ 300000.

SOGGIORNO MINIMO: 3 notti.

SERVIZI E LOCALI COMUNI: parcheggio, telefono, taverna. SPORT E TEMPO LIBERO: visite nei dintorni. COLTIVAZIONI: olivi, ortaggi, alberi da frutta. ALLEVAMENTI: cavalli. PRODOTTI IN VENDITA: olio, frutta, verdura.

Vacanze nel Verde

a Montebonello, via Colognolese 28, tel. 0558399506 oppure 03396135520, fax 0558399506 - ᷒ - chiusura: sempre aperto -

► Da Firenze dirigersi verso Est fino a raggiungere e superare Pontassieve di 7,5 km; imboccare la deviazione a sinistra per Montebonello e proseguire su strada bianca fino all'azienda.

Nell'ambito della nota azienda vinicola Galiga e Vetrice, produttrice di un rinomato Chianti Rufina Docg, si fa agriturismo potendo contare sulla vicina Firenze, per una parentesi culturale o mondana, e sull'Appennino, per i boschi e i rustici sapori del Mugello e del Casentino. Centro equestre a 5 km.

CAMERE SENZA SERVIZI: 2 doppie, 1 a 3 letti; 2 bagni in comune - pernottamento per persona £ 50/75000. CAMERE CON SERVIZI: 1 a 4 letti - pernottamento per persona £ 50/75000.

APPARTAMENTI: 1 di più locali per 11 persone, con biancheria cucina, stoviglie, lavatrice, televisore, caminetto -

affitto al giorno £ 115/215000, affitto a settimana £ 800/1500000, pulizia finale £ 60000. Deposito cauzionale £ 200000 per l'appartamento.

Soggiorno minimo: 1 settimana in appartamento. Carte di credito: Diner's Club, Visa, Mastercard.

Note: *le camere e l'appartamento sono dotati di biancheria per letto e per bagno, riscaldamento centralizzato e uso lavanderia; letto aggiunto nelle camere £ 40000.*

Servizi e locali comuni: parcheggio, sala TV, sala lettura. Sport e tempo libero: piscina; noleggio mountain bike, pesca, visite guidate, visite nei dintorni.

Vallebona

via Grignano 32, tel. 0558397246, fax 0558398518 - ettari 31 - chiusura: gennaio-febbraio - ❦
▶ Da Firenze prendere la Statale 67 per Arezzo; dopo 9 km, a Sieci, svoltare a sinistra raggiungendo Molino del Piano e Doccia: continuare ancora per 4 km prima di imboccare una strada bianca, a sinistra, con indicazioni per Vallebona.

Vacanze a cavallo nella campagna fiorentina laddove le acque del Sieve confluiscono in Arno recando gli echi del verde Mugello. Tra le mura rinnovate dell'antica casa rurale l'accoglienza è familiare. Settimane verdi per ragazzi in giugno e luglio, a condizioni da concordare.

Camere senza servizi: 1 doppia, 5 a 5 letti, con biancheria letto, biancheria bagno, riscaldamento; 4 bagni in comune - pernottamento per persona £ 33/40000, prima colazione £ 7000, pensione £ 90/97500, forfait settimanale £ 620/670000.

riservato agli ospiti - cucina toscana (piatti della tradizione) - vini locali - £ 25000.

Servizi e locali comuni: parcheggio, telefono. Sport e tempo libero: ping pong, maneggio, ricovero cavalli; passeggiate a cavallo, corsi di equitazione. Coltivazioni: olivi, bosco, seminativi. Allevamenti: cavalli. Prodotti in vendita: olio extravergine d'oliva.

Pontrèmoli (MS)

m 236 ☒ 54027

Costa d'Orsola

località Orsola, tel. 0187833332, fax 0187833332 - ettari 20,5 - apertura: inizio novembre-febbraio - ✗
▶ Uscita Pontremoli della A15, poi due soli chilometri in direzione di Oppilo per raggiungere l'azienda guidati dagli appositi cartelli.

Troppo bello per essere vero: un'intera contrada con case in pietra strette l'una all'altra sul declivio erboso di un colle. Il tutto lodevolmente restaurato e portato a standard alberghieri. Nei dintorni boschi, rocce, corsi d'acqua veloce.

Camere con servizi: 12 doppie, 3 a 3 letti, con biancheria letto, biancheria bagno, riscaldamento centralizzato, telefono - pernottamento per persona £ 70/80000, mezza pensione £ 95/105000, sconto 30% per letto aggiunto. Deposito cauzionale da concordare.

Soggiorno minimo: 3 giorni. Carte di credito: Visa, Mastercard.

cucina del territorio (piatti della tradizione) - vini di produzione propria - £ 30/50000.

Toscana

SERVIZI E LOCALI COMUNI: parcheggio, telefono, sala TV, sala lettura. SPORT E TEMPO LIBERO: piscina, campo da tennis, ricovero cavalli; disponibilità di mountain bike, trekking. COLTIVAZIONI: olivi, viti, ortaggi, castagni. ALLEVAMENTI: bovini, ovini. PRODOTTI IN VENDITA: carne, olio, fragole.

Poppi (AR)

m 437 ⊠ 52014

Podere Fonte dei Serri

a San Martino a Monte, tel. 0575509231, fax 0575 509231 - ettari 18 - chiusura: sempre aperto - ⚡
▶ Da Arezzo percorrere la Statale 71 per Bibbiena; da qui, proseguire per altri 4 km fino a Soci; quindi imboccare la via P. Togliatti e dopo 200 m svoltare in via delle Greti che conduce in azienda.

In posizione soleggiata e panoramica, si soggiorna in un grazioso rustico di pietra, annesso al casale del contadino. Nel podere, a conduzione biologica certificata, bianche vacche chianine e un gregge di pecore. Per il tempo libero, opportunità per tutti i gusti, dalla comoda passeggiata al trekking a cavallo nel vicino Parco Nazionale delle Foreste Casentinesi.

⊞ APPARTAMENTI: 1 casa indipendente per 3 persone, con biancheria letto, biancheria bagno, biancheria cucina, stoviglie, riscaldamento a gas, televisore, barbecue, caminetto - affitto al giorno £ 120/180000, affitto a settimana £ 700/800000, cambio settimanale biancheria £ 20000. Deposito cauzionale 30%.
SPORT E TEMPO LIBERO: ricovero cavalli; guida ai lavori agricoli. COLTIVAZIONI: cereali, ortaggi, foraggio. ALLEVAMENTI: bovini, suini, cavalli. PRODOTTI IN VENDITA: carne, formaggio.

Strumi

località Strumi 24, tel. 0575365953 oppure 0347 0664967 - ettari 9 - chiusura: sempre aperto - ⚡
▶ Deviare a sinistra a Ponte a Poppi dalla Statale che proviene da Arezzo; poi, senza entrare in Poppi, piegare sulla destra per un paio di chilometri seguendo le indicazioni per l'Abbazia di Strumi.

Agriturismo "storico" nella singolare residenza padronale ricavata ai primi del Settecento da un monastero benedettino, parte della ex abbazia di Strumi. La posizione è preminente e consente una vista circolare sul Casentino con i suoi castelli, santuari e foreste. Grande sala ovale con capriata e focolare tradizionale.

⊞ APPARTAMENTI: 1 di più locali per 5 persone, con biancheria letto, biancheria bagno, biancheria cucina, stoviglie, riscaldamento a gas, televisore - affitto al giorno £ 150/200000, supplemento per riscaldamento ed eventuale pulizia finale.
SOGGIORNO MINIMO: 3 giorni.
SERVIZI E LOCALI COMUNI: parcheggio. SPORT E TEMPO LIBERO: disponibilità di mountain bike, pesca, trekking. COLTIVAZIONI: cereali, noci.

Porto Azzurro (LI)

m 2 ⊠ 57036

Sapere

a Mola, via Provinciale Ovest 75, tel. 056595033, fax 056595064 - ettari 28,5 - ♿ - apertura: aprile-ottobre - ⚡
▶ L'azienda è situata a 150 m dal margine sinistro della Provinciale che congiunge Portoferraio con Porto Azzurro, pressappoco dove si stacca la strada per Capoliveri.

Tra olivi e palme, in un angolo pianeggiante dell'isola d'Elba, dalla ristrutturazione di un vecchio casale è sorto un complesso agrituristico di impronta piacevolmente moderna che colpisce per razionalità d'impianto e organizzazione dei servizi.

⊞ APPARTAMENTI: 3 monolocali per 4 persone, 8 bilocali per 4 persone, 3 di ampia metratura per 6 persone, con biancheria letto, biancheria bagno, stoviglie, riscaldamento centralizzato - affitto a settimana £ 650/1500000, supplemento per fornitura biancheria £ 12000 per persona.
SOGGIORNO MINIMO: 1 settimana, in agosto 15 giorni.
CARTE DI CREDITO: tutte, Bancomat.
SERVIZI E LOCALI COMUNI: parcheggio. SPORT E TEMPO LIBERO: piscina, campo da tennis, ping pong, maneggio, ricovero cavalli; passeggiate a cavallo, corsi di equitazione. COLTIVAZIONI: olivi, viti, ortaggi, alberi da frutta. ALLEVAMENTI: cavalli, api. PRODOTTI IN VENDITA: vino, olio, miele.

Portoferràio (LI)

m 4 ⊠ 57037

Casa Marisa ⭐ TCI

località Schiopparello 12, tel. 0565933074, fax 0565 933074 - ettari 2 - chiusura: sempre aperto - ⚡ previo accordi.

▶ Deviare dalla direttrice Portoferraio-Porto Azzurro al bivio per Bagnaia, 6 km a Sud del capoluogo; l'azienda è sulla sinistra, accanto a un'esposizione di terracotte.

L'agriturista viene accolto in appartamenti di moderno comfort, con terrazze affacciate all'ampio giardino e ai dintorni agricoli. A pochi minuti di strada si trovano spiagge per tutti i gusti, con nolo di biciclette e barche; maneggio e campo da tennis consorziati.

⊞ APPARTAMENTI: 3 bilocali per 2/3/4 persone, con biancheria letto, stoviglie, televisore - affitto al giorno £ 100/140000, pulizia finale £ 50000.
SERVIZI E LOCALI COMUNI: parcheggio, barbecue, forno a legna. SPORT E TEMPO LIBERO: guida ai lavori agricoli, visite nei dintorni, passeggiate. COLTIVAZIONI: olivi, viti, ortaggi, fiori. ALLEVAMENTI: animali di bassa corte. PRODOTTI IN VENDITA: vino, olio d'oliva.

Fortino del Buraccio

località Buraccio 6, tel. 0565940245 - ettari 5 - chiusura: sempre aperto - ⌷
▶ Da Portoferraio dirigere verso Porto Azzurro; dopo circa 5 km, superato il campo di golf, deviare a sinistra per altri 2 km su strada bianca.

Nell'entroterra isolano, ma a cinque minuti dal mare, camere e appartamenti con terrazze a dominio su un vallone a olivi e macchia spontanea. Soleggiato e protetto dai venti dominanti, questa azienda agrituristica sembra l'ideale per chi cerca una vacanza veramente a contatto con la natura. Previo accordi, si organizzano settimane verdi per ragazzi.

⌂ CAMERE SENZA SERVIZI: 3 doppie, con uso cucina, riscaldamento a kerosene; 1 bagno in comune - pernottamento per persona £ 30/50000.

⊞ APPARTAMENTI: 1 bilocale per 4/6 persone, con stoviglie, riscaldamento centralizzato - affitto al giorno per persona £ 30/50000. Deposito cauzionale £ 200000. SOGGIORNO MINIMO: 2 notti.
Note: *le camere e l'appartamento sono dotati di biancheria per letto e per cucina, televisore.*
SERVIZI E LOCALI COMUNI: parcheggio. SPORT E TEMPO LIBERO: gioco bocce, ping pong, maneggio, ricovero cavalli; passeggiate a cavallo, visite nei dintorni, trekking. COLTIVAZIONI: olivi, ortaggi, alberi da frutta. ALLEVAMENTI: cavalli. PRODOTTI IN VENDITA: olio, frutta.

Monte Fabbrello

località Schiopparello 30, tel. 0565933324, fax 0565 940020 - ettari 5 - chiusura: sempre aperto - ⌷
▶ Da Portoferraio dirigere verso Porto Azzurro; dopo circa 6 km, a sinistra per Bagnaia e proseguire per 1 km ancora; l'azienda è sulla destra.

Podere situato in una contrada agricola del capoluogo, nella piana che si apre alla vista del suo ampio golfo. Si soggiorna nella sede aziendale in mansarde di rustiche fisionomie. Nella bassa stagione si organizzano settimane verdi per ragazzi e corsi di intarsio nel legno. In fase di approntamento un ristorante.

⌂ CAMERE CON SERVIZI: 2 doppie, con riscaldamento, frigobar - pernottamento per persona £ 40/70000.
⊞ APPARTAMENTI: 3 bilocali per 4 persone, con biancheria cucina, uso lavanderia, stoviglie, riscaldamento autonomo, telefono, cassetta di sicurezza - affitto al giorno £ 90/210000; supplemento per pulizia finale £ 50000. Deposito cauzionale £ 200000.
SOGGIORNO MINIMO: 2 notti.
Note: *le camere e gli appartamenti sono dotati di biancheria per letto e per bagno, televisore; riduzioni per bambini fino a 3 anni e, in bassa stagione, per gruppi.*
SERVIZI E LOCALI COMUNI: parcheggio, telefono, servizio fax, sala TV, sala lettura. SPORT E TEMPO LIBERO: campo da tennis; disponibilità di mountain bike, guida ai lavori agricoli, osservazione degli animali, corsi di tintura naturale e di restauro, passeggiate a cavallo, escursioni a piedi e a cavallo. COLTIVAZIONI: olivi, viti, ortaggi, alberi da frutta. ALLEVAMENTI: pollame, api. PRODOTTI IN VENDITA: vino, olio extravergine d'oliva, sottoli, marmellate, miele.

Radda in Chianti (SI)

m 530 ⊠ 53017

Castello di Volpaia

a Volpaia, tel. 0577738066, fax 0577738619 - ettari 390 - chiusura: sempre aperto.
▶ Da Radda in Chianti, sulla Statale 429 che unisce la A1 col raccordo autostradale Firenze-Siena, raggiungere Volpaia percorrendo 7 km in direzione Nord.

Suggestivo borgo del Duecento, con viuzze e piazzette che si aprono sul passato. Dietro palazzetti e chiese si sviluppa una straordinaria fattoria che ha combinato tecnologia e storia in un perfetto connubio. Il soggiorno in questo borgo sarà un'esperienza indimenticabile.

▶ Da Radda in Chianti, sulla Statale 222, procedere per Greve in Chianti fino alla deviazione a destra, dopo circa 3 km, per Castelvecchi; in tutto 5,5 km.

La villa principale, dove si soggiorna in camere, è dell'Ottocento; i rustici che le fanno corona, dove sono stati ricavati gli appartamenti, risalgono invece ai secoli XV-XVI. Intorno il parco, quasi un ettaro, con due piscine e spazi attrezzati. Il tutto a livelli di eccellenza.

CAMERE CON SERVIZI: 7 doppie, con frigobar - pernottamento per persona £ 65/75000.

APPARTAMENTI: 13 di varia metratura e disposizione per 2/4/6 persone, con biancheria cucina, stoviglie, caminetto - affitto a settimana £ 410/1130000. Deposito cauzionale £ 300000.

SOGGIORNO MINIMO: 3 giorni (camere), 7 giorni (appartamenti). CARTE DI CREDITO: Visa, Eurocard, Mastercard.

APPARTAMENTI: 5 di varia metratura e disposizione per 2/6 persone, con biancheria letto, biancheria bagno, biancheria cucina, stoviglie, lavastoviglie, riscaldamento autonomo - affitto al giorno £ 130/180000, affitto a settimana £ 800/1750000. Deposito cauzionale £ 150000 alla prenotazione.

SOGGIORNO MINIMO: 2 notti. CARTE DI CREDITO: American Express, Visa, Eurocard, Mastercard.

SPORT E TEMPO LIBERO: piscina, campo da tennis; corsi di cucina, visite guidate, passeggiate naturalistiche guidate, visite nei dintorni, escursioni. COLTIVAZIONI: olivi, viti. PRODOTTI IN VENDITA: vino DOC, olio extravergine d'oliva, aceto, miele.

Fattoria Castelvecchi

località Castelvecchi 17, tel. 0577738050, fax 0577 738608 - ettari 290 - chiusura: sempre aperto -

Fattoria CASTELVECCHI

Fattoria CASTELVECCHI: nel centro aziendale di questa antica tenuta vitivinicola, splendide case coloniche gradevolmente arredate offrono agli ospiti romantiche ed indimenticabili vacanze con permanenze di sette, quindici e più giorni in appartamenti rustici da 2/4/6 persone (camere - soggiorno con camino - cucina - bagno/i) dotati di riscaldamento singolo e telefono automatico.
Sempre in stile rustico, camere doppie (bagno - riscaldamento - telefono automatico)

si prestano a soggiorni più brevi ma egualmente suggestivi.
Le vacanze a Castelvecchi sono poi allietate da due impianti di piscina, campo da tennis, ping-pong, sala rustica con Tv satellitare, bar e ristorante con cucina tipica toscana ricavato nell'antico frantoio, proprio maneggio per passeggiate a cavallo nei boschi e per le antiche "pievi" del "Chianti Classico".

53017 Radda in Chianti (SI)
Tel. 0577738050 - Fax 0577738608

Note: le camere e gli appartamenti sono dotati di biancheria per letto e per bagno, riscaldamento centralizzato e autonomo, telefono e uso lavanderia; nelle camere sistemazione a mezza pensione £ 120/160000 per persona, solo per soggiorni superiori a tre giorni.

⟩⊩ riservato agli ospiti - cucina toscana - vini regionali di produzione propria - £ 35/50000.

Servizi e locali comuni: parcheggio, telefono, bar, sala TV, sala lettura. Sport e tempo libero: piscina, campo da tennis, gioco bocce, ping pong, maneggio; noleggio mountain bike, corsi di cucina, visita alle cantine. Coltivazioni: olivi, viti. Prodotti in vendita: vino, olio.

Livernano

località Livernano, tel. 0577738353 - ettari 64 - chiusura: sempre aperto - ✿

▶ L'azienda è in una zona isolata, raggiungibile con strade non asfaltate. Partendo da Radda, scendere per 3 km verso Lecchi, poi deviare a destra verso Vagliagli; al bivio per Castellina in Chianti seguire la segnaletica per arrivare in azienda.

Un borgo isolato in cima a un poggio: il caldo colore della pietra, che lastrica la piazzetta e si innalza nei rustici del suo contorno, contrasta con le trasparenze azzurre della piscina. Felice connubio tra antico e moderno nell'ennesimo agriturismo da sogno.

🛏 Camere con servizi: 6 doppie, 1 a più letti, con biancheria letto, biancheria bagno, uso lavanderia, riscaldamento centralizzato - pernottamento per persona £ 120/190000. Deposito cauzionale da concordare alla prenotazione.

Carte di credito: Visa.

⟩⊩ riservato agli ospiti - cucina toscana - vini regionali di produzione propria - £ 35/60000.

Servizi e locali comuni: parcheggio, telefono, sala TV, sala lettura, taverna, solarium. Sport e tempo libero: piscina. Coltivazioni: olivi, viti. Allevamenti: api. Prodotti in vendita: vino, grappa, olio, miele.

Podere Terreno alla via della Volpaia

a Volpaia, tel. 0577738312, fax 0577738400 - ettari 52 - chiusura: Natale - ✿

▶ Da Radda in Chianti, situata sulla Statale 429 che unisce la A1 col raccordo autostradale Firenze-Siena, prendere in direzione Nord per raggiungere l'azienda dopo circa 5 km.

Nel cuore del Chianti Classico, in vista del castello di Volpaia, si soggiorna in un'atmosfera irripetibile per cordialità e spirito cosmopolita: la sera, tutti riuniti in una gran tavolata, si cena discorrendo, in varie lingue, di arte, archeologia, vini, ecc. Marie Sylvie Haniez è una delle antesignane dell'agriturismo toscano e la sua accoglienza è veramente unica.

🛏 Camere con servizi: 1 singola, 6 doppie, con biancheria letto, biancheria bagno, riscaldamento centalizzato - mezza pensione £ 150/160000.

Soggiorno minimo: 2 notti. Carte di credito: American Express, CartaSi.

⟩⊩ riservato agli ospiti - cucina toscana - vini locali di produzione propria - £ 45/50000.

Servizi e locali comuni: parcheggio, telefono, sala TV, sala lettura, taverna. Sport e tempo libero: pesca, visite nei dintorni, passeggiate nel bosco. Coltivazioni: olivi, viti, bosco, girasoli. Prodotti in vendita: vino DOC, grappa, olio extravergine d'oliva, aceto.

Radicòfani (SI)

m 814 ✉ 53040

La Palazzina ⭐

località Le Vigne, tel. 057855771, fax 057855771 - ettari 128 - chiusura: sempre aperto - ✿ previo accordi

▶ Casello Chiusi-Chianciano Terme della A1, poi Statale 478 per Radicofani; non entrare in paese ma, 3 km prima, deviare a sinistra per un paio di chilometri.

Vacanze in villa, nella quiete di un parco secolare a lecci e cipressi. Il poggio domina la val d'Orcia e regala allo sguardo prospettive che sembrano quadri antichi. Nelle camere, arredi d'epoca e musica classica richiamano i bei tempi andati senza guastare l'atmosfera familiare.

🛏 Camere con servizi: 10 doppie, con riscaldamento centralizzato - pernottamento per persona £ 80/95000, pensione £ 120/160000.

⊞ Appartamenti: 2 bilocali per 4/5 persone, con biancheria cucina, riscaldamento autonomo - affitto a settimana £ 700/1200000, supplemento per riscaldamento.

Carte di credito: CartaSi, Bancomat.

Note: le camere e gli appartamenti sono dotati di biancheria per letto e per bagno.

⟩⊩ cucina toscana (piatti della cucina storica) - vini regionali di produzione propria - £ 35/48000.

Servizi e locali comuni: parcheggio, telefono, sala TV, sala lettura, taverna. Sport e tempo libero: piscina; corsi di cucina, passeggiate. Coltivazioni: olivi, viti, seminativi, pascolo. Allevamenti: bovini, ovini, suini, animali di bassa corte. Prodotti in vendita: vino, vinsanto, olio extravergine d'oliva, confetture.

m 509 ✉ 53030

Fattoria di Solaio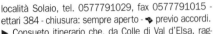

località Solaio, tel. 0577791029, fax 0577791015 - ettari 384 - chiusura: sempre aperto - ❧ previo accordi.
▶ Consueto itinerario che, da Colle di Val d'Elsa, raggiunge Radicondoli; si entra in paese e si prosegue toccando Anqua dopo 9 km e Solaio dopo altri 2 km circa.

Splendido complesso monumentale con villa rinascimentale e imponenti dipendenze rurali. Un restauro rigorosamente conservativo, che ha portato alla rinuncia di qualche comfort, ma ha consegnato all'uso agrituristico ambienti di grande atmosfera.

🔑 CAMERE CON SERVIZI: 6 doppie, 3 a 3 letti, con riscaldamento a gas - pernottamento per persona £ 75000, mezza pensione £ 105000.
⊞ APPARTAMENTI: 3 di più locali per 4/6 persone, con biancheria cucina, stoviglie, caminetto - affitto a settimana £ 1000/1200000. Deposito cauzionale 30%.
SOGGIORNO MINIMO: 3 giorni in camera, 1 settimana in appartamento. CARTE DI CREDITO: American Express, Visa, Eurocard, Mastercard.
Note: *le camere e gli appartamenti sono dotati di biancheria per letto e per bagno; un appartamento viene affittato solo da aprile a settembre poiché privo di riscaldamento.*
🍴 riservato agli ospiti - cucina casalinga - vini locali di produzione propria - £ 30000.
SERVIZI E LOCALI COMUNI: parcheggio, telefono, sala TV.
SPORT E TEMPO LIBERO: piscina, campo da tennis. COLTIVAZIONI: olivi, viti, grano. PRODOTTI IN VENDITA: vino, olio.

Il Tesoro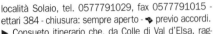

località Il Tesoro 83, tel. 0577790693, fax 0577 790693 - ettari 78 - chiusura: sempre aperto - ✄ grossa taglia.
▶ Da Colle di Val d'Elsa percorrere la Statale 541 verso Follonica fino alla deviazione per Radicondoli; a 5 km dal paese, girare a destra seguendo l'indicazione per l'azienda a cui si arriva con 1,5 km di strada non asfaltata.

Agriturismo nel senso più schietto del termine, vale a dire in cordiale confidenza con i titolari del fondo e a quotidiano contatto con la vita dei campi. La posizione consente di raggiungere agevolmente le mete turistiche più interessanti della bassa Toscana.

🔑 CAMERE SENZA SERVIZI: 2 singole, 5 doppie, con biancheria letto, biancheria bagno, biancheria cucina, uso cucina, riscaldamento centralizzato; 6 bagni in comune - pernottamento per persona £ 50000, prima colazione £ 7/10000, mezza pensione £ 90000, sconto 50% per soggiorno a mezza pensione per bambini fino a 6 anni, supplemento per pulizia finale £ 5000 per persona. Deposito cauzionale £ 200000 alla prenotazione.
SOGGIORNO MINIMO: 4 notti.
⊟ 4 equipaggi.
🍴 riservato agli ospiti - cucina sarda, toscana e vegetariana (paste fresche) - vini locali di produzione propria - £ 28/32000.

SERVIZI E LOCALI COMUNI: parcheggio, telefono, sala TV, sala lettura. SPORT E TEMPO LIBERO: piscina, ricovero cavalli; guida ai lavori agricoli, raccolta funghi, osservazione degli animali, corsi di cucina, pesca, visite guidate, passeggiate nel bosco. COLTIVAZIONI: seminativi, cereali, alberi da frutta, foraggio. ALLEVAMENTI: ovini, suini. PRODOTTI IN VENDITA: salumi, vino, aceto, formaggio, marmellate, erbe officinali.

m 334 ✉ 53040

Castello di Modanella

a Modanella, tel. 0577704604, fax 0577704740 - ettari 645 - chiusura: sempre aperto - ✄ salvo accordi.
▶ Abbandonare la A1 allo svincolo di Monte San Savino e percorrere un breve tratto della superstrada Arezzo-Siena; una volta raggiunto Lucignano, tramite strada in forte discesa, procedere in direzione di Rapolano; dopo aver superato la scuderia "Il Calcione", girare a sinistra per Modanella.

Il borgo di Modanella, con il castello medievale, domina il vigneto che abbraccia le case coloniche adibite a soggiorno agrituristico. Tutt'intorno altre colture e oltre quattrocento ettari di bosco che rappresentano il primo sbocco escursionistico della vacanza. Per il resto, basti pensare che nel raggio di cento chilometri si trovano Firenze e Perugia.

⊞ APPARTAMENTI: 16 bilocali per 3/4 persone, 22 di 3/4 locali per 6/8 persone, con biancheria letto, biancheria bagno, biancheria cucina, uso lavanderia, stoviglie, riscaldamento centralizzato, televisore - affitto al giorno £ 161/485000.

Lo scenario è quello suggestivo e pittorico delle Crete Senesi e alterna le campiture gialle dei girasoli e del grano alle acri screziature delle argille affioranti. Lo si può ammirare pranzando all'aperto o dalla piscina realizzata al margine del centro aziendale, con ampio spazio verde per il relax.

⊞ APPARTAMENTI: 3 bilocali per 4 persone, con biancheria letto, biancheria bagno, biancheria cucina, stoviglie, riscaldamento a gas liquido, televisore - affitto a settimana £ 400/980000. Deposito cauzionale £ 200000 a settimana.

SOGGIORNO MINIMO: 3 giorni. CARTE DI CREDITO: American Express, Diner's Club, Visa.

SERVIZI E LOCALI COMUNI: parcheggio, solarium. SPORT E TEMPO LIBERO: piscina; visite nei dintorni, passeggiate. COLTIVAZIONI: olivi, viti, cereali, semi oleosi, legumi. ALLEVAMENTI: api. PRODOTTI IN VENDITA: vino, olio extravergine d'oliva, legumi, cereali, pasta, miele.

SOGGIORNO MINIMO: 1 settimana in alta stagione. CARTE DI CREDITO: American Express, Visa, Eurocard, Mastercard, Bancomat.

SERVIZI E LOCALI COMUNI: parcheggio. SPORT E TEMPO LIBERO: piscina, campo da tennis, ping pong; noleggio mountain bike, raccolta funghi, pesca, visite nei dintorni, passeggiate nel bosco, escursioni. COLTIVAZIONI: olivi, viti, grano, colza, girasoli. PRODOTTI IN VENDITA: vino, olio extravergine d'oliva.

Podere del Pereto

a Serre di Rapolano, tel. 0577704719, fax 0577 704371 - ettari 13 - chiusura: sempre aperto - 🕭

▶ Da Rapolano Terme, al margine della Statale 326, dirigere verso Asciano; dopo 2 km circa svoltare a sinistra superando la ferrovia: proseguire per 500 m, poi, a destra, l'ingresso in azienda.

Villa Buoninsegna

località Buoninsegna, tel. 0577724380, fax 0577 724380 - ettari 320 - chiusura: sempre aperto - ❧

▶ Rapolano Terme è al margine della Statale 326 che collega Siena alla A1; Villa Buoninsegna si trova a circa 800 m dall'abitato. Seguire la segnaletica dell'azienda.

Nello scenario affascinante delle Crete Senesi, il podere, vastissimo, alterna campi, viti e olivi alla macchia spontanea mentre la villa seicentesca, bellissima, offre ambienti decisamente fuori dalla norma per una vacanza rurale. Le terme, in paese, sono la classica ciliegina sulla torta.

⊞ APPARTAMENTI: 4 di varia disposizione per 3/4 persone, con biancheria letto, biancheria bagno, biancheria cucina, stoviglie, riscaldamento centralizzato e a legna, televisore - affitto al giorno £ 110/200000, pulizia finale £ 70000. Deposito cauzionale £ 200000.
SOGGIORNO MINIMO: 3 giorni. CARTE DI CREDITO: Visa.
SERVIZI E LOCALI COMUNI: parcheggio. SPORT E TEMPO LIBERO: piscina; guida ai lavori agricoli, degustazione di olio extravergine, visita ai vigneti e alla cantina con degustazione. COLTIVAZIONI: olivi, viti, grano, girasoli, alberi da frutta. PRODOTTI IN VENDITA: vino, olio, frutta.

Reggello (FI)

m 390 ⊠ 50066

Fattoria Montalbano

a Donnini, località Montalbano 112, tel. 0558652158, fax 0558652285 - ettari 25 - chiusura: sempre aperto - ❧ previo accordi.

▶ Partendo da Firenze raggiungere Pontassieve, quindi voltare a destra su Statale 69 e percorrerla fino a Sant'Ellero, poi prendere a sinistra in direzione di Do-

mini; qui giunti, una deviazione sulla destra, verso San Donato, conduce con un altro paio di chilometri all'azienda, che è ben segnalata.

«O viandante che vieni di lontano, fermati e gusta il buon vino di Montalbano», recita un adagio che questa famiglia di vignaioli ha voluto recuperare per la propria attività. A mezza collina, lo sguardo spazia dal Valdarno alla sommità del Pratomagno, con le abetaie e l'abbazia di Vallombrosa.

🛏 CAMERE CON SERVIZI: 1 doppia, con riscaldamento centralizzato - pernottamento per persona £ 35/50000.
⊞ APPARTAMENTI: 2 monolocali per 2 persone, 1 bilocale per 4 persone, con biancheria cucina, stoviglie, riscaldamento autonomo - affitto al giorno £ 100/190000, affitto a settimana £ 600/1200000. Deposito cauzionale £ 100000 (appartamenti).
SOGGIORNO MINIMO: 2 notti. CARTE DI CREDITO: tutte.
Note: *la camera e gli appartamenti sono dotati di biancheria per letto e per bagno, uso lavanderia.*
SERVIZI E LOCALI COMUNI: parcheggio, telefono, sala TV, sala lettura, parco giochi bimbi. SPORT E TEMPO LIBERO: piscina, gioco bocce, ping pong, ricovero cavalli; guida ai lavori agricoli, escursioni, trekking. COLTIVAZIONI: olivi, viti, ortaggi, alberi da frutta. ALLEVAMENTI: animali di bassa corte. PRODOTTI IN VENDITA: vino DOC, vinsanto, grappa, olio extravergine d'oliva, frutta.

Villa il Crocicchio

a Cascia, via San Siro 133, tel. 0558667262, fax 055 869102 - ettari 38,5 - apertura: Pasqua-ottobre e periodo di Capodanno - ❧ previo accordi.

▶ Usciti dalla A1 a Incisa, procedere verso Sud fino all'incrocio con la direttrice Figline Valdarno-Reggello; poi, svoltare a sinistra e continuare per circa 8 km; giunti a Cascia prendere a destra e seguire la segnaletica dell'azienda.

A mezza collina, in un ameno ambiente rurale, questo antico complesso agricolo, completamente rinnovato, offre diversi alloggi di moderna funzionalità. Azienda a conduzione familiare: l'agriturismo viene gestito con professionalità e cortesia. La meta turistica più vicina è Vallombrosa, con la celebre abbazia; Firenze è a mezz'ora d'auto. Il ristorante è attivo solo in alta stagione.

🛏 CAMERE CON SERVIZI: 2 doppie, con frigobar, cassaforte - pernottamento per persona £ 60/92500, supplemento per camera doppia uso singola.

⊞ Appartamenti: 10 di varia metratura e disposizione per 2/6 persone, con biancheria cucina, stoviglie - affitto al giorno £ 170/350000. Deposito cauzionale 30%. Soggiorno minimo: 1 settimana in alta stagione. Carte di credito: American Express, Visa.

Note: *le camere e gli appartamenti sono dotati di biancheria per letto e per bagno, telefono, televisore, uso lavanderia e riscaldamento centralizzato.*

)⊩ riservato agli ospiti - cucina casalinga - vini regionali di produzione propria - £ 20/45000.

Servizi e locali comuni: parcheggio, telefono, sala TV, sala lettura, taverna, parco giochi bimbi. Sport e tempo libero: piscina, ping pong, maneggio, ricovero cavalli; noleggio mountain bike, guida ai lavori agricoli, osservazione degli animali, passeggiate a cavallo, corsi di equitazione. Coltivazioni: olivi, viti, cereali, alberi da frutta. Allevamenti: animali di bassa corte. Prodotti in vendita: vino, vinsanto, grappa, olio, salse, marmellate, miele.

Rignano sull'Arno (FI)

m 118 ⊠ 50067

Fattoria Pagnana

via Pagnana 42, tel. 0558305175, fax 0558305315 - ettari 250 - ⅙ - apertura: marzo-metà ottobre - 🕸

▶ Dall'uscita Incisa della A1 imboccare la Statale 69 per Pontassieve e percorrerne 16,7 km; in corrispondenza di San Clemente, girare a sinistra attraversando l'Arno al di là del quale si trova Rignano. Procedere oltre fino a incontrare prima Bombone e poi Pagnana.

Nel dolce paesaggio della terra di Toscana, un'azienda vitivinicola costituita da alcune case coloniche risalenti al Cinquecento. Dall'attenta ristrutturazione sono stati ottenuti diversi appartamenti a uso agrituristico, dotati di ogni moderno comfort.

⊞ Appartamenti: 3 monolocali per 2 persone, 11 bilocali per 3/4 persone, 6 di 3 locali per 6 persone, con biancheria letto, biancheria bagno, biancheria cucina, uso lavanderia, stoviglie, riscaldamento autonomo, televisore - affitto a settimana £ 600/2400000; possibilità di letto aggiunto, pulizia extra £ 30000 per persona, supplemento per riscaldamento £ 80000 a settimana. Deposito cauzionale £ 300000.

Soggiorno minimo: 1 settimana. Carte di credito: tutte. Servizi e locali comuni: parcheggio, telefono, parco giochi bimbi, barbecue. Sport e tempo libero: piscina, campo da tennis, ping pong; noleggio mountain bike, visita alla cantina con degustazione, passeggiate. Coltivazioni: olivi, viti, grano. Prodotti in vendita: vino DOCG, vinsanto, grappa, olio extravergine d'oliva.

Roccastrada (GR)

m 475 ⊠ 58036

Fattoria di Caminino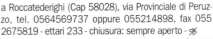

a Roccatederighi (Cap 58028), via Provinciale di Peruzzo, tel. 0564569737 oppure 055214898, fax 055 2675819 - ettari 233 - chiusura: sempre aperto - 🕸

▶ Lasciare la Via Aurelia a Braccogni e proseguire per circa 13 km in direzione di Sassofortino; non raggiungere Roccatederighi, ma superare di un paio di chilometri l'incrocio con la direttrice Roccastrada-Montemassi.

In una terra di antica bellezza, punteggiata di castelli, il borgo di Caminino sorge tra le mura di una pieve romanica, affacciato ad un boscoso anfiteatro alla pianura, con il mare e l'isola del Giglio all'orizzonte. Per il tempo libero, dal trekking in Maremma al turismo enogastronomico tra i vigneti del Monteregio, alle manifestazioni d'arte e cultura sotto le volte della chiesa.

⊞ Appartamenti: 1 bilocale per 2 persone, 3 di 3 locali per 4 persone, con biancheria letto, biancheria bagno, biancheria cucina, uso lavanderia, stoviglie, riscaldamento autonomo - affitto al giorno £ 150/

280000, affitto a settimana £ 750/1600000. Deposito cauzionale £ 300000 alla prenotazione.

SOGGIORNO MINIMO: 3 giorni in bassa stagione.

SERVIZI E LOCALI COMUNI: parcheggio, telefono. SPORT E TEMPO LIBERO: noleggio mountain bike, osservazione degli animali, visite nei dintorni, trekking. COLTIVAZIONI: olivi, viti, grano, girasoli. PRODOTTI IN VENDITA: vino DOC, olio extravergine d'oliva, miele.

Rosignano Marittimo (LI)

m 147 ⊠ 57016

Casale del Mare

a Castiglioncello (Cap 57012), strada Vicinale delle Spianate, tel. 0586759007, fax 0586759921 - ettari 100 - chiusura: sempre aperto - ✗

▶ Abbandonare la A12 in corrispondenza del casello di Rosignano Marittimo, poi Statale 1 in direzione Livorno fino allo svincolo per Castiglioncello.

Della posizione è presto detto: nuotando in piscina lo sguardo spazia dal promontorio di Piombino al golfo di Genova passando in rassegna tutte le isole toscane. Eccezionale. E l'ambiente non certo è da meno, un casale salvaguardato nella sua fisionomia ma ripreso all'interno con arredi moderni inseriti nel raffinato prevalere dei bianchi.

⊞ APPARTAMENTI: 5 monolocali per 2/4 persone, 1 bilocale per 4/6 persone, 1 di 3 locali per 6 persone, con biancheria letto, biancheria bagno, biancheria cucina, stoviglie, riscaldamento centralizzato, telefono, televisore - affitto al giorno £ 165/770000, affitto a settimana £ 900/2550000. Deposito cauzionale £ 500000 per 1 settimana.

CARTE DI CREDITO: tutte tranne American Express.

)|(riservato agli ospiti - cucina toscana - vini regionali.

SERVIZI E LOCALI COMUNI: parcheggio, sala TV, solarium. SPORT E TEMPO LIBERO: piscina; visite nei dintorni. COLTIVAZIONI: olivi, seminativi. PRODOTTI IN VENDITA: vino, olio, miele.

San Marco

località San Marco 100, tel. 0586799380, fax 0586 799380 - ettari 30 - apertura: inizio marzo-inizio novembre - ✗

▶ All'uscita Rosignano della A12 dirigersi verso Livorno e, sulla variante Aurelia, prendere lo svincolo di Rosignano al termine del quale imboccare la strada sterrata a destra e proseguire per circa mezzo chilometro.

Agriturismo circondato da oliveti e macchia mediterranea, votato all'attività equestre con la campagna circostante, piacevolmente mossa e alberata, a offrire un gradevolissimo campo di addestramento. Ad appena tre chilometri il litorale che alterna spiagge sabbiose, scogli e pinete. Coltivazioni biologiche certificate.

🛏 CAMERE CON SERVIZI: 2 singole, 7 doppie, 9 a 3 letti, con biancheria letto, biancheria bagno, riscaldamento centralizzato - mezza pensione £ 70/95000. Deposito cauzionale 30%.

SOGGIORNO MINIMO: 3 giorni in bassa stagione, 1 settimana in alta stagione.

Note: riduzioni per bambini fino a 10 anni.

)|(riservato agli ospiti - cucina toscana (piatti della tradizione) - vini di produzione propria.

SERVIZI E LOCALI COMUNI: parcheggio, telefono, sala TV, sala lettura. SPORT E TEMPO LIBERO: piscina, maneggio, ricovero cavalli; guida ai lavori agricoli, passeggiate a cavallo, corsi di equitazione, trekking. COLTIVAZIONI: olivi, viti, cereali, ortaggi, alberi da frutta, foraggio. ALLEVAMENTI: bovini, ovini, equini, animali di bassa corte. PRODOTTI IN VENDITA: vino, olio, verdura, marmellate, miele.

Rùfina (FI)

m 115 ⊠ 50068

La Sosta ai Busini

a Castiglioni di Rufina, località Scopeti 28, tel. 055 8397809, fax 0558397004 - ettari 106 - chiusura: metà novembre-Natale - ✗

▶ Dopo avere raggiunto Rufina - da Pontassieve per chi proviene da Sud, da Borgo San Lorenzo per chi arriva da Nord - si prosegue per 2 km verso Nord, poi si devia a destra sulla strada per Pomino, per altri 2,5 km.

Agriturismo di standard alberghiero ambientato attorno a una villa medicea del Quattrocento. Le camere sono nell'edificio principale, mentre gli appartamenti sono stati ricavati nelle case coloniche, ristrutturate nel rispetto dell'originaria fisionomia contadina. A disposizione degli ospiti il giardino e il parco.

🛏 CAMERE SENZA SERVIZI: 1 singola, 5 doppie, 1 a 3 letti, con riscaldamento centralizzato e a legna; 3 bagni in comune - pernottamento per persona £ 70000, prima colazione £ 15000, mezza pensione £ 110000. CAMERE CON SERVIZI: 1 doppia, con riscaldamento centralizzato - pernottamento per persona £ 70000, prima colazione £ 15000, mezza pensione £ 110000.

⊞ Appartamenti: 1 bilocale per 4 persone, 5 di 4 locali per 5/6/7 persone, con biancheria cucina, stoviglie, riscaldamento centralizzato e a legna, televisore - affitto a settimana £ 1050/1400000. Deposito cauzionale £ 300000.

Soggiorno minimo: 1 settimana in appartamento. Carte di credito: Visa, Eurocard, Mastercard.

Note: *nelle camere, riduzioni per letto aggiunto e per bambini fino a 7 anni.*

)|1 cucina toscana (paste fresche, piatti ai funghi e coniglio alla contadina) - vini locali di produzione propria - £ 25/35000.

Servizi e locali comuni: parcheggio, telefono, sala TV, sala lettura, idromassaggio. Sport e tempo libero: piscina, campo da tennis, gioco bocce, biliardo, ping pong;

guida ai lavori agricoli, visite guidate. Coltivazioni: olivi, viti, ortaggi, alberi da frutta. Prodotti in vendita: vino DOC, grappa, olio extravergine d'oliva, marmellate.

San Casciano dei Bagni (SI)

m 582 ⊠ 53040

Il Poggio

a Celle sul Rigo, località Il Poggio, tel. 057853747 oppure 057853748, fax 057853587 - ettari 70 - ♿ - chiusura: gennaio-febbraio - ☎ previo accordi.

▶ Abbandonare la A1 in corrispondenza del casello Chiusi-Chianciano Terme o Fabro e raggiungere San

Casciano dei Bagni; da qui, proseguire ancora per circa 4 km fino a Celle sul Rigo. L'accesso è agevole anche dalla Via Cassia, con deviazione a Ponte del Rigo.

A cavallo nelle Crete Senesi, questa in breve l'offerta di un agriturismo che può contare su un punto di appoggio in bellissima posizione e su un territorio tagliato su misura per l'escursionismo. Si organizzano settimane verdi per ragazzi a fine giugno.

CAMERE CON SERVIZI: 3 doppie, 2 a più letti - pernottamento per persona £ 75000, mezza pensione £ 120/140000.

APPARTAMENTI: 22 bilocali per 4 persone, 8 di 3 locali per 6 persone, con biancheria cucina, stoviglie, telefono, televisore - affitto a settimana £ 950/1850000. Deposito cauzionale £ 300000.

SOGGIORNO MINIMO: 3 giorni. CARTE DI CREDITO: American Express, CartaSi, Diner's Club, Bancomat.

Note: *le camere e gli appartamenti sono dotati di biancheria per letto e per bagno.*

cucina toscana - vini regionali di produzione propria - £ 40/55000.

SERVIZI E LOCALI COMUNI: parcheggio, sala lettura. SPORT E TEMPO LIBERO: piscina; noleggio mountain bike, osservazione degli animali, visite nei dintorni. COLTIVAZIONI: olivi, viti, cereali. ALLEVAMENTI: equini. PRODOTTI IN VENDITA: vino, grappa, olio, sottoli, confetture, conserve, miele.

La Crocetta

località La Crocetta, tel. 057858360 oppure 0330 549775, fax 057858353 - ettari 380 - chiusura: inizio gennaio-inizio aprile -

▶ Lasciare la A1 allo svincolo di Chiusi-Chianciano Terme e continuare per San Casciano toccando Cetona e Piazze. Per chi proviene da Sud: uscita Fabro dell'Autosole, poi seguire la segnaletica. L'azienda è all'ingresso della cittadina termale.

All'esterno ha il sobrio aspetto di una casa rurale; all'interno invece si scoprono ambienti di studiata eleganza, con compiaciuti richiami al mondo anglosassone. A completare il quadro, la querceta e la vasta tenuta agricola a olivi, viti e cereali; grande sala per corsi o piccole riunioni.

CAMERE CON SERVIZI: 1 singola, 7 doppie, con biancheria letto, biancheria bagno, riscaldamento a gas, telefono - pernottamento per persona £ 75/85000, pensione £ 130/140000. Deposito cauzionale da concordare. CARTE DI CREDITO: Visa, Eurocard, Mastercard.

cucina toscana (paste fresche) - vini locali di produzione propria - £ 45000.

SERVIZI E LOCALI COMUNI: parcheggio, telefono, sala TV, sala lettura. SPORT E TEMPO LIBERO: guida ai lavori agricoli, trekking. COLTIVAZIONI: olivi, viti, bosco, cereali. PRODOTTI IN VENDITA: vino, olio, marmellate.

Le Radici Natura & Benessere

podere Le Radici, tel. 057856038 oppure 0578 56033, fax 057856038 - ettari 34 - chiusura: periodo in gennaio -

▶ Casello di Chiusi-Chianciano Terme (se da Nord) o di Fabro (se da Sud) della A1, poi procedere sulla strada per Palazzone, seguendo la segnaletica dell'azienda.

Il nome di questa azienda è una dichiarazione programmatica che rispecchia la filosofia di vita dei titolari, Alfredo e Marcello, tra recupero di antichi equilibri e piaceri da raffinato "relais di campagna".

CAMERE CON SERVIZI: 7 doppie, 3 suites, con riscaldamento centralizzato - pernottamento per persona £ 80/135000, mezza pensione £ 120/145000.

APPARTAMENTI: 1 bilocale per 2/4 persone, 1 di 4 locali per 5 persone, con biancheria cucina, stoviglie, lavastoviglie, riscaldamento autonomo, caminetto - affitto al giorno £ 200/320000, luce e riscaldamento a consumo. Deposito cauzionale 30%.

SOGGIORNO MINIMO: 2 notti (camere), 1 settimana (appartamenti). CARTE DI CREDITO: CartaSi.

Note: *le camere e gli appartamenti sono dotati di biancheria per letto e per bagno, telefono e televisore.*

riservato agli ospiti - cucina toscana - vini regionali - £ 22/50000.

SERVIZI E LOCALI COMUNI: parcheggio. SPORT E TEMPO LIBERO: piscina, tiro con l'arco; noleggio mountain bike, escursioni, trekking. COLTIVAZIONI: olivi, viti, bosco, erbe aromatiche, pascolo. ALLEVAMENTI: animali di bassa corte. PRODOTTI IN VENDITA: conserve, marmellate.

San Casciano in Val di Pesa (FI)

m 310 ✉ 50026

Castello di Bibbione

a Montefiridolfi, via Collina 66, tel. 0558249231 oppure 03358106514, fax 0558249231 - ettari 100 - chiusura: sempre aperto -

▶ Abbandonare il raccordo autostradale Firenze-Siena a Bargino e proseguire verso Est in direzione di Montefiridolfi dove si trova l'azienda.

Nel Chianti Fiorentino, su un poggio a dominio della val di Pesa, sorge quella che fu dimora di caccia di Niccolò Machiavelli. Ai moderni villeggianti sono riservati i rustici del borgo: pietra, legno e cotto, le matrici degli ambienti; vigne e oliveti, la trama del paesaggio.

APPARTAMENTI: 6 bilocali per 2/4 persone, 4 di ampia metratura per 5/6 persone, con biancheria letto, biancheria bagno, biancheria cucina, stoviglie, riscaldamento - affitto a settimana £ 840/8000000; si accettano le principali carte di credito. Deposito cauzionale da concordare alla prenotazione.
SOGGIORNO MINIMO: 2 notti.
SERVIZI E LOCALI COMUNI: parcheggio. SPORT E TEMPO LIBERO: piscina, ping pong; noleggio mountain bike, visite guidate. COLTIVAZIONI: olivi, viti, seminativi. PRODOTTI IN VENDITA: vino DOC, vinsanto, olio extravergine d'oliva.

Fattoria le Corti

via San Pietro di Sotto 1, tel. 055820123 oppure 055 8290105, fax 0558290089 - ettari 260 - chiusura: sempre aperto - ❧
▶ Dalle uscite locali del raccordo autostradale Firenze-Siena, raggiungere l'abitato di San Casciano e, da qui, percorrere circa 1 km della strada per Mercatale; seguire la segnaletica per Le Corti.

L'agriturismo fa capo a un'importante villa di campagna e mette a disposizione due appartamenti situati in un'ala della fattoria. Camere luminose con vista sulla campagna e giardino privato.

APPARTAMENTI: 2 di 2/3 locali per 4/6 persone, con biancheria letto, biancheria bagno, stoviglie, lavastoviglie, lavatrice, riscaldamento a consumo, telefono, televisore, caminetto - affitto a settimana £ 1400/2800000. Deposito cauzionale £ 500000.
SOGGIORNO MINIMO: 1 settimana. CARTE DI CREDITO: Visa.
SPORT E TEMPO LIBERO: piscina. COLTIVAZIONI: olivi, viti. PRODOTTI IN VENDITA: vino, olio.

La Foresteria

a Canciulle, via Cassia per Siena 35, tel. 055 8228119, fax 055828089 - ettari 15 - chiusura: periodo tra gennaio e febbraio - ❧ previo accordi.
▶ Uscire dal raccordo autostradale Firenze-Siena a Bargino, risalire la Via Cassia verso San Casciano per un paio di chilometri, poi seguire l'abbondante segnaletica dell'azienda.

Nelle terre del Chianti Classico fiorentino, a soli 15 km dal capoluogo, si villeggia in un complesso rurale ristrutturato ad arte. Suggestivi il giardino, articolato su più livelli a prato, e il ristorante, con terrazze panoramiche. Si organizzano settimane verdi per ragazzi.

🛏 CAMERE CON SERVIZI: 3 doppie - pernottamento per persona £ 50/70000, mezza pensione £ 80/95000, letto aggiunto £ 15000 a notte.

⊞ APPARTAMENTI: 2 monolocali per 2/4 persone, 1 bilocale per 5 persone, 1 di 3 locali per 5 persone, con stoviglie - affitto al giorno £ 120/170000, affitto a settimana £ 700/1100000; supplemento per pulizia finale £ 50000. Deposito cauzionale £ 200000.

SOGGIORNO MINIMO: 3 giorni. CARTE DI CREDITO: Visa, Mastercard.

Note: le camere e gli appartamenti sono dotati di biancheria per letto e per bagno, telefono e riscaldamento centralizzato.

🔌 4 equipaggi.

🍴 cucina toscana (prenotare) - vini locali di produzione propria - £ 30/45000.

SERVIZI E LOCALI COMUNI: parcheggio, bar, sala TV, barbecue. SPORT E TEMPO LIBERO: piscina; visite guidate. COLTIVAZIONI: olivi, viti, ortaggi, alberi da frutta. ALLEVAMENTI: pollame. PRODOTTI IN VENDITA: vino, olio.

La Ginestra

a San Pancrazio (Cap 50020), via Pergolato 3, tel. 055 8249245 oppure 0558248196, fax 0558249245 - ettari 132 - chiusura: sempre aperto - 🐾

▶ Lasciare il raccordo autostradale Firenze-Siena in corrispondenza dello svincolo di Bargino, poi seguire la segnaletica dell'azienda.

La ginestra, il rustico fiore che rallegra la campagna toscana, qui simboleggia una scelta "biologica" di massimo rispetto per la natura. Quanto ad arte e cultura, a 18 km da Firenze e 35 da Siena, c'è solo l'imbarazzo della scelta.

🛏 CAMERE CON SERVIZI: 3 singole, 10 doppie, 2 a più letti, con uso cucina - pernottamento per persona £ 68/78000, pensione £ 98/108000; bambini fino a 2 anni gratis, da 3 a 12 anni sconto 30%.

⊞ APPARTAMENTI: 2 monolocali per 2 persone, 3 bilocali per 4 persone, 1 di ampia metratura per 13 persone, con uso lavanderia, stoviglie - affitto al giorno £ 100/430000, affitto a settimana £ 700/3000000. Deposito cauzionale 30%.

CARTE DI CREDITO: Visa, Eurocard, Mastercard.

Note: le camere e gli appartamenti sono dotati di biancheria per letto, per bagno e per cucina, riscaldamento centralizzato.

🍴 cucina toscana e mediterranea (salumi) - vini locali di produzione propria - £ 28/48000.

SERVIZI E LOCALI COMUNI: parcheggio, telefono. SPORT E TEMPO LIBERO: piscina; visite nei dintorni. COLTIVAZIONI: olivi, grano, foraggio. ALLEVAMENTI: suini, api. PRODOTTI IN VENDITA: salumi, vino, olio, conserve, miele.

Tenuta Castello il Corno

a San Pancrazio, via Malafrasca 64, tel. 0558248009, fax 0558248035 - ettari 230 - ♿ - chiusura: periodo tra gennaio e febbraio - 🐾 previo accordi.

▶ Lasciare la superstrada Firenze-Siena all'uscita di San Casciano Nord, quindi superare l'abitato di San Casciano in Val di Pesa e raggiungere verso Sud-Ovest San Pancrazio; in paese, voltare a sinistra e seguire le indicazioni dell'azienda.

Gli appartamenti agrituristici sono stati ricavati dalla ristrutturazione di vecchie case coloniche e arredati con mobili della tradizione contadina. Noleggio mountain bike nelle vicinanze; tennis e maneggio a 7 km. Corsi di fotografia, visite guidate alla cantina e al frantoio con degustazione dei prodotti dell'azienda. In allestimento un ristoro dedicato alla degustazione.

⊞ APPARTAMENTI: 2 monolocali per 2 persone, 5 bilocali per 2 persone, 6 di 3 locali per 4 persone, con biancheria letto, biancheria bagno, biancheria cucina, stoviglie, riscaldamento autonomo, telefono - affitto al giorno £ 154000, affitto a settimana £ 693/1947000, supplemento per riscaldamento £ 10/20000 al giorno. Deposito cauzionale £ 300000.

SOGGIORNO MINIMO: 3 giorni. CARTE DI CREDITO: American Express, Visa, Eurocard, Mastercard.

SERVIZI E LOCALI COMUNI: parcheggio. SPORT E TEMPO LIBERO: piscina; corsi di cucina, corsi di attività artigianale, visite guidate. COLTIVAZIONI: olivi, viti, cereali. ALLEVAMENTI: suini. PRODOTTI IN VENDITA: salumi, vino DOC, vinsanto, spumante, grappa, olio extravergine d'oliva.

San Gimignano (SI)

m 324 ✉ 53037

Casanova di Pescille

località Pescille, tel. 0577941902, fax 0577941902 - ettari 6 - chiusura: sempre aperto - 🐾

▶ Da San Gimignano prendere la direttrice per Volterra: l'azienda si trova dopo 2 km, sulla sinistra.

Cascina ottocentesca con ampia aia attrezzata per tavolate estive. Grandi camini, arredi d'epoca e finiture rustiche fanno il resto per rievocare i bei tempi andati. Gli immediati dintorni, compresi in una riserva naturale, e i centri di Volterra (a 25 km), Siena (35 km) e Firenze (40 km), invogliano a piacevoli passeggiate nel verde e a interessanti visite culturali.

🛏 CAMERE CON SERVIZI: 2 singole, 6 doppie, 1 a più letti, con riscaldamento - pernottamento per persona £ 65000.

⊞ APPARTAMENTI: 1 bilocale per 2 persone, con biancheria cucina, stoviglie, riscaldamento autonomo - affitto al giorno £ 180000. Deposito cauzionale 50% alla prenotazione.
SOGGIORNO MINIMO: 3 giorni. CARTE DI CREDITO: tutte.

Note: *le camere e l'appartamento sono dotati di biancheria per letto e per bagno, telefono, televisore satellitare e aria condizionata; i prezzi comprendono la prima colazione.*
SERVIZI E LOCALI COMUNI: parcheggio, telefono, sala TV, sala lettura, taverna, solarium. SPORT E TEMPO LIBERO: piscina, tiro con l'arco; disponibilità di mountain bike. COLTIVAZIONI: olivi, viti, zafferano. ALLEVAMENTI: api. PRODOTTI IN VENDITA: vino DOC, vinsanto, grappa, olio extravergine d'oliva, zafferano, miele.

Fattoria di Pietrafitta

località Cortennano 54, tel. 0577943200, fax 0577 943150 - ettari 305 - chiusura: sempre aperto - ❧
▶ Da San Gimignano percorrere circa 6 km verso Poggibonsi, poi immettersi su strada sterrata a sinistra che con 1,3 km porta in azienda.

Oltrepassato il cancello, si entra nel mondo raccolto della comunità rurale di Pietrafitta, già citata nel 963 ma assurta a grande importanza nel Quattrocento con la costruzione della villa. Nell'Ottocento, passata ai Savoia, divenne fattoria modello, appellativo che ancora oggi ben le si addice. Si soggiorna in casali del primo Settecento, di varia metratura.

🛏 CAMERE CON SERVIZI: 9 doppie - pernottamento per persona £ 70000, prima colazione £ 10000.
⊞ APPARTAMENTI: 1 bilocale per 2 persone, 3 di varia disposizione per 4/8 persone, con biancheria cucina

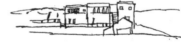

oviglie, riscaldamento, televisore - affitto al giorno
135/450000, affitto a settimana £ 790/2200000.
ⁿGGIORNO MINIMO: 2 notti.
ᵗᵉ: le camere e gli appartamenti sono dotati di bian-
ᵉria per letto e per bagno.
ᵒLTIVAZIONI: olivi, viti, cereali. PRODOTTI IN VENDITA: vino,
ᵃppa, olio d'oliva, miele.

attoria Poggio Alloro

calità Sant'Andrea 23, tel. 0577950276, fax 0577
50290 - ettari 90 - chiusura: sempre aperto - ⬆

Da San Gimignano percorrere la Provinciale 127 in
rezione di Certaldo; l'azienda dista 5 km dalla città
2 km da Ulignano.

San Gimignano si arriva in mezz'ora di cammino di-
ᵃgando tra ordinati poderi e campi incolti nella bellis-
ᵐa campagna. E questo è solo uno dei pregi di que-

sta azienda agrituristica che dalla ristrutturazione di
una casa colonica ha ricavato alcuni confortevoli alloggi di rustica fisionomia.

⬥ CAMERE CON SERVIZI: 4 doppie - pernottamento per
persona £ 45/55000, prima colazione £ 9000.
⊞ APPARTAMENTI: 2 bilocali per 3 persone, con biancheria
cucina, stoviglie - affitto al giorno £ 90/125000, affitto
a settimana £ 735000.
CARTE DI CREDITO: Visa, Eurocard, Mastercard.
Note: le camere e gli appartamenti sono dotati di biancheria per letto e per bagno, riscaldamento centralizzato.
⫿ riservato agli ospiti - cucina toscana (ribollita) - vini
locali di produzione propria - £ 35/60000.
SERVIZI E LOCALI COMUNI: parcheggio, telefono, sala lettura,
taverna. SPORT E TEMPO LIBERO: pesca, passeggiate a cavallo, visite nei dintorni, visita alle cantine. COLTIVAZIONI:
olivi, viti, cereali, ortaggi, alberi da frutta. ALLEVAMENTI:
bovini, suini, animali di bassa corte. PRODOTTI IN VENDITA:
vino DOCG, grappa, olio.

Fattoria San Donato

località San Donato 6, tel. 0577941616, fax 0577
941616 - ettari 240 - chiusura: sempre aperto - ⬆
▶ L'azienda è situata a 4 km da San Gimignano, sulla
direttrice per Volterra.

Gli alloggi agrituristici sono ritagliati nel cuore di un
borgo raccolto attorno a una chiesetta. Arredati con
mobili d'antiquariato o in stile, rafforzano l'impressio-

ne di aver fatto un salto nel tempo. Peccato che la vacanza-sogno finisca. Si organizzano settimane verdi per ragazzi, previo accordi.

🛏 CAMERE CON SERVIZI: 1 doppia - pernottamento per persona £ 50/65000, prima colazione £ 10000.
⊞ APPARTAMENTI: 1 monolocale per 2 persone, 2 bilocali per 2/3 persone, 5 di 3 locali per 4 persone, con biancheria cucina, stoviglie, riscaldamento a legna - affitto al giorno per persona £ 50/65000. Deposito cauzionale £ 200000 a settimana.
CARTE DI CREDITO: Visa, Eurocard, Mastercard, Bancomat.
⊁ riservato agli ospiti - cucina toscana - vini di produzione propria - £ 25/40000.
SERVIZI E LOCALI COMUNI: parcheggio, telefono, sala TV, taverna. SPORT E TEMPO LIBERO: piscina; visite nei dintorni, visita alle cantine, trekking. COLTIVAZIONI: olivi, viti, grano, girasoli, zafferano. ALLEVAMENTI: ovini, pollame. PRODOTTI IN VENDITA: vino, grappa, olio extravergine d'oliva, zafferano.

Fattoria Voltrona

a San Donato, tel. 0577943152, fax 0577906077 - ettari 40 - chiusura: dicembre-gennaio - ⊁ previo accordi.
▶ Da San Gimignano imboccare la direttrice per Volterra; percorsi circa 5 km si raggiunge la località.

A cinque chilometri dall'incantevole borgo murato di San Gimignano, si soggiorna in una villa padronale dotata di ampia terrazza e giardino. Vacanze all'insegna della genuinità tra coltivazioni biologiche e passeggiate nei dintorni; non manca il lago per gli amanti della pesca sportiva.

🛏 CAMERE SENZA SERVIZI: 1 doppia; 1 bagno in comune - pernottamento per persona £ 45/50000, prima colazione £ 8000, mezza pensione £ 95000. CAMERE CON SERVIZI: 5 doppie, 2 a 3 letti - pernottamento per persona £ 45/50000, prima colazione £ 8000, mezza pensione £ 95000. Deposito cauzionale da concordare.
CARTE DI CREDITO: Visa, Eurocard, Mastercard, Bancomat.
Note: le camere sono dotate di biancheria per letto e per bagno, riscaldamento centralizzato.
⚠ 6 equipaggi.
⊁ cucina toscana (prenotare) - vini di produzione propria - £ 30/40000.
SERVIZI E LOCALI COMUNI: parcheggio, telefono, locale soggiorno. SPORT E TEMPO LIBERO: raccolta funghi, pesca, visite nei dintorni, passeggiate nel bosco. COLTIVAZIONI: olivi, viti, seminativi, ortaggi, alberi da frutta. PRODOTTI IN VENDITA: vino DOCG, olio extravergine d'oliva.

Podere Arcangelo

località Capezzano 26, tel. 0577944404, fax 057 945628 - ettari 18 - chiusura: sempre aperto - ⊁
▶ Da San Gimignano procedere verso Nord, in direzione di Certaldo; dopo 9 km (circa 3 da Certaldo) si incontra la grande insegna per l'azienda.

Vacanze in convento, o meglio negli ambienti seicenteschi che in passato hanno assistito all'«ora et labora» dei monaci. Molti aspetti della costruzione sono ancor quelli di un tempo e questo non fa che accrescere l suggestione dell'assorta campagna toscana.

🛏 CAMERE CON SERVIZI: 1 doppia, 3 a 3/4 letti, con r scaldamento centralizzato - pernottamento per person £ 70000, mezza pensione £ 110000.
⊞ APPARTAMENTI: 1 bilocale per 4 persone, 2 di 3/5 lc cali per 6 persone, con biancheria cucina, stoviglie, r scaldamento a consumo - affitto a settimana £ 900, 1600000; pulizia finale £ 20000 per persona, supple mento per riscaldamento £ 4000 all'ora. Deposito cau zionale £ 300000 (appartamenti).
Note: le camere e gli appartamenti sono dotati di bian cheria per letto e per bagno.
⊁ riservato agli ospiti - cucina toscana (ribollita, griglia te) - vini locali di produzione propria - £ 40000.
SERVIZI E LOCALI COMUNI: parcheggio, telefono, sala TV, sa la lettura. SPORT E TEMPO LIBERO: piscina, gioco bocce ping pong; visita alle cantine. COLTIVAZIONI: olivi, viti. PRO DOTTI IN VENDITA: vino DOCG, grappa, olio extravergine d'oliva, marmellate.

Podere Villuzza

località Strada 25/26, tel. 0577940585, fax 0577 942247 - ettari 25 - chiusura: sempre aperto - ⊁
▶ Da San Gimignano prendere la direttrice per Certal do; dopo 2 km, girare a destra seguendo la segnaletica dell'azienda; ancora 1 km e si arriva a destinazione.

Due ali di cipressi accompagnano alla soglia di questo casale d'aspetto gradevole. Gli interni spiccano per freschezza e cura dei dettagli. Lo abita una coppia di giovani entusiasti, ospiti squisiti. Il luogo è incantevole e, tagliando per i vigneti, si arriva in breve sotto le mura del borgo.

 CAMERE CON SERVIZI: 4 doppie, con riscaldamento centralizzato - pernottamento per persona £ 80/100000.

APPARTAMENTI: 3 bilocali per 2 persone, con biancheria cucina, stoviglie, riscaldamento autonomo - affitto a settimana £ 1200/1600000. Deposito cauzionale 30% alla prenotazione.

SOGGIORNO MINIMO: 3 notti in camera, 1 settimana in appartamento.

riservato agli ospiti - cucina toscana (ribollita, zuppa di farro) - vini locali di produzione propria - £ 35000.

SERVIZI E LOCALI COMUNI: telefono. SPORT E TEMPO LIBERO: ping pong; visite nei dintorni, passeggiate. COLTIVAZIONI: olivi, viti, seminativi, noci. PRODOTTI IN VENDITA: vino DOC, grappa, olio d'oliva.

Tenuta Torciano

a Ulignano (Cap 53030), via Crocetta 18, tel. 0577 950055 oppure 03356390782, fax 0577950161 - ettari 160 - chiusura: sempre aperto -

▶ Uscire a Poggibonsi Nord dal raccordo autostradale Firenze-Siena e seguire per 2 km le indicazioni per San Gimignano, quindi deviare a destra e continuare ancora per 6 km sino a Ulignano.

Tenuta "storica" composta da una casa colonica completamente ristrutturata, con camere e appartamenti indipendenti, confortevoli e arredati con alcuni mobili d'epoca. A disposizione degli ospiti ampio giardino, solarium, area picnic.

 CAMERE CON SERVIZI: 2 singole, 4 doppie, 2 a 3 letti, con uso cucina - pernottamento per persona £ 60/85000.

APPARTAMENTI: 1 bilocale per 2/3 persone, 1 più locali per 4/6 persone, con stoviglie - affitto al giorno per persona £ 60/75000.

CARTE DI CREDITO: tutte tranne American Express.

Note: le camere e gli appartamenti sono dotati di biancheria per letto, per bagno e per cucina, telefono, televisore e riscaldamento autonomo.

SERVIZI E LOCALI COMUNI: parcheggio, taverna. SPORT E TEMPO LIBERO: piscina, maneggio; noleggio mountain bike, degustazione vini dell'azienda, pesca, passeggiate a cavallo. COLTIVAZIONI: olivi, viti, seminativi. PRODOTTI IN VENDITA: vino, olio, miele.

San Giuliano Terme (PI)

m 6 ⊠ 56017

Green Farm

a Madonna dell'Acqua (Cap 56010), via Vecchia Pietrasantina 11, tel. 050890671, fax 050890671 - ettari 4,5 - chiusura: sempre aperto - previo accordi.

𝒯enuta 𝒯orciano

**Via Crocetta 18
Località Ulignano
53030 S. Gimignano (Si)
Tel. 0577 950055 - Fax 0577 950161
Internet: //www.torciano.com
E-mail: torciano@torciano.con**

La tenuta Torciano produce vini dal 1720. I vini della Torciano sono Chianti, Chianti Classico, Brunello, Carmignano, Rossi con invecchiamento in Barriques e Vernaccia di S. Gimignano. In azienda si organizzano degustazioni dei vini supportati da crostini, bruschette, pecorino e tartufi. La Tenuta Torciano dispone di appartamenti e camere per agriturism o, in mezzo e verdi colline di vigneti, olivi e boschi.

▶ Dall'uscita Pisa Nord della A12, raggiungere la Via Aurelia percorrendone circa 500 m verso Pisa; superare un semaforo e dopo 100 m, sulla destra, seguire l'apposita segnaletica installata in corrispondenza di un passaggio a livello.

Pisa è a un tiro di schioppo per un bagno nell'arte, il Parco Naturale di San Rossore e il mare si raggiunge facilmente. Le principali attrattive del luogo, però, sono la quiete e il fresco della villa, una bella costruzione del Settecento che in onore dei nuovi ospiti ha goduto di una completa ristrutturazione. Si organizzano settimane verdi per gruppi di ragazzi con accompagnatore.

🛏 CAMERE SENZA SERVIZI: 1 doppia, 3 a 3/4 letti; 2 bagni in comune - pernottamento per persona £ 43000, prima colazione £ 10000, mezza pensione £ 68/85000. CAMERE CON SERVIZI: 2 doppie, 3 a 3/4 letti - pernottamento per persona £ 43000, prima colazione £ 10000, mezza pensione £ 68/85000.

⊞ APPARTAMENTI: 3 bilocali per 4 persone, 1 di ampia metratura per 6 persone, con stoviglie - affitto al giorno £ 150/300000, affitto a settimana £ 680/1450000; supplemento per fornitura biancheria £ 8000 per persona. Deposito cauzionale 33%.

SOGGIORNO MINIMO: 1 settimana in alta stagione. CARTE DI CREDITO: American Express, CartaSi.

Note: *le camere e gli appartamenti sono dotati di biancheria per letto e per bagno, riscaldamento centralizzato.*

)¶ riservato agli ospiti - cucina toscana (zuppe) - vini locali - £ 20/25000.

SERVIZI E LOCALI COMUNI: parcheggio, spazio all'aperto per giochi bimbi. SPORT E TEMPO LIBERO: gioco bocce, ping pong; visite nei dintorni, escursioni, passeggiate. COLTIVAZIONI: ortaggi. PRODOTTI IN VENDITA: vino, liquori artigianali, olio, marmellate.

San Miniato (PI)

m 140 ✉ 56027

Montalto

a San Romano (Cap 56024), via Vaghera 25, tel. 0571 466459 oppure 0330591607, fax 0571466459 - ettari 22 - chiusura: sempre aperto - 🍴
▶ Percorrere la superstrada Pisa-Firenze fino all'uscita di Montopoli in Val d'Arno, quindi raggiungere l'abitato e procedere verso Nord in direzione di San Romano; seguire le indicazioni dell'azienda.

Si soggiorna nella casa colonica sorta nel Settecento sulle rovine del Castello di Montalto. Si domina, dunque, tutta la zona circostante, mosaico di poderi e macchie spontanee. Ambienti interni d'atmosfera con travi a vista e mobilia di "arte povera".

🛏 CAMERE CON SERVIZI: 6 doppie, 4 a 3 letti - pernottamento per persona £ 55/75000, pensione £ 90/110000.

⊞ APPARTAMENTI: 1 di 3 locali per 6 persone, con biancheria cucina, stoviglie, televisore, caminetto - affitto a settimana £ 700/900000, pulizia finale £ 10000 per persona, riscaldamento £ 20000 al giorno.

Note: *le camere e l'appartamento sono dotati di biancheria per letto, per bagno, uso lavanderia e riscaldamento centralizzato.*

)¶ riservato agli ospiti - cucina toscana e vegetariana (piatti ai funghi e al tartufo bianco) - vini di produzione propria - £ 20/40000.

SERVIZI E LOCALI COMUNI: parcheggio, telefono, sala TV, sala lettura. SPORT E TEMPO LIBERO: piscina, ping pong; noleggio mountain bike, guida ai lavori agricoli, corsi di cucina, visite guidate. COLTIVAZIONI: olivi, viti, girasoli, ortaggi. PRODOTTI IN VENDITA: vino, grappa, olio extravergine d'oliva, miele.

Podere Canova

a Corazzano (Cap 56020), via Zara 186, tel. 0571 460120, fax 0571460013 - ettari 20 - chiusura: sempre aperto - 🍴
▶ Breve digressione dalla superstrada Firenze-Pisa-Livorno per raggiungere San Miniato, quindi 6 km circa in direzione di Montaione con deviazione a sinistra in località Genovini.

Adagiata su uno degli ameni poggi che dominano la piana dell'Arno, questa casa colonica del Settecento, completamente ristrutturata e dotata di tutti i comfort,

dispone di camere ampie e bene attrezzate, con ingresso indipendente, per una vacanza di tutto riposo. Per gli ospiti più "curiosi", osservatorio astronomico e laboratorio di ceramica.

🛏 CAMERE CON SERVIZI: 1 singola, 4 doppie, 1 a 3 letti, con biancheria letto, biancheria bagno, riscaldamento autonomo - pernottamento per persona £ 70000, mezza pensione £ 100000, soggiorno gratuito per bambini fino a 2 anni, da 3 a 10 anni sconto 30%. Deposito cauzionale da concordare alla prenotazione.
SOGGIORNO MINIMO: 1 settimana in estate.
🍴 riservato agli ospiti - cucina della tradizione contadina - vini locali di produzione propria.
SERVIZI E LOCALI COMUNI: parcheggio, telefono, sala lettura.
SPORT E TEMPO LIBERO: piscina; disponibilità di biciclette, visite guidate. COLTIVAZIONI: olivi, viti, alberi da frutta. ALLEVAMENTI: bovini, ovini, animali di bassa corte.

San Quirico d'Órcia (SI)

m 409 ✉ 53027

Il Rigo ★ TCI

a Casabianca, tel. 0577897575 oppure 0577897291, fax 0577898236 - ettari 200 - chiusura: sempre aperto - ☎ previo accordi.

▶ Percorrere la Via Cassia per 2 km a Sud di San Quirico d'Orcia, poi deviare a sinistra seguendo la segnaletica che, con altri 2 km su strada sterrata, conduce in azienda.

Il casale spicca su un colle delle Crete della val d'Orcia, in un paesaggio sospeso tra il Rinascimento di Pienza e il Medioevo di San Quirico e Bagno Vignoni. Sulla tavola, i prodotti biologici dell'azienda: pasta di grano duro, olio, ortaggi, latticini, prosciutti e insaccati.

🛏 CAMERE CON SERVIZI: 10 doppie, 2 a più letti, con biancheria letto, biancheria bagno, riscaldamento, telefono - pernottamento per persona £ 60/90000, mezza pensione £ 90/130000.
SOGGIORNO MINIMO: 2 notti.
🍴 riservato agli ospiti - cucina della tradizione locale (piatti stagionali) - vini locali.
SERVIZI E LOCALI COMUNI: sala lettura, solarium. SPORT E TEMPO LIBERO: corsi di cucina. COLTIVAZIONI: olivi, cereali, erba medica. ALLEVAMENTI: ovini, suini, animali di bassa corte. PRODOTTI IN VENDITA: olio d'oliva.

La Buca ★ TCI

località La Buca, tel. 0577897078, fax 0577897078 - ettari 38 - chiusura: sempre aperto - ☒
▶ Partendo da San Quirico d'Orcia, ai margini della Via Cassia, imboccare la Statale 146 percorrendola per 1,5 km circa verso Pienza.

È agriturismo autentico, a diretto contatto con il contadino, quello che si vive in questo casale della val d'Orcia. Ai piaceri della vita in campagna, amplificati dai comfort domestici, si aggiungono splendidi intermezzi d'arte e cultura nei borghi e nelle città d'arte della Toscana meridionale.

🛏 CAMERE CON SERVIZI: 1 doppia, con riscaldamento autonomo, climatizzazione - pernottamento per persona £ 50000, prima colazione £ 7000, mezza pensione £ 92000.
🏠 APPARTAMENTI: 1 bilocale per 2/4 persone, con biancheria cucina, stoviglie, lavatrice, riscaldamento - affitto al giorno £ 120/200000. Deposito cauzionale 30% alla prenotazione.
SOGGIORNO MINIMO: 3 giorni in appartamento.
Note: la camera e l'appartamento sono dotati di biancheria per letto e per bagno.
🍴 riservato agli ospiti - cucina toscana (piatti della tradizione) - vini di produzione propria - £ 30/35000.
SERVIZI E LOCALI COMUNI: parcheggio, telefono, sala TV, taverna. SPORT E TEMPO LIBERO: biliardo; guida ai lavori agricoli, osservazione degli animali, visite nei dintorni.
COLTIVAZIONI: olivi, viti, cereali, foraggio. ALLEVAMENTI: animali di bassa corte.

Sansepolcro (AR)

m 330 ✉ 52037

Calcinaia sul Lago

a Gragnano, località Calcinaia, tel. 0575742777 oppure 0330730073, fax 0575742777 - ettari 46 - chiusura: sempre aperto.
▶ Dal centro urbano dirigere su Gragnano, oltre la Statale 3bis; dopo l'abitato piegare a sinistra per 2 km, poi per altri 4 su strada bianca.

Complesso immerso nel verde della val Tiberina, a dieci chilometri dalla città di Piero della Francesca. In posizione panoramica, con ampi spazi esterni e appartamenti bene ammobiliati. Indovinata miscela di comfort, stile ed elementi rustici.

APPARTAMENTI: 3 di varia disposizione per 4/12 persone, con biancheria letto, biancheria bagno, biancheria cucina, stoviglie, lavatrice, riscaldamento autonomo, telefono, televisore, caminetto - affitto al giorno per persona £ 40/50000. Deposito cauzionale £ 500000. SOGGIORNO MINIMO: week end.
SERVIZI E LOCALI COMUNI: parcheggio. SPORT E TEMPO LIBERO: piscina, gioco bocce; pesca, visite nei dintorni. COLTIVAZIONI: olivi, cereali.

La Conca

località Paradiso 16, tel. 0575733301 oppure 0360 479201, fax 0575733301 - ettari 250 - &. - chiusura: sempre aperto - ▪
▶ Lasciare Sansepolcro in direzione di Rimini; a 600 m dal bivio per detta località, immettersi nella strada sterrata che, a destra, conduce in azienda.

Nella cornice che comprende la val Tiberina dall'Umbria al lago di Montedoglio, si soggiorna in antiche case coloniche in pietra con arredi rustici, corredo di lino, camino, forno a legna e barbecue. Orto biologico e parco aziendale di 250 ettari con allevamento di daini, mufloni e cavalli. Corsi di restauro del libro e cartotecnica. Settimane verdi per ragazzi in giugno e settembre.

APPARTAMENTI: 1 monolocale per 2 persone, 3 bilocali per 2/4 persone, 2 di 3 locali per 4/6 persone, 2 case per 4/6/8 persone, con biancheria letto, biancheria bagno, biancheria cucina, stoviglie, barbecue, caminetto - affitto al giorno per persona £ 30/60000, eventuale pulizia finale £ 30/50000.
SOGGIORNO MINIMO: 3 giorni.
SERVIZI E LOCALI COMUNI: parcheggio, telefono, taverna. SPORT E TEMPO LIBERO: gioco bocce, tiro con l'arco, maneggio, ricovero cavalli; noleggio mountain bike, guida ai lavori agricoli, raccolta funghi e bacche, bird wat-

ching, pesca, visite guidate, escursioni a piedi e a cavallo. COLTIVAZIONI: bosco, ortaggi, foraggio. ALLEVAMENTI: cavalli, pollame. PRODOTTI IN VENDITA: carne, uova, olio, castagne, funghi, verdura.

Podere Violino

a Gricignano (Cap 52037), tel. 0575720174, fax 0575 720174 - ettari 130 - chiusura: periodo in gennaio - ▪
▶ Da Arezzo percorrere la Statale 73 in direzione di Sansepolcro; circa 2 km dopo la località San Leo si trova la deviazione a destra per Gricignano.

Ospitalità agrituristica raffinata e ristorazione tipica per appassionati di equitazione (e non) presso un centro ippico affiliato Fise e Coni. La cornice della vacanza è la verdissima val Tiberina, qui al passaggio tra Toscana e Umbria, con le sue città d'arte e i borghi ricchi d'atmosfera. Per i più giovani (10-14 anni), settimane di avviamento allo sport equestre.

CAMERE CON SERVIZI: 6 doppie, 2 suites, con biancheria letto, biancheria bagno, riscaldamento centralizzato, telefono, televisore - pernottamento per persona £ 65/85000, pensione £ 105/125000, sconto 50% bambini fino a 3 anni, da 4 a 10 anni sconto 30%; si accettano le principali carte di credito. Deposito cauzionale £ 200000 alla prenotazione.
cucina toscana (pappa al pomodoro, ribollita) - vini regionali - £ 25/40000.
SERVIZI E LOCALI COMUNI: parcheggio, telefono, sala TV, sala lettura, spazio all'aperto per giochi bimbi. SPORT E TEMPO LIBERO: piscina, tiro con l'arco, ping pong, maneggio, ricovero cavalli; disponibilità di mountain bike, passeggiate a cavallo, corsi di equitazione, visite nei dintorni, escursioni a piedi e a cavallo.

Santa Luce (PI)

m 225 ⊠ 56040

La Mariola

via della Serra 1, tel. 0586752583 oppure 0347 9435457, fax 0586752583 - ettari 8 - chiusura: sempre aperto - ▪
▶ Uscita Collesalvetti della A12, poi Statale 206 verso Cecina; percorsi circa 15 km svoltare a sinistra per Santa Luce, ancora 8,5 km e, all'inizio dell'abitato, imboccare una strada sterrata sulla destra.

Il primo orizzonte della vacanza è dato dal grande prato di fronte a casa, con il frutteto e un gruppo di querce secolari sullo sfondo. Poi, oltre il verde degli olivi, la vista si allarga dal mare alle Apuane evocando le tante prospettive per il tempo libero. Accoglienza familiare in un casale di recente restauro. Podere a conduzione biologica.

APPARTAMENTI: 5 bilocali per 3/4 persone, con biancheria letto, biancheria bagno, biancheria cucina, uso lavanderia, stoviglie, riscaldamento autonomo, televisore - affitto a settimana £ 700/900000.
SOGGIORNO MINIMO: 2/3 notti.

SERVIZI E LOCALI COMUNI: parcheggio, giochi bimbi. SPORT E TEMPO LIBERO: ping pong; corsi di cucina, corsi di ceramica, visite guidate, trekking, passeggiate naturalistiche guidate. COLTIVAZIONI: olivi, bosco, ortaggi, alberi da frutta. ALLEVAMENTI: api. PRODOTTI IN VENDITA: olio d'oliva, marmellate, miele.

San Vincenzo (LI)
m 5 ⊠ 57027

Costa Etrusca
via Castelluccio 87, tel. 0565798019 oppure 0335 6815908, fax 0565798140 - ettari 6 - chiusura: sempre aperto - ❧
▶ Lasciare la Via Aurelia all'uscita San Vincenzo Nord e andare a destra; dopo il secondo semaforo, prendere la prima via a sinistra in direzione San Carlo, quindi proseguire per un paio di chilometri fino a incontrare una stradina sterrata sulla sinistra.

In posizione collinare, con vista panoramica tanto sul mare quanto sulle colline dell'entroterra, si soggiorna in appartamenti aperti a portico sul giardino ed esposti in modo privilegiato. Spiaggia fine e mondanità nel vicino capoluogo e paesi limitrofi. In bassa stagione, si organizzano settimane verdi per ragazzi.

⊞ APPARTAMENTI: 1 monolocale per 2/3 persone, 6 bilocali per 4 persone, 1 di 3 locali per 4 persone, con biancheria letto, biancheria bagno, biancheria cucina, uso lavanderia, stoviglie, riscaldamento centralizzato o elettrico, televisore - affitto al giorno £ 70/160000, affitto a settimana £ 420/1200000. Deposito cauzionale £ 500000 alla prenotazione.
SOGGIORNO MINIMO: 1 settimana in alta stagione.
SERVIZI E LOCALI COMUNI: parcheggio, telefono, giochi bim-

bi, sauna. SPORT E TEMPO LIBERO: piscina, ping pong. COLTIVAZIONI: olivi, alberi da frutta. ALLEVAMENTI: animali di bassa corte. PRODOTTI IN VENDITA: uova, vino, olio d'oliva.

Sarteano (SI)
m 573 ⊠ 53047

Moggiano
via Moggiano 3, tel. 0578265349, fax 0578265349 - ettari 30 - ♿ - chiusura: sempre aperto - ❧
▶ Uscire dalla A1 allo svincolo Chiusi-Chianciano Terme e dirigere verso Sarteano; in corrispondenza del km 1 lasciare la strada principale per una non asfaltata, a destra: dopo 800 m si arriva in azienda.

Siamo al confine con l'Umbria e questo proietta le possibilità escursionistiche su un doppio fronte. Chiusi, Chianciano Terme, Cetona, Montepulciano e Pienza con le loro attrattive turistiche sono a pochi chilometri. Molti però, vista la stupenda cornice, la piscina e le comodità, saranno tentati di indugiare negli ozi domestici.

⊞ APPARTAMENTI: 2 bilocali per 3 persone, 2 di 3 locali per 4 persone, con biancheria letto, biancheria bagno, biancheria cucina, stoviglie, lavastoviglie, lavatrice, riscaldamento - affitto al giorno £ 100/200000, pulizia finale £ 50000. Deposito cauzionale £ 300000.
SOGGIORNO MINIMO: 2 notti.
SERVIZI E LOCALI COMUNI: parcheggio. SPORT E TEMPO LIBERO: piscina; guida ai lavori agricoli, visite nei dintorni. COLTIVAZIONI: olivi, viti, cereali. PRODOTTI IN VENDITA: vino, olio.

Sassetta (LI)
m 330 ⊠ 57020

La Bandita
via Campagna Nord 30, tel. 0565794224, fax 0565 794350 - ettari 85 - apertura: aprile-inizio novembre - ❧ piccola taglia.
▶ Lasciare la Via Aurelia (Statale 1) a Donoratico e proseguire verso l'interno superando Castagneto Carducci; dopo 5 km, al bivio, piegare a sinistra per 1 km verso Monteverdi Marittimo: l'azienda si trova sulla destra.

Si soggiorna in una grande tenuta dominata dalla macchia mediterranea con al centro una villa risalente al Seicento, garbatamente convertita all'agriturismo con le sue dipendenze rurali. Ottime le opportunità per il turismo e la gastronomia tra le colline della val di Cornia e la Costa degli Etruschi.

🛏 CAMERE CON SERVIZI: 15 doppie, con biancheria letto, biancheria bagno, riscaldamento centralizzato, telefono, frigobar - pernottamento per persona £ 65/115000, mezza pensione £ 105/155000, possibilità di letto aggiunto. Deposito cauzionale da concordare. CARTE DI CREDITO: tutte tranne Diner's Club.
🍴 cucina della Maremma (acquacotta) - vini regionali - £ 30/40000.
SERVIZI E LOCALI COMUNI: parcheggio, telefono, sala lettura.
SPORT E TEMPO LIBERO: piscina, campo da tennis, ricovero cavalli; noleggio mountain bike, passeggiate a cavallo, trekking. COLTIVAZIONI: olivi, ortaggi, alberi da frutta. ALLEVAMENTI: bovini, cavalli, animali di bassa corte, cinghiali. PRODOTTI IN VENDITA: olio, conserve, marmellate.

Podere la Cerreta

località Pian delle Vigne, tel. 0565794352, fax 0565 794352 - ettari 31 - ♿ - chiusura: sempre aperto - 🚭
▶ Lasciare la Via Aurelia a Donoratico e proseguire superando Castagneto Carducci (se da Nord) oppure a Venturina (se da Sud) toccando poi Suvereto; in entrambi i casi, raggiunta Sassetta, seguire la segnaletica per Pian delle Vigne.

La val di Cornia scende verso il golfo di Follonica tra il verde cangiante della macchia mediterranea, degli oliveti e dei pascoli punteggiati da bovini e cavalli maremmani. Questa la cornice di un'azienda che si segnala per le coltivazioni biologiche, le strutture per il turismo equestre e le interessanti opportunità per i più giovani.

🛏 CAMERE CON SERVIZI: 2 singole, 6 doppie, 4 a 3 letti, con biancheria letto, biancheria bagno, uso lavanderia, riscaldamento centralizzato - pensione £ 100/120000,

supplemento 30% per camera singola; soggiorno gratuito per bambini fino a 4 anni, da 2 a 5 anni sconto 50%, da 6 a 10 anni sconto 30%; riduzioni per gruppi. Deposito cauzionale 40% alla prenotazione.
🍴 riservato agli ospiti - cucina della Maremma (petto d'anatra con crema di scalogno) - vini locali.
SERVIZI E LOCALI COMUNI: parcheggio, telefono, sala lettura.
SPORT E TEMPO LIBERO: maneggio, ricovero cavalli; guida ai lavori agricoli, passeggiate a cavallo, corsi di equitazione, visite nei dintorni, escursioni. COLTIVAZIONI: olivi, viti, ortaggi, alberi da frutta, castagni. ALLEVAMENTI: bovini, ovini, cavalli, animali di bassa corte, api. PRODOTTI IN VENDITA: olio extravergine d'oliva, marmellate, miele.

Santa Lorica

via Campagna Nord, tel. 0565794335, fax 0565 794335 - ettari 371 - chiusura: sempre aperto.
▶ Due gli itinerari per Sassetta: uno, da Nord, si stacca dalla Via Aurelia a Donoratico; l'altro, da Sud, lascia la superstrada a Venturina e prosegue per Suvereto e Sassetta. Qui giunti, percorrere ancora 4 km, verso Est, per arrivare in azienda.

Al volume dell'originario casale, una recente ristrutturazione ha aggiunto pratici porticati che moltiplicano le occasioni dello stare insieme. Tutt'intorno è un giardino che abbina prati all'inglese a fioriture mediterranee. Settimane verdi per ragazzi, previo accordi.

🛏 CAMERE CON SERVIZI: 1 singola, 11 doppie, con biancheria letto, biancheria bagno, uso lavanderia, riscaldamento - mezza pensione £ 80/100000.
SOGGIORNO MINIMO: 1 settimana in alta stagione.
Note: *alcune camere sono dotate di un piccolo frigorifero e di un pergolato con tavolo e sedie.*
🍴 cucina tradizionale (grigliate, selvaggina) - vini locali - £ 25/50000.
SERVIZI E LOCALI COMUNI: parcheggio, telefono, sala TV.
SPORT E TEMPO LIBERO: piscina, campo da tennis, ping pong; osservazione degli animali, visite nei dintorni.
COLTIVAZIONI: olivi, cereali.

Scansano (GR)

m 500 ✉ 58054

Borgo de' Salaioli

località Salaioli 181, tel. 0564599205 oppure 0368 726715 - ettari 11 - chiusura: sempre aperto - 🐾
▶ Da Nord: raggiungere Scansano da Grosseto tramite la Statale 322; giunti in paese, imboccare la Statale 323 percorrendone mezzo chilometro verso Magliano in Toscana dopodiché una deviazione a sinistra di circa 6 km porta in azienda. Da Sud: lasciare la Via Aurelia ad Albinia e dirigere verso Nord-Est, sulla Statale 323 per Magliano in Toscana e Scansano.

Nel primo entroterra grossetano olivi secolari incorniciano i rustici in pietra destinati al soggiorno agrituristico. Il paese lega il proprio nome a un celebre vino, il Morellino, ma offre anche, a breve raggio, notevoli bellezze d'arte e natura.

➤ CAMERE CON SERVIZI: 3 a 3 letti, con biancheria letto, biancheria bagno, biancheria cucina, uso cucina, riscaldamento centralizzato - pernottamento per persona £ 40/60000, forfait settimanale £ 250/400000, sconto 50% per letto aggiunto.
SOGGIORNO MINIMO: 2 notti.
SERVIZI E LOCALI COMUNI: parcheggio, telefono. SPORT E TEMPO LIBERO: ping pong; raccolta funghi, raccolta frutti di bosco, osservazione degli animali, trekking. COLTIVAZIONI: olivi, viti, bosco, alberi da frutta. ALLEVAMENTI: cavalli. PRODOTTI IN VENDITA: olio extravergine d'oliva.

Casa Nova

a Pancole (Cap 58050), località Montepò 42/43, tel. 0564580317, fax 0564580317 - ettari 50 - chiusura: sempre aperto - ✵
▶ Da Grosseto immettersi sulla Statale 322 per Scansano; a Pancole girare a destra per Montepò, poi procedere per 3,5 km seguendo la segnaletica dell'azienda.

Tra i boschi di querce e i vigneti dell'incensato Morellino di Scansano, vacanze in campagna e turismo equestre tra le colline della Maremma. Soggiorno in casale: ambiente tra il rustico e l'elegante, grande sala con camino affacciata al giardino e alla tenuta agricola. Corsi di equitazione ed escursioni con istruttori e guide qualificati.

➤ CAMERE CON SERVIZI: 1 doppia, 4 suites - pernottamento per persona £ 45/60000, possibilità di letto aggiunto; due suites sono dotate di caminetto.
⊞ APPARTAMENTI: 1 di 3 locali per 4 persone, con biancheria cucina, stoviglie, lavastoviglie, lavatrice, caminetto - affitto al giorno £ 130/170000, affitto a settimana £ 900/1200000. Deposito cauzionale 15%.
SOGGIORNO MINIMO: 3 notti.
Note: *le camere e l'appartamento sono dotati di biancheria per letto e per bagno, televisore e riscaldamento.*
SERVIZI E LOCALI COMUNI: parcheggio, sala TV. SPORT E TEMPO LIBERO: maneggio, ricovero cavalli; passeggiate a cavallo, corsi di equitazione. COLTIVAZIONI: olivi, viti, cereali, ortaggi, alberi da frutta, foraggio. ALLEVAMENTI: ovini, equini.

Scarlino (GR)

m 229 ⊠ 58020

Campo Valerio

località Campo Valerio, tel. 056637439, fax 0566 37439 - ettari 17 - ⚿ - chiusura: Epifania-febbraio - ✵

▶ Partendo da Scarlino raggiungere la Provinciale che unisce Punta Ala a Gavorrano; all'incrocio, dirigersi per un paio di chilometri verso quest'ultima località; seguire la segnaletica dell'azienda.

L'ospitalità agrituristica viene offerta in un antico casale scenograficamente isolato su un colle cinto da olivi. La recente ristrutturazione l'ha dotato di un ampio portico e dell'arioso parterre che corre intorno alla piscina. Gli interni, arredati nel solco del rustico, sono di sobria eleganza.

➤ CAMERE CON SERVIZI: 1 singola, 6 doppie, con biancheria letto, biancheria bagno, televisore - pernottamento per persona £ 55/70000, mezza pensione £ 83/98000, sconto 50% per bambini da 2 a 5 anni, da 6 a 10 anni sconto 30%. Deposito cauzionale da concordare alla prenotazione.
SOGGIORNO MINIMO: 3 giorni in bassa stagione, 1 settimana in alta stagione.
⍟ riservato agli ospiti - cucina della Maremma - vini regionali di produzione propria - £ 25/50000.
SERVIZI E LOCALI COMUNI: parcheggio, telefono, sala TV, sala lettura. SPORT E TEMPO LIBERO: piscina; guida ai lavori agricoli, raccolta di olive con remunerazione in olio, visite nei dintorni, passeggiate. COLTIVAZIONI: olivi, viti. PRODOTTI IN VENDITA: vino, olio extravergine d'oliva, carciofi, marmellate.

Seggiano (GR)

m 491 ⊠ 58038

Antica Tenuta Le Casacce

località Casacce, tel. 0564950895, fax 0564950970 - ettari 210 - ⚿ - chiusura: sempre aperto - ✵
▶ Lasciare la Statale 2 alla deviazione per Castiglione d'Orcia, superare questa località e dopo 9,5 km immettersi sulla Statale 323; percorsi circa 4 km, svoltare a destra per Poggioferro, dopo 800 m si incontra l'ingresso dell'azienda.

«Come ritirarsi da tutto, senza rinunciare a nulla»: lo slogan dell'azienda anticipa lo stile di vita di questo agriturismo, in posizione dominante la valle dell'Orcia. Si soggiorna in due casali ristrutturati e si gustano le specialità locali a pianoterra della fattoria, sotto il porticato.

⊞ APPARTAMENTI: 5 bilocali per 2/4 persone, 3 di 3 locali per 4/6 persone, con biancheria letto, biancheria bagno, biancheria cucina, stoviglie, lavastoviglie, lavatrice,

riscaldamento autonomo, telefono, televisore, caminetto - affitto al giorno £ 100/272000, affitto a settimana £ 700/1100000, supplemento per riscaldamento. Deposito cauzionale £ 300000.

SOGGIORNO MINIMO: 2 notti in bassa stagione, 1 settimana in alta stagione.

⁾⁞ riservato agli ospiti - cucina casalinga (tagliata di manzo) - £ 30/40000.

SERVIZI E LOCALI COMUNI: parcheggio, sala TV, giochi bimbi. SPORT E TEMPO LIBERO: piscina, gioco bocce. COLTIVAZIONI: olivi. ALLEVAMENTI: bovini. PRODOTTI IN VENDITA: carne, olio.

Semproniano (GR)

m 601 ✉ 58055

Poggio dell'Aione

a Catabbio (Cap 58050), via Turati 2, tel. 0564986389 oppure 0360232546, fax 0564986389 - ettari 30 - &. - chiusura: sempre aperto - ⚘

▶ Semproniano si trova nel territorio compreso tra la Via Aurelia e la Via Cassia: l'azienda comunque è situata al margine della Provinciale che da Montemerano (Statale 322) raggiunge Terme di Saturnia e prosegue verso Catabbio (8 km a Sud-Est di Semproniano) e Pitigliano (sulla Statale 74).

Soggiorno in antichi casolari nel verde, a pochi minuti di auto dalle terme di Saturnia (con le quali l'azienda è convenzionata). Completano le prospettive escursionistiche i borghi medievali delle valli dell'Albegna e del Fiora, i siti archeologici dell'Etruria, i boschi dell'Amiata.

⊞ APPARTAMENTI: 5 bilocali per 2 persone, 3 di tre locali per 4 persone, con biancheria letto, biancheria bagno, uso lavanderia, riscaldamento centralizzato, televisore - affitto al giorno per persona £ 35/50000. Deposito cauzionale 50% alla prenotazione.

SOGGIORNO MINIMO: 3 giorni.

Note: riduzioni per comitive e bambini.

SERVIZI E LOCALI COMUNI: parcheggio, telefono. SPORT E TEMPO LIBERO: maneggio, ricovero cavalli; noleggio mountain bike, passeggiate a cavallo, visite nei dintorni, escursioni, trekking. COLTIVAZIONI: olivi, cereali, grano, girasoli, foraggio. ALLEVAMENTI: equini. PRODOTTI IN VENDITA: olio, formaggio, miele.

Serravalle Pistoiese (PT)

m 182 ✉ 51030

Fattoria le Pòggiola

a Ponte di Serravalle, via Treggiaia 13, tel. 0573 51071, fax 057351071 - ettari 20,5 - chiusura: periodo in gennaio - 🐕 grossa taglia.

▶ Lungo la direttrice Montecatini-Pistoia, in località Ponte di Serravalle, superare il fiume Nievole e svoltare subito a destra; proseguire per 1 km e passare oltre l'autostrada; subito dopo, tenere la sinistra e procedere per altri 200 m; due pilastri di mattoni annunciano l'arrivo in azienda.

Una sgargiante fioritura di oleandri saluta l'ospite sulla soglia della proprietà che riunisce cinque poderi coltivati a vigne e olivi. Dal fondovalle ci si sposta in collina per passeggiate a piedi e a cavallo. In azienda sí tengono corsi di danza africana, di yoga e di alimentazione naturale. Previo accordi, settimane verdi per ragazzi in piccoli gruppi.

⌂ CAMERE SENZA SERVIZI: 2 doppie; 2 bagni in comune - pernottamento per persona £ 35/60000, prima colazione £ 8000, mezza pensione £ 73/100000. CAMERE CON SERVIZI: 2 doppie, 5 a 3 letti - pernottamento per persona £ 40/65000, prima colazione £ 8000, mezza pensione £ 78/110000.

⊞ APPARTAMENTI: 2 di 3/4 locali con biancheria cucina, stoviglie - affitto al giorno £ 160/250000, affitto a settimana £ 1000/1750000. Deposito cauzionale 30% alla prenotazione.

SOGGIORNO MINIMO: 2 notti.

Note: le camere e gli appartamenti sono dotati di biancheria per letto e per bagno, riscaldamento centralizzato; supplemento per pulizia finale e ospitalità animali £ 50000; riduzioni per lunghi soggiorni e per bambini fino a 5 anni. Nelle camere cambio biancheria giornaliero £ 5000, pulizia quotidiana £ 5000.

⁾⁞ riservato agli ospiti - cucina della tradizione locale (anatra con olive e riso) - vini regionali di produzione propria - £ 30/60000.

ERVIZI E LOCALI COMUNI: parcheggio, telefono, sala TV, taerna. SPORT E TEMPO LIBERO: tiro con l'arco, ping pong; no
·ggio mountain bike, corsi di cucina, pesca, massaggi,
site guidate, trekking. COLTIVAZIONI: olivi, viti. ALLEVAMENTI:
nimali di bassa corte, api. PRODOTTI IN VENDITA: vino DOC,
io extravergine d'oliva, conserve, marmellate, miele.

e Rocchine

Le Rocchine, via San Giusto 45, tel. 0573929035 -
ttari 55 - chiusura: sempre aperto - ❖ previo accordi.
▶ Dalla direttrice Pistoia-Montecatini, raggiungere
Ilonsummano Terme deviando a sinistra e, da qui, anora a sinistra per Montevettolini; seguire la segnaletia dell'azienda.

e colline del Montalbano sono l'ameno scenario in cui
i colloca un'antica casa colonica. La cura profusa nel
estauro dell'edificio è il primo segno della qualità del
ervizio offerto da questa struttura agrituristica di reente apertura. Interni d'atmosfera, esterni che si sviuppano, in parte, attorno a un laghetto-piscina con acua naturale, unico nel suo genere.

CAMERE CON SERVIZI: 4 doppie, con telefono, televisore
atellitare - pernottamento per persona £ 95/110000.
APPARTAMENTI: 1 bilocale per 2 persone, con stoviglie -
ffitto al giorno £ 110/130000. Deposito cauzionale
0% alla prenotazione.
OGGIORNO MINIMO: 3 giorni.
Note: le camere (tutte con salottino) e l'appartamento
ono dotati di biancheria per letto e per bagno, riscaldanento centralizzato e aria condizionata.
ERVIZI E LOCALI COMUNI: parcheggio, taverna. SPORT E TEM
O LIBERO: piscina. COLTIVAZIONI: olivi, viti. ALLEVAMENTI: polame, conigli, piccioni, api. PRODOTTI IN VENDITA: vino, olio,
harmellate, miele.

Siena

n 322 ✉ 53100

Casello

Vico d'Arbia, strada Pieve a Bozzone 88, tel. 0577
369193, fax 0577369193 - ettari 200 - chiusura:
empre aperto - ❖

▶ Da Firenze: percorrere la circonvallazione settentrionale fino a Due Ponti, poi girare a sinistra per Pieve a
Bozzone e Vico d'Arbia. Da Roma: Statale 326, proveniente da Bettolle, deviazione a destra per Presciano e
Vico d'Arbia quando si giunge a Taverne d'Arbia.

*Edificio rurale dall'architettura mossa, costruito intorno
a una corte lastricata. Sistemazione di tutto comfort
con ambienti di rustica eleganza e affacci panoramici:
da una parte di Siena con la torre del Mangia e il Duomo; sul lato opposto i colli del Chianti; a Sud le inconfondibili Crete Senesi.*

CAMERE CON SERVIZI: 4 doppie, con biancheria letto,
biancheria bagno, biancheria cucina, uso cucina, riscaldamento, telefono, televisore - affitto alla settimana £ 4000/5500000; supplemento per pulizia finale.
SOGGIORNO MINIMO: 2 settimane in alta stagione.
SPORT E TEMPO LIBERO: piscina. COLTIVAZIONI: olivi, viti, cereali. PRODOTTI IN VENDITA: vino, olio d'oliva, olive.

Sinalunga (SI)

m 364 ✉ 53048

La Fratta

località La Fratta, tel. 0577679472 oppure 055
8317830, fax 0577679685 - ettari 420 - chiusura:
sempre aperto - ❖ previo accordi.
▶ Dall'uscita Val di Chiana della A1, dirigere su Sinalunga; dopo 4 km, superata Guazzino, girare a sinistra
costeggiando il torrente Foenna; ancora un paio di chilometri, quindi bivio a destra per La Fratta, poi a sinistra per 1 km su strada sterrata.

Imponente fattoria con villa affrescata e rustici adattati ad agriturismo dove è anche possibile seguire la messa nella chiesetta del borgo. L'ampiezza degli alloggi e degli spazi annessi, oltre alla vicinanza di uno svincolo autostradale, fa della struttura la base ideale per il soggiorno di gruppi e scolaresche accompagnate.

⊞ APPARTAMENTI: 3 di ampia metratura per 10 persone, con biancheria letto, biancheria bagno, biancheria cucina, stoviglie, riscaldamento centralizzato e a legna - affitto a settimana £ 600/3360000, supplemento per pulizia finale £ 10000 per persona. Deposito cauzionale £ 200000.
SOGGIORNO MINIMO: 4 giorni.
SERVIZI E LOCALI COMUNI: telefono. COLTIVAZIONI: olivi, viti, cereali, barbabietole, prato. ALLEVAMENTI: bovini. PRODOTTI IN VENDITA: vino, olio d'oliva.

Villa il Poggio

via del Poggio 316, tel. 0577630461, fax 0577 630461 - ettari 19 - ♿ - chiusura: sempre aperto - ⊗
▶ Abbandonare la A1 in corrispondenza del casello Val di Chiana e imboccare la Statale 326 per Sinalunga; alla periferia Sud dell'abitato svoltare a destra all'altezza di una cappella.

«A Villa il Poggio, fiera e secolare come i cipressi che la circondano, si arriva da ospiti e si parte da amici»: questo è l'impegno che si prende Elisabetta Perez, energica custode di questa splendida tenuta della Val di Chiana, doviziosamente attrezzata per la villeggiatura rurale.

☞ CAMERE CON SERVIZI: 5 doppie - pernottamento per persona £ 50/80000.
⊞ APPARTAMENTI: 1 bilocale per 3 persone, 2 di varia disposizione per 4/6 persone, con biancheria cucina, stoviglie, riscaldamento - affitto al giorno £ 121/

178000, affitto a settimana £ 580/1250000, pulizia finale £ 40/60000. Deposito cauzionale 30%.
SOGGIORNO MINIMO: 3 giorni in camera, 1 settimana in appartamento.
Note: *le camere e gli appartamenti sono dotati di biancheria per letto e per bagno.*
SERVIZI E LOCALI COMUNI: parcheggio, telefono, sala TV, sala lettura. SPORT E TEMPO LIBERO: piscina, gioco bocce, ping pong, maneggio, ricovero cavalli; disponibilità di biciclette, passeggiate a cavallo, corsi di equitazione. COLTIVAZIONI: olivi, ortaggi, alberi da frutta, foraggio. ALLEVAMENTI: cavalli, pollame. PRODOTTI IN VENDITA: olio.

Sovicille (SI)

m 265 ✉ 53018

Castello di Grotti - San Leonardo

a Orgia, via dei Pratini 10, tel. 0337458860 oppure 06 57301003, fax 0577377026 - ettari 280 - chiusura: sempre aperto - ☏ previo accordi.
▶ Da Siena immettersi sulla Statale 73 verso Grosseto e percorrerla fino a Rosia; qui giunti, svoltare a sinistra e seguire le indicazioni per Orgia.

Nel maniero, che spicca possente nello scenario della Montagnola Senese, ha sede l'azienda; in uno dei suoi annessi rustici si fa villeggiatura. Senza uscire dal podere, si divaga su quindici chilometri di sterrate e sentieri, per non dire della pesca nel Merse. Tra le tante mete dei dintorni, la diruta abbazia di San Galgano e il borgo medievale di Murlo.

⊞ APPARTAMENTI: 1 di ampia metratura per 6 persone, con biancheria letto, biancheria bagno, biancheria cucina, uso lavanderia, stoviglie, riscaldamento elettrico - affitto al giorno £ 450/600000, affitto a settimana £ 1500/1800000. Deposito cauzionale 33%.
SERVIZI E LOCALI COMUNI: parcheggio. COLTIVAZIONI: olivi, cereali, girasoli. PRODOTTI IN VENDITA: olio extravergine d'oliva.

Montestigliano ⭐

a Rosia (Cap 53010), località Montestigliano, tel. 0577 342189, fax 0577342100 - ettari 1000 - ♿ - chiusura: sempre aperto - ☏
▶ Da Siena percorrere la Statale 223 per Grosseto; dopo 12 km deviare a destra verso Rosia per circa 3 km; da qui, bivio a sinistra per Montestigliano e, dopo un chilometro in salita, per l'azienda.

ulle propaggini della Montagnola Senese si incontra uesto borgo composto da una villa padronale e dal uo contorno di rustici. Qui si soggiorna - ed è già un mondo tutto da scoprire - ma il bello sta nei mille ettari i campagna che si stendono tutt'intorno.

APPARTAMENTI: 10 di varia metratura e disposizione er 3/4/6 persone, con biancheria letto, biancheria agno, biancheria cucina, stoviglie, lavatrice, riscalamento centralizzato, telefono - affitto a settimana 700/4725000, supplemento per riscaldamento e ulizia extra. Deposito cauzionale £ 200000. OGGIORNO MINIMO: 1 settimana.
Note: si accettano le principali carte di credito.
¶ riservato agli ospiti - cucina toscana (piatti della tralizione) - vini locali - £ 40000.
SERVIZI E LOCALI COMUNI: parcheggio, telefono, sala TV, sala lettura. SPORT E TEMPO LIBERO: piscina, gioco bocce, biardo, ping pong; visite nei dintorni. COLTIVAZIONI: olivi, ceeali, girasoli, barbabietole. PRODOTTI IN VENDITA: olio.

Montioni ⭐ TCI

San Rocco a Pilli (Cap 53010), località Montioni, el. 0577342016, fax 0577342191 - ettari 100 - chiuura: sempre aperto - 🐾
▶ Partendo da Siena immettersi sulla Statale 223 Siena-Grosseto) e procedere fino al km 53,5, dove si ncontra la segnaletica dell'azienda.

Si soggiorna sulle colline del Merse, non lontano dalle antiche terme di Petriolo. Il complesso colonico affianca la villa rustica, dalla cui ristrutturazione sono sortiti appartamenti di vario taglio e metratura. Le spiagge di Grosseto distano una cinquantina di chilometri.

APPARTAMENTI: 3 bilocali per 2/3 persone, 3 di ampia metratura per 4/5 persone, con biancheria letto, biancheria bagno, biancheria cucina, uso lavanderia, stoviglie, riscaldamento - affitto al giorno £ 100/

180000, affitto a settimana £ 600/1150000, supplemento per riscaldamento e animali. Deposito cauzionale £ 200000 a settimana.
CARTE DI CREDITO: American Express, CartaSi.
SERVIZI E LOCALI COMUNI: parcheggio, telefono, barbecue.
SPORT E TEMPO LIBERO: piscina, ping pong; pesca, visite nei dintorni. COLTIVAZIONI: cereali.

Subbiano (AR)
m 266 ✉ 52010

Le Gret
a Santa Mama, tel. 0575487090 (informazioni 0574 631921), fax 0575487090 - ettari 61 - ♿ - chiusura: sempre aperto - 🐾
▶ Da Arezzo si percorre la Statale 71 verso Bibbiena, si raggiunge e si supera Subbiano di circa 6 km; al bivio, seguire la segnaletica dell'azienda.

«Le Gret e dimentichi lo stress» è lo slogan di questa signorile residenza agrituristica sulle colline del Casentino. La struttura principale è un edificio in pietra del Settecento incorniciato dai cipressi e affacciato all'ampio lastricato che corre intorno alla piscina.

APPARTAMENTI: 6 monolocali per 2/3 persone, 2 bilocali per 4/6 persone, 3 bilocali componibili per 4/10 persone, con biancheria letto, biancheria bagno, biancheria cucina, uso lavanderia, stoviglie, riscaldamento - affitto al giorno per persona £ 45/52000; supplemento per pulizia finale £ 40/70000, riduzioni per bambini fino a 5 anni. Deposito cauzionale £ 200000. SOGGIORNO MINIMO: 1 settimana in estate.
SERVIZI E LOCALI COMUNI: parcheggio, telefono, sala TV, sala lettura, barbecue, forno a legna. SPORT E TEMPO LIBERO: piscina, campo da tennis, tiro con l'arco, ping pong; visite nei dintorni. COLTIVAZIONI: ortaggi, alberi da frutta, noci, noccioli, tartufi. ALLEVAMENTI: api. PRODOTTI IN VENDITA: vino, olio, frutta, nocciole, verdura, miele.

Suvereto (LI)
m 90 ✉ 57028

Poggetto Masino
via Poggetto Masino 169, tel. 0565828176, fax 0565 828176 - ettari 20 - apertura: aprile-ottobre, Natale e Pasqua - 🐾

▶ Lasciare la Via Aurelia a Venturina; poi, con Statale 398, raggiungere e superare Suvereto verso Monterotondo; dopo 1,5 km si trova l'indicazione per l'azienda.

Un'isola di cipressi secolari nasconde un casale dai volumi articolati. Poi da presso emergono vivaci fioriture di oleandri e melograni. Interni d'atmosfera antica ripristinati con attento ricorso ai materiali della tradizione toscana.

⊞ APPARTAMENTI: 4 monolocali per 2 persone, 1 bilocale per 4 persone, con biancheria letto, biancheria bagno, biancheria cucina, stoviglie, riscaldamento centralizzato - affitto al giorno £ 100/172000, affitto a settimana £ 700/1200000, servizio lavanderia a pagamento, riscaldamento £ 8/12000 al giorno; letto aggiunto £ 70000 alla settimana. Deposito cauzionale 30%. SOGGIORNO MINIMO: 1 settimana.
SERVIZI E LOCALI COMUNI: parcheggio, telefono. SPORT E TEMPO LIBERO: piscina. COLTIVAZIONI: olivi. ALLEVAMENTI: pollame. PRODOTTI IN VENDITA: olio extravergine d'oliva.

Tavarnelle Val di Pesa (FI)
m 378 ⊠ 50028

Sovigliano
via Magliano, tel. 0558076217, fax 0558050770 - ettari 16 - chiusura: sempre aperto - 🚫
▶ Dal centro urbano dirigere verso Certaldo; poi, lasciato l'abitato, seguire la segnaletica per Sovigliano.

Affacciandosi alla finestra si cercano subito le torri di San Gimignano, ma tutta la campagna intorno è punteggiata di castelli, pievi e borghi. L'ambiente domestico è quello di una grande casa colonica ristrutturata accordando comfort e tradizione contadina.

🛏 CAMERE SENZA SERVIZI: 2 doppie, con uso cucina, riscaldamento; 1 bagno in comune - pernottamento per persona £ 60/70000, prima colazione £ 15000. CAMERE CON SERVIZI: 2 doppie, con uso cucina, frigorifero, riscaldamento centralizzato - pernottamento per persona £ 75/85000, prima colazione £ 15000.
⊞ APPARTAMENTI: 2 monolocali per 2 persone, 1 di più locali per 4 persone, con stoviglie, riscaldamento centralizzato - affitto a settimana £ 800/950000. Deposito cauzionale £ 300000.
SOGGIORNO MINIMO: 3 notti nel monolocale, 1 settimana in appartamento.

Note: le camere e gli appartamenti sono dotati di biancheria per letto, per bagno e per cucina, uso lavanderia con supplemento da definire.
🍴 riservato agli ospiti - cucina tradizionale - vini di produzione propria - £ 45/55000.
SERVIZI E LOCALI COMUNI: parcheggio, telefono, sala TV, sala la lettura. SPORT E TEMPO LIBERO: tiro con l'arco, ping pong; disponibilità di biciclette, visite guidate. COLTIVAZIONI: olivi, viti. PRODOTTI IN VENDITA: vino, olio.

Torrita di Siena (SI)
m 325 ⊠ 53049

Le Capanne di Sopra
a Montefollonico, via Capanne 80, informazioni 06 35341578, fax 0635341578 - ettari 5 - apertura: sempre aperto - 🐾 previo accordi.
▶ Dallo svincolo Val di Chiana della A1, imboccare la Statale 327 per Torrita di Siena; dopo il paese, continuare per altri 7 km, fino alla deviazione a sinistra per Montefollonico. Proseguire per il ristorante "La Chiusa", superarlo e prendere la prima strada sterrata che si incontra sulla destra.

Al centro del paesaggio che spazia sino all'Amiata spicca Montepulciano, la nobile cittadina rinascimentale che suscita forti emozioni negli appassionati d'arte e di antiche atmosfere. Per il resto c'è di che essere soddisfatti senza muovere un passo. Il podere, tra ulivi e vigne, comprende due casali in pietra completamente restaurati nel rispetto della tradizione toscana.

⊞ APPARTAMENTI: 2 casali per 6 persone, con biancheria letto, biancheria bagno, biancheria cucina, stoviglie, lavatrice, riscaldamento elettrico, telefono, barbecue - affitto a settimana £ 800/1200000; supplemento per pulizia finale £ 50000, riscaldamento £ 200000 a settimana. Deposito cauzionale £ 250000.
SOGGIORNO MINIMO: 1 settimana.
SERVIZI E LOCALI COMUNI: parcheggio. SPORT E TEMPO LIBERO: visite nei dintorni. COLTIVAZIONI: olivi, viti, alberi da frutta. PRODOTTI IN VENDITA: vino.

Trequanda (SI)
m 453 ⊠ 53020

Fattoria del Colle
tel. 0577662108 oppure 0577849421, fax 0577 662202 - ettari 330 - ♿ - chiusura: sempre aperto - 🐾 previo accordi.
▶ Dal casello di Val di Chiana della A1, immettersi sulla Statale 326 per Siena percorrendola fino al bivio per Sinalunga e Trequanda; da quest'ultima località seguire la segnaletica dell'azienda che, con pochi chilometri verso Ovest, porta a destinazione.

La villa in origine era un ritrovo di cacciatori (e d'amanti), così racconta Donatella Cinelli, fondatrice del Movimento Turismo del Vino, nel fare gli onori di casa. Oggi vi giungono turisti cosmopoliti che soggiornano

nei rustici della grande tenuta. Dalla soglia di casa all'orizzonte vigne pregiate, boschi tartufigeni e il panorama delle Crete Senesi.

CAMERE CON SERVIZI: 2 doppie, 2 a più letti - pernottamento per persona £ 60/115000, mezza pensione £ 100/150000, possibilità di forfait settimanale.
APPARTAMENTI: 1 bilocale per 2 persone, 18 di varia metratura e disposizione per 3/12 persone, con biancheria cucina, uso lavanderia, stoviglie - affitto al giorno £ 130/270000, affitto a settimana £ 500/3500000, riscaldamento £ 20000 al giorno, eventuale pulizia finale £ 15000 per persona, biancheria extra £ 12000 per persona, letto aggiunto £ 25000 al giorno. Deposito cauzionale £ 300000.
CARTE DI CREDITO: CartaSi.
Note: le camere e gli appartamenti sono dotati di biancheria per letto e per bagno, riscaldamento; riduzioni per bambini.
riservato agli ospiti - cucina del territorio - vini locali di produzione propria - £ 35/45000.
SERVIZI E LOCALI COMUNI: parcheggio, telefono, sala TV. SPORT E TEMPO LIBERO: piscina, campo da tennis, tiro con l'arco, ping pong; disponibilità di mountain bike, corsi di cucina, visite nei dintorni, visita ai vigneti e alla cantina con degustazione. COLTIVAZIONI: olivi, viti, cereali. PRODOTTI IN VENDITA: vino DOC, grappa, olio extravergine d'oliva, tartufi.

Torrenieri

località Sant'Anna in Camprena, tel. 0578748112 oppure 03683173478 - ettari 43 - chiusura: sempre aperto - previo accordi.
▶ Lasciare la Via Cassia a San Quirico d'Orcia e proseguire a destra sulla Statale 146 fino a 1 km prima di Pienza, poi a sinistra, verso il monastero di Sant'Anna in Camprena; dopo 3 km si arriva all'agriturismo.

Trequanda è borgo d'origine longobarda in uno degli scenari più belli della val d'Orcia. Il casale Torrenieri, panoramico, tra grandi querce, promette una vacanza all'aria aperta, ma riserva anche, nelle giornate più fresche, il calore di un grande focolare e degli arredi d'epoca.

APPARTAMENTI: 1 casale per 6 persone, con biancheria letto, biancheria bagno, biancheria cucina, stoviglie, riscaldamento autonomo, televisore, caminetto - affitto al giorno £ 120/240000, supplemento per riscaldamento. Deposito cauzionale 30%.
SERVIZI E LOCALI COMUNI: parcheggio. SPORT E TEMPO LIBERO: disponibilità di mountain bike. COLTIVAZIONI: olivi, cereali. PRODOTTI IN VENDITA: olio d'oliva.

Tresana (MS)

m 66 ✉ 54012

Antoniotti

a Giovagallo, via Tavella 13, tel. 0187477070 oppure 058572897, fax 058572897 - ettari 40 - chiusura: sempre aperto -

▶ Lasciata la A15 al casello di Aulla, continuare per un paio di chilometri sulla Statale della Cisa fino a raggiungere Terrarossa; qui svoltare a sinistra, superare Barbarasco (sede comunale) e proseguire per 8 km (bivio a sinistra) fino a Giovagallo.

Vacanze agrituristiche tra castelli e pievi della Lunigiana, le giornate scandite dai quieti ritmi di una contrada distesa tra prati e castagneti. Per una giornata diversa c'è il mare della Versilia e delle Cinque Terre, ma anche i sentieri delle Apuane.

APPARTAMENTI: 2 bilocali per 3 persone, 2 di più locali per 5 persone, con stoviglie, riscaldamento a gas - affitto al giorno £ 75/85000, affitto a settimana £ 450/500000; soggiorno gratuito per bambini fino a 3 anni, biancheria letto £ 20000 per persona, supplemento 10% per riscaldamento, pulizia finale £ 50000. Deposito cauzionale £ 200000 alla prenotazione.
SOGGIORNO MINIMO: 3 giorni.
SERVIZI E LOCALI COMUNI: parcheggio, telefono, giochi bimbi. SPORT E TEMPO LIBERO: campo da tennis; noleggio mountain bike, guida ai lavori agricoli, osservazione degli animali. COLTIVAZIONI: olivi, viti, ortaggi, alberi da frutta, castagni, pascolo. ALLEVAMENTI: bovini, suini, animali di bassa corte, api. PRODOTTI IN VENDITA: uova, vino, frutta, verdura, miele.

Vada (LI)

m 3 ☒ 57018

Villa Graziani

via per Rosignano 14, tel. 0586788244 oppure 0360 337017, fax 0586788244 - ettari 95 - ⬙ - chiusura: sempre aperto - ❧ previo accordi.

▶ Lasciare la A12 a fine tronco, al casello di Rosignano, e raggiungere Vada seguendo la segnaletica.

Villeggiatura rurale negli ambienti di una monumentale dimora risalente alla metà dell'Ottocento. Intorno il parco con lecci e sugheri secolari, animato da presenze scultoree. Gli arredi d'epoca delle camere, oltre a comfort di elevato standard, completano il quadro di un'ospitalità davvero sopraffina.

CAMERE CON SERVIZI: 8 doppie, con biancheria letto, biancheria bagno, riscaldamento centralizzato, telefono, televisore - pernottamento per persona £ 80/130000, pensione £ 160/190000; riduzioni per bambini. Deposito cauzionale 30%.
SOGGIORNO MINIMO: 3 notti, in agosto 1 settimana. CARTE DI CREDITO: American Express, CartaSi, Diner's Club.
)⁌ cucina toscana (coniglio ripieno) - vini locali di produzione propria - £ 30/55000.
SERVIZI E LOCALI COMUNI: parcheggio, telefono, servizio fax, sala TV, sala lettura, taverna. SPORT E TEMPO LIBERO: ping pong, maneggio, ricovero cavalli; noleggio mountain bike, percorsi per mountain bike, guida ai lavori agricoli, osservazione degli animali, passeggiate a cavallo, corsi di equitazione, visite nei dintorni, visita al museo dell'azienda. COLTIVAZIONI: cereali, girasoli, barbabietole. ALLEVAMENTI: cavalli, animali di bassa corte. PRODOTTI IN VENDITA: vino, olio, frutta.

Vicchio (FI)

m 203 ☒ 50039

Fattoria di Casole

a Casole, via Casole 30, tel. 0558497383, fax 055 8497383 - ettari 235 - chiusura: sempre aperto - ⬙
▶ Superata Vicchio, nel tratto della Statale 551 che da Borgo San Lorenzo porta a Dicomano, continuare per 4 km in direzione Nord seguendo la segnaletica stradale di Casole.

Nella ridente conca del Mugello, fin dal Trecento considerata la parte più bella del contado di Firenze, si soggiorna in appartamenti di recente costruzione, cui il cotto dei pavimenti e le travature a vista conferiscono una piacevole atmosfera.

⊞ APPARTAMENTI: 1 bilocale per 2 persone, 3 di 3 locali per 6 persone, con biancheria letto, biancheria bagno, biancheria cucina, uso lavanderia, stoviglie, riscaldamento, televisore - affitto al giorno £ 45/100000, supplemento per pulizia finale £ 20000. Deposito cauzionale £ 300000 alla prenotazione.
SOGGIORNO MINIMO: 1 settimana.
SERVIZI E LOCALI COMUNI: parcheggio, telefono. COLTIVAZIONI: olivi, granoturco, girasoli, alberi da frutta, castagni. PRODOTTI IN VENDITA: frutta.

Vinci (FI)

m 97 ⊠ 50059

Podere Zollaio

via Pistoiese 25, tel. 057156439, fax 057156439 - ettari 4,5 - chiusura: sempre aperto - ⚤
▶ Da Firenze imboccare la Statale per Pisa e, in corrispondenza di Empoli, girare a destra in direzione di Vinci; qui giunti, attraversare il paese e superare le ultime case sulla sinistra; poi seguire le indicazioni per l'azienda che si raggiunge con 500 m di strada sterrata.

Antiche case coloniche felicemente convertite all'agriturismo: le travi dei tetti, il cotto degli archi e dei pavimenti, il bianco delle pareti e gli arredi per un tocco di modernità. Intorno è il podere, viti e olivi a coltivazione biologica, e oltre la siepe il borgo con il castello dei conti Guidi e il museo leonardiano.

⊞ APPARTAMENTI: 1 monolocale per 2 persone, 1 bilocale per 2/3 persone, 1 di 3 locali per 3/4 persone, con biancheria letto, biancheria bagno, biancheria cucina, riscaldamento centralizzato, climatizzazione, televisore satellitare - affitto a settimana £ 650/850000, supplemento per pulizia finale £ 50000. Deposito cauzionale £ 200000 alla prenotazione.
SOGGIORNO MINIMO: 1 settimana.
SERVIZI E LOCALI COMUNI: parcheggio, idromassaggio. SPORT E TEMPO LIBERO: piscina, campo di calcetto; passeggiate. COLTIVAZIONI: olivi, viti. PRODOTTI IN VENDITA: vino, olio extravergine d'oliva.

Volterra (PI)

m 531 ⊠ 56048

Lischeto ⭐

località La Bacchettona, tel. 058830403, fax 0588 30403 - ettari 150 - ♿ - chiusura: sempre aperto - ⚤ previo accordi.
▶ Nel percorso della Statale 68 da Volterra a Cecina, deviare a destra per Montecatini Val di Cecina e Pontedera; seguire la segnaletica dell'azienda: in tutto sono 7 km da Volterra.

Bel casolare in pietra di antica fisionomia, completamente rinnovato all'interno. Dalle finestre ci si affaccia al singolare paesaggio delle balze e dei calanchi volterrani. In azienda produzione e trasformazione di prodotti biologici. Barbecue a disposizione degli ospiti e maneggio per bambini; partecipazione alla mungitura delle pecore e alla lavorazione del formaggio.

🛏 CAMERE CON SERVIZI: 3 doppie, con uso cucina - pernottamento per persona £ 47000, prima colazione £ 11000, mezza pensione £ 85000.
⊞ APPARTAMENTI: 4 monolocali per 2 persone, 3 bilocali per 4/5 persone - affitto al giorno £ 64/142000, affitto a settimana £ 450/1000000, supplemento per fornitura biancheria £ 10000 per persona.
Note: le camere e gli appartamenti sono dotati di biancheria per letto e per bagno, riscaldamento a gas regolabile; soggiorno gratuito per bambini fino a 2 anni, da 3 a 10 anni sconto 50%.
🍴 riservato agli ospiti - cucina toscana (pappa al pomodoro) - vini locali - £ 25/40000.
SERVIZI E LOCALI COMUNI: parcheggio, taverna. SPORT E TEMPO LIBERO: piscina; noleggio mountain bike, guida ai la-

vori agricoli, visite guidate, trekking. Coltivazioni: olivi, cereali. Allevamenti: ovini, suini, animali di bassa corte. Prodotti in vendita: olio, formaggio, miele.

Tenuta Orgiaglia

a Ponsano, tel. 058835029, fax 058835029 - ettari 100 - ♿ - chiusura: sempre aperto - 🍴 previo accordi.

▶ Dalla Statale 68 Colle di Val d'Elsa-Cecina, deviare a sinistra verso Casole d'Elsa; percorsi 3 km circa, tenere la destra al bivio per Ponsano, poi ancora 6 km su strada sterrata; seguire la segnaletica per l'azienda.

Agriturismo a spiccata vocazione equestre, ambientato in una splendida cornice collinare che alterna coltivazioni biologiche di girasoli e olivi. In posizione strategica per la visita di borghi e città d'arte, la tenuta dista un'ora di viaggio dal mare. Percorso naturalistico e ricerca di fossili. Per il ristorante è necessaria la prenotazione.

🛏 Camere con servizi: 4 a più letti - pernottamento per persona £ 35/40000, prima colazione £ 8/14000, mezza pensione £ 77/90000.

⊞ Appartamenti: 1 monolocale per 2 persone, 1 bilocale per 4 persone, 2 di 3 locali per 4/6 persone, con biancheria cucina, stoviglie - affitto a settimana £ 420/1120000.

Note: le camere e gli appartamenti sono dotati di biancheria per letto e per bagno, uso lavanderia e riscaldamento.

⛺ 4 equipaggi 🚐 4 equipaggi.

🍴 cucina toscana (piatti della tradizione) - vini regionali - £ 25/35000.

Servizi e locali comuni: parcheggio, telefono, sala TV, solarium. Sport e tempo libero: piscina, campo da tennis, maneggio, ricovero cavalli; percorsi per mountain bike, passeggiate a cavallo, visite nei dintorni, escursioni a piedi e a cavallo. Coltivazioni: olivi, girasoli. Allevamenti: animali di bassa corte, fagiani. Prodotti in vendita: olio d'oliva, formaggio, miele.

Marche
Orizzonte di colline

Grande protagonista del paesaggio marchigiano, la collina si offre all'agriturismo nella sua serenità con una ricchissima dote di storia e valori.

Un mare di morbide ondulazioni coltivate che trascolora nell'azzurro dell'Adriatico: il tratto saliente del territorio marchigiano è la collina (69%), estesa dalla dorsale appenninica al mare, senza dare spazio ad alcuna pianura neppure lungo la costa. Nell'antichità il Preappennino era tappezzato da un uniforme manto di foreste. Ne restano rari lembi, come nella Riserva dell'Abbadia di Fiastra: querce, frassini, aceri e altre essenze arboree alla cui ombra si muovono caprioli e sparvieri. La conversione agricola ha radici antiche e nei secoli ha creato uno scenario completamente nuovo ma altrettanto suggestivo, quello della campagna alberata, con seminativi bordati da filari di piante da frutta e macchie naturali nei luoghi più accidentati. È l'ambiente che ancora oggi resiste nelle zone meno coinvolte dalla meccanizzazione agricola. Altrove dominano le estese monocolture a cereali, un ambiente meno vario, senza dubbio, ma ancora di grande impatto paesaggistico con le ampie campiture che sfumano i colori stagionali a seconda delle pendenze e dell'esposizione.

Le zone di maggior interesse naturalistico

Le zone di maggiore interesse naturalistico sono quelle del settore montuoso, che copre il 31% del territorio regionale: dalla zona del monte Fumaiolo (m 1407), ove si incontrano i confini di Romagna, Toscana e Marche, lo spartiacque appenninico piega in direzione

Uffici Turistici

▮ **ANCONA**
via Thaon de Revel 4,
tel. 071358991
Fabriano
corso della Repubblica 75,
tel. 0732625067
Loreto
via G. Solari 3,
tel. 071970020
Senigallia
via Morandi 2,
tel. 0717922725
▮ **ASCOLI PICENO**
piazza del Popolo 1,
tel. 0736253045
Fermo
piazza del Popolo 5,
tel. 0734228738
San Benedetto del Tronto
viale Marinai d'Italia,
tel. 0735592237

Sud-Est sino ai monti Sibillini che ne costituiscono il tratto più elevato con il monte Vettore (m 2476). Qui si trovano vasti boschi, pascoli, gole rocciose, prati e piani carsici, sistemi rupestri e paesaggi d'alta montagna con testimonianze di origine glaciale come ghiaioni, creste e circhi d'erosione. I boschi montani sono rappresentati in prevalenza da faggete, che si sviluppano oltre i 1000 metri, ma comprendono anche rare presenze come quelle dell'abete bianco. Oltre il limite degli alberi si stendono le praterie d'alta quota, animate da fioriture che non hanno nulla da invidiare a quelle alpine. La fauna vanta alcune tra le specie più tipiche dell'Appennino come il lupo, l'aquila, il gatto selvatico e il gufo reale, che abitano il Parco Nazionale dei Monti Sibillini. Dal crinale si scende alla costa per seguirne l'andamento che si mantiene basso, rettilineo e sabbioso; solo nei pressi di Ancona si erge un promontorio roccioso, il monte Conero, dove resiste l'ultima preziosa testimonianza di vegetazione a leccio e macchia mediterranea.

VITA PIACEVOLE E SERENA NEI CENTRI MINORI

Ultimo tassello del mosaico regionale è la componente umana: 1500000 scarso di abitanti distribuiti in modo più o meno uniforme su poco meno di 10000 km². Le Marche sono tra le regioni più omogenee e gradevoli della nostra penisola. Della popolazione appena citata, solo 300000 individui abitano nei cinque capoluoghi di provincia mentre i rimanenti vivono in una diffusa rete di centri

Sopra, il gufo reale è uno dei signori del Parco Nazionale dei Monti Sibillini.

Sotto, la rocca di San Leo, nel Montefeltro, una delle zone più vagheggiate delle Marche.

UFFICI TURISTICI

❚ **MACERATA**
piazza della Libertà 12,
tel. 0733234807
Civitanova Marche
corso Garibaldi 7,
tel. 0733813967
Sarnano
largo Ricciardi 1,
tel. 0733657144

❚ **PESARO**
piazzale della Libertà,
tel. 072169341
Fano
via C. Battisti 10,
tel. 0721803534
Gabicce Mare
viale della Vittoria 41,
tel. 0541954424
Urbino
piazza del Rinascimento 1,
tel. 07222613

abitati, tutti invariabilmente di suggestiva bellezza. Il loro fascino sta nella dimensione umana della vita che non conosce i turbamenti dei grandi agglomerati, né gli squilibri di trasformazioni sociali troppo repentine.

Limitandosi a darne una visione a volo d'uccello, si dirà di Ancona, alle falde del Conero, con il porto vegliato dall'antica basilica di S. Ciriaco; della graziosa Pesaro e della valle del Foglia che sale a Urbino, capitale e scrigno dei Montefeltro; della garbata Macerata, fiorita nel Rinascimento, e della interna, medievale Tolentino; di Ascoli Piceno, severa nella sua antica veste di travertino, e di San Benedetto del Tronto, città di mare e di vivace turismo. E poi borghi fuori dal tempo come Corinaldo e Gradara; spiagge finissime come a Porto San Giorgio e a Senigallia; luoghi di fede e d'arte a partire dal santuario della Santa Casa di Loreto.

IN TAVOLA I PRODOTTI DELLA COLLINA

In questo quadro si inserisce coerentemente il mondo agricolo, fino a non molti anni fa legato alla realtà della mezzadria. Restano, a ricordo del passato, i casali isolati sui profili delle colline; abbandonati per anni, questi rustici sono sempre più spesso recuperati al turismo. Intorno a loro ruota il mondo delle colture di ampio respiro: cereali e girasole riempono interi orizzonti, ma anche vite e olivo hanno un importante ruolo. Dalla prima derivano ben 11 produzioni Doc; le prime a ottenere tale riconoscimento di qualità sono state il «Rosso Conero», cui oggi è intitolata una delle prime strade del vino italiane a standard europeo, e il «Verdicchio di Matelica», che con l'affine prodotto «Colli di Jesi» è tra i nomi di maggiore richiamo della tradizione enogastronomica locale. Quanto all'olivo, oltre al raccolto destinato

al frantoio, vale la pena ricordare la celebre produzione ascolana dai frutti enormi e dolcissimi, che la cucina propone farciti e fritti. Complemetare ai coltivi è il pascolo. L'allevamento bovino riguarda la razza marchigiana, garantita dalla denominazione «Vitellone bianco Appennino Centrale» (Igp), mentre le attività minori offrono ai cuochi una vasta scelta di carni alternative. L'antica usanza di allevare il maiale in proprio mantiene viva l'arte della salumeria che vanta prosciutti, normali o affumicati, coppe e vari tipi di insaccati. Un prodotto, il «Prosciutto di Carpegna» (Dop), è già nel novero dei prodotti d'eccellenza; il «Salame di Fabriano» lo sarà a breve. Quanto alla casearia, la produzione regionale è presente ai vertici della qualità con la «Casciotta d'Urbino» (Dop).

UNA GASTRONOMIA DALLA DOPPIA ANIMA

Detto della campagna, resta il mare, che alla buona tavola presenta un ricchissimo canestro di pesci, crostacei e molluschi. I buongustai non avranno che l'imbarazzo della scelta tra i piatti più semplici, come fritture e grigliate di pesce azzurro, e la ricetta che riunisce in sé tutti i sapori, il brodetto, sempre uguale e sempre diverso di porto in porto. Ma come mare e campagna sono a stretto contatto, così in tavola presto è la volta delle carni, delle verdure e degli aromi del bosco, funghi e tartufi in primis. Questo excursus gastronomico completa degnamente la presentazione di una regione che non primeggia in un singolo campo ma offre un compendio davvero ampio di attrattive. Ed ecco l'agriturismo, che dà la possibilità di apprezzarle nel modo più rilassante e conveniente.

Sopra, il girasole è protagonista insieme al grano, all'ulivo e alla vite del panorama agrario marchigiano; l'interno stupisce per la sua bellezza pittorica e per la vastità d'orizzonti; poi lo sguardo incontra un borgo antico e riacquista la misura della realtà e del tempo.

Qui a lato, Civitanova Marche; il verde degli ulivi che si perde nell'azzurro dell'Adriatico evidenzia la doppia anima delle Marche, contese tra mare e collina, tra spirito marinaro e anima contadina.

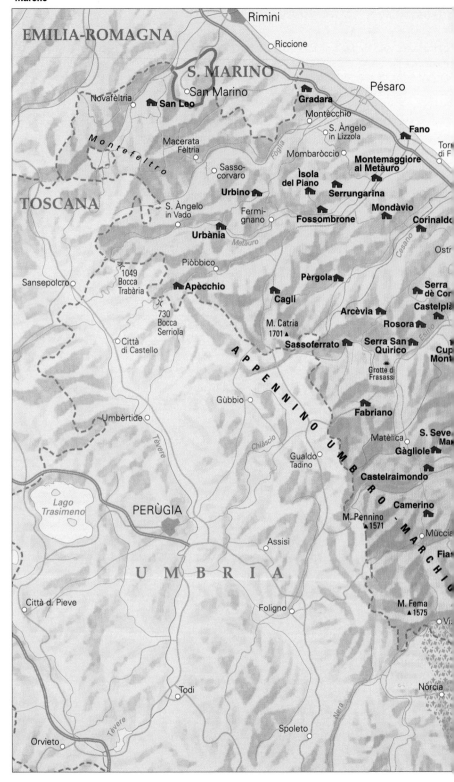

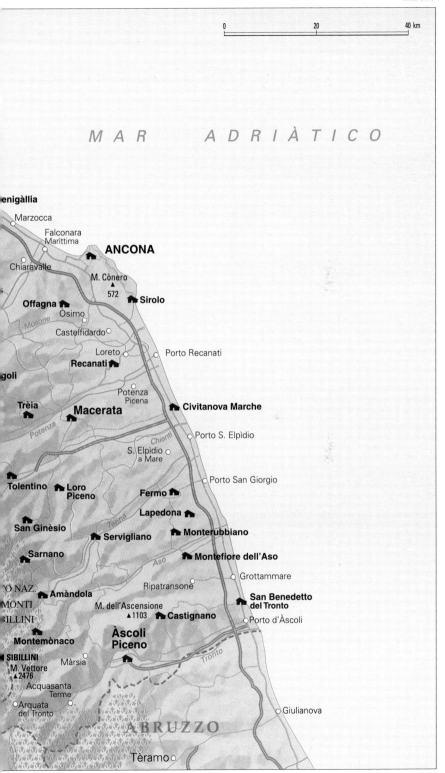

0   20   40 km

M A R   A D R I À T I C O

enigàllia

Marzocca

Falconara
Marittima

ANCONA

Chiaravalle

M. Cònero
▲
572   🏠 **Sirolo**

Offagna 🏠
Òsimo

Musone

Castelfidardo

Loreto   Porto Recanati

Recanati 🏠

goli

Potènza
Picena

Trèia   🏠 **Civitanova Marche**
🏠

Potenza   **Macerata**

Chienti   Porto S. Elpìdio

S. Elpìdio
a Mare

Porto San Giorgio

Tolentino 🏠 **Loro**
Piceno

Fermo 🏠

Lapedona 🏠

San Ginèsio

Tenna

🏠 **Servigliano**   🏠 **Monterubbiano**

Sarnano

Aso   🏠 **Montefiore dell'Aso**

Grottammare

Ripatransone

'O NAZ.   🏠 **Amàndola**

MONTI   M. dell'Ascensione   **San Benedetto**
▲1103 🏠 **Castignano**   **del Tronto**

ILLINI   Porto d'Àscoli

🏠   **Àscoli**
Montemònaco   **Piceno**
🏠

SIBILLINI   Màrsia
M. Vettore
▲2476

Tronto

Acquasanta
Terme

Arquata
del Tronto   Giulianova

A B R U Z Z O

Tèramo

Amàndola (AP)

m 500 ✉ 63021

Pelloni

via San Lorenzo 3, tel. 0736847535, fax 0736 847535 - ettari 8 - & - chiusura: sempre aperto - ✕
▶ Abbandonare la A14 all'uscita Fermo-Porto S. Giorgio e prendere la Statale 210 per Amandola; 4 km circa prima della località, a sinistra, si trovano le indicazioni per l'azienda.

Un casale ristrutturato di fine Ottocento che, grazie anche agli arredi d'epoca, mantiene a pieno il fascino delle origini. La meta escursionistica più agevole è il Parco dei Monti Sibillini, ma con 40 minuti di macchina ci si toglie anche lo sfizio di un bagno in mare. Settimane verdi per ragazzi a marzo e in autunno.

🛏 CAMERE CON SERVIZI: 2 singole, 3 doppie, 2 a 3/4 letti, con biancheria letto, biancheria bagno - pernottamento per persona £ 40/50000, pensione £ 90000. SOGGIORNO MINIMO: 3 giorni.
🍴 cucina marchigiana (piatti della tradizione) - vini locali - £ 20/35000.
SERVIZI E LOCALI COMUNI: parcheggio, telefono, sala TV, sala lettura, taverna. ALLEVAMENTI: animali di bassa corte. PRODOTTI IN VENDITA: marmellate.

Ancona

m 16 ✉ 60100

Consorzio Parco del Conero-Centro visite

tel. 0719331879, fax 0719331879 - apertura: tutto l'anno o in estate.
▶ Le aziende agrituristiche con offerta ricettiva, facenti capo al Consorzio Parco del Conero, sono dislocate nel territorio comunale di Ancona (4 aziende), di Numana (2 aziende) e di Sirolo (1 azienda). L'accesso più immediato è quello che fa capo allo svincolo Ancona Sud della A14, da cui si può arrivare alle successive destinazioni.

Il consorzio riunisce sette aziende accomunate da una felicissima combinazione ambientale: un mare di scoglio tra spiagge vellutate, un parco naturale con sentieri alla portata di tutti, un entroterra collinare a vigneti e boschi, la città a pochi chilometri. Una vacanza per tutti i gusti, anche con formula della settimana verde per ragazzi.

🛏 CAMERE CON SERVIZI: 7 doppie, 2 a 4 letti, con biancheria letto, biancheria bagno - mezza pensione £ 60/80000.
⊞ APPARTAMENTI: 12 di varia metratura per 4/5 persone, con biancheria letto, biancheria bagno, stoviglie, riscaldamento - affitto a settimana £ 460/980000.
SPORT E TEMPO LIBERO: maneggio; escursioni. COLTIVAZIONI: ortaggi, legumi. PRODOTTI IN VENDITA: vino, olio, miele.

Il Rustico del Conero

a Varano, via Boranico 197/199, tel. 0712861821, fax 07131930 - ettari 12 - apertura: aprile-ottobre - 🐾 piccola taglia.
▶ Lasciare la A14 al casello Ancona Sud e seguire la segnaletica per Ancona Portonovo: giunti all'arco degli Angeli, prendere per Varano, dopo un paio di chilometri si arriva in azienda; uscendo dalla città, direzione Camerano, sono circa 4 km.

Un agriturismo ippico all'interno del Parco Regionale del Conero. Si soggiorna in un casolare, dai nitidi volumi in muratura, bordato da un tappeto erboso tenuto ad arte, corte con alberi e querce secolari.

⊞ APPARTAMENTI: 1 monolocale per 2/3 persone, 1 di ampia metratura per 8 persone, con biancheria letto, biancheria bagno, biancheria cucina, uso lavanderia, stoviglie, riscaldamento, telefono - affitto al giorno per persona £ 50/60000. Deposito cauzionale 50%. SOGGIORNO MINIMO: 3 giorni.

SERVIZI E LOCALI COMUNI: parcheggio, telefono. SPORT E TEMPO LIBERO: tiro con l'arco, maneggio, ricovero cavalli; passeggiate a cavallo, corsi di equitazione, visite nei dintorni. COLTIVAZIONI: seminativi, cereali, alberi da frutta. ALLEVAMENTI: cavalli.

La Giuggiola

ad Angeli di Varano (Cap 60029), via Boranico 204/A, tel. 071804336 - ettari 13 - & - chiusura: gennaio - ✕
▶ Dalla città: direttrice verso Camerano per 10 km. Dall'autostrada A14: uscire alla stazione Ancona Sud, poi seguire la segnaletica per Camerano; dopo 5 km circa si arriva in azienda.

Nelle ventilate colline del primo entroterra adriatico, una bella casa colonica, ristrutturata con dovizia di comfort. Trattamento familiare e ampie possibilità di svago muscolare o contemplativo nel raggio di pochi chilometri.

🛏 CAMERE CON SERVIZI: 1 singola, 5 doppie, 2 a 3 letti, con biancheria letto, biancheria bagno, uso lavanderia, riscaldamento autonomo - pernottamento per persona £ 40000, prima colazione £ 5000, pensione £ 80000, riduzioni per bambini fino a 12 anni, servizio lavanderia a pagamento. Deposito cauzionale 30%.
CARTE DI CREDITO: American Express, Visa, Eurocard, Mastercard, Diner's Club.
🍴 cucina marchigiana (coniglio in porchetta) - vini locali - £ 35/45000.
SERVIZI E LOCALI COMUNI: parcheggio, telefono, sala TV, sala lettura. SPORT E TEMPO LIBERO: corsi di ceramica. COLTIVAZIONI: olivi, cereali, ortaggi, alberi da frutta. PRODOTTI IN VENDITA: marmellate.

Apécchio (PU)
m 493 ✉ 61042

Val del Lago

località Acquapartita, tel. 072299633, fax 0722 99356 - ettari 15 - ♿ - apertura: su prenotazione - 🐾
▶ Percorrere la Statale 257 da Acqualagna a Città di Castello; 6 km dopo Piobbico, svoltare a destra in direzione di Serravalle di Carda; prima di entrare in paese, piegare a destra per 1,5 km verso Acquapartita.

Il casolare, uno splendido esempio di architettura spontanea del Seicento, è stato completamente ristrutturato nel rispetto della tradizione contadina. La vallata fresca e silenziosa che gli fa da cornice è un'oasi di verde dove il tempo si è fermato.

⊞ APPARTAMENTI: 1 casale di 9 camere doppie con biancheria letto, biancheria bagno, biancheria cucina, stoviglie, lavastoviglie, lavatrice, riscaldamento a gas, televisore - affitto a settimana £ 1800/2200000. Deposito cauzionale £ 200000.

SOGGIORNO MINIMO: 1 settimana.
SERVIZI E LOCALI COMUNI: sala lettura. SPORT E TEMPO LIBERO: piscina, tiro con l'arco, ping pong; escursioni, trekking. COLTIVAZIONI: bosco, granoturco, orzo, ciliegi, foraggio, pascolo. ALLEVAMENTI: bovini, ovini, suini, cavalli, pollame, conigli, cinghiali.

Arcèvia (AN)
m 535 ✉ 60011

Il Piccolo Ranch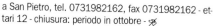

a San Pietro, tel. 0731982162, fax 0731982162 - ettari 12 - chiusura: periodo in ottobre - 🐾
▶ Da Senigallia (c'è lo svincolo della A14) percorrere la Statale 360 fino alle porte di Arcevia, poi deviare a destra, verso San Lorenzo in Campo, per 12 km.

Un complesso di nuova concezione, articolato in più edifici affacciati alla bella valle del Cesano. Nei dintorni, oltre ad Arcevia (perla dei monti), passeggiate tra natura e arte per tutti i gusti. A poca distanza attrezzature per il turismo equestre. Previo accordi, corsi di scultura e di pittura.

🛏 CAMERE CON SERVIZI: 2 doppie, 4 a più letti, con biancheria letto, biancheria bagno, uso lavanderia, riscaldamento autonomo, climatizzazione, telefono, televisore - pernottamento per persona £ 45/60000, prima colazione £ 2/8000.
CARTE DI CREDITO: CartaSi.
🍴 cucina casalinga (cinghiale al coccio) - vini regionali di produzione propria - £ 25/50000.
SERVIZI E LOCALI COMUNI: parcheggio, telefono, sala TV, sala lettura, parco giochi bimbi, idromassaggio, pista da ballo. SPORT E TEMPO LIBERO: piscina, campo di calcetto, ping pong, percorso vita; noleggio mountain bike, guida ai lavori agricoli, osservazione degli animali, visite nei dintorni. COLTIVAZIONI: vari, seminativi, girasoli, alberi da frutta, foraggio. ALLEVAMENTI: suini, pollame, conigli, piccioni. PRODOTTI IN VENDITA: vino, liquori artigianali, frutta, verdura, legumi, pasta, pane di casa, dolci secchi, formaggio, miele.

San Settimio

a Palazzo (Cap 60010), tel. 07319905, fax 0731 9912 - ettari 400 - ♿ - apertura: su prenotazione - 🐾 previo accordi.
▶ Abbandonata la A14 allo svincolo di Senigallia, imboccare e percorrere la Statale 360 fino alle porte di Arcevia, poi a destra dirigendo sulla località Palazzo.

Arcevia è una cittadina dalle atmosfere medievali e anche la campagna che la circonda ricorda certi antichi dipinti. La signora Francesca ha ereditato dal padre l'amore per questa terra e la passione per il cavallo e la caccia. Da qui all'apertura di un agriturismo il passo è stato breve.

🛏 CAMERE CON SERVIZI: 4 doppie, con frigorifero - pernottamento per persona £ 85000, mezza pensione £ 110000.

AZIENDA AGRICOLA AGRITURISTICA

Nell'entroterra marchigiano, a pochi chilometri dal mare, dove l'aria dell'Adriatico si mescola al dolce profumo delle verdi colline, sorge il Borgo di Palazzo d'Arcevia.

Un lembo di terra antica, dal fascino intatto e vero quanto gli uomini che l'abitano, dove il presente è memoria del passato.

Qui Francesca Bartoletti ha voluto conservare la tenuta acquistata dal padre Italo per non dimenticare le sue origini, trasformandola in azienda agrituristica venatoria S. Settimo Country Club: quattrocento ettari di colline, boschi, radure ed un laghetto immerso nella macchia mediterranea, luogo ideale per le battute di caccia e le lunghe passeggiate a cavallo.

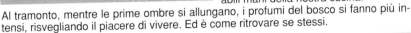

Nel maneggio del Club è anche disponibile un servizio di pensionamento per i cavalli di proprietà degli ospiti. Mountain bike, tiro al piattello, tiro con l'arco ed una piscina a vista d'Aquila, completano l'offerta di sports all'aria aperta.

In un luogo così ameno l'appettito non manca e non mancano nemmeno i prodotti genuini ricchi di sapori ritrovati per i palati più esigenti: cereali, verdure, carni e poi ancora olio, vino, pasta fresca e dolci caserecci preparati da abili mani della nostra cucina.

Al tramonto, mentre le prime ombre si allungano, i profumi del bosco si fanno più intensi, risvegliando il piacere di vivere. Ed è come ritrovare se stessi.

L'azienda agricola S. Settimio è aperta tutto l'anno ed è indispensabile prenotare.
Vi aspetto.

AZIENDA AGRICOLA AGRITURISTICA
SAN SETTIMIO
61010 PALAZZO D'ARCEVIA (AN)
TEL. 0731 9912/9905

⊞ APPARTAMENTI: 2 bilocali per 3 persone, 1 di 3 locali per 6 persone - affitto al giorno per persona £ 85000, i prezzi comprendono la prima colazione. Deposito cauzionale £ 500000 (1 settimana).
CARTE DI CREDITO: tutte, Bancomat.
Note: *le camere e gli appartamenti sono dotati di biancheria per letto e per bagno, riscaldamento, telefono e televisore; bambini fino a 3 anni gratis, da 4 a 10 anni sconto 50%.*
)|(cucina marchigiana (prenotare) - vini regionali di produzione propria - £ 35/50000.
SERVIZI E LOCALI COMUNI: parcheggio, sala TV. SPORT E TEMPO LIBERO: piscina, campo da tennis, campo di calcetto, tiro con l'arco, ping pong, ricovero cavalli; noleggio mountain bike, pesca, passeggiate a cavallo. COLTIVAZIONI: olivi, viti, cereali, ortaggi, alberi da frutta. ALLEVAMENTI: suini, animali di bassa corte. PRODOTTI IN VENDITA: vino, olio, verdura, cereali, pasta, dolci.

Àscoli Piceno

m 154 ⊠ 63100

Conca d'Oro

all'abbazia di Rosara, via Salaria Sup. 137, tel. 0736 252272 - ettari 5,5 - chiusura: periodo in novembre - ✢ previo accordi.
▶ Lasciare la superstrada Roma-Ascoli Piceno-San Benedetto del Tronto (Statale 4) circa 3 km prima di Ascoli (per chi arriva da Roma), all'uscita di Rosara; dopo appena 50 m deviare a destra (a sinistra per chi arriva da Ascoli) per altri 800 m.

Residenza di villeggiatura del Settecento, con cappella e cantinone. Camere romantiche, alcune con volte affrescate e arredate con mobili d'epoca. Terrazza panoramica per colazione, solarium e cena. Corsi di perfezionamento musicale e di alimentazione naturale, stage di yoga e mostre fotografiche. Per i tipi muscolari palestra di roccia a 300 m.

⤳ CAMERE CON SERVIZI: 2 doppie, 4 a 3/4 letti, con biancheria letto, biancheria bagno, riscaldamento centralizzato, televisore - pernottamento per persona £ 50/60000, mezza pensione £ 90/100000. Deposito cauzionale 30%.
)|(cucina del territorio (prenotare) - vini regionali di produzione propria - £ 35/60000.
SERVIZI E LOCALI COMUNI: parcheggio, telefono, sala TV, taverna, parco giochi bimbi. SPORT E TEMPO LIBERO: ping pong; guida ai lavori agricoli, visite nei dintorni, pas-

seggiate, escursioni, trekking. COLTIVAZIONI: olivi, viti, cereali, ortaggi, alberi da frutta. ALLEVAMENTI: ovini, suini, pollame, conigli, piccioni, fagiani, cinghiali. PRODOTTI IN VENDITA: vino, olio, marmellate.

Cagli (PU)

m 276 ⊠ 61043

Ca' Belvedere

a Smirra di Cagli (Cap 61040), strada Pigno-Monte Martello 103, tel. 0721799204, fax 0721799204 - ettari 16 - apertura: aprile-maggio, luglio-settembre - ✢
▶ Da Cagli dirigere verso Fano e raggiungere Smirra, quindi deviare a destra per 1,5 km su strada asfaltata più altri 4 su strada bianca per arrivare alla chiesa di Monte Martello, poi a destra per 1,5 km.

L'azienda a coltivazioni biologiche è sita a quota 541 m. Ha sede in un antico casale ristrutturato e si stende in un territorio di colli punteggiati da querce secolari. Urbino e Gubbio, in Umbria, sono a portata di mano una giornata dedicata all'arte, mentre il mare di Fano è a mezz'ora d'auto; da non trascurare, anche le grotte di Frasassi, la fonte Avellana e la gola del Furlo.

⤳ CAMERE CON SERVIZI: 4 doppie, con biancheria letto, biancheria bagno - pernottamento per persona £ 50/60000, mezza pensione £ 90000.
SOGGIORNO MINIMO: 3 giorni in bassa stagione, 1 settimana in alta stagione.
)|(riservato agli ospiti - cucina classica e vegetariana - vini regionali - £ 30000.
SERVIZI E LOCALI COMUNI: parcheggio, telefono, sala lettura. SPORT E TEMPO LIBERO: piscina; visite nei dintorni, passeggiate. COLTIVAZIONI: cereali. ALLEVAMENTI: animali di bassa corte.

Casale Torre del Sasso ⭐

strada Civita 12, tel. 0721782655 oppure 0335 5285622, fax 0721701336 - ettari 8 - ♿ - chiusura: metà novembre-metà dicembre - ✢
▶ Dallo svincolo Cagli Est della Via Flaminia, seguire le indicazioni per la frazione San Fiorano. Da Gubbio si raggiunge Cagli con la Statale 452.

Si soggiorna in un casale eretto nel Quattrocento intorno a una torre che faceva parte delle difese del borgo. Un lodevole restauro ne ha fatto la raffinata cornice per una villeggiatura rurale. Assai varia l'offerta di svago, tra arte e natura, in azienda e nei dintorni.

Azienda Agraria Conca D'Oro

Agriturismo Villa Cicchi
Casa - Albergo - Ristoro su prenotazione

Via Salaria Superiore, 137 - Abazia di Rosara (AP)
Tel. e Fax 0736/252272

Nella romantica atmosfera della campagna marchigiana, in una villa del '700 che conserva intatte le suggestioni del passato, pur offrendoVi tutti gli agi del nostro tempo, potrete soggiornare e ritrovare i sapori di una cucina semplice e genuina. La famiglia Cicchi apre la sua casa per le vostre vacanze...

Potrete soggiornare nelle romantiche stanze arredate con i mobili originali, riposare con lenzuola profumate di lavanda e nella bella stagione far colazione in terrazza guardando nello sfondo della valle la città.

La cucina della villa fornisce tutti i prodotti biologici dell'Azienda Conca D'Oro, nel cantinone potrete degustare i nostri vini e tornare indietro nella cultura contadina guardando gli strumenti esposti.

Nella Chiesetta, dedicata alla Madonna dell'Assunta, si possono celebrare cerimonie intime, il parco è a vostra disposizione per passeggiate piacevoli.
Certi che la poesia di questo luogo Vi conquisterà Vi invitiamo a venirci a trovare.

L'Agriturismo Villa Cicchi Vi offre:
• Una vacanza di cultura e relax nella natura, alla stessa distanza dalla Valle dei Parchi e dalla Riviera delle Palme.
• La cucina tipica del Piceno e la degustazione di vini D.O.C.

volo, palestra; noleggio mountain bike, partecipazione alla ricerca dei tartufi, corsi di karate, visite nei dintorni. ALLEVAMENTI: bovini, ovini. PRODOTTI IN VENDITA: salumi, vino, olio, tartufi, formaggio, marmellate.

Camerino (MC)

m 661 ✉ 62032

La Cavallina

a Polverina, S.S. 77 al km 48,9, tel. 073746173 - ettari 12 - ♿ - chiusura: sempre aperto - 🐾 grossa taglia.
▶ Non serve raggiungere Camerino: l'azienda infatti si trova 10 km a Sud-Est, sulla Statale che congiunge importanti assi stradali e collega Foligno con Macerata.

Qui, nella verde e ancora intatta vallata del Chienti, si promette «una vacanza all'insegna del relax, della cultura e del buon gusto». In uno scenario montano impreziosito dai riflessi del lago di Polverina, si soggiorna in un cascinale bicentenario dotato di buon comfort.

🛏 CAMERE CON SERVIZI: 2 doppie, con biancheria letto, biancheria bagno, riscaldamento centralizzato, telefono, televisore - pernottamento per persona £ 42/45000, pensione £ 85000, letto aggiunto £ 30000.
SOGGIORNO MINIMO: 3 notti nelle festività. CARTE DI CREDITO: tutte tranne Diner's Club.
🏕 3 equipaggi 🚐 3 equipaggi.
🍴 cucina tradizionale (coniglio in porchetta, zuppe) - vini regionali - £ 23/40000.
SERVIZI E LOCALI COMUNI: parcheggio, telefono, taverna.
SPORT E TEMPO LIBERO: gioco bocce; visite nei dintorni, escursioni. COLTIVAZIONI: bosco, cereali, ortaggi, alberi da frutta. ALLEVAMENTI: equini. PRODOTTI IN VENDITA: frutta, verdura, conserve, marmellate.

Castelplànio (AN)

m 305 ✉ 60031

Sant'Anna

via S. Anna 11, tel. 0731814104 oppure 0368 637256, fax 073156761 - ettari 4 - ♿ - chiusura: sempre aperto - 🐾

 APPARTAMENTI: 2 bilocali per 4 persone, 2 di più locali per 6/8 persone, con biancheria letto, biancheria bagno, biancheria cucina, stoviglie, riscaldamento centralizzato, televisore, cassaforte - affitto a settimana £ 600/1400000. Deposito cauzionale £ 200/300000.
SOGGIORNO MINIMO: 3/5 giorni.
SERVIZI E LOCALI COMUNI: parcheggio. SPORT E TEMPO LIBERO: piscina, percorso vita; noleggio mountain bike, corsi artistici e creativi, per il benessere e il recupero fisico.
COLTIVAZIONI: cereali, foraggio.

Frescina Centro Benessere

a Naro, tel. 0721708240, fax 0721708240 - ettari 15 - ♿ - chiusura: metà gennaio-metà febbraio.
▶ L'azienda è nel territorio di Cagli, ma defilata, a circa metà strada, tra Acqualagna e Piobbico, della Statale 257, la quale fa parte della grossa direttrice Fano-Città di Castello.

Nel cuore dell'antico ducato di Urbino, si fa villeggiatura di livello alberghiero nella casa padronale di una fattoria di fine Ottocento. Tra sport e trattamenti salutistici si ha la possibilità di rigenerare la mente e il corpo.

🛏 CAMERE CON SERVIZI: 20 doppie, con biancheria letto, biancheria bagno, riscaldamento, televisore - pernottamento per persona £ 70000, pensione £ 110/150000, pernottamento solo in bassa stagione; si accettano carte di credito e Bancomat.
🍴 cucina marchigiana (piatti ai funghi e al tartufo) - vini regionali - £ 30/40000.
SERVIZI E LOCALI COMUNI: parcheggio, telefono, sala lettura, parco giochi bimbi, sauna, solarium, idromassaggio, cure estetiche. SPORT E TEMPO LIBERO: piscina, palla-

Marche

▶ Dal casello Ancona Nord della A14, raggiungere e percorrere la Statale 76 verso Fabriano; dopo circa 25 km uscire a Moie e proseguire nella medesima direzione, ma su strada parallela, per 3 km, quindi svoltare sulla destra per un ulteriore chilometro seguendo la segnaletica dell'azienda.

Vigne e querce contornano questa azienda collinare modernamente attrezzata con alloggi e spazi per il campeggio. Nella simpatica atmosfera domestica i villeggianti più curiosi potranno apprendere i rudimenti dell'agricoltura biologica o dell'antico gioco della ruzzola. Settimane verdi per ragazzi.

⊞ APPARTAMENTI: 4 bilocali per 3 persone, con biancheria letto, biancheria bagno, uso lavanderia, stoviglie, riscaldamento a metano, televisore - affitto al giorno £ 80/100000.
SOGGIORNO MINIMO: 3 giorni.
SERVIZI E LOCALI COMUNI: parcheggio, telefono. SPORT E TEMPO LIBERO: gioco bocce, pallavolo, ping pong; guida ai lavori agricoli. COLTIVAZIONI: olivi, viti, ortaggi, alberi da frutta. PRODOTTI IN VENDITA: vino, olio, verdura.

Castelraimondo (MC)

m 307 ⊠ 62022

Il Giardino degli Ulivi

a Castel Sant'Angelo, via Crucianelli 54, tel. 0737 642121 oppure 0737640441, fax 0737640441 - ettari 21,5 - ♿ - chiusura: novembre e gennaio - ⊠
▶ Partendo da Castelraimondo immettersi sulla direttrice per Matelica e percorrerla per circa un chilometro; quindi svoltare a sinistra verso Rustano e, dopo 4 km, si arriva a Castel Sant'Angelo.

Un tuffo nel passato: il borgo è genuinamente medievale e questo edificio, lodevolmente restaurato, non è da meno. Muri in sasso, poderose travi e pavimenti in cotto fanno di questo agriturismo la suggestiva cornice di una vacanza tra i boschi al confine con l'Umbria. Coltivazioni biologiche.

🛏 CAMERE CON SERVIZI: 3 doppie, 2 a 3 letti, con biancheria letto, biancheria bagno, riscaldamento centralizzato - pernottamento per persona £ 65/110000.
CARTE DI CREDITO: American Express, Visa.
🍴 cucina della tradizione (paste fresche, dolci) - vini regionali - £ 35/50000.
SERVIZI E LOCALI COMUNI: parcheggio, telefono, sala TV, giochi bimbi. SPORT E TEMPO LIBERO: noleggio mountain bike, visite nei dintorni, passeggiate. COLTIVAZIONI: grano, girasoli, ortaggi, alberi da frutta. ALLEVAMENTI: cavalli, animali di bassa corte.

Castignano (AP)

m 475 ⊠ 63032

Fiorenire ★ 🏍

contrada Filette 9, tel. 0736821606 oppure 0368 7354890, fax 0736822117 - ettari 70 - ♿ - apertura: marzo-ottobre - ⊠ previo accordi.
▶ Varie possibilità di accesso, sia da Nord che da Sud, tutte comunque che convergono su Offida una volta abbandonata la A14 a Pedaso o a San Benedetto del Tronto. Da Offida, quindi, continuare per 5,5 km verso Castignano: l'azienda è a 3 km dal paese.

Notevole complesso agrituristico con sistemazioni di prim'ordine, parco e campo da tennis e calcetto in erba sintetica. L'ambiente è quello dell'alta valle del Tesino, con estesi vigneti e affioramenti di calanchi. Nel raggio di 20 km il mare (San Benedetto del Tronto), la montagna (Parco dei Monti Sibillini) e la città (Ascoli Piceno). Settimane verdi per ragazzi.

🛏 CAMERE CON SERVIZI: 1 singola, 2 doppie, 3 a 3/4 letti, con biancheria letto, biancheria bagno, riscaldamento centralizzato - pernottamento per persona £ 30/45000, mezza pensione £ 60/70000, sconto 25% per terzo e quarto letto; si accettano carte di credito. Deposito cauzionale 20%.
🍴 riservato agli ospiti - cucina ascolana (olive all'ascolana, vincisgrassi) - vini locali di produzione propria - £ 20/30000.

Servizi e locali comuni: parcheggio, telefono, sala TV, sala lettura, parco giochi bimbi. Sport e tempo libero: campo da tennis, campo di calcetto, maneggio; guida ai lavori agricoli, osservazione degli animali, visite nei dintorni, passeggiate, escursioni. Coltivazioni: olivi, viti, grano, orzo, girasoli, ortaggi, barbabietole, alberi da frutta. Allevamenti: animali di bassa corte. Prodotti in vendita: vino, olio.

Cingoli (MC)

m 631 ⊠ 62011

Fonte Pennici ★ TCI

località Coppo 17, tel. 0733603355 - ettari 8 - ♿ - apertura: maggio-settembre - ❧
▶ Seguire la direttrice Falconara Marittima-Fabriano fino alla deviazione a destra per Cingoli a cui si arriva tramite la Statale 502; giunti in paese, piegare a sinistra per 3 km verso Villa Torre.

Il panorama spazia dalla valle del fiume Musone al comprensorio del monte Vicino. Soggiorno agrituristico offerto tra il verde in una casa di campagna, recentemente ristrutturata, dotata di portici e ampio spazio antistante. Previo accordi, si organizzano settimane verdi per ragazzi.

🍴 Camere senza servizi: 3 doppie, con biancheria letto, biancheria bagno, riscaldamento a gas, televisore; 2 bagni in comune - pernottamento per persona £ 30000, uso cucina £ 15000 per persona.
Soggiorno minimo: 3 giorni.
Note: previo accordi è possibile affittare tutte le camere, trasformandole in un unico appartamento; riduzioni per gruppi e in bassa stagione.
⛺ 6 equipaggi 🚐 6 equipaggi.
Servizi e locali comuni: parcheggio, telefono, locale soggiorno. Sport e tempo libero: visite nei dintorni, passeggiate. Coltivazioni: olivi, viti, granoturco, grano, ortaggi, alberi da frutta, tartufi. Allevamenti: ovini, animali di bassa corte. Prodotti in vendita: olio.

La Corte sul Lago ★ TCI

a Moscosi, tel. 0733612067 - ettari 20 - ♿ - chiusura: inizio gennaio-inizio febbraio - ❧ previo accordi.
▶ Percorrere la Statale 76 Falconara Marittima-Fabriano fino alla deviazione, a destra, per Cingoli; prima di entrare in paese, svoltare verso il lago di Cingoli; l'azienda è a 12 km dal capoluogo.

Cingoli è una cittadina dall'interessante centro storico, con case in pietra e importanti edifici medievali. Lungo la strada che risale il fiume Musone si incontra la contrada in cui si trova questo sobrio fabbricato in muratura che offre ospitalità agrituristica.

🍴 Camere senza servizi: 2 doppie; 1 bagno in comune - pernottamento per persona £ 40/45000. Camere con servizi: 3 doppie - pernottamento per persona £ 40/45000.
Note: le camere sono dotate di biancheria per letto e per bagno, riscaldamento centralizzato e televisore.
🍴 cucina marchigiana (prenotare) - vini regionali di produzione propria - £ 30/40000.
Servizi e locali comuni: parcheggio, telefono, parco giochi bimbi. Sport e tempo libero: gioco bocce, ping pong; passeggiate. Coltivazioni: viti, cereali, foraggio, tartufi. Allevamenti: animali di bassa corte.

Civitanova Marche (MC)

m 3 ⊠ 62012

Campolungo ★ TCI

contrada Migliarino 30, tel. 0733709504 oppure 0733 815533 - ettari 5,5 - apertura: luglio-settembre - ❧
▶ Azienda circa 2 km a Nord-Ovest del capoluogo; quindi uscire al casello cittadino della A14, portarsi sulla Statale 16, raggiungere Fontespina e deviare sulla sinistra al km 340,100 (via Pigafetta), poi percorrere la Provinciale Palazzaccio per 900 m.

L'ospitalità agrituristica viene offerta in un significativo edificio rurale, che un attento restauro ha dotato dei più moderni comfort senza snaturarne l'antica fisionomia. Immerso nel verde degli oliveti, gode di una veduta sul porto e sul centro abitato che dista meno di un paio di chilometri.

Marche

⊞ Appartamenti: 5 bilocali per 4 persone, con stoviglie, riscaldamento autonomo - affitto al giorno £ 86/150000, affitto a settimana £ 600/1050000, letto aggiunto £ 25000 al giorno, biancheria per letto, per bagno e per cucina e pulizia a totale carico degli ospiti. Deposito cauzionale 20%.
Soggiorno minimo: 1 settimana.
Servizi e locali comuni: parcheggio, barbecue, forno a legna. Sport e tempo libero: visite guidate, passeggiate. Coltivazioni: olivi, viti, cereali.

Corinaldo (AN)

m 203 ⊠ 60013

Villino Campagnolo

via Gasparini 4, tel. 0717975159, fax 0717976006 - ettari 11 - chiusura: sempre aperto - ❧
▶ Uscita Senigallia della A14, quindi Provinciale Corinaldese; l'azienda si trova alla periferia Nord-Ovest di Corinaldo; seguire la segnaletica dell'azienda.

A pochi minuti di macchina dalla "spiaggia di velluto" di Senigallia e a un tiro di schioppo dalle mura del celebre borgo medievale, una strada poderale si inoltra nella tranquillità della campagna sfiorando questo grazioso villino in muratura.

🛏 Camere senza-servizi: 2 singole, 5 doppie, 2 a 3 letti, con biancheria letto, biancheria bagno, biancheria cucina, uso cucina, riscaldamento, televisore; 4 bagni in comune - pernottamento per persona £ 30/40000.
Note: *possibilità di sistemazione a pensione o mezza pensione appoggiata al ristorante di proprietà dell'agriturismo, sito a due chilometri.*
🚐 6 equipaggi.
Servizi e locali comuni: parcheggio, telefono, sala TV, sala giochi bimbi. Sport e tempo libero: visite nei dintorni. Coltivazioni: olivi, viti, grano, ortaggi, bietole, alberi da frutta. Prodotti in vendita: vino, frutta, verdura.

Cupra Montana (AN)

m 505 ⊠ 60034

Le Mandriole ⭐ TCI

via Mandriole 14, tel. 0731780824 oppure 0347 3866819, fax 0731780824 - ettari 4 - ♿ - chiusura: gennaio-febbraio - ✍

▶ Deviazione dalla Statale 76 che collega Falconara Marittima con Fabriano; l'azienda è situata alla periferia di Cupra Montana.

L'agriturismo si trova in aperta campagna in una valle interna del bacino del fiume Esino. Jesi e Fabriano sono i centri urbani più vicini per una gita culturale, a Falconara Marittima si sbocca sull'Adriatico. Settimane verdi per ragazzi in estate e autunno.

⊞ Appartamenti: 4 di varia disposizione per 2/7 persone, con biancheria letto, biancheria bagno, biancheria cucina, stoviglie, riscaldamento autonomo, telefono televisore - affitto al giorno per persona £ 35/45000.
Soggiorno minimo: 1 settimana.
⛺ 5 equipaggi 🚐 4 equipaggi.
🍴 cucina casalinga (piatti della tradizione) - vini locali di produzione propria - £ 25/35000.
Servizi e locali comuni: parcheggio, telefono. Sport e tempo libero: guida ai lavori agricoli, osservazione degli animali, visite nei dintorni, escursioni, passeggiate. Coltivazioni: olivi, viti, cereali, ortaggi, alberi da frutta. Allevamenti: ovini, suini, caprini, animali di bassa corte. Prodotti in vendita: pollame, conigli.

Fabriano (AN)

m 325 ⊠ 60044

Gocce di Camarzano ⭐

a Moscano, tel. 0732628172 - ettari 50 - chiusura: sempre aperto.
▶ Uscire da Fabriano in direzione di Ancona; dopo circa 500 m prendere la deviazione a sinistra per Moscano.

Sul limitare dei boschi, una suggestiva casa padronale di origini cinquecentesche, cinta da un parco panoramicamente affacciato alle campagne di Fabriano

Ambienti affrescati e camere personalizzate con simpatici accostamenti di colori. Per i più sportivi, numerose attrezzature nel raggio di pochi chilometri.

🐾 Camere con servizi: 3 doppie, 3 a più letti, con biancheria letto, biancheria bagno - pernottamento per persona £ 45/60000, supplemento 20% per letto aggiunto.

🍴 cucina del territorio - vini locali - £ 40/60000.
Servizi e locali comuni: parcheggio, sala lettura. Coltivazioni: cereali, ortaggi, foraggio. Allevamenti: ovini, animali di bassa corte.

La Casa di Campagna

a Bassano, tel. 0732626519 oppure 07325720, fax 0732626519 - ettari 12 - ♿ - apertura: marzo-metà novembre, Natale e Pasqua; su prenotazione - 🐕
▶ Lasciare il centro urbano di Fabriano e dirigere verso la località Bassano-Attiggio per 3,5 km a Sud-Est.

Il rosa antico della residenza padronale e dei suoi annessi, al centro di una riserva di caccia, evoca antiche atmosfere. Le camere sono impreziosite da arredi e corredi d'epoca. Previo accordi, una équipe medica organizza settimane di cura e bellezza del corpo e di relax; nelle vicinanze, scuola di deltaplano e parapendio, corso di speleologia. Settimane verdi per gruppi di ragazzi in luglio e settembre.

🐾 Camere con servizi: 3 doppie - pernottamento per persona £ 35/45000.
⊞ Appartamenti: 1 monolocale per 2/3 persone, 1 bilocale per 4/5 persone, 2 di ampia metratura per 6/7

persone, con biancheria cucina - affitto al giorno per persona £ 40/55000, eventuale pulizia finale £ 50000. Deposito cauzionale 30% alla prenotazione.
Soggiorno minimo: 3 giorni.
Note: *le camere e gli appartamenti sono dotati di biancheria per letto e per bagno; riscaldamento autonomo a consumo.*
Servizi e locali comuni: parcheggio, telefono, giochi bimbi. Sport e tempo libero: escursioni, trekking. Coltivazioni: cereali, ortaggi, alberi da frutta. Allevamenti: ovini.

La Ginestra

via Serraloggia, tel. 073224013 oppure 07323182 - ettari 45 - apertura: maggio-ottobre - 🚭
▶ Si arriva a Fabriano tramite la Statale 76 che si imbocca all'uscita Ancona Nord della A14; giunti in città, al terzo semaforo si svolta a sinistra per 2 km seguendo la segnaletica dell'azienda.

A pochi chilometri dalla città d'arte di Fabriano, l'azienda agrituristica offre scampoli di antica architettura rurale e una bella raccolta di cimeli della civiltà contadina. Le creste dell'Appennino umbro-marchigiano, che disegnano l'orizzonte, evocano ampie prospettive escursionistiche.

🐾 Camere senza servizi: 3 doppie; 2 bagni in comune - pernottamento per persona £ 30000. Camere con servizi: 3 doppie - pernottamento per persona £ 30000. Deposito cauzionale 30% alla prenotazione.
Note: *le camere sono dotate di biancheria per letto, per bagno e per cucina, uso cucina.*
⛺ 5 equipaggi 🚐 5 equipaggi.
Servizi e locali comuni: parcheggio, telefono, giochi bimbi. Sport e tempo libero: visite nei dintorni, passeggiate. Coltivazioni: frumento, girasoli. Allevamenti: animali di bassa corte. Prodotti in vendita: dolci, miele.

Fano (PU)

m 12 ⊠ 61032

Il Prato

a Torrette, via Metaurilia 81, tel. 0721884390 oppure 03386792307 - ettari 10 - apertura: aprile-settembre - ✿ previo accordi.

▶ Lasciare la A14 a Fano e proseguire verso Senigallia sulla Statale 16; dopo 8 km si trova Torrette e l'azienda a cui si arriva con deviazione di 700 m di fronte al campeggio Verde Luna.

Una breve passeggiata separa la spiaggia dalla casa rurale dove si soggiorna in miniappartamenti o, per chi preferisce l'agricampeggio, all'ombra di alberi da frutta e olivi. Oltre alle attrazioni cittadine, nel raggio di 50 km San Marino e buona parte del Montefeltro.

⊞ APPARTAMENTI: 1 monolocale per 3 persone, 2 bilocali per 5/6 persone, con stoviglie - affitto a settimana £ 400/500000, biancheria a totale carico degli ospiti. Deposito cauzionale 30% alla prenotazione. SOGGIORNO MINIMO: 5 giorni.

⚠ 10 equipaggi 🚐 5 equipaggi.

SERVIZI E LOCALI COMUNI: parcheggio, telefono, parco giochi bimbi. SPORT E TEMPO LIBERO: ping pong, calcio-balilla; guida ai lavori agricoli, osservazione degli animali, visite nei dintorni, passeggiate. COLTIVAZIONI: viti, cereali, ortaggi, barbabietole. ALLEVAMENTI: suini, animali di bassa corte, piccioni. PRODOTTI IN VENDITA: pollame, vino, cereali.

Santa Cristina ⭐ 🌐

a Rosciano, tel. 0721862685 - ettari 7,5 - ⚓ - apertura: maggio-settembre e week end.

▶ Svincolo Fano della A14, poi in direzione del centro città; da via Roma si ritorna ancora verso l'entroterra per 2 km; bivio a destra con segnaletica, poco prima di raggiungere Rosciano.

L'ombra leggera di pini marittimi e olivi allieta questa panoramica e ventilata vacanza collinare. La recente ristrutturazione ha dotato il grande casale agrituristico di una suggestiva veranda a vetri adibita a spazio collettivo.

🛏 CAMERE CON SERVIZI: 6 doppie, 2 a più letti, con biancheria bagno - pernottamento per persona £ 55/60000.

⊞ APPARTAMENTI: 2 di più locali per 6 persone, con televisore - affitto a settimana £ 500/700000, supplemento per biancheria, luce e gas a consumo. SOGGIORNO MINIMO: 1 settimana (appartamenti). CARTE DI CREDITO: American Express, CartaSi, Bancomat. **Note:** *le camere e gli appartamenti sono dotati di biancheria per letto e riscaldamento.* 🍴 cucina casalinga (primi piatti, grigliate) - vini regionali di produzione propria - £ 22/35000. SERVIZI E LOCALI COMUNI: parcheggio, telefono, sala TV, sala lettura, sala giochi bimbi. SPORT E TEMPO LIBERO: guida ai lavori agricoli, osservazione degli animali, visite nei dintorni. COLTIVAZIONI: olivi, viti, cereali, ortaggi, alberi da frutta. PRODOTTI IN VENDITA: vino, olio.

Fermo (AP)

m 319 ⊠ 63023

Valle del Sole

a Capodarco, via Valloscura 81, tel. 0734641422, fax 0734641422 - ettari 25 - ⚓ - chiusura: sempre aperto - ✿ previo accordi.

▶ Abbandonare la A14 in corrispondenza dell'uscita locale, quindi Statale 16 in direzione Nord per 5 km fino a Lido di Fermo; poi deviazione sulla sinistra per Capodarco e, dopo 1500 m, l'azienda.

L'ospitalità agrituristica viene offerta in una casa colonica di metà Ottocento, immersa tra gli olivi, a circa un chilometro dal mare. Soggiorno particolarmente indicato per gli appassionati del turismo equestre. Ampio spazio per campeggio in tenda. Previo accordi, si organizzano settimane verdi per ragazzi.

⊞ APPARTAMENTI: 5 bilocali per 2/4/5 persone, con biancheria bagno, biancheria cucina, stoviglie, lavastoviglie, lavatrice, riscaldamento centralizzato, telefono, televisore - affitto al giorno per persona £ 30000, biancheria per letto a richiesta. Deposito cauzionale da concordare alla prenotazione. SOGGIORNO MINIMO: 1/2 settimane. CARTE DI CREDITO: Visa, Bancomat. 🍴 cucina marchigiana - vini locali - £ 33000. SERVIZI E LOCALI COMUNI: parcheggio, telefono, sala TV, giochi bimbi. SPORT E TEMPO LIBERO: tiro con l'arco, maneggio, ricovero cavalli; disponibilità di mountain bike, passeggiate a cavallo, corsi di equitazione. COLTIVAZIONI: olivi, cereali, alberi da frutta. ALLEVAMENTI: pollame. PRODOTTI IN VENDITA: salumi, olio, conserve.

Fiastra (MC)

m 375 ⊠ 62033

Le Casette

località di Campobonomo, tel. 073752571, fax 0737 52208 - ettari 115 - &. - chiusura: febbraio-marzo tranne week end - ⚮

▶ L'azienda è a 3 km dal capoluogo comunale e a 880 m di altitudine; Fiastra è raggiungibile con una deviazione a sinistra dalla superstrada che collega Civitanova Marche con Foligno.

Agriturismo dell'alta valle del fiume Fiastrone, nel territorio del Parco Nazionale dei Monti Sibillini. Dopo l'abitato si stende un lago frequentato per i bagni e la pesca. A 15 chilometri gli impianti sciistici di Bolognola. Settimane verdi per ragazzi.

CAMERE CON SERVIZI: 1 singola, 4 doppie, 1 a più letti, con biancheria letto, biancheria bagno, riscaldamento autonomo - pernottamento per persona £ 40/ 55000, prima colazione £ 5/10000, possibilità di forfait settimanale. Deposito cauzionale da concordare. CARTE DI CREDITO: CartaSi, Bancomat.
△ 3 equipaggi 🚐 3 equipaggi.
🍴 cucina marchigiana (primi piatti) - vini regionali - £ 25/40000.
SERVIZI E LOCALI COMUNI: parcheggio, telefono, sala TV. SPORT E TEMPO LIBERO: campo da tennis, gioco bocce, ping pong, maneggio, ricovero cavalli; noleggio mountain bike, guida ai lavori agricoli, osservazione degli animali, passeggiate a cavallo, corsi di equitazione, visite nei dintorni. ALLEVAMENTI: ovini, cavalli, pollame, conigli, piccioni. PRODOTTI IN VENDITA: formaggio.

Fossombrone (PU)

m 118 ⊠ 61034

El Gatarel

a Isola di Fano, via Pantaneto 10, tel. 0721727189, fax 0721727189 - ettari 24 - &. - apertura: aprile-settembre - ⚮

▶ Dallo svincolo Fossombrone Est della direttrice Fano-Grosseto, proseguire per 6 km verso Pergola, poi deviare a sinistra per circa mezzo chilometro.

Casa colonica tardosettecentesca che un rispettoso restauro ha suddiviso in tre appartamenti autonomi. A disposizione degli ospiti piscina, mountain bike e pista polivalente comprese nel prezzo.

APPARTAMENTI: 2 bilocali per 2/4 persone, 1 di ampia metratura per 4/6 persone, con biancheria letto, biancheria bagno, biancheria cucina, stoviglie, riscaldamento, televisore - affitto a settimana £ 800/ 1600000, eventuale pulizia finale £ 50000. Deposito cauzionale £ 300000.
SERVIZI E LOCALI COMUNI: parcheggio, telefono, sala TV, sala lettura, taverna. SPORT E TEMPO LIBERO: piscina; disponibilità di mountain bike. COLTIVAZIONI: viti, cereali, barbabietole, foraggio. ALLEVAMENTI: pollame.

Gàgliole (MC)

m 484 ⊠ 62020

Locanda San Rocco

a Collaiello, tel. 0737642324 oppure 0737641900, fax 0737642324 - ettari 55 - &. - apertura: giugno-settembre, Natale e Pasqua - ⚭ piccola taglia.

▶ Deviazione di pochi chilometri dalla direttrice Matelica-San Severino Marche per raggiungere Gagliole, poi 800 metri per arrivare in azienda.

Nel cuore della terra del famoso Verdicchio di Matelica, si soggiorna in un'ampia casa rustica del Settecento, convertita ad agriturismo nel rispetto della sua antica fisionomia. Gli arredi d'epoca contribuiscono poi a ricreare la calda atmosfera dei tempi passati.

CAMERE CON SERVIZI: 6 doppie, con telefono - pernottamento per persona £ 70000, mezza pensione £ 110000.
APPARTAMENTI: 1 bilocale per 4 persone - affitto a settimana £ 850/900000, pulizia finale £ 60000.
SOGGIORNO MINIMO: 2 notti. CARTE DI CREDITO: Visa, Mastercard, Eurocard, Bancomat.
Note: *le camere e l'appartamento sono dotati di biancheria per letto e per bagno, riscaldamento centralizzato e televisore.*
🍴 cucina casalinga - vini locali - £ 30/45000.
SERVIZI E LOCALI COMUNI: parcheggio, telefono, sala TV, sala lettura. SPORT E TEMPO LIBERO: noleggio mountain bike, corsi di cucina, visite nei dintorni, passeggiate. COLTIVAZIONI: olivi, cereali, ortaggi, alberi da frutta. PRODOTTI IN VENDITA: vino, dolci.

Gradara (PU)

m 142 ⊠ 61012

Agricola della Serra

a Fanano, via Serra 8, tel. 0541969856 (informazioni 0721456267), fax 0541969856 - ettari 43 - &. - chiusura: periodo in gennaio e in ottobre - ⚮

▶ Dall'uscita Cattolica della A14 seguire le indicazioni che, con 8 km, conducono a Gradara; l'azienda si trova a 3 km dal centro turistico, verso l'entroterra.

Da un lato si scorge il mare di Gabicce, dall'altro le colline e le mura trecentesche di Gradara. Punto di partenza ideale per esplorare i mille angoli del Montefeltro, l'azienda offre ospitalità in un casolare modernamente ristrutturato con camere di tono rustico e tappezzeria in stile provenzale.

🛏 CAMERE CON SERVIZI: 6 doppie, con biancheria letto, biancheria bagno, riscaldamento centralizzato, televisore - pernottamento per persona £ 60/100000, pensione £ 80/120000. Deposito cauzionale 20%.
CARTE DI CREDITO: tutte.
🍴 cucina marchigiana di ricerca - vini locali di produzione propria - £ 35/55000.
SERVIZI E LOCALI COMUNI: parcheggio. SPORT E TEMPO LIBERO: guida ai lavori agricoli, osservazione degli animali, passeggiate, trekking. COLTIVAZIONI: olivi, viti, cereali, ortaggi, alberi da frutta. ALLEVAMENTI: bovini, suini, animali di bassa corte.

Isola del Piano (PU)
m 210 ✉ 61030

Alce Nero
a Montebello, via Valli 21, tel. 0721720221, fax 0721 720209 - ettari 120 - chiusura: Epifania-metà febbraio - 🚭
▶ Lasciare la direttrice Pesaro-Urbino a Gallo, deviando a sinistra verso Petriano e Isola del Piano; dopo 8 km, a Scotaneto, inizia la segnaletica di avvio all'azienda.

Un nome noto tra i consumatori di prodotti biologici. Qui, sulle alte colline della Cesana, l'intraprendente cooperativa agricola ha un punto di accoglienza agrituristica con ristoro che propone paste integrali e altre specialità di lavorazione propria.

🛏 CAMERE SENZA SERVIZI: 4 doppie, 2 a 3 letti; 2 bagni in comune - pernottamento per persona £ 40000, pensione £ 85000, forfait settimanale £ 500000. CAMERE CON SERVIZI: 2 doppie - pernottamento per persona £ 45000, pensione £ 95000, forfait settimanale £ 600000.
SOGGIORNO MINIMO: 2 notti. CARTE DI CREDITO: Visa.
Note: *le camere sono dotate di biancheria per letto e per bagno, riscaldamento centralizzato; riduzioni per bambini fino a 8 anni e per letto aggiunto.*

🍴 cucina tradizionale - vini locali - £ 25/40000.
SERVIZI E LOCALI COMUNI: parcheggio, telefono, sala TV.
SPORT E TEMPO LIBERO: piscina; passeggiate. COLTIVAZIONI: cereali, legumi. ALLEVAMENTI: bovini. PRODOTTI IN VENDITA: olio extravergine d'oliva, legumi, pasta, farina, confetture, conserve.

Lapedona (AP)
m 263 ✉ 63010

Casa Vecchia
via Aso 11, tel. 0734933159, fax 0734933159 - ettari 2,5 - chiusura: novembre - 🐾
▶ Dall'uscita Pedaso della A14 imboccare, sulla sinistra, la Provinciale che costeggia la sponda sinistra del fiume Aso e percorrerla per 5 km.

Tra mare (5 km) e montagna (30 km), nella più verde delle valli marchigiane, a breve distanza il fiume (dove si pesca). Una grande casa colonica con ampie camere e terrazze e una cucina realizzata con prodotti genuini. Si organizzano settimane verdi per ragazzi da settembre a giugno.

🛏 CAMERE CON SERVIZI: 1 singola, 4 doppie, 1 a 3/4 letti, con riscaldamento centralizzato - pernottamento per persona £ 35/60000, pensione £ 80/85000, supplemento 30% per soggiorno a pensione completa in camera singola, riduzioni per bambini.
⊞ APPARTAMENTI: 1 di 3 locali per 4 persone, con biancheria cucina, stoviglie, lavatrice, riscaldamento autonomo, televisore, terrazzo - affitto al giorno £ 120/130000, affitto a settimana £ 820/900000. Deposito cauzionale 30% alla prenotazione.
SOGGIORNO MINIMO: 2 notti. CARTE DI CREDITO: Visa, Eurocard, Mastercard, Diner's Club.
Note: *le camere e l'appartamento sono dotati di biancheria per letto e per bagno.*
⛺ 10 equipaggi 🚐 5 equipaggi.
🍴 cucina del territorio (paste fresche) - vini locali di produzione propria - £ 30/35000.
SERVIZI E LOCALI COMUNI: parcheggio, telefono, sala TV, sala lettura, taverna. SPORT E TEMPO LIBERO: maneggio, piattaforma polivalente per tennis, pattinaggio, basket; noleggio mountain bike, guida ai lavori agricoli, osservazione degli animali, passeggiate a cavallo, visite guidate. COLTIVAZIONI: olivi, viti, ortaggi, alberi da frutta. ALLEVAMENTI: ovini, suini, pollame, conigli. PRODOTTI IN VENDITA: vino, olio, frutta, verdura, conserve, marmellate, miele.

Loro Piceno (MC)

m 436 ⊠ 62020

Al Castelluccio

a Borgo San Lorenzo, tel. 0733510001 - ettari 25 - & - apertura: aprile-ottobre - ❧ previo accordi.

▶ Da Loro Piceno, cui si accede con deviazione dalla Statale 78 che proviene da Macerata, dirigere verso Sant'Angelo in Pontano; in località Borgo San Lorenzo, deviare per 1700 m sulla strada che porta alla contrada Appezzana.

Casa padronale risalente alla fine del Settecento, ristrutturata, situata nelle colline dell'alta valle del Fiastra. A poca distanza dalla Statale 78 Picena che da Macerata conduce ad Ascoli Piceno sfiorando, per un buon tratto, il territorio del Parco dei Monti Sibillini, meta ideale di numerose escursioni.

⌯ CAMERE SENZA SERVIZI: 2 singole, 2 doppie; 3 bagni in comune - pernottamento per persona £ 30/55000. CAMERE CON SERVIZI: 3 doppie - pernottamento per persona £ 30/55000.

SOGGIORNO MINIMO: 1 settimana.

Note: *le camere sono dotate di biancheria per letto e per bagno, uso cucina e riscaldamento centralizzato.*

SERVIZI E LOCALI COMUNI: parcheggio, sala TV. SPORT E TEMPO LIBERO: guida ai lavori agricoli, passeggiate. COLTIVAZIONI: seminativi, girasoli, barbabietole, pascolo. ALLEVAMENTI: suini, animali di bassa corte. PRODOTTI IN VENDITA: salumi, vino cotto.

Macerata

m 315 ⊠ 62100

Floriani di Villamagna

contrada Montanello 3, tel. 0733492267, fax 0733 492267 - ettari 12 - & - chiusura: gennaio - ❧

▶ Partendo dalla città seguire la segnaletica per Ancona; dopo un paio di chilometri, prima di arrivare a Villa Potenza, imboccare la deviazione che conduce alla contrada Montanello.

Il centro agrituristico è articolato attorno a un'antica villa padronale, al centro di una tenuta a olivi. Nella casa colonica si trovano camere e appartamenti, arredati nel solco della tradizione contadina, mentre nel fienile è stata ambientata l'osteria. Nei dintorni arte e natura offrono numerose occasioni di svago.

⌯ CAMERE CON SERVIZI: 2 doppie, con biancheria letto, biancheria bagno, riscaldamento centralizzato - pernottamento per persona £ 55/60000.

⊞ APPARTAMENTI: 2 bilocali per 2 persone, 1 di 4 locali per 4 persone, con riscaldamento - affitto al giorno per persona £ 45/50000, biancheria £ 10000 per persona. Deposito cauzionale 20%.

〉◖ cucina del territorio (vincisgrassi, carni alla griglia) - vini locali - £ 30/40000.

SERVIZI E LOCALI COMUNI: parcheggio, sala lettura. SPORT E TEMPO LIBERO: noleggio mountain bike, guida ai lavori agricoli, escursioni, passeggiate nel bosco. COLTIVAZIONI: olivi, seminativi, ortaggi. PRODOTTI IN VENDITA: olio extravergine d'oliva, verdura.

Virgilio Lucangeli ★ TCI

contrada Valle 27, tel. 0733270072, fax 0733270072 - ettari 230 - & - chiusura: sempre aperto - ❧ previo accordi.

▶ Lasciare la A14 all'uscita di Civitanova Marche e proseguire sul raccordo autostradale per Macerata fino allo svincolo presso Corridonia; da qui dirigere verso Macerata senza peraltro entrarvi, ma prendere la deviazione a destra per Morrovalle. L'azienda si incontra dopo 4 km circa.

La casa padronale, di fine Seicento, con la chiesetta di Santa Liberata è il cuore dell'azienda. Da presso è la fattoria con la cantina e vari rustici, mentre nella campagna circostante sono sparse nove case coloniche. Proprio queste, ben restaurate, sono rinate a nuova vita come luogo di vacanza.

⊞ APPARTAMENTI: 3 bilocali per 4/6 persone, con uso lavanderia, stoviglie, riscaldamento a gas - affitto a settimana £ 400/600000, biancheria a richiesta. Deposito cauzionale da concordare.

SOGGIORNO MINIMO: 1 settimana in alta stagione.

SERVIZI E LOCALI COMUNI: parcheggio. SPORT E TEMPO LIBERO: pesca, visite nei dintorni, passeggiate. COLTIVAZIONI: olivi, viti, granoturco, grano, girasoli, ortaggi, barbabietole, alberi da frutta, erba medica. ALLEVAMENTI: bovini, suini, pollame, api. PRODOTTI IN VENDITA: carne, pollame, vino, olio, frutta, verdura, miele.

Mondàvio (PU)

m 280 ⊠ 61040

Gli Ulivi ★ TCI

contrada Merlaro 6, tel. 072197534 - ettari 2,5 - chiusura: sempre aperto - ✄

▶ Da Marotta, lungo la Statale 16, imboccare la Statale 424 in direzione Pergola; in località San Michele, deviare a destra per Mondavio che si raggiunge dopo circa 3 km; l'azienda è ai margini dell'abitato.

Il centro storico rinascimentale e la suggestiva rocca roveresca si raggiungono con una piacevole passeggiata nel verde. Si villeggia in uno scenario aperto e panoramico nelle camere ricavate dalla ristrutturazione di un casale tardosettecentesco.

CAMERE CON SERVIZI: 2 a più letti, con biancheria letto, biancheria bagno, televisore - pernottamento per persona £ 40/60000, mezza pensione £ 60/80000, sconto 50% per bambini fino a 6 anni. Deposito cauzionale da concordare alla prenotazione. SOGGIORNO MINIMO: 7 giorni.

⚒ 4 equipaggi 🚐 4 equipaggi.

🍴 cucina del territorio (piatti della tradizione) - vini locali - £ 15/30000.

SERVIZI E LOCALI COMUNI: parcheggio, bar, solarium. SPORT E TEMPO LIBERO: piscina; osservazione degli animali, passeggiate. COLTIVAZIONI: seminativi, ortaggi, alberi da frutta. ALLEVAMENTI: pollame, conigli, piccioni. PRODOTTI IN VENDITA: marmellate.

Montefiore dell'Aso (AP)

m 412 ✉ 63010

I Cigni

via San Giovanni 56, tel. 0734938456 oppure 0337 656905, fax 0734938456 - ettari 30 - ♿ - chiusura: ottobre-novembre - ❧

▶ Dall'uscita di Pedaso della A14 dirigere per 4 km verso Sud, quindi imboccare la deviazione a destra per Montefiore dell'Aso; dopo 6 km (3 km prima di arrivare in paese) svoltare a destra per l'azienda.

Le colline della bassa valle dell'Aso formano un gradevolissimo scenario escursionistico e la fattoria completa il quadro con svaghi sportivi, artigianali e gastronomici per tutti i gusti. Poi, per una giornata diversa, a breve raggio si stendono le spiagge adriatiche tra Porto San Giorgio e San Benedetto del Tronto.

CAMERE CON SERVIZI: 1 singola, 1 doppia, 4 a 3 letti, con biancheria letto, biancheria bagno - pernottamento per persona £ 60/70000, pensione £ 100/110000.

⊞ APPARTAMENTI: 2 monolocali per 4/5 persone, 3 bilocali per 5 persone, 1 di ampia metratura per 8/9 persone, con uso lavanderia, stoviglie, caminetto - affitto al giorno £ 130/150000, affitto a settimana £ 600/800000, biancheria £ 15000 per persona, pulizia £ 50000 a settimana.

SOGGIORNO MINIMO: 6 giorni in alta stagione.

Note: le camere e gli appartamenti sono dotati di riscaldamento autonomo.

⚒ 5 equipaggi 🚐 10 equipaggi.

🍴 cucina casalinga (primi piatti) - vini locali di produzione propria - £ 30/40000.

SERVIZI E LOCALI COMUNI: parcheggio, telefono, sala TV, taverna, giochi bimbi. SPORT E TEMPO LIBERO: campo da tennis, gioco bocce, ping pong, maneggio, ricovero cavalli; noleggio biciclette, pesca. COLTIVAZIONI: olivi, viti, cereali, ortaggi, alberi da frutta. ALLEVAMENTI: ovini, animali di bassa corte, piccioni. PRODOTTI IN VENDITA: vino, olio.

La Campana

contrada Menocchia 39, tel. 0734939012, fax 0734 938229 - ettari 40 - ♿ - chiusura: sempre aperto - ❧ grossa taglia.

▶ Lasciare la A14 a Pedaso (se da Nord) o a San Benedetto del Tronto (se da Sud) e raggiungere la deviazione per Carassai, nei pressi di Cupra Marittima; dopo 7 km piegare a destra per Montefiore dell'Aso, quindi seguire la segnaletica dell'azienda.

In un ampio podere sulle prime colline dell'entroterra sorge questa splendida costruzione di antica fisionomia, con ambienti voltati, balconi e terrazze panoramicamente affacciati sulla val Menocchia. In estate frutta in camera. Si organizzano settimane verdi per ragazzi e corsi di tintura naturale.

CAMERE CON SERVIZI: 7 doppie, 4 a 3/4 letti, con biancheria letto, biancheria bagno, uso lavanderia, televisore a richiesta, frigobar - pernottamento per persona £ 59/110000, pensione £ 93/136000, riduzioni per bambini. Deposito cauzionale 15%.

CARTE DI CREDITO: Visa, Eurocard, Mastercard, Bancomat. *Note: in agosto, sistemazione solo a pensione completa.*

🍴 cucina casalinga (prenotare) - vini locali di produzione propria - £ 25/70000.

SERVIZI E LOCALI COMUNI: parcheggio, telefono, servizio fax, sala lettura, parco giochi bimbi. SPORT E TEMPO LIBERO: piscina, campo da tennis, pallavolo, ping pong; disponibilità di mountain bike, visite nei dintorni, escursioni. COLTIVAZIONI: olivi, viti, cereali, ortaggi, alberi da frutta. ALLEVAMENTI: ovini, conigli. PRODOTTI IN VENDITA: vino, olio, frutta, verdura, formaggio, marmellate, succhi di frutta.

Montemaggiore al Metàuro (PU)

m 197 ✉ 61030

La Carbonara

a San Liberio, via Carbonara 26, tel. 0721895028 oppure 03356394790 - ettari 5 - apertura: maggio-metà ottobre - ❧

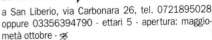

Lasciare la A14 a Fano e immettersi sul raccordo autostradale per Fossombrone percorrendolo fino all'uscita Calcinelli; da qui dirigere su Montemaggiore al Metauro: dopo 1 km si incontra l'azienda.

Il Metauro sale da Fano a Urbino, quindi raggiunge i passi appenninici aperti sull'Umbria e la Toscana. Ne deriva che il soggiorno ha sbocco immediato tra l'Adriatico e le colline dei vini pesaresi, ma belle prospettive sono anche quelle che portano alla scoperta dell'entroterra. Coltivazioni biologiche.

CAMERE SENZA SERVIZI: 2 doppie, con biancheria letto, biancheria bagno, biancheria cucina, uso cucina, uso lavanderia, riscaldamento centralizzato, televisore; 1 bagno in comune - pernottamento per persona £ 25/50000, bambini fino a 3 anni gratis, fornitura biancheria extra £ 20000.
SOGGIORNO MINIMO: 3 giorni.

SERVIZI E LOCALI COMUNI: parcheggio, sala lettura. SPORT E TEMPO LIBERO: disponibilità di mountain bike, corsi di pittura, corsi di disegno. COLTIVAZIONI: olivi, viti, cereali, kiwi. PRODOTTI IN VENDITA: olio, kiwi.

Montemònaco (AP)

m 988 ⊠ 63048

La Cittadella ⭐️

Cittadella, tel. 0736856361, fax 0736844026 - ettari 42 - &. - chiusura: periodo variabile -

Dalla S.S. 78, che congiunge gli itinerari per chi proviene da Pedaso o da Porto d'Ascoli, si raggiunge Montemonaco dopo 10 km; qui giunti, seguire l'apposita segnaletica.

Alle porte del Parco dei Monti Sibillini, accoglienza rurale in un casale del Cinquecento e negli ambienti ricavati dal vecchio fienile. Ampio ventaglio di attività ricreative, dalla più rilassante passeggiata tra prati e boschi all'ascensione sul monte Vettore.

CAMERE CON SERVIZI: 1 singola, 5 doppie, 8 a 3/5 letti, con biancheria letto, biancheria bagno, riscaldamento a metano - pensione £ 80/90000.
CARTE DI CREDITO: Visa, Eurocard, Mastercard.
5 equipaggi.
cucina marchigiana - vini regionali - £ 27/35000.
SERVIZI E LOCALI COMUNI: telefono, sala TV, sala lettura, taverna. SPORT E TEMPO LIBERO: ricovero cavalli; noleggio

mountain bike, corsi di norcineria, visita a botteghe artigiane, escursioni a piedi e a cavallo. COLTIVAZIONI: bosco, granoturco, meli, pascolo. ALLEVAMENTI: cavalli. PRODOTTI IN VENDITA: salumi, vino, mele, castagne.

Monterubbiano (AP)

m 463 ⊠ 63026

Crosta ⭐️

a Valdaso, contrada Pozzetto 2, tel. 073459169, fax 0734255151 - ettari 11 - &. - chiusura: sempre aperto - previo accordi.

Dall'uscita Pedaso della A14, risalire la Valdaso per 9 km e poi la strada comunale del Pozzetto per 1 km; seguire la segnaletica.

«Ambiente familiare, quieto e salubre» dichiara la padrona di casa. Il contesto è moderno ma il senso dell'ospitalità è quello che i contadini di queste parti si tramandano di generazione in generazione. Settimane verdi per ragazzi.

CAMERE SENZA SERVIZI: 1 singola, 3 doppie, con biancheria letto, biancheria bagno, uso lavanderia, riscaldamento centralizzato; 2 bagni in comune - pensione £ 58/78000, omaggio per prenotazioni di almeno 7 giorni, riduzioni per bambini e famiglie numerose, supplemento 50% per camera singola.
SOGGIORNO MINIMO: 2/3 notti.
2 equipaggi. 2 equipaggi.
cucina casalinga (vincisgrassi, risotti) - vini locali di produzione propria - £ 15/27000.
SERVIZI E LOCALI COMUNI: parcheggio, telefono, sala TV, parco giochi bimbi. SPORT E TEMPO LIBERO: gioco bocce; noleggio mountain bike, osservazione degli animali, visite nei dintorni. COLTIVAZIONI: olivi, cereali, ortaggi, alberi da frutta. ALLEVAMENTI: ovini, suini, caprini, animali di bassa corte, struzzi. PRODOTTI IN VENDITA: salumi, vino cotto, olio d'oliva, frutta, verdura, formaggio, confetture, miele.

Offagna (AN)

m 306 ⊠ 60020

Arcobaleno

via Torre 10, tel. 0717107567 - ettari 4 - chiusura: sempre aperto -

Casello Ancona Sud della A14, poi indicazioni per Offagna, che si raggiunge con 8 km; in paese, al semaforo deviare per Jesi: l'azienda è sulla destra dopo 1 km.

Marche

A soli venti chilometri dalle spiagge e dai boschi del Parco Regionale del Conero, il suggestivo borgo medievale di Offagna introduce a una nuova dimensione di vita. È quella che si apprezza anche in azienda, dove l'accoglienza agrituristica è offerta all'insegna della simpatia e della genuinità.

CAMERE SENZA SERVIZI: 5 doppie, 2 a 3/4 letti, con biancheria letto, riscaldamento; 3 bagni in comune - pernottamento per persona £ 40000, mezza pensione £ 65000.
SOGGIORNO MINIMO: 5 giorni.
riservato agli ospiti - cucina classica e vegetariana - vini regionali di produzione propria - £ 25000.
SERVIZI E LOCALI COMUNI: telefono, sala lettura. SPORT E TEMPO LIBERO: tiro con l'arco, ping pong; disponibilità di biciclette. COLTIVAZIONI: cereali, ortaggi, alberi da frutta. ALLEVAMENTI: animali di bassa corte, api. PRODOTTI IN VENDITA: marmellate, miele.

Pèrgola (PU)

m 265 ⊠ 61045

Merlino

a Mezzanotte, via Mezzanotte 29, tel. 0721778222, fax 0721778222 - ettari 5 - chiusura: periodo in novembre -
▶ Da Pergola imboccare la Statale 424 in direzione Marotta, dopo 800 m deviare a destra sulla Provinciale per Arcevia; percorsi 2 km svoltare a sinistra per Montesecco, proseguire ancora per 200 m e si incontra l'azienda sulla sinistra.

In zona collinare, un'azienda agricola gestita da una giovane famiglia di imprenditori; dispone di camere dotate di servizi privati e caratteristico locale in cui gustare una genuina cucina basata sui piatti della tradizione locale. Possibilità di relax, passeggiate a piedi o in mountain bike e visite ai numerosi centri storico-naturali dei dintorni.

CAMERE CON SERVIZI: 4 doppie, con biancheria letto, biancheria bagno, riscaldamento centralizzato - pernottamento per persona £ 45/55000, mezza pensione £ 75/85000, forfait settimanale £ 420/476000. Deposito cauzionale 30%.
2 equipaggi.
riservato agli ospiti - cucina marchigiana (paste fresche, carni alla brace) - vini locali - £ 30/45000.

SERVIZI E LOCALI COMUNI: parcheggio, telefono, sala TV, sala lettura. SPORT E TEMPO LIBERO: noleggio mountain bike, guida ai lavori agricoli. COLTIVAZIONI: cereali, ortaggi. PRODOTTI IN VENDITA: tartufi, formaggio, marmellate, miele.

Recanati (MC)

m 293 ⊠ 62019

Il Gelso

contrada S. Croce 46, tel. 071987002, fax 0733 263285 - ettari 82 - ♿ - chiusura: sempre aperto - ✖ grossa taglia.
▶ Lasciare la A14 all'uscita Loreto-Porto Recanati, poi direttrice per Macerata fino a Sambucheto; in paese prendere la strada a destra: dopo 2 km, al quadrivio con una Madonnina, svoltare a destra per 1,5 km.

L'azienda agrituristica si trova sulla panoramica dorsale che divide le valli del Musone e del Potenza. Oltre alle tecniche di coltivazione biologica, i titolari mettono in pratica un interessante piano di miglioramento ambientale con piantumazione di siepi, installazione di nidi artificiali e altro.

CAMERE SENZA SERVIZI: 2 singole, 3 doppie, con biancheria letto, biancheria cucina, uso cucina, uso lavanderia, frigorifero, stoviglie, riscaldamento centralizzato, telefono, televisore; 2 bagni in comune - pernottamento per persona £ 31/33000, bambini fino a 3 anni £ 3000, da 4 a 12 anni sconto 50%. Deposito cauzionale 40% alla prenotazione.
SOGGIORNO MINIMO: 3 giorni.
SERVIZI E LOCALI COMUNI: parcheggio, telefono, sala TV, sala lettura. SPORT E TEMPO LIBERO: escursioni. COLTIVAZIONI: cereali, alberi da frutta, erbe officinali. ALLEVAMENTI: asini. PRODOTTI IN VENDITA: frutta, frutti di bosco, farro.

Rosora (AN)

m 380 ⊠ 60030

Croce del Moro

a Croce del Moro, via Tassanare 5, tel. 0731812112 oppure 0731814292, fax 0731814308 - ettari 5,5 - ♿ - chiusura: sempre aperto -
▶ Lasciare la A14 allo svincolo Ancona Nord, quindi imboccare la superstrada per Fabriano percorrendola fino all'uscita di Castelplanio; l'azienda è 2,5 km a Nord-Est di Rosora ed è ben segnalata.

'oasi di pace nel verde delle colline che ci regalano il
nto decantato Verdicchio di Jesi. Dall'azienda, in posi-
ne felicissima a 410 metri di altezza, si gode di un
norama che spazia dalle cime appenniniche alla co-
a adriatica. Si organizzano settimane verdi per ragaz-
con accompagnatore.

CAMERE SENZA SERVIZI: 4 doppie; 2 bagni in comune -
rnottamento per persona £ 30/40000, prima cola-
ne £ 5/10000, pensione £ 60/70000. CAMERE CON
RVIZI: 2 doppie - pernottamento per persona £ 30/
000, prima colazione £ 5/10000, pensione £ 60/
000. Deposito cauzionale 10%.

GGIORNO MINIMO: 2 notti. CARTE DI CREDITO: CartaSi.
te: le camere sono dotate di biancheria per letto e
r bagno, televisore, uso lavanderia e riscaldamento
ntralizzato.

5 equipaggi 5 equipaggi.

cucina casalinga (primi piatti) - vini di produzione
opria - £ 22/30000.

RVIZI E LOCALI COMUNI: parcheggio, telefono, sala TV, gio-
i bimbi, forno a legna. SPORT E TEMPO LIBERO: noleggio
ountain bike, passeggiate naturalistiche. COLTIVAZIONI:
vi, viti, granoturco, frumento. ALLEVAMENTI: animali di
ssa corte, api. PRODOTTI IN VENDITA: vino, olio, miele.

e Colline

assanare, via Fondiglie 68, tel. 0731813844 oppure
472271867 - ettari 4 - - chiusura: novembre -

Dall'uscita Ancona Nord della A14, imboccare la
atale 76 verso Fabriano; dopo una trentina di chilo-
etri deviare a destra sulla Provinciale che conduce a
sora: l'azienda è 2 km fuori dal paese.

rustico, una costruzione in pietra del tardo '800, tra-
nette una sensazione di confortevole solidità; lo sce-
ario di morbide colline garantisce soggiorni di comple-
relax. Per una giornata diversa, a mezz'ora di mac-
ina, la spiaggia di velluto di Senigallia.

APPARTAMENTI: 2 bilocali per 2 persone, 1 di 4 locali
r 4/5 persone, con biancheria letto, biancheria ba-
o, biancheria cucina, uso lavanderia, stoviglie, lavatri-
, riscaldamento - affitto al giorno per persona £ 30/
000, riduzioni per bambini e per lunghi soggiorni.
eposito cauzionale 20% alla prenotazione.

GGIORNO MINIMO: 2 notti.

RVIZI E LOCALI COMUNI: parcheggio. SPORT E TEMPO LIBERO:
oco bocce; disponibilità di mountain bike, visite nei
ntorni, escursioni. COLTIVAZIONI: viti, cereali.

m 4 ✉ 63039

La Panoramica

località Santa Lucia Alta, tel. 073583119, fax 0735
83119 - ettari 1,5 - - chiusura: periodo natalizio -
▶ Per chi proviene dall'uscita Pedaso della A14,
scendere sulla Statale 16 fino al primo semaforo dopo l'ospedale di San Benedetto, poi voltare a destra
per 1 km seguendo la segnaletica dell'azienda.

Il nome è già un programma. Il mare è lì, a portata di
mano, e scintilla mandando la sua brezza serale a
muovere le foglie delle palme che cingono la bassa costruzione rurale. Tutt'intorno il podere a olivi e viti.

CAMERE CON SERVIZI: 10 doppie, con biancheria letto,
biancheria bagno, riscaldamento centralizzato - pernottamento per persona £ 40000, pensione £ 65/
95000, riduzioni per bambini fino a 6 anni e per letto
aggiunto. Deposito cauzionale £ 200000.

3 equipaggi.

cucina marchigiana (prenotare) - vini locali di produzione propria - £ 23/28000.

SERVIZI E LOCALI COMUNI: parcheggio, telefono, taverna,
giochi bimbi. SPORT E TEMPO LIBERO: piscina, gioco bocce.
COLTIVAZIONI: olivi, viti, alberi da frutta. PRODOTTI IN VENDITA:
vino, olio, frutta, miele.

m 680 ✉ 62026

Bellebuono

località Cesa Cappuccini 17, tel. 0733656296 oppure 03358373725 - ettari 10 - - chiusura: periodo in
febbraio -
▶ Da San Ginesio - raggiungibile con deviazione dalla
Statale 78 che proviene da Macerata - percorrere la
strada verso Tolentino per 2 km.

Come si evince da una dedica conservata al suo interno, questa tradizionale costruzione in arenaria, con
scala esterna in muratura, già nell'Ottocento era punto
di riferimento per passeggiate e cacce. Eccezionale il
panorama in cui spicca il fiero borgo medievale.

APPARTAMENTI: 1 bilocale per 2 persone, 2 di 3 locali
per 4 persone, con uso lavanderia, stoviglie, riscaldamento centralizzato, televisore, caminetto - affitto al
giorno £ 75000, affitto a settimana £ 400/450000.

Marche

Deposito cauzionale da concordare alla prenotazione. Soggiorno minimo: 2 notti.
🛏 3 equipaggi.
Servizi e locali comuni: parcheggio, sala TV, sala lettura, parco giochi bimbi. Sport e tempo libero: percorsi per mountain bike, guida ai lavori agricoli, passeggiate, visite nei dintorni. Coltivazioni: cereali, foraggio, erbe officinali. Allevamenti: bovini, ovini, suini, animali di bassa corte. Prodotti in vendita: salumi.

Il Sambuco

contrada Necciano 29, tel. 0733656392 - ettari 10 - chiusura: periodo natalizio - 🐕 grossa taglia.
▶ Lasciare la direttrice Macerata-Foligno all'altezza di Belforte del Chienti o di Caldarola, poi proseguire per San Ginesio; l'azienda è 1,5 km a Nord-Ovest del capoluogo ed è ben segnalata.

Nella luce attenuata dagli alberi ad alto fusto che cingono la casa fioriscono le ortensie. Vacanza all'insegna della tranquillità, con puntate culturali verso Camerino e gli altri borghi storici del Maceratese. A disposizione degli appassionati dell'agricampeggio piazzole per tende, roulotte e camper.

🛏 Camere con servizi: 1 singola, 5 doppie, con biancheria letto, biancheria bagno, riscaldamento a gas liquido, televisore, frigobar - pernottamento per persona £ 40000, pensione £ 80000, letto aggiunto £ 20000. Soggiorno minimo: 3 giorni.
🍴 cucina marchigiana - vini locali di produzione propria - £ 22/35000.
Servizi e locali comuni: parcheggio, telefono. Coltivazioni: olivi, cereali, alberi da frutta, foraggio. Allevamenti: ovini, pollame, conigli, germani reali.

Silvia

contrada Santa Croce 86, tel. 0733656315 - ettari 3 - chiusura: sempre aperto - 🐕 previo accordi.
▶ Abbandonare la direttrice Macerata-Foligno all'altezza di Belforte del Chienti o di Caldarola, poi raggiungere il centro urbano di San Ginesio.

San Ginesio è noto tanto per le sue memorie medievali quanto per i panorami che gli hanno valso l'appellativo di "balcone dei Sibillini": se ne può avere conferma affacciandosi alle terrazze di questo confortevole agriturismo sorto all'ombra delle antiche mura. Il sabato sera di luglio e di agosto, cena gratuita per tutti gli ospiti con impiego e mostra di prodotti aziendali.

🏠 Appartamenti: 5 monolocali, 1 bilocale per 2/4 persone, con biancheria letto, biancheria bagno, biancheria cucina, uso lavanderia, stoviglie, riscaldamento, telefono, televisore, barbecue - affitto al giorno £ 60/80000, pulizia finale £ 30000. Deposito cauzionale 50%.
Soggiorno minimo: 2 notti.
Servizi e locali comuni: parcheggio, telefono, taverna, barbecue, forno a legna. Sport e tempo libero: gioco bocce, ping pong, calcio-balilla; visite nei dintorni. Coltivazioni: viti, grano, ortaggi, alberi da frutta, foraggio. Allevamenti: pollame, piccioni. Prodotti in vendita: salumi, vino, pane di casa, formaggio.

La Lama

strada per Pugliano 4, tel. 0541926928, fax 0541 926928 - ettari 19 - chiusura: sempre aperto - 🐕
▶ Dalle uscite di Rimini della A14, imboccare la Statale 258 che unisce la costa adriatica con Sansepolcro, in Toscana; dopo circa 22 km, deviazione sulla sinistra per San Leo e per l'azienda che è a 500 m dall'abitato; seguire la segnaletica.

Ai piedi della spettacolare rupe dalla quale incombe la celebre rocca feltresca, si trascorre una vacanza nella rilassante atmosfera di un casale recuperato all'agriturismo con grande sensibilità. Per il ristorante è necessaria la prenotazione.

🛏 Camere senza servizi: 3 doppie; 1 bagno in comune - pernottamento per persona £ 40/45000, pensione £ 100000. Camere con servizi: 4 doppie - pernottamento per persona £ 50000, pensione £ 100000.
Soggiorno minimo: 3 giorni a pensione. Carte di credito: tutte, Bancomat.
Note: *le camere sono dotate di biancheria per letto e per bagno, riscaldamento centralizzato e televisore a richiesta.*
🍴 cucina del Montefeltro - vini regionali - £ 20/40000.
Servizi e locali comuni: parcheggio, telefono, sala TV, sala lettura. Sport e tempo libero: ricovero cavalli. Coltivazioni: cereali, ortaggi, alberi da frutta, foraggio. Allevamenti: ovini, caprini, equini, pollame.

Locanda San Leone

a Piega di San Leo, strada S. Antimo 102, tel. 0541 912194, fax 0541912348 - ettari 100 - chiusura: periodo in gennaio - 🐕
▶ Dall'uscita Rimini Nord della A14, imboccare la Statale 258 (Marecchiese) percorrendola fino a Secchiano, poi deviare a sinistra superando il fiume Marecchia e dirigendo su San Leo; l'azienda è a 2 km dalla cittadina e ben segnalata lungo il tragitto.

Nella valle del Marecchia lo storico mulino di Piega ha prestato le proprie mura e la contrada tutt'intorno per la realizzazione di questo complesso agrituristico, davvero singolare per ambientazione e per ricerca dell'atmosfera d'epoca. Piscina in costruzione.

CAMERE CON SERVIZI: 6 doppie, con biancheria letto, biancheria bagno, telefono, televisore - pernottamento per persona £ 95/120000, prima colazione £ 7500/10000, supplemento 35% per camera singola e per letto aggiunto. Deposito cauzionale 35% alla prenotazione.

CARTE DI CREDITO: Diner's Club, Visa.

cucina tradizionale (piatti ai funghi e al tartufo, selvaggina) - vini regionali di produzione propria - £ 50/80000.

SERVIZI E LOCALI COMUNI: parcheggio, telefono, bar, sala TV, sala lettura, idromassaggio. SPORT E TEMPO LIBERO: biliardo; visite nei dintorni. COLTIVAZIONI: olivi, viti, grano, girasoli, ortaggi, barbabietole, alberi da frutta.

San Severino Marche (MC)

m 235 ⊠ 62027

La Locanda dei Comacini

via San Francesco 2, tel. 0733639691 - ettari 8 - &. - chiusura: sempre aperto - ❧

Da qualsiasi parte si provenga, da Macerata piuttosto che da altra direzione, si attraversa il centro urbano dirigendo verso la parte alta della cittadina (Castello-San Pacifico); seguire la segnaletica dell'azienda dislocata lungo il percorso.

Appena fuori la cinta muraria dell'antico borgo di Castello, alle falde del monte d'Aria, si trova questa struttura rurale che riserva all'accoglienza agrituristica due edifici di nuova costruzione, arredati con mobili d'epoca o in stile. Convenzionato con l'azienda un maneggio che offre la possibilità di praticare attività equestri.

CAMERE CON SERVIZI: 5 doppie, con biancheria letto, biancheria bagno, uso lavanderia, riscaldamento centralizzato e a legna, televisore - pernottamento per persona £ 30/40000, prima colazione £ 5000, pensione £ 75/85000.

cucina di ricerca (piatti della tradizione) - vini locali di produzione propria - £ 20/40000.

SERVIZI E LOCALI COMUNI: parcheggio, telefono, sala TV. SPORT E TEMPO LIBERO: gioco bocce, tiro con l'arco; noleggio mountain bike, passeggiate a cavallo, visite nei dintorni. COLTIVAZIONI: olivi, seminativi, ortaggi. ALLEVAMENTI: animali di bassa corte. PRODOTTI IN VENDITA: olio, verdura, legumi, sottoli, marmellate.

Sarnano (MC)

m 539 ⊠ 62028

Il Jolly

località Case Rosse, tel. 0733657571 - ettari 1,2 - &. - chiusura: sempre aperto - ❧

▶ Sulla direttrice che, scendendo da Macerata, si congiunge ad Ascoli Piceno (Statale 78 al km 34,200).

Ai piedi dei Sibillini, una costruzione rurale in muratura di moderna ma davvero gradevole concezione, con portico, balconi e ampi spazi verdi all'esterno per i più piccoli. Settimane verdi per ragazzi.

CAMERE CON SERVIZI: 1 singola, 3 doppie, 1 a 4 letti, con biancheria letto, biancheria bagno, riscaldamento, telefono - pernottamento per persona £ 40000, pensione £ 75000, possibilità di forfait settimanale.

SOGGIORNO MINIMO: 3 giorni.

10 equipaggi.

cucina marchigiana - vini locali di produzione propria - £ 25/30000.

SERVIZI E LOCALI COMUNI: parcheggio, telefono, giochi bimbi. SPORT E TEMPO LIBERO: gioco bocce; visite nei dintorni, escursioni, trekking, passeggiate. COLTIVAZIONI: cereali, ortaggi. ALLEVAMENTI: pollame, conigli. PRODOTTI IN VENDITA: pollame, conigli, verdura.

Sassoferrato (AN)

m 386 ⊠ 60041

Colmerù

via Colmeroni 6, tel. 07329277 - ettari 20 - apertura: aprile-ottobre - ❧

▶ Si arriva a Sassoferrato tramite la Statale 360 da Senigallia o con Provinciale da Fabriano, l'azienda si trova 2 km a Est della cittadina.

Una grande passione è quella che ha incoraggiato la padrona di casa nel fare di questo grande rustico una sorta di casa-museo. Intatto nella sua antica fisionomia e arredato con mobili originali, è al centro di un vasto podere condotto con sistemi biologici.

🐦 CAMERE SENZA SERVIZI: 3 doppie, con uso cucina; 2 bagni in comune - pernottamento per persona £ 25000, biancheria £ 10000.

⊞ APPARTAMENTI: 1 di 4 locali per 6 persone, con stoviglie - affitto al giorno per persona £ 25000.

Note: le camere e l'appartamento sono dotati di biancheria per letto, per bagno e per cucina, televisore.
SERVIZI E LOCALI COMUNI: parcheggio. SPORT E TEMPO LIBERO: escursioni. COLTIVAZIONI: cereali. ALLEVAMENTI: animali di bassa corte. PRODOTTI IN VENDITA: uova, vino.

Senigàllia (AN)
m 5 ⊠ 60019

Beatrice
a Borgo Bicchia, via San Gaudenzio 1, tel. 071 7926807, fax 07167153 - ettari 70 - chiusura: sempre aperto - 🐷 salvo accordi.
▶ Dall'uscita locale della A14, percorrere un chilometro della direttrice per Arcevia.

Una simpatica casetta di campagna per chi vuole passare una vacanza al mare senza patire delle consuete bolge turistiche. Il ristoro è gestito con raffinata intraprendenza da una coppia di viticoltori-sommelier. In estate, il giovedì torneo di bridge.

🐦 CAMERE SENZA SERVIZI: 5 doppie, con uso cucina; 3 bagni in comune - pernottamento per persona £ 35/45000, prima colazione £ 6000, pensione £ 60/75000. CAMERE CON SERVIZI: 1 singola, 2 doppie, con riscaldamento centralizzato - pernottamento per persona £ 35/50000, prima colazione £ 6000, pensione £ 60/75000. Deposito cauzionale £ 100000.

Note: le camere sono dotate di biancheria per letto e per bagno.
🍴 cucina casalinga - vini locali - £ 22/40000.
SERVIZI E LOCALI COMUNI: parcheggio, telefono, sala TV. COLTIVAZIONI: cereali, girasoli, bietole. ALLEVAMENTI: pollame.

Il Campetto ⭐TCI
a Montignano, via Torre-Campetto 130, tel. 07169536, fax 07169536 - ettari 3 - chiusura: sempre aperto - 🐷 piccola taglia.
▶ Dallo svincolo cittadino della A14, guadagnare la Statale 16 e proseguire verso Ancona fino al km 278,4; da qui, svoltare a destra e seguire la segnaletica: in tutto sono 8 km da Senigallia.

Una tipica costruzione rurale del primo entroterra collinare, a pochi minuti di macchina dalla spiaggia, completamente rinnovata di recente. Simpatica conduzione familiare che organizza anche settimane verdi per ragazzi da marzo a giugno e in settembre. Per il ristorante è necessaria la prenotazione.

🐦 CAMERE CON SERVIZI: 3 doppie, 5 a 3/4 letti, con biancheria letto, biancheria bagno - pernottamento per persona £ 35/45000, pensione £ 65/75000, supplemento per pulizia £ 10000; riscaldamento centralizzato in 3 camere. Deposito cauzionale 30%.
🏕 5 equipaggi.
🍴 cucina marchigiana - vini locali - £ 25/45000.
SERVIZI E LOCALI COMUNI: parcheggio, sala TV. SPORT E TEMPO LIBERO: visite nei dintorni. COLTIVAZIONI: viti, grano, alberi di frutta. ALLEVAMENTI: animali di bassa corte.

Serra de' Conti (AN)
m 216 ⊠ 60030

La Giara ⭐TCI
via San Paterniano 18, tel. 0731878090 - ettari 17 ♿ - chiusura: metà gennaio-metà febbraio - 🐷
▶ Casello Senigallia della A14, poi Statale 360 fino alla svolta per Serra de' Conti; in alternativa: direttrice Falconara Marittima-Fabriano, deviazione per Moie-Montecarotto; l'azienda è 1 km a Est del capoluogo, a 350 m di altitudine.

Antico e panoramico complesso colonico, con chiesetta affrescata, ampia corte e parco. Si soggiorna in un rustico arredato con mobili in ferro battuto e "arte povera". Punto di partenza ideale per escursioni verso mare (25 km) o la montagna (15 km).

CAMERE CON SERVIZI: 2 singole, 2 doppie, con biancheria letto, biancheria bagno, riscaldamento centralizto, televisore - pernottamento per persona £ 40000, ma colazione £ 6/10000, pensione £ 75000, letto giunto £ 20000. Deposito cauzionale da concordare. SGGIORNO MINIMO: 2 notti.

cucina marchigiana (zuppe, coniglio in porchetta) - vi-regionali di produzione propria - £ 25/40000.

RVIZI E LOCALI COMUNI: parcheggio, telefono, sala lettura. ORT E TEMPO LIBERO: ping pong; noleggio mountain bike, site guidate, passeggiate. COLTIVAZIONI: viti, seminativi. ODOTTI IN VENDITA: vino, liquori artigianali, marmellate.

erra San Quirico (AN)

300 ✉ 60048

hiaraluce

a Pergolesi 2, tel. 073186003, fax 073186003 - etri 18 - ♿ - apertura: marzo-ottobre - ✖ grossa taglia.

Abbandonare la A14 al casello Ancona Nord, imbocare la superstrada per Fabriano (Statale 76) percorndola fino all'uscita di Serra San Quirico; l'azienda è a la stazione ferroviaria e il paese.

a fattoria, rinomata per l'attività olearia di antica data, spone di alloggi modernamente ristrutturati. A breve stanza sorge il borgo medievale, tuttora ricco di merie castellane ma oggi ancor più apprezzato come nena villeggiatura.

APPARTAMENTI: 1 monolocale per 4 persone, 2 di va-a disposizione per 4 persone, con biancheria letto, ancheria bagno, biancheria cucina, stoviglie, riscal-amento autonomo - affitto al giorno £ 30/80000, rnitura biancheria £ 15000 per persona, riscalda-ento a consumo; riduzioni per lunghi soggiorni. De-osito cauzionale 30% alla prenotazione. OGGIORNO MINIMO: 3 giorni.

ERVIZI E LOCALI COMUNI: parcheggio. SPORT E TEMPO LIBERO: scursioni. COLTIVAZIONI: cereali, girasoli. ALLEVAMENTI: ovi-, suini, animali di bassa corte, cinghiali. PRODOTTI IN NDITA: olio extravergine d'oliva.

a Tana del Lele

calità Madonna delle Stelle 1, tel. 073186737 - etta-5,6 - ♿ - chiusura: dicembre-febbraio - ❧

Svincolo autostradale Ancona Nord, poi Statale 76 erso Fabriano fino all'uscita di Mergo dopo 33 km; ggiunto e superato il paese, deviare a sinistra per Arevia: percorsi 2 km, a destra, si arriva a destinazione.

verde dei boschi della val d'Esino si apre a uno scor-o di azzurro intenso evocando il piacere di una vacan-a tra la collina e il mare. Si soggiorna nel bel casale in etra dei titolari dell'azienda. Coltivazioni biologiche. ennis e maneggio a 1 km; settimane verdi per ragazzi.

CAMERE SENZA SERVIZI: 2 doppie, con uso lavanderia, scaldamento; 1 bagno in comune - pernottamento per ersona £ 30000, prima colazione £ 5000, mezza pen-one £ 60000. CAMERE CON SERVIZI: 3 doppie, con uso

lavanderia, riscaldamento, televisore - pernottamento per persona £ 30/35000, prima colazione £ 5000, mezza pensione £ 70000.

APPARTAMENTI: 1 bilocale per 4/5 persone, con televisore - affitto a settimana £ 600/900000. Deposito cauzionale £ 300000.

SOGGIORNO MINIMO: 1 settimana in agosto.

Note: *le camere e l'appartamento sono dotati di biancheria per letto e per bagno; sconto 5% per anziani e gruppi di oltre 10 persone.*

🍴 riservato agli ospiti - cucina casalinga - vini locali di produzione propria.

SERVIZI E LOCALI COMUNI: parcheggio, telefono, sala TV. SPORT E TEMPO LIBERO: piscina, pallavolo, ping pong; visite nei dintorni, passeggiate. COLTIVAZIONI: olivi, bosco, cereali, foraggio. ALLEVAMENTI: pollame, conigli. PRODOTTI IN VENDITA: olio.

Serrungarina (PU)

m 209 ✉ 61030

Il Mandorlo

via Tomba 57, tel. 0721891480 - ettari 18 - ♿ - chiusura: sempre aperto - ✖ salvo accordi.

▶ Lasciare la superstrada Fano-Fossombrone allo svincolo di Serrungarina e procedere verso il paese toccando Tavernelle; l'azienda è a 1 km dall'abitato ed è segnalata lungo il percorso.

A metà strada tra le meraviglie d'arte di Urbino e le spiagge di Pesaro e Fano, nell'ariosa campagna della media valle del Metauro, si soggiorna nell'unico appartamento di una moderna struttura votata soprattutto alla ristorazione.

APPARTAMENTI: 1 di 4 locali per 8 persone, con biancheria letto, biancheria bagno, biancheria cucina, stoviglie, riscaldamento centralizzato - affitto al giorno per persona £ 45000, i prezzi comprendono la prima colazione, pensione completa £ 80000 per persona. Deposito cauzionale da concordare.

🍴 cucina casalinga (piatti della tradizione) - vini locali di produzione propria - £ 22/35000.

SERVIZI E LOCALI COMUNI: parcheggio, telefono. SPORT E TEMPO LIBERO: piscina; escursioni, visite nei dintorni, passeggiate. COLTIVAZIONI: olivi, viti, ortaggi, alberi da frutta. ALLEVAMENTI: animali di bassa corte. PRODOTTI IN VENDITA: vino, olio, frutta.

Servigliano (AP)

m 215 ⊠ 63029

Cascina degli Ulivi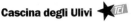

contrada Commenda 4, tel. 0734710235, fax 0734 710235 - ettari 27 - apertura: aprile-metà ottobre - ⛵
▶ Uscita Fermo-Porto San Giorgio della A14, poi Statale 210 verso Amandola per 33 km fino a Servigliano; superare la località e, dopo 2 km, prendere per Monteleone di Fermo; l'azienda si incontra sulla sinistra.

L'antica cascina è su un colle equidistante dal mare e dai monti. La struttura è stata ammodernata con buon senso, nel rispetto della sua tipicità. Le ampie terrazze evocano il piacere estivo di godersi il fresco della sera mentre si accendono le luci dei paesi arroccati sulle colline circostanti.

🛏 CAMERE CON SERVIZI: 2 doppie, 3 a 3/4 letti, con uso cucina - pernottamento per persona £ 40/45000, prima colazione £ 3/6000, pensione £ 60/95000.
⊞ APPARTAMENTI: 1 bilocale per 3 persone, con stoviglie - affitto a settimana £ 400/600000. Deposito cauzionale 50% alla prenotazione.
SOGGIORNO MINIMO: 3 giorni in camera, 5 giorni in appartamento.
Note: *le camere e l'appartamento sono dotati di biancheria per letto, per bagno e per cucina.*
⚠ 8 equipaggi 🏕 8 equipaggi.
🍴 riservato agli ospiti - cucina del territorio - vini di produzione propria - £ 22/45000.
SERVIZI E LOCALI COMUNI: parcheggio, telefono, sala TV, parco giochi bimbi. SPORT E TEMPO LIBERO: piscina, gioco bocce, pallavolo, campo di calcetto, tiro con l'arco, ping pong; noleggio mountain bike. COLTIVAZIONI: olivi, viti, cereali, girasoli, alberi da frutta, foraggio. ALLEVAMENTI: ovini, pollame, conigli, piccioni. PRODOTTI IN VENDITA: pollame, piccioni, vino, olio.

Sirolo (AN)

m 125 ⊠ 60020

Il Casale

località Il Colle-Monte Freddo, tel. 0717360760, fax 0719330850 - ettari 1 - apertura: aprile-settembre - 🐕
▶ Uscita Ancona Sud-Osimo della A14, poi strada per Numana e Sirolo; arrivati in località Coppo, svoltare sulla destra in corrispondenza di una chiesetta; seguire la segnaletica dell'azienda.

Vacanza alle falde del monte Conero, con prospettiv
di bagni e passeggiate nel verde della macchia med
terranea. In una contrada del primissimo entroter
questo agriturismo offre ospitalità rustica. Servizio
spiaggia privata.

🛏 CAMERE CON SERVIZI: 2 singole, 2 doppie, con uso cu
cina - pernottamento per persona £ 50/100000.
⊞ APPARTAMENTI: 1 monolocale per 2/4 persone, co
stoviglie - affitto a settimana £ 700/900000.
SOGGIORNO MINIMO: 1 settimana. CARTE DI CREDITO: Ame
rican Express, CartaSi, Diner's Club, Bancomat.
Note: *le camere e l'appparatamento sono dotati d*
biancheria per letto e per bagno, riscaldamento aut
nomo; supplemento per televisore a richiesta.
SERVIZI E LOCALI COMUNI: parcheggio, sala TV. SPORT
TEMPO LIBERO: campo di calcetto; disponibilità di mou
tain bike. COLTIVAZIONI: ortaggi, alberi da frutta. ALLEV
MENTI: pollame, piccioni. PRODOTTI IN VENDITA: miele.

Il Ritorno

a Coppo, via Piani d'Aspio 12, tel. 0719331544 - etta
26 - ♿ - chiusura: sempre aperto - 🐕 grossa taglia.
▶ Lasciare la A14 allo svincolo Ancona Sud, poi cont
nuare sulla direttrice per Numana e Sirolo; a Copp
circa 3 km prima di Sirolo, si arriva a destinazione.

Sirolo è un grazioso paese del versante meridionale d
Conero, in posizione pittoresca sul mare. L'azienda, ch
riserva agli ospiti una casa colonica di fisionomia trac
zionale, è un centro di turismo equestre riconosciut
Ante e Fise. Per il ristorante è necessario prenotare.

🛏 CAMERE CON SERVIZI: 4 doppie, 2 a 3 letti, con bian
cheria letto, riscaldamento autonomo - mezza pension
£ 70/80000, biancheria per bagno a richiesta. Depos
to cauzionale da concordare.
SOGGIORNO MINIMO: 3 giorni. CARTE DI CREDITO: America
Express, CartaSi, Diner's Club, Bancomat.
🍴 cucina del territorio - vini locali - £ 35/45000.
SERVIZI E LOCALI COMUNI: parcheggio, telefono, sala TV
SPORT E TEMPO LIBERO: maneggio, ricovero cavalli; cors
di equitazione, visite nei dintorni, escursioni. COLTIVA
ZIONI: cereali, pascolo. ALLEVAMENTI: cavalli.

Tolentino (MC)

m 228 ⊠ 62029

Agrimagnolia

contrada Salcito 13, tel. 0733967366 - ettari 18 - ♿
chiusura: sempre aperto - 🐕
▶ Da Tolentino Statale 77 per Macerata; dopo 2 km
svoltare a sinistra verso Appignano e continuare per a
tri 2 km seguendo la segnaletica dell'azienda.

Casa colonica di interesse storico-culturale con an
nesse capanne agricole. Ospitalità offerta in apparta
menti dotati di un buon grado di comfort. L'ambient
è quello ritagliato tra prati e alberi di una tranquill
collina con vista sulla dorsale appenninica, a met
strada tra monti e mare.

⊞ APPARTAMENTI: 4 monolocali per 2 persone, 3 bilocali per 3/4 persone, 1 villetta e 1 villino per 9 persone, con biancheria letto, biancheria bagno, biancheria cucina, stoviglie, riscaldamento autonomo, televisore - affitto al giorno £ 70/100000, affitto a settimana £ 420/700000; supplemento per riscaldamento, pulizia finale £ 50000, letto aggiunto £ 30000. Deposito cauzionale £ 300000 alla prenotazione.

SOGGIORNO MINIMO: 2 notti.

SERVIZI E LOCALI COMUNI: parcheggio, telefono, barbecue. SPORT E TEMPO LIBERO: noleggio mountain bike, percorsi per mountain bike, osservazione degli animali, visite nei dintorni, passeggiate. COLTIVAZIONI: seminativi, cereali, girasoli, barbabietole, foraggio. ALLEVAMENTI: pollame. PRODOTTI IN VENDITA: vino, verdura.

Tréia (MC)

m 342 ⊠ 62010

Il Vecchio Granaio

a Passo di Treia, contrada Chiaravalle 49, tel. 0733 843400 oppure 0733843488, fax 0733541312 - ettari 300 - 🔆 - chiusura: sempre aperto - ❧

▶ L'azienda si trova 4 km a Sud-Est di Treia, sulla Statale 361 per Porto Recanati.

Complesso di livello alberghiero, con ampio e frequentato ristorante. Ospitalità in camere e miniappartamenti di comfort superiore. Tutt'intorno un parco secolare ombreggiato dall'ombrello di grandi pini e attrezzato con padiglioni e piscina. Settimane verdi per ragazzi.

🛏 CAMERE CON SERVIZI: 18 doppie, 6 a 3/4 letti, con climatizzazione, telefono - pernottamento per persona £ 50/80000, prima colazione £ 7/15000, pensione £ 117/165000, letto aggiunto £ 25000 al giorno; supplemento per camera doppia uso singola £ 15000.

⊞ APPARTAMENTI: 4 monolocali per 2 persone, 10 bilocali per 3/4 persone, 3 di 3 locali per 6/8 persone, con biancheria cucina, stoviglie, lavatrice - affitto al giorno £ 110/400000, affitto a settimana £ 600/1200000, biancheria e pulizia finale £ 60/100000 a settimana. Deposito cauzionale £ 200000.

CARTE DI CREDITO: CartaSi, Diner's Club, Bancomat.

Note: *le camere e gli appartamenti sono dotati di biancheria per letto e per bagno, televisore, riscaldamento.*

🍴 cucina marchigiana e toscana (paste fresche, bistecca alla fiorentina) - vini regionali - £ 25/40000.

SERVIZI E LOCALI COMUNI: parcheggio, telefono, sala TV. SPORT E TEMPO LIBERO: piscina; passeggiate nel bosco. COLTIVAZIONI: bosco, grano, girasoli, ortaggi.

Urbània (PU)

m 273 ⊠ 61049

Cal Terrazzano

a Cal Terrazzano, via dei Fangacci-San Giorgio 7, tel. 0722319529 (informazioni 068610247) - ettari 54 - apertura: Pasqua-Epifania - ❧

▶ Imboccare la direttrice per Acqualagna (3 km a Sud-Est di Urbania), continuare per 700 m oltre il fiume e superare la zona artigianale; poi a destra, in corrispondenza di un grande pino, percorrere la strada bianca al termine della quale c'è una casa con due grandi archi.

L'ospitalità agrituristica viene offerta in un casale, risalente all'Ottocento, dell'alta valle del Metauro, ristrutturato all'insegna della tradizione e del comfort. Arredi d'epoca e accoglienti ambienti collettivi creano una piacevolissima atmosfera domestica, ma sarebbe un peccato trascurare le attrattive dei dintorni.

🛏 CAMERE CON SERVIZI: 5 doppie, con biancheria letto, biancheria bagno, biancheria cucina, uso cucina, uso lavanderia, riscaldamento a gas liquido - pernottamento per persona £ 55000. Deposito cauzionale da concordare alla prenotazione.

SOGGIORNO MINIMO: 2 notti.

Note: *è possibile affittare l'intero casale, in esclusiva, al costo di £ 2200/3800000 a settimana per dieci persone; servizio ristorante su richiesta.*

SERVIZI E LOCALI COMUNI: parcheggio, telefono, locale soggiorno, sala TV, sala lettura, solarium. SPORT E TEMPO LIBERO: piscina, campo da tennis; corsi di cucina, visite nei dintorni. COLTIVAZIONI: noci, foraggio. PRODOTTI IN VENDITA: miele.

Candianaccio

via Candigliano 6, tel. 0722986246 oppure 0330 883402 - ettari 380 - chiusura: Epifania-marzo e inizio novembre-metà dicembre - 🐾 previo accordi.

▶ Da Urbino dirigersi verso Urbania; non entrare in città, ma continuare sulla strada per Piobbico; 6 km prima di quest'ultima località, imboccare la stradina a destra che costeggia il torrente Candigliano. L'azienda è a 9 km da Urbania.

Il giallo del grano e il verde cupo dei boschi incorniciano l'ampio casale agrituristico. Il quadro è quello dell'alta valle del Metauro, nella quale è incastonata come una pietra preziosa la quattrocentesca città di Urbania. La sistemazione è adatta per gruppi e famiglie numerose.

⊞ APPARTAMENTI: 1 casale con 7 camere per 14 persone, con biancheria letto, biancheria bagno, biancheria cucina, stoviglie, lavastoviglie, lavatrice, riscaldamento centralizzato, telefono, televisore, caminetto - affitto a settimana £ 2700/3300000. Deposito cauzionale £ 500000 alla prenotazione.
SOGGIORNO MINIMO: 1 settimana in alta stagione.
Note: in bassa stagione si affittano anche le camere singolarmente o l'intero casale per il week end.
)⫶(riservato agli ospiti - cucina del territorio - vini locali - £ 25/35000.
SERVIZI E LOCALI COMUNI: parcheggio, telefono, sala TV, sala lettura, taverna. SPORT E TEMPO LIBERO: piscina; guida ai lavori agricoli, passeggiate a cavallo, visite nei dintorni, passeggiate nel bosco. COLTIVAZIONI: cereali, girasoli, barbabietole. ALLEVAMENTI: bovini, ovini. PRODOTTI IN VENDITA: verdura, latticini, marmellate.

Urbino (PU)

m 485 ⊠ 61029

Fosso del Lupo ⭐

a Scotaneto, via Scotaneto 11, tel. 0722340233 fax 0722340233 - ettari 7,5 - chiusura: Epifania-metà febbraio - ⚡

▶ Giunti a Gallo, 11 km da Urbino sulla direttrice per Pesaro, deviare a destra per Petriano e Scotaneto; seguire la segnaletica di avvio all'azienda.

Una sinuosa strada poderale conduce panoramicamente a questo antico casolare in pietra. Nei boschi si muovono daini e cinghiali, nel cielo volano poiane e albanelle. Buon segno. Forse grazie anche ai titolari che sono impegnati nel biologico. Spazi per agricampeggio.

⊞ APPARTAMENTI: 1 monolocale per 2 persone, 1 bilocale per 4 persone, 1 di 3 locali per 6 persone, con biancheria letto, biancheria bagno, biancheria cucina, stoviglie, lavatrice, riscaldamento - affitto al giorno £ 40/180000.
SOGGIORNO MINIMO: 2 notti.
SERVIZI E LOCALI COMUNI: telefono, sala TV, parco giochi bimbi. SPORT E TEMPO LIBERO: osservazione degli animali, corsi di pittura, visite nei dintorni, passeggiate. COLTIVAZIONI: cereali, legumi. ALLEVAMENTI: caprini, animali di bassa corte. PRODOTTI IN VENDITA: legumi, pasta, farina.

La Corte della Miniera ⭐

a Miniera, podere Pozzo Nuovo Miniera 74, tel. 0722 345322, fax 0722345322 - ettari 18 - ♿ - apertura febbraio-ottobre e Capodanno - 🐾

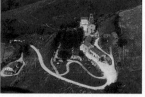

▶ Lasciare la A14 allo svincolo di Pesaro, poi imboccare la direttrice per Urbino; giunti a Montecchio, prendere la destra del bivio e continuare verso Mercatale-Sassocorvaro: dopo 16 km si arriva a Ca' Gallo e da qui, seguendo la segnaletica dell'azienda, a destinazione.

Nella singolare cornice di una vecchia miniera di zolfo ha trovato spazio questo agriturismo «a indirizzo culturale», come dichiarano orgogliosamente i titolari nel presentare le attività dei laboratori di ceramica, litografia e acquaforte. E in pochi minuti si è a Urbino. Settimane verdi per ragazzi.

🔑 CAMERE CON SERVIZI: 3 singole, 15 doppie, 4 a più letti, con biancheria letto, biancheria bagno, uso lavanderia, riscaldamento centralizzato - pernottamento per persona £ 54/66000, pensione £ 70/82000. Deposito cauzionale da concordare alla prenotazione.
🏕 5 equipaggi 🚐 5 equipaggi.
🍽 cucina marchigiana (passatelli in brodo, minestra di ceci al rosmarino) - vini locali - £ 20/35000.

SERVIZI E LOCALI COMUNI: parcheggio, sala TV, sala lettura. SPORT E TEMPO LIBERO: gioco bocce, tiro con l'arco, maneggio, ricovero cavalli. COLTIVAZIONI: bosco, prato. ALLEVAMENTI: suini, equini, animali di bassa corte, daini. PRODOTTI IN VENDITA: salumi, formaggio.

Le Fontane ⭐ TCI

località Pallino 56, tel. 0722328281, fax 07222883 - ettari 32 - chiusura: periodo natalizio - 🐕 grossa taglia.
▶ Dall'ospedale cittadino percorrere circa 3 km verso Colbordolo, fino alla deviazione, a sinistra, per Pallino; 600 m in discesa e poi ancora a sinistra per arrivare in azienda, poco oltre un campo da tennis e una piscina.

L'azienda è situata sul pendio tra le antiche strade - una di crinale, l'altra di fondovalle - che portano da Urbino a Pesaro. Si coltiva biologicamente un noccioleto in cui sono poste tre case rurali ristrutturate, adibite all'accoglienza agrituristica.

⊞ APPARTAMENTI: 3 bilocali per 2/4 persone, 5 di 3/4 locali per 4/5 persone, con biancheria letto, biancheria bagno, biancheria cucina, uso lavanderia, stoviglie, riscaldamento centralizzato, televisore a richiesta - affitto al giorno £ 86/200000, affitto a settimana £ 600/1400000, letto aggiunto £ 20000, lavatrice £ 10000 a lavaggio. Deposito cauzionale £ 250000.
SERVIZI E LOCALI COMUNI: parcheggio, telefono, solarium, barbecue. SPORT E TEMPO LIBERO: piscina, campo da tennis; visite nei dintorni. COLTIVAZIONI: viti, noci, noccioli. ALLEVAMENTI: animali di bassa corte. PRODOTTI IN VENDITA: liquori artigianali, frutta, noci, nocciole, verdura, sottoli.

Acquasanta Terme

Arte, Storia, Cultura, Ambiente, Gastronomia

ASSOCIAZIONE TURISTICA
"PRO ACQUASANTA TERME"
Tel. e Fax 0736.801291

Acquasanta Terme centro termale, a 20.00 km. da Ascoli Piceno e a 170.00 km. da Roma, già famosa al tempo dei romani per le proprietà curative delle sue acque termali con la denominazione di "VIGUS AD AGUAS". Tra le testimonianze più autorevoli, Tito Livio cita nei suoi annali che queste acque riuscirono a ridonare salute e vigore a L. M. Planco Console di Roma (Anno 712 D.C.). Oltre alle acque termali Acquasanta Terme offre l'opportunità di poter visitare splendidi ambienti naturalistici incontaminati quali le gole del Torrente Garrafo, le splendide grotte carsiche all'interno delle quali vive il **Geotritone** (autentico fossile vivente). Suggestivi sono gli ambienti del **Parco Gran Sasso Monti della Laga**, essendo il territorio di Acquasanta Terme per la quasi totalità all'interno dello stesso.

ACQUASANTA TERME (AP) "CASTEL DI LUCO"

PAGGESE - ACQUASANTA T. (AP) BALDACCHINO IN TRAVERTINO SECOLO XIV°

Nelle immediate vicinanze del Capoluogo, si possono visitare splendidi borghi Medioevali-Rinascimentali, quali Paggese, Caste di Luco, Quintodecimo e Ponte D'Arli, dove sono conservate gelosamente opere di architettura, pittura e scultura di notevole importanza storico-artistica, realizzate da Maestri quali: Pietro Alemanno, Nicola Moti , Paolo Missini, dai Comacini e da artisti e artigiani locali, la cui tradizione è ancora oggi presente sul territorio, soprattutto per quanto concerne l'escavazione e la lavorazione artigianale del travertino.

Ad Acquasanta Terme è ancora possibile nei ristoranti, degustare piatti preparati con legumi e prodotti tipici del sottobosco (funghi porcini, tartufo, marroni, castagne, fagioli e ceci etc.) , rigorosamente legati alla tradizione delle nostre montagne.

ACQUASANTA TERME (AP) GOLE DEL RIO GARRAFO

PONTE D'ARLI - ACQUASANTA TERME (AP) PONTE IN TRAVERTINO DEL SECOLO XVI°

COME ANDAR PER VINI
e trovarci gusto

Scegliete

MONCARO
TERRE CORTESI

Oppure venite nelle Marche e fermatevi a

Montecarotto

LE BUSCHE
RISTORANTE
DEGUSTAZIONI

Montecarotto Ancona
Tel. 0731/89172

Nel verde delle vigne un centro
degustazione e ristorante, luogo di
incontro ideale per quanti amano il
mondo del vino e la cucina raffinata.
Insieme ai vini di Terre Cortesi
Verdicchio e Rosso Conero, la
sorpresa dei sapori del mare e quanto
l'alternarsi delle stagioni suggerisce.
Prenotate la vostra visita.

MONCARO
TERRE CORTESI
VIGNE & CANTINE

Paola Cenci Comunicazione

UMBRIA
CUORE VERDE D'ITALIA

*È una delle regioni più piccole d'Italia, ma è in cima
alle preferenze agrituristiche: un successo che si spiega
nella sua stupefacente ricchezza d'arte e natura.*

U mbria «cuore verde d'Italia» è uno slogan che evoca nel migliore dei modi il carattere di una regione che fa delle sue bellezze naturali una delle principali attrattive turistiche. Dovendo disegnare per elementi semplici una terra collinare per sette decimi e
per il resto montuosa, si dovrebbe prima tracciare l'ampio solco
del Tevere, che l'attraversa da Nord a Sud, e a esso innestare la
suggestiva valle Umbra percorsa dal Topino. A Occidente andrebbe
quindi sfumata l'ampia zona di colli che verso Nord si stemperano
nella conca del lago Trasimeno anticipando paesaggi e voci della
confinante Toscana. Sul versante orientale andrebbe infine eviden-
ziato il progressivo avvicinamento alle emergenze della dorsale appenninica. Statistiche alla mano, è una delle regioni più piccole e
meno popolate d'Italia, ma un'incredibile densità di opere d'arte
l'ha resa celebre nel mondo.

IN VACANZA TRA ARTE E NATURA

Tradizionale meta del turismo culturale, l'Umbria ha colto l'opportunità dell'ospitalità rurale per ampliare la propria capacità ricettiva.
Favore ricambiato giacché l'agriturismo ha goduto di un buon abbri-

UFFICI TURISTICI
▮ PERUGIA
piazza IV Novembre 3,
tel. 0755736458
Assisi
tel. 075812534
Cascia
tel. 074371147
Castiglione del Lago
tel. 0759652484
Città di Castello
tel. 0758554922
Foligno
tel. 0742354459
Gubbio
tel. 0759220693
Spoleto
tel. 0743220311
Todi
tel. 0758943395
▮ TERNI
viale C. Battisti 7/A,
tel. 0744423047
Amelia
tel. 0744981453
Orvieto
tel. 0763341772

vio. Così oggi si fa vacanza d'arte e natura intorno a città e borghi. Perugia, ovviamente, con le sue splendide memorie del Medioevo e del Rinascimento, è primattrice, ma poco distante, solo per fare un esempio, la Lungarotti, celebre cantina di Torgiano, ha organizzato un polo di turismo rurale con un Museo del Vino, un'osteria per degustazioni e assaggi tipici, una bottega d'artigianato, un albergo ristorante e un centro agrituristico. Poi, allargando lo sguardo, la prima citazione non può essere che per Assisi, la città di san Francesco e di Giotto, che ne affrescò la vita, con il verde Subasio e i suoi eremi. E ancora, lasciando scorrere il dito sulla carta, si toccano Gubbio, Città di Castello, Orvieto, Todi e Spoleto, solo per citare le località più note. Perché a lasciarsi andare alla curiosità e al piacere delle belle cose, ogni luogo, in questa verde regione, meriterebbe una sosta.

UNA TERRA DALL'ANIMA CONTADINA, RICCA DI TRADIZIONI

Detto dell'incredibile contesto culturale, veniamo ai pregi veri e propri della campagna umbra. Innanzitutto il paesaggio, felicissimo già di suo, mosso e ricco di acque correnti, ma indubbiamente impreziosito dal disegno dei poderi e dalla presenza dei casali che si stagliano sul profilo dei colli. L'emigrazione ne ha spopolato la maggior parte, l'agriturismo sta convincendo i proprietari e recuperarli. Li agevola in questo tentativo un ambiente che offre molti motivi di godimento, dalla tradizionale gita in macchina lungo la valle Umbra ai trekking estremi sulle creste appenniniche. Al vertice dell'inte-

Sopra, l'etichetta chiamata a rappresentare una viticoltura di grande tradizione.

Sotto, girasoli e storiche dimore, presso Todi; un accostamento che racchiude l'anima umbra.

ASSOCIAZIONI DI CATEGORIA

■ **AGRITURIST**
Perugia
Sede Regionale,
via Savonarola 38,
tel. 07532028

■ **TERRANOSTRA**
Perugia
Sede Regionale,
via Campo di Marte 10,
tel. 0755009559

■ **TURISMO VERDE**
Perugia
Sede Regionale,
via Campo di Marte 14/1,
tel. 0755002953

resse naturalistico troviamo due parchi nazionali: il primo si estende ai Monti Sibillini, il secondo al massiccio del Gran Sasso e ai Monti della Laga. Sono terre selvagge, frequentate dall'aquila e dal lupo, che i comuni mortali troverebbero disagevoli. Meglio allora i comodi sentieri del Parco del Monte Subasio, che tutela i luoghi francescani, o le riserve naturalistiche, dove la natura è a portata di mano.

SALUMI, OLIO D'OLIVA E VINI DI GRANDE TRADIZIONE

Riflesso dell'elevata qualità ambientale sono anche i prodotti della campagna. Anche in questo caso l'esiguità del territorio non è un limite alla varietà dei prodotti. Il re della gastronomia umbra è senza alcun dubbio il maiale, che alimenta un'attività salumiera di proverbiale qualità, con il «Prosciutto di Norcia» (Dop) a guidarne la compagine, e una vera e propria arte, quella della porchetta, che da questa regione si è diffusa in tutta l'Italia centrale. All'allevamento si devono anche le carni del «Vitellone bianco Appennino Centrale» (Igp), che giocano un ruolo di spicco sulla rustica tavola umbra. L'offerta è completata da prodotti caratteristici dell'agricoltura collinare e montana: l'olio d'oliva, che vanta la denominazione «Umbria» (Dop), poi ortaggi, tra cui la celebre «Lenticchia Castelluccio di Norcia» (Igp), ma soprattutto vini, eredi di un'antica tradizione. Anche in questo campo, a dispetto della pochezza del territorio, si contano numerose produzioni tipiche: ben 9 Doc, tra le quali spicca lo storico «Orvieto», vino di papi e di re, e 2 Docg, vale a dire il «Montefalco Sagrantino», nato dal recupero di un antico vitigno indigeno, e il «Torgiano Rosso Riserva», espressione della benemerita terna Sangiovese, Canaiolo e Trebbiano.

Sopra, ceramiche umbre esposte al Museo del Vino di Torgiano.

Qui a fianco, un casale con la tipica torretta d'età medievale; la bellezza del patrimonio edilizio minore è uno dei tanti pregi dell'Umbria agrituristica.

366

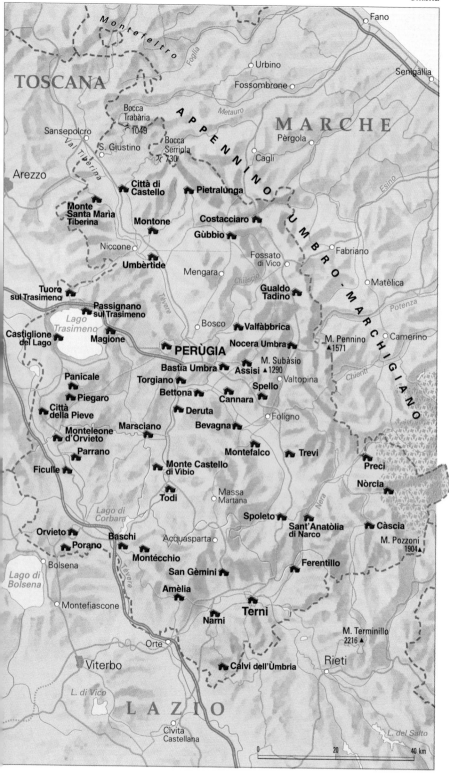

TOSCANA

MARCHE

LAZIO

Fano

Urbino

Fossombrone o

Senigàllia

Montefeltro

Foglia

Metauro

Bocca
Trabària
1049

Sansepolcro

S. Giustino

Bocca
Serriola
730

APPENNINO

Pèrgola

Cagli

Esino

Arezzo

Val Tiberina

Città di
Castello

Pietralùnga

Monte
Santa Maria
Tiberina

Montone

Costacciaro

Gùbbio

Fabriano

Matèlica

Niccone

Umbèrtide

Mengara

Fossato
di Vico

Chiàscio

UMBRO·MARCHIGIANO

Potenza

Tuoro
sul Trasimeno

Passignano
sul Trasimeno

Gualdo
Tadino

Camerino

Lago
Trasimeno

Magione

Bosco

Valfàbbrica

M. Pennino
▲1571

Castiglione
del Lago

PERÙGIA

Nocera Umbra

Chienti

Panicale

Bastia Umbra

Assisi ▲1290

M. Subàsio

Torgiano

Spello

Valtopina

Piegaro

Bettona

Cannara

Città
della Pieve

Deruta

Bevagna

Foligno

Monteleone
d'Orvieto

Marsciano

Parrano

Montefalco

Trevi

Ficulle

Monte Castello
di Vìbio

Preci

Nòrcia

Todi

Massa
Martana

Nera

Lago di
Corbara

Orvieto

Baschi

Acquàsparta

Spoleto

Sant'Anatòlia
di Narco

Càscia

Porano

Montécchio

San Gèmini

Ferentillo

M. Pozzoni
1904▲

Bolsena

Lago di
Bolsena

Tevere

Amèlia

Terni

Montefiascone

Narni

M. Terminillo
2216 ▲

Orte

Rieti

Viterbo

L. di Vico

Calvi dell'Ùmbria

L. del Salto

LAZIO

Civita
Castellana

0   20   40. km

367

Amèlia (TR)

m 370 ✉ 05022

Oliveto

strada Cecanibbio, tel. 0744981101, fax 0744 981101 - ettari 16 - chiusura: sempre aperto - 🚭

▶ Allo svincolo Orte della A1, imboccare la Statale 204 per Terni; dopo 5 km deviare verso Amelia percorrendo la Statale 205 fino a 3 km prima di arrivare in paese; seguire la segnaletica.

La posizione, sulla dorsale che divide la valle del Tevere da quella del Nera, è a dir poco amena. Il fabbricato agrituristico, totalmente ristrutturato, è diviso in comodi alloggi indipendenti che dispongono di spazi esterni pavimentati e coperti, affacciati sull'oliveto.

⊞ APPARTAMENTI: 2 monolocali per 2 persone, 3 bilocali per 2/4 persone, 1 di 3 locali per 4/5 persone, con biancheria letto, biancheria bagno, biancheria cucina, uso lavanderia, stoviglie, riscaldamento autonomo, telefono, televisore satellitare - affitto al giorno £ 80/100000, affitto a settimana £ 450/850000. Deposito cauzionale da concordare alla prenotazione. SOGGIORNO MINIMO: 1 settimana in estate.
SERVIZI E LOCALI COMUNI: parcheggio, spazio all'aperto per giochi bimbi, barbecue, forno a legna. SPORT E TEMPO LIBERO: piscina, gioco bocce; disponibilità di mountain bike, guida ai lavori agricoli, visite nei dintorni. COLTIVAZIONI: olivi, viti, cereali, foraggio. ALLEVAMENTI: animali di bassa corte. PRODOTTI IN VENDITA: vino, olio extravergine d'oliva, frutta, verdura.

San Cristoforo

strada San Cristoforo 16, tel. 0744988249, fax 0744 988459 - ettari 70 - ♿ - chiusura: sempre aperto - 🚭
▶ Lasciare la direttrice Orte-Terni e proseguire per Amelia; prima di raggiungere l'abitato, deviare verso Montecastrilli; l'azienda è a 8 km da Amelia.

Sui colli che dividono le valli del Tevere e del Nera, soggiorno nelle case coloniche di un piccolo borgo medievale raccolto intorno a una chiesa. A pianterreno gli ambienti comuni: una sala da pranzo, un salotto con camino e uno spazio per feste e riunioni. Previo accordi, si organizzano settimane verdi per ragazzi.

 Camere con servizi: 6 doppie - pernottamento per persona £ 55/70000, mezza pensione £ 75/110000.

Appartamenti: 1 monolocale per 2/3 persone, 2 bilocali per 2/4 persone, 4 di varia metratura per 5/8 persone, con biancheria cucina, stoviglie, caminetto - affitto a settimana £ 550/2350000.

Note: *le camere e gli appartamenti sono dotati di biancheria per letto e per bagno, riscaldamento centralizzato; supplemento per uso lavanderia; bambini fino a 2 anni gratis, da 3 a 6 anni sconto 50%, da 7 a 12 anni sconto 20%.*

riservato agli ospiti - cucina umbra (paste fresche) - vini di produzione propria - £ 30/45000.

Servizi e locali comuni: parcheggio, sala lettura, giochi bimbi. Sport e tempo libero: piscina, gioco bocce, tiro con l'arco, ping pong, ricovero cavalli, percorso vita; noleggio mountain bike, guida ai lavori agricoli, corsi di cucina, pesca, passeggiate a cavallo. Coltivazioni: olivi, viti, frumento, girasoli, ortaggi. Allevamenti: cavalli, pollame. Prodotti in vendita: salumi, vino, olio, marmellate, miele.

Assisi (PG)

m 424 ⊠ 06081

Brigolante Guest Apartments

via Costa di Trex 31, tel. 075802250, fax 075802250 - ettari 16 - ♿ - chiusura: periodo variabile - ✄

▶ Lasciare Assisi alle spalle e imboccare la Statale 444 per Gualdo Tadino; percorsi 5 km, svoltare a destra in corrispondenza dell'indicazione per Palombara: dopo 1 km su strada bianca si arriva in azienda.

La signora Rebecca offre ospitalità agrituristica in un solido casale recentemente ristrutturato, a poca distanza dal celebre borgo. Siamo entro i confini del Parco Naturale del Monte Subasio, che abbraccia i luoghi più cari a san Francesco e propone un ampio ventaglio escursionistico tra arte e natura.

Appartamenti: 2 bilocali per 2/4 persone, con biancheria letto, biancheria bagno, biancheria cucina, lavatrice, riscaldamento autonomo, telefono, televisore - affitto al giorno £ 90/125000, affitto a settimana £ 500/700000.

Soggiorno minimo: 3/7 giorni.

Sport e tempo libero: guida ai lavori agricoli. Coltivazioni: olivi, bosco, seminativi, alberi da frutta. Allevamenti: bovini, ovini, suini, animali di bassa corte. Prodotti in vendita: uova, olio extravergine d'oliva, frutta, verdura.

Casa Faustina

località Mora 28, tel. 0758039377, fax 0758039377 - ettari 16 - ♿ - chiusura: sempre aperto - ✿

▶ Uscire da Assisi verso Perugia; dopo breve tratto della Statale 147, deviazione a destra per le località Palazzo e Mora; sono circa 7 km in tutto.

Agli ospiti sono riservati otto minialloggi ricavati in un casale in pietra e nel rustico annesso. Totale indipendenza nella panoramica cornice di un giardino ombreggiato da pini, cipressi e olivi. Convenzionato con tre ristoranti esterni.

Appartamenti: 2 monolocali per 2 persone, 4 bilocali per 3/4 persone, 2 di 3 locali per 4 persone, con biancheria letto, biancheria bagno, biancheria cucina, stoviglie, riscaldamento, tavolo e sedie per giardino - affitto al giorno £ 90/200000, letto aggiunto £ 15/20000.

Soggiorno minimo: 1 settimana in alta stagione. Carte di credito: Diner's Club, Visa.

Servizi e locali comuni: parcheggio, telefono, sala lettura, parco giochi bimbi, barbecue. Sport e tempo libero: piscina, ping pong; corsi di disegno, corsi di pittura e scultura. Coltivazioni: olivi, tartufi, frutti di bosco. Prodotti in vendita: olio extravergine d'oliva, tartufi, marmellate.

La Castellana

a Costa di Trex 4, tel. 0758019046, fax 0758019046 - ettari 13 - chiusura: sempre aperto.

▶ Partendo da Assisi seguire le indicazioni per Gualdo Tadino; a 800 m da Porta Perlici, svoltare a destra in direzione di Costa di Trex.

L'azienda agrituristica, che comprende due casolari in pietra recentemente ristrutturati, si trova all'interno del Parco del Monte Subasio, nello scenario che vide la predicazione di san Francesco. Bello il panorama sull'amena valle del Topino.

Umbria

⌦ CAMERE CON SERVIZI: 2 doppie - pernottamento per persona £ 35000.
⊞ APPARTAMENTI: 2 monolocali per 2/3 persone, 1 bilocale per 4 persone, con biancheria cucina, stoviglie - affitto al giorno £ 85/120000. Deposito cauzionale 30%.
Note: *le camere e gli appartamenti sono dotati di biancheria per letto e per bagno, riscaldamento.*
SERVIZI E LOCALI COMUNI: parcheggio. SPORT E TEMPO LIBERO: noleggio mountain bike, visite nei dintorni, passeggiate. COLTIVAZIONI: olivi, viti, frumento, ortaggi, alberi da frutta, foraggio, tartufi. ALLEVAMENTI: ovini, suini, equini, animali di bassa corte. PRODOTTI IN VENDITA: vino, liquori artigianali, olio, tartufi, marmellate, miele.

Le Querce di Assisi
località Pian della Pieve, tel. 075802332, fax 075 8025000 - ettari 30 - chiusura: sempre aperto - ✿ piccola taglia.

▶ Partendo da Assisi percorrere la direttrice che conduce a Gualdo Tadino; dopo 6 km si trova la deviazione per l'azienda.

Accoglienza ricavata dalla ristrutturazione di un mulino trecentesco, situato nell'ambiente incontaminato e protetto del Parco del Subasio. La posizione consente di raggiungere le mete più interessanti poste nel "cuore" dell'Umbria.

⌦ CAMERE CON SERVIZI: 2 singole, 5 doppie, 5 a 3 letti - pernottamento per persona £ 60/70000, mezza pensione £ 90/120000.
⊞ APPARTAMENTI: 3 bilocali per 4 persone, 2 di tre locali per 6 persone, con biancheria cucina, stoviglie - affitto al giorno £ 140/260000, supplemento per riscaldamento £ 20000 al giorno. Deposito cauzionale 30%.
SOGGIORNO MINIMO: 3 giorni (camere), 1 settimana (appartamenti). CARTE DI CREDITO: CartaSi, Bancomat.
Note: *le camere e gli appartamenti sono dotati di biancheria per letto e per bagno, telefono, riscaldamento centralizzato; sconto 25% per bambini fino a 10 anni.*
)|| cucina del territorio (piatti al tartufo) - vini locali - £ 30/40000.
SERVIZI E LOCALI COMUNI: parcheggio, sala TV, sala lettura, spazio all'aperto per giochi bimbi. SPORT E TEMPO LIBERO: gioco bocce, tiro con l'arco, ping pong, maneggio; disponibilità di mountain bike, passeggiate a cavallo. COLTIVAZIONI: cereali, ortaggi, tartufi. ALLEVAMENTI: caprini, cavalli, animali di bassa corte, daini. PRODOTTI IN VENDITA: tartufi, cereali, marmellate.

Pian della Pieve
Strada per S. Maria di Lignano
06080 Assisi – Tel. 075/802332
Indirizzo postale
Costa di Trex, 51 - Assisi

L'Azienda agricola "Le Querce di Assisi" si estende per trenta ettari ed è situata tra le verdi colline assisane, nel Parco del Subasio, in riva ad un algente ruscello totalmente immerso nel verde dei boschi. La casa colonica, un antico mulino del milletrecento ristrutturato recentemente, dispone di appartamenti e di ampie camere con bagno.
Questo è il posto ideale per chi cerca l'emozione di una vacanza diversa, immersa in un ambiente salubre ed incontaminato.
A pochi chilometri, facilmente raggiungibile anche a piedi o in bicicletta, si trova la storica città di Assisi, famosa per aver dato i natali a S. Francesco nel 1182. Nella nostra azienda potrai facilmente allontanarti dallo stress cittadino. In gruppo, sotto l'attento sguardo di una guida specializzata, scoprirete i magnifici sentieri e le verdi gole del monte Subasio. Individualmente potrete passeggiare a piedi per i boschi o in mountain bike, giocare a bocce , a ping pong, tirare con l'arco o andare a cavallo.
A "Le Querce di Assisi" si possono acquistare i genuini prodotti aziendali quali miele, marmellate, formaggi, vino e olio d'oliva umbri, i famosi tartufi ed i legumi di nostra produzione. La nostra cucina vi sorprenderà per la genuinità dei prodotti usati e per le ricette tipicamente umbre.

Longetti

via S. Pietro Campagna 35, tel. 075816175, fax 075 9869562 - ettari 50 - &. - chiusura: sempre aperto - ➤ previo accordi.

➤ Lasciare il centro urbano di Assisi e dirigersi verso Perugia per un paio di chilometri, poi svoltare a destra sulla strada che porta a Valfabbrica; l'azienda si trova a 500 m di quota e a circa 4 km da Assisi.

Il verde e la tranquillità dei colli assisani sono la prima e migliore credenziale di questo centro agrituristico ambientato in un casolare in pietra di recente sistemazione. Interni d'atmosfera; dintorni di favola, tra olivi, vigne, querce e coltivi.

CAMERE CON SERVIZI: 5 doppie, 2 a 3/4 letti, con televisore a richiesta - pernottamento per persona £ 37500, prima colazione £ 6000.

APPARTAMENTI: 2 bilocali per 4 persone, 1 di ampia metratura per 6 persone, con biancheria cucina, stoviglie, televisore, caminetto - affitto al giorno per persona £ 55000. Deposito cauzionale 50%.
Note: *le camere e gli appartamenti sono dotati di biancheria per letto e per bagno, riscaldamento.*
SERVIZI E LOCALI COMUNI: parcheggio, telefono, sala TV, sala lettura. SPORT E TEMPO LIBERO: gioco bocce; visite nei dintorni. COLTIVAZIONI: olivi, viti, grano, orzo, girasoli. ALLEVAMENTI: suini. PRODOTTI IN VENDITA: salumi, vino, olio, tartufi, formaggio, miele.

Malvarina

a Capodacqua, via Malvarina 32, tel. 0758064280, fax 0758064280 - ettari 22 - chiusura: sempre aperto - ➤ solo in appartamento.
➤ Lasciare la superstrada che congiunge Perugia a Foligno allo svincolo di Rivotorto; quindi seguire la segnaletica dell'azienda.

L'antica fonte Malvarina bagna un piccolo ma delizioso lembo di terra tra Assisi e Spello. La fattoria che si fregia del suo nome mette a disposizione degli ospiti quattro costruzioni rustiche immerse nel verde. Trekking a cavallo da 2 a 5 giorni.

CAMERE CON SERVIZI: 4 singole, 6 doppie, 2 a 3 letti - pernottamento per persona £ 70000, mezza pensione £ 120000.
APPARTAMENTI: 1 monolocale per 3/4 persone, 2 bilocali per 4 persone, con stoviglie - affitto al giorno £ 150000, affitto a settimana £ 1000000. Deposito cauzionale £ 100000.
SOGGIORNO MINIMO: 2 notti. CARTE DI CREDITO: CartaSi.
Note: *le camere e gli appartamenti sono dotati di biancheria per letto e per bagno, riscaldamento.*
cucina umbra (paste fresche) - vini regionali di produzione propria - £ 35000.
SERVIZI E LOCALI COMUNI: parcheggio, telefono, sala TV, sala lettura. SPORT E TEMPO LIBERO: maneggio, ricovero cavalli; corsi di cucina, escursioni a cavallo. COLTIVAZIONI: olivi, grano, legumi, alberi da frutta, tartufi. ALLEVAMENTI: suini, equini, pollame, conigli. PRODOTTI IN VENDITA: salumi, olio, tartufi, marmellate, miele.

Podere la Fornace

a Tordibetto di Assisi, via Ombrosa 3, tel. 0758019537 oppure 0234976234, fax 0758019630 - ettari 22 - chiusura: metà gennaio-febbraio - ➤ grossa taglia.

➤ Da Perugia prendere la direttrice per Assisi-Foligno; a Ospedalicchio immettersi - a sinistra - sulla Statale 147 percorrendone 4 km, poi piegare nuovamente a sinistra in località Ponte di Bastia; continuare per circa 3 km, poi, all'incrocio, svoltare a destra verso Assisi. Dopo 200 m imboccare la prima stradina a destra seguendo la segnaletica dell'azienda.

Intorno all'aia sorgono tre rustici in mattone che, all'antico sembiante, contrappongono dotazioni di prim'ordine. L'atmosfera domestica è suggestiva; per il panorama, che da Assisi si allarga sulla valle Umbra, si stenta a trovare parole adatte.

APPARTAMENTI: 1 bilocale per 2/3 persone, 3 di 3 locali per 5 persone, con biancheria letto, biancheria bagno, biancheria cucina, uso lavanderia, stoviglie, lavastoviglie, riscaldamento autonomo, telefono, televisore, cassaforte - affitto al giorno £ 125/280000, affitto a settimana £ 700/1800000. Deposito cauzionale 30%.

SOGGIORNO MINIMO: 2 notti. CARTE DI CREDITO: American Express, Visa, Eurocard, Mastercard.
SERVIZI E LOCALI COMUNI: parcheggio, sala TV, sala lettura, parco giochi bimbi. SPORT E TEMPO LIBERO: piscina, ping pong; disponibilità di mountain bike, visite guidate, passeggiate. COLTIVAZIONI: olivi, viti, granoturco, grano, girasoli, ortaggi, alberi da frutta. PRODOTTI IN VENDITA: vino, olio extravergine d'oliva, frutta, verdura, farro, pasta.

Baschi (TR)

m 165 ✉ 05023

Pomurlo Vecchio

vocabolo Pomurlo Vecchio, tel. 0744950190 oppure 0336607708, fax 0744950500 - ettari 130 - ‚ - chiusura: sempre aperto - 🍃 salvo accordi.
▶ Dall'uscita Orvieto della A1, dirigersi verso Todi percorrendo le Statali 71 e 448. Superato il ponte sul lago di Corbara, imboccare la prima strada a destra; seguire la segnaletica dell'azienda.

Non distante dal lago di Corbara, su uno sperone che si allunga verso il Tevere nel punto in cui la valle si restringe, sorge questo pittoresco borgo. Ospitalità in tre casali in pietra ristrutturati e rusticamente arredati con pezzi della cosiddetta "arte povera". A richiesta, settimane verdi per ragazzi.

🛏 CAMERE CON SERVIZI: 4 singole, 9 doppie, con frigorifero - pensione £ 100/110000.
⊞ APPARTAMENTI: 4 monolocali per 2 persone - pensione £ 100/110000 per persona. Deposito cauzionale 30%. SOGGIORNO MINIMO: 1 settimana in alta stagione. CARTE DI CREDITO: Visa, Eurocard, Mastercard.
Note: *le camere e gli appartamenti sono dotati di biancheria per letto e per bagno, riscaldamento a gas o a gasolio; sconto 20% per bambini fino a 6 anni.*
🍴 cucina umbra (piatti della tradizione) - vini regionali di produzione propria - £ 35000.
SERVIZI E LOCALI COMUNI: parcheggio, telefono, sala TV, giochi bimbi. SPORT E TEMPO LIBERO: piscina; visite guidate, escursioni. COLTIVAZIONI: olivi, bosco, cereali, ortaggi, alberi da frutta, foraggio, pascolo. ALLEVAMENTI: bovini, ovini, animali di bassa corte. PRODOTTI IN VENDITA: vino, olio, formaggio, marmellate.

Bastia Umbra (PG)

m 202 ✉ 06083

Il Morino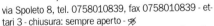

via Spoleto 8, tel. 0758010839, fax 0758010839 - ettari 3 - chiusura: sempre aperto - 🚫
▶ Azienda al margine della superstrada che collega Perugia con Foligno, raggiungibile mediante il primo o il secondo svincolo di Bastia.

Bastia si trova nella fertile pianura del Chiascio, a due chilometri da Assisi. A breve distanza dall'abitato, ma già in aperta campagna, si trova questo antico casale ristrutturato con ampio giardino.

🛏 CAMERE CON SERVIZI: 10 doppie, con biancheria letto, biancheria bagno, riscaldamento, telefono - pernottamento per persona £ 40/45000, prima colazione £ 5000, pensione £ 95000.
SOGGIORNO MINIMO: 3 giorni. CARTE DI CREDITO: CartaSi.
🍴 cucina umbra (paste fresche) - vini locali di produzione propria - £ 25/40000.
SERVIZI E LOCALI COMUNI: parcheggio, telefono, sala TV, sala lettura. SPORT E TEMPO LIBERO: mini golf; noleggio biciclette. COLTIVAZIONI: viti, cereali, ortaggi, alberi da frutta. ALLEVAMENTI: pollame. PRODOTTI IN VENDITA: vino, olio, verdura, legumi, marmellate, miele.

Bettona (PG)

m 353 ✉ 06084

Il Poggio degli Olivi

a Passaggio, località Montebalacca, tel. 0759869023, fax 0759869023 - ettari 60 - ‚ - chiusura: periodo tra gennaio e febbraio - 🍃 previo accordi.
▶ Dall'uscita Assisi-Santa Maria degli Angeli della Statale 75 raggiungere Passaggio di Bettona e proseguire per altri 4 km.

In posizione panoramica sulla valle del Chiascio, al centro di una vasta tenuta agricola, si soggiorna in un complesso agrituristico di prim'ordine, incentrato su un casale seicentesco: arredi rustici e dotazioni di riguardo, piscina, tennis e ristorazione di tono, senza dire della bellezza dei luoghi.

🛏 CAMERE CON SERVIZI: 6 doppie, con riscaldamento centralizzato, telefono - pernottamento per persona £ 50/80000, pensione £ 115/145000, forfait settimanale £ 330/530000.

⊞ APPARTAMENTI: 9 bilocali per 2/4 persone, 1 di 3 locali per 6/8 persone, con stoviglie, riscaldamento autonomo - affitto a settimana £ 510/1300000.

SOGGIORNO MINIMO: 1 settimana in alta stagione (appartamenti). CARTE DI CREDITO: American Express, Diner's Club, Visa, Eurocard, Mastercard.

Note: *le camere e gli appartamenti sono dotati di biancheria per letto e per bagno, televisore.*

)|(cucina umbra e di ricerca (piatti al tartufo) - vini regionali - £ 35/55000.

SERVIZI E LOCALI COMUNI: parcheggio, telefono, sala TV. SPORT E TEMPO LIBERO: piscina, campo da tennis, ping pong; passeggiate. COLTIVAZIONI: olivi. PRODOTTI IN VENDITA: olio extravergine d'oliva.

Il Sambro

a Passaggio, via S. Illuminata, tel. 075987109, fax 075 8019842 - ettari 12 - chiusura: sempre aperto - ✀

▶ Partendo da Perugia imboccare la Statale 75 verso Spoleto, procedere per 10 km circa, quindi seguire le indicazioni per Bettona. L'azienda si trova 4 km a Sud della località.

Ameno soggiorno in casale con vista sulla valle Umbra e Assisi. Il borgo medievale di Bettona è il primo incontro con l'arte e la buona cucina della regione. Tutt'intorno gli olivi e le vigne del celebre Sagrantino.

⊞ APPARTAMENTI: 2 bilocali per 3 persone, 2 di 3/4 locali per 4/6 persone, con biancheria letto, biancheria bagno, stoviglie, riscaldamento centralizzato - affitto a settimana £ 450/850000, supplemento per riscaldamento £ 20/25000 al giorno. Deposito cauzionale £ 250000.

SOGGIORNO MINIMO: 3 notti in bassa stagione.

SERVIZI E LOCALI COMUNI: parcheggio. SPORT E TEMPO LIBERO: piscina. COLTIVAZIONI: olivi. PRODOTTI IN VENDITA: olio d'oliva.

Natura Amica ✦ 🎖

a Fratta di Bettona, via dei Cacciatori 7, tel. 075 982828, fax 075982922 - ettari 74 - chiusura: gennaio - ✿ previo accordi.

▶ Accesso da Perugia tramite la Provinciale che, dirigendo verso Sud, supera la Statale 3bis e Torgiano; a Bettona, costeggiare le mura etrusche e seguire la segnaletica per le acque minerali.

Camere con vista sulla valle Umbra in un complesso agrituristico ristrutturato intorno a un vecchio casale in pietra. Posizione panoramica e dintorni che invitano a montare in sella ai tranquilli avelignesi dell'azienda.

⌇ CAMERE CON SERVIZI: 6 doppie - pernottamento per persona £ 45000.

⊞ APPARTAMENTI: 4 bilocali per 4 persone - affitto a settimana £ 400/600000, pulizia finale £ 30000, supplemento per luce e gas. Deposito cauzionale £ 100000.

SOGGIORNO MINIMO: 3 giorni.

Note: *le camere e gli appartamenti sono dotati di biancheria per letto e per bagno, riscaldamento centralizzato.*

SERVIZI E LOCALI COMUNI: parcheggio, telefono. SPORT E TEMPO LIBERO: piscina, maneggio, ricovero cavalli. COLTIVAZIONI: olivi, ortaggi. ALLEVAMENTI: suini, equini, pollame. PRODOTTI IN VENDITA: olio, marmellate.

Torre Burchio

vocabolo Burchio, tel. 0759885017 oppure 0336 544647, fax 075987150 - ettari 600 - ♿ - chiusura: metà gennaio-febbraio - ✿ previo accordi.

▶ Da Perugia dirigersi su Bettona, raggiungibile dall'uscita Ponte Nuovo-Torgiano della Statale 3bis (E45); giunti in paese, non entrarvi ma costeggiare le mura sul lato destro; 4 km di strada bianca e l'apposita segnaletica portano all'azienda.

Bettona è uno dei gioielli dell'Umbria medievale e serba anche la sorpresa di questa riserva faunistica di 600 ettari con soggiorno agrituristico in un casale ottocentesco. Turismo equestre a tutti i livelli (affiliato Ante). Prodotti biologici destinati alle tavole dell'annesso ristorante. Si organizzano settimane verdi per ragazzi.

⌇ CAMERE CON SERVIZI: 13 doppie, 1 a 4 letti, con riscaldamento - pernottamento per persona £ 70/ 90000, pensione £ 140/170000, riduzioni per bambini fino a 12 anni.

⊞ APPARTAMENTI: 2 monolocali per 2 persone, 4 bilocali per 4 persone, 1 di 3 locali per 6 persone, con biancheria cucina, stoviglie, riscaldamento a consumo - affitto a settimana £ 700/1600000. Deposito cauzionale £ 300000 alla prenotazione.

SOGGIORNO MINIMO: 3 giorni in bassa stagione, 7 giorni in alta stagione. CARTE DI CREDITO: tutte.

Note: *le camere e gli appartamenti sono dotati di biancheria per letto e per bagno, telefono e televisore.*

)|(cucina umbra (antipasti, primi piatti, grigliate) - vini regionali - £ 25/35000.

SERVIZI E LOCALI COMUNI: bar, sala TV, sala lettura, sala convegni. SPORT E TEMPO LIBERO: piscina, gioco bocce, tiro con l'arco, ping pong, maneggio, ricovero cavalli; disponibilità di mountain bike, corsi di cucina, pesca, corsi di equitazione, trekking, passeggiate naturalistiche guidate. Coltivazioni: olivi, ortaggi, alberi da frutta. Allevamenti: bovini, ovini, cavalli, animali di bassa corte, api, cinghiali, daini. Prodotti in vendita: olio extravergine d'oliva, biscotti, marmellate, miele.

Bevagna (PG)

m 210 ⊠ 06031

Il Calesse

a Torre del Colle, via S. Giovanni 32, tel. 0742360660, fax 0742360660 - ettari 21 - 🔆 - chiusura: sempre aperto - 🐾
▶ Lasciare la direttrice che collega Perugia a Spoleto in prossimità di Foligno, e proseguire per Bevagna. L'azienda si trova a 5 km circa dal paese, a Nord-Est.

In vacanza tra i boschi che sovrastano la medievale Bevagna, una delle perle della valle del Topino. Ovunque lo sguardo si posi è arte, storia, celebri vigne e il soggiorno rurale si accende subito di nuovi interessi.

🛏 Camere senza servizi: 1 singola, 1 doppia; 2 bagni in comune - pernottamento per persona £ 30/45000, prima colazione £ 5000, pensione £ 70/90000. Camere con servizi: 6 doppie - pernottamento per persona £ 40/55000, prima colazione £ 5000, pensione £ 90/100000.
Note: *le camere sono dotate di biancheria per letto e per bagno, riscaldamento autonomo; sconto 10% per letto aggiunto, sconto 20% per bambini fino a 10 anni.*
🍴 riservato agli ospiti - cucina tradizionale - vini locali di produzione propria - £ 25/40000.
Servizi e locali comuni: parcheggio, telefono. Sport e tempo libero: tiro con l'arco, maneggio; disponibilità di mountain bike, guida ai lavori agricoli, osservazione degli animali, passeggiate a cavallo, visite nei dintorni, passeggiate nel bosco. Coltivazioni: olivi, viti, pascolo. Allevamenti: ovini, caprini, animali di bassa corte. Prodotti in vendita: salumi, vino, olio, formaggio, miele.

▶ Dalla superstrada che proviene da Perugia, deviare a destra poco prima di entrare in Foligno e proseguire fino a raggiungere Bevagna; da qui, altri 2 km circa portano all'azienda.

A due chilometri dalla storica cittadina, si soggiorna in un armonioso complesso di edifici d'epoca e di recente costruzione, con amplissimo panorama su Spello, Assisi, Montefalco e Trevi.

🛏 Camere con servizi: 2 singole, 19 doppie, 6 a più letti, con riscaldamento autonomo - pernottamento per persona £ 70/80000, letto aggiunto £ 30000.
🏠 Appartamenti: 3 monolocali per 2/4 persone, 1 bilocale per 4/6 persone, 1 di 3 locali per 6/8 persone, con biancheria cucina, stoviglie, riscaldamento a gas - affitto a settimana £ 1190/1400000. Deposito cauzionale £ 200000.
Soggiorno minimo: 1 settimana in alta stagione. Carte di credito: American Express, Visa, Eurocard, Mastercard, Diner's Club, Bancomat.
Note: *le camere e gli appartamenti sono dotati di biancheria per letto e per bagno, telefono e televisore.*
🍴 cucina umbra (primi piatti) - vini regionali di produzione propria - £ 35/40000.
Servizi e locali comuni: parcheggio, telefono, sala TV, sala lettura. Sport e tempo libero: piscina; escursioni. Coltivazioni: olivi, viti, ortaggi. Prodotti in vendita: vino, olio.

Il Poggio del Pettirosso

a Madonna delle Grazie, vocabolo Pilone 301, tel. 0742 361744, fax 0742360379 - ettari 10 - 🔆 - chiusura: metà gennaio-marzo - 🐾 previo accordi.

La Fonte ⭐️

a Torre del Colle, località Fiaggia, tel. 0742360968 oppure 03473680082, fax 0742360968 - ettari 70 - chiusura: sempre aperto - 🐾 piccola taglia.

▶ Percorrere la direttrice che proviene da Perugia fino all'uscita Foligno Nord (per chi proviene da Orte, Statale 3), poi imboccare la deviazione per Bevagna; in paese, raggiungere la residenza del proprietario in corso Matteotti 9, per l'accompagnamento in azienda.

La posizione è eccellente: panoramica sul monte Subasio e le dolci ondulazioni che scendono verso il fiume; strategica rispetto alle più classiche mete del turismo umbro. La sistemazione è invidiabile, tra mura di antichi casali con il comfort di moderni impianti e l'atmosfera dell'arte povera. Previo accordi, si organizzano settimane verdi per ragazzi.

⊞ APPARTAMENTI: 2 bilocali per 2/3 persone, 2 di ampia metratura per 4/8 persone, con biancheria letto, biancheria bagno, biancheria cucina, stoviglie, riscaldamento a consumo, televisore - affitto a settimana £ 400/1150000, pulizia finale £ 40/60000. Deposito cauzionale £ 200000 alla prenotazione.
SOGGIORNO MINIMO: 2 notti.

SERVIZI E LOCALI COMUNI: parcheggio, parco giochi bimbi, barbecue. SPORT E TEMPO LIBERO: piscina, gioco bocce, tiro con l'arco; noleggio biciclette, guida ai lavori agricoli, osservazione degli animali, visite guidate, passeggiate nel bosco. COLTIVAZIONI: olivi, grano, girasoli, alberi da frutta. ALLEVAMENTI: caprini, pollame, api. PRODOTTI IN VENDITA: uova, olio extravergine d'oliva, marmellate, miele.

Calvi dell'Ùmbria (TR)

m 401 ✉ 05032

San Martino 🏕️

località Colle San Martino 10, tel. 0744710644 oppure 0368435100, fax 0744710644 - ettari 64 - chiusura: gennaio-febbraio - 🍴
▶ Lasciare la A1 al casello di Magliano Sabina, poi seguire, a Nord, la Via Flaminia fino a Otricoli; da qui, circa 8 km a destra conducono a Calvi dell'Umbria e, ancora 700 m, all'azienda.

Da questo bel casale agrituristico si gode una eccezionale veduta circolare sulle colline umbre e sabine e sulla valle del Tevere: un mosaico di boschi e pascoli dal quale emergono antichi borghi a evocare innumerevoli possibilità di visita. Percorso ginnico intorno al laghetto aziendale. Settimane verdi per gruppi di ragazzi con accompagnatore.

⊞ APPARTAMENTI: 1 monolocale per 2 persone, 3 bilocali per 4/6 persone, con biancheria letto, biancheria bagno, biancheria cucina, stoviglie, riscaldamento autonomo, televisore - affitto al giorno £ 120/250000, affitto a settimana £ 700/1680000, soggiorno gratuito per bambini fino a 3 anni.

SOGGIORNO MINIMO: 3 giorni in bassa stagione, 1 settimana in alta stagione.
SERVIZI E LOCALI COMUNI: parcheggio, telefono, sala TV, sala lettura, parco giochi bimbi, barbecue. SPORT E TEMPO LIBERO: piscina, ricovero cavalli; guida ai lavori agricoli. COLTIVAZIONI: olivi, viti, bosco, grano, girasoli, ortaggi, alberi da frutta, foraggio. ALLEVAMENTI: cavalli, pollame. PRODOTTI IN VENDITA: vino, olio extravergine d'oliva.

Cannara (PG)

m 191 ✉ 06033

La Fattoria del Gelso

vocabolo Bevagna 16, tel. 074272164 oppure 0338 9625954, fax 074272164 - ettari 30 - chiusura: sempre aperto - 🚫
▶ Da Assisi o da Spello, sulla direttrice Perugia-Foligno, percorrere la strada per Cannara per circa 6 km; l'azienda è a 1 km dal centro urbano.

Nelle campagne sulla destra del fiume Topino, un'antica fattoria, ristrutturata con rustica eleganza, e diverse unità indipendenti che la circondano, sono a disposizione di chi, anche in campagna, vuole il massimo del comfort. A portata di mano arte, cultura e mondanità.

🛏️ CAMERE CON SERVIZI: 3 doppie, 3 a più letti, con biancheria letto, biancheria bagno, riscaldamento - pernottamento per persona £ 55000, mezza pensione £ 100000.
SOGGIORNO MINIMO: 2 notti. CARTE DI CREDITO: CartaSi.
🍴 riservato agli ospiti - cucina umbra (paste fresche, pizza e dolci) - vini di produzione propria - £ 40000.

Umbria

SERVIZI E LOCALI COMUNI: parcheggio, telefono, sala lettura. SPORT E TEMPO LIBERO: piscina; disponibilità di mountain bike, corsi di cucina. COLTIVAZIONI: olivi, viti, cereali, girasoli, ortaggi, barbabietole, foraggio. ALLEVAMENTI: pollame. PRODOTTI IN VENDITA: olio, verdura.

Càscia (PG)

m 653 ⊠ 06043

Casale Sant'Antonio

località Casali Sant'Antonio, tel. 074376819 oppure 074376232 - ettari 16 - apertura: marzo-ottobre - ♨
▶ Da Cascia percorrere circa 2 km verso Sud-Ovest sulla Statale 471 per Leonessa e Rieti.

Nell'Alto Spoletino, un casale ristrutturato a beneficio degli amanti dei soggiorni montani. In azienda interessante esposizione di vecchi attrezzi agricoli. Escursioni nei borghi della Valnerina e nel Parco dei Monti Sibillini. Si organizzano settimane verdi per ragazzi.

🔑 Camere con servizi: 1 doppia, con uso cucina - pernottamento per persona £ 30/35000.
⊞ APPARTAMENTI: 1 monolocale per 2 persone, 2 bilocali per 4 persone, con stoviglie - affitto al giorno per persona £ 30/35000. Deposito cauzionale da concordare.
Note: *la camera e gli appartamenti sono dotati di biancheria per letto e per bagno, riscaldamento a gas o a legna; lettino aggiunto £ 15000.*
SERVIZI E LOCALI COMUNI: parcheggio. SPORT E TEMPO LIBERO: guida ai lavori agricoli, osservazione degli animali, visite nei dintorni, trekking. COLTIVAZIONI: cereali, legumi, foraggio. ALLEVAMENTI: bovini. PRODOTTI IN VENDITA: legumi, farro.

Castiglione del Lago (PG)

m 304 ⊠ 06061

Casal de' Cucchi

a Petrignano, vocabolo I Cucchi, tel. 0759528116 oppure 0337653583, fax 0755171244 - ettari 10 - chiusura: sempre aperto - ♨ previo accordi.
▶ Fra i possibili itinerari di accesso, si consideri quello che parte da Castiglione del Lago: percorrere la Statale 454 per Montepulciano per 8,6 km, fin poco oltre Pozzuolo; da qui dirigere a destra verso Cortona; l'azienda si trova alle porte di Petrignano.

Sulle colline del lago Trasimeno, in posizione strategica per visitare le località più note di Umbria e Toscana, si trova questa premiata tenuta vinicola. Il complesso agrituristico è composto da più edifici rurali disposti intorno alla piscina. Settimane verdi per ragazzi, in primavera e autunno.

🔑 CAMERE CON SERVIZI: 1 doppia, 1 suite - pernottamento per persona £ 45/65000, prima colazione £ 10/12000, pensione £ 115/125000.
⊞ APPARTAMENTI: 5 bilocali per 3 persone, 4 di 3/4 locali per 4/6 persone, con biancheria cucina, stoviglie - affitto al giorno £ 85/222000, affitto a settimana £ 600/1550000, riscaldamento £ 15/25000 al giorno. Deposito cauzionale £ 400000.
SOGGIORNO MINIMO: 2 notti.
Note: *le camere e gli appartamenti sono dotati di biancheria per letto e per bagno, televisore e riscaldamento centralizzato; supplemento per cambio biancheria infrasettimanale.*
⑅ cucina umbra (prenotare) - vini di produzione propria - £ 25/45000.
SERVIZI E LOCALI COMUNI: parcheggio, telefono, sala lettura, parco giochi bimbi. SPORT E TEMPO LIBERO: piscina, ping pong, calcio-balilla; noleggio mountain bike, visite nei dintorni. COLTIVAZIONI: olivi, viti, alberi da frutta. PRODOTTI IN VENDITA: vino, grappa, olio.

Le Quattro Stagioni

a Piana, località Palareto-Castagni, tel. 0759652892 oppure 0759652454, fax 0759652454 - ettari 150 - chiusura: sempre aperto - ✎

▶ Per chi arriva da Nord: uscita Val di Chiana della A1, poi direttrice per Perugia e deviazione per Castiglione del Lago; percorrere circa 5 km verso Sud, prima di svoltare a destra per Piana. Per chi proviene da Sud: lasciare la A1 a Chiusi, poi raggiungere Castiglione del Lago e proseguire a Nord-Ovest per Piana.

Il nome è tutto un programma ed evoca rustici piaceri in ogni momento dell'anno: dall'estate, quando si scende al Trasimeno per un bagno o una giornata di pesca, all'inverno, quando nel vasto fondo aziendale si organizzano battute di caccia. Atmosfera genuinamente contadina. Piscina in allestimento.

⊞ APPARTAMENTI: 4 bilocali per 3/4 persone, con biancheria letto, biancheria bagno, biancheria cucina, stoviglie, riscaldamento autonomo, televisore - affitto al giorno £ 90/130000, affitto a settimana £ 450/750000, pulizia finale £ 30000, bambini fino a 3 anni gratis, riduzioni per soggiorni superiori a una settimana. Deposito cauzionale 30% alla prenotazione. Soggiorno minimo: 2 notti.

Servizi e locali comuni: parcheggio, sala TV, taverna, barbecue. Sport e tempo libero: gioco bocce, ping pong; disponibilità di biciclette, guida ai lavori agricoli, passeggiate, visite nei dintorni. Coltivazioni: olivi, viti, cereali, alberi da frutta. Prodotti in vendita: uova, vino, vinsanto, olio, frutta.

Poggio del Sole

a Sanfatucchio (Cap 06060), località Ceraso, tel. 075 9680221 oppure 0759589678, fax 0759680221 - ettari 80 - 🚶 - chiusura: sempre aperto - 🐾 grossa taglia.

▶ Si consideri il percorso mediano, fra i tanti possibili, che prevede l'uscita dalla A1 allo svincolo di Chiusi; da qui raggiungere in 6,2 km la Statale 71 che proviene da Città della Pieve e dirige verso Castiglione del Lago. Dopo altri 6 km, piegare a sinistra per arrivare a Sanfatucchio; da qui la segnaletica conduce in azienda.

Gli ariosi ambienti del casale, il bel panorama, l'esposizione felicissima: tutto induce agli ozi domestici. Eppure qui, a cavallo tra Umbria e Toscana, i richiami turistici sono molti, dalla natura di riserve e parchi naturali ai tesori delle città d'arte.

🏠 Appartamenti: 7 di varia disposizione per 2/4/6/9 persone, con biancheria letto, biancheria bagno, biancheria cucina, uso lavanderia, stoviglie, riscaldamento autonomo - affitto al giorno £ 60/200000, affitto a settimana £ 300/1300000; supplemento per riscaldamento. Deposito cauzionale £ 300000 alla prenotazione.

Carte di credito: Visa, Eurocard, Mastercard, Bancomat. Servizi e locali comuni: parcheggio, telefono, barbecue. Sport e tempo libero: piscina, gioco bocce, campo di calcetto; noleggio mountain bike, visite nei dintorni, passeggiate. Coltivazioni: olivi, granoturco, grano, ortaggi. Allevamenti: suini. Prodotti in vendita: olio, marmellate, miele.

Romitorio

a Pozzuolo (Cap 06067), località Romitorio, tel. 075 959517 oppure 033596859100, fax 075959517 - ettari 20 - chiusura: sempre aperto - 🐾

▶ Raggiungere Castiglione del Lago con la Statale 71; quindi imboccare la Statale 454 in direzione Montepulciano e percorrerla per 8,6 km sino a Pozzuolo. L'azienda si trova a circa 150 m dall'abitato.

Azienda tra le colline che separano il lago Trasimeno dalla val di Chiana, dunque tra Perugia e Siena, con tutto ciò che le due province possono offrire per una vacanza. Per gli ospiti due casali, non distanti dalla graziosa frazione di Pozzuolo.

🏠 Appartamenti: 5 bilocali per 2 persone, 5 di 3 locali per 4 persone, con biancheria letto, biancheria bagno, biancheria cucina, stoviglie, riscaldamento autonomo - affitto a settimana £ 500/1200000.

Servizi e locali comuni: parcheggio, telefono, sala TV, sala lettura, taverna, sala giochi bimbi. Sport e tempo libero: piscina, campo da tennis, gioco bocce, tiro con l'arco, ping pong; disponibilità di mountain bike, pesca, escursioni, passeggiate naturalistiche. Coltivazioni: olivi, viti, grano, girasoli, foraggio.

Villa la Torre

a Pozzuolo (Cap 06067), via Nazionale 29, tel. 075 959709 oppure 0339377762, fax 0759602021 - ettari 12 - 🚶 - chiusura: sempre aperto - 🐾 previo accordi.

▶ L'azienda si trova al km 6 della Statale 454 (Castiglione del Lago-Montepulciano) che si può raggiungere dall'uscita Chiusi-Chianciano Terme della A1 tramite Statale 326 che parte da Chiusi.

Si soggiorna confortevolmente nella fattoria di una villa ottocentesca. Il parco, cintato, è il primo scenario della vacanza, ma all'orizzonte sono anche le belle sponde del Trasimeno e tante mete a cavaliere tra Umbria e Toscana. Si organizzano settimane verdi per gruppi di ragazzi tra giugno e settembre.

🛏 Camere senza servizi: 4 doppie; 2 bagni in comune - pernottamento per persona £ 45/55000, prima colazione £ 5000, mezza pensione £ 80/100000. Camere con servizi: 2 singole, 14 doppie, 4 a 3 letti - pernottamento per persona £ 50/60000, prima colazione £ 5000, mezza pensione £ 90/110000. Deposito cauzionale 30%.

Soggiorno minimo: 2 notti in bassa stagione, 3 notti in alta stagione. Carte di credito: Visa, Eurocard, Mastercard, Bancomat.

Note: *le camere sono dotate di biancheria per letto e per bagno, telefono e riscaldamento centralizzato; possibilità di letto aggiunto, televisore a richiesta.*

⛺ 3 equipaggi 🚐 5 equipaggi.

🍴 cucina toscana e umbra (prenotare) - vini regionali di produzione propria - £ 20/50000.

Servizi e locali comuni: parcheggio, telefono, bar, sala TV, sala lettura. Sport e tempo libero: piscina, campo di calcetto, biliardo, ping pong, calcio-balilla; noleggio mountain bike, degustazione vini dell'azienda, degustazione di olio extravergine, passeggiate a cavallo, visite guidate. Coltivazioni: olivi, viti, granoturco, grano, girasoli, prato. Allevamenti: ovini, cavalli, animali di bassa corte, api. Prodotti in vendita: vino, vinsanto, olio, formaggio, marmellate, miele.

Villa Osvaldo

a Villastrada (Cap 06060), località Salticchio 7, tel. 075 825317 oppure 0759527241, fax 075825317 - ettari 30 - chiusura: sempre aperto - ◆ previo accordi.
▶ Lasciare la A1 allo svincolo Chiusi-Chianciano Terme e proseguire verso il lago Trasimeno; dopo avere raggiunto e percorso 6 km della Statale 71, deviare a sinistra (circa 4 km) per Villastrada.

Un casale seicentesco con spettacolare veduta sulle campagne circostanti a olivi, viti e grano. Appartamenti indipendenti arredati con mobili in stile. Passeggiate nei 30 ettari della tenuta agricola; bagni e sport acquatici nel vicino Trasimeno. Settimane verdi per ragazzi.

⊞ APPARTAMENTI: 1 monolocale per 2 persone, 2 bilocali per 4/6 persone, 5 di 3/4 locali per 4/8 persone, con biancheria letto, stoviglie, riscaldamento a consumo, televisore a richiesta - affitto al giorno £ 70/250000, supplemento per biancheria bagno. Deposito cauzionale £ 300000 alla prenotazione.
SOGGIORNO MINIMO: 1 settimana in alta stagione.
⚠ 4 equipaggi ⛺ 6 equipaggi.
〉◀ cucina umbra e toscana (carni alla brace, pesce di lago) - vini locali di produzione propria - £ 25/35000.
SERVIZI E LOCALI COMUNI: parcheggio, telefono, sala TV.
SPORT E TEMPO LIBERO: piscina; noleggio mountain bike.
COLTIVAZIONI: olivi, viti, cereali. PRODOTTI IN VENDITA: vino, olio, crema di olive, miele.

Città della Pieve (PG)

m 509 ⊠ 06062

Madonna delle Grazie

vocabolo Madonna delle Grazie 6, tel. 0578299822 oppure 0330880223, fax 0578299822 - ettari 7 - chiusura: sempre aperto - ◆ previo accordi.
▶ Abbandonare la A1 a Chiusi-Chianciano Terme (da Nord) o a Fabro (da Sud) e raggiungere Città della Pieve; da qui ancora 1 km sulla strada per Ponticelli.

Sul confine tra Perugia e Siena, a un quarto d'ora di cammino da uno dei borghi più suggestivi dell'Umbria, un casale all'antica, in posizione panoramicissima. Colture biologiche certificate Aiab. Centro aggregato Ante, con guida.

🐦 CAMERE CON SERVIZI: 5 doppie - pernottamento per persona £ 70/90000, mezza pensione £ 90/105000, riscaldamento £ 5000 al giorno, pulizia quotidiana.

⊞ APPARTAMENTI: 1 di più locali per 2/4 persone, con uso lavanderia, stoviglie, televisore - affitto a settimana £ 700/1100000, gas a consumo, supplemento per pulizia finale £ 50000. Deposito cauzionale da concordare.
SOGGIORNO MINIMO: 1 settimana.
Note: le camere e l'appartamento sono dotati di biancheria per letto e per bagno, riscaldamento centralizzato.
〉◀ riservato agli ospiti - cucina umbra e toscana (paste fresche, arrosti) - vini regionali di produzione propria.
SERVIZI E LOCALI COMUNI: parcheggio, telefono, sala TV, sala lettura, parco giochi bimbi, barbecue. SPORT E TEMPO LIBERO: piscina, gioco bocce, ping pong, maneggio, ricovero cavalli, percorso vita; noleggio mountain bike, corsi di cucina, corsi di lingue, corsi di equitazione, passeggiate naturalistiche guidate, trekking a piedi e a cavallo.
COLTIVAZIONI: olivi, viti, ortaggi, alberi da frutta, pascolo.
ALLEVAMENTI: cavalli, pollame, conigli, api.

Città di Castello (PG)

m 288 ⊠ 06012

Villa Bice ⭐🚗

a Cerbara (Cap 06011), Villa Zampini 43/45, tel. 075 8511430, fax 0758511430 - ettari 20 - chiusura: sempre aperto - ◆
▶ Dopo 5 km a Nord di Città di Castello, a lato della Statale 3bis (oppure E45) verso Sansepolcro, raggiunto e superato il paesino di Cerbara, prendere il viale fiancheggiato da lecci, a destra, che porta all'azienda.

Siamo nell'alta valle del Tevere, vicinissimi al confine con la Toscana: la cornice è quella romantica del grande parco che circonda una villa settecentesca. Nei due casali che la affiancano, sono stati ricavati per gli ospiti deliziosi appartamenti arredati nel segno della tradizione rurale umbra.

⊞ APPARTAMENTI: 4 bilocali, 3 di 3 locali, con biancheria letto, biancheria bagno, biancheria cucina, uso lavanderia, stoviglie, riscaldamento autonomo - affitto al giorno £ 80/200000, affitto a settimana £ 500/1400000, supplemento per pulizia finale. CARTE DI CREDITO: tutte.

SERVIZI E LOCALI COMUNI: parcheggio, telefono, parco giochi bimbi, idromassaggio, barbecue. SPORT E TEMPO LIBERO: piscina, gioco bocce, campo di calcetto, ping pong; corsi di ceramica, visite nei dintorni, passeggiate. COLTIVAZIONI: barbabietole, prato, tabacco.

Costacciaro (PG)

m 567 ✉ 06021

Pian d'Isola

località Pian d'Isola, tel. 0759170567 oppure 0336 830800, fax 0759172014 - ettari 41 - ⅋ - chiusura: sempre aperto - ☎ previo accordi.

▶ Località situata lungo la Via Flaminia, nel tratto fra Gualdo Tadino e Cagli; per arrivare in azienda, lasciare il paese verso Nord: dopo 500 m, deviare a sinistra e continuare per circa 3 km seguendo la segnaletica dell'azienda.

Casale in pietra, ristrutturato, al margine del Parco Regionale del monte Cucco; si organizzano attività dello sport estremo, come il "torrentismo". I prodotti sono biologici con certificazione Demeter.

🛏 CAMERE SENZA SERVIZI: 2 doppie; 1 bagno in comune - pernottamento per persona £ 40000, prima colazione £ 7000, mezza pensione £ 77000. CAMERE CON SERVIZI: 3 singole, 4 doppie - pernottamento per persona £ 40000, prima colazione £ 7000, mezza pensione £ 77000. Deposito cauzionale da concordare.

Note: *le camere sono dotate di biancheria per letto e per bagno, riscaldamento a gas.*

🏕 2 equipaggi.

)|[riservato agli ospiti - cucina umbra (minestra di farro) - vini regionali - £ 25/40000.

SERVIZI E LOCALI COMUNI: parcheggio, telefono, servizio fax, sala TV, sala lettura, giochi bimbi. SPORT E TEMPO LIBERO: gioco bocce, ping pong, maneggio; noleggio mountain bike, passeggiate a cavallo, corsi di equitazione, escursioni. COLTIVAZIONI: cereali, ortaggi, alberi di frutta, foraggio. ALLEVAMENTI: ovini, cavalli, animali di bassa corte. PRODOTTI IN VENDITA: cereali, conserve.

Deruta (PG)

m 218 ✉ 06053

Antica Fattoria del Colle

strada del Colle delle Forche 6, tel. 075972201 oppure 0360343544, fax 075972201 - ettari 10 - chiusura: metà gennaio-marzo - ☎.

▶ Uscire dalla superstrada E45 allo svincolo Casalina-Madonna dei Bagni, 4 km da Deruta verso Todi, prendere la Statale 3bis, poi seguire la segnaletica che, in circa 3 km, guida fino all'azienda.

Due tipici casali della media valle del Tevere, sapientemente restaurati. Agli ospiti più dinamici la zona riserva vari spunti di visita; agli amanti dei piaceri domestici, la fattoria offre invece due saloni con camino e letture di vario genere.

🛏 CAMERE CON SERVIZI: 3 doppie, 2 a 4 letti - pernottamento per persona £ 65/80000, mezza pensione £ 115/130000, sconto 20% sul prezzo di mezza pensione per bambini fino a 12 anni.

⊞ APPARTAMENTI: 1 monolocale per 3 persone, 1 bilocale per 3 persone, con biancheria cucina, stoviglie - affitto a settimana £ 1300/1800000. Deposito cauzionale da concordare alla prenotazione.

SOGGIORNO MINIMO: in bassa stagione 2 notti in camera, 1 settimana in appartamento.

Note: *le camere e gli appartamenti sono dotati di biancheria per letto e per bagno, riscaldamento centralizzato o elettrico.*

)|[riservato agli ospiti - cucina umbra (piatti della tradizione) - vini locali di produzione propria.

SERVIZI E LOCALI COMUNI: parcheggio, telefono, sala TV. SPORT E TEMPO LIBERO: piscina, gioco bocce, biliardo, ping pong; disponibili di mountain bike, guida ai lavori agricoli. COLTIVAZIONI: olivi, viti, cereali, ortaggi, foraggio. ALLEVAMENTI: bovini, suini, pollame, conigli.

Ferentillo (TR)

m 260 ✉ 05034

Abbazia San Pietro in Valle

a Macenano, via Case Sparse 4, tel. 0744400210 oppure 0744780129, fax 0744409081 - ettari 51 - ⅋ - chiusura: Epifania-metà marzo - ✂

▶ Partendo da Terni percorrere la Statale 209 verso Visso e Camerino; giunti al km 20, poco oltre Ferentillo, svoltare a sinistra seguendo le indicazioni per l'abbazia e per l'agriturismo.

L'abbazia fondata nell'VIII secolo dal longobardo Faroaldo II è cornice per una vacanza rurale davvero fuori dal comune. Ospitalità d'alto rango alberghiero nel "relais"; ristorazione d'eccellenza all'insegna del tartufo e degli altri prodotti tipici della Valnerina.

🛏 CAMERE CON SERVIZI: 13 doppie, 2 a 3/4 letti, con biancheria letto, biancheria bagno, riscaldamento autonomo, telefono, televisore satellitare - pernottamento per persona £ 70/100000, pensione £ 115/150000. Deposito cauzionale 30% alla prenotazione.

SOGGIORNO MINIMO: 3 giorni in alta stagione. CARTE DI CREDITO: Visa, Eurocard, Mastercard.

)¶ cucina del territorio (trota tartufata) - vini regionali - £ 25/70000.

SERVIZI E LOCALI COMUNI: parcheggio, telefono, sala TV, sala lettura. SPORT E TEMPO LIBERO: tiro con l'arco, ping pong; noleggio mountain bike, visite guidate, passeggiate. COLTIVAZIONI: olivi, bosco, pascolo, tartufi. PRODOTTI IN VENDITA: olio extravergine d'oliva.

Ficulle (TR)

m 437 ⊠ 05016

La Casella-Antico Feudo di Campagna

strada La Casella 4, tel. 076386588, fax 076386684 - ettari 450 - chiusura: sempre aperto - ❧

▶ Dal casello Fabro della A1, dirigere a sinistra, verso Parrano; dopo 7 km, prima di iniziare la salita per la stessa Parrano, deviare a destra per 6 km su strada bianca; seguire la segnaletica dell'azienda.

Vasto complesso agrituristico articolato intorno a un nucleo centrale di servizi (tra cui una bottega d'arte e un centro massaggi) e strutture sportive. Si soggiorna in casali ristrutturati ma le attività collettive sono tali e tante che c'è poco da oziare. Settimane verdi per ragazzi (su richiesta).

⌖ CAMERE CON SERVIZI: 9 doppie, 6 a più letti, con biancheria letto, biancheria bagno, riscaldamento autonomo - pensione £ 140/150000, riduzioni per bambini fino a 12 anni e per terzo letto.

SOGGIORNO MINIMO: 3 giorni a Pasqua e periodo natalizio, 7 giorni in agosto. CARTE DI CREDITO: American Express, Visa, Eurocard, Mastercard, Diner's Club.

)¶ cucina del territorio - vini locali - £ 30/40000.

SERVIZI E LOCALI COMUNI: parcheggio, telefono, bar, sala lettura. SPORT E TEMPO LIBERO: piscina, campo da tennis, biliardo, ping pong, maneggio, ricovero cavalli; noleggio mountain bike, passeggiate a cavallo, corsi di equitazione. COLTIVAZIONI: granoturco, orzo, avena, girasoli, foraggio. ALLEVAMENTI: suini, cavalli, pollame, conigli. PRODOTTI IN VENDITA: olio, confetture, marmellate, miele.

Gualdo Tadino (PG)

m 536 ⊠ 06023

Bonomi Fabrizia

a San Pellegrino, località Monte Camera, tel. 075 918145 oppure 011258189 - ettari 30 - chiusura: sempre aperto - ❧

▶ Partendo da Gualdo Tadino imboccare la direttrice verso Gubbio e percorrerla per circa 5 km.

Una simpatica contrada d'alta collina con chiesetta e due case coloniche di fine Ottocento. Intorno 30 ettari con boschi di querce e seminativo. Per gli appassionati di bird watching, la riserva Wwf di Colfiorito a 20 km.

⊞ APPARTAMENTI: 2 di 3/5 locali per 4/10 persone, con biancheria letto, biancheria bagno, biancheria cucina, uso lavanderia, stoviglie, riscaldamento a consumo, televisore, caminetto - affitto al giorno per persona £ 40000, eventuale pulizia finale £ 50000. Deposito cauzionale 30% alla prenotazione.

SOGGIORNO MINIMO: 3 notti.

Note: bambini fino a 2 anni gratis, con lettino e biancheria propri; disponibilità di attrezzature per bimbi.

SERVIZI E LOCALI COMUNI: parcheggio, sala giochi bimbi. SPORT E TEMPO LIBERO: gioco bocce, pallavolo, ping pong; disponibilità di biciclette, visite nei dintorni. COLTIVAZIONI: granoturco, frumento, girasoli. ALLEVAMENTI: pollame. PRODOTTI IN VENDITA: frutta, verdura.

Gùbbio (PG)

m 522 ⊠ 06024

Abbazia di Vallingegno

località Vallingegno, tel. 075920158 oppure 0368 3049406, fax 0759227007 - ettari 80 - chiusura: sempre aperto - ❧

▶ L'azienda si trova al margine della Statale 298 che dirige su Perugia, 12 km a Sud di Gubbio.

Suggestivo complesso monastico benedettino risalente al 1100, frequentato tanto da san Francesco quanto da sant'Ubaldo, patrono di Gubbio. La chiesa è ancora officiata mentre il monastero è adibito a manifestazioni di vario genere. Nelle case degli antichi coloni, i rustici alloggi a disposizione degli ospiti presentano soffitti con travi a vista. Settimane verdi per ragazzi in primavera.

 APPARTAMENTI: 6 di varia metratura per 4/8 persone, con biancheria letto, biancheria bagno, biancheria cucina, uso lavanderia, stoviglie, riscaldamento autonomo - affitto al giorno £ 100/450000, affitto a settimana £ 560/2100000. Deposito cauzionale £ 300000.
SOGGIORNO MINIMO: 2 notti. CARTE DI CREDITO: tutte.
SERVIZI E LOCALI COMUNI: parcheggio, sala lettura, taverna, parco giochi bimbi. SPORT E TEMPO LIBERO: piscina, pallavolo, ping pong, maneggio; pesca. COLTIVAZIONI: seminativi, ortaggi, alberi da frutta. ALLEVAMENTI: cavalli, pollame.

Il Cerrone

località Nogna 40, tel. 0759241041, fax 0759241041 - ettari 274 - chiusura: sempre aperto -
▶ Da Gubbio imboccare la Statale 219 in direzione di Cesena; percorsi 10 km deviare a destra al bivio per Pietralunga. Dopo 3 km, sulla sinistra, ingresso dell'azienda agrituristica.

Sulle colline di Gubbio quasi all'incrocio dei confini con Toscana e Umbria, si stende questa grande tenuta a boschi, pascoli e coltivi. Gli ospiti, cui è riservato un rustico in pietra riattato di tutto punto, avranno nel vicino borgo medievale di Pietralunga la prima di tante mete escursionistiche.

APPARTAMENTI: 1 bilocale per 2/4 persone, 2 di 3 locali per 4/6 persone, con biancheria letto, biancheria bagno, biancheria cucina, stoviglie, riscaldamento au-

tonomo - affitto al giorno £ 85/175000, sconto 50% per bambini fino a 10 anni, pulizia finale £ 50000.
SOGGIORNO MINIMO: 3 giorni.
SPORT E TEMPO LIBERO: maneggio, ricovero cavalli; noleggio mountain bike, partecipazione alla ricerca dei tartufi, osservazione degli animali, pesca, corsi di equitazione. COLTIVAZIONI: cereali, ortaggi. ALLEVAMENTI: cavalli, animali di bassa corte. PRODOTTI IN VENDITA: olio, tartufi, verdura, miele.

Oasi Verde Mengara

località Mengara 1, tel. 0759227004, fax 075920049 - ettari 104 - chiusura: Epifania-febbraio - salvo accordi.
▶ Da Gubbio, dirigere su Perugia percorrendo 9 km della Statale 298.

Sulle colline che circondano la celebre cittadina medievale, un casolare in pietra del Seicento accoglie i turisti in camere ampie e arredate con gusto rustico. Affacciandosi alla finestra, veduta sulla tenuta di 104 ettari con laghetto. Per il ristorante è necessario prenotare.

CAMERE CON SERVIZI: 12 doppie, 4 a 3/4 letti, con biancheria letto, biancheria bagno, riscaldamento, televisore - pernottamento per persona £ 40/55000, mezza pensione £ 70/85000. Deposito cauzionale 30%.
SOGGIORNO MINIMO: 3 notti, in agosto 1 settimana. CARTE DI CREDITO: CartaSi, Diner's Club, Bancomat.
cucina umbra (piatti ai funghi e al tartufo) - vini regionali - £ 25/50000.
SERVIZI E LOCALI COMUNI: parcheggio, telefono, sala TV, sala da gioco. SPORT E TEMPO LIBERO: piscina, gioco bocce, ping pong, maneggio, palestra verde; disponibilità di mountain bike, passeggiate a cavallo, corsi di equitazione. COLTIVAZIONI: cereali, orzo, girasoli, ortaggi, legumi. ALLEVAMENTI: cavalli, animali di bassa corte, api. PRODOTTI IN VENDITA: vino, olio, prodotti al tartufo, sottoli, marmellate, miele.

Sant'Erasmo

a Padule, vocabolo Sant'Erasmo 37, tel. 0759291017 oppure 0759271024, fax 0759291017 - ettari 55 - chiusura: sempre aperto -
▶ Sono 5 km a Sud-Est di Gubbio, sulla Statale 219 che va verso Gualdo Tadino.

In aperta campagna, a cinque chilometri dal centro, un ampio casale, scrupolosamente ristrutturato e dotato di ogni comfort, offre la scelta fra cinque appartamenti con caminetto. Nelle vicinanze un centro ippico.

⊞ APPARTAMENTI: 1 monolocale per 3 persone, 4 bilocali per 4/5 persone, con biancheria letto, biancheria bagno, biancheria cucina, stoviglie, riscaldamento a legna e a gas, caminetto - affitto al giorno per persona £ 15/40000, supplemento per riscaldamento. Deposito cauzionale da concordare.

SERVIZI E LOCALI COMUNI: parcheggio, giochi bimbi. SPORT E TEMPO LIBERO: gioco bocce; visite nei dintorni. COLTIVAZIONI: granoturco, frumento, girasoli, foraggio. ALLEVAMENTI: ovini, pollame. PRODOTTI IN VENDITA: pollame, verdura, miele.

Sosta San Francesco

a Biscina, tel. 0759229752 oppure 075920035, fax 0759229752 - ettari 40 - apertura: marzo-ottobre e periodo natalizio - ◆
▶ L'azienda è situata circa 5 km sulla destra della Statale 298 che, da Perugia, raggiunge Gubbio.

Le verdi colline tra Gubbio e Assisi fanno da scenario a una vacanza a tutta natura con ottime opportunità per gli appassionati del turismo equestre. Si organizzano settimane verdi per ragazzi tra giugno e luglio. In stagione, attività venatorie.

⌂ CAMERE CON SERVIZI: 4 doppie, con uso cucina - pernottamento per persona £ 35/45000, mezza pensione £ 55000, sconto 30% per letto aggiunto.
⊞ APPARTAMENTI: 1 casale per 12 persone, con uso lavanderia, stoviglie, telefono - affitto a settimana £ 600/800000. Deposito cauzionale 20%.
SOGGIORNO MINIMO: 3 giorni in camera, 1 settimana nel casale.
Note: *le camere e il casale sono dotati di biancheria per letto e per bagno, televisore e riscaldamento autonomo.*
⚠ 10 equipaggi 🏕 10 equipaggi.
)‖ cucina umbra (paste fresche, torta al testo) - vini regionali - £ 18/50000.

SERVIZI E LOCALI COMUNI: parcheggio, telefono, sala TV, sala lettura, sala giochi bimbi. SPORT E TEMPO LIBERO: piscina, tiro con l'arco, ping pong, ricovero cavalli; disponibilità di biciclette, visite nei dintorni. COLTIVAZIONI: grano, girasoli, ortaggi, foraggio. ALLEVAMENTI: ovini, api. PRODOTTI IN VENDITA: miele.

Villamagna Palazzo

a Villamagna, tel. 0759221809 oppure 0335 5756329, fax 0759221660 - ettari 170 - ♿ - chiusura: sempre aperto - ◆ piccola taglia.
▶ Da Gubbio percorrere la Statale 298 verso Scheggia per 5 km circa, quindi piegare a destra per altri 3 km che conducono a Villamagna e all'azienda.

Gubbio, uno dei luoghi simbolo dell'Umbria, è solo la prima meta di una vacanza da spendere tra natura e arte. Fulcro del soggiorno è un casale di fine Settecento immerso nel verde dell'alta valle del Chiascio; quanto al resto, c'è solo l'imbarazzo della scelta.

⌂ CAMERE CON SERVIZI: 1 doppia, con uso cucina - pernottamento per persona £ 45/60000.
⊞ APPARTAMENTI: 2 bilocali per 4/6 persone, 1 di ampia metratura per 5/6 persone, con stoviglie - affitto a settimana £ 560/1450000. Deposito cauzionale £ 200000 alla prenotazione.
SOGGIORNO MINIMO: 2/3 notti.
Note: *la camera e gli appartamenti sono dotati di biancheria per letto, per bagno e per cucina, caminetto, telefono e riscaldamento a consumo; sconto 10% per bambini fino a 10 anni.*
SERVIZI E LOCALI COMUNI: telefono, parco giochi bimbi, barbecue. SPORT E TEMPO LIBERO: piscina, ping pong, maneggio, ricovero cavalli; osservazione degli animali, trekking a piedi e a cavallo. COLTIVAZIONI: prato, foraggio. ALLEVAMENTI: cavalli.

Villa Mozart

a Ponte d'Assi, tel. 0759272269, fax 0759272269 - ettari 10 - ♿ - chiusura: sempre aperto - ◆ grossa taglia.
▶ Nei pressi di Ponte d'Assi, 6 km a Sud di Gubbio lungo la Statale 298 che conduce a Perugia.

Arroccato sulla sommità di un colle, era in origine un grande convento. Oggi, modernamente adeguato alle esigenze delle vacanze in campagna, garantisce un soggiorno all'insegna della tranquillità e del comfort. Dal capoluogo, scelta a 360 gradi di mete turistiche ed escursioni. Settimane verdi per gruppi di ragazzi.

⊞ Appartamenti: 8 bilocali per 4/8 persone, con biancheria letto, biancheria bagno, biancheria cucina, uso lavanderia, stoviglie, riscaldamento autonomo, televisore - affitto al giorno £ 70/130000, affitto a settimana £ 400/900000. Deposito cauzionale £ 200000.
Soggiorno minimo: 2 notti, in alta stagione 1 settimana.
Servizi e locali comuni: parcheggio, telefono, sala lettura, parco giochi bimbi, barbecue. Sport e tempo libero: piscina, gioco bocce, pallavolo, campo di calcetto, ping pong; noleggio mountain bike, corsi di ceramica, visite guidate, passeggiate. Coltivazioni: cereali, granoturco, girasoli, alberi da frutta, foraggio.

Magione (PG)

m 299 ⊠ 06063

Podere I Sette

a Caligiana, via Case Sparse 7, tel. 0758409364 oppure 0360488457, fax 0758409364 - ettari 70 - chiusura: sempre aperto - previo accordi.
▶ Uscita Magione del raccordo autostradale per Perugia e poi, anziché entrare in paese, deviare a destra per Madonna del Soccorso e Villa; seguire i cartelli che, in 6 km, conducono all'azienda.

Quiete e prodotti genuini in questo piccolo borgo della Comunità Montana dei Monti del Trasimeno. L'azienda comprende un grande oliveto con piante centenarie e 70 ettari a prati e boschi per l'allevamento allo stato brado del bestiame.

⊞ Appartamenti: 1 monolocale per 2 persone, 5 bilocali per 2/4 persone, con biancheria letto, biancheria bagno, biancheria cucina, uso lavanderia, stoviglie, riscaldamento centralizzato - affitto al giorno £ 100/150000; in alta stagione soggiorno solo a mezza pensione £ 70/100000 per persona. Deposito cauzionale 30%.
Soggiorno minimo: 2 notti.
3 equipaggi.
riservato agli ospiti - cucina umbra (pollo fritto) - vini regionali - £ 25/30000.
Servizi e locali comuni: parcheggio, telefono, sala lettura, sala giochi bimbi. Sport e tempo libero: piscina, gioco bocce, tiro con l'arco, ping pong, maneggio, ricovero cavalli; noleggio mountain bike, partecipazione alla raccolta e molitura delle olive, passeggiate a cavallo, corsi di equitazione. Coltivazioni: olivi, cereali, ortaggi, alberi da frutta, pascolo. Allevamenti: bovini, cavalli, animali di bassa corte, api. Prodotti in vendita: pollame, olio, verdura, marmellate, miele.

Marsciano (PG)

m 184 ⊠ 06055

Teveraccio

località Cerro, tel. 0758743787, fax 0758744049 - ettari 33 - ♿ - chiusura: sempre aperto -
▶ Lasciare la superstrada Cesena-Todi allo svincolo di Collepepe, nel tratto Deruta-Todi, e procedere verso Marsciano; dopo 2 km in questa direzione seguire le indicazioni e la deviazione di 1,3 km per l'azienda.

Nella valle del Tevere, al centro di un'azienda di 33 ettari, un casale del 1620 restaurato nel rispetto dei suoi elementi caratteristici. Le due antiche cucine sono state trasformate in uno spazio di soggiorno comune con angolo cottura e grande camino antico. Tennis e pesca sportiva in azienda convenzionata, nelle vicinanze.

Camere con servizi: 1 singola, 6 doppie, 3 a 3 letti, con biancheria letto, biancheria bagno, uso cucina, riscaldamento centralizzato - pernottamento per persona £ 40/60000, pensione £ 100/120000, forfait settimanale £ 650/750000, sconto 50% per bambini fino a 7 anni. Deposito cauzionale da concordare.
Carte di credito: tutte.
cucina umbra - vini regionali di produzione propria - £ 25/35000.
Servizi e locali comuni: parcheggio, telefono, sala TV, sala lettura, taverna. Sport e tempo libero: ping pong; noleggio mountain bike, visite nei dintorni. Coltivazioni: viti, grano, girasoli, ortaggi, barbabietole, tabacco. Allevamenti: animali di bassa corte, api. Prodotti in vendita: verdura, miele.

Monte Castello di Vibio (PG)

m 423 ⊠ 06057

Agrincontri

a Doglio, S. Maria Apparita, tel. 0758749610 oppure 03356589747, fax 063315517 - ettari 200 - chiusura: sempre aperto -
▶ Abbandonare la Statale 79bis per Orvieto dopo avere lasciato Todi da 15 km e in prossimità del Poggio Torrone; deviazione a destra, di circa 400 m per Doglio.

Nell'alta valle del Tevere, un suggestivo complesso rurale a 600 m di quota, all'interno di un allevamento di selvaggina di grossa taglia (daini, cervi, mufloni, caprio-

li, cinghiali). Corsi di tiro e caccia, anche a cavallo, con l'arco e con armi da fuoco antiche. Appostamenti per caccia fotografica. Si organizzano settimane verdi per gruppi di ragazzi con accompagnatore.

🛏 CAMERE CON SERVIZI: 6 doppie, 4 a 3/4 letti, con biancheria letto, biancheria bagno, riscaldamento centralizzato - pernottamento per persona £ 65000, prima colazione £ 10000, pensione £ 120000, forfait settimanale £ 750000, si accettano le principali carte di credito. Deposito cauzionale 30% alla prenotazione.
SOGGIORNO MINIMO: 3 giorni.
🍴 cucina del territorio (selvaggina) - vini di produzione propria - £ 40/45000.
SERVIZI E LOCALI COMUNI: parcheggio, telefono, sala TV, sala lettura, taverna. SPORT E TEMPO LIBERO: campo da tennis, tiro con l'arco, ping pong, maneggio, ricovero cavalli; osservazione degli animali, visite nei dintorni. COLTIVAZIONI: olivi, viti, ortaggi, alberi da frutta, prato, pascolo. ALLEVAMENTI: bovini, ovini, suini, equini, animali di bassa corte, cani. PRODOTTI IN VENDITA: salumi, olio, conserve, miele.

Fattoria di Vibio

a Doglio, vocabolo Buchella 9, tel. 0758749607, fax 0758780014 - ettari 20 - apertura: marzo-novembre - 🐕 grossa taglia.
▶ Lasciare la Statale 448, che congiunge Todi con Orvieto, deviando a destra per la Statale 79bis; da qui, seguire l'apposita segnaletica.

Nel suggestivo quadro ambientale del monte Peglia, un casale ristrutturato con mano felicissima per chi apprezza un tocco di classe anche in campagna. Fitto programma di manifestazioni nel corso della stagione. Previo accordi si organizzano settimane verdi per ragazzi.

🛏 CAMERE CON SERVIZI: 13 doppie, con biancheria letto, biancheria bagno, riscaldamento a gas liquido, telefono, televisore - mezza pensione £ 105/150000.
SOGGIORNO MINIMO: 2 notti, in agosto 1 settimana. CARTE DI CREDITO: American Express, Visa, Eurocard, Mastercard, Diner's Club, Bancomat.
🍴 cucina umbra (prenotare) - vini regionali - £ 35000.
SERVIZI E LOCALI COMUNI: parcheggio, sala TV, sala lettura. SPORT E TEMPO LIBERO: piscina, ping pong; noleggio mountain bike, corsi di cucina. COLTIVAZIONI: olivi, ortaggi, noci, mandorli, frutti di bosco. ALLEVAMENTI: animali di bassa corte. PRODOTTI IN VENDITA: olio, conserve, marmellate, miele.

Montécchio (TR)
m 377 ✉ 05020

Le Casette

vocabolo Le Casette, tel. 0744957645 oppure 0336 607708, fax 0744950500 - ettari 60 - ♿ - chiusura: sempre aperto - 🐕 previo accordi.
▶ Dall'uscita Orvieto della A1, procedere in direzione Sud e raggiungere Baschi; alla periferia meridionale del paese, presso il campo sportivo, fare una deviazione di 4,5 km verso Montecchio; seguire la segnaletica dell'azienda.

Ai piedi del monte Croce di Serra, in posizione dominante sulla valle del Tevere, sorge questo piccolo centro dedito, in particolare, alla olivicoltura. L'azienda è in collina e comprende alcuni casali in pietra ristrutturati ad uso agrituristico. A richiesta, settimane verdi per ragazzi.

🛏 CAMERE CON SERVIZI: 14 doppie, 2 a 3 letti, con biancheria letto, biancheria bagno, frigorifero, riscaldamento a gas liquido - pensione £ 100/110000; sconto 20% bambini fino a 6 anni. Deposito cauzionale 30%.
SOGGIORNO MINIMO: 1 settimana in alta stagione. CARTE DI CREDITO: Visa, Eurocard, Mastercard.
Note: tutte le camere sono dotate di fornello per la prima colazione.
🍴 cucina umbra (piatti della tradizione) - vini locali - £ 35000.
SERVIZI E LOCALI COMUNI: parcheggio, telefono, sala TV, sala lettura. SPORT E TEMPO LIBERO: piscina; noleggio mountain bike, visite guidate, escursioni. COLTIVAZIONI: olivi, viti, cereali, ortaggi, alberi da frutta, foraggio. ALLEVAMENTI: bovini, ovini, animali di bassa corte. PRODOTTI IN VENDITA: vino, olio, formaggio, marmellate.

Montefalco (PG)
m 472 ✉ 06036

Camiano Piccolo

via Camiano Piccolo 5, tel. 0742379492, fax 074 2371077 - ettari 35 - chiusura: sempre aperto - 🐕
▶ Appena 1 km a mezzogiorno di Montefalco e 13 km da Foligno: in ogni caso, di semplice accesso sia che si provenga da Perugia che da Spoleto.

Montefalco è chiamata "il balcone dell'Umbria" e anche questo complesso rurale tra gli olivi è in magnifica posizione sulla valle spoletina. I casali che lo compongono sono stati ristrutturati nel pieno rispetto delle loro origini cinquecentesche.

☞ Camere con servizi: 1 singola, 7 doppie - pernottamento per persona £ 60/80000.

⊞ Appartamenti: 3 di 3 locali per 4/5 persone, con biancheria cucina, stoviglie - affitto a settimana £ 1050/500000. Deposito cauzionale £ 200000.

Carte di credito: Visa, Eurocard, Mastercard.

Note: le camere e gli appartamenti sono dotati di biancheria per letto e per bagno, televisore, uso lavanderia e riscaldamento autonomo a metano.

)|(riservato agli ospiti - cucina umbra - vini di produzione propria - £ 25/35000.

Servizi e locali comuni: parcheggio, telefono. Sport e tempo libero: piscina; visite nei dintorni. Coltivazioni: olivi, viti, frumento, ortaggi. Prodotti in vendita: vino DOC, olio extravergine d'oliva.

Monteleone d'Orvieto (TR)

m 500 ✉ 05017

Miravalle

località Cornieto 2, tel. 0763835309 oppure 0336 796431, fax 0763835309 - ettari 30 - ♿ - apertura: marzo-ottobre - ✗

► Dal casello Fabro della A1 dirigere verso la località, giunti a San Lorenzo imboccare via Cacciano e proseguire per circa 1,5 km.

Prossimo al punto di incontro dei confini di Umbria, Toscana e Lazio, il borgo medievale di Monteleone d'Orvieto, nell'amena valle del Chiani, è punto di partenza ideale per una vacanza tutta natura e arte. Soggiorno in aperta campagna, tra olivi, vigne e boschi, in un casale di pietra ristrutturato nel rispetto della tradizione.

⊞ Appartamenti: 1 monolocale per 3 persone, 3 bilocali per 3/4 persone, con biancheria letto, biancheria bagno, biancheria cucina, stoviglie, riscaldamento centralizzato - affitto al giorno £ 140/232000, affitto a settimana £ 880/1460000, pulizia finale £ 50000; riduzioni per lunghi soggiorni, supplemento per riscaldamento. Deposito cauzionale 30%.

Soggiorno minimo: 3 giorni in bassa stagione, 1 settimana in alta stagione.

Servizi e locali comuni: parcheggio, bar, sala lettura, barbecue. Sport e tempo libero: piscina, ping pong, percorso vita; noleggio mountain bike, osservazione degli animali, visite nei dintorni, trekking. Coltivazioni: olivi, viti, cereali, alberi da frutta. Prodotti in vendita: vino, olio extravergine d'oliva.

Monte Santa Maria Tiberina (PG)

m 688 ✉ 06010

Petralta 🏷️

località Petralta 15, tel. 0758570228, fax 075 8570228 - ettari 16 - chiusura: sempre aperto - ✗

► A Monterchi, sulla direttrice Arezzo-Città di Castello, deviazione a destra per Monte Santa Maria Tiberina, la quale si può raggiungere, peraltro, anche da Città di Castello per chi proviene da altre direzioni; poi seguire le indicazioni per Lippiano e la segnaletica dell'azienda.

In una tipica casa colonica umbra camere con vista panoramica e arredamento di schietto sapore contadino. Le colline circostanti sono un mosaico di coltivi e di boschi secolari che si prestano a escursioni per tutti i gusti.

☞ Camere con servizi: 3 doppie, 1 a 3 letti - pernottamento per persona £ 45000, pensione £ 100000.

⊞ Appartamenti: 2 di 3 locali per 4 persone, con biancheria cucina, stoviglie - affitto a settimana £ 850000, pulizia finale £ 50000. Deposito cauzionale £ 100000.

Soggiorno minimo: 3 giorni.

Note: le camere e gli appartamenti sono dotati di biancheria per letto e per bagno, riscaldamento a gas liquido o a legna.

)|(riservato agli ospiti - cucina umbra e toscana (primi piatti) - vini locali - £ 30/45000.

Servizi e locali comuni: parcheggio, telefono, taverna. Sport e tempo libero: gioco bocce, ping pong, maneggio; guida ai lavori agricoli, passeggiate a cavallo, corsi di equitazione, passeggiate. Coltivazioni: olivi, viti, ortaggi, alberi da frutta. Allevamenti: suini, cavalli, pollame. Prodotti in vendita: salumi, marmellate.

Montone (PG)

m 482 ✉ 06014

Civitella di Montone 🏷️

a Carpini, vocabolo Civitella, tel. 0759306358, fax 075 9306358 - ettari 27 - ♿ - chiusura: sempre aperto -

▶ Lasciare la Statale 3bis (E45) nel tratto fra Città di Castello e Umbertide, raggiungere Montone e procedere in direzione di Pietralunga per circa 7 km; seguire la segnaletica dell'azienda.

«Relax, quiete e panorama meraviglioso» è il motto di questa azienda agrituristica dell'alto Tevere umbro. Il paesaggio è quello che ha reso celebre l'Umbria: un mare di morbide colline disegnate dalle geometrie degli oliveti e delle vigne.

🛏 CAMERE SENZA SERVIZI: 2 doppie; 1 bagno in comune - pernottamento per persona £ 60000, pensione £ 125000, camera doppia uso singola £ 75000. CAMERE CON SERVIZI: 5 doppie - pernottamento per persona £ 60000, pensione £ 125000. Deposito cauzionale 30% alla prenotazione.
SOGGIORNO MINIMO: 2 notti. CARTE DI CREDITO: American Express, Visa, Eurocard, Mastercard.
Note: *le camere sono dotate di biancheria per letto e per bagno, telefono e riscaldamento autonomo.*
🍴 cucina umbra (arrosti) - vini regionali - £ 40/70000.
SERVIZI E LOCALI COMUNI: parcheggio, telefono, sala lettura. SPORT E TEMPO LIBERO: gioco bocce, tiro con l'arco, maneggio; noleggio mountain bike, percorsi per mountain bike, passeggiate a cavallo, corsi di equitazione, escursioni. COLTIVAZIONI: olivi, ortaggi, alberi da frutta. ALLEVAMENTI: ovini, equini, animali di bassa corte. PRODOTTI IN VENDITA: marmellate, miele.

Narni (TR)

m 240 ✉ 05035

Colle Abramo delle Vigne

a Vigne (Cap 05030), strada di Colle Abramo 34, tel. 0744796428 oppure 0330420978, fax 0744796428 - ettari 5 - ♿ - chiusura: sempre aperto - ❦ previo accordi.

▶ Dal casello Magliano Sabina della A1 proseguire verso Terni; dopo 12 km piegare a destra per Vigne e di qui ancora a destra per 1 km in direzione di Schifanoia.

Nelle aperte campagne della bassa valle del Nera, a pochi minuti di macchina dalla pittoresca cittadina medievale, questo agriturismo offre ospitalità in appartamenti arredati con mobili della tradizione umbra e dotati di veranda sul giardino.

⊞ APPARTAMENTI: 1 monolocale per 2 persone, 3 bilocali per 4 persone, con biancheria letto, biancheria bagno, biancheria cucina, stoviglie, riscaldamento, televisore, caminetto - affitto a settimana £ 400/1500000, pulizia finale £ 50000.
SOGGIORNO MINIMO: 3/7 giorni in alta stagione.
SERVIZI E LOCALI COMUNI: parcheggio, taverna, parco giochi bimbi. SPORT E TEMPO LIBERO: piscina, gioco bocce, pallavolo, campo di calcetto, tiro con l'arco; disponibilità di mountain bike, visite nei dintorni. COLTIVAZIONI: olivi, viti, ortaggi. ALLEVAMENTI: pollame. PRODOTTI IN VENDITA: vino, olio, verdura.

Poder Novo

a San Liberato, strada Ortana Vecchia 2/V, tel. 0744702005, fax 0744702006 - ettari 114 - chiusura febbraio - ❦
▶ Abbandonare la A1 a Orte, quindi imboccare la Statale 204 verso Terni; percorsi circa 8 km si raggiunge la località e l'agriturismo.

Accoglienza agrituristica offerta in un casale tra gli olivi e il querceto. Ambienti d'atmosfera, rustici nell'arredo bene attrezzati anche per soggiorni aziendali. A dieci chilometri è Narni, suggestivo borgo medievale; tutta da scoprire, la valle del Nera.

⊞ APPARTAMENTI: 10 di 3 locali per 4/5 persone, con biancheria letto, biancheria bagno, biancheria cucina, uso lavanderia, stoviglie, lavastoviglie, riscaldamento, climatizzazione, telefono, televisore - affitto al giorno £ 150/220000, affitto a settimana £ 700/1600000.
SOGGIORNO MINIMO: 2 notti. CARTE DI CREDITO: tutte.
Note: *tutti gli appartamenti sono dotati di videoregistratore e fax.*
SERVIZI E LOCALI COMUNI: parcheggio. SPORT E TEMPO LIBERO: piscina, ping pong; visite nei dintorni, passeggiate. COLTIVAZIONI: olivi, viti. PRODOTTI IN VENDITA: vino, olio.

Nocera Umbra (PG)

m 520 ✉ 06025

La Lupa

località Colpertana, tel. 0742813539 oppure 0347 3613127, fax 0742813539 - ettari 8 - ♿ - chiusura: sempre aperto - ❦
▶ Azienda al margine della Via Flaminia, nel tratto che, salendo da Foligno, dirige verso Gualdo Tadino; circa 2 km oltre Nocera Umbra, svoltare a sinistra (deviazioni al km 176,5 e 181 della Flaminia) e seguire la segnaletica per altri 5 km.

...ella costruzione in pietra affacciata dalla cima di un ...olle su un aperto scenario di coltivi contornati da siepi ...macchie boscate. Ambienti di rustica ricercatezza per ...na vacanza all'insegna della tranquillità e del buon ...angiare (su prenotazione).

CAMERE CON SERVIZI: 3 singole, 4 doppie, con bianche-...a letto, riscaldamento - pernottamento per persona ...50000, prima colazione £ 7000, pensione £ 120/ ...40000, riduzioni per bambini fino a 12 anni. Deposito ...auzionale da concordare alla prenotazione. ...ARTE DI CREDITO: Visa, Eurocard, Mastercard. ...ote: possibilità di soggiorno anche in un apparta-...nento con sette posti letto. ...| cucina umbra (paste fresche, grigliate) - vini regiona-...- £ 25/45000. ...ERVIZI E LOCALI COMUNI: parcheggio, telefono, sala TV. ...PORT E TEMPO LIBERO: piscina, gioco bocce, pallavolo, ...ng pong; visite nei dintorni. COLTIVAZIONI: ortaggi, frutti ...| bosco. ALLEVAMENTI: ovini, pollame, conigli. PRODOTTI IN ...ENDITA: dolci secchi, marmellate.

Nòrcia (PG)

...a 604 ⊠ 06046

Casale nel Parco

...ocalità Fontevena, tel. 0743816481 oppure 0330 ...98471, fax 0743816481 - ettari 8 - chiusura: sempre ...perto - ❧ previo accordi. ...▸ L'azienda si trova un chilometro a Nord di Norcia, al ...nargine della Provinciale che raggiunge Preci e Visso.

"Bed and breakfast" rurale alle porte del Parco Nazionale dei Monti Sibillini. Vacanza all'insegna della genuinità tra coltivazioni biologiche e passeggiate per ogni gamba (spicca per originalità il trekking a dorso di mulo). E per i nostalgici più freddolosi, a letto con il "prete", lo scaldaletto dei nonni. In costruzione piscina e maneggio.

CAMERE CON SERVIZI: 1 singola, 7 doppie, con biancheria letto, biancheria bagno, biancheria cucina, uso cucina, riscaldamento, televisore - pernottamento per persona £ 45/65000. CARTE DI CREDITO: CartaSi, Bancomat. ⚠ 2 equipaggi ⊞ 2 equipaggi. SERVIZI E LOCALI COMUNI: parcheggio, telefono, servizio fax, sala TV, sala lettura. SPORT E TEMPO LIBERO: passeggiate a cavallo, visite nei dintorni, visite guidate, escursioni organizzate nel Parco Nazionale dei Monti Sibillini. COLTIVAZIONI: farro, ortaggi, lenticchie, noci, noccioli. PRODOTTI IN VENDITA: salumi, olio, lenticchie, farro, miele.

Orvieto (TR)

m 325 ⊠ 05018

Fattoria di Titignano

a Titignano, località Prodo, tel. 0763308000, fax 0763 308002 - ettari 1980 - chiusura: sempre aperto - ❧ previo accordi. ▸ Titignano è una frazione piuttosto lontana dal suo capoluogo Orvieto: si trova infatti alla fine di una strada di 4 km che si stacca, sulla destra, a circa metà della Statale 79bis verso Todi.

Borgo medievale con castello del 1100, chiesa e numerosi edifici in pietra a disegnare il prospetto della piazzetta affacciata alla conca del lago di Corbara. Camere arredate con elegante semplicità in un contesto in cui tutto sa di antico. Settimane verdi per ragazzi.

CAMERE CON SERVIZI: 6 doppie, 2 a più letti, con biancheria letto, biancheria bagno, riscaldamento centralizzato - pernottamento per persona £ 70000, pensione £ 120000.

cucina umbra (paste fresche) - vini di produzione propria - £ 35/60000.

SERVIZI E LOCALI COMUNI: parco giochi bimbi. SPORT E TEMPO LIBERO: piscina, gioco bocce; disponibilità di mountain bike, visite guidate. COLTIVAZIONI: olivi, viti, cereali, ortaggi. ALLEVAMENTI: ovini, equini. PRODOTTI IN VENDITA: vino DOC, vinsanto, olio, formaggio.

La Cacciata

a Canale (Cap 05010), località La Cacciata 6, tel. 0763 305481, fax 0763341373 - ettari 45 - chiusura: sempre aperto - previo accordi.

▶ Dall'uscita locale della A1 procedere verso il centro città; al primo semaforo girare a sinistra, percorrere viale I Maggio e seguire la segnaletica: in tutto sono circa 7 km da Orvieto.

Orvieto, un nome che è una garanzia. L'azienda di suo mette alcuni rustici riattati con grande sensibilità e l'attrattiva di un centro di turismo equestre di prim'ordine. La produzione di vino DOC e olio, poi, è il suggello a una proposta turistica di rara completezza.

CAMERE SENZA SERVIZI: 2 doppie, con riscaldamento centralizzato o elettrico; 1 bagno in comune - pernottamento per persona £ 45/55000, mezza pensione £ 75/85000. CAMERE CON SERVIZI: 9 doppie - pernot-

tamento per persona £ 45/55000, mezza pensione £ 75/85000. Deposito cauzionale 30%.

Note: *le camere sono dotate di biancheria per letto e per bagno; sconto 30% per letto aggiunto, supplemento £ 20000 per camera doppia uso singola; possibilità di pensione completa per gruppi previa prenotazione.*

riservato agli ospiti - cucina umbra (zuppe, pasta al le verdure) - vini locali di produzione propria.

SERVIZI E LOCALI COMUNI: parcheggio, telefono, sala TV. SPORT E TEMPO LIBERO: piscina, maneggio, ricovero cavalli, passeggiate a cavallo, corsi di equitazione. COLTIVAZIONI: olivi, viti, cereali. ALLEVAMENTI: pollame. PRODOTTI IN VENDITA: vino DOC, olio extravergine d'oliva.

Locanda Rosati

a Buonviaggio (Cap 05010), tel. 0763217314, fax 0763 217314 - ettari 14 - chiusura: Epifania-metà febbraio - previo accordi.

▶ A sette chilometri dal centro città, a margine della Statale 71 per Bolsena e Viterbo.

Sulla strada panoramica che da Orvieto sale sino al lago di Bolsena si incontra questo casale ottocentesco che al fascino rustico della pietra e del legno contrappone arredi di raffinata eleganza e l'originalità nel decorare ogni stanza con animali - lepri, volpi, scoiattoli... - scolpiti nel legno.

CAMERE CON SERVIZI: 1 singola, 3 doppie, 3 a 4 letti, con biancheria letto, biancheria bagno, uso lavanderia, riscaldamento centralizzato, telefono - pernottamento per persona £ 80/100000, mezza pensione £ 110/140000. Deposito cauzionale da concordare. CARTE DI CREDITO: Visa.

cucina umbra e toscana (zuppe, arrosti) - vini locali di produzione propria - £ 30/45000.

SERVIZI E LOCALI COMUNI: parcheggio, sala TV, sala lettura. SPORT E TEMPO LIBERO: piscina, ping pong; visite nei dintorni. COLTIVAZIONI: olivi, viti, cereali, ortaggi. ALLEVAMENTI: animali di bassa corte. PRODOTTI IN VENDITA: vino, olio, marmellate, miele.

San Giorgio

località San Giorgio 6, tel. 0763305221, fax 0763 305221 - ettari 50 - chiusura: sempre aperto - previo accordi.

▶ Lasciare la A1 allo svincolo locale, poi raggiungere e percorrere la Statale 79bis in direzione Todi per un paio di chilometri.

piacere di attingere a piene mani verdure dall'orto si ggiunge alle attrattive turistiche del soggiorno, dagli ppuntamenti culturali di Orvieto ai tanti aspetti delle ittà d'arte vicine. Gli appartamenti, in pietra e legno a ista, sono di recente ristrutturazione e arredati con usto. Maneggio convenzionato.

APPARTAMENTI: 1 monolocale per 2 persone, 2 biloca- per 3 persone, 2 di 3 locali per 4/5 persone, con iancheria letto, biancheria bagno, biancheria cucina, so lavanderia, stoviglie, riscaldamento autonomo, te- evisore, caminetto - affitto al giorno £ 80/160000, ffitto a settimana £ 550/1095000. Deposito cauzio- ale £ 200000 alla prenotazione.

OGGIORNO MINIMO: 1 settimana in alta stagione. CARTE I CREDITO: Visa, Eurocard, Mastercard.

riservato agli ospiti - cucina della tradizione locale - ini locali di produzione propria - £ 25000.

ERVIZI E LOCALI COMUNI: telefono, barbecue, forno a legna.

SPORT E TEMPO LIBERO: piscina, gioco bocce, ping pong; disponibilità di mountain bike, pesca, visite nei dintorni, passeggiate, trekking. COLTIVAZIONI: olivi, viti, bosco, cereali, ortaggi, alberi da frutta. PRODOTTI IN VENDITA: vino, olio, marmellate.

Panicale (PG)

m 431 ✉ 06064

La Fonte

a Migliaiolo, via Vannucci 15, tel. 075837469 oppure 075837122, fax 075837737 - ettari 110 - chiusura: sempre aperto -

▶ Uscita Chiusi-Chianciano Terme della A1, quindi Statale 71 fino alla deviazione per Panicale. Raggiunta la località continuare per altri 2 km in direzione Tavernelle, poi seguire le indicazioni dell'azienda.

Panicale è un pittoresco borgo castellano che domina da Sud il lago Trasimeno. Nelle sue campagne si stende questa grande tenuta agricola, di varie colture e paesaggi, con una casa padronale e una serie di rustici adibiti ad agriturismo.

APPARTAMENTI: 6 di varia disposizione per 4/5 persone, con biancheria letto, biancheria bagno, biancheria cucina, uso lavanderia, stoviglie, riscaldamento centralizzato e a legna - affitto a settimana £ 550/870000. SOGGIORNO MINIMO: 1 settimana.

SERVIZI E LOCALI COMUNI: parcheggio, telefono, sala TV. SPORT E TEMPO LIBERO: piscina, maneggio, ricovero cavalli; noleggio mountain bike, osservazione degli animali, passeggiate a cavallo, passeggiate nel bosco. COLTIVAZIONI: olivi, viti, bosco, frumento, girasoli, pascolo. ALLEVAMENTI: cavalli. PRODOTTI IN VENDITA: vino DOC, olio extravergine d'oliva.

La Rosa Canina

a Casalini, via dei Mandorli 23, tel. 0758350660, fax 0758350660 - ettari 20 - apertura: fine marzo-inizio novembre e periodo natalizio - ✗
▶ Dalla stazione Chiusi-Chianciano Terme della A1, dirigersi verso il Trasimeno; a Stazione di Panicale, lasciare la Statale 71 per la 599, a destra; dopo poco più di 5 km piegare a destra per Casalini.

Tra i monti del Trasimeno, un luogo per i veri amanti della natura e della vita sana. Semplicità e cura della cucina sono alla base dell'ospitalità in questo bel rustico arredato secondo la più schietta tradizione contadina.

🛏 CAMERE CON SERVIZI: 6 doppie, con biancheria letto, biancheria bagno, riscaldamento centralizzato - mezza pensione £ 79/84000; riduzioni per bambini da 2 a 10 anni, supplemento per camera doppia uso singola £ 25000. Deposito cauzionale da concordare.
🍴 cucina umbra (prenotare) - vini regionali - £ 35000.
SERVIZI E LOCALI COMUNI: parcheggio, telefono. SPORT E TEMPO LIBERO: piscina, gioco bocce, tiro con l'arco, ping pong, maneggio, ricovero cavalli; corsi di equitazione, visite nei dintorni, trekking. COLTIVAZIONI: olivi, viti, cereali, ortaggi, alberi da frutta. ALLEVAMENTI: ovini, suini, cavalli, animali di bassa corte.

Montali

a Tavernelle (Cap 06068), via Montali 23, tel. 075 8350680, fax 0758350144 - ettari 10 - chiusura: periodo tra novembre e dicembre - ✗
▶ Partendo da Perugia raggiungere e percorrere la Statale 220 verso Città della Pieve; dopo circa 25 km, deviare sulla destra per Colle San Paolo e proseguire per altri 5 km oltre il paese.

Il valico di Montali è una finestra aperta tra la valle del Nestore e la conca del Trasimeno. La suggestione del luogo è nella sua elevata e verde cornice: alba e tramonto sono spettacoli ogni giorno diversi. L'ottima cucina vegetariana è la singolarità della proposta agrituristica.

🛏 CAMERE CON SERVIZI: 7 doppie, 3 a 3 letti, con biancheria letto, biancheria bagno, riscaldamento autonomo, telefono - mezza pensione £ 98/108000.
SOGGIORNO MINIMO: 3 giorni. CARTE DI CREDITO: CartaSi.
🍴 cucina vegetariana - vini regionali - £ 35000.
SERVIZI E LOCALI COMUNI: parcheggio, sala lettura, salotto per musica. SPORT E TEMPO LIBERO: piscina; disponibilità di mountain bike. COLTIVAZIONI: olivi, ortaggi, alberi da frutta.

m 441 ⊠ 05010

Il Poggiolo

S.P. Parranese al km 8,5, tel. 0763838471 oppure 03683057435, fax 0763838776 - ettari 7 - chiusura: sempre aperto - ☎ previo accordi.
▶ Casello Fabro-Ficulle della A1, poi superare Fabro Scalo e immettersi sulla Provinciale Parranese; 1,5 km prima di Parrano si incontra l'ingresso dell'azienda.

Nelle colline di Orvieto, agli ospiti è riservato un casale accanto a quello padronale con quattro ampi appartamenti e una camera con vasca idromassaggio; arredo d'epoca, cucina rustica e caminetto. Comfort eccellente e posizione panoramica.

🛏 CAMERE CON SERVIZI: 1 doppia - pernottamento per persona £ 50/60000.
🏠 APPARTAMENTI: 4 bilocali per 2/4 persone, con biancheria cucina, stoviglie, televisore, caminetto - affitto a settimana £ 700/1120000. Deposito cauzionale 25%.
SOGGIORNO MINIMO: da sabato a sabato in alta stagione.
Note: *la camera e gli appartamenti sono dotati di biancheria per letto e per bagno, riscaldamento a consumo e uso lavanderia; a richiesta vengono forniti lettini e altre attrezzature per l'infanzia.*
SERVIZI E LOCALI COMUNI: parcheggio, parco giochi bimbi. SPORT E TEMPO LIBERO: piscina. COLTIVAZIONI: olivi, ortaggi. ALLEVAMENTI: ovini, animali di bassa corte. PRODOTTI IN VENDITA: olio d'oliva.

m 289 ⊠ 06065

Locanda del Galluzzo

a Castel Rigone, località Trecine 12/A, tel. 075 845352, fax 075845352 - ettari 13 - chiusura: novembre - ☎ previo accordi.

► Dall'uscita Passignano Est del raccordo autostradae per Perugia, proseguire per circa 6 km in direzione di Castel Rigone.

Bell'edificio di recente costruzione, strutturato sulla falsariga delle antiche fattorie umbre. Gli ospiti che intendono approfittare della cucina casalinga soggiornano nel corpo principale; chi vuole essere indipendente, in annessi monolocali.

CAMERE CON SERVIZI: 4 doppie - pernottamento per persona £ 40/45000.

APPARTAMENTI: 6 monolocali per 2/4 persone, con stoviglie, televisore - affitto al giorno £ 100/120000, affitto a settimana £ 500/850000, riscaldamento £ 10000 al giorno. Deposito cauzionale £ 200000.
SOGGIORNO MINIMO: 1 settimana in alta stagione.
Note: le camere e gli appartamenti sono dotati di biancheria per letto e per bagno, riscaldamento autonomo.

cucina umbra (piatti della tradizione) - vini regionali - £ 25/40000.
SERVIZI E LOCALI COMUNI: parcheggio, telefono. SPORT E TEMPO LIBERO: piscina; noleggio mountain bike. COLTIVAZIONI: olivi, girasoli. PRODOTTI IN VENDITA: olio, pane di casa.

Poggio del Belveduto

a Campori di Sopra, via S. Donato 65, tel. 075829076, fax 0758478014 - ettari 47 - ♿ - chiusura: sempre aperto - ⚘

► Lasciare il raccordo autostradale per Perugia allo svincolo di Passignano Est, quindi seguire la segnaletica dell'azienda che dista 3 km dal capoluogo.

L'agriturismo offre allettanti prospettive agli appassionati dell'escursionismo a cavallo: Giro dei tre laghi, Giro dei castelli, Giro dei vini DOC sono alcune delle proposte studiate per soddisfare chi non disdegna abbinare lo sport ad altri piaceri.

APPARTAMENTI: 11 bilocali, 3 di più locali, con biancheria letto, biancheria bagno, biancheria cucina, stoviglie, riscaldamento autonomo, televisore a richiesta - affitto al giorno £ 100/200000, affitto a settimana £ 630/1430000, riscaldamento £ 15000 al giorno; pulizia finale £ 200000. Deposito cauzionale £ 200000.
SOGGIORNO MINIMO: 1 settimana. CARTE DI CREDITO: American Express.
cucina umbra (tagliatelle ai funghi) - vini regionali - £ 35000.

SERVIZI E LOCALI COMUNI: parcheggio, telefono, sala TV, taverna. SPORT E TEMPO LIBERO: piscina, tiro con l'arco, ping pong, maneggio, ricovero cavalli, percorso vita; noleggio mountain bike, corsi di tiro con l'arco, passeggiate a cavallo, corsi di equitazione, visite nei dintorni. COLTIVAZIONI: olivi, foraggio. ALLEVAMENTI: cavalli. PRODOTTI IN VENDITA: olio d'oliva.

Perùgia

m 493 ⊠ 06100

Agricola Arna

località Civitella d'Arna, tel. 075602896 oppure 0347 0961813, fax 068083617 - ettari 40 - chiusura: sempre aperto - ✘
▶ Lasciare la Statale 3bis (superstrada E45) al km 77, uscita Ponte Valleceppi, e imboccare la Statale 318 in direzione di Valfabbrica; percorsi 3 km, deviare sulla sinistra per Civitella d'Arna.

Un'atmosfera d'altri tempi è quella di Civitella d'Arna, piccolo borgo di origine umbro-etrusca immerso nell'incantevole panorama delle colline perugine. Ospitalità in un bel palazzetto padronale con arredi d'epoca. A dieci minuti di macchina il capoluogo e le sue innumerevoli attrazioni. Piscina in approntamento.

⚲ CAMERE CON SERVIZI: 3 doppie, 1 a 3 letti, con uso cucina - pernottamento per persona £ 40/60000.
⊞ APPARTAMENTI: 2 di varia metratura per 6/9 persone - affitto a settimana £ 1680/2520000.
SOGGIORNO MINIMO: 3/7 giorni.
Note: le camere e gli appartamenti sono dotati di biancheria per letto, per bagno e per cucina, riscaldamento centralizzato.
SERVIZI E LOCALI COMUNI: parcheggio, telefono, sala TV, sala lettura. SPORT E TEMPO LIBERO: gioco bocce, ping pong; disponibilità di biciclette, raccolta funghi, passeggiate nel bosco. COLTIVAZIONI: olivi, viti, alberi da frutta.

Il Covone

a Ponte Pattoli (Cap 06085), strada Fratticciola 2, tel. 075694140, fax 075694503 - ettari 50 - chiusura: periodo tra febbraio e marzo - ✿
▶ Accesso da Perugia con 10 km di strada verso Nord, oppure lasciare la Statale 3bis (E45) all'uscita di Ponte Pattoli per chi proviene da Nord o da Sud; l'azienda è a un paio di chilometri dallo svincolo.

Nella valle del Tevere, in posizione favorevolissima per visitare il capoluogo e le altre città d'arte umbre, l'azienda si propone soprattutto come centro di turismo equestre. I titolari, cordialissimi, riuniscono gli ospiti al proprio desco per serene riunioni conviviali.

⚲ CAMERE CON SERVIZI: 8 doppie, con biancheria letto, biancheria bagno, riscaldamento - pernottamento per persona £ 60/70000, pensione £ 105/130000. Deposito cauzionale 20% alla prenotazione.
SOGGIORNO MINIMO: 2 notti. CARTE DI CREDITO: tutte.
⚠ 2 equipaggi ⊞ 3 equipaggi.
🍴 cucina della tradizione locale (prenotare) - vini regionali - £ 40/45000.
SERVIZI E LOCALI COMUNI: parcheggio, telefono, sala TV, sala lettura, giochi bimbi. SPORT E TEMPO LIBERO: ping pong, maneggio, ricovero cavalli; corsi di cucina, corsi di ceramica, pesca, corsi di equitazione. COLTIVAZIONI: cereali, girasoli, pomodori. ALLEVAMENTI: pollame. PRODOTTI IN VENDITA: vino, olio, verdura, marmellate.

Poggiolo

a Poggio delle Corti (Cap 06072), tel. 075695236, fax 0758787222 - ettari 100 - chiusura: novembre-Natale ed Epifania-febbraio - ✿ solo in appartamento.
▶ Lasciare il raccordo autostradale per Perugia 5 km prima di arrivare in città, cioè allo svincolo Madonna Alta, poi seguire le indicazioni per Città della Pieve; dalla Statale 220 piegare a sinistra raggiungendo Castel del Piano e Pilonico Materno; superato quest'ultimo luogo di 400 m, un'insegna sulla destra indica il Poggiolo.

Nel parco della villa, all'ombra di alberi secolari, sono sparsi vari edifici agrituristici; tutt'intorno 45 ettari di bosco che anticipano le verdi bellezze della valle del Nestore. Settimane di turismo equestre per ragazzi, da 6 a 14 anni, con pony e istruttore specializzato.

⚲ CAMERE CON SERVIZI: 5 doppie - pernottamento per persona £ 60/70000.
⊞ APPARTAMENTI: 1 monolocale per 2 persone, 2 bilocali per 2/4 persone, 3 di 3 locali per 4/6 persone, con biancheria cucina, stoviglie - affitto a settimana £ 650/1300000. Deposito cauzionale da concordare alla prenotazione.
SOGGIORNO MINIMO: 2 notti in camera, 1 settimana in appartamento.
Note: le camere e gli appartamenti sono dotati di biancheria per letto e per bagno, uso lavanderia e riscaldamento centralizzato.

riservato agli ospiti - cucina della tradizione locale - vini locali di produzione propria - £ 40000.

SERVIZI E LOCALI COMUNI: telefono, sala TV. SPORT E TEMPO LIBERO: piscina, campo da tennis, ping pong, maneggio, ricovero cavalli; noleggio mountain bike, passeggiate a cavallo, corsi di equitazione, visite nei dintorni, passeggiate nel bosco. COLTIVAZIONI: olivi, viti, cereali, ortaggi. ALLEVAMENTI: ovini, suini, animali di bassa corte. PRODOTTI IN VENDITA: vino, olio, miele.

Piegaro (PG)
m 356 ✉ 06066

Bulletta

a Castiglion Fosco (Cap 06060), località Fontana, tel. 075839259, fax 075839259 - ettari 105 - ♿ - chiusura: sempre aperto - ❧

▶ Abbandonare la A1 a Chiusi (se da Nord) o a Fabro (se da Sud) e raggiungere Città della Pieve; da qui, imboccare la Statale 220 verso Perugia percorrendola fino a Tavernelle (circa 15 km); 1 km oltre il paese, deviare a destra verso Pietrafitta per 4 km, quindi svoltare a sinistra seguendo le indicazioni per Fontana.

Il bel centro storico e il verde rigoglioso della valle del Nestore introducono ai piaceri di questo soggiorno rurale. L'ospitalità viene offerta in alcuni casolari confortevolmente ristrutturati, con amplissimi spazi verdi cintati. Accoglienza molto cordiale con degustazione dei prodotti dell'azienda.

⊞ APPARTAMENTI: 4 di ampia metratura per 3/6 persone, con biancheria letto, biancheria bagno, biancheria cucina, stoviglie, lavatrice, riscaldamento autonomo, televisore - affitto a settimana £ 500/1000000. Deposito cauzionale 30%.

SOGGIORNO MINIMO: 1 settimana.

SERVIZI E LOCALI COMUNI: parcheggio, telefono, sala giochi bimbi, barbecue. SPORT E TEMPO LIBERO: piscina, gioco bocce, ping pong, palestra verde; disponibilità di biciclette, guida ai lavori agricoli, pesca, passeggiate. COLTIVAZIONI: olivi, viti, cereali, ortaggi, alberi da frutta, frutti di bosco. ALLEVAMENTI: ovini, cavalli, pollame. PRODOTTI IN VENDITA: pollame, vino, olio, formaggio, miele.

Pietralunga (PG)
m 566 ✉ 06026

La Cerqua

case San Salvatore, tel. 0759460283, fax 075 9462033 - ettari 70 - chiusura: metà gennaio-metà febbraio - ❧

▶ L'azienda si trova a 2 km da Pietralunga, lungo la Provinciale per Città di Castello; per raggiungere Pietralunga - oltre che da Città di Castello - lasciare la Statale 3bis (E45) allo svincolo Montone-Pietralunga.

Circondata dai 10000 ettari della foresta demaniale di Pietralunga-Bocca Serriola, la proprietà, suddivisa tra colture biologiche, pascolo brado e querceta, compren-

de un percorso di campagna per il tiro con l'arco e un'area naturalistica frequentata da caprioli e altra interessante fauna (bird watching, fotografia).

🗝 CAMERE CON SERVIZI: 5 doppie, 3 a 3 letti, con biancheria letto, biancheria bagno, uso lavanderia, riscaldamento centralizzato - pernottamento per persona £ 60/80000, pensione £ 110/125000, supplemento caminetto £ 10000, sconto 50% per bambini da 3 a 6 anni, sconto 20% per terzo letto.

SOGGIORNO MINIMO: 2 giorni. CARTE DI CREDITO: tutte.

riservato agli ospiti - cucina umbra (zuppe, coniglio tartufato) - vini regionali di produzione propria - £ 30/40000.

SERVIZI E LOCALI COMUNI: parcheggio, telefono, sala TV, sala lettura, salotto per musica. SPORT E TEMPO LIBERO: piscina, tiro con l'arco, maneggio, ricovero cavalli, palestra verde; noleggio mountain bike, osservazione degli animali, passeggiate a cavallo, passeggiate naturalistiche guidate. COLTIVAZIONI: cereali, frutti di bosco. ALLEVAMENTI: ovini, cavalli. PRODOTTI IN VENDITA: liquori di erbe, marmellate.

Porano (TR)
m 444 ✉ 05010

L'Uva e le Stelle

a Boccetta, tel. 0763374781 03358384294, fax 0763 375923 - ettari 8 - ♿ - chiusura: gennaio-febbraio - ❧

▶ Lasciare la A1 al casello Orvieto e, dopo 1,5 km, prendere la deviazione a sinistra verso Canale. Qui giunti, proseguire per un paio di chilometri, quindi svoltare al primo incrocio a destra per Porano. Percorsi circa 200 m, sulla sinistra si incontra il casale.

In azienda si produce, dal tempo degli Etruschi, il famoso vino di Orvieto; inoltre, nelle vicinanze si trova un piccolo osservatorio astronomico: ecco spiegato il nome di questa struttura che offre ospitalità agrituristica in un casale in pietra, arredato con mobili d'epoca. Numerosi sono i corsi e le attività che vengono proposti agli ospiti.

APPARTAMENTI: 5 bilocali per 3/4 persone, con biancheria letto, biancheria bagno, biancheria cucina, stoviglie, riscaldamento a consumo, telefono, televisore - affitto al giorno £ 160/270000, affitto a settimana £ 750/1300000. Deposito cauzionale £ 300000.
SOGGIORNO MINIMO: week end o 1 settimana in alta stagione. CARTE DI CREDITO: American Express, CartaSi.
cucina del territorio - vini locali di produzione propria - £ 35/45000.
SERVIZI E LOCALI COMUNI: parcheggio, sala TV, sala lettura, taverna. SPORT E TEMPO LIBERO: piscina, gioco bocce, ping pong, percorso vita; disponibilità di mountain bike, corsi di cucina, corsi di decorazione floreale, visite nei dintorni. COLTIVAZIONI: olivi, viti, grano, girasoli, ortaggi, frutti di bosco. PRODOTTI IN VENDITA: vino, olio, frutti di bosco, miele.

Preci (PG)

m 596 ⊠ 06047

Il Collaccio

a Castelvecchio, località Collaccio, tel. 0743939084 oppure 0743939005, fax 0743939094 - ettari 100 - 🐾 - apertura: aprile-settembre - ✎ salvo accordi.
▶ Lasciare la Statale 209 della Valnerina in corrispondenza della deviazione per Preci, quindi svoltare per Castelvecchio.

Ampio centro agrituristico dell'alta Valnerina, nel territorio del Parco Nazionale dei Monti Sibillini. Soggiorno per tutti i gusti, dalla fascinosa locanda del Porcellino alla tenda canadese; nel Casale Grande ristorazione e prodotti tipici, all'insegna delle coltivazioni biologiche. Si organizzano settimane verdi per ragazzi in ogni stagione dell'anno.

CAMERE CON SERVIZI: 9 doppie, 2 a 4 letti, con uso cucina - pernottamento per persona £ 45/65000, pensione £ 90/120000.
APPARTAMENTI: 5 bilocali per 4 persone, con stoviglie, riscaldamento a gas, televisore - affitto a settimana £ 1100/1540000.
CARTE DI CREDITO: American Express, Visa, Mastercard.
Note: *le camere e gli appartamenti sono dotati di biancheria per letto, per bagno e per cucina, telefono.*
10 equipaggi 10 equipaggi.
cucina del territorio (piatti al tartufo, carni alla brace) - vini regionali - £ 20/40000.
SERVIZI E LOCALI COMUNI: parcheggio, telefono, sala TV, sala lettura. SPORT E TEMPO LIBERO: piscina, campo da tennis, pallavolo, campo di calcetto; osservazione degli animali, escursioni, visite nei dintorni, passeggiate naturalistiche. COLTIVAZIONI: cereali, lenticchie. PRODOTTI IN VENDITA: lenticchie, farro.

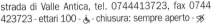

m 337 ⊠ 05029

Valle Antica e Prata Prima

strada di Valle Antica, tel. 0744413723, fax 0744 423723 - ettari 100 - 🐾 - chiusura: sempre aperto - ✎
▶ Dall'uscita Orte della A1, imboccare la superstrada per Perugia e abbandonarla all'uscita per San Gemini; 50 m dopo il cartello di località (sulla strada che proviene da Narni) deviare sulla destra in corrispondenza del cartello per l'agriturismo "Ponteggia" e proseguire per altri 700 m.

Le due case coloniche, circondate da vigne, oliveti e boschi d'alto fusto, godono del paesaggio, davvero notevole, che spazia da San Gemini a Narni. Gli ospiti più misurati hanno di che sbizzarrirsi nel campo pratica golf; quelli più esuberanti praticano il rafting nel Nera.

APPARTAMENTI: 2 bilocali per 4 persone, 6 di 3 locali per 4/6 persone, con biancheria letto, biancheria bagno, biancheria cucina, stoviglie, riscaldamento autonomo, televisore - affitto al giorno £ 120/150000, affitto a settimana £ 700/1000000, supplemento per pulizia finale £ 20000 per persona a settimana. Deposito cauzionale £ 300000 a settimana.
SOGGIORNO MINIMO: 2 notti.
Note: *pernottamento gratuito per bambini in culla; letto aggiunto £ 20000 a notte; riduzioni per soggiorni di due o tre settimane.*
2 equipaggi.
cucina umbra (minestre di legumi, arrosti) - vini di produzione propria - £ 25/35000.
SERVIZI E LOCALI COMUNI: parcheggio, telefono. SPORT E TEMPO LIBERO: piscina, ping pong; noleggio mountain bike, guida ai lavori agricoli, pesca, visite guidate. COLTIVAZIONI: olivi, granoturco, grano, girasoli, barbabietole, foraggio. ALLEVAMENTI: caprini, animali di bassa corte. PRODOTTI IN VENDITA: vino DOC, olio extravergine d'oliva.

m 328 ⊠ 06040

Le Vaie

a Grotti, località Vaie 1/A, tel. 0743613269 - ettari 30 - chiusura: sempre aperto - 🐾 previo accordi.
▶ Lasciare la Via Flaminia all'uscita Spoleto Nord; quindi imboccare la Statale 395 in direzione di Norcia e percorrerla per una quindicina di chilometri.

Non lontano da questo centro della Comunità Montana della Valnerina, tra estesi boschi di roverelle e cerri, sorge questo edificio rurale di recente ristrutturazione. Il comprensorio del monte Coscerno (m 1690) è ideale per il trekking a piedi o a cavallo.

🛏 CAMERE CON SERVIZI: 6 doppie, con biancheria letto, biancheria bagno, riscaldamento a gas liquido - pernottamento per persona £ 35/45000, pensione £ 60/70000.

🍴 cucina umbra (piatti al tartufo) - vini locali di produzione propria - £ 22/26000.
SERVIZI E LOCALI COMUNI: parcheggio, telefono, sala TV. SPORT E TEMPO LIBERO: maneggio, ricovero cavalli; guida ai lavori agricoli, osservazione degli animali, passeggiate a cavallo, trekking. COLTIVAZIONI: viti, cereali, ortaggi, foraggio. ALLEVAMENTI: bovini, ovini, equini, animali di bassa corte, api. PRODOTTI IN VENDITA: pollame, vitelli, agnelli, formaggio, miele.

Spello (PG)

m 280 ⊠ 06038

Le Due Torri ⭐🔷

a Limiti di Spello, via Torre Quadrano 1, tel. 0742 651249 (prenotazioni 0330646124), fax 0742 651249 - ettari 200 - ♿ - chiusura: sempre aperto - 🐾 previo accordi.
▶ Uscita Spello della superstrada che, dalla zona di Perugia, scende a Foligno; dalla cinta muraria dirigere verso Limiti e Cannara seguendo la segnaletica dell'azienda per circa 5 km.

Ospitalità agrituristica offerta in due casali in pietra bianca e rosa del monte Subasio, con arredamento d'epoca e vista su Assisi. L'azienda, che deve il nome a due fortificazioni medievali, mette a disposizione degli ospiti anche un ampio giardino attrezzato.

🛏 CAMERE CON SERVIZI: 4 a 3/4 letti - pernottamento per persona £ 50/60000, mezza pensione £ 85/95000.
⊞ APPARTAMENTI: 5 bilocali per 3/4 persone, con biancheria cucina, stoviglie - affitto al giorno £ 100/200000, affitto a settimana £ 600/1200000. Deposito cauzionale £ 100000 a settimana.
SOGGIORNO MINIMO: 2 notti. CARTE DI CREDITO: CartaSi.
Note: *le camere e gli appartamenti sono dotati di biancheria per letto e per bagno, riscaldamento autonomo a consumo.*

🍴 riservato agli ospiti - cucina umbra - vini regionali di produzione propria - £ 35000.
SERVIZI E LOCALI COMUNI: parcheggio, telefono, sala TV, sala lettura, parco giochi bimbi, barbecue. SPORT E TEMPO LIBERO: piscina, gioco bocce; disponibilità di biciclette, degustazione di olio extravergine, visite guidate.
COLTIVAZIONI: olivi, viti, cereali, girasoli, ortaggi, tabacco.
ALLEVAMENTI: bovini. PRODOTTI IN VENDITA: vino, olio extravergine d'oliva, farro.

Spoleto (PG)

m 396 ⊠ 06049

Cirimpiccolo ⭐🔷

località Madonna di Lugo 42, tel. 0743223780, fax 0743 223782 - ettari 110 - ♿ - chiusura: fine settembre-metà novembre - 🐾 grossa taglia.
▶ Lasciare Spoleto e dirigere verso Nord per 2,5 km sulla vecchia Via Flaminia.

A breve distanza dalla città del Festival dei Due Mondi e di tanti monumenti, un soggiorno agrituristico nella tranquillità di una vecchia casa colonica dotata di ogni comfort e circondata da un parco all'inglese.

🛏 CAMERE CON SERVIZI: 10 doppie, 5 a 4 letti, con biancheria letto, biancheria bagno, riscaldamento centralizzato, telefono, televisore - pernottamento per persona £ 35/50000, mezza pensione £ 55/70000, possibilità di forfait settimanale. Deposito cauzionale da concordare alla prenotazione.
SOGGIORNO MINIMO: 3 giorni. CARTE DI CREDITO: CartaSi.
🍴 cucina della tradizione locale (prenotare) - vini regionali - £ 20/35000.
SERVIZI E LOCALI COMUNI: parcheggio, telefono, sala TV, sala lettura, giochi bimbi. SPORT E TEMPO LIBERO: piscina, ping pong; disponibilità di mountain bike, visita al frantoio. COLTIVAZIONI: olivi, frumento, ortaggi. ALLEVAMENTI: pollame, conigli. PRODOTTI IN VENDITA: salumi, olio, formaggio.

Convento di Agghielli

a Pompagnano, località Agghielli, tel. 0743225010 oppure 0743225020, fax 0743225010 - ettari 92 - ♿ - chiusura: sempre aperto - 🐾 piccola taglia.
▶ Partendo da Spoleto imboccare la Statale 3 in direzione Roma; percorsi 2,5 km svoltare a destra per Pompagnano, ancora 300 m poi di nuovo a destra su strada privata per un altro chilometro.

A pochi chilometri da Spoleto, quasi cento ettari di prati e boschi, più un intero borgo monastico convertito all'agriturismo secondo i dettami della bioarchitettura. A tavola, conformemente, i prodotti aziendali di agricoltura biodinamica (certificata Demeter). Per il tempo libero, il cavallo innanzitutto, con un centro di prim'ordine, ma anche il piacere della lettura in una suggestiva biblioteca e la possibilità di partecipare a speciali corsi di rilassamento.

🛏 Camere con servizi: 2 doppie, 6 suites, con biancheria letto, biancheria bagno, riscaldamento centralizzato, telefono, radio, frigobar, televisore satellitare, videoregistratore - pernottamento per persona £ 55/70000, prima colazione £ 10000, pensione £ 125/145000. Carte di credito: CartaSi, Diner's Club.
🍴 cucina della tradizione locale (paste fresche, piatti al tartufo) - vini regionali di produzione propria - £ 30/50000.
Servizi e locali comuni: parcheggio, telefono, bar, sala TV, sala lettura. Sport e tempo libero: maneggio, ricovero cavalli; noleggio mountain bike, guida ai lavori agricoli, osservazione degli animali, corsi di cucina, corsi di lingue, corsi di ceramica, passeggiate a cavallo, corsi di equitazione, trekking. Coltivazioni: olivi, ortaggi, alberi da frutta, castagni, tartufi, frutti di bosco. Allevamenti: ovini, suini, animali di bassa corte. Prodotti in vendita: marmellate, miele.

Il Casale Grande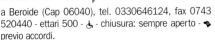

a Beroide (Cap 06040), tel. 0330646124, fax 0743 520440 - ettari 500 - ♿ - chiusura: sempre aperto - ♥ previo accordi.
▶ Da Spoleto continuare sulla Via Flaminia verso Nord, fino al km 136,5, poi deviare a sinistra in direzione di Beroide per 1,5 km; l'azienda è sulla destra.

L'ampio casale, rimodernato con rispetto della sua fisionomia ottocentesca, si trova al centro di una vastissima tenuta agricola che offre le prime occasioni escursionistiche. Poi la Flaminia, che corre poco lontano, avvicina alle bellezze del capoluogo e di tutta la regione.

⊞ Appartamenti: 4 di 4/5 locali per 2/6 persone, con biancheria letto, biancheria bagno, stoviglie, riscaldamento autonomo, televisore - affitto al giorno £ 105/300000, affitto a settimana £ 450/1200000, supplemento per cambio biancheria infrasettimanale, letto aggiunto £ 20000 al giorno. Deposito cauzionale £ 100000 alla prenotazione.
Soggiorno minimo: 2 notti.

Servizi e locali comuni: parcheggio, parco giochi bimbi, barbecue. Sport e tempo libero: piscina; disponibilità di biciclette, degustazione di olio extravergine, visite guidate, passeggiate. Coltivazioni: olivi, granoturco, grano, girasoli, bietole, meloni, tabacco. Allevamenti: bovini. Prodotti in vendita: olio extravergine d'oliva.

Il Pecoraro

a Strettura (Cap 06040), S.S. Flaminia al km 110, tel. 0743229697, fax 0743229697 - ettari 26 - ♿ - chiusura: Epifania-febbraio - 🚭
▶ L'azienda si trova al margine della Via Flaminia, nel tratto che da Spoleto conduce a Terni.

L'azienda è specializzata in attività sportive escursionistiche: oltre al trekking, a piedi o a cavallo, speleologia, torrentismo e rafting sul fiume Nera. Fine settimana all'insegna dell'avventura e della buona tavola.

🛏 Camere con servizi: 1 singola, 8 doppie, con biancheria letto, biancheria bagno, riscaldamento - pernottamento per persona £ 30/50000, mezza pensione £ 50/80000.
🍴 cucina casalinga - vini locali - £ 25/40000.
Servizi e locali comuni: parcheggio, telefono. Sport e tempo libero: piscina, tiro con l'arco, maneggio; passeggiate, trekking a piedi e a cavallo. Coltivazioni: olivi, pascolo. Allevamenti: ovini, equini. Prodotti in vendita: olio, castagne, noci, formaggio.

L'Ulivo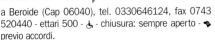

a Bazzano Inferiore, tel. 074349031, fax 074349031 - ettari 26 - ♿ - chiusura: sempre aperto - 🚭 grossa taglia.

▶ Partendo da Spoleto dirigere verso Foligno; dopo circa 4 km, imboccare la deviazione a destra per Bazzano Inferiore e proseguire per un paio di chilometri.

Zona di notevole interesse storico-ambientale con antichi borghi, castelli e chiese medievali in un arioso contesto che alterna oliveti, boschi e pascoli. A disposizione degli ospiti un casolare ristrutturato presso la casa padronale, all'interno di un grande giardino.

🛏 Camere con servizi: 1 singola, 1 doppia - pernottamento per persona £ 50/70000.
⊞ Appartamenti: 2 bilocali per 2/4 persone, 2 di 3 locali per 4/6 persone, con biancheria cucina, stoviglie, riscaldamento a metano, televisore, caminetto - affitto

al giorno £ 100/200000, affitto a settimana £ 500/1200000, supplemento per pulizia finale £ 50000. Deposito cauzionale 30% alla prenotazione.
SOGGIORNO MINIMO: 2 notti.
Note: *le camere e gli appartamenti sono dotati di biancheria per letto e per bagno.*
SERVIZI E LOCALI COMUNI: parcheggio. SPORT E TEMPO LIBERO: piscina; partecipazione alla raccolta e molitura delle olive, degustazione di olio extravergine, visite nei dintorni, passeggiate nel bosco. COLTIVAZIONI: olivi. PRODOTTI IN VENDITA: olio extravergine d'oliva.

Terni

m 130 ⊠ 05100

La Prima Mela

a Cesi (Cap 05030), strada di Collestacio 18, tel. 0744 241255 oppure 03396185409 - ettari 6,4 - chiusura: sempre aperto - 📞
▶ Da Terni imboccare la Statale 79 in direzione San Gemini, al primo bivio tenere la destra e seguire la segnaletica aziendale.

In un rustico di collina, camere con vista dai monti Martani alla piana del Nera. Ristorazione tipica basata su prodotti di agricoltura biologica e carni di proprio allevamento. Per il tempo libero, centri sportivi convenzionati (equitazione, canoa ecc.), ma anche corsi di micologia o battute di caccia.

CAMERE SENZA SERVIZI: 1 singola; 1 bagno in comune - pernottamento per persona £ 50/70000, mezza pensione £ 80/100000. CAMERE CON SERVIZI: 1 singola, 4 doppie, con telefono, televisore - pernottamento per persona £ 40/100000, mezza pensione £ 70/130000. Deposito cauzionale 30%.
CARTE DI CREDITO: tutte.
Note: *le camere sono dotate di biancheria per letto e per bagno, riscaldamento autonomo; letto aggiunto £ 30000.*
🍴 cucina umbra (paste fresche, carni alla brace) - vini di produzione propria - £ 25/60000.
SERVIZI E LOCALI COMUNI: parcheggio, taverna, giochi bimbi, solarium. SPORT E TEMPO LIBERO: gioco bocce, ping pong; noleggio mountain bike, guida ai lavori agricoli, corsi di cucina, pesca, visite guidate, escursioni. COLTIVAZIONI: olivi, viti, ortaggi, alberi da frutta. ALLEVAMENTI: ovini, suini, animali di bassa corte. PRODOTTI IN VENDITA: animali vivi, vino, olio, frutta, verdura, dolci, conserve, marmellate.

Todi (PG)

m 400 ⊠ 06059

Castello di Porchiano

a Porchiano, tel. 0758853127, fax 0635347308 (prenotazioni 0635347308) - ettari 44 - chiusura: sempre aperto - 📞
▶ Casello Orvieto della A1, poi Statale 448 per Todi; percorsi 24 km, girare a destra seguendo per Fiore-Izzalini; dopo 3 km un bivio a destra conduce a Porchiano.

Borgo medievale in posizione panoramica su Todi e la valle del Tevere. Gli edifici, in pietra, sono stati accuratamente restaurati e suddivisi in appartamenti autonomi di sobria eleganza. Negli immediati dintorni, strutture convenzionate (ristorante, piscina, maneggio).

CAMERE CON SERVIZI: 1 doppia, con frigorifero, tavolo e sedie per giardino - pernottamento per persona £ 35/60000, forfait settimanale £ 260/350000.
APPARTAMENTI: 1 monolocale per 2/3 persone, 2 bilocali per 3/4 persone, 1 di 3 locali per 5 persone, con biancheria cucina, stoviglie - affitto al giorno £ 70/220000, affitto a settimana £ 550/1500000; letto aggiunto £ 25000, supplemento per animali £ 5/20000, soggiorno gratuito per bambini fino a 4 anni.
SOGGIORNO MINIMO: 3/7 giorni. CARTE DI CREDITO: CartaSi.
Note: *la camera e gli appartamenti sono dotati di biancheria per letto e per bagno, televisore e riscaldamento centralizzato.*
SERVIZI E LOCALI COMUNI: parcheggio. SPORT E TEMPO LIBERO: noleggio mountain bike. COLTIVAZIONI: olivi, viti, cereali. ALLEVAMENTI: bovini, ovini, suini, animali di bassa corte. PRODOTTI IN VENDITA: vino, olio, marmellate, miele.

Piantoneto II

a San Damiano, tel. 0755000160 oppure 075 8944524, fax 0755000160 - ettari 5 - apertura: aprile-settembre - 📞 previo accordi.

▶ A 6 km da Todi, a Est della città; accesso mediante strada secondaria che sottopassa la superstrada E45.

Si soggiorna in un casale di fine '800 ristrutturato con mano felice, all'interno di un podere a olivi, completamente recintato. Splendida la posizione, con vista su un ampio quadro del contado di Todi e agevole accesso alle più note località turistiche della regione.

Ⓒ Camere con servizi: 1 singola, 3 doppie, con biancheria letto, biancheria bagno, riscaldamento a consumo - pernottamento per persona £ 40000, prima colazione £ 5000, mezza pensione £ 70000.
Soggiorno minimo: 2 notti.
Note: per periodi di almeno una settimana, è possibile affittare l'intero casale a £ 1300000 a settimana, pulizia finale £ 100000 e supplemento per luce e riscaldamento.
Servizi e locali comuni: parcheggio, telefono, sala TV, sala lettura. Sport e tempo libero: visite nei dintorni. Coltivazioni: olivi, viti, bosco. Allevamenti: pollame.

Tenuta di Canonica

a Canonica, tel. 0758947545, fax 0758947581 - ettari 22 - chiusura: periodo tra gennaio-febbraio - ✗
▶ Partendo da Todi immettersi sulla Statale 448 in direzione di Orvieto e percorrerne circa un chilometro fino a raggiungere il bivio con la Statale 79bis; imboccarlo e dopo 1,5 km girare a destra per Canonica.

Vacanza in una casa padronale in pietra d'inizio Novecento ristrutturata, con antica torre di avvistamento, sulla sommità di un colle contornato da oliveti e frutteti. Domina la valle del Tevere e offre vista sull'ampio lago di Corbara, gli antichi campanili e i tetti della medievale Todi. Per il ristorante è necessario prenotare.

Ⓒ Camere con servizi: 11 doppie, con riscaldamento centralizzato - pernottamento per persona £ 75/95000.

⊞ Appartamenti: 2 bilocali per 2/4 persone, con biancheria cucina, stoviglie, riscaldamento autonomo - affitto al giorno £ 140/230000.
Soggiorno minimo: 2 notti, in alta stagione 1 settimana.
Note: le camere e gli appartamenti sono dotati di biancheria per letto e per bagno, telefono; possibilità di sistemazione anche a mezza pensione.
)Ⅱ(riservato agli ospiti - cucina umbra (lasagne al tartufo e funghi, oca al forno, cinghiale) - vini locali - £ 35/45000.
Servizi e locali comuni: parcheggio, sala TV, sala lettura, taverna, sala riunioni, solarium, barbecue. Sport e tempo libero: piscina; guida ai lavori agricoli, passeggiate nel bosco, visite nei dintorni. Coltivazioni: olivi, bosco, seminativi, ortaggi, alberi da frutta. Allevamenti: animali di bassa corte. Prodotti in vendita: olio extravergine d'oliva, marmellate.

Tenuta di Fiore

a Fiore, tel. 0758853118, fax 0758853259 - ettari 200 - apertura: aprile-settembre - ✈ previo accordi.
▶ Lasciata la A1 a Orvieto, percorrere la Statale 448 per Todi; giunti al km 17,6 piegare a destra in direzione di Fiore-Izzalini, quindi al successivo bivio svoltare a destra ancora per 4 km. La tenuta si trova di fronte al bivio per Romazzano.

Una campagna "storica" fitta di contrade medievali e ville romantiche, in una cornice naturale tra le più decantate dell'Umbria. Un gruppo familiare particolarmen-

te affiatato, con una grande passione per gli animali, condivide con gli ospiti la fortuna di vivere in un angolo di paradiso, con laghetto privato per la pesca sportiva.

⊞ APPARTAMENTI: 2 monolocali per 2/3 persone, 1 bilocale per 4/6 persone, con biancheria letto, biancheria bagno, biancheria cucina, stoviglie, riscaldamento - affitto al giorno per persona £ 55/65000. SOGGIORNO MINIMO: 3 notti, in alta stagione 1 settimana. SERVIZI E LOCALI COMUNI: parcheggio, telefono, parco giochi bimbi, barbecue. SPORT E TEMPO LIBERO: piscina, palavolo, ping pong; pesca. COLTIVAZIONI: olivi, viti, grano, orzo, girasoli. ALLEVAMENTI: animali di bassa corte.

Torgiano (PG)

m 219 ⊠ 06089

Mori Gelsi

via Entrata 37, tel. 075982192 (informazioni 0744 421819), fax 0744421819 - ettari 130 - ♿ - chiusura: sempre aperto - ⊗ salvo accordi.
▶ Lasciare la Statale 3bis (E45) allo svincolo locale e raggiungere Torgiano; una volta in paese, svoltare per 2,5 km verso Nord.

La tenuta è in parte gestita a vigneto (si produce l'eccellente Torgiano DOC) e in parte ad azienda faunistica-venatoria (grande abbondanza di selvatici). Le mura di un antico oratorio, riattato con mano felice, accolgono gli ospiti che, tra l'altro, dispongono a piacimento dell'orto e del frutteto biologico.

⊞ APPARTAMENTI: 1 bilocale per 2/4 persone, 2 di 4 locali per 6/8 persone, con biancheria letto, biancheria bagno, biancheria cucina, lavastoviglie, lavatrice, riscaldamento autonomo, telefono, barbecue, caminetto - affitto a settimana £ 500/1820000, luce, gas e riscaldamento a consumo, eventuale pulizia finale £ 60000. Deposito cauzionale £ 400000 alla prenotazione. SOGGIORNO MINIMO: 1 settimana.

SERVIZI E LOCALI COMUNI: parcheggio. SPORT E TEMPO LIBERO: piscina; passeggiate a cavallo. COLTIVAZIONI: viti, grano, ortaggi, barbabietole, alberi da frutta. ALLEVAMENTI: suini, pollame. PRODOTTI IN VENDITA: vino.

Poggio alle Vigne ⭐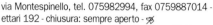

via Montespinello, tel. 075982994, fax 0759887014 - ettari 192 - chiusura: sempre aperto - ⊗
▶ Da Torgiano dirigere verso Brufa: superare il bivio per tale località e continuare per altri 500 m prima di incontrare il cancello, sulla sinistra, dell'azienda.

Alle porte del borgo medievale, si soggiorna in un casolare seicentesco diviso in dieci ariosi appartamenti con pieno rispetto delle forme e dei materiali dell'architettura spontanea. Ogni finestra fa da cornice a un suggestivo quadro rurale che lascia intuire le mille attrattive di questa terra.

⊞ APPARTAMENTI: 10 di varia metratura e disposizione per 3/7 persone, con biancheria letto, biancheria bagno, biancheria cucina, uso lavanderia, stoviglie, riscaldamento autonomo, televisore - affitto a settimana £ 1400/1700000. Deposito cauzionale £ 400000. SOGGIORNO MINIMO: 1 settimana in alta stagione. CARTE DI CREDITO: American Express, CartaSi, Diner's Club. 🚐 5 equipaggi.
SERVIZI E LOCALI COMUNI: parcheggio, telefono, parco giochi bimbi. SPORT E TEMPO LIBERO: piscina. COLTIVAZIONI: olivi, viti, erbe aromatiche, noci. PRODOTTI IN VENDITA: vino, olio, aceto, marmellate, miele.

Trevi (PG)

m 412 ⊠ 06039

I Mandorli ⭐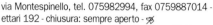

a Bovara, località Fondaccio 6, tel. 074278669, fax 0742 78669 - ettari 42 - ♿ - chiusura: sempre aperto - ⊗
▶ Nel tratto fra Foligno e Spoleto della Via Flaminia, circa 1 km a Sud di Trevi, prendere la deviazione - a monte - per Bovara; seguire la segnaletica dell'azienda.

Siamo in uno dei luoghi più pittoreschi dell'Umbria. L'antica casa padronale è il nucleo centrale di un complesso rurale di rara suggestione che comprende tre rustici indipendenti, immersi nel verde della campagna. Si organizzano settimane verdi per ragazzi, a condizioni da concordare.

🛏 CAMERE CON SERVIZI: 3 doppie - pernottamento per persona £ 50/80000.
⊞ APPARTAMENTI: 1 bilocale per 2 persone, 2 di ampia metratura per 4 persone, con biancheria cucina, stoviglie - affitto al giorno £ 100/120000, affitto a settimana £ 500/900000, supplemento per pulizia finale £ 60000 a settimana. Deposito cauzionale £ 200000. SOGGIORNO MINIMO: 3 giorni.
Note: le camere e gli appartamenti sono dotati di biancheria per letto e per bagno, riscaldamento autonomo e a legna, televisore e uso lavanderia; supplemento per cambio biancheria infrasettimanale £ 12000.

SERVIZI E LOCALI COMUNI: parcheggio, telefono, sala lettura, taverna. SPORT E TEMPO LIBERO: gioco bocce, ricovero cavalli. COLTIVAZIONI: olivi, cereali, grano, ortaggi, foraggio. ALLEVAMENTI: cavalli, pollame, gatti, cani. PRODOTTI IN VENDITA: vino, olio, frutta, verdura, marmellate.

Villa Silvana

a Parrano (Cap 06032), via Fonte Pigge 6, tel. 0742 78821 (informazioni 0755053642), fax 0755053642 - ettari 30 - chiusura: sempre aperto - ♥ previo accordi.
▶ Nel tratto della Via Flaminia tra Foligno e Spoleto, all'incrocio per Trevi seguire le indicazioni per Parrano e per l'azienda.

Immerso in un oliveto, sotto le mura del borgo medievale, l'agriturismo mette a disposizione dei turisti due casolari suddivisi in sette alloggi. I trenta ettari di campagna, condotti con metodo biologico, riforniscono di prodotti lo spaccio aziendale. In primavera e autunno si organizzano settimane verdi per gruppi di ragazzi con accompagnatore.

🛏 CAMERE CON SERVIZI: 2 doppie, 4 a 3/4 letti, con riscaldamento autonomo - pernottamento per persona £ 30/45000, prima colazione £ 5000, mezza pensione £ 55/70000, possibilità di forfait settimanale.
⊞ APPARTAMENTI: 2 monolocali per 2 persone, 2 bilocali per 4 persone, 3 di 3 locali per 6 persone, con biancheria cucina, stoviglie, riscaldamento a consumo, telefono, televisore - affitto al giorno per persona £ 30/45000, affitto a settimana per persona £ 200/300000. Deposito cauzionale £ 200000.
SOGGIORNO MINIMO: 2 notti.
Note: *le camere e gli appartamenti sono dotati di biancheria per letto e per bagno, caminetto.*
🍴 cucina casalinga (ricette della nonna) - vini locali - £ 20/30000.
SERVIZI E LOCALI COMUNI: parcheggio, telefono, taverna, parco giochi bimbi. SPORT E TEMPO LIBERO: piscina, campo di calcetto; guida ai lavori agricoli, osservazione degli animali, visite nei dintorni, passeggiate. COLTIVAZIONI: olivi, cereali, girasoli, ortaggi, patate, legumi, alberi da frutta, foraggio, tartufi. ALLEVAMENTI: cavalli, animali di bassa corte. PRODOTTI IN VENDITA: olio extravergine d'oliva, frutta.

Tuoro sul Trasimeno (PG)
m 309 ✉ 06069

La Dogana

via Dogana 4, tel. 0758230158 oppure 0330280845, fax 0758230252 - ettari 40 - chiusura: metà gennaio-febbraio - ♥
▶ Dall'uscita Tuoro del raccordo autostradale per Perugia, dirigere verso il capoluogo per 600 m, poi girare a sinistra verso Arezzo per altri 3 km circa; seguire la segnaletica dell'azienda.

Il complesso prende nome dal fabbricato principale, un tempo posto di dogana fra lo Stato Pontificio e il Granducato di Toscana. Le case coloniche in pietra

che lo circondano sono state ristrutturate e divise in piccoli alloggi, dedicati all'agriturismo, arredati con mobili d'epoca. Vista panoramica sul lago Trasimeno.

⊞ APPARTAMENTI: 10 bilocali per 2/3 persone, 3 di 3 locali per 4 persone, con biancheria letto, biancheria bagno, uso lavanderia, stoviglie, riscaldamento centralizzato - affitto al giorno £ 60/120000, supplemento per riscaldamento. Deposito cauzionale da concordare.
SERVIZI E LOCALI COMUNI: parcheggio, telefono, parco giochi bimbi. SPORT E TEMPO LIBERO: ping pong, ricovero cavalli; noleggio biciclette, guida ai lavori agricoli, osservazione degli animali, passeggiate a cavallo, visite nei dintorni. COLTIVAZIONI: olivi, cereali. ALLEVAMENTI: cavalli. PRODOTTI IN VENDITA: olio.

Montemelino

via Fonte Sant'Angelo 15, tel. 0758230127 oppure 06 6788438, fax 0758230156 - ettari 30 - apertura: metà aprile-metà ottobre - ♥
▶ L'azienda è 3 km dopo Tuoro in direzione di Arezzo.

In posizione panoramica sul lago, tra oliveti, vigne e frutteti, il centro aziendale comprende cinque appartamenti ricavati da antichi casali in pietra, con terrazze e verande coperte. Comfort e tranquillità per un soggiorno veramente ricostituente.

⊞ APPARTAMENTI: 1 bilocale per 2 persone, 4 di 3 locali per 4 persone, con biancheria letto, biancheria bagno, biancheria cucina, stoviglie, riscaldamento a consumo, caminetto - affitto a settimana £ 500/800000, eventuale pulizia finale £ 50000.
SOGGIORNO MINIMO: 1 settimana.
SERVIZI E LOCALI COMUNI: parcheggio, barbecue, forno a legna. SPORT E TEMPO LIBERO: ping pong; guida ai lavori agricoli, visite nei dintorni, escursioni, trekking. COLTIVAZIONI: olivi, viti, bosco, alberi da frutta. PRODOTTI IN VENDITA: vino DOC, olio extravergine d'oliva.

m 247 ⊠ 06019

Cignano I

a Preggio (Cap 06060), vocabolo Cignano 147, tel. 075
9410292 oppure 03358022029, fax 0759410292 - ettari 33,5 - apertura: su prenotazione - 🐾 previo accordi.
▶ Abbandonare il raccordo autostradale per Perugia
allo svincolo di Passignano, poi proseguire sulla Statale 75bis fino alla deviazione a sinistra che conduce
prima a Castel Rigone e successivamente a Preggio.

*In posizione tranquilla e soleggiata, i rustici aziendali
offrono ospitalità agrituristica nella prospettiva di una
vacanza di tutto relax. Chi teme l'overdose di tranquillità, può contare tanto sulle mondanità di Perugia, a
soli 25 chilometri, quanto sulle attrezzature balneari
del Trasimeno, a 15.*

🛏 CAMERE SENZA SERVIZI: 1 singola, 1 doppia; 1 bagno
in comune - pernottamento per persona £ 40/50000,
prima colazione £ 10000. CAMERE CON SERVIZI: 2 doppie - pernottamento per persona £ 40/50000, prima
colazione £ 10000.
⊞ APPARTAMENTI: 3 monolocali per 2 persone, 1 di 3
locali per 4 persone, con biancheria cucina, stoviglie -
affitto al giorno £ 80/160000. Deposito cauzionale
£ 200000 a settimana.
SOGGIORNO MINIMO: 2 notti.
Note: *le camere e gli appartamenti sono dotati di
biancheria per letto e per bagno, riscaldamento centralizzato e autonomo; letto aggiunto £ 20000.*
🍴 cucina tradizionale - vini regionali di produzione propria - £ 25/40000.
SERVIZI E LOCALI COMUNI: parcheggio, telefono, taverna.
SPORT E TEMPO LIBERO: piscina; raccolta frutti di bosco,
passeggiate. COLTIVAZIONI: olivi, viti, seminativi, cereali,
ortaggi. ALLEVAMENTI: animali di bassa corte. PRODOTTI IN
VENDITA: vino, olio, conserve.

Fattoria del Cerretino ⭐

a Calzolaro (Cap 06010), via Colonnata 3, tel. 075
9302166 oppure 0759302103, fax 0759302166 - ettari 23 - ♿ - chiusura: sempre aperto - 🐾 grossa taglia.
▶ Si consideri la Statale 3bis (E45) nel tratto che da
Umbertide sale verso Città di Castello: uscire allo
svincolo di Promano, continuare per circa 2 km, poi
svoltare a sinistra verso Trestina; da qui a Calzolaro
sono altri 3,5 km circa.

*I tre casali agrituristici formano un piccolo borgo colli-
nare che gode del bel paesaggio della val Tiberina. Intorno l'orto, a disposizione degli ospiti, e venti ettari di
coltivazioni biologiche frammiste a boschi di pini e castagni che, secondo stagione, offrono prodotti spontanei alla tavola.*

🛏 CAMERE CON SERVIZI: 3 doppie - pernottamento per
persona £ 45/50000.
⊞ APPARTAMENTI: 2 bilocali per 2/3 persone, 5 di 3 locali per 4/6 persone, con biancheria cucina, stoviglie, caminetto - affitto al giorno £ 90/240000, affitto a settimana £ 450/1300000. Deposito cauzionale £ 200000 a settimana.
Note: *le camere e gli appartamenti sono dotati di
biancheria per letto e per bagno, riscaldamento autonomo a consumo.*
🍴 cucina della tradizione contadina (paste fresche, arrosti) - vini regionali di produzione propria -
£ 25/40000.
SERVIZI E LOCALI COMUNI: parcheggio, telefono, sala TV,
sala lettura, solarium. SPORT E TEMPO LIBERO: piscina,
gioco bocce; noleggio mountain bike, osservazione degli animali, passeggiate a cavallo, trekking, visite nei
dintorni. COLTIVAZIONI: olivi, viti, granoturco, frumento, girasoli, ortaggi, alberi da frutta. ALLEVAMENTI: ovini, animali di bassa corte, api. PRODOTTI IN VENDITA: vino, tartufi, verdura, miele.

La Chiusa ⭐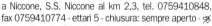

a Niccone, S.S. Niccone al km 2,3, tel. 0759410848,
fax 0759410774 - ettari 5 - chiusura: sempre aperto - 🚭
▶ Lasciare la Statale 3bis all'uscita Promano (da
Nord) o Umbertide (da Sud) e proseguire fino a Niccone; qui giunti, percorrere un paio di chilometri sulla
Statale 416 in direzione di Tuoro sul Trasimeno, quindi
deviare a sinistra per 1,5 km su strada bianca.

*Fattoria ottocentesca immersa nel verde, lontano da
fonti di disturbo. Per il soggiorno agrituristico, cinque
miniappartamenti arredati con mano lieve. Il "Ristoran-
tino", citato dalle migliori guide enogastronomiche, assorbe la produzione biologica dell'azienda.*

🛏 CAMERE CON SERVIZI: 3 doppie - pernottamento per
persona £ 40/70000, prima colazione £ 15000, mezza pensione £ 105/130000.
⊞ APPARTAMENTI: 1 monolocale per 3 persone, 1 bilocale per 4 persone, con biancheria cucina, uso lavande-

ria, stoviglie, riscaldamento centralizzato e a legna - affitto al giorno £ 130000; supplemento per riscaldamento. Deposito cauzionale 30% alla prenotazione. Soggiorno minimo: 1 settimana in alta stagione.

Note: *le camere e gli appartamenti sono dotati di biancheria per letto e per bagno.*

)¶| cucina casalinga - vini locali di produzione propria - £ 35/60000.

Servizi e locali comuni: parcheggio, telefono, sala lettura. Sport e tempo libero: piscina; noleggio mountain bike, corsi di cucina, visite nei dintorni, passeggiate. Coltivazioni: viti, cereali, ortaggi, alberi da frutta. Allevamenti: animali di bassa corte.

Nestore

località Verna, tel. 0759302126 oppure 0336635208, fax 0759271001 - ettari 120 - chiusura: sempre aperto - ❧ previo accordi.

▶ Lasciare la Statale 3bis (E45) a Promano, nel tratto fra Città di Castello e Umbertide, e proseguire per Montecastelli; da qui prendere la deviazione a destra verso Verna e l'azienda.

Il torrente Nestore si apre la via tra le verdi colline umbro-toscane fino all'incontro con il Tevere. Questi elementi geografici riassumono la fisionomia ambientale del luogo evocando tanto i piaceri domestici, consumati entro rassicuranti mura di pietra, quanto le prospettive di una vacanza tra arte e natura.

⌘ Camere con servizi: 1 doppia, con riscaldamento - pernottamento per persona £ 40/60000.
⊞ Appartamenti: 6 di varia metratura per 4/6 persone, con biancheria cucina, stoviglie, riscaldamento autonomo, televisore - affitto al giorno per persona £ 30/60000, supplemento per eventuale pulizia finale.

Note: *la camera e gli appartamenti sono dotati di biancheria per letto e per bagno, telefono.*

Servizi e locali comuni: parcheggio, sala giochi bimbi. Sport e tempo libero: piscina, gioco bocce; noleggio mountain bike, visite nei dintorni. Coltivazioni: granoturco, girasoli, ortaggi, bietole, tabacco. Prodotti in vendita: uova, verdura.

Valfàbbrica (PG)

m 289 ✉ 06029

Il Castello di Giomici

a Giomici, piazza Sant'Attanasio 1, tel. 0755058028 oppure 0755055259, fax 0755003285 - ettari 160 - ♿ - chiusura: sempre aperto - ❧ previo accordi.

▶ Lasciare la direttrice Orte-Cesena a Ponte Valleceppi e, proseguendo sulla Statale 318, raggiungere e superare Valfabbrica; dopo 5 km, seguire le indicazioni per arrivare a Giomici (m 580 di quota).

Romantico maniero del 1100 posto a dominio della dolce valle del Chiascio e di una vastissima tenuta dove si rifuggono tanto i trattamenti chimici quanto le colture estensive. Sistemazioni nel castello e nei casali adiacenti; piscina con appendice per bambini.

⊞ Appartamenti: 2 monolocali per 2 persone, 3 bilocali per 4 persone, 9 di varia disposizione per 5/12 persone, con biancheria letto, stoviglie, riscaldamento - affitto al giorno £ 100/350000, affitto a settimana £ 450/2000000, biancheria bagno £ 5000 a settimana. Deposito cauzionale £ 200000.

Soggiorno minimo: 1 settimana in estate.

Note: *supplemento per cani £ 5000 al giorno, legna per camino £ 20000 al quintale.*

Servizi e locali comuni: parcheggio, telefono, sala lettura. Sport e tempo libero: piscina, gioco bocce, pallavolo, campo di calcetto, tiro con l'arco, ping pong, maneggio, ricovero cavalli; noleggio mountain bike, guida ai lavori agricoli, raccolta funghi, partecipazione alla ricerca dei tartufi, pesca, passeggiate a cavallo. Coltivazioni: olivi, viti, erba medica. Allevamenti: bovini, cavalli. Prodotti in vendita: vino, olio d'oliva, aceto, miele.

La Fontanella

vocabolo Capanni 3, tel. 075909065, fax 075909065 - ettari 36 - ♿ - chiusura: sempre aperto - ❧ piccola taglia.

▶ Da Perugia percorrere la Statale 318 sino a Valfabbrica, quindi continuare verso Nord per altri 5 km seguendo la segnaletica dell'azienda.

Vacanze in campagna nella suggestiva valle del Chiascio, lungo il Sentiero della Pace, che si percorre a piedi e a cavallo da Gubbio ad Assisi, sulle tracce di san Francesco. Si alloggia nel verde, in posizione assai panoramica, negli ambienti di schietta semplicità di un casale in pietra.

⌘ Camere con servizi: 3 doppie - pernottamento per persona £ 25/40000.
⊞ Appartamenti: 2 bilocali per 4 persone, con stoviglie - affitto al giorno £ 90/140000. Deposito cauzionale 20% alla prenotazione.

Soggiorno minimo: 2 notti.

Note: *le camere e gli appartamenti sono dotati di biancheria per letto e per bagno, riscaldamento.*

)¶| riservato agli ospiti - cucina umbra (torta al testo, arrosti) - vini regionali - £ 20/35000.

Servizi e locali comuni: parcheggio, telefono, sala TV, sala lettura, taverna, spazio all'aperto per giochi bimbi. Sport e tempo libero: tiro con l'arco, ricovero cavalli; osservazione degli animali, passeggiate a cavallo, visite guidate, visite nei dintorni, passeggiate. Coltivazioni: cereali, ortaggi. Allevamenti: animali di bassa corte. Prodotti in vendita: verdura, miele.

Lazio
La natura fuori porta

*Il turismo più convenzionale si concentra su Roma
e su poche altre località, sottovalutando le bellezze
della campagna e di una natura spesso intatta.*

Il Lazio è una regione di notevole varietà paesaggistica. Le statistiche evidenziano una ben equilibrata spartizione del territorio tra montagna (26%), collina (54%) e pianura (20%). Significativi anche i dati relativi alla densità di popolazione: di poco più piccola del Veneto, con una superficie di circa 170 000 km², è una regione che, pur essendo ai primi posti in Italia per numero di abitanti, cinque milioni, può paradossalmente considerarsi fra le meno popolate. Lo squilibrio tra capoluoghi e periferia, infatti, è evidente: di quei cinque milioni almeno tre vivono a Roma mentre gli altri sono sparsi nel resto del territorio in ben 370 comuni. Questo conferma l'impressione che si ha attraversando la regione, specie se si seguono i tracciati meno battuti, di una scarsa presenza umana, a tutto vantaggio dell'ambiente che, pur nelle mutazioni subite nei secoli, presenta elevate condizioni di naturalità.

Rilievi vulcanici e dune costiere

Dei rilievi della regione solo le dorsali che corrono lungo il confine orientale appartengono all'Appennino vero e proprio: le più significative sono i Monti della Laga, i monti Reatini (con la massima elevazione regionale nel Terminillo, m 2213) e il massiccio del Velino. Tranne i Monti della Laga, si tratta di rilievi calcarei, poveri di acque superficiali e per questo aspri e spogli.
Poi viene il cosiddetto
Preappennino.

Uffici Turistici

❚ FROSINONE
via Aldo Moro 465,
tel. 077583381
Atina
via Ponte Melfa,
tel. 0776691166
Cassino
piazza De Gasperi 6,
tel. 077621292
Fiuggi
via Gorizia 4,
tel. 0775515446

❚ LATINA
piazza del Popolo,
tel. 0773480672
Formia
viale Unità d'Italia 30/34,
tel. 0771771490
Gaeta
via Cavour,
tel. 0771462767
Scauri
via Lungomare 32,
tel. 0771683788
Terracina
via Leopardi,
tel. 0773727759

Al Nord quattro gruppi di natura vulcanica, riconoscibili per la presenza di laghi craterici e la vegetazione rigogliosa: i monti Volsini con il lago di Bolsena; i Cimini con il lago di Vico; i Sabatini con il lago di Bracciano; i colli Albani con i laghi di Albano e Nemi. Di origine vulcanica anche i monti della Tolfa, che scendono verso il mare. Nella parte meridionale della regione il Preappennino ha invece natura calcarea e risulta tendenzialmente brullo e privo di acque: i principali rilievi sono i Lepini, gli Ausoni e gli Aurunci. Il litorale tirrenico è leggermente falcato, con cinque golfi, il più pronunciato dei quali è quello di Gaeta, che si prolunga in Campania. Le coste sono quasi ovunque basse e sabbiose, con eccezione dei promontori che separano le insenature. Nell'immediato entroterra le principali pianure, in gran parte bonificate. Protagonista dell'idrografia è il Tevere che attraversa la parte settentrionale della regione per circa 200 chilometri.

UNA GRANDE VARIETÀ DI PAESAGGI E SAPORI

Cereali, ortaggi, viti e olivi sono le componenti fondamentali – da sempre, si può dire – del paesaggio agrario laziale: fin dall'antichità, infatti, l'esigenza di rifornire i giganteschi mercati romani ne determinò la larga diffusione. Quanto ai cereali, è significativo che il Lazio sia la sola regione italiana ad avere ottenuto il ricoscimento europeo di tipicità per un prodotto di panetteria, il «Pane casareccio di Genzano» (Igp). In campo orticolo numerose sono le produzioni di qualità – lattuga, cipolle, peperoni, fagiolini, piselli e fagioli – ma il ruolo di preminenza va senza dubbio al carciofo, di una varietà inconfondibile, senza

Sopra, l'etichetta di questo Cerveteri Doc trova ispirazione nella ricca eredità storica della Tuscia; anche per il vino ci si affida ad antichi ceppi di Trebbiano e Malvasia.

Sotto, Calcata, una delle località più suggestive del Viterbese, provincia verde e di ricca storia.

spina, tondo, che viene chiamato 'romanesco' o 'mammola'. Venendo poi alla vite, l'antica tradizione laziale trova conferma nelle 24 Doc odierne: grandi protagonisti sono le uve a bacca bianca Malvasia e Trebbiano; quanto ai nomi si passa da Doc 'storiche', come «Frascati» ed «Est! Est!! Est!!! di Montefiascone», alle denominazioni più recenti, come «Aprilia» o «Circeo», dove sono i vini rossi a essere più valorizzati. L'affinità tra vite e olivo trova infine conferma nelle produzioni Dop «Sabina», estesa al Reatino e alla campagna romana, e «Canino», del Viterbese; sono due olii di sapore fruttato, il primo vellutato e di colore giallo oro, il secondo è verde smeraldo con riflessi dorati e carattere più deciso.

UNA TRADIZIONE PER L'ABBACCHIO E IL PECORINO

Nel campo dell'allevamento è la pecora a occupare il primo posto assoluto. Di qui, oltre all'importanza nella cucina regionale dell'abbacchio e delle altre preparazioni a base di carne di agnello, anche quella di una sterminata rassegna di formaggi pecorini e ricotte. Una singolare produzione, sempre in questo campo, è quella della mozzarella, dovuta alle mandrie di bufale dell'Agro Pontino, che insieme alla provola affumicata, al caciocavallo e al provolone sono di chiara importazione campana. Due le denominazioni in attesa del riconoscimento di qualità europeo: «Abbacchio romano» e «Pecorino romano».

A chiudere la rassegna, alcuni prodotti in predicato per il riconoscimento dell'Indicazione Geografica Protetta: un frutto esotico di recente introduzione, il «Kiwi Lazio», e tre prodotti del bosco, «Nocciola romana», «Castagna Vellerano» e «Marrone Segnino».

A DUE PASSI DALLA CAPITALE... AQUILE E LUPI

Detto dei prodotti tipici, si è anche delineato il profilo della gastronomia laziale, che a una sanguigna impronta sovrappone accenti rustici o marinari a seconda del luogo, e cosmopoliti influssi se quel luogo è Roma. Questa citazione fa scivolare il discorso sui beni ambientali di una regione protagonista di millenarie vicende, prima legate alla romanità e quindi al Papato. L'agriturismo ne trae sicuro vantaggio ma certo non più di quanto si deve alla bellezza del paesaggio, dalla costa al crinale appenninico, che qui si vuole sottolineare. Nonostante bonifiche e conversioni agrarie, come s'è detto, intorno ai capoluoghi si sono conservati importanti tratti di aree naturali. Almeno sulla carta, il Lazio è una regione all'avanguardia nella tutela ambientale: conta tre parchi nazionali – uno esclusivo, quello del Circeo – due in condominio con le regioni confinanti, quello d'Abruzzo e quello del Gran Sasso-Monti della Laga – e una serie di parchi regionali e riserve. Quella che viene così tutelata è una flora che passa dalla macchia mediterranea alle praterie d'alta quota e una fauna che si spinge in vista della Città Eterna con aquile e lupi.

A fronte, il carciofo è il portabandiera del Lazio agricolo e una delle presenze più caratteristiche della tavola romana, con il tradizionale abbacchio.

Sotto, Frascati, il teatro romano di Tusculum dà un'immagine della regione italiana di più diffuso patrimonio archeologico.

ASSOCIAZIONI DI CATEGORIA

AGRITURIST
Roma
Sede Regionale,
piazza Sant'Andrea della Valle 3,
tel. 0668307171

TERRANOSTRA
Roma
Sede Regionale,
via Raffaele Piria 6,
tel. 064073090

TURISMO VERDE
Roma
Sede Regionale,
via E. Franceschini 89,
tel. 064070778

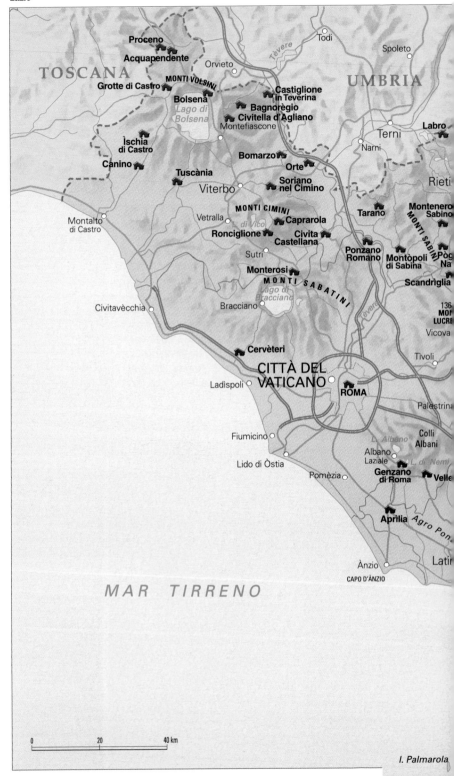

MAR TIRRENO

I. Palmarola

0   20   40 km

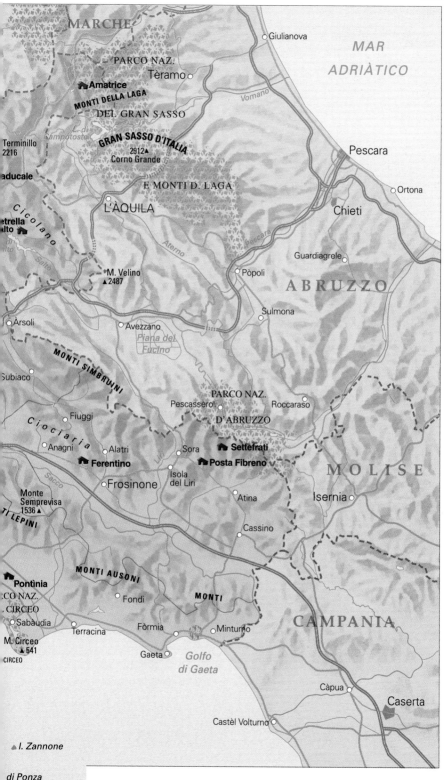

MARCHE

Giulianova

MAR
ADRIÀTICO

PARCO NAZ.
Amatrice
Teramo

MONTI DELLA LAGA

Vomano

DEL GRAN SASSO

Terminillo
2216

GRAN SASSO D'ITALIA

Pescara

2912
Corno Grande

aducale

E MONTI D. LAGA

Ortona

Cicolano

L'ÀQUILA

Chieti

trella
lto

Guardiagrele

Salto

M. Velino
2487

Pòpoli

ABRUZZO

Àrsoli

Avezzano

Sulmona

Piana del
Fùcino

MONTI SIMBRUINI

Subiaco

PARCO NAZ.

Pescasseroli

Roccaraso

Fiuggi

D'ABRUZZO

Ciociaria

Anagni

Alatri

Sora

Settefrati

Ferentino

Posta Fibreno

MOLISE

Frosinone

Isola
del Liri

Atina

Isernia

Monte
Semprevisa
1536

TI LEPINI

Cassino

MONTI AUSONI

Pontìnia

MONTI

CO NAZ.
. CIRCEO

Fondi

Sabàudia

Terracina

Fòrmia

Minturno

CAMPANIA

M. Circeo
541

Gaeta

Golfo
di Gaeta

CIRCEO

Càpua

Caserta

Castèl Volturno

I. Zannone

di Ponza

Natura • Cucina
Ospitalità

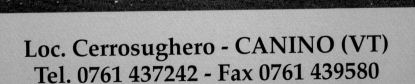

Loc. Cerrosughero - CANINO (VT)
Tel. 0761 437242 - Fax 0761 439580

m 420 ⊠ 01021

Casale Monaldesca

a Monaldesca, S.P. Trevinano - Monaldesca 44, tel. 0763 717078, fax 0763733620 - ettari 3000 - ⅄ - chiusura: sempre aperto - ✗ salvo accordi.

▶ Per arrivare in azienda, lasciare la A1 alla stazione di Fabro, quindi proseguire verso Sud-Ovest per raggiungere Trevinano (direttrice per Acquapendente).

Al confine con Toscana e Umbria, nel territorio della boscosa Riserva Naturale di Monte Rufeno, si stende questa amplissima azienda olivicola che riserva due casali ristrutturati per l'accoglienza agrituristica. In giugno e luglio settimane verdi per ragazzi.

⌂ Camere con servizi: 1 singola, 4 doppie, 11 a 4 letti, con riscaldamento centralizzato - pernottamento per persona £ 30/50000, pensione £ 70/90000, riduzioni per bambini fino a 12 anni. Deposito cauzionale 30%. Soggiorno minimo: 2 notti nei week end, 3 giorni o 1 settimana in alta stagione.

▭ 3 equipaggi.

⌘ cucina tradizionale (paste fresche, carni alla brace) - vini locali - £ 20/35000. Servizi e locali comuni: parcheggio, telefono, sala TV. Sport e tempo libero: gioco bocce, ping pong, maneggio; disponibilità di mountain bike, passeggiate a cavallo, corsi di equitazione, escursioni, passeggiate naturalistiche guidate. Coltivazioni: olivi. Allevamenti: api. Prodotti in vendita: olio, miele.

Le Crete ★⊡

via Cassia al km 129,400, tel. 076374854 oppure 0337927461, fax 076374618 - ettari 10 - chiusura: sempre aperto - ✗ salvo accordi.

▶ Dall'uscita Orvieto della A1, raggiungere Acquapendente tramite le Statali 71 e 74 e quindi la Via Cassia in direzione di Siena; alla periferia Nord-Est della cittadina, segnaletica per l'azienda.

A 1 km dall'abitato, in posizione panoramica sulla dolce valle del Paglia, si villeggia in un casale suddiviso, dopo la recente ristrutturazione, in appartamenti indipendenti e affiancato da una graziosa dépendance con spazio esterno proprio. A portata di mano le bellezze naturali di Lazio, Umbria e Toscana.

⊞ Appartamenti: 6 di ampia metratura per 5/6 persone, con biancheria letto, biancheria bagno, biancheria cucina, stoviglie, lavatrice, riscaldamento centralizzato, televisore - affitto al giorno £ 130000, supplemento per riscaldamento £ 20000 al giorno. Servizi e locali comuni: parcheggio. Sport e tempo libero: piscina; visite nei dintorni, passeggiate. Coltivazioni: frumento, castagni.

m 955 ⊠ 02012

Marisa d'Apostolo

a San Giorgio, via Salaria Vecchia al km 146, tel. 0746 821176 oppure 03470932812, fax 0746821176 - ettari 15 - chiusura: febbraio-marzo - ✗
▶ Da Rieti percorrere la Via Salaria verso Nord, fino al km 129, in corrispondenza dell'uscita San Giorgio, e immettersi sulla Via Salaria Vecchia.

Turismo equestre nella splendida palestra naturale dei Monti della Laga. Ospitalità offerta in una casa rurale dall'aspetto rassicurante, con il gusto della pietra a vista e del legno. Paesaggio d'ampio respiro e coltivazioni a indirizzo biologico.

⌂ Camere con servizi: 1 doppia, 1 a 4 letti - pernottamento per persona £ 40/50000.
⊞ Appartamenti: 4 bilocali per 4 persone, 4 di 3 locali per 4 persone, con stoviglie, televisore, caminetto - affitto al giorno £ 120/160000, affitto a settimana £ 500/1300000, biancheria £ 10000 per persona a settimana. Deposito cauzionale £ 200000 (appartamenti). Soggiorno minimo: 3 giorni in appartamento.
Note: *le camere e gli appartamenti sono dotati di riscaldamento centralizzato; soggiorno gratuito per bambini fino a 3 anni.*

CASALE MONALDESCA

Una locanda nella Riserva Naturale di Monte Rufeno

TRA LAZIO UMBRIA E TOSCANA

OSPITALITÀ   PASSEGGIATE A CAVALLO

CUCINA TIPICA   ESCURSIONI IN BICI

TREKKING VISITE GUIDATE EDUCAZIONE AMBIENTALE

CASALE MONALDESCA TEL. 0763 717078

www.itusci.it

È UNA GESTIONE

Cooperativa Sociale
NOVECENTO a.r.l.

Servizi e locali comuni: parcheggio, telefono. Sport e tempo libero: maneggio, ricovero cavalli; noleggio biciclette, passeggiate a cavallo. Coltivazioni: ortaggi, legumi, meli, ciliegi, foraggio. Allevamenti: bovini, ovini, suini, equini, animali di bassa corte, bufali. Prodotti in vendita: carne, uova, salumi, mele, ciliege, verdura, legumi, farro.

Rosario Rubei

località Villa San Cipriano, tel. 074685536 oppure 0368 578103, fax 074685536 - ettari 10 - &. - chiusura: sempre aperto - ⚓
▶ Da Rieti prendere la Via Salaria percorrendola verso Nord fino alla deviazione per Amatrice; l'azienda si trova a un chilometro dal centro abitato.

Per bellezza dello scenario montano e organizzazione, sembra di essere in Svizzera. Residenze eleganti, con ariosi portici; prati e siepi inappuntabili, laghetti con cigni. Corsi di decorazione su porcellana e ricamo. Settimane verdi per ragazzi, tranne agosto.

☞ Camere con servizi: 1 singola, 3 doppie, 4 a 3/4 letti - pernottamento per persona £ 50000, mezza pensione £ 90000.
⊞ Appartamenti: 2 bilocali per 5 persone, con biancheria cucina, stoviglie, televisore - affitto al giorno £ 150000.
Soggiorno minimo: week end.
Note: le camere e gli appartamenti sono dotati di biancheria per letto e per bagno, uso lavanderia e riscaldamento.
⛺ 2 equipaggi.
)|(cucina amatriciana - vini regionali - £ 25/30000.
Servizi e locali comuni: parcheggio, sala TV, sala lettura, taverna, sauna, forno a legna. Sport e tempo libero: ping pong, calcio-balilla; disponibilità di mountain bike, corsi di cucina. Coltivazioni: ortaggi, foraggio. Allevamenti: cavalli, pollame, conigli. Prodotti in vendita: animali vivi, verdura, formaggio, conserve, marmellate.

m 80 ⊠ 04011

Tre Confini

via Pantanelle 257, tel. 0692746539 - ettari 31 - apertura: aprile-novembre - ⚓
▶ Da Aprilia percorrere 5 km verso Anzio, sulla Statale 207; l'azienda è raggiungibile con una deviazione a sinistra, subito dopo la località Campo di Carne.

Azienda viticola delle campagne bonificate dell'Agro Pontino. L'ospitalità agrituristica viene offerta nei locali di una struttura moderna, ariosa e circondata dal verde. A 10 km le spiagge di Anzio e Nettuno; a 30 i Castelli Romani con Frascati e Castel Gandolfo e il Parco Nazionale del Circeo.

☞ Camere senza servizi: 1 doppia, 1 a 3 letti; 1 bagno in comune - pernottamento per persona £ 30/35000. Camere con servizi: 2 doppie, 2 a più letti - pernottamento per persona £ 35/40000.
Soggiorno minimo: 3 giorni.
Note: le camere sono dotate di biancheria per letto e per bagno, riscaldamento elettrico.
Servizi e locali comuni: parcheggio, telefono, sala TV, sala lettura. Sport e tempo libero: disponibilità di mountain bike, escursioni, visite nei dintorni, passeggiate. Coltivazioni: olivi, viti, cereali.

m 484 ⊠ 01022

Sallegrotte

a Vetriolo, tel. 0761288298 oppure 0330801360, fax 0761288298 - ettari 50 - chiusura: sempre aperto - ⚓
▶ Da Viterbo imboccare la Provinciale Teverina che, a Nord, arriva a Bagnoregio; giunti a 3 km dal paese, deviare a destra per Vetriolo e Civitella d'Agliano; l'azienda si trova 1 km dopo l'abitato di Vetriolo.

A disposizione degli ospiti vecchi casali ristrutturati nel pieno rispetto delle forme dell'architettura spontanea. Lo sguardo si allarga alle singolari balze argillose che cingono il lago di Bolsena. In azienda si allevano cavalli e la maestosa vacca Chianina e si possono ammirare daini e le lepri selvatiche.

⊞ Appartamenti: 5 di varia disposizione per 2/12 persone, con biancheria letto, biancheria bagno, biancheria cucina, stoviglie, lavatrice, riscaldamento - affitto al giorno £ 70/600000, affitto a settimana £ 350/3000000.
Soggiorno minimo: 5 giorni.
Servizi e locali comuni: parcheggio, telefono, sala TV. Sport e tempo libero: piscina; noleggio mountain bike, guida ai lavori agricoli, osservazione degli animali, passeggiate a cavallo, visite nei dintorni. Coltivazioni: olivi, foraggio. Allevamenti: bovini, equini. Prodotti in vendita: olio d'oliva.

Bolsena (VT)

m 350 ✉ 01023

La Riserva-Montebello

località Montebello, tel. 0761799492 oppure 0761 798965, fax 0761799492 - ettari 30 - chiusura: periodo in gennaio - 🐾 grossa taglia.

▶ Dall'uscita Orvieto della A1 imboccare la Statale 71 verso Montefiascone, poi deviare a destra per Bolsena; 2,5 km prima della cittadina, in corrispondenza di un'ampia curva a ferro di cavallo, si trovano le indicazioni per l'azienda.

Casali in pietra ambientati nelle morbide ondulazioni che abbracciano il lago. Veduta impreziosita dallo scintillio dell'acqua chiusa dalle verdi sponde. Corsi di nuoto e possibilità di uscite a vela sul lago. Settimane verdi per ragazzi in febbraio-marzo e settembre-ottobre.

🛏 Camere con servizi: 6 doppie, 6 a 3 letti, con biancheria letto, biancheria bagno, riscaldamento centralizzato, climatizzazione, televisore, frigobar - pernottamento per persona £ 60/90000, pensione £ 130/150000.
Note: *alcune camere sono dotate di uso cucina e biancheria per cucina.*
🍴 riservato agli ospiti - cucina del territorio - vini locali di produzione propria - £ 40000.
Servizi e locali comuni: parcheggio, telefono, sala TV, sala lettura. Sport e tempo libero: piscina, tiro con l'arco, ping pong, maneggio, ricovero cavalli; disponibilità di mountain bike, corsi di tiro con l'arco, passeggiate a cavallo. Coltivazioni: olivi, viti, ortaggi, castagni, kiwi, erbe officinali. Allevamenti: animali di bassa corte.

Bomarzo (VT)

m 263 ✉ 01020

Pomigliozzo

località Pomigliozzo, tel. 0761924466, fax 0761 924466 - ettari 30 - chiusura: inizio novembre-Natale e inizio gennaio-metà febbraio - 🐾

▶ Lasciare la A1 al casello di Attigliano o di Orte, poi raggiungere Bomarzo; dal paese dirigere per 3 km a Nord, verso il Parco dei Mostri.

Nel rilassante panorama delle campagne collinari sulla destra del Tevere, si soggiorna in una maestosa dimora di campagna seicentesca. Intorno le strutture di un rinomato allevamento ippico e una vasta estensione di campagna. Settimane verdi per ragazzi in tenda.

🛏 Camere senza servizi: 2 a 2/4 letti, con biancheria letto, biancheria cucina, uso cucina, uso lavanderia, frigorifero, stoviglie, riscaldamento a gas; 1 bagno in comune - pernottamento per persona £ 40000, forfait settimanale £ 252000. Deposito cauzionale da concordare alla prenotazione.
Note: *disponibilità anche di una mansarda con 2/4 posti letto, bagno e terrazza privata e le stesse dotazioni e prezzi delle camere.*

⛺ 5 equipaggi 🚐 5 equipaggi.
Servizi e locali comuni: parcheggio, telefono, sala lettura, taverna. Sport e tempo libero: ricovero cavalli; guida ai lavori agricoli, osservazione degli animali, visite nei dintorni. Coltivazioni: olivi, viti, ortaggi, alberi da frutta, noccioli. Allevamenti: cavalli. Prodotti in vendita: olio.

Canino (VT)

m 229 ✉ 01011

Cerro Sughero

S.S. 312 al km 22,6, tel. 0761437242 oppure 0761 437015, fax 0761439580 - ♿ - chiusura: sempre aperto.

▶ Abbandonare la Statale 1 Aurelia in corrispondenza di Montalto di Castro e imboccare la Provinciale 312 verso Est (lago di Bolsena) fino al km 22,6 dove si incontra l'azienda.

In una zona di riconosciuta tradizione olearia, la tenuta aziendale, con i suoi oltre dieci chilometri di strade interne, è come un grande parco per passeggiate e pedalate in mountain bike. Poi c'è solo l'imbarazzo della scelta: il lago di Bolsena, le vestigia etrusche di Tarquinia e Vulci, le chiese romaniche di Tuscania, palazzo Farnese a Caprarola...

🛏 Camere con servizi: 8 singole, 4 doppie, con biancheria letto, biancheria bagno, riscaldamento, televisore, frigobar - pernottamento per persona £ 55000, mezza pensione £ 75000. Deposito cauzionale da concordare alla prenotazione.
Carte di credito: Visa, Eurocard, Mastercard.
🍴 cucina del territorio - vini regionali - £ 25/35000.
Servizi e locali comuni: parcheggio, telefono, sala TV, sala lettura, sala giochi bimbi. Sport e tempo libero: piscina, campo da tennis, gioco bocce, tiro con l'arco, ping pong, noleggio mountain bike, escursioni, passeggiate. Coltivazioni: olivi, cereali, girasoli, alberi da frutta, pascolo. Allevamenti: ovini, pollame, piccioni. Prodotti in vendita: uova, vino, olio, dolci, formaggio, sottoli, marmellate, miele.

Le Cascine

S.S. 312 al km 11,2, tel. 0761438941, fax 0761 438941 - ettari 22 - ♿ - chiusura: periodo in gennaio - 🐾 previo accordi.

▶ Lasciare la Via Aurelia a Montalto di Castro e imboccare la Statale 312 che porta al lago di Bolsena; l'azienda (a 75 m di altitudine) si trova circa 10 km prima di Canino ed è segnalata lungo il percorso.

Non lontano dalle spiagge della Maremma laziale si trova questa moderna struttura agrituristica con caratteristiche alberghiere (camere ristrutturate e appartamenti di nuova costruzione). Previo accordi, settimane verdi per ragazzi in marzo-maggio e settembre-novembre. Piscina con idromassaggio e sala polifunzionale.

🛏 CAMERE CON SERVIZI: 3 singole, 3 doppie, con riscaldamento centralizzato - pernottamento per persona £ 30/40000, pensione £ 70/80000.
⊞ APPARTAMENTI: 6 di varia disposizione per 4/6 persone, con riscaldamento, lavatrice, televisore - affitto al giorno per persona £ 30/40000.
Note: *le camere e gli appartamenti sono dotati di biancheria per letto e per bagno; sconto 20% per bambini fino a 6 anni.*
🏕 5 equipaggi 🚐 5 equipaggi.
🍴 cucina maremmana (carni alla brace) - vini locali di produzione propria - £ 25/38000.
SERVIZI E LOCALI COMUNI: parcheggio, telefono, sala TV, sala lettura, sala giochi bimbi. SPORT E TEMPO LIBERO: piscina, gioco bocce, tiro con l'arco; noleggio mountain bike, passeggiate a cavallo, visite guidate. COLTIVAZIONI: olivi, viti, granoturco, frumento, girasoli, ortaggi, alberi da frutta. ALLEVAMENTI: ovini, cavalli, animali di bassa corte. PRODOTTI IN VENDITA: olio, dolci.

Caprarola (VT)

m 520 ✉ 01032

La Vita

località Valle di Vico, tel. 0761612077, fax 0761 612077 - ettari 70 - chiusura: gennaio - ❦
▶ Da Viterbo imboccare la Via Cassia Cimina e proseguire verso Ronciglione senza peraltro raggiungerla, in quanto si deve imboccare il bivio a destra, prima di Ronciglione, della circumlacuale e costeggiare il lago per 4 km; seguire la segnaletica dell'azienda.

Vacanze rurali nell'ambito della riserva naturale che interessa il lago di Vico (dove è possibile usufruire anche di una spiaggia privata) e il monte Venere. Si soggiorna tra i faggi in vecchi casali ristrutturati all'insegna della semplicità. Nell'abitato, lo spettacolare palazzo Farnese, una delle mete turistiche più famose del Lazio.

CAMERE CON SERVIZI: 5 doppie, con biancheria letto, biancheria bagno, riscaldamento autonomo, televisore, frigobar - pernottamento per persona £ 50/75000, pensione £ 100/140000.

SOGGIORNO MINIMO: 2 notti. CARTE DI CREDITO: CartaSi.

◗¶ cucina laziale (pesce di lago, marroni canditi) - vini locali - £ 30/50000.

SERVIZI E LOCALI COMUNI: parcheggio, telefono, sala lettura.

SPORT E TEMPO LIBERO: corsi di vela, corsi di equitazione, escursioni a cavallo. COLTIVAZIONI: noccioli, castagni, pascolo. PRODOTTI IN VENDITA: dolci, confetture, miele.

Villa la Paiola

via Cassia Cimina al km 16,200, tel. 0761645197 oppure 0636306874, fax 066794583 - ettari 10 - chiusura: sempre aperto - ◗ piccola taglia.

Partendo da Viterbo imboccare la Via Cassia Cimina e percorrerla in direzione di Ronciglione fino a raggiungere il km 16,200.

Una riserva protegge le sponde del lago di Vico e il monte Venere, antico cono vulcanico che lo domina verdeggiante. Allo specchio d'acqua si affaccia anche il parco di questa villa, gradevolmente adattata alle vacanze in campagna. Lo spettacolare palazzo Farnese, a Caprarola, è il primo appuntamento con le bellezze della Tuscia e Roma è alle porte: con mezz'ora d'auto si aggiunge la fermata metropolitana di Saxa Rubra.

APPARTAMENTI: 3 bilocali per 4 persone, 3 di 3 locali per 4 persone, con biancheria letto, biancheria bagno, biancheria cucina, stoviglie, riscaldamento autonomo, telefono - affitto al giorno per persona £ 35/60000, riscaldamento e pulizia finale £ 100000.

SERVIZI E LOCALI COMUNI: parcheggio, telefono. COLTIVAZIONI: noccioli, castagni. PRODOTTI IN VENDITA: dolci.

Castiglione in Teverina (VT)

m 228 ⊠ 01024

Lepre

a Case Nuove, strada del Porcino 9, tel. 0761947061, fax 0761947061 - ettari 10,6 - apertura: aprile-settembre, festivi e prefestivi - ◗

Uscita Orvieto della A1, quindi raggiungere Castiglione in Teverina; da qui, proseguire per altri 3 km fin oltre Case Nuove.

Sulle colline al confine tra Lazio e Umbria, non lontano, cordiale accoglienza rurale in un grazioso edificio di recente ristrutturazione. Le prospettive del soggiorno spaziano sul doppio orizzonte regionale. E per gli appassionati naturalistici, ad appena nove chilometri, c'è l'Oasi Wwf del Lago di Alviano.

CAMERE CON SERVIZI: 1 singola, 2 doppie, 2 a 3 letti, con biancheria letto, biancheria bagno, uso lavanderia, riscaldamento centralizzato - pernottamento per persona £ 40/50000, mezza pensione £ 65/70000, sconto 50% per bambini fino a 6 anni.

◗¶ riservato agli ospiti - cucina casalinga (paste fresche) - vini di produzione propria - £ 19/25000.

SERVIZI E LOCALI COMUNI: parcheggio, telefono, sala lettura, pista da ballo. SPORT E TEMPO LIBERO: guida ai lavori agricoli, osservazione degli animali, corsi di ceramica, visite nei dintorni, escursioni, passeggiate nel bosco, passeggiate naturalistiche. COLTIVAZIONI: olivi, viti, seminativi, ortaggi, alberi da frutta. ALLEVAMENTI: animali di bassa corte. PRODOTTI IN VENDITA: pollame, uova, vino, olio, frutta, sottoli, marmellate, miele.

Cervèteri (Roma)

m 81 ⊠ 00052

Casale di Gricciano

località Gricciano Quota 177, tel. 069941358, fax 06 9951013 - ettari 3 - chiusura: novembre - ✂
▶ Abbandonare la A12 in corrispondenza del casello Cerveteri-Ladispoli; giunti al bivio prendere a sinistra in direzione di Cerveteri; da qui seguire le indicazioni per la necropoli etrusca e quelle successive per l'azienda agrituristica.

Lazio

Nella pace delle colline ceretane, ma a 20 minuti di macchina da Roma, è vacanza rurale tra memorie etrusche e la rinomata spiaggia di Campo di Mare. La zona è famosa per i carciofi ma riserva anche frutta, olio e vino di gran qualità. A richiesta corsi di ceramica.

CAMERE CON SERVIZI: 9 doppie, con biancheria letto, biancheria bagno, riscaldamento autonomo, televisore - pernottamento per persona £ 60000, pensione £ 120000.
SOGGIORNO MINIMO: 2 notti. CARTE DI CREDITO: Visa.
cucina romana (paste fresche, coda alla vaccinara) - vini di produzione propria - £ 30000.
SERVIZI E LOCALI COMUNI: parcheggio. SPORT E TEMPO LIBERO: noleggio mountain bike, visite nei dintorni, escursioni. COLTIVAZIONI: olivi, viti, ortaggi, alberi da frutta. ALLEVAMENTI: ovini, suini, caprini, animali di bassa corte. PRODOTTI IN VENDITA: vino, olio.

Cittaducale (RI)
m 481 ✉ 02015

Cardito 🔰 TCI
a Santa Rufina, località Cardito, tel. 0746606947, fax 0746606947 - ettari 100 - chiusura: gennaio-febbraio - 🍴
▶ Da Rieti imboccare la Via Salaria verso Ascoli Piceno; dopo circa 6 km, deviazione a sinistra per Santa Rufina; l'azienda è subito dopo lo svincolo, a sinistra.

La cornice è quella delle colline che introducono al Terminillo, la prospettiva quella di fare piacevoli escursioni nei boschi circostanti. Soggiorno all'insegna del relax in villa padronale del Seicento. In via di approntamento piscina, maneggio e ristorante.

APPARTAMENTI: 2 di 3 locali per 4 persone, con biancheria letto, biancheria bagno, biancheria cucina, stoviglie, lavastoviglie, lavatrice, riscaldamento autonomo, televisore - affitto a settimana £ 350/500000.
SOGGIORNO MINIMO: 1 settimana. CARTE DI CREDITO: American Express, Visa.
SERVIZI E LOCALI COMUNI: parcheggio, telefono. SPORT E TEMPO LIBERO: visite nei dintorni, escursioni, passeggiate nel bosco. COLTIVAZIONI: olivi, viti, cereali, castagni, foraggio. ALLEVAMENTI: ovini, suini, equini. PRODOTTI IN VENDITA: cereali.

Civita Castellana (VT)
m 145 ✉ 01033

Casa Ciotti 🔰 TCI
via Terni 14, tel. 0761513090, fax 0761599120 - ettari 155 - chiusura: sempre aperto - 🍴
▶ Lasciare la A1 allo svincolo Magliano Sabina, poi a destra sulla Via Flaminia per circa 9 km, fino a Sassacci dove c'è la deviazione a destra per raggiungere Civita Castellana; dopo 400 m, bivio a sinistra e segnalazioni dell'azienda.

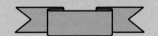

418

l'agriturismo, le cui coltivazioni sono tutte a regime biologico, è ambientato in una stazione di posta seicentesca, riportata alla sua originaria bellezza e arredata con mobili d'epoca. Tutt'intorno olivi e querce secolari ant;ipano le bellezze delle valli del Treia, ambito ideale per escursioni tra natura e storia. A richiesta, servizio di baby sitting e dog sitting.

⊞ APPARTAMENTI: 7 monolocali per 2/3 persone, 4 bilocali per 6 persone, 2 di 3 locali per 4/6 persone, con biancheria letto, biancheria bagno, biancheria cucina, stoviglie, riscaldamento centralizzato - affitto al giorno £ 80/320000, affitto a settimana £ 420/1900000, soggiorno gratuito per bambini fino a 3 anni. SOGGIORNO MINIMO: 2 notti. CARTE DI CREDITO: tutte.
♙ riservato agli ospiti - cucina casalinga (piatti della tradizione) - £ 25/35000.
SERVIZI E LOCALI COMUNI: parcheggio, telefono, sala TV, giochi bimbi. SPORT E TEMPO LIBERO: piscina, gioco bocce, tiro con l'arco, ping pong, ricovero cavalli; disponibilità di biciclette, visite guidate, passeggiate naturalistiche guidate. COLTIVAZIONI: olivi, cereali, girasoli, ortaggi, alberi da frutta, foraggio. ALLEVAMENTI: animali di bassa corte. PRODOTTI IN VENDITA: olio, frutta, verdura, miele.

Civitella d'Agliano (VT)

m 262 ⊠ 01020

Il Molinaccio ⭐

località Molinaccio 1, tel. 0761914438 - ettari 3 - apertura: marzo-ottobre - ♘
▶ Da Viterbo imboccare la direttrice verso Nord che transita nei pressi di Férento (strada Teverina); dopo 23 km, girare a destra percorrendo la deviazione per Castel Cellesi: attraversare il paese e continuare per 1,5 km poi, a destra, l'arrivo a destinazione.

Un amorevole restauro ha fatto di un antico mulino un soggiorno agrituristico di rara suggestione. A pochi passi chioccola il Rio Chiaro, foriero di fresche brezze che invitano a una vacanza domestica tra passeggiate e corsi di musica, pittura e ceramica. I tesori d'arte dell'alto Lazio e della vicina Umbria sollecitano invece alle escursioni. Si organizzano settimane verdi per ragazzi.

⊞ APPARTAMENTI: 1 di ampia metratura per 6 persone, con biancheria letto, biancheria bagno, biancheria cucina, uso lavanderia, stoviglie, riscaldamento centralizzato, televisore, caminetto - affitto al giorno £ 300/370000, affitto a settimana £ 1120/1250000. SOGGIORNO MINIMO: 2 notti.
SERVIZI E LOCALI COMUNI: parcheggio, sala lettura. SPORT E TEMPO LIBERO: ping pong, ricovero cavalli; corsi di lingue. COLTIVAZIONI: ortaggi, alberi da frutta, frutti di bosco.

Ferentino (FR)

m 395 ⊠ 03013

Punto Verde ⭐

via Casilina al km 76,400, tel. 0775396596 - ettari 50 - chiusura: periodo in agosto - ♘
▶ Uscita Anagni-Fiuggi Terme (se da Nord) o Frosinone (se da Sud) della A1, poi Via Casilina fino alle terme Pompeo, 3 km a Sud di Ferentino; da qui, seguire la segnaletica dell'azienda.

Lungo la Casilina, grande azienda della Ciociaria, attrezzata per il turismo equestre. Vacanze nel segno della tranquillità nel nucleo aziendale con ospitalità in quattro camere e in una villetta dotata di giardino, doppi servizi e soggiorno con camino. Interessante il centro abitato. Settimane verdi per ragazzi.

🛏 CAMERE CON SERVIZI: 4 doppie - pernottamento per persona £ 40/60000.
⊞ APPARTAMENTI: 1 villetta per 6/8 persone, con caminetto - affitto al giorno £ 250/300000. Deposito cauzionale £ 250000.
SOGGIORNO MINIMO: 3 notti. CARTE DI CREDITO: Visa.
Note: le camere e la villetta sono dotate di biancheria per letto e per bagno.
♙ cucina del territorio (aperto solo la sera, prenotare) - vini locali - £ 20/45000.
SERVIZI E LOCALI COMUNI: parcheggio, telefono, giochi bimbi. SPORT E TEMPO LIBERO: ricovero cavalli; corsi di decorazione floreale. COLTIVAZIONI: cereali, ortaggi. ALLEVAMENTI: bufali. PRODOTTI IN VENDITA: miele.

Genzano di Roma (Roma)

m 435 ⊠ 00045

Tre Palme

a Landi, strada Muti 73, tel. 069370286, fax 06 9370286 - ettari 3 - apertura: Natale-metà settembre - ♘
▶ Lasciare la A1 al casello di Valmontone, poi dirigere verso Velletri e Lanuvio, quindi deviare a sinistra verso la località Muti; in tutto, 9 km a Sud di Genzano.

Tra vigne e olivi dei Castelli Romani, tranquilla villeggiatura rurale nella moderna sede aziendale, circondata da coltivazioni rigorosamente biologiche e arredata con una spiccata predilezione per il legno. A Roma si va per musei e mondanità, ad Anzio e Nettuno per togliersi la voglia di un bagno.

CAMERE CON SERVIZI: 2 doppie - pernottamento per persona £ 25/40000, prima colazione £ 10000, mezza pensione £ 60/75000, possibilità di letto aggiunto. APPARTAMENTI: 2 bilocali per 2/4 persone - affitto al giorno per persona £ 30/40000. Deposito cauzionale 30% alla prenotazione.
SOGGIORNO MINIMO: 3 notti in camera; in alta stagione 1 settimana in appartamento.
Note: *le camere e gli appartamenti sono dotati di biancheria per letto e per bagno (quest'ultima a pagamento, negli appartamenti), televisore, riscaldamento centralizzato.*
cucina mediterranea, austriaca e ungherese - vini locali di produzione propria - £ 25/40000.
SERVIZI E LOCALI COMUNI: parcheggio. SPORT E TEMPO LIBERO: piscina; visite nei dintorni, passeggiate. COLTIVAZIONI: olivi, viti, ortaggi, alberi da frutta. ALLEVAMENTI: animali di bassa corte. PRODOTTI IN VENDITA: vino DOC, olio d'oliva, marmellate.

Grotte di Castro (VT)

m 467 ✉ 01025

Castello di Santa Cristina

località Santa Cristina, tel. 076378011 oppure 0339 8605166 (prenotazioni 063220468), fax 0763 78011 - ettari 83 - chiusura: sempre aperto - grossa taglia.
▶ Uscita Orvieto della A1, poi a Ovest toccando Castel Giorgio e San Lorenzo Nuovo (qui si incrocia la Via Cassia, per chi arriva da Roma), quindi si arriva a Grotte di Castro; 200 m oltre l'abitato, in direzione di Valentano, un cartello giallo indica la deviazione a destra per l'azienda.

«Un incantevole borgo nel cuore della Tuscia», così viene presentato questo centro agrituristico e in effetti le mura merlate, i boschi di querce, le delizie naturali e artistiche dei dintorni giustificano il ricorso ad aggettivi altisonanti. Bagni e sport acquatici sul lago di Bolsena; escursionismo nel Parco Naturale del Monte Rufeno. Si alloggia in una vecchia villa attigua al castello.

CAMERE CON SERVIZI: 10 doppie, con uso cucina - pernottamento per persona £ 60/90000, possibilità di forfait settimanale; riduzioni per lunghi soggiorni.
APPARTAMENTI: 6 di ampia metratura per 4/6/8 persone, con stoviglie, lavatrice, riscaldamento autonomo, televisore satellitare - affitto al giorno £ 250/350000, affitto a settimana £ 1000/2000000, fornitura biancheria e pulizia finale £ 100000. Deposito cauzionale £ 300000 alla prenotazione.
SOGGIORNO MINIMO: 2 notti.
Note: *le camere e gli appartamenti sono dotati di biancheria per letto, per bagno e per cucina.*
SERVIZI E LOCALI COMUNI: parcheggio, sala da gioco, taverna, sala riunioni, parco giochi bimbi. SPORT E TEMPO LIBERO: piscina, campo da tennis, biliardo, maneggio; disponibilità di mountain bike, escursioni a piedi e a cavallo. COLTIVAZIONI: cereali, girasoli, ortaggi, patate, alberi da frutta. ALLEVAMENTI: ovini, animali di bassa corte.
PRODOTTI IN VENDITA: verdura, patate.

Ìschia di Castro (VT)

m 384 ✉ 01010

Castro

a Ponte San Pietro, tel. 0761458769, fax 0761 458769 - ettari 250 - chiusura: sempre aperto - previo accordi.
▶ Lasciare la Via Aurelia all'altezza di Montalto di Castro, imboccare la Statale 312 diretta verso il lago di Bolsena; dopo alcuni chilometri, piegare verso Manciano e Saturnia; prima di Ponte San Pietro, a destra, c'è l'ingresso in azienda.

Centro di turismo equestre affacciato alla splendida vallata del Fiora, quasi al confine con la Toscana. Arredi d'epoca e ambienti comuni ricchi d'atmosfera carat-

erizzano il centro aziendale che, tra gli altri pregi, dista solo mezz'ora d'auto dalle spiagge dell'Argentario e a pochi chilometri dalle terme di Saturnia.

🐦 CAMERE CON SERVIZI: 2 doppie, 7 a 3/4 letti, con biancheria letto, biancheria bagno, televisore a richiesta - pensione £ 100/ 120000.
SOGGIORNO MINIMO: 3 giorni. CARTE DI CREDITO: Visa, Eurocard, Mastercard, Bancomat.
🍴 riservato agli ospiti - cucina del territorio (zuppe, paste fresche) - vini locali - £ 30/40000.
SERVIZI E LOCALI COMUNI: parcheggio, telefono, sala TV, sala lettura. SPORT E TEMPO LIBERO: piscina, gioco bocce, tiro con l'arco, ping pong, calcio-balilla, ricovero cavalli; escursioni a cavallo, visite nei dintorni. COLTIVAZIONI: cereali, ortaggi, alberi da frutta. ALLEVAMENTI: ovini, cavalli, animali di bassa corte.

Le Chiuse

località Le Chiuse, tel. 0761424875, fax 0761424875 - ettari 200 - chiusura: Epifania-metà marzo - 🚭
▶ A Montalto di Castro, sulla Via Aurelia, imboccare la statale 312 che porta al lago di Bolsena; in località Roggi, poco prima di Canino, piegare sulla sinistra seguendo le indicazioni dell'azienda per circa sei chilometri di strada sterrata.

Nelle terre degli Etruschi, a due passi dal confine toscano e a soli 25 km dal mare di Montalto di Castro, ospitalità in una bella costruzione di tufo, adattata all'agriturismo con mano sensibile. Vicino scorre il Fiora, uno dei fiumi più interessanti della regione.

🐦 CAMERE CON SERVIZI: 4 doppie, 7 a più letti, con biancheria letto, uso lavanderia, riscaldamento - pernottamento per persona £ 60/70000, mezza pensione £ 85/95000, biancheria bagno £ 5000 per persona.
SOGGIORNO MINIMO: 3 notti (alta stagione). CARTE DI CREDITO: American Express, CartaSi, Diner's Club.
🚐 6 equipaggi.
🍴 riservato agli ospiti - cucina casalinga (formaggi freschi) - vini locali di produzione propria - £ 25/35000.
SERVIZI E LOCALI COMUNI: parcheggio, sala TV. SPORT E TEMPO LIBERO: ricovero cavalli, piattaforma polivalente per tennis, pattinaggio, basket; guida ai lavori agricoli, passeggiate naturalistiche guidate. COLTIVAZIONI: olivi, viti, ortaggi, alberi da frutta. ALLEVAMENTI: bovini, ovini, suini. PRODOTTI IN VENDITA: vino, olio extravergine d'oliva.

Labro (RI)

m 628 ✉ 02010

Alla Sorgente della Valle

località Valle Avanzana, tel. 0746636286 - ettari 3 - ♿ - chiusura: sempre aperto - 🚭
▶ Da Terni procedere verso Piediluco; superata la cittadina sull'omonimo lago, si incontra un ponte che segna il confine fra Umbria e Lazio: subito dopo vi sono le indicazioni per raggiungere l'azienda.

Il territorio è quello di Labro, pittoresco paesino disposto a piramide su un colle a vigne e oliveti, ma vicinissima è anche l'umbra Piediluco, sull'omonimo lago. Punto forte dell'agriturismo è la presenza delle piscine aperte anche al pubblico e ben attrezzate.

🐦 CAMERE CON SERVIZI: 2 singole, con biancheria letto, biancheria bagno, biancheria cucina, uso cucina, uso lavanderia, riscaldamento - pernottamento per persona £ 40000, pensione £ 100000. Deposito cauzionale 30%.
SOGGIORNO MINIMO: 5/7 giorni.
🍴 cucina del territorio (tagliatelle al tartufo, trota alla brace) - vini locali di produzione propria - £ 25/35000.
SERVIZI E LOCALI COMUNI: parcheggio, taverna, giochi bimbi. SPORT E TEMPO LIBERO: piscina, gioco bocce, ping pong. COLTIVAZIONI: viti, ortaggi, castagni, ciliegi. ALLEVAMENTI: animali di bassa corte, trote. PRODOTTI IN VENDITA: pollame, frutta, verdura, marmellate, miele.

Montenero Sabino (RI)

m 450 ⊠ 02040

Le Streghe

località Scrocco, tel. 0765324146, fax 0765324146 -
ettari 13 - chiusura: periodo variabile - ❧
▶ Da Rieti utilizzare le uscite per Casaprota, sia da
Nord che da Sud, della Via Salaria; l'azienda si trova al
margine di queste deviazioni, a 700 m di quota.

*A un'ora da Roma alloggio boschereccio in simpatiche
casette di legno. Spiritosa accoglienza delle due "stre-
ghe" che promettono cibi genuini, coltivati biologicamente, e allegria. Guida Wwf per escursioni. Settimane
verdi per gruppi di ragazzi.*

🛏 CAMERE SENZA SERVIZI: 8 doppie, con biancheria letto,
biancheria bagno, riscaldamento centralizzato; 4 bagni
in comune - pernottamento per persona £ 30000, pensione £ 90000, riduzioni per bambini, supplemento per
camera singola.
🏕 8 equipaggi 🚐 10 equipaggi.
🍴 cucina casalinga - vini locali - £ 25/35000.
SERVIZI E LOCALI COMUNI: parcheggio, telefono, giochi bimbi. SPORT E TEMPO LIBERO: ping pong, calcio-balilla; passeggiate nel bosco. COLTIVAZIONI: cereali, ortaggi. PRODOTTI IN
VENDITA: farro, marmellate.

Monterosi (VT)

m 276 ⊠ 01030

Axel

località Macchia del Cardinale, tel. 0761699535 oppure 03476523490, fax 0761699535 - ettari 5 - ♿ -
chiusura: sempre aperto - ✗
▶ Si raggiunge Monterosi dalla Via Cassia bis, nel tratto Viterbo-Roma; dallo svincolo seguire i cartelli dell'a-
zienda per circa 8 km.

*Elegante complesso agrituristico affacciato sul lago di
Bracciano. La costruzione, recentissima, si articola su
un unico livello aprendosi con grandi vetrate sulle terrazze e sul prato digradante tra le querce. Si concorda-
no settimane verdi per ragazzi.*

🛏 CAMERE CON SERVIZI: 6 doppie, con biancheria letto,
biancheria bagno, riscaldamento centralizzato, telefono,
televisore - pernottamento per persona £ 60/70000,
prima colazione £ 5000, mezza pensione £ 100/
110000, supplemento per telefono in camera.
🏠 APPARTAMENTI: 1 di ampia metratura per 6 persone -
affitto al giorno £ 250/300000, affitto a settimana
£ 600/1200000, supplemento per fornitura biancheria
£ 20000 per persona a settimana; pulizia finale
£ 100000. Deposito cauzionale 20%.
Note: *disponibilità anche di un appartamento di tre locali e di un salone polifunzionale.*
🍴 cucina casalinga (prenotare) - vini locali di produzione propria - £ 40000.
SERVIZI E LOCALI COMUNI: parcheggio, telefono, sala lettura,
sala riunioni. SPORT E TEMPO LIBERO: piscina, maneggio;
noleggio mountain bike, escursioni a cavallo. COLTIVAZIO-
NI: olivi, viti, cereali, ortaggi. ALLEVAMENTI: bovini, equini,
animali di bassa corte.

Montòpoli di Sabina (RI)

m 331 ⊠ 02034

Rodeo

a Granari, via Caprareccia 6, tel. 076529060, fax
0765276783 - ettari 7 - chiusura: sempre aperto - ❧
previo accordi.
▶ Dall'uscita Fiano Romano della A1dir., proseguire
verso Rieti per 3 km, poi imboccare la Statale 313 per
Terni; dopo 12 km deviare a destra in direzione Montopoli di Sabina e, ancora a destra, in località I Granari.

Soggiorno nella cornice dei monti Sabini, in posizione panoramica sulla vallata del fiume Farfa, che alla sua confluenza nel Tevere forma un lago che rappresenta una splendida riserva naturale. Arredi e atmosfera country fanno cornice ideale per una vacanza all'insegna dell'equitazione. Su richiesta, settimane verdi per ragazzi e noleggio mountain bike.

CAMERE CON SERVIZI: 2 doppie, 3 a 4 letti, con biancheria letto, biancheria bagno, riscaldamento centralizzato - pernottamento per persona £ 30/40000, pensione £ 75/85000, possibilità di forfait settimanale; supplemento per camera singola; sconto 50% per bambini fino a 3 anni, da 4 a 6 anni sconto 30%, da 7 a 10 anni sconto 20%.
cucina casalinga (paste fresche, carni alla brace) - vini locali di produzione propria - £ 25/30000.
SERVIZI E LOCALI COMUNI: parcheggio, sala TV, giochi bimbi. SPORT E TEMPO LIBERO: tiro con l'arco, maneggio, ricovero cavalli; passeggiate a cavallo, corsi di equitazione, trekking a piedi e a cavallo. COLTIVAZIONI: olivi, viti, ortaggi, alberi da frutta, foraggio. ALLEVAMENTI: ovini, cavalli, pollame, conigli. PRODOTTI IN VENDITA: uova, olio, formaggio, marmellate.

Orte (VT)

m 132 ⊠ 01028

La Chiocciola

località Seripola, tel. 0761402734, fax 0761490254 - ettari 25 - chiusura: periodo in febbraio - piccola taglia.
▶ Alle porte di Orte, provenendo dallo svincolo autostradale, deviare a destra verso Amelia e, successivamente a sinistra, per Penna in Teverina; dopo 2,5 km in questa direzione, si trovano le insegne dell'azienda.

Grazie al cielo si trovano ancora persone capaci di trasformare un casale del '400 in una struttura turistica senza snaturarne l'atmosfera. Sistemazione di rustica raffinatezza nelle belle campagne della valle del Tevere.

CAMERE CON SERVIZI: 5 doppie, 3 a 3/4 letti, con biancheria letto, biancheria bagno, uso lavanderia, riscaldamento centralizzato, climatizzazione - pernottamento per persona £ 85000, pensione £ 145000.
CARTE DI CREDITO: CartaSi, Bancomat.
cucina casalinga (primi piatti) - vini locali di produzione propria - £ 45/50000.
SERVIZI E LOCALI COMUNI: parcheggio, telefono, sala TV. SPORT E TEMPO LIBERO: piscina, biliardo; noleggio mountain bike, trekking. COLTIVAZIONI: olivi, seminativi, cereali, ortaggi, alberi da frutta, noci, erba medica. ALLEVAMENTI: ovini, animali di bassa corte.

Petrella Salto (RI)

m 786 ⊠ 02025

Cooperativa Valle del Salto

a San Martino, località Cupaiolo, tel. 0746526180, fax 0746526208 - ettari 35,5 - chiusura: sempre aperto - previo accordi.
▶ Da Rieti percorrere la Statale 578 in direzione di Avezzano per 11 km circa, poi prendere il bivio a destra (Vecchia Cicolana) e proseguire per 4 km circa.

Nel Cicolano, le appartate terre dell'Aniene tra Tivoli e il Fucino, si soggiorna in un casale di fisionomia tradizionale. Nei boschi si va a tartufi e la cucina ne beneficia grandemente. Ampio spazio per l'agricampeggio e piccolo maneggio. Settimane verdi per ragazzi.

APPARTAMENTI: 10 bilocali per 4 persone, con biancheria letto, biancheria bagno, biancheria cucina, stoviglie, lavastoviglie, lavatrice, riscaldamento autonomo, telefono, televisore - affitto al giorno per persona £ 30000, pensione £ 70/75000.
cucina casalinga (piatti al tartufo) - vini regionali - £ 30/35000.
SERVIZI E LOCALI COMUNI: parcheggio, telefono, sala TV, sala lettura. SPORT E TEMPO LIBERO: ricovero cavalli; guida ai lavori agricoli, raccolta tartufi, escursioni a piedi e a cavallo. COLTIVAZIONI: cereali, ortaggi, patate, lenticchie, foraggio. ALLEVAMENTI: bovini, animali di bassa corte. PRODOTTI IN VENDITA: tartufi, legumi, formaggio.

Pòggio Nativo (RI)

m 415 ⊠ 02030

Sant'Ilario sul Farfa

a Monte Santa Maria, via Colle, tel. 0765872410 oppure 03683643912, fax 0765872410 - ettari 5 - chiusura: sempre aperto -
▶ Da Rieti percorrere la Via Salaria in direzione Sud per circa 25 km, fino a Osteria Nuova; qui svoltare a destra sulla strada per Castelnuovo di Farfa: dopo circa 6 km si raggiunge Monte Santa Maria.

Villeggiatura nella verde Sabina, a un'ora di strada da Roma. L'abbazia di Farfa e il Parco dei Monti Lucretili evocano due immagini della vacanza agrituristica. A fine anno scolastico, si organizzano settimane verdi con varia offerta sportiva.

CAMERE CON SERVIZI: 3 doppie, 4 a 4 letti, con riscaldamento centralizzato - pernottamento per persona £ 50/70000, mezza pensione £ 90/110000, possibilità di forfait settimanale; sconto 50% per bambini fino a 3 anni.

APPARTAMENTI: 1 bilocale per 4 persone - affitto a settimana £ 1000/1300000. Deposito cauzionale £ 500000 alla prenotazione.

SOGGIORNO MINIMO: 1 settimana.

Note: *le camere e l'appartamento sono dotati di biancheria per letto e per bagno.*

cucina riservato agli ospiti - cucina del territorio - vini regionali di produzione propria - £ 35000.

SERVIZI E LOCALI COMUNI: parcheggio, sala TV, sala lettura. SPORT E TEMPO LIBERO: piscina; noleggio mountain bike, guida ai lavori agricoli, osservazione degli animali, corsi di cucina, escursioni. COLTIVAZIONI: olivi, viti, ortaggi, alberi da frutta. ALLEVAMENTI: animali di bassa corte. PRODOTTI IN VENDITA: olio d'oliva.

Pontinia (LT)
m 4 ⊠ 04014

Pegaso Farm
via Casanello, tel. 0773853507, fax 0773853507 - ettari 30 - chiusura: sempre aperto -
▶ Percorrere la Via Appia in direzione di Terracina - fino al km 90,5 - poi breve deviazione di 800 m a sinistra verso Frasso.

La moderna struttura agrituristica è immersa in una macchia d'alberi che interrompe le ordinate campagne della pianura pontina. Ampi spazi per agricampeggio. Aviosuperficie per ultraleggeri dov'è possibile anche seguire corsi di volo con istruttore.

CAMERE CON SERVIZI: 4 doppie, 2 a 4 letti, con uso cucina, frigobar - pensione £ 100/125000.

APPARTAMENTI: 2 di ampia metratura per 5 persone, con stoviglie, lavatrice - affitto al giorno per persona £ 60/70000.

Note: *le camere e gli appartamenti sono dotati di biancheria per letto e per bagno, televisore e riscaldamento centralizzato e autonomo; riduzioni per bambini.*

cucina laziale - vini locali - £ 25/50000.

SERVIZI E LOCALI COMUNI: parcheggio, telefono, sala TV, sala lettura, parco giochi bimbi. SPORT E TEMPO LIBERO: piscina, ping pong, maneggio, ricovero cavalli; passeggiate a cavallo. COLTIVAZIONI: olivi, cereali, ortaggi, barbabietole, foraggio. ALLEVAMENTI: cavalli, animali di bassa corte, cinghiali. PRODOTTI IN VENDITA: olio, marmellate.

Ponzano Romano (Roma)
m 205 ⊠ 00060

Monterone
contrada Monterone, tel. 0765338019, fax 0765 338019 - ettari 28 - apertura: aprile-dicembre - previo accordi.
▶ Uscire dall'A1 a Soratte e percorrere un paio di chilometri in direzione di Ponzano Romano.

Vacanze rurali nella media valle del Tevere, fra le pendici del monte Soratte e l'oasi faunistica di Farfa. Si soggiorna in un fabbricato rurale di recente ristrutturazione godendo dei frutti dell'agricoltura biologica (ristorante stagionale all'aperto, su prenotazione).

CAMERE SENZA SERVIZI: 4 doppie, con uso cucina; 2 bagni in comune - pernottamento per persona £ 35/45000, pensione £ 75/85000, sconto 50% per bambini fino a 3 anni.

APPARTAMENTI: 1 monolocale per 2/3 persone - affitto al giorno £ 120/150000, affitto a settimana £ 700/875000.

Note: *le camere e l'appartamento sono dotati di biancheria per letto, per bagno e per cucina, riscaldamento.*

cucina del territorio (risotto all'ortica) - vini locali - £ 25/30000.

SPORT E TEMPO LIBERO: ping pong; noleggio mountain bike. COLTIVAZIONI: olivi, grano, farro, ortaggi, legumi, alberi da frutta. ALLEVAMENTI: cavalli. PRODOTTI IN VENDITA: olio, frutta, verdura, legumi, cereali.

Posta Fibreno (FR)

m 430 ⊠ 03030

Tenuta Ducale La Pesca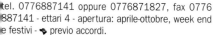

tel. 0776887141 oppure 0776871827, fax 0776 887141 - ettari 4 - apertura: aprile-ottobre, week end e festivi - ➥ previo accordi.
▶ Da Frosinone percorrere la Statale 214 fino a Sora, poi deviare a destra e raggiungere Posta Fibreno che si trova a lato della Statale 627.

Lo scenario della vacanza agrituristica è il lago di Posta Fibreno, piccolo gioiello naturalistico ricco di vita acquatica, al centro di una riserva naturale di quattrocento ettari. Escursioni a piedi e in canoa, scuola di pesca con la mosca, week end del pane, corsi di estetica naturale. Previo accordi, si organizzano settimane verdi per ragazzi.

◄ CAMERE CON SERVIZI: 7 doppie, 2 a più letti, con biancheria letto, biancheria bagno, riscaldamento - pensione £ 85/90000. Deposito cauzionale da concordare. SOGGIORNO MINIMO: 3 giorni.
⊞ 4 equipaggi.
)|(cucina del territorio (piatti della tradizione) - vini locali - £ 25000.
SERVIZI E LOCALI COMUNI: parcheggio, telefono, sala TV. SPORT E TEMPO LIBERO: piscina, ping pong; osservazione degli animali, pesca, escursioni. COLTIVAZIONI: ortaggi, frutti di bosco. PRODOTTI IN VENDITA: frutti di bosco.

Proceno (VT)

m 418 ⊠ 01020

Castello di Proceno

corso Regina Margherita 155, tel. 0763710072 oppure 055579879, fax 0763710072 - ettari 15 - chiusura: sempre aperto - ✗
▶ Lasciare la Via Cassia poco a Nord di Acquapendente e deviare in direzione di Proceno che si raggiunge dopo 3 km circa; l'ingresso al castello si trova sulla via principale del capoluogo comunale.

I cipressi abbracciano il borgo castellano, luogo di doviziosi soggiorni agrituristici. Siamo all'estremo Nord del Lazio, dove la Cassia introduce al Senese e da Bolsena si passa in breve a Orvieto. Grandi vini, dunque, e ottima ristorazione prevalentemente vegetariana. Un ufficio informazioni consiglia itinerari ed escursioni.

⊞ APPARTAMENTI: 7 di varia disposizione per 2/6 persone, con biancheria letto, biancheria bagno, biancheria cucina, uso lavanderia, stoviglie, riscaldamento a gas, telefono, caminetto - affitto al giorno £ 160/250000, affitto a settimana £ 1000/1800000, pulizia extra £ 15000 l'ora; possibilità di servizio di baby sitting a prezzi da concordare. Deposito cauzionale 20%. SOGGIORNO MINIMO: 1 settimana in estate.
)|(riservato agli ospiti - cucina del territorio (prenotare) - vini regionali - £ 25/35000.
SERVIZI E LOCALI COMUNI: parcheggio, telefono. SPORT E TEMPO LIBERO: piscina. COLTIVAZIONI: ortaggi, alberi da frutta, noci, castagni. ALLEVAMENTI: ovini, animali di bassa corte. PRODOTTI IN VENDITA: castagne, noci.

Il Molino

corso Regina Margherita 70, tel. 0763710267 oppure 0763710036, fax 0763710036 - ettari 70 - chiusura: sempre aperto - ✗
▶ Lasciare la Statale 2 al km 135,600 e prendere la deviazione per Proceno; dopo 1,6 km si incontra, sulla sinistra, il cancello verde dell'agriturismo.

Dalla collina la vista spazia dal lago di Bolsena al monte Amiata, evocando le tante possibilità escursionistiche tra Lazio e Toscana. L'ospitalità è offerta in due strutture distinte: il Molino, che si trova in una valle verdissima, lungo un corso d'acqua, e il Caprino, situata invece in posizione aperta e panoramica.

⊞ APPARTAMENTI: 1 monolocale per 2 persone, 1 bilocale per 2/4 persone, con biancheria letto, biancheria bagno, biancheria cucina, stoviglie, riscaldamento autonomo - affitto al giorno £ 70/150000, affitto a settimana £ 400/950000, riscaldamento a consumo. Deposito cauzionale 30%.

SOGGIORNO MINIMO: 1 settimana in estate.
SERVIZI E LOCALI COMUNI: parcheggio, barbecue. SPORT E TEMPO LIBERO: piscina; pesca, visite nei dintorni, passeggiate. COLTIVAZIONI: viti, bosco, cereali, granoturco, girasoli, alberi da frutta, foraggio.

Una finestra aperta sulla storia e la campagna romana di Ostia Antica

Vista del Castello dalla Suite del Bo

Salone di Capanna Murata

Letti a baldacchino

*L'**Azienda Agricola Rodrigo de Vivar** è situata nella magnifica tenuta di Ostia Antica di proprietà dei Principi Aldobrandini a ridosso degli omonimi scavi e dell'antichissimo Castello di Papa Giulio II della Rovere e del suo affascinante Borgo.*

Suite al Borgo Medievale

I cavalli Avelignesi

Circondati da un ambiente caldo e raffinato che garantisce un riferimento sicuro per chi intende rilassarsi si può partecipare alla vita dell'azienda agricola orientata all'allevamento dei Cavalli Avelignesi che sono a disposizione per delle splendide passeggiate lungo l'argine del Tevere

8 camere e 2 suite tutte con televisore, videoregistratore, frigo bar, radiosveglia e telefono.

Possibilità di mezza pensione per chi vuol essere libero di scegliere tra la coreografia di un caratteristico Ristorante oppure di pensione completa per chi non vuol distogliersi dall'ambiente rurale.

come raggiungerci

Corsi di:

- Equitazione di base
- Tiro con l'Arco
- Pittura, Restauro e ceramica

  Cucina tradizionale
- Visite guidate agli scavi di Ostia Antica - Porto Foro Romano
- Ciclo percorsi
- Emeroteca - Biblioteca Videoteca

Azienda Agricola Agrituristica RODRIGO DE VIVAR

Ostia Antica (Roma) • Italia
Piazza della Rocca, 1
Tel. e fax 06 5652535
06 5650114

Servizio Navetta Aeroporto di Fiumicino

Il maneggio dell'Azienda

Roma

m 20 ⊠ 00100

Borgo Bamboccio

via della Giustiniana 990, tel. 0630310113 oppure 06 30363302, fax 0630350119 - ettari 50 - chiusura: sempre aperto - ✗
▶ Lasciare la A1 al casello Roma Nord, quindi Grande Raccordo Anulare verso Ovest, uscita Cassia.

Un complesso agrituristico di ricercata architettura, af- facciato alla bellissima campagna di Veio. Ambienti au- tonomi di vario tono e ampiezza, molto curati nell'arre- do e nel comfort, con un'organizzazione di qualità al- berghiera; contorno culturale e sportivo di rilievo.

⊞ Appartamenti: 9 bilocali per 4 persone, con bianche- ria letto, biancheria bagno, stoviglie, riscaldamento autonomo, telefono, televisore - affitto al giorno £ 140/ 200000, affitto a settimana £ 840/1200000, pulizia finale £ 70000. Deposito cauzionale £ 500000.
Soggiorno minimo: 1 settimana. Carte di credito: Ameri- can Express, Diner's Club, Visa.
)⊩ cucina laziale - vini regionali di produzione propria - £ 35/50000.
Servizi e locali comuni: parcheggio, taverna. Sport e tem- po libero: piscina, gioco bocce, pratica golf; noleggio mountain bike, corsi di cucina, corsi d'arte varia, escursioni. Coltivazioni: viti, seminativi. Allevamenti: bovi- ni. Prodotti in vendita: vino, spumante, verdura.

Cavendo Tutus

via della Pisana 950, tel. 0666156512, fax 06 66162970 - ettari 7 - ♿ - chiusura: sempre aperto - ✿ piccola taglia.

▶ Lasciare il Grande Raccordo Anulare all'uscita 32 e immettersi sulla via della Pisana in direzione Roma Centro; all'altezza del numero civico 950 girare a sini- stra e seguire le indicazioni.

Singolare vacanza romana, a nove chilometri da San Pietro e a ridosso del Grande Raccordo Anulare, nel ver- de inaspettato del parco Tenuta dei Massimi. Un'oasi di verde e tranquillità da dove partire alla scoperta del- le aree archeologiche e dei mille volti di Roma.

⊞ Appartamenti: 10 bilocali per 4 persone, con bian- cheria letto, biancheria bagno, stoviglie - affitto al gior- no £ 130/220000, letto aggiunto £ 35000.
)⊩ cucina romana e abruzzese (paste fresche) - vini re- gionali - £ 38000.
Servizi e locali comuni: parcheggio, locale soggiorno. Sport e tempo libero: ping pong, maneggio; noleggio mountain bike, visite guidate. Coltivazioni: olivi, ortaggi, alberi da frutta. Allevamenti: bovini, cavalli, pollame. Prodotti in vendita: uova, frutta, verdura.

Rodrigo De Vivar

a Ostia Antica (Cap 00119), via Capo Due Rami 85, tel. 0656352758 oppure 065652535, fax 06 5650114 - ettari 6,5 - chiusura: novembre-dicembre tranne week end - ✿
▶ Dal G.R.A. raggiungere la via del Mare (S.S. 8) e percorrere circa 12 km in direzione di Ostia fino a rag- giungere la località Ostia Antica.

Il nome dell'azienda e la sua collocazione, Ostia Anti- ca, lasciano presagire qualcosa di speciale. Poi si giunge sul posto e si resta senza parole di fronte al ca- stello di papa Giulio II della Rovere e al borgo, al mar- gine del quale si stende la tenuta dei principi Aldobran- dini. L'azienda agricola, orientata all'allevamento e al turismo equestre, offre ospitalità in ambienti molto suggestivi e varie opportunità per il tempo libero.

🗝 Camere con servizi: 2 singole, 2 doppie, 7 suites, con biancheria letto, biancheria bagno, riscaldamento centralizzato, telefono, frigobar, televisore satellitare - pernottamento per persona £ 120/450000, possibi- lità di trattamento a mezza pensione.
Soggiorno minimo: 2/5 notti. Carte di credito: tutte.
Note: *le camere e le suites sono dotate di videoregi- stratore; prenotazione e pagamento solo con carta di credito.*

Lazio

SERVIZI E LOCALI COMUNI: parcheggio, sala lettura, sala giochi bimbi. SPORT E TEMPO LIBERO: tiro con l'arco, maneggio, ricovero cavalli; corsi di cucina, corsi di ceramica, corsi di equitazione, passeggiate a cavallo, visite guidate, visite nei dintorni. COLTIVAZIONI: viti, grano, ortaggi, alberi da frutta, erba medica. ALLEVAMENTI: cavalli. PRODOTTI IN VENDITA: uova, vino, frutta, conserve, confetture, miele.

Vivai Montecaminetto

via Sacrofanese 25, tel. 0633615290, fax 06 33615290 - ettari 19 - &. - chiusura: sempre aperto - ◆

▶ Dal Grande Raccordo Anulare raggiungere e percorrere la Via Flaminia per 8 km, poi deviare a sinistra sulla via Sacrofanese seguendola per poco più di un chilometro; da qui girare a sinistra per via del Bosco ove si incontra l'ingresso in azienda.

Nel verde e nella tranquillità di 7 ettari di bosco spicca una casina rosa. Avvicinandosi ci si accorge che è una villa di ardita geometria. L'accoglienza è molto familiare e ogni giorno ci si siede con i padroni di casa per fare onore a piatti Doc. Dalle terrazze vista sulla campagna che fa da cornice a Roma (rapido e puntuale il collegamento con piazzale Flaminio). Si organizzano settimane verdi per ragazzi.

⊞ APPARTAMENTI: 3 di più locali per 2/4 persone, con biancheria letto, biancheria bagno, riscaldamento - affitto al giorno per persona £ 40/50000. Deposito cauzionale 30% alla prenotazione.
⚠ 5 equipaggi ⊞ 5 equipaggi.
)⊪ cucina laziale (prenotare) - vini regionali di produzione propria - £ 25000.
SERVIZI E LOCALI COMUNI: parcheggio. SPORT E TEMPO LIBERO: visite nei dintorni, passeggiate nel bosco. COLTIVAZIONI: bosco, frumento, foraggio.

Ronciglione (VT)

m 441 ⊠ 01037

Trignano

via Cassia Cimina al km 25, tel. 0761628033, fax 0761 628033 - ettari 125 - &. - apertura: week end - ◆ previo accordi.
▶ Partendo da Ronciglione immettersi sulla Via Cassia Cimina in direzione di Roma; una volta giunti al km 25 girare a destra.

Siamo alle pendici dei monti Cimini, dove all'esuberanza della Maremma Viterbese subentrano gli ariosi paesaggi della campagna romana. L'azienda, di comfort moderno, rappresenta un valido punto di appoggio per gli appassionati del turismo equestre e dell'escursionismo in genere.

↝ CAMERE CON SERVIZI: 7 doppie - pernottamento per persona £ 45/60000.
⊞ APPARTAMENTI: 2 bilocali per 4 persone, con stoviglie - affitto al giorno £ 100/110000.
Note: *le camere e gli appartamenti sono dotati di biancheria per letto e per bagno, televisore e riscaldamento centralizzato.*
)⊪ cucina del territorio - vini locali - £ 30/40000.
SERVIZI E LOCALI COMUNI: parcheggio, sala TV, sala lettura. SPORT E TEMPO LIBERO: maneggio, ricovero cavalli; noleggio mountain bike, passeggiate a cavallo, corsi di equitazione, visite nei dintorni. COLTIVAZIONI: olivi, cereali, frumento, ortaggi, noccioli. ALLEVAMENTI: suini, cavalli, animali di bassa corte. PRODOTTI IN VENDITA: castagne, nocciole, marmellate, miele.

Scandrìglia (RI)

m 535 ⊠ 02038

La Casa Alta

località Santo Paolo Alto 1, tel. 0765878767 - ettari 12 - apertura: giugno-settembre, week end e festivi - ◆
▶ Da Roma percorrere la Via Salaria verso Rieti fino al km 52,800, poi uscire per Poggio Moiano, Osteria Nuova e seguire le indicazioni per via delle Cave e via Prato Lungo; l'azienda si trova a 4 km da Scandriglia lungo una strada sterrata disagevole.

Casale in pietra e legno recuperato secondo i dettami della bioedilizia. Arredi in legno e materiali naturali per le camere che si affacciano alla bella valle di Scandriglia e alla corona dei monti Lucretili. Settimane verdi per gruppi di ragazzi, previo accordi; a richiesta corsi di "terapie" dolci.

↝ CAMERE SENZA SERVIZI: 1 doppia, 2 a 4 letti, con biancheria letto, riscaldamento; 2 bagni in comune - pernottamento per persona £ 50/55000, prima colazione £ 5000, pulizia finale £ 15000 per persona, lavaggio biancheria £ 8000, uso cucina da concordare. Deposito cauzionale 25% alla prenotazione.
SOGGIORNO MINIMO: 3 notti.

Note: previo accordi è possibile affittare tutto il casale.
⫲ cucina sabina e ligure (prenotare) - vini regionali -
£ 30/45000.
SERVIZI E LOCALI COMUNI: parcheggio, telefono, sala TV,
sala lettura. SPORT E TEMPO LIBERO: guida ai lavori agricoli, osservazione degli animali, visite nei dintorni, escursioni. COLTIVAZIONI: olivi, ortaggi, alberi da frutta, noci,
noccioli. ALLEVAMENTI: pollame, conigli. PRODOTTI IN VENDI-
TA: olio, marmellate.

Settefrati (FR)

m 784 ⊠ 03040

Il Casino Rosso

a Saranisco, Strada Provinciale per Settefrati, tel. 0776
695115 oppure 0776695039 - ettari 14 - &. - chiusura: sempre aperto - ⫶
▶ Lasciare la A1 allo svincolo di Cassino, poi seguire le
indicazioni per la superstrada che porta a Sora; all'uscita di Atina Inferiore piegare a destra continuando sulla
Statale 509 che porta a Pescasseroli; dopo 7/8 km,
deviare a destra per Settefrati. L'azienda è 2 km a Sud.

«Natura incontaminata, aromi e sapori dimenticati, il
sonno cullato dal canto degli uccelli e dal frinire dei
grilli», così si presenta questa azienda della bellissima
valle di Comino, verde corridoio che sale agli ambienti
selvaggi del Parco Nazionale d'Abruzzo. Ristorante in
allestimento.

⊞ APPARTAMENTI: 2 di ampia metratura per 6 persone,
con biancheria letto, biancheria bagno, biancheria cucina, stoviglie, riscaldamento a gas - affitto al giorno
£ 200000, affitto a settimana £ 1000000, sconto 20%
per bambini fino a 6 anni. Deposito cauzionale 30%.
SOGGIORNO MINIMO: 2 notti.
SERVIZI E LOCALI COMUNI: parcheggio, sala TV. SPORT E TEM-
PO LIBERO: escursioni a cavallo. COLTIVAZIONI: olivi, noccioli. ALLEVAMENTI: equini. PRODOTTI IN VENDITA: olio, nocciole.

Soriano nel Cimino (VT)

m 480 ⊠ 01038

Parco dei Cimini

località Piangoli, strada Romana, tel. 0761752266
oppure 03356567129, fax 0761752266 - ettari 30 -
chiusura: sempre aperto - ⫶

▶ Da Viterbo percorrere 6,3 km sulla direttrice per
Ronciglione; quindi al bivio prendere a sinistra per Ca-
nepina e dopo 1,5 km svoltare a sinistra; l'azienda si
trova a 500 m sulla destra.

*Nel cuore del Parco dei Monti Cimini, tra boschi di pini
e castagni, un'azienda d'ambiente rustico-elegante,
fortemente orientata al turismo equestre (scuola fede-
rale, corsi di avviamento, brevetti superiori, escursionismo nella zona dei laghi della Tuscia). Nelle vicinanze,
per una esperienza da raccontare, l'Osservatorio astronomico dei Cimini.*

⫻ CAMERE CON SERVIZI: 3 doppie, con biancheria letto,
biancheria bagno, riscaldamento a gas, telefono, televisore - pernottamento per persona £ 50/70000, prima
colazione £ 10000, pensione £ 120/130000, forfait
settimanale £ 700/900000. Deposito cauzionale 15%.
CARTE DI CREDITO: American Express, Visa, Eurocard, Mastercard, Diner's Club.
⚑ 6 equipaggi ⛺ 15 equipaggi.
⫲ cucina del territorio - vini di produzione propria -
£ 35/45000.
SERVIZI E LOCALI COMUNI: parcheggio, telefono, sala TV,
sala lettura, taverna, sala giochi bimbi. SPORT E TEMPO
LIBERO: piscina, tiro con l'arco, ping pong, maneggio, ricovero cavalli; noleggio mountain bike. COLTIVAZIONI: olivi, viti, ortaggi, alberi da frutta, noci, kiwi, frutti di bosco. ALLEVAMENTI: bovini, ovini, suini, caprini, equini,
pollame, api. PRODOTTI IN VENDITA: pollame, uova, vino,
olio, prodotti del sottobosco, dolci, formaggio, sottoli,
marmellate, miele.

Tarano (RI)

m 234 ⊠ 02040

Le Fattorie Caracciolo

località Colle Campana, tel. 0765607731, fax 0765
609135 - ettari 35 - &. - chiusura: periodo tra novembre e dicembre - ⊠
▶ Casello Magliano Sabina della A1, poi circa 22 km
per raggiungere Tarano; all'ingresso del paese imboccare una strada bianca sulla sinistra, dopo 1,5 km
svoltare ancora a sinistra.

*«Ospitalità mediterranea in un'atmosfera contadina e
artigiana» è il motto che riassume la filosofia aziendale.
Tra i colli della Sabina, al confine con l'Umbria, il qua-*

Lazio

dro della vacanza è davvero speciale: *tre antichi casali, arredi di romantica atmosfera, la campagna e il fiume, il borgo medievale di Tarano per una prima conoscenza del luogo. Per il ristorante è necessaria la prenotazione.*

⊞ APPARTAMENTI: 8 di varia disposizione con biancheria letto, biancheria bagno, stoviglie, riscaldamento centralizzato o autonomo, telefono - affitto al giorno £ 110/320000, affitto a settimana £ 650/2130000, letto aggiunto £ 35/50000. Deposito cauzionale 30%. SOGGIORNO MINIMO: 3 giorni. CARTE DI CREDITO: American Express, Visa, Eurocard, Mastercard.
⟩¶ cucina casalinga (abbacchio al pomodoro, coniglio fritto) - vini locali - £ 30/45000.
SERVIZI E LOCALI COMUNI: parcheggio, telefono, sala TV, sala lettura, taverna. SPORT E TEMPO LIBERO: piscina, gioco bocce; noleggio mountain bike, passeggiate a cavallo, visite nei dintorni. COLTIVAZIONI: olivi, viti, granoturco, bosco, ortaggi, alberi da frutta, noci. ALLEVAMENTI: suini, animali di bassa corte. PRODOTTI IN VENDITA: olio d'oliva, marmellate.

Tuscània (VT)

m 165 ⊠ 01017

Casa Caponetti

tenuta del Guado Antico, tel. 0761435792, fax 0761 444247 - ettari 50 - ⅃ - chiusura: sempre aperto - ⬥

▶ Lasciare Tuscania in direzione di Vetralla; 200 m dopo il bivio per questa località, deviare a destra verso Quarticciolo; seguire le segnaletica dell'azienda.

Da restare senza parole. Per cavalli e cavalieri è un posto di sogno - il padrone di casa è uno dei migliori istruttori italiani - e lo stesso dicasi per i cani che, volendo, possono essere seguiti da un addestratore. La signora è una cuoca provetta e organizza corsi di cucina naturale. Si soggiorna in simpatiche costruzioni di legno affacciate alla valle del fiume Marta e a Tuscania. Settimane verdi per ragazzi abbinate a stage di equitazione e corsi naturalistici.

🛏 CAMERE CON SERVIZI: 6 doppie, con biancheria letto, biancheria bagno, riscaldamento centralizzato o elettrico - mezza pensione £ 130000. Deposito cauzionale da concordare alla prenotazione.
CARTE DI CREDITO: Visa, Eurocard, Mastercard.

⟩¶ cucina mediterranea (prenotare) - vini regionali - £ 30/50000.
SERVIZI E LOCALI COMUNI: parcheggio, telefono, sala TV, sala lettura. SPORT E TEMPO LIBERO: tiro con l'arco, ping pong; corsi di cucina, passeggiate a cavallo, corsi di equitazione, visite nei dintorni. COLTIVAZIONI: olivi, ortaggi, alberi da frutta, pascolo. ALLEVAMENTI: cavalli, pollame, api. PRODOTTI IN VENDITA: olio extravergine d'oliva, miele.

Velletri (Roma)

m 332 ⊠ 00049

Iacchelli

via dei Laghi al km 15, tel. 069633256, fax 06 96143004 - ettari 45 - ⅃ - chiusura: sempre aperto - 🕱

▶ Uscire da Roma con la Via Appia fino a Ciampino, poi bivio a sinistra e Via dei Laghi fino a Nemi; di fronte all'incrocio per questa località, vi sono le indicazioni per l'azienda che si raggiunge dopo 400 m.

Nel cuore del Parco Naturale dei Castelli Romani, un moderno e ampio complesso composto da bassi edifici raccolti attorno alla piazza, una volta tradizionale punto di ritrovo dei contadini. Vasto ristorante e fornito negozio di prodotti tipici.

🛏 CAMERE CON SERVIZI: 5 doppie - pernottamento per persona £ 40/60000, prima colazione £ 3/5000, pensione £ 110/160000, possibilità di forfait settimanale; supplemento 25% per camera singola, sconto 50% per bambini fino a 5 anni, da 6 a 8 anni sconto 20%.
⊞ APPARTAMENTI: 5 bilocali per 4 persone, con stoviglie - affitto al giorno £ 120/216000, affitto a settimana £ 650/950000.
Note: *le camere e gli appartamenti sono dotati di biancheria per letto e per bagno, telefono, televisore e riscaldamento autonomo; sconto 20% per letto aggiunto.*
🏕 10 equipaggi.
⟩¶ cucina romana (abbacchio, patate al forno) - vini regionali di produzione propria - £ 25/35000.
SERVIZI E LOCALI COMUNI: parcheggio, telefono, sala TV, sala lettura, parco giochi bimbi. SPORT E TEMPO LIBERO: pallavolo, campo di calcetto, maneggio; visite nei dintorni, passeggiate. COLTIVAZIONI: olivi, viti, ortaggi, alberi da frutta. ALLEVAMENTI: suini, animali di bassa corte. PRODOTTI IN VENDITA: salumi, vino, olio, verdura, dolci, formaggio, marmellate.

Enoteca *Cul de Sac*

"Storica enoteca romana, aperta, nella veste annuale, nel 1977 ma già sede di un vecchio Vini e Olii sin dai primi anni del 1900 con un bellissimo bancone di marmo a testimonianza dell'epoca. Ha dato l'avvio, a Roma, al fenomeno dei Wine-Bar offrendo specialità gastronomiche e una selezione di vini vastissima (attualmente circa 1400). E'situata nei pressi di Piazza Navona, in Piazza Pasquino, storica piazza che ospita una delle statue parlanti di Roma; l'enoteca ha un arredamento semplice, spartano costituito da un'impalcatura di tubi innocenti sulla quale poggiano scaffali di legno per una lunghezza di circa 18 metri che consentono una fantastica mostra di vini. Il locale è lungo e stretto da cui il nome "Cul de Sac" con una sequenza di panche in legno sovrastate da reti da pescatore che rendono l'ambientazione del locale simile ai vagoni di legno di un treno degli anni' 60. La imponente lista dei vini è articolata nelle varie regioni di provenienza e fornisce, per i neofiti, alcune informazioni sulle caratteristiche dei principali vini (zona di produzione, uvaggi che li compongono, principali caratteristiche organolettiche). Le specialità gastronomiche sono di produzione artigianale. Da segnalare in modo particolare la zuppa di cipolle, la crema di lenticchie rosse, i pizzoccheri della Valtellina, la brandade di baccalà e gli eccezionali patè fatti in casa".

• *1.400 Vini, Spumanti e Champagne in degustazione con le più prestigiose Firme del Mondo Enologico Italiano.*
• *Specialità gastronomiche e dolciarie di produzione propria.*
• *Formaggi e salumi tipici di ogni regione italiana.*

Aperto dopo teatro - Chiuso il lunedì a pranzo

Roma - P.zza Pasquino, 73 • Tel. 06 68801094

Agriturismo
" VIGNA SARA "

GRUPPO EUROPEAN CONSULTING
NETWORK® S.P.A.

Una privatissima Club House, ricavata in una vecchia casa padronale in pietra, nel cuore della Sabina, a 35 Km da Roma, un angolo di affascinante semplicità dove il tempo è scandito dalle stagioni e dalle antiche attività di campagna.

Un luogo per trascorrere un indimenticabile evento o una singola giornata tra la natura incontaminata insieme ai vostri cari.

L'atmosfera calda ed autentica, proprio come un tempo, il servizio, la simpatia, la genuinità, la natura, l'ambiente e la riservatezza, e la poca distanza da Roma, sono i requisiti che fanno preferire " Vigna Sara " alle altre sistemazioni.

FACILITIES:

• Maneggio - passeggiate a cavallo
• Trekking tra l'aria salubre.
• Discoteca interna.
• Piscina coperta.
• Parcheggio privato.
• Pista da ballo esterna
• Ampio giardino con panorama.

ALLOTMENT:

• Sei confortevoli camere matrimoniali.
• Cucina tipica con forno a legna, delizioso ristorante con camino.
• Sala ristorante all'aperto sotto un pergolato fiorito, barbecue, birreria.

Agriturismo "VIGNA SARA"- Via Vocabolo Castagna, 6 - FORANO (Rieti)
Tel. 0765. 571001 - 570614 - Fax. 0765. 571107 - cell. 0348. 32 10 257
Per informazioni e Prenotazioni : Tel. 06. 39 75 15 98 r.a - Fax. 06. 39 76 21 97

Azienda Agrituristica
"CARDITO"

02010 S. Rufina di Cittaducale (RI) - Tel. / Fax 0746 606947

Ubicata in zona collinare dell'Alta Sabina (m. 500 s.l.m.), a circa 45 minuti di auto da Roma si estende per 100 ha lungo la via Salaria a ridosso dei primi contrafforti del Monte Terminillo e lungo la sponda destra del Fiume Velino che ne segna il confine a Sud. L'Azienda pratica olivicoltura biologica producendo un olio extravergine fra i migliori in assoluto, allevamento equino ed ovino oltre a quello di animali da cortile nonchè alla tradizionale produzione di castagne della rinomata qualità MARRONE.

Al centro geometrico dell'Azienda è situata la villa padronale seicentesca e, tutt'intorno, le case coloniche in pietra risalenti alla seconda metà del secolo scorso in cui si offre ospitalità in appartamenti da 2/3/4 camere tutte con bagno, soggiorno-cucina, riscaldamento, Tv, pur mantenendo inalterato il fascino del carattere dell'epoca. Le ampie superfici boscose circostanti sono meta di riposanti passeggiate volte alla raccolta dei prodotti del sottobosco (funghi, tartufi neri, asparagi selvatici ecc.), nel raggio di 20 Km. troviamo inoltre innumerevoli luoghi di interesse naturale ed artistico:

- Terme Romane di Cotilia (acqua bicarbonato-sulfurea) stazione termale di soggiorno e cura Km. 6.
- Riserva naturale dei laghi Lungo e

Ripasottile a Km. 7
- Monte Terminillo-Stazione climatica estiva ed invernale (m. 2213) a circa 20 km.
- Santuari Francescani della Valle Santa Reatina (Greccio, Fonte Colombo, La Foresta, Poggio Bustone) a 10/15 Km.
- Castelli, Fortilizi e architettura medievale diffusa.

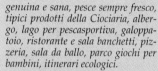

ABRUZZO
FRONTIERA DEL TURISMO VERDE

*Tre parchi nazionali rappresentano l'invidiabile dote
di una regione che ha fatto dell'agriturismo
uno degli strumenti per lo sviluppo del territorio.*

Come diceva Gabriele D'Annunzio «Abruzzo forte e gentile», o stando a uno slogan di più recente conio «Regione verde d'Europa». Due definizioni distanti nel tempo ma sostanzialmente in accordo nel mettere in luce i lineamenti caratteristici di questa terra. «Abruzzo forte», per la sua fisionomia accidentata, «e gentile», per la bontà di un clima marittimo che ha sempre premiato con generosità la fatica del contadino. «Regione verde d'Europa» proprio perché l'asprezza della montagna e l'estensione delle foreste ne hanno fatto una roccaforte dove i rappresentanti di spicco della natura appenninica – orsi, lupi, lontre e aquile – hanno potuto trovare rifugio in attesa di tempi migliori. Ed è proprio la natura il motore dell'odierno rilancio delle economie di numerosi centri montani sotto forma di turismo naturalistico e, ovviamente, di agriturismo ed enogastronomia.

LA REGIONE DELLE GRANDI MONTAGNE APPENNINICHE

L'accostamento è particolarmente interessante perché sfrutta al meglio le potenzialità turistiche della regione più montuosa dell'Italia peninsulare. Statisticamente più di metà della superficie territoriale è al di sopra dei 500 metri, e il resto, tranne una minima percentuale di pianure costiere, è costituito da rilievi collinari. Il settore montano, che vanta le vette più elevate del sistema appenninico, occupa la parte occidentale della regione per tutta la lunghezza e per oltre metà della lar-

UFFICI TURISTICI

❚ CHIETI
via B. Spaventa 29,
tel. 087163640
Francavilla al Mare
viale Nettuno 107,
tel. 085817169
Ortona
piazza Repubblica 9,
tel. 0859063841
Vasto
piazza del Popolo 18,
tel. 0873367312

❚ L'AQUILA
piazza Santa Maria di
Paganica 5,
tel. 0862410808
Pescasseroli
via Piave 1,
tel. 0863910461
Pescocostanzo
via Carceri 1,
tel. 0864641440
Rivisondoli
piazza Municipio 6,
tel. 086469351

ghezza. Il rilievo si sviluppa su tre direttrici quasi parallele e presenta da Nord a Sud i Monti della Laga (m 2455), il Gran Sasso (con il Corno Grande, m 2914, massima elevazione e unico ghiacciaio della dorsale) e la Maiella (m 2795). Sono paesaggi grandiosi di aspro calcare inframmezzati da qualche vasta conca, come quelle dell'Aquila, di Sulmona, del Fucino, e da altipiani come quelli della Rocca di Mezzo e delle Cinquemiglia.

La zona compresa tra l'Appennino e la costa, ampia tra i 25 e i 30 chilometri, è occupata quasi per intero da una distesa di colline mentre lungo il litorale corre una fettuccia pianeggiante, rettilinea e talora profonda non più di qualche centinaia di metri, sabbiosa tranne che nel tratto tra Ortona e Vasto.

VIGNE, OLIVETI E CAMPI DI GRANO

L'agricoltura abruzzese, che pone come storico sbocco i mercati di Roma, ha il suo carattere saliente nelle colture promiscue del subappennino con la stretta associazione dell'olivo e della vite ai seminativi. Riguardo alle due colture arboree, i risultati sono di prim'ordine con due produzioni olearie Dop – «Aprutino Pescarese» e «Colline Teatine» – e quattro zone vinicole Doc – «Montepulciano d'Abruzzo» (con la sottozona «Colline Teramane»), «Trebbiano d'Abruzzo» e «Controguerra» – l'ultima delle quali si segnala per l'introduzione, accanto ai vitigni tradizionali, di varietà d'alto lignaggio come Merlot, Cabernet e Pinot Nero tra i rossi, Chardonnay, Riesling e Malvasia tra i bianchi. Alla vigna, coltivate con il caratteristico sistema 'a pergolone' o a 'capanneto', si deve anche una notevole produzione da tavola: ne è prima rappresentante l'uva Regina di Ortona, cui si affiancano sul mercato anche le varietà Cardinal e Italia. Quanto ai seminativi, prevalgono i cereali, soprattutto il grano duro, che nelle conche interne ha uno dei suoi capisaldi nazionali.

Sopra, il vitigno Montepulciano domina la scena enologica abruzzese; se ne trae un vino di pronta beva nel tipo Cerasuolo o di ottimo spessore se passato in botte un paio d'anni.

Sotto, la Piana del Fucino, terra di antichissimi insediamenti di cui si conservano interessanti resti archeologici.

UFFICI TURISTICI

▌ **L'AQUILA**
Roccaraso
via Claudio Mori 1,
tel. 086462210
Scanno
piazza S. Maria della Valle 12,
tel. 086474317
Sulmona
corso Ovidio 208,
tel. 086453276
Tagliacozzo
via V. Veneto 6,
tel. 0863610318

▌ **PESCARA**
via N. Fabrizi 171,
tel. 08542900212
Montesilvano Marina
via Romagna 6,
tel. 0854492796

▌ **TERAMO**
via Carducci 17,
tel. 0861244222
Alba Adriatica
lungomare Marconi 1,
tel. 0861712426

Nell'Aquilano, a Piano di Navelli, si segnala una produzione di nicchia, lo zafferano, reputato il migliore d'Italia. Ai margini della fascia collinare le produzioni si differenziano. Oltre i 600 metri, infatti, prevalgono gli alberi da frutta e i campi di patate, e sempre più frequenti si fanno gli intermezzi boschivi, mentre la fascia vicina al litorale viene monopolizzata dall'orticoltura e dalla frutticoltura intensiva, favorita dai terreni leggeri e permeabili.

DALL'APPENNINO FORMAGGI E CARNI

Salendo in Appennino si aprono gli spazi del bosco e della prateria. È questo il dominio dell'allevamento, specie di quello ovino, che in passato era praticato col millenario sistema della transumanza, spostando cioè le greggi dai pascoli estivi, in montagna, alle pianure del Tavoliere delle Puglie e dell'agro romano. Tramontata l'epoca in cui i trattori appenninici erano periodicamente percorsi da milioni di capi di bestiame, oggi prevale l'allevamento stanziale. Ciò non toglie che gli alti pascoli, eccezionali per ricchezza di erbe aromatiche, costituiscano ancora oggi la cornice ambientale della casearia più tipica, con un'offerta di pecorini in primo luogo, sia dolci che piccanti, ma anche di caciotte da latte vaccino. Pregiate anche le carni: in cucina, oltre alla tradizionale presenza dell'agnello e del capretto, è abbondante l'utilizzo di conigli, pollame e suini. Questi ultimi, in particolare, danno origine a una produzione di salumi che registra singolari specificità, come mortadelle speziate e prosciutti affumicati. Con questo, detto dei vari ambiti ru-

UFFICI TURISTICI
▌ TERAMO
Giulianova
via Galilei 18,
tel. 0858003013
Pineto
viale Mazzini,
tel. 0859491745
Roseto degli Abruzzi
piazza della Libertà 24,
tel. 0858991157
Silvi Marina
lungomare Garibaldi 208,
tel. 085930343
Tortoreto Lido
via Archimede 15,
tel. 0861787726

rali, si è delineata anche la fisionomia dell'accoglienza agrituristica, che è ambientata essenzialmente in collina con progressive tendenze balneari o montane a seconda della localizzazione.

ABRUZZO, LA REGIONE DEI PARCHI

In chiusura non resta che circostanziare gli elementi di interesse naturalistico. La regione, come si è già accennato, vanta una sorta di leadership verde, vuoi per l'estensione delle sue aree protette, vuoi per i risultati d'avanguardia ottenuti nella loro gestione turistica. Il nucleo di questo patrimonio è costituito dai massicci appenninici, che presentano in primo luogo una copertura forestale molto ricca, caratterizzata da faggete e abetine di non comune estensione e integrità. Venendo alle singole realtà, la prima citazione è per lo storico Parco Nazionale d'Abruzzo, esteso per circa 500 km^2 nell'alta valle del Sangro e custode di quei valori, anche antropologici, che un tempo erano comuni a tutte le montagne dell'Italia centro-meridionale. In tempi recenti gli si sono affiancati altri due parchi nazionali – del Gran Sasso-Monti della Laga e della Maiella – e un complesso di aree protette che pone la regione all'avanguardia non solo in Italia ma in tutto il vecchio continente. L'orso marsicano è la bandiera della montagna abruzzese, che è habitat anche di camosci, lupi, lontre e rare specie di uccelli. Un patrimonio naturale di inestimabile valore intrinseco, che da qualche anno però ha anche cominciato a dare riscontri economici agli investimenti effettuati per la sua tutela, ponendosi al centro di una prospettiva di sviluppo 'sostenibile' e di definitivo riscatto delle comunità montane.

A fronte, fette di salame nostrano evocano i piaceri della buona tavola in una regione che ha la fortuna di poter offrire piatti di mare e specialità rustiche.

Sotto, la costa presso Fossacesia Marina offre una visione balneare di una regione altrimenti conosciuta per le sue montagne e per i suoi parchi nazionali.

ASSOCIAZIONI DI CATEGORIA

▌ **AGRITURIST**
Pescara
Sede Regionale,
via Stradonetto 42,
Palazzo Caldora,
tel. 08553051

▌ **TERRANOSTRA**
Pescara
Sede Regionale,
via Regina Margherita 39,
tel. 0854219320

▌ **TURISMO VERDE**
Pescara
Sede Regionale,
viale Bovio 85,
tel. 0854216816

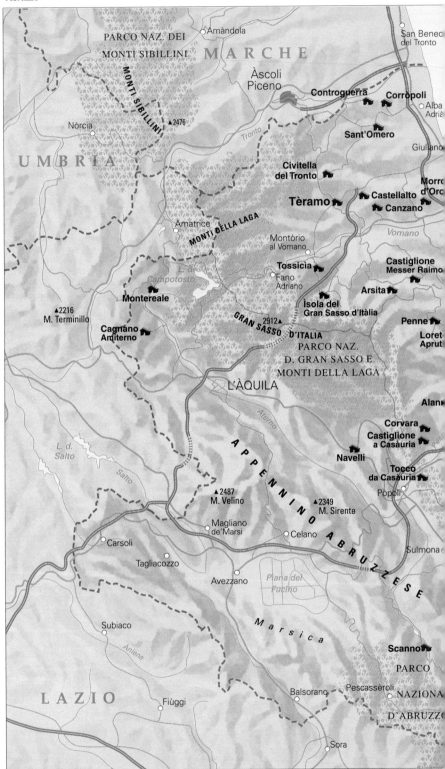

PARCO NAZ. DEI
MONTI SIBILLINI

Amàndola

San Beneo
del Tronto

M A R C H E

MONTI SIBILLINI

▲2476

Nòrcia

Àscoli
Piceno

Controguerra

Corròpoli

Alba
Adria

U M B R I A

Tronto

Sant'Omero

Giuliano

Civitella
del Tronto

Morro
d'Oro

Tèramo

Castellalto

Canzano

Amatrice

MONTI DELLA LAGA

Montòrio
al Vomano

Vomano

L. di
Campotosto

Tossicia

Fano
Adriano

Castiglione
Messer Raimo

Arsita

Montereale

Ìsola del
Gran Sasso d'Itàlia

▲2216
M. Terminillo

GRAN SASSO

2912▲

Penne

Cagnàno
Amiterno

D'ITALIA

Loret
Aprut

PARCO NAZ.
D. GRAN SASSO E
MONTI DELLA LAGA

L'ÀQUILA

Alan

L. d.
Salto

Aterno

Corvara

Castiglione
a Casàuria

Salto

Navelli

Tocco
da Casàuria

Popoli

▲2487
M. Velino

▲2349
M. Sirente

A P P E N N I N O   A B R U Z Z E S E

Magliano
de'Marsi

Celano

Sulmona

Carsoli

Tagliacozzo

Avezzano

Piana del
Fucino

Subiaco

M a r s i c a

Aniene

Scanno

PARCO

LAZIO

Fiùggi

Balsorano

Pescassèroli

NAZIONA

D'ABRUZZO

Sora

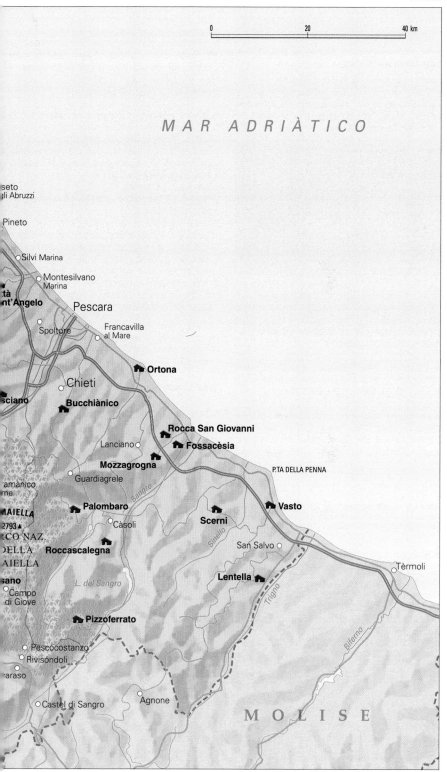

MAR ADRIÀTICO

seto
gli Abruzzi

Pineto

Silvi Marina

Montesilvano
Marina

tà
nt'Angelo

Pescara

Spoltore

Francavilla
al Mare

Ortona

Chieti

sciano

Bucchiànico

Rocca San Giovanni

Lanciano

Fossacèsia

Mozzagrogna

P.TA DELLA PENNA

amànico
me

Guardiagrele

Sangro

MAIELLA

2793▲

Palombaro

Vasto

CO NAZ.
DELLA
AIELLA

Càsoli

Scerni

Sinello

Roccascalegna

San Salvo

Tèrmoli

sano

Campo
di Giove

L. del Sangro

Lentella

Trigno

Pizzoferrato

Pescocostanzo

Rivisóndoli

araso

Castèl di Sangro

Agnone

Biferno

MOLISE

Alanno (PE)

m 307 ⊠ 65020

Valle Rosa del Cigno

contrada Sperduto, tel. 0858573495 oppure 0338 6362098 - ettari 6 - chiusura: Epifania-marzo - ❦
▶ Abbandonare la A25 in corrispondenza del casello di Alanno-Scafa; l'azienda agrituristica si trova 6 km circa a Nord rispetto ad Alanno.

Nel basso rustico in pietra sono state ricavate le camere e una taverna; nell'ampio casale la cucina, con sala da pranzo e soggiorno. Entrambi sono stati riattati con meticoloso rispetto della tradizione. Settimane verdi per ragazzi da concordare.

🛏 Camere con servizi: 2 doppie, 1 a 4 letti, con riscaldamento centralizzato - pernottamento per persona £ 32/35000, pensione £ 65/70000.
Soggiorno minimo: 3 giorni.
🍴 riservato agli ospiti - cucina abruzzese - vini locali.
Servizi e locali comuni: parcheggio, telefono, sala TV, sala lettura, taverna, sala giochi bimbi. Sport e tempo libero: gioco bocce, tiro con l'arco, ping pong; guida ai lavori agricoli, visite nei dintorni. Coltivazioni: olivi, cereali, ortaggi. Allevamenti: pollame.

Arsita (TE)

m 470 ⊠ 64031

Di Marco

contrada Pantane 1, tel. 0861995208, fax 0861 995957 - ettari 12 - ♿ - chiusura: sempre aperto - ❦
▶ Dall'uscita Pescara Nord-Città Sant'Angelo dirigere verso Castiglione Messer Raimondo; qui giunti procedere per Bisenti e poi, tramite strada tortuosa, si arriva ad Arsita; poco prima si incontra l'azienda.

L'ospitalità agrituristica viene offerta in un casale ben ristrutturato circondato da un podere a coltivi e pascoli. Nel panorama e nelle prospettive escursionistiche c'è il Gran Sasso; a portata di mano, borghi d'arte come Atri e Penne; poi, per una giornata diversa, c'è sempre il mare. Corsi di equitazione su richiesta e settimane verdi per ragazzi da luglio a settembre.

🛏 Camere senza servizi: 4 doppie, con biancheria letto, biancheria bagno, riscaldamento centralizzato, televisore; 2 bagni in comune - pernottamento per persona £ 30/35000, pensione £ 70/80000, possibilità di riduzioni per forfait settimanale. Deposito cauzionale 30% alla prenotazione.
Soggiorno minimo: 2 notti.
🍴 cucina del territorio (prenotare) - vini di produzione propria - £ 20/35000.
Servizi e locali comuni: parcheggio, sala TV, sala lettura. Sport e tempo libero: ping pong; noleggio mountain bike, guida ai lavori agricoli, osservazione degli animali, corsi di cucina, escursioni, visite nei dintorni, passeggiate. Coltivazioni: olivi, viti, cereali, ortaggi, alberi da frutta, foraggio. Allevamenti: bovini, ovini, suini, animali di bassa corte. Prodotti in vendita: salumi, formaggio, sottoli, sottaceti, confetture.

Bucchiànico (CH)

m 371 ⊠ 66011

Casa Bianca

contrada Cese Colle Torino, tel. 0871381887, fax 0871 561956 - ettari 4 - chiusura: febbraio - ❦ previo accordi.
▶ Da Chieti, raggiungibile con la A14 o la A25, procedere verso Francavilla al Mare per 6 km e poi girare a destra sulla Statale 81 che conduce a Bucchianico; giunti in paese, fare riferimento al Bar della Piana per telefonare in azienda che provvederà a inviare un accompagnatore.

Dalla collina che fronteggia il paese, dove si trova la proprietà, lo sguardo spazia dal mare fino alla montagna. Numerose possibilità di passeggiate e visite culturali nei paesi vicini e per i più temerari trekking e ascensioni con guide alpine. In bassa stagione si organizzano settimane verdi per ragazzi. Per il ristorante è consigliata la prenotazione.

🛏 Camere con servizi: 4 doppie, con biancheria letto, biancheria bagno, riscaldamento centralizzato - pernottamento per persona £ 40000, pensione £ 80000, sconto 50% per bambini fino a 10 anni. Deposito cauzionale da concordare alla prenotazione.
Soggiorno minimo: 3 giorni.
⛺ 10 equipaggi.
🍴 cucina abruzzese (piatti della tradizione) - vini locali - £ 30/40000.
Servizi e locali comuni: parcheggio. Sport e tempo libero: gioco bocce, ping pong; visite nei dintorni, escursioni, passeggiate. Coltivazioni: olivi, cereali, ortaggi. Allevamenti: caprini, animali di bassa corte, germani reali. Prodotti in vendita: olio extravergine d'oliva, sottoli, confetture, conserve.

Cagnano Amiterno (AQ)

m 841 ⊠ 67012

Cupello

località Fossatillo, tel. 0862978820, fax 0862978820 - ettari 21,5 - ♿ - chiusura: sempre aperto.
▶ Dal casello Aquila Ovest della A24 percorrere, in successione, le Statali 80 e 260 in direzione Nord; dopo 17 km, deviare a sinistra per circa 7 km.

Ospitalità in un casolare di recente ristrutturazione nella graziosa frazione di Fossatillo, uno dei 13 abitati che punteggiano l'altopiano di Cagnano Amiterno. Camere arredate con letti in ferro battuto e mobili "della nonna". Settimane verdi per ragazzi in giugno, luglio e settembre (almeno 10 partecipanti); spazi attrezzati per agricampeggio.

☞ Camere con servizi: 3 doppie, 3 a 4 letti, con biancheria letto, biancheria bagno, riscaldamento a legna e a gas - pernottamento per persona £ 35/45000, riduzioni per lunghi soggiorni, per bambini fino a 6 anni e per gruppi. Deposito cauzionale 20%.
⛺ 6 equipaggi 🚐 6 equipaggi.
🍴 cucina abruzzese (piatti ai funghi e al tartufo) - vini regionali - £ 25/35000.
Servizi e locali comuni: parcheggio, telefono, sala TV, parco giochi bimbi. Sport e tempo libero: maneggio; raccolta funghi e bacche, osservazione degli animali, visite nei dintorni, passeggiate. Coltivazioni: cereali, patate, foraggio. Allevamenti: bovini, ovini, pollame. Prodotti in vendita: formaggio.

Cansano (AQ)

m 835 ⊠ 67030

Agripark

località Renaro, tel. 0863412657 oppure 0368 7506831 - ettari 4 - apertura: metà giugno-agosto e su prenotazione - ☎ previo accordi.
▶ Lasciare la A25 allo svincolo di Sulmona-Pratola Peligna e proseguire sulla Statale 17 fino a Sulmona e da qui sulla strada per Campo di Giove; alle porte di Cansano, sulla destra, cartello indicatore per l'azienda.

La Maiella spicca nel profilo montano di un soggiorno che soddisferà tanto l'escursionista quanto il buongustaio. A poca distanza dal borgo di Cansano, tra le querce, è il buon ritiro dell'agriturista reduce da piacevoli fatiche. Settimane verdi per ragazzi tra giugno e luglio.

☞ Camere senza servizi: 1 doppia, 5 a 3/4 letti, con biancheria letto, biancheria bagno, riscaldamento centralizzato; 3 bagni in comune - pernottamento per persona £ 30/50000, riduzioni per bambini fino a 13 anni e per gruppi. Deposito cauzionale 30%.
Servizi e locali comuni: parcheggio, sala lettura, sala da gioco, parco giochi bimbi. Sport e tempo libero: guida ai lavori agricoli, visite nei dintorni, escursioni. Coltivazioni: ortaggi, alberi da frutta, frutti di bosco. Prodotti in vendita: frutti di bosco.

Canzano (TE)

m 448 ⊠ 64020

L'Antico Frantoio

a Santa Lucia, via Colle di Corte 14, tel. 086157904 - ettari 3,7 - apertura: metà aprile-metà novembre - ✗ salvo accordi.
▶ 3 km a Sud di Canzano, sulla strada che immette sulla direttrice Teramo-Roseto degli Abruzzi.

In collina, con vista sulla vallata del Vomano, dal Gran Sasso all'Adriatico, una casa padronale del 1880 con annessi rustici, immersi nel verde di olivi e acacie, con ampie terrazze e dotazioni di moderno comfort.

⊞ Appartamenti: 2 bilocali per 3 persone, con biancheria letto, biancheria bagno, biancheria cucina, stoviglie, lavatrice, riscaldamento a gas, televisore - affitto al giorno per persona £ 30/40000. Deposito cauzionale £ 100000.
Soggiorno minimo: 2 notti.
Servizi e locali comuni: parcheggio, telefono. Coltivazioni: olivi, viti, ortaggi, alberi da frutta. Prodotti in vendita: vino, olio, verdura, marmellate.

Castellalto (TE)

m 481 ⊠ 64020

San Cipriano

a Castelnuovo Vomano, contrada San Cipriano, tel. 0861 57160, fax 086157160 - ettari 3,7 - chiusura: sempre aperto - ☎ previo accordi.
▶ Lasciare la A14 allo svincolo di Roseto, poi imboccare la Statale 150 in direzione dell'entroterra; percorsi 11 km, si arriva a Castelnuovo Vomano: superato il paese svoltare a sinistra.

Il territorio offre belle visioni dal Gran Sasso al mare e promette svaghi tanto agli escursionisti quanto agli amanti degli ozi balneari. Si soggiorna in una costruzione di gradevole fisionomia sorta al limite del vigneto cui si deve un'apprezzabile produzione vinicola.

⊞ Appartamenti: 4 bilocali per 4 persone, con biancheria letto, biancheria bagno, biancheria cucina, stoviglie, riscaldamento - affitto al giorno per persona £ 30/35000. Deposito cauzionale da concordare.
Soggiorno minimo: week end.

SPORT E TEMPO LIBERO: disponibilità di mountain bike, guida ai lavori agricoli, passeggiate. COLTIVAZIONI: viti, cereali, ortaggi, alberi da frutta. ALLEVAMENTI: ovini, pollame, conigli. PRODOTTI IN VENDITA: vino, olio, frutta, verdura.

Castiglione a Casàuria (PE)

m 350 ⌧ 65020

Acquaviva

località Acquaviva, tel. 085880786 oppure 0339 2423213, fax 085880786 - ettari 12 - chiusura: novembre - ❧ previo accordi.
▶ Uscita Torre de' Passeri della A25, quindi a destra per entrare nella Via Tiburtina; percorsi 2 km, nuovamente a destra per la stazione di Tocco da Casauria; dopo il passaggio a livello, a sinistra per 700 m e di nuovo a sinistra superando Madonna della Croce, poi ancora un chilometro.

Nell'alta valle del Pescara, al confine con il Parco Nazionale del Gran Sasso, si produce vino e olio con metodo biodinamico. Soggiorno in un casolare di nitida semplicità, interni in legno e mattoni a vista, beneficiato da vista circolare.

🍴 CAMERE CON SERVIZI: 3 doppie, con biancheria letto, biancheria bagno, riscaldamento - pernottamento per persona £ 45000, prima colazione £ 5/10000, pensione £ 100000, soggiorno gratuito per bambini fino a 2 anni, da 3 a 6 anni sconto 20%. Deposito cauzionale da concordare alla prenotazione.
SOGGIORNO MINIMO: 3 giorni.
🚐 3 equipaggi.
🍴 riservato agli ospiti - cucina della tradizione locale (paste fresche) - vini regionali di produzione propria - £ 22/35000.
SERVIZI E LOCALI COMUNI: parcheggio. SPORT E TEMPO LIBERO: escursioni, passeggiate. COLTIVAZIONI: olivi, viti, cereali, ortaggi. ALLEVAMENTI: animali di bassa corte. PRODOTTI IN VENDITA: vino, olio, marmellate.

Castiglione Messer Raimondo (TE)

m 306 ⌧ 64034

La Ginestra

a San Giorgio, contrada Valloni 12, tel. 0861990140 oppure 0330504276, fax 0861990140 - ettari 11 - chiusura: sempre aperto - ✄
▶ Dall'uscita Pescara Nord-Città Sant'Angelo imboccare la Statale 16bis fino a Cappelle sul Taro da dove bisogna prendere la Statale 151 per Loreto Aprutino e poi proseguire verso Penne; da qui, con Statale 81, dopo circa 20 km si raggiunge, prima di Castiglione Messer Raimondo, la deviazione a sinistra per San Giorgio.

La valle del Fino, con i suoi borghi e le sue tranquille strade di campagna, è il primo sbocco di una vacanza rurale che può facilmente ampliare i propri orizzonti all'Appennino e al mare. Soggiorno in un casale di recente costruzione al centro di un bel podere con laghetto.

🍴 CAMERE CON SERVIZI: 1 doppia, 2 a 3 letti, con biancheria letto, biancheria bagno, riscaldamento - pernottamento per persona £ 25/35000, pensione £ 70/80000.
SOGGIORNO MINIMO: 3 giorni.
🍴 cucina abruzzese - vini locali di produzione propria - £ 20/30000.

SERVIZI E LOCALI COMUNI: parcheggio, sala TV, taverna. SPORT E TEMPO LIBERO: gioco bocce, tiro con l'arco, ping pong; guida ai lavori agricoli, corsi di cucina, visite nei dintorni, escursioni. COLTIVAZIONI: olivi, viti, ortaggi, alberi da frutta. ALLEVAMENTI: ovini, suini, animali di bassa corte. PRODOTTI IN VENDITA: vino, olio, verdura, olive, sottoli, salse.

Città Sant'Àngelo (PE)

m 317 ⌧ 65013

La Bigattiera ★ TCI

contrada San Pietro, tel. 08596796 oppure 085 96672, fax 08596796 - ettari 10 - chiusura: maggio-settembre, Natale e Pasqua - ❧
▶ Abbandonare la A14 in corrispondenza del casello Pescara Nord-Città Sant'Angelo e dirigere verso il paese; prima di entrare nel centro abitato, svoltare per contrada San Pietro e il campo sportivo, quindi si arriva in azienda.

Intraprendente complesso agrituristico ricavato con rispetto della tradizione in alcuni edifici di un allevamento di bachi da seta di fine Ottocento. A un quarto d'ora di macchina il mare, a mezz'ora Pescara per un tuffo nella mondanità.

🛏 CAMERE CON SERVIZI: 3 doppie, 1 a 3 letti, con biancheria letto, biancheria bagno, riscaldamento, uso lavanderia, caminetto - pernottamento per persona £ 20000, prima colazione £ 5000, mezza pensione £ 45/50000, sconto 30% per bambini fino a 4 anni, possibilità di letto aggiunto. Deposito cauzionale da concordare alla prenotazione.

🍴 cucina abruzzese (paste fresche) - vini regionali di produzione propria - £ 25/35000.

SERVIZI E LOCALI COMUNI: parcheggio, telefono, sala TV, giochi bimbi. SPORT E TEMPO LIBERO: campo da tennis, gioco bocce, campo di calcetto, ping pong; visite nei dintorni, escursioni. COLTIVAZIONI: olivi, viti, seminativi, grano, orzo, ortaggi, alberi da frutta, foraggio. ALLEVAMENTI: ovini, caprini, pollame, conigli. PRODOTTI IN VENDITA: vino, olio d'oliva, conserve, marmellate.

Civitella del Tronto (TE)

m 589 ✉ 64010

De Angelis Corvi

località Sant'Eurosia, tel. 0861910454 oppure 0347 6834628 - ettari 54 - ♿ - apertura: maggio-settembre e dicembre-gennaio - 🐾 previo accordi.

▶ Casello San Benedetto del Tronto-Ascoli Piceno della A14, poi superstrada Ascoli-Mare; uscire a Maltignano e proseguire per Ascoli; quindi Statale 81 verso Sud per quasi 11 km; l'azienda si trova 5 km a Est di Civitella del Tronto.

Dalla fortezza di Civitella del Tronto lo sguardo spazia dai Monti della Laga fino al mare. Siamo quasi al confine tra Marche e Abruzzo, con Ascoli Piceno e Teramo a uguale distanza e belle opportunità turistiche ed enogastronomiche su entrambi i fronti. Si soggiorna in un bel casale in pietra, tra ambienti semplici e accoglienti. L'offerta è completata da un gran panorama.

🛏 CAMERE SENZA SERVIZI: 1 singola, 4 doppie, con biancheria letto, biancheria bagno; 2 bagni in comune - pernottamento per persona £ 30/45000. Deposito cauzionale 10%.

SERVIZI E LOCALI COMUNI: parcheggio, sala TV, sala lettura. SPORT E TEMPO LIBERO: piscina, campo da tennis, campo di calcetto; passeggiate, visite nei dintorni. COLTIVAZIONI: olivi, viti, cereali, barbabietole, alberi da frutta. PRODOTTI IN VENDITA: olio.

Controguerra (TE)

m 267 ✉ 64010

Gioie di Fattoria ⭐

contrada San Biagio 13, tel. 086189606 oppure 086182269, fax 086189606 - ettari 25 - apertura: marzo-metà ottobre e dicembre-metà gennaio - 🐾

▶ Uscita autostradale di San Benedetto del Tronto, poi imboccare la superstrada Ascoli-Mare percorrendola fino allo svincolo di Spinetoli; attraversato il fiume Tronto e dirigere su Torano Nuovo seguendo la segnaletica dell'azienda.

In collina, si soggiorna in un casale del primo Novecento, ristrutturato in stile rustico con vista su Montagna dei Fiori, Gran Sasso e mare. Produzioni biologiche di cereali come farro o grano saraceno, olio, vino e frutta che impreziosiscono la premiata cucina del ristorante. Possibilità di soggiorno anche in bungalow e settimane verdi per ragazzi.

🏠 APPARTAMENTI: 4 bilocali per 4/6 persone, con stoviglie - affitto al giorno £ 70/130000. Deposito cauzionale 30%.

SOGGIORNO MINIMO: 3 giorni. 1 settimana in alta stagione.

Note: *su richiesta vengono forniti biancheria per letto e per bagno, televisore e riscaldamento, possibilità di soggiorno anche a mezza pensione.*

🍴 cucina abruzzese e macrobiotica - vini regionali di produzione propria - £ 20/30000.

SERVIZI E LOCALI COMUNI: parcheggio, telefono, sala TV. SPORT E TEMPO LIBERO: piscina, ping pong, ricovero cavalli; noleggio mountain bike, guida ai lavori agricoli, osservazione degli animali, corsi di cucina. COLTIVAZIONI: olivi, viti, cereali, alberi da frutta. ALLEVAMENTI: bovini, ovini, suini, pollame. PRODOTTI IN VENDITA: vino, olio, orzo, farro, pasta, farina, pane di casa, sottoli, confetture, conserve.

Lu Feschiuole

località San Giuseppe, tel. 0861856630, fax 0861 856630 - ettari 4 - ♿ - chiusura: sempre aperto - 🐾 previo accordi.

▶ Dalla A14 uscire a San Benedetto del Tronto-Ascoli Piceno e prendere la superstrada per Ascoli; uscire a Monsampolo del Tronto e percorrere 2,5 km in direzione di Ascoli su Statale; poi deviazione a sinistra per Controguerra; l'azienda si trova circa 4 km a Sud-Ovest della località.

Nell'amena val Vibrata, tra olivi e vigne, accoglienza familiare in un agriturismo ben dotato e prodigo di proposte per il tempo libero (corsi di ceramica, cesteria, tessitura, massaggio bioenergetico e rilassamento con docenti diplomati). Presso l'azienda, Museo della Civiltà Contadina.

🏠 APPARTAMENTI: 3 monolocali per 4 persone, 1 di ampia metratura per 8 persone, con biancheria cucina, stoviglie, lavatrice, riscaldamento, televisore - affitto al giorno per persona £ 25/35000, sconto 50% per bambini fino a 12 anni.

SOGGIORNO MINIMO: 1 settimana.

⛺ 4 equipaggi.

Servizi e locali comuni: parcheggio, sala giochi bimbi. Sport e tempo libero: piscina, ping pong; corsi d'arte varia. Coltivazioni: olivi, viti, ortaggi, alberi da frutta. Allevamenti: animali di bassa corte. Prodotti in vendita: vino, olio, frutta, verdura.

Corròpoli (TE)

m 132 ⊠ 64013

Gli Olmi

località Ravigliano 80, tel. 0861856596 oppure 03382661341, fax 0861810255 - ettari 7 - ♿ - chiusura: sempre aperto - ✄

▶ Comodo accesso da Alba Adriatica tramite la Statale 259 la quale collega la costa con l'entroterra; l'azienda è a 1,5 km da Corropoli.

Articolato complesso agrituristico collinare, a ridosso delle spiagge di Alba Adriatica e Villa Rosa, ma pur sempre a distanza utile dalla montagna per l'escursione di una giornata. Ristrutturato in modo rustico e funzionale. Settimane verdi per gruppi di ragazzi.

⚘ Camere con servizi: 1 singola, 2 doppie, 7 a più letti, con biancheria letto, biancheria bagno, frigorifero - pernottamento per persona £ 30/35000, prima colazione £ 5/7000, pensione £ 75/80000.

⊞ Appartamenti: 2 bilocali per 4/6 persone, 1 di 3 locali per 8 persone, con stoviglie - affitto a settimana £ 470/1300000, pulizia finale £ 80/100000. Deposito cauzionale 30%.

Soggiorno minimo: 3 giorni in camera, 1 settimana in appartamento.

Note: *le camere e gli appartamenti sono dotati di telefono e riscaldamento centralizzato; si accettano le principali carte di credito.*

🚐 8 equipaggi.

〗¶ riservato agli ospiti - cucina abruzzese (primi piatti) - vini di produzione propria - £ 20/30000.
Servizi e locali comuni: parcheggio, telefono, sala TV, giochi bimbi, barbecue. Sport e tempo libero: gioco bocce; visite nei dintorni. Coltivazioni: olivi, viti, frumento, prato. Allevamenti: animali di bassa corte. Prodotti in vendita: vino, olio.

Corvara (PE)

m 625 ⊠ 65020

L'Aperegina

contrada Pretara 1, tel. 0858889351, fax 085 8889351 - ettari 3 - apertura: maggio-settembre - ✿ piccola taglia.

▶ Lasciare la A25 allo svincolo di Torre de' Passeri, quindi proseguire verso Nord toccando Pescosansonesco e Corvara; superata la località dirigere su Forca di Penne piegando sempre a sinistra per 3,5 km e seguendo le indicazioni.

L'apicoltura, attività prevalente dell'azienda, evoca i boschi e le distese fiorite ai piedi del Gran Sasso. In effetti la natura è la prima attrazione del luogo, ma non unica visto che a distanza ragionevole, di qua e di là dallo spartiacque, si incontrano antichi borghi, interessanti città d'arte e perfino spiagge.

⚘ Camere con servizi: 2 a 3 letti, con biancheria letto, biancheria bagno, uso cucina, uso lavanderia, riscaldamento centralizzato - pernottamento per persona £ 35/40000, mezza pensione £ 60/70000, bambini fino a 3 anni gratis, da 3 a 12 anni sconto 30%. Deposito cauzionale 33%.

Soggiorno minimo: 3 giorni.

〗¶ riservato agli ospiti - cucina casalinga e vegetariana (primi piatti, carni alla brace) - vini locali - £ 25/33000.
Servizi e locali comuni: parcheggio, sala lettura. Sport e tempo libero: tiro con l'arco, ping pong; guida ai lavori agricoli, osservazione degli animali, visite nei dintorni, escursioni, trekking. Coltivazioni: bosco, alberi da frutta, prodotti biologici. Allevamenti: ovini, suini, animali di bassa corte, api. Prodotti in vendita: confetture, miele.

Fossacèsia (CH)

m 140 ⊠ 66022

La Peschiera

via Piantonato 23, tel. 087260457, fax 087260457 - ettari 4 - chiusura: sempre aperto - ✿ previo accordi.

▶ Uscita Val di Sangro della A14, mezzo chilometro e poi girare a sinistra per Fossacesia; percorrere un chilometro in questa direzione e quindi seguire le indicazioni per l'azienda.

Moderna casa porticata affacciata al mare da posizione amena. Cornice verde e fiorita e accoglienza all'insegna della massima disponibilità. Non distante è il punto d'imbarco per le isole Tremiti. In estate si organizzano settimane verdi per ragazzi.

CAMERE CON SERVIZI: 2 doppie, 2 a 3 letti, con biancheria letto, biancheria bagno, riscaldamento centralizzato - pernottamento per persona £ 50000, mezza pensione £ 75/80000. Deposito cauzionale 30%.
SOGGIORNO MINIMO: 3 giorni.
2 equipaggi.
cucina casalinga (prenotare) - vini locali di produzione propria - £ 30/50000.
SERVIZI E LOCALI COMUNI: parcheggio, telefono, sala lettura, pista da ballo. SPORT E TEMPO LIBERO: osservazione degli animali, visite nei dintorni. COLTIVAZIONI: olivi, viti, ortaggi, alberi da frutta. ALLEVAMENTI: ovini, pollame, conigli. PRODOTTI IN VENDITA: uova, olio, verdura.

Ìsola del Gran Sasso d'Itàlia (TE)

m 415 ⊠ 64045

San Giovanni ad Insulam

a San Giovanni ad Insulam, tel. 0861975247 oppure 03687358552 - ettari 4 - chiusura: sempre aperto - ❧
▶ Dalla stazione San Gabriele-Colledara della A24, raggiungere Ìsola del Gran Sasso d'Italia, quindi proseguire per altri 2 km in direzione Nord-Ovest.

Soggiorno alle falde della montagna per antonomasia, in un contesto monumentale di rara suggestione. È infatti la duecentesca chiesa di San Giovanni ad Insulam a fare da scenario a questa bella fattoria in pietra, dove il ripetuto motivo dell'arco evoca la tranquillità dei monasteri.

CAMERE CON SERVIZI: 1 singola, 1 doppia - pernottamento per persona £ 25/35000.
APPARTAMENTI: 1 bilocale per 5 persone, con biancheria cucina, stoviglie, riscaldamento, televisore - affitto al giorno £ 70/120000, affitto a settimana £ 450/800000.
SOGGIORNO MINIMO: 3 giorni.
Note: le camere e l'appartamento sono dotati di biancheria per letto e per bagno.
SERVIZI E LOCALI COMUNI: parcheggio, sala TV, sala lettura.
SPORT E TEMPO LIBERO: gioco bocce; raccolta noci. COLTIVAZIONI: olivi, viti, ortaggi, noci. PRODOTTI IN VENDITA: vino, noci.

Lentella (CH)

m 398 ⊠ 66050

Il Bosco degli Ulivi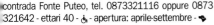

contrada Fonte Puteo, tel. 0873321116 oppure 0873 321642 - ettari 40 - ♿ - apertura: aprile-settembre - ❧

▶ Dall'uscita Vasto Sud della A14, percorrere 8 km della Statale 650 per Isernia, poi deviare a destra verso Lentella; dopo appena un chilometro si incontra la segnaletica per l'azienda.

Posto incantevole: il verde cangiante dell'oliveto, l'ampio respiro della vista sulle terre adriatiche, l'aria fina e quieta. Accoglienza cordiale e soggiorno in tipiche costruzioni rurali. A 10 minuti, il mare (cabina e ombrellone compresi nel prezzo).

APPARTAMENTI: 1 monolocale per 2 persone, 1 di 3 locali per 6 persone, con biancheria bagno, biancheria cucina, stoviglie, lavatrice, riscaldamento a legna, telefono - affitto al giorno per persona £ 35000, bambini fino a 4 anni gratis.
SERVIZI E LOCALI COMUNI: telefono, sala lettura. SPORT E TEMPO LIBERO: gioco bocce, ping pong; guida ai lavori agricoli, osservazione degli animali. COLTIVAZIONI: olivi, viti, grano, mandorli. PRODOTTI IN VENDITA: olio extravergine d'oliva, frutta, sottoli, marmellate.

Loreto Aprutino (PE)

m 294 ⊠ 65014

Ai Calanchi ★ TCI

contrada Fiorano, tel. 0854214473 oppure 0368 3760674, fax 0854214473 - ettari 32 - chiusura: metà gennaio-metà marzo e periodo in dicembre - ✄
▶ Sulla direttrice per Penne, circa 3 km a Nord-Ovest di Loreto Aprutino, imboccare la strada non asfaltata con la segnaletica per l'azienda e continuare mantenendosi sulla sinistra fino a incontrare l'agriturismo.

In cima a una collina, sullo sfondo di un filare di cipressi, si incontra questo gradevole casolare tutto archi, edificato su due piani e rimodernato con diligente senso rustico, che suggerisce atmosfere di monastica tranquillità. Riserve naturali e borghi ricchi di suggestioni storiche completano il suo curriculum.

CAMERE CON SERVIZI: 4 doppie, con biancheria letto, biancheria bagno, riscaldamento centralizzato - pernottamento per persona £ 40/50000, prima colazione £ 10000, mezza pensione £ 75/80000.
SOGGIORNO MINIMO: 2 notti.
cucina abruzzese (paste fresche) - vini di produzione propria - £ 25/40000.

Servizi e locali comuni: parcheggio, sala lettura. Sport e tempo libero: gioco bocce; guida ai lavori agricoli, pesca, visite nei dintorni. Coltivazioni: olivi, viti, cereali, ortaggi, mandorli. Allevamenti: suini, animali di bassa corte. Prodotti in vendita: vino DOC, olio, confetture.

Le Magnolie

contrada Fiorano 83, tel. 0858289534 oppure 0335 384180, fax 0858289534 - ettari 26 - ♿ - chiusura: metà gennaio-metà febbraio - ⚘
▶ Dal centro urbano dirigersi per 3 km verso Penne, quindi deviare per Pianella percorrendo ancora 1 km; seguire la segnaletica dell'azienda.

In posizione panoramica su una collina variamente arborata, due rustici genuinamente seicenteschi, con interni arredati in "arte povera". Il profilo montano che chiude l'orizzonte comprende Maiella e Gran Sasso. È disponibile una sala riunioni.

☞ Camere con servizi: 2 doppie, 2 a 4/5 letti, con uso cucina - pernottamento per persona £ 40/50000, mezza pensione £ 70/90000.
▦ Appartamenti: 3 bilocali per 3/4 persone, con stoviglie - affitto al giorno £ 120/150000. Deposito cauzionale £ 100000.
Soggiorno minimo: 2 notti. Carte di credito: tutte.
Note: *le camere e gli appartamenti sono dotati di biancheria per letto, per bagno e per cucina, riscaldamento centralizzato.*
△ 2 equipaggi 🚿 5 equipaggi.
🍽 cucina abruzzese - vini regionali - £ 25/40000.
Servizi e locali comuni: parcheggio, telefono, sala TV. Sport e tempo libero: piscina; disponibilità di mountain bike, corsi di cucina, visite nei dintorni. Coltivazioni: olivi, cereali, ortaggi, pomodori, alberi da frutta. Allevamenti: animali di bassa corte. Prodotti in vendita: olio.

m 945 ✉ 67015

Montorselli ✦ TCI

a Cesaproba, località Ranaglie, tel. 0862901848 - ettari 30 - chiusura: sempre aperto - ⚘
▶ Partendo da Montereale percorrere la Statale 260 in direzione L'Aquila fino a Marana, quindi svoltare a destra per Cesaproba.

Boschi di castagni, conifere e faggi ammantano le falde del Gran Sasso, dove sorge questo casale di recente costruzione. Vista sul Terminillo e ottime prospettive escursionistiche.

☞ Camere senza servizi: 2 doppie; 1 bagno in comune - pernottamento per persona £ 30000, pensione £ 60000. Camere con servizi: 2 doppie - pernottamento per persona £ 30000, pensione £ 60000.
Note: *le camere sono dotate di biancheria per letto e per bagno.*
🍽 cucina abruzzese (piatti ai funghi) - vini di produzione propria - £ 20/30000.

Servizi e locali comuni: parcheggio, telefono, sala TV. Sport e tempo libero: tiro con l'arco, maneggio; osservazione degli animali, passeggiate a cavallo, visite nei dintorni, escursioni a piedi e a cavallo. Coltivazioni: cereali, legumi. Allevamenti: suini, caprini, cavalli, animali di bassa corte. Prodotti in vendita: salumi, legumi, formaggio, marmellate.

m 210 ✉ 64020

Ponte Murato ✦ TCI

contrada Ponte Murato 26, tel. 0858041171 oppure 03388116526, fax 0858041577 - ettari 5 - chiusura: sempre aperto - ⚘ salvo accordi.

▶ Dall'uscita Roseto degli Abruzzi della A14, immettersi sulla Statale 150 in direzione Gran Sasso-Roma; percorsi poco meno di 3 km, si arriva in azienda che si trova al margine della strada ed è indicata da apposito cartello direzionale.

Camere con vista sulle ondulazioni ben coltivate della bassa valle del Vomano. A meno di dieci chilometri si stende la spiaggia di Roseto degli Abruzzi, a breve raggio si incontrano le città d'arte e gli antichi borghi dell'Appennino. Per gli amanti degli spazi incontaminati, le wilderness del Gran Sasso.

☞ Camere con servizi: 1 doppia, con uso cucina, frigorifero - pernottamento per persona £ 25/45000.
▦ Appartamenti: 1 di 3 locali per 5/6 persone, con biancheria cucina, uso lavanderia, stoviglie, riscaldamento autonomo, cassaforte, caminetto - affitto al giorno £ 80/160000, affitto a settimana £ 400/950000, biancheria, pulizia finale e consumi energetici £ 50000 a settimana. Deposito cauzionale 50% alla prenotazione.
Soggiorno minimo: 3 giorni in appartamento.
Note: *la camera e l'appartamento sono dotati di biancheria per letto e per bagno, televisore.*
Servizi e locali comuni: parcheggio. Sport e tempo libero: noleggio mountain bike, guida ai lavori agricoli, osservazione degli animali, visite nei dintorni, visite guidate, escursioni, passeggiate. Coltivazioni: olivi, viti, cereali, ortaggi, alberi da frutta. Allevamenti: ovini, suini, animali di bassa corte, api. Prodotti in vendita: olio, frutta, verdura, miele.

Mozzagrogna (CH)

m 223 ⊠ 66030

La Vigna

contrada Rosciavizza 27, tel. 0872578655, fax 0872 712250 - ettari 10 - chiusura: novembre - ❧

▶ Lasciare la A14 allo svincolo Val di Sangro, percorrere 3 km della Statale 652 e deviare a destra per Mozzagrogna; l'azienda si trova a 2 km dal paese ed è segnalata con cartelli indicatori.

Casa di campagna tra le vigne e gli oliveti delle prime colline dell'entroterra. La vista spazia dalla costa adriatica alla valle del Sangro, fino alla Maiella. Più a monte si incontra la Riserva Naturale del Lago di Serranella, gestita dal Wwf.

⊞ APPARTAMENTI: 1 di 3 locali per 8 persone, con biancheria letto, biancheria bagno, biancheria cucina, stoviglie, lavatrice, riscaldamento a legna - affitto al giorno per persona £ 35/45000. Deposito cauzionale 50% alla prenotazione.
SOGGIORNO MINIMO: 3 giorni.
SERVIZI E LOCALI COMUNI: parcheggio, sala TV. COLTIVAZIONI: viti, alberi da frutta, kiwi. PRODOTTI IN VENDITA: vino, olio extravergine d'oliva, frutta, uva.

Navelli (AQ)

m 760 ⊠ 67020

Casa Verde

a Civitaretenga, corso Umberto I, tel. 0862959163, fax 0862959163 - ettari 12 - chiusura: febbraio e novembre - ⌘

▶ Civitaretenga è al margine sinistro della Statale 17 la quale collega L'Aquila con Popoli; l'azienda è segnalata alla periferia del paese, lungo la strada per Navelli.

Gli ospiti sono accolti con estrema disponibilità in questa casa di contrada del Piano di Navelli, rinomata per la coltivazione dello zafferano. Il Gran Sasso e i borghi medievali della zona offrono ampia scelta per passeggiate ed escursioni. Si organizzano settimane verdi per ragazzi in estate e nelle festività di Natale e Pasqua.

🔑 CAMERE CON SERVIZI: 3 singole, 2 doppie, 1 a 3 letti, con biancheria letto, biancheria bagno, riscaldamento centralizzato, televisore - pernottamento per persona £ 40000, pensione £ 80000.
SOGGIORNO MINIMO: 3 giorni in inverno.
⌂ 4 equipaggi.
🍽 cucina abruzzese (piatti a base di zafferano) - vini regionali di produzione propria - £ 20/45000.
SERVIZI E LOCALI COMUNI: parcheggio, telefono, sala TV, sala lettura. SPORT E TEMPO LIBERO: noleggio mountain bike, corsi di cucina, escursioni. COLTIVAZIONI: olivi, viti, cereali, ortaggi, legumi, zafferano, alberi da frutta. ALLEVAMENTI: bovini, ovini, suini, animali di bassa corte. PRODOTTI IN VENDITA: liquori della casa, olio, frutta, legumi, cereali, zafferano.

Ortona (CH)

m 72 ⊠ 66026

Agriverde

a Villa Caldari (Cap 66020), via Monte Maiella 118, tel. 0859032101, fax 0859031089 - ettari 55 - ♿ - chiusura: sempre aperto - ❧

▶ Lasciare la A14 allo svincolo di Ortona e raggiungere la Statale 538 che dirige su Orsogna; dopo 6 km, deviazione a sinistra di un chilometro per Villa Caldari seguendo le indicazioni per l'azienda.

Notevole complesso imperniato su una villa ottocentesca nella quale sono stati allestiti anche un ristorante, una sala degustazione, ampi spazi comuni e un centro benessere (attivo nel 2000). Oltre il parco si stende la tenuta agricola, condotta con tecniche biologiche. Tra i tanti, corsi di degustazione e alimentazione naturale; settimane verdi per ragazzi.

🔑 CAMERE CON SERVIZI: 2 singole, 3 doppie, 4 a 4 letti, con biancheria letto, biancheria bagno, riscaldamento centralizzato, telefono, televisore - pernottamento per persona £ 60000, pensione £ 130000, bambini fino a 2 anni gratis, da 3 a 6 anni sconto 30%.
CARTE DI CREDITO: American Express, CartaSi, Bancomat.
🍽 cucina mediterranea (primi piatti) - vini regionali di produzione propria - £ 20/38000.
SERVIZI E LOCALI COMUNI: parcheggio, telefono, sala TV.
SPORT E TEMPO LIBERO: disponibilità di mountain bike, visite nei dintorni. COLTIVAZIONI: olivi, viti, seminativi, cereali, ortaggi. ALLEVAMENTI: caprini, animali di bassa corte. PRODOTTI IN VENDITA: vino, olio extravergine d'oliva, aceto, olive, pasta, sottoli, marmellate.

Palombaro (CH)

m 536 ⊠ 66010

L'Uliveto

contrada Limiti di Sotto 38, tel. 0871895201 oppure 03358134914, fax 0871895201 - ettari 9,3 - chiusura: ottobre-novembre - ❧

▶ Siamo in comune di Palombaro, ma al margine destro della Statale 81 nel tratto che collega Chieti a Guardiagrele e a Casoli; 3,5 km prima della località Laroma, svoltare sulla destra seguendo la segnaletica dell'azienda.

Soggiorno in una cordiale residenza di contrada. Di fronte le case di Palombaro, schierate su una collina protetta dalla Maiella, di lato la spettacolare fuga della valle dell'Avella verso Casoli, arroccata sullo sfondo. A 25 km le spiagge di Fossacesia.

🔑 Camere con servizi: 6 doppie, con biancheria letto, biancheria bagno, riscaldamento centralizzato, caminetto - pernottamento per persona £ 35/40000, pensione £ 65/70000.

🍴 cucina del territorio (paste fresche) - vini locali di produzione propria - £ 20/35000.
Servizi e locali comuni: parcheggio, telefono, sala TV, sala lettura, solarium. Sport e tempo libero: campo da tennis, pallavolo, campo di calcetto; guida ai lavori agricoli, visite nei dintorni, escursioni. Coltivazioni: olivi, cereali, ortaggi, foraggio. Allevamenti: bovini, suini, pollame, conigli. Prodotti in vendita: salumi, olio extravergine d'oliva, olive.

Penne (PE)

m 438 ✉ 65017

Il Portico ⭐ TCI

contrada Colle Serangelo, tel. 0858210775, fax 085 8210775 - ettari 12,5 - chiusura: sempre aperto - 🍂 previo accordi.
▶ Uscita Pescara Nord della A14, poi direttrice per Loreto Aprutino-Penne fino alla deviazione, a destra, per Collecorvino; dopo 300 m c'è l'indicazione, a sinistra, che conduce in azienda.

Il nome evoca l'ombroso spazio attrezzato per lasciarsi andare tanto ai piaceri conviviali quanto al più desiderabile ozio estivo. Il podere, in morbido declivio tra olivi e orti, è la prima risorsa per gradevoli passeggiate; i dintorni completano l'offerta di arte e natura.

🔑 Camere senza servizi: 3 doppie, 1 a 3 letti, con biancheria letto, biancheria bagno, riscaldamento centralizzato; 2 bagni in comune - pernottamento per persona £ 30/35000, mezza pensione £ 60/65000, letto aggiunto £ 25000, sconto 10% per bambini fino a 7 anni; possibilità di concordare forfait settimanale. Deposito cauzionale 30%.
Soggiorno minimo: 3 giorni in alta stagione.
🏕 10 equipaggi.
🍴 cucina abruzzese (tagliatelle di farro ai funghi porcini o tartufo) - vini regionali di produzione propria - £ 27/35000.

Servizi e locali comuni: parcheggio, telefono. Sport e tempo libero: campo di calcetto, maneggio, ricovero cavalli guida ai lavori agricoli, passeggiate a cavallo, corsi di equitazione, visite nei dintorni. Coltivazioni: olivi, viti, ortaggi, alberi da frutta. Allevamenti: equini, pollame, conigli. Prodotti in vendita: olio extravergine d'oliva, aceto sottoli, sottaceti, marmellate, miele.

La Ventilara

contrada Trofigno, tel. 085823374, fax 085823374 ettari 14 - chiusura: novembre - 🍂

▶ Lasciare la A14 in corrispondenza dello svincolo di Pescara Nord, poi raggiungere Penne percorrendo la viabilità normale; giunti in paese, proseguire per circa 10 km verso Cupoli, quindi altri 4 km a destra per Roccafinadamo.

L'entusiasmo del padrone di casa, che per animare una giornata è capace di organizzare gare di tiro con la fionda o di aquiloni e passeggiate sugli asini, è contagioso. Il resto è dato dallo splendido contorno dei luoghi che vantano, tra l'altro, la Riserva Wwf del Lago di Penne.

🔑 Camere senza servizi: 2 a 3/4 letti, con biancheria letto, biancheria bagno; 1 bagno in comune - pernottamento per persona £ 30000, pensione £ 80000.
🍴 cucina abruzzese - vini locali - £ 30000.
Servizi e locali comuni: parcheggio, sala lettura. Sport e tempo libero: tiro con l'arco, ping pong; percorsi per mountain bike, guida ai lavori agricoli, osservazione degli animali, corsi di cartapesta, passeggiate. Coltivazioni: olivi, cereali, girasoli, alberi da frutta, foraggio. Allevamenti: ovini, asini, pollame. Prodotti in vendita: verdura, confetture.

Pizzoferrato (CH)

m 1251 ✉ 66040

Antica Taverna

via Fannini 3, tel. 0872946255 oppure 0337914297, fax 0872946255 - ettari 20 - chiusura: sempre aperto - 🍂 previo accordi.
▶ Accesso dall'uscita Val di Sangro della A14 o da altre direzioni, ma pur sempre dalla Statale 652 con deviazione a Quadri; dopo 9 km verso Pizzoferrato, si trovano le indicazioni per l'azienda.

«A cavallo sugli antichi tratturi che portano nel cuore della Maiella», questa è l'allettante proposta di un agriturismo spiccatamente "equestre". Punto base è un casolare vecchio stampo, esente dagli improvvidi artifici delle ristrutturazioni.

🛌 CAMERE CON SERVIZI: 5 doppie, con biancheria letto, biancheria bagno, riscaldamento centralizzato - pensione £ 70000. Deposito cauzionale 30%.
SOGGIORNO MINIMO: 3 giorni.
🍴 cucina casalinga (piatti della tradizione contadina) - vini locali - £ 15/30000.
SERVIZI E LOCALI COMUNI: parcheggio, sala TV. SPORT E TEMPO LIBERO: gioco bocce, maneggio, ricovero cavalli; passeggiate a cavallo, corsi di equitazione. COLTIVAZIONI: cereali, ortaggi. ALLEVAMENTI: ovini, suini, cavalli, pollame. PRODOTTI IN VENDITA: uova, tartufi, formaggio.

Rocca San Giovanni (CH)

m 155 ✉ 66020

La Chiave

contrada Pocafeccia 10, tel. 0872608720 (informazioni 0871563971) - ettari 6 - apertura: giugno-settembre e festivi - 🐾 previo accordi.
▶ Accesso da Lanciano dopo l'uscita dalla A14, oppure direttamente dalla Statale 16; giunti a Rocca San Giovanni, proseguire per 3/4 km verso Lanciano fino alla deviazione per Pocafeccia cui si arriva con 2 km di strada non asfaltata.

Il bianco della cascina, sobriamente ristrutturata, spicca nella verde cornice del podere ortofrutticolo. La padrona di casa, persona cordiale e sensibile, si prodiga con fantasia e abilità culinaria per il miglior andamento del soggiorno degli ospiti.

🛌 CAMERE SENZA SERVIZI: 1 doppia, 2 a 3 letti, con biancheria letto, biancheria bagno, uso lavanderia, riscaldamento centralizzato; 1 bagno in comune - pernottamento per persona £ 35000, prima colazione £ 5000, mezza pensione £ 60000, sconto 50% per bambini fino a 3 anni. Deposito cauzionale 20% alla prenotazione.
🍴 cucina abruzzese (prenotare) - vini regionali di produzione propria - £ 20/40000.
SERVIZI E LOCALI COMUNI: parcheggio. SPORT E TEMPO LIBERO: piscina; corsi di cucina, corsi di cucito, corsi di nuoto, visite nei dintorni. COLTIVAZIONI: olivi, viti, ortaggi, susini, mandorli. PRODOTTI IN VENDITA: vino, olio, sottoli, marmellate.

Roccascalegna (CH)

m 455 ✉ 66040

Il Nespolo

contrada Capriglia 24, tel. 0872987439 oppure 0872 987191, fax 0872987439 - ettari 9 - chiusura: novembre - 🐾 previo accordi.
▶ Dall'uscita Val di Sangro della A14 imboccare la Statale 652 verso Sud; dopo circa 24 km si trova la deviazione a destra che conduce a Torricella; percorsi 8 km svoltare nuovamente a destra per Roccascalegna (7 km); seguire la segnaletica per l'azienda.

Il suggestivo castello di Roccascalegna, alto su una rupe, accoglie gli agrituristi per una vacanza tra i monti della Maiella (a 20 km) e le spiagge adriatiche (a 25 km). Due casali, di recente ristrutturazione, per il soggiorno e la ristorazione, affidata a una piccola grande cuoca.

🛌 CAMERE CON SERVIZI: 1 doppia - pernottamento per persona £ 25/35000, pensione £ 65/70000.
🏠 APPARTAMENTI: 1 bilocale per 4/6 persone, con biancheria cucina, stoviglie, lavastoviglie, televisore - affitto al giorno £ 180/210000. Deposito cauzionale 50%.
SOGGIORNO MINIMO: 2 notti.
Note: *la camera e l'appartamento sono dotati di biancheria per letto e per bagno, riscaldamento centralizzato.*
🍴 cucina del territorio (primi piatti) - vini regionali - £ 25/35000.
SERVIZI E LOCALI COMUNI: parcheggio, parco giochi bimbi. SPORT E TEMPO LIBERO: gioco bocce; guida ai lavori agricoli, corsi di cucina, visite nei dintorni. COLTIVAZIONI: olivi, bosco, cereali, ortaggi, noci, foraggio. ALLEVAMENTI: suini, animali di bassa corte. PRODOTTI IN VENDITA: olio, dolci, sottoli, sottaceti, confetture, conserve.

Maja

contrada Aia di Rocco 73, tel. 0872987315, fax 0872 987315 - ettari 11 - chiusura: sempre aperto.
▶ Uscita Val di Sangro della A14, quindi Statale 652 fino alla digressione per Altino e Roccascalegna; in paese, indicazioni per l'azienda raggiungibile con 500 m di salita impegnativa.

Azienda d'alta collina, in posizione felicissima con vista e prospettive escursionistiche sul lago di Bomba, sulla costa e sulle più alte vette della catena della Maiella. Piacevole abitazione contadina, rimodernata con diligente senso rustico.

Abruzzo

🛏 Camere senza servizi: 2 doppie, 2 a 4 letti - pernottamento per persona £ 35/40000.

⊞ Appartamenti: 1 di 4 locali per 8 persone, con biancheria letto, biancheria bagno, biancheria cucina, stoviglie, riscaldamento autonomo, televisore - affitto al giorno £ 150/240000, affitto a settimana £ 800/1000000, bambini fino a 3 anni gratis. Deposito cauzionale £ 200000.

Servizi e locali comuni: parcheggio. Sport e tempo libero: disponibilità di mountain bike, guida ai lavori agricoli, escursioni, visite nei dintorni. Coltivazioni: olivi, viti, cereali. Allevamenti: bovini, ovini, animali di bassa corte. Prodotti in vendita: salumi, vino, olio, pane di casa, formaggio.

Rosciano (PE)

m 242 ✉ 65020

Fior di Pesco

a Villa San Giovanni, contrada Feudo 5, tel. 085 8505760 - ettari 43 - chiusura: metà ottobre-metà novembre - ↝
▶ Dall'uscita Pescara Ovest della A14, prendere l'Asse attrezzato per Popoli lasciandolo a Picena Aprutina per raggiungere Cepagatti; dopo 2,5 km, bivio a sinistra per Villa San Giovanni.

Un agriturismo singolare, più villa balneare che casa di campagna, con balconate, portici e ampi spazi selciati per ombrelloni e tavoli. Rigogliose fioriture e alberi da frutta allietano questo intermezzo moderno, comunque gradevolissimo, tra i vigneti della valle del Pescara.

🛏 Camere senza servizi: 4 singole, 2 doppie, con biancheria letto, biancheria bagno, riscaldamento centralizzato, televisore; 1 bagno in comune - pernottamento per persona £ 35/50000, pensione £ 90000. Deposito cauzionale 20%.

Soggiorno minimo: 3 giorni.

Note: *possibilità di soggiorno anche in un bungalow in legno con bagno.*

🍴 cucina abruzzese (prenotare) - vini locali di produzione propria - £ 25/35000.

Servizi e locali comuni: parcheggio, telefono. Sport e tempo libero: piscina, campo da tennis, campo di calcetto; guida ai lavori agricoli, visite nei dintorni. Coltivazioni: olivi, viti, cereali, ortaggi, alberi da frutta. Allevamenti: bovini, ovini, suini, caprini, animali di bassa corte, struzzi. Prodotti in vendita: vino, olio, formaggio, sottoli, sottaceti, conserve, succhi di frutta.

Sant'Omero (TE)

m 209 ✉ 64027

La Meridiana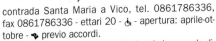

contrada Santa Maria a Vico, tel. 0861786336, fax 0861786336 - ettari 20 - & - apertura: aprile-ottobre - ↝ previo accordi.
▶ Dalla Statale 16, ad Alba Adriatica, imboccare la direttrice per l'entroterra; giunti a Nereto, svoltare a destra per Santa Maria a Vico e Sant'Omero. Seguire la segnaletica dell'azienda.

In posizione assai favorevole rispetto a mare, montagna e città, questa gradevole sistemazione consente di apprezzare appieno i piaceri della vita in campagna. La casa colonica, ristrutturata con mano felice, offre ampi spazi a verde per il relax e il gioco dei più piccoli.

⊞ Appartamenti: 1 monolocale per 2 persone, 5 bilocali per 4 persone, con biancheria letto, biancheria bagno, uso lavanderia, stoviglie - affitto al giorno £ 60/90000, fornitura biancheria £ 25000. Deposito cauzionale da concordare.

Servizi e locali comuni: parcheggio, sala TV, sala lettura, giochi bimbi, barbecue. Sport e tempo libero: ping pong; disponibilità di biciclette. Coltivazioni: olivi, granoturco, grano, girasoli, barbabietole. Prodotti in vendita: olio, verdura.

Scanno (AQ)

m 1050 ✉ 67038

Le Prata

località Le Prata, tel. 0864747263 - ettari 7 - apertura: giugno-settembre e su prenotazione in bassa stagione - ✗
▶ Uscita Cocullo dalla A25, poi direttrice per Scanno; superato il lago e la cittadina di 3 km, deviazione di 300 m segnalata da cartello.

Sulla direttrice che da Scanno si inoltra nel territorio del Parco Nazionale d'Abruzzo, vacanze a contatto con la natura nella vallata del fiume Tasso, con confortevole alloggio in un casale di recente ristrutturazione.

🛏 Camere con servizi: 2 a 3/4 letti, con biancheria letto, biancheria bagno, riscaldamento centralizzato - mezza pensione £ 60000. Deposito cauzionale da concordare alla prenotazione.

Soggiorno minimo: 3 giorni in alta stagione.

)¶ cucina abruzzese - vini regionali - £ 30/35000.
Sᴇʀᴠɪᴢɪ ᴇ ʟᴏᴄᴀʟɪ ᴄᴏᴍᴜɴɪ: parcheggio. Sᴘᴏʀᴛ ᴇ ᴛᴇᴍᴘᴏ ʟɪʙᴇʀᴏ: ricovero cavalli; escursioni. Cᴏʟᴛɪᴠᴀᴢɪᴏɴɪ: foraggio. Aʟʟᴇᴠᴀᴍᴇɴᴛɪ: ovini, suini, equini. Pʀᴏᴅᴏᴛᴛɪ ɪɴ ᴠᴇɴᴅɪᴛᴀ: formaggio.

Scerni (CH)

m 281 ✉ 66020

Fattoria dell'Uliveto

contrada Ragna 59, tel. 0873914173 oppure 0873 365677, fax 0873914173 - ettari 8 - chiusura: sempre aperto - ✿
▶ Abbandonare la A14 all'uscita Vasto Nord, poi prendere la direttrice per Gissi; dopo 8 km, rotatoria con deviazione a destra per Scerni e altri 3,5 km sulla Provinciale Marrucina.

Nel gradevole quadro delle colline del primo entroterra, due casali ristrutturati con mano felice e aperti sulla campagna con un ampio porticato (interni in "arte povera"). A pochi chilometri la Riserva Naturale Costiera di Torino di Sangro. Settimane verdi per ragazzi.

🗝 Cᴀᴍᴇʀᴇ ᴄᴏɴ sᴇʀᴠɪᴢɪ: 2 doppie, 2 a più letti, con biancheria letto, biancheria bagno, riscaldamento a metano - pernottamento per persona £ 35/45000, mezza pensione £ 60/75000. Deposito cauzionale £ 100/ 300000 alla prenotazione.
Sᴏɢɢɪᴏʀɴᴏ ᴍɪɴɪᴍᴏ: 3/7 giorni secondo stagione.

)¶ cucina abruzzese (paste fresche) - vini regionali di produzione propria - £ 25/35000.
Sᴇʀᴠɪᴢɪ ᴇ ʟᴏᴄᴀʟɪ ᴄᴏᴍᴜɴɪ: parcheggio, telefono, sala lettura, parco giochi bimbi. Sᴘᴏʀᴛ ᴇ ᴛᴇᴍᴘᴏ ʟɪʙᴇʀᴏ: piscina; guida ai lavori agricoli, osservazione degli animali, visite nei dintorni. Cᴏʟᴛɪᴠᴀᴢɪᴏɴɪ: olivi, viti, cereali, ortaggi, legumi, alberi da frutta. Aʟʟᴇᴠᴀᴍᴇɴᴛɪ: pollame, conigli. Pʀᴏᴅᴏᴛᴛɪ ɪɴ ᴠᴇɴᴅɪᴛᴀ: pollame, conigli, olio, frutta, verdura, legumi, farro.

Silvi (TE)

m 2 ✉ 64028

Le Macine

contrada Cerrano 36, tel. 0859354033 oppure 085 4225071, fax 0854225071 - ettari 45 - chiusura: gennaio-febbraio e novembre - ✿

▶ Lasciare la A14 a Pescara Nord-Città Sant'Angelo, poi Statale 16 verso Ancona per 6 km; quindi imboccare la Provinciale per Atri e raggiungere Silvi Paese. L'agriturismo si trova ai margini dell'abitato.

I quattro rustici dell'azienda formano un piccolo borgo di campagna, in vista del mare; tutt'intorno, la prima collina coltivata a grano, frutteti e olivi. Dal paese da una parte si scende alla Marina, per una giornata in spiaggia; dall'altra si sale alla suggestiva Atri, porta aperta su un entroterra tutto da scoprire.

🗝 Cᴀᴍᴇʀᴇ ᴄᴏɴ sᴇʀᴠɪᴢɪ: 2 doppie, 6 a 3 letti, con riscaldamento centralizzato - pensione £ 80/90000.
⊞ Aᴘᴘᴀʀᴛᴀᴍᴇɴᴛɪ: 1 di più locali per 6 persone, con stoviglie, riscaldamento a legna, televisore - affitto al giorno £ 120/160000.
Note: *le camere e l'appartamento sono dotati di biancheria per letto e per bagno; bambini fino a 3 anni gratis, dai 4 a 8 anni sconto 30%.*
)¶ cucina del territorio (primi piatti) - vini regionali - £ 30/45000.
Sᴇʀᴠɪᴢɪ ᴇ ʟᴏᴄᴀʟɪ ᴄᴏᴍᴜɴɪ: parcheggio, telefono, sala lettura, taverna, giochi bimbi. Sᴘᴏʀᴛ ᴇ ᴛᴇᴍᴘᴏ ʟɪʙᴇʀᴏ: ping pong, calcio-balilla; disponibilità di mountain bike, guida ai lavori agricoli, osservazione degli animali. Cᴏʟᴛɪᴠᴀᴢɪᴏɴɪ: cereali, grano, girasoli, ortaggi, alberi da frutta. Aʟʟᴇᴠᴀᴍᴇɴᴛɪ: suini, animali di bassa corte. Pʀᴏᴅᴏᴛᴛɪ ɪɴ ᴠᴇɴᴅɪᴛᴀ: salumi, vino, olio, verdura, sottoli.

Tèramo

m 265 ✉ 64100

Le Macine

a Poggio Cono, tel. 0861555227 - ettari 16 - ♿ - chiusura: novembre - ✄

▶ Da Teramo raggiungere Poggio Cono tramite la deviazione dalla Statale 81; dalla piazza del paese, girare a destra per un centinaio di metri.

Il nome evoca un paesaggio di olivi e il momento in cui nel frantoio si sublima tutto il buono di questa terra. Si soggiorna in ambienti rammodernati ma genuinamente rurali, a contatto con la gente avvezza alla vita dei campi e orgogliosa di esserlo. Settimane verdi per ragazzi.

🔑 CAMERE CON SERVIZI: 3 a 3 letti, con biancheria letto, biancheria bagno, riscaldamento centralizzato - pernottamento per persona £ 30/35000, mezza pensione £ 50/55000.
🍴 cucina abruzzese (pappardelle con polpa di papera) - vini regionali di produzione propria - £ 18/30000.
SERVIZI E LOCALI COMUNI: parcheggio, telefono, sala TV.
SPORT E TEMPO LIBERO: guida ai lavori agricoli. COLTIVAZIONI: olivi, viti, grano, girasoli, ortaggi. ALLEVAMENTI: bovini, ovini, pollame. PRODOTTI IN VENDITA: olio, formaggio, confetture.

Tocco da Casàuria (PE)

m 356 ✉ 65028

L'Oliveto

contrada S. Anna, tel. 0858809178 - ettari 13 - chiusura: novembre - 🍴
▶ Uscire dalla A25 alla stazione Torre de' Passeri e raggiungere, dopo 4 km verso Sud-Ovest, Tocco da Casauria; all'ingresso in paese seguire la segnaletica dell'azienda.

Nella mossa scenografia della valle del Pescara, una cangiante distesa di olivi sulla quale si impennano solitari cipressi. Si soggiorna in una struttura che il recente rammodernamento ha dotato di portico e logge. Settimane verdi per ragazzi in febbraio-giugno e ottobre-dicembre.

🏠 APPARTAMENTI: 2 di più locali per 7 persone, con biancheria letto, biancheria bagno, stoviglie - affitto al giorno £ 200000. Deposito cauzionale 25%.
SOGGIORNO MINIMO: 3 giorni.
🏕 3 equipaggi 🚐 3 equipaggi.
SERVIZI E LOCALI COMUNI: parcheggio, sala TV, sala lettura, sala giochi bimbi. SPORT E TEMPO LIBERO: piscina, campo da tennis, gioco bocce, ping pong; disponibilità di

mountain bike, guida ai lavori agricoli. COLTIVAZIONI: olivi, viti, ortaggi, alberi da frutta. ALLEVAMENTI: pollame. PRODOTTI IN VENDITA: vino, olio extravergine d'oliva, frutta.

Madonna degli Angeli

contrada Madonna degli Angeli 7, tel. 0854223813 oppure 0858884314, fax 0854223813 - ettari 11 - chiusura: sempre aperto - 🐕 previo accordi.
▶ Appena fuori dal casello Torre de' Passeri della A25, dirigere verso la Statale 5; poco prima dell'incrocio, prendere la strada bianca ai piedi di una chiesetta di campagna, poi la prima a destra.

I muri sono quelli seicenteschi di una stazione dove le diligenze postali sostavano per il cambio dei cavalli, ai piedi della Maiella e del Gran Sasso. Un restauro rispettoso di queste memorie ha riconsegnato la suggestiva struttura alla nuova funzione agrituristica.

🏠 APPARTAMENTI: 2 bilocali per 2/3 persone, 2 di 3/4 locali per 4/5 persone, con biancheria letto, biancheria bagno, stoviglie, riscaldamento, caminetto - affitto al giorno per persona £ 27/43000, riscaldamento £ 30/50000 a settimana, letto aggiunto £ 20000 a notte, riduzioni per bambini fino a 8 anni e per lunghi soggiorni. Deposito cauzionale da concordare.
SOGGIORNO MINIMO: 3 notti.
🚐 2 equipaggi.
SERVIZI E LOCALI COMUNI: sala lettura, taverna. SPORT E TEMPO LIBERO: tiro con l'arco, ping pong, calcio-balilla; noleggio mountain bike, visite nei dintorni. COLTIVAZIONI: olivi, viti, cereali. ALLEVAMENTI: animali di bassa corte. PRODOTTI IN VENDITA: vino, olio.

Tossìcia (TE)

m 409 ✉ 64049

Il Borghetto

contrada Viola, tel. 0861698498, fax 0861698498 - ettari 40 - chiusura: sempre aperto - 🐕 previo accordi.
▶ Giunti a Tossicia imboccare la Statale 491 per Montorio al Vomano; dopo circa 2 km svoltare a destra per Petrignano, quindi a sinistra seguendo la segnaletica dell'azienda.

Ospitalità agrituristica offerta in un casale riportato a nuovo nel rispetto della sua rassicurante fisionomia di fine Ottocento e dei materiali originari: la pietra, il le-

gno e il cotto. Una vacanza d'alta collina proiettata verso i borghi e le selvagge bellezze del Parco Nazionale del Gran Sasso e dei Monti della Laga.

🛏 CAMERE CON SERVIZI: 5 doppie, con biancheria letto, biancheria bagno, biancheria cucina, uso cucina, riscaldamento a gas - pernottamento per persona £ 20/40000, letto aggiunto £ 15000; riduzioni per lunghi soggiorni.
SERVIZI E LOCALI COMUNI: parcheggio. SPORT E TEMPO LIBERO: visite nei dintorni, trekking, passeggiate. COLTIVAZIONI: olivi, cereali, alberi da frutta. ALLEVAMENTI: ovini, suini.

Vasto (CH)
m 144 ✉ 66054

Pozzitello ⭐🆃🅲🅸

contrada Buonanotte, tel. 0873549888 oppure 0339 6170970, fax 0873549888 - ettari 8,8 - ♿ - chiusura: sempre aperto - ➳

▶ L'azienda si trova al margine della Statale 16: circa 7 km a Sud di Vasto, 3 km a Nord di San Salvo.

Campi di girasoli, iris a mazzi, casali di pietra, sembrerebbe la Provenza di Van Gogh e invece è Abruzzo. Il mare si tocca con un dito e riserva ancora la piacevole sorpresa di alcuni tratti di spiaggia a dune. Acqua di scoglio, invece, a Nord di Vasto. Previo accordi, si organizzano settimane verdi per ragazzi.

⊞ APPARTAMENTI: 4 monolocali per 2/4 persone, 2 bilocali per 4 persone, con biancheria letto, biancheria bagno, biancheria cucina, uso lavanderia, stoviglie, riscaldamento - affitto al giorno £ 80/150000, affitto a settimana £ 500/1000000. Deposito cauzionale 30%.
⛺ 3 equipaggi 🚐 3 equipaggi.

SERVIZI E LOCALI COMUNI: parcheggio, sala TV, sauna. SPORT E TEMPO LIBERO: piscina, ping pong; corsi di ceramica, corsi di attività artigianale. COLTIVAZIONI: olivi, viti, ortaggi, alberi da frutta. ALLEVAMENTI: animali di bassa corte. PRODOTTI IN VENDITA: vino, olio.

IL PARCO NAZIONALE D'ABRUZZO

INAUGURATO IL 9 SETTEMBRE 1922 E NEGLI ULTIMI 30 ANNI
ALL'AVANGUARDIA NELL'IMPEGNO AMBIENTALISTA,

CONSERVA

LA PIÙ STRAORDINARIA NATURA VIVA D'ITALIA
RETAGGIO UNICO DELL'ANTICA ANIMA DEL "BEL PAESE"

Tavola di Deirdre Hyde, da un'idea di Franco Tassi

Una "visione" della Natura

ENTE AUTONOMO PARCO NAZIONALE D'ABRUZZO

SEDE ROMANA-CENTRO PARCHI INTERNAZIONALE: Viale Tito Livio, 12 - 00136 Roma • ☎ 06/35403331 - 📠 06/35403253
DIREZIONE- CENTRO STUDI ECOLOGICI APPENNINICI: Viale Santa Lucia - 67032 Pescasseroli • ☎ 0863/910715 - 📠 0863/912132
Sito internet: WWW.pna.it - E-mail: post@pna.it

Il marchio "Abruzzo Qualità" garantisce la tipicità, la genuinità e l'origine dei prodotti agroalimentari abruzzesi.

OLEIFICIO F.lli D'ONOFRIO srl

Via Piana, 85 VILLAMAGNA (CH) - Tel. 0871 300106 - Fax 0871 300105
E-mail: donofrio@mail.chieti.com - Internet: http://www.chieti.com/donofrio

MOLISE
NELLA TERRA DEI PENTRI

*Dalla costa adriatica e dal primo entroterra collinare
l'attenzione si sposta alla montagna appenninica,
dove si trova memoria dell'antica popolazione sannitica.*

Piccolo è bello? Nel caso del Molise sembrerebbe proprio di sì. E questo in contrasto con il pregiudizio che individuava proprio nell'esiguità del territorio il primo dei limiti allo sviluppo della regione. Certo, lo sviluppo dell'agricoltura intensiva, che appiattisce le campagne, o quello dei grandi poli industriali, che le allontana dai propri orizzonti. L'esser rimasto ai margini di questi meccanismi ha escluso il Molise dal boom economico, facendo conoscere a molti suoi abitanti la dolorosa esperienza dell'emigrazione, ma ha permesso alla regione di presentarsi alla sfida del 2000, quella dello sviluppo compatibile, nella pienezza del suo patrimonio naturale. Che cosa può dunque aspettarsi dal nuovo corso una regione che su un territorio per l'80% montuoso e per il resto collinare distribuisce una popolazione pari a quella di Bari? Probabilmente i risultati che hanno saputo già ottenere altre microregioni come Valle d'Aosta e Friuli-Venezia Giulia dalle risorse agricole e dal turismo verde.

L'APPENNINO, INNANZITUTTO, MA ANCHE MARE E COLLINA

Un'aspettativa più che fondata dal momento che il Molise riassume in sé quei paesaggi che possono fare la fortuna turistica di una regione. La montagna, in primo luogo, con i massicci delle Mainarde e del Matese che raggiungono i duemila metri, ma anche la collina,

UFFICI TURISTICI

CAMPOBASSO
piazza Vittoria 14,
tel. 0874415662
Termoli
piazza Bega 1,
tel. 0875706754
ISERNIA
via Farinacci 9,
tel. 08653992

**ASSOCIAZIONI
DI CATEGORIA**

**AGRITURIST
Campobasso**
Sede Regionale,
via Mazzini 105,
tel. 0874698533
**TERRANOSTRA
Campobasso**
Sede Regionale,
via L. D'Amato 15,
tel. 087466248
**TURISMO VERDE
Campobasso**
Sede Regionale,
via Cardarelli 66,
tel. 0874412555

con una fascia di morbide ondulazioni che rappresentano l'ambito più adatto alla vacanza agrituristica, e il mare, con un litorale basso e sabbioso a tratti ancora deserto. A cucire i diversi paesaggi molisani permangono i tratturi lungo i quali si consumava l'arcaica consuetudine della transumanza del bestiame dai pascoli estivi, in quota, a quelli invernali, in collina. Oggi, superati nella loro funzione, questi sentieri naturali si pongono come direttrici di scoperta della regione dei Sanniti, del mondo affascinante delle masserie, dei paesaggi dell'alto Appennino, di tradizioni che hanno nella produzione di carni, formaggi e vini la loro più gustosa espressione. Un viaggio alla scoperta di bellezze storiche e delizie gastronomiche che può avere inizio sulla costa, a Termoli, toccare borghi di collina come Guglionesi, Larino e Agnone, soffermarsi nella scoperta di città di sapore appenninico come Campobasso e Isernia.

DALL'APPENNINO CARNI E FORMAGGI, DALLA COLLINA VINI PER OGNI TAVOLA

L'offerta gastronomica molisana ha inequivocabilmente impronta rustica. Da queste parti il più canonico dei banchetti potrà esordire con affettati di gran qualità, per poi proseguire con un piatto di fusilli conditi con pomodoro e peperoncino; l'apoteosi comunque giungerà con le carni di capretto o agnello, alla brace e in tegame, con vari contorni di verdura; graditissimo complemento, i formaggi della ricca casearia locale. Quanto alla vigna, Montepulciano, Trebbiano e Sangiovese, per citare solo i vitigni più autorevoli, offrono un ventaglio di opportunità per tutte le tavole. Due le produzioni Doc offerte dalla collina: il «Biferno», caratteristico della principale valle affacciata all'Adriatico, e il «Molise» di interesse regionale, prodotto anche nelle zone interne. Notevolissima anche l'offerta d'olio d'oliva: varietà dominanti sono la Gentile di Larino e l'Aurina di Venafro, che nella denominazione ricordano due delle oltre trenta Città dell'Olio molisane. Sublimazione di tutto ciò è una delle più sentite tradizioni locali, la Tavola di San Giuseppe, che nel giorno del Santo, riunisce ancora oggi intere comunità, e i fortunati ospiti, per fare onore a un banchetto di ben tredici portate.

Sopra, un costume tipico dell'entroterra molisano, terra tutta da scoprire, ricca di prospettive per chi concepisce la vacanza agrituristica come occasione per recuperare la giusta dimensione del vivere a contatto con la natura.

Qui a fianco, un bovino della razza bianca dell'Appennino Centrale. Le sue carni, recentemente gratificate dal riconoscimento europeo della Indicazione Geografica Protetta (Igp), sono uno dei prodotti tipici di una regione che vuol fare della qualità ambientale la principale attrattiva turistica e della tradizione il filo conduttore della visita.

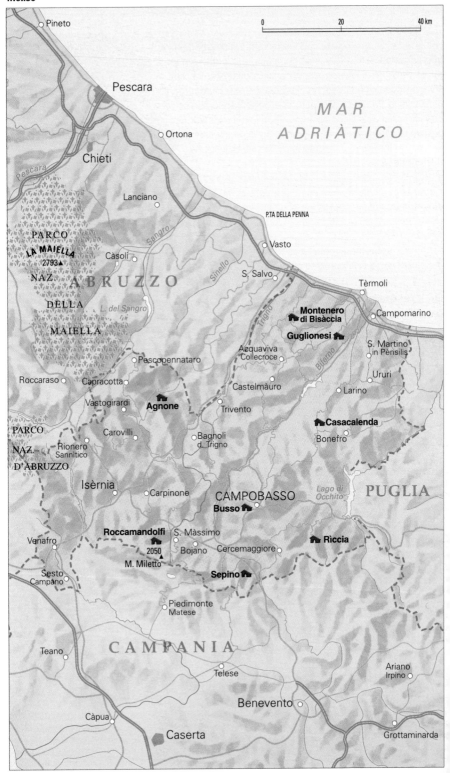

Agnone (IS)

m 830 ✉ 86081

Agritrekking Alto Molise

contrada Maranconi 15/A, tel. 0865770361, fax 0865770361 - ettari 10 - chiusura: metà gennaio-metà febbraio -

▶ Dalla Statale 650 che collega San Salvo Marina a Isernia, deviare a destra alla prima uscita per Agnone; l'azienda si trova a circa 7 km prima di arrivare in paese.

Vita di contrada in una zona ricca di boschi e interessante anche per valori artistici e archeologici. Turismo equestre con escursioni (da 2 a 10 giorni) lungo gli antichi tratturi molisani. Per i naturalisti, la vicina oasi Wwf di Rosello. Settimane verdi per ragazzi da 8 a 16 anni.

CAMERE SENZA SERVIZI: 6 doppie, 2 a 3 letti, con uso cucina; 4 bagni in comune - pernottamento per persona £ 30/40000, prima colazione £ 5000, pensione £ 75/90000. CAMERE CON SERVIZI: 1 doppia - pernottamento per persona £ 30/40000, prima colazione £ 5000, pensione £ 75/90000.

APPARTAMENTI: 5 di più locali per 8 persone, con caminetto - affitto a settimana £ 700/1750000, biancheria a richiesta, gas a consumo. Deposito cauzionale 30% (oltre 6 notti).

CARTE DI CREDITO: tutte.

Note: *le camere e gli appartamenti sono dotati di riscaldamento a gas.*

5 equipaggi 3 equipaggi.

cucina molisana (piatti della tradizione) - vini di produzione propria - £ 20/32000.

SERVIZI E LOCALI COMUNI: parcheggio, telefono, sala lettura, taverna, parco giochi bimbi, barbecue. SPORT E TEMPO LIBERO: tiro con l'arco, maneggio, ricovero cavalli; noleggio mountain bike, guida ai lavori agricoli, passeggiate a cavallo, corsi di equitazione, visite nei dintorni. COLTIVAZIONI: olivi, viti, cereali, ortaggi, legumi, alberi da frutta. ALLEVAMENTI: suini, equini, pollame. PRODOTTI IN VENDITA: salumi, liquori di erbe, olio, frutta, sottoli, marmellate.

Selvaggi

a Staffoli, Provinciale Montesangrina al km 1, tel. 0865 77177, fax 086577177 - ettari 80 - chiusura: sempre aperto - piccola taglia.

▶ Lasciare la Statale 650 Isernia-San Salvo Marina allo svincolo di Pescolanciano; da qui percorrere la Provinciale che conduce ad Agnone per circa 13 km, poi breve digressione a sinistra per Staffoli.

Rinomata come centro di turismo equestre, l'azienda, ambientata in un fascinoso casale appenninico, riscuote grande apprezzamento anche tra gli amanti della natura e gli sportivi della montagna, che nella vicina località di Capracotta possono praticare tanto lo sci alpino quanto quello nordico. Si organizzano settimane verdi per ragazzi in estate.

CAMERE CON SERVIZI: 5 a 3 letti, con biancheria letto, biancheria bagno, riscaldamento centralizzato - pernottamento per persona £ 30/60000, pensione £ 85/120000, bambini fino a 3 anni gratis, da 4 a 6 anni sconto 50%.

CARTE DI CREDITO: CartaSi.

10 equipaggi 10 equipaggi.

cucina molisana (piatti ai funghi e al tartufo) - vini regionali - £ 25/40000.

SERVIZI E LOCALI COMUNI: parcheggio, telefono, sala TV, taverna, parco giochi bimbi. SPORT E TEMPO LIBERO: maneggio, ricovero cavalli, percorso vita; guida ai lavori agricoli, raccolta funghi, corsi di equitazione, passeggiate, escursioni, trekking a piedi e a cavallo. COLTIVAZIONI: cereali, ortaggi, foraggio. ALLEVAMENTI: bovini, ovini, suini, equini, animali di bassa corte. PRODOTTI IN VENDITA: uova, salumi, tartufi, formaggio.

Busso (CB)

m 756 ✉ 86010

Giovanni Di Niro

contrada Perito, tel. 0874447210 oppure 0330 932761 - ettari 6 - - chiusura: sempre aperto -

▶ Abbandonare la A14 al casello Termoli-Molise, quindi proseguire sulla Statale 647; giunti a Nord di Campobasso dopo circa 3 km imboccare il bivio per Busso.

A circa 14 km da Campobasso, in posizione dominante l'ampia vallata del Biferno con vista sul massiccio del Matese, un vecchio fabbricato in pietra, rinnovato recentemente; a disposizione degli ospiti due ampie e comode camere da letto e possibilità di partecipazione alle attività aziendali (preparazione pane, pasta, formaggi e vino).

CAMERE CON SERVIZI: 2 doppie, con biancheria letto, biancheria bagno, riscaldamento centralizzato - pernottamento per persona £ 30/40000, prima colazione £ 3/5000, pensione £ 60/75000, forfait settimanale £ 400/500000. Deposito cauzionale 50%.

2 equipaggi 2 equipaggi.

MARINA COLONNA s.r.l.

La società Marina Colonna Srl viene costituita all'inizio del 1993 con lo scopo di commercializzare l'olio extra vergine di oliva prodotto nell'azienda agricola del Principe Francesco Colonna e produrre in proprio altri olii agrumati oltre che selezionare prodotti artigianali (olive, patè di olive, pomodori, ecc...) da commercializzare con il marchio Colonna.

L'olio extra vergine di oliva è ricavato da olive raccolte a mano prima che raggiungano la piena maturazione e la frangitura avviene il giorno stesso della raccolta. La lavorazione delle olive, distinte per varietà

raccolte, avviene nel frantoio di proprietà dell'azienda, che garantisce un olio ottenuto a freddo e per sgocciolamento naturale. Nel 1990 inizia la produzione e

quindi la commercializzazione del "Granverde", olio extra vergine di oliva e di limone, ottenuto con la spremitura simultanea, nel frantoio aziendale, di olive e di limoni organici, tagliati a spicchi. Il succo di limone viene eliminato insieme alle

acque di vegetazione delle olive, e l'olio che ne deriva conserva unicamente l'aroma della buccia del limone. Attualmente la società, oltre al granverde, produce anche altri condimente, quali "l'Arancio" e "il Mandarino", olii agrumati ottenuti entrambi con lo stesso procedimento artigianale utilizzato per il Granverde.

MARINA COLONNA s.r.l.

Sede legale: Masseria Bosco Pontoni - 86046 San Martino in Pensilis (CB)
Ufficio: via Monserrato 149 - 00186 Roma. Tel 0875603009/6 - Fax 0875603002
http://www.alfanet.it./colonna - E-mail: mcolonna@alfanet.it

⟩⊩ cucina casalinga (carni alla brace) - vini di produzione propria - £ 25/40000.

Servizi e locali comuni: parcheggio, taverna. Sport e tempo libero: gioco bocce, campo di calcetto; noleggio mountain bike, ecursioni a piedi e a cavallo, passeggiate, visite guidate. Coltivazioni: viti, frumento, ortaggi. Allevamenti: ovini, suini, animali di bassa corte. Prodotti in vendita: salumi, vino, formaggio, miele.

Pesco la Corte

contrada Pesco la Corte, via Trento 67, tel. 0874 447285 - ettari 9 - chiusura: sempre aperto - ✎

▶ Da Campobasso raggiungere Busso percorrendo 14 km della strada che congiunge la Statale 647 e 647bis; giunti in paese, proseguire verso il fondovalle del Biferno: ancora 300 m e si incontra la segnaletica dell'azienda.

La posizione, nell'alta valle del Biferno, poco distante da Campobasso, è ideale per andare alla scoperta di bellezze e sapori del Sannio e del Matese. Senza scordare, per una giornata diversa, il mare di Termoli e la buona tavola adriatica e, d'inverno, i campi da neve di Campitello Matese.

🛏 Camere senza servizi: 2 doppie, 1 a 3 letti, con biancheria letto, biancheria bagno, biancheria cucina, uso cucina, uso lavanderia, riscaldamento, televisore; 2 bagni in comune - pernottamento per persona £ 30/35000, prima colazione £ 2000, pensione £ 70000.
⟩⊩ cucina tradizionale (cavatelli, coniglio alla contadina) - vini di produzione propria - £ 20/30000.

Servizi e locali comuni: parcheggio, locale soggiorno, sala TV, sala lettura. Sport e tempo libero: gioco bocce; guida ai lavori agricoli, trekking, visite nei dintorni. Coltivazioni: olivi, viti, cereali, ortaggi. Allevamenti: ovini, suini, animali di bassa corte.

Casacalenda (CB)

m 641 ✉ 86043

Fattoria La Quercia ⭐ *TCI*

contrada Convento, tel. 0874841146 - ettari 30 - apertura: su prenotazione - 🐕 grossa taglia.

▶ Uscita di Termoli-Molise della A14, poi Statale 87; da Casacalenda ancora 2 km in direzione Sud, quindi superare il passaggio a livello e deviare a sinistra per il convento di Sant'Onofrio.

Nella mossa valle del torrente Cigno, all'ombra di una secolare quercia, si trova questa bella fattoria in pietra. Il sommesso chioccolare dell'acqua che scorre tra coltivi e boschi sarà la colonna sonora di una vacanza veramente rilassante.

🛏 Camere senza servizi: 6 doppie, con biancheria letto, biancheria bagno, riscaldamento a legna; 3 bagni in comune - pernottamento per persona £ 30/35000, pensione £ 70000, possibilità di letto aggiunto; sconto 20% per bambini fino a 6 anni. Deposito cauzionale 30%.
⛺ 5 equipaggi 🚐 5 equipaggi.
⟩⊩ cucina molisana (prenotare) - vini regionali - £ 25/35000.

Servizi e locali comuni: parcheggio, sala TV. Sport e tempo libero: guida ai lavori agricoli, visite nei dintorni. Coltivazioni: olivi, cereali, grano, ortaggi, alberi da frutta, foraggio, frutti di bosco. Allevamenti: bovini, ovini, suini, pollame, conigli. Prodotti in vendita: salumi, formaggio, sottoli, marmellate.

Fontemazzocca

contrada Macchia Puzzo 1, tel. 0874841041 - ettari 50 - apertura: su prenotazione - 🐕

▶ Dall'uscita Termoli-Molise della A14 percorrere la Statale 87 sino in località Casacalenda; dal paese proseguire in direzione di Bonefro per 4 km circa.

Un dettaglio che interesserà gli appassionati di natura: l'azienda, aperta su un suggestivo paesaggio collinare, sorge sul limite di una querceta compresa nel perimetro dell'oasi di Bosco Casale, gestita dalla Lipu.

🏠 Appartamenti: 2 bilocali per 4 persone, con biancheria letto, biancheria bagno, biancheria cucina, stoviglie, riscaldamento centralizzato - affitto al giorno per persona £ 60000, sconto 50% per bambini fino a 5 anni. Deposito cauzionale 20% per soggiorni superiori a una settimana.

cucina casalinga (cavatelli) - vini locali di produzione propria - £ 20/30000.

SERVIZI E LOCALI COMUNI: parcheggio. SPORT E TEMPO LIBERO: guida ai lavori agricoli, passeggiate, visite nei dintorni. COLTIVAZIONI: avena, orzo, grano, granoturco, ortaggi, alberi da frutta, foraggio. ALLEVAMENTI: bovini, animali di bassa corte.

Guglionesi (CB)

m 369 ⊠ 86034

La Masseria ⭐Tci

contrada Petriglione 11, tel. 0875689827 - ettari 45 - ♿ - apertura: su prenotazione - ⌗
▶ Dall'uscita Termoli-Molise della A14 proseguire lungo la Statale 483 in direzione Guglionesi; l'azienda agricola si trova dopo circa 8 km.

Una fattoria circondata da oliveti e vigne, nella splendida cornice naturale del fiume Biferno e del lago Liscione. Nel raggio di pochi chilometri si trovano centri d'interesse artistico e l'Adriatico con la spiaggia di Termoli.

CAMERE SENZA SERVIZI: 1 doppia; 1 bagno in comune - pernottamento per persona £ 35000, prima colazione £ 5000, pensione £ 85000. CAMERE CON SERVIZI: 5 doppie - pernottamento per persona £ 35000, prima colazione £ 5000, pensione £ 85000. Deposito cauzionale 20%.
Note: *le camere sono dotate di biancheria per letto e per bagno, riscaldamento centralizzato.*
⌗ 1 equipaggio.
cucina molisana (prenotare) - vini di produzione propria - £ 25/35000.
SERVIZI E LOCALI COMUNI: parcheggio, telefono, locale soggiorno. SPORT E TEMPO LIBERO: gioco bocce, tiro con l'arco, percorso vita; noleggio biciclette, guida ai lavori agricoli, visite nei dintorni, passeggiate. COLTIVAZIONI: olivi, viti, grano, girasoli, ortaggi, legumi, alberi da frutta. ALLEVAMENTI: pollame, conigli. PRODOTTI IN VENDITA: olio.

Montenero di Bisàccia (CB)

m 273 ⊠ 86036

Masseria Bisaccia ⭐Tci

contrada Piscone, tel. 0875966972 oppure 0875 966300, fax 0875968788 - ettari 8 - apertura: aprile-settembre, Natale, Pasqua -

▶ Dall'uscita Vasto Sud della A14 imboccare la direttrice per Montenero di Bisaccia, quindi raggiungere il santuario poco oltre il paese e continuare per circa 5 km seguendo le indicazioni dell'azienda.

Nella bassa collina della valle del Trigno, a un quarto d'ora dall'Adriatico che in questo tratto offre tanto gli stabilimenti balneari di Vasto e Termoli quanto tratti di costa deserti.

CAMERE SENZA SERVIZI: 1 doppia; 1 bagno in comune - pernottamento per persona £ 35/40000. CAMERE CON SERVIZI: 1 doppia, 2 a 3/4 letti, con televisore a richiesta - pernottamento per persona £ 30/45000, letto aggiunto £ 25000. Deposito cauzionale 30% alla prenotazione.
SOGGIORNO MINIMO: 4 giorni.
Note: *le camere sono dotate di biancheria per letto, per bagno e per cucina, uso cucina e riscaldamento centralizzato.*
SERVIZI E LOCALI COMUNI: parcheggio, telefono, locale ritrovo, sala TV, parco giochi bimbi. SPORT E TEMPO LIBERO: gioco bocce, ping pong; disponibilità di mountain bike, guida ai lavori agricoli. COLTIVAZIONI: olivi, viti, cereali, girasoli, barbabietole. PRODOTTI IN VENDITA: olio.

Riccia (CB)

m 710 ⊠ 86016

Manocchio

contrada Rio Secco 115, tel. 0874716259 - ettari 9 - chiusura: sempre aperto - ☙ piccola taglia.

▶ Da Campobasso seguire la Statale 645 sino al bivio per Jelsi, quindi raggiungere Riccia; l'azienda dista 3 km circa dal centro comunale.

L'ospitalità agrituristica viene offerta in un'antica casa rurale ristrutturata, in una zona particolarmente ricca di verde e di acque sorgive. Vista panoramica sul borgo medievale disposto ad anfiteatro su due colli della valle del torrente Succida. Nelle immediate vicinanze numerosi i siti archeologici e di interesse monumentale.

⊞ APPARTAMENTI: 1 di ampia metratura per 8 persone, con biancheria letto, biancheria bagno, biancheria cucina, stoviglie, lavatrice - affitto al giorno per persona £ 35/60000. Deposito cauzionale £ 200000.

ᴊᴵ cucina molisana (piatti della tradizione) - vini di produzione propria - £ 25/35000.
Sᴇʀᴠɪᴢɪ ᴇ ʟᴏᴄᴀʟɪ ᴄᴏᴍᴜɴɪ: parcheggio, telefono, sala TV.
Sᴘᴏʀᴛ ᴇ ᴛᴇᴍᴘᴏ ʟɪʙᴇʀᴏ: ricovero cavalli; guida ai lavori agricoli, osservazione degli animali, corsi di cucina, visite nei dintorni, passeggiate. Cᴏʟᴛɪᴠᴀᴢɪᴏɴɪ: olivi, viti, granoturco, grano, orzo, ortaggi, alberi da frutta. Aʟʟᴇᴠᴀᴍᴇɴᴛɪ: bovini, ovini, suini, animali di bassa corte.

Notartomaso

contrada Escamare 335, tel. 0874712185 - ettari 15 - chiusura: sempre aperto - ⚇
▶ Lasciare la Statale 645 al bivio per Jelsi, raggiungere Riccia e proseguire seguendo l'indicazione per Benevento; l'azienda è a circa 2 km dall'abitato.

Soggiorno in contrada rurale d'alta collina, in posizione aperta, tra coltivi e frutteti. Escursioni, anche a cavallo, e picnic nel vicino Bosco Mazzocca; pesca nel lago di Occhito, nella valle del Fortore.

ᴄᴀᴍᴇ Cᴀᴍᴇʀᴇ sᴇɴᴢᴀ sᴇʀᴠɪᴢɪ: 1 singola, 1 doppia, con biancheria letto, biancheria bagno, biancheria cucina, uso cucina, frigorifero, riscaldamento centralizzato; 1 bagno in comune - pernottamento per persona £ 30000, pensione £ 60000. Deposito cauzionale da concordare.
Sᴏɢɢɪᴏʀɴᴏ ᴍɪɴɪᴍᴏ: 3 giorni.
ᴊᴵ cucina molisana (prenotare) - vini di produzione propria - £ 30/45000.
Sᴇʀᴠɪᴢɪ ᴇ ʟᴏᴄᴀʟɪ ᴄᴏᴍᴜɴɪ: parcheggio, telefono, sala TV.
Sᴘᴏʀᴛ ᴇ ᴛᴇᴍᴘᴏ ʟɪʙᴇʀᴏ: ricovero cavalli; guida ai lavori agricoli, trekking. Cᴏʟᴛɪᴠᴀᴢɪᴏɴɪ: olivi, viti, cereali, ortaggi, alberi da frutta, funghi. Aʟʟᴇᴠᴀᴍᴇɴᴛɪ: bovini, suini, pollame, conigli. Pʀᴏᴅᴏᴛᴛɪ ɪɴ ᴠᴇɴᴅɪᴛᴀ: salumi, vino, olio, formaggio.

Roccamandolfi (IS)

m 850 ⊠ 86098

Zia Concetta

contrada Chiaialata, tel. 0865816353 - ettari 3 - chiusura: sempre aperto.
▶ Dalla Statale 17 deviare per Cantalupo nel Sannio e proseguire per Roccamandolfi; dopo 6 km circa, giunti in una pineta, girare a sinistra.

Immersa in un bosco di querce e faggi, è l'ideale per chi è alla ricerca di un completo stacco dalla vita di tutti i giorni. In una simpatica mansarda le camere, arredate in maniera essenziale, come si addice a una vera casa contadina; equitazione nelle immediate vicinanze.

ᴄᴀᴍᴇ Cᴀᴍᴇʀᴇ sᴇɴᴢᴀ sᴇʀᴠɪᴢɪ: 1 singola, 1 doppia, con biancheria letto, biancheria bagno; 1 bagno in comune - pernottamento per persona £ 15/25000, pensione £ 40/60000.
⚊ 8 equipaggi.
ᴊᴵ cucina casalinga (paste fresche, lumache) - vini locali - £ 20/35000.
Sᴇʀᴠɪᴢɪ ᴇ ʟᴏᴄᴀʟɪ ᴄᴏᴍᴜɴɪ: parcheggio, telefono, taverna.
Sᴘᴏʀᴛ ᴇ ᴛᴇᴍᴘᴏ ʟɪʙᴇʀᴏ: ping pong; trekking, passeggiate nel bosco. Cᴏʟᴛɪᴠᴀᴢɪᴏɴɪ: granoturco, ortaggi, legumi, frutti di bosco. Aʟʟᴇᴠᴀᴍᴇɴᴛɪ: ovini, suini, animali di bassa corte. Pʀᴏᴅᴏᴛᴛɪ ɪɴ ᴠᴇɴᴅɪᴛᴀ: salumi, funghi, legumi, formaggio, marmellate, miele.

Sepino (CB)

m 698 ⊠ 86017

La Taverna ⭐

contrada Piana d'Olmo 6, tel. 087479626, fax 0874 790118 - ettari 20 - chiusura: novembre - ⚇
▶ Lasciare la Statale 87 Campobasso-Salerno al bivio per Sepino, quindi seguire le indicazioni; l'azienda è ubicata a circa 400 m dalla stazione ferroviaria.

Un restauro condotto con grande sensibilità ha recuperato all'agriturismo una fattoria settecentesca, con annesso mulino ad acqua, al centro di una tenuta di 20 ettari attraversata dal fiume Tammaro. Passeggiate a piedi, in mountain bike o a cavallo nei bellissimi dintorni. Si organizzano settimane verdi per ragazzi da metà giugno a metà luglio.

ᴄᴀᴍᴇ Cᴀᴍᴇʀᴇ ᴄᴏɴ sᴇʀᴠɪᴢɪ: 4 singole, 6 doppie, 4 a 3 letti, con biancheria letto, biancheria bagno, riscaldamento centralizzato, telefono, televisore - pernottamento per persona £ 35/45000, pensione £ 70/90000. Deposito cauzionale da concordare.
Cᴀʀᴛᴇ ᴅɪ ᴄʀᴇᴅɪᴛᴏ: American Express, CartaSi.
⚊ 3 equipaggi.
ᴊᴵ cucina molisana (piatti ai funghi e al tartufo) - vini locali - £ 20/30000.
Sᴇʀᴠɪᴢɪ ᴇ ʟᴏᴄᴀʟɪ ᴄᴏᴍᴜɴɪ: parcheggio, telefono, sala TV, sala lettura, taverna, parco giochi bimbi. Sᴘᴏʀᴛ ᴇ ᴛᴇᴍᴘᴏ ʟɪʙᴇʀᴏ: ricovero cavalli; noleggio mountain bike, guida ai lavori agricoli, passeggiate a cavallo, visite nei dintorni. Cᴏʟᴛɪᴠᴀᴢɪᴏɴɪ: viti, cereali, ortaggi. Aʟʟᴇᴠᴀᴍᴇɴᴛɪ: bovini, ovini, suini, equini, pollame, conigli. Pʀᴏᴅᴏᴛᴛɪ ɪɴ ᴠᴇɴᴅɪᴛᴀ: salumi, verdura, formaggio, sottoli, sottaceti, artigianato locale.

CAMPANIA
ORIZZONTI DA SCOPRIRE

*All'ombra del Vesuvio si stende Napoli e il suo golfo
ma oltre questo celebre orizzonte sono tante le località
che meritano di essere scoperte dall'agriturismo.*

Gli antichi Romani, deliziati dai prodotti che le sue terre forniva-
no ai mercati della capitale, la chiamavano 'Campania felix',
cioè fortunata. Ancora oggi, nonostante i segni di uno sviluppo di-
sordinato, il suo panorama è quello di una regione a completa vocazione agricola con un ventaglio di specializzazioni fra i più ampi
d'Italia. Il suo territorio è prevalentemente collinare, seppur con
importanti pianure alluvionali e montagne. Al dodicesimo posto per
superficie con circa 13 600 km^2, la Campania è seconda alla Lombardia con oltre 5 000 000 di abitanti, metà dei quali, però, concentrati solo nel capoluogo e dintorni. A una Napoli caotica, so-
vraffollata e afflitta da noti problemi, fa riscontro una regione popolata secondo una regolare distribuzione fra città e campagna.
Dai capoluoghi si passa alle cittadine della costa e dell'interno dove vallate ben coltivate si avvicendano a montagne aspre, dove pianure verdeggianti si susseguono a zone fittamente boscose.

UN PAESAGGIO DI ORTI, VIGNE E FRUTTETI

Alla base delle fortune della Campania è una propizia combinazione
di elementi naturali: le caratteristiche del terreno, in più parti vulcanico; la favorevole alternanza tra valli, colline e montagne; l'influsso del
mare, sensibile anche all'interno; la disponibilità di acque correnti.
La regione vanta una produzione ortofrutticola di proverbiale va-

UFFICI TURISTICI

▌**AVELLINO**
piazza Libertà 50,
tel. 082574732

▌**BENEVENTO**
piazza Roma 11,
tel. 0824319938

▌**CASERTA**
piazza Dante 35,
tel. 0823321137

▌**NAPOLI**
Stazione Centrale F.S.,
tel. 081268779
Anacapri
via Orlandi 19/A,
tel. 0818371524
Capri
piazza Umberto I,
tel. 0818370686
Castellammare di Stabia
piazza Matteotti 34,
tel. 0818711334

rietà: primo assoluto è sua maestà il pomodoro, nelle diverse produzioni locali, dal superlativo «San Marzano dell'Agro Sarnese-Nocerino» (Igp), da sugo e da conserva, a quello da insalata di Torre del Greco e Salerno; vengono poi le delicate cipolle di Avella, i carciofi di Castellammare di Stabia, le patate, i cavolfiori, i peperoni, i piselli, i fagioli e altro ancora. Altrettanto importante è la coltivazione della frutta: dalle pesche, prodotte nelle campagne di Salerno e Napoli, alle mele, tra cui le ricercate anurche di Marano di Napoli. Degne di nota anche le noci di Sorrento e le «Nocciole di Giffoni» (Igp), che alimentano le fabbriche di torroni di mezza Italia. Notevolissime le produzioni di olio e vino. Il primo con una terna di produzioni Dop: «Colline Salernitane», «Penisola Sorrentina» e «Cilento». Il secondo erede di un'antichissima tradizione con 19 produzioni Doc e tra queste il rosso «Taurasi», avellinese, unico vino del Sud a fregiarsi della Docg. Chiudono i prodotti del bosco: la «Castagna Montella» (Igp) apre la rassegna, che vede anche abbondanza di funghi, presenti un po' ovunque, e un'apprezzabile raccolta di tartufi neri.

DALLE NERE BUFALE

Meno vario, ma altrettanto interessante, è il settore zootecnico. L'allevamento bovino ha il singolare primato di accogliere l'80% della popolazione nazionale di bufali, cui si deve la produzione della «Mozzarella di bufala» (Dop), vera gloria regionale. Ma la casearia campana non si ferma qui: in ampia rassegna vengono i pecorini del Matese e dell'Irpinia, la variegata famiglia delle scamorze e delle provole per concludere con l'abbondanza di ricotte e caprini.

Sopra, il limone è una delle colture tipiche della penisola sorrentina e della costiera amalfitana; il liquore che se ne trae, il limoncello, ha portato in tutto il mondo il profumo e un ricordo del sole di questa terra.

A lato, un'immagine pastorale della Campania interna; collina e montagna riservano al turista un'ospitalità cordiale e ancora genuina.

UFFICI TURISTICI

I NAPOLI
Ischia
via Iasolino,
banchina Porto Salvo,
tel. 0815074231
Marina Grande
banchina del Porto,
tel. 0818370634
Pompei
via Sacra 1,
tel. 0818507255
Pozzuoli
piazza Matteotti 1/A,
tel. 0815265068
Procida
via Roma, Stazione Marittima,
tel. 0818101968
Sorrento
via L. de Maio 35,
tel. 0818074033
Vico Equense
via San Ciro 15,
tel. 0818798826

Notevole è anche l'allevamento del maiale: prossimo al riconoscimento dell'Indicazione Geografica Protetta è il «Salame di Napoli», cui si aggiungono prosciutti, semplici e affumicati, soppressate, capocolli, insaccati di ogni genere, in gran parte caratterizzati dalla spiccata presenza del peroncino. Per concludere la rassegna delle materie prime della cucina campana, si farà semplice cenno della Campania marinara, che vanta tradizioni antichissime e un'influenza più che attuale sulla gastronomia regionale. A questo proposito, che dire della tavola campana che non sia già stato eloquentemente decantato? Anche in questo caso la regione non deve essere tout court identificata con Napoli e con l'onnipresente pizza (che peraltro sotto il Vesuvio offre emozioni irriproducibili altrove). Una delle gioie della vacanza in campagna sta proprio nella scoperta di piatti che utilizzano i prodotti della terra, dalle verdure ai formaggi, alle carni suine e di bassa corte, accostandoli con semplicità contadina.

IN AGRITURISMO PER SCOPRIRE LA CAMPANIA ANCORA INTATTA

Detto delle colture e degli allevamenti, s'è tracciato in pratica anche lo scenario dell'agriturismo campano. Nella terra di Napoli e Sorrento, però, con il mare di Capri e Ischia, la vacanza non può esaurirsi nei semplici piaceri della campagna e della buona tavola. Altre sono le attrattive. Le spiagge, innanzitutto, che per larghi

UFFICI TURISTICI

SALERNO
piazza della Ferrovia 1,
tel. 089231432
Amalfi
corso Repubbliche
Marinare 19,
tel. 089872619
Cava de' Tirreni
piazza Ferrovia,
tel. 089341605
Maiori
corso Reginna 73,
tel. 089877452
Paestum
via Magna Grecia 151,
tel. 0828811016
Positano
via del Saracino 4,
tel. 089875067
Ravello
piazza Duomo 10,
tel. 089857096

tratti conservano caratteristiche naturali e permettono di godersi il mare nel modo più spontaneo, senza i condizionamenti dello stabilimento balneare. Oppure le attrazioni artistiche: quelle di Napoli, ovviamente, che negli ultimi anni hanno vissuto, insieme alla città, un rilancio sostanziale, ma anche quelle dei centri minori, che spesso si inseriscono in un quadro ambientale di inatteso pregio. La concentrazione di beni culturali – basta guardare una cartina turistica – è impressionante: passando in rassegna per sommi capi la storia campana si passa dai templi dorici di Paestum agli scavi della romana Pompei; dallo splendore di Amalfi, Repubblica marinara, alle memorie normanne di Salerno, dall'intatto Medioevo di Casertavecchia fino all'ostentazione neoclassica della vicina reggia dei Borboni. Ma a prescindere dai grandi acuti, la Campania è una regione di bellezza antica e diffusa: nel dettaglio basti pensare all'architettura spontanea delle campagne che spazia dagli edifici cubici della zona vesuviana, voltati a botte per reggere alle piogge di lapilli e cenere, alle masserie isolate dell'interno, poste a dominio dei poderi. Un'ultima citazione per la natura protetta, che di certo interessa il popolo agrituristico. La Campania vanta due parchi nazionali, del Vesuvio e del Cilento, e una serie di aree tutelate minori. I visitatori, abituati a sentire parlare della Campania in termini negativi, si troveranno con sorpresa di fronte a lembi di natura selvaggia, talora abitata da specie che altrove, come la lontra, sono da tempo scomparse.

Nella pagina a fronte, il melograno, spesso rappresentato nelle pitture tombali di Paestum e negli affreschi di Pompei, evoca la serenità di una regione lodata in ogni età.

Sotto, il Cilento, qui rappresentato da un gruppo di canto popolare e dal mare di Palinuro, è scenario di uno dei parchi nazionali più promettenti d'Italia.

ASSOCIAZIONI DI CATEGORIA

AGRITURIST
Napoli
Sede Regionale,
corso Arnaldo Lucci 137,
tel. 081285243

TERRANOSTRA
Napoli
Sede Regionale,
via Pica 62,
tel. 081201451

TURISMO VERDE
Napoli
Sede Regionale,
corso Meridionale 18,
tel. 0815540590

Campania

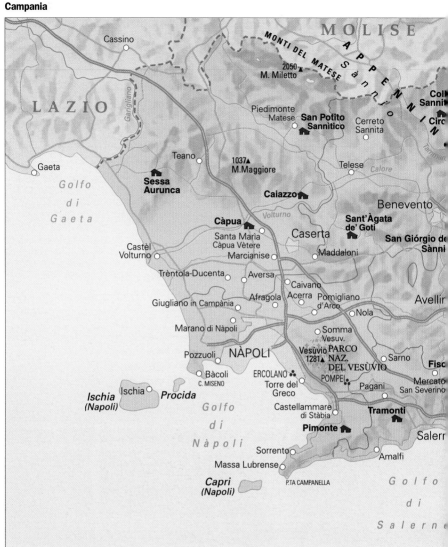

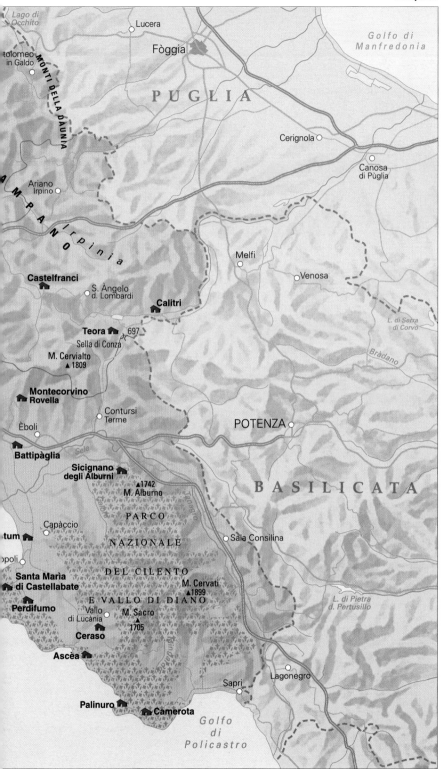

Ascèa (SA)

m 235 ✉ 84046

Aurella

via delle Erbe, tel. 0974977588, fax 0974977588 - ettari 4 - chiusura: sempre aperto - ✗

▶ Provenendo da Nord, lasciare la Statale 18 al bivio della stazione di Vallo-Castelnuovo e immettersi sulla direttrice per Ascea; all'ingresso del paese, al primo bivio a destra, seguire le indicazioni dell'azienda.

L'azienda, che si trova nel territorio del Parco Nazionale del Cilento, domina da una collina i resti dell'antica città greca di Velia e il mare con la bella spiaggia che borda il golfo di Casal Velino. Tutto intorno olivi secolari. Per il ristorante è necessaria la prenotazione.

🛏 CAMERE CON SERVIZI: 2 doppie, 5 a 4 letti - pernottamento per persona £ 40/45000, prima colazione £ 5000, mezza pensione £ 60/70000.
⊞ APPARTAMENTI: 1 bilocale per 4 persone, con biancheria cucina, stoviglie - affitto a settimana £ 700/900000. Deposito cauzionale 20% per soggiorni superiori a 6 giorni.
SOGGIORNO MINIMO: 3 giorni in bassa stagione, 6 giorni in alta stagione.
Note: *le camere e l'appartamento sono dotati di biancheria per letto e per bagno, riscaldamento a gas; lavatrice £ 5000 a lavaggio; sconto 10% per gruppi superiori a 10 persone; riduzioni per bambini fino a 8 anni. L'appartamento non è disponibile nel mese di agosto.*
🍴 cucina casalinga (paste fresche, grigliate) - vini locali - £ 20/30000.
SERVIZI E LOCALI COMUNI: parcheggio, telefono, sala TV, sala lettura, solarium. SPORT E TEMPO LIBERO: gioco bocce; disponibilità di mountain bike, visite nei dintorni. COLTIVAZIONI: olivi, viti, ortaggi, alberi da frutta. ALLEVAMENTI: animali di bassa corte. PRODOTTI IN VENDITA: vino, olio extravergine d'oliva, frutta.

Casa Leone

a Terradura (Cap 84070), via Vittorio Emanuele 8, tel. 0974977003, fax 0974977003 - ettari 12,5 - chiusura: novembre - 🐾
▶ Percorrere la Statale 18 sino all'incrocio della stazione di Vallo-Castelnuovo e deviare verso Sud per Ascea; dal paese seguire per 4 km circa la Provinciale in direzione di Terradura.

La sede aziendale è in paese ma le sue ampie terrazze sono rivolte verso la campagna di proprietà dove verdeggiano olivi, fichi e agrumi. Alle spalle lo splendido entroterra del Parco del Cilento, che si esplora a dorso d'asino o a cavallo; all'orizzonte, il mare.

🛏 CAMERE CON SERVIZI: 6 doppie, 1 a 4 letti - pernottamento per persona £ 35/55000, mezza pensione £ 58/74000.
⊞ APPARTAMENTI: 2 bilocali per 2/5 persone, con biancheria cucina, stoviglie, lavastoviglie, lavatrice - affitto a settimana £ 420/1680000, letto aggiunto £ 50000 a settimana; riscaldamento e gas a consumo; supplemento per trattamento di mezza pensione £ 33/37000 per persona al giorno. Deposito cauzionale 10%.
SOGGIORNO MINIMO: 1 settimana (appartamenti). CARTE DI CREDITO: tutte tranne American Express.
Note: *le camere e gli appartamenti sono dotati di biancheria per letto e per bagno, riscaldamento centralizzato; uso lavanderia £ 5000. Bambini fino a 6 anni gratis, da 6 a 12 anni sconto 50%; sconto 10% per gruppi.*
🍴 riservato agli ospiti - cucina campana (carni alla brace) - vini locali di produzione propria - £ 16/28000.
SERVIZI E LOCALI COMUNI: parcheggio, telefono, sala TV, sala lettura, taverna, barbecue. SPORT E TEMPO LIBERO: gioco bocce, tiro con l'arco, ping pong, calcio-balilla, noleggio mountain bike, guida ai lavori agricoli, visite nei dintorni, escursioni, passeggiate naturalistiche guidate. COLTIVAZIONI: olivi, ortaggi, alberi da frutta, castagni. PRODOTTI IN VENDITA: liquori della casa, olio, agrumi, castagne, verdura.

Battipàglia (SA)

m 72 ✉ 84091

Antica Masseria La Morella

via Fosso Stazione 3, tel. 082851008 oppure 0338 7159958, fax 081406630 - ettari 32 - chiusura: sempre aperto - ✗ salvo accordi.
▶ Dall'uscita Battipaglia della A3 deviare a destra, raggiungere la stazione ferroviaria di Bellizzi e proseguire verso Sud per circa 600 m.

Caratteristica masseria della piana del Sele, bicentenaria, con imponente edificio padronale (oggi destinato agli ospiti), chiesa, stalle, granai e forno per il pane. Intorno una tenuta di 32 ettari con ampia possibilità di passeggiate. Visita al caseificio in occasione della lavorazione delle mozzarelle.

CAMERE CON SERVIZI: 1 doppia - pernottamento per persona £ 40/60000, prima colazione £ 5/10000, pensione £ 90/110000.

APPARTAMENTI: 3 di 3 locali per 4/5/8 persone, con biancheria cucina, stoviglie - affitto al giorno £ 90/160000, affitto a settimana £ 750/1200000, letto aggiunto £ 20000 al giorno; pulizia giornaliera £ 10/20000. Deposito cauzionale 15%.

SOGGIORNO MINIMO: 1 settimana in appartamento.

Note: *la camera e gli appartamenti sono dotati di biancheria per letto e per bagno, riscaldamento centralizzato; sconto 30% per soggiorno a mezza pensione o a pensione per bambini fino a 3 anni.*

3 equipaggi 3 equipaggi.

cucina campana (paste fresche) - vini di produzione propria - £ 25/35000.

SPORT E TEMPO LIBERO: pallavolo; guida ai lavori agricoli, escursioni. COLTIVAZIONI: granoturco, alberi da frutta, foraggio, erba medica. ALLEVAMENTI: bufali. PRODOTTI IN VENDITA: vino, liquori della casa, olio, conserve, marmellate, miele, succhi di frutta.

Caiazzo (CE)

m 200 81013

Eden

a San Giovanni e Paolo, contrada Montemilo 3, tel. 0823 862437 - ettari 9 - chiusura: dicembre e tutti i lunedì e martedì -

▶ Da Capua percorrere la Statale 264 sino a Caiazzo; superato il paese, voltare a destra in direzione di San Giovanni e Paolo, quindi seguire le indicazioni dell'azienda.

In un piccolo borgo rurale della media valle del Volturno, una casa colonica immersa tra gli olivi. Accoglienza cordiale e contorno di serate danzanti e folclore. Produzioni ecologiche e guide aderenti alla Gae (Associazione Italiana Guide Ambientali Escursionistiche). Settimane verdi per ragazzi in primavera e in autunno.

CAMERE CON SERVIZI: 1 a 4 letti, con biancheria letto, biancheria bagno, riscaldamento - pernottamento per persona £ 25000.

5 equipaggi 3 equipaggi.

cucina campana (prenotare) - vini locali di produzione propria - £ 30/35000.

SERVIZI E LOCALI COMUNI: parcheggio, telefono, sala TV, parco giochi bimbi. SPORT E TEMPO LIBERO: osservazione degli animali, visite guidate, visita al frantoio, escursioni, trekking. COLTIVAZIONI: olivi, viti, ortaggi, alberi da frutta. ALLEVAMENTI: suini, equini, animali di bassa corte, api. PRODOTTI IN VENDITA: vino, olio, frutta, verdura, miele.

Le Campanelle

via Cameralunga 64, tel. 0823862487, fax 0823 862487 - ettari 8 - apertura: metà aprile-novembre -

▶ Uscita Caianello della A1, poi Statale 372 verso Benevento fino a Dragoni; da qui seguire le indicazioni per la località.

Tra verdi colline, atmosfera familiare e ospitalità in miniappartamenti indipendenti, posti in alcuni casali nelle adiacenze della casa padronale; qui si possono gustare pasti genuini preparati con i prodotti dell'azienda, tra i quali primeggiano: i pomodorini "del Vesuvio", le passate di pomodoro e l'olio extravergine di oliva.

APPARTAMENTI: 4 monolocali per 2/4 persone, con biancheria letto, biancheria bagno, biancheria cucina, stoviglie, climatizzazione - affitto al giorno per persona £ 25/40000.

SOGGIORNO MINIMO: 3 notti.

cucina del territorio (prenotare) - vini di produzione propria - £ 25/30000.

SERVIZI E LOCALI COMUNI: parcheggio, telefono. SPORT E TEMPO LIBERO: gioco bocce, campo di calcetto; noleggio mountain bike, guida ai lavori agricoli. COLTIVAZIONI: olivi, viti, pomodori. ALLEVAMENTI: pollame. PRODOTTI IN VENDITA: vino, olio extravergine d'oliva, salse, conserve.

Calitri (AV)

m 530 ⊠ 83045

Il Tufiello

S.S. 399 al km 6, tel. 082738851 oppure 081 406672, fax 0815757604 - ettari 180 - apertura: giugno-metà novembre, Pasqua e Natale - ❧

▶ Lasciare la A16 al casello di Lacedonia e proseguire in direzione di Bisaccia e Calitri. L'azienda si trova 6 km a Nord della località.

Siamo nelle terre irpine dell'Aglianico, il più pregiato dei vini rossi del Mezzogiorno. Nel paesaggio solare della valle dell'Ofanto, un'edificio bianco spicca al centro di una tenuta a cereali e girasoli: è la masseria del Tufiello, dove la vacanza si svolge in un clima di grande cordialità e di rispetto per la natura, a partire dall'applicazione dei metodi di coltivazione biologica.

🛏 Camere con servizi: 4 doppie, con uso cucina - pernottamento per persona £ 35000, prima colazione £ 8000. ⊞ Appartamenti: 2 bilocali per 2/4 persone, 1 di 3 locali per 4 persone, con televisore a richiesta, caminetto - affitto al giorno £ 80/140000, affitto a settimana £ 560/900000. Deposito cauzionale 20%.
Soggiorno minimo: 2 notti in luglio e agosto.
Note: *le camere e gli appartamenti sono dotati di biancheria per letto, per bagno e per cucina, riscaldamento centralizzato; pulizia finale £ 5000 per persona.*
Servizi e locali comuni: parcheggio, sala TV, sala lettura, barbecue, forno a legna. Sport e tempo libero: gioco bocce, ping pong; disponibilità di biciclette, guida ai lavori agricoli, corsi di cucina, visite nei dintorni, visite a cantine e fattorie. Coltivazioni: cereali, ortaggi, castagni. Allevamenti: animali di bassa corte. Prodotti in vendita: castagne, farina, salse, miele.

Camerota (SA)

m 322 ⊠ 84040

Angela

a Licusati (Cap 84050), contrada Sant'Antonio, tel. 0974 937540 oppure 0974937009 - ettari 2 - chiusura: febbraio - ✺ luglio-agosto.

▶ Da Nord o da Sud, fare riferimento a Marina di Camerota, nel tratto Palinuro-Sapri dalla Statale 562; da qui, dirigere verso Nord raggiungendo e superando l'abitato di Camerota di un paio di chilometri sulla strada per Licusati; seguire le indicazioni per l'azienda.

Nel territorio del Parco Nazionale del Cilento, a pochi chilometri dalle spiagge di Capo Palinuro e Marina di Camerota, sorge questa azienda, felice connubio di modernità e tradizione. Donna Angela, cuoca di eccezionale bravura, vi porterà al settimo cielo.

🛏 Camere con servizi: 1 singola, 4 doppie, 1 a più letti, con biancheria letto, biancheria bagno, caminetto - pernottamento per persona £ 40000, pensione £ 70/85000, riduzioni per letto aggiunto; supplemento per lettino per bambini fino a 3 anni £ 10000. Deposito cauzionale 30% alla prenotazione.
🏕 3 equipaggi 3 equipaggi.
🍴 cucina contadina (zuppe) - vini locali di produzione propria - £ 20/35000.
Servizi e locali comuni: parcheggio, sala TV, sala lettura.
Sport e tempo libero: campo di calcetto; noleggio mountain bike, guida ai lavori agricoli, visite nei dintorni, escursioni, passeggiate. Coltivazioni: olivi, viti, ortaggi, alberi da frutta. Allevamenti: ovini, caprini, animali di bassa corte. Prodotti in vendita: vino, olio d'oliva, formaggio, sottoli.

Càpua (CE)

m 25 ⊠ 81043

Masseria Giòsole ⭐️

via Giardini 31, tel. 0823961108, fax 0823968169 - ettari 33 - chiusura: Natale-Epifania - ✺

▶ Abbandonare la A1 in corrispondenza dell'uscita locale e guadagnare il centro città percorrendo circa 7 km in direzione Sud; giunti a Capua, seguire le indicazioni per Brezza (deviazione a destra) e per la masseria, che si trova 1 km fuori città.

La storia, che ci parla degli ozi di Capua, trova conferma nella realtà di questa antica masseria, gradevolissimo ricetto per chi cerca tranquillità. Gli ampi spazi interni e la verde campagna che digrada verso il Volturno inducono ai piaceri domestici, ma a portata di mano si trovano meraviglie di natura, arte e archeologia.

🛏 Camere senza servizi: 2 doppie, 1 a 3 letti; 2 bagni in comune - pernottamento per persona £ 60000, pensione £ 110000.
⊞ Appartamenti: 1 di più locali per 4 persone, con biancheria cucina, stoviglie - affitto al giorno per persona £ 40000. Deposito cauzionale da concordare.
Soggiorno minimo: 3 giorni. Carte di credito: Visa, Eurocard, Mastercard, Diner's Club, Bancomat.

Note: le camere e l'appartamento sono dotati di biancheria per letto e per bagno, riscaldamento.

)|{ cucina della tradizione locale (prenotare) - vini locali - £ 30/40000.

Servizi e locali comuni: parcheggio, sala TV, parco giochi bimbi. Sport e tempo libero: campo da tennis, pallavolo, campo di calcetto; disponibilità di biciclette, pesca, visite nei dintorni, passeggiate. Coltivazioni: ortaggi, alberi da frutta, tabacco. Prodotti in vendita: liquori artigianali, sciroppi, sottoli, marmellate.

Castelfranci (AV)

m 450 ⊠ 83040

Stella

località Braiole, tel. 082772012 - ettari 3 - apertura: su prenotazione - ⌇

▶ Dall'uscita Avellino Est della A16 percorrere la Statale 400 sino all'incrocio per Castelfranci, quindi superare il paese e continuare per 3 km circa.

Piccola azienda della tranquilla campagna avellinese sita in posizione appartata, a 550 m di quota, non distante dal paese. Cordiale accoglienza in struttura spaziosa, di recente rinnovata e modernamente arredata. Ampie terrazze a solarium.

Camere con servizi: 2 doppie, 2 a 3 letti, con uso cucina - pensione £ 70/80000.

Appartamenti: 1 monolocale per 2 persone, 1 di 3 locali per 6 persone - affitto a settimana £ 250000.

Note: le camere e gli appartamenti sono dotati di biancheria per letto e per bagno, telefono, televisore e riscaldamento a gas.

)|{ riservato agli ospiti - cucina campana - vini di produzione propria - £ 30/45000.

Servizi e locali comuni: sala TV, sala lettura, taverna. Sport e tempo libero: piscina. Coltivazioni: olivi, viti, ortaggi. Allevamenti: animali di bassa corte. Prodotti in vendita: salumi, vino, olio.

Ceraso (SA)

m 340 ⊠ 84052

La Petrosa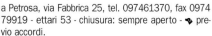

a Petrosa, via Fabbrica 25, tel. 097461370, fax 0974 79919 - ettari 53 - chiusura: sempre aperto - ❧ previo accordi.

▶ Lasciare la A3 allo svincolo di Battipaglia e imboccare la Statale 18 percorrendola fino a Vallo Scalo; qui deviare a destra sulla Statale 447 che conduce ad Ascea. Dopo 7 km circa svoltare a sinistra per altri 4 km sulla strada che porta a Ceraso.

Nella varia cornice della valle del Palistro vacanze rurali per tutti i gusti: dalla dimora padronale alle case coloniche, all'agricampeggio. Quanto al tempo libero, ampia scelta tra attività sportive e artigianali in azienda e le bellezze del Parco del Cilento.

Camere senza servizi: 2 doppie; 1 bagno in comune - pernottamento per persona £ 40/60000, pensione £ 80/110000. Camere con servizi: 8 doppie - pernottamento per persona £ 40/60000, pensione £ 80/110000.

Appartamenti: 2 bilocali per 5 persone, 2 di più locali per 6 persone, con stoviglie - affitto a settimana £ 600/800000. Deposito cauzionale £ 100000.

Soggiorno minimo: 1 settimana.

Note: le camere e gli appartamenti sono dotati di biancheria per letto e per bagno, riscaldamento centralizzato e a legna; in 4 camere possibilità di letto aggiunto.

⌂ 3 equipaggi ⊟ 3 equipaggi.

)|{ cucina del Cilento (paste fresche) - vini di produzione propria - £ 20/30000.

Servizi e locali comuni: parcheggio, sala TV, sala lettura. Sport e tempo libero: piscina, gioco bocce, tiro con l'arco, ping pong; disponibilità di mountain bike, guida ai lavori agricoli, corsi di cucina, escursioni. Coltivazioni: olivi, granoturco, grano, orzo, ortaggi, alberi da frutta, agrumi. Allevamenti: suini, pollame, conigli. Prodotti in vendita: vino, olio extravergine d'oliva.

Circello (BN)

m 650 ⊠ 82020

Taverna dei Liguri

contrada Macchia, tel. 0824938222 - ettari 10 - chiusura: sempre aperto - ⌇

▶ Da Benevento lasciare la Statale 17 al bivio per Campolattaro e proseguire sulla Statale 627 in direzione di Circello, superare un distributore IP e dopo 300 m svoltare a destra. Seguire le indicazioni per l'azienda.

Lo scenario è quello del Sannio, mosso da morbidi colli a cereali e olivi. Circello è un pittoresco paese di antiche ascendenze normanne. L'azienda è in aperta campagna e offre agli ospiti un ambiente tranquillo e familiare.

Campania

➤ Camere con servizi: 5 a 4 letti, con biancheria letto, biancheria bagno, riscaldamento a legna, telefono, televisore a richiesta - pernottamento per persona £ 45000, pensione £ 60/70000, soggiorno a pensione per bambini fino a 3 anni £ 30000. Soggiorno minimo: 3 giorni.

⛺ 4 equipaggi 🚐 2 equipaggi.

🍴 cucina campana (agnello) - vini locali di produzione propria - £ 15/30000.

Servizi e locali comuni: sala TV, parco giochi bimbi. Sport e tempo libero: gioco bocce, campo di calcetto; guida ai lavori agricoli, escursioni. Coltivazioni: olivi, viti, grano, ortaggi. Allevamenti: bovini, ovini, suini, equini, animali di bassa corte. Prodotti in vendita: salumi, vino, olio d'oliva, formaggio, sottoli.

Colle Sannita (BN)

m 729 ✉ 82024

Lisone

contrada Lisone 3, tel. 0824931519 oppure 0347 7216889 - ettari 10 - chiusura: sempre aperto - ➤

► Dalla Statale 17 che unisce Benevento a Isernia, prendere lo svincolo in direzione di Campolattaro e raggiungere Colle Sannita; quindi proseguire verso Riccia e, superato l'albergo Ca' del Re, seguire le indicazioni dell'azienda.

L'agriturismo trova spazio in un'azienda d'alta collina per vacanze a reale contatto con la vita contadina in un ambiente sobrio e molto familiare. Le camere sono ampie e arredate con mobili d'epoca. Negli immediati dintorni numerose agevoli escursioni nei boschi e al laghetto montano di Decorata.

➤ Camere con servizi: 4 a 3 letti - pernottamento per persona £ 35000, pensione £ 75000.

🏠 Appartamenti: 1 di 4 locali con uso lavanderia, telefono, televisore, caminetto - affitto al giorno per persona £ 30000. Deposito cauzionale 20%.

Note: le camere e l'appartamento sono dotati di biancheria per letto e per bagno, riscaldamento.

🍴 cucina casalinga (prenotare) - vini di produzione propria - £ 20/30000.

Servizi e locali comuni: parcheggio, telefono, sala TV, taverna. Sport e tempo libero: disponibilità di mountain bike, guida ai lavori agricoli, visite nei dintorni. Coltivazioni: cereali, ortaggi, foraggio. Allevamenti: ovini, suini, animali di bassa corte. Prodotti in vendita: pollame, uova, salumi.

Fisciano (SA)

m 320 ✉ 84084

Barone Antonio Negri

a Gaiano, via Teggiano 8, tel. 089958561 oppure 0335 6852140, fax 089958561 - ettari 22 - ♿ - chiusura: sempre aperto - ➤

► Lasciare il raccordo autostradale Avellino-Salerno al casello Lancusi e seguire le indicazioni per Gaiano.

A mezza collina, alle soglie del Parco Regionale dei Monti Picentini, un'antica dimora rurale, ristrutturata con ammirevole senso della tradizione. Gli arredi e le decorazioni interne, le pergole e la piscina, la genuinità della ristorazione, la disponibilità di un pulmino aziendale e di una barca propria per visitare la costiera amalfitana o il Cilento: tutto contribuisce a dare l'idea di un'accoglienza di rara accuratezza.

➤ Camere con servizi: 5 doppie, con biancheria letto, biancheria bagno, riscaldamento centralizzato, telefono, televisore - pernottamento per persona £ 40/70000, pensione £ 100/130000.

🍴 cucina del territorio (paste fresche, dolci con nocciole) - vini di produzione propria - £ 25/35000.

Servizi e locali comuni: parcheggio, sala TV, sala lettura, taverna, sala giochi bimbi. Sport e tempo libero: piscina, gioco bocce, tiro con l'arco, ping pong; noleggio mountain bike, guida ai lavori agricoli, corsi di cucina, visite nei dintorni. Coltivazioni: olivi, viti, ortaggi, noccioli, castagni. Prodotti in vendita: dolci, marmellate.

Montecorvino Rovella (SA)

m 295 ✉ 84096

Masseria Sparano ⭐

a Macchia, contrada Serroni, tel. 089981260, fax 089 8021740 - ettari 8,5 - chiusura: sempre aperto - ➤

► Lasciare la A3 all'uscita di Battipaglia, al primo semaforo svoltare a sinistra e imboccare la strada dei Serroni; dopo un paio di chilometri si incontra l'azienda sulla destra.

Sui monti Picentini, un'azienda all'antica, condotta da persone che trattano l'ospite come uno di famiglia. Colture biodinamiche e cucina coerente. In estate bagni d'argilla e fanghi presso un'antica fornace di proprietà. Passeggiate a dorso d'asino.

CAMERE CON SERVIZI: 3 a 3/4 letti, con biancheria letto, biancheria bagno, uso lavanderia, riscaldamento centralizzato - pernottamento per persona £ 50/75000. Deposito cauzionale 20%.

Note: *una camera tripla è dotata di vasca con idromassaggio. Possibilità di accorpare le due camere triple in un appartamento con cucina-soggiorno.*

4 equipaggi 2 equipaggi.

riservato agli ospiti - cucina del territorio (primi piatti) - vini locali di produzione propria - £ 25/40000.

SERVIZI E LOCALI COMUNI: parcheggio, telefono, sala TV. SPORT E TEMPO LIBERO: noleggio mountain bike, corsi di ceramica, visite nei dintorni. COLTIVAZIONI: olivi, viti, agrumi. ALLEVAMENTI: asini. PRODOTTI IN VENDITA: olio, nocciole.

Paestum (SA)

m 17 ✉ 84063

Seliano

tel. 0828724544 oppure 0828305035, fax 0828 723634 - ettari 18 - chiusura: metà gennaio-febbraio e novembre - ❧

▶ Da Battipaglia percorrere la Statale 18 sino all'altezza di Capaccio Scalo; l'azienda, ben segnalata, si trova dopo circa 4 km in direzione di Paestum.

In vista delle spiagge e dei templi dorici di Paestum, una raffinata residenza di campagna, al centro di un vasto complesso rurale convertito all'agriturismo.

Strutture per l'ippica ad alto livello con campo ostacoli e percorso di campagna. A una quindicina di chilometri, l'Oasi Wwf di Serre Persano. Per il ristorante è necessaria la prenotazione, con biancheria letto, biancheria bagno, riscaldamento centralizzato, uso lavanderia.

CAMERE CON SERVIZI: 13 doppie, 4 a 3/4 letti - pernottamento per persona £ 60/70000, pensione £ 110/130000, sconto 50% per bambini fino a 6 anni, da 7 a 12 anni sconto 30%. Deposito cauzionale 20%. SOGGIORNO MINIMO: 2 notti. CARTE DI CREDITO: CartaSi.

cucina del territorio (carne di bufala) - vini locali - £ 40/50000.

SERVIZI E LOCALI COMUNI: parcheggio, telefono, sala TV, sala lettura. SPORT E TEMPO LIBERO: piscina, ping pong, maneggio, ricovero cavalli; guida ai lavori agricoli, raccolta funghi, corsi di cucina, passeggiate a cavallo, visite nei dintorni. COLTIVAZIONI: olivi, ortaggi, carciofi, foraggio. AL-

LEVAMENTI: equini, animali di bassa corte, bufali. PRODOT-
TI IN VENDITA: liquori artigianali, olio extravergine d'oliva,
aceto, pasta, pane di casa, sottoli, marmellate.

Palinuro (SA)

m 53 ⊠ 84064

Sant'Agata

località Sant'Agata Nord, tel. 0974931716, fax 0974
931716 - ettari 3 - chiusura: periodo in dicembre - ⚥
salvo accordi.
▶ Abbandonare la Statale 18 all'altezza della stazione
di Vallo-Castelnuovo e seguire le indicazioni per Palinuro; l'azienda è situata circa a 2 km dall'abitato in direzione di Marina di Camerota.

*Su un'altura ammantata dal verde, l'edificio aziendale,
cinto da portici, riserva agli ospiti ampie camere con
balconi panoramici sul mare di Palinuro e Marina di Camerota. Intorno e fino alla spiaggia un susseguirsi di
oliveti, vigne, orti e frutteti.*

🛏 CAMERE CON SERVIZI: 7 doppie, con riscaldamento
centralizzato - pernottamento per persona £ 50/
72000, mezza pensione £ 65/95000, sconto 20% per
bambini da 2 a 10 anni.
⊞ APPARTAMENTI: 1 di ampia metratura per 4 persone,
con stoviglie, riscaldamento elettrico - affitto a settimana £ 420/70000. Deposito cauzionale 20%.
SOGGIORNO MINIMO: 1 settimana in alta stagione. CARTE DI
CREDITO: CartaSi, Diner's Club, Bancomat.
Note: *le camere e l'appartamento sono dotati di biancheria per letto e per bagno.*
🍴 cucina del Cilento (prenotare) - vini locali di produzione propria - £ 25/35000.
SERVIZI E LOCALI COMUNI: parcheggio, telefono, sala TV,
giochi bimbi, barbecue. SPORT E TEMPO LIBERO: gioco bocce, ping pong; gite in barca. COLTIVAZIONI: olivi, viti, ortaggi, alberi da frutta. ALLEVAMENTI: pollame, api. PRODOTTI IN
VENDITA: vino, sciroppi, olio, sottoli, marmellate, miele.

Perdifumo (SA)

m 425 ⊠ 84060

Eucalipto

contrada Cafaro-Giungatelle, tel. 0974851995 oppure 03382144027, fax 0974851947 - ettari 14 - chiusura: sempre aperto - 🐾 previo accordi.

▶ Dall'uscita Battipaglia della A3 imboccare la Statale 18 e proseguire fino ad Agropoli; da qui prendere la
Statale 267 percorrendola fino al bivio per Ogliastro
Marina; appena superato il rio dell'Arena, svoltare a sinistra per 4,5 km seguendo la segnaletica dell'azienda.

*Vigne, olivi e piante di fichi si alternano alle distese di
grano e agli orti nell'ondulato scenario del Cilento. Dalla fattoria, rinomata per la cucina, una stradina si allontana verso il mare di Punta Licosa, luogo bellissimo e
solitario; più a Sud si incontrano le spiagge mondane di
Palinuro e Marina di Camerota.*

🛏 CAMERE CON SERVIZI: 2 singole, 4 doppie, 13 a 3/4
letti, con biancheria letto, biancheria bagno, riscaldamento centralizzato - pernottamento per persona
£ 30/60000, pensione £ 60/80000, letto aggiunto
£ 20000.
⊞ APPARTAMENTI: 2 di 3 locali per 5 persone, con stoviglie - affitto a settimana £ 350/500000. Deposito
cauzionale 30%.
Note: *bambini fino a 2 anni gratis, da 3 a 8 anni sconto 30%; per gruppi di almeno 20 persone sconto 20%.*
🍴 cucina del territorio (primi piatti, arrosti) - vini locali
di produzione propria - £ 15/35000.
SERVIZI E LOCALI COMUNI: parcheggio, telefono, sala TV.
SPORT E TEMPO LIBERO: biliardo; noleggio mountain bike,
osservazione degli animali, visite guidate. COLTIVAZIONI:
olivi, viti, ortaggi, alberi da frutta, foraggio. ALLEVAMENTI:
bovini, suini, caprini, animali di bassa corte. PRODOTTI IN
VENDITA: salumi, vino, olio, formaggio, sottoli.

Pimonte (NA)

m 75 ⊠ 80050

La Casa del Ghiro

a Franche, via San Nicola 15, tel. 0818749241 oppure 0818749907, fax 0818749241 - ettari 4 - chiusura:
sempre aperto - 🐾 previo accordi.
▶ Dall'uscita Castellammare di Stabia della A3 immettersi nella Statale 366 in direzione di Pimonte; all'ingresso del paese seguire, sul lato sinistro, la segnaletica dell'azienda.

*Ai piedi dei monti Lattari e a un tiro di schioppo dalle
più note località della Costiera Amalfitana, soggiorni al-
l'insegna dell'ecologia in ambiente modernamente rustico. Progetto didattico "La città alla scoperta della
campagna" per coinvolgere i ragazzi nelle attività tipiche del mondo rurale.*

CAMERE CON SERVIZI: 4 doppie, 4 a più letti, con biancheria letto, biancheria bagno, uso lavanderia, riscaldamento a metano - pernottamento per persona £ 45000, mezza pensione £ 75/90000, forfait settimanale £ 520/630000, riduzioni per bambini e per gruppi. SOGGIORNO MINIMO: 3/7 giorni secondo stagione. CARTE DI CREDITO: Visa, Eurocard, Mastercard.

△ 6 equipaggi.

⌇⌇ cucina della tradizione locale (prenotare) - vini locali - £ 35/50000.

SERVIZI E LOCALI COMUNI: parcheggio, telefono, sala TV, sala lettura. SPORT E TEMPO LIBERO: piscina, gioco bocce, tiro con l'arco, ping pong, maneggio, ricovero cavalli; guida ai lavori agricoli, corsi di cucina, visite nei dintorni. COLTIVAZIONI: olivi, ortaggi, alberi da frutta, noci, noccioli, fragole. ALLEVAMENTI: equini, pollame, conigli. PRODOTTI IN VENDITA: salumi, vino, liquori artigianali, olio, marmellate.

m 380 ☒ 82018

Tufini

contrada Tufini, tel. 0824779139, fax 082452193 - ettari 30 - chiusura: sempre aperto - ☙ previo accordi.

▶ Da Benevento prendere la Provinciale per Apice; dopo circa 10 km, deviare in direzione di San Giorgio del Sannio e seguire la segnaletica.

Sui primi rilievi appenninici del Beneventano, una vasta azienda in luogo appartato per chi va cercando uno stacco dallo stress cittadino. Appartamenti arredati in modo rustico ed essenziale.

⊞ APPARTAMENTI: 4 bilocali per 4 persone, con biancheria letto, biancheria bagno, riscaldamento a gas - sistemazione a pensione £ 75000, sconto 50% per bambini fino a 10 anni. Deposito cauzionale 10%. SOGGIORNO MINIMO: 3 giorni.

⌂⌂ 3 equipaggi.

⌇⌇ cucina casalinga (primi piatti) - vini di produzione propria - £ 25/32000.

SERVIZI E LOCALI COMUNI: parcheggio, telefono, sala da gioco, parco giochi bimbi. SPORT E TEMPO LIBERO: piscina, maneggio, ricovero cavalli; guida ai lavori agricoli, osservazione degli animali, passeggiate a cavallo, corsi di equitazione. COLTIVAZIONI: olivi, viti, grano, orzo, avena, ortaggi, alberi da frutta. ALLEVAMENTI: pollame, conigli. PRODOTTI IN VENDITA: vino, verdura, conserve, marmellate.

m 230 ☒ 81010

Quercete

contrada Quercete, tel. 0823913881 oppure 0823 911520, fax 0823785924 - ettari 60 - chiusura: sempre aperto - ☙ piccola taglia.

▶ Dall'uscita Caianello della A1 imboccare e percorrere la Statale 372 sino allo svincolo per Dragoni, poi girare a sinistra e raggiungere l'ingresso dell'abitato di Piedimonte Matese; da qui svoltare a destra per San Potito Sannitico; seguire i cartelli dell'azienda.

Vastissima azienda ai piedi del Matese, in parte a noccioli e castagni, per il resto a pascolo. Vi si trova un centro genetico per la selezione della pregiata pecora Laticauda e un caseificio. In posizione panoramica gli alloggi agrituristici.

⊞ APPARTAMENTI: 4 monolocali per 2 persone, 1 di più locali per 4/6 persone, con biancheria letto, biancheria bagno, riscaldamento a gas, televisore a richiesta - affitto al giorno £ 70/80000, letto aggiunto £ 15000. Deposito cauzionale 10%.

CARTE DI CREDITO: CartaSì, Diner's Club, Bancomat.

⌇⌇ cucina del territorio (prenotare) - vini regionali di produzione propria - £ 30/50000.

SERVIZI E LOCALI COMUNI: parcheggio, telefono, sala lettura, sala convegni, parco giochi bimbi. SPORT E TEMPO LIBERO: gioco bocce, campo di calcetto; osservazione degli animali, visite nei dintorni, passeggiate. COLTIVAZIONI: olivi, viti, ortaggi, alberi da frutta, noccioli. ALLEVAMENTI: ovini, suini, pollame, quaglie, fagiani, api. PRODOTTI IN VENDITA: salumi, vino, pane di casa, biscotti, dolci, formaggio, sottoli, confetture.

m 159 ☒ 82019

Mustilli

via dei Fiori 20, tel. 0823717433, fax 0823717619 - ettari 70 - chiusura: Natale - ☙ piccola taglia.

▶ Da Caserta superare Maddaloni e proseguire in direzione Nord lungo la Statale 265; al bivio di Sant'Agata de' Goti voltare a destra e raggiungere il centro abitato, dove si trova l'azienda.

«Alla riscoperta del tempo perduto» è l'accattivante motto di questa grande azienda vinicola che offre ospitalità agrituristica nelle camere di uno splendido

Campania

palazzo risalente al Cinquecento. Situato nel cuore del paese, dispone anche di una tenuta collinare condotta con antica competenza.

🕊 CAMERE SENZA SERVIZI: 2 doppie; 1 bagno in comune - pernottamento per persona £ 55000, pensione £ 105000. CAMERE CON SERVIZI: 4 doppie - pernottamento per persona £ 60000, pensione £ 110000. Deposito cauzionale 50% alla prenotazione.
SOGGIORNO MINIMO: 3 giorni. CARTE DI CREDITO: Visa, Euro-card, Mastercard, Diner's Club.
Note: le camere sono dotate di biancheria per letto e per bagno, riscaldamento e televisore; letto aggiunto £ 20000; camera doppia uso singola £ 80000.
🍽 cucina tradizionale (paste fresche) - vini di produzione propria - £ 30/45000.
SERVIZI E LOCALI COMUNI: telefono. SPORT E TEMPO LIBERO: visita alle cantine. COLTIVAZIONI: viti, grano, ortaggi, alberi da frutta, noccioli. PRODOTTI IN VENDITA: vino, marmellate.

Santa Maria di Castellabate (SA)
m 35 ⊠ 84072

Annunziata

a San Marco, località Annunziata, tel. 0974961137 - ettari 7 - chiusura: sempre aperto - 🕊

▶ Percorrere la Statale 18 sino ad Agropoli e continuare verso Sud sulla direttrice per Santa Maria di Castellabate e San Marco; l'azienda si trova a un paio di chilometri da San Marco.

Tra il borgo medievale di Castellabate e le spiagge di Santa Maria, un antico podere baronale, con chiesa e colombaia, restaurato con amore e grande sensibilità. Accoglienza in ambienti sufficientemente ampi, arredati con rustica modernità.

⊞ APPARTAMENTI: 2 bilocali per 4 persone, 3 di 3 locali per 5 persone, con biancheria letto, biancheria bagno, biancheria cucina, stoviglie - i prezzi verranno co-

municati telefonicamente; supplemento per pulizia finale £ 30000. Deposito cauzionale 30%.
SOGGIORNO MINIMO: 1 settimana in bassa stagione, 2 settimane in alta stagione.
SERVIZI E LOCALI COMUNI: parcheggio. COLTIVAZIONI: olivi. PRODOTTI IN VENDITA: olio extravergine d'oliva.

Podere Licosa

a San Marco, località Licosa, tel. 0974961137 - ettari 13 - chiusura: sempre aperto - 🕊
▶ Raggiungere Agropoli tramite Statale 18 e proseguire in direzione di Santa Maria di Castellabate e San Marco; da qui continuare per circa 10 km fino ad arrivare a Punta Licosa.

Due ville di quattro locali a pochi passi dalla scogliera di punta Licosa. Intorno la pineta, vincolata nell'ambito del Parco del Cilento, e tredici ettari di terreno di cui cinque a oliveti. Tranquillità in un ambiente assolutamente eccezionale.

⊞ APPARTAMENTI: 2 di 4 locali per 8 persone, con biancheria letto, biancheria bagno, biancheria cucina, stoviglie - affitto a settimana £ 1600/2200000, biancheria £ 100000; pulizia finale £ 100000. Deposito cauzionale 30% alla prenotazione.
SOGGIORNO MINIMO: 2 settimane.
SERVIZI E LOCALI COMUNI: parcheggio. COLTIVAZIONI: olivi. PRODOTTI IN VENDITA: olio extravergine d'oliva.

Sessa Aurunca (CE)
m 203 ⊠ 81037

Aria Nova ⭐📺

a San Castrese, via Campo Felce S.S. 430, tel. 0823 706249 - ettari 12 - chiusura: metà gennaio-marzo - 🕊 previo accordi.
▶ Dall'uscita San Vittore della A1 percorrere la Statale 430 verso Sud e, al km 28,200, deviare in direzione San Castrese, ove si trova l'azienda.

Alle falde del massiccio di Roccamonfina, a pochi chilometri dalle spiagge di Baia Domizia, Gaeta e Formia, ospitalità in un casale situato su un poggio a frutteti. Tranquillità assoluta e vita sull'aia in un'atmosfera d'altri tempi. A 30 km l'Oasi Blu di Torre Gianola (Wwf).

🕊 CAMERE CON SERVIZI: 2 doppie - pernottamento per persona £ 40000, mezza pensione £ 70000.
⊞ APPARTAMENTI: 2 di varia disposizione per 4 persone, con biancheria cucina, stoviglie, caminetto - affitto al giorno £ 150000. Deposito cauzionale 20%.
Note: le camere e gli appartamenti sono dotati di biancheria per letto e per bagno, riscaldamento autonomo.
🍽 riservato agli ospiti - cucina campana (mozzarella di bufala) - vini di produzione propria - £ 30000.
SERVIZI E LOCALI COMUNI: parcheggio, locale soggiorno.
SPORT E TEMPO LIBERO: ping pong; guida ai lavori agricoli, visite nei dintorni. COLTIVAZIONI: olivi, viti, ortaggi, alberi da frutta, noci. ALLEVAMENTI: animali di bassa corte. PRODOTTI IN VENDITA: vino, olio, frutta.

Sicignano degli Alburni (SA)

m 610 ⊠ 84029

Sicinius

a Scorzo, contrada Piedi la Serra 7, tel. 0828973763 oppure 0330869287, fax 0828973763 - ettari 12 - apertura: su prenotazione - ❦

▶ Lasciare la A3 al casello Sicignano-Potenza e dirigersi verso Sud per 6 km, quindi svoltare a destra per Scorzo, che si raggiunge dopo un paio di chilometri.

La collocazione è collinare (m 610), sul confine settentrionale del Parco Nazionale del Cilento e del Vallo di Diano, ma montagna e mare sono nella naturale prospettiva della vacanza. Il carattere distintivo dell'offerta è dato dall'entusiasmo del titolare e dalla grande varietà delle proposte di svago, ivi comprese settimane verdi e altre iniziative didattiche per i più giovani.

CAMERE SENZA SERVIZI: 1 doppia, 2 a 3 letti, con riscaldamento centralizzato; 1 bagno in comune - pernottamento per persona £ 30/40000, prima colazione £ 5/15000, pensione £ 90/95000, forfait settimanale £ 480/510000. CAMERE CON SERVIZI: 4 a più letti - pernottamento per persona £ 40/50000, prima colazione £ 5/15000, pensione £ 100/110000, forfait settimanale £ 540/600000. Deposito cauzionale £ 100000 a settimana.
Note: *le camere sono dotate di biancheria per letto e per bagno; soggiorno gratuito per bambini fino a 2 anni, da 3 a 10 anni sconto 30%.*
⚠ 4 equipaggi. 🏕 4 equipaggi.
🍴 cucina della tradizione locale (paste fresche) - vini regionali - £ 25/35000.
SERVIZI E LOCALI COMUNI: parcheggio, telefono, sala TV, sala lettura, sala convegni, giochi bimbi. SPORT E TEMPO LIBERO: corsi di cucina, visite guidate. COLTIVAZIONI: olivi, ortaggi, noci, erbe officinali, fiori. PRODOTTI IN VENDITA: olio.

Teora (AV)

m 660 ⊠ 83056

Le Masserie di Corona

contrada Civita Superiore 29, tel. 082751550, fax 0827 51550 - ettari 33 - ♿ - apertura: su prenotazione - ❦ previo accordi.

▶ Uscita Avellino Est della A16, quindi Statale 400 fino a Teora; qui giunti imboccare la Provinciale per Mozza De Sanctis, percorsi 2 km circa si incontrano le indicazioni per l'azienda.

Nel paesaggio digradante dalla collina alla valle dell'Ofanto, con il Parco Regionale dei Monti Picentini all'orizzonte, si soggiorna in una vasta fattoria convertita all'accoglienza e alla ristorazione agrituristica, con caratteristico utilizzo delle carni di agnello e dei formaggi aziendali. Per il ristorante è necessaria la prenotazione.

CAMERE CON SERVIZI: 1 singola, 5 doppie, 21 a più letti, con biancheria letto, biancheria bagno - pernottamento per persona £ 30/40000, pensione £ 90/

100000, possibilità di forfait settimanale. Deposito cauzionale 30% alla prenotazione.
CARTE DI CREDITO: Visa, Eurocard, Mastercard.
🍴 cucina del territorio (piatti della tradizione) - vini regionali - £ 25/37000.
SERVIZI E LOCALI COMUNI: parcheggio, telefono, sala TV, sala lettura, sala da gioco, taverna, spazio all'aperto per giochi bimbi. SPORT E TEMPO LIBERO: campo da tennis, gioco bocce, pallavolo, campo di calcetto, tiro con l'arco, biliardo, ping pong, maneggio; disponibilità di mountain bike, guida ai lavori agricoli, escursioni. COLTIVAZIONI: cereali, ortaggi, alberi da frutta. ALLEVAMENTI: ovini, animali di bassa corte. PRODOTTI IN VENDITA: latticini, formaggio, confetture.

Tramonti (SA)

m 141 ⊠ 84010

Mare e Monti

a Corsano, via Trugnano 3, tel. 089876665 oppure 0338 9176475 - ettari 1 - chiusura: sempre aperto - ❦

▶ Dall'uscita Angri della A3 raggiungere San Lorenzo, salire al valico di Chiunzi, quindi discendere verso Tramonti e seguire le indicazioni per Corsano.

Un nome che è un programma per il soggiorno in questa azienda (a 390 m di altitudine) dell'entroterra amalfitano. Ambiente familiare con camere spaziose e di semplicità contadina. Dietro l'angolo i luoghi della celebre Costiera; possibilità di agricampeggio.

CAMERE CON SERVIZI: 1 doppia, 1 a 3 letti, con frigorifero, riscaldamento - pernottamento per persona £ 35000, prima colazione £ 6000, pensione £ 85000.
APPARTAMENTI: 2 bilocali per 4/5 persone, con biancheria cucina, uso lavanderia, stoviglie, lavatrice, riscaldamento elettrico - affitto al giorno £ 70/90000. Deposito cauzionale 50%.
SOGGIORNO MINIMO: 3 giorni in bassa stagione.
Note: *le camere e gli appartamenti sono dotati di biancheria per letto e per bagno.*
⚠ 4 equipaggi.
🍴 riservato agli ospiti - cucina mediterranea (primi piatti) - vini di produzione propria - £ 22/32000.
SERVIZI E LOCALI COMUNI: parcheggio, sala TV, sala lettura, taverna. SPORT E TEMPO LIBERO: ping pong; guida ai lavori agricoli, visite nei dintorni. COLTIVAZIONI: olivi, viti, ortaggi, legumi, alberi da frutta, noci. ALLEVAMENTI: suini, pollame, conigli. PRODOTTI IN VENDITA: uva, noci, verdura.

A quattro passi da Palinuro

Azienda Agrituristica

"Il Forno Antico"

nel territorio del

Parco Nazionale del Cilento

San Mauro La Bruca - SALERNO
Contrada Forno
Tel. 0335 6757139, 0974 974203, Fax 02 57502144, 02 90753269
http://web.tin.it/fornoantico   http://www.ilfornoantico.it   ancusati@tin.it

"Immagina una continua distesa di monti rotta soltanto da una valle ombrosa... Ne loderesti la temperatura.
Ma che ne diresti, se vedessi i pruni portare in abbondanza corniole belle rosse e querce e lecci elargire al bestiame ghiande abbondanti e molta ombra a me padrone: si direbbe che qui ci sia Palinuro con i suoi boschi ed il suo mare. Questo luogo appartato mi è tanto caro e, lo puoi ben credere, bello....."

Così gli antichi romani

PUGLIA
GRANDE PODERE DEL SUD

*In una terra di proverbiale generosità, l'agriturista
ha solo l'imbarazzo della scelta tra i piaceri
della campagna e le lusinghe di città e centri balneari.*

È il 'tacco dello stivale', 400 chilometri di coste protese tra Ionio e Adriatico a incorniciare grandi ambiti autonomi: il Gargano, ovvero lo 'sperone' ammantato dalla Foresta Umbra e orlato da bianche falesie; al largo le isole Tremiti, disegnate tra il verde dei pini d'Aleppo e l'azzurro del mare; poi viene il Tavoliere, la più vasta e produttiva pianura dell'Italia meridionale, e le Murge, altopiano carsico povero di vegetazione; più a Sud è la pianura messapica, con il tavoliere di Lecce e la piana di Metaponto, infine le Serre Salentine, estrema punta calcarea della regione. Il territorio peninsulare, pianeggiante per una buona metà e collinoso per quasi tutto il resto, è uno dei più importanti distretti agricoli del paese ma anche uno scenario di eccezionale bellezza che alterna il verde degli oliveti al giallo dei cereali, i pascoli incolti alle geometrie di orti e vigne che scendono a lambire le spiagge. La Puglia è un immenso podere che alimenta i mercati di mezza Europa; un pascolo, che offre formaggi e carni speciali; un mercato ittico con una singolare varietà di pesci e molluschi.

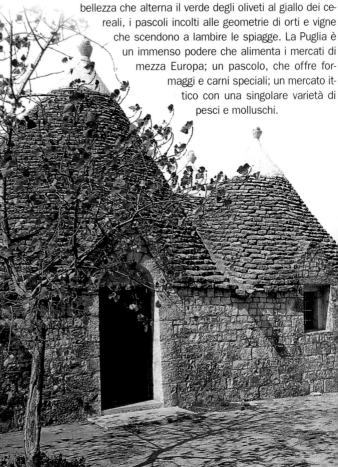

UFFICI TURISTICI

▮ BARI
piazza A. Moro 33/A,
tel. 0805242244
Barletta
corso Garibaldi 208,
palazzo San Domenico,
tel. 0883331331
Noci
piazza Plebiscito,
tel. 0804978889
Trani
piazza Trieste 10,
tel. 0883588830

▮ BRINDISI
lungomare Regina Margherita,
tel. 0831523072
Fasano
piazza Ciaia 10,
tel. 0804413086
Ostuni
corso Mazzini 6,
tel. 0831301268

▮ FOGGIA
via Senatore E. Perrone 17,
tel. 0881723650

DALLA MAGNA GRECIA AL BAROCCO

Il carattere dei pugliesi, espansivo e incline ai piaceri della vita, ben predispone all'ospitalità che è ancora considerata un dovere prima che un'attività remunerativa. Il calore dell'accoglienza è accentuato dal fatto che storicamente gran parte della popolazione contadina è concentrata in paesi di media dimensione, dove le famiglie vivono a stretto contatto le une con le altre, sempre coinvolte negli avvenimenti che interessano la comunità. In questi centri può capitare di trovare alloggio in una di quelle caratteristiche abitazioni costituite da un vano a pianterreno e dal tetto a terrazza, spesso strette attorno a una splendida cattedrale del Romanico pugliese. Accade così, per citarne solo alcune, a Bitonto e a Ruvo di Puglia, nell'entroterra, oppure a Molfetta e a Trani, sulla costa. Poi vi sono, ovviamente, i capoluoghi, a partire da Bari, storica porta verso l'Oriente, che ne ha influenzato la storia e la cultura. Lo stesso dicasi, ma con diversi accenti, per Taranto, che custodisce le memorie delle proprie origini greche in uno straordinario museo archeologico. Brindisi, terminale marittimo della romana Via Appia, serba invece testimonianze dell'epoca delle Crociate, mentre Foggia, al centro del Tavoliere, è punto di partenza per la visita di Troia, Lucera e dei Monti della Daunia. Lecce, infine, è città barocca di grande fascino, dove architettura e scultura trovano sublimazione nella calda pietra locale.

Sopra, l'olivo, primattore dell'agricoltura pugliese.

Sotto, paesaggio della valle d'Itria; i trulli, realtà tra le più arcaiche dell'architettura spontanea italiana, sono esclusivi di questa zona.

VASTI PAESAGGI, ANTICHE PRESENZE

La campagna pugliese nel panorama del Mezzogiorno italiano è una terra che offre immagini uniche. Come il solitario ottagono di Castel del Monte, che si erge a dominio della regione, enigmatico simbolo della potenza dell'imperatore Federico II. All'estremo opposto della gerarchia architettonica è invece il trullo, costruzione rurale dai richiami primitivi nella pianta circolare, con la base intonacata a contrastare le pietre annerite dai

UFFICI TURISTICI

❚ FOGGIA
Manfredonia
c/o Municipio
tel. 0884581998
Margherita di Savoia
via Cirillo 2,
tel. 0883654012
San Giovanni Rotondo
piazza Europa 104,
tel. 0882456240
Vieste
piazza Kennedy,
tel. 088478806

❚ LECCE
via V. Emanuele 24,
tel. 0832248092
Otranto
via P. Presbitero,
tel. 0836801436
Santa Cesarea Terme
via Roma 209,
tel. 0836944043

❚ TARANTO
corso Umberto 113,
tel. 0994532392
Martina Franca
piazza Roma 37,
tel. 0804805702

licheni della copertura conica. Altra immagine caratteristica della campagna pugliese è quella delle antiche masserie fortificate, erette in lontani tempi di incursioni piratesche. Al loro interno si sviluppa un piccolo universo rurale, spesso preservatosi nel tempo per il nostro stupore: qui avviene ancora il ciclo della vite e dell'olivo, dell'allevamento e della raccolta di cereali e ortaggi. Sono questi, il più delle volte, i luoghi di maggiore suggestione per un soggiorno agrituristico, vero e proprio rifugio per chi cerca tranquillità, accoglienza familiare e prodotti genuini. Il mare e le città con le loro luci sono oltre le mura per una giornata diversa.

LA NATURA OLTRE GLI OLIVI

In una regione di remote tradizioni agricole lo scenario ambientale ha subito profonde modificazioni. All'originaria copertura boschiva si sono sostituite non meno affascinanti selve di olivi e vaste estensioni sono state sottoposte all'aratro. Ciò non toglie che restino importanti ambienti naturali. Il Gargano, innanzitutto, uno dei più giovani e promettenti parchi nazionali d'Italia, con l'inaspettata frescura delle faggete e il brulichio di vita delle zone umide che ne contornano la base. Se si fa un'altra eccezione per la Riserva Naturale delle Murge Orientali, dove resistono lembi di antiche quercete, è la costa a riservare le sorprese più emozionanti al naturalista: laghi costieri e ambienti propriamente marini, ivi compreso l'arcipelago delle Tremiti, che vedono il passaggio degli uccelli migratori e lo spettacolo delle acque di scoglio che hanno fatto la recente fortuna turistica della Puglia.

ASSOCIAZIONI
DI CATEGORIA

▌AGRITURIST
Bari
Sede Regionale,
c/o Executive Center,
via G. Amendola 166/5,
tel. 0805484569

▌TERRANOSTRA
Bari
Sede Regionale,
via Dieta di Bari 36/G,
tel. 0805541724

▌TURISMO VERDE
Bari
Sede Regionale,
via Matarrese 4,
tel. 0805616025

UNA TAVOLA IMBANDITA CON RICCHEZZA E VARIETÀ

La tavola pugliese non difetta certo di materie prime. Olio d'oliva, innanzitutto, con ben cinque produzioni d'eccellenza: «Colline di Brindisi» (Dop), «Terre di Bari» (Dop), «Dauno» (Dop), «Antica Terra di Otranto» (Dop) e «Penisola Salentina» (Dop). E poi grano, anche questo a livelli da record, con un celebre figlio, il pane Pugliese, che dalle case contadine, dove ancora viene preparato di settimana in settimana, ha conquistato tutta la penisola. Viene poi il vino, erede di una tradizione che affonda le proprie radici nella civiltà greca: la Puglia è stata a lungo la 'cantina d'Europa', apprezzata per vini rossi e rosati di grande carattere; oggi la regione è presente nei ranghi d'eccellenza con ben 25 produzioni, in gran parte tratte da vitigni indigeni. Vasta anche la rassegna casearia: la apre il «Canestrato pugliese» (Dop), un formaggio a pasta dura, piuttosto piccante, tratto dal latte di pecora. Poi resta da dire solo di ortaggi e frutta, che nelle terre sciolte delle bonifiche e nel clima asciutto hanno trovato condizioni ideali per concentrare sapori: pomodori, peperoni, carciofi e insalate insieme a prugne, albicocche, pesche, ciliegie, fichi, cocomeri e mandorle. Logica conseguenza di una tale abbondanza e varietà di risorse è una tavola tra le più ricche d'Italia con piatti al tempo stesso raffinati e aggressivi, senza intingoli pesanti ma resi audaci dall'uso del peperoncino; una gastronomia sostenuta da un estro che si mantiene abilmente fra mare e campagna in un'armonia inconfondibile di profumi e sapori.

In alto a sinistra, un'avocetta, una delle più leggiadre frequentratrici delle zone umide del Parco Nazionale del Gargano.
La più importante zona protetta della regione, istituita nel 1991, ha sede a Monte Sant'Angelo (tel. 0884565579).

Qui a fianco, uno scorcio della costa del Gargano, quasi un'isola tra l'azzurro del mare e le vastità del Tavoliere.

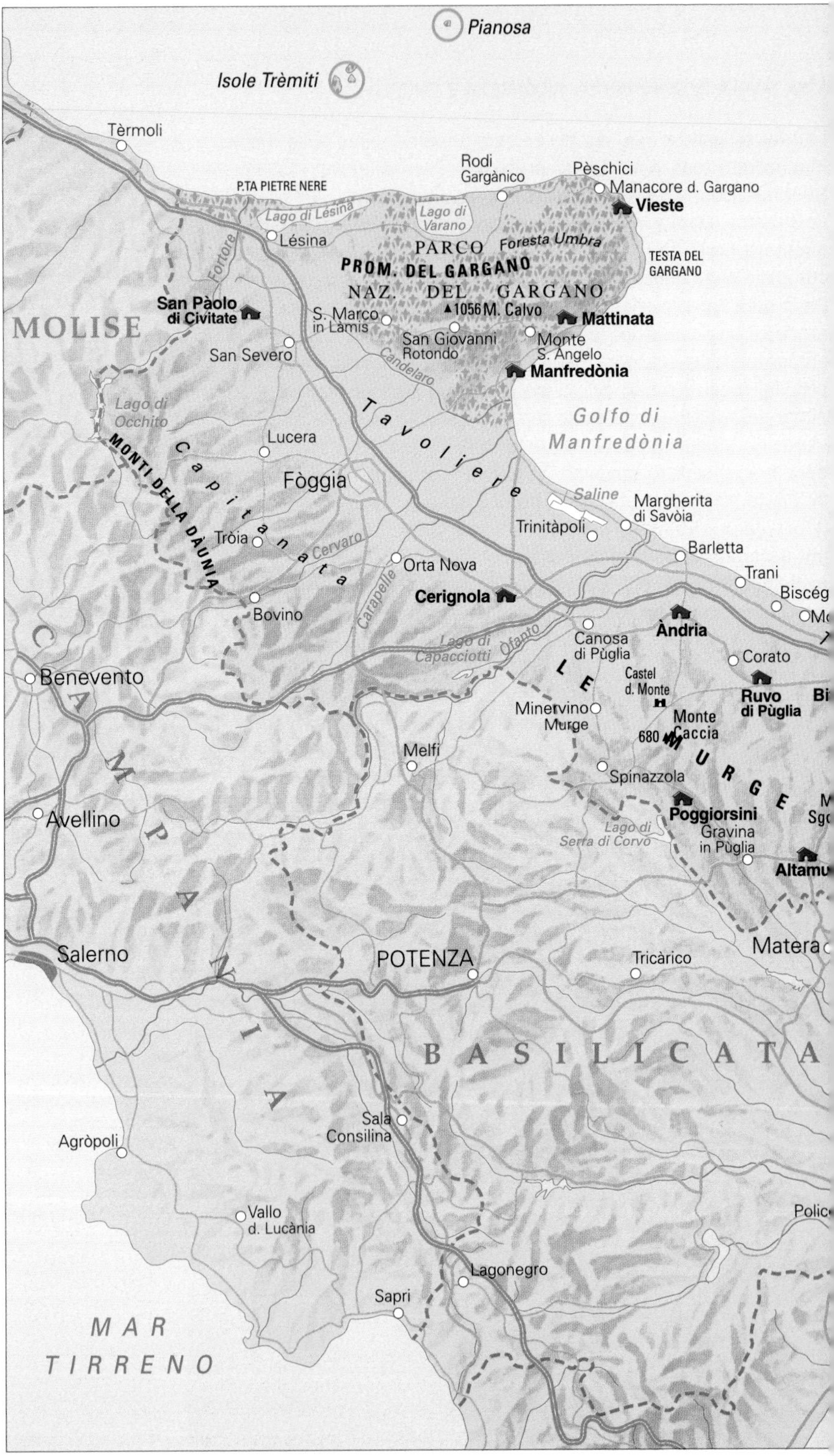

Pianosa

Isole Trèmiti

Tèrmoli

P.TA PIETRE NERE

Rodi Gargànico

Pèschici

Manacore d. Gargano

Vieste

Lago di Lésina

Lago di Varano

Lésina

Foresta Umbra

PARCO DEL GARGANO

TESTA DEL GARGANO

PROM. DEL GARGANO

San Pàolo di Civitate

NAZ. DEL GARGANO

S. Marco in Lamis

▲1056 M. Calvo

Mattinata

San Giovanni Rotondo

Monte S. Angelo

MOLISE

San Severo

Manfredònia

Golfo di Manfredònia

Lago di Occhito

Lucera

Saline

Margherita di Savòia

Fòggia

Trinitàpoli

MONTI DELLA DÀUNIA

Tròia

Orta Nova

Barletta

Trani

Bovino

Cerignola

Biscég

Mo

Benevento

Lago di Capacciotti

Canosa di Pùglia

Àndria

Corato

Ruvo di Pùglia

Bi

Castel d. Monte

Minervino Murge

680

Monte Caccia

Melfi

Spinazzola

Avellino

Lago di Serra di Corvo

Poggiorsini

Gravina in Pùglia

M Sgo

Altamu

Salerno

POTENZA

Tricàrico

Matera

BASILICATA

Agròpoli

Sala Consilina

Vallo d. Lucània

Polic

Lagonegro

Sapri

MAR TIRRENO

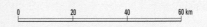

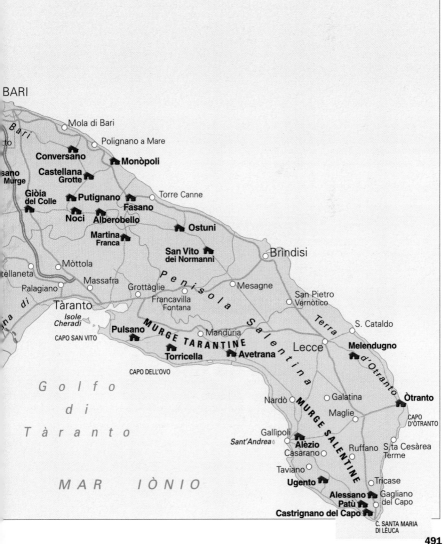

MAR ADRIÀTICO

BARI

to

Bari

Mola di Bari

Polignano a Mare

Conversano

Monòpoli

Castellana Grotte

sano Murge

Gìòia del Colle

Putignano

Torre Canne

Fasano

Noci

Alberobello

Ostuni

Martina Franca

San Vito dei Normanni

Brìndisi

tellaneta

Mòttola

P e n i s o l a

Mesagne

Palagiano

Massafra

Grottàglie

San Pietro Vernòtico

na di

Tàranto

Francavilla Fontana

Isole Cheradi

S a l e n t i n a

S. Cataldo

CAPO SAN VITO

Pulsano

Manduria

T e r r a

MURGE TARANTINE

Lecce

Melendugno

Torricella

Avetrana

d'Otranto

CAPO DELL'OVO

Nardò

Galatina

Òtranto

G o l f o

MURGE SALENTINE

Maglie

d i

CAPO D'ÒTRANTO

T à r a n t o

Gallipoli

Sant'Andrea

Alèzio

Ruffano

S.ta Cesàrea Terme

Casarano

Taviano

M A R   I Ò N I O

Ugento

Tricase

Alessano

Gagliano del Capo

Patù

Castrignano del Capo

C. SANTA MARIA DI LÉUCA

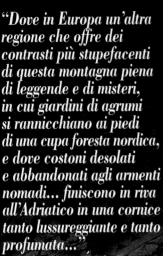

*"Dove in Europa un'altra
regione che offre dei
contrasti più stupefacenti
di questa montagna piena
di leggende e di misteri,
in cui giardini di agrumi
si rannicchiano ai piedi
di una cupa foresta nordica,
e dove costoni desolati
e abbandonati agli armenti
nomadi... finiscono in riva
all'Adriatico in una cornice
tanto lussureggiante e tanto
profumata..."*
Émile Bertaux

Parco Nazionale del
Gargano

**ENTE PARCO NAZIONALE
DEL GARGANO**
Via Sant'Antonio Abate,119
71037 Monte Sant'Angelo

Alberobello (BA)

m 428 ⊠ 70011

Abbondanza

contrada Lama Colonna 5, tel. 0804325762, fax 080 4325762 - ettari 15 - chiusura: sempre aperto - ✆

▶ Da Alberobello, a cui si perviene tramite deviazione dalla Statale 16 all'altezza di Monopoli, percorrere la direttrice verso Noci e Gioia del Colle (S.S. 604) per un paio di chilometri, poi svoltare a destra per 1,5 km.

L'azienda agrituristica si trova a pochi minuti di macchina dall'abitato, appartata tra oliveti e querce secolari. Comprende alcuni tradizionali trulli e un recente edificio adibiti all'ospitalità rurale. Ampi terrazzi panoramici sulla vallata che ricade nel territorio dell'Oasi Naturale del Barsento.

🛏 Camere con servizi: 3 doppie - pernottamento per persona £ 40000, prima colazione £ 10000, pensione £ 90000, letto aggiunto £ 25000.

⊞ Appartamenti: 1 monolocale per 2/4 persone, 1 bilocale per 4/6 persone, 1 di 3 locali per 6/8 persone, con stoviglie - affitto al giorno per persona £ 40000, pulizia finale £ 25000. Deposito cauzionale £ 100000.

Note: *le camere e gli appartamenti sono dotati di biancheria per letto e per bagno, riscaldamento.*

⑅ cucina pugliese (piatti della tradizione) - vini locali - £ 25/35000.

Servizi e locali comuni: parcheggio, telefono, sala TV, sala lettura, giochi bimbi. Sport e tempo libero: noleggio mountain bike, guida ai lavori agricoli, osservazione degli animali. Coltivazioni: olivi, ciliegi, mandorli. Allevamenti: ovini, pollame, conigli. Prodotti in vendita: uova, liquori della casa, olio extravergine d'oliva, noci, mandorle, pasta, sottoli.

Barsento Villa Curri

contrada Villa Curri 5, tel. 0804321248, fax 080 4325559 - ettari 58 - ♿ - chiusura: sempre aperto - ✆ previo accordi.

▶ 800 metri a Nord dall'abitato di Alberobello, accesso dalla circonvallazione seguendo le indicazioni per Madonna di Barsento.

Azienda di grandi dimensioni estesa su una collina dei dintorni di Alberobello. Soggiorno offerto in appartamenti moderni disposti su due piani con terrazzo panoramico e spazio per barbecue all'esterno. Spazi riservati anche all'agricampeggio.

⊞ Appartamenti: 8 di 3 locali per 4/6 persone, con biancheria letto, biancheria bagno, biancheria cucina, uso lavanderia, stoviglie, riscaldamento autonomo, telefono, televisore - affitto al giorno £ 80/160000, affitto a settimana £ 500/1100000, pulizia finale £ 50000.

Soggiorno minimo: 3 giorni.

⑅ riservato agli ospiti - cucina pugliese - vini regionali di produzione propria - £ 20/35000.

Servizi e locali comuni: parcheggio, taverna, sala giochi bimbi. Sport e tempo libero: piscina, campo da tennis, maneggio; corsi di nuoto, passeggiate a cavallo, corsi di equitazione, visite guidate. Coltivazioni: olivi, viti, ciliegi, mandorli. Allevamenti: bovini. Prodotti in vendita: vino, olio, frutta, mandorle.

Alessano (LE)

m 140 ⊠ 73031

Masseria Macurano

contrada Macurano 1, tel. 0833524287 oppure 0338 6798167 - ettari 6 - ♿ - apertura: Pasqua-ottobre - ✆

▶ Da Lecce percorrere la direttrice che conduce a Marina di Leuca; giunti ad Alessano, seguire la segnaletica che, in un chilometro, porta in azienda.

In una masseria fortificata del Cinquecento ospitalità in ambienti molto ampi, con suggestive coperture a botte o a crociera, e arredi rustici. A pochi chilometri il mare, nel punto in cui l'Adriatico incontra lo Ionio. Giardino con agrumi. Settimane verdi per ragazzi; maneggio (estate), noleggio imbarcazioni.

🛏 Camere con servizi: 4 doppie, con caminetto - pernottamento per persona £ 50/60000, mezza pensione £ 75/90000.

⊞ Appartamenti: 1 monolocale per 3 persone, con stoviglie, caminetto - affitto al giorno per persona £ 50/60000. Deposito cauzionale 30% alla prenotazione.

Soggiorno minimo: 3 giorni.

Note: *le camere e l'appartamento sono dotati di biancheria per letto e per bagno.*

⑅ cucina pugliese (paste fresche, piatti con verdure) - vini locali di produzione propria - £ 25/35000.

Servizi e locali comuni: parcheggio, sala lettura. Sport e tempo libero: guida ai lavori agricoli, osservazione degli animali, visite nei dintorni, passeggiate. Coltivazioni: olivi, cereali, ortaggi, agrumi. Prodotti in vendita: olio, sottoli, salse, marmellate.

Alèzio (LE)

m 75 ⊠ 73011

Capani

S.S. 459, tel. 0833282190 oppure 0833266179, fax 0833292569 - ettari 30 - ஃ - apertura: giugno-ottobre - ✗ grossa taglia.

▶ Da Lecce, tramite la Statale 101, si raggiunge Gallipoli poi si svolta a sinistra, sulla Statale 459, arrivando ad Alezio; superato il paese di circa 300 m sulla strada per Parabita, ingresso all'azienda.

Soggiorno agrituristico di eccezionale tranquillità in villa settecentesca e dipendenze, con ambiti ombrosi, moderne dotazioni e, tutt'intorno, una grande tenuta a olivi. Il bel mare di Gallipoli e numerosi percorsi d'arte a breve distanza danno ampio sfogo al desiderio di una giornata diversa.

⊞ APPARTAMENTI: 12 bilocali per 4 persone, 3 di ampia metratura per 6 persone, con biancheria letto, biancheria bagno - affitto a settimana £ 700/1200000, fornitura biancheria £ 15000 per persona a cambio, pulizia finale £ 50000.
SOGGIORNO MINIMO: 1 settimana.
)¶ cucina casalinga - vini locali - £ 30/50000.
SERVIZI E LOCALI COMUNI: parcheggio. COLTIVAZIONI: olivi, ortaggi. ALLEVAMENTI: ovini.

Santa Chiara

via Provinciale Parabita, tel. 0833281708 oppure 0833 281290 - ettari 8 - ஃ - chiusura: sempre aperto - ✗
▶ Partendo da Lecce dirigere verso Gallipoli percorrendo la Statale 101; poi deviazione sulla sinistra per Alezio, quindi Strada Provinciale per Parabita; seguire la segnaletica dell'azienda.

Gli ambienti sono quelli di un antico convento di Clarisse, la natura è quella del Salento, esuberante di olivi e agrumi. Il bel mare di Gallipoli, le memorie delle civiltà messapiche e gli itinerari enogastronomici allargano le prospettive del soggiorno. Settimane verdi per ragazzi.

⌕ CAMERE CON SERVIZI: 4 doppie, 2 a 3 letti - pernottamento per persona £ 40000, prima colazione £ 5000, mezza pensione £ 80000, letto aggiunto £ 15000 al giorno.
⊞ APPARTAMENTI: 1 monolocale per 2 persone, 1 bilocale per 3/4 persone, con stoviglie - affitto al giorno £ 110/140000, affitto a settimana £ 650/750000. Deposito cauzionale 30%.
SOGGIORNO MINIMO: 1 settimana.
Note: *le camere e gli appartamenti sono dotati di biancheria per letto e per bagno; soggiorno gratuito per bambini fino a 3 anni.*
)¶ cucina pugliese (prenotare) - vini locali di produzione propria - £ 40/60000.
SERVIZI E LOCALI COMUNI: parcheggio, sala lettura, parco giochi bimbi. SPORT E TEMPO LIBERO: gioco bocce, pallavolo; visite nei dintorni. COLTIVAZIONI: viti, ortaggi, alberi da frutta. PRODOTTI IN VENDITA: vino, olio, marmellate.

Altamura (BA)

m 467 ⊠ 70022

Madonna dell'Assunta

via Sardegna 1, tel. 0803103328 oppure 0803140003 - ettari 380 - chiusura: sempre aperto - 🐾

▶ Da Altamura percorrere la Statale 378 per 14 km verso Corato fino alla deviazione a destra per Ruvo di Puglia; dopo 3 km, una strada a destra di un altro chilometro conduce in azienda.

Azienda della Murgia Barese con sede nei suggestivi ambienti di un monastero del Settecento con cappella. Nel raggio di qualche decina di chilometri alcuni dei più importanti monumenti pugliesi. Settimane verdi per ragazzi in maggio e giugno.

⌕ CAMERE CON SERVIZI: 2 doppie, 2 a più letti, con biancheria letto, biancheria bagno, riscaldamento - pernottamento per persona £ 40000, pensione £ 80000, sconto 30% per bambini da 3 a 6 anni.
)¶ cucina pugliese (paste fresche) - vini locali di produzione propria - £ 30/45000.

SERVIZI E LOCALI COMUNI: parcheggio, telefono, sala TV, sala lettura, taverna, sala giochi bimbi. SPORT E TEMPO LIBERO: gioco bocce, ping pong, maneggio, ricovero cavalli; noleggio mountain bike, guida ai lavori agricoli, osservazione degli animali, corsi di cucina, passeggiate a cavallo, corsi di equitazione. COLTIVAZIONI: seminativi, ortaggi, alberi da frutta. ALLEVAMENTO: bovini, ovini, suini, caprini, equini, pollame, conigli. PRODOTTI IN VENDITA: uova, latte, formaggio, miele.

Àndria (BA)

m 151 ⊠ 70031

Iacoviello Antonino

contrada Lamacaminata, tel. 0330355354 - ettari 47 - chiusura: sempre aperto - ❧ previo accordi.

▶ Casello locale della A14, quindi Andria città da cui si esce prendendo la Statale 98 per Canosa; dopo 14 km circa, deviare a sinistra per Montegrosso e superare la località di altri 4 km.

Nella Murgia nord-occidentale, in posizione ventilata dalla brezza marina con vista su Castel del Monte e sul Gargano. Edificio rustico in pietra di recente ristrutturazione, con camere situate al piano terreno, ampie e autonome. Previo accordi, si organizzano settimane verdi per ragazzi (scolaresche).

🔑 CAMERE CON SERVIZI: 3 a 3 letti, con biancheria letto, biancheria bagno, riscaldamento - pernottamento per persona £ 30/40000, pensione £ 90/110000.
🍴 cucina pugliese (primi piatti) - vini locali di produzione propria - £ 30/35000.
SERVIZI E LOCALI COMUNI: parcheggio, sala TV, parco giochi bimbi. SPORT E TEMPO LIBERO: gioco bocce, maneggio; noleggio biciclette, corsi di equitazione, escursioni a cavallo. COLTIVAZIONI: olivi, viti, cereali, ortaggi. ALLEVAMENTI: ovini, cavalli, pollame. PRODOTTI IN VENDITA: vino, frutta, verdura, formaggio.

Avetrana (TA)

m 62 ⊠ 74020

Bosco di Mudonato

contrada Bosco Mudonato, tel. 0999704597, fax 099 9704597 - ettari 40 - chiusura: sempre aperto - ❧ previo accordi.

▶ Avetrana si trova sulla Statale 174 che, da Manduria, conduce a Nardò; per arrivare in azienda, partire dalla stazione Carabinieri di Avetrana e dirigere su Salice Salentino: dopo 3 km deviare a destra seguendo la segnaletica dell'agriturismo.

Archi, candide pareti e gli ariosi volumi dell'architettura mediterranea caratterizzano questa residenza immersa nel verde di un quercetto. Una torre di avvistamento ricorda che lo Ionio non è lontano ed evoca i piaceri di una parentesi balneare. Settimane verdi per ragazzi.

🔑 CAMERE CON SERVIZI: 7 doppie, 3 a 3/4 letti, con biancheria letto, biancheria bagno, frigorifero, riscaldamento centralizzato, climatizzazione, televisore, caminetto - pernottamento per persona £ 75/85000, prima colazione £ 7/10000, mezza pensione £ 95/120000, sconto 20% per lunghi soggiorni. Deposito cauzionale 50% alla prenotazione.
SOGGIORNO MINIMO: 3/7 giorni secondo stagione.
🚐 3 equipaggi.
🍴 riservato agli ospiti - cucina pugliese (orecchiette, purè di fave) - vini locali - £ 35/50000.
SERVIZI E LOCALI COMUNI: parcheggio, telefono, sala TV, sala lettura. SPORT E TEMPO LIBERO: piscina, ping pong; disponibilità di biciclette, guida ai lavori agricoli, visite nei dintorni, passeggiate. COLTIVAZIONI: olivi. PRODOTTI IN VENDITA: vino, olio, formaggio, marmellate, miele.

Bitonto (BA)

m 118 ⊠ 70032

Donna Giselda

a Mariotto, contrada Donna Giselda, tel. 0803736443 - ettari 20 - ♿ - chiusura: sempre aperto - ❧
▶ Fra i vari percorsi possibili, oltre a quello immediato da Bitonto: dall'uscita autostradale di Molfetta, procedere in direzione Sud con attraversamento di Terlizzi e arrivo a Mariotto.

Nella Murgia bassa, prossima alla medievale Bitonto, questo agriturismo sfrutta gli spazi rispettosamente restaurati di uno stabilimento vinicolo risalente ai primi anni del Novecento. Zona panoramica con vista notturna animata dai fari della costa. Settimane verdi per ragazzi in luglio e agosto.

🔑 CAMERE CON SERVIZI: 8 doppie, con biancheria letto, biancheria bagno, uso lavanderia - pernottamento per persona £ 40/50000, prima colazione £ 5/10000, pensione £ 80/85000, possibilità di forfait settimanale e di riduzioni per lunghi soggiorni. Deposito cauzionale da concordare alla prenotazione.
⛺ 10 equipaggi 🚐 10 equipaggi.
🍴 cucina casalinga (prenotare) - vini locali di produzione propria - £ 25/30000.
SERVIZI E LOCALI COMUNI: parcheggio, telefono, sala TV, sala lettura, taverna. SPORT E TEMPO LIBERO: piscina, campo da tennis, gioco bocce, campo di calcetto, percorso vita; guida ai lavori agricoli. COLTIVAZIONI: olivi, viti, ortaggi, alberi da frutta, funghi. ALLEVAMENTI: pollame, germani reali, api. PRODOTTI IN VENDITA: conserve.

Cassano delle Murge (BA)

m 341 ⊠ 70020

Amicizia

via Cristo Fasano 162, tel. 080763393, fax 080 763393 - ettari 40 - chiusura: sempre aperto - ❧ previo accordi.

▶ Dall'uscita Acquaviva delle Fonti della A14, raggiungere Cassano della Murge, poi piegare sulla sinistra per Matera; dopo circa 3 km indicazione e deviazione a sinistra per l'azienda.

Antica masseria della Murgia Barese, in una campagna punteggiata da vaste zone a querce e pini (a 3 km la famosa foresta di Mercadante) e coltivazioni biologiche. Camere indipendenti e ristoro nella casa padronale. Spazi per agricampeggio. Settimane verdi per ragazzi.

🏠 CAMERE CON SERVIZI: 2 singole, 10 doppie, con biancheria letto, biancheria bagno, riscaldamento autonomo, telefono, televisore - pernottamento per persona £ 35/50000, prima colazione £ 4000, pensione £ 70/90000. Deposito cauzionale da concordare. CARTE DI CREDITO: Visa, Bancomat.
🍴 cucina del territorio (arrosti misti) - vini regionali - £ 35/42000.
SERVIZI E LOCALI COMUNI: parcheggio, telefono, sala TV, parco giochi bimbi. SPORT E TEMPO LIBERO: maneggio; noleggio mountain bike, guida ai lavori agricoli, passeggiate a cavallo, corsi di equitazione, visite guidate. COLTIVAZIONI: olivi, ortaggi, alberi da frutta, mandorli, pascolo. ALLEVAMENTI: bovini, ovini, suini, cavalli, pollame. PRODOTTI IN VENDITA: olio d'oliva, formaggio.

Masseria Ruòtolo

contrada Ruòtolo, via Lago di Nuzzi, tel. 080764511 oppure 0368951739, fax 080764511 - ettari 80 - chiusura: sempre aperto - ❧ previo accordi.

▶ Lasciare la A14 allo svincolo di Acquaviva delle Fonti e proseguire per Cassano delle Murge; in paese, da via Matteotti, continuare per la strada del vecchio campo sportivo. L'azienda è segnalata da cartelli di colore marrone e si trova a 2,5 km dall'abitato.

Nella suggestiva cornice delle Murge, tra oliveti e macchia spontanea, si soggiorna nei grandi ambienti di questa masseria ottocentesca dedita a coltivazioni biologiche. Il mare è a soli 20 km e l'entroterra riserva grandi emozioni d'arte e natura. Settimane verdi per ragazzi (equitazione) da giugno a settembre.

🏠 CAMERE CON SERVIZI: 1 singola, 2 doppie, 3 a più letti, con riscaldamento centralizzato - pernottamento per persona £ 50/70000, mezza pensione £ 80/90000.
🏢 APPARTAMENTI: 1 di 3 locali per 4/5 persone, con lavatrice, riscaldamento autonomo - affitto al giorno per persona £ 50/70000. Deposito cauzionale 50% alla prenotazione.
CARTE DI CREDITO: CartaSi, Diner's Club.
Note: *le camere e l'appartamento sono dotati di biancheria per letto e per bagno; riduzioni per lunghi soggiorni, per gruppi e per bambini.*
🚐 5 equipaggi.
🍴 cucina pugliese (paste fresche, piatti ai funghi) - vini locali - £ 30/45000.
SERVIZI E LOCALI COMUNI: parcheggio, telefono, sala TV, parco giochi bimbi. SPORT E TEMPO LIBERO: gioco bocce, tiro con l'arco, ping pong, maneggio, ricovero cavalli; percorsi per mountain bike, guida ai lavori agricoli, passeggiate a cavallo, visite nei dintorni, passeggiate naturalistiche guidate. COLTIVAZIONI: olivi, alberi da frutta, mandorli, foraggio. ALLEVAMENTI: cavalli, conigli, animali di bassa corte, colombi, fagiani, pavoni, daini, mufloni. PRODOTTI IN VENDITA: sottoli, marmellate, succhi di frutta.

Castellana-Grotte (BA)

m 290 ⊠ 70013

Serragambetta

via Conversano 204, tel. 0804962181 oppure 080 4965487, fax 0804962181 - ettari 12 - chiusura: sempre aperto - ✂ salvo accordi.

▶ L'azienda si trova 3 km a Nord di Castellana, al margine della direttrice per Conversano.

Sul primo gradino delle Murge sud-orientali, a 15 km dal mare di Monopoli, si soggiorna in un complesso di fine Ottocento. All'ampia corte si affacciano la villa e i rustici dello stabilimento vinicolo, dai quali sono stati ricavati con mano felicissima gli alloggi. Prodotti coltivati secondo i dettami dell'agricoltura biologica.

🏠 CAMERE CON SERVIZI: 3 doppie - pernottamento per persona £ 50/55000, prima colazione £ 5000, mezza pensione £ 80/85000.
🏢 APPARTAMENTI: 3 monolocali per 2/4 persone, 2 di 3/4 locali per 5/6 persone, con stoviglie, caminetto - affitto al giorno £ 100/250000, biancheria £ 10000 per persona, pulizia finale £ 30000 a camera, legna per caminetto £ 15000 al giorno. Deposito cauzionale 30%. SOGGIORNO MINIMO: 3/4 giorni (appartamenti).

Note: *le camere e gli appartamenti sono dotati di biancheria per letto e per bagno; per soggiorni in appartamento a pensione o mezza pensione non vengono esposti i supplementi per biancheria e pulizia finale.*

)¶ cucina pugliese (prenotare) - vini locali di produzione propria - £ 30/40000.

SERVIZI E LOCALI COMUNI: parcheggio, telefono, sala lettura. SPORT E TEMPO LIBERO: disponibilità di biciclette, guida ai lavori agricoli, corsi di cucina, visite nei dintorni, visita a botteghe artigiane. COLTIVAZIONI: olivi, ortaggi, alberi da frutta, mandorli. PRODOTTI IN VENDITA: olio extravergine d'oliva, frutta, verdura, confetture.

Castrignano del Capo (LE)

m 121 ⊠ 73040

Serine

contrada Serine, tel. 0833751337 oppure 0833 750203, fax 0833753521 - ettari 19 - chiusura: sempre aperto - ♣

▶ Da Lecce a Gallipoli, poi Statale 274 per Santa Maria di Leuca fino al secondo svincolo per Castrignano del Capo; l'azienda si trova 2 km a Sud di Castrignano ed è ben segnalata con cartelli stradali.

Si soggiorna in una caratteristica architettura rurale del Salento, a soli 2 km da Santa Maria di Leuca, dove Adriatico e Ionio si incontrano per dar vita a un mare di favola. La campagna offre gran dovizia di prodotti che esaltano le doti della cucina aziendale. Settimane verdi per ragazzi, tranne in luglio e agosto.

⊞ APPARTAMENTI: 4 bilocali per 3/5 persone, con biancheria letto, biancheria bagno, stoviglie, riscaldamento centralizzato, telefono, televisore - affitto al giorno per persona £ 40/90000. Deposito cauzionale da concordare alla prenotazione.
SOGGIORNO MINIMO: 3 giorni.
Note: *supplemento per uso cucina £ 5000 al giorno, possibilità di soggiorno anche a pensione £ 80/90000; si accettano le principali carte di credito.*
)¶ cucina del territorio (paste fresche) - vini locali - £ 35000.
SERVIZI E LOCALI COMUNI: parcheggio, telefono, sala TV. SPORT E TEMPO LIBERO: guida ai lavori agricoli, visite nei dintorni. COLTIVAZIONI: olivi, ortaggi, alberi da frutta. PRODOTTI IN VENDITA: liquori della casa, olio, capperi, olive, salse, conserve, marmellate.

Cerignola (FG)

m 120 ⊠ 71042

San Lorenzo

località Torre Quarto, tel. 0885418436 oppure 0885 418488, fax 0885418436 - ettari 30 - chiusura: gennaio - ♣ previo accordi.

▶ Cerignola è in posizione invidiabile rispetto agli svincoli autostradali: 7 km sia dalla A14 che dalla A16; l'azienda è a 3,5 km dal centro urbano, su strada a lato della direttrice per Trinitapoli.

Negli annessi alla villa padronale, in origine casino di caccia, quattro appartamenti indipendenti di sobria funzionalità. Sul mare, a pochi chilometri, le spiagge di Margherita di Savoia e le saline, importante santuario naturale che vanta la presenza di decine di rare specie alate.

⊞ APPARTAMENTI: 3 monolocali per 2/4 persone, 1 bilocale per 4/6 persone, con biancheria letto, biancheria cucina, stoviglie - affitto al giorno £ 150000.
SOGGIORNO MINIMO: 3 giorni. CARTE DI CREDITO: Diner's Club, Visa, Bancomat.
)¶ cucina pugliese (primi piatti) - vini di produzione propria - £ 35/50000.
SERVIZI E LOCALI COMUNI: parcheggio, telefono. SPORT E TEMPO LIBERO: piscina, ping pong; disponibilità di mountain bike, guida ai lavori agricoli, visite guidate. COLTIVAZIONI: olivi, viti, grano. PRODOTTI IN VENDITA: vino, olio.

Conversano (BA)

m 219 ⊠ 70014

Masseria del Pino

contrada Campanella, tel. 0804955415, fax 080 4951949 - ettari 9 - chiusura: sempre aperto - ♣
▶ Accesso a Conversano da Bari o, più a Sud, dalla Statale 16 con deviazione dopo Mola di Bari; arrivati a Conversano, proseguire per 3 km sulla Provinciale per Polignano a Mare.

Lo scenario ambientale è quello di un altopiano della Murgia bassa, a dominio dell'Adriatico. Si soggiorna in una masseria del Settecento, a tre chilometri dal bel nucleo medievale dell'abitato e a sei chilometri dalle spiagge di Polignano.

Puglia

Camere senza servizi: 1 singola, 2 doppie; 1 bagno in comune - pernottamento per persona £ 30000, pensione £ 75000. Camere con servizi: 1 doppia - pernottamento per persona £ 30000, pensione £ 75000. Deposito cauzionale £ 100000.
Carte di credito: Visa.
Note: *le camere sono dotate di biancheria per letto e per bagno, riscaldamento elettrico.*
)î(cucina pugliese - vini locali - £ 25/40000.
Servizi e locali comuni: parcheggio, telefono, parco giochi bimbi. Sport e tempo libero: visite nei dintorni. Coltivazioni: olivi, ortaggi. Prodotti in vendita: verdura.

Fasano (BR)

m 118 ⊠ 72015

Masseria Marzalossa

contrada Pezze Vicine 65, tel. 0804413780 oppure 0808926917, fax 0804413780 - ettari 20 - apertura: aprile-settembre - ✂

▶ Giunti a Fasano, tramite la direttrice Bari-Brindisi, immettersi sulla Statale 16 per Ostuni; percorsi un paio di chilometri si incontra, sulla destra, la deviazione che conduce in azienda.

Antichi muri in pietra, il giardino di aranci, il grande pergolato... il restauro esemplare di questa grande masseria risalente al Seicento consente agli amanti della tranquillità e dei sapori genuini di passare una vacanza di rara intensità, nel cuore della Puglia delle grotte e dei trulli.

Camere con servizi: 3 doppie, 3 a 3/4 letti, con frigorifero - pernottamento per persona £ 130/140000, mezza pensione £ 150/170000, supplemento per camera singola £ 50000, sconto 20% per letto aggiunto e per lunghi soggiorni.
⊞ Appartamenti: 1 di più locali - affitto al giorno per persona £ 170/200000. Deposito cauzionale 30%.
Soggiorno minimo: 3/7 giorni secondo stagione. Carte di credito: Visa, Eurocard, Mastercard.
Note: *le camere e l'appartamento sono dotati di biancheria per letto e per bagno, riscaldamento centralizzato.*
)î(riservato agli ospiti - cucina pugliese (paste fresche) - vini locali - £ 50000.
Servizi e locali comuni: telefono, sala TV, taverna. Sport e tempo libero: piscina; noleggio biciclette, visite nei dintorni. Coltivazioni: olivi, ortaggi, alberi da frutta, mandorli, agrumi. Prodotti in vendita: liquori della casa, olio, sottoli, marmellate.

Ottava Piccola

a Montalbano (Cap 72016), tel. 0804810902, fax 080 5654385 - ettari 7,5 - chiusura: sempre aperto - ✎
▶ Accesso dalla direttrice Bari-Brindisi, in particolare dalla Statale 379, due chilometri oltre Torre Canne: imboccare la deviazione a destra per Montalbano e seguire la segnaletica dell'azienda.

La brezza scompiglia le fronde di olivi secolari e porta agli ospiti un piacevole sentore di mare. La bianca Ostuni, che dista una dozzina di chilometri, promette distrazioni mondane, ma la vera attrattiva del luogo sono la pace che regna nell'antica masseria e la genuinità dei suoi prodotti. Disponibilità di una barca attrezzata per la pesca.

Camere con servizi: 2 doppie - pernottamento per persona £ 40/45000, prima colazione £ 5000, pensione £ 80/95000.
⊞ Appartamenti: 1 bilocale per 4 persone, 1 di 3 locali per 4 persone - affitto al giorno per persona £ 40/45000. Deposito cauzionale 30% alla prenotazione.
Soggiorno minimo: week end.
Note: *le camere e gli appartamenti sono dotati di biancheria per letto e per bagno, uso lavanderia e riscaldamento a gas; pulizia finale £ 50000.*
)î(cucina del territorio - vini regionali - £ 40000.

Servizi e locali comuni: parcheggio, telefono, sala lettura, parco giochi bimbi. Sport e tempo libero: maneggio; disponibilità di biciclette, guida ai lavori agricoli, raccolta funghi, corsi di cucina, pesca, corsi di equitazione, escursioni. Coltivazioni: olivi, ortaggi, mandorli, fiori. Allevamenti: animali di bassa corte. Prodotti in vendita: liquori artigianali, formaggio, sottoli.

Gioìa del Colle (BA)

m 360 ⊠ 70023

La Masseria

via Corvello 5634, tel. 0803499246 - ettari 25 - chiusura: sempre aperto - ❧ previo accordi.

▶ Superstrada proveniente da Bari oppure uscita locale della A14 per arrivare a Gioia del Colle, da cui si prende la direttrice per Matera; dopo 3 km, imboccare il bivio con via Corvello e seguire la segnaletica per l'azienda.

Azienda di medie dimensioni, in una zona pianeggiante a spiccata vocazione agricola della Murgia sud-orientale, con oliveti e macchie di querce. Camere ristrutturate poste al primo piano dell'edificio. Settimane verdi per ragazzi. Coltivazioni biologiche.

🖎 Camere senza servizi: 1 doppia, 1 a 3 letti; 1 bagno in comune - pernottamento per persona £ 25000, prima colazione £ 5000, pensione £ 65/70000. Camere con servizi: 2 doppie - pernottamento per persona £ 30000, prima colazione £ 5000, pensione £ 70/75000. Deposito cauzionale 30% alla prenotazione.

Soggiorno minimo: week end.

Note: *le camere sono dotate di biancheria per letto e per bagno, riscaldamento autonomo.*

⚠ 6 equipaggi.

)|¶ cucina casalinga (prenotare) - vini locali di produzione propria - £ 30/40000.

Servizi e locali comuni: parcheggio, sala TV, parco giochi bimbi. Sport e tempo libero: tiro con l'arco; noleggio biciclette, guida ai lavori agricoli, corsi di cucina, escursioni. Coltivazioni: olivi, viti, cereali, foraggio. Allevamenti: bovini, ovini, suini, caprini, animali di bassa corte. Prodotti in vendita: uova, vino, liquori della casa, olio extravergine d'oliva, latticini, marmellate.

Manfredònia (FG)

m 5 ⊠ 71043

Posta del Falco

contrada San Leonardo, S.S. 89 al km 174,8, tel. 0884 543973 oppure 03683980884 - ettari 60 - ♿ - chiusura: sempre aperto - ❧

▶ L'azienda si trova a una decina di chilometri da Manfredonia, al margine opposto a quello dell'Abbazia di San Leonardo, lungo la Statale 89 che porta all'entrata autostradale di Foggia.

Un'antica posta doganale sugli itinerari della transumanza, oggi al centro di una vasta tenuta zootecnica. Tutti gli alloggi sono al pianterreno. Nelle vicinanze il Parco Naturale della Daunia-Risi con la sua oasi di ripopolamento e le paludi Sipontine; area attrezzata per soste di pellegrini in transito per San Giovanni Rotondo.

⊞ Appartamenti: 4 bilocali per 4 persone, con biancheria letto, uso lavanderia, stoviglie, lavastoviglie, riscaldamento a legna - affitto al giorno per persona £ 18000. Deposito cauzionale 20% alla prenotazione.

Soggiorno minimo: week end.

🏕 10 equipaggi.

)|¶ cucina del Gargano - vini locali - £ 28/40000.

Servizi e locali comuni: parcheggio, telefono, sala TV, sala lettura. Sport e tempo libero: piscina, biliardo, maneggio, ricovero cavalli; visite nei dintorni, trekking a piedi e a cavallo. Coltivazioni: olivi, cereali. Allevamenti: pollame.

Martina Franca (TA)

m 431 ⊠ 74015

Il Vignaletto

via Minco di Tata 1 zona F, tel. 0804490354 oppure 0335487959, fax 0804490387 - ettari 15 - ♿ - chiusura: sempre aperto - ❧

▶ Lasciare Martina Franca per via Massafra; superato il passaggio a livello, prendere la seconda strada a sinistra che porta a Crispiano e, seguendo la segnaletica dell'azienda, alla masseria Il Vignaletto; in tutto, sono 5 km dalla cittadina.

A 20 km dal mare, con l'imbarazzo di scegliere tra Ionio e Adriatico. Siamo in una candida masseria circondata da 200 ettari di bosco dove si alleva e si coltiva con metodo biologico. Escursioni a piedi, a cavallo o in carrozza nella valle dei trulli. Settimane verdi per ragazzi a condizioni da concordare.

to al giorno £ 50/90000, affitto a settimana £ 300/ 600000, supplemento per pulizia finale £ 50000. Deposito cauzionale £ 100000 alla prenotazione. SOGGIORNO MINIMO: week end.

🚐 10 equipaggi.

)∦ cucina casalinga (piatti della tradizione) - vini locali di produzione propria - £ 25/40000.

SERVIZI E LOCALI COMUNI: parcheggio, sala lettura. SPORT E TEMPO LIBERO: gioco bocce, campo di calcetto, ping pong; visite nei dintorni. COLTIVAZIONI: olivi, viti, ortaggi, agrumi. PRODOTTI IN VENDITA: vino, olio, frutta.

⊞ APPARTAMENTI: 3 di piccole dimensioni con biancheria letto, biancheria bagno, biancheria cucina, stoviglie, caminetto - affitto al giorno per persona £ 60000, pensione £ 110000. Deposito cauzionale 30%.

CARTE DI CREDITO: CartaSi.

)∦ riservato agli ospiti - cucina pugliese (piatti della tradizione) - vini di produzione propria - £ 30/40000.

SERVIZI E LOCALI COMUNI: parcheggio, telefono, sala TV, sala lettura, taverna. SPORT E TEMPO LIBERO: piscina, gioco bocce, tiro con l'arco, ping pong, maneggio, ricovero cavalli; disponibilità di biciclette, massaggi, passeggiate a cavallo, visite guidate. COLTIVAZIONI: grano, ortaggi, alberi da frutta, foraggio. ALLEVAMENTI: bovini, suini, cavalli, pollame. PRODOTTI IN VENDITA: uova, frutta, verdura, pasta, farina, pane di casa.

Masseria Frascarosa

contrada Frascarosa, via San Cataldo Zona M21, tel. 0804801661 - ettari 20 - chiusura: sempre aperto - ✆ previo accordi.

▶ Partendo da Martina Franca, imboccare la direttrice, verso Nord-Est, che conduce a Cisternino; l'azienda si incontra dopo circa 3 km di percorso.

Al centro della valle d'Itria, irripetibile ospitalità in trulli ristrutturati. I dintorni, che alternano i coltivi a macchie di vegetazione spontanea, sono splendidi e comprendono le otto stazioni che formano la Riserva Naturale delle Murge Orientali.

⊞ APPARTAMENTI: 1 monolocale per 2/3 persone, 1 bilocale per 3 persone, 1 trullo e 2 ville per 4/6 persone, con biancheria letto, biancheria bagno, stoviglie - affit-

Mattinata (FG)

m 75 ✉ 71030

Giorgio

contrada Giorgio, tel. 0884551477 oppure 0360 996117, fax 0884551477 - ettari 15 - chiusura: sempre aperto - ✆

▶ Da Manfredonia direttrice per Vieste; dopo lo spartitraffico all'entrata dell'abitato di Mattinata, si incontra sulla sinistra l'ingresso in azienda.

L'azienda, che si distingue nella produzione di olio di oliva, ha una consolidata esperienza in campo agrituristico e basa la propria fama tanto sulla bellezza dei luoghi, a ridosso del mare garganico, quanto sulla bontà dei prodotti offerti agli ospiti.

🛏 CAMERE CON SERVIZI: 8 doppie, con uso cucina - pernottamento per persona £ 30/40000, prima colazione £ 5000, mezza pensione £ 70/80000.

⊞ APPARTAMENTI: 8 monolocali per 2/3 persone, 8 bilocali per 4 persone, 9 di 3 locali per 5/6 persone, con stoviglie - affitto al giorno £ 80/120000. Deposito cauzionale 30%.

Note: *le camere e gli appartamenti sono dotati di biancheria per letto e per bagno, riscaldamento centralizzato e uso lavanderia; biancheria £ 5000 per persona.*

)|(cucina casalinga - vini locali di produzione propria - £ 30/35000.

SERVIZI E LOCALI COMUNI: parcheggio, telefono, sala TV, sala lettura. SPORT E TEMPO LIBERO: gioco bocce, ping pong. COLTIVAZIONI: olivi, ortaggi, mandorli. ALLEVAMENTI: ovini, caprini, animali di bassa corte. PRODOTTI IN VENDITA: olio extravergine d'oliva, mandorle, olive.

Monte Sacro

contrada Stinco, tel. 0884558941, fax 0884559831 - ettari 65 - chiusura: metà gennaio-metà febbraio - ✿

▶ Da Mattinata imboccare la Statale (interna) per Vieste; dopo 3 km, girare a sinistra in direzione di Stinco e proseguire per altri 6 km.

L'azienda, collinare, gode di una vista eccezionale sui rilievi del Gargano e sul mare. L'atmosfera, anche per la vicinanza dell'abbazia benedettina di Monte Sacro, sembra sospesa nel tempo. Possibilità di soggiorno in bungalow. In bassa stagione, settimane verdi per ragazzi.

🛏 CAMERE CON SERVIZI: 5 doppie, 1 a più letti - pernottamento per persona £ 35/60000, pensione £ 70/100000, supplemento 30% per camera doppia uso singola, sconto 30% per bambini fino a 6 anni.

⊞ APPARTAMENTI: 4 monolocali per 2 persone, 10 bilocali per 4/6 persone, con stoviglie, riscaldamento centralizzato, televisore - affitto a settimana £ 380/1300000. Deposito cauzionale £ 100000.

SOGGIORNO MINIMO: 1 settimana. CARTE DI CREDITO: CartaSi, American Express, Diner's Club.

Note: *le camere e gli appartamenti sono dotati di biancheria per letto e per bagno.*

🚐 10 equipaggi.

)|(cucina pugliese (grigliate, piatti con verdure) - vini locali di produzione propria - £ 25/30000.

SERVIZI E LOCALI COMUNI: parcheggio, telefono, bar, sala TV, sala lettura. SPORT E TEMPO LIBERO: gioco bocce, ping pong; osservazione degli animali, passeggiate a cavallo, visite nei dintorni. COLTIVAZIONI: ortaggi, alberi da frutta. ALLEVAMENTI: bovini, ovini, pollame, struzzi, bufali, cinghiali. PRODOTTI IN VENDITA: liquori della casa, formaggio, sottoli, confetture, miele.

Melendugno (LE)

m 36 ⊠ 73026

Masseria Malepezza

a Borgagne (Cap 73020), tel. 0832811402 - ettari 10 - apertura: giugno-settembre - ✗ salvo accordi.

▶ Da Melendugno raggiungere Borgagne - entrambe sulla direttrice proveniente da Lecce - e, da qui, proseguire sulla strada per il mare; dopo 2,5 km si arriva in azienda seguendone la segnaletica.

Circondata dal verde della campagna salentina, a 2 km dal mare, questa azienda offre appartamenti con terrazza e veranda attrezzata, camere e anche due bungalow. Gli ospiti possono servirsi liberamente dei prodotti dell'orto. Ampi spazi per l'agricampeggio.

🛏 CAMERE CON SERVIZI: 3 doppie, 2 a 3/4 letti - pernottamento per persona £ 30/40000, mezza pensione £ 50/55000.

⊞ APPARTAMENTI: 3 di 3 locali per 4/6 persone, con stoviglie - affitto al giorno per persona £ 25/35000, fornitura biancheria solo per soggiorni di breve durata.

SOGGIORNO MINIMO: 2 notti.

)|(cucina casalinga - vini locali di produzione propria - £ 15/30000.

SERVIZI E LOCALI COMUNI: parcheggio, telefono, parco giochi bimbi. SPORT E TEMPO LIBERO: gioco bocce; passeggiate. COLTIVAZIONI: olivi, viti, cereali, ortaggi, alberi da frutta. PRODOTTI IN VENDITA: vino, olio, verdura, conserve.

Monòpoli (BA)

m 9 ⊠ 70043

Curatori

contrada Cristo delle Zolle 227, tel. 080777472 - ettari 15 - ♿ - chiusura: sempre aperto - ✗

▶ Seguire la Statale 16 fino a Monopoli e imboccare lo svincolo Monopoli-San Francesco da Paola: l'azienda si trova 1 km a Sud-Ovest della città.

Un tocco di rosa nella campagna della medievale cittadina adriatica. È quello di questa masseria settecentesca in posizione panoramica a 1 km dall'abitato e dal mare e a 3 km dalla collina. Attraversando un agrumeto si accede agli appartamenti ricavati da un vecchio rustico. Settimane verdi per ragazzi con accompagnatore.

🛏 CAMERE CON SERVIZI: 2 doppie - pernottamento per persona £ 35/40000, prima colazione £ 5000, pensione £ 85000.

⊞ APPARTAMENTI: 2 monolocali per 2 persone, 2 bilocali per 4 persone, 1 di 4 locali per 6 persone, con biancheria cucina, stoviglie - affitto al giorno £ 120/140000. Deposito cauzionale da concordare.

Note: *le camere e gli appartamenti sono dotati di biancheria per letto e per bagno, riscaldamento a gas.*

)|(cucina pugliese (prenotare) - vini locali di produzione propria - £ 30/45000.

SERVIZI E LOCALI COMUNI: parcheggio, telefono, sala TV. SPORT E TEMPO LIBERO: tiro con l'arco, ping pong; guida ai lavori agricoli, osservazione degli animali, visite nei dintorni, passeggiate, escursioni a cavallo. COLTIVAZIONI: olivi, ortaggi, mandorli, agrumi. ALLEVAMENTI: bovini, suini, equini, pollame, conigli. PRODOTTI IN VENDITA: olio, frutta, mandorle, verdura, olive, latte, latticini.

Padre Sergio

contrada Padre Sergio 566, tel. 080803551 - ettari 21 - ♿ - chiusura: sempre aperto - ☜
▶ Percorrere la Statale 16 in direzione di Brindisi fino alla terza uscita per Monopoli; da qui, dirigersi verso Castellana Grotte per 6,5 km, poi svoltare a destra e proseguire per altri 700 m.

Da una parte l'Adriatico e la città dal bel nucleo medievale, dall'altra le prime ondulazioni delle Murge e gli aromi della macchia mediterranea (corso di erboristeria in azienda). Ampi spazi tra i coltivi sono riservati al campeggio libero.

🛏 CAMERE CON SERVIZI: 3 doppie, con biancheria letto, riscaldamento elettrico - pensione £ 60/80000.
🍴 cucina pugliese (orecchiette con cime di rapa) - vini locali - £ 30000.

SERVIZI E LOCALI COMUNI: parcheggio. SPORT E TEMPO LIBERO: tiro con l'arco, ping pong, maneggio, ricovero cavalli; guida ai lavori agricoli, osservazione degli animali, corsi di equitazione, visite nei dintorni. COLTIVAZIONI: olivi, ortaggi, ciliegi, mandorli. ALLEVAMENTI: caprini, cavalli, pollame. PRODOTTI IN VENDITA: olio, mandorle, patate.

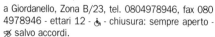
Noci (BA)

m 420 ✉ 70015

Le Casedde ★ Tci

a Giordanello, Zona B/23, tel. 0804978946, fax 080 4978946 - ettari 12 - ♿ - chiusura: sempre aperto - ☒ salvo accordi.
▶ Dal casello Gioia del Colle della A14 attraversare la cittadina e proseguire verso Noci sulla Statale 604; non entrare in paese, l'azienda è a circa 2 km da Noci.

Soggiorno nella singolare cornice dei trulli o in alloggi ricavati dalle vecchie stalle. Nel raggio di 10 km si trovano Alberobello e le grotte di Castellana. Per una giornata al mare c'è solo l'imbarazzo della scelta tra Adriatico e Ionio (30-35 km). Settimane verdi per ragazzi.

🛏 CAMERE CON SERVIZI: 5 doppie, con riscaldamento centralizzato - pernottamento per persona £ 42/45000, prima colazione £ 5/7000, pensione £ 90/95000, letto aggiunto £ 20000 al giorno.
🏠 APPARTAMENTI: 1 di 4 locali per 5/6 persone, con biancheria cucina, stoviglie, lavatrice - affitto al giorno £ 270000, affitto a settimana £ 1480000. Deposito cauzionale 30% alla prenotazione.
Note: *le camere e l'appartamento sono dotati di biancheria per letto e per bagno.*
🍴 cucina pugliese (agnello alla brace, dolci di mandorle) - vini locali di produzione propria - £ 30/40000.
SERVIZI E LOCALI COMUNI: parcheggio, telefono, parco giochi bimbi. SPORT E TEMPO LIBERO: campo da tennis, gioco bocce, ping pong; guida ai lavori agricoli, osservazione degli animali, corsi di cucina, visite nei dintorni. COLTIVAZIONI: olivi, viti, cereali, alberi da frutta, foraggio. ALLEVAMENTI: equini, animali di bassa corte. PRODOTTI IN VENDITA: vino, olio, marmellate.

Quaranta

S.P. per Martina Franca al km 2, tel. 0804978942 - ettari 17 - chiusura: sempre aperto - ☒ salvo accordi.
▶ Dal casello Gioia del Colle della A14, proseguire sulla Statale 604 fino a Noci, poi digressione a destra per Martina Franca; l'azienda si incontra sulla sinistra, dopo un paio di chilometri.

Siamo nel territorio della Comunità Montana Murgia Sud-Orientale. Il centro abitato, con la parte antica raggruppata intorno alla chiesa Madre, è ad appena due chilometri. Escursioni a piedi e a cavallo nelle belle campagne a olivi e cereali.

🏠 APPARTAMENTI: 5 bilocali per 4/5 persone, con biancheria letto, biancheria bagno, riscaldamento - affitto al giorno per persona £ 40000. Deposito cauzionale 30%.

cucina pugliese (prenotare) - vini locali di produzione propria - £ 30/50000.
SERVIZI E LOCALI COMUNI: parcheggio, telefono, sala TV.
SPORT E TEMPO LIBERO: ping pong, maneggio, ricovero cavalli; guida ai lavori agricoli, passeggiate a cavallo, visite nei dintorni. COLTIVAZIONI: olivi, frumento, ortaggi, ciliegi, foraggio. ALLEVAMENTI: ovini, caprini, pollame, conigli. PRODOTTI IN VENDITA: pollame, uova, vino, olio, formaggio.

Ostuni (BR)

m 218 ⊠ 72017

Il Frantoio

S.S. 16 al km 874, tel. 0831330276, fax 0831 330276 - ettari 72 - chiusura: gennaio e novembre - previo accordi.
▶ L'indirizzo la dice lunga sulla posizione dell'azienda: infatti, si trova a 5 km da Ostuni verso Fasano.

Masseria fortificata costruita dal Seicento su un antichissimo frantoio in grotta. Due giardini e un ettaro di bosco; intorno oltre settanta ettari di oliveto inframmezzato da carrubi e macchia mediterranea. Camere con mobili d'epoca. Attività connesse al Wwf.

CAMERE CON SERVIZI: 1 singola, 2 doppie, 5 a 3/4/5 letti, con biancheria letto, biancheria bagno, riscaldamento centralizzato e a legna - pernottamento per persona £ 60/110000, mezza pensione £ 90/170000, sconto 40% per bambini fino a 12 anni in camera coi genitori. Deposito cauzionale 30%.
SOGGIORNO MINIMO: 3 giorni. CARTE DI CREDITO: CartaSi.

cucina del territorio (paste fresche, dolci) - vini locali - £ 40/70000.
SERVIZI E LOCALI COMUNI: parcheggio, telefono, bar, sala TV.
SPORT E TEMPO LIBERO: ping pong, maneggio, ricovero cavalli; disponibilità di mountain bike, osservazione degli animali, passeggiate a cavallo. COLTIVAZIONI: olivi, ortaggi, alberi da frutta. ALLEVAMENTI: animali di bassa corte. PRODOTTI IN VENDITA: olio extravergine d'oliva, olive, conserve.

Lo Spagnulo

contrada Spagnulo, tel. 0831350209, fax 0831 333756 - ettari 80 - chiusura: sempre aperto - piccola taglia.
▶ Da Ostuni Statale 16 per Fasano; dopo 5 km circa, deviare a destra seguendo la segnaletica dell'azienda.

A 5 km dalla bella cittadina che biancheggia sul mare, al centro di una vasta tenuta a olivi, sorge un caratteristico edificio fortificato del Seicento. Qui, e in costruzioni adiacenti, sono ricavati gli alloggi per gli ospiti. Settimane verdi per ragazzi, tranne agosto.

CAMERE CON SERVIZI: 14 doppie - pernottamento per persona £ 40/85000, mezza pensione £ 60/120000.
APPARTAMENTI: 7 monolocali per 2 persone, 14 bilocali per 4 persone, 5 di 3 locali per 5 persone, con stoviglie - affitto a settimana £ 750/1450000.

SOGGIORNO MINIMO: 3/5 giorni in agosto. CARTE DI CREDITO: American Express, CartaSi, Diner's Club, Bancomat.
Note: *le camere e gli appartamenti sono dotati di biancheria per letto e per bagno, uso lavanderia e riscaldamento centralizzato.*
cucina pugliese (primi piatti) - vini locali di produzione propria - £ 25/30000.
SERVIZI E LOCALI COMUNI: parcheggio, telefono, sala TV.
SPORT E TEMPO LIBERO: campo da tennis, gioco bocce, maneggio, ricovero cavalli; noleggio biciclette, guida ai lavori agricoli, corsi di cucina, passeggiate a cavallo, visite nei dintorni. COLTIVAZIONI: olivi, cereali, foraggio. ALLEVAMENTI: bovini, equini, animali di bassa corte. PRODOTTI IN VENDITA: uova, olio, olive, latte, formaggio.

Masseria Salinola

contrada Salinola 134, tel. 0831330683, fax 0831 308330 - ettari 7 - chiusura: sempre aperto -
▶ Circa 2 km a Sud-Est di Ostuni, al margine della Provinciale per San Michele Salentino.

Scenografica masseria del Settecento allietata da palme e fioriture. Piscina, pergole e terrazze per gli ozi domestici; le spiagge di Ostuni per il piacere del mare; l'Oasi Wwf di Torre Guaceto per una giornata diversa.

CAMERE CON SERVIZI: 5 doppie - pernottamento per persona £ 35/45000, prima colazione £ 5000, mezza pensione £ 75/100000.
APPARTAMENTI: 3 monolocali per 3 persone, 4 bilocali per 4 persone, 2 di 3 locali per 6 persone, con stoviglie - affitto al giorno £ 75/120000, affitto a settimana £ 400/900000, biancheria £ 12000 per persona, pulizia finale £ 40/50000. Deposito cauzionale 40%.
SOGGIORNO MINIMO: in alta stagione solo soggiorno settimanale a mezza pensione.
Note: *le camere e gli appartamenti sono dotati di biancheria per letto e per bagno, riscaldamento.*

)|(cucina pugliese (piatti della tradizione) - vini locali di produzione propria - £ 30/40000.

Servizi e locali comuni: telefono, sala TV, sala lettura, parco giochi bimbi. Sport e tempo libero: piscina, tiro con l'arco, ping pong; noleggio biciclette, guida ai lavori agricoli, corsi di nuoto, visite nei dintorni, escursioni, trekking. Coltivazioni: olivi, viti, seminativi, cereali, alberi da frutta. Allevamenti: pollame, conigli. Prodotti in vendita: vino, olio, frutta, verdura, sottoli, sottaceti.

Òtranto (LE)

m 15 ✉ 73028

Il Piccolo Lago

località Fontanelle 137, tel. 0836805628 - ettari 7 - chiusura: sempre aperto - ✿ piccola taglia.

▶ Nella zona dei laghi Alimini, circa 3 km a Nord di Otranto a cui si perviene tramite la litoranea 611 o con la direttrice che proviene da Lecce e Maglie.

Nel primo entroterra, in vista dei laghi Alimini, alloggi bilocali in villette a schiera con giardino antistante e coltivazioni biologiche intorno. Settimane verdi per ragazzi da marzo a giugno. Più a Nord, sulla costa, la Riserva Naturale Le Cesine, zona umida di importanza internazionale.

⊞ Appartamenti: 5 bilocali per 4 persone, con biancheria letto, riscaldamento, televisore - affitto a settimana £ 200/1100000. Deposito cauzionale 50%.
Soggiorno minimo: 4 giorni.
Servizi e locali comuni: parcheggio, parco giochi bimbi. Sport e tempo libero: gioco bocce; escursioni. Coltivazioni: olivi, cereali, ortaggi, alberi da frutta. Prodotti in vendita: verdura, cereali.

La Fattoria ★🄲🄸

S.S. Otranto-Uggiano, tel. 0836804651 - ettari 12 - ♿ - chiusura: sempre aperto - ✿
▶ Come risulta dall'indirizzo, l'azienda è situata al margine della Statale per Uggiano, circa tre chilometri a Sud-Ovest di Otranto.

Otranto è la perla di questo estremo tratto della costa adriatica, impreziosito da grotte e lagune. Nel primo entroterra, tra oliveti e distese di grano, si trova questa azienda che offre anche ampi spazi per il campeggio. Previo accordi, si organizzano settimane verdi per ragazzi con accompagnatore.

🕊 Camere con servizi: 4 doppie, 3 a 4 letti, con uso cucina - pernottamento per persona £ 30/35000, mezza pensione £ 60/70000, supplemento per biancheria £ 10000.

⊞ Appartamenti: 3 monolocali per 2/3 persone, 2 bilocali per 4/5 persone, 1 di 4 locali per 8 persone, con stoviglie - affitto al giorno £ 50/100000, supplemento per biancheria e pulizia £ 10000 per persona. Deposito cauzionale 30%.
Soggiorno minimo: 1 settimana in alta stagione.
Note: le camere e gli appartamenti sono dotati di biancheria per letto, per bagno e per cucina, riscaldamento centralizzato.

)|(cucina casalinga (purè di fave con cicoria) - vini di produzione propria - £ 25000.
Servizi e locali comuni: parcheggio, telefono, sala TV, parco giochi bimbi. Sport e tempo libero: guida ai lavori agricoli, visite nei dintorni. Coltivazioni: olivi, granoturco, grano, foraggio. Allevamenti: bovini, pollame. Prodotti in vendita: uova, olio, sottoli, sottaceti.

Patù (LE)

m 124 ✉ 73053

Masseria San Nicola

a San Nicola, via Garibaldi 14, tel. 0833752243 oppure 0833752116 - ettari 20 - apertura: aprile-settembre - ✂
▶ Percorrere la Statale 274 nel tratto Gallipoli-Santa Maria di Leuca; all'uscita per Patù dirigere verso San Gregorio, senza peraltro raggiungerla, poi svoltare a destra seguendo le indicazioni dell'azienda.

Soggiorno estivo di un primo ministro borbonico, questa masseria di rango si presta magnificamente all'accoglienza turistica. Bellissima la campagna salentina. Davvero invidiabile la quotidiana incertezza tra Adriatico e Ionio. Si organizzano anche settimane verdi per ragazzi in bassa stagione.

⊞ Appartamenti: 6 monolocali per 2/4 persone, 1 bilocale per 3 persone, con stoviglie, riscaldamento centralizzato - affitto al giorno £ 60/100000, affitto a settimana £ 350/800000, biancheria a richiesta, supplemento per pulizia finale £ 30000; soggiorno gratuito per bambini in culla propria o inferiori a 3 anni. Deposito cauzionale da concordare alla prenotazione.
Soggiorno minimo: 1 settimana in alta stagione.
⚠ 10 equipaggi 🚐 10 equipaggi.

Servizi e locali comuni: parcheggio, sala TV, parco giochi bimbi. Sport e tempo libero: gioco bocce; disponibilità di biciclette, visite nei dintorni. Coltivazioni: olivi, cereali, ortaggi. Allevamenti: animali di bassa corte. Prodotti in vendita: vino, olio, frutta.

Poggiorsini (BA)

m 460 ✉ 70020

Il Cardinale

contrada Capoposto, tel. 0803237279, fax 080 3237279 - ettari 200 - apertura: su prenotazione - ♦ previo accordi.

▶ Dallo svincolo Canosa della A14, dirigersi verso Sud toccando Minervino Murge e Spinazzola; da quest'ultima località procedere in direzione Sud-Est lungo la Statale 97: dopo 18 km si incontra la deviazione a destra per Poggiorsini; in paese si trovano le indicazioni per arrivare in azienda, che è 3 km a Ovest.

Risalgono addirittura al 1190 le prime notizie della tenuta, con parco, lago e vastissime dipendenze collinari, che nel Seicento fu residenza di un religioso d'alto rango. Ancora oggi, forte della tradizione, l'ospitalità è doviziosa di motivi d'interesse e occasioni di svago. Settimane verdi per ragazzi.

Camere con servizi: 10 doppie, con telefono, televisore - pernottamento per persona £ 40000, prima colazione £ 8000, pensione £ 115000.

Appartamenti: 5 di 3 locali per 5 persone, con stoviglie - affitto al giorno per persona £ 35000, pensione £ 100000. Deposito cauzionale 50%.

Note: *le camere e gli appartamenti sono dotati di biancheria per letto e per bagno, riscaldamento a gas; supplemento per eventuale pulizia finale e per fornitura giornaliera di biancheria.*

cucina pugliese (cavatelli con funghi) - vini locali di produzione propria - £ 30/45000.

Servizi e locali comuni: parcheggio, telefono, sala TV, sala lettura. Sport e tempo libero: piscina, campo da tennis, gioco bocce, tiro con l'arco, maneggio, ricovero cavalli; bird watching, pesca, passeggiate a cavallo, corsi di equitazione, visite guidate. Coltivazioni: olivi, viti, cereali, ortaggi. Allevamenti: cavalli. Prodotti in vendita: liquori artigianali, pasta, formaggio, sottoli, sottaceti, marmellate.

Pulsano (TA)

m 37 ✉ 74026

Tenuta del Barco

a Marina di Pulsano, contrada Porvica, tel. 099 5333051 (prenotazioni 059921323) - ettari 100 - ♿ - chiusura: sempre aperto - ♦ previo accordi.

▶ Uscire da Taranto percorrendo la direttrice per Manduria fino a San Giorgio Ionico, poi deviare a destra raggiungendo Pulsano; da qui imboccare la strada per Monacizzo: dopo circa 5 km si incontra l'azienda.

Ospitalità in sei residenze nate dalla sapiente ristrutturazione di antiche stalle e depositi di cereali, caratterizzate dai tipici soffitti a volta di tufo carparino e dall'arredo rustico di tono semplice, che si affacciano sulla corte della masseria; poco oltre le selvagge dune sabbiose della riviera salentina raggiungibili con un chilometro di strada privata.

Appartamenti: 4 monolocali per 4 persone, 2 bilocali per 4 persone, con biancheria letto, biancheria bagno, biancheria cucina, uso lavanderia, stoviglie, riscaldamento - affitto al giorno £ 130/280000, pulizia finale £ 70000. Deposito cauzionale £ 250000.

Soggiorno minimo: 1 settimana in alta stagione.

Note: *nelle tariffe sono compresi l'accesso e il parcheggio custodito presso lo stabilimento balneare.*

20 equipaggi.

cucina pugliese (piatti al forno a legna) - vini regionali di produzione propria - £ 25/40000.

Servizi e locali comuni: parcheggio, parco giochi bimbi. Sport e tempo libero: campo da tennis, gioco bocce, campo di calcetto; visite nei dintorni. Coltivazioni: olivi, viti, angurie, meloni. Prodotti in vendita: vino DOC, olio extravergine d'oliva.

Putignano (BA)

m 372 ✉ 70017

Angiulli Nuova

contrada Conforti, tel. 0804057898 - ettari 16 - chiusura: sempre aperto - ♦

▶ Da Putignano dirigere verso Gioia del Colle; dopo circa 9 km, deviazione a destra di 1 km indicata da apposita segnaletica; accesso a Putignano tramite l'uscita autostradale di Gioia del Colle o a mezzo Statale 172 che proviene da Bari.

Puglia

Tranquillità e trattamento familiare in questa azienda, dedita al biologico. Siamo nella Murgia bassa, non lontano dal mare e a 9 km dall'abitato altomedievale. Le camere sono indipendenti e arredate con mobili d'epoca. Corsi di equitazione per principianti e ippoterapia; passeggiate romantiche in calesse d'epoca.

🐿 CAMERE SENZA SERVIZI: 6 doppie, con biancheria letto, biancheria bagno, riscaldamento centralizzato; 1 bagno in comune - pernottamento per persona £ 35/40000, pensione £ 80/90000.
SOGGIORNO MINIMO: 3 giorni.
🍴 cucina pugliese (orecchiette con cime di rapa) - vini locali di produzione propria - £ 30/40000.
SERVIZI E LOCALI COMUNI: parcheggio, telefono, sala TV, giochi bimbi. SPORT E TEMPO LIBERO: ping pong, maneggio; disponibilità di biciclette, passeggiate a cavallo. COLTIVAZIONI: olivi, ciliegi, mandorli, foraggio. ALLEVAMENTI: bovini, ovini, cavalli, pollame. PRODOTTI IN VENDITA: vino, olio, marmellate.

Il nucleo dell'azienda risale a fine Quattrocento e conserva una chiesetta consacrata. Ruvo, a 15 km, è celebre per gli antichi vasi apuli e la spettacolare cattedrale romanica. Nelle vicinanze la bella querceta dello Scoparello e un'aviosuperficie per ultraleggeri.

🐿 CAMERE CON SERVIZI: 5 doppie, con biancheria letto, biancheria bagno, riscaldamento autonomo, televisore a richiesta - pensione £ 100000. Deposito cauzionale 30% alla prenotazione.
🍴 cucina del territorio (prenotare) - vini locali di produzione propria - £ 35000.
SERVIZI E LOCALI COMUNI: parcheggio, telefono, sala TV, taverna, giochi bimbi. SPORT E TEMPO LIBERO: piscina, campo da tennis, gioco bocce, ping pong, maneggio, ricovero cavalli; guida ai lavori agricoli, visite nei dintorni, escursioni a cavallo. COLTIVAZIONI: cereali, ortaggi, alberi da frutta. ALLEVAMENTI: bovini, suini, pollame. PRODOTTI IN VENDITA: pollame, uova, salumi, vino, olio, verdura, latticini.

Ruvo di Pùglia (BA)

m 256 ⊠ 70037

Modesti

contrada Lama d'Ape, tel. 0803601788, fax 080 3601799 - ettari 310 - apertura: su prenotazione - ☎ previo accordi.
▶ Da Ruvo di Puglia dirigere a Ovest per 6 km poi, all'incrocio con la Statale 378, svoltare a sinistra per circa 15 km in direzione di Gravina in Puglia; in corrispondenza della casa cantoniera dell'Anas, deviazione a sinistra di un paio di chilometri.

San Pàolo di Civitate (FG)

m 187 ⊠ 71010

Difensola Ranch

contrada Difensola 976, tel. 0330806352 oppure 03475252766, fax 0882551889 - ettari 7 - chiusura: sempre aperto - 🚫 salvo accordi.
▶ Dall'uscita Poggio Imperiale della A14 dirigere a Ovest fino a Ripalta, poi deviare a sinistra e percorrere la Provinciale verso San Paolo di Civitate; 4 km prima di giungere in paese, segnaletica (cartello giallo) sulla sinistra e arrivo in azienda dopo 500 m.

Dalla costa si sale a questo centro del Tavoliere settentrionale in un panorama di lievi ondulazioni a cereali, vigne e oliveti. L'agriturismo, come traspare dal nome, ha una spiccata propensione per le attività equestri. La spiaggia di Marina di Lesina è a 25 km.

CAMERE CON SERVIZI: 1 doppia, 3 a più letti, con biancheria letto, biancheria bagno, riscaldamento centralizzato, televisore - pernottamento per persona £ 35/45000, pensione £ 85/95000, riduzioni per soggiorni di una settimana in bassa stagione. Deposito cauzionale £ 100000.

cucina casalinga - vini locali - £ 25/40000.

SERVIZI E LOCALI COMUNI: parcheggio, locale soggiorno, sala lettura, taverna. SPORT E TEMPO LIBERO: maneggio, ricovero cavalli; pesca, corsi di equitazione, visite nei dintorni, escursioni, passeggiate. COLTIVAZIONI: olivi, grano, ortaggi, alberi da frutta. ALLEVAMENTI: ovini, equini, pollame. PRODOTTI IN VENDITA: salumi, olio extravergine d'oliva, olive, sottoli, confetture, conserve.

San Vito dei Normanni (BR)

m 108 ⊠ 72019

Tenuta Deserto

tel. 0831983062 oppure 03479141045 (informazioni 063219566), fax 0831985981 - ettari 70 - apertura: aprile-ottobre - ⌗
▶ Da San Vito dei Normanni - 8 km dalla litoranea e 21 da Brindisi - dirigersi verso Ceglie Messapica; percorsi 3 km girare a destra in corrispondenza di una piccola cappella; dopo 300 m ingresso in azienda, poi altri 600 per arrivare alla masseria.

Una vasta estensione di oliveti e pascoli macchiati da querce e lecci. Al centro, sorvegliata da una torre del Seicento, la masseria. Nel perimetro cintato: la dimora padronale, la casa del fattore, una chiesetta, quattro saloni antichi con soffitti a volta, sette abitazioni di varie dimensioni e un trullo immerso nel verde.

⊞ APPARTAMENTI: 7 case e 1 trullo per 4/5/6/7 persone, con biancheria letto, biancheria bagno, biancheria cucina, uso lavanderia, stoviglie, riscaldamento a legna e a gas - affitto al giorno £ 72/228500, affitto a settimana £ 500/1600000, pulizia finale £ 50/70000. Deposito cauzionale 30%.

SOGGIORNO MINIMO: 1 settimana in alta stagione.
SERVIZI E LOCALI COMUNI: parcheggio, telefono, sala TV. SPORT E TEMPO LIBERO: piscina, ping pong; visite nei dintorni, passeggiate. COLTIVAZIONI: olivi, seminativi. PRODOTTI IN VENDITA: olio.

Torricella (TA)

m 32 ⊠ 74020

Antica Masseria Jorche

contrada Jorche, tel. 0999573355, fax 0999573355 - ettari 24 - chiusura: dicembre-gennaio - ⌗
▶ Da Taranto procedere verso San Giorgio Jonico, poi piegare a destra transitando per Faggiano e Lizzano; l'azienda è circa 300 m prima di Torricella, sulla destra.

Per non scontentare nessuno la costa ionica offre sabbia e scoglio. E dista solo 5 km da questa bella masseria, riattata nel rispetto delle sue origini seicen-

tesche. Le camere adibite all'accoglienza agrituristica sono quelle di una volta, ampie e ariose, e la vista spazia sulla campagna salentina.

🖙 CAMERE CON SERVIZI: 9 doppie, con biancheria letto, biancheria bagno, uso lavanderia, riscaldamento - pensione £ 90/130000, sconto 20% per bambini fino a 9 anni in camera coi genitori. Deposito cauzionale 20%.
)I| cucina tradizionale (prenotare) - vini locali di produzione propria - £ 40/60000.
SERVIZI E LOCALI COMUNI: parcheggio, telefono, sala TV, sala lettura. SPORT E TEMPO LIBERO: campo da tennis, gioco bocce, pallavolo, campo di calcetto; noleggio mountain bike, visite nei dintorni. COLTIVAZIONI: olivi, viti, ortaggi, alberi da frutta. PRODOTTI IN VENDITA: vino, olio, pane di casa, dolci, sottoli, sottaceti.

Ugento (LE)

m 108 ⌧ 73059

Palese Cosimo

a Torre San Giovanni, tel. 0833931581 - ettari 7,5 - chiusura: sempre aperto - ❧

▶ Azienda alla periferia di Torre San Giovanni, a 600 m dal mare; si arriva tramite la litoranea da Gallipoli o percorrendo la superstrada che scende da Lecce.

Nella frazione a mare di questo comune della costiera del Salento, una piccola azienda con un edificio di recente ristrutturazione per l'ospitalità rurale e ampi spazi destinati all'agricampeggio.

🖙 CAMERE CON SERVIZI: 8 doppie, con biancheria letto - pernottamento per persona £ 30/35000, prima colazione £ 5000, mezza pensione £ 65/75000, sconto 25% per letto aggiunto. Deposito cauzionale 30%.
SOGGIORNO MINIMO: 3/7 giorni secondo stagione.
)I| cucina pugliese (prenotare) - vini locali di produzione propria - £ 30/35000.
SERVIZI E LOCALI COMUNI: parcheggio, telefono, sala TV.
SPORT E TEMPO LIBERO: gioco bocce, campo di calcetto; escursioni. COLTIVAZIONI: olivi, viti, ortaggi. ALLEVAMENTI: pollame. PRODOTTI IN VENDITA: vino, olio, conserve.

Vieste (FG)

m 43 ⌧ 71019

Azzarone Francesco

contrada Piano Grande, tel. 0884701332 - ettari 12 - apertura: marzo-ottobre - ❧
▶ Azienda a margine della Statale 89 che proviene da Peschici, a 7 km da Vieste.

Il capoluogo comunale è la pittoresca cittadina all'estremità orientale del Gargano; la cornice è quella davvero singolare tra le abbaglianti scogliere e la penombra delle faggete. Si soggiorna in una candida costruzione moderna, con belle terrazze panoramiche e molti fiori.

🖙 CAMERE CON SERVIZI: 4 doppie, con uso cucina - pernottamento per persona £ 30/50000, prima colazione £ 5/8000, mezza pensione £ 50/80000.

⊞ Appartamenti: 3 di varia disposizione per 2/6 persone - affitto al giorno £ 60/120000.

Note: *le camere e gli appartamenti sono dotati di biancheria per letto, per bagno e per cucina; pulizia finale e biancheria £ 20000.*

)|| riservato agli ospiti - cucina pugliese - vini locali di produzione propria - £ 18/30000.

Servizi e locali comuni: parcheggio, telefono. Coltivazioni: olivi, viti, ortaggi, alberi da frutta. Allevamenti: bovini, suini, animali di bassa corte. Prodotti in vendita: vino, olio, verdura, sottoli.

Fara del Falco

località Delfino, tel. 0884705796, fax 0884701213 - ettari 13 - apertura: aprile-ottobre e periodo natalizio - ⚥ salvo accordi.

▶ Procedere sulla Statale 89 che collega Peschici a Vieste; dopo aver percorso circa 12 km, deviare a destra sulla strada per Foresta Umbra; ancora poco più di un chilometro e si arriva in azienda.

Tra Vieste e Peschici, nel cuore del Gargano balneare, questo agriturismo riserva agli ospiti appartamenti di tutto comfort in un moderno residence immerso nella ricca vegetazione del Parco Nazionale del Gargano.

⊞ Appartamenti: 5 bilocali per 4 persone, 1 di 3 locali per 6 persone, con biancheria letto, uso lavanderia, stoviglie, riscaldamento - affitto al giorno £ 40/216000, affitto a settimana £ 240/1260000, pulizia finale £ 40000. Deposito cauzionale £ 80000. Soggiorno minimo: 3/7 giorni secondo stagione.

Servizi e locali comuni: parcheggio, telefono, sala TV, parco giochi bimbi. Sport e tempo libero: campo da tennis, gioco bocce, campo di calcetto, tiro con l'arco; disponibilità di mountain bike, guida ai lavori agricoli, visite nei dintorni, trekking. Coltivazioni: olivi, ortaggi, alberi da frutta, mandorli. Prodotti in vendita: olio, frutta, mandorle, verdura, olive, confetture.

Parco Cimaglia

località Pian Piccolo, tel. 0884708050 oppure 0360 831264, fax 0884706471 - ettari 150 - chiusura: sempre aperto - ✎

▶ Da Vieste procedere sulla litoranea per Peschici. Dopo circa 5 km girare a sinistra sulla strada per Foresta Umbra; percorsi 200 m svoltare ancora a sinistra.

Una grande tenuta agricola di 150 ettari, distesa dal luminoso mare del Gargano alle faggete della Foresta Umbra. Il sole che inonda vigne, oliveti e pascoli si ritrova in tavola nel sapore dei tanti prodotti aziendali. Settimane verdi per ragazzi (agosto escluso).

⊞ Appartamenti: 3 bilocali per 4/6 persone, con stoviglie, riscaldamento elettrico - affitto al giorno £ 79/198000, biancheria a totale carico degli ospiti. Deposito cauzionale £ 100000 alla prenotazione. Soggiorno minimo: 2 notti.

)|| cucina pugliese (orecchiette alla contadina) - vini di produzione propria - £ 23/30000.

Servizi e locali comuni: parcheggio. Sport e tempo libero: guida ai lavori agricoli, visite guidate, passeggiate, trekking. Coltivazioni: olivi, viti, seminativi. Allevamenti: ovini. Prodotti in vendita: vino, olio, formaggio, sottoli.

BASILICATA
ALLE FALDE DEL POLLINO

*Montagna e collina si spartiscono gran parte
del territorio di una regione di eccellenti potenzialità
agrituristiche anche per il doppio affaccio al mare.*

La Basilicata, l'antica Lucania, è una regione abbastanza singolare nella geografia nazionale. Compressa fra Campania e Puglia, e confinante a Sud con la Calabria, condivide con le vicine i suoi tratti più caratteristici: a Ovest ha un indubbio legame con il Cilento; dalla parte opposta è in pratica una propaggine delle Murge; a Sud fa a metà del massiccio del Pollino. Il che, tradotto in cifre, corrisponde a montagna per il 47%, a collina per il 45% e pianura per l'8%. Cinquanta chilometri di spiagge sabbiose sullo Ionio, un breve affaccio al Tirreno, sul golfo di Policastro, con un litorale roccioso impreziosito da Maratea. Due le province, Potenza e Matera: la prima è città d'arte e storia; la seconda, con il suo nucleo rupestre di remotissima fondazione, è una gemma che l'Unesco ha inserito nei luoghi da considerarsi «patrimonio dell'Umanità».

CARNI DI CAPRETTO, ORTAGGI E UN VINO DA RE...

Il mondo rurale, che rappresenta la tradizione ma anche la realtà attuale della regione, vanta produzioni di prim'ordine. Il Metapontino,

UFFICI TURISTICI

■ MATERA
via De Viti de Marco 9,
tel. 0835331983

■ POTENZA
via Alianelli 4,
tel. 097121812

Maratea
piazza del Gesù 40,
tel. 0973876908

**ASSOCIAZIONI
DI CATEGORIA**

■ AGRITURIST
Potenza
Sede Regionale,
largo Pignatari 3,
tel. 0971411342

■ TERRANOSTRA
Potenza
Sede Regionale,
via dell'Edilizia,
tel. 097156382

■ TURISMO VERDE
Potenza
Sede Regionale,
via Mazzini 17,
tel. 0971476439

la valle dell'Ofanto e dell'Agri danno consistenti raccolti di grano duro, albicocche e mandarini oltre a produzioni specializzate come il «Fagiolo di Sarconi» (Igp) e il «Peperone di Senise» (Igp). Ruolo chiave ha l'allevamento con il «Capretto lucano», prossimo al riconoscimento della Indicazione Geografica Protetta (Igp), come prodotto di punta. Vivacissimo il settore caseario con ricotte, mozzarelle e formaggi di vario genere. Altrettanto significativo è l'allevamento suino, cui si deve, tra l'altro la tradizionale 'lucanica'. Dalle vigne un vino su tutti, l'Aglianico del Vulture, che trae da terre vulcaniche uno spirito unico; è un rosso di grande carattere che in passato ha rallegrato la mensa di re e dignitari; in gioventù è vino fine da tutto pasto mentre con l'invecchiamento si abbina ai grandi piatti.

NELLA NATURA LA RICCHEZZA DI UNA REGIONE TUTTA DA SCOPRIRE

Un doveroso cenno al turismo, finora appannaggio di località balneari come Policoro e Metaponto sul fronte ionico e di Maratea su quello tirrenico. Ampie sono invece le potenzialità dell'entroterra e dunque dell'agriturismo, che ha nelle bellezze ambientali una validissima attrattiva. Punta di diamante della natura lucana è il Parco Nazionale del Pollino, simboleggiato dal pino loricato, una delle presenze arboree più maestose e rare della nostra flora. Molte altre, tuttavia, sono le zone indenni dalla proliferazione cementizia; lo scenario che nel loro insieme rappresentano è quello di una regione a elevato valore ambientale, dalla fisionomia poco accattivante se si vuole, ma schietta nelle sue espressioni e nei modi della gente. Dove l'agriturismo non ha sicuramente raggiunto standard alberghieri ma offre sicura garanzia di genuinità.

Sopra, scamorze lucane in rappresentanza della ricca produzione agroalimentare della regione: carni, ortaggi e un vino, l'Aglianico, che supera tutti per notorietà. Un patrimonio di sapori ben valorizzato da manifestazioni regionali ma anche dal lavoro degli operatori agrituristici.

Qui a fianco, mietitura tradizionale nelle campagne di Rivello, tra le colline del versante tirrenico; scene di così antica suggestione rappresentano lo spirito di una regione fortemente ancorata alle sue tradizioni rurali.

Basilicata

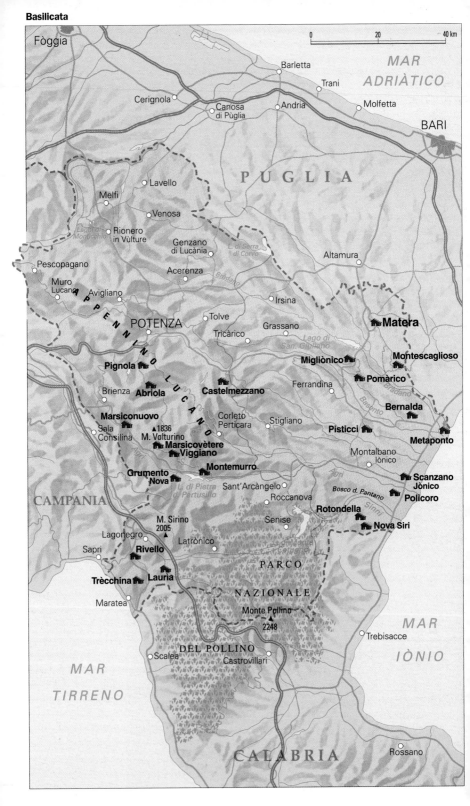

Abriola (PZ)

m 957 ⊠ 85010

La Dolce Vita

contrada Valloni, tel. 0971923524 (informazioni 0971 923067) - ettari 8 - chiusura: sempre aperto - ❧

▶ Da Potenza superare il valico della Sellata e raggiungere Abriola; al bivio dopo il paese, deviare a sinistra in direzione Anzi e proseguire per 6 km circa.

In un ambiente decisamente montano, l'azienda, circondata da ragguardevoli querce, propone soggiorni agrituristici all'insegna della natura e della più totale tranquillità, a contatto con la realtà della vita aziendale; nella proprietà, anche una sorgente di acqua acidula.

⤷ CAMERE CON SERVIZI: 4 singole, 2 doppie, con uso cucina - pernottamento per persona £ 30/40000, prima colazione £ 6/10000, pensione £ 90/110000.
⊞ APPARTAMENTI: 1 di 3 locali per 5 persone, con stoviglie, caminetto - affitto al giorno £ 150/200000. Deposito cauzionale 30%.
SOGGIORNO MINIMO: 3 giorni.
Note: *le camere e l'appartamento sono dotati di biancheria per letto, per bagno e per cucina, riscaldamento centralizzato.*
🍴 riservato agli ospiti - cucina lucana (salumi) - vini locali di produzione propria - £ 30/40000.
SERVIZI E LOCALI COMUNI: parcheggio, telefono. SPORT E TEMPO LIBERO: gioco bocce; guida ai lavori agricoli, visite nei dintorni. COLTIVAZIONI: viti, cereali, ortaggi. ALLEVAMENTI: ovini, pollame, conigli. PRODOTTI IN VENDITA: salumi, grappa, liquori della casa, verdura, formaggio, fiori essiccati.

Bernalda (MT)

m 126 ⊠ 75012

Salierno di Biase Alessandrina

località Torremare, tel. 0835543055 oppure 0835 745035 - ettari 22 - apertura: giugno-settembre - ✄

▶ Dalla Statale 106 raggiungere la stazione ferroviaria di Metaponto; superato il cavalcavia, voltare a destra e proseguire per 300 m circa.

In un'antica masseria ristrutturata, ambienti di gusto rustico e ampia veranda. Per il tempo libero la spiaggia o le escursioni culturali, prima fra tutte la visita di Bernalda, erede della greca Metaponto, con scavi archeologici e un ricco nucleo medievale.

⊞ APPARTAMENTI: 1 di 4 locali per 6/8 persone, con biancheria letto, biancheria cucina, stoviglie, lavatrice - affitto al giorno £ 130/150000, biancheria £ 100000, pulizia finale £ 100000. Deposito cauzionale 40%.
SOGGIORNO MINIMO: 1 settimana.
SPORT E TEMPO LIBERO: visite nei dintorni. COLTIVAZIONI: olivi, viti, alberi da frutta. PRODOTTI IN VENDITA: olio, frutta.

Castelmezzano (PZ)

m 750 ⊠ 85010

La Grotta dell'Eremita

località Calcescia, tel. 0971986314 - ettari 130 - chiusura: sempre aperto - ❧

▶ Lasciare la superstrada 407 al bivio per Castelmezzano, quindi proseguire verso Sud-Ovest e raggiungere il paese; l'azienda è a un'altitudine tra gli 800 e i 900 metri e si raggiunge con strada sterrata difficoltosa.

Su un pendio delle cosiddette Dolomiti Lucane, tra faggi e castagni si scopre un suggestivo borgo rurale in pietra viva. Risale al Cinquecento ed è disegnato lungo suggestivi viottoli per la gioia degli ospiti che soggiornano in tre camere dotate di ogni comodità.

⤷ CAMERE SENZA SERVIZI: 2 doppie; 1 bagno in comune - pensione £ 75/85000. CAMERE CON SERVIZI: 1 doppia - pensione £ 75/85000.
SOGGIORNO MINIMO: 3 giorni.
Note: *le camere sono dotate di biancheria per letto e per bagno, riscaldamento, telefono e televisore.*
🍴 cucina casalinga (paste fresche) - vini locali di produzione propria - £ 25/35000.
SERVIZI E LOCALI COMUNI: parcheggio, telefono. SPORT E TEMPO LIBERO: guida ai lavori agricoli, osservazione degli animali, visite nei dintorni, trekking. ALLEVAMENTI: bovini, ovini, caprini, cavalli, animali di bassa corte. PRODOTTI IN VENDITA: vino, pane di casa, formaggio.

Grumento Nova (PZ)

m 771 ⊠ 85050

Al Parco Verde

contrada Serra San Giuseppe Spineto, tel. 0975 65590 oppure 03394459289 - ettari 6 - ♿ - chiusura: sempre aperto - ❧ previo accordi.

▶ Uscita Atena Lucana della A3, poi Statale 598 sino allo svincolo per Grumento Nova e Moliterno, dopo 3,5 km voltare a sinistra e proseguire per 1 km circa.

Basilicata

Su una collina dell'alta valle dell'Agri un'azienda agri-turistica attrezzata per accogliere scolaresche e grup-pi in una vecchia casa colonica opportunamente ri-strutturata. Ampi gli spazi per l'agricampeggio e varie le attrezzature per lo svago.

↝ Camere con servizi: 3 doppie - pernottamento per persona £ 25/30000, prima colazione £ 5/7000, pensione £ 75000, possibilità di forfait settimanale.
⊞ Appartamenti: 1 di 3 locali per 8 persone, con cami-netto - affitto al giorno per persona £ 20000.
Note: *le camere e l'appartamento sono dotati di bian-cheria per letto e per bagno, riscaldamento a legna.*
)⊪ cucina lucana (prenotare) - vini locali di produzione propria - £ 18/25000.
Servizi e locali comuni: parcheggio, telefono, sala TV, sa-la giochi bimbi, parco giochi bimbi. Sport e tempo libero: gioco bocce, pallavolo, basket, tiro con l'arco, calcio-balilla; pesca, visite nei dintorni. Coltivazioni: ortaggi, frutti di bosco. Allevamenti: ovini, suini, pollame, coni-gli. Prodotti in vendita: artigianato locale.

Lauria (PZ)

m 430 ✉ 85044

Sole Verde

contrada Timparossa 88, tel. 0973825208 - ettari 9 - chiusura: sempre aperto.
▶ All'uscita Lauria Nord della A3 prendere la direttrice per Castelsaraceno, dopo 13 km all'incrocio per Tim-parossa voltare a sinistra e proseguire per 3 km circa.

Tra la campagna e il bosco retrostante, l'azienda ha sede in una vecchia casa colonica ristrutturata dove, oltre all'abitazione dei proprietari, sono stati ricavati due monolocali. Uno splendido tracciato stradale scen-de in 24 chilometri a Praia a Mare oppure, con pochi chilometri, porta sulle piste di sci.

⊞ Appartamenti: 2 monolocali per 3/4 persone, con biancheria letto, biancheria bagno, biancheria cucina, stoviglie, lavatrice, riscaldamento centralizzato, televi-sore - affitto al giorno £ 60/100000, affitto a settima-na £ 360/560000. Deposito cauzionale 30%.
Servizi e locali comuni: parcheggio, telefono. Sport e tempo libero: raccolta frutti di bosco, pesca, passeggia-te a cavallo, trekking. Coltivazioni: cereali, ortaggi, frutti di bosco. Allevamenti: suini, pollame, conigli. Prodotti in vendita: pollame, uova, vino, funghi, farina, dolci.

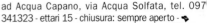

Marsiconuovo (PZ)

m 865 ✉ 85052

Casaletto Carmela ◀🟥

ad Acqua Capano, via Acqua Solfata, tel. 097 341323 - ettari 15 - chiusura: sempre aperto - ↝
▶ Dall'uscita Atena Lucana della A3 imboccare la St tale 598 e percorrerla sino a Marsiconuovo; poi ra giungere Paterno e, al bivio dopo il paese, deviare su la sinistra per Galaino; in località Acqua Capano pr seguire per altri 500 m su strada sterrata.

Con un territorio montano ricco di boschi, questo bo go agricolo, che domina la vallata dell'Agri da un al sperone di roccia, si presta bene alla villeggiatura. pochi chilometri dall'abitato si soggiorna in azienda tutta tranquillità.

⊞ Appartamenti: 2 di 4 locali per 6/8 persone, con st viglie, riscaldamento centralizzato, televisore - affitt al giorno per persona £ 30/35000. Deposito cauzi nale 15% alla prenotazione.
Soggiorno minimo: 3 giorni. Carte di credito: CartaS Bancomat.
Servizi e locali comuni: parcheggio. Sport e tempo liber passeggiate nel bosco. Coltivazioni: viti, ortaggi, albe da frutta. Allevamenti: ovini, suini, animali di bassa co te. Prodotti in vendita: frutta, formaggio.

Vignola ◀🟥

contrada Capo d'Acqua 11, tel. 0975342511 - ett ri 12 - chiusura: sempre aperto - ↝
▶ Abbandonare la A3 in corrispondenza del casell Atena Lucana e percorrere verso Ovest la Statale 59 fino a raggiungere Marsiconuovo; in paese seguire l indicazioni in direzione della Val d'Agri.

Ospitalità presso una casa colonica del 1860, ristrutturata, ideale punto di appoggio per escursioni e ascensioni nel comprensorio della Montagna di Viggiano e del Vulturino. Ampia sala ristoro con arredo rustico, settimane verdi per ragazzi previo accordi.

CAMERE CON SERVIZI: 2 singole, 4 doppie - pernottamento per persona £ 25/28000, prima colazione £ 5/8000, pensione £ 70/80000, forfait settimanale £ 400/450000.

APPARTAMENTI: 1 bilocale per 4 persone, con biancheria cucina, stoviglie, caminetto - affitto al giorno per persona £ 15/18000.

SOGGIORNO MINIMO: 2 notti. CARTE DI CREDITO: CartaSi.

Note: *le camere e l'appartamento sono dotati di biancheria per letto e per bagno, televisore, riscaldamento centralizzato e uso lavanderia.*

cucina lucana (paste fresche, arrosti) - vini locali di produzione propria - £ 18/32000.

SERVIZI E LOCALI COMUNI: parcheggio, telefono, sala TV, giochi bimbi. SPORT E TEMPO LIBERO: gioco bocce, ping pong; disponibilità di biciclette, guida ai lavori agricoli, trekking. COLTIVAZIONI: ortaggi, asparagi. ALLEVAMENTI: ovini, animali di bassa corte. PRODOTTI IN VENDITA: salumi, vino, pasta, pane di casa, confetture, conserve.

m 1037 ⊠ 85050

Il Querceto

contrada Barricelle 70, tel. 097569339 oppure 0337 753292, fax 097569907 - ettari 35 - chiusura: sempre aperto - grossa taglia.

▶ Lasciare la A3 allo svincolo di Atena Lucana, poi imboccare la Statale 598 in direzione Sud-Est; dopo circa 28 km uscire in corrispondenza di Paterno-Galaino, piegando a sinistra verso Villa d'Agri. L'azienda si trova a 4 km da quest'ultima località, al bivio Barricelle.

In un sereno quadro di coltivi e boschi, ai piedi del monte Volturino, si soggiorna all'insegna della naturalità e del benessere psicofisico. La gestione aziendale, improntata all'agricoltura biologica e alla salutistica, orienta l'offerta turistica a un pubblico sensibile a questo approccio. Settimane verdi per ragazzi.

CAMERE CON SERVIZI: 3 doppie, 3 a 4 letti, con uso lavanderia, riscaldamento - pernottamento per persona £ 35000, prima colazione £ 5000, mezza pensione £ 70000, pulizia £ 20000.

APPARTAMENTI: 1 di 3 locali per 4 persone, con vasca con idromassaggio - affitto al giorno £ 300000, affitto a settimana £ 1000/1400000, pulizia £ 40000. Deposito cauzionale £ 500000 in appartamento.

SOGGIORNO MINIMO: 2 notti.

Note: *le camere e l'appartamento sono dotati di biancheria per letto e per bagno.*

10 equipaggi.

cucina del territorio e vegetariana (prenotare) - vini regionali di produzione propria - £ 25/40000.

SERVIZI E LOCALI COMUNI: parcheggio, telefono, sala TV, sala lettura. SPORT E TEMPO LIBERO: bird watching, corsi artistici e creativi, per il benessere e il recupero fisico, escursioni, trekking a piedi e a cavallo. COLTIVAZIONI: olivi, viti, cereali, ortaggi, alberi da frutta, meli, erbe officinali, frutti di bosco. ALLEVAMENTI: cavalli, animali di bassa corte, gatti, cani. PRODOTTI IN VENDITA: uova, vino, frutta, verdura, formaggio.

m 401 ⊠ 75100

Gaudiano Giovanni

località Matinelle, tel. 0835388868, fax 0835388868 - ettari 6,5 - chiusura: sempre aperto -

▶ Da Matera percorrere la Provinciale in direzione di Gravina in Puglia per circa 10 km, quindi seguire la segnaletica dell'azienda.

Piccola azienda dedita esclusivamente all'allevamento di cavalli. Soggiorno ideale, dunque, per gli appassionati degli sport equestri che troveranno nei dintorni ampia possibilità per escursioni. Si segnala in particolare il parco, ai piedi della città.

APPARTAMENTI: 2 bilocali per 2 persone, con biancheria letto, biancheria bagno, biancheria cucina, stoviglie, riscaldamento centralizzato, televisore - affitto al giorno £ 50000.

SERVIZI E LOCALI COMUNI: parcheggio. SPORT E TEMPO LIBERO: maneggio, ricovero cavalli; passeggiate a cavallo, corsi di equitazione, escursioni a piedi e a cavallo. COLTIVAZIONI: foraggio. ALLEVAMENTI: equini.

m 4 ⊠ 75010

Casa Ricotta

S.S. 106 al km 448, podere 81, tel. 0835741214 oppure 035656597, fax 035656597 - ettari 6 - apertura: giugno-settembre -

▶ Deviazione dalla Statale 106 Taranto-Reggio di Calabria; l'azienda è situata a 3 km da Metaponto e a circa 8 km da Bernalda.

Una vacanza tra mare, natura e archeologia, come dichiara con visibile orgoglio la titolare nell'introdurre gli ospiti nella struttura turistica, un edificio di moderna concezione, arioso e funzionale. Sulla tavola del ristorante i prodotti biologici dell'azienda.

bontà Lucana in tavola

Caseificio dei Fratelli Pace e Becce

C. da Tora, 5 - 85100 Potenza
Tel. 0971 54771 - Fax 0971 470554

APPARTAMENTI: 6 monolocali per 3 persone, con biancheria letto, biancheria bagno, biancheria cucina, stoviglie, televisore, frigobar - affitto al giorno per persona £ 85/110000, i prezzi si riferiscono al soggiorno in mezza pensione. Deposito cauzionale da concordare. SOGGIORNO MINIMO: 1 settimana.

6 equipaggi.

cucina del territorio - vini regionali - £ 50000.

SERVIZI E LOCALI COMUNI: parcheggio, sala TV, sala lettura. SPORT E TEMPO LIBERO: escursioni, visite nei dintorni, passeggiate. COLTIVAZIONI: ortaggi, alberi da frutta. PRODOTTI IN VENDITA: verdura.

MacchiAgricola

S.S. 106 al km 444, tel. 0835470194, fax 0835 470194 - ettari 200 - apertura: marzo-settembre - ✗
▶ Provenendo da Nord, percorrere la Statale 106 sino al km 444, quindi deviare sulla sinistra e continuare per circa un chilometro.

Azienda affacciata alla costa ionica, collegata al mare da una strada interna. Nel verde degli agrumeti gli alloggi, con giardinetto e veranda attrezzata, e gli ambienti collettivi. Settimane verdi per ragazzi da maggio a fine giugno (minimo 50 persone).

APPARTAMENTI: 6 monolocali per 2 persone, 8 bilocali per 3 persone, 4 di 3 locali per 4 persone, con biancheria letto, biancheria bagno, stoviglie, riscaldamento centralizzato, caminetto - affitto al giorno per persona £ 45/65000, pulizia finale £ 30000, da luglio a settembre forfait settimanale a mezza pensione £ 505/620000. Deposito cauzionale 30% alla prenotazione. SOGGIORNO MINIMO: 7 giorni in alta stagione. CARTE DI CREDITO: CartaSi, Diner's Club.

Note: *gli appartamenti sono dotati di attrezzature per il mare e di due mountain bike.*

riservato agli ospiti - cucina casalinga (piatti della tradizione) - vini locali - £ 35/45000.

SERVIZI E LOCALI COMUNI: parcheggio, telefono, sala TV, sala lettura, taverna, sala giochi bimbi. SPORT E TEMPO LIBERO: gioco bocce, pallavolo, ping pong, calcio-balilla; visite nei dintorni. COLTIVAZIONI: viti, cereali, susini, agrumi. ALLEVAMENTI: pollame. PRODOTTI IN VENDITA: salumi, vino, olio, frutta, verdura, formaggio.

San Marco

a San Marco, S.S. 175 al km 34, tel. 0835747050 oppure 0835747070, fax 0998296570 - ettari 5 - chiusura: sempre aperto - ✿

▶ Da Metaponto percorrere la Statale 175 per 10 km verso Matera; l'azienda si trova a circa un chilometro sulla sinistra, in corrispondenza del km 34 della Statale stessa, ed è ben segnalata.

Sulla costa ionica, al confine con la Puglia, una vacanza in bilico tra Matera e Taranto, tra il Vulture e le Murge. Quale che sia la scelta sono grandi vini - da una parte l'Aglianico, dall'altra il Primitivo - e grande cucina di terra e mare. Previo accordi, si organizzano settimane verdi per ragazzi da giugno ad agosto. Per il ristorante è consigliata la prenotazione.

CAMERE SENZA SERVIZI: 4 doppie, 2 a più letti, con biancheria letto, biancheria bagno; 2 bagni in comune - pernottamento per persona £ 25/30000, prima colazione £ 5000, mezza pensione £ 55000.

APPARTAMENTI: 1 monolocale per 4 persone, 5 bilocali per 3/4 persone, con stoviglie, riscaldamento centralizzato - affitto a settimana £ 500/700000, pulizia finale £ 50000, biancheria £ 10000 per persona. Deposito cauzionale da concordare alla prenotazione. SOGGIORNO MINIMO: 1 settimana.

10 equipaggi 5 equipaggi.

cucina casalinga (piatti della tradizione) - vini locali di produzione propria - £ 25/40000.

SERVIZI E LOCALI COMUNI: parcheggio, telefono. SPORT E TEMPO LIBERO: piscina, campo da tennis; guida ai lavori agricoli, osservazione degli animali, visite nei dintorni. COLTIVAZIONI: ortaggi, alberi da frutta. ALLEVAMENTI: pollame, conigli. PRODOTTI IN VENDITA: vino, olio, frutta, verdura, sottoli, confetture.

Migliònico (MT)

m 461 ✉ 75010

San Giuliano

contrada Foggia di Lupo, tel. 0835559183, fax 0835 559183 - ettari 24 - chiusura: sempre aperto - ✿ previo accordi.
▶ Partendo da Matera imboccare la Statale 7 e percorrerla in direzione Sud; all'altezza dello svincolo di Grassano, prendere la deviazione sulla destra e proseguire per altri 8 km.

Nei pressi del lago di San Giuliano, che rappresenta un ambiente molto interessante dal punto di vista naturalistico per la presenza di abbondante fauna acquatica (oasi Wwf). Sistemazioni in strutture modernamente attrezzate.

MACCHIAGRICOLA

Oasi di tranquillità immersa nel verde degli agrumeti lucani, sulla costa Jonica Metapontina, MacchiAgricola si estende su circa 200 ettari. Lambita da una fitta pineta con macchia mediterranea e litorale sabbioso, raggiungibile grazie ad una strada interna aziendale.

L'azienda dispone di vari appartamenti da 30 a 65 mq., arredati come residence, con servizi, uso cucina e stoviglie, biancheria, mountain bike, attrezzature mare. Nell'accogliente locanda "*La Cantinetta*" avrete la possibilità di assaporare i piatti genuini della cucina tipica Lucana e Mediterranea, mentre "*l'Agrumaia*", uno spazio aperto all'interno dell'agrumeto, è l'ideale per le cene all'aperto e la "*Spuntineria*" per le colazioni al sacco a base di prodotti locali.

Per il tempo libero, itinerari agresti e spazi caratteristici all'interno dell'azienda, locale ritrovo, posto telefonico pubblico, maneggio, parco e sala giochi, pallavolo, bocce, ping pong.

Per gli appassionati dell'escursionismo anche culturale, le vicine aree archeologiche della civiltà Ellenica, i "Sassi e le Chiese Rupestri" di Matera, il trekking nel Parco del Pollino, i tipici paesi collinari Lucani con sagre e feste delle tradizioni contadine, sono a completamento di un soggiorno in libertà a diretto contatto con la natura.

Augurandoci di avervi graditi ospiti, arrivederci a presto.

Per prenotazioni:
Tel. e Fax 0835/582193 - 470194
S.S. 106 Jonica km 444 Metaponto (MT)
Internet:
http://www.macchiagricola.com

⊞ Appartamenti: 2 di varia disposizione per 4/6 persone, con biancheria letto, riscaldamento - affitto al giorno per persona £ 40000, prima colazione compresa nel prezzo, biancheria bagno £ 5000. Deposito cauzionale 30%. Soggiorno minimo: 2 notti in bassa stagione. Carte di credito: Visa, Eurocard, Mastercard.

⟩ǁ cucina casalinga - vini locali - £ 35/40000.

Servizi e locali comuni: parcheggio, telefono, parco giochi bimbi. Sport e tempo libero: ricovero cavalli; guida ai lavori agricoli, visite nei dintorni. Coltivazioni: frumento, grano, ortaggi, foraggio. Allevamenti: bovini, equini, pollame, conigli.

Montemurro (PZ)

m 723 ⊠ 85053

Robilotta Giovanni

contrada Castelluccio, tel. 0975354070 oppure 0335 5361330 - ettari 2 - &. - chiusura: sempre aperto - ✆
▶ Dall'uscita Atena Lucana della A3 percorrere la Statale 598 sino al bivio per Montemurro, quindi voltare a sinistra e proseguire per 4 km circa.

Andar per boschi nella Comunità Montana dell'Alta Val d'Agri. Agriturismo dinamico: percorrendo antichi tratturi a piedi o in mountain bike si raccolgono lamponi e fragole, e più tardi funghi e tartufi.

🛏 Camere con servizi: 3 singole, 3 doppie - pernottamento per persona £ 25/35000, pensione £ 60/85000, possibilità di forfait settimanale.

⊞ Appartamenti: 3 bilocali per 6 persone, con riscaldamento centralizzato - affitto al giorno £ 100/120000, affitto a settimana £ 480/600000.

Note: *le camere e gli appartamenti sono dotati di biancheria per letto e per bagno.*

⟩ǁ riservato agli ospiti - cucina lucana (agnello alla brace) - vini regionali di produzione propria - £ 25/35000.

Servizi e locali comuni: parcheggio, telefono. Sport e tempo libero: gioco bocce, tiro con l'arco; noleggio biciclette, noleggio canoe, passeggiate nel bosco, escursioni. Coltivazioni: viti, ortaggi, alberi da frutta. Allevamenti: pollame, conigli, struzzi. Prodotti in vendita: vino, olio, mele, formaggio, miele.

Montescaglioso (MT)

m 352 ⊠ 75024

Gianluigi

a Pratolino, tel. 0835200677 - ettari 120 - chiusura: sempre aperto - ⚘
▶ Da Matera seguire la direttrice per Montescaglioso; in paese continuare verso Sud per altri 2 km.

L'azienda è dotata di strutture turistiche ampie e moderne. Tra gli elementi di più immediato interesse, il vicino centro storico nel quale spicca l'abbazia benedettina di San Michele Arcangelo, una delle architetture più rilevanti dell'intera regione; vista panoramica a tutto tondo, e... pacco dono finale.

🛏 Camere senza servizi: 4 doppie, con biancheria letto, biancheria bagno, riscaldamento centralizzato, televisore; 2 bagni in comune - pernottamento per persona £ 40000, mezza pensione £ 70000, biancheria extra £ 10000. Deposito cauzionale 50%.

⚓ 5 equipaggi ⛺ 5 equipaggi.

⟩ǁ cucina lucana (paste fresche) - vini locali di produzione propria - £ 20/45000.

Servizi e locali comuni: parcheggio, telefono. Sport e tempo libero: guida ai lavori agricoli, visite guidate, passeggiate. Coltivazioni: olivi, viti, frumento, ortaggi, alberi da frutta. Allevamenti: caprini, pollame, conigli. Prodotti in vendita: vino, olio, olive, formaggio, sottaceti.

Pierro Emilia

a Menzone Fiumicello, tel. 0835200406 oppure 0360757037 - ettari 7 - apertura: aprile-ottobre - ✆ previo accordi.
▶ L'azienda è al margine della Statale 175, al km 28,5.

Nella bassa valle del Bradano, in una zona di agricoltura specializzata e fiorente allevamento. L'azienda, che si trova a 19 km dal capoluogo comunale, dispone di tre moderni appartamenti.

⊞ Appartamenti: 2 bilocali per 4 persone, 1 di 3 locali per 4/5 persone, con biancheria letto, biancheria bagno, biancheria cucina, stoviglie, caminetto - affitto al giorno per persona £ 30000, eventuale pulizia finale £ 50000. Deposito cauzionale da concordare.

Soggiorno minimo: 4 giorni.

Sport e tempo libero: guida ai lavori agricoli, passeggiate. Coltivazioni: ortaggi, agrumi.

Nova Siri (MT)

m 355 ⊠ 75020

Dolcedorme

contrada San Basile 41, tel. 0835505384 - ettari 7,5 - chiusura: febbraio-marzo e novembre - ⚘
▶ Dalla Statale 106 Taranto-Sibari, imboccare la deviazione a destra per Rotondella, quindi proseguire per circa 8 km su Strada Provinciale.

L'alternativa tra mare e montagna, entrambi a dieci minuti di macchina, è una delle attrattive di un luogo che, come si evince dal nome, fa della tranquillità il proprio orgoglio. Si soggiorna in una villetta di nuova costruzione, modernamente arredata.

⊞ APPARTAMENTI: 1 di 4 locali per 5 persone, con biancheria letto, biancheria bagno, biancheria cucina, stoviglie, riscaldamento a gas, televisore - affitto al giorno £ 50/150000. Deposito cauzionale 50%.
SOGGIORNO MINIMO: 15 giorni.
SERVIZI E LOCALI COMUNI: parcheggio. SPORT E TEMPO LIBERO: guida ai lavori agricoli. COLTIVAZIONI: olivi, viti, ortaggi. ALLEVAMENTI: caprini, pollame, conigli, colombi.

La Collinetta ⭐ TCI

contrada Pietra del Conte, tel. 0835505175, fax 0835 505175 - ettari 25,5 - ♿ - chiusura: sempre aperto - 🐾 previo accordi.
▶ Percorrere la Statale 106 sino alla deviazione per Rotondella; dopo 4,5 km prendere il bivio per Nova Siri paese: l'azienda è sulla destra.

A 5 km dal mare, in posizione ventilata e panoramica, si trova questo piacevole soggiorno di campagna, ricavato da un antico posto di ristoro per carrettieri lungo un percorso che dalla costa portava nell'entroterra, verso il Pollino. Settimane verdi per ragazzi.

🛏 CAMERE CON SERVIZI: 7 doppie, 4 a 4/6 letti - pernottamento per persona £ 50000, pensione £ 100000.
⊞ APPARTAMENTI: 1 di 3 locali per 6 persone, con biancheria cucina, stoviglie, televisore - affitto al giorno per persona £ 50000. Deposito cauzionale 30%.
SOGGIORNO MINIMO: 1 settimana.
Note: *le camere e l'appartamento sono dotati di biancheria per letto e per bagno, riscaldamento centralizzato; supplemento per letto aggiunto; sconto 30% per bambino fino a 6 anni.*
🍴 cucina casalinga (paste fresche) - vini locali di produzione propria - £ 30/40000.
SERVIZI E LOCALI COMUNI: parcheggio, sala TV, parco giochi bimbi. SPORT E TEMPO LIBERO: piscina, campo da tennis, campo di calcetto; guida ai lavori agricoli, visite nei dintorni. COLTIVAZIONI: olivi, viti, seminativi, alberi da frutta. ALLEVAMENTI: pollame, conigli, colombi. PRODOTTI IN VENDITA: pollame, salumi, vino, olio, marmellate, succhi di frutta.

Pignola (PZ)

m 926 ✉ 85010

Fattoria sotto il Cielo ⭐ TCI

contrada Petrucco, tel. 0971420166 oppure 0971 486131, fax 0971486000 - ettari 220 - chiusura: sempre aperto -

▶ Da Potenza procedere verso Sud in direzione di Pignola; l'azienda, che è ben segnalata, si trova circa 3 km a Nord-Ovest dell'abitato.

Oltre 100 ettari di bosco e una conca di prati amorevolmente accuditi dove d'estate si organizzano allegre tavolate e serate danzanti. Accoglienza di prim'ordine, ambiente rural-chic. Vicinissima, la Riserva Naturale del Lago Pantano di Pignola.

⊞ APPARTAMENTI: 1 di 5 locali per 8 persone, con biancheria letto, biancheria bagno, riscaldamento, televisore, caminetto - affitto al giorno per persona £ 100000, i prezzi si riferiscono al soggiorno a pensione completa, sconto 15% per soggiorni superiori a una settimana.
CARTE DI CREDITO: tutte, Bancomat.
🍴 cucina lucana - vini regionali - £ 25/50000.
SERVIZI E LOCALI COMUNI: parcheggio, telefono, taverna.
SPORT E TEMPO LIBERO: campo da tennis, campo di calcetto, tiro con l'arco, maneggio, ricovero cavalli; noleggio mountain bike, passeggiate a cavallo, corsi di equitazione. COLTIVAZIONI: castagni. ALLEVAMENTI: bovini, ovini, equini.

Pisticci (MT)

m 364 ✉ 75015

Delfino Leone

a Tinchi (Cap 75020), viale Ionio 2, tel. 0835580087 - ettari 11 - chiusura: sempre aperto - 🐾 previo accordi.
▶ Abbandonare la Statale 106 alla deviazione per Pisticci, superare l'abitato di Tinchi e proseguire verso Ovest ancora per un chilometro.

Si soggiorna in un edificio di moderna costruzione con portico e ariosa loggia ad archi. Lo Ionio, nella vicina Marina di Pisticci, e i siti archeologici della Magna Grecia pongono il quotidiano dilemma tra il piacere balneare e la cultura.

⊞ Appartamenti: 2 di 3 locali per 3/6 persone, con biancheria letto, biancheria bagno, biancheria cucina, stoviglie, riscaldamento a gas, televisore - affitto al giorno £ 60/88500, affitto a settimana £ 375/620000, fornitura biancheria £ 15/35000, letto aggiunto £ 15000 al giorno, pulizia finale £ 40000. Soggiorno minimo: 3 giorni.

Sport e tempo libero: visite nei dintorni. Coltivazioni: cereali, ortaggi, alberi da frutta. Allevamenti: pollame, conigli, piccioni. Prodotti in vendita: vino, olio, salse.

I Caselli

contrada Giumenteria, tel. 0835470206 (informazioni 0330331731), fax 0998277055 - ettari 25 - apertura: aprile-ottobre.

▶ Dalla Statale 106 imboccare la deviazione per Pisticci, proseguire per 2 km circa, quindi voltare a destra su strada di campagna; seguire i cartelli dell'azienda.

Ampio appezzamento a frutteti e orti nella campagna di questo indaffarato centro agricolo, di notevole fascino nella parte antica. Viene offerto un soggiorno agrituristico di assoluta tranquillità in una villetta circondata dal verde.

⊞ Appartamenti: 2 bilocali per 4 persone, 1 di 3 locali per 5 persone, con stoviglie, caminetto - affitto al giorno £ 70/120000, riduzioni per bambini, pulizia finale £ 50000. Deposito cauzionale £ 150/200000.
Servizi e locali comuni: parcheggio. Coltivazioni: olivi, cereali, ortaggi, alberi da frutta. Prodotti in vendita: olio extravergine d'oliva, frutta, verdura.

San Teodoro Nuovo

a Marconia (Cap 75020), tel. 0835470042, fax 0835 470042 - ettari 150 - chiusura: ottobre-novembre - 🐾
▶ Per chi proviene dalla Basentana o da Taranto percorrendo la Statale 106 in direzione Reggio di Calabria, svoltare a destra dopo il km 444 per San Teodoro Nuovo; procedere per un paio di chilometri e seguire le indicazioni dell'azienda.

Signorile masseria del Settecento, al centro di una tenuta di 150 ettari ad agrumi, olivi e seminativi. A pochi chilometri le spiagge e le pinete ioniche. La natura e le testimonianze delle antiche genti del Metaponto, nonché la realtà fuori dal tempo dei Sassi di Matera, offrono il pretesto per una giornata diversa.

⊞ Appartamenti: 3 bilocali per 2/4 persone, 1 di 3 locali per 6 persone, con biancheria letto, biancheria bagno, biancheria cucina, uso lavanderia, stoviglie, riscaldamento a gas, televisore - affitto a settimana £ 500/2100000. Deposito cauzionale da concordare.
Soggiorno minimo: 1 settimana.
Servizi e locali comuni: parcheggio, barbecue, forno a legna. Sport e tempo libero: piscina, gioco bocce, ping pong; disponibilità di biciclette, passeggiate. Coltivazioni: olivi, bosco, ortaggi, agrumi. Allevamenti: api. Prodotti in vendita: olio d'oliva, agrumi, verdura, miele.

m 25 ✉ 75025

Ricciardulli

località Torre Mozza, tel. 0835910256 - ettari 3 - chiusura: sempre aperto - 🐾
▶ Percorrere la Statale 106 fino a Policoro; l'azienda agrituristica dista circa 1 km dalla zona balneare, nel tratto fra Lido di Metaponto e Sibari.

In una zona specializzata nelle produzioni orticole - rinomate le fragole! - si trova piacevole accoglienza in appartamenti indipendenti e funzionalmente dotati. A 1 km il mare, nei dintorni vari itinerari tra arte e storia.

⊞ Appartamenti: 1 bilocale per 4 persone, 2 di ampia metratura, con biancheria letto, biancheria bagno, stoviglie - affitto al giorno £ 80/150000, affitto a settimana £ 600/1000000. Deposito cauzionale 30%.
Soggiorno minimo: 1 settimana.
🍴 cucina casalinga (piatti della tradizione) - vini locali di produzione propria - £ 28/38000.
Servizi e locali comuni: giochi bimbi. Sport e tempo libero: campo da tennis, pallavolo, campo di calcetto. Coltivazioni: ortaggi, alberi da frutta, fragole. Allevamenti: animali di bassa corte. Prodotti in vendita: frutta, verdura.

m 454 ⊠ 75016

Lama di Palio

contrada Lama di Palio, tel. 0835552359, (prenotazioni 0805010627) - ettari 270 - apertura: su prenotazione.
▶ Dalla Statale 407 prendere la deviazione per Bernalda; l'azienda si incontra dopo circa 10 km lungo la direttrice per Pomarico.

Tutto l'arco dello Ionio scintilla in lontananza. Vacanze sui primi rilievi della valle del Basento, tra fragranze della macchia mediterranea e prospettive di escursioni sul Pollino. Si organizzano settimane verdi per ragazzi, tutto l'anno, con responsabile al seguito.

⊞ APPARTAMENTI: 2 di più locali per 4/6 persone, con stoviglie, riscaldamento centralizzato e a legna, telefono, televisore - affitto al giorno £ 80/120000.
SOGGIORNO MINIMO: 3 giorni.
⚠ 3 equipaggi 🚐 3 equipaggi.
SERVIZI E LOCALI COMUNI: parcheggio, telefono, sala TV, sala lettura. SPORT E TEMPO LIBERO: guida ai lavori agricoli, osservazione degli animali, visite nei dintorni. COLTIVAZIONI: olivi, viti, grano, ortaggi, legumi, alberi da frutta. ALLEVAMENTI: ovini, api. PRODOTTI IN VENDITA: vino, olio, frutta, verdura, grano, miele.

m 479 ⊠ 85040

Leo Nicolina

località Fiumicello, tel. 097346339 - ettari 3 - ♿ - chiusura: sempre aperto - ❧

▶ Percorrere la direttrice Lagonegro-Maratea e deviare a sinistra all'altezza di Nemoli-Fiumicello; l'azienda è circa 3 km a Sud-Est di Rivello, verso Nemoli.

L'abitato, uno dei centri più interessanti della regione per posizione, qualità architettonica e artigianato, è a pochi chilometri. Camere moderne (uso cucina per soggiorni di almeno un mese) in una struttura con area a campeggio, sala ristorante e ampia terrazza antistante.

🛏 CAMERE SENZA SERVIZI: 5 doppie, con biancheria letto, biancheria bagno, riscaldamento centralizzato; 5 bagni in comune - pernottamento per persona £ 25000, pensione £ 60000. Deposito cauzionale 10%.
SOGGIORNO MINIMO: 3 giorni.
⚠ 10 equipaggi 🚐 10 equipaggi.
🍴 riservato agli ospiti - cucina casalinga - vini di produzione propria - £ 25000.
SERVIZI E LOCALI COMUNI: parcheggio, telefono, sala TV, sala lettura. COLTIVAZIONI: olivi, granoturco, ortaggi, funghi. ALLEVAMENTI: suini, animali di bassa corte.

Tre Forni ⭐ⓘ

contrada Campo di Monaco 1, tel. 097346549 - ettari 12 - chiusura: sempre aperto - ❧ previo accordi.
▶ Svincolo Lagonegro Nord-Maratea della A3, poi Statale 585 verso Sud e la costa; l'azienda è ben segnalata e si trova sulla destra, nei pressi del bivio per Rivello e di un viadotto.

L'accoglienza riservata dal signor Pietro è cordialissima e la vacanza si consuma all'insegna della più schietta genuinità contadina.

⊞ APPARTAMENTI: 4 monolocali per 2/4 persone, con biancheria letto, biancheria bagno, biancheria cucina, stoviglie, riscaldamento - affitto al giorno per persona £ 28/45000. Deposito cauzionale 30%.
⚠ 8 equipaggi.
SERVIZI E LOCALI COMUNI: parcheggio, telefono, giochi bimbi. SPORT E TEMPO LIBERO: gioco bocce; noleggio biciclette, pesca. COLTIVAZIONI: olivi, viti, cereali, ortaggi, alberi da frutta. ALLEVAMENTI: ovini, suini, caprini, pollame, conigli. PRODOTTI IN VENDITA: pollame, uova, conigli, vino, olio.

m 576 ⊠ 75026

Il Pago ⭐ⓘ

contrada Trisaia Pantanello 7, tel. 0835848097, fax 0835848090 - ettari 9 - ♿ - chiusura: sempre aperto - ❧ previo accordi.
▶ Dalla Statale 106 deviare allo svincolo per Rotondella e percorrere la Provinciale per 4 km circa; seguire la segnaletica dell'azienda.

Il "balcone sullo Ionio", questa la fama dell'antica Rotundella, felicissima per ubicazione sulle colline della valle del Sinni. L'azienda è più in basso, nella piana di Trisaia, a pochi chilometri dal mare, e offre ai turisti una struttura di recente e funzionale costruzione.

⌇ Camere con servizi: 4 a 3/4 letti, con biancheria letto, biancheria bagno, frigorifero, riscaldamento centralizzato - pernottamento per persona £ 30/35000, pensione £ 75/80000, possibilità di forfait settimanale.
Soggiorno minimo: 3 giorni. Carte di credito: CartaSi, Diner's Club.
〗〗 cucina casalinga - vini regionali - £ 20/45000.
Servizi e locali comuni: parcheggio, telefono, sala TV, parco giochi bimbi. Sport e tempo libero: gioco bocce, tiro con l'arco, ping pong; disponibilità di biciclette, guida ai lavori agricoli, visite nei dintorni. Coltivazioni: olivi, ortaggi, alberi da frutta. Allevamenti: animali di bassa corte.

Scanzano Jònico (MT)

m 21 ⊠ 75020

Agata Giuseppe

a Terzo Cavone, via Roma 10, tel. 0835954649 oppure 0835930076 - ettari 4,5 - chiusura: sempre aperto - ❧ previo accordi.
▶ Al bivio di Terzo Cavone della Statale 106 seguire le indicazioni per il mare; superato il cavalcavia ferroviario, percorrere interamente la via Roma.

Il mare è dietro l'angolo ma anche il fiume e la pineta costiera sono gradevoli risorse per cambiare orizzonti. Accoglienza molto cordiale in ambienti di moderna funzionalità. In più la piena disponibilità nell'organizzare serate danzanti e cene all'aperto.

⊞ Appartamenti: 1 bilocale per 4 persone, 3 di 3 locali per 5 persone, con stoviglie, riscaldamento - affitto al giorno £ 30/90000, pulizia finale £ 30000, biancheria per letto £ 20000. Deposito cauzionale 20%.
Soggiorno minimo: 1 settimana.
Servizi e locali comuni: parco giochi bimbi. Sport e tempo libero: visite nei dintorni. Coltivazioni: olivi, viti, ortaggi, alberi da frutta, agrumi. Allevamenti: pollame. Prodotti in vendita: uova, vino, olio, frutta, salse, conserve.

Bufaloria

via Monviso 61, tel. 0835954287 - ettari 6 - apertura: giugno-settembre - ⌘
▶ Dallo svincolo di Scanzano Jonico della Statale 106 raggiungere il passaggio a livello poco oltre l'abitato, quindi proseguire per 3 km in direzione del mare.

Tre miniappartamenti con porticati così ampi che inducono facilmente all'ozio domestico e a grandi tavolate. Al mare, comunque, si va a piedi tanto è vicino. L'azienda fa poi parte di un consorzio che organizza attività ricreative nei dintorni.

⊞ Appartamenti: 3 bilocali per 4/5 persone, con biancheria cucina, stoviglie, riscaldamento centralizzato - affitto al giorno £ 80/92000, biancheria per letto e per bagno solo su richiesta. Deposito cauzionale 30% alla prenotazione.
Soggiorno minimo: 3 giorni.
Servizi e locali comuni: parcheggio, parco giochi bimbi. Sport e tempo libero: gioco bocce; visite nei dintorni, passeggiate, escursioni. Coltivazioni: olivi, ortaggi, alberi da frutta, fragole. Prodotti in vendita: frutta, verdura, fragole.

Il Merlo

via Monviso 4, tel. 0835953269 oppure 0835 953492 - ettari 5 - chiusura: sempre aperto - ❧ previo accordi.

▶ Dal crocevia di Scanzano Jonico della Statale 106 superare il passaggio a livello poco oltre il paese e percorrere 800 m, fino alla seconda palazzina a destra.

Gentilezza e affiatamento della famiglia ospite rendono il soggiorno in questa azienda del primo entroterra ancor più gradevole: all'arrivo e alla partenza, per andare in spiaggia, che dista solamente un chilometro, come anche per un'escursione. Alloggio in appartamenti indipendenti affacciati alla campagna.

Basilicata

⊞ APPARTAMENTI: 4 di varia disposizione per 2/6 persone, con biancheria letto, biancheria bagno, riscaldamento autonomo, televisore - affitto al giorno £ 60/80000, pensione £ 55/70000. Deposito cauzionale 30%.

⫇ cucina lucana (prenotare) - vini locali di produzione propria - £ 20/35000.

SERVIZI E LOCALI COMUNI: parcheggio, telefono. SPORT E TEMPO LIBERO: gioco bocce, tiro con l'arco; escursioni, visite nei dintorni. COLTIVAZIONI: viti, ortaggi, peschi, agrumi, fragole. ALLEVAMENTI: ovini, suini, caprini, pollame, conigli. PRODOTTI IN VENDITA: salumi, vino, frutta, conserve, sottoli, sottaceti, marmellate.

Lo Sperone

via Vesuvio 7/9, tel. 0835953307 - ettari 20 - apertura: maggio-settembre - ⤵

▶ Lasciare la Statale 106 all'altezza di Scanzano Jonico, superare il passaggio a livello e continuare lungo la via Monviso per circa un chilometro; seguire la segnaletica dell'azienda.

Ambienti rustici - legno alle pareti, mobilia d'artigianato, caminetto - per gli amanti del turismo equestre che qui troveranno strutture di prim'ordine e ampi orizzonti escursionistici. La musica e le danze allietano piacevolmente le serate estive.

🛌 CAMERE CON SERVIZI: 7 a più letti, con biancheria letto, biancheria bagno, uso lavanderia, riscaldamento centralizzato - pernottamento per persona £ 40/60000, pensione £ 70/80000, sconto 20% per bambini fino a 6 anni, pulizia finale £ 40000. Deposito cauzionale 30% alla prenotazione.

SOGGIORNO MINIMO: 3 giorni.

⫇ cucina lucana - vini regionali - £ 20/30000.

SERVIZI E LOCALI COMUNI: parcheggio, telefono, sala TV, taverna, sala giochi bimbi, parco giochi bimbi. SPORT E TEMPO LIBERO: piscina, ricovero cavalli; passeggiate a cavallo. COLTIVAZIONI: alberi da frutta. PRODOTTI IN VENDITA: frutta.

Trècchina (PZ)

m 500 ✉ 85049

La Colla ⭐

località Colla, tel. 0973826067 - ettari 13 - apertura: aprile-settembre - ⤵

▶ Sulla direttrice Lagonegro-Maratea; l'azienda è situata circa 3 km a Ovest dal centro di Trecchina verso il passo la Colla.

Siamo sulle colline del primo entroterra di Maratea, in una vallata che a mano a mano guadagna la vista del golfo di Policastro. Un prato ben curato e recintato accoglie gli ospiti con una eloquente immagine di ordine e sollecitudine.

⊞ APPARTAMENTI: 3 di varia disposizione per 6/7 persone, con uso lavanderia, stoviglie, caminetto - affitto al giorno £ 50/120000, supplemento per fornitura biancheria £ 10000 per persona.

SOGGIORNO MINIMO: 2 settimane in agosto.

SERVIZI E LOCALI COMUNI: parcheggio. COLTIVAZIONI: olivi, viti, cereali, alberi da frutta. PRODOTTI IN VENDITA: vino, olio, frutta, cereali.

Viggiano (PZ)

m 975 ✉ 85059

Agricola Pisani

località San Lorenzo, tel. 0975354054, fax 0975 352000 - ettari 25 - chiusura: sempre aperto - ⤵

▶ Lasciare la Statale 598 al bivio per Viggiano, quindi deviare a sinistra e raggiungere il paese; seguire le indicazioni per San Lorenzo.

Dall'alto dei suoi 1476 metri il monte Sant'Enoc domina Viggiano e la vasta area di bonifica che lo circonda. L'ospitalità agrituristica viene offerta, tra i frutteti, in una palazzina di due piani funzionalmente divisa in tre ampi e comodi alloggi.

⊞ APPARTAMENTI: 3 bilocali per 4 persone, con biancheria letto, biancheria bagno, biancheria cucina, stoviglie, riscaldamento centralizzato - affitto al giorno per persona £ 25/30000.

SOGGIORNO MINIMO: 3 giorni.

SPORT E TEMPO LIBERO: guida ai lavori agricoli. COLTIVAZIONI: viti, alberi da frutta. PRODOTTI IN VENDITA: vino.

LA BASILICATA

*L*a naturale variabilità climatica ed altimetrica della nostra regione, consente un ampio assortimento produttivo, che spazia dalle acque minerali ai vini, dai formaggi, salumi e frutti di bosco di alta montagna, alle primizie delle zone costiere, passando attraverso le produzioni orticole e frutticole delle zone collinari, fino ad arrivare a pregiato olio extra vergine di oliva. La variegata produzione agroalimentare lucana vanta inoltre, un'antica tradizione di genuinità e qualità, che attraverso la moderna rivisitazione di antiche tecniche, consente di conservare inalterati tutti i sapori e gli aromi del passato.

REGIONE BASILICATA
Dipartimento Agricoltura

LE PASTE ALIMENTARE
- *Strascinati • Cavatelli • Lagane*
- *Orecchiette • Fusilli*

OLIO EXTRA VERGINE LUCANO
• Del Vulture • Delle Colline del Ferrandinese • Delle Colline Materane

LE CARNI
• Bovini • Caprini • Ovini • Suini

I FORMAGGI E I LATTICINI
• Pecorino • Caciocavallo Pedolico
• Mozzarella • Scamorza • Manteca
• Cacioricotta • Tuma • Ricotta

I VINI
• Aglianico del Vulture DOC. Spumante Aglianico • IGT Basilicata. Bianco. Rosato. Rosso. Novello • IGT Grottino di Roccanova • Biologico e Spumanti

GLI ORTAGGI

I PRODOTTI DA FORNO
• Pane • Friselle • Scrocchiarelle • Taralli

LE ACQUE MINERALI
• Cutolo Rionero • Gaudianello
• Itala • La Francesca • Lilia
• Toka • Traficante • Visciolo

I SALUMI
• Capocollo • Soppressata • Salsiccia
• Salsiccia "Pezzente" • Prosciutto

BASILICATA

Una Regione senza stress
dove è ancora possibile vivere al ritmo della natura

METABO

Consorzio per la valorizzazione del turismo rurale

Unico centro prenotazioni

Soggiorni in aziende agrituristiche, vacanze verdi, appartamenti in campagna,
piccoli borghi, casali e strutture ricettive del turismo rurale
Soggiorni per individuali e per gruppi
Vacanze in campagna, nei parchi, al mare ed in montagna
Parco nazionale del Pollino, Maratea, Costa Ionica, Matera, Castelli Federiciani
Selezione delle migliori aziende agrituristiche della Basilicata,
scelte per tipologie e categorie in base alla gradevolezza, la pulizia,
la genuinità dei prodotti, l'ospitalità dei proprietari.

Soggiorni in aziende con produzioni biologiche
Turismo equestre in aziende agrituristiche altamente qualificate
Itinerari tematici per scoprire tradizioni, enogastronomia, mondo rurale,
cultura, arte, storia, folklore ed artigianato
Assistenza, trasferimenti da e per aeroporti e stazioni
Al Consorzio aderiscono Agriturismi, Ristoranti tipici, Agenzie Viaggi,
Guide escursionistiche e turistiche, Alberghi, Società di servizi,
Enti pubblici, Aziende agricole e di prodotti tipici,
Associazioni ambientaliste e del Tempo libero.
Il consorzio Metabo è il punto d'incontro delle migliori professionalità locali

PARCO FORRAINA, 85049 Trecchina (PZ)
Tel. e fax 0973 820018
E-mail: metabo@tiscalinet.it - www.bestway.it

REGIONE BASILICATA

PARCO REGIONALE GALLIPOLI-COGNATO

Natura
Archeologia
Tradizioni

1. Dolomiti Lucane

*2. Area faunistica
di Pian di Gilio: daino*

*3. Fortificazioni del IV
sec.a.C. Riserva antropologica
di Pian di Gilio*

4. Castelmezzano

*5. Culti arborei Lucani:
il "Maggio" di Accettura*

**Dipartimento Agricoltura
Ufficio Foreste - Via Anzio, 44 Potenza
Tel. 0971/448777 - Fax 0971/448775**
Foto: O. Chiaradia

CALABRIA
TRA MARE E MONTAGNA

*Stretta tra due mari ma innervata da vere montagne,
la 'punta dello stivale' risulta favorevole tanto
all'esotico bergamotto quanto al nordico pino laricio.*

Le cifre, a proposito della Calabria, parlano chiaro: 700 km di costa fra Tirreno e Ionio; 100 km di larghezza tra Paola e Melissa, appena 30 tra Sant'Eufemia e Catanzaro; 42% di montagna con punte oltre i 2000 metri, 49% di collina, il resto concesso con difficoltà a esigue pianure costiere. Mare aperto e vera montagna, dunque, a stretto contatto. Il versante tirrenico è per buona parte ripido, ricoperto da boschi e macchia mediterranea, e nel giro di pochi chilometri porta a quote ragguardevoli. Il versante ionico è più brullo e la spiaggia lascia subito il posto alla fascia collinare. In nessun'altra regione d'Italia l'alternanza è così sensibile.

UNO SCENARIO AGRICOLO PIÙ UNICO CHE RARO

In questo quadro ambientale l'agricoltura, grazie a un clima marittimo davvero invidiabile, presenta aspetti di tutto rilievo nel panorama nazionale: la Calabria è seconda produttrice di olio, vanta le produzioni di eccellenza «Lametia» (Dop) e «Bruzio» (Dop); posizione rilevante anche per quanto riguarda la frutta con la

«Clementina apirena calabra» (Igp), caratteristico agrume senza semi, quale rappresentante di punta; poi aranci, mandarini, pompelmi, limoni, cedri e ortaggi vari tra i quali primeggiano pomodori, cipolle e melanzane; praticamente esclusivi della Calabria sono il bergamotto e il gelsomino, utilizzati nelle lavorazioni di profumeria; importanti anche le colture floreali. La collina offre numerose produzioni vinicole e tra queste ben 12 vini Doc, che in buona parte hanno nell'antico vitigno Greco, tra i bianchi, e nel Gaglioppo, tra i rossi, una costante di qualità. Tre le zone di produzione: la più settentrionale è quella del Massiccio del Pollino; le altre, scendendo gradualmente a Sud, interessano sui due mari le propaggini collinari della Sila e dell'Aspromonte.

UNA VACANZA TRA SAPORI DI MARE E MONTAGNA

Tra le risorse della cucina locale va segnalata innanzitutto un'insolita varietà di pesce: particolare fortuna ha il pesce azzurro – acciughe, sarde, sgombri, aguglie – che i cuochi locali sanno valorizzare come pochi altri; nelle acque dello Stretto si pratica la tradizionale pesca del pesce spada, destinato a deliziosi intingoli e ripieni in una rassegna difficilmente immaginabile di ricette; lungo le coste si lavora sotto sale e sott'olio anche il tonno, dal quale deriva anche una raffinata bottarga, prima di una singolare

Sopra, picchio nero; la presenza di questa specie tipica delle foreste di conifere è rappresentativa della notevole escursione climatica della Calabria.

Qui a lato, il litorale di Albidona, quasi al confine con la Basilicata; nell'entroterra si sale rapidamente verso il Pollino.

ASSOCIAZIONI DI CATEGORIA

▮ **AGRITURIST**
Lamezia Terme
Sede Regionale,
via G. Pinna 30,
tel. 096851619

▮ **TERRANOSTRA**
Cosenza
Sede Regionale,
via Oberdan 46,
tel. 098471118

▮ **TURISMO VERDE**
Catanzaro
Sede Regionale,
via Milano 15/B,
tel. 0961743592

rassegna di conserve marinare. Poi, a un tiro di schioppo, c'è la montagna: montagna importante, che sostenta un allevamento ovino e caprino di prim'ordine, cui la mensa deve carni d'agnello e capretto, e una casearia dai robusti sapori, tra cui spiccano pecorini, mozzarelle e formaggi a pasta fusa quale il «Caciocavallo silano» (Dop), che è il portabandiera della qualità calabrese. Nota di merito anche per i salumi, tradizionalmente rinvigoriti dal peperoncino e da altre spezie: recente è il riconoscimento di eccellenza per «Salsiccia, soppressata, capocpllo e pancetta calabra» (Igp).

CAPOLAVORI DELL'ANTICHITÀ, MONUMENTI DELLA NATURA

La felice incertezza tra mare e montagna sembra dunque essere la costante di un soggiorno calabrese. Anche perché, nonostante manomissioni antiche e recenti, sia l'uno che l'altra conservano ambienti di eccezionale interesse. Sulla costa, non dimentichiamolo, vi sono importantissime memorie della Magna Grecia: siti archeologici, ma anche importanti centri museali, come quello di Reggio di Calabria, che ha accolto due primatori dell'arte antica riemersi dallo Ionio, i Bronzi di Riace. Quanto alla natura dell'entroterra, la regione conta addirittura tre parchi nazionali: quello del Pollino interessa il massiccio calcareo al confine con la Basilicata e ha per emblema il monumentale pino loricato; quello di Calabria comprende i verdeggianti rilievi della Sila; quello dell'Aspromonte ha nel nome il carattere delle sue dorsali granitiche. Ma a prescindere dai luoghi di grande nome, questa regione riserva, in alternativa ai più consueti piaceri dell'agriturismo, la scoperta di località di mare e montagna poco frequentate e, nonostante certi diffusi pregiudizi, dalle inaspettate risorse.

Sopra, una ceramica antica evoca la civiltà della Magna Grecia, uno degli elementi di maggiore interesse culturale della regione.

Qui a lato, il lago Ampollino, a 1271 metri di quota, tra le boscose cime della Sila Piccola è un ambiente che ben rappresenta il carattere della montagna calabra; fiancheggiato da una strada panoramica, è agevole meta di una gita dalla costa.

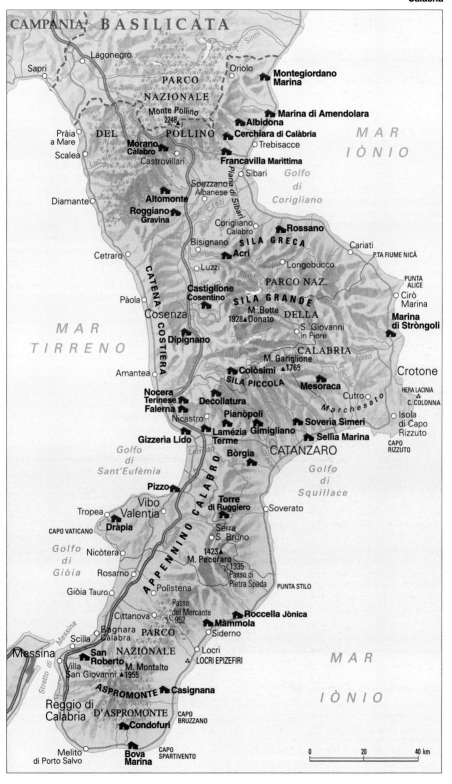

CAMPANIA BASILICATA

Sapri
Lagonegro
Oriolo
Montegiordano
Marina

PARCO
NAZIONALE
Marina di Amendolara
Pràia
a Mare
DEL
Monte Pollino
2248
Albidona
Cerchiara di Calàbria
MAR
IÒNIO
Scalea
Morano
Càlabro
POLLINO
Trebisacce
Castrovillari
Francavilla Marìttima
Diamante
Spezzano
Albanese
Piana di Sìbari
Sìbari
Golfo
di
Corigliano
Altomonte
Roggiano
Gravina
Cetraro
Corigliano
Calabro
Rossano
Cariati
Bisignano
SILA GRECA
Acri
P.TA FIUME NICÀ
Luzzi
Longobucco
PUNTA
ALICE
CATENA
Pàola
Castiglione
Cosentino
PARCO NAZ.
SILA GRANDE
Cirò
Marina
Cosenza
M. Botte
1928 Donato
DELLA
S. Giovanni
in Fiore
Marina
di Stròngoli
Dipignano
CALABRIA
MAR
TIRRENO
COSTIERA
M. Gariglione
1765
Amantea
Colòsimi
SILA PICCOLA
Mesoraca
Crotone
Nocera
Terinese
Falerna
Cutro
HERA LACINIA
C. COLONNA
Decollatura
Pianòpoli
Soverìa Simeri
Isola
di Capo
Rizzuto
Nicastro
Lamézia
Terme
Gimigliano
Sellìa Marina
CAPO
RIZZUTO
Gizzerìa Lido
Bòrgia
CATANZARO
Golfo
di
Sant'Eufèmia
Pizzo
Golfo
di
Squillace
Vibo
Valentia
Torre
di Ruggiero
Soverato
Tropea
CAPO VATICANO
Dràpia
Serra
S. Bruno
Golfo
di
Gìoia
Nicòtera
1423
M. Pecoraro
1335
Passo di
Pietra Spada
PUNTA STILO
Rosarno
Gìoia Tauro
Polistena
Passo
del Mercante
952
Roccella Jònica
Cittanova
Màmmola
Bagnara
Càlabra
PARCO
Siderno
Scilla
NAZIONALE
Locri
Messina
San
Roberto
LOCRI EPIZEFIRI
MAR
Villa
San Giovanni
M. Montalto
1955
IÒNIO
Reggio di
Calabria
ASPROMONTE
Casignana
D'ASPROMONTE
CAPO
BRUZZANO
Condofuri
Melito
di Porto Salvo
Bova
Marina
CAPO
SPARTIVENTO
0   20   40 km

Acri (CS)

m 720 ⊠ 87041

Santa Maria di Macchia

contrada Macchia di Baffi 73, tel. 0984946165 oppure 0984955124 - ettari 200 - apertura: giugno-settembre o su prenotazione - ❧

▶ Abbandonare la A3 alle uscite Torano o Montalto Uffugo e proseguire fino all'incrocio con la Statale 559 per Luzzi; 1,5 km, poi continuare sulla Statale 660 verso Acri; in paese, prendere la Provinciale per San Giacomo d'Acri: dopo 7 km si arriva in azienda.

Soggiorno agrituristico in tipici casolari d'alta collina, a diciotto chilometri dal Parco Nazionale della Sila. Si organizzano settimane verdi per ragazzi da aprile a giugno e da settembre a ottobre.

🛏 CAMERE CON SERVIZI: 7 doppie, con biancheria letto, biancheria bagno, riscaldamento centralizzato - pernottamento per persona £ 30/40000, mezza pensione £ 55/65000, letto aggiunto £ 15000; riduzioni per bambini fino ai 10 anni. Deposito cauzionale 10%.
Note: sono disponibili anche quattro suites di cui una con uso cucina.
🍴 cucina calabrese (paste fresche) - vini locali di produzione propria - £ 20/30000.

SERVIZI E LOCALI COMUNI: parcheggio, telefono, sala TV, barbecue. SPORT E TEMPO LIBERO: gioco bocce, campo di calcetto, tiro con l'arco, maneggio, ricovero cavalli; noleggio mountain bike, guida ai lavori agricoli, osservazione degli animali, pesca, passeggiate naturalistiche guidate, trekking a piedi e a cavallo. COLTIVAZIONI: cereali, ortaggi, alberi da frutta. ALLEVAMENTI: ovini, suini, caprini, cavalli, pollame, conigli. PRODOTTI IN VENDITA: salumi, formaggio, sottoli, sottaceti.

Albidona (CS)

m 810 ⊠ 87070

Masseria Torre di Albidona

località Piana della Torre, tel. 0981507944, fax 0981 507944 - ettari 84 - apertura: marzo-ottobre - ❧

▶ Svincolo Spezzano Albanese-Sibari della A3, poi procedere verso la costa e imboccare la Statale 106 verso Taranto; superata Trebisacce di 8 km, uscire a Piana di Albidona e dopo 300 m girare a sinistra seguendo le indicazioni per l'azienda.

Vacanze rurali con vista a mare tra le mura in pietra di antiche case coloniche. La costa a breve distanza riserva sabbia e scoglio. Per cambiare orizzonte si sale in un'ora tanto alla Sila quanto al Pollino.

⊞ APPARTAMENTI: 4 monolocali per 2/3 persone, 2 bilocali per 4/5 persone, 2 di 3 locali per 6/8 persone, con biancheria letto, biancheria bagno, biancheria cucina, uso lavanderia, stoviglie, riscaldamento autonomo - affitto a settimana £ 400/1400000; supplemento per uso lavanderia. Deposito cauzionale £ 200000 alla prenotazione.
SOGGIORNO MINIMO: 2 settimane in agosto. CARTE DI CREDITO: Visa, Eurocard, Mastercard.
🍴 cucina del territorio (paste fresche) - vini locali - £ 35000.
SERVIZI E LOCALI COMUNI: parcheggio, telefono. SPORT E TEMPO LIBERO: piscina, campo da tennis; visite nei dintorni. COLTIVAZIONI: olivi, cereali, ortaggi, alberi da frutta, agrumi. ALLEVAMENTI: ovini, pollame. PRODOTTI IN VENDITA: olio, biscotti, marmellate.

Altomonte (CS)

m 455 ⊠ 87042

La Quercia

contrada Boscari, tel. 0981946232 - ettari 13 - apertura: maggio-ottobre - ❧ in luglio e agosto.

▶ Lasciare la A3 al casello Altomonte, quindi proseguire diritti per 7 km circa sulla strada che raggiunge il capoluogo comunale.

Nelle campagne della bella cittadina, nota per le sue memorie storico-artistiche, un secolare albero veglia sui rustici ben riattati dell'azienda agrituristica. A 5 km il centro, entro un raggio di 20 km mare, monti, terme e gli scavi di Sibari.

CAMERE CON SERVIZI: 3 a 4 letti, con biancheria letto, biancheria bagno, uso lavanderia - pernottamento per persona £ 40000, pensione £ 90000, possibilità di forfait settimanale. Deposito cauzionale 30%.
SOGGIORNO MINIMO: 3 giorni.
5 equipaggi 5 equipaggi.
cucina calabrese (paste fresche) - vini regionali di produzione propria - £ 25/40000.
SERVIZI E LOCALI COMUNI: parcheggio, sala TV. SPORT E TEMPO LIBERO: gioco bocce; disponibilità di mountain bike, guida ai lavori agricoli. COLTIVAZIONI: olivi, viti, ortaggi. ALLEVAMENTI: ovini, caprini, pollame. PRODOTTI IN VENDITA: salumi, vino, olio, sottoli, conserve, marmellate.

Bòrgia (CZ)

m 341 ✉ 88021

Borgo Piazza

località Vallo di Borgia, tel. 0961391326 oppure 0961 745495, fax 0961745567 - ettari 44 - ♿ - chiusura: metà dicembre-metà gennaio -

▶ Da Catanzaro Marina percorrere 3,5 km della Statale 106 verso Sud, fino alla deviazione a destra per Vallo di Borgia; dopo 300 m a sinistra, si incontra la stradina che porta in azienda.

Ampia tenuta in felicissima posizione sul golfo di Squillace, condotta con dichiarata coscienza ambientalista. Nella sede aziendale ricavata da una costruzione di metà Ottocento ristrutturata, una foresteria per l'ospitalità agrituristica. Settimane verdi per ragazzi da giugno a settembre.

CAMERE CON SERVIZI: 1 singola, 6 doppie, 1 a 3 letti, con biancheria letto, biancheria bagno, uso lavanderia, riscaldamento centralizzato, telefono, televisore a richiesta, frigobar - pernottamento per persona £ 53/63000, mezza pensione £ 83/93000, possibilità di forfait settimanale; supplemento per riscaldamento £ 12/15000 al giorno.
APPARTAMENTI: 1 di 3 locali per 4/5 persone, con biancheria cucina, stoviglie, riscaldamento, telefono - affitto a settimana £ 960/1100000, biancheria £ 18000 per persona a settimana; supplemento per riscaldamento £ 140000 a settimana.
SOGGIORNO MINIMO: 3 giorni in camera, 1 settimana in appartamento.
riservato agli ospiti - cucina casalinga - vini locali di produzione propria - £ 30/40000.

SERVIZI E LOCALI COMUNI: parcheggio, telefono, servizio fax, sala TV. SPORT E TEMPO LIBERO: tiro con l'arco; guida ai lavori agricoli, osservazione degli animali, pesca, visite nei dintorni, passeggiate. COLTIVAZIONI: olivi, cereali, ortaggi, mandorli, agrumi, fichi d'India. ALLEVAMENTI: ovini, suini, caprini, pollame, conigli. PRODOTTI IN VENDITA: olio extravergine d'oliva, formaggio, sottoli, confetture.

Bova Marina (RC)

m 20 ✉ 89035

La Spina Santa

via Spina Santa, tel. 0965761012, fax 0965761012 - ettari 10 - apertura: su prenotazione.
▶ A fine autostrada, a Reggio di Calabria, continuare sulla Statale 106 verso Taranto; giunti a Bova Marina, imboccare la deviazione a sinistra per Bova; l'azienda è a circa un chilometro da Bova Marina ed è segnalata lungo il percorso.

A due passi dal mare, con bella vista dell'Etna, villeggiatura agrituristica in una casa baronale allietata da un ombroso corteggio di palme e, nel vivo della stagione, da serate musicali. A neppure 1 km la vivace marina di Bova; nell'entroterra l'antico e caratteristico borgo.

CAMERE SENZA SERVIZI: 4 doppie; 2 bagni in comune - pernottamento per persona £ 25/40000, pensione £ 60/80000. CAMERE CON SERVIZI: 9 doppie - pernottamento per persona £ 25/40000, pensione £ 60/80000.
SOGGIORNO MINIMO: 1 settimana in agosto.
Note: *le camere sono dotate di biancheria per letto e per bagno, riscaldamento centralizzato.*
cucina calabrese (piatti della tradizione) - vini regionali di produzione propria - £ 25/35000.
SERVIZI E LOCALI COMUNI: parcheggio, telefono, parco giochi bimbi. SPORT E TEMPO LIBERO: maneggio, ricovero cavalli; noleggio mountain bike, escursioni a piedi e a cavallo. COLTIVAZIONI: ortaggi, agrumi. ALLEVAMENTI: trote. PRODOTTI IN VENDITA: salumi, vino, liquori della casa, formaggio.

Casignana (RC)

m 342 ✉ 89030

Nereide

contrada Palazzi, tel. 0964913073 oppure 0368 653565 - ettari 150 - chiusura: sempre aperto - previo accordi.

▶ Azienda a margine della Statale 106, nel tratto per Bianco e Bovalino, nelle vicinanze della Villa Romana; tra i vari itinerari di accesso viene considerato quello che, dall'uscita Rosarno della A3, procede toccando Polistena, Mammola e Marina di Gioiosa Jonica; da qui si continua verso Sud, fino all'arrivo in azienda.

Sulla litoranea, a ridosso della spiaggia, una moderna residenza agrituristica che dispone, tra l'altro, di ampi spazi per tende, caravan e camper. A poca distanza i resti di una villa romana, primo fra i numerosi elementi di pregio storico e ambientale della costiera. Colture all'insegna del "tutto biologico".

⊞ APPARTAMENTI: 8 di varia metratura per 4/5/9 persone, con biancheria letto, biancheria bagno, uso lavanderia, climatizzazione, televisore - affitto al giorno per persona £ 40/50000, pensione £ 100000. Deposito cauzionale 30% alla prenotazione.
)|{ cucina calabrese (paste fresche, pizza) - vini locali di produzione propria - £ 30/50000.
SERVIZI E LOCALI COMUNI: parcheggio, telefono, sala TV. SPORT E TEMPO LIBERO: maneggio, ricovero cavalli; visite nei dintorni. COLTIVAZIONI: viti, ortaggi, alberi da frutta. ALLEVAMENTI: bovini, ovini, suini, caprini, pollame. PRODOTTI IN VENDITA: pollame, agnelli, capretti, salumi, vino, verdura, formaggio, miele.

Castiglione Cosentino (CS)
m 400 ⊠ 87040

Caldeo
contrada Fontana 28, tel. 0984442575, fax 0984 442575 - ettari 24 - ♿ - chiusura: sempre aperto - ♻ previo accordi.
▶ Abbandonare la A3 alla stazione di Cosenza Nord, poi imboccare e percorrere per 4 km la strada che conduce a Castiglione Cosentino svoltando a sinistra dopo aver attraversato il fiume Crati.

Camere con vista sulla valle del Crati e Cosenza. Si soggiorna in una casa del Settecento restaurata. Spazi per camper e roulotte con parco verde. Nell'aria il rilassante stormire degli ulivi e un'atmosfera familiare. Settimane verdi, tutto l'anno; serate danzanti il sabato.

◁ CAMERE SENZA SERVIZI: 2 doppie, 1 a più letti, con uso cucina; 1 bagno in comune - pernottamento per persona £ 40/80000, prima colazione £ 5/8000, pensione £ 70/90000. CAMERE CON SERVIZI: 6 doppie, 2 a più letti, con frigorifero - pernottamento per persona £ 40/80000, prima colazione £ 6/8000, pensione £ 70/90000.
SOGGIORNO MINIMO: 3 giorni.
Note: *le camere sono dotate di biancheria per letto, per bagno e per cucina, uso lavanderia, telefono, televisore e riscaldamento; tutte le camere con servizi dispongono di angolo cottura; si accettano le carte di credito.*
)|{ cucina calabrese - vini locali di produzione propria - £ 30/60000.
SERVIZI E LOCALI COMUNI: parcheggio, telefono, sala TV, sala lettura, parco giochi bimbi. SPORT E TEMPO LIBERO: gioco bocce, maneggio, ricovero cavalli; visite guidate, escursioni. COLTIVAZIONI: olivi, viti, ortaggi, alberi da frutta. ALLEVAMENTI: animali di bassa corte. PRODOTTI IN VENDITA: vino, olio, frutta, verdura, sottoli.

Cerchiara di Calàbria (CS)
m 650 ⊠ 87070

Acampora
contrada Milizia, tel. 0981991320 - ettari 10 - ♿ - apertura: marzo-ottobre - ♻

▶ Accesso dalla direttrice che unisce Castrovillari (dove c'è il casello della A3) a Villapiana Scalo (intersezione con la Statale 106): l'azienda si trova dopo 4 km, sulla deviazione per Cerchiara di Calabria.

Si soggiorna alle falde del monte Sellaro (m 1439), con vista sullo Ionio (a 10 km) e sulla piana di Sibari. I contadini, che vivono sul fondo, sono fautori delle colture biologiche. Per un'emozione diversa, passeggiate col calesse. Settimane verdi per ragazzi.

⚲ CAMERE SENZA SERVIZI: 2 doppie; 1 bagno in comune - pernottamento per persona £ 25000, prima colazione £ 5000, pensione £ 60000. CAMERE CON SERVIZI: 3 doppie - pernottamento per persona £ 25000, prima colazione £ 5000, pensione £ 60000. Deposito cauzionale 10% alla prenotazione.
Note: *le camere sono dotate di biancheria per letto e per bagno, uso lavanderia e riscaldamento a gas.*
⚠ 5 equipaggi 🚐 5 equipaggi.
)Ⅱ cucina tradizionale - vini locali di produzione propria - £ 20/35000.
SERVIZI E LOCALI COMUNI: parcheggio, telefono, sala lettura. SPORT E TEMPO LIBERO: guida ai lavori agricoli, osservazione degli animali, visite nei dintorni, escursioni. COLTIVAZIONI: olivi, viti, ortaggi, alberi da frutta. ALLEVAMENTI: suini, caprini, pollame, conigli, api. PRODOTTI IN VENDITA: olio, frutta, verdura, conserve, marmellate, miele.

Colòsimi (CS)

m 870 ✉ 87050

La Baita

contrada Silicella, tel. 0984392802 oppure 0330 359733 - ettari 50 - apertura: maggio-dicembre - ❧
▶ Dallo svincolo Altilia-Grimaldi della A3, percorrere la Statale 616 verso la Sila, poi continuare sulla 108bis per 15 km oltre l'abitato di Colosimi; al bivio Silicella mancano ancora 2 km circa per arrivare in azienda.

Villeggiatura montana con soggiorno in un rustico riattato o in quattro simpatiche baite in legno. Intorno i 50 ettari aziendali a orti e frutteti e lo splendido ambiente della Sila Piccola, con i vicini laghi Ampollino e Cecita. Settimane verdi per gruppi di ragazzi (max 20 persone).

⊞ APPARTAMENTI: 1 monolocale per 2 persone, 3 bilocali per 4 persone, 1 di 3 locali per 6 persone, con biancheria letto, biancheria cucina, stoviglie, riscaldamento a legna - affitto al giorno per persona £ 30/35000, affitto a settimana per persona £ 200/230000, i prezzi comprendono la prima colazione; pulizia £ 50000 a settimana. Deposito cauzionale da concordare.
SOGGIORNO MINIMO: 3 giorni.

⚠ 10 equipaggi 🚐 10 equipaggi.
)Ⅱ riservato agli ospiti - cucina casalinga (piatti della tradizione) - vini locali - £ 20/25000.
SERVIZI E LOCALI COMUNI: parcheggio, sala TV. SPORT E TEMPO LIBERO: noleggio mountain bike, pesca, passeggiate a cavallo, visite nei dintorni, passeggiate nel bosco. COLTIVAZIONI: ortaggi, patate, alberi da frutta, frutti di bosco. ALLEVAMENTI: ovini, caprini, cavalli, animali di bassa corte. PRODOTTI IN VENDITA: uova, frutta, verdura, marmellate.

Condofuri (RC)

m 339 ✉ 89030

Il Bergamotto

ad Amendolea, tel. 0965727213, fax 0965727213 - ettari 30 - chiusura: periodo in novembre - ❧
▶ A fine tronco della A3, a Reggio di Calabria, continuare sulla Statale 106 verso la costa jonica; poco oltre Condofuri Marina, svoltare a sinistra dirigendo su Condofuri senza peraltro arrivarvi; dopo circa 6 km, deviazione sulla destra per Amendolea.

Siamo nelle terre della civiltà grecanica (VII secolo a.C.) e del Parco Nazionale dell'Aspromonte: sospeso tra mare e montagna, incontriamo questo piccolo borgo agricolo riattato con sensibilità all'accoglienza turistica. Tutte le coltivazioni, ivi compresa quella specialissima del bergamotto, sono biologiche.

⚲ CAMERE SENZA SERVIZI: 4 doppie, 7 a 3 letti, con biancheria letto, biancheria bagno, uso lavanderia, riscaldamento a legna; 8 bagni in comune - pernottamento per persona £ 30000, prima colazione £ 4000, mezza pensione £ 50000. Deposito cauzionale 10%.
SOGGIORNO MINIMO: 3 giorni.
)Ⅱ cucina del territorio (maccheroni al sugo di capra) - vini locali di produzione propria - £ 20/30000.
SERVIZI E LOCALI COMUNI: parcheggio, taverna. SPORT E TEMPO LIBERO: escursioni. COLTIVAZIONI: olivi, grano, ortaggi. PRODOTTI IN VENDITA: salumi, liquori della casa, marmellate.

Decollatura (CZ)

m 765 ✉ 88041

Il Guercio

località Guercio, tel. 0968662194 oppure 0368 3367804 - ettari 3 - apertura: maggio-ottobre - ❧

Calabria

▶ Lasciare la A3 al casello Altilia-Grimaldi, poi proseguire sulla Statale 616 fino a circa 6 km oltre Soveria Mannelli; da qui, deviazione a sinistra per Decollatura; l'azienda è 2 km fuori paese.

Nel comprensorio della Sila Piccola, la tranquillità e il clima mite della mezza montagna (a ogni buon conto, le spiagge tirreniche sono a 25 km). Ospitalità in un casolare modernamente ristrutturato e arredato con senso della tradizione. All'esterno, portico con barbecue; piscina, tennis, minigolf e maneggio nelle vicinanze.

🛏 Camere senza servizi: 3 doppie, con uso cucina; 2 bagni in comune - pernottamento per persona £ 25000.
🛏 Appartamenti: 1 di ampia metratura per 6 persone, con biancheria cucina, riscaldamento a legna, televisore, caminetto - affitto al giorno per persona £ 25000, supplemento per cambio biancheria £ 20000. Deposito cauzionale 30% alla prenotazione.
Soggiorno minimo: 1 settimana.
Note: *le camere e l'apppartamento sono dotati di biancheria per letto; luce a consumo, supplemento per pulizia finale £ 50000.*
🚐 2 equipaggi.
Servizi e locali comuni: parcheggio, sala TV, giochi bimbi, barbecue. Sport e tempo libero: escursioni, passeggiate nel bosco. Coltivazioni: grano, patate.

Dipignano (CS)

m 720 ✉ 87045

Foresta Sottana

contrada Foresta, tel. 0984621574, fax 0984445260 - ettari 37 - chiusura: sempre aperto - ✆ previo accordi.
▶ Dall'uscita Cosenza della A3, e dalla città, proseguire verso Sud; l'azienda si trova 2 km prima di Dipignano ed è segnalata lungo il percorso.

In questa azienda agrituristica sulle Serre Cosentine - fresche d'estate, clementi d'inverno - si coltivano frutta e ortaggi rigorosamente biologici. Si soggiorna in qualsiasi stagione in ambienti ricchi d'atmosfera. E per chi non vuole rinunciare al mare, il Tirreno è a mezz'ora, lo Ionio a un'ora.

🛏 Camere senza servizi: 2 doppie; 1 bagno in comune - pernottamento per persona £ 35000, pensione £ 70000. Camere con servizi: 3 doppie - pernottamento per persona £ 35000, pensione £ 70000.

Note: *le camere sono dotate di biancheria per letto e per bagno, uso cucina e televisore a richiesta.*
🍴 cucina tradizionale e vegetariana (prenotare) - vini locali - £ 20/30000.
Servizi e locali comuni: parcheggio. Sport e tempo libero: raccolta funghi, raccolta di erbe officinali, visite nei dintorni, passeggiate nel bosco. Coltivazioni: ortaggi, alberi da frutta. Prodotti in vendita: conserve.

Dràpia (VV)

m 262 ✉ 89862

Torre Galli

contrada San Rocco Moccina 1, tel. 096367254, fax 096367254 - ettari 6 - apertura: Pasqua-inizio novembre - ✖

▶ Dal casello Pizzo della A3 raggiungere la cittadina, poi piegare a destra seguendo la Statale 522 fino a Tropea; da qui, deviazione di 4 km per Drapia.

L'azienda, condotta secondo i principi dell'agricoltura biologica, si affaccia al mare da un promontorio (a quota 360 m) della costa tra Capo Vaticano e Tropea. Immersi in un limoneto, i rustici settecenteschi sono stati oggetto di un attento recupero architettonico. Nelle vicinanze, anche i monti boscosi delle Serre. Previo accordi, si organizzano settimane verdi per ragazzi.

🛏 Appartamenti: 2 bilocali per 4 persone, con biancheria letto, biancheria bagno, biancheria cucina, stoviglie, frigobar - affitto al giorno per persona £ 50/60000, i prezzi comprendono la prima colazione; pulizia finale £ 20000 per soggiorni inferiori a 1 settimana; soggiorno gratuito per bambini fino a 1 anno, da 2 a 6 anni sconto 50%. Deposito cauzionale 20%.
Soggiorno minimo: 3 giorni.
Note: *previo accordi è possibile la sistemazione anche a mezza pensione.*
🍴 riservato agli ospiti - cucina della tradizione locale (pesce) - vini regionali - £ 20000.
Servizi e locali comuni: parcheggio, telefono, sala TV, sala lettura. Sport e tempo libero: guida ai lavori agricoli, corsi di cucina, corsi di attività artigianale, visite nei dintorni, visita a botteghe artigiane, passeggiate nel bosco. Coltivazioni: olivi, agrumi, frutti di bosco. Prodotti in vendita: olio extravergine d'oliva, sottoli, salse, confetture, conserve.

538

m 550 ✉ 88042

Villella

contrada Villani, tel. 096895059 - ettari 3,5 - chiusura: sempre aperto - ↝

▶ Dal casello Falerna della A3, continuare sulla Statale 18 per 3 km verso Sud, quindi imboccare la deviazione a sinistra per raggiungere Falerna paese; seguire la segnaletica dell'azienda.

Ospitalità agrituristica offerta in un vecchio casale ristrutturato tra gli oliveti delle colline affacciate al golfo di Sant'Eufemia. Tra le prime curiosità da appagare, l'escursione lungo la strada che sale tra magnifici paesaggi alla vetta del monte Mancuso (m 1328).

⊞ APPARTAMENTI: 3 di varia disposizione per 4/5 persone, con biancheria letto, biancheria bagno, riscaldamento a legna - affitto al giorno per persona £ 80/90000; sistemazione solo a pensione completa. Deposito cauzionale 10% alla prenotazione.

⟩¶ cucina calabrese (primi piatti, salumi) - vini regionali - £ 30/40000.

SERVIZI E LOCALI COMUNI: parcheggio, telefono, sala TV. SPORT E TEMPO LIBERO: maneggio; passeggiate a cavallo. COLTIVAZIONI: olivi, ortaggi, alberi da frutta. ALLEVAMENTI: suini, caprini, animali di bassa corte. PRODOTTI IN VENDITA: salumi, olio, sottoli.

m 273 ✉ 87072

La Mandria

contrada Sferracavallo 89, tel. 0981992576, fax 0981 992576 - ettari 220 - ♿ - apertura: marzo-settembre su prenotazione - ⌗ grossa taglia.

▶ Azienda a un paio di chilometri da Francavilla Marittima, raggiungibile tramite l'uscita Castrovillari-Frascineto della A3 o da Villapiana Scalo sulla Statale 106.

Un vecchio ovile restaurato con il gusto del dettaglio rustico e un moderno fabbricato con alloggi di tutto comfort. Siamo nel territorio del Parco del Pollino, a soli 6 km dal mare. Escursioni a cavallo o in fuoristrada. Coltivazioni biologiche. Per il ristorante è necessaria la prenotazione.

☙ CAMERE CON SERVIZI: 8 doppie - mezza pensione £ 85/95000; sconto 75% per bambini fino a 3 anni, da 3 a 6 anni sconto 25%; pulizia giornaliera £ 7000, per soggiorni inferiori a 3 giorni supplemento per biancheria e pulizia a discrezione dell'ospite.

⊞ APPARTAMENTI: 4 bilocali per 4/6 persone, con stoviglie - affitto a settimana £ 800/1100000, pulizia giornaliera £ 10000. Deposito cauzionale 30%.

SOGGIORNO MINIMO: 3 giorni.

Note: *le camere e gli appartamenti sono dotati di biancheria per letto e per bagno.*

⌗ 10 equipaggi.

⟩¶ cucina casalinga (piatti della tradizione) - vini regionali - £ 40/50000.

SERVIZI E LOCALI COMUNI: parcheggio, sala TV, sala lettura. SPORT E TEMPO LIBERO: piscina; visite nei dintorni, escursioni a piedi e a cavallo. COLTIVAZIONI: olivi, ortaggi, alberi da frutta. ALLEVAMENTI: ovini, caprini, animali di bassa corte, quaglie. PRODOTTI IN VENDITA: olio extravergine d'oliva, pane di casa, formaggio.

m 600 ✉ 88045

Fattoria di Porto

a Porto, tel. 0961995960, fax 0961995960 - ettari 55 - ♿ - chiusura: sempre aperto - ⌗

▶ Lasciata la A3 allo svincolo Lamezia Terme-Catanzaro, imboccare la superstrada per Catanzaro (Statale 280) percorrendola fino all'uscita di Marcellinara; da qui, continuare verso Nord-Est fino a Gimigliano. L'azienda è 4 km oltre il paese.

Lo scenario è quello dei boschi di castagno che salgono alla Sila catanzarese: qui si soggiorna in un antico casale adeguato ai moderni standard di accoglienza turistica. Dalla tenuta agricola vengono le materie prime, di gran genuinità, per il ristoro aziendale. Si organizzano settimane verdi per gruppi di ragazzi.

☙ CAMERE SENZA SERVIZI: 1 doppia, 2 a 4 letti; 1 bagno in comune - pernottamento per persona £ 30/40000, prima colazione £ 5000, pensione £ 70/80000. CAMERE CON SERVIZI: 2 doppie, con biancheria bagno - pernottamento per persona £ 30/40000, prima colazione £ 5000, pensione £ 70/80000.

SOGGIORNO MINIMO: 1 settimana.

Note: *le camere sono dotate di biancheria per letto e riscaldamento.*

� cucina del territorio (paste fresche, piatti ai funghi) - vini regionali di produzione propria - £ 20/30000.
SERVIZI E LOCALI COMUNI: parcheggio, sala TV. SPORT E TEMPO LIBERO: passeggiate, trekking. COLTIVAZIONI: olivi, bosco, ortaggi, alberi da frutta. ALLEVAMENTI: suini, pollame, conigli. PRODOTTI IN VENDITA: salumi, sottoli, confetture.

Gizzerìa Lido (CZ)

m 5 ⊠ 88040

Torre dei Cavalieri di Malta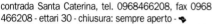

contrada Santa Caterina, tel. 0968466208, fax 0968 466208 - ettari 30 - chiusura: sempre aperto - ⬤
▶ L'azienda si trova 2 km alle spalle di Gizzeria Lido, che è raggiungibile con circa 5 km dalle uscite autostradali di Falerna (a Nord) e di Lamezia Terme (a Sud).

Vacanze in un maniero del Quattrocento che domina un amplissimo tratto della costa tirrenica. Tutt'intorno un lussureggiante giardino ombreggiato da piante secolari. Dalle camere, arredate con mobili antichi, vista imparziale su mare e monti, solarium panoramico. Settimane verdi per ragazzi, in bassa stagione.

⟲ CAMERE CON SERVIZI: 1 singola, 2 doppie, 2 a più letti, con biancheria letto, biancheria bagno - pernottamento per persona £ 30/40000, prima colazione £ 5000.
⊞ APPARTAMENTI: 2 bilocali per 4/5 persone, con stoviglie - affitto al giorno per persona £ 30/40000. Deposito cauzionale 33% alla prenotazione.
Note: le camere e gli appartamenti sono dotati di riscaldamento centralizzato.
⚠ 10 equipaggi.
SERVIZI E LOCALI COMUNI: parcheggio, telefono, sala TV, barbecue, forno a legna. SPORT E TEMPO LIBERO: osservazione degli animali, visite nei dintorni. COLTIVAZIONI: olivi, ortaggi, agrumi. ALLEVAMENTI: bovini, cavalli, pollame. PRODOTTI IN VENDITA: uova, vino, olio, agrumi, verdura, latte.

Lamèzia Terme (CZ)

m 216 ⊠ 88046

Tenuta Feudo de' Medici

a Sambiase, contrada Felicetta, tel. 096821012 - ettari 80 - apertura: maggio-settembre - ⬤
▶ Dall'uscita locale della A3 dirigersi su Sant'Eufemia Lamezia, poi deviare a destra per Sambiase; l'azienda è a 500 m da Bivio Bagni.

L'atmosfera delle villeggiature dei tempi andati. Si soggiorna in un casale del Settecento dall'aspetto vissuto. Intorno un oliveto plurisecolare che dà un prodotto sopraffino. Il mare è a 4 km, le Terme di Caronte a 2 km.

⊞ APPARTAMENTI: 2 bilocali per 4 persone, 2 di 3 locali per 8 persone, con biancheria letto, biancheria bagno, biancheria cucina, stoviglie, telefono, televisore - affitto al giorno £ 152/160000, supplemento per eventuale pulizia finale £ 50000, sconto 10% per gruppi di 8 persone. Deposito cauzionale £ 100000.
SOGGIORNO MINIMO: 1 settimana.
SERVIZI E LOCALI COMUNI: parcheggio, telefono, sala TV, sala lettura, taverna. SPORT E TEMPO LIBERO: guida ai lavori agricoli, visite nei dintorni. COLTIVAZIONI: olivi, ortaggi, alberi da frutta, agrumi. ALLEVAMENTI: animali di bassa corte. PRODOTTI IN VENDITA: olio extravergine d'oliva.

Trigna

a Sant'Eufemia Lamezia (Cap 88040), contrada Trigna, tel. 0968209034, fax 0968209034 - ettari 25 - ♿ - chiusura: metà gennaio-metà febbraio - ⬤
▶ Dall'uscita Lamezia Terme-Catanzaro della A3, imboccare la Statale 18 in direzione di Reggio di Calabria; percorsi circa 2 km, girare a sinistra al primo bivio e seguire le indicazioni per l'azienda per altri 2 km.

Un luogo davvero singolare: siamo sul Tirreno, ma anche le spiagge dello Ionio sono a portata di mano; poi vi sono la Sila e le Serre che offrono ombra e prodotti del bosco ad appena un'ora di strada. Coltivazioni biologiche. Si organizzano settimane verdi per ragazzi.

⟲ CAMERE CON SERVIZI: 4 doppie, 6 a più letti, con uso cucina, uso lavanderia - pernottamento per persona £ 50000, mezza pensione £ 60/70000, possibilità di forfait settimanale; biancheria £ 10000 per persona.

⊞ APPARTAMENTI: 2 bilocali per 3/4 persone, con biancheria letto, biancheria bagno, biancheria cucina, uso lavanderia, stoviglie, riscaldamento a legna - affitto al giorno £ 100/140000, affitto a settimana £ 550/650000, supplemento per pulizia finale £ 50000. Deposito cauzionale 33% alla prenotazione.
SOGGIORNO MINIMO: 1 settimana.
⚖ 4 equipaggi 🚐 2 equipaggi.
)⑪ riservato agli ospiti - cucina calabrese - vini locali - £ 20/40000.
SERVIZI E LOCALI COMUNI: parcheggio, telefono, sala TV.
SPORT E TEMPO LIBERO: gioco bocce, ping pong, maneggio, ricovero cavalli; osservazione degli animali, corsi di attività artigianale, visite nei dintorni. COLTIVAZIONI: cereali, ortaggi, agrumi. ALLEVAMENTI: bovini, cavalli, pollame, api.
PRODOTTI IN VENDITA: uova, verdura, marmellate, miele.

Màmmola (RC)

m 240 ✉ 89045

Cannazzi

contrada Cannazzi, tel. 0964418023 - ettari 7 - ♿ - apertura: aprile-ottobre - 🐾
▶ Abbandonare la A3 allo svincolo di Rosarno, poi imboccare la Statale 281 che conduce al versante jonico; giunti a tre quarti del percorso, si incontra Mammola ove si dirige verso il campo sportivo; dopo 500 m, a destra, l'ingresso dell'azienda.

Soggiorno agrituristico in posizione strategica tra Ionio e Tirreno, a poca distanza dal borgo medievale, negli ambienti di un'antica residenza baronale. Da segnalare la cucina, impegnata nella valorizzazione dei prodotti aziendali e della tradizione regionale. Previo accordi, si organizzano settimane verdi per ragazzi.

⊞ APPARTAMENTI: 2 monolocali per 2/4 persone, 2 di 3 locali per 6 persone, con biancheria letto, biancheria bagno, biancheria cucina, uso lavanderia, stoviglie, riscaldamento a gas - affitto al giorno per persona £ 30000, sistemazione a pensione completa £ 70000.
)⑪ cucina casalinga (stocco alla mammolese) - vini locali di produzione propria - £ 20/30000.
SERVIZI E LOCALI COMUNI: parcheggio, sala TV, sala lettura, taverna, giochi bimbi. SPORT E TEMPO LIBERO: visite nei dintorni, trekking. COLTIVAZIONI: olivi, viti, ortaggi. ALLEVAMENTI: suini, caprini, pollame. PRODOTTI IN VENDITA: pollame, uova, salumi, vino, olio, verdura, formaggio.

Marina di Amendolara (CS)

m 10 ✉ 87070

La Lista

contrada Lista, tel. 0981915445 oppure 063610333, fax 0981915445 - ettari 50 - apertura: maggio-settembre - 🐾
▶ Abbandonare la A3 allo svincolo di Sibari, poi raggiungere la Statale 106 percorrendola verso Taranto fino all'uscita per Amendolara; l'azienda è a circa mezzo chilometro da Marina e a tre dal capoluogo comunale.

«Turismo mare e campagna» è l'accattivante slogan di questa azienda della costiera ionica. Le acque antistanti, pescosissime, i rilievi dell'entroterra, generosi di prodotti spontanei e coltivati, e gli abitati, di antica tradizione, offrono mille motivi di svago.

⊞ APPARTAMENTI: 2 monolocali per 2/3 persone, 2 bilocali per 3/5 persone, 5 di varia disposizione per 5/9 persone, con biancheria letto, biancheria bagno, stoviglie - affitto a settimana £ 500/700000, i prezzi si riferiscono al soggiorno di due persone; mezza pensione £ 85/100000 per persona; in luglio e agosto supplemento per eventuale pulizia o biancheria giornaliere; bambini fino a 2 anni gratis, da 3 a 8 anni sconto 50%, da 9 a 12 anni sconto 30%. Deposito cauzionale 10%.
SOGGIORNO MINIMO: 1 settimana.
)⑪ cucina calabrese - vini locali - £ 35000.

SERVIZI E LOCALI COMUNI: parcheggio, telefono, giochi bimbi. SPORT E TEMPO LIBERO: gioco bocce, pallavolo, campo di calcetto, ping pong; pesca. COLTIVAZIONI: olivi, cereali, ortaggi, alberi da frutta. ALLEVAMENTI: ovini, animali di bassa corte. PRODOTTI IN VENDITA: vino, liquori artigianali, olio, formaggio, conserve, marmellate.

Marina di Stròngoli (KR)

m 11 ✉ 88815

Dattilo

contrada Dattilo, tel. 0962865613, fax 0962865613 - ettari 60 - chiusura: sempre aperto - 🐾
▶ A margine della Statale 106, fra Cirò Marina e Crotone; poco a Nord di Marina di Strongoli, indicazioni per raggiungere l'azienda.

Calabria

Nell'agro di Strongoli, a un chilometro dalla marina, nel verde di olivi, agrumi e vigne, un bellissimo casale del Seicento, attorniato da villette indipendenti, con focolare e terrazze fiorite. In alta stagione pensione completa appoggiandosi a un ristorante convenzionato.

⊞ APPARTAMENTI: 7 villette per 2/4 persone, con biancheria letto, biancheria bagno, biancheria cucina, stoviglie, riscaldamento elettrico, caminetto, televisore a richiesta - affitto al giorno per persona £ 30000; soggiorno gratuito prer bambini fino a 7 anni. Deposito cauzionale £ 100/200000 alla prenotazione.
SOGGIORNO MINIMO: 3 giorni. CARTE DI CREDITO: Visa.
SERVIZI E LOCALI COMUNI: parcheggio, telefono. SPORT E TEMPO LIBERO: piscina, campo di calcetto; escursioni. COLTIVAZIONI: olivi, viti, ortaggi, alberi da frutta. PRODOTTI IN VENDITA: salumi, vino, olio, olive, formaggio, miele.

Mesoraca (KR)

m 415 ⊠ 88838

Badessa

contrada Badessa, tel. 096248135 - ettari 8 - apertura: maggio-settembre.
▶ Abbandonare la Statale 107 alla deviazione per Cotronei e Petilia Policastro; nei pressi di Mesoraca, imboccare la strada per Fratta e proseguire fino all'azienda, che dista circa 6 km dal capoluogo comunale.

Casale ristrutturato a 650 metri di quota, in uno scenario dove gli olivi cedono terreno ai castagni annunciando gli imminenti orizzonti della Sila Piccola. Sulla costa, a una ventina di chilometri in linea d'aria, le belle spiagge di Capo Rizzuto.

◁ CAMERE SENZA SERVIZI: 4 singole, 5 doppie; 3 bagni in comune - pensione £ 75000.
⊞ APPARTAMENTI: 1 bilocale per 4/5 persone, con lavatrice - affitto al giorno £ 85000.
SOGGIORNO MINIMO: 3 giorni.
Note: le camere e l'appartamento sono dotati di biancheria per letto e per bagno, riscaldamento.
)|(cucina della tradizione contadina (piatti ai porcini) - vini regionali di produzione propria - £ 20/35000.
SERVIZI E LOCALI COMUNI: parcheggio, telefono, sala TV, taverna. SPORT E TEMPO LIBERO: trekking. COLTIVAZIONI: olivi, ortaggi, alberi da frutta, castagni. ALLEVAMENTI: suini, pollame. PRODOTTI IN VENDITA: salumi, vino, olio, marmellate.

Montegiordano Marina (CS)

m 20 ⊠ 87070

Lago Cupo

al lago Cupo, corso della Vittoria 158, tel. 0981 935030 (informazioni 098434300), fax 098477606 - ettari 8 - chiusura: sempre aperto - ❧
▶ Da Montegiordano Marina percorrere la Statale 106, verso Sud, fino al km 403,2, quindi svoltare a destra e proseguire per circa 1 km.

A breve distanza dal borgo medievale, in pittoresca posizione sulla costa ionica, si soggiorna in alcuni rustici di recente ristrutturazione al centro dell'azienda, che comprende anche un ettaro a pineta. In estate frutta a volontà (pere e fichi). Previo accordi, si organizzano settimane verdi per ragazzi.

⊞ APPARTAMENTI: 3 bilocali per 4 persone, 1 di 3 locali per 5/6 persone, con stoviglie - affitto a settimana £ 250/700000. Deposito cauzionale 50%.
SOGGIORNO MINIMO: 7/10 giorni.
SERVIZI E LOCALI COMUNI: parcheggio. SPORT E TEMPO LIBERO: partecipazione alla manutenzione e pulizia del bosco. COLTIVAZIONI: olivi, ortaggi, alberi da frutta.

Morano Càlabro (CS)

m 694 ⊠ 87016

La Locanda del Parco ⭐

contrada Mazzicanino, tel. 098131304, fax 0981 31304 - ettari 7 - ♿ - chiusura: sempre aperto - ❧ previo accordi.
▶ L'azienda è situata a circa mezzo chilometro dall'uscita Morano Calabro della A3.

Nel cuore del Parco del Pollino, si soggiorna in una moderna e organizzata struttura agrituristica che ovviamente incentra le proposte di svago sull'escursionismo naturalistico. Sala ristorante con camino. Settimane verdi per ragazzi da aprile a maggio.

◁ CAMERE SENZA SERVIZI: 1 singola, 2 doppie, 5 a 3/4 letti; 4 bagni in comune - pernottamento per persona £ 40000, pensione £ 85000. CAMERE CON SERVIZI: 3 doppie - pernottamento per persona £ 40000, pensione £ 85000.
CARTE DI CREDITO: Bancomat.

Note: le camere sono dotate di biancheria per letto e per bagno, uso lavanderia e riscaldamento centralizzato. 5 equipaggi 5 equipaggi.

cucina casalinga (stoccafisso con patate) - vini locali di produzione propria - £ 35000.

SERVIZI E LOCALI COMUNI: parcheggio, telefono, sala TV, sala lettura, giochi bimbi. SPORT E TEMPO LIBERO: maneggio; noleggio mountain bike, guida ai lavori agricoli, osservazione degli animali, visite nei dintorni, trekking. COLTIVAZIONI: olivi, seminativi, alberi da frutta. ALLEVAMENTI: ovini, suini, pollame, conigli. PRODOTTI IN VENDITA: conserve.

Nocera Terinese (CZ)

m 240 88047

Vota

località Campodorato, contrada Vota 3, tel. 0968 91517 oppure 03474497993 - ettari 35 - chiusura: sempre aperto -

▶ Lasciare la A3 al casello di Falerna e dirigersi verso Nocera Terinese; l'azienda è 3 km a Sud della località.

Dalla piscina il colpo d'occhio è eccezionale, con la piana del Savuto e la costa tirrenica incorniciate dai rilievi che salgono alla Sila. Tra mare e montagna le opportunità escursionistiche; in azienda, tra l'altro, corsi di ricamo antico e uncinetto.

CAMERE CON SERVIZI: 8 doppie, con biancheria cucina, uso cucina, riscaldamento - pernottamento per persona £ 40/50000, prima colazione £ 5000, pensione £ 80/90000, forfait settimanale £ 500/560000.

APPARTAMENTI: 2 bilocali per 4 persone, con riscaldamento centralizzato, barbecue - affitto al giorno £ 160/200000, affitto a settimana £ 1000/1250000. Deposito cauzionale 35% alla prenotazione.
Note: le camere e gli appartamenti sono dotati di biancheria per letto e per bagno.

cucina casalinga (piatti con verdure) - vini di produzione propria - £ 35/50000.
SERVIZI E LOCALI COMUNI: parcheggio, telefono, sala TV, sala lettura, taverna. SPORT E TEMPO LIBERO: piscina, gioco bocce, ping pong; osservazione degli animali, visite guidate. COLTIVAZIONI: olivi, viti, seminativi, agrumi. ALLEVAMENTI: suini, animali di bassa corte. PRODOTTI IN VENDITA: salumi, vino, liquori della casa, olio, marmellate, miele.

Pianòpoli (CZ)

m 250 88040

Le Carolee

contrada Gabella, tel. 096835076, fax 096835076 - ettari 42 - - chiusura: sempre aperto -
▶ Abbandonare la A3 al casello di Lamezia Terme, quindi Statale 280 per Catanzaro; dopo circa 11 km svoltare a sinistra per raggiungere, con altri 10 km, Pianòpoli. L'azienda si trova 2 km a Est del paese.

Poco discosta dalla strada dei Due Mari, tra Lamezia e Catanzaro, si stende questa tenuta agricola di mezza collina, coltivata a olivi e sugheri. La vacanza trascorre tra mare e montagna entro le fresche mura di una dimora del primo Ottocento.

CAMERE CON SERVIZI: 8 doppie, con biancheria letto, biancheria bagno, riscaldamento centralizzato, telefono - pernottamento per persona £ 50/60000, pensione £ 90/100000, possibilità di forfait settimanale; letto aggiunto £ 100000 a settimana.
SOGGIORNO MINIMO: 2/3 notti.
cucina calabrese (paste fresche, carni alla griglia) - vini regionali di produzione propria - £ 35/45000.
SERVIZI E LOCALI COMUNI: parcheggio, telefono, sala TV, sala lettura. SPORT E TEMPO LIBERO: piscina, ricovero cavalli; guida ai lavori agricoli, passeggiate a cavallo, visite nei dintorni, escursioni a piedi e a cavallo. COLTIVAZIONI: olivi, ortaggi. ALLEVAMENTI: suini, animali di bassa corte. PRODOTTI IN VENDITA: salumi, olio extravergine d'oliva, sottoli, sottaceti, confetture.

Pizzo (VV)

m 44 89812

Agrimare

località Colamaio, tel. 0963534880 oppure 0330 812099 - ettari 30 - apertura: giugno-settembre -

▶ Dall'uscita locale della A3, continuare verso il centro città; l'azienda è 5 km a Nord di Pizzo, più precisamente al km 421 della Statale 18.

Quattro ville con patio nel verde di una grande tenuta prospiciente il mare. Accesso diretto alla chilometrica spiaggia (capanno e sdraio gratis). A pochi minuti d'auto l'Oasi Wwf del Lago Angitola; a mezz'ora la certosa di San Bruno, nel bosco scenario delle Serre.

⊞ APPARTAMENTI: 4 villette per 6 persone, con biancheria letto, biancheria bagno - mezza pensione £ 110000 per persona. Deposito cauzionale 25%.
SOGGIORNO MINIMO: 1 settimana.
)I(riservato agli ospiti - cucina calabrese (piatti della tradizione) - vini regionali - £ 30/45000.
SERVIZI E LOCALI COMUNI: parcheggio, sala TV, forno a legna. SPORT E TEMPO LIBERO: escursioni. COLTIVAZIONI: ortaggi, alberi da frutta, agrumi. PRODOTTI IN VENDITA: frutta, agrumi, verdura.

Roccella Jònica (RC)
m 16 ⊠ 89047

Agriclub Placido Le Giare

a Marano, S.S. 106 al km 111, tel. 096485170 oppure 064746180, fax 0964863115 - ettari 60 - chiusura: metà gennaio-metà febbraio - ⚘
▶ Abbandonare la A3 allo svincolo di Rosarno, poi procedere sulla superstrada Tirreno-Jonio fino a Marina di Gioiosa Jonica; da qui, svoltare a sinistra sulla Statale 106, fino al km 111.

«Il mare cristallino, il profumo dei limoni, l'abbraccio di ulivi secolari, l'atmosfera familiare, il vivere in armonia con i ritmi e i colori della natura»: un piccolo paradiso

terrestre attrezzato con otto villette a trenta metri dalla spiaggia. Previo accordi, si organizzano settimane verdi per gruppi di ragazzi con accompagnatore.

⊞ APPARTAMENTI: 8 villette per 2/6 persone, con uso lavanderia, stoviglie - affitto al giorno per persona £ 50/75000, affitto a settimana per persona £ 280/455000; biancheria £ 15000 per persona, pulizia finale £ 60000. Deposito cauzionale £ 150/400000.
)I(cucina calabrese e vegetariana - vini locali di produzione propria - £ 30/50000.
SERVIZI E LOCALI COMUNI: parcheggio, telefono, sala da gioco. SPORT E TEMPO LIBERO: piscina, campo da tennis, ping pong, calcio-balilla; disponibilità di biciclette, corsi di cucina, escursioni. COLTIVAZIONI: olivi, ortaggi, alberi da frutta, agrumi. ALLEVAMENTI: ovini, suini, caprini, cavalli, animali di bassa corte. PRODOTTI IN VENDITA: uova, salumi, vino, liquori artigianali, olio, frutta, verdura, formaggio, marmellate, miele.

Roggiano Gravina (CS)
m 260 ⊠ 87017

Santa Lucia

contrada Santa Lucia, tel. 0984507019, fax 0984 507019 - ettari 21 - chiusura: sempre aperto - ⚘
▶ Lasciare la A3 allo svincolo di Spezzano Terme, poi procedere verso Ovest per circa 8 km.

Nella valle dell'Esaro, a monte del pescoso lago artificiale, si trova questo imponente casale, intatto nella sua antica fisionomia. All'interno due ampi appartamenti di recente ristrutturazione, arredati con una certa qual rusticità. Settimane verdi per ragazzi a condizioni da concordare.

⊞ APPARTAMENTI: 2 di ampia metratura per 8/11 persone, con biancheria letto, biancheria bagno, biancheria cucina, uso lavanderia, stoviglie, lavatrice, riscaldamento centralizzato, televisore - affitto al giorno £ 280/320000. Deposito cauzionale 30% alla prenotazione.
⊟ 6 equipaggi.
)I(cucina calabrese (primi piatti) - vini locali di produzione propria - £ 30/50000.
SERVIZI E LOCALI COMUNI: parcheggio, telefono, sala TV, parco giochi bimbi. SPORT E TEMPO LIBERO: piscina, ricovero cavalli; guida ai lavori agricoli, visite nei dintorni. COLTIVAZIONI: olivi, viti, foraggio. ALLEVAMENTI: equini, pollame, conigli. PRODOTTI IN VENDITA: vino, olio, sottaceti, marmellate, miele.

Rossano (CS)

m 270 ✉ 87067

Cozzo di Simari

a Crocicchia (Cap 87068), tel. 0983520896, fax 06 3242156 - ettari 5 - chiusura: sempre aperto - 🐾 salvo accordi.

▶ Da Rossano procedere sulla Statale 177 per 2 km verso l'interno, fino a Santa Maria delle Grazie; qui giunti, prendere il bivio a destra (con segnale agrituristico) e continuare per altri 6 km, quindi un secondo bivio a destra, con apposita segnaletica, preannuncia l'arrivo a destinazione dopo altri 800 m.

Camere con vista sul bel mare nella fresca cornice collinare del primo entroterra calabro. In bilico tra spiaggia (golfo di Sibari) e montagna (Sila Greca, Pollino), la vacanza è allietata da una ristorazione d'eccellenza e dalla simpatica disponibilità dei titolari dell'azienda, che organizzano anche corsi di cucina e di ricamo.

🛏 CAMERE SENZA SERVIZI: 2 doppie; 2 bagni in comune - pernottamento per persona £ 60000, pensione £ 100/105000. CAMERE CON SERVIZI: 4 doppie - pernottamento per persona £ 60000, pensione £ 100/130000.
⊞ APPARTAMENTI: 1 di più locali per 6 persone - affitto a settimana £ 500/700000. Deposito cauzionale 30% alla prenotazione.
SOGGIORNO MINIMO: 4 giorni.
Note: le camere e l'appartamento sono dotati di biancheria per letto e per bagno, riscaldamento centralizzato o autonomo e telefono con contascatti; aria condizionata nell'appartamento.
🍴 cucina calabrese (pasta "china") - vini regionali - £ 35/50000.
SERVIZI E LOCALI COMUNI: parcheggio, sala TV, sauna.
SPORT E TEMPO LIBERO: piscina, ping pong; corsi di cucina, trekking. COLTIVAZIONI: olivi, ortaggi, castagni. ALLEVAMENTI: pollame, conigli. PRODOTTI IN VENDITA: salumi, pomodori, marmellate.

Il Giardino di Iti

ad Amica (Cap 87068), tel. 0983512448 - ettari 18 - apertura: su prenotazione - 🐾
▶ Da Rossano raggiungere la Statale 106r, poi svoltare a destra fino alla contrada Amica; giunti in paese, seguire le indicazioni per Paludi: percorsi 3 km circa si arriva in azienda.

Pavimenti in cotto e travi a vista, camini e antiche pietre, il profumo dei limoni... tutto contribuisce a ricreare una bella atmosfera di tempi andati. Il mare, a 3 km, è una notevole risorsa. Le memorie della civiltà bizantina sono il pretesto per una giornata diversa. Settimane verdi per ragazzi. Per il ristorante è necessario prenotare.

🛏 CAMERE SENZA SERVIZI: 4 doppie, con biancheria cucina, uso cucina; 2 bagni in comune - pensione £ 90/95000. CAMERE CON SERVIZI: 5 a 4 letti - pensione £ 95/100000. Deposito cauzionale 25%
Note: le camere sono dotate di biancheria per letto e per bagno, riscaldamento a legna.
🍴 cucina calabrese - vini locali - £ 30/35000.
SERVIZI E LOCALI COMUNI: parcheggio, sala TV, sala lettura.
SPORT E TEMPO LIBERO: gioco bocce; noleggio mountain bike, raccolta di erbe officinali, corsi di cucina, corsi di ceramica, visite nei dintorni, trekking. COLTIVAZIONI: olivi, ortaggi, alberi da frutta, agrumi. ALLEVAMENTI: suini, pollame, conigli. PRODOTTI IN VENDITA: sottoli, sottaceti, sughi, marmellate.

San Roberto (RC)

m 280 ✉ 89050

Romeo Rijtano

a Melia di San Roberto, via per Militino 18/20, tel. 0965 755301, fax 0965897952 - ettari 11 - apertura: su prenotazione - 🐾 salvo accordi.
▶ Uscita Villa San Giovanni della A3 poi, da centro città, deviare a sinistra per Campo Calabro; da qui, Provinciale verso Melia, dopo circa 10 km, in contrada Basilicò-Militino di Milea, c'è l'azienda.

Due villette a 600 m di altitudine, tra olivi e alberi da frutta, nel contorno dei boschi della dorsale appenninica. Oltre alle normali attività ricreative, legate soprattutto all'escursionismo naturalistico e culturale, interessanti formule "vacanze-lavoro" e settimane verdi per ragazzi a condizioni da concordare.

🛏 CAMERE SENZA SERVIZI: 1 doppia, 1 a più letti, con uso cucina; 2 bagni in comune - pernottamento per persona £ 30/33000, prima colazione £ 5/6000, mezza pensione £ 60/74000, supplemento per camera singola £ 15000. CAMERE CON SERVIZI: 1 doppia, 1 a più letti - pernottamento per persona £ 33/35000, prima colazione £ 5/6000, mezza pensione £ 63/76000, supplemento per camera singola £ 20000.

⊞ Appartamenti: 2 di ampia metratura per 6/8 persone - affitto al giorno per persona £ 30000. Deposito cauzionale da concordare alla prenotazione.
Soggiorno minimo: 1 settimana.

Note: *le camere e gli appartamenti sono dotati di riscaldamento a legna; biancheria letto £ 15000 per persona, telefono e televisore vengono forniti a richiesta e con supplemento, pulizia finale £ 30000 per camera e £ 50000 per appartamento.*

⊞ 4 equipaggi.

)‖ riservato agli ospiti - cucina del territorio (grigliate di carne e pesce, piatti vegetariani) - vini locali di produzione propria - £ 25/35000.

Servizi e locali comuni: parcheggio, sala lettura. Sport e tempo libero: percorso vita; escursioni, passeggiate nel bosco, visite nei dintorni. Coltivazioni: olivi, bosco, ortaggi, meli, noci, castagni, funghi, fragole, frutti di bosco. Prodotti in vendita: vino, olio extravergine d'oliva, frutta, olive.

Sellia Marina (CZ)

m 82 ⊠ 88050

Contrada Guido

contrada Guido, tel. 0961961495, fax 0961961495 - ettari 40 - chiusura: novembre - ✗ grossa taglia.
▶ Da Catanzaro percorrere la Statale 106 che si immette sulla Statale 106; raggiunta questa arteria, proseguire verso Crotone fino al km 202, poi girare verso il mare; l'ingresso in azienda è il primo cancello a sinistra.

Ospitalità offerta in una raffinata residenza agrituristica all'interno di un borgo settecentesco. Prati all'inglese e antichi selciati conducono di porta in porta e poi alla scoperta delle campagne a olivi e agrumi. Una pineta separa la tenuta dalla spiaggia privata. Per il ristorante è necessaria la prenotazione.

⟨◦ Camere senza servizi: 1 singola, 2 doppie; 1 bagno in comune - mezza pensione £ 80/115000. Camere con servizi: 8 doppie - mezza pensione £ 90/125000.
Note: *le camere sono dotate di biancheria per letto e per bagno, televisore e riscaldamento centralizzato e a legna.*

)‖ cucina casalinga (piatti della tradizione) - vini locali - £ 50/60000.

Servizi e locali comuni: parcheggio, sala TV, sala lettura. Sport e tempo libero: campo di calcetto, ping pong; noleggio biciclette, visite nei dintorni. Coltivazioni: olivi, agrumi. Allevamenti: animali di bassa corte. Prodotti in vendita: olive, marmellate.

Soveria Sìmeri (CZ)

m 367 ⊠ 88050

Santacinnara

contrada Corticello, tel. 0961798456, fax 0961 798526 - ettari 10 - chiusura: sempre aperto - ✎

▶ Deviazione a sinistra al km 196 della Statale 106 in direzione Crotone, per chi ha alle spalle Catanzaro Marina; percorrere 5 km sulla strada per Soveria Simeri poi, sulla sinistra, si incontra l'azienda.

Ambiente molto spontaneo e prodotti a certificazione biologica per una vera vacanza contadina. Al centro dell'azienda è la casa dei padroni; intorno, in una sorta di simpatico villaggio, gli appartamenti per l'agriturismo. Settimane verdi per ragazzi.

⊞ Appartamenti: 2 monolocali per 3 persone, 3 bilocali per 6 persone, 2 di più locali per 6 persone, con biancheria letto, biancheria bagno, uso lavanderia, stoviglie, riscaldamento autonomo, climatizzazione - affitto al giorno per persona £ 30/40000, mezza pensione £ 60000; biancheria letto e bagno £ 5000 per persona, supplemento per pulizia £ 50000, climatizzazione £ 5000, lavatrice £ 5000 a lavaggio. Deposito cauzionale 30% alla prenotazione.
Soggiorno minimo: 1 settimana.

)‖ riservato agli ospiti - cucina calabrese - vini regionali - £ 20/25000.

Servizi e locali comuni: parcheggio, telefono, sala TV, sala lettura, barbecue. Sport e tempo libero: campo da tennis, gioco bocce, campo di calcetto, ping pong, calcio-balilla; visita a botteghe artigiane, visita al museo dell'azienda, passeggiate. Coltivazioni: olivi, ortaggi, mandorli, agrumi. Allevamenti: ovini, asini, animali di bassa corte. Prodotti in vendita: vino, liquori della casa, olio, olive, confetture, miele, salse, uova, mandorle.

Torre di Ruggiero (CZ)

m 566 ⊠ 88060

I Basiliani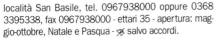

località San Basile, tel. 0967938000 oppure 0368 3395338, fax 0967938000 - ettari 35 - apertura: maggio-ottobre, Natale e Pasqua - ✗ salvo accordi.

▶ Uscita Pizzo della A3, quindi Statale 110 fino al bivio di Monte Cucco Pecoraro, poi a sinistra per Soverato; l'azienda, a 3 km da Torre di Ruggiero, si trova al km 65,5 della Statale 182 delle Serre.

Qui, sullo spartiacque tra Ionio e Tirreno, nel Mille sorgeva un monastero. Sulle sue rovine si pratica oggi un agriturismo dove tutto, anche gli affreschi che decorano gli ambienti, parla di una grande passione per la vita "country". Si gira a cavallo e si raccolgono funghi. Servizio baby sitting a richiesta.

Camere con servizi: 2 doppie, 4 a 3/4 letti, con biancheria letto, biancheria bagno, uso lavanderia - pernottamento per persona £ 55/65000, pensione £ 105/115000, riduzioni per bambini fino a 8 anni in camera coi genitori, lavatrice £ 10000 a lavaggio. Deposito cauzionale 30% alla prenotazione.

riservato agli ospiti - cucina calabrese (funghi porcini) - vini regionali - £ 30/45000.

Servizi e locali comuni: parcheggio, telefono, sala TV, sala lettura, solarium. Sport e tempo libero: piscina, gioco bocce, ping pong, maneggio; noleggio mountain bike, corsi di cucina, passeggiate a cavallo, corsi di equitazione. Coltivazioni: bosco, cereali, ortaggi, legumi, alberi da frutta, noci. Allevamenti: bovini, suini, equini, animali di bassa corte. Prodotti in vendita: liquori artigianali, verdura, marmellate.

SICILIA
CUORE MEDITERRANEO

*Straordinario mosaico di ambienti rurali, dove la natura
è ancora grande protagonista, l'isola offre all'agriturismo
anche le risorse del mare e di una storia millenaria.*

Una regione di grandi numeri: con 26 000 km^2 di superficie precede il Piemonte quanto a superficie e con quasi 5 000 000 di abitanti è preceduta solo da Lombardia e Campania. La più grande isola del Mediterraneo: centrale per posizione, lambita dalle correnti che portano i banchi di tonni nelle sue acque; centrale anche per vicende storiche, lungo le rotte delle genti che si sono alternate alla ribalta del Mare Nostrum. «Isola non abbastanza isola, meno che nazione, più che regione» come scriveva nel 1933 Giuseppe Antonio Borgese. Solo tre chilometri di acqua, ma di profondità abissale, la separano dalla penisola; mezza giornata di navigazione dalla Tunisia. La costa è alta e frastagliata sul fronte tirrenico, rotta da insenature e penisole, diffusamente urbanizzata; più basso e sabbioso è invece il litorale esposto da Ponente a Mezzogiorno, da Trapani, con le sue storiche saline, a Capo Passero, vertice inferiore dell'isola; analogo è il lato ionico da Siracusa a Catania salvo poi farsi scosceso alle falde dell'Etna e dei Peloritani.

GLI AFFASCINANTI SCENARI DELL'AGRITURISMO ISOLANO

Un triangolo di terra in bilico tra Europa e Africa. Radicale anche il contrasto climatico: dal paesaggio lussureggiante della costa tirrenica e ionica si passa a zone aride dell'interno e della sponda meridionale, esposta al Libeccio. L'agricoltura trova spazio

UFFICI TURISTICI

▌AGRIGENTO
viale della Vittoria 255,
tel. 0922401352
Sciacca
corso V. Emanuele 84,
tel. 092521182

▌CALTANISSETTA
viale Conte Testasecca 20,
tel. 093421089
Gela
via G. Navarra Bresmes 48,
tel. 0933913788

▌CATANIA
via Cimarosa 10,
tel. 0957306233
Acireale
corso Umberto 179,
tel. 095604521
Caltagirone
via Volta Libertini 3,
tel. 093353809

▌ENNA
via Roma 413,
tel. 0935528228
Piazza Armerina
via C. Cavour 15,
tel. 0935680201

▌MESSINA
via Calabria, Isolato 301bis,
tel. 090674236
Capo d'Orlando
viale Piave 71,
tel. 0941912784

nelle poche pianure (14%) e soprattutto in collina (62%).
Questi elementi bastano a delineare i quanto mai vari scenari
dell'agricoltura regionale e anche la mappa dell'accoglienza rurale. Uno scenario che alterna la campagna 'ricca' dei vigneti
del Trapanese, degli agrumeti intorno a Palermo e Catania, degli orti e dei frutteti del Ragusano, alla campagna 'povera' del-
l'entroterra asciutto, dove prevalgono le colture cerealicole e i
pascoli. A questo stato di fatto corrisponde una struttura fondiaria che contrappone i poderi di piccole dimensioni della prima alle
amplissime tenute, eredi del latifondo, della seconda.

La masseria, affresco vivente della civiltà rurale

Grandi o piccole che siano, le aziende hanno comunque avuto, almeno fino a pochi anni fa, il proprio centro nevralgico nella masseria,
presente in tutta l'isola con piccole varianti nei caratteri edilizi: suo
perno è la corte centrale
alla quale si affacciano
la residenza del
proprietario,

*Sopra, l'etichetta
di un vino eoliano
in rappresentanza
delle 15 produzioni
Doc della Sicilia.*

*Sotto, una palma
che svetta
sulle vigne è
uno dei tanti
scenari regalati
all'agriturismo
dall'entroterra
e dalle isole minori.*

Uffici Turistici

❚ MESSINA
Giardini Naxos
via Tysandros 54,
tel. 094251010
Lipari
corso V. Emanuele 202,
tel. 0909880095
Milazzo
piazza Caio Duilio 20,
tel. 0909222865
Patti
piazza Marconi 11,
tel. 0941241136
Taormina
piazza Santa Caterina,
tel. 094223243

❚ PALERMO
piazza Castelnuovo 34/35,
tel. 091583847
Cefalù
corso Ruggero 77,
tel. 0921921990
Monreale
salita Belmonte 1,
tel. 091540122

❚ RAGUSA
via Cap. Bocchieri 33,
tel. 0932654823

❚ SIRACUSA
via San Sebastiano 45,
tel 093167710
Noto
piazzale XVI Maggio,
tel. 0931836744

la casa del massaro e vari ambienti adibiti a magazzini, stalle e alla lavorazione dei prodotti.

Attività primaria è l'allevamento, ovino e caprino soprattutto, ma anche bovino, con le scure vacche di razza Modicana. «Agnello siciliano» e «Agnello delle Madonie» sono produzioni vicine al riconoscimento dell'Indicazione Geografica Protetta, ma notevolissima è anche la casearia con due portabandiera come «Pecorino siciliano» (Dop) e «Ragusano» (Dop) e una varia rassegna di formaggi freschi e stagionati. Da non dimenticare il maiale, che i tradizionalisti macellano dopo un ingrasso a ghiande e fichi d'India.

UN CANESTRO DI FRUTTA DA VIGNE, OLIVETI E 'GIARDINI'

Discorso a sé merita il vino, che ha nel palmento il suo santuario domestico. In passato l'uva era per lo più convertita in alcool e vino da taglio, visto il suo elevato tenore alcolico; oggi sempre più spesso è destinata a produzioni di pregio. L'isola è uno dei più grandi vigneti d'Italia e vanta ben 15 Doc: tra i primi a ottenere tale riconoscimento, i celebri vini «Etna», «Marsala» e «Moscato di Pantelleria». Significativo è il fatto che ai vitigni della tradizione oggi si affiancano ceppi "stranieri", come Chardonnay, Cabernet, Merlot e Sirah, che dal suolo siciliano traggono pregi altrove sconosciuti. Abbinato alla vigna è spesso l'oliveto, che vanta produzioni di eccellenza sotto le denominazioni «Monti Iblei» (Dop) e «Valli trapanesi» (Dop), cui presto si aggiungeranno «Monte Etna» e «Val di Mazara». Chiude la frutta con due celebrità, l'«Arancia rossa di Sicilia» (Igp), coltivata con altri agrumi nei 'giardini' della costa, e l'«Uva da tavola Canicattì» (Igp), orgoglio dell'interno insieme alla «Nocellara del Belice» (Igp). Vera perla mediterranea è il «Cappero di Pantelleria» (Igp).

In tavola il segno di tante civiltà

Tanta qualità e varietà di materie prime è formidabile premessa al discorso gastronomico, che si complica meravigliosamente tenendo conto della composita mentalità isolana, memore delle tante influenze straniere. Dai Greci agli Spagnoli sono molti quelli che hanno lasciato il segno del proprio passaggio non solo nella storia ma anche nella gastronomia isolana. Una cucina rustica, dai sapori spiccati, che sa accostare con grande naturalezza i prodotti della campagna al frutto della pesca. Parliamo del tonno e del pesce spada, le specie più pregiate, tra l'altro legati ad antichissime tradizioni, ma anche del pesce azzurro – si pensi alla pasta con le sarde, bandiera della gastronomia regionale – che ha nella zona catanese e attorno alle isole minori i suoi porti pescherecci più attivi.

Dai templi dorici alle chiese barocche

Chi non dovesse accontentarsi delle succitate delizie materiali troverà in Sicilia anche ampia materia per dar sfogo agli interessi culturali. L'isola ha potenzialità enormi, solo in minima parte sfruttate dalle stazioni balneari: basti pensare ai siti archeologici fenici, greci e romani; alle architetture arabe e normanne, all'eredità spagnola. «Last but not least» – direbbe uno dei tanti inglesi ammaliato dall'isola – ultima (per valorizzazione) ma non meno importante, la natura. Sulla carta la Sicilia è una delle regioni più 'verdi' d'Italia, al Parco Nazionale dell'Etna, modulato tra la macchia mediterranea e le fustaie d'alta quota, vanno aggiunti molti altri santuari naturali: sui rilievi interni, come i Nebrodi e le Madonie; sulla costa, con la Riserva dello Zingaro nel Palermitano, o le foci del Simeto ai margini della piana catanese; in mare, dall'isola di Ustica alle Egadi.

Sotto, la conca agricola del lago Arancio, presso Sciacca; abituati all'idea di una Sicilia bruciata dal sole, i turisti scoprono con stupore la florida realtà di tante zone rurali.

A sinistra, l'arancio come simbolo dell'esuberanza climatica dell'isola e dell'eredità di tante civiltà del suo passato.

Associazioni di categoria

▌AGRITURIST
Palermo
Sede Regionale,
via Alessio Di Giovanni 14,
tel. 091346046

▌TERRANOSTRA
Palermo
Sede Regionale,
via Simone Cuccia 1,
tel. 091280000

▌TURISMO VERDE
Palermo
Sede Regionale,
via Remo Sandron 63,
tel. 091308151

M A R   T I R R E N O

Ùstica
(Palermo)

CAPO GALLO

CAPO SAN VITO

PUNTA RAISI

M. Pellegrino
606 PALERMO

*Golfo di
Castellammare*

*Golfo di
Tèrmini
Imerese*

Monreale

Conca d'Oro

Bagheria

Tèrmini
Imerese

Isole Ègadi

Lèvanzo

Marettimo

Favignana

Èrice

**Castellammare
del Golfo**

Tràpani

Pàceco

**Buseto
Palizzolo**

SEGESTA

Salemi

Isole dello Stagnone

C. BOEO O LILIBEO

Marsala

Alcamo

L. di Piana
degli Albanesi

Partinico

Misilmeri

**Santa Cristina
Gela**

S. Leonardo

▲1613
Rocca
Busambra

Corleone

**Sclàfani
Bagni**

Ali

▲1457
Pzo. Cangialoso

Lercara
Friddi

V a l   d i   M a z a r a

Castelvetrano

Bordino

Freddo

Bèlice

Partanna

Mazara
del Vallo

Campobello
di Mazara

CAPO GRANÌTOLA

Menfi

SELINUNTE

L. Arància

▲1578
M. Cammarata

Mussome

Sciacca

CAPO S. MARCO

Ribera

Verdura

Platani

Aragona

ERACLEA
MINOA

Agrigento

Porto Empèdocle

Favara

VALLE DEI TEMPL

M A

M A R   M E D I T E R R A N E O

0   20   40   60 km

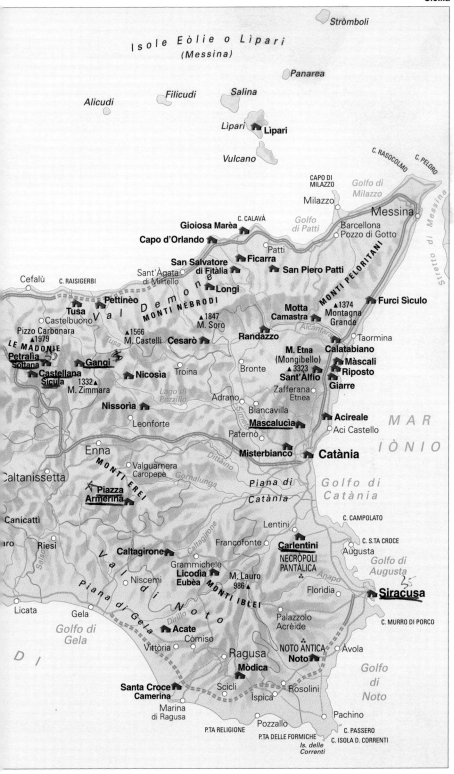

Àcate (RG)

m 199 ✉ 97011

Il Carrubo

contrada Bosco Grande-Canalotti, tel. 0932989038 oppure 095552291, fax 0932989038 - ettari 45 - ⚹ - chiusura: sempre aperto - ⚹

▶ Da Ragusa raggiungere e percorrere la Statale 115 fino alla periferia di Vittoria, quindi svoltare a destra per arrivare ad Acate.

Tra le vigne del Cerasuolo di Vittoria, una vacanza fuori dai luoghi comuni, alla scoperta delle misconosciute bellezze della valle di Noto, ovvero la Sicilia sud-orientale delle città barocche, degli altopiani assolati, delle spiagge solitarie. Museo della civiltà contadina e ampi spazi per ricevimenti arricchiscono l'offerta.

🛏 Camere senza servizi: 3 doppie; 1 bagno in comune - pernottamento per persona £ 50000, mezza pensione £ 80000. Camere con servizi: 3 doppie, con frigobar - pernottamento per persona £ 50000, mezza pensione £ 85000.

⊞ Appartamenti: 1 di 4 locali per 6 persone, con frigobar - affitto al giorno per persona £ 50000, mezza pensione £ 85000, pensione completa £ 100000.

Note: le camere e l'appartamento sono dotati di biancheria per letto e per bagno, televisore e riscaldamento elettrico; possibilità di letto aggiunto.

🚐 5 equipaggi.

🍴 cucina siciliana - vini locali - £ 35000.

Servizi e locali comuni: parcheggio, telefono. Sport e tempo libero: tiro con l'arco, ping pong, maneggio, ricovero cavalli; noleggio mountain bike, guida ai lavori agricoli, corsi di cucina, passeggiate a cavallo, corsi di equitazione, visite nei dintorni. Coltivazioni: olivi, seminativi, mandorli, agrumi. Prodotti in vendita: pomodori secchi, formaggio, sottoli, conserve, marmellate, miele.

Acireale (CT)

m 161 ✉ 95024

Il Limoneto

a Scillichenti, via D'Amico 41, tel. 095886568 oppure 0330818524, fax 095886568 - ettari 4 - apertura: aprile-ottobre - ⚹

▶ Da Acireale percorrere la Provinciale per Riposto; dopo 4 km si arriva a Scillichenti e all'azienda.

Si soggiorna presso un'antica casa padronale con terrazza e deliziosa pergola affacciata al mare e all'Etna. A monte si stende la Riserva Naturale della Timpa, un tratto di costa lavica ammantata dalla macchia mediterranea. Degustazione gratuita di agrumi e frutta.

⊞ Appartamenti: 3 bilocali per 4/5 persone, con biancheria letto, biancheria bagno, biancheria cucina, stoviglie, climatizzazione - affitto al giorno £ 70/140000, sconto 20% per bambini fino a 8 anni. Deposito cauzionale 30%.

Soggiorno minimo: 3 giorni, su prenotazione.

Servizi e locali comuni: parcheggio, barbecue. Sport e tempo libero: guida ai lavori agricoli, visite guidate. Coltivazioni: olivi, alberi da frutta, agrumi.

Àlia (PA)

m 726 ✉ 90021

Villa Dafne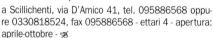

contrada Cozzo di Cicero, tel. 0918219174 oppure 091 489818, fax 0918219928 - ettari 40 - ⚹ - chiusura: sempre aperto - ⚹

▶ Da Palermo raggiungere e percorrere la direttrice per Agrigento; dopo una sessantina di chilometri prendere a sinistra, verso Alia e Caltanissetta; l'azienda si trova 1,5 km prima dell'ingresso.

Antica masseria di recente e oculata ristrutturazione, al centro di un'ampia tenuta agropastorale. Il dolce paesaggio collinare induce al piacere dell'andar per sentieri, a piedi o, viste le dotazioni aziendali, a cavallo. Mostre, banchetti e serate musicali vengono proposti nei saloni del ristorante. In estate si organizzano settimane verdi per ragazzi.

🛏 Camere con servizi: 4 doppie, 6 a 3/4 letti, con biancheria letto, biancheria bagno, uso lavanderia, riscaldamento, climatizzazione, telefono - pernottamento per persona £ 40/60000, pensione £ 90/110000, forfait settimanale £ 480/530000. Deposito cauzionale 20%.

Soggiorno minimo: 3 giorni. Carte di credito: Visa, Eurocard, Mastercard, Bancomat.

🍴 cucina siciliana (piatti della tradizione) - vini locali - £ 25/40000.

Servizi e locali comuni: parcheggio, telefono, sala TV, sala lettura, sala giochi bimbi. Sport e tempo libero: piscina, campo da tennis, gioco bocce, campo di calcetto, maneggio, ricovero cavalli; noleggio mountain bike, guida ai lavori agricoli, corsi di cucina, passeggiate a cavallo. Coltivazioni: grano, ortaggi, foraggio. Allevamenti: ovini. Prodotti in vendita: verdura, dolci, formaggio.

Buseto Palizzolo (TP)

m 249 ⊠ 91012

La Pineta

a Pianoneve, via Agrigento 112, tel. 0923851227 oppure 0360768232, fax 0923533158 - ettari 18 - chiusura: sempre aperto - ✿

▶ Accesso con deviazione dalla Statale 187 Trapani-Castellammare del Golfo, oppure dalla Statale Trapani-Palermo; l'azienda si trova circa 1 km a Sud di Buseto.

Un'azienda pioniera dell'agriturismo e della valorizzazione delle tradizioni contadine. Ospitalità in rustici indipendenti con ampie verande e panorama sulle valli circostanti. Per una giornata diversa, si va in montagna a cercare minerali e fossili. Su richiesta, settimane verdi per ragazzi.

⊞ Appartamenti: 1 monolocale per 3 persone, 2 bilocali per 3/4 persone, 1 di ampia metratura per 6 persone, con biancheria letto, biancheria bagno, biancheria cucina, stoviglie, televisore, caminetto - affitto al giorno per persona £ 30/35000, affitto a settimana per persona £ 200/245000. Deposito cauzionale 20%.
Soggiorno minimo: 3 giorni; 8 giorni in alta stagione.
Servizi e locali comuni: parcheggio, telefono, sala TV. Sport e tempo libero: ping pong, calcio-balilla; escursioni. Coltivazioni: olivi, viti, bosco, seminativi, ortaggi, peschi, agrumi. Allevamenti: ovini, pollame, conigli, api. Prodotti in vendita: vino, olio, miele.

Calatabiano (CT)

m 60 ⊠ 95011

Galimi

a Pasteria, via Pasteria 19/E, tel. 095641756, fax 095641756 - ettari 6 - ♿ - chiusura: periodo natalizio - ✂
▶ Casello Giardini Naxos della A18, poi Statale 114 per 2 km verso Catania; l'ingresso è a sinistra, tra il bivio per la spiaggia San Marco e la frazione Pasteria.

Nella bassa valle dell'Alcantara, a pochi chilometri dal mare di Taormina e dai boschi del Parco dell'Etna, una moderna residenza agrituristica con appartamenti aperti su un giardino fiorito; numerose possibilità di sport e svago nelle immediate vicinanze.

◁ Camere con servizi: 1 doppia, 1 a 3 letti - pernottamento per persona £ 35/40000.
⊞ Appartamenti: 1 monolocale per 2/3 persone, 1 di 3 locali per 4/5 persone, con biancheria cucina, stoviglie, lavastoviglie, lavatrice - affitto al giorno £ 90/140000. Deposito cauzionale 30% alla prenotazione.
Soggiorno minimo: 3 notti.
Note: le camere e gli appartamenti sono dotati di biancheria per letto e per bagno, uso lavanderia e riscaldamento; sconto 20% per bambini fino a 10 anni, supplemento per riscaldamento.
Servizi e locali comuni: parcheggio, telefono, locale soggiorno. Sport e tempo libero: disponibilità di biciclette, guida ai lavori agricoli, visite nei dintorni. Coltivazioni: agrumi. Prodotti in vendita: liquori della casa, frutta, verdura, marmellate.

Caltagirone (CT)

m 608 ⊠ 95041

La Casa degli Angeli

ad Angeli, S.P. 39 al km 9, tel. 093325317 (informazioni 095442025), fax 093325317 - ettari 12 - ♿ - chiusura: periodo in febbraio - ✂
▶ 9 km a Sud-Ovest di Caltagirone, al margine della strada che conduce a Niscemi; seguire la segnaletica dell'azienda.

Tra vigne e agrumeti dell'entroterra catanese, un tipico edificio rurale su due piani, con ampia terrazza e vista sulla valle degli Angeli. Si organizzano settimane verdi per ragazzi in primavera e visite didattiche per scolaresche. Su richiesta transfer dalla stazione ferroviaria. Per il ristorante è necessaria la prenotazione.

◁ Camere con servizi: 6 doppie, con biancheria letto, biancheria bagno, riscaldamento centralizzato - pernottamento per persona £ 40000, prima colazione £ 5000, pensione £ 80000, possibilità di forfait settimanale; riduzioni per bambini fino a 10 anni e per letto aggiunto. Deposito cauzionale 30% alla prenotazione.
Soggiorno minimo: 3 giorni in agosto.
⌷ cucina siciliana (piatti della tradizione) - vini di produzione propria - £ 25/30000.
Servizi e locali comuni: parcheggio, sala TV, giochi bimbi. Sport e tempo libero: gioco bocce; noleggio mountain bike, corsi di cucina, visite guidate. Coltivazioni: olivi, viti, ortaggi, alberi da frutta, agrumi. Prodotti in vendita: vino, olio, conserve.

m 8 ✉ 98071

Milio

a San Gregorio, tel. 0941955008 oppure 0336 924666, fax 0941955281 - ettari 150 - chiusura: sempre aperto - ✿

▶ Dal casello Brolo della A20, procedere per 7 km sulla Statale 113 verso Palermo, poi deviare a sinistra dopo il km 102; seguire la segnaletica dell'azienda.

Sulla baia di San Gregorio, a 3 km dal celebre promontorio, si soggiorna in villette monofamiliari nella quiete di un oliveto a 500 metri dal mare. Quaranta minuti di aliscafo separano dalle Eolie, irrinunciabile meta per l'escursione di una giornata. Degustazione gratuita dei prodotti aziendali.

⊞ APPARTAMENTI: 4 di 3 locali per 4/6 persone, con stoviglie, riscaldamento a legna e a gas - affitto al giorno per persona £ 40/45000, biancheria £ 15000 per persona a settimana, sconto 30% per bambini fino a 8 anni. SOGGIORNO MINIMO: 3/7 giorni.
SERVIZI E LOCALI COMUNI: parcheggio, telefono. SPORT E TEMPO LIBERO: disponibilità di biciclette, guida ai lavori agricoli, visite nei dintorni. COLTIVAZIONI: olivi, ortaggi, noccioli, agrumi, fichi d'India, frutti di bosco.

m 200 ✉ 96013

Casa dello Scirocco

contrada Piscitello, tel. 0957836120 oppure 0360 763066, fax 095503672 - ettari 14 - chiusura: sempre aperto - ✿

▶ Da Catania percorrere la Statale 114 per Siracusa fino al bivio per Lentini, quindi deviare a destra e, dopo 8,5 km, piegare su Lentini; attraversata la periferia dell'abitato, seguire la segnaletica dell'azienda.

Immersa in un aranceto, soggiorno in monovani confortevolmente arredati, ricavati all'interno di grotte preistoriche. Coltivazioni biologiche. Il paese per gli acquisti è a portata di mano e il mare a soli 15 chilometri. Settimane verdi per ragazzi, con accompagnatore, in primavera e in autunno.

⊞ APPARTAMENTI: 7 monolocali per 2/3 persone, 1 bilocale per 2/4 persone, con biancheria letto, biancheria bagno, biancheria cucina, stoviglie, riscaldamento - affitto al giorno per persona £ 35/40000, mezza pensione £ 60/80000, pensione £ 100000. Deposito cauzionale 20% alla prenotazione.
SOGGIORNO MINIMO: 1 settimana in agosto.
)¶ cucina siciliana (piatti agli agrumi) - vini locali di produzione propria - £ 35000.
SERVIZI E LOCALI COMUNI: parcheggio, telefono, sala giochi bimbi. SPORT E TEMPO LIBERO: piscina, gioco bocce, tiro con l'arco, mini golf, ping pong, maneggio, ricovero cavalli. COLTIVAZIONI: olivi, ortaggi, agrumi. ALLEVAMENTI: pollame, struzzi, api. PRODOTTI IN VENDITA: olio, agrumi, confetture, miele.

Tenuta di Roccadia

contrada Roccadia, tel. 095990362 oppure 095 991141, fax 095990362 - ettari 14 - ♿ - chiusura: sempre aperto - ✿

▶ Seguire la direttrice Catania-Siracusa fino a raggiungere la deviazione a destra per Carlentini (a sinistra arriva a Brucoli); percorsi circa 8 km, si incontra un altro bivio per Carlentini; dopo 300 m, sulla sinistra, ingresso in azienda.

In collina, a meno di dieci chilometri dal mare, si stendono le terre dell'antico feudo di Roccadia, felicissimo per clima e posizione. Persa traccia dell'antico convento cistercense da cui dipendeva, si soggiorna in ampi fabbricati ottocenteschi. Settimane verdi per gruppi di ragazzi, tranne che in agosto.

🔖 CAMERE CON SERVIZI: 10 doppie - pernottamento per persona £ 45/50000, pensione £ 85/100000, possibilità di letto aggiunto. Deposito cauzionale 30%.
SOGGIORNO MINIMO: 3 giorni in agosto. CARTE DI CREDITO: Visa, Eurocard, Mastercard, Bancomat.

)¶ cucina siciliana (caponata) - vini locali - £ 35000.
Servizi e locali comuni: parcheggio, telefono, sala lettura. Sport e tempo libero: piscina, campo di calcetto, tiro con l'arco, maneggio, ricovero cavalli; noleggio mountain bike, guida ai lavori agricoli, passeggiate a cavallo, visite guidate. Coltivazioni: olivi, ortaggi, mandorli, agrumi. Allevamenti: cavalli, animali di bassa corte. Prodotti in vendita: liquori della casa, olio, agrumi, marmellate, conserve, miele.

Terias

località Corridore del Pero, tel. 095997212 oppure 095 445787, fax 095381301 - ettari 35 - apertura: maggio-settembre, Natale e Pasqua - 🐾 grossa taglia.
▶ L'azienda è ubicata al km 116,5 della Statale 114 che congiunge Catania a Siracusa e, più precisamente, prima del ponte sul fiume San Leonardo.

Baricentrica rispetto alle mille bellezze della costa orientale, l'azienda offre ospitalità negli spazi riattati di una masseria ottocentesca, cui fanno cornice le distese di agrumi e cereali della tenuta, le acque correnti del San Leonardo e le belle spiagge dello Ionio. Noleggio canoe e campo di mini volley.

⊞ Appartamenti: 5 bilocali per 4 persone, 2 di 3 locali per 6/7 persone, con biancheria letto, biancheria bagno, biancheria cucina, stoviglie - affitto al giorno £ 130/210000, affitto a settimana £ 700/1400000. Deposito cauzionale 50% alla prenotazione.
Soggiorno minimo: 2/4 notti.
Servizi e locali comuni: parcheggio, telefono, sala TV, sala lettura, giochi bimbi. Sport e tempo libero: gioco bocce, tiro con l'arco, ping pong; noleggio mountain bike, visite guidate, escursioni. Coltivazioni: grano, ortaggi, agrumi. Prodotti in vendita: liquori artigianali, agrumi, marmellate, miele.

Castellammare del Golfo (TP)

m 26 ✉ 91014

Camillo Finazzo ★

contrada Baida, tel. 092438051 - ettari 10 - ♿ - chiusura: sempre aperto - 🐾
▶ Dall'uscita Castellammare del Golfo della A29, raggiungere la Statale 187 e proseguire, oltre il paese, in direzione di Trapani; giunti a Balata di Baida, piegare a destra verso il castello di Baida.

Soggiorno in un panoramicissimo agriturismo di collina (m 197) a contatto di gomito con la splendida Riserva dello Zingaro - acque cristalline, faraglioni e rari volatili - e a un tiro di schioppo dal tempio di Segesta e dalla medievale Erice.

⊞ Appartamenti: 4 monolocali per 2 persone, 2 bilocali per 3 persone, con biancheria letto, biancheria bagno, stoviglie, riscaldamento a gas, telefono - affitto al giorno per persona £ 30/50000, affitto a settimana per persona £ 190/320000, possibilità di riduzioni per gruppi e per lunghi soggiorni. Deposito cauzionale 20%. Soggiorno minimo: 2 notti.
)¶ riservato agli ospiti - cucina casalinga (paste fresche) - vini locali - £ 25000.
Servizi e locali comuni: parcheggio, telefono, sala lettura. Sport e tempo libero: disponibilità di mountain bike, guida ai lavori agricoli, visite nei dintorni. Coltivazioni: olivi, viti, cereali, ortaggi, alberi da frutta. Allevamenti: animali di bassa corte. Prodotti in vendita: vino, olio, frutta, pomodori.

Marmora ★

a Scopello, contrada Marmora 22, tel. 092439254 oppure 092431502 - ettari 5 - ♿ - chiusura: sempre aperto - 🐦

▶ Abbandonare la A29 in corrispondenza dello svincolo di Castellammare del Golfo; quindi percorrere la Statale 187 in direzione di Trapani per 4 km circa, poi si incontra il bivio, sulla destra, per Scopello.

Turismo equestre ad alto livello in una cornice da sogno. La struttura agrituristica dispone di camere e appartamenti arredati con mobili d'epoca e dotati di ogni comfort. Ampio ventaglio di attività ricreative. Previo accordi, si organizzano settimane verdi per ragazzi.

↝ CAMERE SENZA SERVIZI: 6 doppie, con uso cucina; 2 bagni in comune - pernottamento per persona £ 50/55000, prima colazione £ 5000, mezza pensione £ 75/85000. CAMERE CON SERVIZI: 2 doppie, 2 a 4 letti, con uso cucina - pernottamento per persona £ 50/55000, prima colazione £ 5000, mezza pensione £ 75/85000.
⊞ APPARTAMENTI: 3 di varia disposizione per 4/6/8 persone, con stoviglie - affitto al giorno per persona £ 40/50000. Deposito cauzionale 30%.
SOGGIORNO MINIMO: 3 giorni in camera, 1 settimana in appartamento.
Note: le camere e gli appartamenti sono dotati di biancheria per letto, per bagno e per cucina, riscaldamento.
)¶ riservato agli ospiti - cucina siciliana (piatti della tradizione) - vini locali - £ 25/30000.
SERVIZI E LOCALI COMUNI: parcheggio, telefono, sala TV, sala lettura, taverna. SPORT E TEMPO LIBERO: maneggio, ricovero cavalli; noleggio mountain bike, guida ai lavori agricoli, corsi di equitazione. COLTIVAZIONI: olivi, alberi da frutta, mandorli. ALLEVAMENTI: ovini, equini, pollame. PRODOTTI IN VENDITA: uova, olio, verdura, pasta di mandorle, confetture, conserve.

Castellana Sicula (PA)

m 765 ✉ 90020

Feudo Tudia

località Borgo Tudia, tel. 0934673029, fax 0934 673029 - ettari 250 - chiusura: sempre aperto - ❦ piccola taglia.
▶ Lasciare la A19 allo svincolo di Resuttano, raggiungere il paese e da qui seguire le indicazioni per Tudia-Vallelunga; percorsi circa una decina di chilometri si arriva in azienda.

L'interno della Sicilia è tutto da scoprire. Qui, sul fronte meridionale del Parco delle Madonie, il paesaggio collinare è un dolce mosaico di campi arati, colture arboree e macchie boschive. Al centro del feudo è la masseria, dotata d'ogni moderno comfort agrituristico.

⊞ APPARTAMENTI: 6 monolocali per 2 persone, con biancheria letto, biancheria bagno, biancheria cucina, stoviglie, riscaldamento, telefono, televisore - affitto al giorno per persona £ 35/50000, bambini fino a 3 anni gratis, da 4 a 6 anni sconto 50%; possibilità di letto aggiunto. Deposito cauzionale 20% alla prenotazione.
CARTE DI CREDITO: Visa, Eurocard, Mastercard.

)¶ cucina della tradizione contadina (carni alla brace) - vini di produzione propria - £ 28/35000.
SERVIZI E LOCALI COMUNI: parcheggio, sala TV, parco giochi bimbi. SPORT E TEMPO LIBERO: piscina, ping pong; disponibilità di mountain bike, guida ai lavori agricoli, escursioni. COLTIVAZIONI: olivi, viti, cereali, ortaggi, peschi. ALLEVAMENTI: animali di bassa corte. PRODOTTI IN VENDITA: vino, olio, frutta, marmellate, miele.

Villa Padura

a Calcarelli, tel. 0921562180 (informazioni 091 363795), fax 091343195 - ettari 40 - chiusura: periodo in luglio - ✗

▶ Uscita Tre Monzelli della A19, poi Statale 120 per Catania; giunti alle porte di Castellana Sicula, deviare a sinistra per 1 km circa, fino a Calcarelli e all'azienda.

Lo sguardo si appoggia compiaciuto sui begli arredi di questa dimora settecentesca. Fuori, oltre le verdi quinte del parco, la prospettiva di escursioni sulle Madonie e nei borghi ricchi di storia che le animano. Si organizzano settimane verdi per ragazzi a condizioni da concordare. Coltivazioni biologiche.

↝ CAMERE CON SERVIZI: 1 doppia, 3 a 3/4 letti, con biancheria letto, biancheria bagno, uso lavanderia, riscaldamento centralizzato - pernottamento per persona £ 65000, pensione £ 120000.
)¶ cucina del territorio - vini locali - £ 40000.
SERVIZI E LOCALI COMUNI: parcheggio, telefono, sala TV, sala lettura. SPORT E TEMPO LIBERO: campo da tennis; visite guidate. COLTIVAZIONI: cereali, ortaggi, noci, noccioli. PRODOTTI IN VENDITA: noci, nocciole, verdura, cereali.

Castelvetrano (TP)

m 187 ✉ 91022

Marinella di Selinunte

a Marinella, via Latomie, tel. 0924902863 oppure 03683758308 - ettari 8 - apertura: maggio-settembre.
▶ Dall'uscita Castelvetrano della A29, girare a sinistra e percorrere la Statale 115 che conduce a Marinella.

Sulla via che porta al mare e ai celebri templi che tanto impressionarono i viaggiatori del passato, palme e olivi segnano l'orizzonte di questo antico casale; la spiaggia sabbiosa invita agli ozi balneari.

Sicilia

🕊 CAMERE SENZA SERVIZI: 1 singola, 4 doppie; 3 bagni in comune - pernottamento per persona £ 40/45000. CAMERE CON SERVIZI: 2 doppie - pernottamento per persona £ 50/55000. Deposito cauzionale 20%.
SOGGIORNO MINIMO: 3 giorni.
Note: *le camere sono dotate di biancheria per letto e per bagno, uso cucina.*
SERVIZI E LOCALI COMUNI: parcheggio. SPORT E TEMPO LIBERO: guida ai lavori agricoli. COLTIVAZIONI: olivi, alberi da frutta. PRODOTTI IN VENDITA: olio.

Bagnara ⭐ TCI

contrada Cardinale, tel. 095336407 oppure 0360 285708 - ettari 50 - chiusura: sempre aperto - 🐾
▶ Lasciare la tangenziale di Catania all'uscita San Giorgio e proseguire in questa direzione per 1 km circa fino a incontrare sulla destra, il cancello verde dell'azienda.

Si soggiorna in case rurali ristrutturate, con arredi in ferro battuto; ampi spazi per bambini e possibilità di usufruire del forno e del barbecue esterni. Intorno 50 ettari di campagna dove si alternano agrumi, viti, olivi, peschi e fichi d'India.

⊞ APPARTAMENTI: 2 monolocali per 2 persone, 2 di 3 locali per 4 persone, con biancheria letto, biancheria bagno, biancheria cucina, stoviglie, riscaldamento a gas, televisore - affitto al giorno per persona £ 35000.
SOGGIORNO MINIMO: 2 notti.
SERVIZI E LOCALI COMUNI: parcheggio, telefono. SPORT E TEMPO LIBERO: gioco bocce, escursioni. COLTIVAZIONI: olivi, peschi, agrumi, fichi d'India. PRODOTTI IN VENDITA: vino, olio, frutta, marmellate, miele.

Fondo 23 ⭐ TCI

via San Giuseppe la Rena - fondo 23, tel. 095592521 - ettari 6 - chiusura: sempre aperto - 🐾 previo accordi.
▶ Uscire dalla città per viale Kennedy; all'incrocio con via San Giuseppe la Rena, girare a destra per 1400 m.

Buganvillee e oleandri fioriti creano una piacevole atmosfera attorno a questo casale in pietra lavica dell'Ottocento. Appartamenti autonomi, con zona di ritrovo collettiva. Due forni a legna e attrezzatura per barbecue. Il mare è a 1 km. In omaggio i prodotti aziendali.

⊞ APPARTAMENTI: 1 monolocale per 2 persone, 4 bilocali per 4 persone, con biancheria letto, biancheria cucina, stoviglie, riscaldamento a legna e a gas - affitto al giorno per persona £ 30/35000, riduzioni per bambini fino a 12 anni. Deposito cauzionale 20% alla prenotazione.
SOGGIORNO MINIMO: 5 giorni.
SERVIZI E LOCALI COMUNI: parcheggio, sala TV, sala lettura, taverna, giochi bimbi, barbecue, forno a legna. SPORT E TEMPO LIBERO: disponibilità di biciclette. COLTIVAZIONI: agrumi.

Destro Pastizzaro Sergio

contrada Scalonazzo, tel. 095697331 - ettari 26 - chiusura: sempre aperto.
▶ Partendo da Cesarò immettersi sulla Statale 120 e procedere per circa 13 km in direzione di Troina; poco prima di Ponte Borgonovo, svoltare a destra e proseguire per un paio di chilometri.

Nella regione dei monti Erei, a ridosso delle terre degli interessanti borghi circumetnei, soggiorno agrituristico all'insegna dell'escursionismo. Soluzione interessante per appassionati del turismo equestre. Si organizzano settimane verdi per ragazzi.

🕊 CAMERE SENZA SERVIZI: 3 singole, 1 doppia, con biancheria letto, biancheria bagno, riscaldamento; 2 bagni in comune - pernottamento per persona £ 35/40000, pensione £ 80/100000, forfait settimanale £ 450/700000. Deposito cauzionale 20%.
SOGGIORNO MINIMO: 3 giorni.
⚠ 4 equipaggi 🚐 5 equipaggi.

)I riservato agli ospiti - cucina del territorio (piatti della tradizione) - vini locali - £ 25/40000.

SERVIZI E LOCALI COMUNI: parcheggio, telefono, sala TV, parco giochi bimbi. SPORT E TEMPO LIBERO: maneggio, ricovero cavalli; guida ai lavori agricoli, passeggiate a cavallo, visite nei dintorni. COLTIVAZIONI: grano, ortaggi, legumi. ALLEVAMENTI: bovini, ovini, suini, caprini, equini. PRODOTTI IN VENDITA: salumi, verdura, legumi, formaggio.

Èrice (TP)

m 751 ⊠ 91016

Pizzolungo

a Pizzolungo, contrada San Cusumano, tel. 0923 563710 oppure 0923869577, fax 0923563710 - ettari 8 - ⚒ - chiusura: sempre aperto - ⚒
▶ Da Trapani dirigersi sulla litoranea verso Bonagia; superata la Tonnara di San Cusumano, un viale di palme porta in azienda.

Vacanze in villa padronale e annessi dei primi del secolo. Agriturismo all'insegna del biologico in bilico tra il mare e la montagna, ben collegato con la città. Le Egadi occhieggiano invitanti all'orizzonte; Erice sovrasta il panorama con le sue medievali strutture. In azienda è possibile noleggiare canoe e rinfrescarsi nell'acqua di un'antica vasca in pietra.

⊞ APPARTAMENTI: 1 monolocale per 2 persone, 3 bilocali per 2/4 persone, 1 di 5 locali per 6 persone, con biancheria letto, biancheria bagno, biancheria cucina, stoviglie, riscaldamento elettrico, climatizzazione - affitto al giorno per persona £ 50/60000, supplemento per soggiorni inferiori a una settimana £ 50000 per appartamento. Deposito cauzionale 20%.
SOGGIORNO MINIMO: 3 giorni.
SERVIZI E LOCALI COMUNI: parcheggio, barbecue. SPORT E TEMPO LIBERO: ping pong; noleggio biciclette, noleggio canoe. COLTIVAZIONI: olivi, ortaggi, alberi da frutta, agrumi. ALLEVAMENTI: animali di bassa corte. PRODOTTI IN VENDITA: vino, olio, sughi, marmellate, miele.

Ficarra (ME)

m 450 ⊠ 98062

Fattoria di Grenne ⭐

località Grenne, tel. 0941582757 oppure 0941 583001, fax 0941583107 - ettari 40 - ⚒ - chiusura: sempre aperto - ⚒
▶ Dall'uscita Brolo della A20, prendere la vecchia strada per Ficarra; percorsi circa 4 km, seguire le indicazioni dell'azienda.

Un'antica dimora nobilitata, tra l'altro, dal ricordo di Tomasi Di Lampedusa, che vi scrisse una parte del Gattopardo. A quattro chilometri dal mare, con ampio giardino, laghetto e vista sulle Eolie. E per una serata mondana, Taormina o Cefalù a un'ora di macchina.

☞ CAMERE CON SERVIZI: 6 doppie, con biancheria letto, biancheria bagno, uso lavanderia, riscaldamento centralizzato - mezza pensione £ 90000. Deposito cauzionale 30% alla prenotazione.
SOGGIORNO MINIMO: 3 notti.
)I cucina siciliana (antipasti, primi piatti) - vini locali - £ 35000.
SERVIZI E LOCALI COMUNI: parcheggio, telefono, sala TV, sala lettura. SPORT E TEMPO LIBERO: gioco bocce, ping pong; guida ai lavori agricoli, partecipazione alla raccolta e molitura delle olive, visite nei dintorni. COLTIVAZIONI: olivi, viti, ortaggi, agrumi. ALLEVAMENTI: animali di bassa corte. PRODOTTI IN VENDITA: olio, marmellate, conserve.

Furci Siculo (ME)

m 9 ⊠ 98023

Nasita

a Grotte, via Cesare Battisti 272, tel. 0942794461 oppure 0942791849, fax 0942794461 - ettari 6,5 - ⚒ - chiusura: sempre aperto - ⚒
▶ Lasciare la A18 a Roccalumera, nel tratto Messina-Taormina; appena fuori dal casello girare a destra sulla Statale verso Furci e proseguire per 400 m, poi a destra ancora per circa 1 km in direzione Grotte.

Si arriva al mare con una piacevole passeggiata e intorno c'è solo il verde di agrumi, olivi e alberi da frutta. Si villeggia in un casale ristrutturato che conserva, grazie anche ai mobili d'epoca, un'atmosfera piacevolmente ottocentesca.

☞ CAMERE SENZA SERVIZI: 2 a più letti; 1 bagno in comune - pernottamento per persona £ 30/35000, prima colazione £ 5/6000. CAMERE CON SERVIZI: 2 a più letti, con frigobar - pernottamento per persona £ 32/36000, prima colazione £ 5/6000. Deposito cauzionale 20%.
SOGGIORNO MINIMO: 1 settimana.
Note: *le camere sono dotate di biancheria per letto e per bagno, riscaldamento centralizzato e a gas; supplementi per uso cucina, televisore e telefono in camera; letto aggiunto £ 28/30000; sconto 20% per bambini fino a 8 anni; pulizia finale a totale carico degli ospiti.*
SERVIZI E LOCALI COMUNI: parcheggio, telefono, sala TV, sala lettura. SPORT E TEMPO LIBERO: noleggio mountain bike, guida ai lavori agricoli. COLTIVAZIONI: olivi, ortaggi, alberi da frutta, limoni. PRODOTTI IN VENDITA: olio, frutta, agrumi.

Gangi (PA)

m 1011 ⌧ 90024

Tenuta Gangivecchio

contrada Gangivecchio, tel. 0921689191, fax 0921 689191 - ettari 58 - chiusura: periodo in luglio - ✗
▶ Lasciare la A19 in corrispondenza del casello di Tre Monzelli, quindi imboccare la Statale 120 e percorrerla fino a raggiungere Gangi; da qui seguire le indicazioni per Gangivecchio.

Nel verde che circonda l'ex monastero benedettino di Santa Maria in Gangi, la sapiente ristrutturazione di una vecchia stalla ha portato alla realizzazione di una residenza agrituristica di qualità alberghiera con annesso ristorante (aperto a tutti, previa prenotazione).

🛏 Camere con servizi: 8 a 3 letti, con biancheria letto, biancheria bagno, riscaldamento, telefono, televisore - pensione £ 110000, riduzioni per soggiorni settimanali in agosto. Deposito cauzionale 20%.
Soggiorno minimo: 2 notti. Carte di credito: CartaSi.
🍴 cucina del territorio (piatti della tradizione) - vini locali - £ 30/40000.
Servizi e locali comuni: parcheggio, telefono, sala TV, sala lettura. Sport e tempo libero: piscina, tiro con l'arco, maneggio, ricovero cavalli; disponibilità di mountain bike, corsi di cucina, corsi di equitazione. Coltivazioni: olivi, ortaggi, alberi da frutta. Prodotti in vendita: verdura, dolci, formaggio, confetture.

Giarre (CT)

m 81 ⌧ 95014

Codavolpe

a Trepunti (Cap 95010), strada 87 n. 35, tel. 095 939802, fax 095939802 - ettari 3 - ♿ - chiusura: sempre aperto - ✆ previo accordi.
▶ Dall'uscita locale della A18, svoltare a destra seguendo l'indicazione Baglio; dopo circa 1 km, entrare nella stradina contigua a un pino mediterraneo e percorrerla interamente.

A 6 km dal mare, appartamenti in un antico casolare e, come luogo d'incontro, il palmento dove si lavorava l'uva. Panorama da Taormina a Riposto a Est, dell'Etna e della valle del Bove a Ovest. Coltivazioni biologiche. Settimane verdi per ragazzi in bassa stagione.

🏠 Appartamenti: 3 monolocali per 2 persone, 2 bilocali per 3 persone, con biancheria letto, biancheria bagno, biancheria cucina, stoviglie, riscaldamento centralizzato - affitto al giorno £ 80/180000, supplemento per riscaldamento £ 10000 al giorno; sconto 20% per bambini fino a 10 anni. Deposito cauzionale 30%.
Soggiorno minimo: 3/7 giorni secondo stagione.
🍴 riservato agli ospiti - cucina siciliana e vegetariana (pasta con le sarde, pasta col macco di fave) - vini locali - £ 25/30000.
Servizi e locali comuni: parcheggio, telefono, sala lettura, taverna, parco giochi bimbi. Sport e tempo libero: gioco bocce, ping pong, percorso vita; disponibilità di biciclette, visite guidate. Coltivazioni: ortaggi, alberi da frutta, agrumi. Prodotti in vendita: liquori artigianali, agrumi, verdura, marmellate.

Gioiosa Marèa (ME)

m 30 ⌧ 98063

Santa Margherita ⭐

contrada S. Margherita 72, tel. 094139703 oppure 0941901138, fax 0941301237 - ettari 13 - chiusura: sempre aperto - ✆
▶ Dal casello Patti della A20 proseguire sulla Statale 113 in direzione di Gioiosa Marea. Al sottopassaggio della ferrovia girare sulla sinistra e seguire la segnaletica dell'azienda per circa 1 km.

Nel primo entroterra della Costa Saracena, con Tindari e il suo teatro greco, una vacanza tra il verde inatteso del Parco dei Nebrodi (a pochi chilometri) e il mare delle Eolie (a mezz'ora di aliscafo da Patti). In azienda, possibilità di passeggiate "ecologiche" e corsi di cucina, artigianato e discipline salutistiche.

🛏 Camere senza servizi: 3 doppie; 2 bagni in comune - pernottamento per persona £ 52000, pensione £ 96000, forfait settimanale £ 480/550000. Camere con servizi: 8 doppie - pernottamento per persona £ 52000, pensione £ 96000, forfait settimanale £ 480/550000.
🏠 Appartamenti: 1 bilocale per 4 persone, 2 di 3 locali per 4/6 persone, con biancheria cucina, stoviglie, cassaforte - affitto a settimana £ 600/1200000, pulizia finale £ 50000. Deposito cauzionale £ 100000.
Note: *le camere e gli appartamenti sono dotati di biancheria per letto e per bagno, uso lavanderia e riscaldamento; negli appartamenti televisore a richiesta, riduzioni per gruppi e per lunghi soggiorni.*
🍴 cucina della tradizione contadina - vini locali di produzione propria - £ 25/30000.
Servizi e locali comuni: parcheggio, telefono, sala TV, sala lettura, taverna, sala giochi bimbi. Sport e tempo libero: gioco bocce, ping pong, maneggio, ricovero cavalli; noleggio mountain bike, guida ai lavori agricoli, osservazione degli animali, corsi di cucina, corsi di ceramica, passeggiate a cavallo, corsi di equitazione, visite guidate. Coltivazioni: olivi, viti, ortaggi, alberi da frutta, mandorli, agrumi. Allevamenti: animali di bassa corte. Prodotti in vendita: vino, olio, aceto, frutta, uva, agrumi, capperi, olive, marmellate, miele.

Licodia Eubèa (CT)

m 600 ⊠ 95040

Dain ⭐🔲

contrada Tana Calda, S.S. 194 km 52, tel. 0933 965682 (informazioni 095515502, prenotazioni 095 512336), fax 0933965682 - ettari 600 - ♿ - chiusura: sempre aperto - ☙

▶ L'azienda è in prossimità del confine con la provincia di Ragusa; si raggiunge percorrendo la Statale 194 - che proviene da Catania e Lentini - 6 km oltre Vizzini.

Nel cuore di questa vastissima tenuta agricola sorge maestoso il settecentesco palazzo padronale. Si soggiorna nelle vicine case coloniche, oggi trasformate in confortevoli residenze agrituristiche. Si organizzano settimane verdi per ragazzi.

🛏 Camere senza servizi: 4 doppie, con uso cucina; 2 bagni in comune - pensione £ 90000. Camere con servizi: 6 doppie - pensione £ 100000.

🏠 Appartamenti: 1 monolocale per 2/3 persone, 2 bilocali per 3 persone, 1 di 3 locali per 6/10 persone - mezza pensione £ 70/80000 per persona. Deposito cauzionale 15% alla prenotazione.

Soggiorno minimo: week end.

Note: *le camere e gli appartamenti sono dotati di biancheria per letto e per bagno, riscaldamento centralizzato; sconto 25% per letto aggiunto, possibilità di forfait settimanale.*

🍴 cucina siciliana (paste fresche, grigliate) - vini regionali di produzione propria - £ 35/45000.

Servizi e locali comuni: parcheggio, telefono, sala TV, sala lettura, parco giochi bimbi. Sport e tempo libero: gioco bocce, tiro con l'arco, maneggio, ricovero cavalli; noleggio mountain bike, percorsi per mountain bike, guida ai lavori agricoli, pesca, corsi di equitazione, visite nei dintorni, escursioni a cavallo. Coltivazioni: olivi, viti, bosco, ortaggi, alberi da frutta, fichi d'India. Allevamenti: suini, equini, conigli, fagiani. Prodotti in vendita: vino, uva, formaggio, marmellate, miele, artigianato locale.

Lipari (ME)

m 44 ⊠ 98055

Tivoli

a Quattropani (Cap 98050), via Quartara 17, tel. 090 9886031 oppure 03392630876 - ettari 2 - chiusura: sempre aperto - ☙ previo accordi.

▶ Da Lipari portarsi verso Nord in direzione di Quattropani, raggiungibile sia con la strada costiera sia con quella interna.

Si sbarca a Lipari ma occorre aggirare il monte Sant'Angelo per giungere a Quattropani, bella contrada rivolta a settentrione, verso Salina. Il podere scende a gradini tra olivi e vigne. Maria, la cuoca, e Nino, il barcaiolo, contribuiscono al successo di questo agriturismo isolano.

🛏 Camere con servizi: 3 doppie, con riscaldamento centralizzato - pernottamento per persona £ 35/40000, mezza pensione £ 65/80000.

🏠 Appartamenti: 2 bilocali per 4/8 persone, con biancheria cucina, stoviglie, riscaldamento a gas - affitto al giorno per persona £ 35/40000. Deposito cauzionale 30% alla prenotazione.

Soggiorno minimo: 5 giorni.

Note: *le camere e gli appartamenti sono dotati di biancheria per letto e per bagno.*

🍴 cucina casalinga - vini locali di produzione propria - £ 30/40000.

Servizi e locali comuni: sala TV. Coltivazioni: olivi, viti, ortaggi, legumi, alberi da frutta, agrumi. Allevamenti: suini, pollame, conigli, colombi. Prodotti in vendita: vino, liquori artigianali, verdura, pomodori secchi, capperi.

U Zu Peppino

a Pianoconte (Cap 98050), via Quattropani 21, tel. 090 9822330 oppure 0909822391, fax 0909822330 - ettari 4 - ♿ - chiusura: sempre aperto - ☙

▶ Da Lipari imboccare la Provinciale per Pianoconte. L'azienda si trova a circa 4 km dal capoluogo.

Agriturismo marittimo in posizione felicemente decentrata rispetto al vivo del turismo estivo, ma strategica rispetto ad alcune delle più belle spiagge dell'isola. A ciò si aggiungano la cordialità di Rosaria, i piatti ricchi di sapore di Silvio, le gite in barca con Armando e i mille consigli di zio Peppino.

🛏 Camere con servizi: 5 doppie, con frigobar - pernottamento per persona £ 25/50000, mezza pensione £ 50/90000.

🏠 Appartamenti: 1 monolocale per 3 persone, 1 bilocale per 4 persone, con biancheria cucina, stoviglie - affitto al giorno per persona £ 25/50000. Deposito cauzionale da concordare alla prenotazione.

Carte di credito: American Express, CartaSi, Diner's Club.

Note: le camere e gli appartamenti sono dotati di biancheria per letto e per bagno, televisore.

)¶ cucina del territorio (coniglio in agrodolce) - vini locali di produzione propria - £ 20/35000.

SERVIZI E LOCALI COMUNI: parcheggio. SPORT E TEMPO LIBERO: maneggio; guida ai lavori agricoli, passeggiate a cavallo. COLTIVAZIONI: olivi, viti, ortaggi, alberi da frutta, agrumi. ALLEVAMENTI: bovini, ovini, suini, equini. PRODOTTI IN VENDITA: vino, capperi, pane di casa, dolci, sottoli.

Longi (ME)

m 616 ⊠ 98070

Il Vignale

contrada Pado, piazza Generale Moriondo 6, tel. 0941 485015 oppure 0941702314, fax 0941911761 - ettari 120 - chiusura: sempre aperto - ❧

▶ Dall'autostrada Messina-Palermo (A20), imboccare l'uscita Rocca-Caprileone e proseguire per 18,4 km sino a raggiungere Longi e l'azienda.

In una grande tenuta agro-forestale del Parco dei Nebrodi, vacanza all'insegna della massima tranquillità in un casale ottocentesco, felicissimo per posizione, tra i boschi ai piedi delle scenografiche Rocche del Crasto. Il mare, all'orizzonte, non è semplice scenografia ma, volendo, agevole fonte di svago.

🛏 CAMERE SENZA SERVIZI: 3 doppie, con biancheria letto, biancheria bagno, biancheria cucina, uso cucina, riscaldamento a metano; 1 bagno in comune - pernottamento per persona £ 30/45000.
SOGGIORNO MINIMO: 2 notti.
Note: previo accordi è possibile affittare tutta la casa.
SPORT E TEMPO LIBERO: visite guidate, escursioni. COLTIVAZIONI: olivi, ortaggi, noccioli, castagni, ciliegi, funghi.

Marsala (TP)

m 12 ⊠ 91025

Baglio Vajarassa

a Spagnola, via Vajarassa 176, tel. 0923968628 oppure 0330664755, fax 0923968628 - ettari 5 - chiusura: sempre aperto - ✗

▶ Percorrere la A29dir. fino allo svincolo Birgi, poi continuare verso Marsala; giunti nei pressi della stazione di Spagnola, girare a destra sul lungomare, poi ancora alla prima traversa a destra.

Bene si addice alla villeggiatura l'aria liberty di questa simpatica residenza di fine Ottocento con agri-museo annesso. Il mare si tocca con un dito. Nei dintorni, la Riserva Naturale Isole dello Stagno di Marsala e le notevolissime antichità di Mozia. Per il ristorante è necessaria la prenotazione.

🛏 CAMERE SENZA SERVIZI: 2 doppie; 1 bagno in comune - pernottamento per persona £ 45000, mezza pensione £ 70000. CAMERE CON SERVIZI: 1 doppia - pernottamento per persona £ 50000, mezza pensione £ 70000. Deposito cauzionale 30% alla prenotazione.
SOGGIORNO MINIMO: 3 giorni.
Note: le camere sono dotate di biancheria per letto e per bagno.
⛺ 10 equipaggi 🚐 6 equipaggi.
)¶ cucina casalinga - vini locali di produzione propria - £ 25/40000.
SERVIZI E LOCALI COMUNI: parcheggio, telefono, sala TV, sala lettura, solarium. SPORT E TEMPO LIBERO: noleggio biciclette, corsi di cucina, osservazione degli animali, visite nei dintorni, visita al museo dell'azienda, escursioni. COLTIVAZIONI: viti, ortaggi, prodotti biologici. ALLEVAMENTI: animali di bassa corte. PRODOTTI IN VENDITA: vino, conserve, marmellate.

Màscali (CT)

m 18 ⊠ 95016

Russo Rocca ⭐ TCI

località Artale Marina, tel. 095931259 oppure 0347 3672714, fax 0957794765 - ettari 3 - ♿ - chiusura: sempre aperto - ❧

▶ Dall'uscita Fiumefreddo della A18, guadagnare la Statale 114 e poi, verso Catania, superare Mascali di 2 km; dopo Carrabba, svoltare a sinistra prima di incontrare la ferrovia; seguire la segnaletica dell'azienda.

Un bel fabbricato di fine Ottocento, circondato da un grande giardino con agrumi e altri alberi da frutta. A disposizione degli ospiti appartamenti indipendenti dotati di terrazzo e tavoli all'aperto. Al mare si va a piedi, a Riposto in pochi minuti d'auto; piscina a due passi.

⊞ APPARTAMENTI: 2 monolocali per 2/3 persone, 2 bilocali per 4/5 persone, con biancheria letto, biancheria bagno, stoviglie, riscaldamento autonomo, telefono, televisore a richiesta - affitto al giorno per persona £ 35/40000, supplemento per riscaldamento, pulizia finale £ 25000, sconto 20% per bambini fino a 8 anni. Deposito cauzionale 30% alla prenotazione.
SOGGIORNO MINIMO: 3 giorni.
⊞ 2 equipaggi.
SERVIZI E LOCALI COMUNI: parcheggio, telefono, giochi bimbi. SPORT E TEMPO LIBERO: gioco bocce; disponibilità di biciclette, guida ai lavori agricoli, visite nei dintorni. COLTIVAZIONI: olivi, ortaggi, ciliegi, agrumi. ALLEVAMENTI: api. PRODOTTI IN VENDITA: olio, agrumi, marmellate, miele.

Mascalucia (CT)
m 420 ⊠ 95030

Trinità

contrada Trinità 34, tel. 0957272156 oppure 0337 955493, fax 0957272156 - ettari 3 - ♿ - chiusura: sempre aperto - ◖
▶ L'azienda ha l'accesso in via De Gasperi 95, vale a dire 500 m a sinistra dopo il secondo semaforo della circonvallazione di Mascalucia, sulla direttrice Catania-Nicolosi.

Sulle pendici dell'Etna, ospitalità in fabbricati seicenteschi immersi in un parco botanico di oltre un ettaro, con piante mediterranee ed esotiche che crescono fra antichi affioramenti di lava.

◖ CAMERE CON SERVIZI: 2 doppie - pernottamento per persona £ 45/50000, mezza pensione £ 75000, forfait settimanale £ 450000.
⊞ APPARTAMENTI: 2 monolocali per 2/3 persone, con biancheria cucina, stoviglie, riscaldamento a legna, caminetto - affitto al giorno per persona £ 45/50000, affitto a settimana per persona £ 300000.
SOGGIORNO MINIMO: 3 giorni.
Note: le camere e gli appartamenti sono dotati di biancheria per letto e per bagno, uso lavanderia a pagamento; supplemento per soggiorni di una notte £ 10000.
⊞ 3 equipaggi.

)|(cucina siciliana (caponata al miele) - vini locali di produzione propria - £ 25/35000.
SERVIZI E LOCALI COMUNI: parcheggio. SPORT E TEMPO LIBERO: piscina; noleggio biciclette, corsi di cucina, escursioni. COLTIVAZIONI: alberi da frutta, agrumi, fichi d'India, ortaggi. PRODOTTI IN VENDITA: liquori artigianali, olio extravergine d'oliva, pomodori secchi, olive, marmellate, miele.

Misterbianco (CT)
m 213 ⊠ 95045

Alcalà
contrada Terrebianche, tel. 0957130029 oppure 0368 3469206, fax 0957130029 - ettari 22 - ♿ - chiusura: sempre aperto - ✛ grossa taglia.

▶ Lasciare Catania in direzione dell'ingresso alla A19; non entrare in autostrada, ma continuare lungo la Statale 192; all'altezza del cippo chilometrico n. 78, deviare a destra per 1,5 km su strada privata; seguire la segnaletica dell'azienda.

Sulle prime colline che dalla Piana di Catania introducono ai paesaggi dell'Etna, un complesso rurale del primo Novecento allietato da grandi alberi ornamentali e da splendide fioriture intercalati da vialetti e da zone attrezzate per la sosta durante il passeggio. Al centro il grande palmento e la cantina dove si organizzano festose tavolate.

⊞ APPARTAMENTI: 2 monolocali per 2 persone, 2 bilocali per 3/6 persone, 1 di 3 locali per 4/6 persone, con biancheria letto, biancheria bagno, biancheria cucina, stoviglie, televisore a richiesta - affitto al giorno per persona £ 38/60000, riscaldamento con stufe a legna o a gas o elettriche; biancheria extra £ 15000, pulizia extra £ 25/35000, lavatrice £ 15000 a lavaggio.
SOGGIORNO MINIMO: 3 notti. CARTE DI CREDITO: Visa, Mastercard, Bancomat.
Note: possibilità di riduzioni per bambini, per gruppi e per lunghi soggiorni.
)|(riservato agli ospiti - cucina siciliana (piatti della tradizione) - vini locali - £ 22/28000.
SERVIZI E LOCALI COMUNI: parcheggio, telefono, sala lettura. SPORT E TEMPO LIBERO: ping pong; noleggio biciclette, pesca, passeggiate naturalistiche guidate, visite nei dintorni. COLTIVAZIONI: olivi, alberi da frutta, agrumi. ALLEVAMENTI: api. PRODOTTI IN VENDITA: olio extravergine d'oliva, agrumi, marmellate, miele.

Mòdica (RG)

m 296 ⌧ 97015

Villa Teresa

contrada Bugilfezza, tel. 0932771690 oppure 0932 771807, fax 0932771690 - ettari 37 - ♿ - chiusura: novembre - ❧ previo accordi.

▶ Da Modica con Statale 115 in direzione di Ispica; dopo circa 6 km seguire la segnaletica dell'azienda.

Un terremoto, nel Seicento, fu causa di rovina ma anche della rinascita barocca delle città dell'altopiano Ibleo. L'intatta bellezza di questa masseria, che proprio allora venne fondata, è degno ornamento del paesaggio senza tempo delle vigne e delle greggi al pascolo.

🛏 CAMERE CON SERVIZI: 1 singola, 4 doppie, 4 a 3/4 letti, con biancheria letto, biancheria bagno, riscaldamento centralizzato, telefono, televisore - pernottamento per persona £ 50/60000, pensione £ 90/100000, forfait settimanale £ 550/600000. Deposito cauzionale 25% alla prenotazione.

SOGGIORNO MINIMO: 3 giorni. CARTE DI CREDITO: American Express, Visa, Eurocard, Mastercard.

🍴 cucina casalinga (paste fresche, pane di casa) - vini locali - £ 25/30000.

SERVIZI E LOCALI COMUNI: parcheggio, sala TV, parco giochi bimbi. SPORT E TEMPO LIBERO: noleggio mountain bike, visite guidate. COLTIVAZIONI: olivi, grano, ortaggi, alberi da frutta. ALLEVAMENTI: bovini, suini. PRODOTTI IN VENDITA: salumi, formaggio, sottoli, conserve.

Motta Camastra (ME)

m 453 ⌧ 98030

Gole Alcantara

via Nazionale 5, tel. 0942985010, fax 0942985264 - ettari 60 - ♿ - chiusura: sempre aperto - ❧

▶ Uscita Giardini Naxos della A18, poi Statale 185 verso Francavilla di Sicilia; l'azienda si trova poco prima della deviazione per Motta Camastra.

L'attrazione della Riserva Naturale della Valle dell'Alcantara sono le gole formate da un'immensa fenditura nella colata lavica, di singolare bellezza, entro cui scorre il fiume. Ospitalità in un fabbricato di recente costruzione che ricade nel perimetro tutelato e che propone prodotti biologici. Settimane verdi per ragazzi.

🛏 CAMERE CON SERVIZI: 5 doppie - pernottamento per persona £ 55000, pensione £ 95000.

⊞ APPARTAMENTI: 4 bilocali per 4 persone, con stoviglie, riscaldamento a metano, climatizzazione, telefono - affitto al giorno £ 55000. Deposito cauzionale 20%.

CARTE DI CREDITO: American Express, Visa.

Note: le camere e gli appartamenti sono dotati di biancheria per letto e per bagno.

⛺ 5 equipaggi 🚐 10 equipaggi.

🍴 cucina del territorio (piatti con verdure) - vini locali - £ 19/25000.

SERVIZI E LOCALI COMUNI: parcheggio, telefono, sala giochi bimbi. SPORT E TEMPO LIBERO: campo da tennis; guida ai lavori agricoli. COLTIVAZIONI: olivi, ortaggi, alberi da frutta, agrumi, fiori. ALLEVAMENTI: pollame, api. PRODOTTI IN VENDITA: liquori della casa, olio d'oliva, frutta, nocciole, verdura, formaggio, marmellate, miele.

Nicosia (EN)

m 724 ⌧ 94014

Masseria Mercadante

contrada Mercadante, tel. 0935640771, fax 0935 640771 - ettari 11 - ♿ - apertura: giugno-settembre, dicembre e week end - ❧

▶ Da Nicosia percorrere 4 km della Statale 120 per Cerami e Troina, poi piegare a destra verso Agira; continuare per 3,5 km seguendo la segnaletica dell'azienda.

Il paesaggio è quello tipico dell'interno con distese di colline punteggiate di boschi di querce e pinete. In aperta campagna si trova questo edificio fondato nel Seicento: le camere destinate all'ospitalità sono sobrie e funzionali. Si organizzano visite per scolaresche.

🛏 CAMERE CON SERVIZI: 8 doppie, con biancheria letto, biancheria bagno, uso lavanderia, riscaldamento centralizzato - pernottamento per persona £ 40000, pensione £ 80000, riduzioni per bambini fino a 10 anni, possibilità di forfait settimanale. Deposito cauzionale 10%.

🚐 10 equipaggi.

🍴 cucina della tradizione contadina - vini locali di produzione propria - £ 25/30000.

SERVIZI E LOCALI COMUNI: parcheggio, telefono, sala TV, sala lettura, parco giochi bimbi. SPORT E TEMPO LIBERO: gioco bocce, tiro con l'arco, mini golf, ping pong, percorso vita; guida ai lavori agricoli, pesca. COLTIVAZIONI: olivi, cereali, ortaggi, alberi da frutta. ALLEVAMENTI: ovini, suini, caprini. PRODOTTI IN VENDITA: prosciutto, vino, liquori artigianali, olio, frutta, formaggio, marmellate.

m 691 ⊠ 94010

Isola Felice

contrada Favara, tel. 0935640390 - ettari 30 - chiusura: sempre aperto - ⬩
▶ L'azienda si trova a circa 15 km da Nissoria: si raggiunge percorrendo il tratto di Statale 120, fino alle porte di Agira, poi seguendo la deviazione a sinistra per Nicosia.

In una zona collinare con vista sull'abitato, l'azienda, attorniata da un bosco di querce, comprende due edifici di cui uno, ristrutturato, adibito ad agriturismo. Camere con travi a vista, arredate in modo funzionale. A disposizione anche una piccola sala riunioni. Visite in giornata per gruppi di ragazzi.

🔑 CAMERE CON SERVIZI: 5 doppie, con biancheria letto, biancheria bagno, televisore - pernottamento per persona £ 65000, pensione £ 90000, sconto 50% per bambini fino a 10 anni, possibilità di letto aggiunto e di forfait settimanale. Deposito cauzionale 10%.
SOGGIORNO MINIMO: 2 notti. CARTE DI CREDITO: American Express, Visa, Eurocard, Mastercard.
🏠 10 equipaggi.
🍴 cucina siciliana (prenotare) - vini locali di produzione propria - £ 30000.
SERVIZI E LOCALI COMUNI: parcheggio, sala lettura, giochi bimbi. SPORT E TEMPO LIBERO: campo da tennis, gioco bocce, tiro con l'arco, maneggio; visite nei dintorni, trekking. COLTIVAZIONI: olivi, viti, cereali, ortaggi, alberi da frutta, mandorli. ALLEVAMENTI: bovini, ovini, suini, caprini, cavalli, animali di bassa corte. PRODOTTI IN VENDITA: salumi, vino, liquori della casa, olio d'oliva, pane di casa, formaggio, marmellate.

m 152 ⊠ 96017

Il Roveto 🏅TCI

località Roveto-Vendicari, tel. 093166024 oppure 0339 4123148, fax 093136946 - ettari 50 - ♿ - chiusura: sempre aperto - ⬩
▶ Da Siracusa seguire la Statale 115 fino a Noto, poi continuare sulla direttrice per Pachino; dopo 9,5 km - poco oltre l'ingresso della riserva faunistica di Vendicari - si arriva in azienda.

Masseria fortificata del Settecento, a ridosso di un litorale che conta eccezionali presenze alate, fra cui il fenicottero, vanto della Riserva Naturale dei Pantani di Vendicari. Alle bellezze naturali fa riscontro lo splendore barocco di Noto e delle città vicine.

🏠 APPARTAMENTI: 4 bilocali per 4/6 persone, con biancheria letto, biancheria bagno, biancheria cucina, stoviglie, riscaldamento a gas - affitto al giorno £ 120/210000, affitto a settimana £ 700/840000, riduzioni per lunghi soggiorni e per gruppi di almeno 8 persone. Deposito cauzionale 30% alla prenotazione.
SOGGIORNO MINIMO: 3 giorni.
🍴 riservato agli ospiti - cucina casalinga - vini locali di produzione propria - £ 30/35000.
SERVIZI E LOCALI COMUNI: parcheggio, telefono, sala lettura, sala giochi bimbi. SPORT E TEMPO LIBERO: gioco bocce, ping pong; guida ai lavori agricoli, passeggiate naturalistiche guidate. COLTIVAZIONI: olivi, viti, ortaggi, alberi da frutta, mandorli, agrumi. PRODOTTI IN VENDITA: vino, olio extravergine d'oliva, frutta, agrumi, mandorle, verdura, conserve, marmellate, miele.

m 175 ⊠ 90047

Arabesque

località Manostalla, tel. 0918787755, fax 091 8987663 - ettari 8 - ♿ - chiusura: sempre aperto - ⬩
▶ Dall'uscita Balestrate della A29 svoltare a destra per 200 m, quindi prendere la strada che dirige (piegando ancora a destra) verso la costa; dopo breve tratto si incontra l'azienda seguendone la segnaletica.

Agriturismo balneare nel primo entroterra del golfo di Castellammare. I cavalli arabi allevati in azienda sono uno stimolo particolare a godere della bellezza del luogo, ma anche i turisti meno intraprendenti avranno da riempirsi gli occhi nella scoperta della Sicilia nord-occidentale. Si organizzano settimane verdi per ragazzi a condizioni da concordare.

🔑 CAMERE CON SERVIZI: 12 doppie - pernottamento per persona £ 70/80000, pensione £ 90/100000, possibilità di forfait settimanale, sconto 20% per letto aggiunto, supplemento per camera singola £ 15000, soggiorno gratuito per bambini fino a 2 anni.
🏠 APPARTAMENTI: 3 bilocali per 2 persone - affitto al giorno per persona £ 70/80000. Deposito cauzionale 20% alla prenotazione.
SOGGIORNO MINIMO: 1 settimana. CARTE DI CREDITO: American Express, Diner's Club, Visa, Bancomat.
Note: le camere e gli appartamenti sono dotati di biancheria per letto e per bagno, riscaldamento centralizzato e aria condizionata; chiesetta privata.
🍴 cucina siciliana - vini locali - £ 25/40000.
SERVIZI E LOCALI COMUNI: parcheggio, telefono, sala lettura, parco giochi bimbi. SPORT E TEMPO LIBERO: piscina, gioco bocce, tiro con l'arco, ping pong. COLTIVAZIONI: olivi, ortaggi, alberi da frutta, agrumi. ALLEVAMENTI: caprini, cavalli, animali di bassa corte. PRODOTTI IN VENDITA: olio, frutta, verdura, formaggio.

m 1000 ⊠ 90027

Monaco di Mezzo

contrada Monaco, tel. 0934673949 oppure 0347 6754066 (prenotazioni 091342402), fax 0934 673949 - ettari 152 - apertura: su prenotazione - ♥ previo accordi.

▶ Lasciare la A19 allo svincolo di Resuttano, quindi procedere verso il paese; dopo 200 m girare a sinistra e continuare verso Ciolino, poi successive brevi deviazioni per complessivi 6 km; seguire la segnaletica.

Ospitalità agrituristica offerta nella grande masseria che fu al centro dell'antico feudo Monaco le cui coltivazioni sono a rigoroso indirizzo biologico. Intorno, a perdita d'occhio, le cangianti estensioni dei campi di grano. Apertura nei fine settimana e per soggiorni settimanali. Previo accordi, si organizzano settimane verdi per ragazzi.

⊞ Appartamenti: 1 bilocale per 4 persone, 5 di 3 locali per 6 persone, con biancheria letto, biancheria bagno, stoviglie, riscaldamento - affitto al giorno per persona £ 45/65000, i prezzi comprendono la prima colazione; possibilità di sistemazione anche a mezza pensione £ 70/90000 e a pensione £ 95/135000. Deposito cauzionale 30% alla prenotazione.
Carte di credito: Visa, Eurocard, Mastercard.
⊞ 10 equipaggi.
)॥ cucina casalinga (paste fresche, piatti ai funghi, arrosti) - vini locali - £ 30/40000.
Servizi e locali comuni: parcheggio, telefono, sala TV, sala lettura, parco giochi bimbi. Sport e tempo libero: piscina, campo da tennis, tiro con l'arco, biliardo, maneggio, ricovero cavalli; disponibilità di biciclette, osservazione degli animali, passeggiate a cavallo. Coltivazioni: olivi, cereali, ortaggi, foraggio. Allevamenti: bovini, cavalli. Prodotti in vendita: uova, olio, verdura, formaggio, conserve.

m 300 ⊠ 98070

Bosco

contrada Bosco, tel. 0921336056 oppure 0347 8025324, fax 0921336056 - ettari 10 - chiusura: sempre aperto - ⊗

▶ Statale 113 nel tratto Cefalù-Sant'Agata Militello, poi imboccare la Provinciale che, con circa 6 km, porta a Pettineo; non entrare in paese, ma procedere per altri 3 km verso Motta d'Affermo; quindi seguire la segnaletica dell'azienda.

La cornice è quella di un bosco di castagni e noccioli frammisto a secolari olivi. Il casolare in pietra, che risale al 1888, è al centro di 10 ettari di colture biodinamiche e biologiche (certificazione Demeter). Settimane verdi per ragazzi.

↝ Camere con servizi: 1 singola, 1 doppia, 2 a più letti - pernottamento per persona £ 45000, pensione £ 95000, forfait settimanale £ 500000.
⊞ Appartamenti: 1 bilocale per 5 persone - affitto al giorno per persona £ 45000. Deposito cauzionale 20%.
Soggiorno minimo: 3 giorni.
Note: *le camere e l'appartamento sono dotati di biancheria per letto e per bagno, riscaldamento centralizzato; soggiorno gratuito per bambini fino a 2 anni; letto aggiunto £ 15000.*
)॥ cucina casalinga (arrosti) - vini locali di produzione propria - £ 35/45000.
Servizi e locali comuni: parcheggio, sala TV, sala lettura. Sport e tempo libero: gioco bocce, ping pong, maneggio; guida ai lavori agricoli, passeggiate a cavallo, visite nei dintorni. Coltivazioni: olivi, ortaggi, alberi da frutta, noccioli, castagni. Allevamenti: ovini, suini, animali di bassa corte, api. Prodotti in vendita: salumi, olio, castagne, nocciole, verdura, olive, conserve, miele.

Casa Migliaca

contrada Migliaca, tel. 0921336722, fax 0921336722 - ettari 12 - ♿ - chiusura: sempre aperto - ⊗
▶ Deviazione dalla Statale 113, nel tratto Cefalù-Sant'Agata Militello, poi 7 km di Provinciale fino a qualche centinaio di metri oltre l'abitato di Pettineo; targa al cancello d'ingresso e strada poderale in discesa.

In una contrada collinare aperta alla vista del Tirreno. Distese di olivi marcate da siepi spontanee circondano la bella residenza ottocentesca adibita ad agriturismo; antico frantoio del '700 con reperti di epoche precedenti. Sulla tavola del ristorante piatti preparati con i prodotti biologici coltivati in azienda. Settimane verdi per ragazzi previo accordi.

↝ Camere con servizi: 8 doppie, con biancheria letto, biancheria bagno, riscaldamento centralizzato - mezza pensione £ 95/105000, riduzioni per bambini fino a 10 anni, supplemento per camera singola £ 15000.
)॥ riservato agli ospiti - cucina siciliana - vini locali.

SERVIZI E LOCALI COMUNI: locale soggiorno. SPORT E TEMPO LIBERO: gioco bocce; percorsi per mountain bike, visite guidate, escursioni. COLTIVAZIONI: olivi, ortaggi, agrumi. PRODOTTI IN VENDITA: olio extravergine d'oliva.

m 697 ⊠ 94015

Savoca

contrada Polleri, tel. 0935683078 oppure 0337 889052, fax 0935683078 - ettari 300 - chiusura: sempre aperto - ☙ previo accordi.
▶ Uscita Mulinello della A19, poi Statale per Piazza Armerina; da qui, percorrere altri 4 km della strada per Mirabella Imbaccari.

Casale ottocentesco in pietra a vista, ombreggiato da un arioso boschetto di pioppi, noci e noccioli. Un'attenta ristrutturazione ne ha fatto una splendida residenza agrituristica (c'è persino una cappella), grazie anche ai circostanti 300 ettari di campagna, coltivata in modo biologico. Settimane verdi per ragazzi in primavera.

CAMERE CON SERVIZI: 10 doppie, con biancheria letto, biancheria bagno, biancheria cucina, uso cucina, riscaldamento - pernottamento per persona £ 40000, pensione £ 85000, riduzioni per soggiorni superiori a 4 notti; pensione completa e ristorazione in estate, solo per gruppi. Deposito cauzionale 10%.
⚠ 5 equipaggi 🚐 8 equipaggi.
SERVIZI E LOCALI COMUNI: parcheggio, telefono, sala lettura. SPORT E TEMPO LIBERO: piscina, gioco bocce, tiro con l'arco, maneggio, ricovero cavalli; guida ai lavori agricoli, pesca, trekking a piedi e a cavallo. COLTIVAZIONI: olivi, cereali, ortaggi, noci, noccioli, fichi d'India. ALLEVAMENTI: bovini, cavalli, animali di bassa corte, pavoni. PRODOTTI IN VENDITA: vino, olio, frutta, noci, nocciole, verdura.

m 765 ⊠ 95036

L'Antica Vigna

a Montelaguardia, tel. 095924003 oppure 0335 6226716, fax 095923324 - ettari 10 - chiusura: sempre aperto - ✄
▶ Dal casello Fiumefreddo della A18, percorrere la Statale 120 fino a 5 km prima di Randazzo.

L'azienda, che adotta i sistemi della coltivazione biologica, si trova sul confine del Parco dell'Etna, a ridosso del Parco dei Nebrodi e della Riserva Naturale della Valle dell'Alcantara. Settimane verdi per ragazzi, tutto l'anno eccetto agosto.

CAMERE SENZA SERVIZI: 1 doppia; 1 bagno in comune - pernottamento per persona £ 35/45000, pensione £ 80/90000. CAMERE CON SERVIZI: 2 doppie - pernottamento per persona £ 35/45000, pensione £ 80/90000.
⊞ APPARTAMENTI: 4 monolocali per 2/3 persone - affitto al giorno £ 120/160000. Deposito cauzionale 30%.
SOGGIORNO MINIMO: 3 giorni.
Note: le camere e gli appartamenti sono dotati di biancheria per letto e per bagno.
🍴 riservato agli ospiti - cucina casalinga - vini regionali di produzione propria - £ 30/40000.
SERVIZI E LOCALI COMUNI: parcheggio, telefono, giochi bimbi. SPORT E TEMPO LIBERO: campo da tennis, ping pong, ricovero cavalli; noleggio mountain bike, guida ai lavori agricoli, passeggiate a cavallo, visite nei dintorni. COLTIVAZIONI: olivi, viti. ALLEVAMENTI: ovini, caprini, animali di bassa corte. PRODOTTI IN VENDITA: vino, olio.

m 8 ⊠ 95018

Carruba

a Carruba (Cap 95010), via Provinciale IV 339, tel. 095 964763 oppure 0957787223, fax 095964763 - ettari 8 - ♿ - chiusura: sempre aperto - ☙
▶ Lasciare la A18 allo svincolo di Giarre, poi scendere verso Catania per un paio di chilometri deviando a sinistra per Carruba; l'azienda si trova oltre la ferrovia, a circa 4 km da Riposto.

Sulla costa ionica, alle falde dell'Etna, un podere coltivato a frutteto scende a una spiaggia di ciottoli levigati. L'ombra di pergole di uva e lo spettacolo dei banani maturi rendono ancor più piacevole la semplice quiete domestica, ma Catania e Taormina sono a portata di mano per una divagazione di cultura o mondanità.

⊞ APPARTAMENTI: 4 monolocali per 2 persone, 2 bilocali per 4 persone, 2 di ampia metratura per 6 persone, con biancheria letto, biancheria bagno, uso lavanderia - affitto al giorno per persona £ 25/55000, mezza pensione £ 55/85000. Deposito cauzionale 30%.
SOGGIORNO MINIMO: 2 notti.
⚠ 2 equipaggi 🚐 5 equipaggi.

)¶ riservato agli ospiti - cucina del territorio (pasta alla norma, caponata) - vini locali - £ 25/35000.

Sport e tempo libero: escursioni, visite nei dintorni, passeggiate. Coltivazioni: ortaggi, albicocchi, peschi, agrumi. Allevamenti: struzzi.

San Piero Patti (ME)

m 448 ⊠ 98068

Il Daino

contrada Manganelli, tel. 0941661175 oppure 0336 926578, fax 0941661175 - ettari 250 - ♿ - chiusura: sempre aperto - ✿ previo accordi.

▶ Lasciare la A20 allo svincolo di Patti poi dirigere verso Sud per 21 km, fino a San Piero Patti; l'azienda si trova a 3 km dal paese, sulla strada per Favoscuro.

Sicilia da scoprire. Nel comprensorio dei Nebrodi, non lontano dai confini del parco regionale, si stende questa grande tenuta di mezza montagna con coltivazioni arboree e seminativi, boschi a querce e castagni, pascoli e perfino un lago. Si soggiorna tra le mura ottocentesche di un rustico aziendale.

⊞ Appartamenti: 1 di più locali per 6 persone, con biancheria letto, biancheria bagno, stoviglie, riscaldamento, telefono, televisore - affitto al giorno £ 192/222000, i prezzi comprendono la prima colazione.
Soggiorno minimo: 4 notti.
Servizi e locali comuni: sala lettura. Sport e tempo libero: guida ai lavori agricoli, pesca, corsi di equitazione. Coltivazioni: olivi, viti, bosco, noccioli, agrumi. Allevamenti: ovini, daini. Prodotti in vendita: carne, vino, olio, frutta, agrumi, formaggio.

San Salvatore di Fitàlia (ME)

m 603 ⊠ 98070

La Vedetta dei Nebrodi

contrada Bufana Alta, tel. 0941421977 - ettari 7 - ♿ - chiusura: sempre aperto - ✿

▶ Abbandonare la A20 allo svincolo di Rocca Capri Leone, poi 1 km a destra sulla Statale 113, quindi ancora a destra per oltre 16 km fino a San Salvatore di Fitalia; giunti in paese, telefonare in azienda per essere accompagnati a destino.

Un nome che è tutto un programma per collocazione geografica ed esposizione. La rustica costruzione, adibita all'accoglienza agrituristica, è stata oggetto di importanti ristrutturazioni ed è immersa in un bosco ad alto fusto, in una zona ricca di funghi.

🛏 Camere con servizi: 3 doppie, con biancheria letto, biancheria bagno, uso lavanderia, riscaldamento - pernottamento per persona £ 40/50000, pensione £ 70/85000, forfait settimanale £ 480/550000, supplemento biancheria £ 5000; riduzioni per famiglie e comitive; bambini fino a 2 anni gratis, da 3 a 6 anni sconto 30%, da 7 a 10 anni sconto 20%.

Soggiorno minimo: 2 notti. Carte di credito: Visa, Eurocard, Mastercard.

)¶ riservato agli ospiti - cucina casalinga (paste fresche, piatti ai funghi) - vini locali - £ 20/35000.
Servizi e locali comuni: parcheggio, telefono, sala lettura. Sport e tempo libero: ping pong; noleggio mountain bike, guida ai lavori agricoli, raccolta funghi, osservazione degli animali, corsi per la lavorazione del formaggio, visite nei dintorni. Coltivazioni: ortaggi, alberi da frutta, noccioli. Allevamenti: bovini, ovini, animali di bassa corte. Prodotti in vendita: liquori della casa, nocciole, formaggio, confetture.

Santa Cristina Gela (PA)

m 674 ⊠ 90030

Al Poggetto

contrada Pianetto, tel. 0918570213 oppure 091 6702533, fax 0914704396 - ettari 5 - ♿ - apertura: aprile-ottobre, Natale e Pasqua - ✿

▶ Da Palermo imboccare la direttrice per Piana degli Albanesi e Santa Cristina Gela; da qui, seguire la segnaletica per contrada Pianetto.

Siamo nei pressi del celebre bosco della Ficuzza, real tenuta di re Ferdinando di Borbone. Soggiorno offerto in una bella cornice di colline, in un'ampia residenza rusticamente riattata. Nel ristorante, per il quale è necessaria la prenotazione, si gustano le specialità locali preparate con i prodotti biologici coltivati in azienda. Settimane verdi per ragazzi da marzo-aprile a ottobre.

🛏 Camere con servizi: 5 doppie, 5 a 4 letti, con biancheria letto, biancheria bagno, riscaldamento, telefono, televisore - pernottamento per persona £ 50/60000, mezza pensione £ 75/95000, possibiltà di forfait settimanale. Deposito cauzionale 20% alla prenotazione.
Soggiorno minimo: 2 notti. Carte di credito: tutte.
)¶ cucina siciliana - vini locali - £ 30/40000.
Servizi e locali comuni: parcheggio, telefono, bar, sala TV, sala lettura, taverna, sauna. Sport e tempo libero: piscina, gioco bocce, tiro con l'arco, biliardo, ping pong, maneggio, ricovero cavalli, palestra; noleggio mountain bike, guida ai lavori agricoli, osservazione degli animali, corsi di cucina, passeggiate a cavallo, corsi di equitazione, visite guidate, passeggiate, trekking. Coltivazioni: olivi, ortaggi, alberi da frutta, noci, castagni, funghi. Allevamenti: bovini, cavalli, animali di bassa corte. Prodotti in vendita: uova, olio, olive, formaggio, conserve, miele.

Santa Croce Camerina (RG)

m 87 ✉ 97017

Capo Scalambri

a Punta Secca, tel. 0932239928 oppure 0932 915600, fax 0932239928 - ettari 5 - ♿ - chiusura: sempre aperto - ☎ previo accordi.
▶ Partendo da Ragusa imboccare la Provinciale per Santa Croce Camerina, dalla località dirigersi su Punta Secca (4,5 km) e proseguire per Pantano.

A ridosso della lunga spiaggia di Marina di Ragusa, l'azienda propone una vacanza essenzialmente balneare con motivi di rilievo tanto culturale - dai siti archeologici della Magna Grecia alle città del Barocco siciliano - quanto enogastronomico, con le cantine del Cerasuolo di Vittoria e del Moscato di Noto. Gli alloggi, sparsi perlopiù nella pineta, sono semplici e funzionali, come la vita di mare richiede.

⊞ APPARTAMENTI: 3 monolocali per 2/4 persone, 4 bilocali per 5 persone, con biancheria letto, stoviglie - affitto al giorno £ 90/180000, pulizia finale £ 50000. Deposito cauzionale £ 100000 alla prenotazione. SOGGIORNO MINIMO: 3/5 giorni.
⛺ 5 equipaggi ⛺ 5 equipaggi.
SERVIZI E LOCALI COMUNI: parcheggio, telefono, sala TV, parco giochi bimbi. SPORT E TEMPO LIBERO: gioco bocce, campo di calcetto; noleggio mountain bike, guida ai lavori agricoli, bird watching, visite nei dintorni, passeggiate nel bosco. COLTIVAZIONI: ortaggi.

Sant'Àlfio (CT)

m 531 ✉ 95010

La Cirasella ⭐ TCI

contrada Petralia Finaita, tel. 095968000 oppure 0338 8331140, fax 095445359 - ettari 6,4 - ♿ - chiusura: sempre aperto - ☒ salvo accordi.
▶ Dal casello Giarre della A18, dirigere a Nord-Ovest e raggiungere Sant'Alfio; da qui, proseguire nella stessa direzione per altri 4 km.

«Bio-agriturismo, il nuovo agriturismo», questo il motto di un'azienda che si distingue per il preciso impegno ambientalista. Villeggiatura in antichi casolari in lava nello scenario dei boschi del Parco dell'Etna, ma il mare è sempre in vista, a soli 14 chilometri.

🛏 CAMERE CON SERVIZI: 3 a 3/4 letti, con biancheria letto, biancheria bagno, riscaldamento a legna e a gas, televisore - pernottamento per persona £ 45000, prima colazione £ 5000, pensione £ 85000, riduzioni per bambini. Deposito cauzionale 20%.
🍴 cucina siciliana e vegetariana (prenotare) - vini locali - £ 25/35000.
SERVIZI E LOCALI COMUNI: parcheggio, telefono, sala TV, parco giochi bimbi. SPORT E TEMPO LIBERO: tiro con l'arco; noleggio mountain bike, corsi di cucina, corsi di yoga, visite nei dintorni, trekking. COLTIVAZIONI: viti, alberi da frutta. ALLEVAMENTI: caprini, animali di bassa corte. PRODOTTI IN VENDITA: frutta.

Sciacca (AG)

m 60 ✉ 92019

Montalbano ⭐ TCI

località Scunchipani, via Montagna Ferraro 6, tel. 0925 80154, fax 092580154 - ettari 4 - chiusura: sempre aperto - ☒

▶ Da Sciacca percorrere circa 3 km della Statale 115, in direzione di Castelvetrano e Marsala, poi piegare a destra per 4 km all'incrocio contrassegnato dalla segnaletica dell'azienda.

Nella Piana Piccola di Misilifurme, una graziosa e moderna casa rurale. Dalle terrazze la vista corre dal mare alle montagne, disegnate sulla vasta distesa di oliveti e agrumeti. Da non sottovalutare la possibilità di approfittare delle famose terme di Sciacca.

🛏 CAMERE CON SERVIZI: 2 doppie - pernottamento per persona £ 35/40000.
⊞ APPARTAMENTI: 5 bilocali per 2/3/4 persone, con biancheria cucina, stoviglie - affitto al giorno per persona £ 30/40000. Deposito cauzionale 20%. SOGGIORNO MINIMO: 3 giorni.
Note: *le camere e gli appartamenti sono dotati di biancheria per letto e per bagno, riscaldamento.*
⛺ 5 equipaggi ⛺ 5 equipaggi.
SERVIZI E LOCALI COMUNI: parcheggio, telefono, sala TV, giochi bimbi. SPORT E TEMPO LIBERO: piscina, gioco bocce, tiro con l'arco, ping pong; disponibilità di biciclette, visite nei dintorni, passeggiate naturalistiche. COLTIVAZIONI: olivi, ortaggi, alberi da frutta. ALLEVAMENTI: pollame, conigli. PRODOTTI IN VENDITA: olio, frutta.

Sclàfani Bagni (PA)

m 813 ⊠ 90020

Fontanamurata

a Fontana Murata, tel. 0921542018 oppure 0337 889882, fax 0921543553 - ettari 300 - &. - chiusura: sempre aperto - ⚡ salvo accordi.

▶ Azienda in territorio di Sclafani Bagni, ma geograficamente prossima a Valledolmo, con varie possibilità di accesso. Da Palermo, percorrere la Statale 121 verso Enna fino a poco prima della deviazione per Valledolmo; l'azienda è al termine.

Nel cuore delle Madonie, in una zona di sorgenti termali, questa tipica costruzione isolana accoglie i turisti all'ombra dei pini che la circondano. A un'ora da Palermo, per chi avesse un improvviso desiderio di mondanità. Coltivazioni biologiche.

⊞ APPARTAMENTI: 3 di 3 locali per 4/6 persone, con biancheria letto, biancheria bagno, biancheria cucina, uso lavanderia, stoviglie, riscaldamento centralizzato, televisore a richiesta - affitto a settimana £ 450/950000, pulizia finale £ 50000. Deposito cauzionale 30%.

)¶ cucina siciliana (paste fresche) - vini regionali di produzione propria - £ 30/40000.

SERVIZI E LOCALI COMUNI: parcheggio, telefono, sala TV, taverna, parco giochi bimbi. SPORT E TEMPO LIBERO: campo da tennis; noleggio mountain bike, guida ai lavori agricoli, visite nei dintorni, passeggiate. COLTIVAZIONI: olivi, viti, grano, ortaggi. ALLEVAMENTI: ovini. PRODOTTI IN VENDITA: vino, olio, verdura, latticini.

Siracusa

m 17 ⊠ 96100

La Perciata

via Spinagallo 77, tel. 0931717366 oppure 0931 21570, fax 093162301 - ettari 9 - chiusura: sempre aperto - 🐾 piccola taglia.

▶ Da Siracusa imboccare la direttrice per Canicattini Bagni e proseguire per una decina di chilometri sino al bivio per Floridia.

Lungo la strada Mare-Monti, nome evocativo della doppia valenza del soggiorno, si incontra questo complesso agrituristico assai bene attrezzato per impianti spor-

tivi e dotazioni domestiche, ivi compresa la piscina con idromassaggio. A dieci chilometri è il capoluogo con tutte le opportunità turistiche e gastronomiche che si possono chiedere a una vacanza siciliana.

🔑 CAMERE CON SERVIZI: 1 singola, 8 doppie - pernottamento per persona £ 60/65000, pensione £ 120000, possibilità di forfait settimanale in bassa stagione.

⊞ APPARTAMENTI: 2 di più locali per 4 persone, con biancheria cucina, stoviglie - affitto al giorno per persona £ 60/65000, affitto a settimana per persona £ 420/455000. Deposito cauzionale £ 300000.

SOGGIORNO MINIMO: 3 giorni in agosto. CARTE DI CREDITO: American Express, Visa.

Note: *le camere e gli appartamenti sono dotati di biancheria per letto e per bagno, telefono, televisore, riscaldamento e aria condizionata; pulizia giornaliera e riduzioni per gruppi di almeno 20 persone.*

)¶ cucina siciliana (coniglio alla cacciatora, quaglie arrosto) - vini regionali - £ 30/40000.

SERVIZI E LOCALI COMUNI: parcheggio, telefono, sala TV. SPORT E TEMPO LIBERO: piscina, campo da tennis, gioco bocce, maneggio; disponibilità di mountain bike, visite guidate, escursioni. COLTIVAZIONI: olivi, patate. PRODOTTI IN VENDITA: vino cotto, liquori artigianali, olio d'oliva, marmellate.

Limoneto ⭐

S.P. 14 per Canicattini, tel. 0931717352, fax 0931 717352 - ettari 6 - &. - chiusura: novembre.

▶ Uscire da centro città imboccando la Provinciale Mare-Monti che porta a Canicattini Bagni; dopo 9 km, a sinistra, la via del Platano (servita da mezzi pubblici) e l'azienda.

La strada che conduce a questa bella fattoria si chiama, eloquentemente, Mare-Monti. Da una parte c'è Siracusa e la Riserva Naturale del Fiume Ciane, famosa per la sua vegetazione di papiri, dall'altra un entroterra agropastorale tutto da scoprire. In azienda, all'insegna del biologico, si segue il lavoro dei frutteti.

🔑 CAMERE CON SERVIZI: 3 doppie, 3 a 4/5 letti, con biancheria letto, biancheria bagno, frigorifero, riscaldamento centralizzato - pernottamento per persona £ 50000, prima colazione £ 5000, mezza pensione £ 85000. Deposito cauzionale £ 100000 alla prenotazione.

SOGGIORNO MINIMO: 3 notti. CARTE DI CREDITO: American Express, Diner's Club, Visa, Bancomat.

)¶ cucina della tradizione contadina (paste fresche) - vini locali - £ 25/30000.

Servizi e locali comuni: parcheggio, telefono, sala TV, parco giochi bimbi. Sport e tempo libero: gioco bocce, ping pong. Coltivazioni: olivi, viti, ortaggi, alberi da frutta, agrumi, fichi d'India. Prodotti in vendita: liquori della casa, olio extravergine d'oliva, pomodori secchi, capperi, olive.

Villa Lucia

contrada Isola, traversa Mondello 1, tel. 0931721007 oppure 0336888537, fax 0931721587 - ettari 2 - ♿ - chiusura: sempre aperto - ☞ previo accordi.
▶ Lasciare la città verso Sud tramite la Statale 115; superato il fiume Ciane, imboccare la prima deviazione a sinistra che, costeggiando il Porto Grande, porta in azienda. In tutto sono meno di 5 km dal centro città.

A soli 5 km dal centro, vicino al mare, sorge questa bella tenuta. Nell'edificio padronale, dei primi del secolo, l'accoglienza ha standard da grande albergo; nella dipendenza rustica, aperta direttamente sul verde, è propriamente agrituristica.

Camere con servizi: 4 doppie, con climatizzazione, telefono, televisore, frigobar - pernottamento per persona £ 100/145000, letto aggiunto £ 60000.
Appartamenti: 1 monolocale per 2 persone, 1 bilocale per 4/5 persone - affitto al giorno per persona £ 60/70000, biancheria bagno £ 15000, pulizia finale £ 30000. Deposito cauzionale 10%.
Soggiorno minimo: 2 notti. Carte di credito: tutte tranne American Express.
Note: *le camere e gli appartamenti sono dotati di biancheria per letto e per bagno, riscaldamento.*
Servizi e locali comuni: parcheggio, telefono. Sport e tempo libero: visite nei dintorni. Coltivazioni: olivi, ortaggi, agrumi. Prodotti in vendita: agrumi, verdura.

m 3 ☒ 91100

Duca di Castelmonte

a Xitta, via Salvatore Motisi 3, tel. 0923526139 oppure 0923883140, fax 0923883140 - ettari 7 - ♿ - chiusura: sempre aperto - ☞ previo accordi.
▶ Lasciare la città alle spalle e imboccare la Statale 115 verso Marsala; poco oltre la periferia, si incontra Xitta e l'azienda agrituristica.

Nel cuore del Mediterraneo, toccata dalle più antiche rotte, Trapani è uno straordinario condensato di civiltà e tradizioni. Cosa di meglio, poi, della quiete della campagna, poco fuori città, con quelle piccole soddisfazioni che fanno delle ferie una vera vacanza. In azienda, a disposizione degli ospiti, anche un campo di mini volley e una collezione di arnesi agricoli storici conservata nei locali dell'antico frantoio.

Appartamenti: 2 monolocali per 2 persone, 3 bilocali per 3 persone, 3 di 3 locali per 3/6 persone, con biancheria letto, biancheria bagno, biancheria cucina, stoviglie, riscaldamento elettrico - affitto al giorno per persona £ 45/50000, mezza pensione £ 70/80000; bambi-

ni fino a 2 anni gratis, da 3 a 7 anni sconto 50%, da 8 a 12 anni sconto 25%. Deposito cauzionale 20%.
Soggiorno minimo: 3 giorni. Carte di credito: American Express, Visa, Eurocard, Mastercard.
🍴 riservato agli ospiti - cucina siciliana (cous-cous) - vini locali - £ 30/40000.
Servizi e locali comuni: parcheggio, telefono, sala TV, sala lettura, taverna. Sport e tempo libero: piscina, gioco bocce, campo di calcetto, ping pong; disponibilità di biciclette, corsi di cucina, visite nei dintorni, escursioni. Coltivazioni: olivi, ortaggi, alberi da frutta. Allevamenti: animali di bassa corte. Prodotti in vendita: uova, olio, conserve, marmellate.

m 614 ☒ 98079

Borgo degli Olivi

contrada Aielli, tel. 090712430 oppure 0348 3818956, fax 090719081 - ettari 40 - ♿ - chiusura: sempre aperto - ☞
▶ Percorrere la Statale 113 Messina-Palermo fino a Castel di Tusa; da qui imboccare la Provinciale per Tusa, con deviazione a sinistra. Dopo circa 6 km seguire la segnaletica dell'azienda.

Le ampie camere di questo casale del '700, arredate con mobili della tradizione contadina, si affacciano con balconi e terrazze alla valle del Tusa e godono della brezza che sale dalle vicine spiagge tirreniche. Tutt'intorno olivi secolari e l'odorosa macchia mediterranea. Degustazione gratuita dei prodotti aziendali.

Camere senza servizi: 1 doppia, 3 a 3 letti; 2 bagni in comune - pernottamento per persona £ 45000, prima colazione £ 5000, mezza pensione £ 80000. Camere con servizi: 1 a 4 letti - pernottamento per persona £ 45000, prima colazione £ 5000, mezza pensione £ 80000. Deposito cauzionale 30%.
Note: *le camere sono dotate di biancheria per letto e per bagno, uso cucina e riscaldamento a legna; biancheria extra £ 15000, sconto 30% per bambini fino a 8 anni.*
🍴 riservato agli ospiti - cucina siciliana (pasta incaciata) - vini locali di produzione propria.
Servizi e locali comuni: parcheggio, sala lettura. Sport e tempo libero: ping pong, ricovero cavalli; osservazione degli animali, passeggiate a cavallo, visite nei dintorni, passeggiate nel bosco. Coltivazioni: olivi, ortaggi, alberi da frutta, agrumi. Allevamenti: bovini. Prodotti in vendita: olio, agrumi, verdura, formaggio.

Sardegna
Isola fuori dal tempo

Vagheggiata dal popolo delle vacanze agostane
la Sardegna ha stagioni e panorami che l'agriturismo,
sulla costa e all'interno, può aiutare a scoprire.

Nuraghi e Costa Smeralda, questi i due opposti tra cui si dibatte la percezione che si ha solitamente dell'isola. L'enorme distanza culturale che li separa si potrebbe colmare con un soggiorno agrituristico, ottimo modo per venire a contatto con gli isolani, gente che fa dell'ospitalità un orgoglio, e per scoprire una natura che si modula in un mosaico ben più variato di quel che è dato pensare. La scoperta, appena lasciate le stazioni turistiche più note, è quella di una terra dai grandi spazi e dai profondi silenzi. L'isola è terza regione per estensione, ma una delle ultime per popolazione, con una densità che di poco supera la metà della media nazionale. Gli abitati sono pochi e spesso interni, vuoi per antiche paure di pirati e febbri malariche, vuoi per le esigenze della pastorizia, tradizionale sostegno dell'economia locale. All'offerta alberghiera d'alto livello sulla costa, fa così riscontro la più genuina forma di accoglienza agrituristica.

Uffici Turistici

■ CAGLIARI
aeroporto Elmas,
tel. 070240200

■ NUORO
piazza Italia 19,
tel. 078430083

■ ORISTANO
via Cagliari 278,
tel. 078373191

■ SASSARI
viale Caprera 36,
tel. 079299544
Alghero
piazza Portaterra 2,
tel. 079979054
Arzachena
tel. 078982624
La Maddalena
via F. Filzi,
tel. 0789736321
Santa Teresa Gallura
piazza V. Emanuele 24,
tel. 0789754127

Un'isola dall'economia pastorale

La Sardegna, nonostante i 1900 chilometri di
coste, non è isola di marinai e pescatori. Certo non
mancano occasioni per trionfali grigliate di pesce
bianco, che abbonda lungo le coste prevalentemente rocciose, ma il vero spirito sardo si esprime
nelle campagne e sui pascoli. La carne regna sovrana – agnelli, capretti, porcetti – cui è rigorosamente riservato
lo spiedo e un fuoco di legna aromatica. «Agnello sardo» e
«Capretto di Sardegna» le due denominazioni prossime al riconoscimento dell'Indicazione Geografica Protetta. Eccezionale anche la produzione casearia, con due produzioni Dop – il «Fiore sardo» e il «Pecorino sardo» – in rappresentanza di una variegata offerta artigianale. Sia le carni che i formaggi si ritrovano nel condimento della pasta
più tradizionale, il gnocchetto sardo, illustre figlio di una cerealicoltu-
ra che contende le terre migliori alla vigna e all'oliveto. Alla prima si
devono ben 20 produzioni Doc essenzialmente basate su vitigni indigeni o di consolidata militanza isolana: una punta di assoluta eccellenza è quella del «Vermentino di Gallura» (Docg), cui si affiancano
denominazioni di storica rinomanza come «Vernaccia di Oristano»,
«Cannonau di Sardegna» e «Girò di Cagliari». Nei ranghi d'eccellenza
rientra anche la produzione olearia del Nuorese con la denominazione «Laconia», prossima al riconoscimento della Dop.

*Sopra, il corbezzolo
è una delle essenze
più attraenti della
macchia mediterranea
per il bel fogliame,
la compresenza
di fiori e frutti,
il singolare corteggio
di farfalle.*

*Sotto, una spiaggia
della Gallura evoca
le attrattive costiere
di un'isola che
riserva ancora luoghi
di solitaria bellezza.*

Associazioni di categoria

■ **AGRITURIST**
Cagliari
Sede Regionale,
via Bottego 7,
tel. 070303485

■ **TERRANOSTRA**
Cagliari
Sede Regionale,
viale Trieste 124,
tel. 070280537

■ **TURISMO VERDE**
Cagliari
Sede Regionale,
via Libeccio 31,
tel. 070373733

LE SPIAGGE PIÙ BELLE, LE MONTAGNE PIÙ SELVAGGE

Ambiente rurale genuino, dunque, e tavola dagli spiccati sapori, ma la vacanza agrituristica in Sardegna non si limita a questo: a portata di mano per gli amanti della vita balneare sono coste tra le più belle del Mediterraneo mentre chi ama coniugare svago e cultura può spaziare nel tempo dalla preistoria nuragica alle grandi chiese del Romanico pisano. Non c'è fronte che deluda. Della costa settentrionale si citi la bella spiaggia di Stintino, l'orizzonte disegnato da una torre cinquecentesca e dal basso profilo dell'Asinara, non più bagno penale ma parco naturale; oppure la tanto decantata Costa Smeralda, con un mare e un turismo che tengono fede all'appellativo. A Ponente si scelga Alghero, 'bonita y bien asentada', bella e ben disposta, come ebbe a dire Carlo V, con la cupola maiolicata di S. Miquel e il profilo di Capo Caccia a evocare voli di grifoni e di uccelli marini; oppure Oristano, con le rovine fenicie di Tharros e gli stormi di fenicotteri degli stagni del Sinis. A Mezzogiorno è Cagliari, custode di tesori archeologici, con le torri pisane, le cupole delle chiese e il castello spagnolo a disegnarne il profilo; oppure l'Iglesiente, verdeggiante rifugio del cervo sardo e la propaggine delle isole di Sant'Antioco e Carloforte. A Levante, infine, è il selvaggio Golfo di Orosei, lungo il quale tra ali di oleandri fioriti scendono a mare le acque del Gennargentu e delle Barbagie; sono le ultime spiagge frequentate dalle tartarughe e dalla quasi leggendaria foca monaca. Come si vede il discorso torna spesso sulla natura, della quale si deve sottolineare il carattere ineguagliabile: due parchi nazionali – nell'Arcipelago della Maddalena e nel Gennargentu – e una fitta rete di riserve ne tutelano i luoghi più straordinari, ma basta addentrarsi nei prati fioriti che tappezzano una sughereta e scorgere una mandria al pascolo, oppure aprirsi la strada nella macchia mediterranea, tra il mirto e il lentisco, piccolo universo di uccelli canori, per scoprire un nuovo mondo di colori, suoni e profumi, per scoprire l'anima più genuina della Sardegna.

Sopra, il pecorino è il prodotto sardo per eccellenza, simbolo di una terra fiera della propria tradizione pastorale, consapevole dei valori che questa porta con sé e delle opportunità che può ancora offrire.

Sotto, bovini al pascolo all'ombra di una sughereta; un'immagine che esemplifica un tradizionale quanto corretto uso delle risorse naturali, in questo caso condivise, senza danno al paesaggio, da allevamento e arboricoltura.

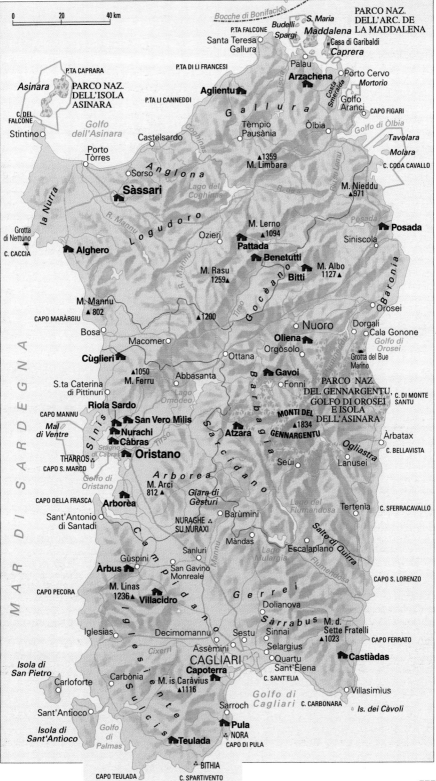

Sardegna

Bocche di Bonifacio

PARCO NAZ.
DELL'ARC. DE
LA MADDALENA

S. Maria
Budelli
Spargi
Maddalena

P.TA FALCONE
Casa di Garibaldi
Caprera

Santa Teresa
Gallura

Palau
Porto Cervo
Arzachena
Mortorio
Golfo
Aranci

P.TA DI LI FRANCESI

Aglientu

P.TA LI CANNEDDI

Asinara

P.TA CAPRARA

PARCO NAZ.
DELL'ISOLA
ASINARA

C. DEL
FALCONE

*Golfo
dell'Asinara*

Stintino

Porto
Tòrres

Castelsardo

G   a   l   l   u   r   a

Tèmpio
Pausània

Òlbia

Golfo di Òlbia

CAPO FIGARI

Tavolara

Molara

C. CODA CAVALLO

Sorso

Sàssari

*Lago del
Coghinas*

▲1359
M. Limbara

M. Nieddu
▲971

Costa Smeralda

la   Nurra

Grotta
di Nettuno

C. CACCIA

Alghero

L   o   g   u   d   o   r   o

R. Mannu

R. Mannu

A   n   g   l   o   n   a

Ozieri

M. Lerno
▲1094

Pattada

Benetutti

M. Albo
1127 ▲

Bitti

G   o   c   e   a   n   o

Tirso

Posada

Siniscola

Orosei

B   a   r   o   n   i   a

M. Rasu
1259▲

M. Mannu
▲ 802

CAPO MARÀRGIU

Bosa

▲1200

Macomer

Nuoro

Dorgali
Cala Gonone

*Golfo di
Orosei*

Oliena

Orgòsolo

Grotta del Bue
Marino

Cùglieri

Ottana

▲1050
M. Ferru

Abbasanta

*Lago
Omodeo*

Gavoi

Fonni

PARCO NAZ.
DEL GENNARGENTU,
GOLFO DI OROSEI
E ISOLA
DELL'ASINARA

C. DI MONTE
SANTU

S.ta Caterina
di Pittinuri

Riola Sardo

CAPO MANNU

*Mal
di Ventre*

San Vero Mìlis

Nurachi

Càbras

Sinis

*Stagno
di Cabras*

Oristano

THARROS

CAPO S. MARCO

*Golfo di
Oristano*

B   a   r   b   a   g   i   a

Atzara

MONTI DEL
GENNARGENTU
▲1834

S   a   r   c   i   d   a   n   o

Ogliastra

Àrbatax

C. BELLAVISTA

Seùi

Lanusei

A   r   b   o   r   e   a

M. Arci
812 ▲

*Giara di
Gèsturi*

Arborèa

Sant'Antonio
di Santadi

CAPO DELLA FRASCA

Barùmini

NURAGHE
SU NURAXI

Màndas

*Lago del
Flumendosa*

Tertenìa

C. SFERRACAVALLO

Sanluri

Gùspini

San Gavino
Monreale

Escalaplano

Salto di Quirra

Flumendosa

CAPO S. LORENZO

Àrbus

M. Linas
1236▲

Villacidro

C   a   m   p   i   d   a   n   o

G   e   r   r   e   i

Dolianova

CAPO PECORA

Iglesias

Decimomannu

Cixerri

Sestu

Sinnai

S   à   r   r   a   b   u   s

M. d.
Sette Fratelli
▲1023

CAPO FERRATO

Selargius

Castiàdas

*Isola di
San Pietro*

Carloforte

Carbònia

Assèmini

CAGLIARI

Capoterra

Quartu
Sant'Elena

C. SANT'ELIA

Villasimìus

Iglesiente

M. is Caràvius
▲1116

Sarroch

*Golfo di
Cagliari*

C. CARBONARA

Is. dei Càvoli

Sant'Antìoco

*Isola di
Sant'Antìoco*

*Golfo
di
Palmas*

S   u   l   c   i   s

Pula

NORA

CAPO DI PULA

Teulada

BITHIA

CAPO TEULADA

C. SPARTIVENTO

M   A   R   D   I   S   A   R   D   E   G   N   A

0   20   40 km

Aglientu (SS)

m 420 ⊠ 07020

Maria Bocco

a Maccia Mala, S.P. per Vignola al km 2,500, tel. 079 602016 - ettari 10 - chiusura: sempre aperto - ✂
▶ Dalla direttrice Santa Teresa Gallura-Castelsardo deviare sulla sinistra all'incrocio per Aglientu e continuare per un paio di chilometri.

A pochi minuti di macchina dal bellissimo mare della Riviera di Gallura, ospitalità familiare offerta in antichi stazzi ristrutturati. In alternativa le escursioni nei boschi del vicino monte Limbara che s'innalza fino a 1359 metri di quota.

🛏 CAMERE SENZA SERVIZI: 2 doppie, 3 a 3/4 letti, con biancheria letto, uso lavanderia, riscaldamento a legna; 2 bagni in comune - mezza pensione £ 70000.
SOGGIORNO MINIMO: 1 settimana.
🍴 cucina sarda (salumi) - vini locali - £ 25/40000.
SERVIZI E LOCALI COMUNI: sala TV. SPORT E TEMPO LIBERO: osservazione degli animali. COLTIVAZIONI: cereali, ortaggi. ALLEVAMENTI: bovini, suini, pollame.

Alghero (SS)

m 7 ⊠ 07041

Consorzio Agriturismo di Sardegna

a Santa Maria La Palma, tel. 078373954, fax 0783 73924 - chiusura: sempre aperto - ✎
▶ L'azienda, denominata "Le Tre Grazie", è situata a 2 km da Santa Maria La Palma. Tra i vari itinerari di accesso si considera quello che, partendo da Sassari e seguendo la Statale 291, porta in paese con 25 km di strada praticamente rettilinea.

La città murata di Alghero e le meraviglie naturalistiche di Capo Caccia sono solo la punta dell'iceberg delle bellezze della costa nord-occidentale. Una casa colonica, ristrutturata e confortevolmente dotata, è il punto d'appoggio ideale nel viaggio di scoperta. In bassa stagione, settimane verdi per ragazzi.

🛏 CAMERE CON SERVIZI: 4 doppie - pernottamento per persona £ 40/50000, mezza pensione £ 70/80000.
🏠 APPARTAMENTI: 1 bilocale per 2 persone, 2 di più locali per 6 persone, con biancheria cucina, stoviglie - affitto a settimana £ 550/1500000. Deposito cauzionale 30%.
SOGGIORNO MINIMO: 3 giorni in camera, 1 settimana in appartamento.
Note: *le camere e gli appartamenti sono dotati di biancheria per letto e per bagno, riscaldamento elettrico; bambini fino a 2 anni gratis, da 3 a 8 anni sconto 30%.*
🍴 cucina del territorio (paste fresche, dolci) - vini locali - £ 25/40000.
SERVIZI E LOCALI COMUNI: parcheggio, telefono, sala TV, giochi bimbi. SPORT E TEMPO LIBERO: escursioni. COLTIVAZIONI: ortaggi, alberi da frutta. ALLEVAMENTI: pollame, conigli. PRODOTTI IN VENDITA: frutta, verdura, sottoli, marmellate, miele.

Coop. Agrituristica Dulcamara

a Santa Maria La Palma, piazza Olbia 7, tel. 079 999197, fax 079999250 - ettari 200 - chiusura: sempre aperto - ✂
▶ Le nove aziende della Coop. Agrituristica Dulcamara sono concentrate nel territorio di Santa Maria La Palma. Da Alghero seguire la Statale 12bis per 4 km sino a Fertilia, quindi deviare a destra e raggiungere il paese dopo 7 km circa. L'ufficio prenotazioni della cooperativa si trova nella piazza principale di fronte alla chiesa.

Encomiabile gruppo di aziende del primo entroterra della Riviera del Corallo che si sono organizzate per offrire ospitalità in case coloniche della bonifica algherese. Zona di elevato interesse naturalistico che vanta, nella Riserva Naturale di Capo Caccia, una delle ultime colonie di grifoni.

🛏 CAMERE SENZA SERVIZI: 14 doppie; 7 bagni in comune - mezza pensione £ 70/80000. CAMERE CON SERVIZI: 12 doppie - mezza pensione £ 75/85000.
🏠 APPARTAMENTI: 5 di diversa metratura per 2/6 persone, con stoviglie - affitto al giorno per persona £ 38/40000, pulizia finale £ 50000. Deposito cauzionale £ 100000 alla prenotazione.
SOGGIORNO MINIMO: 3/7 giorni in camera, 7/15 giorni in appartamento.
Note: *le camere e gli appartamenti sono dotati di biancheria (talvolta a pagamento) per letto, per bagno e per cucina, uso lavanderia; riduzioni per bambini; possibilità di soggiorno a pensione solo in bassa stagione.*
🏕 4 equipaggi.
🍴 cucina sarda (piatti della tradizione) - vini locali di produzione propria - £ 40/50000.
SERVIZI E LOCALI COMUNI: parcheggio, sala TV. SPORT E TEMPO LIBERO: percorsi per mountain bike, guida ai lavori agricoli, osservazione degli animali, passeggiate a cavallo. COLTIVAZIONI: olivi, viti, seminativi, ortaggi, alberi da frutta. ALLEVAMENTI: ovini, suini, equini, animali di bassa corte. PRODOTTI IN VENDITA: frutta, verdura, artigianato locale.

Arborèa (OR)

m 7 ⊠ 09092

Le Mimose

strada 24 Ovest, tel. 0783800587 - ettari 18 - chiusura: sempre aperto - ✂
▶ Da Oristano dirigersi verso Arborea; poco prima di entrare in paese svoltare a destra e seguire la segnaletica dell'azienda.

Il paese è sorto negli anni Venti durante la bonifica della piana tra gli stagni di Santa Giusta e Marceddì. L'azienda è a 2 km dall'abitato, circondata da un grande giardino fiorito. Possibilità di usufruire delle strutture sportive di un vicino club; passeggiate in montagna, con pranzo all'aperto offerto dai gestori dell'azienda.

🛏 CAMERE SENZA SERVIZI: 3 doppie, 1 a 3 letti; 2 bagni in comune - pernottamento per persona £ 40000, pensione £ 80000. CAMERE CON SERVIZI: 1 doppia - pernottamento per persona £ 40000, pensione £ 80000. Deposito cauzionale 30% alla prenotazione.
SOGGIORNO MINIMO: 1 settimana in alta stagione.

Note: *le camere sono dotate di biancheria per letto e per bagno, riscaldamento a gas.*
⚠ 5 equipaggi 🚐 5 equipaggi.
🍴 cucina sarda (prenotare) - vini locali di produzione propria - £ 28/40000.
SERVIZI E LOCALI COMUNI: parcheggio, telefono, sala TV. SPORT E TEMPO LIBERO: escursioni, passeggiate. COLTIVAZIONI: viti, ortaggi, alberi da frutta. ALLEVAMENTI: bovini, suini, animali di bassa corte.

Àrbus (CA)

m 311 ✉ 09031

La Quercia

località Riu Martini-Sibiri, tel. 0709756035 (prenotazioni 070280537), fax 0709756035 - ettari 30 - apertura: su prenotazione - ☎ previo accordi.
▶ Da Arbus percorrere la Statale 126 in direzione di Fluminimaggiore; dopo 7 km deviare a sinistra e seguire per altri 4 km le indicazioni di Sibiri.

Siamo nell'Iglesiente, in un borgo della Comunità Montana del Monte Linas. Locali ampi e ariosi in nuova costruzione vicina a un bellissimo bosco a leccio e sughero. Il mare è a 17 km. Previo accordi settimane verdi per ragazzi e corsi di cucina tipica sarda.

🛏 CAMERE SENZA SERVIZI: 4 doppie; 2 bagni in comune - mezza pensione £ 55/60000. CAMERE CON SERVIZI: 3 doppie - mezza pensione £ 60/65000. Deposito cauzionale 30% alla prenotazione.
SOGGIORNO MINIMO: 3 notti.
Note: *le camere sono dotate di biancheria per letto e per bagno.*
🍴 cucina casalinga (piatti ai funghi, selvaggina) - vini di produzione propria - £ 25/35000.

SERVIZI E LOCALI COMUNI: parcheggio, telefono, servizio fax. SPORT E TEMPO LIBERO: ping pong, calcio-balilla, maneggio; guida ai lavori agricoli, visite nei dintorni. COLTIVAZIONI: olivi, ortaggi. ALLEVAMENTI: suini, cavalli, asini. PRODOTTI IN VENDITA: olio, miele.

Arzachena (SS)

m 85 ✉ 07021

Ca' la Somara

località Sarra Balestra, tel. 078998969, fax 0789 98969 - ettari 6 - chiusura: Natale - ☎
▶ Siamo al margine della direttrice che da Olbia va verso la Costa Smeralda, ma che poi piega a sinistra per raggiungere Arzachena; l'azienda si trova poco dopo la località San Pantaleo: a fine discesa, primo bivio a destra seguendo la segnaletica dell'azienda.

Ospitalità rurale nel primo entroterra della Costa Smeralda, come a dire la pace della campagna e, a portata di mano, quanto di meglio sa offrire la civiltà delle vacanze dorate. Oltre alle più belle spiagge sarde, gran dovizia di svaghi sportivi e mondani.

🛏 CAMERE SENZA SERVIZI: 2 singole, 7 doppie, con biancheria letto, riscaldamento, barbecue; 5 bagni in comune - pernottamento per persona £ 40/60000.
🍴 cucina vegetariana - vini locali - £ 45000.
SERVIZI E LOCALI COMUNI: parcheggio, sala lettura. SPORT E TEMPO LIBERO: visite nei dintorni, escursioni, passeggiate. COLTIVAZIONI: ortaggi. ALLEVAMENTI: asini.

Atzara (NU)

m 540 ✉ 08030

Zeminariu

località Zeminariu, tel. 078465235 (prenotazioni 070280537) - ettari 15 - chiusura: sempre aperto - 🚫
▶ Raggiungere Atzara tramite la Statale 128 e proseguire sino all'altezza del bivio per Belvì; quindi voltare a destra e immettersi su strada carrareccia.

Soggiorno sulle pendici occidentali del Gennargentu tra mandorli e boschi, dove il folclore fa parte della vita di tutti i giorni. L'azienda, vicina al paese, comprende una casa padronale con locali comuni ben separata da stalle e magazzini. Previo accordi, si organizzano settimane verdi per ragazzi.

Sardegna

Camere con servizi: 3 doppie - pernottamento per persona £ 35/40000, pensione £ 77/84000.

⊞ Appartamenti: 1 di 3 locali per 6 persone, con biancheria cucina, riscaldamento a legna - affitto al giorno per persona £ 35/40000. Deposito cauzionale 30%. Soggiorno minimo: 3 giorni.

Note: le camere e l'appartamento sono dotati di biancheria per letto e per bagno.

⚠ 5 equipaggi 🚐 5 equipaggi.

🍴 cucina casalinga (timballo) - vini regionali di produzione propria.

Servizi e locali comuni: parcheggio, telefono. Sport e tempo libero: escursioni. Coltivazioni: cereali, ortaggi, alberi da frutta. Allevamenti: bovini, suini, pollame. Prodotti in vendita: vino, formaggio.

Benetutti (SS)

m 406 ⊠ 07010

Consorzio Agriturismo di Sardegna

località Sa Serra, tel. 078373954, fax 078373924 - ettari 300 - chiusura: sempre aperto - 🐾 previo accordi.

▶ Da Nuoro dirigere verso Nord percorrendo la Statale 389 che transita nei pressi di Orune; dopo 13 km, deviare a sinistra al bivio per Benetutti. Ancora 3,5 km in questa direzione, quindi svoltare a destra per 5 km prima di arrivare all'azienda "Testone".

La Barbagia, cuore antico dell'isola, fa da scenario alla multiforme attività dell'azienda e offre varie prospettive di svago, prima fra tutte l'escursionismo a piedi o a cavallo. Ambientato in un rustico di recente ristrutturazione, l'agriturismo può ospitare ragazzi per settimane verdi in ogni periodo dell'anno.

Camere senza servizi: 5 doppie, con biancheria letto, biancheria bagno, riscaldamento elettrico; 4 bagni in comune - mezza pensione £ 55000, possibilità di concordare forfait settimanale, supplemento per camera singola £ 10/15000. Deposito cauzionale 30%. Soggiorno minimo: 7 giorni.

⚠ 5 equipaggi 🚐 5 equipaggi.

🍴 cucina sarda (paste fresche, dolci) - vini di produzione propria - £ 35/40000.

Servizi e locali comuni: parcheggio, telefono, sala TV, giochi bimbi. Sport e tempo libero: guida ai lavori agricoli, pesca, escursioni a cavallo. Coltivazioni: olivi, viti, alberi da frutta. Allevamenti: bovini, ovini, suini, cavalli, api, trote. Prodotti in vendita: olio, frutta, latticini, miele.

Bitti (NU)

m 548 ⊠ 08021

Ertila

località Ertila, via Deffenu 33, tel. 0784414558, fax 0784414558 - ettari 50 - chiusura: sempre aperto - 🐾

▶ Direttrice Nuoro-Olbia fino a Siniscola, poi portarsi verso l'interno per circa 38 km toccando Lodè e Mamone. L'azienda si trova 1 km a Nord di Mamone.

Il volo dell'aquila e il frullo della pernice ricordano che l'altopiano di Bitti è un luogo dove la natura regna ancora sovrana. Lo si esplora a piedi o, meglio ancora, a cavallo, toccando siti nuragici e monumenti naturali. Ospitalità e ristorazione nella migliore tradizione sarda.

Camere con servizi: 4 doppie, con biancheria letto, biancheria bagno, biancheria cucina, uso cucina, uso lavanderia, riscaldamento - pernottamento per persona £ 38000, mezza pensione £ 60000.

⚠ 10 equipaggi 🚐 10 equipaggi.

🍴 cucina del territorio (piatti della tradizione) - vini locali di produzione propria - £ 35000.

Servizi e locali comuni: parcheggio, telefono, sala TV, sala lettura. Sport e tempo libero: guida ai lavori agricoli, trekking. Coltivazioni: ortaggi. Allevamenti: bovini, ovini, suini, equini. Prodotti in vendita: vino, liquori di erbe, pane di casa, latticini, miele.

Càbras (OR)

m 6 ⊠ 09072

Da Nino e Anna Maria

via De Castro 188, tel. 0783290595 (prenotazioni 070 280537) - ettari 7 - chiusura: sempre aperto - 🐾

▶ Da Oristano raggiungere Cabras; l'azienda si trova a Nord dell'abitato sulla strada per Riola Sardo.

Cortesia e un comfort di buon livello caratterizzano questo agriturismo situato nel borgo di pescatori dello stagno di Cabras. L'interesse del soggiorno è legato, tra l'altro, alla bellezza delle vicine spiagge e alla combinazione di mete di interesse naturalistico e artistico.

Camere senza servizi: 2 doppie, 3 a più letti, con biancheria letto, biancheria bagno, riscaldamento a legna; 4 bagni in comune - pernottamento per persona £ 30/35000, mezza pensione £ 60/70000. Soggiorno minimo: 3 giorni.

cucina casalinga (pesce) - vini locali - £ 27/36000. SERVIZI E LOCALI COMUNI: parcheggio, sala TV. SPORT E TEMPO LIBERO: escursioni, visite nei dintorni. COLTIVAZIONI: olivi, ortaggi, agrumi. PRODOTTI IN VENDITA: olio, verdura, olive, marmellate.

Ferrari

a Is Pontigheddus, S.P. 6, tel. 0783290094, fax 0783290883 - ettari 130 - chiusura: sempre aperto - ✄

▶ Da Cabras portarsi sulla Provinciale per San Giovanni di Sinis; percorsi un paio di chilometri si incontra l'accesso per l'azienda; seguire la segnaletica posta sul lato sinistro della strada.

Una grande azienda che si estende lungo le sponde dello stagno di Cabras. Dalla ristrutturazione di vecchi locali rurali sono state ricavate camere ariose e modernamente arredate. A poca distanza, mare di scoglio e spiagge sabbiose. Per il ristorante è necessaria la prenotazione.

CAMERE CON SERVIZI: 5 doppie, con biancheria letto, biancheria bagno - pernottamento per persona £ 40/45000, mezza pensione £ 65/80000. Deposito cauzionale 30% alla prenotazione.
SOGGIORNO MINIMO: 1 settimana in alta stagione.
cucina sarda (maialetto) - vini locali - £ 25/50000. SERVIZI E LOCALI COMUNI: parcheggio, sala TV. SPORT E TEMPO LIBERO: visite nei dintorni. COLTIVAZIONI: olivi, riso, ortaggi, alberi da frutta. ALLEVAMENTI: bovini, suini.

Capoterra (CA)

m 54 ⊠ 09012

Fratelli Piga

località Baccalamanza, tel. 070728131 (prenotazioni 070280537) - ettari 20 - ♿ - chiusura: sempre aperto.
▶ Partendo da Cagliari immettersi sulla Statale 195; una volta giunti in località Su Spantu, imboccare la deviazione a destra per Capoterra; seguire la segnaletica dell'azienda.

Soggiorno tra mare e montagna in questo comune agricolo del Sulcis, al margine Sud della bonifica cui dà nome. Ospitalità in caseggiati indipendenti molto ampi e ariosi. Nelle vicinanze, per i naturalisti, gli stagni di Cagliari e l'Oasi Wwf di Monte Arcosu. Previo accordi, si organizzano settimane verdi per ragazzi.

CAMERE SENZA SERVIZI: 2 doppie; 1 bagno in comune - pernottamento per persona £ 30/35000, mezza pensione £ 60/70000. CAMERE CON SERVIZI: 2 singole, 6 doppie - pernottamento per persona £ 40/45000, mezza pensione £ 70/80000.
SOGGIORNO MINIMO: 3/7 giorni secondo stagione.
Note: *le camere sono dotate di biancheria per letto e per bagno.*
cucina sarda (paste fresche, arrosti) - vini locali di produzione propria - £ 30/50000.
SERVIZI E LOCALI COMUNI: parcheggio, sala lettura. SPORT E TEMPO LIBERO: gioco bocce, ping pong. COLTIVAZIONI: olivi, cereali, ortaggi, alberi da frutta, mandorli, agrumi. ALLEVAMENTI: ovini, suini, pollame, api. PRODOTTI IN VENDITA: uova, frutta, verdura, miele.

Castiàdas (CA)

m 60 ⊠ 09040

Gli Oleandri

a Olia Speciosa, tel. 0709949031 (prenotazioni 070 280537) - ettari 10 - chiusura: sempre aperto - ☙ previo accordi.
▶ Da Castiadas imboccare la direttrice per Muravera e raggiungere, dopo 6 km, Olia Speciosa; l'azienda si trova a circa 200 m dall'ufficio postale.

Nel Sarrabus, al margine meridionale della piana formata dal Flumendosa presso il centro più importante della bonifica ottocentesca. Podere con casa padronale e rustici articolati intorno a un vasto cortile. Le stanze dedicate all'accoglienza agrituristica sono ampie e confortevoli.

CAMERE SENZA SERVIZI: 4 doppie; 2 bagni in comune - pernottamento per persona £ 30/35000, mezza pensione £ 60/70000. CAMERE CON SERVIZI: 1 doppia - pernottamento per persona £ 35/40000, mezza pensione £ 65/75000.
SOGGIORNO MINIMO: 3 giorni.
Note: *le camere sono dotate di biancheria per letto e per bagno.*
riservato agli ospiti - cucina casalinga - vini locali di produzione propria.
SERVIZI E LOCALI COMUNI: parcheggio. SPORT E TEMPO LIBERO: escursioni. COLTIVAZIONI: ortaggi, agrumi. ALLEVAMENTI: pollame. PRODOTTI IN VENDITA: sciroppi, agrumi, marmellate.

La Rosa dei Venti

a San Pietro, via Sarmentus, tel. 070995071 (prenotazioni 070280537) - ettari 7 - chiusura: sempre aperto - ☙
▶ Partendo da Villasimius dirigere verso Castiadas; giunti in località San Pietro, girare a sinistra e seguire le indicazioni dell'azienda.

Nel paesaggio disegnato da orti e frutteti, a cinque minuti di macchina dalla montagna e dalle lunghe spiagge tirreniche, soggiorno in camere indipendenti su un bel cortile ampio e fiorito. Il forno a legna, presso la sala da pranzo, separa la casa dall'azienda vera e propria.

CAMERE SENZA SERVIZI: 5 doppie, con biancheria letto, biancheria bagno; 2 bagni in comune - mezza pensione £ 55/60000, sconto 30% per bambini fino a 7 anni. Deposito cauzionale 30% alla prenotazione.
SOGGIORNO MINIMO: 3 giorni. CARTE DI CREDITO: CartaSi, American Express, Diner's Club, Bancomat.
cucina sarda (arrosti) - vini locali - £ 30/36000.
SERVIZI E LOCALI COMUNI: parcheggio, sala TV, sala lettura. SPORT E TEMPO LIBERO: escursioni. COLTIVAZIONI: cereali, ortaggi, alberi da frutta. ALLEVAMENTI: ovini, suini, animali di bassa corte. PRODOTTI IN VENDITA: dolci, formaggio.

Cùglieri (OR)

m 483 ⊠ 09073

Pittinuri

a Santa Caterina di Pittinuri, via Case Sparse, tel. 0785 38314 (prenotazioni 070280537) - ettari 60 - chiusura: sempre aperto - ➤ previo accordi.
▶ Partendo da Oristano, seguire la Statale 292 sino a raggiungere Santa Caterina di Pittinuri; subito dopo il paese deviare a destra su strada bianca e continuare per un altro centinaio di metri.

Accoglienza tra le più cordiali in questa vasta azienda a 15 km dall'abitato, con strutture agrituristiche ben tenute e funzionali. La vista è su una vallata boscosa ma il mare è davvero a portata di mano.

CAMERE SENZA SERVIZI: 3 doppie; 1 bagno in comune - pernottamento per persona £ 30/35000, mezza pensione £ 60/70000. CAMERE CON SERVIZI: 3 doppie - pernottamento per persona £ 35/40000, mezza pensione £ 65/75000.
Note: le camere sono dotate di biancheria per letto, per bagno e uso lavanderia.
🚐 5 equipaggi.
cucina del territorio (cinghiale) - vini di produzione propria - £ 25/36000.
SERVIZI E LOCALI COMUNI: parcheggio, telefono, sala TV, taverna. SPORT E TEMPO LIBERO: campo di calcetto. COLTIVAZIONI: viti, ortaggi, alberi da frutta. ALLEVAMENTI: bovini, ovini, suini, pollame, conigli. PRODOTTI IN VENDITA: formaggio.

Gavoi (NU)

m 790 ⊠ 08020

Speranza Todde Ibba

via Cagliari 192, tel. 078452021 (prenotazioni 070 280537), fax 078452021 - ettari 50 - chiusura: sempre aperto - ➤
▶ Dalla superstrada 131dir. imboccare la Statale 128 e raggiungere l'abitato di Gavoi, dove si trova l'azienda agrituristica.

Siamo a Nord del Gennargentu, al centro della Barbagia, vicino al lago di Gusana. L'azienda è nell'abitato, un tipico borgo barbaricino con case in granito disposte ad anfiteatro in una conca boscosa. Settimane verdi per ragazzi da concordare.

CAMERE CON SERVIZI: 6 doppie, con biancheria letto, biancheria bagno, riscaldamento - pernottamento per persona £ 35/40000, mezza pensione £ 60/65000, riduzioni per bambini.
cucina sarda (piatti della tradizione contadina) - vini di produzione propria - £ 25/38000.
SERVIZI E LOCALI COMUNI: sala TV, sala lettura. SPORT E TEMPO LIBERO: guida ai lavori agricoli, corsi di cucina, visite nei dintorni, trekking. COLTIVAZIONI: viti, ortaggi, castagni, mandorli. ALLEVAMENTI: ovini, suini, pollame, api. PRODOTTI IN VENDITA: vino, formaggio, confetture, miele.

Nurachi (OR)

m 6 ⊠ 09070

Anna Carla Lasiu

via Mameli 17, prenotazioni 070280537 - ettari 5 - chiusura: sempre aperto - ✗
▶ Da Oristano percorrere la Statale 292 sino a Nurachi; l'azienda agrituristica si trova all'interno del centro abitato.

Lo scenario è quello della piana bonificata del Sinis, ammantata da estesi oliveti. Ospitalità in piccola azienda con sede in paese, a pochi chilometri da spiagge e da zone di interesse naturalistico e archeologico.

CAMERE SENZA SERVIZI: 4 doppie, con biancheria letto, biancheria bagno; 2 bagni in comune - pernottamento per persona £ 30/35000, mezza pensione £ 60/70000, sconto 30% per bambini fino a 4 anni. Deposito cauzionale 30% alla prenotazione.
SOGGIORNO MINIMO: 3 giorni.
SERVIZI E LOCALI COMUNI: parcheggio, sala lettura. SPORT E TEMPO LIBERO: visite nei dintorni. COLTIVAZIONI: olivi, cereali, ortaggi, alberi da frutta.

Rosalba Trogu Scalas

via G. M. Angioj 7, tel. 0783410508 (prenotazioni 070 280537) - ettari 13 - chiusura: sempre aperto - ✗
▶ Da Oristano raggiungere Nurachi con la Statale 292; l'azienda è ubicata in paese nei pressi della Provinciale per Cabras.

Azienda di medie dimensioni tenuta a orti, oliveti e vigne. Atmosfera familiare e strutture di buon livello per una piacevole vacanza che può contare sull'ampia gamma di proposte del comprensorio costiero e montano di Oristano.

CAMERE SENZA SERVIZI: 2 doppie, 2 a 3 letti, con biancheria letto, biancheria bagno, riscaldamento a legna; 3 bagni in comune - pernottamento per persona £ 30/35000, mezza pensione £ 60/70000.
SOGGIORNO MINIMO: 3 giorni.
cucina del territorio - vini locali di produzione propria - £ 25/36000.
SERVIZI E LOCALI COMUNI: sala TV. SPORT E TEMPO LIBERO: visite nei dintorni. COLTIVAZIONI: olivi, viti, ortaggi. ALLEVAMENTI: suini, animali di bassa corte. PRODOTTI IN VENDITA: vino, olio, sottoli.

Oliena (NU)

m 379 ⊠ 08025

Camisadu

località Logheri, tel. 03683479502 - ettari 5 - chiusura: sempre aperto - ✎
▶ Da Nuoro dirigere a Sud-Est per 12 km fino a Oliena; in paese, seguire la segnaletica che, con meno di 2 km sulla vecchia strada di Orgosolo, porta in azienda.

Il Supramonte, con le sue meraviglie naturalistiche e le sue antiche usanze pastorali, è il naturale sbocco escursionistico del soggiorno, ma tutto il Nuorese è terra di eccitanti scoperte. Struttura di moderna concezione, in grado di organizzare anche settimane verdi per ragazzi.

🛏 CAMERE SENZA SERVIZI: 4 doppie, con biancheria letto, biancheria bagno, televisore; 2 bagni in comune - pernottamento per persona £ 40/50000, mezza pensione £ 75/80000. Deposito cauzionale 30%.
SOGGIORNO MINIMO: 3 giorni.
🏕 2 equipaggi 🚐 2 equipaggi.
🍴 cucina del territorio (malloreddus, arrosti) - vini locali di produzione propria - £ 35/45000.
SERVIZI E LOCALI COMUNI: parcheggio, sala TV, sala lettura, giochi bimbi. SPORT E TEMPO LIBERO: noleggio mountain bike, guida ai lavori agricoli, osservazione degli animali, visite nei dintorni, escursioni. COLTIVAZIONI: olivi, viti, ortaggi, alberi da frutta. ALLEVAMENTI: ovini, animali di bassa corte. PRODOTTI IN VENDITA: frutta, olive, pane di casa, formaggio, miele.

Oristano

m 9 ⊠ 09170

Consorzio Agriturismo di Sardegna

via Duomo 17, tel. 078373954 oppure 0783359995, fax 078373924 - ♿ - chiusura: sempre aperto - ✎ salvo accordi.
▶ Le aziende dell'Oristanese che fanno parte del Consorzio Agriturismo di Sardegna sono dislocate: 5 nel territorio del comune di Oristano e 23 sparse nella zona semicircolare intorno alla città che va da Cabras (km 8) a Seneghe (km 24), da Bauladu (km 16) a Simaxis (km 17) e a Palmas Arborea (km 7).

La costa occidentale non è molto frequentata, ma non ha veramente nulla da invidiare ai paradisi turistici più affermati. Le strutture agrituristiche consorziate presi-

diano strategicamente il territorio di Oristano a breve distanza da spiagge bianchissime e ambienti di selvaggia bellezza che offrono ampi spunti escursionistici.

🛏 CAMERE SENZA SERVIZI: 2 singole, 93 doppie; 54 bagni in comune - pernottamento per persona £ 40/45000, mezza pensione £ 55/60000. CAMERE CON SERVIZI: 18 doppie, 2 a 3/4 letti - pernottamento per persona £ 40/45000, mezza pensione £ 60/70000. Deposito cauzionale 30% alla prenotazione.
SOGGIORNO MINIMO: 1 settimana.
Note: *le camere sono dotate di biancheria per letto e per bagno, riscaldamento elettrico e caminetto.*
🍴 cucina della tradizione locale (zuppe, paste fresche e bottarga) - vini locali di produzione propria - £ 25/40000.
SERVIZI E LOCALI COMUNI: parcheggio, telefono, sala TV, sala lettura, sala giochi bimbi. SPORT E TEMPO LIBERO: gioco bocce, ping pong, maneggio, ricovero cavalli; guida ai lavori agricoli, passeggiate a cavallo, corsi di equitazione, visite nei dintorni. COLTIVAZIONI: olivi, viti, ortaggi, alberi da frutta. ALLEVAMENTI: bovini, ovini, suini, equini, pollame. PRODOTTI IN VENDITA: vino, olio, frutta, verdura, formaggio.

Pattada (SS)

m 778 ⊠ 07016

Matteo Crasta

regione S'ispadularzu, tel. 079755686 (prenotazioni 070280537) - ettari 4,5 - chiusura: sempre aperto.
▶ Da Pattada continuare in direzione del bivio per Bantine, circa 3 km a Ovest; seguire la segnaletica dell'azienda.

Pattada è un antico centro del Logudoro, nel comprensorio agropastorale del Montacuto. Ospitalità in un piccolo stazzo di campagna, arredato con semplicità, al centro di un podere coltivato a orti e pascolo.

🛏 CAMERE SENZA SERVIZI: 2 doppie, con biancheria letto, biancheria bagno, riscaldamento a gas; 1 bagno in comune - pernottamento per persona £ 30000, pensione £ 77000. Deposito cauzionale da concordare.
SOGGIORNO MINIMO: 3 giorni.
🏕 5 equipaggi 🚐 5 equipaggi.
🍴 cucina sarda - vini regionali - £ 30/36000.
SERVIZI E LOCALI COMUNI: parcheggio, sala TV. COLTIVAZIONI: ortaggi. ALLEVAMENTI: bovini, ovini, suini, caprini, pollame. PRODOTTI IN VENDITA: formaggio.

Posada (NU)

m 22 ⊠ 08020

Guparza ★🅣🅒🅘

via Nazionale 26, tel. 0784854528, fax 0784854528 - ettari 100 - chiusura: sempre aperto - ✎
▶ Da Olbia percorrere la Statale 125 per circa 50 km verso Sud. L'azienda si trova 2 km prima di Posada, raggiungibile con deviazione al km 268,9 della Statale.

Sardegna

Posada è un bellissimo borgo di fondazione medievale. Lo circonda una campagna che alterna distese di vigneti e orti a incolti dominati dalla macchia mediterranea. Questa è la cornice di una moderna struttura agrituristica, che nelle mezze stagioni offre anche settimane verdi per gruppi di ragazzi.

🛏 CAMERE CON SERVIZI: 4 doppie, 7 a 3 letti, con biancheria letto, biancheria bagno, riscaldamento centralizzato - pernottamento per persona £ 40/50000, mezza pensione £ 65/75000, sconto 30% per bambini fino a 4 anni. Deposito cauzionale da concordare.
SOGGIORNO MINIMO: 3 giorni. CARTE DI CREDITO: CartaSi.
🍴 cucina della tradizione (minestra con agnello, pecora in cappotto, maialetto arrosto) - vini locali di produzione propria - £ 32/40000.
SERVIZI E LOCALI COMUNI: parcheggio, parco giochi bimbi.
SPORT E TEMPO LIBERO: ping pong; disponibilità di mountain bike, guida ai lavori agricoli, osservazione degli animali, escursioni, visite nei dintorni. COLTIVAZIONI: viti, seminativi, ortaggi, legumi, fichi d'India, erba medica, alberi da frutta. ALLEVAMENTI: bovini, ovini, suini. PRODOTTI IN VENDITA: carne, frutta, verdura, latte, formaggio, vino, salumi.

Pula (CA)

m 15 ✉ 09010

Consorzio Agriturismo di Sardegna

a Villa San Pietro, tel. 078373954, fax 078373924 - chiusura: sempre aperto - 🐾 previo accordi.
▶ Da Cagliari imboccare la Statale 195 e dirigere verso Sud-Ovest; l'azienda è al margine del paese, a circa un paio di chilometri da Pula.

Il mare di Nora, massimo sito archeologico fenicio dell'isola, è l'attrattiva principale, ma non unica, della vacanza agrituristica. A 8 km, il campo da golf a 18 buche di Is Molas; a 20, l'Oasi Wwf di Monte Arcosu, dove vive il cervo sardo; a 25, le lusinghe cittadine di Cagliari.

🛏 CAMERE SENZA SERVIZI: 6 doppie, con biancheria letto, biancheria bagno, riscaldamento elettrico; 3 bagni in comune - mezza pensione £ 60/70000. Deposito cauzionale 30% alla prenotazione.
SOGGIORNO MINIMO: 1 settimana.
🍴 cucina sarda (sformati di verdure) - vini di produzione propria - £ 25/40000.
SERVIZI E LOCALI COMUNI: parcheggio, telefono, sala TV, sala giochi bimbi. SPORT E TEMPO LIBERO: escursioni. COLTIVAZIONI: ortaggi, alberi da frutta. ALLEVAMENTI: pollame. PRODOTTI IN VENDITA: frutta, verdura, sottoli.

Riola Sardo (OR)

m 9 ✉ 09070

Su Lau

via Luigino Bellu 24, tel. 0783410897 - ettari 10 - ♿ - chiusura: sempre aperto - 🚭
▶ Da Oristano imboccare la Statale 292 per Cuglieri e percorrerla per una decina di chilometri.

Il Sinis fa da scenario a questa azienda ubicata all'estrema periferia del borgo, tra vigneti, oliveti e alberi da frutta. Atmosfera di tono familiare e soggiorno in camere di buon comfort per una vacanza all'insegna della tranquillità.

🛏 CAMERE CON SERVIZI: 6 doppie, con biancheria letto, biancheria bagno, riscaldamento - pernottamento per persona £ 45/50000, mezza pensione £ 65/70000, possibilità di letto aggiunto. Deposito cauzionale 30%.
SOGGIORNO MINIMO: 1 settimana in alta stagione.
🍴 cucina sarda (prenotare) - vini di produzione propria - £ 30/35000.
SERVIZI E LOCALI COMUNI: parcheggio, telefono, sala TV, parco giochi bimbi, frigorifero per ospiti. SPORT E TEMPO LIBERO: disponibilità di biciclette, escursioni. COLTIVAZIONI: olivi, viti, ortaggi, alberi da frutta. ALLEVAMENTI: animali di bassa corte. PRODOTTI IN VENDITA: vino, olio.

San Vero Milis (OR)

m 10 ⊠ 09070

La Mimosa

a Oasi di Sale Porcus, S.P. 10 al km 13,800, tel. 0783 410301 oppure 03683522375 - ettari 130 - apertura: aprile-ottobre - ✿ previo accordi.
▶ Lasciare la Statale 131 al bivio per Tramatza, quindi superare San Vero Milis e proseguire sulla Provinciale in direzione di Putzu Idu.

Affacciata allo stagno costiero di Sale Porcus, che ospita una colonia di fenicotteri rosa, l'azienda riserva ai turisti camere e miniappartamenti disposti attorno a un ampio cortile ombreggiato. Escursioni in auto o in barca organizzate dalla Lipu.

CAMERE CON SERVIZI: 3 doppie - mezza pensione £ 60/70000.
APPARTAMENTI: 2 bilocali per 4/6 persone - mezza pensione £ 60/70000 a persona. Deposito cauzionale 30% alla prenotazione.
SOGGIORNO MINIMO: 3 giorni.
Note: le camere e gli appartamenti sono dotati di biancheria per letto e per bagno.
3 equipaggi 2 equipaggi.
riservato agli ospiti - cucina sarda (maialetto) - vini locali di produzione propria.
SERVIZI E LOCALI COMUNI: parcheggio, telefono, sala TV.
SPORT E TEMPO LIBERO: bird watching, escursioni a cavallo. COLTIVAZIONI: olivi, viti, cereali, frumento, ortaggi. PRODOTTI IN VENDITA: vino, olio, verdura.

Sàssari

m 225 ⊠ 07100

L'Agliastru

a Campanedda, via Monte Casteddu-Podere 75, tel. 079 306070 (prenotazioni 070280537) - ettari 16 - chiusura: sempre aperto - ✿
▶ Percorrere per 11 km la direttrice che da Porto Torres porta ad Alghero; l'azienda è ben segnalata ed è situata in cima a una collina.

In posizione pressoché baricentrica rispetto alle spiagge di Alghero, Castelsardo e Stintino, l'azienda, raggruppata in cima a una collina con altre simili costruzioni, offre un'alternativa validissima all'affollamento estivo della costa.

CAMERE SENZA SERVIZI: 2 doppie; 1 bagno in comune - pernottamento per persona £ 30/35000, pensione £ 77/84000. CAMERE CON SERVIZI: 2 a 3 letti - pernottamento per persona £ 35/40000, pensione £ 83/89000.
SOGGIORNO MINIMO: 3 giorni.
Note: le camere sono dotate di biancheria per letto e per bagno; possibilità di forfait settimanale.
2 equipaggi.
cucina sarda - vini locali - £ 25/32000.
SERVIZI E LOCALI COMUNI: parco giochi bimbi. COLTIVAZIONI: olivi, ortaggi. ALLEVAMENTI: ovini, suini, pollame, conigli.

Teulada (CA)

m 50 ⊠ 09019

Coop. Agrituristica Matteu

località Matteu, tel. 0709270003 oppure 0338 8764144, fax 0709270003 - ettari 452 - apertura: su prenotazione - ✗
▶ Abbandonare la Statale 195 nei pressi del cimitero, circa 6 km prima di arrivare a Teulada, quindi deviare sulla destra e seguire le indicazioni dell'azienda.

Azienda agrituristica in posizione collinare, immersa tra verdi colline ammantate dal cisto e dal ginepro. A portata di mano le spiagge e le scogliere della suggestiva Costa del Sud.

CAMERE CON SERVIZI: 10 doppie, con biancheria letto, biancheria bagno - pernottamento per persona £ 35000, mezza pensione £ 66000, possibilità di letto aggiunto. Deposito cauzionale 30%.
cucina sarda (prenotare) - vini locali - £ 35/40000.
SERVIZI E LOCALI COMUNI: parcheggio, telefono, sala TV.
COLTIVAZIONI: olivi. ALLEVAMENTI: bovini, ovini, caprini, pollame. PRODOTTI IN VENDITA: olio, formaggio.

Villacidro (CA)

m 267 ⊠ 09039

Monti Mannu

a Bassella, via Stazione 57, tel. 0709329369 - ettari 4,5 - ♿ - apertura: su prenotazione - ✿ previo accordi.
▶ Da Oristano prendere la Statale 131 in direzione Sud fino a Sardara dove si svolta a destra per San Gavino Monreale e Villacidro. L'agriturismo è a 6 km circa dal paese e si raggiunge seguendo la segnaletica per l'azienda e per la diga sul rio Leni.

Ai margini del Campidano, la fattoria spicca solitaria tra i primi contrafforti del monte Linas. Sul versante opposto corre la Carlo Felice, che collega Cagliari a Oristano, allargando l'orizzonte della vacanza. Tutte da scoprire la Costa Verde e la penisola del Sinis.

CAMERE SENZA SERVIZI: 3 doppie, 1 a più letti, con biancheria letto, biancheria bagno; 3 bagni in comune - pernottamento per persona £ 35000, prima colazione £ 5000, pensione £ 80000. Deposito cauzionale 30%.
SOGGIORNO MINIMO: 2 notti.
cucina sarda (piatti della tradizione) - vini regionali - £ 25/35000.
SERVIZI E LOCALI COMUNI: parcheggio, telefono, sala TV, sala lettura. SPORT E TEMPO LIBERO: trekking. COLTIVAZIONI: olivi, alberi da frutta, agrumi. ALLEVAMENTI: suini, caprini. PRODOTTI IN VENDITA: olio d'oliva, frutta, marmellate.

AGRITURISMI ★

Una tabella per visualizzare le caratteristiche e le dotazioni dei 446 agriturismi convenzionati che riconoscono uno sconto del 10% ai Soci TCI. L'elenco è per regione, in ordine alfabetico di località, con rimando di pagina al testo relativo.

Pag.	Località		APERTURA ANNUALE	CAMERE SENZA SERVIZI	CAMERE CON SERVIZI	APPARTAMENTI	ACCESSIBILE AI DISABILI	RISTORANTE	ANIMALI ACCETTATI	POSSIBILITÀ DI CAMPEGGIO	SETTIMANE VERDI	MANEGGIO	PISCINA	CARTE DI CREDITO
VALLE D'AOSTA														
21	Rhêmes-Saint-Georges (AO)	Le Vieux Creton					●	●						
22	Torgnon (AO)	Boule de Neige	●		●	●		●						
PIEMONTE														
35	Carmagnola (TO)	Cascina Montebarco	●		●	●					●			
36	Castagnole Monferrato (AT)	Tenuta dei Re		●	●			●		●		●		
36	Castel Boglione (AT)	Acino d'Oro		●	●			●				●	●	
36	Castelletto Sopra Ticino (NO)	Cascina delle Ruote	●		●	●	●	●	●		●		●	
37	Castelnuovo Calcéa (AT)	La Mussia	●		●		●	●	●				●	
37	Cella Monte (AL)	Villa Perona	●	●			●	●						●
38	Cellarengo (AT)	Cascina Papa Mora	●		●			●						
39	Ceresole Alba (CN)	Cascina Neri	●		●				●	●				
39	Cerrione (BI)	La Bessa - Ippica San Giorgio	●	●					●	●		●	●	
42	Màttie (TO)	Il Mulino	●	●	●				●	●		●		●
42	Mezzomerico (NO)	Cargandino	●		●				●	●				
46	Ponzone (AL)	Cascina Piagge	●	●	●				●	●		●		
46	Rorà (TO)	Sibourgh	●		●				●	●	●		●	
47	San Marzano Oliveto (AT)	La Viranda		●	●									
47	Serralunga di Crea (AL)	Tenuta Guazzaura	●				●	●		●		●		
48	Stazzano (AL)	La Traversina	●					●		●			●	
49	Valenza (AL)	Cascina Nuova	●		●		●		●	●				
49	Varzo (VB)	Ferrari Orlando		●					●	●				
51	Vignale Monferrato (AL)	Cascina Alberta	●		●				●	●				●
LOMBARDIA														
61	Adro (BS)	Cornaleto	●		●			●	●	●				
61	Alzano Lombardo (BG)	Ardizzone	●			●	●			●				
62	Besate (MI)	Cascina Caremma	●	●	●		●	●	●					●
63	Borgo Priòlo (PV)	Castello di Stefanago		●	●		●			●				
63	Borgo Priòlo (PV)	La Torretta	●		●			●	●	●			●	●
64	Borgo Priòlo (PV)	Torrazzetta	●		●			●	●				●	●
64	Caiolo (SO)	Ribuntà	●		●				●	●				
65	Capriolo (BS)	Ricci Curbastro & Figli	●			●			●					●
66	Cassano Valcùvia (VA)	Albero Bianco	●		●		●	●					●	
67	Costa di Serina (BG)	La Peta	●	●				●			●			
68	Fortunago (PV)	Maccarini	●		●	●	●		●	●				
70	Monticelli Brusati (BS)	Villa Gradoni				●	●			●			●	●
71	Nesso (CO)	Locanda Mosè	●		●			●	●		●			
71	Ome (BS)	Al Rocol	●		●		●	●						
73	Piancogno (BS)	La Sognata	●			●		●			●			
75	Salò (BS)	Conti Terzi	●		●					●				●
76	Santa Marìa della Versa (PV)	Ca' Versa			●				●		●			
77	Solferino (MN)	Le Sorgive	●		●		●	●		●	●	●	●	●
79	Toscolano Maderno (BS)	Scuderia Castello	●		●			●	●	●				

Agriturismi convenzionati TCI

Pag	Località	Nome	Apertura annuale	Camere senza servizi	Camere con servizi	Appartamenti	Accessibile ai disabili	Ristorante	Animali accettati	Possibilità di campeggio	Settimane verdi	Maneggio	Piscina	Carte di credito
79	Varese (VA)	Goccia d'Oro Ranch	•	•	•		•	•	•	•	•			
79	Varese (VA)	Nicolini	•	•	•	•	•	•	•	•				
80	Varzi (PV)	Dellagiovanna Maria				•		•	•		•			•
80	Viadana (MN)	Corte Lavadera	•		•	•		•					•	
81	Volta Mantovana (MN)	Lucillo	•		•	•	•	•	•	•	•			•
	TRENTINO-ALTO ADIGE													
97	Ala (TN)	Maso Rocca	•			•			•		•			
99	Baselga di Piné (TN)	Vecchia Quercia	•			•		•	•		•			•
102	Calavino (TN)	La Toresela	•	•				•						
117	Marebbe/Enneberg (BZ)	Ombolt	•			•			•					
123	Roncegno (TN)	Montibeller	•		•		•	•	•		•			
125	San Martino in Badia/ Sankt Martin in Thurn (BZ)	Lüch de Vanc	•			•		•	•					
128	Senàles/Schnals (BZ)	Unterraindlhof	•	•		•								
131	Tonadico (TN)	Agritur Broch	•			•		•		•				
132	Tuenno (TN)	Tretter Giorgio	•			•	•				•			
	VENETO													
148	Àdria (RO)	Scirocco		•				•		•	•	•		
148	Albaredo d'Àdige (VR)	Ca' dell'Acqua	•	•	•			•	•					
149	Baone (PD)	Le Pesare				•		•						
149	Barbarano Vicentino (VI)	Il Castello	•			•								
150	Belluno (BL)	Fulcio Miari Fulcis	•	•	•		•		•	•	•	•		
150	Belluno (BL)	Sant'Anna	•		•	•		•						
150	Bovolenta (PD)	Venturato	•			•	•	•				•		•
153	Céggia (VE)	Pra' d'Arca	•	•	•		•	•	•	•				
153	Chiòggia (VE)	Ca' Rustica				•		•						
157	Ponte di Piave (TV)	Rechsteiner	•			•	•	•						•
159	Roncade (TV)	Castello di Roncade	•	•	•			•	•					•
159	Rosolina (RO)	San Gaetano	•			•	•	•	•					
159	San Martino di Venezze (RO)	Tenuta Castel Venezze				•	•		•					
160	San Pietro in Cariano (VR)	Fioravante		•										
161	Selvazzano Dentro (PD)	Castello della Montecchia				•							•	
162	Trecenta (RO)	Ca' Pozza	•					•	•					
165	Vigonza (PD)	Villa Selvatico	•			•			•					•
165	Villorba (TV)	Il Podere del Convento	•	•			•							•
	FRIULI-VENEZIA GIULIA													
174	Nìmis (UD)	I Comelli	•		•		•	•						•
175	Povoletto (UD)	La Faula	•	•	•	•		•	•					•
175	Povoletto (UD)	Villa Corèn		•	•			•	•					
176	Taipana (UD)	Campo di Bonis	•			•		•	•		•	•	•	
177	Vivaro (PN)	Gelindo dei Magredi	•		•			•	•	•	•	•		•
	LIGURIA													
183	Càiro Montenotte (SV)	Cascina del Vai	•	•	•			•				•		

587

Agriturismi convenzionati TCI

Pag			Apertura annuale	Camere senza servizi	Camere con servizi	Appartamenti	Accessibile ai disabili	Ristorante	Animali accettati	Possibilità di campeggio	Settimane verdi	Maneggio	Piscina	Carte di credito
183	Camporosso (IM)	Il Bausco	•		•	•		•						•
184	Casanova Lerrone (SV)	Cascina il Poggio	•	•	•			•			•			
184	Castelnuovo Magra (SP)	Cascina dei Peri	•		•	•		•		•	•		•	•
186	Follo (SP)	Carnea	•	•	•			•						
188	Lérici (SP)	Gallerani	•	•	•			•	•					
188	Maissana (SP)	Giandriale	•	•	•			•			•			
189	Mendàtica (IM)	Il Castagno	•	•	•	•	•	•	•	•	•			
189	Mendàtica (IM)	Le Navette		•					•	•	•			
191	Riomaggiore (SP)	Riomaggiore	•			•					•			
192	Vendone (SV)	La Crosa			•	•		•	•				•	
EMILIA-ROMAGNA														
202	Argenta (FE)	Prato Pozzo Rifugio di Valle	•		•		•	•	•	•	•	•		
203	Bardi (PR)	Il Castagneto	•	•		•		•	•					
203	Bertinoro (FC)	Fattoria Paradiso	•		•			•	•		•		•	•
203	Bologna (BO)	Cavaione	•	•	•		•	•	•		•			
206	Carpineti (RE)	Le Scuderie	•		•				•		•			•
206	Càsola Valsènio (RA)	Poggiolo Martin Fabbri	•		•			•	•		•			•
207	Castelfranco Emilia (MO)	Villa Gaidello Club	•			•		•						•
207	Castelnovo ne' Monti (RE)	Il Ginepro		•				•			•	•		
209	Cesenàtico (FC)	Ai Tamerici	•		•	•	•	•	•		•			
209	Civitella di Romagna (FC)	Ca' Bionda		•		•		•	•		•		•	•
211	Compiano (PR)	Carovane	•	•	•		•	•	•		•	•		
212	Fanano (MO)	Calvanella Ca' Palazza			•	•	•	•	•			•		
215	Fontanélice (BO)	Ca' Monti			•			•	•					•
216	Montese (MO)	Casa Volpa	•	•	•	•	•	•	•		•	•		
218	Ostellato (FE)	Novara	•	•				•	•	•				
219	Pòggio Berni (RN)	Palazzo Marcosanti	•	•				•	•					
220	Predàppio (FC)	Pian dei Goti	•	•							•	•	•	
220	Premilcuore (FC)	Agroippoturistica Ridolla	•	•	•			•	•		•	•	•	
220	Ravenna (RA)	L'Azdòra	•	•	•			•					•	
221	Saludècio (RN)	Torre del Poggio	•					•			•			
222	Santa sofia (FC)	Rio Sasso	•	•	•	•		•	•	•	•	•		
223	Tizzano Val Parma (PR)	Ca' D'Ranier	•		•		•	•	•		•			
224	Tizzano Val Parma (PR)	Casa Nuova	•	•	•			•	•		•			
TOSCANA														
232	Arezzo (AR)	Albergotti	•			•								
232	Arezzo (AR)	Badia Ficarolo	•		•	•			•					
233	Arezzo (AR)	Magnanini Massimo	•			•			•					
233	Asciano (SI)	Podere Scurcoli	•			•							•	
233	Asciano (SI)	Tenuta di Monte Sante Marie	•			•		•	•			•		
234	Barberino Val d'Elsa (FI)	La Spinosa			•		•	•	•		•		•	•
236	Borgo San Lorenzo (FI)	La Topaia	•	•	•	•	•		•					
236	Borgo San Lorenzo (FI)	Sanvitale	•		•			•						

Agriturismi convenzionati TCI

Pag	Località	Nome	Apertura annuale	Camere senza servizi	Camere con servizi	Appartamenti	Accessibile ai disabili	Ristorante	Animali accettati	Possibilità di campeggio	Settimane verdi	Maneggio	Piscina	Carte di credito
237	Buonconvento (SI)	La Ripolina	●		●	●			●					
238	Calenzano (FI)	Fattoria di Sommaia	●		●	●							●	●
239	Campo nell'Elba (LI)	Agricoop Isola d'Elba	●		●					●				●
240	Capànnori (LU)	Fattoria Maionchi	●		●		●	●					●	●
240	Caprese Michelàngelo (AR)	Selvadonica	●		●	●	●	●					●	
241	Castagneto Carducci (LI)	Podere Grattamacco	●											
241	Castelfiorentino (FI)	Sorbigliana	●			●	●		●				●	
244	Castelnuovo Berardenga (SI)	Fattoria di Selvole				●			●				●	
244	Castelnuovo Berardenga (SI)	Poderi di Miscianello	●		●				●				●	
246	Castiglione d'Órcia (SI)	Casa Ranieri-Centro Ippico	●		●	●	●	●				●	●	●
246	Castiglione d'Órcia (SI)	Grossola	●		●			●	●					
248	Castiglion Fiorentino (AR)	La Pievuccia	●			●	●	●	●			●	●	
249	Castiglion Fiorentino (AR)	Lodolazzo	●			●						●	●	
249	Castiglion Fiorentino (AR)	Villa Schiatti		●	●	●	●	●	●				●	●
250	Cècina (LI)	Elisabetta			●	●	●	●	●		●		●	●
251	Civitella Pagànico (GR)	Piatina	●	●	●			●	●			●	●	
252	Colle di Val d'Elsa (SI)	Fattoria Belvedere	●			●		●	●				●	
252	Cortona (AR)	Borgo Elena	●			●							●	
253	Cortona (AR)	I Pagliai	●		●	●			●		●	●		●
254	Fièsole (FI)	Fattoria Poggiopiano	●		●	●	●		●				●	
255	Figline Valdarno (FI)	La Palagina	●		●	●	●						●	●
255	Firenze (FI)	La Fattoressa	●		●			●						
256	Gaiole in Chianti (SI)	Borgo Casa al Vento	●		●	●							●	●
257	Gambassi Terme (FI)	Poggio ai Grilli	●			●			●				●	
259	Gavorrano (GR)	Arnaio			●			●	●					
259	Gavorrano (GR)	Montebelli			●		●	●	●			●	●	
261	Grosseto (GR)	Fattoria La Principina	●			●	●	●			●	●	●	●
261	Grosseto (GR)	Podere Montegrappa			●	●		●						
262	Impruneta (FI)	Inalbi	●		●			●					●	●
262	Incisa in Val d'Arno (FI)	Bellavista	●			●	●						●	●
263	Incisa in Val d'Arno (FI)	Tenuta il Burchio			●			●	●			●	●	●
265	Lajàtico (PI)	Trieste	●		●	●	●	●					●	
265	Lari (PI)	Poggio di Mezzo	●	●	●			●	●			●	●	
265	Lastra a Signa (FI)	I Mori	●			●		●	●			●	●	●
266	Licciana Nardi (MS)	Montagna Verde	●		●	●		●	●	●	●			
267	Livorno (LI)	I Cinque Lecci				●	●							
269	Magliano in Toscana (GR)	Da Remo	●		●				●		●			
269	Magliano in Toscana (GR)	Pian del Noce	●	●	●									
269	Magliano in Toscana (GR)	Tenuta Poggio Alto	●	●	●		●	●						●
270	Manciano (GR)	Da Lorena	●		●		●	●	●	●			●	
271	Manciano (GR)	Le Ginestre	●		●		●					●		●
272	Manciano (GR)	Le Macchie Alte	●			●		●	●			●		●
272	Marciana (LI)	Casa Fèlici	●			●			●					

Agriturismi convenzionati TCI

Pag	Località	Nome	Apertura annuale	Camere senza servizi	Camere con servizi	Appartamenti	Accessibile ai disabili	Ristorante	Animali accettati	Possibilità di campeggio	Settimane verdi	Maneggio	Piscina	Carte di credito
273	Marina di Grosseto (GR)	Quercesecca	●			●			●					
273	Massarosa (LU)	Fattoria di Camporomano	●			●	●						●	
275	Massarosa (LU)	Le Querce			●			●					●	●
277	Montecarlo (LU)	Fattoria Michi	●		●			●					●	●
278	Montelupo Fiorentino (FI)	Fattoria Petrognano	●		●	●							●	●
279	Montelupo Fiorentino (FI)	Tenuta San Vito in Fior di Selva	●		●		●	●					●	●
281	Monteroni d'Àrbia (SI)	Tenuta della Selva	●		●							●	●	●
282	Monte San Savino (AR)	Villa Bugiana			●								●	
282	Montespèrtoli (FI)	Castello di Montegufoni			●		●						●	●
282	Montespèrtoli (FI)	Le Fonti a San Giorgio	●		●		●						●	●
283	Montespèrtoli (FI)	Podere Torricella	●		●	●							●	●
284	Murlo (SI)	I Pianelli			●			●					●	
284	Murlo (SI)	Ottavia	●		●								●	
285	Murlo (SI)	Podere Montorgialino	●	●	●			●	●				●	
287	Orbetello (GR)	Grazia	●		●	●		●			●			
287	Palàia (PI)	San Gervasio	●		●		●						●	●
287	Palàia (PI)	Tenuta la Cerbana	●	●	●	●	●	●					●	
290	Péscia (PT)	Marzalla	●		●	●	●							
290	Pian di Scò (AR)	Podere San Pietro	●	●	●			●	●		●			
291	Pienza (SI)	Podere Cretaiole	●		●	●		●						
292	Piombino (LI)	Podere Santa Giulia			●	●							●	
292	Piombino (LI)	Tenuta di Vignale			●			●					●	
292	Pisa (PI)	Le Rene	●		●	●	●	●			●	●	●	
293	Pomarance (PI)	Santa Lina	●		●									
295	Pontrèmoli (MS)	Costa d'Orsola			●			●					●	●
296	Portoferràio (LI)	Casa Marisa	●		●			●						
297	Portoferràio (LI)	Fortino del Buraccio	●	●						●	●			
298	Radda in Chianti (SI)	Fattoria Castelvecchi	●		●	●		●			●		●	●
299	Radicòfani (SI)	La Palazzina	●		●	●		●	●				●	●
300	Radicóndoli (SI)	Fattoria di Solaio	●		●	●		●	●				●	●
300	Radicóndoli (SI)	Il Tesoro	●	●				●		●				
304	Roccastrada (GR)	Fattoria di Caminino	●		●									
305	Rùfina (FI)	La Sosta ai Busini	●	●	●	●		●					●	●
306	San Casciano dei Bagni (SI)	Il Poggio	●		●	●	●	●	●				●	●
308	San Casciano in Val di Pesa (FI)	La Foresteria	●		●	●		●	●	●			●	●
310	San Gimignano (SI)	Fattoria di Pietrafitta	●		●	●			●					
311	San Gimignano (SI)	Fattoria San Donato	●		●	●		●	●		●		●	●
312	San Gimignano (SI)	Podere Villuzza	●		●	●		●					●	●
314	San Miniato (PI)	Podere Canova	●		●			●					●	●
315	San Quìrico d'Órcia (SI)	Il Rigo	●		●			●	●					
315	San Quìrico d'Órcia (SI)	La Buca	●		●	●		●						
316	Sansepolcro (AR)	La Conca	●			●	●		●		●	●		
317	San Vincenzo (LI)	Costa Etrusca	●		●			●			●		●	

AGRITURISMI CONVENZIONATI TCI

Pag	Località	Nome	Apertura annuale	Camere senza servizi	Camere con servizi	Appartamenti	Accessibile ai disabili	Ristorante	Animali accettati	Possibilità di campeggio	Settimane verdi	Maneggio	Piscina	Carte di credito
317	Sarteano (SI)	**Moggiano**	•			•	•		•				•	
317	Sassetta (LI)	**La Bandita**			•			•	•				•	•
320	Semproniano (GR)	**Poggio dell'Aione**	•			•	•		•			•		
320	Serravalle Pistoiese (PT)	**Fattoria le Pòggiola**	•	•	•	•		•			•			
321	Serravalle Pistoiese (PT)	**Le Rocchine**	•			•			•				•	
321	Sinalunga (SI)	**La Fratta**	•			•								
322	Sovicille (SI)	**Montestigliano**	•			•							•	
323	Sovicille (SI)	**Montioni**	•			•							•	•
324	Trequanda (SI)	**Fattoria del Colle**	•		•	•	•	•	•				•	•
325	Tresana (MS)	**Antoniotti**	•			•			•					
326	Vada (LI)	**Villa Graziani**	•		•		•	•	•			•		•
326	Vicchio (FI)	**Fattoria di Casole**	•			•								
327	Volterra (PI)	**Lischeto**	•		•	•		•					•	
328	Volterra (PI)	**Tenuta Orgiaglia**	•		•	•	•	•	•	•		•	•	
	MARCHE													
336	Amàndola (AP)	**Pelloni**	•		•		•	•			•			
336	Ancona (AN)	**Il Rustico del Conero**			•			•			•			
337	Arcèvia (AN)	**Il Piccolo Ranch**	•					•					•	•
339	Cagli (PU)	**Casale Torre del Sasso**	•			•	•						•	
341	Camerino (MC)	**La Cavallina**	•		•		•	•		•				•
342	Castignano (AP)	**Fiorenire**			•		•	•	•		•	•		
343	Cingoli (MC)	**Fonte Pennici**		•			•		•	•	•			
343	Cingoli (MC)	**La Corte sul Lago**	•	•	•		•	•	•					
343	Civitanova Marche (MC)	**Campolungo**				•								
344	Cupra Montana (AN)	**Le Mandriole**	•			•	•	•		•	•			
344	Fabriano (AN)	**Gocce di Camarzano**	•		•			•						
345	Fabriano (AN)	**La Casa di Campagna**			•	•	•		•		•			
346	Fano (PU)	**Il Prato**				•			•	•				
346	Fano (PU)	**Santa Cristina**			•	•	•	•						•
347	Fossombrone (PU)	**El Gatarel**				•	•					•		
347	Gàgliole (MC)	**Locanda San Rocco**			•	•	•	•	•					•
348	Ìsola del Piano (PU)	**Alce Nero**	•	•		•		•					•	•
348	Lapedona (AP)	**Casa Vecchia**	•			•	•	•	•	•	•			•
349	Macerata (MC)	**Floriani di Villamagna**	•		•	•	•	•	•					
349	Macerata (MC)	**Virgilio Lucangeli**	•			•	•		•					
349	Mondàvio (PU)	**Gli Ulivi**	•		•			•		•			•	
350	Montefiore dell'Aso (AP)	**I Cigni**	•		•	•	•	•			•			
350	Montemaggiore al Metàuro (PU)	**La Carbonara**		•										
351	Montemònaco (AP)	**La Cittadella**	•		•		•	•	•					•
351	Monterubbiano (AP)	**Crosta**	•	•			•	•	•	•				
352	Recanati (MC)	**Il Gelso**	•	•			•							
352	Rosora (AN)	**Croce del Moro**	•	•	•		•	•	•	•	•			•
353	Rosora (AN)	**Le Colline**	•			•	•		•					

Agriturismi convenzionati TCI

Pag	Località	Nome	APERTURA ANNUALE	CAMERE SENZA SERVIZI	CAMERE CON SERVIZI	APPARTAMENTI	ACCESSIBILE AI DISABILI	RISTORANTE	ANIMALI ACCETTATI	POSSIBILITÀ DI CAMPEGGIO	SETTIMANE VERDI	MANEGGIO	PISCINA	CARTE DI CREDITO
353	San Ginèsio (MC)	Bellebuono	•			•	•		•	•				
355	San Severino Marche (MC)	La Locanda dei Comacini	•		•		•	•	•					
355	Sarnano (MC)	Il Jolly	•		•		•	•	•	•	•			
356	Senigàllia (AN)	Il Campetto	•		•			•	•					
356	Serra de' Conti (AN)	La Giara	•				•	•						
357	Serra San Quìrico (AN)	La Tana del Lele	•	•	•	•	•	•	•		•		•	
358	Servigliano (AP)	Cascina degli Ulivi			•	•		•	•				•	
359	Urbània (PU)	Cal Terrazzano				•			•				•	
360	Urbino (PU)	Fosso del Lupo	•			•								
360	Urbino (PU)	La Corte della Miniera			•		•	•	•		•	•	•	
361	Urbino (PU)	Le Fontane	•			•							•	
	UMBRIA													
368	Amèlia (TR)	San Cristoforo	•		•	•	•	•			•		•	
369	Assisi (PG)	Brigolante Guest Apartments	•			•	•							
369	Assisi (PG)	Casa Faustina	•			•	•		•				•	•
371	Assisi (PG)	Malvarina	•		•	•		•	•			•		
372	Bastìa Umbra (PG)	Il Morino	•		•			•						•
373	Bettona (PG)	Natura Amica	•		•	•			•			•	•	
374	Bevagna (PG)	Il Poggio del Pettirosso	•		•	•	•	•	•				•	•
374	Bevagna (PG)	La Fonte	•			•			•		•			
375	Calvi dell'Ùmbria (TR)	San Martino	•			•			•					
377	Castiglione del Lago (PG)	Poggio del Sole	•			•	•						•	•
377	Castiglione del Lago (PG)	Villa la Torre	•	•	•		•	•	•	•	•			
378	Città di Castello (PG)	Villa Bice	•			•			•				•	•
379	Deruta (PG)	Antica Fattoria del Colle	•		•	•		•	•				•	
379	Ferentillo (TR)	Abbazia San Pietro in Valle	•		•		•	•						•
380	Ficulle (TR)	La Casella-Antico Feudo di Campagna	•		•			•	•		•	•	•	
380	Gualdo Tadino (PG)	Bonomi Fabrizia	•			•			•					
380	Gùbbio (PG)	Abbazia di Vallingegno	•			•			•		•	•	•	
381	Gùbbio (PG)	Il Cerrone	•			•			•			•		
381	Gùbbio (PG)	Oasi Verde Mengara	•		•			•				•	•	•
381	Gùbbio (PG)	Sant'Erasmo	•			•								
382	Gùbbio (PG)	Sosta San Francesco			•	•		•	•	•	•		•	
382	Gùbbio (PG)	Villa Mozart	•			•	•				•		•	
383	Magione (PG)	Podere I Sette	•			•		•	•	•		•	•	
383	Monte Castello di Vìbio (PG)	Agrincontri	•			•		•	•		•	•		
384	Montefalco (PG)	Camiano Piccolo	•		•	•		•					•	•
385	Monte Santa Marìa Tiberina (PG)	Petralta	•		•	•		•				•		
385	Montone (PG)	Civitella di Montone	•	•	•		•	•	•			•		•
386	Narni (TR)	Colle Abramo delle Vigne	•			•	•	•					•	
386	Nocera Umbra (PG)	La Lupa	•		•		•	•					•	•

Agriturismi convenzionati TCI

Pag			Apertura annuale	Camere senza servizi	Camere con servizi	Appartamenti	Accessibile ai disabili	Ristorante	Animali accettati	Possibilità di campeggio	Settimane verdi	Maneggio	Piscina	Carte di credito
387	Nòrcia (PG)	Il Casale nel Parco	●		●			●	●					●
387	Orvieto (TR)	Fattoria di Titignano	●		●			●	●		●		●	
388	Orvieto (TR)	La Cacciata	●	●	●			●	●			●	●	
388	Orvieto (TR)	Locanda Rosati	●		●		●	●	●				●	●
388	Orvieto (TR)	San Giorgio	●			●		●	●				●	●
390	Passignano sul Trasimeno (PG)	Locanda del Galluzzo	●	●	●			●					●	
391	Passignano sul Trasimeno (PG)	Poggio del Belveduto	●			●	●	●	●		●	●	●	
392	Perùgia (PG)	Agricola Arna	●		●	●								
392	Perùgia (PG)	Il Covone	●		●			●	●	●		●	●	
393	Pietralunga (PG)	La Cerqua	●		●			●	●			●	●	●
394	San Gèmini (TR)	Valle Antica e Prata Prima	●			●	●	●		●			●	
394	Sant'Anatòlia di Narco (PG)	Le Vaie	●		●			●	●			●		
395	Spello (PG)	Le Due Torri	●		●	●	●	●	●				●	●
395	Spoleto (PG)	Cirimpiccolo	●		●			●	●				●	●
396	Spoleto (PG)	Il Casale Grande	●			●	●		●				●	
396	Spoleto (PG)	L'Ulivo	●		●	●	●						●	
397	Todi (PG)	Piantoneto II			●				●					
398	Todi (PG)	Tenuta di Fiore			●				●				●	
399	Torgiano (PG)	Poggio alle Vigne	●		●					●			●	●
399	Trevi (PG)	I Mandorli	●		●	●	●							
401	Trevi (PG)	Villa Silvana	●		●	●		●	●		●		●	
401	Tuoro sul Trasimeno (PG)	La Dogana	●			●								
402	Umbèrtide (PG)	Fattoria del Cerretino	●	●	●	●	●	●					●	
402	Umbèrtide (PG)	La Chiusa	●	●	●			●					●	
403	Umbèrtide (PG)	Nestore	●	●	●				●				●	
403	Valfàbbrica (PG)	Il Castello di Giomici	●			●	●		●			●	●	
LAZIO														
411	Acquapendente (VT)	Casale Monaldesca	●		●		●	●			●	●	●	
411	Acquapendente (VT)	Le Crete	●			●							●	
415	Bolsena (VT)	La Riserva-Montebello	●		●				●		●	●	●	
416	Caprarola (VT)	La Vita	●		●			●	●					●
417	Caprarola (VT)	Villa la Paiola	●			●			●					
418	Cittaducale (RI)	Cardito	●			●			●					●
418	Civita Castellana (VT)	Casa Ciotti	●			●		●	●				●	●
419	Civitella d'Agliano (VT)	Il Molinaccio				●	●		●		●			
419	Ferentino (FR)	Punto Verde	●		●	●								●
420	Grotte di Castro (VT)	Castello di Santa Cristina	●		●	●						●	●	
421	Ìschia di Castro (VT)	Le Chiuse	●		●			●		●				●
422	Montenero Sabino (RI)	Le Streghe	●	●				●	●	●			●	
422	Monterosi (VT)	Axel	●		●	●	●				●		●	
422	Montòpoli di Sabina (RI)	Rodeo	●		●				●		●	●		
423	Orte (VT)	La Chiocciola	●		●			●	●				●	●
423	Pòggio Nativo (RI)	Sant'Ilario sul Farfa	●		●	●	●	●	●		●		●	

AGRITURISMI CONVENZIONATI TCI

Pag	Località	Nome	Apertura annuale	Camere senza servizi	Camere con servizi	Appartamenti	Accessibile ai disabili	Ristorante	Animali accettati	Possibilità di campeggio	Settimane verdi	Maneggio	Piscina	Carte di credito
425	Posta Fibreno (FR)	Tenuta Ducale La Pesca			●			●	●	●			●	
430	Tuscània (VT)	Casa Caponetti	●		●		●	●			●			●
ABRUZZO														
445	Cagnano Amiterno (AQ)	Cupello	●		●		●	●		●	●	●		
446	Città Sant'Àngelo (PE)	La Bigattiera	●		●			●	●					
447	Controguerra (TE)	Gioie di Fattoria				●		●	●			●		
449	Lentella (CH)	Il Bosco degli Ulivi				●	●		●					
449	Loreto Aprutino (PE)	Ai Calanchi				●		●						
450	Montereale (AQ)	Montorselli	●	●	●			●			●			
450	Morro d'Oro (TE)	Ponte Murato	●		●	●								
451	Ortona (CH)	Agriverde	●		●		●	●	●		●			●
451	Palombaro (CH)	L'Uliveto	●		●			●	●					
452	Penne (PE)	Il Portico	●	●				●	●	●		●		
454	Rosciano (PE)	Fior di Pesco	●	●				●	●				●	
454	Sant'Omero (TE)	La Meridiana				●	●		●					
457	Vasto (CH)	Pozzitello	●				●	●	●	●			●	
MOLISE														
463	Agnone (IS)	Agritrekking Alto Molise	●	●	●	●		●	●	●	●	●		●
463	Agnone (IS)	Selvaggi	●		●			●	●	●	●	●		●
465	Casacalenda (CB)	Fattoria La Quercia		●				●	●					
466	Guglionesi (CB)	La Masseria		●	●		●	●	●					
466	Montenero di Bisàccia (CB)	Masseria Bisaccia		●	●				●					
467	Sepino (CB)	La Taverna	●		●			●	●	●	●			●
CAMPANIA														
474	Ascèa (SA)	Aurella	●		●	●		●						
474	Ascèa (SA)	Casa Leone	●		●	●		●	●					●
476	Camerota (SA)	Angela	●		●			●		●				
476	Càpua (CE)	Masseria Giòsole	●	●		●		●						●
477	Ceraso (SA)	La Petrosa	●	●	●			●	●	●		●		
478	Montecorvino Rovella (SA)	Masseria Sparano	●		●			●	●	●				
479	Paestum (SA)	Seliano	●		●			●	●			●	●	●
480	Palinuro (SA)	Sant'Agata	●		●	●		●						●
480	Perdifumo (SA)	Eucalipto	●		●	●		●	●					
480	Pimonte (NA)	La Casa del Ghiro	●		●			●	●	●		●	●	
481	San Giórgio del Sànnio (BN)	Tufini	●			●		●	●		●			
481	San Potito Sannitico (CE)	Quercete	●			●		●					●	
482	Sessa Aurunca (CE)	Aria Nova	●		●			●	●					
483	Tramonti (SA)	Mare e Monti	●		●			●	●	●				
PUGLIA														
493	Alberobello (BA)	Barsento Villa Curri	●			●	●	●	●			●	●	
496	Castellana-Grotte (BA)	Serragambetta	●		●	●		●						
497	Castrignano del Capo (LE)	Serine	●			●		●	●		●			
498	Fasano (BR)	Masseria Marzalossa			●	●		●					●	●

Agriturismi convenzionati TCI

Pag	Località	Nome	APERTURA ANNUALE	CAMERE SENZA SERVIZI	CAMERE CON SERVIZI	APPARTAMENTI	ACCESSIBILE AI DISABILI	RISTORANTE	ANIMALI ACCETTATI	POSSIBILITÀ DI CAMPEGGIO	SETTIMANE VERDI	MANEGGIO	PISCINA	CARTE DI CREDITO
501	Mattinata (FG)	Monte Sacro	●		●	●		●	●	●	●			●
502	Noci (BA)	Le Casedde	●		●	●	●	●			●			
503	Ostuni (BR)	Lo Spagnulo	●		●	●		●	●		●	●		●
503	Ostuni (BR)	Masseria Salinola	●		●	●		●					●	
504	Òtranto (LE)	La Fattoria	●		●	●	●	●	●		●			
505	Poggiorsini (BA)	Il Cardinale	●		●	●		●	●		●		●	
505	Pulsano (TA)	Tenuta del Barco	●					●	●	●				
506	San Pàolo di Civitate (FG)	Difensola Ranch	●		●				●			●		
508	Vieste (FG)	Azzarone Francesco			●	●		●	●	●				
509	Vieste (FG)	Fara del Falco				●								
	BASILICATA													
513	Grumento Nova (PZ)	Al Parco Verde	●		●	●	●	●	●					
514	Marsiconuovo (PZ)	Casaletto Carmela	●		●				●					●
514	Marsiconuovo (PZ)	Vignola	●		●	●		●	●		●			●
515	Marsicovètere (PZ)	Il Querceto	●		●	●			●		●	●		
519	Montescaglioso (MT)	Pierro Emilia				●			●					
520	Nova Siri (MT)	La Collinetta	●		●	●	●	●	●		●		●	
520	Pignola (PZ)	Fattoria sotto il Cielo	●			●			●			●		●
522	Rivello (PZ)	Tre Forni	●			●					●	●		
522	Rotondella (MT)	Il Pago	●			●			●					
523	Scanzano Jònico (MT)	Bufaloria				●								
524	Trècchina (PZ)	La Colla				●			●					
	CALABRIA													
534	Acri (CS)	Santa Maria di Macchia				●		●	●			●	●	
534	Albidona (CS)	Masseria Torre di Albidona				●		●	●				●	●
534	Altomonte (CS)	La Quercia				●		●		●				
535	Bòrgia (CZ)	Borgo Piazza	●		●	●	●	●	●		●			
536	Cerchiara di Calàbria (CS)	Acampora		●	●		●	●	●		●			
537	Colòsimi (CS)	La Baita				●		●		●				
537	Condofuri (RC)	Il Bergamotto	●	●				●	●					
538	Dràpia (VV)	Torre Galli				●		●						
539	Falerna (CZ)	Villella	●					●	●			●		
539	Francavilla Marittima (CS)	La Mandria			●	●	●				●		●	
540	Gizzeria Lido (CZ)	Torre dei Cavalieri di Malta	●		●				●	●	●			
542	Morano Càlabro (CS)	La Locanda del Parco	●	●	●		●	●	●		●	●		●
543	Pizzo (VV)	Agrimare				●		●						
544	Roccella Jònica (RC)	Agriclub Placido Le Giare	●			●		●	●		●		●	
544	Roggiano Gravina (CS)	Santa Lucia	●			●		●	●		●			
545	Rossano (CS)	Cozzo di Simari	●	●				●	●				●	
545	Rossano (CS)	Il Giardino di Iti		●	●			●	●					
545	San Roberto (RC)	Romeo Rijtano	●	●	●			●			●	●		
546	Sellia Marina (CZ)	Contrada Guido	●	●	●			●						

Agriturismi convenzionati TCI

Pag	Località	Nome	Apertura annuale	Camere senza servizi	Camere con servizi	Appartamenti	Accessibile ai disabili	Ristorante	Animali accettati	Possibilità di campeggio	Settimane verdi	Maneggio	Piscina	Carte di credito
546	Soveria Simeri (CZ)	Santacinnara	●		●			●	●		●			
547	Torre di Ruggiero (CZ)	I Basiliani			●			●				●	●	
SICILIA														
554	Àcate (RG)	Il Carrubo	●	●	●	●	●	●	●	●		●		
554	Acireale (CT)	Il Limoneto				●								
554	Àlia (PA)	Villa Dafne	●		●		●	●	●		●	●	●	●
555	Buseto Palizzolo (TP)	La Pineta	●		●				●		●			
557	Capo d'Orlando (ME)	Milio	●		●				●					
557	Carlentini (SR)	Casa dello Scirocco	●		●			●	●		●	●		
557	Carlentini (SR)	Tenuta di Roccadia	●		●		●	●	●		●	●	●	●
558	Carlentini (SR)	Terias				●								
558	Castellammare del Golfo (TP)	Camillo Finazzo	●				●	●	●					
558	Castellammare del Golfo (TP)	Marmora	●	●	●		●	●	●		●	●		
560	Catània (CT)	Bagnara	●		●									
560	Catània (CT)	Fondo 23	●		●									
561	Ficarra (ME)	Fattoria di Grenne	●		●			●	●					
562	Gioiosa Marèa (ME)	Santa Margherita	●	●	●	●			●			●		
563	Licodìa Eubèa (CT)	Dain	●	●	●	●	●	●	●		●	●		
564	Màscali (CT)	Russo Rocca	●			●	●		●	●				
565	Mascalucia (CT)	Trinità	●		●	●	●	●	●				●	
566	Mòdica (RG)	Villa Teresa	●		●		●	●	●					●
566	Nicosia (EN)	Masseria Mercadante			●		●	●	●	●				
567	Noto (SR)	Il Roveto	●				●	●	●					
568	Petralia Sottana (PA)	Monaco di Mezzo	●		●		●	●	●	●		●	●	●
568	Pettinèo (ME)	Bosco	●	●	●			●			●			
568	Pettinèo (ME)	Casa Migliaca	●		●		●	●			●			
569	Piazza Armerina (EN)	Savoca	●		●			●	●		●			
569	Randazzo (CT)	L'Antica Vigna	●	●	●	●		●			●		●	
569	Riposto (CT)	Carruba	●			●	●	●	●	●				
570	San Salvatore di Fitàlia (ME)	La Vedetta dei Nebrodi	●		●			●	●					●
570	Santa Cristina Gela (PA)	Al Poggetto			●		●	●	●		●	●	●	●
571	Sant'Àlfio (CT)	La Cirasella	●		●		●	●						
571	Sciacca (AG)	Montalbano	●		●	●			●			●		
572	Siracusa (SR)	Limoneto	●				●	●						●
573	Siracusa (SR)	Villa Lucia	●		●	●	●		●					●
573	Tusa (ME)	Borgo degli Olivi	●	●			●	●						
SARDEGNA														
580	Bitti (NU)	Ertila	●		●			●	●	●				
583	Posada (NU)	Guparza	●		●			●	●		●			●
585	Teulada (CA)	Coop. Agrituristica Matteu			●			●						

INDICE DELLE LOCALITÀ

Indice delle località

Indice delle località

Indice delle località

Indice delle località

Referenze iconografiche
In copertina: Emil Nolde "Red Poppies" 1920, acquarello su carta, 34,3x48,3 cm.
Mairani: 8-9, 56-57, 84-85, 86-87, 178-179, 226-227, 330-331, 364-365, 406-407, 440-441, 470-471, 548-549; Marka/Capovilla: 404-405, 532; Marka/G. De Marco: 460-461; Marka/F. Giaccone: 510-511; Marka/A. Quattrocchi: 574-574, 576; Museo del Vino di Torgiano - Archivio Lungarotti: 10, 198, 227, 366; Realy Easy Star/V. Rossato: 438-439; Realy Easy Star/T. Spagone: 24-25; Francesco Soletti: 9, 11, 15a, 54-55, 142-143, 144-145, 170a, 198-199, 228a, 228-229, 469a, 550-551; TCI/C. De Maria: 14-15; TCI/Andreani: 26-27.
Le restanti fotografie sono state concesse dalle aziende agrituristiche e dai consorzi contattati.

Per collaborare all'aggiornamento di questa guida

Per aiutarci a migliorare e ad aggiornare la guida "Agriturismo - Vacanze in campagna 2000", c'è un modo semplice ed efficace: compilate questa scheda di valutazione e scrivete su di essa i vostri commenti e motivazioni.
Ritagliate - o fotocopiate - questa pagina e la seguente e inviatele a:

Touring Editore - Redazione Repertori
Corso Italia 10 - 20122 Milano
fax 028526215 - e-mail: repertori@touringclub.it

SCHEDA DI VALUTAZIONE PER AZIENDE AGRITURISTICHE

SEGNALAZIONE RELATIVA A:

Azienda Agrituristica..
Indirizzo..
tel...fax..
Comune/Località...Prov...................
Data del passaggio..
L'azienda è citata in guida?   SÌ ☐   NO ☐

GIUDIZI	Ottimo	Buono	Medio	Suff.	Insuff.
1. Caratteristiche dell'ambiente circostante (posizione, panorama, cura del verde, tranquillità…)					
2. Accoglienza, servizio e disponibilità dei titolari					
3. Valori architettonici degli edifici adibiti all'ospitalità					
4. Arredo e dotazioni nei locali comuni (sala ritrovo, ristorante…)					
5. Arredo e comfort delle dotazioni nelle camere o negli appartamenti					
6. Funzionalità, manutenzione e pulizia dei servizi igienico-sanitari					
7. Proposte eno-gastronomiche e offerta di prodotti tipici					
8. Qualità e funzionalità delle attrezzature e degli impianti sportivi (piscina, tennis…)					
9. Attività proposte (corsi, escursioni guidate, attività ricreative…)					
10. Rapporto qualità/prezzo					
11. Valutazione complessiva					

Corrispondenza con i dati riportati in questa guida   SÌ ☐   NO ☐

COMMENTI E OSSERVAZIONI:

....
....
....
....
....
....
....
....
....
....
....
....
....
....
....
....
....
....
....
....
....
....
....
....
....
....

I dati che La riguardano rimarranno riservati, in osservanza alle prescrizioni della legge 675/96 (Tutela della Privacy), e verranno utilizzati solo per aggiornare la nostra banca dati sulla ricettività turistica e i relativi prodotti editoriali:

Cognome..

Nome...

Numero della tessera TCI (se Socio)..

Città...Prov...................

tel...

Data e firma..